Das große Buch

# Excel 2013 Formeln und Funktionen

Alois Eckl
Hartmut Erb
Bernhard Sproll

**DATA BECKER**

**Folgen Sie uns auf Facebook und Twitter:**
*www.facebook.com/databecker*
*www.twitter.com/data_becker*

**Besuchen Sie unseren Internetauftritt:**
*www.databecker.de*

| | |
|---|---|
| **Copyright** | © by DATA BECKER GmbH & Co. KG<br>Merowingerstr. 30<br>40223 Düsseldorf |
| **Produktmanagement und Lektorat** | Peter Meisner |
| **Coverfotos** | © Dark Vectorangel – Fotolia.com<br>© Pixel – Fotolia.com |
| **Textverarbeitung und Gestaltung** | Andreas Quednau (www.aquednau.de) |
| **Produktionsleitung** | Claudia Lötschert |
| **Druck** | Media-Print, Paderborn |

Alle Rechte vorbehalten. Kein Teil dieses Buchs darf in irgendeiner Form (Druck, Fotokopie oder einem anderen Verfahren) ohne schriftliche Genehmigung der DATA BECKER GmbH & Co. KG reproduziert oder unter Verwendung elektronischer Systeme verarbeitet, vervielfältigt oder verbreitet werden.

ISBN 978-3-8158-3136-6

### Wichtiger Hinweis

Die in diesem Buch wiedergegebenen Verfahren und Programme werden ohne Rücksicht auf die Patentlage mitgeteilt. Sie sind für Amateur- und Lehrzwecke bestimmt.

Alle technischen Angaben und Programme in diesem Buch wurden von den Autoren mit größter Sorgfalt erarbeitet bzw. zusammengestellt und unter Einschaltung wirksamer Kontrollmaßnahmen reproduziert. Trotzdem sind Fehler nicht ganz auszuschließen. DATA BECKER sieht sich deshalb gezwungen, darauf hinzuweisen, dass weder eine Garantie noch die juristische Verantwortung oder irgendeine Haftung für Folgen, die auf fehlerhafte Angaben zurückgehen, übernommen werden kann. Für die Mitteilung eventueller Fehler sind die Autoren jederzeit dankbar.

Wir weisen darauf hin, dass die im Buch verwendeten Soft- und Hardwarebezeichnungen und Markennamen der jeweiligen Firmen im Allgemeinen warenzeichen-, marken- oder patentrechtlichem Schutz unterliegen.

# Vorwort

## Zu Excel

Microsoft Excel, insbesondere in den Versionen Excel 2010 und Excel 2013, ist ein mächtiges und umfangreiches Programm. Neben Word und Outlook ist Excel das meistgenutzte Programm aus dem Office-Paket.

Excel ist ein technisch sehr ausgereiftes Produkt. Es gibt für alle möglichen und unmöglich erscheinenden Fragestellungen eine entsprechende Lösung. Allerdings ist diese nicht immer sofort klar und auf den ersten Blick ersichtlich. Genau hier setzt dieses Buch an.

## Zu diesem Buch

Dieses Buch hat den Anspruch, als praxisorientiertes Lösungsbuch zu dienen. Sie finden darin, gegliedert nach Themengebieten, weit mehr als 500 praxisbezogene Fragestellungen mit den zugehörigen Lösungsvorschlägen.

Da sich im Wesentlichen vier verschiedene Excel-Versionen im Praxiseinsatz befinden (Excel 2003, Excel 2007, Excel 2010 und aktuell Excel 2013), war die Grundidee, ein Buch zu schreiben, das für alle vier Versionen gleichermaßen verwendet werden kann. Weil sich die Excel-Versionen 2013, 2010 und 2007 sehr ähneln, enthalten die entsprechenden Beispiele den Hinweis, dass der Tipp „ab Excel 2007" gültig ist. Nahezu alle Tipps werden anhand der neuen Version 2013 beschrieben, Besonderheiten der einzelnen Versionen sind im Kontext der Tipperläuterungen jeweils gekennzeichnet. Gravierende Unterschiede zwischen den Versionen werden in kleinen Exkursen erläutert.

Gemäß dem Motto „weniger ist oft mehr" haben wir in diesem Buch darauf geachtet, dass die Tipps und Beispiele ohne theoretischen Ballast auskommen. Unsere jahrelangen Erfahrungen haben immer wieder gezeigt, dass ein Beispiel und ein Bild komplexe Sachverhalte in der Regel sehr viel schneller verständlich machen können als umfangreiche Textvorträge und theoretische Ausschweifungen. Natürlich wird aber auch auf theoretisches Hintergrundwissen eingegangen, und zwar dort, wo es notwendig ist.

Ziel dieses Buchs ist nicht nur, allgemeine Einstellungen und grundlegende Themen zu behandeln, sondern auch ein wenig über den Tellerrand hinauszublicken.

## Download der Tabellenbeispiele

Zu den einzelnen Tipps und Beispielen liegen gegliedert nach Kapitel und Themengebiet Excel-Dateien vor. Diese können Sie im **Downloadbereich** der DATA BECKER-Webseite unter folgender Internetadresse herunterladen:

*www.databecker.de/buch-dl*

# Vorwort

## Zu den Lesern

Das vorliegende Buch ist für ambitionierte Anfänger wie auch für fortgeschrittene Excel-Anwender und sogar für Excel-Profis gedacht. Um alle Tipps verstehen und nachvollziehen zu können, ist ein gewisses Maß an Vorkenntnis erforderlich, was aber nicht bedeuten soll, dass nicht auch Laien mit diesem Buch schnell und unkompliziert zum Ziel gelangen.

## Zu den Autoren

**Alois Eckl** ist Betriebswirt, Bilanzbuchhalter und Geschäftsführer von Excel-Inside Solutions. Zuvor war er einige Jahre im Bereich Wirtschaftsprüfung, Steuerberatung, Unternehmensberatung und Controlling tätig. Er hat sich in mehr als 20 Jahren ein großes und vor allem praxisbezogenes Know-how zu Microsoft Office und speziell zu Microsoft Excel erworben. Seit 15 Jahren programmiert er professionelle Office-, Excel- und Access-Lösungen sowie Schnittstellen und Automatisierungen für die unterschiedlichsten Bereiche, Branchen und Anwendungsgebiete. Darüber hinaus gibt er als Buchautor und Autor bei verschiedenen Fachzeitschriften sein Wissen über Excel weiter. Weitere Informationen zum Autor finden Sie unter *http://www.excel-inside.de*.

**Hartmut Erb** ist Diplom-Betriebswirt (FH) und Geschäftsführer der IMS-CONSULTING Hartmut Erb, eines unabhängigen Beratungsunternehmens, das sich auf Lösungen für das Controlling und die Unternehmenssteuerung von kleinen und mittelständischen Unternehmen unterschiedlicher Branchen spezialisiert hat. In seiner über 20-jährigen Tätigkeit als Controller und Unternehmensberater in verschiedensten Branchen hat er sich seit einigen Jahren auf das Thema Business Intelligence und OLAP auf Excel-Basis spezialisiert. Sein Know-how macht er in einer Vielzahl von Büchern und Veröffentlichungen, aber auch in Seminaren einem breiten Interessentenkreis zugänglich. Weitere Informationen zum Autor finden Sie unter *www.ims-consulting.biz*.

**Bernhard Sproll** ist Diplom-Ökonom und Unternehmensberater für Informations- und Publishing-Management. Zu seinen Tätigkeitsschwerpunkten zählt die Konzeption und Implementierung komplexer Lösungen auf Basis von Microsoft Excel. Seine Expertise erwarb er unter anderem in seiner über zehnjährigen Tätigkeit als Führungskraft und Information Manager bei einer der größten deutschen Mediengruppen. Dort koordinierte er eine Reihe von Projekten zur Optimierung der Informations- und Publishing-Architektur sowie der verbundenen Systeme und Prozesse. Zudem verantwortete er die operative Steuerung von redaktionellen und Publishing-Prozessen sowie die Konzeption und Implementierung von Softwaretools für kleine und mittlere Unternehmen als Zielgruppe. Weitere Informationen zum Autor finden Sie unter *http://www.excel-inside.de*.

## Danksagung

Wir möchten uns bei allen Personen herzlich bedanken, die uns bei der Umsetzung dieser Buchidee begleitet und unterstützt haben. Speziell möchten wir an dieser Stelle das Team rund um Herrn Peter Meisner nennen.

Ein besonderer Dank gilt auch unseren Familien, die uns geduldig zur Seite standen und die Anspannung während der Arbeiten mit uns geteilt haben.

Nun aber wünschen wir Ihnen viel Erfolg und viel Spaß mit diesem Buch.

Alois Eckl   Hartmut Erb   Bernhard Sproll

# Inhaltsverzeichnis

**1. Erfassen Sie Daten effektiv und komfortabel** ............................ 24

1.1 **So lässt sich die manuelle Datenerfassung vereinfachen** ...................... 24
- Tipp 1: Unterstützung der Datenerfassung mit Masken ........................ 24
- Tipp 2: Daten in mehreren Tabellenblättern gleichzeitig erfassen ............ 26
- Tipp 3: Datum und Zeit über Shortcut erfassen .............................. 27
- Tipp 4: Datum und Uhrzeit über Zehnertastatur eingeben ..................... 28
- Tipp 5: Daten über das Ausfüllkästchen erfassen ............................ 29
- Tipp 6: Komfortables Ausfüllen mit individuellen Reihen .................... 30
- Tipp 7: Ausfüllen auf der Basis von benutzerdefinierten Listen ............. 32
- Tipp 8: Einträge mit Text-Zahlen-Kombinationen per AutoAusfüllkästchen fortlaufend um 1 erhöhen ...................... 33
- Tipp 9: Korrekte Datenerfassung über die Funktion AutoKorrektur sicherstellen .. 33
- Tipp 10: AutoFormatierung bei der Dateneingabe deaktivieren ................ 34
- Tipp 11: Nullwerte einfach ausblenden ...................................... 35
- Tipp 12: Das Ergebnis einer Berechnung geschickt einfügen .................. 36
- Tipp 13: Komplexe Formeln einfacher verstehen .............................. 37
- Tipp 14: Einfache Wiederholung der letzten Aktion .......................... 38
- Tipp 15: Eingaben aus der Drop-down-Auswahlliste vornehmen ................. 38
- Tipp 16: Löschen von bestimmten Werten untersagen .......................... 39
- Tipp 17: Nicht zusammengehörige Zellen mit einer Eingabe füllen ............ 40
- Tipp 18: Anzahl der Rückgängig-Schritte erhöhen ............................ 40
- Tipp 19: Markierung auf Tabellenblatt in Abhängigkeit von gewählter Spalte verschieben ................................... 42

1.2 **Praktische Erleichterungen beim Kopieren und Einfügen** ........................ 44
- Tipp 1: Schnelles Kopieren per Doppelklick ................................. 44
- Tipp 2: Inhalte und Formeln der vorhergehenden Zellen kopieren ............. 44
- Tipp 3: Transponieren eines Zellbereichs – Zeilen und Spalten ganz einfach vertauschen ............................................ 45
- Tipp 4: Berechnungen beim Einfügen durchführen – Preiserhöhung auf eine Preisliste anwenden ............................................... 47
- Tipp 5: In verschiedenen Zellen die gleichen Inhalte oder die gleichen Formeln schnell einfügen ............................................... 48
- Tipp 6: Schneller Zugriff auf die Zwischenablage ........................... 49
- Tipp 7: Formeln ohne Anpassen der Bezüge kopieren .......................... 50
- Tipp 8: Daten via Kontextmenü kopieren und einfügen ........................ 51

1.3 **Kniffe und Tricks zum Navigieren** ....................................... 52
- Tipp 1: Schnell zu einer bestimmten Zelladresse springen ................... 52
- Tipp 2: Ausgewählte Zellinhalte schnell selektieren ........................ 53
- Tipp 3: Zellennavigation per Shortcut ...................................... 54
- Tipp 4: Bereiche schnell und komfortabel über das Namensfeld selektieren ... 56
- Tipp 5: Alle Zeilen und Spalten markieren .................................. 57

|   |   |   |
|---|---|---|
| | Tipp 6: Add-in zum schnellen Navigieren | 58 |
| | Tipp 7: Schnell zum individuellen Standardfestplattenordner wechseln | 59 |
| | Tipp 8: Die ominöse Funktion BEREICH.VERSCHIEBEN() visualisieren | 60 |
| | Tipp 9: Tabellen vergleichen | 63 |
| **1.4** | **Professionelle Gültigkeitsprüfungen zur Datenerfassung** | **64** |
| | Tipp 1: Sichere Datenerfassung: Grundsätzliches zur Gültigkeitsprüfung | 64 |
| | Tipp 2: Informationen zur Datenerfassung vorgeben | 65 |
| | Tipp 3: Gültigkeitskriterien aus Listen verwenden | 66 |
| | Tipp 4: Eingaben auf Ziffern bzw. Buchstaben beschränken | 68 |
| | Tipp 5: Eingaben von Texten auf eine definierte Länge beschränken | 70 |
| | Tipp 6: Eingaben von Leerzeichen verhindern | 70 |
| | Tipp 7: Eingaben von Leereinträgen ermöglichen | 71 |
| | Tipp 8: Doppelte Einträge verhindern | 72 |
| | Tipp 9: Doppelte Gültigkeitsliste mit dynamischer Anpassung der Einträge | 74 |
| | Tipp 10: Eingaben nur in aufsteigender Reihenfolge zulassen (aufsteigende Nummerierung) | 76 |
| | Tipp 11: Eingaben bis zu einem definierten Grenzwert zulassen | 76 |
| | Tipp 12: Variable Datumsprüfung – Eingabe von Datumswerten auf den aktuellen Tag beschränken | 77 |
| | Tipp 13: Datumsangaben ablehnen, die auf ein Wochenende fallen | 78 |
| | Tipp 14: Datumswerte auf einen vorgegebenen Zeitraum beschränken | 79 |
| | Tipp 15: Gültigkeitsprüfungen auf andere Zellen beziehen | 80 |
| | Tipp 16: Zwei Drop-down-Gültigkeitslisten miteinander verknüpfen | 81 |
| | Tipp 17: Gültigkeitsprüfung mit variabel wählbaren Gültigkeitslisten | 83 |
| | Tipp 18: Akustische Warnung, wenn der Wert die vorgegebene Grenze überschreitet | 85 |
| | Tipp 19: Über eine Gültigkeitsliste nützliche Makros starten | 86 |
| | Tipp 20: Über eine Gültigkeitsliste Gitternetzlinien ein- und ausschalten | 86 |
| | Tipp 21: Über eine Gültigkeitsliste Registerkarten ein- und ausblenden | 87 |
| | Tipp 22: Über eine Gültigkeitsliste Zeilen- und Spaltenbezeichnungen ein- und ausblenden | 88 |
| | Tipp 23: Über eine Gültigkeitsliste die Bearbeitungsleiste ein- und ausblenden | 89 |
| | Tipp 24: Über eine Gültigkeitsliste den Vollbildmodus ein- und ausschalten | 90 |
| | Tipp 25: Über eine Gültigkeitsliste die Mappenberechnung ein- und ausschalten | 90 |
| | Tipp 26: Über eine Gültigkeitsliste die Blattberechnung anstoßen | 91 |
| **2.** | **Formatierungen zielgerichtet einsetzen** | **95** |
| **2.1** | **Bedingte Formatierungen sinnvoll einsetzen** | **95** |
| | Tipp 1: Wenn die definierten Bedingungen erfüllt werden: Grundsätzliches zur bedingten Formatierung | 95 |
| | Tipp 2: Schnelle Orientierung in langen Listen: Leselinien einfügen | 96 |
| | Tipp 3: Für mehr Übersicht: Gruppierungslinien erzeugen | 98 |
| | Tipp 4: Den ersten Eintrag einer Liste hervorheben | 100 |
| | Tipp 5: Zellen in Abhängigkeit vom Inhalt formatieren | 101 |
| | Tipp 6: Extremwerte kennzeichnen | 104 |

| | | |
|---|---|---|
| Tipp 7: | Eindeutige Datensätze kennzeichnen | 106 |
| Tipp 8: | Doppelte Datensätze hervorheben | 107 |
| Tipp 9: | Fällige Rechnungen kennzeichnen | 109 |
| Tipp 10: | Über- und Unterschreitung von Schwellenwerten kennzeichnen | 110 |
| Tipp 11: | Wochenenden und Wochentage in einem Kalender hervorheben | 111 |
| Tipp 12: | Alle Datensätze in einem bestimmten Zeitraum kennzeichnen | 112 |
| Tipp 13: | Drei Tage vor und nach dem aktuellen Datum markieren | 114 |
| Tipp 14: | Die aktuelle Kalenderwoche in einer Datumsliste kennzeichnen | 115 |
| Tipp 15: | Gesamte Zeile hervorheben, wenn eine Bedingung erfüllt ist | 116 |
| Tipp 16: | Soll-Ist-Abweichungsanalyse mit Tendenzpfeilen unterstützen | 117 |
| Tipp 17: | Bedingte Formatierung mit Bezug auf ein anderes Tabellenblatt | 120 |
| Tipp 18: | Alle Zellen ohne Zellschutz kennzeichnen | 122 |
| Tipp 19: | Mehr als drei Bedingungen unter Excel 2003 realisieren | 123 |
| Tipp 20: | Fehlerwerte ausblenden | 125 |
| Tipp 21: | Texte und Textteile schnell aufspüren | 126 |
| Tipp 22: | Erweiterte und verbesserte Datenbalken ab Excel 2010 | 127 |
| Tipp 23: | Symbolsätze in Excel 2010 und Excel 2013 einfacher und flexibler auswählen | 129 |

## 2.2 Benutzerdefinierte Formate in der Praxis .................................................. 130

| | | |
|---|---|---|
| Tipp 1: | Vorab: Grundsätzliches zum benutzerdefinierten Zellenformat | 130 |
| Tipp 2: | Verschiedene benutzerdefinierte Zahlenformate erstellen | 132 |
| Tipp 3: | Negative Werte hervorheben | 133 |
| Tipp 4: | Negative Werte unterdrücken | 134 |
| Tipp 5: | Werte über einer Million formatieren | 135 |
| Tipp 6: | Wertabhängige benutzerdefinierte Zahlenformatierung | 136 |
| Tipp 7: | Nur Zahlen innerhalb eines bestimmten Wertebereichs anzeigen | 137 |
| Tipp 8: | Benutzerdefinierte Zahlenformate mit individuellen Zusatzangaben erstellen | 138 |
| Tipp 9: | Hundertstelsekunden darstellen | 139 |
| Tipp 10: | Stunden über die 24-Stunden-Grenze hinaus darstellen | 140 |
| Tipp 11: | Datenschutz über benutzerdefinierte Zellenformate herstellen | 140 |
| Tipp 12: | Dezimalzahl als Bruch anzeigen | 141 |
| Tipp 13: | Zahlen buchhalterisch als Soll und Haben anzeigen | 142 |
| Tipp 14: | Eigene Zellenformatvorlagen definieren | 143 |

## 2.3 Profitipps und -tricks für den Alltag .................................................. 145

| | | |
|---|---|---|
| Tipp 1: | Zwei Überschriften in einer einzigen Zelle anzeigen | 145 |
| Tipp 2: | Zellinhalte auf Textfelder verlinken | 146 |
| Tipp 3: | Teilergebnissummen automatisch hervorheben | 147 |
| Tipp 4: | Einträge links- und rechtsbündig in einer Zelle anzeigen | 148 |
| Tipp 5: | Ziffern in verschiedenen internationalen Ziffernzeichen anzeigen | 150 |
| Tipp 6: | Uhrzeitangaben grafisch als Analoguhr darstellen | 151 |
| Tipp 7: | Eingaben komplett anders darstellen | 152 |
| Tipp 8: | Abweichungen mit Smileys visualisieren | 153 |
| Tipp 9: | Unerwünschte Zeichen mit einer eigenen Funktion entfernen | 154 |
| Tipp 10: | GROSS, GROSS2 und KLEIN – schnelle Textformatierung und -korrektur | 155 |

# 3. So haben Sie Arbeitsmappen und Tabellenblätter voll im Griff ............ 160

## 3.1 Tabellenblätter effektiv managen ............ 160
- Tipp 1: Zugriff auf einen definierten Tabellenbereich beschränken ............ 160
- Tipp 2: Die Bewegung des Zellzeigers auf einen bestimmten Tabellenausschnitt beschränken ............ 161
- Tipp 3: Die Bewegung des Zellzeigers auf ungeschützte Zellen beschränken ............ 163
- Tipp 4: Gemeinsamen Dateizugriff auf verschiedene Zellbereiche herstellen ............ 164
- Tipp 5: Wiedereinblenden von ausgeblendeten Tabellenblättern verhindern ............ 166
- Tipp 6: Inhaltsverzeichnis aller Tabellenblätter erzeugen ............ 167
- Tipp 7: Per Hyperlink innerhalb einer Arbeitsmappe navigieren ............ 168
- Tipp 8: Per Hyperlink zu anderen Arbeitsmappen navigieren ............ 168
- Tipp 9: Professionelle Tabellennavigation erstellen ............ 169
- Tipp 10: Benutzerdefinierte Seitennummerierung einrichten ............ 173
- Tipp 11: Einen dynamischen Übertrag aus dem vorherigen Tabellenblatt bei unterschiedlicher Listenlänge realisieren ............ 174

## 3.2 Arbeitsmappen effektiv managen ............ 175
- Tipp 1: Verlinkte Arbeitsmappen öffnen ............ 175
- Tipp 2: Die Kopie einer bestehenden Arbeitsmappe öffnen ............ 176
- Tipp 3: Persönliche Informationen aus Dateien entfernen ............ 177
- Tipp 4: Arbeitsmappen mittels digitaler Signatur legitimieren ............ 181
- Tipp 5: Pfad und Dateiname im Adressfeld anzeigen ............ 182
- Tipp 6: Arbeitsmappe nach einem definierten Zeitpunkt nicht mehr öffnen ............ 183
- Tipp 7: Fenster fixieren ............ 184
- Tipp 8: Fenster teilen ............ 185
- Tipp 9: Dateinamen aus dem Pfad extrahieren ............ 186

## 3.3 Mustervorlagen sinnvoll einsetzen ............ 187
- Tipp 1: Schnelles Anpassen der Standardschriftart ............ 187
- Tipp 2: Erstellen und Anpassen von Formatvorlagen ............ 188
- Tipp 3: Benutzerdefinierte Vorlagen erstellen ............ 190
- Tipp 4: Vorlagendatei beim Excel-Start automatisch öffnen ............ 192

# 4. Formeln effektiv und professionell einsetzen ............ 194

## 4.1 Wichtige Infos zum Umgang mit Formeln und Funktionen ............ 195
- Tipp 1: Einführung in den Funktions-Assistenten ............ 195
- Tipp 2: Sichere Überwachung von einzelnen Formelergebnissen ............ 198
- Tipp 3: Überwachung ganzer Tabellenausschnitte ............ 199
- Tipp 4: Vorhandene Formeln direkt im Tabellenblatt anzeigen ............ 200
- Tipp 5: Zellinhalt und Formel einer Zelle gleichzeitig anzeigen ............ 201
- Tipp 6: Formeln intelligent zusammenbauen ............ 202
- Tipp 7: Formeln verkleinern ............ 203
- Tipp 8: Kopieren von mehreren Formeln ohne Veränderung der Zellbezüge ............ 205
- Tipp 9: Formelzellen schützen ............ 206
- Tipp 10: Formeln auswerten und prüfen ............ 208
- Tipp 11: Sicherer Umgang mit Zirkelbezügen ............ 209

|       | Tipp 12: Spalten- und Zeilenüberschriften in Berechnungen verwenden (bis Excel 2003) | 210 |
|---|---|---|
|       | Tipp 13: Anzeige von Berechnungen in der Statusleiste | 212 |
|       | Tipp 14: Tabellenblattübergreifende Berechnungen mit 3-D-Bezügen durchführen | 213 |
| 4.2   | **Matrixfunktionen auf den Punkt gebracht** | 216 |
|       | Tipp 1: Der einfache Umgang mit Matrixfunktionen | 216 |
|       | Tipp 2: Der einfache Umgang mit Matrixkonstanten | 217 |
|       | Tipp 3: Besonderheiten bei der Bearbeitung von Matrizen | 218 |
|       | Tipp 4: Erläuterung der Matrixfunktion anhand eines Praxisbeispiels | 219 |
|       | Tipp 5: Fehlzeiten addieren mit Matrixformeln | 220 |
|       | Tipp 6: Bedingte Summierung über mehrere Spalten | 221 |
|       | Tipp 7: Die letzte Zelle in einem benutzten Bereich ermitteln | 221 |
| 4.3   | **Die clevere Verwendung von Namen** | 222 |
|       | Tipp 1: Die sinnvolle Verwendung von Namen in der Praxis | 222 |
|       | Tipp 2: Namen für eine Konstante vergeben | 224 |
|       | Tipp 3: Berechnende Namensverweise verwenden | 225 |
|       | Tipp 4: Namen automatisch aus Zeilen- und Spaltenüberschriften erzeugen | 226 |
|       | Tipp 5: Namen in Bezüge zurückverwandeln | 227 |
|       | Tipp 6: Auflistung aller verwendeten Namen | 228 |
| 4.4   | **Maßgeschneiderte Textfunktionen** | 231 |
|       | Tipp 1: Text, Zahlen- und Datumsformate in einer Zelle kombinieren | 231 |
|       | Tipp 2: Vor- und Nachnamen aus einer Zelle extrahieren | 232 |
|       | Tipp 3: Textteile innerhalb einer Zelle vertauschen | 234 |
|       | Tipp 4: Zellinhalte in Text- und Zahlenbestandteile aufteilen | 234 |
|       | Tipp 5: Beliebige Ziffernfolgen aus einem Text extrahieren | 235 |
|       | Tipp 6: Eindeutige Schlüssel, sogenannte Primary Keys, erzeugen | 236 |
|       | Tipp 7: Häufigkeit eines Teilstrings in einem Bereich ermitteln | 237 |
|       | Tipp 8: Die ersten vier Wörter eines Texts extrahieren | 239 |
|       | Tipp 9: Überflüssige Zeichen aus einem Text entfernen | 240 |
|       | Tipp 10: Umlaute aus einem Text entfernen | 240 |
|       | Tipp 11: Vor- und Nachnamen aus E-Mail-Adressen auslesen | 241 |
|       | Tipp 12: Texte bis zu einer bestimmten Länge auffüllen | 242 |
|       | Tipp 13: Dynamisch Zellen aus einem Bereich verketten | 242 |
| 4.5   | **Professionelle Datumsfunktionen** | 243 |
|       | Tipp 1: Auf einen Blick: der Aufbau des Datumsformats | 243 |
|       | Tipp 2: Erläuterung der verschiedenen Datumsformate | 244 |
|       | Tipp 3: Gültiges Datum aus Tag, Monat und Jahr zusammenbauen und wieder zerlegen | 246 |
|       | Tipp 4: Erzeugung dynamischer Datumsangaben | 248 |
|       | Tipp 5: Ermittlung des Datums aus Jahr, Kalenderwoche und Wochentag | 248 |
|       | Tipp 6: Datumsdifferenzen in Jahren, Monaten und Tagen ermitteln | 249 |
|       | Tipp 7: Zinstage auf der Basis von 360 Tagen ermitteln | 251 |
|       | Tipp 8: Datumsangaben in WENN-Abfragen verwenden | 251 |
|       | Tipp 9: Rechnen mit Datumsangaben vor dem 01.01.1900 | 252 |

Tipp 10: Der wievielte Tag im Jahr ist heute – und wie viele Tage sind es noch bis zum 31.12.? ............ 253
Tipp 11: Ermittlung des Monatsletzten ............ 254
Tipp 12: Der wievielte Dienstag im Monat ist heute? ............ 255
Tipp 13: Ermittlung von beweglichen Feiertagen ............ 256
Tipp 14: Rechnen mit Arbeitstagen ............ 258
Tipp 15: Handelt es sich um einen Arbeitstag? ............ 259
Tipp 16: Ermittlung des letzten Arbeitstags im Monat ............ 261
Tipp 17: Wann fällt ein Wochentag auf ein bestimmtes Datum? ............ 262
Tipp 18: Berechnung der Kalenderwoche nach DIN 1355/ISO 8601 ............ 263
Tipp 19: Datum aus Kalenderwoche und vorgegebenem Wochentag ermitteln ............ 266
Tipp 20: Datum des Wochenanfangs und des letzten Wochentags ermitteln ............ 267
Tipp 21: Auflistung von Wochentagen ohne Wochenenden erzeugen ............ 268
Tipp 22: Eine beliebige Anzahl von Monaten einem Datum hinzuaddieren ............ 268
Tipp 23: Summierung von Umsätzen nach Quartalen ............ 269
Tipp 24: Ermittlung von Schaltjahren ............ 270
Tipp 25: Ermittlung der Sommer- und Winterzeit ............ 271
Tipp 26: Kalenderwochen rückwärts zählen ............ 271
Tipp 27: Bestimmung von Arbeitswoche und Wochenende mit Excel 2010 und Excel 2013 ............ 273
Tipp 28: Ermittlung des Projektendtermins unter der Voraussetzung, dass sonntags und montags nicht am Projekt gearbeitet wird ............ 275
Tipp 29: Anzahl der Februartage für ein bestimmtes Jahr ermitteln ............ 276

## 4.6 Zeitfunktionen praxisbezogen einsetzen ............ 277
Tipp 1: Ungleichmäßige Zeichenketten in Zeit umwandeln ............ 277
Tipp 2: Der Aufbau des Zeitformats ............ 278
Tipp 3: Erläuterung der verschiedenen Uhrzeitformate ............ 278
Tipp 4: Zeit in Stunden-, Minuten- und Sekundenangaben zerlegen und wieder zusammenfügen ............ 279
Tipp 5: Zeitangaben in Industrieminuten umrechnen ............ 280
Tipp 6: Dezimalzahl in Stunden, Minuten und Sekunden umrechnen ............ 281
Tipp 7: Ermittlung verschiedener Weltzeitzonen ............ 282
Tipp 8: Positive und negative Zeitdifferenzen in Minuten und Stunden ermitteln ............ 282
Tipp 9: Ermittlung von Zeitdifferenzen bei Nachtschichten über die 0-Uhr-Grenze hinaus ............ 283
Tipp 10: Summieren von Stundenwerten über die 24-Stunden-Grenze hinaus ............ 284
Tipp 11: Runden von Uhrzeiten ............ 286
Tipp 12: Ermittlung von Stundenangaben innerhalb eines Zeitraums ohne Berücksichtigung von Wochenenden ............ 287
Tipp 13: Ermittlung des Stundenlohns ............ 288
Tipp 14: Ermittlung der Durchschnittsgeschwindigkeit ............ 288
Tipp 15: Trennen von Datum und Uhrzeit ............ 289
Tipp 16: VBA-Makro zu einer vorgegebenen Zeit ausführen ............ 289
Tipp 17: Laufende Uhrzeit in eine Zelle eintragen ............ 290

## 4.7 Finanzmathematik für die tägliche Arbeit ............ 291
Tipp 1: Auf- und Abzinsungsfaktoren ............ 291
Tipp 2: Zinsberechnungen im Überblick ............ 293

| | Tipp 3: | Ermittlung der monatlichen Ratenzahlung (Annuität) eines Darlehens | 300 |
|---|---|---|---|
| | Tipp 4: | Tilgungsanteil für einen Kredit in einem bestimmten Zeitraum ermitteln | 301 |
| | Tipp 5: | Zinsanteil für einen Kredit in einem bestimmten Zeitraum ermitteln | 303 |
| | Tipp 6: | Ermittlung des Zinssatzes für einen Kredit | 304 |
| | Tipp 7: | Ermittlung des kumulierten Zins- und Tilgungsanteils | 305 |
| | Tipp 8: | Tilgungsplan für drei Langfristfinanzierungen erstellen | 307 |
| | Tipp 9: | Anzahl regelmäßiger Zahlungen für ein definiertes Endkapital ermitteln | 309 |
| | Tipp 10: | Ermittlung der Ablaufsumme einer Kapitalanlage – Endwert | 311 |
| | Tipp 11: | Ermittlung des Endwerts einer Kapitalanlage bei wechselnden Zinsen | 312 |
| | Tipp 12: | Welcher Zinssatz steckt hinter der Skontoausnutzung? | 313 |
| | Tipp 13: | Wie hoch dürfen die Investitionskosten sein? – Ermittlung des Barwerts | 314 |
| | Tipp 14: | Lineare und degressive Abschreibung | 317 |
| | Tipp 15: | Umstellung von der degressiven auf die lineare Abschreibung | 320 |
| | Tipp 16: | Zukünftige Werte schätzen | 322 |
| | Tipp 17: | Zukünftige Trends prognostizieren | 322 |
| | Tipp 18: | Verzinsung des eingesetzten Kapitals bei Zinssatzsteigerung | 323 |
| | Tipp 19: | Anlagedauer einer Einmalanlage bei jährlicher Verzinsung bis zum gewünschten Endkapital errechnen | 324 |
| | Tipp 20: | Verzugszinsberechnung mit wechselnden Basiszinsen | 325 |
| | Tipp 21: | Einkommensteuerberechnung mit Formel und benutzerdefinierter Funktion | 329 |
| | Tipp 22: | Sozialversicherungsbeiträge berechnen | 335 |
| | Tipp 23: | Durchschnittliche jährliche Wachstumsrate (CAGR) berechnen | 337 |
| **4.8** | **Daten professionell mit Datenbank- und Listenfunktionen verwalten** | | **338** |
| | Tipp 1: | Grundlagen zur Erstellung einer Excel-Datenbank | 338 |
| | Tipp 2: | Zählen von Artikeln mithilfe der Datenbankfunktion DBANZAHL() | 342 |
| | Tipp 3: | Welche Möglichkeiten bietet der Kriterienbereich? | 344 |
| | Tipp 4: | Auswertung von Textinformationen einer Artikelliste mit der Datenbankfunktion DBANZAHL2() | 347 |
| | Tipp 5: | Auswertung für den kleinsten/größten Wert in einer Artikelliste mit den Datenbankfunktionen DBMIN() und DBMAX() | 349 |
| | Tipp 6: | Durchschnittsauswertung der Artikelliste mit der Datenbankfunktion DBMITTELWERT() | 350 |
| | Tipp 7: | Summenauswertung der Artikelliste mit der Datenbankfunktion DBSUMME() | 351 |
| | Tipp 8: | Ein Suchsystem mit der Funktion DBAUSZUG() einrichten | 352 |
| | Tipp 9: | Überführung von Kreuztabellen in Datensätze | 354 |
| | Tipp 10: | Datenblöcke in einer Zeile (einem Datensatz) darstellen | 356 |
| **4.9** | **Funktionen zur Informationsgewinnung** | | **357** |
| | Tipp 1: | Auslesen von Systeminformationen | 357 |
| | Tipp 2: | Auslesen von Dateiinformationen | 360 |
| | Tipp 3: | Verschiedene Zellinformationen auslesen | 361 |
| | Tipp 4: | Prüfen, ob ein bestimmter Name für einen benannten Bereich vorhanden ist | 362 |
| | Tipp 5: | Dateien aus Verzeichnis auslesen | 363 |
| | Tipp 6: | Zellen auf deren Inhalt überprüfen | 364 |
| | Tipp 7: | Zellinhalte mithilfe der Funktion TYP() analysieren | 366 |

## 4.10 Statistische Funktionen für die Praxis ... 367
- Tipp 1: Mittelwerte ... 367
- Tipp 2: Varianz und Standardabweichung ... 376
- Tipp 3: Indexermittlung nach Laspeyres, Paasche und Fisher ... 380
- Tipp 4: Kombinatorik – Permutationen, Variationen und Kombinationen ... 383
- Tipp 5: Berechnung der Umsatzprovision ausgehend vom Verkaufserfolg ... 387
- Tipp 6: Rangfolge ohne doppelte Ränge ermitteln ... 388
- Tipp 7: Mittelwert ohne Nullwerte ermitteln ... 389
- Tipp 8: Tendenz einer Zahlenreihe (Umsatzentwicklung) ermitteln ... 391
- Tipp 9: Ermittlung der größten positiven und der größten negativen Differenz in einer Liste ... 392
- Tipp 10: Umwandeln von verschiedenen Maßeinheiten ... 394
- Tipp 11: Zeichen auf Knopfdruck tiefer stellen ... 396

## 4.11 Mathematische Funktionen für den Alltag ... 397
- Tipp 1: Auslesen der ersten Nachkommastelle einer Dezimalzahl ... 398
- Tipp 2: Ermittlung von Primzahlen ... 398
- Tipp 3: Ermittlung der Quersumme ... 399
- Tipp 4: Bestimmung der Fibonacci-Folge ... 401
- Tipp 5: Rechnen mit Brüchen ... 402
- Tipp 6: Alle möglichen Teiler einer Zahl berechnen ... 403
- Tipp 7: EAN-Prüfzifferncode ermitteln ... 404
- Tipp 8: Berechnen und Umwandeln von Dezimal-, Dual-, Hexadezimal- und Oktalzahlen ... 405
- Tipp 9: Römische in arabische Zahlen umwandeln (und vice versa) ... 410
- Tipp 10: Rund ums Runden ... 413

## 4.12 Sofort einsetzbare Summierungsfunktionen und bedingte Berechnungen ... 414
- Tipp 1: Summierung jeder x-ten Zeile ... 414
- Tipp 2: Summierung von absoluten Zahlen ... 415
- Tipp 3: Gerundete Zahlen richtig summieren ... 415
- Tipp 4: Beschränkung intelligent umgehen – Summierung von mehr als 30 Argumenten unter Excel 2003 oder von mehr als 255 Argumenten ab Excel 2007 ... 416
- Tipp 5: Summierung der drei Kunden mit dem höchsten Jahresumsatz ... 417
- Tipp 6: Summierung von Zahlen mit vorangestelltem oder nachfolgendem Text ... 418
- Tipp 7: Dynamische Summierung der ausgewählten Zellen ... 420
- Tipp 8: Bedingte Summierung mit verschiedenen Suchkriterien ... 422
- Tipp 9: Summierung auf der Basis mehrerer Bedingungen ... 423
- Tipp 10: Variable Summierung mit Vorjahresvergleich ... 426
- Tipp 11: Summierung mit indirekter Zellreferenzierung ... 428
- Tipp 12: Summierung bis zu einem bestimmten Monat durchführen ... 429
- Tipp 13: Dynamische Ermittlung von Zwischensummen ... 429
- Tipp 14: Summierung bei doppelt vorkommenden Werten ... 431
- Tipp 15: Summierung von farbigen Zellen ... 432
- Tipp 16: Bereiche per Shortcuts summieren ... 434
- Tipp 17: Summierung identischer Zellen über verschiedene Tabellen hinweg ... 435
- Tipp 18: Verschobene Bereiche summieren ... 436

|   |   |   |
|---|---|---|
| | Tipp 19: Vorzeichenabhängig addieren | 437 |
| | Tipp 20: Summenerhaltendes Runden | 438 |
| **4.13** | **Nützliche Zählfunktionen** | **440** |
| | Tipp 1: ANZAHL, ANZAHL2 und ANZAHLLEEREZELLEN | 440 |
| | Tipp 2: Ermittlung von Zellen mit enthaltener Formel | 441 |
| | Tipp 3: Zählen mit mehreren Bedingungen – doppelte Datensätze ermitteln | 443 |
| | Tipp 4: Datensätze in gefilterter Liste nach Suchkriterium auswerten | 445 |
| | Tipp 5: Lagerbestände nach Alter auswerten | 447 |
| | Tipp 6: Anzahl unterschiedlicher Einträge in einer Liste ermitteln (Ermittlung von Unikaten) | 449 |
| | Tipp 7: Anzahl einzelner, doppelter, dreifacher … Einträge ermitteln | 450 |
| | Tipp 8: Datensätze nach deren Häufigkeit auswerten und entsprechend sortieren | 450 |
| | Tipp 9: Ermittlung aller Zellen mit Text | 452 |
| | Tipp 10: Wie oft ist ein Teilstring in einer Textfolge vorhanden? | 453 |
| | Tipp 11: Zufallszahlen ohne doppelte Werte erzeugen | 454 |
| | Tipp 12: Erzeugung von Passwörtern mit zufälligen Buchstaben-Zahlen-Kombinationen | 455 |
| | Tipp 13: Beträge in Anzahl Scheine und Anzahl Münzen aufteilen | 456 |
| | Tipp 14: Anzahl farbiger Zellen ermitteln | 457 |
| **4.14** | **Maßgeschneiderte Verweisfunktionen** | **458** |
| | Tipp 1: Verweisfunktionen im Überblick | 458 |
| | Tipp 2: Vergleich der Verweisfunktionen SVERWEIS() und INDEX() | 465 |
| | Tipp 3: Daten lückenlos aus einer Liste auslesen | 468 |
| | Tipp 4: Auslesen von Daten mit mehreren Bedingungen | 469 |
| | Tipp 5: Verweise nach links bzw. nach oben herstellen | 470 |
| | Tipp 6: Zeitabhängige Verweise erstellen | 471 |
| | Tipp 7: Ermittlung des Datums, an dem der höchste Tagesumsatz getätigt wurde | 472 |
| | Tipp 8: Ermittlung der letzten benutzten Zeilen- und Spaltennummern sowie der entsprechenden Zellinhalte | 473 |
| | Tipp 9: Provision anhand einer Rabattstaffel ermitteln | 474 |
| | Tipp 10: Daten gezielt über Koordinaten aus einer Kreuztabelle auslesen | 475 |
| | Tipp 11: Flexibel Bezug auf Koordinaten in einem anderen Arbeitsblatt nehmen | 477 |

# 5. Daten bearbeiten, auswerten und analysieren für die tägliche Praxis ... 488

|   |   |   |
|---|---|---|
| **5.1** | **Daten suchen, sortieren und filtern** | **488** |
| | Tipp 1: Analyse und Verwaltung einer Gruppe: der einfache Umgang mit Tabellen ab Excel 2007 | 488 |
| | Tipp 2: Daten suchen und finden unter Verwendung von Platzhalterzeichen (Jokern) | 492 |
| | Tipp 3: Grundlagen der Datensortierung | 493 |
| | Tipp 4: Sortieren auf der Basis von benutzerdefinierten Listen | 494 |
| | Tipp 5: Daten nach Farben sortieren | 496 |
| | Tipp 6: Farbpalette ändern in Excel 2003 | 497 |
| | Tipp 7: Farbpalette ändern ab Excel 2007 | 498 |

| | | |
|---|---|---|
| Tipp 8: | Farbpalette übernehmen in Excel 2003 | 499 |
| Tipp 9: | Sortieren von Geburtstagslisten | 500 |
| Tipp 10: | Die AutoFilter-Funktion im Praxiseinsatz | 501 |
| Tipp 11: | Duplikate aus einer Liste entfernen | 503 |
| Tipp 12: | So lässt sich eine Tabelle mit Bildern korrekt sortieren | 505 |
| Tipp 13: | Duplikate mittels einer Funktion in einer einspaltigen Liste finden | 507 |
| Tipp 14: | Duplikate mittels einer Funktion in einer mehrspaltigen Liste finden | 509 |
| Tipp 15: | Mehrere Filterkriterien mit dem Spezialfilter auswerten | 510 |
| Tipp 16: | Fortlaufende Nummerierung in gefilterten Listen | 512 |
| Tipp 17: | Mehrere unabhängige AutoFilter in einer Tabelle setzen | 513 |
| Tipp 18: | Die erweiterte Filterfunktion in Excel 2010 und Excel 2013 – Finden leicht gemacht | 515 |
| Tipp 19: | Listen mithilfe von Formeln sortieren | 516 |
| Tipp 20: | Liste ohne Leerzeilen mithilfe von Formeln erzeugen | 517 |
| Tipp 21: | Dynamische Liste mit Grafiken | 518 |
| Tipp 22: | Letzten Wert einer Spalte ermitteln | 519 |

## 5.2 Was-wäre-wenn-Analysen, Zielwertsuche und Solver ... 520

| | | |
|---|---|---|
| Tipp 1: | Endkapital einer Geldanlage über die Zielwertsuche ermitteln | 520 |
| Tipp 2: | Break-even-Analyse mithilfe der Zielwertsuche | 521 |
| Tipp 3: | Komplexe Rechnungen „lösen": Grundlagen des Solvers | 522 |
| Tipp 4: | Optimierungsrechnung – Ermittlung des optimalen Deckungsbeitrags unter Berücksichtigung von Engpässen | 524 |
| Tipp 5: | Verschiedene Berechnungsmodelle über die Funktion Mehrfachoperation vergleichen | 528 |

## 5.3 PivotTables zeitsparend und nutzbringend einsetzen ... 530

| | | |
|---|---|---|
| Tipp 1: | Allgemeine Regeln im Umgang mit einer PivotTable | 530 |
| Tipp 2: | Excel 2010 und die verbesserten PivotTable-Funktionen | 531 |
| Tipp 3: | Erstellung der ersten einfachen PivotTable | 533 |
| Tipp 4: | Weitere Teilergebnisse zur PivotTable hinzufügen | 538 |
| Tipp 5: | Verwendung des Bereichsfilters im PivotTable-Bericht | 539 |
| Tipp 6: | Erzeugen der Top-5-Kundenliste | 541 |
| Tipp 7: | Drill-down-Details einblenden | 543 |
| Tipp 8: | Berechnende Felder zum PivotTable-Bericht hinzufügen | 544 |
| Tipp 9: | Gezielt Daten aus einer PivotTable auslesen | 545 |
| Tipp 10: | Filtern von PivotTables mithilfe der neuen Datenschnittfunktion | 548 |
| Tipp 11: | Die Datenschnittfunktion in der Praxis – Ideen und Anregungen | 552 |
| Tipp 12: | PowerPivot – Self Service Business Intelligence kurz vorgestellt | 554 |

## 5.4 Teilergebnisse sinnvoll einsetzen ... 562

| | | |
|---|---|---|
| Tipp 1: | Allgemeine Informationen zum Teilergebnis-Assistenten | 562 |
| Tipp 2: | Teilergebnisse schnell und zielgerichtet erzeugen | 564 |
| Tipp 3: | Mehrere Teilergebnisse verschachteln | 566 |
| Tipp 4: | Teilergebnisse aus der Datenliste entfernen | 568 |
| Tipp 5: | Automatischen Seitenwechsel nach einzelnen Teilergebnissen einfügen | 568 |
| Tipp 6: | Teilergebnisse in gleichförmige Listen manuell eintragen | 569 |

## 5.5 Zielgerichtete Datenkonsolidierung ... 571

| | | |
|---|---|---|
| Tipp 1: | Allgemeine Informationen zum Konsolidieren von Daten | 571 |

|        |          |                                                                                          |     |
|--------|----------|------------------------------------------------------------------------------------------|-----|
|        | Tipp 2:  | Daten einfach konsolidieren anhand eines Praxisbeispiels                                 | 573 |
|        | Tipp 3:  | Konsolidieren mit unterschiedlichen Überschriften und Zeilenbeschriftungen               | 576 |
|        | Tipp 4:  | Nur bestimmte Informationen konsolidieren: Durchführen von Teilkonsolidierungen          | 578 |
| 5.6    | **Professioneller Umgang mit Zellkommentaren**                                                      | 579 |
|        | Tipp 1:  | Zellkommentare auf einen Blick – eine kurze Einführung                                   | 579 |
|        | Tipp 2:  | Formatieren von Zellkommentaren                                                           | 581 |
|        | Tipp 3:  | Bilder in Zellkommentare einbinden                                                        | 583 |
|        | Tipp 4:  | Kommentare drucken                                                                        | 584 |
|        | Tipp 5:  | Anpassen des Benutzernamens                                                               | 586 |
|        | Tipp 6:  | Zellkommentare per Funktion auslesen                                                      | 587 |
|        | Tipp 7:  | Alle Zellkommentare eines Tabellenblatts per Makro formatieren                            | 587 |
| 5.7    | **Umgang mit Steuerelementen und Formularen**                                                       | 589 |
|        | Tipp 1:  | Grundlegende Informationen zu Steuerelementen                                             | 589 |
|        | Tipp 2:  | Das Kombinationsfeld für vordefinierte Einträge                                           | 591 |
|        | Tipp 3:  | Verwendung des Kontrollkästchens in einem Praxisbeispiel                                  | 593 |
|        | Tipp 4:  | Verwendung des Optionsfelds in einem Praxisbeispiel                                       | 595 |

## 6. Professionelle Diagramme, Charts und Präsentationen ... 600

|        |           |                                                                                          |     |
|--------|-----------|------------------------------------------------------------------------------------------|-----|
|        | Tipp 1:   | Mit Excel 2007, Excel 2010 und Excel 2013 ganz einfach ein Diagramm erstellen            | 600 |
|        | Tipp 2:   | Datenbereiche für Diagramme dynamisieren                                                 | 604 |
|        | Tipp 3:   | Einzelne Werte dynamisch hervorheben                                                     | 606 |
|        | Tipp 4:   | Diagramme als statische Bilder einfügen                                                  | 609 |
|        | Tipp 5:   | Zellen ohne Inhalte bei der Diagrammerstellung ignorieren                                | 610 |
|        | Tipp 6:   | Kleine und große Zahlen gleichzeitig in einem Diagramm darstellen                        | 612 |
|        | Tipp 7:   | Informationen in Diagrammen ein- und ausblenden                                          | 613 |
|        | Tipp 8:   | Ein PivotChart einfach erstellen                                                          | 616 |
|        | Tipp 9:   | Mehrere Diagrammtypen kombinieren                                                         | 617 |
|        | Tipp 10:  | Diagramme als Webseite veröffentlichen                                                    | 619 |
|        | Tipp 11:  | Erweiterte Diagrammfunktionen ab Excel 2010                                               | 620 |
|        | Tipp 12:  | Diagramme in PowerPoint integrieren                                                       | 621 |
|        | Tipp 13:  | Diagramme dynamisch mit PowerPoint verknüpfen                                             | 622 |
|        | Tipp 14:  | Diagramme mit Formeln erzeugen                                                            | 623 |
|        | Tipp 15:  | Sparklines ab Excel 2010 – klein, aber fein                                               | 625 |
|        | Tipp 16:  | So können Sparklines modifiziert und an die jeweilige Situation angepasst werden         | 626 |

## 7. Interne und externe Schnittstellen nutzen ... 630

| 7.1    | **Importieren, Exportieren, Verknüpfen**                                                            | 630 |
|--------|-----------|------------------------------------------------------------------------------------------|-----|
|        | Tipp 1:   | Schnelles Arbeiten mit dem Textkonvertierungs-Assistenten                                 | 630 |
|        | Tipp 2:   | Bereinigen von Daten nach dem Importvorgang                                               | 634 |
|        | Tipp 3:   | Interne Schnittstelle – Update von verlinkten Arbeitsmappen                               | 636 |
|        | Tipp 4:   | Externe Links in einer Arbeitsmappe finden und entfernen                                  | 639 |

|  |  |  |  |
|---|---|---|---|
|  | Tipp 5: | Hyperlinks, die besondere Verknüpfung – Start von VBA-Makros über Hyperlinks | 639 |
|  | Tipp 6: | Daten in verschiedene Formate exportieren | 641 |
|  | Tipp 7: | Daten aus dem Internet einlesen und verarbeiten | 642 |
| 7.2 | **Excel im Office-Umfeld** | | 644 |
|  | Tipp 1: | Ausgewählte Datensätze über MS-Query aus Access importieren | 644 |
|  | Tipp 2: | Dynamisieren der Query-Abfrage | 648 |
|  | Tipp 3: | Ausgewählte Datensätze über OLE-DB aus Access einlesen | 650 |
|  | Tipp 4: | Daten an Microsoft Word übergeben | 653 |
|  | Tipp 5: | Automatische Wiedervorlage von Excel-Dateien in Outlook | 655 |

## 8. Nützliche Druck- und Mailfunktionen — 658

|  |  |  |  |
|---|---|---|---|
| 8.1 | **Drucklayout – die besten Tipps und Tricks** | | 658 |
|  | Tipp 1: | Daten beim Ausdruck verbergen | 658 |
|  | Tipp 2: | Den Ausdruck von Steuerelementen verhindern | 660 |
|  | Tipp 3: | Wasserzeichen einfügen | 660 |
|  | Tipp 4: | Wiederholungszeilen auf bestimmte Blätter beschränken | 662 |
|  | Tipp 5: | Ausdruck auf den sichtbaren Bereich beschränken | 663 |
|  | Tipp 6: | Dynamisieren von Druckbereichen | 664 |
|  | Tipp 7: | Fehlerwerte beim Drucken ausblenden | 666 |
|  | Tipp 8: | Drucklayouts für zukünftige Ausdrucke abspeichern | 667 |
|  | Tipp 9: | Erzeugung einer Formelübersicht | 669 |
|  | Tipp 10: | Druck von Tabellen unterbinden | 670 |
| 8.2 | **E-Mail-Funktionen in Excel nutzen** | | 671 |
|  | Tipp 1: | Arbeitsmappe und Tabellenblatt aus Excel per E-Mail versenden | 671 |
|  | Tipp 2: | Markierten Bereich per E-Mail versenden | 674 |
|  | Tipp 3: | Kontakte von Outlook nach Excel übertragen | 676 |

## 9. Excel den individuellen Bedürfnissen anpassen — 679

|  |  |  |  |
|---|---|---|---|
|  | Tipp 1: | Verschiedene Standardeinstellungen für Excel individuell vorgeben | 679 |
|  | Tipp 2: | Individuelle Anpassung von Symbolleisten | 684 |
|  | Tipp 3: | Schnellzugriffsleiste und Symbolleisten sicher im Griff | 687 |
|  | Tipp 4: | Farbpaletten und andere Untermenüs separat darstellen | 687 |
|  | Tipp 5: | Excel individuell starten | 688 |

## 10. So bekommen Sie Fehler problemlos in den Griff — 690

|  |  |  |  |
|---|---|---|---|
|  | Tipp 1: | Fehler suchen und finden | 690 |
|  | Tipp 2: | Überblick über die Fehlerarten in Excel | 692 |
|  | Tipp 3: | Ermitteln, welcher Fehlertyp vorliegt | 692 |
|  | Tipp 4: | Fehler abfragen und unterdrücken | 693 |
|  | Tipp 5: | Unerwartete Fehler bei der Funktion SVERWEIS() unterdrücken | 695 |
|  | Tipp 6: | Vorhandene Fehlerwerte analysieren | 697 |
|  | Tipp 7: | Spur zum Fehler ermitteln | 701 |
|  | Tipp 8: | Automatische Fehleranalyse durchführen | 702 |
|  | Tipp 9: | Intelligente Fehlersuche in Formeln | 705 |

## 11. Neuerungen und Features rund um Excel 2007, 2010 und 2013 ............................................................. 707

### 11.1 News in Excel 2007 ............................................................................................. 707
Tipp 1: Die Benutzeroberfläche von Excel 2007 ................................................. 707
Tipp 2: Das Office-Menü – die zentrale Anlaufstelle .......................................... 710
Tipp 3: Benutzerdefinierte Einstellungen über Excel-Optionen vornehmen ............. 710
Tipp 4: Die Symbolleiste für den Schnellzugriff .................................................. 712
Tipp 5: Die Multifunktionsleiste im Detail ......................................................... 712
Tipp 6: Tastaturbefehle für die Multifunktionsleiste .......................................... 715
Tipp 7: Startprogramm für Dialogfenster ........................................................... 716
Tipp 8: Die erweiterte Bearbeitungsleiste .......................................................... 716
Tipp 9: Erweiterte Kontextmenüs und Minikontextmenüs ab Excel 2007 ........... 717
Tipp 10: Die erweiterte Statusleiste ..................................................................... 718
Tipp 11: Neue Dateiformate ab Excel 2007 ......................................................... 720
Tipp 12: Kompatibilität von Excel 2007/2010 zu Excel 2003 ............................... 721
Tipp 13: Limitationen in Excel 2007/2010/2013 .................................................. 722
Tipp 14: Erweiterte Excel-Funktionen und Assistenten ....................................... 723
Tipp 15: Formatieren mithilfe von Formatkatalogen .......................................... 725
Tipp 16: Neue Designs ab Excel 2007 .................................................................. 726
Tipp 17: Neue Tabellenfunktionen einsetzen ...................................................... 726
Tipp 18: Excel-2007/2010-Arbeitsmappen auf Kompatibilität prüfen ................ 727
Tipp 19: Die neuen Excel-Hilfefunktionen ........................................................... 728

### 11.2 News in Excel 2010 ............................................................................................. 729
Tipp 1: Fakten zu Excel 2010 .............................................................................. 729
Tipp 2: Kompatibilität zwischen den einzelnen Excel-Versionen ....................... 730
Tipp 3: Die neue Backstage in Excel 2010 ........................................................... 730
Tipp 4: So passen Sie das Menüband (die Multifunktionsleiste) unter Excel 2010 an ................................................................................................ 738
Tipp 5: Verwendung des modifizierten Menübands an mehreren Arbeitsplätzen . 740
Tipp 6: Anpassen der Leiste für den Schnellzugriff ............................................ 741
Tipp 7: Ein- und Ausblenden des Menübands ................................................... 742
Tipp 8: Erweitertes Copy-and-paste unter Excel 2010 ....................................... 742
Tipp 9: Erweiterte Löschen-Schaltfläche ............................................................ 743
Tipp 10: Beliebige Screenshots ganz einfach einfügen ........................................ 744
Tipp 11: Einfügen von mathematischen Gleichungen – der neue Formeleditor ....... 745
Tipp 12: Die neue Excel-Solver-Version .............................................................. 746
Tipp 13: Umfangreiche Funktionen zur Bildbearbeitung .................................... 747
Tipp 14: Die neuen Sicherheitsoptionen in Excel 2010 ....................................... 750
Tipp 15: Nutzen der Hilfefunktion – offline und online ...................................... 754
Tipp 16: Mehrere Dateien schnell ins Excel-2007-Format/Excel-2010-Format konvertieren ........................................................................................... 754
Tipp 17: Zugriff auf SkyDrive über Excel 2010 .................................................... 756

### 11.3 Neue Funktionen und Features in Excel 2013 ................................................. 758
Tipp 1: Fakten zu Excel 2013 .............................................................................. 759
Tipp 2: Kompatibilität von Excel 2013 ................................................................ 759
Tipp 3: Diese Office-2013-Varianten gibt es ....................................................... 760

| | | |
|---|---|---|
| Tipp 4: | Das neue Speicherkonzept von Excel 2013 – SkyDrive & Co. | 760 |
| Tipp 5: | Der überarbeitete Backstage-Bereich in Excel 2013 | 763 |
| Tipp 6: | Excel 2013 ohne Startbildschirm ausführen | 764 |
| Tipp 7: | Animationen in Excel 2013 ein- und ausschalten | 765 |
| Tipp 8: | Die neue Schnellanalysefunktion | 766 |
| Tipp 9: | Die neue Blitzvorschaufunktion | 769 |
| Tipp 10: | Weitere Extraktionsmöglichkeiten mithilfe der Blitzvorschaufunktion | 771 |
| Tipp 11: | Neue PivotTable-Funktion: mehrere Datenquellen | 773 |
| Tipp 12: | Neue PivotTable-Funktion: Zeitachsentool | 776 |
| Tipp 13: | Neue Diagrammfunktion: empfohlene Diagramme | 778 |
| Tipp 14: | Neue Diagrammfunktion: Topwerte hervorheben | 781 |
| Tipp 15: | Neue Diagrammfunktion: neue Verbunddiagrammtypen | 783 |
| Tipp 16: | Das Microsoft Office Upload Center | 784 |
| Tipp 17: | Der neue Touch-Modus (Modus für die Fingereingabe) in Excel 2013 | 786 |
| Tipp 18: | Bing Maps in Excel 2013 einbinden | 787 |
| Tipp 19: | Spreadsheet Compare 2013 – Tabellen vergleichen ab Excel 2013 | 791 |
| Tipp 20: | So lässt sich Excel um Apps aus dem App-Store erweitern | 795 |

## 12. Excel online – die Web-Apps ... 800

| | | |
|---|---|---|
| Tipp 1: | Übersicht über die neuen Office-Web-Apps | 800 |
| Tipp 2: | Windows Live.com – SkyDrive einrichten und verwenden | 802 |
| Tipp 3: | Arbeiten mit der Excel-Web-App – Zugriff über den Browser | 804 |
| Tipp 4: | Einbetten von Excel-Tabellen in Webseiten | 806 |
| Tipp 5: | HTML-basierte Datentabellen mithilfe des Excel-Buttons auf einer Webseite anzeigen | 809 |
| Tipp 6: | SkyDrive als Netzlaufwerk in Windows einbinden | 812 |

## 13. Routineaufgaben per Makro erledigen ... 814

| | | |
|---|---|---|
| Tipp 1: | Vorstellung des VBA-Editors | 814 |
| Tipp 2: | Makros aufzeichnen | 819 |
| Tipp 3: | Makros mit einfacher For Next-Schleife | 821 |
| Tipp 4: | Makros mit einfacher If-Anweisung | 824 |
| Tipp 5: | Makros mit Select Case-Bedingung | 826 |
| Tipp 6: | Mit Makros Zellen füllen | 828 |
| Tipp 7: | Mit Makros Zeilen ausblenden | 829 |
| Tipp 8: | Mit Makros Zeilen einblenden | 830 |
| Tipp 9: | Rechnungs- und Angebotsnummer PC-übergreifend dynamisch erzeugen | 831 |
| Tipp 10: | Tabellen automatisch in die richtige Reihenfolge bringen | 834 |
| Tipp 11: | Gefilterte Daten in ein neues Tabellenblatt übertragen | 836 |
| Tipp 12: | Alle Dateien eines Verzeichnisses auflisten | 838 |
| Tipp 13: | Arbeitsmappen automatisch per Microsoft Outlook versenden | 839 |
| Tipp 14: | Alle Verknüpfungen aus einer Arbeitsmappe löschen | 841 |
| Tipp 15: | Alternative Datenerfassung per Schieberegler | 843 |
| Tipp 16: | PivotTable vor dem Ausdruck automatisch aktualisieren | 846 |
| Tipp 17: | Bereits in Excel 2003 nach Farben filtern | 847 |

Tipp 18: Excel-Diagramme automatisch ohne Qualitätsverlust nach PowerPoint
übertragen .................................................................................................. 850
Tipp 19: Zellinformationen per VBA auslesen ................................................... 852
Tipp 20: Tabellen durch Deaktivieren der Delete-Taste schützen ..................... 853
Tipp 21: Pfad und Dateiname in der Titelleiste des Excel-Fensters anzeigen ... 855
Tipp 22: So lassen sich Kommentare aus Zellinhalten erzeugen ...................... 856
Tipp 23: Verbundene Zellen suchen und finden ............................................... 857
Tipp 24: Zahlen aus Text extrahieren ................................................................ 858
Tipp 25: Einzelnes Tabellenblatt in separater Arbeitsmappe abspeichern ....... 860
Tipp 26: Makros über formelbasierte WENN-Abfragen ausführen ................... 861
Tipp 27: Umwandeln von Umlauten per benutzerdefinierter VBA-Funktion ... 862
Tipp 28: xls-Fadenkreuz als Excel-Lesehilfe ...................................................... 864

## 14. Daten schützen ........................................................................................... 866

Tipp 1:  Diverse Möglichkeiten, Daten zu schützen ......................................... 866
Tipp 2:  Der Schutz von Arbeitsmappen ........................................................... 866
Tipp 3:  Der Schutz von Tabellen ....................................................................... 868
Tipp 4:  Quellcode schützen .............................................................................. 869
Tipp 5:  Datenänderungen verhindern .............................................................. 869
Tipp 6:  Das Speichern von Datenänderungen unterbinden ............................ 871
Tipp 7:  Professioneller Datenschutz über Hardware-Dongle .......................... 872

## 15. Neue und geänderte Funktionen ............................................................. 873

### 15.1 In Excel 2010 verbesserte und neue Funktionen ........................................ 873

Tipp 1:  Funktion ARCSINHYP() ........................................................................ 873
Tipp 2:  Funktion BETA.VERT()/BETAVERT() ..................................................... 873
Tipp 3:  Funktion BETA.INV()/BETAINV() .......................................................... 874
Tipp 4:  Funktion BINOM.VERT()/BINOMVERT() .............................................. 874
Tipp 5:  Funktion BINOM.INV()/KRITBINOM() .................................................. 874
Tipp 6:  Funktion CHIQU.INV.RE()/CHIINV() ..................................................... 875
Tipp 7:  Funktion CHIQU.TEST()/CHITEST() ...................................................... 875
Tipp 8:  Funktion UMWANDELN() .................................................................... 875
Tipp 9:  Funktion KUMZINSZ() .......................................................................... 875
Tipp 10: Funktion KUMKAPITAL() ..................................................................... 876
Tipp 11: Funktion F.VERT.RE()/FVERT() ............................................................. 876
Tipp 12: Funktion F.INV.RE()/FINV() .................................................................. 876
Tipp 13: Funktion GEOMITTEL() ....................................................................... 876
Tipp 14: Funktion GAMMA.VERT/GAMMAVERT() ........................................... 876
Tipp 15: Funktion GAMMA.INV/GAMMAINV() ................................................ 877
Tipp 16: Funktion HYPGEOM.VERT()/HYPGEOMVERT() .................................. 877
Tipp 17: Funktion IKV() ..................................................................................... 877
Tipp 18: Funktion LOGNORM.VERT()/LOGNORMVERT() ................................. 878
Tipp 19: Funktion LOGNORM.INV()/LOGNORMINV() ...................................... 878
Tipp 20: Funktion REST() ................................................................................... 878
Tipp 21: Funktion NEGBINOM.VERT()/NEGBINOMVERT() ............................... 878
Tipp 22: Funktion NORM.VERT()/NORMVERT() ............................................... 879

| | |
|---|---|
| Tipp 23: Funktion NORM.INV()/NORMINV() | 879 |
| Tipp 24: Funktion NORM.S.VERT()/STANDNORMVERT() | 879 |
| Tipp 25: Funktion NORM.S.INV()/STANDNORMINV() | 879 |
| Tipp 26: Funktion POISSON.VERT()/POISSON() | 880 |
| Tipp 27: Funktion ZUFALLSZAHL() | 880 |
| Tipp 28: Funktion STABW.S()/STABW() | 880 |
| Tipp 29: Funktion T.VERT()/TVERT() | 880 |
| Tipp 30: Funktion T.INV.2S()/TINV() | 881 |
| Tipp 31: Funktion VAR.S()/VARIANZ() | 881 |
| Tipp 32: Funktion KONFIDENZ.NORM()/KONFIDENZ() | 881 |
| Tipp 33: Funktion NETTOARBEITSTAGE.INTL() | 881 |
| Tipp 34: Funktion ARBEITSTAG.INTL() | 881 |
| Tipp 35: Funktion AGGREGAT() | 882 |
| Tipp 36: Funktion OBERGRENZE.GENAU() | 882 |
| Tipp 37: Funktion UNTERGRENZE.GENAU() | 882 |
| Tipp 38: Funktion CHIQU.VERT() | 882 |
| Tipp 39: Funktion CHIQU.INV() | 882 |
| Tipp 40: Funktion KONFIDENZ.T() | 883 |
| Tipp 41: Funktion KOVARIANZ.S() | 883 |
| Tipp 42: Funktion F.VERT() | 883 |
| Tipp 43: Funktion F.INV() | 883 |
| Tipp 44: Funktion MODUS.VIELF() | 883 |
| Tipp 45: Funktion QUANTIL.EXKL() | 883 |
| Tipp 46: Funktion QUANTILSRANG.EXKL() | 883 |
| Tipp 47: Funktion QUARTILE.EXKL() | 883 |
| Tipp 48: Funktion RANG.MITTELW() | 884 |
| Tipp 49: Funktion T.VERT() | 884 |
| Tipp 50: Funktion T.INV() | 884 |
| **15.2 Neue Funktionen in Excel 2013** | **884** |
| Tipp 1: Funktion BLATT() | 884 |
| Tipp 2: Funktion BLÄTTER() | 884 |
| Tipp 3: Funktion ISTFORMEL() | 885 |
| Tipp 4: Funktion ISOKALENDERWOCHE() | 885 |
| Tipp 5: Funktion TAGE() | 885 |
| Tipp 6: Funktion WENNNV() | 885 |
| Tipp 7: Funktion XODER() | 886 |
| Tipp 8: Funktion FORMELTEXT() | 886 |
| Tipp 9: Funktion ZAHLENWERT() | 886 |
| Tipp 10: Funktion UNIZEICHEN() und UNICODE() | 887 |
| Tipp 11: Funktion ARABISCH() | 887 |
| Tipp 12: Funktion BASIS() | 887 |
| Tipp 13: Funktion DEZIMAL() | 887 |
| Tipp 14: OBERGRENZE.MATHEMATIK() und UNTERGRENZE.MATHEMATIK() | 888 |
| Tipp 15: PDURATION() | 888 |
| Tipp 16: URLCODIEREN() | 888 |
| Tipp 17: WEBDIENST() | 889 |
| Tipp 18: XMLFILTERN() | 889 |

Tipp 19: KOMBINATIONEN2() ............................................................................................. 889
Tipp 20: ARCCOT() ............................................................................................................... 889
Tipp 21: ARCCOTHYP() ....................................................................................................... 889
Tipp 22: COT() ...................................................................................................................... 889
Tipp 23: COTHYP() ............................................................................................................... 889
Tipp 24: COSEC() ................................................................................................................. 890
Tipp 25: COSECHYP() .......................................................................................................... 890
Tipp 26: MEINHEIT() ............................................................................................................ 890
Tipp 27: SEC() ....................................................................................................................... 890
Tipp 28: SECHYP() ............................................................................................................... 890
Tipp 29: BINOM.VERT.BEREICH() ..................................................................................... 890
Tipp 30: GAMMA() ............................................................................................................... 890
Tipp 31: PHI() ........................................................................................................................ 890
Tipp 32: SCHIEFE.P() ........................................................................................................... 891
Tipp 33: IMCOSEC() ............................................................................................................ 891
Tipp 34: IMCOSECHYP() ..................................................................................................... 891
Tipp 35: IMCOT() ................................................................................................................. 891
Tipp 36: IMSEC() .................................................................................................................. 891
Tipp 37: IMSECHYP() .......................................................................................................... 891
Tipp 38: IMSIN() ................................................................................................................... 891
Tipp 39: IMSINHYP() ........................................................................................................... 891
Tipp 40: IMTAN() ................................................................................................................. 892
Tipp 41: BITUND() ............................................................................................................... 892
Tipp 42: BITODER() ............................................................................................................. 892
Tipp 43: BITXODER() .......................................................................................................... 892
Tipp 44: BITLVERSCHIEB() ................................................................................................. 892
Tipp 45: BITRVERSCHIEB() ................................................................................................. 892

## 16. Nützliche Links und kostenfreie Excel-Add-Ins ....................................... 893

Tipp 1:  Professionelle Datenvisualisierung mit Excel ......................................................... 893
Tipp 2:  Mit Palo wird Excel zur professionellen BI-Anwendung ....................................... 894
Tipp 3:  Palo für Excel installieren ........................................................................................ 896
Tipp 4:  Palo-Menü im Überblick ......................................................................................... 897
Tipp 5:  Palo-Bericht erstellen .............................................................................................. 900
Tipp 6:  Palo-Strukturen anpassen ....................................................................................... 901
Tipp 7:  Palo-Daten importieren .......................................................................................... 903
Tipp 8:  Sparklines für Excel (SfE) – ein tolles Grafik-Add-in .............................................. 906
Tipp 9:  SfE-Funktion LineChart() ....................................................................................... 907
Tipp 10: SfE-Funktion BarChart() ........................................................................................ 909
Tipp 11: SfE-Funktion AreaChart() ...................................................................................... 911
Tipp 12: SfE-Funktion HorizonChart() ................................................................................ 912
Tipp 13: SfE-Funktionen HBar() und VBar() ....................................................................... 913
Tipp 14: SfE-Funktion PieChart() ........................................................................................ 913
Tipp 15: SfE-Funktion VariChart() ....................................................................................... 914
Tipp 16: SfE-Funktion BulletChart() .................................................................................... 916
Tipp 17: SfE-Funktion revBulletChart() ............................................................................... 917
Tipp 18: SfE-Funktion StackedChart() ................................................................................. 919

Tipp 19: SfE-Funktion BoxPlot() .................... 920
Tipp 20: SfE-Funktion SpreadChart() .................... 922
Tipp 21: SfE-Funktion StripeChart() .................... 923
Tipp 22: SfE-Funktion CascadeChart() .................... 924
Tipp 23: SfE-Funktion Pareto() .................... 925
Tipp 24: SfE-Funktion HeatMap() .................... 926
Tipp 25: SfE-Funktion ScaleLine() .................... 928
Tipp 26: Der Formelübersetzer .................... 930

# Anhang .................... 932

**Funktionsübersichten** .................... 932
    Funktionsübersicht Deutsch – Englisch .................... 932
    Funktionsübersicht Englisch – Deutsch .................... 937

**Informationen zu Operatoren für Berechnungen** .................... 941

**Priorität von Operatoren** .................... 943

**Praxisorientierte Shortcuts** .................... 944

# Stichwortverzeichnis .................... 946

# 1. Erfassen Sie Daten effektiv und komfortabel

**1.1** So lässt sich die manuelle Datenerfassung vereinfachen .................. 24
**1.2** Praktische Erleichterungen beim Kopieren und Einfügen .................. 44
**1.3** Kniffe und Tricks zum Navigieren .................. 52
**1.4** Professionelle Gültigkeitsprüfungen zur Datenerfassung .................. 64

Ein zentraler Bestandteil im Umgang mit Excel besteht in der Datenerfassung. Dabei entscheidet vor allem die Richtigkeit der erfassten Daten über den Erfolg des Kalkulationsmodells. Eine große Rolle spielt natürlich in der Praxis auch das gesamte Handling des Programms. Lassen Sie sich deshalb im ersten Kapitel überraschen, welche Möglichkeiten Excel für eine sichere und komfortable Datenerfassung bietet.

## 1.1 So lässt sich die manuelle Datenerfassung vereinfachen

Die folgenden Tipps zeigen anhand verschiedener Beispiele, wie Sie sich das Leben durch eine geschickte und durchdachte Datenerfassung erleichtern können.

### Tipp 1: Unterstützung der Datenerfassung mit Masken

Mithilfe der Funktion *Maske* können Sie in einer fortlaufenden Datenliste neue Datensätze anhängen oder bestehende Datensätze löschen. Damit wird die Erfassung komfortabler und übersichtlicher. Dieser Befehl kann ab Excel 2007 jedoch nicht direkt über die Multifunktionsleiste aufgerufen werden, Sie müssen ihn zuerst zur Multifunktionsleiste hinzufügen. In Excel 2003 wird der Befehl über das Menü *Daten/Maske* aufgerufen.

Zum Einblenden des Befehls gehen Sie wie folgt vor:

1 Klicken Sie auf den Pfeil rechts neben der Schnellstartleiste und wählen Sie im Drop-down-Menü den Eintrag *Weitere Befehle*.

## 1.1 So lässt sich die manuelle Datenerfassung vereinfachen

2  Aktivieren Sie im Feld *Befehle auswählen* den Eintrag *Befehle nicht im Menüband* (Excel 2007/2010) bzw. *Nicht im Menüband enthaltene Befehle* (Excel 2013).

3  Suchen Sie aus der sich öffnenden Liste den Eintrag *Maske*. Durch einen Klick auf die Schaltfläche *Hinzufügen* und die anschließende Bestätigung des Dialogfensters mit *OK* wird der Befehl in der Schnellstartleiste angezeigt.

Nun steht der Befehl *Maske* auch in Excel 2007/2010 bzw. Excel 2013 zur Verfügung.

Alternativ können Sie die Datenerfassung über die Datenmaske auch über die Tastenkombination [Alt]+[N]+[M] aufrufen.

### So geht's:

1  Markieren Sie eine beliebige Zelle innerhalb der Datenliste.

2  Der Dialog zur Datenerfassung wird über einen Klick auf das neu eingefügte Symbol in der Schnellstartleiste aufgerufen (Excel 2003: Menü *Daten/Maske*).

3  Mit einem Klick auf die Schaltfläche *Neu* können Daten der Liste hinzugefügt werden.

4  Ein Klick auf die Schaltfläche *Löschen* entfernt den ausgewählten Datensatz aus der Liste.

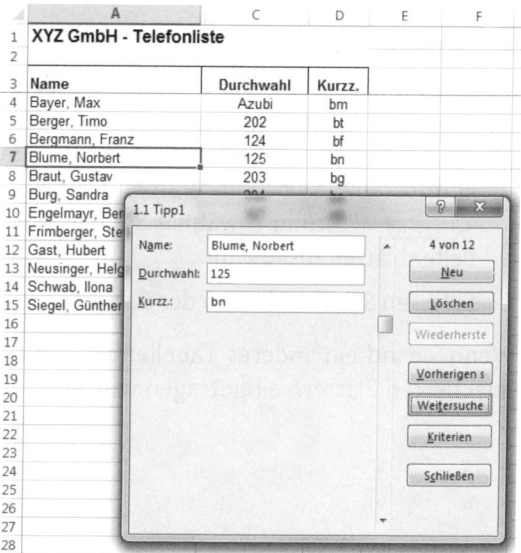

Über diesen Dialog können aber nicht nur neue Daten eingegeben werden, es besteht auch die Möglichkeit, nach bestehenden Daten zu suchen.

*So geht's:*

1 Ein Klick auf die Schaltfläche *Kriterien* schaltet in die Suchfunktion um.

2 Nun können Sie in diesem Beispiel die Datenliste nach dem Namen, der Durchwahl oder dem **K**urzzeichen (*Kurzz.*) durchsuchen.

3 Ein Klick auf die Schaltfläche *Maske* schaltet wieder in die Erfassungsmaske zurück.

→ Verweis: siehe Kapitel 4.8, Tipp 1

## Tipp 2: Daten in mehreren Tabellenblättern gleichzeitig erfassen

In einer Arbeitsmappe mit sechs identisch aufgebauten Tabellenblättern sollen alle Eingaben gleichzeitig in den ausgewählten Tabellenblättern erfasst werden.

Im Beispiel liegt eine Arbeitsmappe mit sechs Tabellenblättern vor. Jede der sechs Filialen wird in einem eigenen Tabellenblatt abgebildet. In allen sechs Blättern sollen Angaben wie z. B. das aktuelle Datum und der Name des Sachbearbeiters eingetragen werden.

Natürlich können Sie diese Angaben für jedes Blatt separat erfassen. Leichter und vor allem effizienter wäre es, wenn Sie die Angaben gleichzeitig in allen Blättern eingeben könnten.

*So geht's:*

1 Selektieren Sie die Tabellenblätter mit den Bezeichnungen *Filiale 1* bis *Filiale 6*, indem Sie bei gedrückter [Strg]-Taste die Tabellenblätter nacheinander anklicken. Da die Tabellenblätter in diesem Fall zusammenhängend sind, gibt es auch eine komfortablere Lösung. Wählen Sie das erste Tabellenblatt aus, drücken Sie die [Umschalt]-Taste und wählen Sie das Blatt *Filiale 6*. Damit werden alle sechs Tabellenblätter ausgewählt.

2 Erfassen Sie den Namen des Sachbearbeiters und das entsprechende Datum.

Wenn Sie auf ein anderes Tabellenblatt wechseln, sehen Sie, dass die Daten in allen selektierten Blättern eingetragen wurden.

1.1 So lässt sich die manuelle Datenerfassung vereinfachen

## Tipp 3: Datum und Zeit über Shortcut erfassen

Sie müssen häufig das aktuelle Datum sowie die aktuelle Uhrzeit in Excel erfassen? Dann wird Ihnen folgender Shortcut die Arbeit erleichtern.

*So geht's:*

1 Über die Tastenkombination [Strg]+[.] (Punkt) tragen Sie in die ausgewählte Zelle das aktuelle Datum ein.

2 Die aktuelle Uhrzeit geben Sie mit der Tastenkombination [Strg]+[Umschalt]+[.] (Punkt) ein.

Alternativ können Sie das Datum und die Zeit auch über eine integrierte Excel-Funktion eintragen.

Erfassen Sie dazu die Funktion =JETZT() in der gewünschten Zelle.

Wenn lediglich das Datum angezeigt werden soll, formatieren Sie die Zelle als reine Datumszelle. Soll hingegen nur die Uhrzeit angezeigt werden, vergeben Sie für diese Zelle ein entsprechendes Zeitformat. Standardmäßig werden mit der Funktion sowohl Datum als auch Zeit angezeigt.

1. Erfassen Sie Daten effektiv und komfortabel

> **Hinweis**
>
> Auf den ersten Blick sieht es so aus, als würden die beiden Möglichkeiten zur Zeiterfassung das gleiche Ergebnis liefern. Die beiden Varianten zur Datums- und Zeiterfassung unterscheiden sich im Ergebnis jedoch wie folgt:
>
> 1. Über die Shortcuts wird ein sogenannter Zeitstempel in die Zelle eingetragen. Dieser ist fix und wird nicht automatisch angepasst.
> 2. Die Funktion *=JETZT()* erzeugt hingegen immer das aktuelle Datum und die aktuelle Zeit. Das bedeutet, bei jeder Neuberechnung der Arbeitsmappe werden die Angaben aktualisiert.

→ Verweis: siehe Kapitel 4.12, Tipp 16, und Anhang, Abschnitt 4

## Tipp 4: Datum und Uhrzeit über Zehnertastatur eingeben

Wenn Sie häufig mit dem Zahlenblock arbeiten, bietet es sich an, auch Datumswerte über die Zehnertastatur zu erfassen. Damit können Datumsangaben wesentlich schneller eingegeben werden.

### So geht's: Datum über Zehnertastatur eingeben

Wenn Sie Tag, Monat und Jahr statt mit einem . (Punkt) jeweils mit einem / (Divisionszeichen) oder dem – (Minuszeichen) trennen, erkennt Excel automatisch, dass es sich um ein Datum handelt, und wandelt es entsprechend um.

Nach Bestätigung mit der [Enter]-Taste wird in Zelle A1 das korrekte Datum, also der 28.05.2012, übernommen. Dabei ist es egal, ob Sie die Tages- oder Monatsangaben zwei- oder einstellig eingeben.

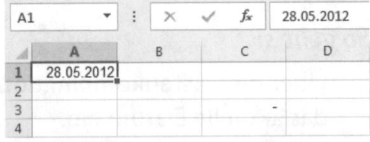

> **Hinweis**
>
> Das Jahr kann zweistellig oder im Fall 09 sogar einstellig erfasst werden. Die Umwandlung funktioniert also mit der Eingabe von 28/5/9 oder 28-5-9 ebenfalls und liefert das gewünschte Datum.

### So geht's: Uhrzeit über Zehnertastatur eingeben

Da auf dem Zehnerblock kein Doppelpunkt zur Verfügung steht, müssen Sie folgenden kleinen Trick anwenden.

1  Öffnen Sie über das Menü *Datei/Optionen* die Rubrik *Dokumentprüfung*. Klicken Sie im Abschnitt *AutoKorrektur-Optionen* auf die Schaltfläche *AutoKorrektur-Optionen* und wechseln Sie zur Registerkarte *AutoKorrektur*:

## 1.1 So lässt sich die manuelle Datenerfassung vereinfachen

- ab Excel 2007: Menü *Office/Excel-Optionen*, Rubrik *Dokumentenprüfung*,
- in Excel 2003: Menü *Extras/AutoKorrektur-Optionen*, Registerkarte *AutoKorrektur*.

2   Erfassen Sie im Feld *Ersetzen* zwei Kommata („), und in das Feld *Durch* geben Sie einen Doppelpunkt (:) ein. Beenden Sie das Dialogfenster mit einem Klick auf *OK*.

Wenn Sie nun über den Zehnerblock eine Uhrzeit erfassen möchten, geben Sie anstatt eines Doppelpunkts zweimal das Komma ein, also beispielsweise 13„20. Excel ersetzt nun diese beiden Kommata durch einen Doppelpunkt und interpretiert damit die Eingabe als korrekte Uhrzeit.

### Tipp 5: Daten über das Ausfüllkästchen erfassen

Sie erfassen häufig auf- oder absteigende Zahlenreihen, beispielsweise Artikelnummern, Bestellnummern oder andere Nummernkreise? Für diesen Zweck stellt Excel eine sehr komfortable und zeitsparende Funktion zur Verfügung.

*So geht's:*

Eine schnelle Möglichkeit, auf- oder absteigende Zahlenreihen zu erfassen, besteht in der Nutzung des Ausfüllkästchens. Das Ausfüllkästchen aktivieren Sie, indem Sie den Mauszeiger auf die rechte untere Ecke der Zellmarkierung setzen. Der Cursor verwandelt sich in ein Plussymbol.

Wenn Sie das Ausfüllkästchen bei gedrückter linker Maustaste nach unten ziehen, erstellt Excel automatisch in Zweierschritten die neuen Artikelnummern.

Auf diese Weise können die unterschiedlichsten auf- oder absteigenden Zahlenreihen erstellt werden. Selbst Zahlen mit Nachkommastellen können so beliebig fortgesetzt werden.

Neben Zahlen können auch Datums- und Zeitwerte über das Ausfüllkästchen in den dargestellten Schritten erzeugt werden.

> **Hinweis**
>
> Excel erkennt automatisch die Nummerierungslogik und setzt diese entsprechend fort. Die Logik des Nummernkreises müssen Sie Excel anhand von mindestens zwei Werten vorgeben.

## Tipp 6: Komfortables Ausfüllen mit individuellen Reihen

Neben dem AutoAusfüllkästchen bietet Excel weitere Funktionen, um Zahlen oder Datumsreihen in Spalten oder Zeilen automatisch einfügen zu lassen.

*So geht's:*

*Variante 1: So erstellen Sie Reihen über das Dialogfenster Reihe*

Rufen Sie das Dialogfenster *Reihe* auf über das Menü:

- ab Excel 2007: *Start/Bearbeiten/ Füllbereich/Reihe,*
- in Excel 2003: Menü *Bearbeiten/Ausfüllen/Reihe.*

Damit haben Sie die Möglichkeit, beliebige Reihen zu generieren, sei es pro Zeile oder auch pro Spalte.

So erstellen Sie alle Wochentage innerhalb eines Monats:

1. Erfassen Sie in Zelle A1 das Datum 01.05.2012.
2. Wählen Sie unter *Reihe in* die Option *Spalten*.
3. Als *Typ* legen Sie *Datum* fest.
4. Als *Zeiteinheit* wählen Sie die Option *Wochentag*.
5. *Inkrement* behält den vorgeschlagenen Wert 1.

**6** Als *Endwert* erfassen Sie den 31.05.2012 und beenden den Dialog mit einem Klick auf die Schaltfläche *OK*.

Im Ergebnis werden ab Zelle A1 alle Wochentage zwischen dem 01.05. und dem 31.05.2012 in das Tabellenblatt eingetragen.

*Variante 2: So setzen Sie eine Monatsreihe über das Kontextmenü fort*

Das Kontextmenü bietet ebenfalls Möglichkeiten, Datenreihen fortlaufend einzutragen.

Um über das Kontextmenü jeweils den Monatsletzten eintragen zu lassen, gehen Sie wie folgt vor:

**1** Erfassen Sie dazu in Zelle A1 das Datum 31.01.2007.

**2** Ziehen Sie das Ausfüllkästchen mit der rechten Maustaste bis zur Zelle A12 nach unten.

**3** Im sich öffnenden Kontextmenü wählen Sie den Eintrag *Monate ausfüllen*.

Als Ergebnis erhalten Sie jeweils den Monatsletzten.

*Variante 3: So erstellen Sie eine Reihe mit dem SmartTag (ab Excel 2002)*

Eine weitere Möglichkeit zum Ausfüllen von Reihen stellt das SmartTag dar. In diesem Beispiel soll die Jahreszahl angepasst werden.

**1** Tragen Sie dazu wiederum in Zelle A1 ein Datum, beispielsweise den 15.01.2007, ein.

**2** Ziehen Sie es mit dem AutoAusfüllkästchen bis zur Zelle A10 bei gedrückter linker Maustaste nach unten.

**3** Es wurden nun die Daten bis zum 24.01.2007 eingetragen.

**4** Damit jetzt die Jahreszahl angepasst wird, wählen Sie im SmartTag den Eintrag *Jahre ausfüllen*.

**5** Sofort nach Bestätigung werden die Jahreszahlen angepasst. Die Tagesangabe bleibt gleich.

→ Verweis: siehe Kapitel 1.4, Tipp 10

## Tipp 7: Ausfüllen auf der Basis von benutzerdefinierten Listen

Excel bietet standardmäßig bereits viele Möglichkeiten, um Datenreihen automatisch auszufüllen. Natürlich kann Excel nicht alle individuellen Listen automatisch erkennen und entsprechend fortführen. Auch das Alphabet kann Excel nicht automatisch in eine Datenreihe überführen.

Es gibt jedoch die Möglichkeit, Excel beliebige Listen anzutrainieren.

*So geht's:*

1 Erfassen Sie im ersten Schritt die gewünschte Liste, in diesem Beispiel das Alphabet, in einem zusammenhängenden Zellbereich, beispielsweise in den Zellen A1 bis A26.

2 Markieren Sie diesen Bereich.

3 Rufen Sie die Registerkarte *Benutzerdefinierte Listen* auf:
   - In Excel 2010/Excel 2013: Öffnen Sie im Menü *Office/Optionen/Erweitert* im Abschnitt *Allgemein* die Registerkarte *Benutzerdefinierte Listen* mit einem Klick auf die Schaltfläche *Benutzerdefinierte Listen bearbeiten*.
   - In Excel 2007: Menü *Office/Excel-Optionen/Häufig verwendet*, Registerkarte *Benutzerdefiniert*.
   - In Excel 2003: Menü *Extras/Optionen*, Registerkarte *Benutzerdefinierte Listen*.

4 Im Feld *Liste aus Zellen importieren* ist bereits der markierte Zellbereich A1:A26 eingetragen. Ein Klick auf die Schaltfläche *Importieren* fügt die benutzerdefinierte Liste hinzu.

Ab sofort steht diese neue benutzerdefinierte Reihe zur Verfügung und kann über die Funktion *AutoAusfüllen* eingetragen werden.

Auf diese Weise können beliebig viele individuelle Listen, wie Namen der Mitarbeiter, Artikelnummern etc., hinzugefügt werden.

## Tipp 8: Einträge mit Text-Zahlen-Kombinationen per AutoAusfüllkästchen fortlaufend um 1 erhöhen

In diesem Beispiel sollen Dateinamen, die sich aus Zahlen- und Textbestandteilen zusammensetzen, fortlaufend um den Wert 1 erhöht werden.

*So geht's:*

1. In Zelle A1 steht der Dateiname *115-00001b.txt*.
2. Erfassen Sie in Zelle A2 folgende Funktion:
   =LINKS(A1;8)&ZEILE()&RECHTS(A1;5)
3. Kopieren Sie diese Formel bis zur Zelle A12 nach unten.

|    | A            | B |
|----|--------------|---|
| 1  | 115-00001b.txt  |   |
| 2  | 115-00002b.txt  |   |
| 3  | 115-00003b.txt  |   |
| 4  | 115-00004b.txt  |   |
| 5  | 115-00005b.txt  |   |
| 6  | 115-00006b.txt  |   |
| 7  | 115-00007b.txt  |   |
| 8  | 115-00008b.txt  |   |
| 9  | 115-00009b.txt  |   |
| 10 | 115-000010b.txt |   |
| 11 | 115-000011b.txt |   |
| 12 | 115-000012b.txt |   |

Steht der Dateiname nicht in A1, sondern beispielsweise in A5, modifizieren Sie die Funktion wie folgt:

=LINKS(A5;8)&ZEILE()-4&RECHTS(A5;5)

In diesem Fall ist von der Funktion *ZEILE()* der Wert 4 zu subtrahieren. Dies ist notwendig, damit die Nummerierung beim Wert 1 beginnt.

## Tipp 9: Korrekte Datenerfassung über die Funktion AutoKorrektur sicherstellen

Werden in Excel häufig wiederkehrende Texte wie beispielsweise lange und komplizierte Firmennamen eingegeben, kann dieser Vorgang wesentlich vereinfacht werden. Ein wichtiger Gesichtspunkt ist natürlich auch die Vermeidung von Tippfehlern. So zeigt dieses Beispiel, wie prägnante Abkürzungen durch den komplett ausgeschriebenen Begriff ersetzt werden können.

*So geht's:*

1. Rufen Sie die AutoKorrektur-Funktion auf:
   - Excel 2010/Excel 2013: Menü *Datei/Optionen/Dokumentprüfung/AutoKorrektur-Optionen*,
   - Excel 2007: Menü *Office/Excel-Optionen/Dokumentprüfung/AutoKorrektur-Optionen*,
   - Excel 2003: Menü *Extras/AutoKorrektur-Optionen*.
2. Erfassen Sie auf der Registerkarte im Feld *Ersetzen* das Kürzel *spkv* und im Feld *Durch* den Begriff *Sparkassenvorsitzender*.
3. Mit einem Klick auf *OK* wird die neue AutoKorrektur hinzugefügt und steht in jeder Excel-Tabelle zur Verfügung.

4 Wenn Sie nun in einer Zelle *spkv* eingeben und mit [Enter] bestätigen, wird der Eintrag automatisch durch den Begriff „Sparkassenvorsitzender" ersetzt.

## Tipp 10: AutoFormatierung bei der Dateneingabe deaktivieren

Bei jeder Eingabe prüft Excel die erfasste Zeichenfolge und versucht automatisch, die passende Formatierung zu erkennen und einzufügen.

Sollen beispielsweise Postleitzahlen oder Telefonnummern eingegeben werden, die mit einer Null beginnen? Excel interpretiert diese Eingaben erst mal automatisch als Zahl und stellt diese ohne führende Null dar.

### So geht's:

1 Wählen Sie die gewünschte Zelle aus und belegen Sie sie mit dem Textformat:
   - ab Excel 2007: Menü *Start/Zellen/Format/Zellen formatieren*,
   - in Excel 2003: Menü *Format/Zellen*.
2 Alle Eingaben, die Sie jetzt in dieser Zelle vornehmen, werden als Text behandelt. Damit ist die automatische Formaterkennung deaktiviert, und die führende Null bei Postleitzahlen oder bei Telefonvorwahlen bleibt erhalten.

Eine weniger bekannte Möglichkeit, die AutoFormatierung zu unterdrücken, besteht darin, vor dem Eintrag ein Hochkomma zu setzen. Dieses wird über die Tastenkombination [Umschalt]+[#] eingegeben.

Das Hochkomma wird in der eigentlichen Zelle nicht angezeigt. Es ist nur in der Bearbeitungsleiste zu sehen.

Das Hochkomma ist schnell eingegeben und besitzt darüber hinaus noch einen weiteren Vorteil. Wenn Sie es entfernen, ist die automatische Formaterkennung wieder aktiv. Wurde die Zelle hingegen mit dem Textformat belegt, müssen Sie erst umständlich die Formatierung wieder rückgängig machen.

## Tipp 11: Nullwerte einfach ausblenden

In der Praxis ist es manchmal nicht erwünscht, dass Nullwerte in der Tabelle angezeigt werden. Listen mit vielen Nullen sind häufig unübersichtlich und damit schwer lesbar. Excel bietet aber eine einfache Möglichkeit, Nullwerte bei Bedarf ausblenden zu lassen.

### So geht's:

1 Rufen Sie das folgende Menü auf:
   - in Excel 2010/2013: Menü *Datei/Optionen*,
   - in Excel 2007: Menü *Office/Excel-Optionen*.

2 Ab Excel 2007: Unter der Rubrik *Erweitert* können Sie im Abschnitt *Optionen für dieses Arbeitsblatt anzeigen* festlegen, für welche Tabellenblätter der Arbeitsmappe Sie die Einstellung vornehmen möchten.

3 Ab Excel 2007: Entfernen Sie beim Eintrag *In Zellen mit Nullwert eine Null anzeigen* den Haken.

Unter Excel 2003 können Sie diese Einstellungen über das Menü *Extras/Optionen* auf der Registerkarte *Ansicht* vornehmen. Entfernen Sie dort den Haken aus dem Kontrollkästchen *Nullwerte* im Abschnitt *Fensteroptionen*.

1. Erfassen Sie Daten effektiv und komfortabel

Jetzt werden Nullwerte in der Zelle unterdrückt. In der Bearbeitungsleiste werden die Nullwerte jedoch weiterhin angezeigt. Das bedeutet, die Nullwerte gehen nicht verloren. Sobald Sie die Nullwertanzeige wieder aktivieren, werden diese in den Zellen erneut dargestellt.

## Tipp 12: Das Ergebnis einer Berechnung geschickt einfügen

Wird ein Wert über eine Funktion berechnet, wird nach der Eingabe der Formel das Ergebnis der Berechnung eingefügt. Im Hintergrund befindet sich nach wie vor die erfasste Funktion. Damit ist die Berechnung volatil. Somit wird das Ergebnis in der Regel sofort neu berechnet, wenn sich ein Berechnungsparameter ändert.

Möchten Sie ein berechnetes Ergebnis vor der Parameteränderung festhalten, können Sie es natürlich manuell in eine Zelle schreiben. Eine clevere Möglichkeit stellt folgende Funktion dar.

*So geht's:*

1  Kopieren Sie den gewünschten Zellbereich mit den Formelergebnissen in die Zwischenablage.

2  Setzen Sie den Zellzeiger in die Zelle, in die die Werte eingefügt werden sollen.

3a Excel 2010/Excel 2013: Rufen Sie das Menü *Start/Einfügen* auf und klicken Sie unter *Werte einfügen* das Symbol *Werte* (Markierung links im Bild) an. Alternativ zum Klick auf das Symbol können Sie auch die Taste [W] betätigen. Wollen Sie nicht nur den Wert, sondern auch die Formatierung übernehmen, klicken Sie auf das Symbol *Werte und Quellformatierung* (im Bild rechts markiert) oder drücken alternativ Taste [E].

3b Unter Excel 2003/2007 öffnen Sie das Dialogfenster *Inhalte einfügen*:
- in Excel 2007: Menü *Start/Einfügen/Inhalte einfügen*,
- in Excel 2003: Menü *Bearbeiten/Inhalte einfügen*.

Wählen Sie darin die Option *Werte* und bestätigen Sie das mit Klick auf die Schaltfläche *OK*.

Darüber hinaus gibt es noch eine weitere Möglichkeit, das Ergebnis einer Formelberechnung direkt in einen Wert umzuwandeln.

## So geht's:

1 Erfassen Sie in einer Zelle eine beliebige Formel und schließen Sie diese mit `Enter` ab.

2 Drücken Sie `F2` und anschließend `F9`.

3 Bestätigen Sie die Änderung mit `Enter`.

4 In der Zelle befindet sich nun das Ergebnis der Formelberechnung und nicht mehr die Formel selbst.

Ändern sich jetzt Berechnungsparameter, sind die so erstellten Festwerte davon unberührt.

## Tipp 13: Komplexe Formeln einfacher verstehen

Lange Formelketten werden schnell unübersichtlich, und deren (Teil-)Ergebnisse sind je nach Komplexität nur noch schwer zu verstehen. Hilfreich wäre in diesem Fall, wenn man Teilergebnisse der Formel sichtbar machen könnte, ohne die Formel verändern zu müssen. Excel bietet hierfür eine wenig bekannte Funktionalität an, die der oben genannten Sache äußerst dienlich ist und die anhand eines einfachen Beispiels verdeutlicht werden soll.

## So geht's:

1 Erfassen Sie in einer neuen Arbeitsmappe eine etwas komplexere Formel wie z. B. die abgebildete.

2 Markieren Sie nun innerhalb der Bearbeitungsleiste den zweiten Teil der Formel, also D4/E4.

|   | A | B | C | D | E | F |
|---|---|---|---|---|---|---|
| 1 |   |   |   |   |   |   |
| 2 |   |   | Region1 |   | Region1 | Gesamtmenge |
| 3 |   |   | Umsatz | Preis | Umsatz | Preis |   |
| 4 | Artikel A |   | 200 | 8 | 300 | 8 | 62,50 |
| 5 | Artikel B |   | 300 | 7 | 200 | 7 | 71,43 |
| 6 | Artikel C |   | 400 | 9 | 100 | 9 | 55,56 |
| 7 | Artikel D |   | 200 | 5 | 400 | 5 | 120,00 |

F4: =+B4/C4+D4/E4

3 Drücken Sie jetzt die `F9`-Taste und sehen Sie, wie Excel innerhalb der Bearbeitungsleiste diesen zweiten Teil der Formel in einen Wert umwandelt.

|   | A | B | C | D | E | F |
|---|---|---|---|---|---|---|
| 1 |   |   |   |   |   |   |
| 2 |   |   | Region1 |   | Region1 | Gesamtmenge |
| 3 |   |   | Umsatz | Preis | Umsatz | Preis |   |
| 4 | Artikel A |   | 200 | 8 | 300 | 8 | =+B4/C4+37,5 |
| 5 | Artikel B |   | 300 | 7 | 200 | 7 | 71,43 |
| 6 | Artikel C |   | 400 | 9 | 100 | 9 | 55,56 |
| 7 | Artikel D |   | 200 | 5 | 400 | 5 | 120,00 |

SUMME: =+B4/C4+37,5

4 Sie können auf diese Art alle Teile einer Formel errechnen und in der Bearbeitungsleiste darstellen lassen. Wenn Sie nun die `Esc`-Taste drücken, wird dieser Darstellungsmodus verlassen, und die Formel bleibt erhalten.

> **Hinweis**
>
> Achten Sie darauf, die Formel mit der Esc-Taste zu verlassen, um sie nicht zu zerstören. Dies wäre der Fall, wenn Sie die Formel über die Enter-Taste verließen.

## Tipp 14: Einfache Wiederholung der letzten Aktion

Benötigen Sie immer wieder die gleiche Funktion? Soll beispielsweise der Zellhintergrund in verschiedenen Zellen immer wieder eingefärbt werden? Dann bietet sich folgende Vorgehensweise an.

*So geht's:*

1 Führen Sie die Formatierung des Zellhintergrunds mit der Farbe Blau für eine beliebige Zelle durch.
2 Selektieren Sie die Zelle, die ebenfalls gefärbt werden soll.
3 Drücken Sie die Tastenkombination Strg+Y.

Mit dieser Tastenkombination können Sie die letzte Funktion beliebig oft wiederholen. Wenn eine neue Arbeitsblattfunktion, beispielsweise die Formatierung als Prozentwert, aufgerufen wird, können Sie diese mit der Tastenkombination entsprechend wiederholen.

## Tipp 15: Eingaben aus der Drop-down-Auswahlliste vornehmen

Eine schnelle Möglichkeit, immer wiederkehrende Eingaben in einer Liste vorzunehmen, bietet das Listenfeld.

*So geht's:*

1 Selektieren Sie die nächste leere Zelle unterhalb der Liste.
2 Drücken Sie die Tastenkombination Umschalt+F10 oder ...
3 ... klicken Sie mit der rechten Maustaste in die freie Zelle und wählen Sie den Eintrag *Dropdown-Auswahlliste* oder ...
4 ... drücken Sie Alt+↓.

In allen Fällen wird die Auswahlliste geöffnet, und Sie können den gewünschten Eintrag ganz einfach auswählen.

→ Verweis: siehe Kapitel 5.7, Tipp 2

## Tipp 16: Löschen von bestimmten Werten untersagen

Sollen bestimmte Werte, beispielsweise alle rot formatierten Zahlen, vor dem Löschen mit der Taste Entf geschützt werden? Sie können natürlich manuell alle rot formatierten Zahlen markieren und anschließend den Zell- sowie Blattschutz aktivieren. Einfacher und schneller kommen Sie mit folgender VBA-Lösung zum Ziel.

### So geht's:

1 Starten Sie mit Alt+F11 den VBA-Editor, also die Entwicklungsumgebung.

2 Erfassen Sie den Code aus Listing 1 und Listing 2 im Modul *Tabelle1*.

*Listing 1:*

```
Private Sub Worksheet_SelectionChange(ByVal Target As Range)
On Error Resume Next

If Target.Font.ColorIndex = 3 Then
    Application.OnKey "{del}", ""
Else
    Application.OnKey "{del}"
End If

End Sub
```

*Listing 2:*

```
Private Sub Worksheet_Deactivate()
    Application.OnKey "{del}"
End Sub
```

**Hinweis**

Der VBA-Code muss zwingend in *Tabelle1* eingefügt werden, damit das Ereignis *SelectionChange* abgefragt werden kann. Wird auf ein anderes Tabellenblatt gewechselt, wird die Funktion deaktiviert – siehe Listing 2.

Durch eine leichte Modifizierung des Codes können beispielsweise alle Zellen mit dem Wert 5 vor dem Löschen mit der [Entf]-Taste gesperrt werden. Passen Sie den VBA-Code dazu wie folgt an (siehe Listing 3).

*Listing 3:*
- `Private Sub Worksheet_SelectionChange(ByVal Target As Range)`
- `On Error Resume Next`
- `If Target.Value = 5 Then`
- `    Application.OnKey "{del}", ""`
- `Else`
- `    Application.OnKey "{del}"`
- `End If`
- `End Sub`

## Tipp 17: Nicht zusammengehörige Zellen mit einer Eingabe füllen

Mit einem kleinen Trick können Sie nicht zusammengehörige Zellen auf einen Schlag mit dem gleichen Inhalt füllen.

*So geht's:*

1   Öffnen Sie eine leere Tabelle und markieren Sie mit gedrückter [Strg]-Taste den Bereich bzw. die Zellen, die mit dem gleichen Inhalt gefüllt werden sollen.

2   Tragen Sie nun den gewünschten Wert oder den gewünschten Text in die Bearbeitungsleiste ein und drücken Sie erneut die [Strg]-Taste, bevor Sie die [Enter]-Taste betätigen.

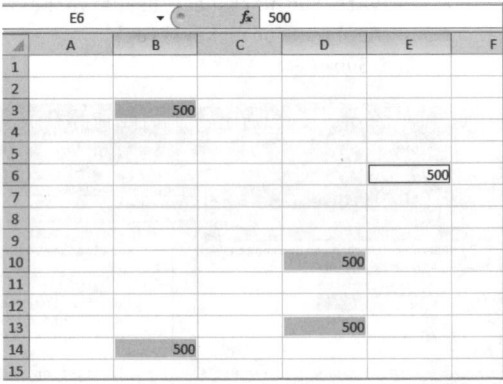

## Tipp 18: Anzahl der Rückgängig-Schritte erhöhen

Sie können die Anzahl der „Rückgängig-Schritte" in Excel sehr einfach erhöhen, indem Sie eine kleine Änderung in der Registry vornehmen (die Anzahl der Schritte lag bei den älteren Excel-Versionen standardmäßig bei 16, ab Excel 2007 stehen bis zu 100 Undo-Schritte zur Verfügung).

Bevor Sie jedoch an diese Änderungen gehen, sollten Sie die Registry vorsichtshalber sichern. Fügen Sie dann je nach Excel-Version im entsprechenden Verzeichnis den Eintrag *UndoHistory* hinzu und belegen Sie diesen Eintrag mit einem Wert zwischen 0 (keine Rückgängig-Schritte) und x (maximale Anzahl der Rückgängig-Schritte).

## *So geht's:*

1 Rufen Sie in Windows über die Schaltfläche *Start* den Befehl *Ausführen* auf.
2 Tragen Sie dann in das Drop-down-Feld *Öffnen* den Befehl *regedit* ein.
3 Wechseln Sie jetzt zum jeweiligen Zweig *HKEY_CURRENT_USER\Software\Microsoft\Office\x.0\Excel\Microsoft*.
4 Führen Sie über das Menü *Bearbeiten/Neu* den Befehl *DWORD-Wert* aus.
5 Fügen Sie jetzt einen Schlüssel mit dem Namen *UndoHistory* ein.
6 Doppelklicken Sie auf diesen neuen Schlüssel und aktivieren Sie im Feld *Basis* die Option *Dezimal*.
7 Erfassen Sie im Feld *Wert* die Anzahl der gewünschten Undo-Schritte, wobei 0 keine Rückgängig-Aktionen bedeutet.
8 Verlassen Sie dann den Registrierungs-Editor über *Datei/Beenden*. Die Änderung wird nun nach einem Neustart von Excel wirksam.

Der Pfad in der Registry ist einfach zu finden:
Excel 2003:
*HKEY_CURRENT_USER\Software\Microsoft\Office\11.0\Excel\Options*
Excel 2007:
*HKEY_CURRENT_USER\Software\Microsoft\Office\12.0\Excel\Options*
Excel 2010:
*HKEY_CURRENT_USER\Software\Microsoft\Office\14.0\Excel\Options*
Excel 2013:
*HKEY_CURRENT_USER\Software\Microsoft\Office\15.0\Excel\Options*

---

**Hinweis**

Microsoft empfiehlt, den Wert nicht größer als 100 zu wählen. Laut einem Microsoft-Knowledge-Base-Artikels wird für jede Undo-Aktion bereits beim Excel-Start Arbeitsspeicher reserviert, damit sichergestellt werden kann, dass auch bei knappem Speicher sämtliche zuletzt durchgeführten Aktionen rückgängig gemacht werden können. Diese Sorgen muss sich ein Nutzer von Excel 2007, Excel 2010 oder Excel 2013 nicht machen, da die Schritte bereits auf 100 erhöht wurden. Aber auch Excel-2003-Nutzer sollten sich nicht scheuen, die Anzahl der Undo-Schritte auf über 100 zu erhöhen und das Verhalten von Excel ganz einfach einmal testen. Wir konnten keine spürbare Beeinträchtigung durch diese Änderung erkennen.

1. Erfassen Sie Daten effektiv und komfortabel

## Tipp 19: Markierung auf Tabellenblatt in Abhängigkeit von gewählter Spalte verschieben

Excel bietet die Möglichkeit, die Markierungsrichtung nach Drücken der (Enter)-Taste zu verändern. Standardmäßig verschiebt sich die Markierung nach unten, alternativ können auch die Richtungen oben, links und rechts eingestellt werden. Die Deaktivierung der automatischen Verschiebung ist ebenfalls möglich.

### So geht's:

1   Rufen Sie die Bearbeitungsoptionen auf:
    - in Excel 2010/Excel 2013: Menü *Datei/Optionen/Erweitert*,
    - in Excel 2007: Menü *Office/Excel-Optionen/Erweitert*,
    - in Excel 2003: Menü *Extras/Optionen/Bearbeiten*.

2   Wählen Sie im Drop-down *Richtung* das gewünschte Element aus und bestätigen Sie mit Klick auf die Schaltfläche *OK*. Um die automatische Verschiebung gegebenenfalls auszuschalten, deaktivieren Sie das Kontrollkästchen.

Nimmt man eine Änderung wie die oben beschriebene vor, wirkt sich diese auf alle bearbeiteten Arbeitsmappen und Tabellenblätter aus. Dies ist nicht immer vorteilhaft und gewünscht. Im Folgenden wird – ausgehend von der aktivierten Standardeinstellung der Richtungsverschiebung – dargestellt, wie Sie eine Änderung der Markierungsrichtung nach rechts mit Wirkung nur für eine Spalte auf einem bestimmten Tabellenblatt festlegen.

## So geht's:

1 Starten Sie mit [Alt]+[F11] den VBA-Editor.

2 Erfassen Sie den Code aus Listing 1 im Modul *Tabelle1*. In diesem Beispiel wird Spalte B (2. Spalte) angesprochen.

   *Listing 1:*
   - Private Sub Worksheet_SelectionChange(ByVal Target As Range)
   - If Target.Column = 2 Then
   - Application.MoveAfterReturnDirection = xlToRight
   - Else
   - Application.MoveAfterReturnDirection = xlDown
   - End If
   - End Sub

3 Wechseln Sie nun zu *Tabelle1*, wählen Sie eine Zelle in Spalte B aus und drücken Sie die [Enter]-Taste – die Markierung wechselt in Spalte C. Betätigen Sie in Spalte C hingegen die [Enter]-Taste, wechselt die Markierung in die Zelle darunter.

Für eine Richtungsverschiebung nach oben bzw. links ersetzen Sie in Listing 1 *Application.MoveAfterReturnDirection = xlToRight* durch

- Application.MoveAfterReturnDirection = xlUp bzw.
- Application.MoveAfterReturnDirection = xlToLeft.

---

**Hinweis**

- Solange eine Zelle innerhalb der Spalte mit der veränderten Markierungsrichtung selektiert ist, schlägt diese Änderung auch auf parallel geöffnete Tabellenblätter oder Arbeitsmappen durch. Setzen Sie die Zellmarkierung daher in eine Zelle außerhalb dieser Spalte, bevor Sie andere Tabellenblätter oder Arbeitsmappen bearbeiten.
- Das Kopieren und Einfügen mittels Zwischenablage ist auf dem Tabellenblatt mit der veränderten Markierungsrichtung aufgrund des verwendeten VBA-Ereignisses inaktiv.

## 1.2 Praktische Erleichterungen beim Kopieren und Einfügen

### Tipp 1: Schnelles Kopieren per Doppelklick

Excel bietet die Möglichkeit, Daten einfach und schnell per Doppelklick zu kopieren. Voraussetzung dafür ist, dass bereits eine Referenzspalte vorhanden ist.

*So geht's:*

1. Selektieren Sie die Zelle D4.
2. Erfassen Sie darin die Formel =B4+B4*C4.
3. Setzen Sie den Mauszeiger auf das Ausfüllkästchen am rechten Rand der Zelle. Der Cursor verwandelt sich in ein Plussymbol.
4. Führen Sie jetzt einen Doppelklick aus.
5. Excel kopiert die Formel bis zur Zeile 13 nach unten und passt die Zellbezüge automatisch an.

| | A | B | C | D | E |
|---|---|---|---|---|---|
| 1 | Preisliste | | | | |
| 2 | | | | | |
| 3 | Artikel-Nr. | Netto-VK | USt-Satz | Brutto-VK | |
| 4 | 4711 | 49,95 € | 19% | 59,44 € | |
| 5 | 4712 | 22,45 € | 19% | | |
| 6 | 4713 | 35,95 € | 7% | | |
| 7 | 4714 | 99,99 € | 7% | | |
| 8 | 4715 | 10,20 € | 19% | | |
| 9 | 4716 | 45,89 € | 19% | | |
| 10 | 4717 | 20,33 € | 19% | | |
| 11 | 4718 | 120,95 € | 19% | | |
| 12 | 4719 | 30,95 € | 7% | | |
| 13 | 4720 | 12,30 € | 19% | | |
| 14 | | | | | |

Spalte C stellt dabei die Referenzspalte dar. Wären die Umsatzsteuersätze nur bis Zeile 9 eingetragen, würde die Formel in Spalte D auch nur bis Zeile 9 nach unten kopiert werden. Spalte A und B werden nicht als Referenzspalte herangezogen.

### Tipp 2: Inhalte und Formeln der vorhergehenden Zellen kopieren

Sollen Zelleingaben oder auch Formeln aus der vorstehenden Zelle übernommen werden, bietet Excel eine sehr komfortable Möglichkeit, dies vorzunehmen. Dabei können Sie entscheiden, ob Formelbezüge angepasst werden sollen oder nicht.

*So geht's:*

*Variante 1: Formeln ohne Anpassung der Zellbezüge kopieren*

1. Selektieren Sie die Zelle unterhalb der zu kopierenden Formel.
2. Drücken Sie die Tastenkombination [Strg]+[,] (Komma).
3. Bestätigen Sie die Kopieraktion mit [Enter].

Damit wird die identische Formel in die Zielzelle übernommen. Es werden keine Formelbezüge verändert.

## 1.2 Praktische Erleichterungen beim Kopieren und Einfügen

*Variante 2: Formeln mit Anpassung der Zellbezüge kopieren*

1 Selektieren Sie die Zelle unterhalb der zu kopierenden Formel.
2 Drücken Sie die Tastenkombination [Strg]+[<].
3 Die Formel wird sofort in die Zelle eingetragen. In diesem Fall müssen Sie die Kopieraktion nicht mit [Enter] abschließen.

Mit dieser Tastenkombination werden nur relative Zellbezüge angepasst. Absolute Zellbezüge bleiben selbstverständlich erhalten.

> **Hinweis**
>
> Diese Tastenkombinationen funktionieren nur dann, wenn die zu kopierende Formel direkt über der Zelle steht, in die die Formel eingefügt werden soll.

## Tipp 3: Transponieren eines Zellbereichs – Zeilen und Spalten ganz einfach vertauschen

In einem Zellbereich sollen die Spalten mit den Zeilen vertauscht werden. Ein Grund dafür könnte die Zahlenaufbereitung für ein Diagramm sein. Bis Excel 2003 stehen nur 256 Spalten zur Verfügung. Wenn die Datenreihe umfangreicher wird, vertauschen Sie einfach die Spalten mit den Zeilen.

*So geht's:*

*Variante 1:*

1 Markieren Sie den gesamten zu transponierenden Zellbereich A3:B9.
2 Kopieren Sie diesen mit [Strg]+[C] oder über die Schaltfläche *Kopieren* in die Zwischenablage.
3 Wählen Sie Zelle A12, ab der der transponierte Bereich wieder eingefügt werden soll.

|   | A | B | C | D | E | F | G |
|---|---|---|---|---|---|---|---|
| 1 | Budgetwerte 6/2012 | | | | | | |
| 2 | | | | | | | |
| 3 | Monat | Wert T€ | | | | | |
| 4 | Januar | 15,32 € | | | | | |
| 5 | Februar | 27,53 € | | | | | |
| 6 | März | 12,35 € | | | | | |
| 7 | April | 9,51 € | | | | | |
| 8 | Mai | 17,58 € | | | | | |
| 9 | Juni | 20,65 € | | | | | |
| 10 | | | | | | | |
| 11 | | | | | | | |
| 12 | Monat | Januar | Februar | März | April | Mai | Juni |
| 13 | Wert T€ | 15,32 € | 27,53 € | 12,35 € | 9,51 € | 17,58 € | 20,65 € |
| 14 | | | | | | | |

4 Öffnen Sie über das Menü *Start/Einfügen/Inhalte einfügen* das Dialogfenster *Inhalte einfügen* (Excel 2003: Menü *Bearbeiten/Inhalte einfügen*).
5 Setzen Sie den Haken im Kontrollkästchen *Transponieren*.

6  Beenden Sie das Dialogfenster mit einem Klick auf *OK*.

### Hinweis

Sobald Sie die Funktion *Transponieren* aktivieren, wird die Option *Verknüpfen* deaktiviert. Es besteht also keine Möglichkeit, gleichzeitig Verknüpfungen zum Quellbereich herzustellen und dabei die Daten zu transponieren.

## *Variante 2:*

Alternativ können Sie einen Bereich auch über die Matrixfunktion *MTRANS()* transponieren. Dies ist sinnvoll, wenn Daten im Quellbereich verändert werden und die Änderungen in den transponierten Bereich übernommen werden sollen. Gehen Sie dazu wie folgt vor:

1  Markieren Sie den Bereich A3:B9. Achten Sie beim Markieren darauf, wie groß der markierte Bereich ist. Das sehen Sie am schnellsten im Namensfeld, solange Sie die linke Maustaste gedrückt halten.

2  Im Beispiel werden sieben Zeilen und zwei Spalten markiert. Dies erkennen Sie am Eintrag *7Z x 2S*.

3  Markieren Sie nun den Bereich, in dem das transponierte Ergebnis eingefügt werden soll, also beispielsweise den Bereich A17:G18.

4  Dieser Bereich besitzt zwei Zeilen und sieben Spalten. Achten Sie unbedingt darauf, dass der Zielbereich die gleiche Zellenanzahl wie der Quellbereich besitzt.

5  Erfassen Sie nun in Zelle A17 die Funktion *=MTRANS(A3:B9)*.

6  Schließen Sie diese Funktion mit der Tastenkombination [Strg]+[Umschalt]+[Enter] ab. Damit erzeugen Sie eine Matrixfunktion.

7 Als Ergebnis werden die Spalten und Zeilen miteinander vertauscht.

## Tipp 4: Berechnungen beim Einfügen durchführen – Preiserhöhung auf eine Preisliste anwenden

Alle Verkaufspreise einer Artikelliste sollen durchgehend um 1,5 % erhöht werden. Dabei sollen die ursprünglichen Verkaufspreise direkt überschrieben werden, damit es nicht zu Verwechslungen kommt.

*So geht's:*

1 Selektieren Sie die Zelle B16, in der sich die Preiserhöhung in Prozent befindet.

2 Kopieren Sie den Wert mit [Strg]+[C] in die Zwischenablage.

3 Markieren Sie anschließend den Wertebereich B4:B13.

4 Öffnen Sie über das Menü *Start/Einfügen/Inhalte einfügen* den Befehl *Inhalte einfügen* (Excel 2003: Menü *Bearbeiten/Inhalte einfügen*).

5 Wählen Sie die Option *Werte* im Bereich *Einfügen* und unter *Vorgang* die Option *Multiplizieren*.

6 Mit einem Klick auf *OK* beenden Sie die Funktion.

Als Ergebnis werden im Bereich B4:B13 die um 1,5 Prozentpunkte erhöhten Verkaufspreise ausgegeben und die vorhandenen Werte damit überschrieben.

| | A | B |
|---|---|---|
| 1 | **Artikelliste** | |
| 2 | | |
| 3 | Artikel-Nr. | Netto-VK alt |
| 4 | 4711 | 101,50 € |
| 5 | 4712 | 111,65 € |
| 6 | 4713 | 121,80 € |
| 7 | 4714 | 131,95 € |
| 8 | 4715 | 142,10 € |
| 9 | 4716 | 152,25 € |
| 10 | 4717 | 162,40 € |
| 11 | 4718 | 172,55 € |
| 12 | 4719 | 182,70 € |
| 13 | 4720 | 192,85 € |
| 14 | | |
| 15 | | |
| 16 | Preiserhöhung in % | 1,015 |
| 17 | | |

**Hinweis**

Achten Sie darauf, dass der Multiplikator richtig erfasst wird. In diesem Beispiel sollen die Preise um 1,5 % erhöht werden. Der Multiplikator beträgt demnach 1,015. Bei einer Preiserhöhung um 5 % lautet der Multiplikator in Zelle B16 1,05.

## Tipp 5: In verschiedenen Zellen die gleichen Inhalte oder die gleichen Formeln schnell einfügen

Häufig werden in Zellbereichen die gleichen Formeln verwendet. Excel bietet funktionale Möglichkeiten, Formeln schnell in beliebige Zellen zu kopieren.

*So geht's:*

*Variante 1:*

1  Tragen Sie in Zelle D4 der Preisliste die Formel *=B4+B4\*C4* ein und bestätigen Sie mit der [Enter]-Taste.

2  Markieren Sie die Zelle D4 und übernehmen Sie die Formel über [Strg]+[C] in die Zwischenablage.

3  Markieren Sie anschließend den Bereich D5:D13.

4  Zum Einfügen drücken Sie [Strg]+[V].

Auf diese Weise wird die Formel aus Zelle D4 in den markierten Bereich eingefügt. Dabei werden selbstverständlich auch die Zellbezüge automatisch angepasst, wenn sie nicht auf absolut gesetzt wurden.

| | A | B | C | D | E |
|---|---|---|---|---|---|
| 1 | **Artikelliste** | | | | |
| 2 | | | | | |
| 3 | Artikel-Nr. | Netto-VK alt | Preiserhöhung in % | Netto-VK neu | |
| 4 | 4711 | 100,00 € | 1,75% | 101,75 € | |
| 5 | 4712 | 110,00 € | 2,25% | 112,48 € | |
| 6 | 4713 | 120,00 € | 0,25% | 120,30 € | |
| 7 | 4714 | 130,00 € | 1,50% | 131,95 € | |
| 8 | 4715 | 140,00 € | 2,50% | 143,50 € | |
| 9 | 4716 | 150,00 € | 2,00% | 153,00 € | |
| 10 | 4717 | 160,00 € | 1,50% | 162,40 € | |
| 11 | 4718 | 170,00 € | 1,25% | 172,13 € | |
| 12 | 4719 | 180,00 € | 0,75% | 181,35 € | |
| 13 | 4720 | 190,00 € | 1,75% | 193,33 € | |
| 14 | | | | | |
| 15 | | | | | |

> **Hinweis**
>
> Diese Variante bietet auch die Möglichkeit, die Formel nur in ausgewählte Zellen einzutragen. Die Vorgehensweise ist im Prinzip die gleiche, selektieren Sie jedoch nicht den gesamten Bereich, sondern nur die Zellen, in die die Formel eingefügt werden soll.

*Variante 2:*

Alternativ können Zellinhalte und Formeln auch über den folgenden Shortcut eingetragen werden.

*So geht's:*

1 Tragen Sie in Zelle D4 die Formel *=B4+B4\*C4* ein.

2 Markieren Sie anschließend den Bereich D4:D13.

3 Drücken Sie die Tastenkombination [Strg]+[U].

Damit werden die Formeln automatisch in die ausgewählten Zellen eingefügt.

Um Daten oder Formeln nach rechts zu kopieren, bietet Excel die Tastenkombination [Strg]+[R]. Dieser Befehl funktioniert genau so wie der beschriebene Shortcut [Strg]+[U].

## Tipp 6: Schneller Zugriff auf die Zwischenablage

Mit der Tastenkombination [Strg]+[C] können Sie beliebige Inhalte in die Zwischenablage kopieren. Mit [Strg]+[V] kann der zuletzt kopierte Inhalt wieder eingefügt werden. Selbstverständlich können Sie diese Kopieraktionen auch über das Menüband bzw. die Symbolleiste durchführen.

Excel bietet aber noch mehr. So besteht die Möglichkeit, mit der Tastenkombination [Strg]+[C]+[C] den Aufgabenbereich (die Task Pane) zur Zwischenablage einzublenden. Dort haben Sie Zugriff auf bis zu 24 kopierte Zellen oder Zellbereiche.

Der Aufruf mittels Shortcut steht allerdings nur bis Excel 2003 zur Verfügung. Ab Excel 2007 lässt sich die Task Pane zur Zwischenablage über einen Klick auf den Pfeil rechts unten in der Gruppe *Zwischenablage* aus dem Register *Start* einblenden.

1. Erfassen Sie Daten effektiv und komfortabel

Wenn Sie einen kopierten Bereich im Aufgabenbereich *Zwischenablage* auswählen und den nebenstehenden Pfeil anklicken, stehen zwei Auswahlmöglichkeiten zur Verfügung.

Ein Klick auf *Einfügen* fügt den Inhalt direkt in die markierte Zelle ein. Über die Schaltfläche *Löschen* kann die Kopie aus der Zwischenablage entfernt werden.

Damit stehen Ihnen stets die letzten Kopieraktionen zur Verfügung, auch zur Datensicherheit trägt das erheblich bei.

## Tipp 7: Formeln ohne Anpassen der Bezüge kopieren

In bestimmten Situationen ist es notwendig, eine Formel ohne Anpassung der Zellbezüge in eine andere Zelle zu kopieren. Jetzt können Sie natürlich alle Zellbezüge absolut setzen, indem Sie vor jeden Zellbezug ein $-Zeichen setzen. Aus A1 wird also $A$1 etc.

Leichter und schneller funktioniert es aber mit folgendem Trick:

*So geht's:*

1 Wählen Sie Zelle B14, in der sich die Formel befindet.

2 Klicken Sie die Bearbeitungsleiste an und markieren Sie die gesamte Formel.

3 Durch Drücken der Tastenkombination [Strg]+[C] kopieren Sie die Formel in die Zwischenablage.

4 Setzen Sie den Zellzeiger auf die Zelle B15.

5 Wenn Sie die kopierte Formel mit [Strg]+[V] oder über die Schaltfläche *Einfügen* in die gewählte Zelle eintragen, erfolgt keine Anpassung der Zellbezüge.

## Tipp 8: Daten via Kontextmenü kopieren und einfügen

Einer Vielzahl von Lesern ist das gängige Prozedere von Kopieren und Einfügen via Kontextmenü der rechten Maustaste vermutlich in Fleisch und Blut übergegangen. Es gibt jedoch über das Kontextmenü der Maustaste eine weitere und sehr elegante Art des Kopierens und Einfügens, die nicht sehr verbreitet ist und die Sie sich nachfolgend einmal näher ansehen sollten.

*So geht's:*

1. Markieren Sie zuerst den zu kopierenden Zellbereich.
2. Drücken Sie dann auf die rechte Maustaste und beginnen Sie mit gedrückter rechter Maustaste, den zu kopierenden Zellbereich am Begrenzungsrahmen der Markierung an eine andere Stelle zu ziehen.
3. Lassen Sie nun die gedrückte rechte Maustaste los.
4. Wählen Sie anschließend eine der vielfältigen Optionen aus dem sich nun geöffneten Kontextmenü und legen Sie die Daten in der gewünschten Form ab.

> **Hinweis**
>
> Dies ist übrigens der schnellste Weg, Daten, die Formeln enthalten und durch Werte ersetzt werden müssen, zu generieren. Sie müssen mithilfe dieser Funktion lediglich den zu kopierenden Bereich auf „sich selbst" verschieben und anschließend den Vorgang mit dem Befehl *Hierhin nur als Werte kopieren* abschließen.

## 1.3 Kniffe und Tricks zum Navigieren

### Tipp 1: Schnell zu einer bestimmten Zelladresse springen

Sie möchten in einer umfangreichen Tabelle schnell in eine bestimmte Zelle oder einen Zellbereich navigieren? Dies können Sie über die Tastatur, beispielsweise mit Bild↓, oder auch über die Maus erreichen. Schneller und effektiver kommen Sie jedoch zum Ziel, wenn Sie wie folgt vorgehen.

*So geht's:*

*Variante 1:*

1 Über *Start/Bearbeiten/Suchen und Auswählen/Gehe zu* rufen Sie den Dialog *Gehe zu* auf. Als Shortcut steht die Funktionstaste F5 zur Verfügung. Damit wird der Dialog ebenfalls aufgerufen (Excel 2003: Menü *Bearbeiten/Gehe zu* oder auch F5).

2 Unter *Verweis* erfassen Sie nun die Zelladresse BD132, zu der navigiert werden soll.

3 Nach Bestätigung mit *OK* springt Excel zu der angegebenen Zelladresse.

4 Komfortabel an dieser Funktion ist, dass sich Excel die Ursprungszelle merkt und diese im Listenfeld *Gehe zu* anzeigt. Damit können Sie ganz einfach zu bereits ausgewählten Zellen zurückkehren.

5 Sie können mit der Funktion *Gehe zu* nicht nur Zellen auf demselben Tabellenblatt, sondern auch Zellen oder Zellbereiche auf anderen Tabellenblättern derselben oder auch einer anderen Arbeitsmappe aufrufen. Zur Kennzeichnung, um welche Zelle es sich handelt, werden Blatt- und Arbeitsmappenname im Listenfeld angezeigt.

*Variante 2:*

Noch schneller können Zellen über das Namensfeld selektiert werden.

1 Erfassen Sie im Namensfeld die Zelladresse D29 und bestätigen Sie dies mit der Enter-Taste.

1.3 Kniffe und Tricks zum Navigieren

**2** Excel springt direkt zur angegebenen Zelladresse.

> **Hinweis**
>
> Wenn Sie beim Bestätigen mit [Enter] die [Umschalt]-Taste gedrückt halten, wird der Zellbereich ausgehend von der aktuellen Zelle bis zur angegebenen Zielzelle markiert.

## Tipp 2: Ausgewählte Zellinhalte schnell selektieren

In einem Tabellenblatt sollen bestimmte Zellinhalte wie Formeln, Kommentare, leere Zellen, Zellen mit Gültigkeitskriterien oder Zellen mit bedingter Formatierung gekennzeichnet werden. Natürlich können Sie jede einzelne Zelle manuell auf deren Inhalt überprüfen und entsprechend kennzeichnen. Excel bietet dafür aber auch eine komfortablere Funktion.

### So geht's:

**1** Über *Start/Bearbeiten/Suchen und Auswählen/Gehe zu* rufen Sie die entsprechende Dialogbox auf. Alternativ können Sie diese Funktion auch über die Funktionstaste [F5] aktivieren (Excel 2003: Menü *Bearbeiten/Gehe zu* oder alternativ ebenfalls [F5]).

**2** Klicken Sie auf die Schaltfläche *Inhalte*.

**3** Damit wird das Dialogfenster *Inhalte auswählen* geöffnet.

**4** Möchten Sie alle Zellen auswählen, die eine Formel enthalten? Dann wählen Sie die Option *Formeln*.

**5** Nach Bestätigung mit *OK* werden alle Zellen, die eine Formel beinhalten, markiert.

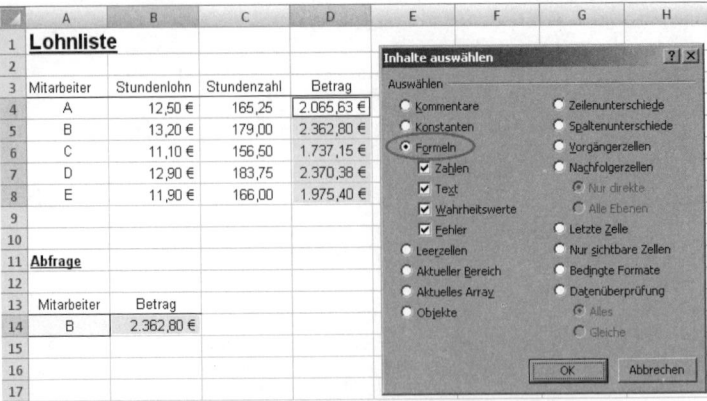

Nun können Sie die markierten Zellen beliebig formatieren. Sie können für die Zellen den Zellschutz hinzufügen, löschen etc.

> **Hinweis**
>
> Bei der Selektion von Formeln können Sie explizit nach dem Ergebnis differenzieren, das die Formel liefert. Zur Auswahl stehen Zahlen, Text, Wahrheitswerte und Fehler.

## Tipp 3: Zellennavigation per Shortcut

In großen Listen ist es relativ umständlich und oft langwierig, zum ersten oder letzten Datensatz mit der Maus oder den Pfeiltasten zu navigieren. Sollen dann auch noch größere Bereiche markiert werden, kann das in der Praxis schon ein paar Anläufe erfordern. Mit den richtigen Tipps, Tricks und Shortcuts wird das Ganze aber zum Kinderspiel.

*So geht's:*

**1** Mit der Tastenkombination [Strg]+[↓] navigieren Sie zum letzten Eintrag der aktuellen Spalte.

**2** Mit der Tastenkombination [Strg]+[↑] navigieren Sie zum ersten Eintrag der aktuellen Spalte.

**3** Die Tastenkombination [Strg]+[←] führt zum Zelleintrag am linken Ende des Bereichs.

**4** Über [Strg]+[→] gelangen Sie zum Zelleintrag am rechten Ende des Zellbereichs.

Führen Sie diese Aktionen bei gedrückter [Umschalt]-Taste aus, wird ausgehend von der aktuellen bis zur letzten Zelle der entsprechende Bereich markiert.

## 1.3 Kniffe und Tricks zum Navigieren

Wenn Zelle D10 ausgewählt ist und Sie anschließend die Tastenkombination [Strg]+[Umschalt]+[↓] drücken, wird der Bereich D10:D27 markiert.

| | A | B | C | D | E | F |
|---|---|---|---|---|---|---|
| 1 | | | | | | |
| 2 | | | | | | |
| 3 | | 1 | 26 | 51 | 76 | 101 |
| 4 | | 2 | 27 | 52 | 77 | 102 |
| 5 | | 3 | 28 | 53 | 78 | 103 |
| 6 | | 4 | 29 | 54 | 79 | 104 |
| 7 | | 5 | 30 | 55 | 80 | 105 |
| 8 | | 6 | 31 | 56 | 81 | 106 |
| 9 | | 7 | 32 | 57 | 82 | 107 |
| 10 | | 8 | 33 | 58 | 83 | 108 |
| 11 | | 9 | 34 | 59 | 84 | 109 |
| 12 | | 10 | 35 | 60 | 85 | 110 |
| 13 | | 11 | 36 | 61 | 86 | 111 |
| 14 | | 12 | 37 | 62 | 87 | 112 |
| 15 | | 13 | 38 | 63 | 88 | 113 |
| 16 | | 14 | 39 | 64 | 89 | 114 |
| 17 | | 15 | 40 | 65 | 90 | 115 |
| 18 | | 16 | 41 | 66 | 91 | 116 |
| 19 | | 17 | 42 | 67 | 92 | 117 |
| 20 | | 18 | 43 | 68 | 93 | 118 |
| 21 | | 19 | 44 | 69 | 94 | 119 |
| 22 | | 20 | 45 | 70 | 95 | 120 |
| 23 | | 21 | 46 | 71 | 96 | 121 |
| 24 | | 22 | 47 | 72 | 97 | 122 |
| 25 | | 23 | 48 | 73 | 98 | 123 |
| 26 | | 24 | 49 | 74 | 99 | 124 |
| 27 | | 25 | 50 | 75 | 100 | 125 |
| 28 | | | | | | |

Excel bietet darüber hinaus Möglichkeiten, mit der Maus in großen Tabellen schnell zu navigieren.

### *So geht's:*

**1** Setzen Sie den Mauszeiger auf den Rand der aktuellen Zellmarkierung.

**2** Der Mauszeiger verwandelt sich in ein Kreuz mit vier Pfeilen.

| | A | B | C | D | E | F |
|---|---|---|---|---|---|---|
| 1 | | | | | | |
| 2 | | | | | | |
| 3 | | 1 | 26 | 51 | 76 | 101 |
| 4 | | 2 | 27 | 52 | 77 | 102 |
| 5 | | 3 | 28 | 53 | 78 | 103 |
| 6 | | 4 | 29 | 54 | 79 | 104 |
| 7 | | 5 | 30 | 55 | 80 | 105 |
| 8 | | 6 | 31 | 56 | 81 | 106 |
| 9 | | 7 | 32 | 57 | 82 | 107 |
| 10 | | 8 | 33 | 58 | 83 | 108 |
| 11 | | 9 | 34 | 59 | 84 | 109 |
| 12 | | 10 | 35 | 60 | 85 | 110 |
| 13 | | 11 | 36 | 61 | 86 | 111 |
| 14 | | 12 | 37 | 62 | 87 | 112 |
| 15 | | 13 | 38 | 63 | 88 | 113 |
| 16 | | 14 | 39 | 64 | 89 | 114 |
| 17 | | 15 | 40 | 65 | 90 | 115 |
| 18 | | 16 | 41 | 66 | 91 | 116 |
| 19 | | 17 | 42 | 67 | 92 | 117 |
| 20 | | 18 | 43 | 68 | 93 | 118 |
| 21 | | 19 | 44 | 69 | 94 | 119 |
| 22 | | 20 | 45 | 70 | 95 | 120 |
| 23 | | 21 | 46 | 71 | 96 | 121 |
| 24 | | 22 | 47 | 72 | 97 | 122 |
| 25 | | 23 | 48 | 73 | 98 | 123 |
| 26 | | 24 | 49 | 74 | 99 | 124 |
| 27 | | 25 | 50 | 75 | 100 | 125 |
| 28 | | | | | | |

**3** Wenn Sie nun einen Doppelklick auf den Zellenrand ausführen, springt Excel zum Ende des Bereichs der aktuellen Spalte, also im Beispiel zu Zelle D27.

**4** Platzieren Sie den Zellzeiger auf den rechten Rand der Zellmarkierung und führen dort einen Doppelklick aus, wird der rechte Eintrag des Bereichs, also Zelle F13, ausgewählt.

Soll der jeweilige Zellbereich ausgehend von der aktuellen Zelle markiert werden, halten Sie beim Doppelklick auf den Zellenrand einfach die [Umschalt]-Taste gedrückt.

Möchten Sie den gesamten Zellbereich von B3 bis F27 markieren, können Sie das über die Tastenkombination [Strg]+[A] erreichen. Voraussetzung ist, dass sich der Zellzeiger auf einer beliebigen Zelle innerhalb der Datenliste befindet.

## Tipp 4: Bereiche schnell und komfortabel über das Namensfeld selektieren

Der schnellste und einfachste Weg, einen Zellbereich auszuwählen, besteht darin, den Zellbereich über einen definierten Namen anzusprechen. Dabei ist es gleichgültig, auf welchem Tabellenblatt sich der Zellbereich befindet. Bei der Auswahl wird automatisch auf das richtige Tabellenblatt gewechselt.

### So geht's:

**1** Markieren Sie den Zellbereich D36:G44.

**2** Öffnen Sie über das Menü *Formel/Definierte Namen/Namen definieren* das Dialogfenster *Neuer Name* (Excel 2003: Menü *Einfügen/Namen/Definieren*).

**3** Erfassen Sie als Name *Aufwand_2012*.

**4** Der gewählte Zellbereich wurde bereits in das Feld *Bezieht sich auf* eingetragen. Sie können den Bereich hier bei Bedarf auch noch anpassen. Darüber hinaus besteht die Möglichkeit, einen Kommentar mit weiteren Infos zu hinterlegen.

**5** Nach einem Klick auf *OK* wird der Name dem angegebenen Zellbereich zugewiesen.

**6** Der neu definierte Name *Aufwand_2012* steht nun im Namensfeld zur Verfügung und kann dort ausgewählt werden.

## 1.3 Kniffe und Tricks zum Navigieren

Sobald Sie jetzt den Namen *Aufwand_2012* auswählen, wird automatisch der Bereich D36:G44 selektiert und markiert.

## Tipp 5: Alle Zeilen und Spalten markieren

In Excel lassen sich ganz einfach komplette Zeilen sowie Spalten mit einem Shortcut markieren. Dazu gibt es zwei leicht und schnell anwendbare Möglichkeiten.

### So geht's:

### Variante 1: Auswahl über Shortcuts

1 Markieren Sie eine Zelle in der Zeile, die markiert werden soll.

2 Drücken Sie die Tastenkombination [Umschalt]+[Leertaste]. Damit wird die gesamte Zeile markiert.

3 Hingegen wird mit der Tastenkombination [Strg]+[Leertaste] die Spalte ausgewählt, in der sich der Zellzeiger aktuell befindet.

## Variante 2: Selektion mit der Maus

Eine weitere Möglichkeit, Spalten oder Zeilen schnell zu markieren, besteht darin, die Spalten- bzw. Zeilenbeschriftung anzuklicken. Sobald Sie mit der Maus über eine Spalten- oder Zeilenbeschriftung fahren, verwandelt sich der Zellzeiger in einen Pfeil.

Ein Klick auf den Buchstaben C markiert somit die gesamte Spalte C.

## Tipp 6: Add-in zum schnellen Navigieren

Das Add-in xls-Navigate (für Excel 2003) bietet verschiedene Möglichkeiten, per Mausklick zu bestimmten Zellen zu springen oder Zellbereiche zu markieren.

### So geht's:

1   Binden Sie das Add-in über das Menü *Extras/Add-Ins* ein.

   Sie können das Add-in sowohl unter Excel 2003 als auch unter Excel 2007 verwenden. Konzipiert wurde das Programm allerdings für Excel 2003 und ältere Versionen. Deswegen bezieht sich folgende Beschreibung auf Excel 2003.

2   Nach der Installation wird folgende Menüleiste eingebunden und angezeigt.

Nachfolgend erhalten Sie einen kurzen Überblick über die Funktionen des Add-in.

1   Ein Klick auf Symbol 1 führt zur verknüpften Ursprungszelle.

2   Symbol 2 verzweigt analog zur verknüpften Nachfolgerzelle.

3   Die Symbole 3 bis 6 bieten die Möglichkeit, in einem zusammenhängenden Datenbereich zur obersten, untersten, äußerst linken oder äußerst rechten Zelle zu springen.

4 Über Symbol 7 kann der gesamte zusammenhängende Zellbereich markiert werden.

5 Die Symbole 8 bis 11 bieten die Möglichkeit, ausgehend von der aktiven Zelle die entsprechenden Zellbereiche nach unten, oben, links oder rechts zu markieren.

*Hinweis zum Einbinden von Add-ins:*

1 Starten Sie über das Menü *Office/Optionen/Add-Ins/Gehe zu* das Dialogfenster zum Einbinden von Add-ins (Excel 2007: Menü *Office/Excel-Optionen/Add-Ins*, Excel 2003: Menü *Extras/Add-Ins Manager*).

2 Navigieren Sie über die Schaltfläche *Durchsuchen* zum Speicherort des Add-in und klicken Sie auf die Schaltfläche *OK*.

3 Im letzten Schritt beenden Sie den Add-Ins-Manager über die Schaltfläche *OK*.

Das Add-in ist nun eingebunden und funktionsbereit.

## Tipp 7: Schnell zum individuellen Standardfestplattenordner wechseln

In der Praxis zeigt sich, dass Dateien häufig im gleichen Ordner gespeichert und daraus auch wieder geöffnet werden. Standardmäßig zeigt der *Öffnen*-Dialog aber den Standardordner für Dokumente an. Unter Windows XP hat dieser die Bezeichnung *Eigene Dateien*, unter Windows Vista, Windows 7 und Windows 8 ist standardmäßig der Inhalt des persönlichen Dokumentenordners zu sehen. Viele Anwender nutzen aber zur Dateiablage andere Standardordner als die oben genannten. Deswegen muss bei jedem Excel-Neustart der individuelle Standardordner manuell ausgewählt werden, damit die gewünschten Excel-Dokumente geöffnet werden können.

Dieser Tipp zeigt, wie Sie Ihren individuellen Festplattenordner so einrichten, dass Sie künftig sehr schnell Zugriff darauf haben. Diese Lösung ist unabhängig vom Betriebssystem und der verwendeten Excel-Version universell einsetzbar.

*So geht's:*

1 Starten Sie im ersten Schritt Excel und wählen Sie den Befehl zum Öffnen von Dateien, sodass das Dialogfenster *Öffnen* mit dem aktuellen Standardordner *Eigene Dateien* oder *Eigene Dokumente* angezeigt wird. Starten Sie nun parallel zu Excel den Windows-Explorer.

2 Suchen Sie im Windows-Explorer Ihren individuellen Standardordner, auf den Sie künftig einen schnelleren Zugriff haben möchten.

3 Klicken Sie mit der linken Maustaste auf diesen Ordner und ziehen Sie ihn mit gedrückter linker Maustaste auf das Excel-Symbol in der Windows-Taskleiste.

**4** Warten Sie, bis Excel im Vordergrund erscheint, und ziehen Sie den Ordner auf den rechten Bereich des *Öffnen*-Dialogfensters.

**5** Drücken Sie nun die Tastenkombination [Strg]+[Umschalt]. Dadurch erscheint neben der Ordnergrafik das bekannte Verknüpfungssymbol. Wenn Sie nun die Maustaste loslassen, wird im Standardordner eine Verknüpfung zu Ihrem individuellen Excel-Standardordner erzeugt.

Klicken Sie jetzt doppelt auf die eingefügte Verknüpfung, befinden Sie sich sofort im gewünschten Ordner.

> **Hinweis**
>
> Die Verknüpfung kann beliebig umbenannt und den eigenen Bedürfnissen entsprechend angepasst werden.

## Tipp 8: Die ominöse Funktion BEREICH.VERSCHIEBEN() visualisieren

Zugegeben, die Funktion *BEREICH.VERSCHIEBEN()* ist nicht leicht zu verstehen, und die Funktionsbeschreibung von Microsoft klingt auch eher kryptisch: „Gibt einen Bezug zurück, der gegenüber dem angegebenen Bezug versetzt ist. Der zurückgegebene Bezug kann eine einzelne Zelle oder ein Zellbereich sein. Sie können die Anzahl der zurückzugebenden Zeilen und Spalten festlegen."

## 1.3 Kniffe und Tricks zum Navigieren

Die Funktion kann jedoch sehr gut visualisiert werden und wird somit viel leichter verständlich. Wie die Funktion arbeitet, soll innerhalb des Zellbereichs A1:T20 in einer Tabelle gezeigt werden.

*So geht's:*

1 Zuerst werden die erforderlichen Eingabefelder im Zellbereich W1:W5 geschaffen und mit Namen versehen. Die Zelle W1, in der der *Startpunkt* festgelegt wird erhält den Namen *Bezug*. Zelle W2 wird mit dem Namen *Zeilen*, Zelle W3 mit dem Namen *Spalten*, Zelle W4 mit dem Namen *Höhe* und Zelle W5 mit dem Namen *Breite* belegt. Somit sind alle Argumente, die die Funktion BEREICH.VERSCHIEBEN(Bezug;Zeilen;Spalten;[Höhe];[Breite]) benötigt, zunächst einmal mit einem sprechenden Namen versehen.

2 In Zelle X1 wird die Formel =ZELLE("adresse";INDIREKT(Bezug)) eingefügt. Sie sorgt dafür, dass die in Zelle W1 erfasste Koordinate mit Dollarzeichen als absolute Adresse angezeigt wird. Dieser Schritt ist notwendig, um die nachfolgend beschriebene bedingte Formatierung durchführen zu können.

3 Nun wird im Namens-Manager ein weiterer Name *Bereich* vergeben, der sich auf die Formel =BEREICH.VERSCHIEBEN (INDIREKT(Bezug);Zeilen;Spalten;Höhe;Breite) bezieht.

4 Über die Adresse in Zelle X1 wurde, wie bereits erwähnt, ein Kriterium für ein bedingtes Format geschaffen, das den Startpunkt sichtbar macht.

1. Erfassen Sie Daten effektiv und komfortabel

5   Jetzt wird, beginnend in Zelle A1, die Formel =ISTFEHLER(ZEILEN(Bereich A1)) bis hin zu Zelle T20 =ISTFEHLER(ZEILEN(Bereich T20)) hinterlegt. Diese Formel gibt FALSCH zurück, wenn die Zelle innerhalb der dynamischen Range von Bereich liegt. Mit diesem Schritt ist jetzt ein Kriterium vorhanden, um über ein bedingtes Format die Zellen sichtbar zu machen, die innerhalb der dynamischen Range liegen.

6   Wenn Sie jetzt im Zellbereich W1:W5 Werte erfassen, erkennen Sie umgehend, welchen Bereich die Funktion BEREICH.VERSCHIEBEN() umfasst.

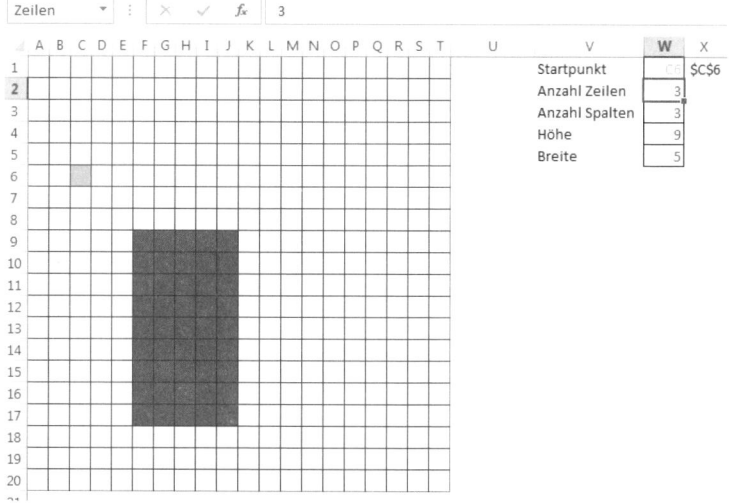

## Tipp 9: Tabellen vergleichen

Hin und wieder müssen Daten mit identischen Strukturen abgeglichen werden, um Unterschiede zwischen den Datensätzen herausarbeiten zu können. Hierfür bietet Excel ein Feature an, das nicht so bekannt ist.

### *So geht's:*

1 In diesem Beispiel liegen zwei Tabellen aus der Stundenerfassung vor, eine aus dem Oktober und eine aus dem November. Diese beiden Tabellen sollen nun abgeglichen werden. Klicken Sie zunächst im Register *Ansicht* in der Programmgruppe *Fenster* auf den Befehl *Neues Fenster*.

2 Klicken Sie dann im Register *Ansicht* auf *Alle anordnen* und wählen Sie anschließend die Anordnung *Unterteilt*. Es sind nun zwei Fenster nebeneinander angeordnet. Sorgen Sie mit einem Klick auf die Blattregisterkarte links unten dafür, dass die beiden Tabellen mit den Oktober- und November-Werten nebeneinanderstehen.

3 Klicken Sie nun im Register *Ansicht* in der Programmgruppe *Fenster* auf den Befehl *Synchroner Bildlauf*, und schon können Sie die beiden Tabellen beim Scrollen bequem miteinander vergleichen.

1. Erfassen Sie Daten effektiv und komfortabel

## 1.4 Professionelle Gültigkeitsprüfungen zur Datenerfassung

### Tipp 1: Sichere Datenerfassung: Grundsätzliches zur Gültigkeitsprüfung

Bei der Arbeit mit Excel kommt es entscheidend auf die Gültigkeit und Richtigkeit der erfassten Daten an. Bereits eine einzige falsche Zahl kann das gesamte Kalkulationsschema komplett verfälschen. Deshalb ist es sehr wichtig, die Datenerfassung so sicher wie möglich zu gestalten. An dieser Stelle kommt die in Excel implementierte Gültigkeitsprüfung zum Einsatz.

Ab Excel 2007 wird die Gültigkeitsprüfung über das Menü *Daten/Datentools/ Datenüberprüfung* aufgerufen. In Excel 2003 erfolgt der Aufruf über das Menü *Daten/Gültigkeit*.

Im Kombinationsfeld *Zulassen* stehen folgende Gültigkeitskriterien zur Auswahl:

1. *Jeden Wert*: Das vorgewählte Standardgültigkeitskriterium ist *Jeden Wert*, was bedeutet, dass in die entsprechende Zelle jeder beliebige Wert bzw. Text eingegeben werden kann. Mit diesem Gültigkeitstyp wird die Gültigkeitsprüfung deaktiviert.

2. *Ganze Zahl*: Hier können Sie die Unter- und Obergrenze von ganzen Zahlen definieren. Dezimalzahlen sind bei dieser Option nicht zulässig.

3 *Dezimal*: Ähnlich wie *Ganze Zahl*, nur dass hier neben ganzen Zahlen auch Dezimalzahlen erlaubt sind.

4 *Liste*: Diese Option erlaubt die Vorgabe von Kriterien über eine Auswahlliste. Die Begriffe, die vorgegeben werden, stehen über ein Drop-down-Menü zur Verfügung.

5 *Datum*: Mit dem Gültigkeitskriterium *Datum* können Sie die Zelleingaben auf bestimmte Datumswerte bzw. Zeiträume beschränken.

6 *Zeit*: Ähnlich wie beim Gültigkeitskriterium *Datum* besteht beim Kriterium *Zeit* die Möglichkeit, Zelleingaben auf Zeiträume zu beschränken. Die Zeitraumbeschränkung erfolgt hier über Stundenangaben.

7 *Textlänge*: Mit *Textlänge* können Sie Zelleingaben, gleichgültig ob Text oder Zahlen, auf bestimmte Mindest- oder auch Maximallängen hin überprüfen.

8 *Benutzerdefiniert*: Hier haben Sie die Möglichkeit, Gültigkeitsregeln über berechnende Formeln anzugeben. Das Kriterium *Benutzerdefiniert* bietet umfassende Möglichkeiten zur Definition komplexer Gültigkeitsregeln.

*Zu welchem Zeitpunkt wird die Gültigkeitsprüfung durchgeführt?*

Die Gültigkeitsprüfung wird durchgeführt, wenn die entsprechende Zelleingabe mit der [Enter]-Taste abgeschlossen oder die Zelle mit den Cursortasten oder einem Mausklick auf eine andere Zelle verlassen wird. Ist die Eingabe fehlerhaft, wird ein entsprechender Fehlerhinweis angezeigt, und die Eingabe des fehlerhaften Werts wird verhindert.

Wenden Sie die Gültigkeitsprüfung auf Zellen an, die bereits Werte enthalten, bleibt in diesem Fall die Gültigkeitsregel ohne Beachtung. Um also sicherzustellen, dass die Gültigkeitsprüfung auf alle Eingaben ordnungsgemäß angewendet wird, ist es sinnvoll, sie vor der Erfassung des ersten Werts einzurichten.

## Tipp 2: Informationen zur Datenerfassung vorgeben

Die Registerkarte *Eingabemeldung* im Dialogfenster zur Gültigkeitsprüfung bietet die Möglichkeit, einen bestimmten Text zur Datenerfassung anzeigen zu lassen. Dabei muss die Gültigkeitsprüfung nicht aktiviert sein.

### So geht's:

1 Markieren Sie den Bereich D38:G42.

2 Starten Sie das Dialogfenster zur Gültigkeitsprüfung:
   - ab Excel 2007: Menü *Daten/Datentools/Datenüberprüfung*,
   - in Excel 2003: Menü *Daten/Gültigkeit*.

3 Wechseln Sie auf die Registerkarte *Eingabemeldung*.

4 Erfassen Sie einen Titel für die Eingabemeldung sowie den Text dazu. Bei kürzeren Hinweisinformationen genügt auch die Angabe des Titels.

1. Erfassen Sie Daten effektiv und komfortabel

5   Damit die Eingabemeldung sofort angezeigt wird, wenn eine Zelle ausgewählt wird, muss der Haken im Kontrollkästchen *Eingabemeldung anzeigen, wenn Zelle ausgewählt wird* gesetzt sein.

6   Beenden Sie den Dialog mit *OK*.

Sobald Sie nun eine Zelle innerhalb des Bereichs D38:G42 auswählen, wird die hinterlegte Eingabemeldung angezeigt.

## Tipp 3: Gültigkeitskriterien aus Listen verwenden

Bei der Datenerfassung sollen nur vorgegebene Werte aus einer Liste zugelassen werden. Andere Werte sollen unberücksichtigt bleiben. Problematisch ist allerdings, dass sich die Liste mit den vordefinierten Abteilungsbezeichnungen in diesem Beispiel nicht auf dem Tabellenblatt befindet, auf dem die Gültigkeitsprüfung durchgeführt werden soll.

Der direkte Zellverweis auf Listen, die sich nicht auf dem gleichen Tabellenblatt wie die Gültigkeitsprüfung befinden, funktioniert aber mit folgenden Tricks.

***So geht's:***

1   Markieren Sie die Liste mit den Gültigkeitskriterien.

## 1.4 Professionelle Gültigkeitsprüfungen zur Datenerfassung

2 Geben Sie dieser die Bezeichnung *Gueltigkeitsliste*:
  - ab Excel 2007: Menü *Formeln/Definierte Namen/Namen definieren*,
  - in Excel 2003: Menü *Einfügen/Namen/Definieren*).

3 Selektieren Sie nun die Zelle, auf der die Gültigkeitsprüfung ausgeführt werden soll, im Beispiel die Zelle B5.

4 Starten Sie die Gültigkeitsprüfung.

5 Wechseln Sie zur Registerkarte *Einstellungen* und wählen Sie unter *Zulassen* den Eintrag *Liste* aus.

6 Erfassen Sie als Liste den definierten Namen *Gueltigkeitsliste* mit vorangestelltem Gleichheitszeichen.

7 Achten Sie darauf, dass das Kontrollkästchen *Zellendropdown* aktiviert ist.

8 Beenden Sie den Dialog mit einem Klick auf die Schaltfläche *OK*.

Jetzt ist die Gültigkeitsprüfung für Zelle B5 aktiv. Sobald Sie diese auswählen, wird ein Drop-down-Menü angezeigt. Über dieses lassen sich die vorgegebenen Gültigkeitskriterien aus der Liste von einem anderen Tabellenblatt auswählen.

67

1. Erfassen Sie Daten effektiv und komfortabel

Es gibt aber noch eine zweite, weniger bekannte Möglichkeit, um auf Gültigkeitslisten zuzugreifen, die sich auf einem anderen Tabellenblatt befinden.

*So geht's:*

Anstatt den Weg über die Namensdefinition zu gehen, verwenden Sie folgenden Trick.

1 Wählen Sie im Dialog *Datenüberprüfung* unter *Zulassen* den Eintrag *Liste*.

2 Im Feld *Quelle* verweisen Sie nun ohne den Umweg über die Namensdefinition auf den Kriterienbereich. Verwenden Sie dazu folgende Funktion:
=INDIREKT("Auswahl!A2:A11")

3 Nach einem Klick auf *OK* wird die Gültigkeitsprüfung wie gewohnt abgeschlossen.

Diese Vorgehensweise funktioniert deshalb, weil der Befehl *INDIREKT()* intern wie ein Name behandelt wird.

## Tipp 4: Eingaben auf Ziffern bzw. Buchstaben beschränken

Möchten Sie für bestimmte Zellen festlegen, dass ausschließlich Zahlen bzw. Ziffernfolgen eingegeben werden dürfen? Im Beispiel sollen in Zelle B8 (Sicherheitscode) ausschließlich Zahlenfolgen ohne Nachkommastellen erfasst werden können. Verwenden Sie dazu die Funktion der Gültigkeitsprüfung.

*So geht's:*

1 Selektieren Sie Zelle B8.

2 Starten Sie den Dialog *Datenüberprüfung*.

3 Wählen Sie im Feld *Zulassen* den Eintrag *Ganze Zahl*.

## 1.4 Professionelle Gültigkeitsprüfungen zur Datenerfassung

**4** Unter *Daten* wählen Sie *größer als*.

**5** Legen Sie den Wert 0 als *Minimum* fest.

Damit ist sichergestellt, dass ausschließlich Werte größer null in Zelle B8 eingegeben werden können. Alle anderen Eingaben werden mit einer Meldung abgelehnt.

Ähnlich funktioniert die Beschränkung der Erfassung auf gültige Texte. Im Beispiel sollen in Zelle B7 (*Vertreter*) ausschließlich Texte, also Buchstaben, erfasst werden können.

### So geht's:

**1** Selektieren Sie Zelle B7.

**2** Unter *Zulassen* legen Sie den Eintrag *Benutzerdefiniert* fest.

**3** Als Formel erfassen Sie *=ISTTEXT(B7)*.

**4** Ein Klick auf *OK* schließt die Gültigkeitsprüfung ab.

Damit können in Zelle B7 ausschließlich Texte erfasst werden. Die Textlänge ist dabei unerheblich.

## Tipp 5: Eingaben von Texten auf eine definierte Länge beschränken

In der Praxis kann es sinnvoll sein, die Länge der zu erfassenden Texte zu begrenzen. Ziel soll sein, bei Beschreibungen und Anmerkungen den Nagel auf den Kopf zu treffen, also aussagefähige und prägnante Anmerkungen zu fördern.

*So geht's:*

1 Selektieren Sie Zelle B12 (*Bemerkung*).

2 Wählen Sie im Dialog *Datenüberprüfung* unter *Zulassen* den Eintrag *Textlänge*.

3 Unter *Daten* wählen Sie *kleiner oder gleich*.

4 Als *Maximum* legen Sie den Wert 40 fest. Damit wird die Texteingabe auf 40 Zeichen begrenzt.

5 Beenden Sie das Dialogfenster mit einem Klick auf *OK*.

Damit können in Zelle B12 Texte mit einer maximalen Länge von 40 Zeichen erfasst werden.

## Tipp 6: Eingaben von Leerzeichen verhindern

Bei der Erfassung von Zahlenblöcken soll sichergestellt werden, dass zwischen den einzelnen Ziffern keine Leerzeichen vom Benutzer erfasst werden können. Dies trifft beispielsweise auf die Eingabe von Bankleitzahlen oder Kontonummern zu.

1.4 Professionelle Gültigkeitsprüfungen zur Datenerfassung

*So geht's:*

1 Markieren Sie den Bereich B13:B14 (*Bankleitzahl* und *Kontonummer*).

2 Im Dialogfeld *Datenüberprüfung* wählen Sie den Eintrag *Benutzerdefiniert*.

3 Im Feld *Formel* erfassen Sie *=ISTFEHL(SUCHEN(" ";B13))*.

4 Beenden Sie die Eingabe mit einem Klick auf *OK*.

Sobald nun Eingaben mit einem Leerzeichen gemacht werden, wird das mit einer Fehlermeldung quittiert, und die Eingabe wird untersagt.

Allerdings ist es mit dieser Formel möglich, Text in die Felder *Kontonummer* und *Bankleitzahl* einzugeben. Mit folgender Erweiterung der Funktion verhindern Sie das:

*=UND(NICHT(ISTTEXT(B13));ISTFEHL(SUCHEN(" ";B13)))*

Damit können jetzt ausschließlich Zahlen ohne Leerzeichen in die Zellen eingetragen werden. Die Funktionserweiterung *NICHT(ISTTEXT(B13))* untersagt die Erfassung von Buchstaben.

## Tipp 7: Eingaben von Leereinträgen ermöglichen

Gültigkeitslisten bieten die Möglichkeit, dem Anwender vorzugeben, welche Einträge er in der entsprechenden Zelle vornehmen darf und welche nicht. Ab und an kann es erforderlich sein, dass ein Leereintrag gesetzt wird, d. h., dass die Zelle über einen gewählten Eintrag aus der Gültigkeitsliste leer bleibt. Das ist jedoch gar nicht so leicht, wenn Sie in der Gültigkeitsliste nicht auf einen Zellbereich verweisen, der für diesen Zweck eine leere Zelle vorsieht.

*So geht's:*

1 Öffnen Sie eine leere Tabelle und erfassen Sie nun über *Daten/Datentools* und *Datenüberprüfung* im gleichnamigen Dialog mit der Einstellung *Liste* im Feld *Zulassen* als *Quelle* den Eintrag *1;;2* (Excel 2003: Menü *Daten/Gültigkeit*, Dialog *Gültigkeitsprüfung*).

## 1. Erfassen Sie Daten effektiv und komfortabel

**2** Wenn Sie jetzt den Dialog mit OK beenden und die Zelle über das Drop-down bestücken möchten, werden Sie feststellen, dass wider Erwarten zwischen 1 und 2 kein Leereintrag ausgewählt werden kann, obwohl es über den Eintrag *1;;2* vorgesehen ist. Auch ein Blank zwischen den beiden Semikola in der Form *1; ;2* hilft Ihnen nicht weiter.

**3** Sie müssen hier zu einem Trick greifen und zwischen die beiden Semikola einen Apostroph setzen, um das gewünschte Ergebnis zu erzielen, denn der Apostroph bleibt nach der Auswahl aus der Gültigkeitsliste in der Zelle unsichtbar.

## Tipp 8: Doppelte Einträge verhindern

In diesem Beispiel sehen Sie, wie die Erfassung von doppelten Einträgen mithilfe der Gültigkeitsprüfung abgewendet werden kann. In einer Artikelliste soll eine Artikelnummer nur ein einziges Mal vergeben werden können. Wird eine Nummer ein zweites Mal erfasst, soll diese mit einer Meldung abgewiesen werden.

### So geht's:

**1** Markieren Sie den Bereich A4:A20 in der Artikelliste.

**2** Wählen Sie im Dialogfenster *Datenüberprüfung* unter *Zulassen* den Eintrag *Benutzerdefiniert*.

**3** Im Formelfeld erfassen Sie folgende Funktion:
=ZÄHLENWENN($A$4:$A$20;A4)<=1

**4** Beenden Sie den Dialog mit einem Klick auf die Schaltfläche OK.

## 1.4 Professionelle Gültigkeitsprüfungen zur Datenerfassung

Nun können im gewählten Bereich keine doppelten Daten eingegeben werden.

Damit bei der Erfassung einer doppelten Artikelnummer ein aussagekräftiger Fehlerhinweis ausgegeben wird, gehen Sie wie folgt vor:

**1** Wechseln Sie im Dialogfenster *Datenüberprüfung* auf die Registerkarte *Fehlermeldung*.

**2** Unter *Typ* wählen Sie *Stopp*.

**3** Als *Titel* erfassen Sie den Begriff *Artikelnummer*.

**4** In das Feld *Fehlermeldung* geben Sie Folgendes ein: *Doppelte Artikelnummern können nicht erfasst werden. Geben Sie eine neue Nummer ein!*.

Sobald eine doppelte Artikelnummer in den Bereich A4:A20 eingegeben wird, erscheint die vorgegebene Fehlermeldung.

1. Erfassen Sie Daten effektiv und komfortabel

|   | A | B | C | D | E | F |
|---|---|---|---|---|---|---|
| 1 | **Artikelliste** | | | | | |
| 2 | | | | | | |
| 3 | Artikel-Nr. | Netto-VK alt | | | | |
| 4 | 4711 | 100,00 € | | | | |
| 5 | 4712 | 110,00 € | | | | |
| 6 | 4713 | 120,00 € | | | | |
| 7 | 4714 | 130,00 € | | | | |
| 8 | 4715 | 140,00 € | | | | |
| 9 | 4716 | 150,00 € | | | | |
| 10 | 4717 | 160,00 € | | | | |
| 11 | 4718 | 170,00 € | | | | |
| 12 | 4719 | 180,00 € | | | | |
| 13 | 4719 | 190,00 € | | | | |

Artikelnummer

Doppelte Artikelnummern können nicht erfasst werden. Geben Sie eine neue Nummer ein!

Wiederholen   Abbrechen   Hilfe

**Hinweis**

Zur Wahl stehen die Typen *Stopp*, *Warnung* und *Information*.

*Stopp*: Wenn *Stopp* gewählt ist, besteht keine Möglichkeit, die Artikelnummer ein zweites Mal zu erfassen.

*Warnung*: Wenn eine doppelte Nummer erfasst wird, wird der Hinweistext ausgegeben. Ein Klick auf die Schaltfläche *Ja* führt jedoch dazu, dass die Artikelnummer trotzdem in die Zelle übernommen wird.

*Information*: Wenn *Information* gewählt ist, wird nur ein Hinweis ausgegeben, die doppelt erfasste Ziffer wird jedoch angenommen.

## Tipp 9: Doppelte Gültigkeitsliste mit dynamischer Anpassung der Einträge

Eine Gültigkeitsliste, die auf einen Zellbereich referenziert, zeigt immer die Einträge aus diesem Zellbereich an. In einigen Fällen kann es sinnvoll sein, diesen Zellbereich dynamisch zu halten. Das heißt, wenn eine Auswahl über die Gültigkeitsliste getroffen wurde, sollen nur noch die restlichen Einträge aus der Gültigkeitsliste ausgewählt werden können.

Im nachfolgenden Beispiel stehen (nachdem in irgendeiner Zelle im Bereich D6:D10 eine der fünf möglichen Auswahlen getroffen wurde) in einer anderen noch nicht belegten Zelle lediglich die vier nicht gewählten Möglichkeiten zur Verfügung. Bei der nächsten Auswahl stehen dann nur noch die drei verbleibenden Möglichkeiten zur Verfügung etc.

*So geht's:*

1   Erfassen Sie im Zellbereich A2:E2 die Einträge für Ihre Gültigkeitsliste.

2   Erfassen Sie dann in Zelle A1 die folgende Formel:

## 1.4 Professionelle Gültigkeitsprüfungen zur Datenerfassung

=WENN(ISTFEHLER(INDEX($A2:$E2;KKLEINSTE(WENN(($A2:$E2<>$D$6)*($A2:$E2<>$D$7)*($A2:$E2<>$D$8)*($A2:$E2<>$D$9)*($A2:$E2<>$D$10);SPALTE($A:$E));SPALTE()));"";INDEX($A2:$E2;KKLEINSTE(WENN(($A2:$E2<>$D$6)*($A2:$E2<>$D$7)*($A2:$E2<>$D$8)*($A2:$E2<>$D$9)*($A2:$E2<>$D$10);SPALTE($A:$E));SPALTE())))

3   Markieren Sie nun den Zellbereich A1:E1 und drücken Sie die Tastenkombination [Strg]+[Umschalt]+[Enter], um die hinterlegte Formel als Matrixformel einzufügen.

4   Hinterlegen Sie zum Schluss im Bereich der Zellen von D6 bis D10 eine Gültigkeitsliste, die auf den Zellbereich A1:E1 referenziert. Treffen Sie nun im Zellbereich D6:D10 die gewünschte Auswahl.

| | A | B | C | D | E |
|---|---|---|---|---|---|
| 1 | Stuttgart | Berlin | Frankfurt | | |
| 2 | München | Stuttgart | Hannover | Berlin | Frankfurt |
| 3 | | | | | |
| 4 | | | | | |
| 5 | | | | | |
| 6 | | | 1. Stadt | München | |
| 7 | | | 2. Stadt | Hannover | |
| 8 | | | 3. Stadt | | |
| 9 | | | 4. Stadt | Stuttgart | |
| 10 | | | 5. Stadt | Berlin | |
| 11 | | | | Frankfurt | |
| 12 | | | | | |
| 13 | | | | | |
| 14 | | | | | |

Die Funktionsargumente:

- *WENN*: Im ersten Argument der Funktion wird zunächst eine Fehlermeldung abgefangen, die bei Eintritt eines Fehlers für einen Leereintrag sorgt. Dies ist aus optischen Gründen notwendig, denn nach einer erfolgten Auswahl im Bereich D6:D10 würde das Array in diesem Bereich mit dem Fehler #ZAHL! „aufgefüllt", und der Fehler würde dann bei der weiteren Auswahl in der Gültigkeitsliste erscheinen.

- *ISTFEHLER*: Mit dieser Funktion wird geprüft, ob die Indexfunktion, die einen Wert aus der Matrix A2:E2 zurückgeben soll, einen Fehler erzeugt.

- *INDEX*: Über diese Funktion wird in Zellbereich A2:E2 als erstes Argument der Funktion die Matrix angesprochen, in der die auszuwählenden Optionen stehen. Das zweite Argument dieser Funktion legt die Zeile in dieser Matrix fest, aus der ein Wert zurückgegeben wird.

- *KKLEINSTE*: Mithilfe dieser Funktion wird die Zeilennummer zurückgegeben, die den kleinsten Wert enthält.

- *SPALTE*: Diese Funktion ermittelt die Spaltennummer aus der Datengruppe der durch die Funktion *KKLEINSTE* ermittelten Werte.

## Tipp 10: Eingaben nur in aufsteigender Reihenfolge zulassen (aufsteigende Nummerierung)

Aufsteigende Zahlenreihen werden für unterschiedliche Zwecke benötigt, beispielsweise für fortlaufende Rechnungs- bzw. Lieferscheinnummern oder auch für fortlaufende Buchungsnummern. In diesem Beispiel sehen Sie, wie die Konsistenz von Nummernkreisen gewährleistet werden kann.

*So geht's:*

1 Markieren Sie den Zellbereich A4:A20.
2 Wählen Sie den Eintrag *Ganze Zahl* im Dialogfenster *Datenüberprüfung*.
3 Im Feld *Daten* wählen Sie den Eintrag *zwischen* aus.
4 Als *Minimum* erfassen Sie die Formel *=ZEILE()-3+2012000*.
5 Als *Maximum* geben Sie die gleiche Funktion noch einmal ein.
6 Mit einem Klick auf *OK* legen Sie die Gültigkeitsprüfung für den markierten Bereich fest.

**Hinweis**

Vom Ergebnis der Funktion *ZEILE()* muss der Wert 3 subtrahiert werden, da der Gültigkeitsbereich erst in Zeile 4 beginnt.

Darüber hinaus muss der Wert 2012000 hinzuaddiert werden, da die laufende Nummerierung mit dem Wert 2012001 beginnt. 2012 steht für das Jahr und der Wert 001 für die erste Rechnung des aktuellen Jahrs.

## Tipp 11: Eingaben bis zu einem definierten Grenzwert zulassen

Bei der Verteilung eines Budgetwerts auf einzelne Kostenstellen soll sichergestellt werden, dass der Gesamtwert bei der Verteilung nicht überschritten wird.

## 1.4 Professionelle Gültigkeitsprüfungen zur Datenerfassung

*So geht's:*

1 Selektieren Sie den Bereich B8:B17.

2 Im Dialog *Datenüberprüfung* wählen Sie unter *Zulassen* den Eintrag *Benutzerdefiniert*.

3 Im Feld *Formel* geben Sie folgende Funktion ein:

=SUMME($B$8:B17)<=$B$4

4 Bestätigen Sie das Dialogfenster mit *OK*.

Die Summe der Kostenstellen 100 bis 1000 ergibt genau den Wert 42.000,00 Euro.

Sobald in Zelle B10 bei Kostenstelle 300 anstelle von 3.200,00 Euro beispielsweise der Wert 3.201,00 eingegeben wird, tritt die Gültigkeitsprüfung in Aktion und lehnt die Eingabe mit einem Fehlerhinweis ab. Somit ist sichergestellt, dass der Gesamtwert von 42.000,00 Euro nicht überschritten werden kann.

## Tipp 12: Variable Datumsprüfung – Eingabe von Datumswerten auf den aktuellen Tag beschränken

Bei der Belegerfassung soll ausschließlich das aktuelle, also das Datum desselben Tags, als Erfassungsdatum eingegeben werden können. Alle anderen Datumswerte, die vor oder nach dem aktuellen Tag liegen, sollen abgelehnt werden.

*So geht's:*

1 Markieren Sie den Bereich A5:A17.

2 Im Dialogfenster *Datenüberprüfung* wählen Sie unter *Zulassen* den Eintrag *Datum* aus.

3 Unter *Daten* wählen Sie den Eintrag *gleich*.

4 Geben Sie in das Feld *Datum* die Funktion =HEUTE() ein.

5 Bestätigen Sie die Eingaben mit *OK*.

Jetzt können im angegebenen Bereich ausschließlich Datumswerte mit dem aktuellen Datum eingegeben werden.

> **Hinweis**
>
> Bei anderen Anwendungen kann es beispielsweise sinnvoll sein, dass nur Datumswerte bis zum aktuellen Datum eingegeben werden dürfen. Es sollen also alle Datumswerte nach dem aktuellen Datum ausgeschlossen werden. Datumswerte vor dem aktuellen Datum sollen hingegen akzeptiert werden.
>
> Ändern Sie dazu im Feld *Daten* den Eintrag einfach auf *kleiner oder gleich* ab.

## Tipp 13: Datumsangaben ablehnen, die auf ein Wochenende fallen

Sie möchten sicherstellen, dass nur an Arbeitstagen Werte in Ihre Excel-Tabelle eingetragen werden können. Da an Wochenenden beispielsweise keine Umsätze getätigt werden, sollen somit auch nur an Wochentagen Umsatzwerte erfasst werden können.

### So geht's:

1 Markieren Sie dazu den Zellbereich A5:A17.

2 Wählen Sie im Dialogfenster *Datenüberprüfung* im Feld *Zulassen* den Eintrag *Benutzerdefiniert*.

3 In das Feld *Formel* geben Sie folgende Funktion ein:
=UND(WOCHENTAG(A5;2)<>7;WOCHENTAG(A5;2)<>6)

4 Bestätigen Sie das Dialogfenster mit einem Klick auf *OK*.

Zu beachten ist, dass der Funktion WOCHENTAG der Parameter 2 übergeben werden muss, da in Deutschland die Woche mit dem Montag beginnt.

Wird nun ein Datum eingegeben, das auf ein Wochenende fällt, lehnt die Gültigkeitsprüfung dies mit einem entsprechenden Fehlerhinweis ab.

→ Verweis: siehe Kapitel 4.5, Tipp 14 ff.

## Tipp 14: Datumswerte auf einen vorgegebenen Zeitraum beschränken

Die Datenerfassung soll auf einen vordefinierten Zeitraum beschränkt werden. Im Beispiel dürfen auf einer Buchungsliste ausschließlich Datumswerte aus dem Jahr 2013 erfasst werden.

### So geht's:

1. Markieren Sie den Bereich A4:A17.
2. Im Dialogfenster *Datenüberprüfung* wählen Sie unter *Zulassen* den Eintrag *Datum* aus.
3. Erfassen Sie im Feld *Anfangsdatum* den 01.01.2013.
4. In das Feld *Enddatum* geben Sie den 31.12.2013 ein.
5. Schließen Sie die Gültigkeitsprüfung mit einem Klick auf die Schaltfläche *OK* ab.

In der Praxis ist es häufig sinnvoll, die Jahresangabe dynamisch zu gestalten. Dies erreichen Sie mit folgender Anpassung der Gültigkeitsprüfung.

1. Erfassen Sie im Feld *Anfangsdatum* diese Funktion:
   =DATUM(JAHR(HEUTE());1;1)
2. In das Feld *Enddatum* geben Sie dann diese Funktion ein:
   =DATUM(JAHR(HEUTE());12;31)

Damit wird beim Jahreswechsel die Gültigkeitsprüfung automatisch auf das richtige Jahr eingestellt, und es bedarf keiner weiteren Anpassung.

## Tipp 15: Gültigkeitsprüfungen auf andere Zellen beziehen

In der Regel bezieht sich die Gültigkeitsprüfung auf die Zelle, in der die Eingabe erfolgen soll.

Excel bietet jedoch auch die Möglichkeit, die Eingabe vom Inhalt einer anderen Zelle abhängig zu machen. So sollen in einem Rechnungseingangsbuch nur Werte eingetragen werden können, wenn in einer anderen Zelle bereits eine Rechnungsnummer erfasst wurde.

*So geht's:*

1 Markieren Sie dazu die Zellen B4 bis B17.

2 Im Dialogfenster *Datenüberprüfung* wählen Sie unter *Zulassen* den Eintrag *Benutzerdefiniert* aus.

3 Im Feld *Formel* erfassen Sie diese Funktion:
=ISTZAHL(A4)

4 Entfernen Sie den Haken aus dem Kontrollkästchen *Leere Zellen ignorieren*. Damit wird sichergestellt, dass im Bereich A4:A17 ein Eintrag vorhanden sein muss.

5 Beenden Sie den Dialog mit *OK*.

Jetzt können in den Bereich B4:B17 nur Werte eingetragen werden, wenn im Bereich A4:A17 bereits eine Rechnungsnummer erfasst wurde.

Durch die Verwendung der Funktion =ISTZAHL() muss zwingend eine Zahl als Rechnungsnummer erfasst werden.

1.4 Professionelle Gültigkeitsprüfungen zur Datenerfassung

> **Hinweis**
>
> Wenn Sie diese Gültigkeitsprüfung mit der Gültigkeitsprüfung aus Tipp 10 „Eingaben nur in aufsteigender Reihenfolge zulassen (aufsteigende Nummerierung)" kombinieren, ist sichergestellt, dass Sie nur einen Betrag erfassen können, wenn eine gültige, also richtige Rechnungseingangsnummer in Spalte A eingetragen wurde.

## Tipp 16: Zwei Drop-down-Gültigkeitslisten miteinander verknüpfen

In diesem Beispiel sollen zwei Drop-down-Gültigkeitslisten miteinander verknüpft werden. Sobald aus der ersten Drop-down-Liste ein Eintrag ausgewählt ist, sollen die Inhalte der zweiten Drop-down-Liste dynamisch angepasst werden. Im nachfolgenden Beispiel werden bei der Auswahl eines Staats die zugehörigen Landesniederlassungen im zweiten Drop-down-Menü zur Auswahl gestellt.

*So geht's:*

1  Im ersten Schritt müssen Sie die Matrix für die Gültigkeitskriterien anlegen. In einer Spalte tragen Sie die benötigten Staaten ein. In den weiteren Kriterienspalten legen Sie die Länder mit den Städten fest, in denen sich die Landesniederlassungen befinden.

2  Im nächsten Schritt definieren Sie die Namen für die Staaten sowie für die Länder, in denen sich die Niederlassungen befinden. Definieren Sie dazu folgende Namen mit den jeweiligen Zellbezügen.

| Name | Bezieht sich auf: |
|---|---|
| Staaten | =Tabelle1!$A$7:$A$10 |
| Frankreich | =Tabelle1!$B$7:$B$10 |
| Italien | =Tabelle1!$C$7:$C$10 |
| Spanien | =Tabelle1!$D$7:$D$10 |
| England | =Tabelle1!$E$7:$E$10 |

Den Dialog zur Namensdefinition rufen Sie so auf:

- ab Excel 2007: Menü *Formeln/Definierte Namen/Namen definieren*,
- in Excel 2003: Menü *Einfügen/Namen/Definieren*.

Die Namensvergabe für die Staaten in Spalte A kann frei gewählt werden. Im Beispiel wird der Name *Staaten* verwendet. Unbedingt zu beachten ist, dass die Namen der Länder exakt mit den Überschriften in Zeile 6 übereinstimmen.

3 Nachdem alle Namen definiert sind, wählen Sie Zelle A3 aus, in der das erste Drop-down-Menü für die Landesauswahl erstellt werden soll.

4 Öffnen Sie das Dialogfenster zur Erfassung der Gültigkeitskriterien.

5 Im Feld *Zulassen* wählen Sie den Eintrag *Liste* aus und erfassen unter *Quelle* die Zeichenfolge =Staaten.

6 Beenden Sie den Dialog mit *OK*.

7 Wählen Sie nun Zelle B3 aus. In dieser Zelle sollen die Städte entsprechend der Länderauswahl angezeigt werden.

8 Öffnen Sie auch hier den Dialog zur Gültigkeitsprüfung.

9 Wählen Sie im Feld *Zulassen* wiederum *Liste* aus und tragen Sie in das Feld *Quelle* folgenden Verweis ein:

=INDIREKT(A3)

10 Beenden Sie auch diese Dialogbox mit einem Klick auf die Schaltfläche *OK*.

Es ist geschafft! Wird nun im Drop-down-Menü *Land* beispielsweise *Italien* gewählt, werden im zweiten Drop-down-Menü dynamisch die Städte angezeigt, in denen sich die jeweiligen Landesniederlassungen befinden.

1.4 Professionelle Gültigkeitsprüfungen zur Datenerfassung

## Tipp 17: Gültigkeitsprüfung mit variabel wählbaren Gültigkeitslisten

Dieses Beispiel zeigt, wie Sie über Optionsfelder zwischen zwei Gültigkeitslisten wählen können. Abhängig von Ihrer Wahl werden im Gültigkeitsbereich die entsprechenden Auswahlmöglichkeiten über das Drop-down-Menü angeboten.

### So geht's:

1 Fügen Sie im ersten Schritt zwei Optionsfelder in das Tabellenblatt ein und beschriften Sie diese mit *Liste A* und *Liste B*.

2 Legen Sie im zweiten Schritt die Gültigkeitskriterien auf einem neuen Tabellenblatt fest.

3 Definieren Sie für *Liste A* im Bereich A3:A9 den Namen *ListeA*. *Liste B* im Bereich B3:B9 benennen Sie mit *ListeB*.

4 Abhängig vom ausgewählten Optionsfeld werden dem Gültigkeitsbereich A1:A10 die Gültigkeitskriterien von *Liste A* bzw. *Liste B* zugewiesen. Die Zuweisung erfolgt dabei per VBA.

5 Starten Sie dazu mit der Tastenkombination [Alt]+[F11] den VBA-Editor.

**6** Wählen Sie das Codeblatt aus, auf dem sich die Optionsfelder befinden, im Beispiel *Tabelle1 (Auswahl)*.

**7** Erfassen Sie den Code aus Listing 1 und Listing 2 in diesem Codeblatt.

**8** Wenn Sie nun zwischen den Optionsfeldern hin- und herschalten, wird abwechselnd der Code für das Ereignis von *OptionButton1* und *OptionButton2* ausgeführt.

**9** Der Code trägt die jeweils richtige Gültigkeitsprüfung in den vorgegebenen Zellbereich A1:A10 ein.

*Listing 1:*
```
Private Sub OptionButton1_Click()
    Range("A1:A10").Select
    With Selection.Validation
        .Delete
        .Add Type:=xlValidateList, AlertStyle:=xlValidAlertStop, Operator:=
        xlBetween, Formula1:="=ListeA"
    End With
    Range("A1").Select
End Sub
```

*Listing 2:*
```
Private Sub OptionButton2_Click()
    Range("A1:A10").Select
    With Selection.Validation
        .Delete
        .Add Type:=xlValidateList, AlertStyle:=xlValidAlertStop, Operator:=
        xlBetween, Formula1:="=ListeB"
        Range("A1").Select
    End With
End Sub
```

## Tipp 18: Akustische Warnung, wenn der Wert die vorgegebene Grenze überschreitet

Sobald ein definierter Grenzwert überschritten ist, soll ein akustisches Warnsignal ertönen. Bei der Erfassung sensibler Daten kann die akustische Warnung als weiteres Sicherheitsmerkmal verwendet werden.

Da in Excel keine Standardfunktion zum Abspielen von Warnsignalen vorhanden ist, muss sie als benutzerdefinierte VBA-Funktion implementiert werden.

*So geht's:*

1. Starten Sie mit der Tastenkombination [Alt]+[F11] den VBA-Editor.
2. Erstellen Sie über das Menü *Einfügen/Modul* ein neues Codeblatt.
3. Fügen Sie dort den Code aus Listing 1 ein. Da VBA ausnahmsweise keine Funktion zum Abspielen von WAV-Dateien besitzt, muss dies über eine Windows-API-Funktion realisiert werden.
4. Nachdem Sie den VBA-Code erfasst haben, wechseln Sie auf ein Tabellenblatt in der aktuellen Arbeitsmappe.
5. Im nächsten Schritt muss die Funktion zum Aufrufen des VBA-Codes eingetragen werden. Der Aufruf erfolgt über eine gewöhnliche *WENN*-Abfrage. Damit ist wie gewohnt die Abfrage von beliebigen Zelleinträgen möglich, jedoch mit dem einzigen Unterschied, dass kein Text ausgegeben, sondern die angegebene WAV-Datei abgespielt wird.
6. Zur Abfrage, ob in Zelle A1 der Wert von 100 überschritten ist, verwenden Sie in Zelle B1 folgende *WENN*-Abfrage:

   =WENN(A1>100;PlaySound("C:\windows\media\notify.wav");"Alles OK")

   Diese Abfrage prüft Zelle A1 und spielt bei Überschreiten der Grenze die in der Funktion *PlaySound* angegebene WAV-Datei ab. Wenn der Wert nicht überschritten ist, wird der Text *Alles OK* ausgegeben.

In der *WENN*-Funktion können Sie wie gewohnt beliebige Abfragen durchführen. So können Sie die WAV-Datei auch abspielen, wenn in Zelle A2 beispielsweise der Text *Prüfen* steht. Die Funktion dazu sieht wie folgt aus:

=WENN(A2="Prüfen";PlaySound("C:\windows\media\notify.wav");"Alles OK")

Sie sehen, die Verwendung dieser benutzerdefinierten Funktion ist sehr einfach in der Handhabung, aber dennoch leistungsfähig.

*Listing 1:*

```
  Declare Function sndPlaySound Lib "winmm.dll" Alias _
  "sndPlaySoundA" (ByVal WAVDatei As String, ByVal _
  WiedergabeModus As Long) As Long

5 Function PlaySound(Signal)
```

```
    If Dir$(Signal) > "" Then
      sndPlaySound Signal, 1
      PlaySound = "Grenze überschritten"
    Else
10    PlaySound = "Signaldatei nicht gefunden"
    End If
  End Function
```

## Tipp 19: Über eine Gültigkeitsliste nützliche Makros starten

Makros müssen nicht unbedingt über einen eigenen Button angestoßen, sondern können auch mithilfe einer Gültigkeitsliste gestartet werden. Wie das prinzipiell funktioniert, erfahren Sie in diesem Abschnitt. Welche nützlichen Makros Sie unter anderem damit ansteuern können, wird nachfolgend beschrieben.

### So geht's:

1  Hinterlegen Sie zunächst in Zelle A1 eine einfache Gültigkeitsliste mit dem Eintrag *Makroaufruf*.

2  Starten Sie mit der Tastenkombination [Alt]+[F11] den VBA-Editor und tragen Sie dann in das Tabellenfenster von *Tabelle1* den folgenden Code ein:

   Listing 1:
```
    Sub Worksheet_Change(ByVal Target As Range)
    Select Case Target.Address
       Case "$A$1"
          If Range("$A$1") = "Makroaufruf" Then
             MsgBox ("Das Makro ist gestartet")
       Case Else
          Exit Sub
    End Select
    End Sub
```

3  Wechseln Sie nun zurück zu Excel. Klicken Sie auf den rechts liegenden Drop-down-Pfeil von Zelle A1 und anschließend auf den Eintrag *Makroaufruf*, um das Makro zu starten.

## Tipp 20: Über eine Gültigkeitsliste Gitternetzlinien ein- und ausschalten

Nach diesem ersten Versuch erfahren Sie nun Schritt für Schritt, wie Sie eine ganze Reihe nützlicher Makros aus einer einzigen Zelle anstoßen können. Zunächst sollen

## 1.4 Professionelle Gültigkeitsprüfungen zur Datenerfassung

über eine Gültigkeitsliste per Makro Gitternetzlinien ein- bzw. ausgeblendet werden.

### So geht's:

1 Hinterlegen Sie in Zelle A1 einer neuen *Tabelle2* eine Gültigkeitsliste mit dem ersten Eintrag *Gitter ein/aus*.

2 Starten Sie den VBA-Editor und tragen Sie in das Codetabellenfenster von *Tabelle2* den folgenden Code ein:

*Listing 1:*
```
Sub Worksheet_Change(ByVal Target As Range)
Select Case Target.Address
    Case "$A$1"
        If Range("$A$1") = "Gitter ein/aus" Then Call GitternetzEinAus
    Case Else
        Exit Sub
End Select
End Sub
```

3 Fügen Sie nun ein neues *Modul1* ein und erfassen Sie dort die folgenden Zeilen:

*Listing 2:*
```
'Aktion GitternetzEinAus
Sub GitternetzEinAus()
    If ActiveWindow.DisplayGridlines = True Then
    ActiveWindow.DisplayGridlines = False
    Else
    ActiveWindow.DisplayGridlines = True
    End If
End Sub
```

4 Wechseln Sie dann zurück zur Excel-Tabelle und klicken Sie in Zelle A1 auf den Eintrag *Gitter ein/aus*, um das Makro zu starten und die Gitternetzlinien ein- und auszuschalten.

## Tipp 21: Über eine Gültigkeitsliste Registerkarten ein- und ausblenden

Jetzt sollen über eine Gültigkeitsliste per Makro die Registerkarten in der linken unteren Ecke der Tabelle ein- und ausgeblendet werden.

## 1. Erfassen Sie Daten effektiv und komfortabel

*So geht's:*

1 Erweitern Sie in Zelle A1 die vorhandene Gültigkeitsliste um den zweiten Eintrag *Register ein/aus*.

2 Ergänzen Sie dann das erste Makro (Listing 1) mit folgenden Codezeilen:
   *Listing 1 (Fortsetzung):*
   - If Range("$A$1") = "Register ein/aus" Then Call RegisterEinAus

3 Fügen Sie jetzt in das *Modul1* nachfolgende Zeilen ein:
   *Listing 2 (Fortsetzung):*
   - 'Aktionen RegisterEinAus
   - Sub RegisterEinAus()
   -     If ActiveWindow.DisplayWorkbookTabs = True Then
   -     ActiveWindow.DisplayWorkbookTabs = False
   -     Else
   -     ActiveWindow.DisplayWorkbookTabs = True
   - End If
   - End Sub

## Tipp 22: Über eine Gültigkeitsliste Zeilen- und Spaltenbezeichnungen ein- und ausblenden

Nun sollen über eine Gültigkeitsliste per Makro die Zeilen- und Spaltenbezeichnungen am Rand der Tabelle ein- und ausgeblendet werden.

*So geht's:*

1 Erweitern Sie in Zelle A1 die vorhandene Gültigkeitsliste um den nächsten Eintrag *SpZeBez ein/aus*.

2 Ergänzen Sie dann das erste Makro (Listing 1) mit folgenden Codezeilen:
   *Listing 1 (Fortsetzung):*
   - If Range("$A$1") = "SpZeBez ein/aus" Then Call SpaltenZeilenBezEinAus

3 Fügen Sie jetzt in das *Modul1* nachfolgende Zeilen ein:

*Listing 2 (Fortsetzung):*
```
'Aktionen SpaltenZeilenBezEinAus
Sub SpaltenZeilenBezEinAus()
    If ActiveWindow.DisplayHeadings = True Then
    ActiveWindow.DisplayHeadings = False
    Else
    ActiveWindow.DisplayHeadings = True
    End If
End Sub
```

## Tipp 23: Über eine Gültigkeitsliste die Bearbeitungsleiste ein- und ausblenden

Hier soll über eine Gültigkeitsliste per Makro die Bearbeitungsleiste ein- und ausgeblendet werden.

*So geht's:*

1 Erweitern Sie in Zelle A1 die vorhandene Gültigkeitsliste um den weiteren Eintrag *Bearbl. ein/aus*.

2 Ergänzen Sie dann das erste Makro (Listing 1) mit folgenden Codezeilen:

*Listing 1 (Fortsetzung):*
```
If Range("$A$1") = "Bearbl. ein/aus" Then Call BearbeitungsleisteEinAus
```

3 Fügen Sie jetzt in das *Modul1* nachfolgende Zeilen ein:

*Listing 2 (Fortsetzung):*
```
'Aktionen BearbeitungsleisteEinAus
Sub BearbeitungsleisteEinAus()
    If Application.DisplayFormulaBar = True Then
    Application.DisplayFormulaBar = False
    Else
    Application.DisplayFormulaBar = True
    End If
End Sub
```

# Tipp 24: Über eine Gültigkeitsliste den Vollbildmodus ein- und ausschalten

Nun soll über eine Gültigkeitsliste per Makro der Vollbildmodus ein- und ausgeschaltet werden.

### So geht's:

1  Erweitern Sie in Zelle A1 die vorhandene Gültigkeitsliste um den weiteren Eintrag *Vollbild ein/aus*.

2  Ergänzen Sie dann das erste Makro (Listing 1) mit folgenden Codezeilen:
   *Listing 1 (Fortsetzung):*
   - `If Range("$A$1") = "Vollbild ein/aus" Then Call FullScreeenBezEinAus`

3  Fügen Sie nun in das *Modul1* nachfolgende Zeilen ein:
   *Listing 2 (Fortsetzung):*
   - `'Aktionen FullScreeenBezEinAus`
   - `Sub FullScreeenBezEinAus()`
   -     `If Application.DisplayFullScreen = True Then`
   -         `Application.DisplayFullScreen = False`
   -     `Else`
   -         `Application.DisplayFullScreen = True`
   -     `End If`
   - `End Sub`

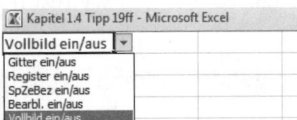

# Tipp 25: Über eine Gültigkeitsliste die Mappenberechnung ein- und ausschalten

Sie können über die Gültigkeitsliste per Makro auch die automatische Mappenberechnung ein- und ausschalten.

### So geht's:

1  Erweitern Sie in Zelle A1 die vorhandene Gültigkeitsliste um den Eintrag *Mappenber. ein/aus*.

2  Erweitern Sie nun das erste Makro (Listing 1) mit folgenden Codezeilen:
   *Listing 1 (Fortsetzung):*
   - `If Range("$A$1") = "Mappenber. ein/aus" Then Call MappenBerechnungEinAus`

1.4 Professionelle Gültigkeitsprüfungen zur Datenerfassung

3 Fügen Sie jetzt in das *Modul1* nachfolgende Zeilen ein:

Listing 2 (Fortsetzung):
- 'Aktionen MappenBerechnungEinAus
- Sub MappenBerechnungEinAus()
- If Application.Calculation = xlAutomatic Then
- Application.Calculation = xlManual
- ElseIf Application.Calculation = xlManual Then
- Application.Calculation = xlAutomatic
- End If
- End Sub

4 Kontrollieren Sie einmal, ob das Makro die Einstellungen vorgenommen und die Berechnung auf *Manuell* bzw. *Automatisch* gesetzt hat:

- ab Excel 2010: Menü *Datei/Optionen/Formeln*,
- in Excel 2007: Menü *Office/Excel-Optionen/Formeln*,
- in Excel 2003: Menü *Extras/Optionen/Berechnung*.

## Tipp 26: Über eine Gültigkeitsliste die Blattberechnung anstoßen

Aber auch die Blattberechnung, d. h. die Berechnung der aktiven Tabelle, lässt sich über ein Makro via Gültigkeitsliste starten.

*So geht's:*

1 Erweitern Sie in Zelle A1 die vorhandene Gültigkeitsliste um den Eintrag *Blattber. ein*.

2 Ergänzen Sie nun das erste Makro (Listing 1) mit folgenden Codezeilen:

Listing 1 (Fortsetzung):
- If Range("$A$1") = "Blattber. ein" Then Call BlattBerechnung

**3** Fügen Sie jetzt in das *Modul1* nachfolgende Zeilen ein:

*Listing 2 (Fortsetzung):*
- 'Aktionen BlattBerechnung
- Sub BlattBerechnung()
-     ActiveWorkbook.PrecisionAsDisplayed = False
-     ActiveSheet.Calculate
-     Application.Calculation = xlCalculationManual
- End Sub

> **Hinweis**
>
> Es ist sinnvoll, die Mappenberechnung abzuschalten, wenn die Excel-Mappe aus einer Vielzahl von Tabellen besteht, die viele Daten, Verknüpfungen und/oder Formeln enthalten. Ist die Mappenberechnung abgeschaltet und möchte man sich dennoch auf der aktiven Tabelle die Ergebnisse von Berechnungen ansehen, ohne dass die komplette Mappe neu durchgerechnet wird, bietet es sich an, die Blattberechnung für diese aktive Tabelle anzustoßen. Insofern besteht bei den beiden zuletzt beschriebenen Makros ein gewisser Zusammenhang. Es kann auch sinnvoll sein, diese beiden Makros zum Einsatz zu bringen, wenn Excel mit einer OLAP-Datenbank gekoppelt ist und die Abfragen auf diese Datenbank nicht permanent stattfinden sollen.

In der nachfolgenden Funktionsübersicht erhalten Sie einen Überblick über alle in diesem Kapitel verwendeten Funktionen.

## Funktionsübersicht

| Funktion | Erläuterung |
|---|---|
| BEREICH.VERSCHIEBEN (Bezug;Zeilen;Spalten; [Höhe];[Breite]) | Gibt einen Bezug zurück, der gegenüber dem angegebenen Bezug versetzt ist. Der zurückgegebene Bezug kann eine einzelne Zelle oder ein Zellbereich sein. Sie können die Anzahl der zurückzugebenden Zeilen und Spalten festlegen. Optional können positive Werte für Höhe bzw. Breite des neuen Bezugs in Zeilen bzw. Spalten angegeben werden. |
| DATUM(Jahr;Monat;Tag) | Gibt die fortlaufende Zahl zurück, die ein bestimmtes Datum darstellt. Wenn für das Zellformat vor der Eingabe der Funktion die Option *Allgemein* eingestellt war, wird das Ergebnis als Datum formatiert. |
| HEUTE() | Gibt die fortlaufende Zahl des heutigen Datums zurück. |
| INDIREKT(Bezug;A1) | Gibt den Bezug eines Textwerts zurück. Bezüge werden sofort ausgewertet, sodass die zu ihnen gehörenden Werte angezeigt werden. Verwenden Sie die *INDIREKT*-Funktion, um den Bezug auf eine in einer Formel befindliche Zelle zu ändern, ohne die Formel selbst zu ändern. |

## 1.4 Professionelle Gültigkeitsprüfungen zur Datenerfassung

| Funktion | Erläuterung |
|---|---|
| INDEX(Matrix;Zeile;Spalte) INDEX(Bezug;Zeile;Spalte;Bereich) | Gibt einen Wert oder den Bezug zu einem Wert aus einer Tabelle oder einem Bereich zurück. Die Funktion *INDEX()* gibt es in zwei Versionen: Matrixversion und Bezugsversion. Die Matrixversion gibt immer einen Wert oder eine Matrix aus Werten zurück, die Bezugsversion gibt immer einen Bezug zurück. |
| ISTFEHL(Wert) | *Wert* bezieht sich auf einen Fehlerwert mit Ausnahme von *#NV*. |
| ISTFEHLER(Wert) | *Wert* bezieht sich auf einen beliebigen Fehlerwert (*#NV, #WERT!, #BEZUG!, #DIV/0!, #ZAHL!, #NAME?* oder *#NULL!*). |
| ISTTEXT(Wert) | *Wert* bezieht sich auf ein Element, das Text ist. (Beachten Sie, dass diese Funktion *FALSCH* zurückgibt, wenn sich der Wert auf eine leere Zelle bezieht.) |
| ISTKTEXT(Wert) | *Wert* bezieht sich auf ein Element, das kein Text ist. (Beachten Sie, dass diese Funktion *WAHR* zurückgibt, wenn sich der Wert auf eine leere Zelle bezieht.) |
| ISTZAHL(Wert) | *Wert* bezieht sich auf eine Zahl. |
| JAHR(Zahl) | Wandelt eine fortlaufende Zahl in eine Jahreszahl um. Das Jahr wird als ganze Zahl zurückgegeben, die einen Wert von 1900 bis 9999 annehmen kann. |
| JETZT( ) | Liefert die fortlaufende Zahl des aktuellen Datums und der aktuellen Uhrzeit. |
| KKLEINSTE(Matrix;k) | Gibt den k-kleinsten Wert einer Datengruppe zurück. Mit dieser Funktion können Sie Werte ermitteln, die innerhalb einer Datenmenge eine bestimmte relative Größe haben. |
| LINKS(Text;Anzahl_Zeichen) | Gibt auf der Grundlage der Anzahl von Zeichen, die Sie angeben, das oder die erste(n) Zeichen in einer Textzeichenfolge zurück. |
| MTRANS(Matrix) | Gibt die transponierte Matrix der angegebenen Matrix zurück. *MTRANS* muss als Matrixformel in einen Bereich, der über genauso viele Zeilen und Spalten verfügt, bzw. in eine Matrix mit der gleichen Anzahl von Spalten und Zeilen eingegeben werden. Mithilfe von *MTRANS* können Sie die Zeilen und Spalten einer Matrix in einem Arbeitsblatt austauschen. |
| NICHT(Wahrheitswert) | Kehrt den Wert eines Arguments um. *NICHT* können Sie immer dann verwenden, wenn Sie sicherstellen möchten, dass ein Wert nicht mit einem bestimmten Wert übereinstimmt. |
| RECHTS(Text;Anzahl_Zeichen) | Gibt das letzte oder die letzten Zeichen einer Textzeichenfolge auf der Grundlage der von Ihnen angegebenen Anzahl von Zeichen zurück. |
| SPALTE(Bezug) | Gibt die Spaltennummer eines Bezugs zurück. |
| SUCHEN(Suchtext;Text;Erstes_Zeichen) | *SUCHEN* gibt, beginnend mit *Erstes_Zeichen*, die Nummer des Zeichens zurück, an der das zu suchende Zeichen oder die zu suchende Textzeichenfolge erstmals gefunden wurde. |
| SUMME(Zahl1;Zahl2;...) | Summiert die Argumente. |

1. Erfassen Sie Daten effektiv und komfortabel

| Funktion | Erläuterung |
|---|---|
| UND(Wahrheitswert1; Wahrheitswert2;...) | Gibt *WAHR* zurück, wenn alle Argumente wahr sind. Sind die Aussagen eines oder mehrerer Argumente falsch, gibt diese Funktion den Wert *FALSCH* zurück. |
| WENN(Prüfung;Dann_Wert; Sonst_Wert) | Prüft, ob eine Bedingung zutrifft, also wahr oder falsch ist, und macht das Ergebnis vom Resultat der Prüfung abhängig. |
| WOCHENTAG(Zahl,Typ) | Wandelt eine fortlaufende Zahl in einen Wochentag um. Der Tag wird standardmäßig als ganze Zahl ausgegeben, die einen Wert von 1 (Sonntag) bis 7 (Samstag) annehmen kann. |
| ZÄHLENWENN(Bereich; Kriterien) | Zählt die nicht leeren Zellen eines Bereichs, deren Inhalte mit den Suchkriterien übereinstimmen. |
| ZEILE(Bezug) | Liefert die Zeilennummer eines Bezugs. |
| ZEILEN(Matrix) | Gibt die Anzahl der Zeilen in einem Bezug oder einer Matrix zurück. |
| ZELLE(Infotyp;[Bezug]) | Gibt Informationen zur Formatierung, zur Position oder zum Inhalt einer Zelle zurück. |

# 2. Formatierungen zielgerichtet einsetzen

2.1  **Bedingte Formatierungen sinnvoll einsetzen** ............................ 95
2.2  **Benutzerdefinierte Formate in der Praxis** ............................... 130
2.3  **Profitipps und -tricks für den Alltag** .................................... 145

Ein wichtiger Bestandteil im Umgang mit Excel-Tabellen ist die Formatierung und optische Aufbereitung. Durch eine griffige Darstellung der Daten werden diese leichter lesbar und besser verständlich. Allein durch eine gute Präsentation der Daten wird aus psychologischer Sicht das Vertrauen in die Zahlen gestärkt.

## 2.1 Bedingte Formatierungen sinnvoll einsetzen

Die bedingte Formatierung ist eine elegante Methode, um die Übersichtlichkeit und Lesbarkeit Ihrer Datenbestände auf einfache Weise zu verbessern. Mit dieser Excel-Funktion lassen sich Zahlen, Texte und Formelergebnisse daraufhin überwachen, ob eine oder mehrere Bedingungen zutreffen.

### Tipp 1: Wenn die definierten Bedingungen erfüllt werden: Grundsätzliches zur bedingten Formatierung

Ab Excel 2007 stehen Ihnen bis zu 64 Bedingungen zur Verfügung, bis Version 2003 waren es lediglich drei.

Sind die definierten Bedingungen erfüllt, werden die entsprechenden Zellen mit den ausgewählten Formatierungen versehen.

Ab Excel 2007 finden Sie den Befehl zur bedingten Formatierung im Menü *Start/ Formatvorlagen/Bedingte Formatierung*.

Dort können neue Regeln erstellt, verwaltet und gelöscht werden. Die bedingte Formatierung ist ab Excel 2007 komplett überarbeitet worden und präsentiert sich in einem ganz neuen Licht. Die komplette Neugestaltung macht es erforderlich, sich zunächst einen Überblick zu verschaffen. Nach wenigen Minuten Einarbeitungszeit werden Sie aber feststellen, dass viele Funktionen leichter zu bedienen und übersichtlicher zu erreichen sind.

## 2. Formatierungen zielgerichtet einsetzen

In Excel 2003 und früheren Versionen steht die bedingte Formatierung über das Menü *Format/Bedingte Formatierung* zur Verfügung. Auch unter Excel 2003 bietet die bedingte Formatierung bereits einen sehr großen Funktionsumfang.

Nachfolgend erhalten Sie noch einige wissenswerte Informationen zur bedingten Formatierung:

- Bedingte Formatierungen bleiben so lange bestehen, bis sie gelöscht werden.
- Bedingte Formatzuweisungen haben Vorrang vor anderen Formatzuweisungen.
- Excel unterdrückt die bedingte Formatierung so lange, bis die definierte Bedingung zutrifft.
- Mithilfe der bedingten Formatierung können Sie die Darstellung der Schrift, das Zellmuster, also die Füllfarbe, sowie die Rahmenlinien mit allen zugehörigen Formatierungsmöglichkeiten verändern.

Die folgenden Tipps beziehen sich auf Excel ab Version 2007. Auf Besonderheiten in Excel 2003 wird explizit hingewiesen.

### Tipp 2: Schnelle Orientierung in langen Listen: Leselinien einfügen

Leselinien dienen der schnellen Orientierung in langen Listen. Zur Erleichterung soll jede zweite Zeile eingefärbt werden. Diese Formatierung können Sie natürlich manuell über den Befehl *Format/Zellen* durchführen. Allerdings führen neu eingefügte bzw. gelöschte Zeilen zu Verschiebungen innerhalb des Leselinienbereichs.

Mithilfe der bedingten Formatierung können dynamische Leselinien ganz einfach erstellt und angepasst werden.

## 2.1 Bedingte Formatierungen sinnvoll einsetzen

*So geht's:*

1. Markieren Sie den Zellbereich A5:E12. In diesem Bereich sollen die Leselinien eingefügt werden.

2. Starten Sie den Dialog *Neue Formatierungsregel*:
   - ab Excel 2007: Menü *Start/Formatvorlage/Bedingte Formatierung/Neue Regel*,
   - in Excel 2003: Menü *Format/Bedingte Formatierung*.

3. Als neue Formatierungsregel wählen Sie aus:
   - ab Excel 2007: Regeltyp *Formel zur Ermittlung der zu formatierenden Zellen verwenden*,
   - in Excel 2003: Bedingung *Formel ist*.

4. Tragen Sie folgende Formel ein:

   =REST(ZEILE();2)=1

5. Ein Klick auf die Schaltfläche *Formatieren* öffnet das Dialogfenster, in dem die gewünschten Formatierungen eingestellt werden können.

## 2. Formatierungen zielgerichtet einsetzen

6 Wählen Sie eine beliebige Farbe aus, im Beispiel Blau, und beenden Sie den Dialog mit einem Klick auf die Schaltfläche *OK*.

7 Beenden Sie auch den Dialog *Neue Formatierungsregel* mit *OK*.

8 Jede zweite Zeile wird nun mit einer Leselinie in der ausgewählten Farbe hinterlegt.

|   | A | B | C | D | E |
|---|---|---|---|---|---|
| 1 | Summen- und Saldenliste | | | | |
| 2 | | | | | |
| 3 | | | | | |
| 4 | Konto.-Nr. | Bezeichnung | Januar | Februar | März |
| 5 | 1000 | Konto 1 | 9.541 € | 1.235 € | 845 € |
| 6 | 1010 | Konto 2 | 459 € | 521 € | 125 € |
| 7 | 1020 | Konto 3 | 6.253 € | 5.247 € | 3.485 € |
| 8 | 1030 | Konto 4 | 540 € | 900 € | 900 € |
| 9 | 1040 | Konto 5 | 750 € | 400 € | 340 € |
| 10 | 1050 | Konto 6 | 1.363 € | 450 € | 1.250 € |
| 11 | 1060 | Konto 7 | 1.258 € | 2.356 € | 3.700 € |
| 12 | 1070 | Konto 8 | 2.536 € | 5.214 € | 3.320 € |

Werden jetzt im Bereich A5:E12 neue Zeilen eingefügt oder vorhandene Zeilen gelöscht, erfolgt die dynamische Anpassung der Leselinien. Somit ist sichergestellt, dass sich keine Verschiebungen ergeben.

> **Hinweis**
>
> Soll nur jede dritte Zeile farbig hervorgehoben werden, passen Sie die Formel wie folgt an:
>
> =REST(ZEILE();3)=1

## Tipp 3: Für mehr Übersicht: Gruppierungslinien erzeugen

In umfangreichen Listen kann man schon mal den Überblick verlieren. Hilfreich sind dann Trenn- bzw. Gruppierungslinien, die zusammengehörige Datenbereiche optisch zusammenfassen. Werden diese Trennlinien manuell eingefügt, kann das je nach Umfang der Liste ziemlich aufwendig sein. Im folgenden Beispiel sehen Sie, wie sich mit der bedingten Formatierung nach jeder Artikelgruppe ein Trennstrich einfügen lässt.

*So geht's:*

1 Markieren Sie den Zellbereich A5:D20.

2 Starten Sie den Dialog *Neue Formatierungsregel*:
- ab Excel 2007: Menü *Start/Formatvorlage/Bedingte Formatierung/Neue Regel*,
- in Excel 2003: Menü *Format/Bedingte Formatierung*.

3 Als neue Formatierungsregel wählen Sie aus:
- ab Excel 2007: Regeltyp *Formel zur Ermittlung der zu formatierenden Zellen verwenden*,
- in Excel 2003: Bedingung *Formel ist*.

4 Als Regelbeschreibung erfassen Sie die Funktion =WENN($B6<>$B5;1;0). Damit wird der Wechsel der Artikelgruppen in Spalte B abgefragt.

## 2.1 Bedingte Formatierungen sinnvoll einsetzen

**5** Rufen Sie über die Schaltfläche *Formatieren* das Dialogfenster zur Definition der Zellenformatierungen auf.

**6** Wählen Sie dort die Registerkarte *Rahmen* und legen Sie für die untere Zellbegrenzung einen Rahmen fest.

**7** Beenden Sie beide Dialogfelder mit je einem Klick auf die Schaltfläche *OK*.

Als Ergebnis wird nach jeder Artikelgruppe wie gewünscht eine Gruppierungslinie eingefügt.

> **Hinweis**
>
> Bevor die Gruppierungslinien in eine Liste eingefügt werden können, muss die Datenliste sortiert werden. Als Sortierkriterium geben Sie diejenige Spalte an, die als Parameter für die Gruppierungslinien verwendet werden soll, im Beispiel Spalte B.

## Tipp 4: Den ersten Eintrag einer Liste hervorheben

In einer alphabetisch sortierten Kundenliste soll der erste Lieferant einer neuen Buchstabengruppe gekennzeichnet werden. Dazu soll der erste Eintrag rot hervorgehoben werden.

### So geht's:

1   Markieren Sie den Bereich A4:A20, in dem sich die Kundenliste befindet.

2   Erfassen Sie in Zelle B4 die Formel *=GROSS(LINKS(A4;1))*. Damit wird der erste Buchstabe aus Zelle A4 extrahiert und in Zelle B4 angezeigt.

3   In Zelle B5 erfassen Sie folgende Funktion und kopieren sie bis zur Zelle B20 nach unten: *=WENN(LINKS(A5;1)<>LINKS(A4;1);GROSS(LINKS(A5;1));"")*

    Damit wird bei jedem Buchstabenwechsel in Spalte B der erste Buchstabe aus der neuen Buchstabengruppe angezeigt.

4   Markieren Sie nun den Bereich A4:A20.

5   Starten Sie den Dialog *Neue Formatierungsregel*:
    - ab Excel 2007: Menü *Start/Formatvorlage/Bedingte Formatierung/Neue Regel*,
    - in Excel 2003: Menü *Format/Bedingte Formatierung*.

6   Als neue Formatierungsregel wählen Sie aus:
    - ab Excel 2007: Regeltyp *Formel zur Ermittlung der zu formatierenden Zellen verwenden*,
    - in Excel 2003: Bedingung *Formel ist*.

    Erfassen Sie dort die Funktion *=$B4<>""*. Achten Sie auf die korrekte Verwendung von absoluten und relativen Zellbezügen.

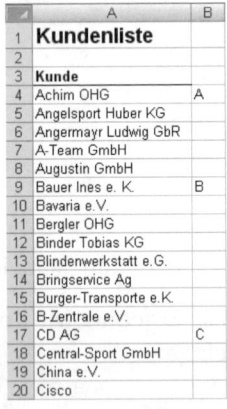

7   Öffnen Sie über die Schaltfläche *Formatieren* das Dialogfenster zur Zellenformatierung.

8 Auf der Registerkarte *Schrift* legen Sie als Schriftschnitt *Fett* und als Farbe Rot fest.

9 Beenden Sie die beiden Dialogfenster jeweils mit einem Klick auf die Schaltfläche *OK*.

Im Ergebnis wird nun jeder Buchstabenwechsel wie vorgegeben formatiert, und zusätzlich werden in Spalte B die Anfangsbuchstaben des neuen Buchstabenbereichs angezeigt.

|  | A | B |
|---|---|---|
| 1 | **Kundenliste** | |
| 2 | | |
| 3 | **Kunde** | |
| 4 | Achim OHG | A |
| 5 | Angelsport Huber KG | |
| 6 | Angermayr Ludwig GbR | |
| 7 | A-Team GmbH | |
| 8 | Augustin GmbH | |
| 9 | Bauer Ines e. K. | B |
| 10 | Bavaria e.V. | |
| 11 | Bergler OHG | |
| 12 | Binder Tobias KG | |
| 13 | Blindenwerkstatt e.G. | |
| 14 | Bringservice Ag | |
| 15 | Burger-Transporte e.K. | |
| 16 | B-Zentrale e.V. | |
| 17 | CD AG | C |
| 18 | Central-Sport GmbH | |
| 19 | China e.V. | |
| 20 | Cisco | |

> **Hinweis**
>
> Bei Bedarf können Sie die Hilfsspalte B selbstverständlich auch ausblenden.

## Tipp 5: Zellen in Abhängigkeit vom Inhalt formatieren

Im folgenden Beispiel werden verschiedene Zellinhalte abgefragt und abhängig vom Inhalt formatiert. So sollen in einem Bereich Texte, Zahlen, Fehlermeldungen und sogar Formeln unterschiedlich dargestellt werden.

### So geht's:

Zur Abfrage der unterschiedlichen Zelltypen stellt Excel diverse IST-Funktionen zur Verfügung. Die nachfolgende Tabelle gibt einen Überblick über die implementierten IST-Funktionen:

| Funktion | Beschreibung |
|---|---|
| ISTLEER | Der Wert bezieht sich auf eine leere Zelle. |
| ISTFEHL | Der Wert bezieht sich auf einen Fehlerwert mit Ausnahme von *#NV*. |
| ISTFEHLER | Der Wert bezieht sich auf einen beliebigen Fehlerwert (*#NV*, *#WERT!*, *#BEZUG!*, *#DIV/0!*, *#ZAHL!*, *#NAME?* oder *#NULL!*). |
| ISTFORMEL | Überprüft, ob ein Bezug auf eine Zelle verweist, die eine Formel enthält, und gibt *WAHR* oder *FALSCH* zurück. |
| ISTLOG | Der Wert bezieht sich auf einen Wahrheitswert. |
| ISTNV | Der Wert bezieht sich auf den Fehlerwert *#NV* (Wert nicht verfügbar). |
| ISTKTEXT | Der Wert bezieht sich auf ein Element, das kein Text ist. (Beachten Sie, dass diese Funktion *WAHR* zurückgibt, wenn sich der Wert auf eine leere Zelle bezieht.) |
| ISTZAHL | Der Wert bezieht sich auf eine Zahl. |
| ISTBEZUG | Der Wert bezieht sich auf einen Bezug. |
| ISTTEXT | Der Wert bezieht sich auf Text. |

## 2. Formatierungen zielgerichtet einsetzen

Zum Auslesen des Zelltyps gehen Sie wie folgt vor:

**1** Markieren Sie den Bereich B3:B7.

**2** Starten Sie den Manager zur Verwaltung der bedingten Formatierungen:
- ab Excel 2007: Menü *Start/Formatvorlagen/Bedingte Formatierung/Regeln verwalten*,
- in Excel 2003: Menü *Format/Bedingte Formatierung*.

**3** Klicken Sie auf *Neue Regel*.

**4** Als neue Formatierungsregel wählen Sie aus:
- ab Excel 2007: Regeltyp *Formel zur Ermittlung der zu formatierenden Zellen verwenden*,
- in Excel 2003: Bedingung *Formel ist*.

**5** Erfassen Sie dort im ersten Schritt die Funktion *=ISTTEXT(B3)* und legen Sie über die Schaltfläche *Formatieren* eine beliebige Zellhintergrundfarbe fest.

**6** Bestätigen Sie die beiden Dialogfenster jeweils mit einem Klick auf OK.

**7** Wiederholen Sie die Schritte 3 bis 6 für folgende Funktionen und wählen Sie jedes Mal eine andere Hintergrundfarbe aus:
=ISTZAHL(B3)
=ISTLEER(B3)
=ISTFEHLER(B3)

Im Ergebnis werden die verschiedenen Zelltypen mit den definierten Zellhintergrundfarben belegt.

Um zu prüfen, ob sich in einer Zelle eine Formel befindet, kann in Excel 2013 die neue Standardfunktion *ISTFORMEL* eingesetzt werden. In den Vorversionen werden

## 2.1 Bedingte Formatierungen sinnvoll einsetzen

Zellen mit Formeln mit den vorhandenen IST-Funktionen entweder als Zahl, als Text oder gegebenenfalls als Fehler erkannt.

Dieses Problem lässt sich in den Excel-Versionen 2003, 2007 und 2010 aber ganz leicht über eine benutzerdefinierte VBA-Funktion lösen.

### So geht's:

1 Starten Sie mit der Tastenkombination [Alt]+[F11] den VBA-Editor.

2 Fügen Sie über das Menü *Einfügen/Modul* ein leeres Codeblatt ein.

3 Erfassen Sie darin den VBA-Code aus Listing 1.

   *Listing 1:*
   - `Function FormelInZelle(Zelle) As Boolean`
   - `  Application.Volatile`
   - `  FormelInZelle = Zelle.HasFormula`
   - `End Function`

4 Markieren Sie nun den Bereich B3:B7.

5 Starten Sie den Manager zur Verwaltung der bedingten Formatierungen:
   - ab Excel 2007: Menü *Start/Formatvorlagen/Bedingte Formatierung/Regeln verwalten*,
   - in Excel 2003: Menü *Format/Bedingte Formatierung*.

6 Als neue Formatierungsregel wählen Sie aus:
   - ab Excel 2007: Regeltyp *Formel zur Ermittlung der zu formatierenden Zellen verwenden*,
   - in Excel 2003: Bedingung *Formel ist*.

7 Dort erfassen Sie nun die soeben erstellte benutzerdefinierte VBA-Funktion wie folgt:
   *=FormelInZelle(B3)*

103

> **Hinweis**
>
> Die Reihenfolge, in der die Regeln ausgeführt werden, ist in diesem Fall von entscheidender Bedeutung. Die neue benutzerdefinierte Funktion *=FormelInZelle()* muss vor der Funktion *=ISTZAHL()* ausgeführt werden, damit Zellen mit Formeln entsprechend erkannt werden.
>
> Die Reihenfolge kann über die beiden Pfeile individuell festgelegt werden.

## Tipp 6: Extremwerte kennzeichnen

In einer Umsatztabelle sollen die Extremwerte, also der größte sowie der kleinste Wert, farbig hervorgehoben werden. Dabei soll nicht nur die Zelle markiert werden, in der sich der Wert selbst befindet, sondern es soll die gesamte Zeile hervorgehoben werden.

*So geht's:*

1. Markieren Sie den Bereich A4:D13.
2. Starten Sie den Dialog *Neue Formatierungsregel*:
   - ab Excel 2007: Menü *Start/Formatvorlage/Bedingte Formatierung/Neue Regel*,
   - in Excel 2003: Menü *Format/Bedingte Formatierung*.
3. Als neue Formatierungsregel wählen Sie aus:
   - ab Excel 2007: Regeltyp *Formel zur Ermittlung der zu formatierenden Zellen verwenden*,
   - in Excel 2003: Bedingung *Formel ist*.
4. Erfassen Sie die Formel *=MIN($D:$D)=$D4*.
5. Legen Sie über die Schaltfläche *Formatieren* die Hintergrundfarbe Rot fest.
6. Bestätigen Sie die beiden Dialogfenster jeweils mit einem Klick auf OK.
7. Fügen Sie eine weitere Regel mit dem gleichen Regeltyp hinzu.
8. Als Formel zur Ermittlung des Maximumwerts erfassen Sie *=MAX($D:$D)=$D4*.
9. Definieren Sie für diese Regel über die Schaltfläche *Formatieren* die Hintergrundfarbe Grün.
10. Bestätigen Sie die Dialogfenster wiederum mit je einem Klick auf die Schaltfläche OK.

|   | A | B | C | D |
|---|---|---|---|---|
| 1 | **Umsatzübersicht** | | | |
| 2 | | | | |
| 3 | Vertriebsgebiet | Datum | Anzahl Rechnungen | Umsatz |
| 4 | 1 | 01.06.2012 | 43 | 45.872,00 € |
| 5 | 2 | 02.06.2012 | 25 | 76.592,00 € |
| 6 | 3 | 03.06.2012 | 32 | 42.876,00 € |
| 7 | 4 | 04.06.2012 | 12 | 8.549,00 € |
| 8 | 5 | 05.06.2012 | 54 | 68.443,00 € |
| 9 | 6 | 06.06.2012 | 26 | 75.561,00 € |
| 10 | 7 | 07.06.2012 | 21 | 39.149,00 € |
| 11 | 8 | 08.06.2012 | 5 | 39.776,00 € |
| 12 | 9 | 09.06.2012 | 8 | 45.299,00 € |
| 13 | 10 | 10.06.2012 | 23 | 12.665,00 € |

Als Ergebnis wird wie gewünscht jeweils die komplette Zeile mit dem größten bzw. kleinsten Wert farbig hervorgehoben.

## 2.1 Bedingte Formatierungen sinnvoll einsetzen

> **Hinweis**
>
> Beachten Sie die korrekte Verwendung von absoluten und relativen Zellbezügen. Nur damit lässt sich die Formatierung der gesamten Zeile realisieren.

Ab Excel 2007 können der größte und der kleinste Wert auch über die entsprechende integrierte Funktion formatiert werden. Gehen Sie dazu wie folgt vor:

1 Selektieren Sie den Bereich D4:D13.

2 Starten Sie die bedingte Formatierung und wählen Sie als Regeltyp *Nur obere oder untere Werte formatieren* aus.

3 Wählen Sie den Eintrag *Obere* und geben Sie als Anzahl den Wert 1 ein. Das bedeutet, dass der größte Wert gesucht werden soll. Wird eine 2 eingegeben, ermittelt Excel die zwei höchsten Werte.

4 Über die Schaltfläche *Formatieren* definieren Sie eine grüne Hintergrundfarbe.

5 Beenden Sie das Dialogfenster mit einem Klick auf *OK*.

6 Fügen Sie eine weitere Regel über das Menü *Start/Formatvorlagen/Formatvorlagen/Bedingte Formatierung/Neue Regel* hinzu.

7 Wählen Sie den gleichen Regeltyp wie vorher. Als Eintrag wählen Sie jetzt aber *Untere* aus.

8 Im nebenstehenden Textfeld erfassen Sie erneut den Wert 1.

9 Klicken Sie wiederum auf die Schaltfläche *Formatieren* und legen Sie für den unteren Wert einen roten Zellhintergrund fest.

10 Beenden Sie die Dialogbox mit einem Klick auf *OK*.

Als Ergebnis wird ebenfalls jeweils der größte bzw. kleinste Wert ermittelt und hervorgehoben. Allerdings lässt sich über diese Funktion nicht die gesamte Zeile von Spalte A bis D kennzeichnen.

## Tipp 7: Eindeutige Datensätze kennzeichnen

In einer Liste mit Kontonummern sollen alle Nummern durchgestrichen werden, die in der Liste nur einmal vorkommen.

*So geht's ab Excel 2007:*

1 Markieren Sie die Spalte mit den Kontonummern, in unserem Beispiel Spalte A.
2 Öffnen Sie über das Menü *Start/Formatvorlagen/Bedingte Formatierung/Neue Regel* das Dialogfenster zur Erstellung von neuen Formatierungsregeln.
3 Legen Sie als Regeltyp *Nur eindeutige oder doppelte Werte formatieren* fest.
4 Wählen Sie als Regelbeschreibung *eindeutige* aus.
5 Wählen Sie über die Schaltfläche *Formatieren* auf der Registerkarte *Schrift* mit Klick auf *Durchgestrichen* (Fensterbereich *Effekte*) die gewünschte Formatierung aus.
6 Beenden Sie das Dialogfenster mit Klick auf *OK*. Alle nur einmal vorkommenden Nummern sind nun durchgestrichen.

*So geht's unter Excel 2003:*

1 Markieren Sie die Spalte mit den Kontonummern, in unserem Beispiel Spalte A.
2 Rufen Sie die bedingte Formatierung über das Menü *Format/Bedingte Formatierung* auf.
3 Wählen Sie unter *Bedingung 1* den Eintrag *Formel ist* und erfassen Sie folgende Funktion:
   =ZÄHLENWENN($A$A;A1)=1
4 Über die Schaltfläche *Format* legen Sie auf der Registerkarte *Schrift* mit Klick auf *Durchgestrichen* (Fensterbereich *Effekte*) die gewünschte Formatierung fest.
5 Beenden Sie das Dialogfenster mit Klick auf *OK*. Alle nur einmal vorkommenden Nummern sind nun durchgestrichen.

2.1 Bedingte Formatierungen sinnvoll einsetzen

## Tipp 8: Doppelte Datensätze hervorheben

In diesem Beispiel sollen in einer Artikelliste doppelte Artikelnummern gefunden und gekennzeichnet werden. Da sich die Vorgehensweisen in Excel 2003 und Excel ab Version 2007 stark unterscheiden, werden beide Varianten vorgestellt.

### So geht's ab Excel 2007:

Ab Excel 2007 steht zur Erkennung von doppelten Einträgen ein eigener Regeltyp zur Verfügung. Es ist somit ab Excel 2007 wesentlich einfacher als in den Vorgängerversionen, doppelte Einträge zu kennzeichnen.

1 Markieren Sie den Zellbereich A4:A13.

2 Öffnen Sie über das Menü *Start/Formatvorlagen/Bedingte Formatierung/Neue Regel* das Dialogfenster zur Erstellung von neuen Formatierungsregeln.

3 Als Regeltyp legen Sie *Nur eindeutige oder doppelte Werte formatieren* fest.

4 Als Regelbeschreibung wählen Sie *doppelte* aus.

5 Definieren Sie nun noch über die Schaltfläche *Formatieren* auf der Registerkarte *Ausfüllen* eine beliebige Zellhintergrundfarbe.

6 Nachdem Sie das Dialogfenster mit *OK* beendet haben, werden die Zellen mit doppelten Einträgen beispielsweise rot markiert.

**Hinweis**

Mit dieser Methode werden alle doppelten Einträge gekennzeichnet. Sollen die Werte hingegen erst ab dem zweiten Auftreten markiert werden, sehen Sie sich die Lösung für Excel 2003 an.

## 2. Formatierungen zielgerichtet einsetzen

### So geht's unter Excel 2003:

1 Markieren Sie den Zellbereich A4:A13, in dem sich die Artikelnummern befinden.

2 Starten Sie die bedingte Formatierung über das Menü *Format/Bedingte Formatierung*.

3 Wählen Sie unter *Bedingung 1* den Eintrag *Formel ist* und erfassen Sie dort folgende Funktion:

=ISTZAHL(VERGLEICH(A4;BEREICH.VERSCHIEBEN($A$3;0;0;ZEILE(A4)-3;1);0))

4 Über die Schaltfläche *Format* legen Sie auf der Registerkarte *Muster* eine beliebige Zellhintergrundfarbe fest.

5 Bestätigen Sie die beiden Dialogboxen mit Klick auf die Schaltfläche *OK*.

Im Ergebnis werden alle doppelt vorhandenen Artikelnummern mit der gewählten Zellhintergrundfarbe belegt.

## 2.1 Bedingte Formatierungen sinnvoll einsetzen

> **Hinweis**
>
> Mit dieser Funktion werden nur die Duplikate farbig hervorgehoben. Das erste Vorkommen bleibt davon unberührt.
>
> Sollen sämtliche doppelten Werte, im Beispiel also auch die Artikelnummer 100015 aus Zelle A5 sowie die Nummer 100020 aus Zelle A6, gekennzeichnet werden, verwenden Sie als Gültigkeitskriterium folgende Funktion:
>
> =ZÄHLENWENN($A$4:$A$13;A4)>1

→ Verweis: siehe Kapitel 1.4, Tipp 8

### Tipp 9: Fällige Rechnungen kennzeichnen

Im nächsten Beispiel sollen alle Rechnungen, bei deren Zahlung das vorgegebene Zahlungsziel überschritten wurde, gekennzeichnet werden. Dabei soll das Rechnungsdatum mit dem Zahlungsdatum unter Berücksichtigung des Zahlungsziels verglichen werden.

*So geht's:*

1  Markieren Sie den Bereich A6:C15.

2  Starten Sie den Dialog *Neue Formatierungsregel*:
   - ab Excel 2007: Menü *Start/Formatvorlage/Bedingte Formatierung/Neue Regel*,
   - in Excel 2003: Menü *Format/Bedingte Formatierung*.

   Als neue Formatierungsregel wählen Sie aus:
   - ab Excel 2007: Regeltyp *Formel zur Ermittlung der zu formatierenden Zellen verwenden*,
   - in Excel 2003: Bedingung *Formel ist*.

3  Erfassen Sie folgende Formel:
   =$B6-$A6>$C6.

4  Klicken Sie auf die Schaltfläche *Formatieren*.

## 2. Formatierungen zielgerichtet einsetzen

**5** Wählen Sie auf der Registerkarte *Ausfüllen* eine beliebige Farbe aus.

**6** Beenden Sie die beiden Dialogfenster jeweils mit einem Klick auf die Schaltfläche *OK*.

Im Ergebnis werden alle Rechnungen, bei denen das Zahlungsziel überschritten wurde, farbig gekennzeichnet.

|    | A | B | C | D |
|----|---|---|---|---|
| 1  | Rechnungsausgangsbuch | | | |
| 2  | | | | |
| 3  | | | | |
| 4  | | | | |
| 5  | Rechnungsdatum | Datum der Zahlung | Zahlungsziel in Tagen | |
| 6  | 12.03.2013 | 19.03.2013 | 14 | |
| 7  | 12.03.2013 | 09.04.2013 | 21 | |
| 8  | 12.03.2013 | 15.04.2013 | 30 | |
| 9  | 12.03.2013 | 16.03.2013 | 7 | |
| 10 | 13.03.2013 | 21.04.2013 | 21 | |
| 11 | 13.03.2013 | 02.04.2013 | 21 | |
| 12 | 14.03.2013 | 05.04.2013 | 7 | |
| 13 | 14.03.2013 | 19.04.2013 | 30 | |
| 14 | 14.03.2013 | 17.04.2013 | 30 | |
| 15 | 14.03.2013 | 13.03.2013 | 21 | |
| 16 | | | | |

> **Hinweis**
>
> Beachten Sie, dass nur dann die gesamte Zeile von Spalte A bis C formatiert wird, wenn die Formel mit korrekten absoluten und relativen Zellbezügen eingegeben wird.

## Tipp 10: Über- und Unterschreitung von Schwellenwerten kennzeichnen

In diesem Beispiel erfahren Sie, wie anhand der bedingten Formatierung Grenzwertüber- oder -unterschreitungen gekennzeichnet werden können. In einer Umsatzliste sollen die Umsatzerlöse mit einem Monatswert über 50.000,00 Euro markiert werden.

### So geht's:

**1** Markieren Sie den Zellbereich C4:C15.

**2** Starten Sie die bedingte Formatierung.

**3** Als Regeltyp wählen Sie *Nur Zellen formatieren, die enthalten*.

**4** Als Regelbeschreibung stellen Sie *Zellwert/größer oder gleich/50000* ein (Excel 2003: Bedingung *Zellwert ist/größer oder gleich*).

5 Nach einem Klick auf die Schaltfläche *Formatieren* legen Sie eine grüne Hintergrundfarbe fest.

6 Nachdem Sie den Dialog mit *OK* beendet haben, werden alle Zahlen mit einem Wert über 50.000 grün eingefärbt.

| | A | B | C |
|---|---|---|---|
| 1 | Umsatzliste | | |
| 2 | | | |
| 3 | Verkaufsgebiet | Zeitraum | Umsatz |
| 4 | Nord | Jan 12 | 5.235,78 |
| 5 | Süd | Jan 12 | 54.395,22 |
| 6 | West | Jan 12 | 95.362,61 |
| 7 | Ost | Jan 12 | 47.668,59 |
| 8 | Nord | Feb 12 | 7.691,90 |
| 9 | Süd | Feb 12 | 68.942,69 |
| 10 | West | Feb 12 | 0,00 |
| 11 | Ost | Feb 12 | 89.625,99 |
| 12 | Nord | Mrz 12 | 0,00 |
| 13 | Süd | Mrz 12 | 84.536,25 |
| 14 | West | Mrz 12 | 50.412,87 |
| 15 | Ost | Mrz 12 | 49.896,77 |

## Tipp 11: Wochenenden und Wochentage in einem Kalender hervorheben

In folgendem Beispiel liegt eine Tabelle zur Erfassung von Arbeitszeiten vor. Da an den Wochenenden nicht gearbeitet wird, müssen auch keine Zeiten erfasst werden. Zur besseren Übersicht sollen die Wochenenden farbig gekennzeichnet werden.

*So geht's:*

1 Markieren Sie den Tabellenbereich A5:E19.

2 Starten Sie den Dialog *Neue Formatierungsregel*:
- ab Excel 2007: Menü *Start/Formatvorlage/Bedingte Formatierung/Neue Regel*,
- in Excel 2003: Menü *Format/Bedingte Formatierung*.

3 Als neue Formatierungsregel wählen Sie aus:
- ab Excel 2007: Regeltyp *Formel zur Ermittlung der zu formatierenden Zellen verwenden*,
- in Excel 2003: Bedingung *Formel ist*.

4 Als Formel erfassen Sie:
=ODER(WOCHENTAG($A5)=1;WOCHENTAG($A5)=7)

## 2. Formatierungen zielgerichtet einsetzen

**5** Legen Sie über die Schaltfläche *Formatieren* die Hintergrundfarbe fest, in der die Wochenenden dargestellt werden sollen. Im Beispiel wurde eine blaue Farbe gewählt.

**6** Beenden Sie das Dialogfenster *Neue Formatierungsregel* mit einem Klick auf die Schaltfläche *OK*.

Alle Wochenenden, also Samstage und Sonntage, werden mit einer blauen Hintergrundfarbe belegt. Es ist jetzt auf den ersten Blick ersichtlich, in welchen Zellen Arbeitszeiten erfasst werden sollen und in welchen nicht.

|   | A | B | C | D | E |
|---|---|---|---|---|---|
| 1 | Arbeitszeiterfassung Juli 2012 | | | | |
| 2 | | | | | |
| 3 | | | | | |
| 4 | Datum | Beginn | Pause | Ende | Summe Stunden |
| 5 | So 02.12.2012 | | | | |
| 6 | Mo 03.12.2012 | 08:07 | 00:30 | 16:58 | 08:21 |
| 7 | Di 04.12.2012 | 08:12 | 00:30 | 16:54 | 08:12 |
| 8 | Mi 05.12.2012 | 07:58 | 00:33 | 17:13 | 08:42 |
| 9 | Do 06.12.2012 | 08:02 | 00:42 | 16:55 | 08:11 |
| 10 | Fr 07.12.2012 | 08:09 | 00:21 | 14:20 | 05:50 |
| 11 | Sa 08.12.2012 | | | | |
| 12 | So 09.12.2012 | | | | |
| 13 | Mo 10.12.2012 | 07:56 | 00:37 | 17:49 | 09:16 |
| 14 | Di 11.12.2012 | 07:57 | 00:54 | 16:59 | 08:08 |
| 15 | Mi 12.12.2012 | 08:09 | 00:19 | 17:32 | 09:04 |
| 16 | Do 13.12.2012 | 08:22 | 00:31 | 16:58 | 08:05 |
| 17 | Fr 14.12.2012 | 08:02 | 00:15 | 14:33 | 06:16 |
| 18 | Sa 15.12.2012 | | | | |
| 19 | So 16.12.2012 | | | | |

Wenn statt der Wochenenden die Wochentage gekennzeichnet werden sollen, verwenden Sie diese Funktion:

=UND(WOCHENTAG($A5)<>1;WOCHENTAG($A5)<>7)

→ Verweis: siehe Kapitel 1.4, Tipp 14

---

**Hinweis**

Im Bereich A5:A19 wird das Datum mit vorangestelltem Wochentag angezeigt. Das erreichen Sie mit folgendem benutzerdefiniertem Zellenformat: *TTT * TT.MM.JJJJ*. In der Zelle befindet sich ein Datum im Format *TT.MM.JJJJ*.

Beachten Sie den Stern. Damit wird die Bezeichnung der Wochentage durch Leerzeichen vom eigentlichen Datum getrennt. Die Spaltenbreite ist bei diesem Format irrelevant.

---

## Tipp 12: Alle Datensätze in einem bestimmten Zeitraum kennzeichnen

In diesem Beispiel geht es darum, alle Datensätze eines bestimmten Monats zu kennzeichnen. Dabei soll der Monat als Parameter frei in einer Zelle erfasst werden. Wird der Parameter geändert, sollen die entsprechenden Datensätze hervorgehoben werden.

### So geht's:

**1** Im ersten Schritt markieren Sie den Bereich A6:A16.

**2** Starten Sie den Dialog *Neue Formatierungsregel*:
- ab Excel 2007: Menü *Start/Formatvorlage/Bedingte Formatierung/Neue Regel*,
- in Excel 2003: Menü *Format/Bedingte Formatierung*.

## 2.1 Bedingte Formatierungen sinnvoll einsetzen

**3** Als neue Formatierungsregel wählen Sie aus:
- ab Excel 2007: Regeltyp *Formel zur Ermittlung der zu formatierenden Zellen verwenden*,
- in Excel 2003: Bedingung *Formel ist*.

**4** Als Formel erfassen Sie *=MONAT($A6)=$B$3*.

**5** Definieren Sie über die Schaltfläche *Formatieren* auf der Registerkarte *Ausfüllen* einen gelben Zellhintergrund.

**6** Bestätigen Sie die beiden Dialogfenster mit *OK*.

Im Beispiel werden nun alle Datensätze aus dem März angezeigt, da in Zelle B3 der dritte Monat angegeben wurde. Wenn Sie in Zelle B3 den Wert 4 für April eintragen, werden die Datensätze von April hervorgehoben.

Soll nur der aktuelle Monat hervorgehoben werden, sollten Sie sich die ab Excel 2007 integrierte Funktion näher betrachten:

**1** Markieren Sie den Zellbereich, der die entsprechenden Datumsangaben enthält, im Beispiel den Bereich A20:B30.

**2** Starten Sie die bedingte Formatierung über das Menü *Start/Formatvorlagen/Bedingte Formatierung/Regeln zum Hervorheben von Zellen/Datum*.

**3** Wählen Sie im Drop-down-Menü den Eintrag *Diesen Monat*.

**4** Wählen Sie dann die gewünschte Formatierung aus und beenden Sie den Dialog mit einem Klick auf *OK*.

## 2. Formatierungen zielgerichtet einsetzen

Wenn Sie jetzt ein Datum aus dem aktuellen Monat erfassen, werden Sie sehen, dass wie gewünscht alle Datensätze des aktuellen Monats gekennzeichnet werden.

### Tipp 13: Drei Tage vor und nach dem aktuellen Datum markieren

In einem Projektplan sollen zur besseren Übersicht jeweils drei Tage vor und drei Tage nach dem aktuellen Datum markiert werden. Sehen Sie sich dazu folgendes Beispiel näher an.

*So geht's:*

1 Aktualisieren Sie zunächst die Daten und markieren Sie den Bereich A5:A17.

2 Starten Sie den Dialog *Neue Formatierungsregel*:
- ab Excel 2007: Menü *Start/Formatvorlage/Bedingte Formatierung/Neue Regel*,
- in Excel 2003: Menü *Format/Bedingte Formatierung*.

3 Als neue Formatierungsregel wählen Sie aus:
- ab Excel 2007: Regeltyp *Formel zur Ermittlung der zu formatierenden Zellen verwenden*,
- in Excel 2003: Bedingung *Formel ist*.

4 Geben Sie in das Textfeld folgende Formel ein:

=ODER(UND(A5-HEUTE()<4;A5-HEUTE()>0);UND(HEUTE()-A5<4; HEUTE()-A5>0))

5 Legen Sie über die Schaltfläche *Formatieren* eine beliebige Zellhintergrundfarbe fest.

6 Damit der aktuelle Tag mit einem anderen Zellenformat belegt wird, wiederholen Sie die Schritte 2 bis 5. Als Formel geben Sie dieses Mal folgende Funktion an:

=A5=HEUTE()

2.1 Bedingte Formatierungen sinnvoll einsetzen

7   Klicken Sie auf die Schaltfläche *Formatieren* und wechseln Sie auf die Registerkarte *Rahmen*. Legen Sie als Zellrahmen *Außen* fest.

8   Auf der Registerkarte *Schrift* vergeben Sie nun noch eine rote Schriftfarbe für das aktuelle Datum.

9   Bestätigen Sie die beiden Dialogfenster jeweils mit einem Klick auf die Schaltfläche *OK*.

## Tipp 14: Die aktuelle Kalenderwoche in einer Datumsliste kennzeichnen

Das folgende Praxisbeispiel zeigt, wie in einer Projektliste die aktuelle Kalenderwoche gekennzeichnet werden kann. Dabei soll die Kalenderwoche abhängig vom Systemdatum automatisch erkannt werden.

### So geht's:

1   Markieren Sie den Bereich A5:C17.

2   Starten Sie den Dialog *Neue Formatierungsregel*:
    - ab Excel 2007: Menü *Start/Formatvorlage/Bedingte Formatierung/Neue Regel*,
    - in Excel 2003: Menü *Format/Bedingte Formatierung*.

3   Als neue Formatierungsregel wählen Sie aus:
    - ab Excel 2007: Regeltyp *Formel zur Ermittlung der zu formatierenden Zellen verwenden*,
    - in Excel 2003: Bedingung *Formel ist*.

4   Erfassen Sie folgende Funktion:
    =KÜRZEN(($A5-WOCHENTAG($A5;2)-DATUM(JAHR($A5+4-WOCHENTAG($A5;2));1;-10))/7)=KÜRZEN((HEUTE()-WOCHENTAG(HEUTE();2)-DATUM(JAHR(HEUTE()+4-WOCHENTAG(HEUTE();2));1;-10))/7)

5   Definieren Sie über die Schaltfläche *Formatieren* nun noch eine beliebige Zellhintergrundformatierung. Im Beispiel wurde Orange ausgewählt.

Wie gewünscht, wird (nachdem Sie die Daten aktualisiert haben) die aktuelle Kalenderwoche im definierten Bereich mit der gewählten Zellhintergrundfarbe hervorgehoben.

→ Verweis: siehe Kapitel 4.5, Tipp 5 und Tipp 18

> **Hinweis**
>
> Soll nur das Datum und nicht der Bereich B5:C17 in die Formatierung mit einbezogen werden, entfernen Sie die $-Zeichen aus der Formel. Durch die $-Zeichen wird Spalte A absolut gesetzt, was dazu führt, dass sich die bedingte Formatierung auf den gesamten markierten Bereich auswirkt.

## Tipp 15: Gesamte Zeile hervorheben, wenn eine Bedingung erfüllt ist

In den vorherigen Beispielen ist Ihnen sicher aufgefallen, dass manchmal die gesamte Zeile und ein anderes Mal nur eine Spalte mit der bedingten Formatierung belegt wurde, wenn die vorgegebenen Kriterien erfüllt waren. Nachfolgend erhalten Sie anhand eines Beispiels einen kurzen Überblick über den Umgang mit absoluten und relativen Zellbezügen im Zusammenspiel mit der bedingten Formatierung.

*So geht's:*

*Variante 1: Nur die Spalte mit den Gültigkeitskriterien hervorheben*

1. Markieren Sie dazu den Zellbereich C4:C15.
2. Starten Sie den Dialog *Neue Formatierungsregel*:
   - ab Excel 2007: Menü *Start/Formatvorlage/Bedingte Formatierung/Neue Regel*,
   - in Excel 2003: Menü *Format/Bedingte Formatierung*.
3. Als neue Formatierungsregel wählen Sie aus:
   - ab Excel 2007: Regeltyp *Formel zur Ermittlung der zu formatierenden Zellen verwenden*,
   - in Excel 2003: Bedingung *Formel ist*.
4. Erfassen Sie die Formel *=C4>50000*.
5. Wählen Sie über die Schaltfläche *Formatieren* als Zellhintergrund Gelb aus.
6. Bestätigen Sie die Dialogfelder mit *OK*.

|    | A | B | C |
|----|---|---|---|
| 1  | **Umsatzliste** | | |
| 2  | | | |
| 3  | Verkaufsgebiet | Zeitraum | Umsatz |
| 4  | Nord | Jan 07 | 5.235,78 |
| 5  | Süd | Jan 07 | 54.395,22 |
| 6  | West | Jan 07 | 95.362,61 |
| 7  | Ost | Jan 07 | 47.668,59 |
| 8  | Nord | Feb 07 | 7.691,90 |
| 9  | Süd | Feb 07 | 68.942,69 |
| 10 | West | Feb 07 | 0,00 |
| 11 | Ost | Feb 07 | 89.625,99 |
| 12 | Nord | Mrz 07 | 0,00 |
| 13 | Süd | Mrz 07 | 84.536,25 |
| 14 | West | Mrz 07 | 50.412,87 |
| 15 | Ost | Mrz 07 | 49.896,57 |

Wie Sie sehen, werden nur die Einträge in Spalte C hervorgehoben, wenn die Kriterien erfüllt sind.

## Variante 2: Die gesamte Zeile einschließlich der Gültigkeitskriterien hervorheben

**1** Markieren Sie den Zellbereich A4:C15.

**2** Führen Sie die gleichen Schritte wie in Variante 1 durch.

Wie Sie sehen, werden nur Einträge der ersten Spalte markiert und nicht wie gewünscht die Spalten A bis C.

Statt der gesamten Zeile von A bis C wird jetzt nur Spalte A markiert, obwohl der gesamte Bereich vor der Ausführung der Funktion selektiert war. Bis zum Ziel ist es aber nicht mehr weit. Ergänzen Sie die vorhandene Funktion um das $-Zeichen vor der Spaltenbezeichnung C: =$C4>50000.

|   | A | B | C |
|---|---|---|---|
| 1 | **Umsatzliste** | | |
| 2 | | | |
| 3 | Verkaufsgebiet | Zeitraum | Umsatz |
| 4 | Nord | Jan 07 | 5.235,78 |
| 5 | Süd | Jan 07 | 54.395,22 |
| 6 | West | Jan 07 | 95.362,61 |
| 7 | Ost | Jan 07 | 47.668,59 |
| 8 | Nord | Feb 07 | 7.691,90 |
| 9 | Süd | Feb 07 | 68.942,69 |
| 10 | West | Feb 07 | 0,00 |
| 11 | Ost | Feb 07 | 89.625,99 |
| 12 | Nord | Mrz 07 | 0,00 |
| 13 | Süd | Mrz 07 | 84.536,25 |
| 14 | West | Mrz 07 | 50.412,87 |
| 15 | Ost | Mrz 07 | 49.896,77 |

Durch das $-Zeichen wird Spalte C absolut gesetzt, was dazu führt, dass sich die bedingte Formatierung auf den gewählten Zellbereich auswirkt.

Es ist also beim Einsatz der bedingten Formatierung wichtig, darauf zu achten, ob eine Spalten- oder Zeilenangabe absolut oder relativ zu setzen ist.

|   | A | B | C |
|---|---|---|---|
| 1 | **Umsatzliste** | | |
| 2 | | | |
| 3 | Verkaufsgebiet | Zeitraum | Umsatz |
| 4 | Nord | Jan 07 | 5.235,78 |
| 5 | Süd | Jan 07 | 54.395,22 |
| 6 | West | Jan 07 | 95.362,61 |
| 7 | Ost | Jan 07 | 47.668,59 |
| 8 | Nord | Feb 07 | 7.691,90 |
| 9 | Süd | Feb 07 | 68.942,69 |
| 10 | West | Feb 07 | 0,00 |
| 11 | Ost | Feb 07 | 89.625,99 |
| 12 | Nord | Mrz 07 | 0,00 |
| 13 | Süd | Mrz 07 | 84.536,25 |
| 14 | West | Mrz 07 | 50.412,87 |
| 15 | Ost | Mrz 07 | 49.896,77 |

## Tipp 16: Soll-Ist-Abweichungsanalyse mit Tendenzpfeilen unterstützen

Dieses Beispiel zeigt, wie Sie Soll-Ist-Abweichungsanalysen mit Tendenzpfeilen untermauern können. Gerade im Controlling ist es von entscheidender Bedeutung, Zahlen plastisch, übersichtlich und leicht verständlich darzustellen.

Da sich die Vorgehensweisen in Excel 2003 und Excel ab Version 2007 stark voneinander unterscheiden, werden die Lösungen getrennt dargestellt.

### So geht's ab Excel 2007:

**1** Markieren Sie den Bereich D5:D13.

**2** Über das Menü *Start/Formatvorlagen/Bedingte Formatierung/Symbolsätze/5 Pfeile (farbig)* legen Sie die gewünschte Formatierung fest.

**3** Nachdem Sie die Auswahl getroffen haben, werden die Pfeile wie gewünscht eingefügt.

## 2. Formatierungen zielgerichtet einsetzen

|   | A | B | C | D |
|---|---|---|---|---|
| 1 | Soll-Ist-Abweichungsanalyse 1-6/2013 | | | |
| 2 | | | | |
| 3 | | | | |
| 4 | Kostenstelle | Plan (Soll) | Ist | Abweichung |
| 5 | 47110 | 20.500,00 | 20.845,00 ⇨ | 345,00 |
| 6 | 47111 | 6.850,00 | 8.790,00 ⇧ | 1.940,00 |
| 7 | 47112 | 32.000,00 | 32.690,00 ⇨ | 690,00 |
| 8 | 47113 | 26.000,00 | 25.105,00 ⇩ | -895,00 |
| 9 | 47114 | 13.500,00 | 12.962,00 ⇩ | -538,00 |
| 10 | 47115 | 7.500,00 | 7.969,00 ⇨ | 469,00 |
| 11 | 47116 | 29.800,00 | 28.986,00 ⇩ | -814,00 |
| 12 | 47117 | 17.400,00 | 17.359,00 ↘ | -41,00 |
| 13 | 47118 | 23.500,00 | 23.860,00 ⇨ | 360,00 |

**4** Ändern lassen sich die Parameter für die Anzeige der Tendenzpfeile über das Menü *Start/Formatvorlagen/Bedingte Formatierung/Regeln verwalten*. Achten Sie darauf, dass vor der Ausführung des Befehls die gewünschten Zellen markiert sind.

**5** Klicken Sie auf die Schaltfläche *Regel bearbeiten*. Dadurch öffnet sich nachfolgendes Fenster.

**6** Hier können Sie exakt definieren, wie sich die Pfeilsymbole verhalten sollen, bei welcher prozentualen Veränderung also welcher Pfeil mit welcher Farbgestaltung angezeigt werden soll. Sie können hier aber auch nachträglich über *Symbolart* die Darstellung der verwendeten Symbole verändern.

### So geht's unter Excel 2003:

Etwas umständlicher und schwieriger sieht die Sache in Excel 2003 aus. Gehen Sie dazu wie folgt vor:

**1** Erfassen Sie in Zelle E5 folgende Funktion:
=WENN((C5-B5)*100/B5>=15;ZEICHEN(233);WENN((C5-B5)*100/B5>=5; ZEICHEN(228);WENN((C5-B5)*100/B5>=0;ZEICHEN(232);WENN((C5-B5)

*100/B5<=-15;ZEICHEN(234);WENN((C5-B5)*100/B5<=-5;ZEICHEN(229);
WENN((C5-B5)*100/B5<=0;ZEICHEN(231))))))*

2 Damit wird geprüft, wie groß die Abweichung ist, und entsprechend der Vorgabe wird das jeweilige Pfeilsymbol eingefügt.

3 Kopieren Sie diese Funktion über das Ausfüllkästchen bis zur Zelle E13 nach unten. Dabei werden die Zellbezüge automatisch angepasst.

4 Damit das korrekte Pfeilsymbol ausgegeben wird, müssen Sie den gesamten Bereich mit der Schriftart Wingdings formatieren. Diese stellen Sie über das Menü *Format/Zellen* auf der Registerkarte *Schrift* ein.

5 Nun werden die Pfeile schon korrekt angezeigt.

6 Damit die Pfeile abhängig von ihrer Tendenz rot oder grün eingefärbt werden, starten Sie über das Menü *Format/Bedingte Formatierung* das Dialogfenster zur bedingten Formatierung und tragen die Bedingungen entsprechend der folgenden Abbildung ein.

7 Erfassen Sie unter *Bedingung 1* die Formel *=D5>=0* und legen Sie eine grüne Schriftfarbe fest.

8 Unter *Bedingung 2* tragen Sie die Formel *=D5<0* ein und legen als Schriftfarbe Rot fest.

9 Im Ergebnis werden die Tendenzpfeile bei einer positiven Abweichung grün und entsprechend bei einer negativen Abweichung rot eingefärbt.

| | A | B | C | D | E |
|---|---|---|---|---|---|
| 1 | Soll-Ist-Abweichungsanalyse 1-6/2007 | | | | |
| 2 | | | | | |
| 3 | | | | | |
| 4 | Kostenstelle | Plan (Soll) | Ist | Abweichung | Tendenz |
| 5 | 47110 | 20.500,00 | 20.845,00 | 345,00 | → |
| 6 | 47111 | 6.850,00 | 8.790,00 | 1.940,00 | ↑ |
| 7 | 47112 | 32.000,00 | 33.690,00 | 1.690,00 | ↗ |
| 8 | 47113 | 26.000,00 | 24.105,00 | -1.895,00 | ↙ |
| 9 | 47114 | 13.500,00 | 12.962,00 | -538,00 | ← |
| 10 | 47115 | 7.500,00 | 7.969,00 | 469,00 | ↗ |
| 11 | 47116 | 29.800,00 | 28.986,00 | -814,00 | ← |
| 12 | 47117 | 17.400,00 | 16.489,00 | -911,00 | ↙ |
| 13 | 47118 | 23.500,00 | 19.860,00 | -3.640,00 | ↓ |

Sie sehen, auch unter Excel 2003 lassen sich Tendenzpfeile mit wenig Aufwand realisieren. Auf jeden Fall tragen die Tendenzpfeile dazu bei, umfangreiche Zahlenaufstellungen übersichtlicher und leichter lesbar zu machen.

## 2. Formatierungen zielgerichtet einsetzen

> **Hinweis**
>
> Die Bedingungen innerhalb der Formeln im Bereich D5:D13 sind wie folgt gestaffelt:
>
> - Abweichung 0 % bis 5 %           →
> - Abweichung >=5 % bis <=15 %      ↗
> - Abweichung mehr als 15 %         ↑
> - Abweichung 0 % bis 5 %           ←
> - Abweichung >=5 % bis >=0 15 %    ↙
> - Abweichung mehr als 15 %         ↓

## Tipp 17: Bedingte Formatierung mit Bezug auf ein anderes Tabellenblatt

In diesem Beispiel erfahren Sie, wie die bedingte Formatierung auf ein anderes Tabellenblatt angewendet werden kann. Die Deckungsbeiträge des aktuellen Monats, hier Juli 2012, sollen mit denen des Vormonats (Juni 2012) verglichen werden. Abweichungen nach oben sollen mit grüner Schrift, Abweichungen nach unten mit roter Schrift formatiert werden. Jede Monatsauswertung befindet sich dabei in einem eigenen Tabellenblatt.

### So geht's:

1 Öffnen Sie das Tabellenblatt mit den Juliwerten, auf dem die bedingte Formatierung durchgeführt werden soll.

2 Erfassen Sie die beiden Namen aus unten stehender Tabelle:
   - ab Excel 2007: Menü *Start/Formeln/Namen definieren/Namen definieren*,
   - in Excel 2003: Menü *Einfügen/Namen/Definieren*.

| Name | Bezieht sich auf: |
|---|---|
| AktuellerZellwert | =INDIREKT("ZS";FALSCH) |
| WertInVorigemBlatt | =INDIREKT(INDEX(ARBEITSMAPPE.ZUORDNEN(1);DATEI.ZUORDNEN(87)-1)&"!"&ADRESSE(ZEILE();SPALTE())) |

3 In das Feld *Name* tragen Sie *AktuellerZellwert* ein.

4 Im Feld *Bereich* wählen Sie den Eintrag *Arbeitsmappe* aus.

5 Unter *Bezieht sich auf* erfassen Sie die Funktion =INDIREKT("ZS";FALSCH).

6 Wiederholen Sie die Schritte 2 bis 5 analog für den zweiten Namen.

## 2.1 Bedingte Formatierungen sinnvoll einsetzen

Nachdem die Namen definiert sind, kann die bedingte Formatierung erstellt werden. Gehen Sie dazu so vor:

1. Markieren Sie den Zellbereich E5:E10 in dem Tabellenblatt mit den Juliwerten.
2. Starten Sie den Dialog *Neue Formatierungsregel*:
   - ab Excel 2007: Menü *Start/Formatvorlage/Bedingte Formatierung/Neue Regel*,
   - in Excel 2003: Menü *Format/Bedingte Formatierung*.
   
   Als neue Formatierungsregel wählen Sie aus:
   - ab Excel 2007: Regeltyp *Formel zur Ermittlung der zu formatierenden Zellen verwenden*,
   - in Excel 2003: Bedingung *Formel ist*.
3. Als Formel erfassen Sie *=AktuellerZellwert>WertInVorigemBlatt*. Damit wird geprüft, ob der Wert der aktuellen Tabelle größer als der Wert im vorherigen Tabellenblatt ist.
4. Über die Schaltfläche *Formatieren* wählen Sie eine grüne Hintergrundformatierung aus.
5. Wiederholen Sie Schritt 2. Als Formel erfassen Sie dieses Mal *=AktuellerZellwert<WertInVorigemBlatt*. Damit wird überprüft, ob der Zellwert des aktuellen Blatts kleiner als der Zellwert des vorherigen Blatts ist.
6. Als Zellhintergrund definieren Sie einen roten Hintergrund.
7. Nachdem Sie das Dialogfenster mit *OK* bestätigt haben, werden alle Zellen, deren prozentualer Deckungsbeitrag im Juli 2012 höher ist als im Juni 2012, grün eingefärbt. Umgekehrt werden schlechtere Deckungsbeiträge rot hervorgehoben.

Die Werte von Juni 2012 sehen Sie in der folgenden Abbildung.

| | A | B | C | D | E |
|---|---|---|---|---|---|
| 1 | Deckungsbeitragsrechnung 6/2012 | | | | |
| 2 | | | | | |
| 3 | | | | | |
| 4 | Produkt | Umsatzerlös | variable Kos | DB I in € | DB I in % |
| 5 | Produkt A | 42.449,00 € | 34.875,00 € | 7.574,00 € | 17,84 |
| 6 | Produkt B | 57.294,00 € | 45.659,00 € | 11.635,00 € | 20,31 |
| 7 | Produkt C | 26.912,00 € | 25.379,00 € | 1.533,00 € | 5,70 |
| 8 | Produkt D | 78.351,00 € | 67.445,00 € | 10.906,00 € | 13,92 |
| 9 | Produkt E | 35.662,00 € | 31.894,00 € | 3.768,00 € | 10,57 |
| 10 | Produkt F | 68.391,00 € | 54.887,00 € | 13.504,00 € | 19,75 |
| 11 | | | | | |
| 12 | | | | Durchschnittlicher DB I in % | 14,68 |

> **Hinweis**
>
> Da die verwendeten Formeln alte Makro4-Funktionen verwenden, muss die Arbeitsmappe mit der Endung *.xlsm* abgespeichert werden. In XLSX-Dateien kann weder VBA-Code noch eine Makro4-Funktion gespeichert werden.

## 2. Formatierungen zielgerichtet einsetzen

### Tipp 18: Alle Zellen ohne Zellschutz kennzeichnen

Auf einem Tabellenblatt befinden sich geschützte und ungeschützte Zellen. Alle ungeschützten Zellen sollen gekennzeichnet werden, damit der Anwender sofort erkennt, in welche Zellen Daten eingegeben werden können und in welche nicht. Natürlich könnten Sie jetzt alle nicht geschützten Zellen manuell auswählen und mit einem beliebigen Zellhintergrund oder Zellrahmen belegen. Schneller und einfacher geht's aber mit der bedingten Formatierung.

*So geht's:*

Standardmäßig ist auf einem neuen Tabellenblatt in allen Zellen der Zellschutz aktiviert. Diese Einstellung können Sie sich auf der Registerkarte *Schutz* ansehen:

- ab Excel 2007: Menü *Start/Zellen/Format/Zellen formatieren*,
- in Excel 2003: Menü *Format/Zellen*, Registerkarte *Schutz*.

1 Selektieren Sie nun die Zellen, aus denen der Zellschutz entfernt werden soll. Im Beispiel sind das die Zellen B3 bis B8 und C6.

2 Öffnen Sie wie oben beschrieben das Dialogfenster zur Formatierung der Zellen und entfernen Sie auf der Registerkarte *Schutz* den Haken aus dem Kontrollkästchen *Gesperrt*.

3 Beenden Sie das Dialogfenster mit einem Klick auf *OK*.

4 Markieren Sie nun einen ausreichend großen Zellbereich, der auf jeden Fall alle nicht geschützten Zellen einschließt. In diesem Beispiel ist die Markierung des Zellbereichs A1:D10 absolut ausreichend.

5 Starten Sie den Dialog *Neue Formatierungsregel*:
  - ab Excel 2007: Menü *Start/Formatvorlage/Bedingte Formatierung/Neue Regel*,
  - in Excel 2003: Menü *Format/Bedingte Formatierung*.

6 Als neue Formatierungsregel wählen Sie aus:
   - ab Excel 2007: Regeltyp *Formel zur Ermittlung der zu formatierenden Zellen verwenden*,
   - in Excel 2003: Bedingung *Formel ist*.
7 Erfassen Sie dort die Funktion *=ZELLE("Schutz";A1)=0*.
8 Legen Sie über die Schaltfläche *Formatieren* auf der Registerkarte *Ausfüllen* einen gelben Zellhintergrund fest.
9 Über die Registerkarte *Rahmen* definieren Sie oben, unten, links und rechts einen Rahmen.
10 Beenden Sie die beiden Dialogfenster jeweils mit einem Klick auf *OK*.

| | A | B | C | D |
|---|---|---|---|---|
| 1 | **Eingabeformular** | | | |
| 2 | | | | |
| 3 | Vorname: | | | |
| 4 | Nachname: | | | |
| 5 | Straße: | | | |
| 6 | PLZ / Ort: | | | |
| 7 | Geburtsdatum: | | | |
| 8 | Staatsangehörigkeit: | | | |
| 9 | | | | |
| 10 | | | | |
| 11 | | | | |

Es werden nun alle Zellen, auf denen der Zellschutz deaktiviert ist, farbig und mithilfe einer Zellumrahmung hervorgehoben.

## Tipp 19: Mehr als drei Bedingungen unter Excel 2003 realisieren

In Excel bis zur Version 2003 stehen, wie bereits eingangs erwähnt, nur drei Bedingungen zur Auswahl. Das reicht in vielen Fällen aus, aber sicherlich nicht in allen. In der Praxis kommt es des Öfteren vor, dass mehr als drei Bedingungen verarbeitet werden müssen. Im folgenden Beispiel sehen Sie, wie sich dies relativ leicht per VBA lösen lässt. Die Werte von 0 bis 50 sollen mit hellgrüner Hintergrundfarbe belegt werden, der Wertebereich von 51 bis 100 wird mit Gelb, 101 bis 150 mit Hellblau, 151 bis 200 mit Hellgrau, 201 bis 250 mit Pink und 251 bis 500 mit Blau hinterlegt. Die Zellhintergrundfarbe der Zellen mit anderen Werten soll Weiß sein.

*So geht's:*

1 Starten Sie den VBA-Editor mit der Tastenkombination [Strg]+[F11].
2 Über das Menü *Einfügen/Modul* wird ein neues leeres Modulcodeblatt hinzugefügt.

## 2. Formatierungen zielgerichtet einsetzen

3   In dieses kopieren Sie den Code aus Listing 1. Beenden Sie den VBA-Editor über das Menü *Datei/Schließen und zurück zu Microsoft Excel*.

4   Markieren Sie nun den Zellbereich, den Sie auswerten möchten. Im Beispiel soll der Bereich B4:B15 ausgewertet werden.

5   Rufen Sie den VBA-Code über das Menü *Extras/Makro/Makros* auf. Ein Dialogfenster mit dem Makro *bedingte_Formatierung* wird eingeblendet.

6   Wählen Sie diesen Eintrag aus und starten Sie die Prozedur über die Schaltfläche *Ausführen*.

Als Ergebnis werden die Zellen abhängig von den Werten mit dem entsprechenden Zellhintergrund belegt.

Listing 1:

```
Public Sub bedingte_Formatierung()
'** Bedingte Formatierung mit mehr als 3
   Bedingungen

'** Dimensionierung der Variablen
Dim zelle As Range
Dim wert As Long
```

124

```
    '** Abfrage der Bedingungen
    For Each zelle In Selection
10    wert = zelle.Value

      Select Case wert
        Case 1 To 50
          zelle.Interior.ColorIndex = 4   'Hellgrün
15      Case 51 To 100
          zelle.Interior.ColorIndex = 6   'Gelb
        Case 101 To 150
          zelle.Interior.ColorIndex = 8   'Hellblau
        Case 151 To 200
20        zelle.Interior.ColorIndex = 39  'Hellgrau
        Case 201 To 250
          zelle.Interior.ColorIndex = 7   'Pink
        Case 251 To 500
          zelle.Interior.ColorIndex = 5   'Blau
25      Case Else
          zelle.Interior.ColorIndex = 0   'Weiß
      End Select

    Next zelle
30  End Sub
```

## Tipp 20: Fehlerwerte ausblenden

Fehlerwerte sind nicht immer unbedingt kritisch, wenn es um Berechnungen geht. So kommt beispielsweise eine Division durch null häufiger vor. Angenommen, Sie möchten die verkaufte Menge durch Division von Umsatz und Preis ermitteln, Ihnen liegen jedoch bei einem Artikel (im Beispiel *Art 4716*) weder Preis noch Umsatz aktuell vor, dann kann es zur besagten Fehlermeldung kommen. Sie müssten entweder die Formel aus Spalte D entfernen, um die unschöne Fehlermeldung *#DIV/0* auszublenden, oder aber ein bedingtes Format „bemühen".

### *So geht's:*

**1** Starten Sie den Dialog *Neue Formatierungsregel*:

- ab Excel 2007: Menü *Start/Formatvorlage/Bedingte Formatierung/Neue Regel*,
- in Excel 2003: Menü *Format/Bedingte Formatierung*.

Als neue Formatierungsregel wählen Sie aus:

- ab Excel 2007: Regeltyp *Formel zur Ermittlung der zu formatierenden Zellen verwenden*,
- in Excel 2003: Bedingung *Formel ist*.

**2** Erfassen Sie dann den Eintrag *=ISTFEHLER($D$10)*:

- ab Excel 2007: im Feld *Werte formatieren, für die diese Formel wahr ist*,
- in Excel 2003: im Feld *Bedingung 1*, Einstellung *Formel*.

## 2. Formatierungen zielgerichtet einsetzen

Wählen Sie über die Schaltfläche *Formatieren* im Register *Schrift* die Farbe mit der Bezeichnung *Weiß, Hintergrund 1* aus.

3   Verlassen Sie die Dialogfenster mit *OK* und betrachten Sie das Ergebnis: Der Fehler wird nun durch die weiße Schrift ausgeblendet.

## Tipp 21: Texte und Textteile schnell aufspüren

Wenn Sie sich in einer Tabelle ganz bestimmte Texte anzeigen lassen und automatisch hervorheben wollen, ist die bedingte Formatierung als Bordmittel von Excel ebenfalls erste Wahl. Müssen alle Zellen, die einen bestimmten Text oder Textstring enthalten, gekennzeichnet werden, kann das über eine Kombination aus den Funktionen *Istfehler* und *Finden* sowie einem bedingten Format umgesetzt werden.

### So geht's:

1   Legen Sie zuerst eine Zelle fest, in der ein Suchbegriff hinterlegt werden kann. Im Beispiel ist das Zelle B3.

2   Markieren Sie dann den Bereich, in dem die zu suchenden Texte bzw. Textstrings hinterlegt sind.

3   Starten Sie den Dialog *Neue Formatierungsregel*:
- ab Excel 2007: Menü *Start/Formatvorlage/Bedingte Formatierung/Neue Regel*,
- in Excel 2003: Menü *Format/Bedingte Formatierung*.

Als neue Formatierungsregel wählen Sie aus:

- ab Excel 2007: Regeltyp *Formel zur Ermittlung der zu formatierenden Zellen verwenden*,
- in Excel 2003: Bedingung *Formel ist*.

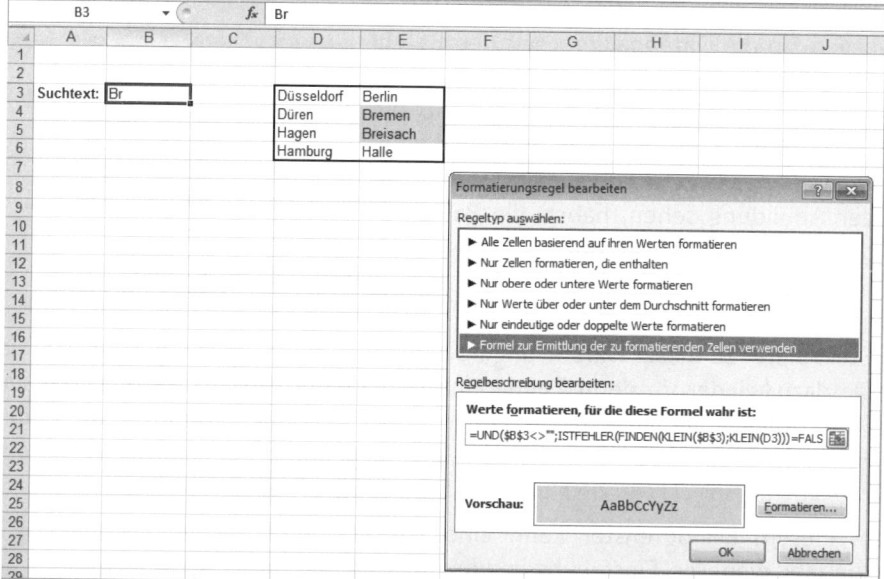

4   Erfassen Sie nun folgenden Eintrag:
    =UND($B$3<>"";ISTFEHLER(FINDEN(KLEIN($B$3);KLEIN(D3)))=FALSCH:

- ab Excel 2007: im Feld *Werte formatieren, für die diese Formel wahr ist*,
- in Excel 2003: im Feld *Bedingung 1*, Einstellung *Formel*.

Wählen Sie eine beliebige Farbe aus:

- ab Excel 2007: Schaltfläche *Formatieren* im Register *Ausfüllen*, *Hintergrundfarbe*,
- in Excel 2003: Register *Muster*, Bereich *Zellenschattierung*.

5   Geben Sie nun in Zelle B3 einen Suchbegriff ein, z. B. *Br*.

6   Nach Verlassen der Zelle B3 mit der [Enter]-Taste sehen Sie sogleich das Ergebnis: Es werden alle Städte markiert, die mit *Br* anfangen, hier also *Bremen* und *Breisach*.

## Tipp 22: Erweiterte und verbesserte Datenbalken ab Excel 2010

Die Datenbalken haben ab Excel 2010 eine weitere Darstellungsmöglichkeit erhalten. So lassen sich nun positive und negative Werte an einer Nulllinie ausgerichtet darstellen. Im Beispiel liegen Verkaufsgewinne und -verluste für verschiedene

## 2. Formatierungen zielgerichtet einsetzen

Aktien vor. Mithilfe der bedingten Formatierung sollen diese anhand eines Datenbalkens mit Nulllinie dargestellt werden.

### So geht's:

1   Markieren Sie den Zellbereich B4:B11.

2   Legen Sie die Datenbalken über den Befehl *Start/Bedingte Formatierung/Datenbalken* fest. Hier können Sie auch bestimmen, ob die Datenbalken einfarbig oder mit gradueller Füllung angezeigt werden sollen. Wie Sie in der Abbildung sehen, haben die Balken in diesem Beispiel eine graduelle Füllung erhalten.

3   Excel bietet zu dieser Darstellung noch weitere Feineinstellungen an. Markieren Sie dazu wiederum denn Zellbereich B4:B11 und öffnen Sie über das Menü *Start/Bedingte Formatierung/Regeln verwalten* den Regel-Manager für bedingte Formatierungen. Markieren Sie darin die Regel und öffnen Sie das Dialogfenster *Formatierungsregel bearbeiten* über die Schaltfläche *Regel bearbeiten*.

4   In diesem Dialogfenster kann eine Vielzahl weiterer Einstellungen vorgenommen werden. Über die Schaltfläche *Negativer Wert und Achse* kann definiert werden, wo die Nullachse angezeigt werden soll.

Zur Auswahl steht hier zum einen die Option *Automatisch*, die bewirkt, dass die Achse abhängig vom Verhältnis der negativen und positiven Werte zueinander variabel in der Zelle angezeigt wird.

Die Option *Zellmittelpunkt* dagegen sorgt dafür, dass die Achse in der Mitte der Zelle dargestellt wird. Nach Auswahl der Option *Ohne* werden negative Werte in der gleichen Richtung wie die positiven Werte angezeigt.

In der folgenden Abbildung sehen Sie die drei verschiedenen Möglichkeiten.

2.1 Bedingte Formatierungen sinnvoll einsetzen

| ▲ | A | B | C | D |
|---|---|---|---|---|
| 1 | Übersicht Verkaufs-Gewinne/-Verluste | | | |
| 2 | | | | |
| 3 | | Achse variabel | Achse Mittig | Ohne Achse |
| 4 | Aktie 1 | -50 | -50 | -50 |
| 5 | Aktie 2 | 463 | 463 | 463 |
| 6 | Aktie 3 | 129 | 129 | 129 |
| 7 | Aktie 4 | -250 | -250 | -250 |
| 8 | Aktie 5 | 236 | 236 | 236 |
| 9 | Aktie 6 | 364 | 364 | 364 |
| 10 | Aktie 7 | -76 | -76 | -76 |
| 11 | Aktie 8 | -103 | -103 | -103 |
| 12 | | | | |

## Tipp 23: Symbolsätze in Excel 2010 und Excel 2013 einfacher und flexibler auswählen

Excel 2010 und Excel 2013 bieten neben den schon sehr umfangreichen Symbolsätzen, die mit Excel 2007 eingeführt wurden, weitere neue Symbole. Darüber hinaus wurden die Symbole übersichtlicher gestaltet, indem sie zu Gruppen zusammengefasst wurden.

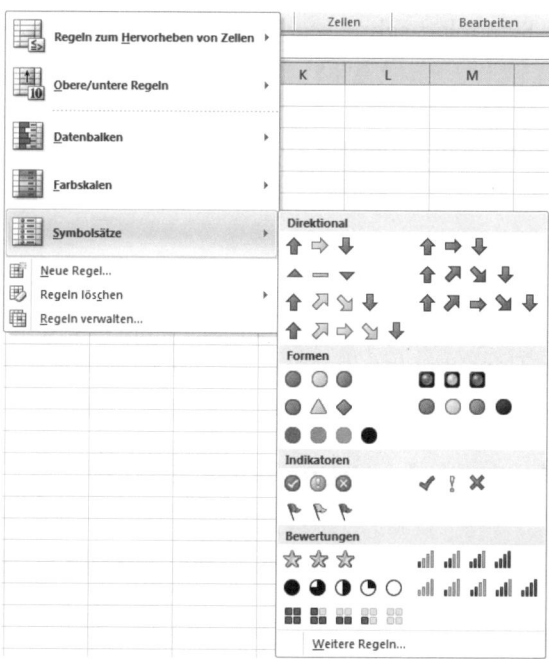

Ist ein Symbolsatz ausgewählt, kann über das Menü *Bedingte Formatierung/Regeln verwalten* die Feinjustierung vorgenommen werden.

## 2. Formatierungen zielgerichtet einsetzen

In diesem Dialogfenster lässt sich die Symbolart sehr einfach per Icon auswählen. In Excel 2007 war das nur durch einen mehr oder weniger beschreibenden Symbolnamen möglich.

Neu ist auch die Möglichkeit, für ausgewählte Werte bzw. Wertebereiche kein Symbol anzuzeigen. Wählen Sie dazu einfach die Option *Kein Zellensymbol*.

## 2.2 Benutzerdefinierte Formate in der Praxis

Benutzerdefinierte Formate führen häufig ein Schattendasein, das jedoch absolut unberechtigt ist. Die nachfolgenden Tipps werden Ihnen einen umfassenden Einblick in dieses Thema liefern.

### Tipp 1: Vorab: Grundsätzliches zum benutzerdefinierten Zellenformat

Der Dialog zum Festlegen von benutzerdefinierten Zellenformaten wird wie folgt aufgerufen:

- ab Excel 2007: Menü *Start/Zellen/Format/Zellen formatieren*,
- in Excel 2003: Menü *Format/Zellen*.

Alternativ erreichen Sie den Dialog per Klick mit der rechten Maustaste und Auswahl des Eintrags *Zellen formatieren* im Kontextmenü.

Wenn Sie im Register *Zahlen*, Feld *Kategorie* den Eintrag *Benutzerdefiniert* auswählen, haben Sie Zugriff auf sämtliche benutzerdefinierten Zahlenformate.

## 2.2 Benutzerdefinierte Formate in der Praxis

Es sind bereits einige benutzerdefinierte Formate vorhanden. Excel bietet aber die Möglichkeit, bestehende Formate abzuändern oder neue Formate nach Belieben hinzuzufügen.

Folgendes sollten Sie über das benutzerdefinierte Zahlenformat wissen:

- Diese Farben stehen zur Verfügung und können im Zellformat beliebig verwendet werden.

| [Schwarz] | [Blau] |
|-----------|--------|
| [Cyan]    | [Grün] |
| [Magenta] | [Rot]  |
| [Weiß]    | [Gelb] |

- Leerzeichen im Zellformat werden mit einem Unterstrich dargestellt (_).
- Zur Anzeige von signifikanten Ziffern verwenden Sie folgende Zeichen: ####.
- Die Anzeige nicht signifikanter Nullen wird mit 0 erzwungen.
- Die wissenschaftliche Zahlennotierung erzwingen Sie mit dem Zusatz E.
- Auch Tages-, Monats- und Jahresangaben können Sie beliebig formatieren. Verwenden Sie für Tage den Code T, für Monate den Code M und für Jahre den Code J.
- Zeitangaben lassen sich wie folgt formatieren: Stunden mit dem Code h, Minuten mit dem Code m und Sekunden mit dem Code s.
- Texte können über das benutzerdefinierte Zahlenformat beliebig an Zelleingaben angehängt werden. Dazu wird der Textzusatz einfach in Anführungszeichen gesetzt.

Sie sehen, das benutzerdefinierte Zahlenformat bietet vielfältige Möglichkeiten, die in den folgenden Tipps anhand von Praxisbeispielen erläutert und verdeutlicht werden.

## Tipp 2: Verschiedene benutzerdefinierte Zahlenformate erstellen

Dieser Tipp bringt Ihnen den Umgang mit den Grundlagen benutzerdefinierter Zellenformate anhand einiger praxisorientierter Beispiele näher.

*So geht's:*

**Zahlen sollen blau dargestellt werden, Texte hingegen in der gewählten Schriftfarbe.**

1   Rufen Sie den Dialog zur Formatierung von Zellen auf:
    - ab Excel 2007: Menü *Start/Zellen/Format/Zellen formatieren*,
    - in Excel 2003: Menü *Format/Zellen*.

    Alternativ erreichen Sie den Dialog per Klick mit der rechten Maustaste und Auswahl des Eintrags *Zellen formatieren* im Kontextmenü.

2   Tragen Sie unter *Benutzerdefiniert* folgendes Format ein:
    [Blau]#.##0,00.

Damit wirkt sich die Formatierung nur auf Zahlen und nicht auf Text aus.

**Vor jeder Zelleingabe soll der Text „Bsp." für Beispiel erscheinen.**

1   Erfassen Sie folgendes Zellenformat: "Bsp. "@.

2   Das @-Zeichen erzwingt, dass bei jeder Zelleingabe der Text „Bsp." dem Zellinhalt vorangestellt wird.

**Zahlen mit weniger als fünf Stellen sollen standardmäßig fünfstellig mit führenden Nullen angezeigt werden.**

1   Tragen Sie als Zellenformat 00000 ein.

2   Mit dem Zellenformat 00000 erreichen Sie, dass nicht signifikante Stellen wie die führenden Nullen angezeigt werden.

**Jede eingegebene Zahl soll standardmäßig mit drei führenden Nullen versehen werden.**

1   Tragen Sie als Zellenformat "000"# ein.

2   Mit diesem Zellenformat werden der eingegebenen Zahl drei Nullen vorangestellt, sodass sich im Ergebnis Zahlen unterschiedlicher Länge ergeben (können).

**Jede Zahl soll als Dezimalzahl mit vier Nachkommastellen dargestellt werden.**

1   Erfassen Sie dazu dieses benutzerdefinierte Zahlenformat: #,0000.

2   Damit wird die Anzahl der Vorkommastellen wie eingegeben angezeigt. Die Nachkommastellen werden immer vierstellig dargestellt, wenn weniger als vier Stellen eingegeben werden.

## 2.2 Benutzerdefinierte Formate in der Praxis

**Bei Eingabe eines Datums soll nicht das Datum, sondern der Name des Wochentags angezeigt werden.**

1. Tragen Sie dazu als Zellenformat *TTTT* ein.
2. Soll der Wochentag in abgekürzter Form ausgegeben werden, verwenden Sie das Format *TTT*.
3. Auf die gleiche Weise können Sie auch den vollständigen Monatsnamen ausgeben lassen. Verwenden Sie dazu das Format *MMMM*.

**Eine neunstellige Zahlenfolge soll durch Einfügen eines Trennstrichs gruppiert werden.**

1. Erfassen Sie unter *Benutzerdefiniert* folgendes Zellenformat: *00-000-0-000*.
2. Damit wird die neunstellige Zahl wie folgt angezeigt: *12-345-6-789*.

|   | A | B |
|---|---|---|
| 1 | Beispiele für unterschiedliche Benutzerdefinierte Zellformate | |
| 2 | | |
| 3 | | |
| 4 | Zahlen Blau / Text normal darstellen | 4.711,00 |
| 5 | | |
| 6 | Der Text "Bsp." wird vorangestellt | Bsp. 100 |
| 7 | | |
| 8 | 5-stellige Anzeige von Zahlen | 00123 |
| 9 | | |
| 10 | Dezimalzahl mit 4 Nachkommastellen | 12,1500 |
| 11 | | |
| 12 | Anzeige des Wochentages | Donnerstag |
| 13 | | |
| 14 | Gruppierung von Zahlenreihen | 12-345-6-789 |

## Tipp 3: Negative Werte hervorheben

Auf einer Summen- und Saldenliste sollen positive Kontensalden, also Ertragskonten, in blauer und negative Kontensalden, also Aufwandskonten, in roter Schriftfarbe angezeigt werden.

### So geht's:

1. Markieren Sie die Bereiche *Saldovortrag* (C4:C13) und *Saldo* (F4:F13).
2. Rufen Sie den Dialog zur Formatierung von Zellen auf:
   - ab Excel 2007: Menü *Start/Zellen/Format/Zellen formatieren*,
   - in Excel 2003: Menü *Format/Zellen*.
   
   Alternativ erreichen Sie den Dialog per Klick mit der rechten Maustaste und Auswahl des Eintrags *Zellen formatieren* im Kontextmenü.
3. Wechseln Sie auf *Benutzerdefiniert* und erfassen Sie dieses Zellenformat:
   *[Blau]#.##0,00;[Rot]#.##0,00*
4. Sollen zusätzlich zur Farbgebung auch die Vorzeichen (+) für positive und (-) für negative Werte angezeigt werden, passen Sie das Zahlenformat wie folgt an:
   *[Blau]+ #.##0,00;[Rot]- #.##0,00*

2. Formatierungen zielgerichtet einsetzen

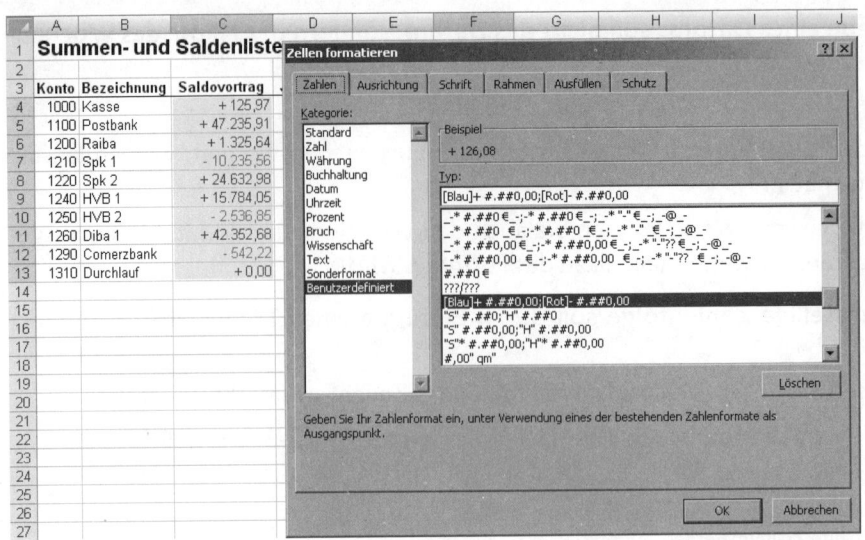

**Hinweis**

Häufig werden negative Zahlen auch in Klammern gesetzt. Dies können Sie mit folgendem Zahlenformat erreichen: *#.##0,00;(#.##0,00)*. Die Schriftfarbe bleibt dabei unverändert.

→ Verweis: siehe Kapitel 2.2, Tipp 13

## Tipp 4: Negative Werte unterdrücken

Es gibt Situationen, in denen negative Werte nicht dargestellt werden sollen. Im Beispiel liegt eine Bestandsliste vor. Die darin enthaltenen negativen Werte sind durch fehlerhafte Bestandsbuchungen entstanden und sollen deswegen nicht angezeigt werden.

*So geht's:*

1 Markieren Sie den Bereich B4:B13 und rufen Sie den Dialog zur Formatierung von Zellen auf:
   - ab Excel 2007: Menü *Start/Zellen/Format/Zellen formatieren*,
   - in Excel 2003: Menü *Format/Zellen*.

   Alternativ erreichen Sie den Dialog per Klick mit der rechten Maustaste und Auswahl des Eintrags *Zellen formatieren* im Kontextmenü.

2 Als benutzerdefiniertes Zellenformat erfassen Sie *#.##0,;;0*.

3 Nach einem Klick auf die Schaltfläche *OK* werden negative Zahlen unterdrückt. Die Zahlen selbst befinden sich selbstverständlich weiterhin in der jeweiligen Zelle.

## 2.2 Benutzerdefinierte Formate in der Praxis

### Hinweis

Sollen neben negativen Zahlen auch Nullwerte ausgeblendet werden, verwenden Sie folgendes Zahlenformat: *#.##0;;*

## Tipp 5: Werte über einer Million formatieren

Dieses Beispiel zeigt, wie Werte über einer Million platzsparender dargestellt werden können. So sollen siebenstellige Zahlen abgekürzt mit zwei Nachkommastellen und dem Zusatz Mio. angezeigt werden. Zahlen, die kleiner sind als eine Million, werden weiterhin vollständig gezeigt.

### So geht's:

1 Markieren Sie den Bereich C4:C11 und rufen Sie den Dialog zur Formatierung von Zellen auf:
 - ab Excel 2007: Menü *Start/Zellen/Format/Zellen formatieren,*
 - in Excel 2003: Menü *Format/Zellen.*

Alternativ erreichen Sie den Dialog per Klick mit der rechten Maustaste und Auswahl des Eintrags *Zellen formatieren* im Kontextmenü.

2 Erfassen Sie folgendes benutzerdefinierte Zellenformat:
*[>=1000000]#.##0,00.." Mio.";#.##0*

3 Beenden Sie das Dialogfenster mit einem Klick auf *OK*.

## 2. Formatierungen zielgerichtet einsetzen

Sie sehen, das neue Zellenformat erkennt automatisch die Grenze von einer Million und formatiert die Zahlen entsprechend.

### Tipp 6: Wertabhängige benutzerdefinierte Zahlenformatierung

Als kleines Controlling-Instrumentarium sollen erfasste Werte abhängig von ihrer Größe verschiedenfarbig dargestellt werden. So sollen Umsätze zwischen 10.000 und 50.000 blau, Werte über 50.000 grün und Nullwerte rot in der Umsatzliste dargestellt werden.

*So geht's:*

Auch hier hilft das benutzerdefinierte Zellenformat weiter:

1   Markieren Sie den Zellbereich C4:C15 und rufen Sie den Dialog zur Formatierung von Zellen auf:
    - ab Excel 2007: Menü *Start/Zellen/Format/Zellen formatieren,*
    - in Excel 2003: Menü *Format/Zellen.*

    Alternativ erreichen Sie den Dialog per Klick mit der rechten Maustaste und Auswahl des Eintrags *Zellen formatieren* im Kontextmenü.

2   Als benutzerdefiniertes Zellenformat erfassen Sie:
    [Grün][>50000]0,00;[Blau][>=1000]0,00;[Rot]0,00

3   Bestätigen Sie den Dialog mit einem Klick auf die Schaltfläche *OK*.

## 2.2 Benutzerdefinierte Formate in der Praxis

| | A | B | C |
|---|---|---|---|
| 1 | Umsatzliste | | |
| 2 | | | |
| 3 | Verkaufsgebiet | Zeitraum | Umsatz |
| 4 | Nord | Jan 13 | 5235,78 |
| 5 | Süd | Jan 13 | 54395,22 |
| 6 | West | Jan 13 | 95362,61 |
| 7 | Ost | Jan 13 | 47668,59 |
| 8 | Nord | Feb 13 | 7691,90 |
| 9 | Süd | Feb 13 | 68942,69 |
| 10 | West | Feb 13 | 0,00 |
| 11 | Ost | Feb 13 | 89625,99 |
| 12 | Nord | Mrz 13 | 0,00 |
| 13 | Süd | Mrz 13 | 84536,25 |
| 14 | West | Mrz 13 | 50412,87 |
| 15 | Ost | Mrz 13 | 49896,77 |

> **Hinweis**
>
> Alternativ können Sie natürlich auch die bedingte Formatierung einsetzen.

## Tipp 7: Nur Zahlen innerhalb eines bestimmten Wertebereichs anzeigen

In diesem Beispiel sehen Sie, wie Werte außerhalb eines definierten Wertebereichs zur Erhöhung der Übersichtlichkeit ausgeblendet werden können. Die Werte werden dabei weder angezeigt noch gedruckt. Im Beispiel sollen in der Überstundenliste nur die Überstunden angezeigt werden, die im Bereich von 5 bis 15 Stunden liegen. Alle anderen dürfen nicht angezeigt werden.

### So geht's:

1. Markieren Sie den Zellbereich, in dem sich die Überstunden befinden, im Beispiel also den Bereich B4:B15, und rufen Sie den Dialog zur Formatierung von Zellen auf:
   - ab Excel 2007: Menü *Start/Zellen/Format/Zellen formatieren*,
   - in Excel 2003: Menü *Format/Zellen*.
   
   Alternativ erreichen Sie den Dialog per Klick mit der rechten Maustaste und Auswahl des Eintrags *Zellen formatieren* im Kontextmenü.

2. Im Feld *Benutzerdefiniert* erfassen Sie:
   
   [<=5]"";[>=15]"";Standard

3. Damit werden nur Werte angezeigt, die zwischen 5 und 15 liegen.

> **Hinweis**
>
> Nicht angezeigte Werte werden bei allen Berechnungen selbstverständlich korrekt berücksichtigt.

## 2. Formatierungen zielgerichtet einsetzen

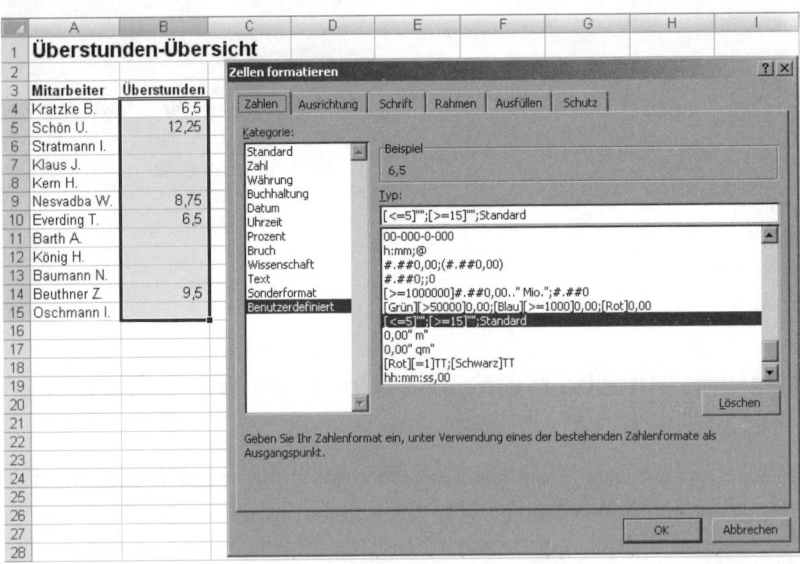

## Tipp 8: Benutzerdefinierte Zahlenformate mit individuellen Zusatzangaben erstellen

Wird in Excel eine Zahl eingegeben, wird sie standardmäßig ohne Bezeichnung dargestellt. Es ist also auf den ersten Blick nicht ersichtlich, ob es sich um Euro, Kilogramm, Quadratmeter, Liter o. Ä. handelt.

In vielen Fällen ist es deshalb sehr hilfreich, direkt bei der erfassten Zahl die passende Bezeichnung mit auszugeben.

### So geht's:

1 Markieren Sie den Zellbereich B5:C12 und rufen Sie den Dialog zur Formatierung von Zellen auf:
   - ab Excel 2007: Menü *Start/Zellen/Format/Zellen formatieren*,
   - in Excel 2003: Menü *Format/Zellen*.

   Alternativ erreichen Sie den Dialog per Klick mit der rechten Maustaste und Auswahl des Eintrags *Zellen formatieren* im Kontextmenü.

2 Als benutzerdefiniertes Zahlenformat erfassen Sie *0,00" m"*. Achten Sie auf das Leerzeichen nach dem ersten Anführungszeichen. Damit wird die Meterangabe mit einem Leerzeichen von der Zahl getrennt.

3 Bestätigen Sie das Dialogfenster mit einem Klick auf *OK*.

4 Markieren Sie anschließend den Zellbereich D5:D12.

5 Wiederholen Sie die Schritte 2 und 3. Als Zellenformat erfassen Sie allerdings *0,00" qm"*.

## 2.2 Benutzerdefinierte Formate in der Praxis

Sie sehen, die Meter- bzw. Quadratmeterangaben werden in der Zelle angezeigt, sobald der Wert eingegeben und mit [Enter] bestätigt wird. Selbstverständlich kann mit dieser Angabe wie gewohnt gerechnet werden. Auch lässt sich dieses Zellenformat standardmäßig mit der Funktion *Format übertragen* auf andere Zellen anwenden.

|    | A | B | C | D |
|----|---|---|---|---|
| 1  | Wohnflächenberechnung | | | |
| 2  | | | | |
| 3  | | | | |
| 4  | Zimmer | Länge | Breite | Quadratmeter |
| 5  | Wohnzimmer | 5,20 m | 6,25 m | 32,50 qm |
| 6  | Küche | 4,00 m | 4,25 m | 17,00 qm |
| 7  | Bad | 3,50 m | 3,50 m | 12,25 qm |
| 8  | Kinderzimmer I | 4,75 m | 3,50 m | 16,63 qm |
| 9  | Kinderzimmer II | 4,75 m | 3,50 m | 16,63 qm |
| 10 | Schlafzimmer | 4,75 m | 4,25 m | 20,19 qm |
| 11 | Studio | 6,00 m | 4,00 m | 24,00 qm |
| 12 | Flur | 3,50 m | 2,75 m | 9,63 qm |
| 13 | | | | |
| 14 | Gesamtfläche | | | 148,81 qm |

## Tipp 9: Hundertstelsekunden darstellen

Im Umgang mit Zeiten stellt Excel standardmäßig Stunden-, Minuten- und Sekundenangaben über das Zahlenformat zur Verfügung. Im nächsten Beispiel erfahren Sie, wie Sie noch genauere Zeitangaben erhalten. Es ist nämlich ohne Weiteres möglich, auch Sekundenbruchteile anzeigen zu lassen.

*So geht's:*

1. Markieren Sie die gewünschte Zelle.
2. Die aktuelle Uhrzeit erfassen Sie beispielsweise über die Funktion =JETZT().
3. Rufen Sie den Dialog zur Formatierung von Zellen auf:
   - ab Excel 2007: Menü *Start/Zellen/Format/Zellen formatieren*,
   - in Excel 2003: Menü *Format/Zellen*.

   Alternativ erreichen Sie den Dialog per Klick mit der rechten Maustaste und Auswahl des Eintrags *Zellen formatieren* im Kontextmenü.

   Als benutzerdefiniertes Zahlenformat geben Sie *hh:mm:ss,00* ein.

4. Beenden Sie das Dialogfenster mit *OK*.

Die Zeitangabe wird nun mit der Angabe von Hundertstelsekunden angezeigt.

Sollen nur Zehntelsekunden angezeigt werden, verwenden Sie das Format: *hh:mm:ss,0*.

|   | B3 | ▼ | *fx* =JETZT() |
|---|---|---|---|
|   | A | B | C |
| 1 | | | |
| 2 | | | |
| 3 | Aktuelle Zeit: | 22:28:12,37 | |
| 4 | | | |
| 5 | | | |

> **Hinweis**
>
> Die Funktion können Sie testen, indem Sie die Funktionstaste [F9] drücken und gedrückt halten. Dabei wird die Excel-Tabelle neu berechnet, und es wird jeweils die aktuelle Uhrzeit in Zelle B3 angezeigt. So können Sie verfolgen, wie Excel die Zeit neu berechnet.

## Tipp 10: Stunden über die 24-Stunden-Grenze hinaus darstellen

In einem Betrieb wird monatlich eine Überstundenliste erstellt, in der die Überstunden aller Mitarbeiter eingetragen werden. Die Überstunden werden im Zeitformat *hh:mm* in Stunden und Minuten erfasst. Bei der Summierung kommt es zu Problemen. Die Berechnung ergibt eine scheinbar viel zu geringe Stundenzahl. Tatsächlich ist es aber so, dass das Ergebnis stimmt und nur die Anzeige nicht korrekt ist.

*So geht's:*

1. Selektieren Sie die Zelle B17, da sich dort die Summe der einzelnen Stunden befindet.
2. In der Grundeinstellung erkennt Excel, dass es sich um ein Stundenformat handelt, und stellt die Summe im 24-Stunden-Modus dar. Die Summe der Überstunden beträgt 34 Stunden und 40 Minuten. Excel stellt in diesem Modus aber nur die Stundenzahl dar, die sich innerhalb des 24-Stunden-Zeitraums befindet, also 11:40 (34:40 – 24:00).
3. Damit Excel den richtigen Wert von 34:40 darstellt, hinterlegen Sie folgendes benutzerdefinierte Zahlenformat: *[hh]:mm*.

Damit werden Uhrzeitangaben über die 24-Stunden-Grenze hinaus richtig angezeigt.

| | A | B | C |
|---|---|---|---|
| 1 | Überstundenliste vom 30.06.2012 | | |
| 2 | | | |
| 3 | | | |
| 4 | Mitarbeiter | Überstunden Juni 2012 | |
| 5 | Mitarbeiter 1 | 05:25 | |
| 6 | Mitarbeiter 2 | 02:18 | |
| 7 | Mitarbeiter 3 | 03:21 | |
| 8 | Mitarbeiter 4 | 04:06 | |
| 9 | Mitarbeiter 5 | 01:05 | |
| 10 | Mitarbeiter 6 | 01:36 | |
| 11 | Mitarbeiter 7 | 02:20 | |
| 12 | Mitarbeiter 8 | 02:51 | |
| 13 | Mitarbeiter 9 | 04:50 | |
| 14 | Mitarbeiter 10 | 03:19 | |
| 15 | Mitarbeiter 11 | 04:29 | |
| 16 | | | |
| 17 | Summe Überstunden | 35:40 | |
| 18 | | | |

**Hinweis**

Alternativ können Sie auch aus der Kategorie *Uhrzeit* den Eintrag *37:30:55* wählen. Damit wird das gleiche Ergebnis erzielt.

## Tipp 11: Datenschutz über benutzerdefinierte Zellenformate herstellen

Im nächsten Beispiel erfahren Sie, wie zur Verbesserung der Übersicht oder zur Erhöhung der Sicherheit Inhalte auf einem Tabellenblatt ausgeblendet werden können. Für weiterführende Berechnungen sollen die Daten jedoch nach wie vor zur Verfügung stehen. Im nachfolgenden Beispiel sollen die Bruttolöhne ausgeblendet werden.

## So geht's:

1 Markieren Sie dazu den Bereich B4:B10 und rufen Sie den Dialog zur Formatierung von Zellen auf:
   - ab Excel 2007: Menü *Start/Zellen/Format/Zellen formatieren*,
   - in Excel 2003: Menü *Format/Zellen*.
   
   Alternativ erreichen Sie den Dialog per Klick mit der rechten Maustaste und Auswahl des Eintrags *Zellen formatieren* im Kontextmenü.

2 Erfassen Sie ;;; als benutzerdefiniertes Zellenformat.

3 Damit unterdrücken Sie die Anzeige sämtlicher Daten in einer Zelle. Allerdings sind sie in der Bearbeitungsleiste weiterhin zu sehen. Die so unterdrückten Werte werden aber selbstverständlich bei allen Berechnungen weiterhin berücksichtigt.

Sie sehen, dass der Eintrag in Zelle B3 nicht angezeigt wird, der Text aber über die Bearbeitungsleiste zur Verfügung steht.

## Tipp 12: Dezimalzahl als Bruch anzeigen

Dezimalzahlen sollen bei der Erfassung direkt als gekürzte Brüche dargestellt werden. Auf dieser Basis sollen auch alle weiteren Berechnungen wie Additionen oder Subtraktionen durchgeführt werden. Sehen Sie sich dazu das folgende Beispiel näher an.

## So geht's:

1 Markieren Sie die Zellen, die als Bruch formatiert werden sollen, im Beispiel die Zellen C4 und C5, und rufen Sie den Dialog zur Formatierung von Zellen auf:
   - ab Excel 2007: Menü *Start/Zellen/Format/Zellen formatieren*,
   - in Excel 2003: Menü *Format/Zellen*.
   
   Alternativ erreichen Sie den Dialog per Klick mit der rechten Maustaste und Auswahl des Eintrags *Zellen formatieren* im Kontextmenü.

2 Als benutzerdefiniertes Zellenformat geben Sie *???/???* ein.

3 Erfasste Dezimalzahlen werden sofort als gekürzter Bruch dargestellt. Auch Neueingaben in so formatierte Zellen werden direkt als Bruch angezeigt. In der Bearbeitungsleiste werden die Brüche allerdings weiterhin als Dezimalzahl ausgegeben.

4   Werden mit Brüchen Berechnungen durchgeführt, wird automatisch das Zellenformat in die Ergebniszelle übernommen, und auch das Ergebnis wird als Bruch dargestellt.

|   | A | B | C |
|---|---|---|---|
| 1 | Dezimalzahlen in Brüche umwandeln | | |
| 2 | | | |
| 3 | | Dezimal | Bruch |
| 4 | Wert 1 | 2,25 | 9/4 |
| 5 | Wert 2 | 1,25 | 5/4 |
| 6 | | | |
| 7 | Produkt | 2,81 | 45/16 |
| 8 | | | |

### Hinweis

Wenn Sie von Anfang an mit Brüchen arbeiten, können diese auch ohne spezielle Zellenformatierung eingegeben werden. Erfassen Sie den Bruch 9/4 in Excel als 0 9/4. Wichtig ist, dass die 0 mit einem nachfolgenden Leerzeichen eingegeben wird, ansonsten erkennt Excel den Bruch nicht korrekt.

→ Verweis: siehe Kapitel 4.11, Tipp 5

## Tipp 13: Zahlen buchhalterisch als Soll und Haben anzeigen

In Buchhaltungsunterlagen ist es üblich, positive Werte (Sollwerte) mit einem vor- oder nachgestellten S und negative Werte (Habenwerte) mit einem vor- oder nachgestellten H darzustellen. Das folgende Beispiel zeigt, wie sich das mit benutzerdefinierten Zellenformaten realisieren lässt.

*So geht's:*

1   Markieren Sie die Zellbereiche C4:C13 und F4:F14 und rufen Sie den Dialog zur Formatierung von Zellen auf:
- ab Excel 2007: Menü *Start/Zellen/Format/Zellen formatieren*,
- in Excel 2003: Menü *Format/Zellen*.

Alternativ erreichen Sie den Dialog per Klick mit der rechten Maustaste und Auswahl des Eintrags *Zellen formatieren* im Kontextmenü.

2   Geben Sie folgendes benutzerdefinierte Zellenformat an:
"S" #.##0,00;"H" #.##0,00.

|    | A | B | C | D | E | F |
|----|---|---|---|---|---|---|
| 1  | Summen- und Saldenliste | | | | | |
| 2  | | | | | | |
| 3  | Konto | Bezeichnung | Saldovortra | JVZ-S | JVZ-H | Saldo |
| 4  | 1000 | Kasse | S 125,97 | 512,36 | 512,25 | S 126,08 |
| 5  | 1100 | Postbank | S 47.235,91 | 56.324,20 | 64.253,22 | S 39.306,89 |
| 6  | 1200 | Raiba | S 1.325,64 | 2.453,50 | 1.423,36 | S 2.355,78 |
| 7  | 1210 | Spk 1 | H 10.235,56 | 25.356,30 | 1.523,97 | S 13.596,77 |
| 8  | 1220 | Spk 2 | S 24.632,98 | 536,55 | 34.625,41 | H 9.455,88 |
| 9  | 1240 | HVB 1 | S 15.784,05 | 25.693,37 | 597,36 | S 40.880,06 |
| 10 | 1250 | HVB 2 | H 2.536,85 | 59.536,89 | 65.635,25 | H 8.635,21 |
| 11 | 1260 | Diba 1 | S 42.352,68 | 12.536,98 | 5.796,83 | S 49.092,83 |
| 12 | 1290 | Commerzbank | H 542,22 | 698,20 | 50,27 | S 105,71 |
| 13 | 1310 | Durchlauf | S 0,00 | 2.536,36 | 2.536,36 | S 0,00 |

Sie sehen, wie gewünscht werden positive Werte als Sollwerte und negative Werte als Habenwerte dargestellt. Die Darstellung ist aber ein wenig unübersichtlich.

Besser wäre es, wenn die Zusätze S und H jeweils linksbündig in der Zelle dargestellt würden.

Ändern Sie das Zellenformat dazu wie folgt ab: "S"* #.##0,00;"H"* #.##0,00. Der Stern (*) führt dazu, dass die Zelle bis zum Beginn der jeweiligen Zahl mit Leerzeichen aufgefüllt wird.

| | A | B | C | D | E | F |
|---|---|---|---|---|---|---|
| 1 | Summen- und Saldenliste | | | | | |
| 2 | | | | | | |
| 3 | Konto | Bezeichnung | Saldovortrag | JVZ-S | JVZ-H | Saldo |
| 4 | 1000 | Kasse | S 125,97 | 512,36 | 512,25 S | 126,08 |
| 5 | 1100 | Postbank | S 47.235,91 | 56.324,20 | 64.253,22 S | 39.306,89 |
| 6 | 1200 | Raiba | S 1.325,64 | 2.453,50 | 1.423,36 S | 2.355,78 |
| 7 | 1210 | Spk 1 | H 10.235,56 | 25.356,30 | 1.523,97 S | 13.596,77 |
| 8 | 1220 | Spk 2 | S 24.632,98 | 536,55 | 34.625,41 H | 9.455,88 |
| 9 | 1240 | HVB 1 | S 15.784,05 | 25.693,37 | 597,36 S | 40.880,06 |
| 10 | 1250 | HVB 2 | H 2.536,85 | 59.536,89 | 65.635,25 H | 8.635,21 |
| 11 | 1260 | Diba 1 | S 42.352,68 | 12.536,98 | 5.796,83 S | 49.092,83 |
| 12 | 1290 | Commerzbank | H 542,22 | 698,20 | 50,27 S | 105,71 |
| 13 | 1310 | Durchlauf | S 0,00 | 2.536,36 | 2.536,36 S | 0,00 |

➔ Verweis: siehe Kapitel 2.2, Tipp 3

## Tipp 14: Eigene Zellenformatvorlagen definieren

Auf den letzten Seiten haben Sie einige neue benutzerdefinierte Formate erstellt. In diesem Tipp erfahren Sie, wie der Zugriff darauf beschleunigt werden kann. Da sich die Vorgehensweisen in Excel 2003 und ab Excel 2007 erheblich unterscheiden, erfolgen die Erläuterungen getrennt.

*So geht's ab Excel 2007:*

1 Öffnen Sie den Befehl über das Menü *Start/Formatvorlagen/Zellenformatvorlagen/Neue Zellenformatvorlage*.

2 Nennen Sie die neue Formatvorlage *Quadratmeter*.

3 Öffnen Sie das Dialogfenster zur Zellenformatierung mit einem Klick auf die Schaltfläche *Formatieren*.

4 Wählen Sie auf der Registerkarte *Zahlen* die Kategorie *Benutzerdefiniert*.

5 Erfassen Sie als *Typ* folgendes Format: #,00" qm".

6 Beenden Sie die geöffneten Dialogfenster jeweils mit einem Klick auf *OK*.

Wenn Sie nun die Zellenformatvorlage erneut aufrufen, wurde unter der Rubrik *Benutzerdefiniert* der neue Eintrag *Quadratmeter* hinzugefügt. Über diese Schaltfläche können Sie nun schnell und gezielt Zahlen mit dem neuen Format belegen.

## 2. Formatierungen zielgerichtet einsetzen

## So geht's unter Excel 2003:

Erster Schritt:

1. Klicken Sie mit der rechten Maustaste auf eine beliebige Symbolleiste.
2. Wählen Sie im Kontextmenü den Eintrag *Anpassen*.
3. Aktivieren Sie die Registerkarte *Befehle* und wählen Sie die Kategorie *Format* aus.
4. Ziehen Sie das Drop-down-Menü *Formatvorlage* mit gedrückter linker Maustaste auf die *Format*-Symbolleiste.

5. Beenden Sie das Dialogfenster mit *Schließen*.

Zweiter Schritt:

1. Markieren Sie eine Zelle, in der sich das Format befindet, das in die Vorlage übernommen werden soll. In diesem Beispiel ist das eine Zelle mit dem Format *Quadratmeter*.
2. Aktivieren Sie das eingefügte Drop-down-Menü *Formatvorlage* und tragen Sie dort den Text *Quadratmeter* ein.

3. Beenden Sie die Eingabe mit *OK*.
4. Jetzt befindet sich im Drop-down-Menü der neue Eintrag *Quadratmeter*, der auf beliebige Zellen angewendet werden kann.

Die so definierten Formatvorlagen stehen nun in der gesamten Arbeitsmappe zur Verfügung.

## 2.3 Profitipps und -tricks für den Alltag

Nachfolgend erhalten Sie anhand einiger Beispiele Einblick in die zahlreichen Formatierungsmöglichkeiten von Excel. Gezielt eingesetzt, werden diese Tipps sicherlich eine Bereicherung für Ihre Kalkulationsmodelle darstellen.

### Tipp 1: Zwei Überschriften in einer einzigen Zelle anzeigen

Eine häufig vorkommende Praxisanforderung besteht darin, zwei Überschriften in eine einzige Zelle einzutragen. In den meisten Tabellen wird jeweils eine eigene Überschrift für die Daten der Zeilen wie für die der Spalten gesetzt. Mit diesem Trick können beide Überschriften in einer einzigen Zelle platzsparend eingetragen werden.

*So geht's:*

1 Selektieren Sie die Zelle A4.
2 Erfassen Sie die Überschriften *Prov-Satz* und *Umsatz*.
3 Setzen Sie den Cursor in der Bearbeitungsleiste hinter *Prov-Satz*.
4 Drücken Sie die Tastenkombination [Alt]+[Enter] zweimal hintereinander.
5 Drücken Sie die Tastenkombination [Strg]+[Enter], um die Änderungen zu übernehmen, ohne die Zelle zu verlassen.
6 Öffnen Sie das Dialogfenster *Zellen formatieren:*
   - ab Excel 2007: Menü *Start/Zellen/Format/Zellen formatieren*,
   - in Excel 2003: Menü *Format/Zellen*.
7 Wechseln Sie zur Registerkarte *Rahmen* und definieren Sie einen diagonalen Zellstrich.

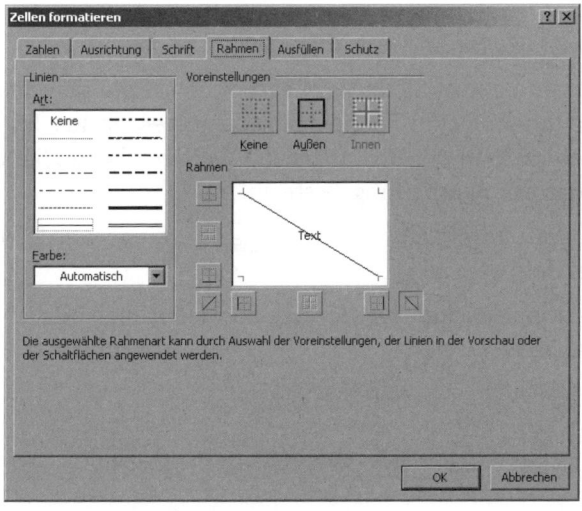

8 Nachdem der Rahmen festgelegt ist, wechseln Sie zur Registerkarte *Ausrichtung*.

## 2. Formatierungen zielgerichtet einsetzen

**9** Legen Sie als horizontale Textausrichtung den Eintrag *Links* und als vertikale Textausrichtung den Eintrag *Verteilt* fest.

**10** Beenden Sie den Dialog mit der Schaltfläche *OK*.

**11** Setzen Sie nun den Cursor in der Bearbeitungsleiste vor den Eintrag *Prov-Satz* und fügen Sie noch einige Leerzeichen ein, bis der Eintrag so weit wie gewünscht nach rechts rückt.

Als Ergebnis erhalten Sie eine Zelle mit den beiden Überschriften, die durch einen diagonalen Strich voneinander getrennt sind.

## Tipp 2: Zellinhalte auf Textfelder verlinken

In diesem Beispiel sehen Sie, wie Zellinhalte in einem Textfeld angezeigt werden können. Der Vorteil liegt darin, dass Textfeldelemente beliebig formatiert und grafisch gestaltet werden können.

### So geht's:

**1** Fügen Sie ein Textfeld an einer beliebigen Stelle auf dem Tabellenblatt ein:
- ab Excel 2007: Menü *Einfügen/Illustrationen/Formen*, Abschnitt *Standardformen*,
- in Excel 2003: Symbolleiste *Zeichnen*, Symbol *Textfeld*.

**2** Markieren Sie das Textfeld und geben Sie in der Bearbeitungsleiste den Zellbezug auf die Zelle ein, deren Inhalt in dem Textfeld angezeigt werden soll. Im Beispiel soll der Inhalt von Zelle E16 in der Box angezeigt werden. Geben Sie entsprechend den Bezug *=E16* in der Bearbeitungsleiste an.

**3** Nachdem der Verweis erfasst und die Eingabe mit [Enter] bestätigt wurde, wird der Zellinhalt sofort im Textfeld angezeigt.

**4** Wenn Sie auf das Textfeld doppelklicken, werden alle Formatierungsmöglichkeiten in der Multifunktionsleiste angezeigt.

**5** Wählen Sie dort unter *Formenarten* eine Form. Hier können Sie Ihrer Kreativität freien Lauf lassen.

**6** Ist die Formatierung abgeschlossen, wird der Zellinhalt wie gewünscht im Textfeld angezeigt.

## Tipp 3: Teilergebnissummen automatisch hervorheben

Als Ausgangsliste für dieses Beispiel liegt eine Lagerliste vor, die in Artikelgruppe und Lagerort gegliedert ist. Zur Verbesserung der Übersichtlichkeit und Lesbarkeit sollen die Zwischen- und Endsummen farbig hervorgehoben werden. Sie können die Summenzeilen zwar alle manuell markieren und einfärben, schneller geht es aber mit folgendem Trick unter Verwendung der bedingten Formatierung.

### So geht's:

Sehen Sie sich zuerst die Ausgangstabelle mit den eingefügten Teilergebnissen an.

Um den Teilsummenzeilen nun Farben hinzuzufügen, gehen Sie wie folgt vor:

**1** Markieren Sie den Bereich A5:D20.

**2** Öffnen Sie die bedingte Formatierung.

## 2. Formatierungen zielgerichtet einsetzen

3   Wählen Sie als Regeltyp aus:
    - ab Excel 2007: *Formel zur Ermittlung der zu formatierenden Zellen verwenden*,
    - in Excel 2003: Bedingung *Formel ist*.
4   Erfassen Sie als Formel =$B5="". Damit wird die jeweilige Zeile formatiert, in der in Spalte B kein Eintrag vorhanden ist.
5   Legen Sie über die Schaltfläche *Formatieren* als Zellhintergrundfarbe Grün fest.
6   Wiederholen Sie Schritt 3 und erfassen Sie als Formel =$C5="".
7   Als Zellhintergrund definieren Sie Gelb.
8   Sobald Sie den Dialog beendet haben, werden die Teilergebnissummen entsprechend eingefärbt.

| | A | B | C | D |
|---|---|---|---|---|
| 1 | **Lagerübersicht** | | | |
| 2 | | | | |
| 3 | | | | |
| 4 | Artikelnummer | Artikelgruppe | Lagerort | Anzahl |
| 5 | 47110 | Gruppe A | Lager 1 | 55 |
| 6 | 47120 | Gruppe A | Lager 1 | 356 |
| 7 | 47130 | Gruppe A | Lager 1 | 329 |
| 8 | | | Lager 1 Ergebnis | 740 |
| 9 | 47140 | Gruppe A | Lager 2 | 552 |
| 10 | 47150 | Gruppe A | Lager 2 | 142 |
| 11 | | | Lager 2 Ergebnis | 694 |
| 12 | | Gruppe A Ergebnis | | 1434 |
| 13 | 48110 | Gruppe B | Lager 3 | 481 |
| 14 | 48120 | Gruppe B | Lager 3 | 182 |
| 15 | 48130 | Gruppe B | Lager 3 | 32 |
| 16 | | | Lager 3 Ergebnis | 695 |
| 17 | 48140 | Gruppe B | Lager 4 | 418 |
| 18 | 48150 | Gruppe B | Lager 4 | 291 |
| 19 | | | Lager 4 Ergebnis | 709 |
| 20 | | Gruppe B Ergebnis | | 1404 |
| 21 | | Gesamtergebnis | | 2838 |

Sie sehen, die Auswertung sieht jetzt ein ganzes Stück übersichtlicher und strukturierter aus.

## Tipp 4: Einträge links- und rechtsbündig in einer Zelle anzeigen

Zelleinträge innerhalb einer Zelle sollen gleichzeitig links- und rechtsbündig angezeigt werden. So soll beispielsweise linksbündig die Abkürzung *vorl.* für das Wort „vorläufig" stehen, und die Zahl soll rechtsbündig ausgegeben werden. Für diese Aufgabenstellung gibt es zwei Lösungen, die nachfolgend dargestellt werden.

### So geht's mit dem benutzerdefinierten Zellenformat:

1   Öffnen Sie das Dialogfenster *Zellen formatieren*:
    - ab Excel 2007: Menü *Start/Zellen/Format/Zellen formatieren*,
    - in Excel 2003: Menü *Format/Zellen*.
2   Wechseln Sie zur Registerkarte *Zahlen*.
3   Wählen Sie unter *Kategorie* den Eintrag *Benutzerdefiniert*.
4   Als benutzerdefiniertes Zahlenformat geben Sie Folgendes ein:
    "vorl."* #.##0,00;"vorl."* -#.##0,00

Beachten Sie die Leerstelle nach dem Stern.

**5** Beenden Sie den Dialog mit OK.

Jetzt werden alle Zellen, die mit diesem Zahlenformat belegt sind, mit linksbündig vorangestelltem Text *vorl.* dargestellt. Hier wurde der Bereich C5:C16 mit diesem benutzerdefinierten Zahlenformat belegt. Dabei spielt die Spaltenbreite keine Rolle. Der Text wird auf jeden Fall linksbündig und die Zahl immer rechtsbündig dargestellt.

### So geht's über eine Formellösung:

In der Ausgangsdatei liegen eine Artikelliste mit Artikelnummern in Spalte A und Artikelbezeichnungen in Spalte B vor. In Spalte C sollen die Artikelnummern und die Bezeichnungen zusammengefasst werden. Die Zeichenanzahl soll dabei einheitlich in jeder Zelle 35 Zeichen betragen.

**1** Erfassen Sie in Zelle C4 diese Funktion:

=A4&WIEDERHOLEN(" ";$E$1-LÄNGE(A4)-LÄNGE(B4))&B4

**2** Kopieren Sie sie bis zur Zelle C13 nach unten.

**3** Als Schriftart müssen Sie eine nicht proportionale Schrift wie beispielsweise Courier, Terminal oder Consolas verwenden. Nur damit kann der Effekt erzielt werden.

## 2. Formatierungen zielgerichtet einsetzen

| | A | B | C | D |
|---|---|---|---|---|
| | C4 | | fx =A4&WIEDERHOLEN(" ";35-LÄNGE(A4)-LÄNGE(B4))&B4 | |
| 1 | **Artikelliste** | | | |
| 2 | | | | |
| 3 | Art.-Nr. | Bezeichnung | Zusammengesetzter Text | |
| 4 | 100010 | HD 160 GB SATA | 100010             HD 160 GB SATA | |
| 5 | 100015 | HD 350 GB | 100015                   HD 350 GB | |
| 6 | 100020 | TFT 19 " | 100020                        TFT 19 " | |
| 7 | 100110 | TFT 21 " | 100110                        TFT 21 " | |
| 8 | 100120 | Funktastatur | 100120                   Funktastatur | |
| 9 | 100020 | Funkmaus | 100020                        Funkmaus | |
| 10 | 100130 | Motherboard | 100130                    Motherboard | |
| 11 | 100140 | Grafikkarte 256 MB | 100140          Grafikkarte 256 MB | |
| 12 | 100015 | Notebook | 100015                         Notebook | |
| 13 | 100210 | PDA | 100210                                   PDA | |
| 14 | | | | |

---

**Profitipp**

Im obigen Beispiel muss die Zellenbreite vorgegeben werden. Soll Excel die Zellenbreite abhängig vom längsten Zelleintrag selbst ermitteln, verwenden Sie folgende Funktion:

=A4&WIEDERHOLEN(" ";MAX(LÄNGE(A1:A1000)+LÄNGE(B1:B1000))+3-LÄNGE(A4)-LÄNGE(B4))&B4

Da es sich um eine Matrixfunktion handelt, müssen Sie sie mit der Tastenkombination [Strg]+[Umschalt]+[Enter] abschließen.

---

## Tipp 5: Ziffern in verschiedenen internationalen Ziffernzeichen anzeigen

Als Ausgangsdatei liegt eine Rechnung vor. Die Werte der Rechnung sollen in indischen Ziffernzeichen dargestellt werden, da die Warenlieferung nach Bangalore (Indien) stattfand.

*So geht's:*

Ausgangsbasis ist eine Rechnung, deren Werte in arabischen (westlichen) Zeichen dargestellt werden.

In der Spalte rechts neben den arabischen Ziffern sollen die Werte in indischen Ziffernzeichen angezeigt werden.

1. Erfassen Sie in Zelle G10 (außerhalb des Druckbereichs) den Code für das indische Zahlenformat. Der Code lautet *[$-020E0407]0*.

2. In Zelle F11 erfassen Sie die Funktion *=TEXT(E11;$G$10* zum Formatieren der Ziffern.

| | A | B | C | D | E |
|---|---|---|---|---|---|
| 1 | | | Secure-IT Inc. | | |
| 2 | | | | | |
| 3 | | | | | |
| 4 | **Invoice** | | | | |
| 5 | | | | | |
| 6 | | | | | |
| 7 | No. | 54-2007 | | | |
| 8 | | | | | |
| 9 | | | | | |
| 10 | Pos. | Date | Text | Quantity | Total |
| 11 | 1 | 06.04.2007 | Computer | 110,0 | 76.450,00 |
| 12 | 2 | 17.05.2007 | Betriebssystem | 110,0 | 32.890,00 |
| 13 | 3 | 22.06.2007 | Monitore | 110,0 | 16.390,00 |
| 14 | 4 | 01.07.2007 | Drucker | 27,0 | 12.150,00 |
| 15 | | | | | |
| 16 | | | | Total | 137.880,00 |
| 17 | | | | | |

## 2.3 Profitipps und -tricks für den Alltag

3 Kopieren Sie diese Funktion bis zur Zelle G16 nach unten. Damit werden alle Zahlen aus Spalte E in das indische Zahlenformat übersetzt.

| | A | B | C | D | E | F |
|---|---|---|---|---|---|---|
| 1 | | | Secure-IT Inc. | | | |
| 2 | | | | | | |
| 3 | | | | | | |
| 4 | Invoice | | | | | |
| 5 | | | | | | |
| 6 | | | | | | |
| 7 | No. | 54-2007 | | | | |
| 8 | | | | | | |
| 9 | | | | | | |
| 10 | Pos. | Date | Text | Quantity | Total | Indisch |
| 11 | 1 | 06.04.2007 | Computer | 110,0 | 76.450,00 | ٧٦٤٠ |
| 12 | 2 | 17.05.2007 | Betriebssystem | 110,0 | 32.890,00 | ٣٢٨٩ |
| 13 | 3 | 22.06.2007 | Monitore | 110,0 | 16.390,00 | ١٦٣٩ |
| 14 | 4 | 01.07.2007 | Drucker | 27,0 | 12.150,00 | ١٢١٥ |
| 15 | | | | | | |
| 16 | | | | | Total | 137.880,00 | ١٣٧٨٨ |

### Hinweis

Soll keine zusätzliche Spalte auf der Rechnung erscheinen, können Sie die Zahlen auch über das benutzerdefinierte Zahlenformat in den jeweiligen Zeichencode übersetzen.

Erfassen Sie dazu das benutzerdefinierte Zahlenformat #.### [$-20E0407].

Die wichtigsten Codes für internationale Ziffernzeichen:

| Zahlensystem | Code |
|---|---|
| Westlich | [$010E0407]0 |
| Thai | [$0D0E0407]0 |
| Japanisch 1 | [$1B0E0407]0 |
| Chinesisch | [$1F0E0407]0 |
| Koreanisch | [$270E0407]0 |
| Arabisch-Indisch | [$010E0407]0 |
| Telugu | [$0A0E0407]0 |

## Tipp 6: Uhrzeitangaben grafisch als Analoguhr darstellen

In diesem Beispiel sehen Sie, wie Uhrzeitangaben als Analoguhr dargestellt werden können. In einem Kalender soll für jede volle Stunde das entsprechende Uhrzeitsymbol mit der richtigen Uhrzeit angezeigt werden. Dabei sollen der erfassten Uhrzeit automatisch die richtigen Symbole zugewiesen werden.

### So geht's:

Damit die einzelnen Symbole zur passenden Uhrzeit angezeigt werden, gehen Sie wie folgt vor:

1 Erfassen Sie in Zelle B4 folgende Funktion:
=ZEICHEN(WENN(A6<=0,5;A6*24;(A6-0,5)*24)+182)

## 2. Formatierungen zielgerichtet einsetzen

**2** Kopieren Sie diese Funktion bis zur Zelle B17 nach unten.

**3** Legen Sie für die komplette Spalte B die Schriftart Wingdings fest. In dieser Schriftart stehen die dafür notwendigen Uhrzeitsymbole zur Verfügung.

Als Ergebnis wird das korrekte Uhrsymbol der jeweils eingetragenen Uhrzeitangabe zugewiesen. Die Minutenangabe ist dabei irrelevant und bleibt bei der Anzeige der Symbole unberücksichtigt.

### Hinweis

Natürlich können auch Uhrzeiten über die Zwölf-Uhr-Stundengrenze hinaus dargestellt werden. 13:00 Uhr wird mit dem gleichen Symbol bedacht wie 01:00 Uhr.

## Tipp 7: Eingaben komplett anders darstellen

Eine weitere, recht perfide Methode, den Anwender in die Irre zu leiten, erzielen Sie mit einem besonderen benutzerdefinierten Format.

*So geht's:*

1 Öffnen Sie eine neue Tabelle und rufen Sie über das Kontextmenü der rechten Maustaste den Befehl *Zellen formatieren* auf.
2 Wählen Sie im Register *Zahlen* die Kategorie *Benutzerdefiniert*.
3 Erfassen Sie im Feld *Typ* den Eintrag "kein" @ und verlassen Sie den Dialog mit OK.
4 Tragen Sie in die aktive Zelle nun etwas ein. Wie Sie sehen können, erscheint jetzt ein völlig anderer Text als der, den Sie erfasst haben.

## Tipp 8: Abweichungen mit Smileys visualisieren

Besondere Smileys sind nach wie vor sehr beliebte Symbole zur Darstellung von Abweichungen. Wenngleich diese Art der Hervorhebung einer Abweichung bei Visualisierungsexperten umstritten ist, möchten wir Ihnen dennoch zeigen, wie Sie dieses Visualisierungsmittel einsetzen können.

*So geht's:*

1 Erfassen Sie zuerst die zu analysierenden Daten, d. h. Ist- und Plan-Werte, sowie deren Abweichungen, wie in der nächsten Abbildung dargestellt.
2 Geben Sie dann in Zelle F6 die Formel
=WENN(C6<D6;ZEICHEN(76);WENN(C6=D6;ZEICHEN(75);ZEICHEN(74)))
ein und kopieren Sie sie nach unten.
3 Markieren Sie nun den Zellbereich F6:F10 und rufen Sie über die rechte Maustaste den Befehl *Zellen formatieren* auf. Wechseln Sie anschließend zum Register *Schrift* und wählen Sie als *Schriftart* den Typ *Wingdings*.
4 Rufen Sie jetzt den Befehl *Neue Regel* auf:
   - ab Excel 2007: Menü *Start/Formatvorlagen/Bedingte Formatierung*,
   - in Excel 2003: Menü *Format/Bedingte Formatierung*.

   Als neue Formatierungsregel wählen Sie aus:
   - ab Excel 2007: Regeltyp *Formel zur Ermittlung der zu formatierenden Zellen verwenden*,
   - in Excel 2003: Bedingung *Formel ist*.

5 Erfassen Sie nun
   - ab Excel 2007: im Feld *Werte formatieren, für die diese Formel wahr ist*,
   - in Excel 2003: im Feld *Bedingung 1*, Einstellung *Formel*

   für den Fall einer negativen Abweichung die Formel =C6<D6.

   Wählen Sie als Farbe Rot aus:
   - ab Excel 2007: Schaltfläche *Formatieren* im Register *Schrift*,
   - in Excel 2003: Register *Muster*, Bereich *Zellenschattierung*.

## 2. Formatierungen zielgerichtet einsetzen

**6** Verfahren Sie mit den anderen Fällen (Ist > Plan und Ist = Plan) analog. Wählen Sie hier jedoch andere Farben aus, z. B. Grün und Gelb.

| | F6 | | fx | =WENN(C6<D6;ZEICHEN(76);WENN(C6=D6;ZEICHEN(75);ZEICHEN(74))) | | | |
|---|---|---|---|---|---|---|---|
| | A | B | C | D | E | F | G | H |
| 1 | | | | | | | | |
| 2 | | | | | | | | |
| 3 | | Umsatzanalyse | | | | | | |
| 4 | | | | | | | | |
| 5 | | | | Ist | Plan | Ist-Plan | | |
| 6 | | Art 4711 | | 500 | 400 | 100 ☺ | | |
| 7 | | Art 4712 | | 700 | 500 | 200 ☺ | | |
| 8 | | Art 4713 | | 400 | 400 | 0 | | |
| 9 | | Art 4714 | | 300 | 600 | -300 ☹ | | |
| 10 | | Art 4715 | | 400 | 500 | -100 ☹ | | |
| 11 | | | | | | | | |

Die Funktionsargumente:

- *WENN:* Hier werden die drei Bedingungen (Ist < Plan, Ist > Plan und Ist = Plan) abgefragt, und je nach Fall wird ein Zeichen zurückgegeben.
- *ZEICHEN*: Über diese Funktion wird das der Codezahl entsprechende Zeichen zurückgegeben. In Wingdings entsprechen die drei Zahlen 74, 75 und 76 im Argument der Funktion den drei Smileys.

## Tipp 9: Unerwünschte Zeichen mit einer eigenen Funktion entfernen

Unerwünschte Zeichen können entweder manuell und zeitaufwendig oder blitzschnell mit einem kleinen Makro aus den Zellen entfernt werden. Hierzu bedarf es der Definition einer neuen Excel-Funktion. Einmal mit ein paar Zeilen VBA-Code eingerichtet, kann sie sofort wie jede andere gewöhnliche Excel-Funktion eingesetzt werden.

*So geht's:*

**1** Wechseln Sie über die Tastenkombination [Alt]+[F11] zum VBA-Editor und fügen Sie ein neues Modul ein.

**2** Erfassen Sie dann die folgende benutzerdefinierte Funktion:

*Listing 1:*

```
Function EntfernenZelle(rngZelle As Range)
Dim varz As Integer
Application.Volatile
  For varz = 1 To Len(rngZelle)
  Select Case Mid(rngZelle, varz, 1)
    Case "-", "/", "\", "?", "!", ":", ";"
    'Zeichen, die ignoriert werden sollen
    Case Else
    'übrige Zeichen werden verarbeitet
```

```
■   EntfernenZelle = EntfernenZelle & Mid(rngZelle, varz, 1)
■   End Select
■   Next varz
■   End Function
```

3   Geben Sie jetzt in Zelle A1 und in die darunterliegenden Zellen ein paar Zahlen und Text ein, in denen auch die auszuschließenden Zeichen vertreten sind.

4   Rufen Sie dann die soeben erstellte benutzerdefinierte Funktion in Zelle B1 auf, indem Sie die Formel =GLÄTTEN(EntfernenZelle(A1)) hinterlegen. Kopieren Sie diese Formel auch in die darunterliegenden Zellen.

5   Als Ergebnis erhalten Sie in Zelle B1 und darunter den angepassten Text bzw. die angepasste Zahl.

| | A | B | C |
|---|---|---|---|
| 1 | Müller - Egon | Müller Egon | |
| 2 | Decker / Gundula | Decker Gundula | |
| 3 | Heitz : Wolfgang | Heitz Wolfgang | |
| 4 | Meier?! | Meier | |
| 5 | 11/234-569:00 | 1123456900 | |
| 6 | | | |
| 7 | | | |
| 8 | | | |

Die Funktionsargumente:

■   *EntfernenZelle:* Diese selbst erstellte Funktion löscht diverse Sonderzeichen aus der Zelle. Die Funktion kann wie eine „normale" Excel-Funktion zusammen mit anderen Excel-Funktionen kombiniert werden.

■   *GLÄTTEN:* Mit dieser Funktion löschen Sie Leerzeichen aus dem Text.

## Tipp 10: GROSS, GROSS2 und KLEIN – schnelle Textformatierung und -korrektur

Häufig enthalten Listen hinsichtlich Groß- und Kleinschreibung uneinheitliche Einträge, die der Bereinigung bedürfen. In unserem Beispiel liegt eine Lieferantenliste vor, bei der Firmenname, Vor- und Nachname des jeweiligen Ansprechpartners (mit Komma getrennt innerhalb einer Zelle) sowie Internetadresse wie folgt korrigiert werden sollen: Der Firmenname soll vollständig in Großbuchstaben erscheinen, Vor- und Nachname sollen jeweils mit Großbuchstaben beginnen, und die Internetadresse soll lediglich Kleinbuchstaben enthalten. Mittels Verwendung der Excel-Funktionen *GROSS*, *GROSS2* und *KLEIN* kann dies auf schnellstem Wege erledigt werden.

### So geht's:

1   In den Spalten A bis C befinden sich die zu korrigierenden Ausgangsdaten. Kopieren Sie zunächst die Tabellenüberschriften dieser Spalten in die Spalten D bis F.

2   Um in Spalte D den Firmennamen aus Spalte A in Großbuchstaben zu erhalten, markieren Sie den Zellbereich D4:D6 und tragen in Zelle D4 folgende Funktion ein: =GROSS(A4). Bestätigen Sie die Eingabe mit der Tastenkombination [Strg]+[Enter].

## 2. Formatierungen zielgerichtet einsetzen

**3** Um in Spalte E die Vor- und Nachnamen mit großen Anfangsbuchstaben darzustellen, tragen Sie analog die Funktion *=GROSS2(B4)* ein.

**3** Zwecks einheitlicher Kleinschreibung der Internetadresse erfassen Sie in Spalte F die Funktion *=KLEIN(C4)*.

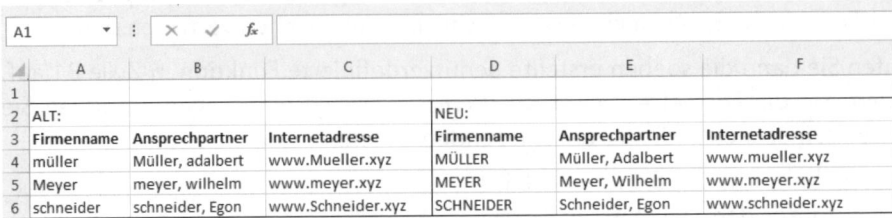

Etwas schwieriger wird es, wenn in einer Liste unterschiedliche Ausgangsfälle gemischt auftreten. Im untenstehenden Beispiel findet sich innerhalb einer Liste einerseits ein feststehender Begriff, dessen Anfangsbuchstabe großgeschrieben werden soll, andererseits ein Satz, bei dem nur das erste Zeichen in Großschreibweise erscheinen soll – der Rest des Satzes soll unverändert beibehalten werden. Bei alleiniger Anwendung von *GROSS2* erhält man nicht für beide Ausgangsfälle das erwünschte Ergebnis, wie der untenstehende Screen zeigt. Erreichen lässt sich dies aber mit der Definition einer zusätzlichen Bedingung.

### So geht's:

**1** Zunächst muss die eindeutige Bedingung festgelegt werden, mit der die beiden Fälle unterschieden werden können. In unserem Beispiel soll der Text dann als Satz behandelt werden, wenn am Ende des Texts ein Punkt vorhanden ist. Andernfalls wird der Text als feststehender Begriff gewertet. Zusätzlich wird angenommen, dass die maximale Zeichenzahl des Texts bei 100 liegt.

**2** Mit folgender Funktion wird diese fallabhängige Behandlung umgesetzt:
*=WENN(RECHTS(A7)=".";GROSS2(LINKS(A7;1))&TEIL(A7;2;100);GROSS2(A7))*

## Funktionsübersicht

| Funktion | Erläuterung |
|---|---|
| ADRESSE(Zeile;Spalte;Abs; A1;Tabellenname) | Liefert einen Bezug auf eine Zelle einer Tabelle als Text. |
| BEREICH.VERSCHIEBEN (Bezug;Zeilen;Spalten;Höhe; Breite) | Gibt einen Bezug zurück, der gegenüber dem angegebenen Bezug versetzt ist. Der zurückgegebene Bezug kann eine einzelne Zelle oder ein Zellbereich sein. Sie können die Anzahl der zurückzugebenden Zeilen und Spalten festlegen. Optional können positive Werte für Höhe bzw. Breite des neuen Bezugs in Zeilen bzw. Spalten angegeben werden. |
| DATUM(Jahr;Monat;Tag) | Gibt die fortlaufende Zahl zurück, die ein bestimmtes Datum darstellt. Wenn für das Zellenformat vor der Eingabe der Funktion die Option *Allgemein* eingestellt war, wird das Ergebnis als Datum formatiert. |
| FINDEN(Suchtext;Text; Erstes_Zeichen) | Mithilfe von *FINDEN* können Sie eine Textzeichenfolge innerhalb einer zweiten Textzeichenfolge suchen und die Anfangsposition der ersten Textzeichenfolge, vom ersten Zeichen der zweiten Textzeichenfolge aus gezählt, zurückgeben. |
| GLÄTTEN(Text) | Löscht Leerzeichen in einem Text, die nicht als jeweils einzelne zwischen Wörtern stehende Trennzeichen dienen. |
| GROSS(Text) | Wandelt Text in Großbuchstaben um. |
| GROSS2(Text) | Schreibt den ersten Buchstaben aller Wörter in einem Textwert groß. |
| HEUTE() | Gibt die fortlaufende Zahl des heutigen Datums zurück. |
| INDEX(Matrix;Zeile;Spalte) INDEX(Bezug;Zeile;Spalte; Bereich) | Gibt einen Wert oder den Bezug zu einem Wert aus einer Tabelle oder einem Bereich zurück. Die Funktion *INDEX()* gibt es in zwei Versionen: Matrixversion und Bezugsversion. Die Matrixversion gibt immer einen Wert oder eine Matrix aus Werten zurück, die Bezugsversion gibt immer einen Bezug zurück. |
| INDIREKT(Bezug;A1) | Gibt den Bezug eines Textwerts zurück. Bezüge werden sofort ausgewertet, sodass die zu ihnen gehörenden Werte angezeigt werden. Verwenden Sie die *INDIREKT*-Funktion, um den Bezug auf eine in einer Formel befindliche Zelle zu ändern, ohne die Formel selbst zu ändern. |
| ISTBEZUG(Wert) | *Wert* bezieht sich auf einen Bezug. |
| ISTFEHL(Wert) | *Wert* bezieht sich auf einen Fehlerwert mit Ausnahme von *#NV*. |
| ISTFEHLER(Wert) | *Wert* bezieht sich auf einen beliebigen Fehlerwert (*#NV, #WERT!, #BEZUG!, #DIV/0!, #ZAHL!, #NAME?* oder *#NULL!*). |
| ISTFORMEL(Bezug) | Überprüft, ob ein Bezug auf eine Zelle verweist, die eine Formel enthält, und gibt *WAHR* oder *FALSCH* zurück. |
| ISTKTEXT(Wert) | *Wert* bezieht sich auf ein Element, das kein Text ist. (Beachten Sie, dass diese Funktion *WAHR* zurückgibt, wenn sich der Wert auf eine leere Zelle bezieht.) |

## 2. Formatierungen zielgerichtet einsetzen

| Funktion | Erläuterung |
|---|---|
| ISTLEER(Wert) | Prüft, ob eine Zelle leer ist, und gibt entsprechend *WAHR* zurück. |
| ISTLOG(Wert) | *Wert* bezieht sich auf einen Wahrheitswert. |
| ISTNV(Wert) | *Wert* bezieht sich auf den Fehlerwert *#NV* (Wert nicht verfügbar). |
| ISTTEXT(Wert) | Prüft, ob sich in einer Zelle Text befindet, und gibt entsprechend *WAHR* zurück. |
| ISTZAHL(Wert) | Prüft, ob sich in einer Zelle eine Zahl befindet, und gibt entsprechend *WAHR* zurück. |
| JAHR(Zahl) | Wandelt eine fortlaufende Zahl in eine Jahreszahl um. Das Jahr wird als ganze Zahl zurückgegeben, die einen Wert von 1900 bis 9999 annehmen kann. |
| JETZT( ) | Liefert die fortlaufende Zahl des aktuellen Datums und der aktuellen Uhrzeit zurück. |
| KLEIN(Text) | Wandelt einen Text in Kleinbuchstaben um. |
| KÜRZEN(Zahl;Anzahl_Stellen) | Schneidet die Kommastellen der Zahl ab und gibt als Ergebnis eine ganze Zahl zurück. |
| LÄNGE(Text) | Gibt die Anzahl der Zeichen einer Zeichenfolge zurück. |
| LINKS(Text;Anzahl_Zeichen) | Gibt auf der Grundlage der Anzahl von Zeichen, die Sie angeben, das oder die erste(n) Zeichen in einer Textzeichenfolge zurück. |
| MAX(Zahl1;Zahl2;...) | Gibt den größten Wert innerhalb einer Argumentliste zurück. |
| MIN(Zahl1;Zahl2;...) | Gibt den kleinsten Wert innerhalb einer Argumentliste zurück. |
| MONAT(Zahl) | Wandelt eine fortlaufende Zahl in einen Monat um. Der Monat wird als ganze Zahl ausgegeben, die einen Wert von 1 (Januar) bis 12 (Dezember) annehmen kann. |
| ODER(Wahrheitswert1; Wahrheitswert2;...) | Gibt *WAHR* zurück, wenn ein Argument wahr ist. Gibt *FALSCH* zurück, wenn alle Argumente falsch sind. |
| RECHTS(Text;Anzahl_Zeichen) | Gibt auf der Grundlage der Anzahl von Zeichen, die Sie angeben, das bzw. die letzte(n) Zeichen einer Textzeichenfolge zurück. |
| REST(Zahl;Divisor) | Gibt den Rest einer Division zurück. Das Ergebnis hat das gleiche Vorzeichen wie *Divisor*. |
| SPALTE(Bezug) | Gibt die Spaltennummer eines Bezugs zurück. |
| TEIL(Text;Erstes_Zeichen; Anzahl_Zeichen) | Gibt auf der Grundlage der angegebenen Anzahl von Zeichen eine bestimmte Anzahl von Zeichen einer Zeichenfolge ab der von Ihnen angegebenen Position zurück. |
| TEXT(Wert;Textformat) | Formatiert eine Zahl und wandelt sie in Text um. |
| UND(Wahrheitswert1; Wahrheitswert2;...) | Gibt *WAHR* zurück, wenn alle Argumente wahr sind. Sind die Aussagen eines oder mehrerer Argumente falsch, gibt diese Funktion den Wert *FALSCH* zurück. |

## 2.3 Profitipps und -tricks für den Alltag

| Funktion | Erläuterung |
|---|---|
| VERGLEICH(Suchkriterium; Suchmatrix;Vergleichstyp) | Sucht Werte innerhalb eines Bezugs oder einer Matrix. Verwenden Sie *VERGLEICH* immer dann statt einer der *VERWEIS*-Funktionen, wenn Sie die Position eines Elements in einem Bereich und nicht das Element selbst benötigen. |
| WENN(Prüfung;Dann_Wert; Sonst_Wert) | Prüft, ob eine Bedingung zutrifft, also wahr oder falsch ist, und macht das Ergebnis vom Resultat der Prüfung abhängig. |
| WIEDERHOLEN(Text; Multiplikator) | Wiederholt einen Text so oft wie angegeben. Verwenden Sie *WIEDERHOLEN*, um eine Zeichenfolge in einer bestimmten Häufigkeit in eine Zelle einzugeben. |
| WOCHENTAG(Zahl,Typ) | Wandelt eine fortlaufende Zahl in einen Wochentag um. Der Tag wird standardmäßig als ganze Zahl ausgegeben, die einen Wert von 1 (Sonntag) bis 7 (Samstag) annehmen kann. |
| ZEICHEN(Zahl) | Gibt das der Codezahl entsprechende Zeichen zurück. |
| ZEILE(Bezug) | Liefert die Zeilennummer eines Bezugs. |
| ZELLE(Infotyp;Bezug) | Gibt Informationen zur Formatierung, der Position oder dem Inhalt der Zelle links oben in einem Bezug zurück. |

# 3. So haben Sie Arbeitsmappen und Tabellenblätter voll im Griff

| | | |
|---|---|---|
| 3.1 | Tabellenblätter effektiv managen | 160 |
| 3.2 | Arbeitsmappen effektiv managen | 175 |
| 3.3 | Mustervorlagen sinnvoll einsetzen | 187 |

Dieses Kapitel zeigt den Umgang mit Tabellenblättern und Arbeitsmappen anhand von Praxisbeispielen.

Der erste Abschnitt beschäftigt sich mit Tabellenblättern. Sie erfahren zum Beispiel, wie Zugriffe auf Bereiche eingeschränkt werden können und welche Schutzmechanismen bestehen. Der zweite Abschnitt widmet sich dem Thema Arbeitsmappen. Im dritten und letzten Abschnitt dieses Kapitels nehmen wir Mustervorlagen intensiver unter die Lupe.

## 3.1 Tabellenblätter effektiv managen

Die nachfolgenden Tipps geben einen Überblick darüber, was mit Tabellenblättern möglich ist. So können Blätter so ausgeblendet werden, dass sie auf den ersten und auf den zweiten Blick nicht gefunden werden. Darüber hinaus erfahren Sie, wie Zugriffe auf bestimmte Bereiche des Tabellenblatts beschränkt werden können.

### Tipp 1: Zugriff auf einen definierten Tabellenbereich beschränken

Auf einem Tabellenblatt soll der Zugriff auf festgelegte Zellbereiche beschränkt werden. Im ersten Beispiel liegt eine Ergebnisplanung vor. Diese befindet sich im Zellbereich A1:D20. Der Zugriff soll genau auf diesen Bereich beschränkt werden. Darüber hinausgehende Zellen sollen nicht mehr zur Verfügung stehen.

## 3.1 Tabellenblätter effektiv managen

|   | A | B | C | D |
|---|---|---|---|---|
| 1 | Ergebnisplanung nach Geschäftsfeldern 2012 | | | |
| 2 | | | | |
| 3 | | | pro Jahr | |
| 4 | Bewerbungsservice (BS) | | | |
| 5 | | 4 Coaching-Stunden pro Monat | vorl. 2.352,00 | |
| 6 | | 10 Unterlagenoptimierung pro Monat | vorl. 5.880,00 | |
| 7 | | 3 Komplettbewerbungen pro Monat | vorl. 2.844,00 | |
| 8 | | 2 Bewerbungsseminare | vorl. 3.900,00 | 14.976,00 € |
| 9 | | | | |
| 10 | | | | |
| 11 | Lektoratstätigkeit (LT) | | | |
| 12 | | 40 Bücher | vorl. 7.500,00 | |
| 13 | | 20 Zeitschriften | vorl. 12.300,00 | 12.300,00 € |
| 14 | | | | |
| 15 | | | | |
| 16 | Kommunikations- und Kreativitätstraining (KK) | | | |
| 17 | | 10 Trainingsseminare Kommunikation | vorl. 29.400,00 | |
| 18 | | 5 Tagesseminare Kreativität am Arbeitsplatz | vorl. 7.500,00 | 7.500,00 € |
| 19 | | | | |
| 20 | Summe Umsatzerlöse | | | 34.776,00 € |

### *So geht's:*

1 Markieren Sie Spalte E, indem Sie auf den Spaltenkopf klicken.

2 Drücken Sie die Tastenkombination [Strg]+[Umschalt]+[→].

3 Blenden Sie nun die markierten Spalten aus:

- ab Excel 2007: Menü *Start/Zellen/Format/Ausblenden & Einblenden/Spalten ausblenden*, markierte Spalten: E bis XFD,
- in Excel 2003: Menü *Format/Spalte/Ausblenden*, markierte Spalten: E bis IV.

4 Markieren Sie jetzt die komplette Zeile 21, indem Sie auf die Zeilenbeschriftung klicken.

5 Drücken Sie die Tastenkombination [Strg]+[Umschalt]+[↓].

6 Blenden Sie nun die markierten Zeilen aus:

- ab Excel 2007: Menü *Start/Zellen/Format/Ausblenden & Einblenden/Zeilen ausblenden*, markierte Zeilen: 21 bis 1.048.576,
- in Excel 2003: Menü *Format/Zeile/Ausblenden,* markierte Zeilen: 21 bis 65.536.

Sie sehen, dass jetzt ausschließlich der Bereich A1:D20 angezeigt wird. Auf die ausgeblendeten Zellbereiche besteht kein Zugriff mehr.

### Tipp 2: Die Bewegung des Zellzeigers auf einen bestimmten Tabellenausschnitt beschränken

Dieses Beispiel zeigt, wie die Zellzeigerbewegung auf einen bestimmten Zellbereich beschränkt werden kann. Der Zellzeiger kann weder mit der Tastatur noch mit der Maus außerhalb des vordefinierten Bereichs bewegt werden.

### So geht's ab Excel 2007:

1 Zuerst muss die Zugriffsmöglichkeit auf die *Entwicklertools* (Excel 2007: *Entwicklerregisterkarte*) hergestellt werden. Setzen Sie dazu über *Datei/Optionen/Menüband anpassen* in der Kategorie *Hauptregisterkarten* das Häkchen bei *Entwicklertools* (Excel 2007: Menü *Office/Excel-Optionen/Häufig verwendet/Entwicklerregisterkarte in der Multifunktionsleiste anzeigen*).

2 Nach einem Klick auf die Schaltfläche *OK* wird die Registerkarte *Entwicklertools* angezeigt.

3 Öffnen Sie das *Eigenschaften*-Dialogfenster über das Menü *Steuerelemente/Eigenschaften*.

4 Tragen Sie auf der Registerkarte *Alphabetisch* bei der Eigenschaft *ScrollArea* beispielsweise den Zellbereich B3:E20 ein. Sie können den Zellbereich aber auch über einen definierten Namen festlegen.

5 Beenden Sie das *Eigenschaften*-Fenster mit einem Klick auf des Kreuz rechts oben.

6 Jetzt kann der Zellzeiger nur noch im definierten Zellbereich B3:E20 bewegt werden. Außerhalb dieses Bereichs sind keinerlei Zelleingaben mehr möglich.

*So geht's unter Excel 2003:*

1 Blenden Sie über das Menü *Ansicht/Symbolleisten/Steuerelement-Toolbox* die Symbolleiste *Steuerelement-Toolbox* ein.

2 Öffnen Sie über das Symbol *Eigenschaften* das *Eigenschaften*-Dialogfenster.

3 Tragen Sie auch in Excel 2003 auf der Registerkarte *Alphabetisch* unter der Eigenschaft *ScrollArea* den Zellbereich *B3:E20* ein.

4 Jetzt kann hier ebenfalls der Zellzeiger nur noch im Bereich B3:E20 bewegt werden.

## Tipp 3: Die Bewegung des Zellzeigers auf ungeschützte Zellen beschränken

Dieser Tipp zeigt, wie die Bewegung des Zellzeigers über die Blattschutzfunktion beschränkt werden kann. So soll auch in diesem Beispiel nur der Zellbereich B3:E20 selektiert werden können.

*So geht's:*

1 Markieren Sie den Zellbereich B3:E20.

2 Entfernen Sie auf der Registerkarte *Schutz* den Haken im Kontrollkästchen *Gesperrt*:

- ab Excel 2007: Menü *Start/Zellen/Format/Zellen formatieren*,
- in Excel 2003: Menü *Format/Zellen*.

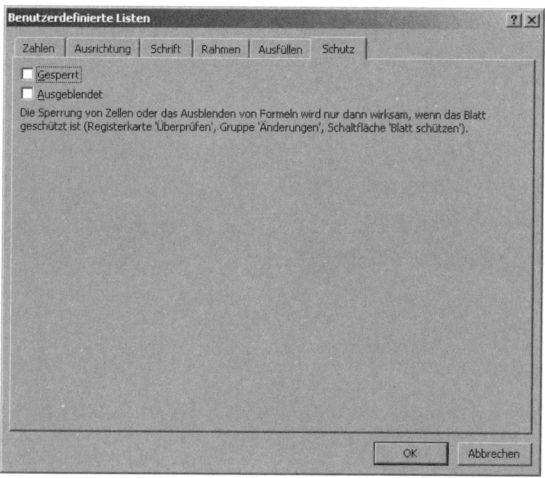

3 Bestätigen Sie die Dialogbox mit einem Klick auf *OK*.

## 3. So haben Sie Arbeitsmappen und Tabellenblätter voll im Griff

4 Öffnen Sie nun das Dialogfenster *Blatt schützen*:
- ab Excel 2007: Menü *Überprüfen/Änderungen/ Blatt schützen*,
- in Excel 2003: Menü *Extras/Schutz/Blatt schützen*.

5 Aktivieren Sie den Eintrag *Nicht gesperrte Zellen auswählen*. Bei allen anderen Optionen entfernen Sie den Haken aus den entsprechenden Kontrollkästchen, falls vorhanden.

6 Beenden Sie den Dialog mit *OK*.

Sobald der Blattschutz aktiviert ist, kann ausschließlich der Bereich B3:E20 selektiert werden. In keinem anderen Zellbereich können Daten erfasst werden. Werden Daten außerhalb dieses Bereichs erfasst, wird das mit einem Fehlerhinweis quittiert.

## Tipp 4: Gemeinsamen Dateizugriff auf verschiedene Zellbereiche herstellen

Im folgenden Beispiel liegt eine Inventurliste vor. Diese Liste wird von verschiedenen Mitarbeitern im Netzwerk bearbeitet. Ein Mitarbeiter ist für die Erfassung der Stammdaten *Artikel-Nr.*, *Artikel-Gruppe* und *Bezeichnung* zuständig. Der andere soll nur die Mengen zu den jeweiligen Artikeln eintragen. Darüber hinaus soll es möglich sein, dass beide Mitarbeiter gleichzeitig an der Inventurliste arbeiten können.

### So geht's:

Sehen Sie sich zunächst die Ausgangstabelle an.

Die Spalten A bis C dürfen ausschließlich von *Anwender 1* und Spalte D darf nur von *Anwender 2* bearbeitet werden können.

| | A | B | C | D |
|---|---|---|---|---|
| 1 | Inventurliste per 30.06.2013 | | | |
| 2 | | | | |
| 3 | | | | |
| 4 | Artikel-Nr. | Artikel-Gruppe | Bezeichnung | Menge |
| 5 | 10001 | 10 | Artikel 1-1 | 15 |
| 6 | 10002 | 10 | Artikel 1-2 | 243 |
| 7 | 20001 | 20 | Artikel 2-3 | 125 |
| 8 | 20002 | 20 | Artikel 2-4 | 63 |
| 9 | 20003 | 20 | Artikel 2-5 | 1 |
| 10 | 30001 | 30 | Artikel 3-6 | 48 |
| 11 | 30002 | 30 | Artikel 3-7 | 167 |
| 12 | 30003 | 30 | Artikel 3-8 | 243 |
| 13 | 70001 | 70 | Artikel 7-9 | 19 |
| 14 | 70002 | 70 | Artikel 7-10 | 28 |
| 15 | 80001 | 80 | Artikel 8-11 | 4 |
| 16 | 90001 | 90 | Artikel 9-12 | 86 |
| 17 | 90002 | 90 | Artikel 9-13 | 34 |
| 18 | 90003 | 90 | Artikel 9-14 | 94 |
| 19 | 90004 | 90 | Artikel 9-15 | 7 |
| 20 | 90005 | 90 | Artikel 9-16 | 47 |

1 Starten Sie das Dialogfenster zum Festlegen der Benutzerberechtigungen:
- ab Excel 2007: Menü *Überprüfen/Änderungen/Benutzer dürfen Bereiche bearbeiten*,
- in Excel 2003: Menü *Extras/Schutz/Benutzer dürfen Bereiche bearbeiten*.

2 Klicken Sie auf die Schaltfläche *Neu*, um einen neuen Tabellenbereich zu definieren.

3 Als Titel erfassen Sie *Anwender_1*. Im Feld *Bezieht sich auf Zellen* geben Sie =A:C ein.

4 Legen Sie im Feld *Kennwort des Bereichs* das Kennwort fest, mit dem der Bereichsschutz wieder aufgehoben werden kann.

5 Damit einzelne User ohne vorherige Eingabe des Kennworts den ausgewählten Bereich bearbeiten können, müssen diese User hinzugefügt werden. Klicken Sie dazu auf die Schaltfläche *Berechtigungen*. Wählen Sie in dem Dialogfenster den User aus, der das Zugriffsrecht erhalten soll. Die genaue Vorgehensweise ist von der eingesetzten Windows-Version abhängig.

6 Beenden Sie die beiden Dialogfenster mit je einem Klick auf die Schaltfläche *OK*. Sie werden aufgefordert, das Kennwort zu bestätigen.

7 Wiederholen Sie die Schritte 2 bis 6 zur Anlage des zweiten Mitarbeiters. Als Titel geben Sie *Anwender_2* ein, und als Bereich definieren Sie die Spalte D über den Eintrag =D im Feld *Bezieht sich auf Zellen*.

8 Nachdem Sie die Erfassung der Benutzerberechtigungen abgeschlossen haben, aktivieren Sie über die Schaltfläche *Blattschutz* den Schutz für das Tabellenblatt. Legen Sie die gewünschten Schutzoptionen fest.

9 Damit die beiden Mitarbeiter gleichzeitig an der Inventurliste arbeiten können, müssen Sie sie noch freigeben. Diesen Befehl rufen Sie wie folgt auf:
- ab Excel 2007: Menü *Überprüfen/Änderungen/Arbeitsmappe schützen und freigeben*,
- in Excel 2003: Menü *Extras/Arbeitsmappe freigeben*.

10 Aktivieren Sie das Kontrollkästchen *Freigabe mit Änderungsprotokoll* und vergeben Sie ein beliebiges Kennwort.

11 Die Freigabe führt zur Speicherung der Datei. Bestätigen Sie dieses Dialogfenster mit einem Klick auf *OK*.

Es ist geschafft. Die Inventurliste kann nun von mehreren Usern gleichzeitig bearbeitet werden. Die Anwender 1 und 2 können die zugewiesenen Bereiche wie gewohnt bearbeiten und verändern, aber eben nur diese.

## 3. So haben Sie Arbeitsmappen und Tabellenblätter voll im Griff

> **Hinweis**
>
> Beachten Sie, dass Anwender, die noch mit Excel 97 und 2000 arbeiten, keine Änderungen an der Tabelle vornehmen können, auch wenn die Userberechtigung entsprechend eingestellt ist. Die Funktion steht erst ab der Version Excel XP zur Verfügung.
>
> Anwender, die mit Windows NT arbeiten, können keine neuen Benutzerberechtigungen festlegen, das funktioniert erst ab Windows 2000. Mit bereits vorgegebenen Berechtigungen kann jedoch auch unter NT ab Excel XP wie gewohnt mit Bereichsbeschränkungen gearbeitet werden.

### Tipp 5: Wiedereinblenden von ausgeblendeten Tabellenblättern verhindern

Das folgende Beispiel zeigt, wie Tabellenblätter so ausgeblendet werden können, dass sie über die bekannte Funktion *Blatt einblenden* nicht wiederhergestellt werden können.

*So geht's:*

1 Öffnen Sie das *Eigenschaften*-Fenster:
 - ab Excel 2007: Menü *Entwicklertools/Steuerelemente/Eigenschaften*,
 - in Excel 2003: Symbolleiste *SteuerelementeToolbox*, Schaltfläche *Eigenschaften*.

2 Legen Sie für die Eigenschaft *Visible* folgenden Parameter fest:
 *xlSheetVeryHidden*

3 Das ausgewählte Tabellenblatt wird sofort ausgeblendet und steht auch im Menü *Start/Zellen/Format/Ausblenden & Einblenden/Blatt einblenden* (ab Excel 2007) bzw. im Menü *Format/Blatt/Einblenden* (Excel 2003) nicht mehr zur Verfügung. Es kann somit auf herkömmlichem Wege nicht mehr hergestellt werden.

4 Beenden Sie das *Eigenschaften*-Fenster mit einem Klick auf das Kreuz rechts oben.

Blätter, die über die Eigenschaft *Visible* ausgeblendet wurden, können nur noch über den VBA-Editor bzw. über VBA-Code eingeblendet werden.

Zum Einblenden gehen Sie wie folgt vor:

1 Starten Sie den VBA-Editor mit der Tastenkombination [Alt]+[F11].

2 Wählen Sie im Projekt-Explorer das ausgeblendete Tabellenblatt, im Beispiel *Tabelle1*.

3 Drücken Sie die Funktionstaste [F4]. Damit wird das *Eigenschaften*-Fenster im VBA-Editor eingeblendet.

4 Bei der Eigenschaft *Visible* legen Sie den Wert *xlSheetVisible* fest. Damit wird das Tabellenblatt wieder angezeigt, und es kann wie gewohnt darauf zugegriffen werden.

5 Beenden Sie den VBA-Editor mit der Tastenkombination [Alt]+[F4] wieder.

## Tipp 6: Inhaltsverzeichnis aller Tabellenblätter erzeugen

Sie möchten ein Inhaltsverzeichnis aller Tabellenblätter erzeugen, die sich in der aktuellen Arbeitsmappe befinden? Leider bietet Excel dazu keine Standardfunktion. Es ist jedoch ohne Weiteres möglich, diese Aufgabenstellung per VBA zu lösen.

*So geht's:*

1 Starten Sie mit der Tastenkombination [Alt]+[F11] den VBA-Editor.

2 Fügen Sie über das Menü *Einfügen/Modul* ein neues Codeblatt ein.

3 In das Codeblatt kopieren Sie den VBA-Code aus Listing 1.

4 Starten Sie den VBA-Code über das Menü *Ausführen/Sub/Userform ausführen* oder über die Funktionstaste [F5]. Wenn Sie den VBA-Editor bereits verlassen haben, können Sie das Makro *Inhaltsverzeichnis()* auch über den Menübefehl *Entwicklertools/Code/Makros* (Excel 2003: Menü *Extras/Makro/Makros*) aufrufen.

5 Als Ergebnis werden alle Tabellenblattbezeichnungen ab der aktuellen Zellzeigerposition nach unten eingetragen.

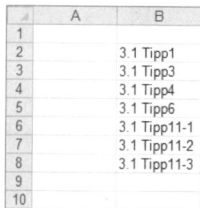

*Listing 1:*

```
Sub Inhaltsverzeichnis()
'** Inhaltsverzeichnis aller
'** Tabellenblätter erstellen

'** Dimensionierung der Variablen
Dim blatt As Object
Dim i As Double
i = 0
'** Blattname einfügen
For Each blatt In Sheets
   ActiveSheet.Cells(ActiveCell.Row + i, _
      ActiveCell.Column).Value = blatt.Name
   i = i + 1
Next blatt
End Sub
```

## Tipp 7: Per Hyperlink innerhalb einer Arbeitsmappe navigieren

Hyperlinks bieten eine elegante Möglichkeit, innerhalb einer Arbeitsmappe zwischen den Tabellen hin- und herzunavigieren.

*So geht's:*

1. Öffnen Sie eine neue Arbeitsmappe und klicken Sie in Zelle A1 mit der rechten Maustaste, um den Befehl *Hyperlink* aufzurufen.

2. Erfassen Sie dann im Feld *Anzuzeigender Text* (ab Excel 2007) bzw. *Text anzeigen als* (Excel 2003) den Eintrag *Mappe 1 Tabelle 1 Zelle A1* und hinterlegen Sie im Feld *Geben Sie einen Zellbezug ein* (ab Excel 2007) bzw. im Feld *Geben Sie den Zellbezug ein* (Excel 2003) den Eintrag *A1*. Im Bereich *Oder wählen Sie eine Stelle im Dokument* müssen Sie nun noch *Tabelle1* markieren.

3. Wiederholen Sie diese Schritte für *Tabelle2* und *Tabelle3*, wie nachfolgend dargestellt, und hinterlegen Sie diese Einträge analog in den anderen beiden Tabellen *Tabelle2* und *Tabelle3*.

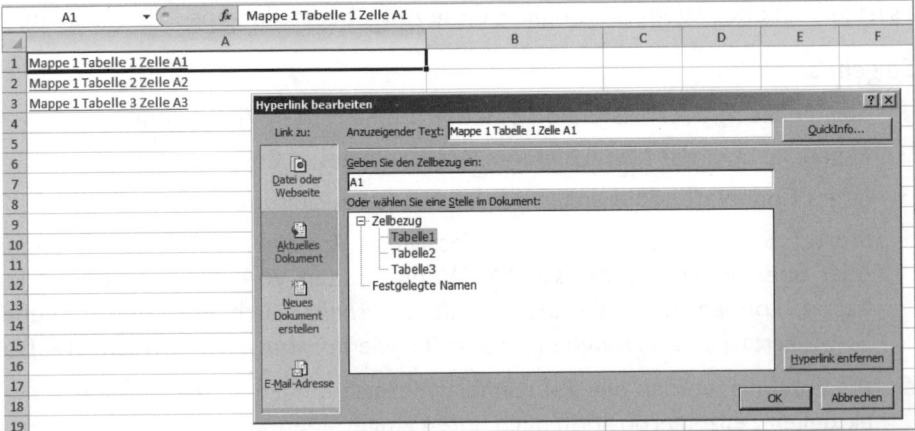

4. Nun können Sie per Klick auf einen Hyperlink elegant von Tabelle zu Tabelle wechseln.

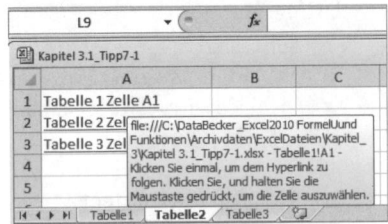

## Tipp 8: Per Hyperlink zu anderen Arbeitsmappen navigieren

Hyperlinks bieten aber auch die Möglichkeit, arbeitsmappenübergreifend zu navigieren, d. h. von Excel-Datei zu Excel-Datei zu „springen". Wie das geht, soll aufbauend auf dem vorherigen Tipp nun verdeutlicht werden.

→ Verweis: siehe Kapitel 3.1, Tipp 7

*So geht's:*

1 Machen Sie jetzt die Navigation arbeitsmappenübergreifend, indem Sie zunächst eine weitere Arbeitsmappe öffnen und abspeichern.

2 Wechseln Sie dann zurück zur ersten Arbeitsmappe und klicken Sie in Zelle B1 erneut mit der rechten Maustaste, um den Befehl *Hyperlink* aufzurufen.

3 Erfassen Sie im Feld *Anzuzeigender Text* (ab Excel 2007) bzw. im Feld *Text anzeigen als* (Excel 2003) den Eintrag *Mappe 2 Tabelle 1 Zelle A1* und klicken Sie im Bereich *Link zu* auf das Symbol *Datei oder Webseite*.

4 Markieren Sie anschließend über *Suchen in* die zweite Arbeitsmappe, die Sie soeben abgespeichert haben.

5 Wechseln Sie jetzt erneut zu dieser zweiten Arbeitsmappe und hinterlegen Sie dort ebenfalls, analog zu der in den vorherigen Schritten beschriebenen Art und Weise, einen Hyperlink zur ersten Arbeitsmappe.

6 Nun können Sie arbeitsmappenübergreifend per Hyperlink von Datei zu Datei springen.

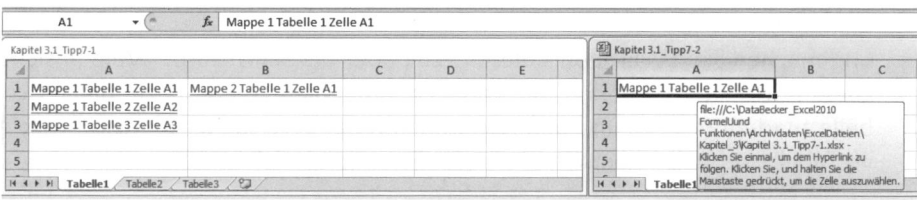

## Tipp 9: Professionelle Tabellennavigation erstellen

Die Navigation via Hyperlinks bietet sich vor allem dann an, wenn Sie mit Excel ein professionelles Berichtswesen oder MIS-System aufbauen möchten und Ihre Daten bzw. Berichte, möglicherweise an eine (OLAP-)Datenbank gekoppelt, in einer einzigen Arbeitsmappe verwalten wollen. Im nachfolgenden Beispiel wird davon ausgegangen, dass z. B. ein Controller diverse Berichte aus den Bereichen Controlling, Finanzen, Personal und Vertrieb zentral in einer Datei verwalten möchte und flexibel zwischen den Tabellen hin- und hernavigiert. Hierbei soll sofort ersichtlich sein, auf welcher Tabelle er sich aktuell befindet.

*So geht's:*

1 Öffnen Sie eine neue Arbeitsmappe und legen Sie zehn Tabellen an, die nach der Logik *Rep005, Rep010, Rep015* etc. benannt werden. Eine weitere Tabelle mit Namen *Parameter* wird zum Schluss eingefügt.

2 Wechseln Sie nun zu dieser zuletzt genannten Tabelle *Parameter* und fügen Sie dort, wie nachfolgend abgebildet, die Informationen für die Tabellennavigation ein. Die Einträge werden später im Rahmen von Verweisen genutzt und erläutert, sodass deren Bedeutung dann klarer wird.

## 3. So haben Sie Arbeitsmappen und Tabellenblätter voll im Griff

|   | A | B | C | D | E | F | G |
|---|---|---|---|---|---|---|---|
|   | A1 | | $f_x$ | BereichName | | | |
| 1 | BereichName | BerichtID | Bericht | BerichtIDBericht | Blatt | BlattInhalt | Blatt |
| 2 | Controlling | 1 | Controlling | Controlling1 | Rep005 | BSC | Rep005 |
| 3 | Finanzen | 2 | Controlling | Controlling2 | Rep010 | Planung | Rep010 |
| 4 | Personal | 1 | Finanzen | Finanzen1 | Rep015 | GuV | Rep015 |
| 5 | Vertrieb | 2 | Finanzen | Finanzen2 | Rep020 | Bilanz | Rep020 |
| 6 | | 1 | Personal | Personal1 | Rep025 | KST-Übersicht | Rep025 |
| 7 | | 2 | Personal | Personal2 | Rep030 | Krankenstand | Rep030 |
| 8 | | 1 | Vertrieb | Vertrieb1 | Rep035 | Regionen-Statistik | Rep035 |
| 9 | | 2 | Vertrieb | Vertrieb2 | Rep040 | Produkt-Statistik | Rep040 |
| 10 | | 3 | Vertrieb | Vertrieb3 | Rep045 | ADM-Statistik | Rep045 |
| 11 | | 4 | Vertrieb | Vertrieb4 | Rep050 | Kunden-Statistik | Rep050 |

**3** Rufen Sie jetzt die erste Tabelle *Rep005* auf und hinterlegen Sie zunächst in Zelle B1 eine Gültigkeitsliste, die auf die Einträge von Spalte A in der Tabelle *Parameter* referenziert.

**4** Schaffen Sie für die Zeilen 1 bis 6 über die Funktion *Gruppierung* die Möglichkeit, diesen Bereich gegebenenfalls zu reduzieren bzw. wieder zu erweitern.

**5** Hinterlegen Sie im nächsten Schritt in Zelle C1 die Formel

=T(SVERWEIS(RECHTS(ZELLE("Dateiname";IO64718);LÄNGE(ZELLE("Dateiname"; IO64718))-FINDEN("]";ZELLE("Dateiname";IO64718)));BlattNameInhalt;2; FALSCH))

und machen Sie das Ergebnis dieser Zelle über die Schriftfarbe Weiß unsichtbar. Diese Information, konkret der Tabellenname, dient später dazu, die aktive Tabelle zu identifizieren und den Hyperlink im Zellbereich A2:A6, der auf die aktive Tabelle verweist, über ein bedingtes Format farblich abzuheben.

Die Funktionsargumente:

- *T:* Wandelt die in der weiteren Verschachtelung zurückgegebenen Parameter in Text um.
- *SVERWEIS*: Hier wird dem über *Dateiname* gefundenen Begriff eine Bezeichnung aus der Tabelle *Parameter* zugewiesen.
- *RECHTS*: Gibt eine Anzahl von Zeichen zurück, die im weiteren Verlauf der Formel über die Funktion *ZELLE* gefunden werden. Die Anzahl der Zeichen ist dynamisch gehalten und wird über die Funktionen *LÄNGE* und *FINDEN* ermittelt.
- *ZELLE*: Über diese Funktion wird der Name der Tabelle inklusive Name und Verzeichnis der Datei gefunden. In früheren Excel-Versionen war als Bezug der Eintrag von Zelle *IO64718* erforderlich. Diese Information wird in den neueren Excel-Versionen nicht mehr benötigt, stört aber auch nicht.
- *LÄNGE*: Gibt die Anzahl Zeichen zurück, die sich aus dem Namen der Tabelle inklusive Name und Verzeichnis der Datei ergeben.
- *FINDEN*: Über diese Funktion wird das Klammerzeichen *]* gesucht. Ab diesem Zeichen beginnt der Tabellenname innerhalb der Zeichenkette, die über die Funktion *ZELLE* zurückgegeben wird.

Nun müssen die Hyperlinks gesetzt werden, die die Navigation zu den einzelnen Tabellen erst möglich machen.

## 3.1 Tabellenblätter effektiv managen

1 Erfassen Sie in Zelle A2 folgende Formel:

   *=HYPERLINK("#"& SVERWEIS(VERKETTEN($B$1;"1");Parameter!$D$2:$G$100;4; FALSCH)&"!B1";SVERWEIS(VERKETTEN($B$1;"1");Parameter!$D$2:$G$100;3; FALSCH))*

   Kopieren Sie diese Formel nach unten bis zur Zelle A6. Setzen Sie im zweiten Argument der Funktion *Verketten* die Zahl jeweils um 1 nach oben, sodass in Zelle A6 dieses zweite Argument der Funktion *Verketten* den Eintrag 5 aufweist. Mit dieser komplexen Formel wird jetzt ein Hyperlink erstellt, der unter Berücksichtigung der Bezeichnungen in der Tabelle *Parameter* die dort hinterlegten Tabellenbezeichnungen anzeigt.

2 Rufen Sie den Befehl *Neue Regel* auf:
   - ab Excel 2007: *Start/Formatvorlagen/Bedingte Formatierung*,
   - in Excel 2003: Menü *Format/Bedingte Formatierung*.

   Wählen Sie als Regeltyp aus:
   - ab Excel 2007: *Formel zur Ermittlung der zu formatierenden Zellen verwenden*,
   - in Excel 2003: Bedingung *Formel ist*.

3 Erfassen Sie dann im Feld *Werte formatieren, für die diese Formel wahr ist* (ab Excel 2007) bzw. im Feld *Bedingung 1*, Einstellung *Formel* (Excel 2003) die Formel *=A2=$C$1* und wählen Sie über die Schaltfläche *Formatieren* im Register *Schrift* eine Farbe Ihrer Wahl aus.

4 Verlassen Sie die Dialogfenster mit *OK* und kopieren Sie nun noch das Format von Zelle A2 in den Zellbereich A3:A6.

5 Verfahren Sie analog innerhalb der übrigen Tabellen (mit Ausnahme der Tabelle *Parameter*).

Die Funktionsargumente:

- *HYPERLINK:* Diese Funktion erstellt die Verknüpfung zur Zieladresse, in unserem Fall eine Tabelle innerhalb der Arbeitsmappe. Die im Argument *Hyperlink_Adresse* hinterlegten Formeln geben beispielsweise für das erste Tabellenblatt den Text *#Rep005!B1* zurück und somit die Hyperlink-Adresse dieser Tabelle. Im zweiten Argument *Freundlicher_Name* wird für das erste Tabellenblatt der Text *BSC* zurückgegeben. Dieser Name wird auch angezeigt und ist ein sprechender Name.

- *SVERWEIS*: Über diese Funktion im ersten Argument von *HYPERLINK* wird über einen verketteten String in der Tabelle *Parameter* in der Matrix *Parameter !$D$2:$G$100* nach einem Verweis, d. h. nach einem Tabellennamen gesucht. Im Fall der ersten Tabelle wird der String *Controlling1* gebildet. Dieser Begriff dient als Suchkriterium in *SVERWEIS* und gibt über die Tabelle *Parameter* die Tabellenbezeichnung *Rep005* zurück. Somit kann jetzt die Tabelle per Hyperlink adressiert werden.

- *SVERWEIS*: Diese Funktion im zweiten Argument von *HYPERLINK* arbeitet analog. Hier wird aber ein sprechender Name aus der Tabelle *Parameter* geholt und in der Tabelle zur Anzeige gebracht.

Jetzt müssen Sie nur noch mit einem kleinen Makro dafür sorgen, dass der Eintrag in Zelle B1 beim Aktivieren der Tabelle sofort auf den Bereich wechselt, dem die Tabelle zugehörig ist.

**1** Wechseln Sie über die Tastenkombination [Alt]+[F11] zum VBA-Editor und gehen Sie zum Codefenster der ersten Tabelle.

**2** Erfassen Sie dann folgendes Makro:

*Listing 1:*
```
Private Sub Worksheet_Activate()
    Range("B1").Value = "Controlling"
End Sub
```

**3** Dieses Makro schreibt jedes Mal, wenn diese erste Tabelle *Rep005* aktiviert wird, den Begriff *Controlling* in Zelle B1.

**4** Das Makro muss für jede Tabelle erfasst und entsprechend angepasst werden. Das heißt, Tabellen, die dem Bereich *Finanzen* zugehörig sind, müssen via Makro statt *Controlling* den Begriff *Finanzen* in Zelle B1 geschrieben bekommen etc.

Jetzt können Sie beliebig in Ihrer Arbeitsmappe hin- und hernavigieren und von Bericht zu Bericht „springen", aber stets mit der Information im Blick, wo Sie sich gerade befinden.

## Hinweis

Tabellen können selbstverständlich auch ganz normal über Hyperlinks angesteuert werden, wie Sie im Tipp zuvor erfahren haben (→ Verweis: siehe Kapitel 3.1, Tipp 7). Sie haben aber mit der in diesem Tipp gezeigten Variante wesentlich mehr Möglichkeiten, da Sie z. B. Berichtsbezeichnungen zentral in einer einzigen Tabelle austauschen können und diese sofort in allen Tabellen verfügbar sind. Sie können aber auch schnell neue Tabellen und Bereiche ergänzen, die ebenfalls sehr rasch in allen Tabellen vorliegen. Die Anzahl der Berichte ist im Beispiel auf fünf begrenzt, sie lässt sich jedoch sehr leicht erhöhen.

## Tipp 10: Benutzerdefinierte Seitennummerierung einrichten

Sie drucken ein mehrseitiges Tabellenblatt aus, das Sie an einen vorliegenden Ausdruck anhängen möchten. Die Seitenzahlen in der Fußzeile sollen aber fortlaufend dargestellt werden und nicht immer wieder bei Seite eins beginnen.

*So geht's:*

1 Starten Sie den Befehl zum Einfügen von Fußzeilen:
- ab Excel 2007: Menü *Einfügen/Text/Kopf- und Fußzeile*,
- in Excel 2003: Menü *Ansicht/Kopf- und Fußzeile*.

2 Wechseln Sie zur Fußzeile:
- ab Excel 2007: Menü *Einfügen/Navigation/Zu Fußzeile wechseln*,
- in Excel 2003: Schaltfläche *Benutzerdefinierte Fußzeile*.

3 Erfassen Sie folgende Seitenangabe als Fußzeile: -&[Seite]+10-. Damit wird der Seitenzähler um 10 erhöht. Das bedeutet, die erste Seite dieses Ausdrucks beginnt mit der Seitenzahl 11.

## Hinweis

Wichtig ist, dass Sie die Seitenzahlen in eine beliebige Zeichenfolge einschließen. Das kann wie im Beispiel das Minuszeichen sein. Alternativ können Sie auch mit Klammern oder anderen Zeichen arbeiten. Nur wenn diese Zeichenfolgen eingefügt sind, berechnet Excel die Seitenzahlen richtig.

## Tipp 11: Einen dynamischen Übertrag aus dem vorherigen Tabellenblatt bei unterschiedlicher Listenlänge realisieren

In vielen Fällen werden eigentlich zusammengehörige Daten auf verschiedene Tabellenblätter aufgeteilt. Hintergrund ist meistens eine Trennung der Daten nach beispielsweise Monaten, Abteilungen oder anderen relevanten Kriterien.

In diesem Beispiel liegt eine Materialliste vor, in der täglich mehrmals Zu- und Abgänge erfasst werden.

Für jeden Monat ist ein eigenes Tabellenblatt (Januar bis Dezember) vorhanden. Ziel ist es nun, den Schlussbestand, also den letzten Eintrag des Vormonats, als Anfangsbestand in den Folgemonat zu übertragen. Wären die Listen in jedem Monat gleich lang, wäre der Übertrag auch relativ leicht zu realisieren. In diesem Beispiel haben die Materiallisten aber in jedem Monat unterschiedliche Längen.

### So geht's:

Mithilfe von Makro4-Funktionen, die nach wie vor in allen Excel-Versionen einschließlich Excel 2013 zur Verfügung stehen, lässt sich diese Anforderung völlig ohne VBA realisieren. Zwei Voraussetzungen müssen allerdings erfüllt sein. Zum einen müssen die Überträge immer aus der gleichen Spalte stammen, und zum anderen müssen die Monatsblätter in direkter Reihenfolge hintereinanderstehen. Zwischen den Blättern dürfen weder Diagrammblätter noch ausgeblendete Blätter vorhanden sein.

1. Starten Sie zunächst den Namens-Manager:
    - ab Excel 2007: Menü *Formeln/Namen definieren*,
    - in Excel 2003: Menü *Einfügen/Namen/Definieren*.
    → Verweis: siehe Kapitel 4.3, Tipp 1

2. Als Name geben Sie *Vormonat* ein.

3. In das Feld *Bezieht sich auf* tragen Sie folgende Formel ein:
="'"&WECHSELN(INDEX(ARBEITSMAPPE.ZUORDNEN(1);DATEI.ZUORDNEN(87)-1);"["&ARBEITSMAPPE.ZUORDNEN(16) &"]";"")&"'!"

## 3.2 Arbeitsmappen effektiv managen

**4** Bestätigen Sie das Dialogfenster mit einem Klick auf die Schaltfläche OK.

Damit der letzte Wert aus dem Tabellenblatt des Vormonats nun auch ausgelesen wird, muss noch folgende Formel in die Zielzelle gesetzt werden. In diesem Beispiel erfassen Sie dazu in Zelle D4 diese Formel:

=BEREICH.VERSCHIEBEN(INDIREKT(Vormonat&"!D1");VERGLEICH(1E-30;INDIREKT (Vormonat&"!D:D");-1)-1;0)

Als Ergebnis wird nun der korrekte Wert ausgelesen und in den aktuellen Monat übertragen.

Diese Formel kann nun ohne Anpassung auf alle Monatstabellenblätter kopiert werden, damit der Schlusssaldo aus dem Vormonat übertragen wird.

## 3.2 Arbeitsmappen effektiv managen

In den Tipps zum Thema Arbeitsmappen erfahren Sie, wie eine Arbeitsmappe als Kopie geöffnet werden kann, welche Möglichkeiten zur Erhöhung der Datensicherheit gegeben sind und vieles mehr.

### Tipp 1: Verlinkte Arbeitsmappen öffnen

Sie arbeiten häufig mit externen Zellbezügen auf andere Arbeitsmappen. In diesem Tipp erfahren Sie, wie verlinkte Arbeitsmappen ganz einfach und ohne Umwege geöffnet werden können.

*So geht's:*

**1** Sie haben eine Arbeitsmappe geöffnet, die folgenden externen Zellbezug enthält:

='F:\Controlling\Deckungsbeitrag\Produktion1\Juni2007\[Auslastung.xlsx]ProdErlös' !$G$29

### 3. So haben Sie Arbeitsmappen und Tabellenblätter voll im Griff

**2** Um nun die Arbeitsmappe *Auslastung.xlsx* zu öffnen, starten Sie das Dialogfenster *Verknüpfungen bearbeiten*:
- ab Excel 2007: Menü *Daten/Verbindungen/Verknüpfungen bearbeiten*,
- in Excel 2003: Menü *Bearbeiten/Verknüpfungen*.

**3** Um die verknüpfte Datei zu öffnen, klicken Sie einfach auf die Schaltfläche *Quelle öffnen*. Die Datei *Auslastung.xlsx* wird unmittelbar geöffnet und in den Vordergrund gestellt.

---

**Hinweis**

Über das Dialogfenster *Verknüpfungen bearbeiten* können Sie
- die Quelle der Verknüpfung ändern,
- Verknüpfungen löschen und
- das Verhalten der aktuellen Arbeitsmappe bezüglich der Zellverknüpfungen festlegen.

---

## Tipp 2: Die Kopie einer bestehenden Arbeitsmappe öffnen

In der Praxis ist es manchmal sinnvoll, dieselbe Excel-Arbeitsmappe zweimal geöffnet zu haben. Auf diese Weise können ausgehend von einer Arbeitsmappe parallel zwei unterschiedliche Versionen erstellt werden.

### So geht's:

Über die herkömmliche *Öffnen*-Funktion können Sie eine Datei nur ein einziges Mal öffnen. Beim Versuch, dieselbe Datei ein zweites Mal zu öffnen, wird die Meldung ausgegeben, dass die Datei bereits geöffnet ist und dass beim erneuten Öffnen sämtliche Änderungen verloren gehen.

Zum Öffnen einer zweiten Version gehen Sie deshalb wie folgt vor:

**1** Starten Sie den *Öffnen*-Dialog:
- ab Excel 2010: Schaltfläche *Datei/Öffnen*,
- in Excel 2007: Menü *Office/Öffnen*,
- in Excel 2003: Menü *Datei/Öffnen*.

2 Wählen Sie die Datei aus, die ein zweites Mal geöffnet werden soll.

3 Klicken Sie auf den rechten Pfeil der Schaltfläche *Öffnen*.

4 Wählen Sie dort den Eintrag *Als Kopie öffnen* aus.

5 Eine Kopie der Arbeitsmappe mit dem Zusatz *Kopie(1)Dateiname.xlsx* wird geöffnet. Dabei wird die kopierte Datei unter dem neu erzeugten Dateinamen im selben Verzeichnis wie die Ursprungsdatei abgespeichert.

6 Änderungen der beiden Arbeitsmappen werden getrennt in beiden Versionen abgespeichert.

> **Hinweis**
>
> Auf diese Weise können Sie beliebig viele Kopien einer Arbeitsmappe erzeugen. Der Zähler des Zusatzes *Kopie* wird um jeweils 1 erhöht. Die zweite Kopie bekommt automatisch den Dateinamen *Kopie(2)Dateiname.xlsx* zugewiesen etc.

Eine andere Möglichkeit, eine Arbeitsmappe zweimal aufzurufen, besteht darin, die gleiche Arbeitsmappe in zwei Fenstern anzeigen zu lassen. Gehen Sie dazu so vor:

1 Starten Sie den entsprechenden Befehl über das Menü *Ansicht/Fenster/Neues Fenster* (ab Excel 2007) bzw. über das Menü *Fenster/Neues Fenster* (Excel 2003).

2 Die Arbeitsmappe wird sofort in einem zweiten Fenster angezeigt. In der Titelleiste werden die Zusätze *:1* und *:2* hinter dem Dateinamen angezeigt.

3 Über das Menü *Ansicht/Fenster/Fenster wechseln* können Sie zwischen den beiden Fenstern der gleichen Arbeitsmappe hin- und herschalten (Excel 2003: Menü *Fenster*).

> **Hinweis**
>
> Mit dieser Funktion kann dieselbe Arbeitsmappe in beliebig vielen Fenstern angezeigt und die Fenster können völlig frei angeordnet werden.

Die mehrfach geöffneten Dateifenster können Sie wie gewohnt über das Kreuz für die Arbeitsmappe schließen. Bei dieser Vorgehensweise werden keine zwei Versionen der Arbeitsmappe erzeugt, stattdessen handelt es sich immer um ein und dieselbe Datei. Änderungen in einem der beiden Fenster wirken sich stets auf dieselbe Datei aus.

## Tipp 3: Persönliche Informationen aus Dateien entfernen

Wenn Sie der Meinung sind, dass Office-Dateien und somit auch Excel-Arbeitsmappen nur die Informationen enthalten, die Sie selbst eingegeben haben, dann ist das nicht ganz richtig.

Neben den erfassten Daten enthalten Excel-Arbeitsmappen verschiedene weitere Informationen, wie beispielsweise Informationen über den Anwendernamen, die Firmenbezeichnung, verschiedene statistische Werte und gegebenenfalls E-Mail-Adressen. Das Sammeln dieser Informationen geschieht im Hintergrund, ohne dass der Anwender davon etwas mitbekommt oder darüber informiert wird.

Sobald Office-Dokumente an Dritte weitergegeben oder im Internet veröffentlicht werden, besteht grundsätzlich die Gefahr, dass der Empfänger der Datei Rückschlüsse auf Strukturen und interne Informationen ziehen kann. Sie sollten deshalb bei sensiblen Dateien darauf achten, dass diese Informationen vor der Weitergabe ordnungsgemäß entfernt werden.

### So geht's ab Excel 2007:

**1** Starten Sie über das Menü *Datei/Informationen/Auf Probleme überprüfen/Dokument prüfen* (ab Excel 2010) bzw. das Menü *Office/Vorbereiten/Dokument prüfen* (Excel 2007) den Dokumentinspektor.

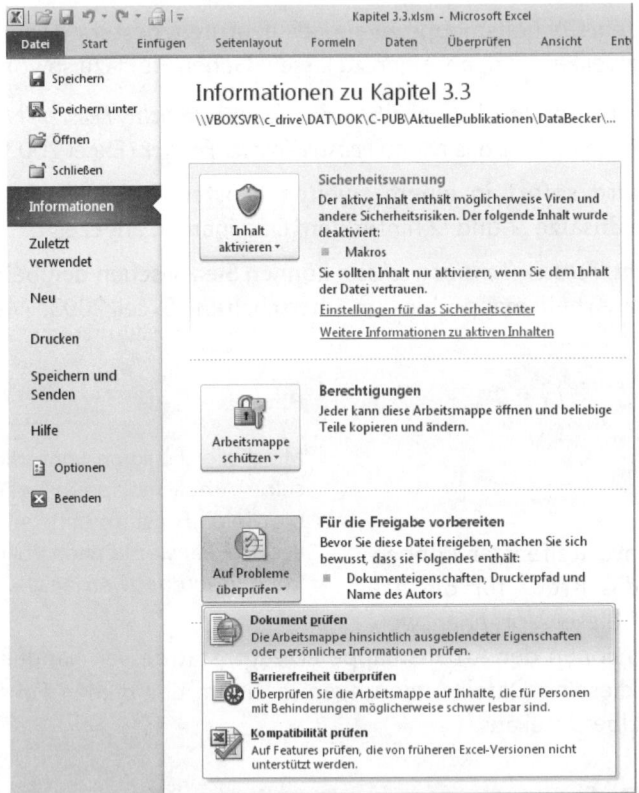

**2** Im Dialog *Dokumentprüfung* (ab Excel 2010) bzw. *Dokumentinspektor* (Excel 2007) stehen verschiedene Optionen zur Auswahl.

## 3.2 Arbeitsmappen effektiv managen

Folgende Informationen können damit aus einer Excel-Datei entfernt werden:
- *Kommentare und Anmerkungen*
- *Dokumenteigenschaften und persönliche Informationen*
- *Benutzerdefinierte XML-Daten*
- *Kopf- und Fußzeilen*
- *Ausgeblendete Zeilen und Spalten*
- *Ausgeblendete Arbeitsblätter*
- *Nicht sichtbarer Inhalt*

3 Mit einem Klick auf die Schaltfläche *Prüfen* wird der Prüflauf gestartet.

4 Als Ergebnis wird nach Themen getrennt angezeigt, welche Informationen gefunden wurden.

## 3. So haben Sie Arbeitsmappen und Tabellenblätter voll im Griff

5 In diesem Beispiel wurden *Dokumenteigenschaften und persönliche Informationen* sowie *Kopf- und Fußzeilen* gefunden.

6 Ein Klick auf die Schaltfläche *Alle entfernen* im entsprechenden Abschnitt löscht die Einträge aus der Datei.

7 Wichtig ist, dass das Dokument vor der Weitergabe noch gespeichert wird.

Nachdem Sie diese Schritte durchgeführt haben, kann das Dokument bedenkenlos an Dritte weitergegeben werde.

### So geht's unter Excel 2003:

Excel 2003 bietet ebenfalls eine Funktion, mit der Sie versteckte Informationen aus Excel-Dateien entfernen können.

1 Starten Sie den Befehl über das Menü *Extras/Optionen*.

2 Wechseln Sie zur Registerkarte *Sicherheit*.

3 Setzen Sie den Haken ins Kontrollkästchen *Beim Speichern persönliche Daten aus Dateieigenschaften entfernen*.

4 Bestätigen Sie das Dialogfenster mit einem Klick auf die Schaltfläche *OK*.

5 Beim nächsten Speichervorgang werden die Daten aus der Excel-Datei entfernt.

### Zweite Möglichkeit unter Excel 2003

Eine weitere Möglichkeit zum Entfernen persönlicher Informationen stellt das kostenlose Add-in *Verborgene Daten entfernen* von Microsoft dar. Mit diesem Add-in können Sie sicher und komfortabel alle unerwünschten Informationen vor der Weitergabe der Datei entfernen.

Das Add-in können Sie im Internet unter folgender Adresse downloaden:
http://www.microsoft.com/de-de/download/details.aspx?id=8446.

Nach der Installation des Add-in steht im Menü *Datei* der neue Befehl *Verborgene Daten entfernen* zur Verfügung. Dieser Befehl erzeugt eine neue Datei ohne persönliche Informationen. Die vorhandene Version mit allen darin enthaltenen Infos bleibt dabei unverändert bestehen. Das Ergebnis der Bereinigungsaktion wird abschließend in ein Protokoll eingetragen.

> **Hinweis**
>
> Wichtig zu beachten ist, dass die Löschaktionen erst im letzten Schritt vor der Weitergabe ausgeführt werden sollten, da jedes Öffnen oder Bearbeiten der Datei wieder automatisch versteckte Informationen erzeugt.

## Tipp 4: Arbeitsmappen mittels digitaler Signatur legitimieren

Die Sicherheit von Netzwerken, Desktopsystemen und mobilen Computern nimmt einen immer größeren Stellenwert ein. So bietet die digitale Signatur eine gute Möglichkeit, Daten zu legitimieren.

*So geht's ab Excel 2007:*

1 Starten Sie den Befehl über das Menü *Datei/Informationen/Arbeitsmappe schützen/Digitale Signatur hinzufügen* (ab Excel 2010) bzw. das Menü *Office/Vorbereiten/Digitale Signatur hinzufügen* (Excel 2007).

2 Bestätigen Sie die Hinweismeldung mit *OK*.

3 Wenn Ihnen ein digitales Zertifikat vorliegt, wählen Sie die Option *Digitale ID von einem Microsoft-Partner erhalten*.

4 Hinterlegen Sie anschließend das Zertifikat.

5 Alternativ können Sie auch ein eigenes Zertifikat erstellen. Dieses besitzt jedoch ausschließlich Gültigkeit auf Ihrem PC und kann nicht weitergegeben werden.

*So geht's unter Excel 2003:*

1 Starten Sie den Befehl über das Menü *Extras/Optionen* und wechseln Sie auf die Registerkarte *Sicherheit*.

2 Mit einem Klick auf die Schaltfläche *Digitale Signaturen* öffnen Sie das Dialogfenster *Digitale Signatur*.

## 3. So haben Sie Arbeitsmappen und Tabellenblätter voll im Griff

3 Über die Schaltfläche *Hinzufügen* können der Arbeitsmappe Zertifikate hinzugefügt werden.

> **Hinweis**
>
> Eine digitale Signatur wird oft auch als digitale ID bezeichnet. Um ein Office-Dokument digital zu signieren, benötigen Sie ein aktuelles digitales Zertifikat. Digitale Zertifikate werden in der Regel von einer Zertifizierungsstelle ausgestellt. Dabei handelt es sich um einen vertrauenswürdigen Drittanbieter, der digitale Zertifikate für andere Unternehmen ausstellt. Es gibt viele kommerzielle Drittanbieter-Zertifizierungsstellen, von denen Sie ein digitales Zertifikat kaufen können oder auch kostenlos erhalten.

### Tipp 5: Pfad und Dateiname im Adressfeld anzeigen

Folgender Trick zeigt, wie Sie sich den aktuellen Pfad und den Dateinamen in einem Adressfeld anzeigen lassen können. Wenn Ihnen der komplette Pfad inklusive Dateiname bekannt ist, können Sie über dieses Adressfeld sogar Dateien öffnen.

#### So geht's unter Excel 2003:

Diese Möglichkeit steht ab Excel 2007 nicht zur Verfügung. Deshalb wird hier ausschließlich die Vorgehensweise für Excel 2003 beschrieben.

1 Starten Sie über das Menü *Ansicht/Symbolleisten/Anpassen* den Befehl zur individuellen Gestaltung der Menü- und Symbolleisten.

2 Aktivieren Sie die Registerkarte *Befehle*.

## 3.2 Arbeitsmappen effektiv managen

3 Wählen Sie unter *Kategorien* den Eintrag *Web*.

4 Ziehen Sie mit der rechten Maustaste das Adressfeld in die Menüleiste rechts neben das Hilfemenü. Alternativ können Sie das Adressfeld auch einer beliebigen Symbolleiste hinzufügen.

In diesem Adressfeld werden nun Pfad und Dateiname der geöffneten Datei angezeigt. Wenn Ihnen der komplette Pfad inklusive Dateiname bekannt ist, können Sie über dieses Feld auch Excel-Dateien öffnen.

### Tipp 6: Arbeitsmappe nach einem definierten Zeitpunkt nicht mehr öffnen

In diesem Beispiel sehen Sie, wie für eine Arbeitsmappe ein Verfallsdatum festgelegt werden kann. Nach Ablauf des Datums kann die Arbeitsmappe nicht mehr geöffnet werden. Im Beispiel wird der 31.12.2012 als letzter Bearbeitungstag definiert. Bei der Lösung handelt es sich um eine VBA-Lösung, die beim Öffnen der Datei prüft, ob das vorgegebene Datum überschritten ist. Ist das der Fall, wird eine Meldung ausgegeben, und die Arbeitsmappe wird sofort wieder geschlossen.

*So geht's:*

1 Starten Sie mit der Tastenkombination [Alt]+[F11] den VBA-Editor.

2 Erfassen Sie im Codeblatt *DieseArbeitsmappe* den Code aus Listing 1.

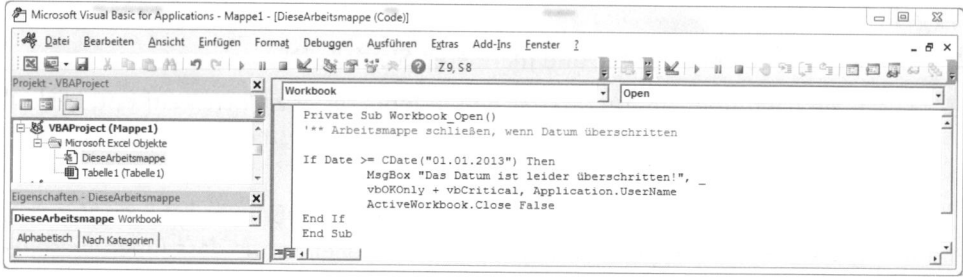

## 3. So haben Sie Arbeitsmappen und Tabellenblätter voll im Griff

Wird diese Datei nun nach dem 31.12.2012 geöffnet, erfolgt die Ausgabe der Meldung, die besagt, dass das Datum überschritten ist. Nach einem Klick auf *OK* wird die Mappe sofort wieder geschlossen. Bis zum Verfallsdatum bekommt der Anwender nichts von dem implementierten VBA-Code mit.

*Listing 1:*
- `Private Sub Workbook_Open()`
- `'** Arbeitsmappe schließen, wenn Datum überschritten`
- `If Date >= CDate("01.01.2013") Then`
- `    MsgBox "Das Datum ist leider überschritten!", _`
- `        vbOKOnly + vbCritical, Application.UserName`
- `    ActiveWorkbook.Close False`
- `End If`
- `End Sub`

> **Hinweis**
>
> Damit der VBA-Code ohne Rückfrage ausgeführt werden kann, muss die Makrosicherheitseinstellung auf *Niedrig* stehen. Prüfen Sie bei Ihrem Computer, ob Sie aus Sicherheitsgründen diese Einstellung vornehmen wollen. Den Befehl zum Einstellen der Sicherheitsrichtlinien können Sie über das Menü *Entwicklertools/Code/Makrosicherh.* aufrufen (Excel 2003: Menü *Extras/Makro/Sicherheit*).

## Tipp 7: Fenster fixieren

Immer wieder kommt es gerade in großen Tabellen zu Problemen, sobald im Arbeitsblatt weiter nach unten gescrollt wird, denn so können die Überschriften, die die einzelnen Spalten bezeichnen, außer Sicht geraten. Es besteht die Gefahr, dass Sie die Orientierung verlieren. Hier können Sie sich jedoch sehr schnell mit einer netten Funktionalität von Excel behelfen und Ihre Überschriften und Spaltenbezeichnungen sehr leicht im Blickfeld behalten: Fixieren Sie den Überschriftenbereich.

### So geht's:

1. Öffnen Sie eine neue Tabelle und markieren Sie Zelle D9.
2. Rufen Sie dann über *Ansicht/Fenster* den Befehl *Fenster einfrieren* auf und klicken Sie auf die Option *Fenster einfrieren* (Excel 2007: *Fenster fixieren*, Excel 2003: Menü *Fenster*, Befehl *Fenster fixieren*).
3. Nun bleiben die Spalten A bis C und die Zeilen 1 bis 8 im sichtbaren Bereich, und Sie können nach unten und nach rechts scrollen, ohne dass Ihnen wesentliche Informationen zu Überschriften etc. aus dem Blickfeld geraten.

3.2 Arbeitsmappen effektiv managen

> **Hinweis**
>
> Die Fixierung des Fensters kann auf dem gleichen Weg wieder aufgehoben werden. Der Befehl lautet nun *Fixierung aufheben*.

## Tipp 8: Fenster teilen

Sie können das Tabellenfenster aber auch auf andere Weise aufteilen, denn es muss nicht immer unbedingt eine Fensterfixierung sinnvoll sein. Oftmals möchte man in allen vier Ansichten eines geteilten Fensters hin- und herscrollen.

*So geht's:*

1. Öffnen Sie erneut eine neue Tabelle und markieren Sie Zelle D9.
2. Rufen Sie dann über *Ansicht/Fenster* den Befehl *Teilen* (ab Excel 2007) bzw. das Menü *Fenster*, Befehl *Teilen* (Excel 2003) auf.
3. Nun stehen Ihnen vier Fenster für die jeweilige Tabelle zur Verfügung, und Sie können in jedem einzelnen dieser vier Fenster hin- und herscrollen.

> **Hinweis**
>
> Der senkrechte und der waagerechte Balken, die das Fenster teilen, können sehr einfach mit der Maus an jede beliebige Stelle gezogen werden. Mit einem Doppelklick auf die Kreuzungsstelle der beiden Balken verschwindet die Teilung automatisch.

## Tipp 9: Dateinamen aus dem Pfad extrahieren

Die Situation kommt einigen sicherlich bekannt vor: Sie haben in einer Excel-Tabelle eine Auflistung von diversen Dateinamen inklusive der jeweiligen Pfadbezeichnungen der Dateiablage. Sie wollen nun in einem „Rutsch" und ohne großen manuellen Eingriff die Pfadbezeichnung entfernen, sodass nur noch der Dateiname in der Liste verbleibt.

*So geht's:*

1 Sehen Sie sich zuerst die besagte Liste an. Sie enthält unterschiedlich lange Dateipfade inklusive des Dateinamens, der nun isoliert werden soll.

2 Markieren Sie zuerst die Spalte A und klicken Sie im Register *Start* in der Befehlsgruppe *Bearbeiten* auf das Symbol *Suchen und Auswählen*. Rufen Sie dann den Befehl *Ersetzen* auf.

3 Hinterlegen Sie im Feld *Suchen* nach den Eintrag *\. Das Feld *Ersetzen durch* bleibt leer. Klicken Sie dann auf *Alle ersetzen* und bestätigen Sie abschließend mit *OK*. Die Pfadinformationen sind nun restlos entfernt.

## 3.3 Mustervorlagen sinnvoll einsetzen

Wenn Mustervorlagen sinnvoll eingesetzt werden, kann das eine Menge Arbeit und Zeit sparen. Viele Anwender müssen wiederholt die gleichen Tätigkeiten in Excel durchführen. Hier bietet es sich an, die Vorlagen so praxisnah wie möglich zu gestalten. Die nachfolgenden Tipps zeigen, wie sich diese Aufgabenstellung einfach lösen lässt.

### Tipp 1: Schnelles Anpassen der Standardschriftart

Beim Start von Excel soll eine bestimmte Schriftart mit einer definierten Größe eingestellt sein. So sollen alle neuen Arbeitsmappen mit der Schriftart Verdana und dem Schriftgrad 11 dargestellt werden.

*So geht's ab Excel 2007:*

1. Starten Sie das Dialogfenster:
   - ab Excel 2010: Menü *Datei/Optionen*,
   - in Excel 2007: Menü *Office/Excel-Optionen*.
2. Wählen Sie die Option *Allgemein* (ab Excel 2010) bzw. *Häufig verwendet* (Excel 2007).
3. Im Abschnitt *Beim Erstellen neuer Arbeitsmappen* können Sie als Schriftart *Verdana* und als Schriftgrad *11* festlegen.

3. So haben Sie Arbeitsmappen und Tabellenblätter voll im Griff

4 Nachdem Sie die Einstellungen mit OK übernommen haben, werden alle neuen Arbeitsmappen auf Basis der vorgenommenen Einstellungen erstellt.

*So geht's unter Excel 2003:*

1 Starten Sie über das Menü *Extras/Optionen* das Dialogfenster *Optionen*.

2 Wechseln Sie zur Registerkarte *Allgemein*.

3 Wählen Sie dort als Schriftart *Verdana* und als Schriftgrad *11* aus.

4 Nachdem Sie den Dialog mit OK beendet haben, werden nach einem Neustart von Excel alle neu eingefügten Arbeitsmappen mit dieser Vorgabe erstellt.

## Tipp 2: Erstellen und Anpassen von Formatvorlagen

Formatvorlagen bieten eine gute Möglichkeit, um schnell vordefinierte Formate in ein Tabellenblatt einzufügen. Anstatt jede Formateinstellung einzeln vorzunehmen, können Sie damit direkt mehrere vordefinierte Formatierungen in die Tabelle übernehmen. In diesem Beispiel wird eine Formatvorlage mit der Bezeichnung *Buchhaltung* definiert, in der alle positiven Zahlen mit dem Zusatz *S* für Soll und alle negativen Zahlen mit dem Zusatz *H* für Haben dargestellt werden.

*So geht's:*

1 Starten Sie den Befehl über das Menü *Start/Formatvorlagen/Zellenformatvorlagen/Neue Zellenformatvorlage* (ab Excel 2007) bzw. das Menü *Format/Formatvorlage* (Excel 2003).

2 Erfassen Sie als Name für die Formatvorlage *Buchhaltung*.

3 Klicken Sie auf die Schaltfläche *Formatieren* und wechseln Sie auf die Registerkarte *Zahlen* (Excel 2003: Schaltfläche *Ändern*).

## 3.3 Mustervorlagen sinnvoll einsetzen

4 Als benutzerdefiniertes Zahlenformat erfassen Sie "S"* #.##0,00;"H"* #.##0,00. Damit werden alle Zahlen buchhalterisch mit vorangestelltem S für Sollwerte und mit H für Habenwerte angezeigt.

5 Beenden Sie die Dialogfenster mit einem Klick auf die Schaltfläche OK.

Nun steht Ihnen das neue Format *Buchhaltung* zur Verfügung. Dieses können Sie auf beliebige Zellen oder Zellbereiche wie gewohnt anwenden.

Zur Anwendung der Formatvorlage gehen Sie wie folgt vor:

1 Markieren Sie den Bereich, der mit der neuen Formatvorlage formatiert werden soll, im Beispiel den Bereich C4:F13.

2 Starten Sie den Befehl über das Menü *Start/Formatvorlage/Zellenformatvorlagen* (Excel 2003: Menü *Format/Formatvorlage*).

3 Im Abschnitt *Benutzerdefiniert* steht die neu erstellte Formatvorlage *Buchhaltung* zur Verfügung. Wählen Sie diese mit einem Klick aus. (In Excel 2003 steht im Feld *Name der Formatvorlage* die Vorlage *Buchhaltung* zur Verfügung. Wählen Sie sie aus und übertragen Sie das Format mit einem Klick auf die Schaltfläche OK auf das Tabellenblatt.)

4 Der markierte Zellbereich wird mit dem Zahlenformat *Buchhaltung* versehen.

## 3. So haben Sie Arbeitsmappen und Tabellenblätter voll im Griff

| | A | B | C | D | E | F |
|---|---|---|---|---|---|---|
| 1 | Summen- und Saldenliste | | | | | |
| 2 | | | | | | |
| 3 | Konto | Bezeichnung | Saldovortrag | JVZ-S | JVZ-H | Saldo |
| 4 | 1000 | Kasse | S     125,97 | S     512,36 | S     512,25 | S     126,08 |
| 5 | 1100 | Postbank | S  47.235,91 | S  56.324,20 | S  64.253,22 | S  39.306,89 |
| 6 | 1200 | Raiba | S    1.325,64 | S    2.453,50 | S    1.423,36 | S    2.355,78 |
| 7 | 1210 | Spk 1 | H  10.235,56 | S  25.356,30 | S    1.523,97 | S  13.596,77 |
| 8 | 1220 | Spk 2 | S  24.632,98 | S     536,55 | S  34.625,41 | H    9.455,88 |
| 9 | 1240 | HVB 1 | S  15.784,05 | S  25.693,37 | S     597,36 | S  40.880,06 |
| 10 | 1250 | HVB 2 | H    2.536,85 | S  59.536,89 | S  65.635,25 | H    8.635,21 |
| 11 | 1260 | Diba 1 | S  42.352,68 | S  12.536,98 | S    5.796,83 | S  49.092,83 |
| 12 | 1290 | Comerzbank | H     542,22 | S     698,20 | S      50,27 | S     105,71 |
| 13 | 1310 | Durchlauf | S         0,00 | S    2.536,36 | S    2.536,36 | S        0,00 |
| 14 | | | | | | |

Selbstverständlich können auch bereits bestehende Formatvorlagen angepasst werden. Gehen Sie dazu wie nachfolgend beschrieben vor:

1 Ab Excel 2007: Öffnen Sie die Formatvorlagen über das Menü *Start/Formatvorlagen/Zellenformatvorlagen*.

2 Wählen Sie den Eintrag aus, der geändert werden soll, und klicken Sie diesen mit der rechten Maustaste an.

3 Im Kontextmenü wählen Sie den Eintrag *Ändern*.

4 Im daraufhin erscheinenden Dialogfenster wählen Sie die gewünschten Formatierungsregeln aus und bestätigen Ihre Änderungen mit *OK*.

In Excel 2003 starten Sie den Befehl über das Menü *Format/Formatvorlage*. Wählen Sie die zu ändernde Vorlage aus und klicken Sie auf die Schaltfläche *Ändern*. Im Dialog *Zellen formatieren* legen Sie die gewünschten Formatierungen fest und bestätigen beide Dialogfenster jeweils mit einem Klick auf *OK*. Die Formatanpassungen werden direkt in die geänderte Formatvorlage übernommen.

### Tipp 3: Benutzerdefinierte Vorlagen erstellen

In Excel besteht ebenso wie in Word die Möglichkeit, benutzerdefinierte Vorlagen zu erstellen. Durch benutzerdefinierte Vorlagen kann einem Kreis von Anwendern eine Vorlage zur Verfügung gestellt werden, auf deren Basis individuelle Anpassungen vorgenommen werden können. In Vorlagendateien können beliebige Vorgaben, wie beispielsweise Druckereinstellungen, Kopf- und Fußzeilen, benutzerdefinierte Formate und vieles mehr vorgegeben werden. Dadurch wird ein möglichst einheitliches Erscheinungsbild aller erstellten Excel-Mappen gewährleistet.

In diesem Beispiel erfahren Sie, wie ab Excel 2007 eine benutzerdefinierte Rechnungsvorlage erstellt wird.

*So geht's:*

1 Erstellen Sie im ersten Schritt die Rechnungsvorlage mit allen Einstellungen, Texten, Überschriften, Bezeichnungen, Formeln und Formatierungen.

2 Öffnen Sie das Dialogfenster *Speichern unter*:
- ab Excel 2010: Menü *Datei/Speichern unter*,

- in Excel 2007: Menü *Office/Speichern unter*,
- in Excel 2003: Menü *Datei/Speichern unter*.

3 Geben Sie einen Dateinamen ein und wählen Sie unter *Dateityp* den Eintrag *Excel-Vorlage (\*.xltx)* (Excel 2003: Dateityp *Mustervorlage (\*.xlt)*).

4 Dadurch wird automatisch das Vorlagenverzeichnis geöffnet, in dem die Vorlage abgespeichert werden soll.

5 Beenden Sie das Dialogfenster mit einem Klick auf die Schaltfläche *Speichern*.

Zum Aufrufen der Vorlagendatei gehen Sie wie folgt vor:

1 Ab Excel 2010: Klicken Sie über *Datei/Neu* auf die Symbolschaltfläche *Meine Vorlagen* (Excel 2007: Menü *Office/Neu/Vorlagen/Meine Vorlagen*, Excel 2003: Menü *Datei/Neu*, Registerkarte *Allgemein*).

2 Daraufhin öffnet sich das Dialogfenster *Neu* mit allen Vorlagendateien aus dem Vorlagenverzeichnis.

3 Wählen Sie dort die gewünschte Vorlage aus und beenden Sie das Dialogfenster mit *OK*.

Auf der Basis dieser Vorlage wird eine neue Arbeitsmappe mit allen definierten Formatierungen, Textvorgaben und Formeln erzeugt. Diese können Sie wie gewohnt unter einem beliebigen Dateinamen ablegen sowie Veränderungen und Ergänzungen vornehmen.

3. So haben Sie Arbeitsmappen und Tabellenblätter voll im Griff

## Tipp 4: Vorlagendatei beim Excel-Start automatisch öffnen

Sie arbeiten häufig mit derselben Arbeitsmappe, daher soll beim Excel-Start automatisch beispielsweise das Telefonverzeichnis, das als Excel-Datei geführt wird, geöffnet werden. Zur Lösung dieser Fragestellung gibt es zwei Möglichkeiten.

### So geht's: Variante 1

1 Öffnen Sie die Datei, die beim Start von Excel automatisch geöffnet werden soll.

2 Ab Excel 2010: Rufen Sie anschließend über das Menü *Datei/Speichern unter* den gleichnamigen Dialog auf (Excel 2007: Menü *Office/Speichern unter*, Excel 2003: Menü *Datei/Speichern unter*).

3 Als Dateiname geben Sie *Mappe* ein, und als *Dateityp* wählen Sie *Excel-Vorlage (*.xltx)* (Excel 2003: Dateityp *Mustervorlage (*.xlt)*).

4 Die Datei muss im Ordner *XLSTART* abgespeichert werden. Diesen finden Sie als Unterordner im Office-Installationsverzeichnis.

Der Pfad könnte wie folgt lauten:

- Excel 2013: *C:\Programme\Microsoft Office\Office15\XLSTART*
- Excel 2010: *C:\Programme\Microsoft Office\Office14\XLSTART*
- Excel 2007: *C:\Programme\Microsoft Office\Office12\XLSTART*
- Excel 2003: *C:\Programme\Microsoft\Office11\XLSTART*

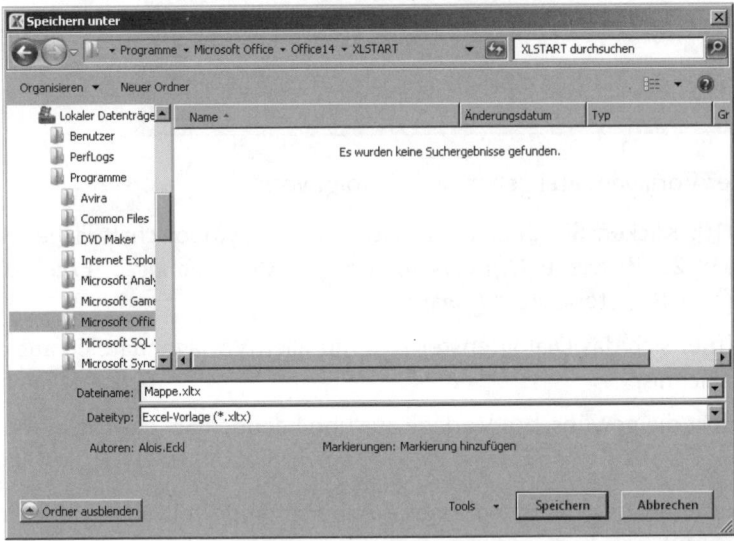

5 Sobald Sie nun Excel starten, wird automatisch die Datei *Mappe.xltx* geöffnet.

### So geht's ab Excel 2007: Variante 2

1 Ab Excel 2010: Öffnen Sie das Dialogfenster *Excel-Optionen* über das Menü *Start/Optionen* (Excel 2007: Menü *Office/Excel-Optionen*).

## 3.3 Mustervorlagen sinnvoll einsetzen

**2** Aktivieren Sie den Abschnitt *Erweitert* und scrollen Sie dort bis zum Abschnitt *Allgemein* nach unten.

**3** Im Feld *Beim Start alle Dateien öffnen in* geben Sie den Pfad an, in dem sich die Vorlagendateien befinden. Im Beispiel ist dort der Pfad *F:\Excel-Vorlagen* erfasst.

**4** Beenden Sie das Dialogfenster mit einem Klick auf die Schaltfläche *OK*.

### So geht's unter Excel 2003: Variante 2

**1** Öffnen Sie den Befehl über das Menü *Extras/Optionen*, Registerkarte *Allgemein*.

**2** Im Feld *Beim Starten alle Dateien in diesem Ordner laden* geben Sie den Pfad zu Ihren Vorlagen ein.

Beim Start von Excel werden nun alle Dateien geöffnet, die sich im angegebenen Ordner befinden. Auf diese Weise können Sie mehr als eine Datei beim Excel-Start öffnen.

> **Hinweis**
>
> Achten Sie darauf, dass Sie beide Varianten nicht gleichzeitig einsetzen, da sonst die Startdatei zweimal geöffnet wird.

# 4. Formeln effektiv und professionell einsetzen

| | | |
|---|---|---|
| 4.1 | Wichtige Infos zum Umgang mit Formeln und Funktionen | 195 |
| 4.2 | Matrixfunktionen auf den Punkt gebracht | 216 |
| 4.3 | Die clevere Verwendung von Namen | 222 |
| 4.4 | Maßgeschneiderte Textfunktionen | 231 |
| 4.5 | Professionelle Datumsfunktionen | 243 |
| 4.6 | Zeitfunktionen praxisbezogen einsetzen | 277 |
| 4.7 | Finanzmathematik für die tägliche Arbeit | 291 |
| 4.8 | Daten professionell mit Datenbank- und Listenfunktionen verwalten | 338 |
| 4.9 | Funktionen zur Informationsgewinnung | 357 |
| 4.10 | Statistische Funktionen für die Praxis | 367 |
| 4.11 | Mathematische Funktionen für den Alltag | 397 |
| 4.12 | Sofort einsetzbare Summierungsfunktionen und bedingte Berechnungen | 414 |
| 4.13 | Nützliche Zählfunktionen | 440 |
| 4.14 | Maßgeschneiderte Verweisfunktionen | 458 |

In diesem Kapitel erfahren Sie alles zum Thema Formeln. Lesen Sie, welche Tipps und Tricks es im Umgang mit Formeln gibt und wie Sie Formeln gezielt und praxisnah einsetzen können.

Excel bietet rund 360 Tabellenfunktionen. Dieses Buch erhebt jedoch nicht den Anspruch, jede Funktion bis ins Detail zu erläutern, sondern geht vielmehr auf den Einsatz im Alltag ein und zeigt verschiedene Zusammenhänge anhand von Praxisbeispielen.

Bis Excel 2003 ist es für einige Beispiele notwendig, dass das Add-in Analyse-Funktionen aktiviert ist. Wenn Sie mit Excel bis Version 2003 arbeiten, sollten Sie das Add-in jetzt einbinden, damit alle Beispiele in diesem Kapitel nachvollzogen werden können. Gehen Sie dazu wie folgt vor:

1   Öffnen Sie in Excel 2003 über das Menü *Extras/Add-Ins* das Dialogfenster zum Einbinden von Add-ins.

**2** Setzen Sie den Haken beim Add-in Analyse-Funktionen und beenden Sie den Dialog mit einem Klick auf die Schaltfläche OK.

Damit ist das Add-in aktiviert, und es stehen alle Zusatzfunktionen zur Verfügung.

In Excel 2007, Excel 2010 und Excel 2013 sind sämtliche Funktionen generell verfügbar. Es ist somit nicht mehr notwendig, diese erst über ein Add-in einzubinden.

## 4.1 Wichtige Infos zum Umgang mit Formeln und Funktionen

Excel bietet eine Vielzahl von Unterstützungsfeatures im Umgang mit Formeln. Wenn Sie die vorhandenen Assistenten sinnvoll einsetzen und dabei noch ein paar Kniffe kennen und beherzigen, werden Sie künftig keine Schwierigkeiten bei der Erfassung von komplexen Formeln und Funktionen mehr haben. Auch Excel 2007, Excel 2010 und Excel 2013 gehen den Weg zur komfortablen und zielorientierten Erfassung von Formeln konsequent weiter.

### Tipp 1: Einführung in den Funktions-Assistenten

Das Arbeiten mit Formeln und Funktionen wird in Excel durch einen Funktions-Assistenten unterstützt, der, wenn man ihn zu nutzen weiß, wertvolle Hilfestellung beim Erstellen dieser Formeln und Funktionen leisten kann. Wie sich die Arbeit mit diesem Assistenten gestaltet, soll nachfolgend anhand einiger einfacher Beispiele gezeigt werden.

*So geht's:*

**1** Öffnen Sie eine neue Arbeitsmappe. Sie haben nun verschiedene Möglichkeiten, den Funktions-Assistenten zu starten. Probieren Sie einfach aus, welcher der nachfolgenden Wege Ihnen am meisten zusagt. Rufen Sie den Assistenten auf, indem Sie die Tastenkombination [Umschalt]+[F3] drücken oder auf das Symbol *f(x)* am linken Rand der Bearbeitungsleiste klicken.

**2** Nun wird automatisch ein Gleichheitszeichen in die Bearbeitungsleiste eingefügt, und es öffnet sich das Dialogfenster *Funktion einfügen*.

**3** Über das Feld *Funktion suchen* können Sie sich jetzt mithilfe eines Suchbegriffs alle Funktionen anzeigen lassen, die für diesen Suchbegriff infrage kommen könnten. Geben Sie in dieses Feld einfach einmal den Begriff *addieren* ein.

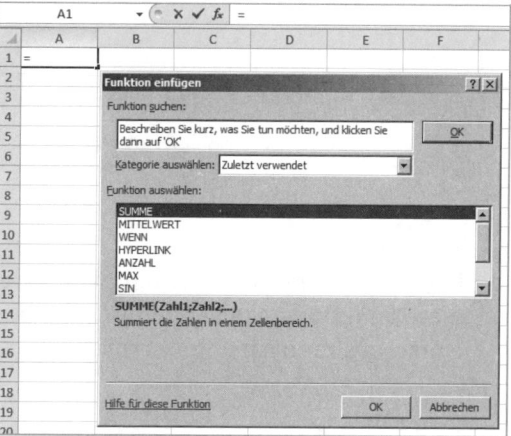

4. Formeln effektiv und professionell einsetzen

   Klicken Sie dann auf die Schaltfläche *OK* (Excel 2003: Befehlsschaltfläche *Start*).

4. Der Funktions-Assistent schlägt Ihnen anschließend eine Reihe von Funktionen vor, die im Zusammenhang mit *addieren* von Interesse sein könnten. Im Dropdown-Feld *Kategorie auswählen* zeigt er den Eintrag *Empfohlen* an. Diese Kategorie erscheint nur im Zusammenhang mit einer Suchanfrage.

5. Wählen Sie aus dem Feld *Funktion auswählen* die bekannte Funktion *SUMME* aus.

6. Klicken Sie nun jedoch noch nicht auf *OK*. Sehen Sie sich stattdessen einmal an, was der Funktions-Assistent noch zu bieten hat. Klicken Sie hierfür links unten im Dialogfenster auf den blauen Link *Hilfe für diese Funktion*.

7. Über die Excel-Hilfe erhalten Sie eine Vielzahl an Informationen zur gewählten Funktion, so unter anderem eine Beschreibung der Funktion, Informationen zur Syntax und sonstige Hinweise (Excel 2003: die Excel-Hilfe hat ein etwas andere Layout, jedoch prinzipiell die gleichen Inhalte).

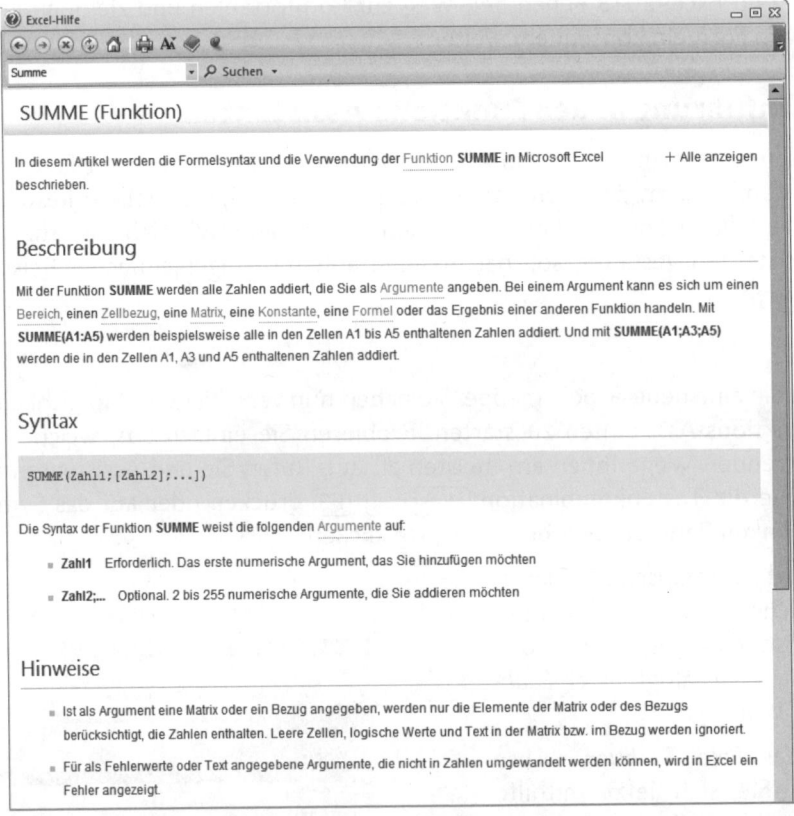

8. Über die Excel-Hilfe erhalten Sie aber auch sehr nützliche Beispiele dazu, wie diese Funktion anzuwenden ist. Sie müssen hierfür im Fenster der Excel-Hilfe einfach weiter nach unten scrollen.

## 4.1 Wichtige Infos zum Umgang mit Formeln und Funktionen

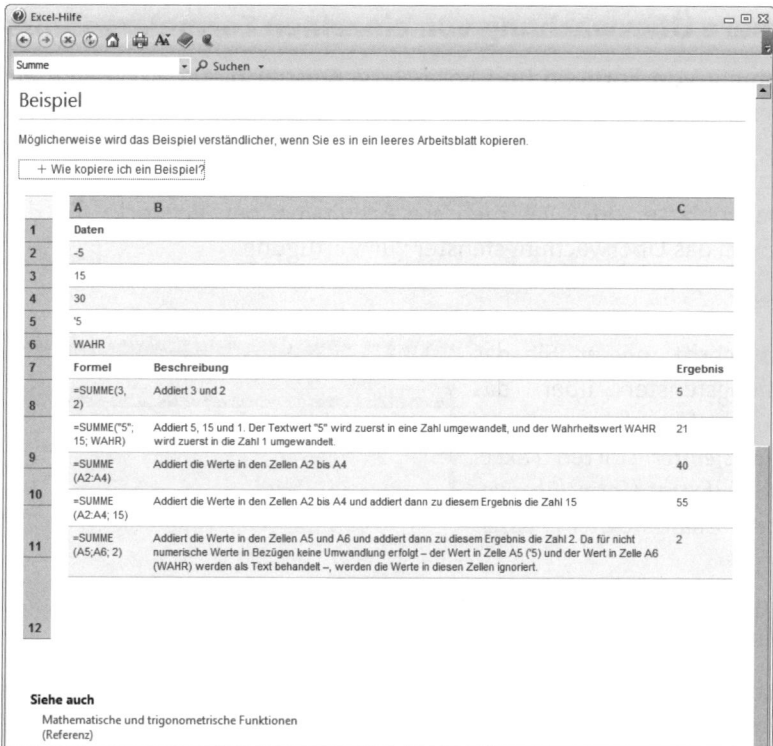

**9** Die Beispiele aus der Excel-Hilfe lassen sich sehr einfach kopieren und in ein Tabellenblatt einfügen, sodass sie in der realen Excel-Umgebung besser nachvollzogen werden können. Wie das geschieht, steht ebenfalls in diesem Hilfefenster.

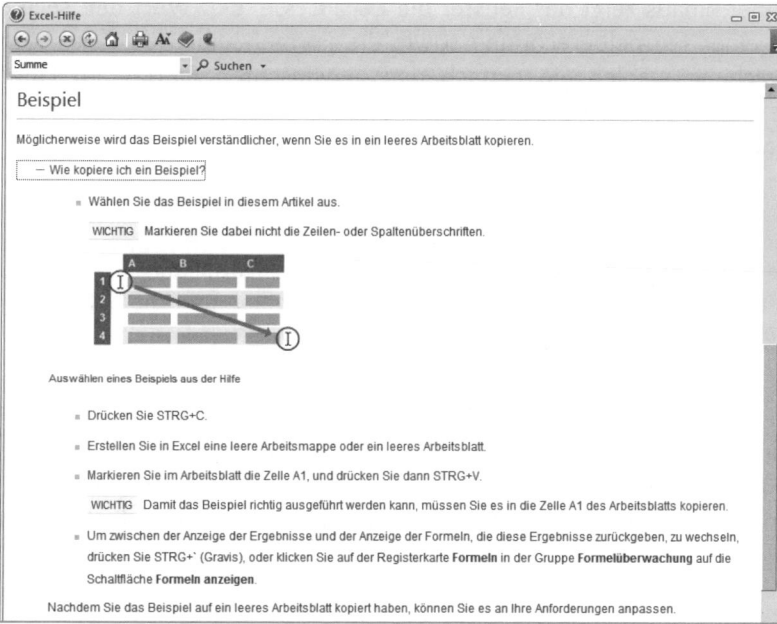

## Tipp 2: Sichere Überwachung von einzelnen Formelergebnissen

Zur Überwachung von Formeln und Formelergebnissen bietet Excel eine eigene Überwachungsfunktion. Gerade bei der Erstellung umfangreicher Kalkulationsmodelle ist es hilfreich bzw. oft erforderlich, die wesentlichen Eckdaten permanent im Blickfeld zu haben, besonders dann, wenn sich das Kalkulationsschema über mehrere Tabellenblätter oder gar mehrere Arbeitsmappen erstreckt. Zu diesem Zweck stellt Excel das Überwachungsfenster zur Verfügung.

*So geht's:*

1   Im ersten Schritt müssen Sie das Überwachungsfenster über das Menü *Formeln/Formelüberwachung/ Überwachungsfenster* starten (Excel 2003: Menü *Extras/Formelüberwachung/Überwachungsfenster anzeigen*).

2   Markieren Sie die Zelle, die Sie überwachen möchten, und klicken Sie auf *Überwachung hinzufügen*.

Der Überwachungsauftrag wird sofort in das Überwachungsfenster übernommen. Angezeigt werden der Name der Arbeitsmappe und der Blattname. Sofern für die Zelle ein Name definiert ist, wird dieser in der Spalte *Name* angezeigt. Darüber hinaus zeigt das Fenster die Zelladresse, den Wert der Zelle oder das Ergebnis einer Formelberechnung sowie die Formel selbst an. Zum Löschen einer Überwachung wählen Sie einfach den gewünschten Eintrag im Überwachungsfenster aus und klicken auf die Schaltfläche *Überwachung löschen*. Der Eintrag wird ohne Nachfrage aus dem Dialogfenster entfernt.

> **Hinweis**
>
> Sie können auch mehrere Überwachungen gleichzeitig hinzufügen, indem Sie in der Excel-Tabelle den gewünschten Zellbereich auswählen und die Schaltfläche *Überwachung hinzufügen* anklicken.

Zur besseren Übersicht lässt sich das Überwachungsfenster auch an einer beliebigen Seite des Bildschirmfensters andocken. Ziehen Sie dazu das Fenster einfach nach oben, unten, links oder rechts an den Bildschirmrand. In der Abbildung sehen Sie, wie das Überwachungsfenster oben an die Multifunktionsleiste angedockt wurde.

## 4.1 Wichtige Infos zum Umgang mit Formeln und Funktionen

## Tipp 3: Überwachung ganzer Tabellenausschnitte

In einem komplexen Kalkulationsschema sollen nicht nur einzelne Zellen, sondern ganze Zellbereiche überwacht werden. Ziel ist, dass Änderungen im überwachten Bereich sofort sichtbar werden. Excel bietet dazu die Möglichkeit, Zellbereiche direkt als Bild in eine Tabelle einzufügen.

### So geht's: Als Grafik einfügen

1 Markieren Sie den zu überwachenden Bereich.

2 Kopieren Sie ihn mit der Tastenkombination [Strg]+[C] in die Zwischenablage.

3 Wählen Sie die Zelle aus, ab der das kopierte Bild eingefügt werden soll.

4 Über das Menü *Start/Einfügen/ Grafik* (ab Excel 2010) wird der kopierte Zellbereich als Grafik eingefügt. (Excel 2007: Menü *Start/Einfügen/Als Bild/Als Grafik einfügen*; in Excel 2003 halten Sie die [Umschalt]-Taste gedrückt und wählen *Bearbeiten/ Bild einfügen*.)

Mit dieser Methode wird eine Hardcopy vom zu überwachenden Zellbereich hergestellt. Änderungen des überwachten Zellbereichs haben keine Auswirkungen auf die eingefügte Grafik.

Sinnvoller dürfte es sein, die Grafik als Verknüpfung einzufügen, da damit Änderungen im Ursprungsbereich auch in der verknüpften Grafik berücksichtigt werden.

## 4. Formeln effektiv und professionell einsetzen

### So geht's: Als verknüpfte Grafik einfügen

1 Kopieren Sie den gewünschten Zellbereich wieder in die Zwischenablage.
2 Den Befehl zum Einfügen einer verknüpften Grafik rufen Sie wie folgt auf:
- ab Excel 2010: Menü *Start/Einfügen/Verknüpfte Grafik*,
- in Excel 2007: Menü *Start/Einfügen/Als Bild/Verknüpfte Grafik einfügen*.
- In Excel 2003 halten Sie die [Umschalt]-Taste gedrückt und wählen *Bearbeiten/Verknüpftes Bild einfügen*.

Wenn die Grafik auf diese Weise eingefügt wird, werden alle Änderungen im Ursprungsbereich auch in der Grafik automatisch angepasst.

> **Hinweis**
>
> Möchten Sie schnell zum überwachten Ursprungsbereich springen, führen Sie einfach einen Doppelklick auf die verknüpfte Grafik aus.

Zur Verdeutlichung der Tatsache, dass es sich um ein verknüpftes Bild handelt, setzen Sie einfach den Hintergrund der Grafik auf Grau. Gehen Sie dazu wie folgt vor:

1 Klicken Sie mit der rechten Maustaste auf das Bild.
2 Im Kontextmenü wählen Sie den Eintrag *Grafik formatieren*.
3 Im Dialogfenster *Grafik formatieren* wechseln Sie zur Registerkarte *Farbe und Linien* und wählen als Füllfarbe einen hellen Grauton aus. Beenden Sie den Dialog mit einem Klick auf die Schaltfläche *OK*.

Nun ist auf den ersten Blick zu erkennen, dass es sich um ein eingefügtes Bild und nicht um die Originalzelldaten handelt.

### Tipp 4: Vorhandene Formeln direkt im Tabellenblatt anzeigen

Nachdem Sie eine Formel eingegeben und die Eingabe mit [Enter] bestätigt haben, wird sofort das Ergebnis der Formel angezeigt. Die Formelsyntax ist dann nur noch in der Bearbeitungsleiste zu sehen. Excel bietet aber auch die Möglichkeit, anstatt der Formelergebnisse die Formel in den betreffenden Zellen anzuzeigen.

### So geht's:

Über das Menü *Formeln/Formelüberwachung/Formel anzeigen* werden in der Tabelle anstelle der Berechnungsergebnisse direkt die Formeln ausgegeben (Excel 2003: Menü *Extras/Formelüberwachung/Formelüberwachungsmodus*).

4.1 Wichtige Infos zum Umgang mit Formeln und Funktionen

Alternativ können die Formeln auch mit der Tastenkombination [Strg]+[#] eingeblendet werden.

*Normale Anzeige*                    *Anzeige der Formeln*

|   | A | B | C | D |
|---|---|---|---|---|
| 1 | Verkaufsliste | | | |
| 2 | | | | |
| 3 | | | | |
| 4 | Art.-Nr. | Anzahl | Brutto-VK | Summe |
| 5 | 47111 | 15 | 25,95 | 389,25 |
| 6 | 47112 | 19 | 17,98 | 341,62 |
| 7 | 47113 | 27 | 9,99 | 269,73 |
| 8 | 47114 | 13 | 13,49 | 175,37 |
| 9 | 47115 | 9 | 39,80 | 358,20 |
| 10 | 47116 | 1 | 14,95 | 14,95 |
| 11 | | | | |
| 12 | | Gesamtsumme: | | 1.549,12 |
| 13 | | | | |

|   | A | B | C | D |
|---|---|---|---|---|
| 1 | Verkaufsliste | | | |
| 2 | | | | |
| 3 | | | | |
| 4 | Art.-Nr. | Anzahl | Brutto-VK | Summe |
| 5 | 47111 | 15 | 25,95 | =B5*C5 |
| 6 | 47112 | 19 | 17,98 | =B6*C6 |
| 7 | 47113 | 27 | 9,99 | =B7*C7 |
| 8 | 47114 | 13 | 13,49 | =B8*C8 |
| 9 | 47115 | 9 | 39,8 | =B9*C9 |
| 10 | 47116 | 1 | 14,95 | =B10*C10 |
| 11 | | | | |
| 12 | | Gesamtsumme: | | =SUMME(D5:D10) |
| 13 | | | | |

## Tipp 5: Zellinhalt und Formel einer Zelle gleichzeitig anzeigen

Zur besseren Übersicht und zur Klarstellung komplexer Sachverhalte sollen sowohl die Ergebnisse einer Berechnung als auch die Berechnungsformeln gleichzeitig am Bildschirm dargestellt werden.

### So geht's:

1  Erstellen Sie von der betreffenden Arbeitsmappe ein zweites Fenster. Dies erreichen Sie über das Menü *Ansicht/Fenster/Neues Fenster* (Excel 2003: Menü *Fenster/ Neues Fenster*).

2  Ordnen Sie über das Menü An*sicht/Fenster/Alle anordnen* die Fenster *Horizontal* an (Excel 2003: Menü *Fenster/Anordnen/Horizontal*).

3  Im letzten Schritt aktivieren Sie über das Menü *Formeln/Formelüberwachung/Formeln anzeigen* die Formelanzeige. Alternativ können Sie sie auch über die Tastenkombination [Strg]+[#] einschalten (Excel 2003: Menü *Extras/Formelüberwachung/ Formelüberwachungsmodus*).

In der oberen Arbeitsmappe werden nun die Berechnungsergebnisse und in der unteren die entsprechenden Formeln angezeigt. Diese Art der Darstellung erweist sich bei komplexeren Sachverhalten als sehr hilfreich.

## Tipp 6: Formeln intelligent zusammenbauen

Die Erstellung komplexer, ineinander verschachtelter Formeln und Funktionsparameter stellt für viele Anwender eine schwierige, in manchen Fällen sogar eine nicht lösbare Aufgabe dar. In den meisten Fällen hilft es, die Aufgabenstellung in mehrere Teilaufgaben zu zerlegen, die für sich betrachtet leicht zu verstehen sind. Wenn alle Teilfunktionen erfolgreich erstellt wurden, müssen sie nur noch zu einer Gesamtformel zusammengebaut werden.

Im folgenden Beispiel soll aus der Spalte *Name*, die sowohl den Vor- als auch den Nachnamen enthält, nur der Nachname extrahiert werden.

### So geht's:

Sehen Sie sich zunächst die Ausgangstabelle an.

In den Zellen A5 bis A7 befinden sich die Nachnamen, die extrahiert werden sollen.

1. Als eindeutiges Trennzeichen dient in diesen Beispielnamen das Leerzeichen. Im ersten Schritt wird also ermittelt, an welcher Stelle sich das Leerzeichen befindet. Erfassen Sie dazu in Zelle A10 die Formel =SUCHEN(" ";A5;1).

2. Im zweiten Schritt wird die Länge der gesamten Zeichenfolge, also des Vornamens mit dem Nachnamen, mit der Formel =LÄNGE(A5) ermittelt, die Sie in Zelle A11 eingeben.

   Das Ergebnis ist vergleichbar mit dem in nebenstehender Abbildung.

   Sie sehen, in Zelle A5 befindet sich das Leerzeichen an sechster Stelle, und die gesamte Zeichenlänge der Zelle A5 beträgt 15 Stellen.

3. Zur Ermittlung des Nachnamens erfassen Sie nun in Zelle A12 diese Funktion:

   =RECHTS(A5;A11-A10)

   Damit wird von der gesamten Stringlänge die Stellenzahl bis zur Leerstelle subtrahiert, und es wird nur noch der rechte Teil des verbleibenden Strings ausgegeben. Als Ergebnis erhalten Sie damit den Nachnamen *Schneider*.

Diese Lösung ist jetzt aber auf der Basis von zwei Hilfszellen entstanden. Im nächsten Schritt werden die Funktionen zu einer einzigen zusammengebaut. Gehen Sie dazu wie folgt vor:

1. Erfassen Sie in Zelle E5 die provisorische Formel =RECHTS(A5;1) und bestätigen Sie mit [Enter].

2  Kopieren Sie die Formel *LÄNGE(A5)* aus Zelle A11 über die Bearbeitungsleiste in die Zwischenablage. Achten Sie darauf, dass das =-Zeichen nicht mitkopiert wird.

3  Gehen Sie wieder zu Zelle E5 und ersetzen Sie die Ziffer 1 mit der Formel aus der Zwischenablage. In Zelle E5 steht nun folgender Inhalt:
=RECHTS(A5;LÄNGE(A5))

4  Kopieren Sie wie unter Punkt 2 beschrieben die Formel *SUCHEN(" ";A5;1)* aus Zelle A10 in die Zwischenablage.

5  Wechseln Sie nun wieder zu Zelle E5, erfassen Sie vor der letzten rechten Klammer ein Minuszeichen und fügen Sie den Inhalt der Zwischenablage danach ein.

Die komplette Formel in Zelle E5 lautet somit nun *=RECHTS(A5;LÄNGE(A5)-SUCHEN(" ";A5;1))*, als Ergebnis wird der Nachname *Schneider* ausgegeben.

Sie sehen, durch das Zerlegen von komplexeren Formeln in ihre Einzelbestandteile ist es wesentlich einfacher, die Zusammenhänge zu verstehen. Auf diesen Teillösungen aufbauend, lassen sich Formeln auch leichter zusammenfügen.

## Tipp 7: Formeln verkleinern

Formeln werden in der Praxis manchmal ziemlich lang bzw. komplex und damit auch unübersichtlich. Je mehr Zellverweise und einzelne Funktionen ineinander verschachtelt werden, desto schwerer ist eine Formel zu lesen und zu verstehen.

Hier bietet es sich an, für Zellen oder Zellbereiche Namen zu definieren. Ein weiterer Trick, um Formeln zu verkürzen, besteht darin, lange Tabellenblattbezeichnungen abzukürzen. Im folgenden Beispiel sehen Sie, wie sich eine Formel elegant verkürzen lässt.

### So geht's:

Sehen Sie sich zunächst die Ausgangstabelle an.

## 4. Formeln effektiv und professionell einsetzen

Darin befinden sich für jeden Monat mehrere Umsätze mit unterschiedlichen Umsatzsteuerkennziffern (*USt-KZ*).

Die Übersicht der Umsatzsteuerkennziffern befindet sich auf einem anderen Tabellenblatt als die Umsatzliste selbst. In Spalte D der Umsatzliste soll nun der Bruttoumsatz mit den vorgegebenen Umsatzsteuersätzen auf der Basis direkter Zellbezüge errechnet werden.

| | A | B | C |
|---|---|---|---|
| 1 | Umsatzsteuerkennziffer | | |
| 2 | | | |
| 3 | USt-KZ | USt-Satz | |
| 4 | 1 | 19 | |
| 5 | 2 | 7 | |
| 6 | 3 | 16 | |
| 7 | | | |

**1** Markieren Sie im ersten Schritt den Zellbereich D5:D11.

**2** Erfassen Sie in Zelle D5 folgende Formel:
=WENN(ISTFEHLER(B5+(B5*SVERWEIS(C5;'4.Tipp6-2'!$A$4:$B$6;2;FALSCH)/100));"";B5+(B5*SVERWEIS(C5;'4.Tipp6-2'!$A$4:$B$6;2;FALSCH)/100))

**3** Beenden Sie die Formeleingabe mit der Tastenkombination [Strg]+[Enter].

Auf diese Weise wird abhängig von der Umsatzsteuerkennziffer der entsprechende Bruttoumsatz ermittelt. Zur Verkürzung der Formel gehen Sie nun wie folgt vor:

**1** Wechseln Sie auf das Tabellenblatt, auf dem sich die Umsatzsteuerkennziffern befinden.

**2** Markieren Sie den Bereich A4:B6 und rufen Sie den Befehl zur Namensdefinition über das Menü *Formeln/Definierte Namen/Namen definieren* auf (Excel 2003: Menü *Einfügen/Namen/Definieren*).

**3** Als Name erfassen Sie *ust*. Sie können im Feld *Kommentar* auch eine kurze Beschreibung des Namens hinterlegen. Beenden Sie den Dialog mit einem Klick auf *OK*. (Die Erfassung von Kommentaren bei der Definition neuer Namen besteht erst ab der Excel-Version 2007.)

**4** Wechseln Sie nun wieder zurück zur Umsatzliste und markieren Sie den Zellbereich E5:E11. Geben Sie in Zelle E5 diese Funktion ein:
=WENN(ISTFEHLER(B5+(B5*SVERWEIS(C5;ust;2;0)/100));"";B5+(B5*SVERWEIS(C5;ust;2;0)/100))

**5** Schließen Sie die Eingabe erneut mit [Strg]+[Enter] ab.

Sie sehen, bereits die Vergabe eines einzigen Namens hat eine erhebliche Verkürzung der ursprünglichen Formel ergeben. Der Befehl SVERWEIS() bezieht sich nun nicht mehr auf die Matrix, sondern auf den Namen *ust*, der die Matrix der Umsatzsteuerkennziffern bezeichnet.

| | A | B | C | D | E |
|---|---|---|---|---|---|
| 1 | Umsätze Brutto - Netto | | | | |
| 2 | | | | | |
| 3 | | | | | Kurze Formel |
| 4 | Monat | Netto | Ust-KZ | Brutto | Brutto |
| 5 | Januar | 39.829,45 € | 1 | 47.397,05 € | 47.397,05 € |
| 6 | Januar | 68.739,79 € | 2 | 73.551,58 € | 73.551,58 € |
| 7 | Februar | 87.639,62 € | 1 | 104.291,15 € | 104.291,15 € |
| 8 | Februar | 63.923,90 € | 2 | 68.398,57 € | 68.398,57 € |
| 9 | Februar | 7.641,00 € | 3 | 8.863,56 € | 8.863,56 € |
| 10 | März | 58.293,44 € | 1 | 69.369,19 € | 69.369,19 € |
| 11 | März | 102.893,35 € | 2 | 110.095,88 € | 110.095,88 € |
| 12 | | | | | |

→ Verweis: siehe Kapitel 4.3, Tipp 1

## Tipp 8: Kopieren von mehreren Formeln ohne Veränderung der Zellbezüge

In der Praxis kommt es aus verschiedenen Gründen immer wieder vor, dass Formeln ohne automatische Anpassung der Zellbezüge kopiert werden müssen.

In Kapitel 1.2 wurde bereits beschrieben, wie Formeln über die Bearbeitungsleiste ohne Anpassung der Zellbezüge kopiert werden können. Für eine überschaubare Anzahl an Formeln ist dieser Weg sicherlich bestens geeignet. Bei einer Vielzahl an zu kopierenden Formeln empfiehlt es sich jedoch, folgenden Trick anzuwenden. Als Ausgangstabelle liegt eine Lieferantenliste mit Zahlungszielen vor. In Spalte E befinden sich die Formeln zur Ermittlung des Zahlungstags. Die Formeln sollen ohne Anpassung der Zellbezüge in Spalte G kopiert werden.

*So geht's:*

1. Markieren Sie den Zellbereich, der kopiert werden soll, in diesem Beispiel den Bereich F6:F12.
2. Öffnen Sie über das Menü *Start/Bearbeiten/Suchen & Auswählen/Ersetzen* das Dialogfenster *Suchen und Ersetzen* (Excel 2003: Menü *Bearbeiten/Ersetzen*).
3. Erfassen Sie im Feld *Suchen nach* das =-Zeichen und im Feld *Ersetzen durch* das #-Zeichen.
4. Durch einen Klick auf die Schaltfläche *Alle ersetzen* werden die =-Zeichen durch die #-Zeichen ersetzt. Das Ergebnis sieht wie nebenstehend aus.

5. Schließen Sie das Dialogfenster mit einem Klick auf *OK*.
6. Kopieren Sie nun die geänderten Formeln in den Bereich G6:G12.
7. Markieren Sie den Bereich F6:G12 und starten Sie erneut den Dialog *Suchen und Ersetzen*, vertauschen Sie aber die Zeichen. Gesucht wird jetzt nach #, ersetzt wird mit =.

## 4. Formeln effektiv und professionell einsetzen

8 Nachdem Sie das Dialogfenster mit einem Klick auf die Schaltfläche *Alle ersetzen* beendet haben, sind die Formeln im Bereich F6:F12 wieder in den Ausgangszustand versetzt; im Bereich G6:G12 wurden die Formeln ohne Anpassung der Zellbezüge eingefügt.

→ Verweis: siehe Kapitel 1.2, Tipp 7

### Tipp 9: Formelzellen schützen

In der Praxis ist es häufig notwendig, Zellen zu schützen, in denen sich Formeln befinden. Gerade wenn mehrere Anwender an einer Excel-Tabelle arbeiten, empfiehlt sich dieser Schutz ganz besonders. Denn wer hat nicht schon einmal aus Versehen eine Formel gelöscht? Um dem vorzubeugen, zeigt Ihnen dieses Beispiel, wie sich Formelzellen vor unberechtigtem Löschen schützen lassen.

#### So geht's: Formeln mit der Blattschutzfunktion sichern

Excel bietet die Möglichkeit, den Zugriff auf Formeln in geschützten Tabellenblättern zu untersagen. Dazu sind folgende Schritte notwendig:

1 Markieren Sie alle Zellen des Tabellenblatts. Am schnellsten erreichen Sie dies mit der Tastenkombination [Strg]+[A]. Achten Sie darauf, dass sich der Zellzeiger in einer Zelle befindet, die nicht zu einem zusammenhängenden Zellbereich gehört. Sollte das der Fall sein, müssen Sie die Tastenkombination zweimal ausführen.

2 Starten Sie über das Menü *Start/Zellen/Format/Zellen formatieren* das Dialogfenster *Zellen formatieren* (Excel 2003: Menü *Format/Zellen*). Alternativ können Sie dieses Dialogfenster auch über die Tastenkombination [Strg]+[1] aufrufen.

## 4.1 Wichtige Infos zum Umgang mit Formeln und Funktionen

3  Wechseln Sie zur Registerkarte *Schutz* und deaktivieren Sie das Kontrollkästchen *Gesperrt*, indem Sie den Haken entfernen. Beenden Sie das Dialogfenster anschließend mit *OK*.

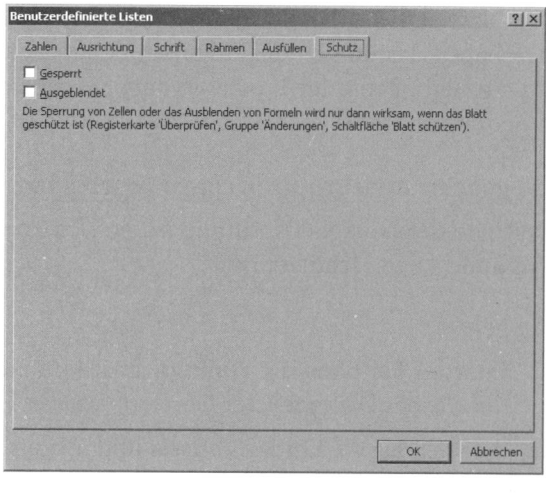

4  Im nächsten Schritt müssen alle Zellen markiert werden, die eine Formel beinhalten. Dies erreichen Sie am schnellsten, indem Sie mit der Funktionstaste [F5] das Dialogfenster *Gehe zu* öffnen.

5  Klicken Sie auf die Schaltfläche *Inhalte*.

6  Aktivieren Sie im Dialogfenster *Inhalte auswählen* die Option *Formeln*. Achten Sie darauf, dass die Kontrollkästchen *Zahlen*, *Text*, *Wahrheitswerte* und *Fehler* aktiviert sind.

7  Nachdem Sie das Dialogfenster mit einem Klick auf die Schaltfläche *OK* beendet haben, werden alle Zellen auf dem aktuellen Tabellenblatt markiert, in denen sich Formeln befinden.

8  Öffnen Sie nun wieder den Dialog zur Zellenformatierung und aktivieren Sie für die markierten Formelzellen den Zellschutz, indem Sie erneut den Haken im Kontrollkästchen *Gesperrt* setzen.

Damit der Zellschutz greift, muss das Blatt geschützt werden. Gehen Sie dazu wie folgt vor:

1  Öffnen Sie über das Menü *Überprüfen/Änderungen/Blatt schützen* das Dialogfenster für den Blattschutz (Excel 2003: Menü *Extras/Schutz/Blatt schützen*).

2  Dieses Dialogfenster bietet verschiedene Einstellungsmöglichkeiten rund um den Blattschutz. Zum Schutz der Formelzellen genügt es, wenn Sie die Standardvorgaben übernehmen. Abhängig davon, wie sicher der Formelschutz sein soll, können Sie ein Passwort für den Blattschutz festlegen.

**3** Nachdem Sie den Blattschutz mit einem Klick auf die Schaltfläche *OK* hergestellt haben, lassen sich die Zellen, in denen sich Formeln befinden, zwar auswählen, Änderungen oder Löschvorgänge werden aber mit einer entsprechenden Meldung quittiert.

### So geht's: Formelschutz in einem ungeschützten Tabellenblatt herstellen

Mithilfe der Gültigkeitsprüfung lassen sich Formelzellen auch ohne Blattschutz vor Veränderungen schützen.

### So geht's:

**1** Starten Sie über die Funktionstaste [F5] und einen Klick auf die Schaltfläche *Inhalte* das Dialogfenster *Inhalte auswählen*.

**2** Wählen Sie die Option *Formeln* und achten Sie darauf, dass die Kontrollkästchen *Zahlen*, *Text*, *Wahrheitswerte* und *Fehler* aktiviert sind. Nach einem Klick auf die Schaltfläche *OK* werden alle Formelzellen markiert.

**3** Starten Sie nun über das Menü *Daten/ Datentools/Datenüberprüfung* das Dialogfenster *Datenüberprüfung* (Excel 2003: Menü *Daten/Gültigkeit*).

**4** Wählen Sie unter *Zulassen* den Eintrag *Benutzerdefiniert*.

**5** Als Formel erfassen Sie ="" und beenden den Dialog mit *OK*.

Damit können Zellen, in denen sich Formeln befinden, nicht mehr verändert werden. Jede Eingabe wird mit einem Fehlerhinweis quittiert.

> **Hinweis**
>
> Die Löschfunktion ist damit allerdings nicht deaktiviert. Das bedeutet, über die [Entf]-Taste lässt sich die Formel nach wie vor löschen.

→ Verweis: siehe Kapitel 1.1, Tipp 16

## Tipp 10: Formeln auswerten und prüfen

In langen und verschachtelten Funktionen verliert man schon mal den Überblick. Ergibt eine Funktion nicht das gewünschte Ergebnis, ist manchmal guter Rat teuer. Genau hier kommt das Tool Formelauswertung zum Einsatz. Damit lassen sich Teilergebnisse berechnen und schrittweise Auswertungen durchführen.

4.1 Wichtige Infos zum Umgang mit Formeln und Funktionen

*So geht's:*

1 Markieren Sie die Zelle, die die Formel zur Auswertung beinhaltet.

2 Starten Sie über das Menü *Formeln/Formelüberwachung/Formelauswertung* den Dialog *Formeln auswerten* (Excel 2003: Menü *Extras/Formelüberwachung/Formelauswertung*).

3 Über die Schaltfläche *Auswerten* wird jeweils der unterstrichene Formelteil ausgewertet, und das Ergebnis der Teilberechnung wird eingeblendet.

4 Über die Schaltfläche *Einzelschritt* können Sie sich das jeweils zugehörige Formelargument einblenden lassen.

Auf diese Weise lassen sich Fehler relativ schnell ermitteln. Da in der Formel direkt das Ergebnis angezeigt wird, können Sie auch Logikfehler rasch erkennen.

> **Hinweis**
>
> Beachten Sie, dass jeweils nur eine Formel ausgewertet werden kann. Sobald zwei Formelzellen markiert werden, steht der Befehl nicht mehr zur Verfügung. Das bedeutet, Sie müssen den Befehl für jede Formel erneut aufrufen.

## Tipp 11: Sicherer Umgang mit Zirkelbezügen

Zirkelbezüge entstehen, wenn sich eine Formel direkt oder indirekt auf die Zelle bezieht, in die sie eingetragen wurde. Sobald ein Zirkelbezug auftritt, wird eine Warnmeldung ausgegeben, und die Zellen, die den Zirkelbezug verursachen, werden markiert.

Im folgenden Praxisbeispiel soll ausgehend von einem Bruttobetrag die Umsatzsteuer ermittelt werden.

*So geht's: Erzeugen eines Zirkelbezugs*

1 Geben Sie in Zelle B4 den Wert *19%* ein.

2 In Zelle B5 erfassen Sie die Formel *=B7-B6*.

## 4. Formeln effektiv und professionell einsetzen

**3** Die Umsatzsteuer in Zelle B6 wird mit dieser Formel berechnet: =B4*B5. Nach Bestätigung der Eingabe erkennt Excel den Zirkelbezug und gibt einen Fehlerhinweis aus.

An der blauen Markierung in den Zellen B5 und B6 kann der Zirkelbezug ebenfalls erkannt werden.

**4** Erfassen Sie nun noch in Zelle B7 den Bruttowert 1000.

### So geht's: Auflösen des Zirkelbezugs

**1** Starten Sie das Dialogfenster *Excel-Optionen*:
- ab Excel 2010: Menü *Datei/Optionen*,
- in Excel 2007: Menü *Office/Excel-Optionen*,
- in Excel 2003: Menü *Extras/Optionen*, Registerkarte *Berechnung*.

**2** Wechseln Sie zum Abschnitt *Formeln* und setzen Sie im Kontrollkästchen *Iterative Berechnung aktivieren* einen Haken. Die Voreinstellungen *Maximale Iterationszahl* 100 und *Maximale Änderung 0,001* können Sie beibehalten (Excel 2003: Kontrollkästchen *Iteration*).

**3** Nach einem Klick auf *OK* wird der Zirkelbezug aufgehoben, und die Berechnung wird wie gewünscht durchgeführt.

Als Umsatzsteuer ergibt sich ein Wert von 159,66 Euro.

## Tipp 12: Spalten- und Zeilenüberschriften in Berechnungen verwenden (bis Excel 2003)

Bis zur Excel-Version 2003 besteht die Möglichkeit, Spalten- und Zeilenüberschriften direkt in einer Formel zu verwenden. Dabei müssen keine Namen definiert wer-

## 4.1 Wichtige Infos zum Umgang mit Formeln und Funktionen

den, allein der Umstand genügt, dass Zahlenkolonnen Überschriften besitzen. Diese Möglichkeit steht ab Excel 2007 nicht mehr zur Verfügung.

Das nebenstehende Beispiel zeigt, wie diese Funktion bis zur Version Excel 2003 in der Praxis sinnvoll eingesetzt werden kann.

Als Ausgangstabelle dient eine Deckungsbeitragsrechnung, in der im Bereich D5:D11 der Deckungsbeitrag über die Formel =B5-C5 berechnet wurde.

### So geht's:

1  Stellen Sie im ersten Schritt ein, dass Beschriftungen in Formeln verwendet werden können. Öffnen Sie dazu über das Menü *Extras/Optionen* die Registerkarte *Bearbeiten* und aktivieren Sie dort das Kontrollkästchen *Beschriftungen in Formeln zulassen*.

2  Erfassen Sie nun anstelle der Formel =B5-C5 die Formel *=Umsatzerlös-variable Kosten* in Zelle D5. Damit werden die variablen Kosten aus Spalte C von den Umsatzerlösen aus Spalte B subtrahiert.

3  Kopieren Sie die Formel bis zur Zelle D10 nach unten.

Sie sehen, diese Berechnung funktioniert ohne die Definition eines einzigen Namens. Sie erfolgt ausschließlich auf Basis der Spaltenbeschriftungen.

## Tipp 13: Anzeige von Berechnungen in der Statusleiste

Soll es einmal ganz schnell gehen oder möchten Sie bestimmte Zellwerte nur zur Prüfung kurz summieren, ist dieser Tipp genau der richtige für Sie. Da sich die Statusleisten von Excel 2003 und Excel 2007/Excel 2010/Excel 2013 stark unterscheiden, werden beide Vorgehensweisen getrennt voneinander dargestellt.

### So geht's ab Excel 2007:

Markieren Sie zunächst den Zellbereich, der berechnet werden soll.

In der Statusleiste werden standardmäßig die Summe, der Mittelwert und die Anzahl der markierten Zellen berechnet und angezeigt.

Wenn Sie mit der rechten Maustaste auf die Statusleiste klicken, öffnet sich das Dialogfenster *Statusleiste anpassen*, in dem verschiedene Einstellungen vorgenommen werden können.

Auf diese Weise können Sie die Statusleiste Ihren individuellen Bedürfnissen und Gewohnheiten anpassen.

## 4.1 Wichtige Infos zum Umgang mit Formeln und Funktionen

*So geht's unter Excel 2003:*

Markieren Sie hier ebenfalls den Zellbereich, der selektiert werden soll.

Auch unter Excel 2003 lassen sich in der Statusleiste verschiedene Ergebnisse anzeigen. Anders als in Excel 2007/Excel 2010/Excel 2013 steht aber jeweils nur ein Ergebnis zur Verfügung.

Zum Wechseln zwischen der Anzeige der Summenwerte, der Minimum- und Maximumwerte, der Anzahl und des Mittelwerts klicken Sie einfach auf den Eintrag in der Statusleiste. Daraufhin öffnet sich ein Auswahlmenü, aus dem der gewünschte Eintrag selektiert werden kann.

### Hinweis

Sobald mehrere Zellen markiert werden, für die Ergebnisse berechnet werden können, erfolgt die Anzeige in der Statusleiste automatisch.

## Tipp 14: Tabellenblattübergreifende Berechnungen mit 3-D-Bezügen durchführen

3-D-Berechnungen kommen zum Einsatz, wenn Berechnungen tabellenblattübergreifend durchgeführt werden sollen.

## 4. Formeln effektiv und professionell einsetzen

Im folgenden Beispiel wird der Umgang mit 3-D-Berechnungen anhand einer Arbeitsmappe erläutert, in der sich auf je einem eigenen Arbeitsblatt die Verkaufsergebnisse der vergangenen drei Jahre befinden. Diese Ergebnisse sollen zu einer Gesamtübersicht zusammengefasst werden.

### So geht's:

Sehen Sie sich zunächst die Ausgangstabelle etwas näher an.

Auf dem Tabellenblatt 2012 befinden sich die Verkaufszahlen nach Regionen und Monaten aufgeschlüsselt. Die Blätter 2011 und 2010 sind identisch aufgebaut. Die Summen der Zellen B4 aller drei Blätter sollen nun in das Tabellenblatt *Gesamt* eingefügt werden.

Dazu werden sogenannte 3-D-Bezüge verwendet. Als 3-D-Bezug wird der tabellenübergreifende Zellbezug bezeichnet.

Für Zelle B4 im Tabellenblatt *Gesamt* lautet der 3-D-Bezug wie folgt:
'2012:2010'!B4

Um nun mit 3-D-Bezügen rechnen zu können, müssen sie in eine Formel eingebunden werden. Gehen Sie dazu wie folgt vor:

**1** Aktivieren Sie das Tabellenblatt *Gesamt* und erfassen Sie in Zelle B4 diese Formel:
=SUMME('2012:2010'!B4)

**2** Kopieren Sie die Formel nun einfach bis Zelle E4 nach rechts.

**3** Markieren Sie jetzt den Zellbereich B4:E4 und kopieren Sie die Formeln bis zur Zeile 15 nach unten.

Auf diese Weise können Zellbereiche ohne Schwierigkeiten tabellenübergreifend summiert werden.

## So geht's: 3-D-Bezüge über 3-D-Namen herstellen

3-D-Bezüge können auch über sogenannte 3-D-Namen hergestellt werden. Damit besteht die Möglichkeit, über einen definierten Namen beliebige Zellen innerhalb des 3-D-Bezugs auszuwerten. Gehen Sie dazu wie folgt vor:

1 Starten Sie über das Menü *Formeln/Definierte Namen/Namen definieren* den Befehl zum Erstellen eines neuen Namens (Excel 2003: Menü *Einfügen/Namen/ Definieren*).

2 Als Name erfassen Sie *Verkauf_Gesamt*, und im Feld *Bezieht sich auf* geben Sie folgenden Bezug ein:

='2012:2010'!B4

Achten Sie darauf, dass der Zellbezug relativ angegeben wird, also ohne Dollarzeichen.

3 Verlassen Sie die Namensdefinition mit einem Klick auf die Schaltfläche *OK*.

4 Erfassen Sie auf dem Tabellenblatt *Gesamt* in Zelle B18 nun die Formel =SUMME(Verkauf_Gesamt). Damit entfällt die Angabe des Zellbezugs, da dieser bereits bei der Namensdefinition vergeben wurde.

5 Kopieren Sie diese Funktion bis zur Zelle E18 nach rechts.

6 Markieren Sie wiederum den Bereich B18:E18 und kopieren Sie ihn bis zur Zeile 29 nach unten.

In allen Zellen steht jetzt die gleiche Formel. Die Anpassung der Zellbezüge erfolgt intern über die relativen Zellverweise bei der Namensdefinition.

| | A | B | C | D | E |
|---|---|---|---|---|---|
| 16 | | | | | |
| 17 | | Region Süd | Region Nord | Region West | Region Ost |
| 18 | Januar | 13.316,75 € | 16.704,37 € | 11.586,17 € | 15.965,51 € |
| 19 | Februar | 8.721,99 € | 6.678,04 € | 23.471,81 € | 9.240,91 € |
| 20 | März | 8.803,86 € | 21.355,90 € | 13.475,17 € | 10.131,70 € |
| 21 | April | 5.767,98 € | 19.564,30 € | 18.066,72 € | 5.945,57 € |
| 22 | Mai | 15.758,93 € | 21.890,06 € | 19.011,23 € | 3.028,67 € |
| 23 | Juni | 13.502,48 € | 24.215,83 € | 19.955,73 € | 17.547,72 € |
| 24 | Juli | 14.920,26 € | 26.541,59 € | 20.900,23 € | 13.996,20 € |
| 25 | August | 15.647,65 € | 28.867,36 € | 17.364,57 € | 15.929,32 € |
| 26 | September | 16.835,29 € | 31.193,12 € | 13.828,90 € | 17.862,43 € |
| 27 | Oktober | 17.907,88 € | 33.518,89 € | 15.682,49 € | 19.795,55 € |
| 28 | November | 18.980,46 € | 33.779,92 € | 13.943,24 € | 21.728,66 € |
| 29 | Dezember | 20.053,04 € | 36.105,69 € | 13.102,20 € | 23.661,78 € |
| 30 | | | | | |

---

**Hinweis**

3-D-Bezüge schließen das erste und das letzte Tabellenblatt mit ein. Wenn ein neues Arbeitsblatt hinzukommt, das in der 3-D-Berechnung berücksichtigt werden soll, müssen Sie dieses nur vor dem letzten Tabellenblatt einfügen. Damit werden die Werte automatisch in der Gesamttabelle summiert.

## 4.2 Matrixfunktionen auf den Punkt gebracht

Mit Matrixfunktionen lassen sich viele Formeleingaben auf ein Minimum reduzieren. Mehrere Berechnungen werden somit gleichzeitig in allen Zellen eines Bereichs durchgeführt. Damit werden leistungsfähige Berechnungen mit relativ wenig Aufwand möglich.

Matrixfunktionen werden mit der Tastenkombination Strg+Umschalt+Enter erzeugt. Zu erkennen sind Matrixfunktionen an den geschweiften Klammern vor und nach der eigentlichen Funktion. Diese Klammern dürfen nicht manuell eingegeben werden, sondern werden automatisch durch die Tastenkombination erstellt.

### Tipp 1: Der einfache Umgang mit Matrixfunktionen

Matrixfunktionen beruhen auf dem Teilgebiet der linearen Algebra, in dem es um den Umgang mit Matrizen geht. Abgebildet auf einer Tabelle, ist eine Matrix ein rechteckiger Bereich, der sich über eine bestimmte Anzahl an Spalten und Zeilen erstreckt.

Im folgenden Beispiel wird die Funktionsweise von Matrixfunktionen anhand eines Beispiels erläutert. Es liegt eine Verkaufsliste vor, in der die Verkaufsmengen sowie Bruttoverkaufspreise für jeden Artikel angegeben sind. Im ersten Schritt soll der Gesamterlös ohne Matrixfunktionen errechnet werden. Anschließend wird die gleiche Berechnung mit einer Matrixfunktion durchgeführt.

*So geht's:*

Sehen Sie sich zunächst die Ausgangstabelle an.

Zur Berechnung des Gesamtumsatzes ohne Matrixfunktion gehen Sie wie folgt vor:

1   Markieren Sie den Zellbereich D5:D10.
2   Erfassen Sie in Zelle D5 die Formel *=B1*D5*.

3   Beenden Sie die Eingabe der Formel mit der Tastenkombination Strg+Enter. Damit wird die Formel automatisch mit angepassten Zellbezügen in den markierten Bereich eingetragen.
4   Zur Berechnung der Gesamtsumme erfassen Sie in Zelle D12 noch die Formel *=SUMME(D5:D10)*.

Als Gesamtumsatz ergibt sich ein Wert von 1.549,12 Euro. Zur Berechnung dieses Werts wurden sieben Einzelwertformeln benötigt.

Das gleiche Ergebnis lässt sich auch mit einer einzigen Matrixfunktion erzielen. Gehen Sie dazu wie folgt vor:

1. Erfassen Sie in Zelle D12 diese Funktion:
   =SUMME(B5:B10*C5:C10)

2. Beenden Sie die Eingabe mit der Tastenkombination [Strg]+[Umschalt]+[Enter]. Dadurch wird die Formel als Matrixfunktion eingetragen, und die geschweiften Klammern werden automatisch hinzugefügt.

3. Als Ergebnis erhalten Sie mit dieser Matrixfunktion den gleichen Gesamtumsatz von 1.549,12 Euro.

## Tipp 2: Der einfache Umgang mit Matrixkonstanten

Matrixfunktionen bieten die gleiche Flexibilität wie gewöhnliche Funktionen. So können Sie entweder einen Bezug auf eine Zelle mit einem bestimmten Wert oder aber einzelne Werte direkt in die Formel eingeben. Die Matrix der eingegebenen Werte wird als Matrixkonstante bezeichnet.

Wenn Sie also die Eingabe jeder Konstanten in eine eigene Zelle vermeiden möchten, können Sie Matrixkonstanten anstelle von Bezügen verwenden. Als Matrixkonstanten können die Wertetypen Text, Zahlen sowie Wahrheits- und Fehlerwerte verwendet werden. Dabei werden sowohl Zahlen im Format für ganze Zahlen als auch Dezimalzahlen und Zahlen im wissenschaftlichen Format akzeptiert.

Wenn Sie Texte als Matrixkonstanten verwenden möchten, müssen Sie diese in Anführungszeichen einschließen. Es besteht selbstverständlich auch die Möglichkeit, verschiedene Wertetypen gleichzeitig in einer Matrixkonstanten zu verwenden. Allerdings dürfen Matrixkonstanten keine Währungsangaben, Klammern oder Prozentzeichen enthalten.

Nachfolgend sehen Sie den Umgang mit Matrixkonstanten anhand eines Beispiels. In diesem Beispiel soll der Wert aus Zelle B5 mit den vorgegebenen Matrixkonstanten multipliziert werden. Als Matrixkonstanten sollen drei Umsatzsteuersätze (7, 16 und 19) verwendet werden.

*So geht's:*

1. Markieren Sie den Zellbereich C5:C7.

2. Drücken Sie die Funktionstaste [F2]. Damit wechseln Sie in den Bearbeitungsmodus.

3. Erfassen Sie die Formel =B5+B5*{7;16;19}/100.

4 Schließen Sie die Eingabe mit der Tastenkombination [Strg]+[Umschalt]+[Enter] ab.

|   | A | B | C | D |
|---|---|---|---|---|
| 1 | Ausweis verschiedener Umsatzsteuersätze | | | |
| 2 | | | | |
| 3 | | | | |
| 4 | | | | |
| 5 | Ausgangsbetrag: | 1.000,00 € | 1.070,00 € | |
| 6 | | | 1.160,00 € | |
| 7 | | | 1.190,00 € | |
| 8 | | | | |
| 9 | | | | |

In den Zellen C5 bis C7 wird jeweils das Ergebnis der Multiplikation des Betrags aus Zelle B5 mit den Matrixkonstanten angezeigt. Der Wert von 1.000,00 Euro wird mit 7, 16 und 19 % multipliziert.

## Tipp 3: Besonderheiten bei der Bearbeitung von Matrizen

Bei der Bearbeitung unterscheiden sich Matrixbereiche von normalen Zellen. Das hängt damit zusammen, dass ein Matrixbereich immer gemeinsam eine Formel nutzt. Bestimmte Veränderungen würden demzufolge zu falschen Ergebnissen führen oder Berechnungen unmöglich machen.

Aus diesem Grund ist es nicht gestattet, Inhalte einzelner Zellen, die zu einer Matrix gehören, zu ändern oder zu löschen. Außerdem können einzelne Zellen einer Matrix nicht verschoben werden, und es besteht auch nicht die Möglichkeit, neue Zellen in einen Matrixbereich einzufügen.

Versuchen Sie es dennoch, unterbindet Excel das mit nebenstehender Fehlermeldung.

Zur Bearbeitung der gesamten Matrix gehen Sie wie folgt vor:

1 Markieren Sie eine Zelle, in der sich eine Matrixfunktion befindet.

2 Drücken Sie die Funktionstaste [F5]. Damit wird das Dialogfenster *Gehe zu* aufgerufen.

3 Klicken Sie auf die Schaltfläche *Inhalte*.

4 Aktivieren Sie im Dialogfenster *Inhalte auswählen* die Option *Aktuelles Array*.

5 Nachdem Sie das Dialogfenster mit einem Klick auf die Schaltfläche *OK* bestätigt haben, werden alle Zellen der aktuellen Matrix markiert.

Jetzt können Sie die Matrixfunktion bearbeiten oder löschen.

Darüber hinaus besteht auch die Möglichkeit, eine bestehende Matrixfunktion in einzelne Formeln zu zerlegen und diese anstatt der Matrixfunktion in die jeweiligen Zellen einzutragen. Gehen Sie dazu wie folgt vor:

1. Markieren Sie wieder alle Zellen, die zur aktuellen Matrix gehören.
2. Wechseln Sie mit der Funktionstaste [F2] in den Bearbeitungsmodus.
3. Drücken Sie die Tastenkombination [Strg]+[Enter].

Diese Tastenkombination bewirkt, dass die Formel der aktiven Zelle in alle markierten Zellen eingetragen wird. Nun können Sie jede einzelne Zelle bearbeiten oder neue Zellen zum ehemaligen Array hinzufügen.

> **Hinweis**
>
> Wenn Sie den Vorgang wiederholen, also noch einmal die Funktionstaste [F2] drücken, und die Bearbeitung mit [Strg]+[Umschalt]+[Enter] abschließen, wird wieder eine Matrixfunktion erstellt.

## Tipp 4: Erläuterung der Matrixfunktion anhand eines Praxisbeispiels

Das folgende Praxisbeispiel zeigt anhand einer Gewinnkalkulation, wie mit dem Einsatz einer Matrixfunktion der Aufwand auf ein Minimum reduziert werden kann.

*So geht's:*

Sehen Sie sich zunächst die Ausgangstabelle an.

Für die einzelnen Produkte A bis F sind der Erlös pro Stück, die variablen Stückkosten, die Verkaufsmenge in Stück sowie die Fixkosten angegeben.

|    | A                | B               | C                         | D                         | E         |
|----|------------------|-----------------|---------------------------|---------------------------|-----------|
| 1  | Gewinnkalkulation |                 |                           |                           |           |
| 2  |                  |                 |                           |                           |           |
| 3  |                  |                 |                           |                           |           |
| 4  | Produkt          | Erlös / Stück   | Variable Stückkosten      | Verkaufsmenge /Stück      | Fixkosten |
| 5  | A                | 125,50          | 67,55                     | 230                       | 8.350,00  |
| 6  | B                | 195,50          | 90,27                     | 525                       | 37.665,30 |
| 7  | C                | 209,95          | 147,95                    | 197                       | 8.563,57  |
| 8  | D                | 399,00          | 229,44                    | 234                       | 24.983,55 |
| 9  | E                | 427,20          | 304,05                    | 84                        | 6.889,85  |
| 10 | F                | 359,95          | 244,93                    | 116                       | 7.639,37  |
| 11 |                  |                 |                           |                           |           |

Basierend auf diesen Zahlen soll nun der Gewinn über alle sechs Produkte ermittelt werden. Die Formel zur Ermittlung des Gewinns für ein Produkt sieht wie folgt aus:

*(Erlös/Stück – Variable Stückkosten) * Verkaufsmenge/Stück – Fixkosten*

Zur Umsetzung mit einer Matrixfunktion gehen Sie nun wie folgt vor:

1. Erfassen Sie in Zelle E12 folgende Formel:
   =SUMME((B5:B10-C5:C10)*D5:D10-E5:E10)
2. Schließen Sie die Eingabe mit der Tastenkombination [Strg]+[Umschalt]+[Enter] ab.

Als Ergebnis wird über eine einzige Matrixformel der Gewinn aller sechs Produkte ermittelt.

## 4. Formeln effektiv und professionell einsetzen

| | A | B | C | D | E |
|---|---|---|---|---|---|
| | E12 | | fx {=SUMME((B5:B10-C5:C10)*D5:D10-E5:E | | |
| 1 | **Gewinnkalkulation** | | | | |
| 2 | | | | | |
| 3 | | | | | |
| 4 | Produkt | Erlös / Stück | Variable Stückkosten | Verkaufsmenge /Stück | Fixkosten |
| 5 | A | 125,50 | 67,55 | 230 | 8.350,00 |
| 6 | B | 195,50 | 90,27 | 525 | 37.665,30 |
| 7 | C | 209,95 | 147,95 | 197 | 8.563,57 |
| 8 | D | 399,00 | 229,44 | 234 | 24.983,55 |
| 9 | E | 427,20 | 304,05 | 84 | 6.889,85 |
| 10 | F | 359,95 | 244,93 | 116 | 7.639,37 |
| 11 | | | | | |
| 12 | | | | Gewinn | **50.060,57** |
| 13 | | | | | |

## Tipp 5: Fehlzeiten addieren mit Matrixformeln

Fehlzeiten in Form von Urlaub und Krankheit lassen sich mithilfe von Matrixfunktionen hervorragend erfassen. Hierbei spielt es keine Rolle, ob es sich um einen kompletten oder um einen halben Fehltag handelt. Mit der entsprechenden Formelerweiterung erhalten Sie auch diese Information.

### So geht's:

1. Erfassen Sie zuerst das Grundgerüst der Tabelle, d. h. spaltenbezogen die zu betrachtenden Arbeitstage und zeilenbezogen die Mitarbeiter.

2. Tragen Sie nun pro Mitarbeiter tagesbezogen die Fehlzeiten ein. Mit *U* wird ein ganzer Urlaubstag, mit *u* ein halber Urlaubstag, mit *K* ein ganzer Krankheitstag und mit *k* ein halber Krankheitstag (z. B. ein Arztgang) gekennzeichnet.

3. Erfassen Sie dann in Zelle H4 folgende Formel:

   *=SUMME(LÄNGE(B4:F4)-LÄNGE(WECHSELN(B4:F4;"K";"")))+SUMME(LÄNGE(B4:F4)-LÄNGE(WECHSELN(B4:F4;"k";"")))/2*

   und diese in Zelle I4:

   *=SUMME(LÄNGE(B4:F4)-LÄNGE(WECHSELN(B4:F4;"U";"")))+SUMME(LÄNGE(B4:F4)-LÄNGE(WECHSELN(B4:F4;"u";"")))/2*

4. Schließen Sie die Formel mit der Tastenkombination [Strg]+[Umschalt]+[Enter] ab und ziehen Sie sie über das Ausfüllkästchen der Zelle H4 bis nach unten.

| | A | B | C | D | E | F | G | H | I | J |
|---|---|---|---|---|---|---|---|---|---|---|
| | H4 | | | fx {=SUMME(LÄNGE(B4:F4)-LÄNGE(WECHSELN(B4:F4;"K";"")))+SUMME( LÄNGE(B4:F4)-LÄNGE(WECHSELN(B4:F4;"k";"")))/2} | | | | | | |
| 1 | | 15.03.2010 | 16.03.2010 | 17.03.2010 | 18.03.2010 | 19.03.2010 | | Krank | Urlaub | Fehlzeit |
| 2 | | | | | | | | | | |
| 3 | | Mo | Di | Mi | Do | Fr | | | | |
| 4 | Müller | K | K | U | u | | | 2,0 | 1,5 | 3,5 |
| 5 | Huber | | | K | | | | 1,0 | | 1,0 |
| 6 | Meier | | | k | k | U | | 1,0 | 1,0 | 2,0 |
| 7 | Meier | K | K | | | | | 2,0 | | 2,0 |
| 8 | | | | | | | | | | |

> **Hinweis**
>
> Bei dieser Lösung werden die Funktionen SUMME, LÄNGE und WECHSELN zum Einsatz gebracht und miteinander verschachtelt. Dabei wird die Gesamtlänge aller Zeichen des Bereichs von der tatsächlich vorkommenden Anzahl des jeweiligen Buchstabens abgezogen.

## Tipp 6: Bedingte Summierung über mehrere Spalten

Mit der Funktion SUMMEWENN können Sie immer nur eine Spalte nach einem Suchkriterium durchforsten. Die Funktion kommt also an ihre Grenzen, wenn Sie eine zweite Spalte oder gar eine dritte mit einem weiteren Suchkriterium abfragen möchten. Wie Sie dennoch zum Ziel kommen, erfahren Sie im Folgenden.

*So geht's:*

1 Erfassen Sie zuerst die Grunddaten. Im Beispiel ist das eine Umsatzübersicht, die regionenbezogen die Vertriebsmitarbeiter auflistet. Diese Umsatzübersicht soll nach einem Tandem zweier Vertriebsmitarbeiter abgefragt werden, und der Umsatz dieses Tandems soll ermittelt werden.

2 Tragen Sie nun in die Zelle H4 die Matrixformel {=SUMME(WENN((B4:B100=F4);WENN(C4:C100=F5;D4:D100)))} ein.

| | A | B | C | D | E | F | G | H | I |
|---|---|---|---|---|---|---|---|---|---|
| 1 | | | | | | | | | |
| 2 | | | | | | | | | |
| 3 | | Region1 | Region2 | Umsatz | | | | | |
| 4 | | Müller | Kümmerle | 50.000 | | Schlegel | | 80.000 | |
| 5 | | Scharsich | Wild | 40.000 | | Kümmerle | | | |
| 6 | | König | Schlegel | 30.000 | | | | | |
| 7 | | Heitz | Münch | 20.000 | | | | | |
| 8 | | Kümmerle | Michels | 70.000 | | | | | |
| 9 | | Schlegel | Kümmerle | 80.000 | | | | | |
| 10 | | | | | | | | | |

> **Hinweis**
>
> Ab Excel 2007 steht Ihnen für diese Aufgabenstellung die Formel SUMMEWENNS zur Verfügung. Sie können das Problem also auch über die Formel {=SUMMEWENNS(D:D;B:B;F4;C:C;F5)} lösen.
>
> Und mithilfe der Formel =SUMMENPRODUKT((B4:B100=F4)*(C4:C100=F5)*D4:D100) geht es auch ohne Matrixfunktion.

## Tipp 7: Die letzte Zelle in einem benutzten Bereich ermitteln

Bei großen Tabellen ist es oftmals erforderlich, gleich auf den ersten Blick zu erfahren, welche Zelle das Ende der Tabelle in einem benutzten Bereich verkörpert. Auch hierbei helfen Ihnen Matrixfunktionen.

## 4. Formeln effektiv und professionell einsetzen

### So geht's:

**1** Erfassen Sie zunächst eine Tabelle mit einigen Ausgangsdaten. Im Beispiel werden bis Spalte E Einträge vorgenommen und (offensichtlich) auch Einträge bis in Zeile 11.

**2** Erfassen Sie nun in Zelle A1 diese Matrixformel:
{=ADRESSE(MAX(WENN(A2:W100<>"";ZEILE(2:100)));MAX(WENN(A2:W100<> "";SPALTE(A:W)));4)}

**3** Wie Sie im Beispiel unschwer erkennen können, wird die Zelle E14 als die Zelle gekennzeichnet, die das Ende der Tabelle in diesem benutzten Bereich verkörpert. Das hängt in diesem speziellen Fall damit zusammen, dass in Zelle D14 ein Leerzeichen eingefügt wurde und somit die letzte Zeile, die einen Eintrag erhalten hat, die Zeile 14 ist. Die letzte Zelle im benutzten Bereich ergibt sich somit aus dieser Zeile 14 und der Spalte E.

|   | A | B | C | D | E |
|---|---|---|---|---|---|
| 1 | E14 | | | | |
| 2 | | | | | |
| 3 | | Jan | Feb | Mrz | Jan..Mrz |
| 4 | Walter | 10 | 20 | 40 | 70 |
| 5 | Meier | 50 | 60 | 40 | 150 |
| 6 | Müller | 30 | 80 | 20 | 130 |
| 7 | .. | | | | 0 |
| 8 | .. | | | | 0 |
| 9 | .. | | | | 0 |
| 10 | | | | | |
| 11 | Summe | | 90 | | |
| 12 | | | | | |
| 13 | | | | | |
| 14 | | | | | |
| 15 | | | | | |

## 4.3 Die clevere Verwendung von Namen

In Excel können Namen für verschiedene Objekte vergeben werden. So können Namen für einzelne Zellen, Zellbereiche, Formeln oder eingebettete Objekte definiert werden. Der Name muss für einen Bereich eindeutig sein, und es müssen auch bestimmte Konventionen eingehalten werden.

In der Praxis stellen Namen eine große Hilfe dar, wenn es um die Lesbarkeit und die Verständlichkeit von komplexeren Formeln geht. Das folgende Kapitel zeigt anhand von Beispielen, wie Namen sinnvoll und praxisgerecht eingesetzt werden können.

### Tipp 1: Die sinnvolle Verwendung von Namen in der Praxis

#### Die Namenssyntax

Bei der Verwendung von Namen sind folgende Konventionen zu beachten:

- Der Name muss mit einem Buchstaben beginnen. Ziffern sind als erstes Zeichen nicht erlaubt.
- Namen dürfen keine Leerzeichen enthalten. So können zwei Wörter beispielsweise mit einem Unterstrich verbunden werden.
- Es dürfen keine Namen verwendet werden, bei denen eine Verwechslung mit einem Zellbezug entstehen kann, wie beispielsweise *EX2007*.

## 4.3 Die clevere Verwendung von Namen

- Bei der Namensvergabe spielt die Groß- und Kleinschreibung keine Rolle. So ist der Name *MwSt* gleichbedeutend mit *mwst*.
- Die Länge eines Namens ist auf 255 Zeichen beschränkt.

In einer Arbeitsmappe können beliebig viele Namen definiert werden. Sie müssen aber darauf achten, dass ein Name nicht zweimal in einer Arbeitsmappe verwendet wird. Wenn der gleiche Name ein zweites Mal definiert wird, wird die erste Definition ohne Nachfrage überschrieben.

### Die Namensdefinition

Zur Namensdefinition und Verwaltung bietet Excel auf der Registerkarte *Formeln* eine eigene Befehlsgruppe mit der Bezeichnung *Definierte Namen*, in der die Befehle zur Verwaltung von Namen zusammengefasst sind.

Excel stellt zwei verschiedene Methoden zur Definition von Namen zur Verfügung.

*So geht's: Namensdefinition über das Dialogfenster Neuer Name*

1. Starten Sie das Dialogfenster zur Definition von Namen über das Menü *Formeln/Definierte Namen/Namen definieren* (Excel 2003: Menü *Einfügen/Namen/Definieren*).
2. Dort erfassen Sie im Feld *Name* den gewünschten Namen für den Zellbezug.
3. Im Feld *Bereich* wählen Sie das Tabellenblatt aus, für das der Name gelten soll. Wenn Sie dort den Eintrag *Arbeitsmappe* festlegen, gilt der Name für die gesamte Arbeitsmappe.
4. Bei Bedarf können Sie im Feld *Kommentar* ein paar Stichworte zu Sinn und Zweck des Namens eingeben. (Das Kommentarfeld steht erst ab Excel 2007 zur Verfügung.)
5. Unter *Bezieht sich auf* geben Sie die Zelle oder den Zellbezug ein, für den der Name gelten soll.

*So geht's: Namensdefinition über das Namensfeld definieren*

Ein weiterer Weg, Namen zu definieren, besteht in der Nutzung des Namensfelds.

1. Markieren Sie die Zelle, für die ein Name vergeben werden soll, beispielsweise Zelle B3.
2. Erfassen Sie im Namensfeld den Namen *Std_Satz* und bestätigen Sie die Eingabe mit [Enter].

## 4. Formeln effektiv und professionell einsetzen

Fertig. Der Name *Std_Satz* ist neu definiert und steht für weitere Berechnungen zur Verfügung.

Möchten Sie den Stundensatz von 19,00 Euro beispielsweise mit 35,5 Stunden multiplizieren, verwenden Sie die Formel *=Std_Satz*35,5*. Sie sehen, dies liest sich viel besser und ist leichter zu verstehen.

**Namen bearbeiten**

Selbstverständlich bietet Excel auch die Möglichkeit, vorhandene Namen anzupassen.

1. Starten Sie dazu über das Menü *Formeln/Definierte Namen/Namens-Manager* das Dialogfenster zur Verwaltung von bestehenden Namen (Excel 2003: Menü *Einfügen/Namen/Definieren* – der Namens-Manager steht erst ab Excel 2007 zur Verfügung).

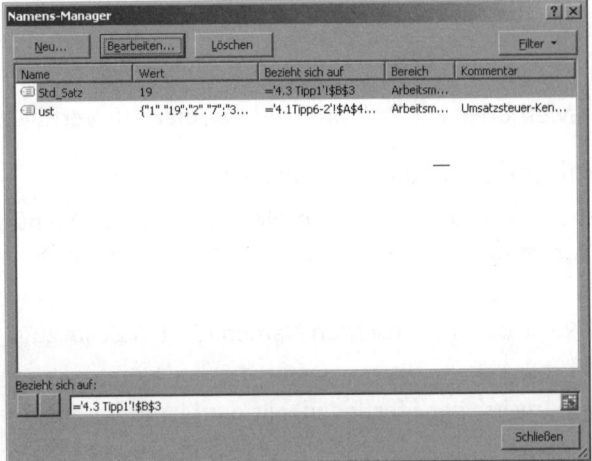

2. Wählen Sie die Formel aus, die verändert werden soll, und klicken Sie auf die Schaltfläche *Bearbeiten*. Es öffnet sich der aus der Neuanlage eines Namens bekannte Dialog, in dem Sie alle Parameter abändern können.

3. Über den Namens-Manager können Sie Namen auch wieder löschen. Selektieren Sie dazu den gewünschten Namen und klicken Sie auf die Schaltfläche *Löschen*. Nachdem Sie die Sicherheitsabfrage mit *Ja* bestätigt haben, wird der Name endgültig entfernt.

### Tipp 2: Namen für eine Konstante vergeben

Dieses Beispiel zeigt, wie Namen ohne Zellbezug erstellt werden können. Der Name kann wie eine Konstante verwendet werden. Im Beispiel sollen von den monatlichen Verkaufserlösen 3 % Skonto subtrahiert werden.

4.3 Die clevere Verwendung von Namen

*So geht's:*

1  Starten Sie den Dialog zur Namensdefinition über den Befehl *Formeln/Definierte Namen/Namen definieren* (Excel 2003: Menü *Einfügen/Namen/Definieren*).

2  Im Feld *Name* erfassen Sie *skonto*, und unter *Bezieht sich auf* geben Sie den Wert 0,97 an.

3  Markieren Sie den Zellbereich C4:C15 und geben Sie in Zelle C4 die Formel *=B4\*skonto* ein. Beenden Sie die Dateneingabe mit der Tastenkombination [Strg]+[Enter].

Wie Sie sehen, werden mit dieser Formel die Werte aus dem Bereich B4:B15 mit dem Wert 0,97 multipliziert, und im Bereich C4:C15 wird das Ergebnis ausgegeben.

> **Hinweis**
>
> Namen für konstante Werte oder für Formeln werden weder im Namensfeld noch über den Dialog *Gehe zu* angezeigt.

## Tipp 3: Berechnende Namensverweise verwenden

Eine wenig bekannte Möglichkeit der Namensverwendung besteht darin, Namen mit beliebigen Funktionen zu versehen. Dies bietet sich an, wenn bestimmte Formeln und Berechnungen häufig in einer Mappe verwendet werden.

Im ersten Beispiel soll ein direkter Zugriff auf das Vorjahr geschaffen werden. Das zweite Beispiel zeigt, wie Zeitangaben in Industrieminuten umgerechnet werden können.

*So geht's: Ermittlung des Vorjahrs*

1  Zur Ermittlung des Vorjahrs definieren Sie den Namen *vorjahr* über das Menü *Formeln/Definierte Namen/Namen definieren* (Excel 2003: Menü *Einfügen/Namen/Definieren*).

## 4. Formeln effektiv und professionell einsetzen

**2** Im Feld *Bezieht sich auf* geben Sie *=JAHR (HEUTE())-1* ein und bestätigen die Eingabe mit einem Klick auf die Schaltfläche *OK*.

**3** Wenn Sie nun in einer beliebigen Zelle *=vorjahr* eingeben, wird das entsprechende Vorjahr, ausgehend vom laufenden Jahr, ausgegeben.

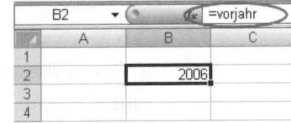

Auf diese Weise können Sie beliebige Berechnungen in Verbindung mit Jahres-, Monats- und Tagesangaben erstellen.

### So geht's: Ermittlung von Industrieminuten

Dieses Beispiel zeigt, wie sich über einen berechnenden Namen ganz einfach Zeitangaben in Industrieminuten umrechnen lassen.

**1** Öffnen Sie den Dialog zur Definition von neuen Namen.

**2** Als Name erfassen Sie die Abkürzung *im* für Industrieminuten.

**3** In das Feld *Bezieht sich auf* geben Sie *=24* ein und beenden den Dialog mit einem Klick auf die Schaltfläche *OK*.

**4** Zur Umrechnung von Uhrzeiten erfassen Sie nun die Formel *=B2\*im* in Zelle B3. Diese Formel bewirkt, dass die Uhrzeit aus Zelle B2 in Industrieminuten umgerechnet wird.

**5** Damit die Zeitangabe auch korrekt in Industrieminuten angezeigt wird, müssen Sie die Zelle B3 noch mit dem Zellenformat *Standard* belegen.

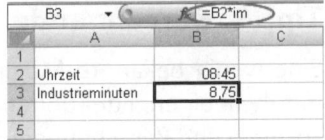

## Tipp 4: Namen automatisch aus Zeilen- und Spaltenüberschriften erzeugen

In diesem Beispiel sehen Sie, wie sich aus Zeilen- und Spaltenüberschriften automatisch Namen generieren lassen. In einer Verkaufsstatistik befinden sich die Zeilenbezeichnungen links und die Spaltenbezeichnungen oberhalb des Datenbereichs.

### So geht's:

**1** Markieren Sie den gesamten Zellbereich A3:E15. Das können Sie auch ganz schnell mit der Tastenkombination [Strg]+[A] erledigen.

4.3 Die clevere Verwendung von Namen

**2** Starten Sie über das Menü *Formeln/Definierte Namen/Aus Auswahl erstellen* den Befehl zur automatischen Erstellung der Namen. Alternativ können Sie den Befehl auch mit der Tastenkombination [Strg]+[Umschalt]+[F3] aufrufen (Excel 2003: Menü *Einfügen/Namen/Erstellen*).

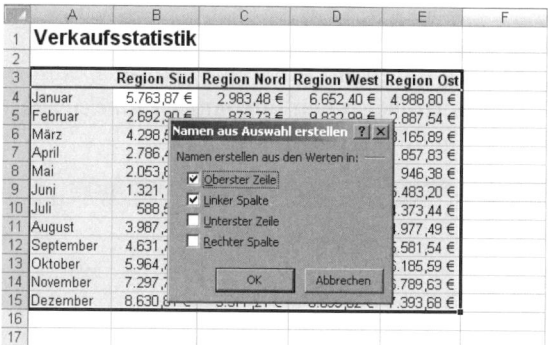

**3** Aktivieren Sie im Dialogfenster die Kontrollkästchen bei den Einträgen *Oberster Zeile* und *Linker Spalte*.

**4** Nachdem Sie den Befehl mit einem Klick auf die Schaltfläche *OK* beendet haben, werden die Namen automatisch erzeugt. Das Ergebnis können Sie sich im Namens-Manager ansehen.

So steht der Name *April* aus diesem Beispiel für den Zellbereich B7:E7.

## Tipp 5: Namen in Bezüge zurückverwandeln

Bei der Analyse von umfangreichen Kalkulationsmodellen mit vielen Zellbezügen kann es hin und wieder erforderlich sein, vorhandene Namen in Zellbezüge zurückzuverwandeln. Tabellenübergreifende Bezüge sind so besser erkennbar und Zusammenhänge leichter zu verstehen. Leider bietet Excel dazu keine eigene Funktion, was nicht heißen soll, dass es über einen Trick nicht doch einen Weg gibt.

4. Formeln effektiv und professionell einsetzen

## So geht's:

1   Wählen Sie:
    - ab Excel 2010: *Datei/Optionen/Erweitert*,
    - in Excel 2007: Menü *Office/Excel-Optionen/Erweitert*,
    - in Excel 2003: Menü *Extras/Optionen*, Registerkarte *Umsteigen*.

2   Scrollen Sie in dem Fenster ganz nach unten. Im Abschnitt *Lotus-Kompatibilitätseinstellungen für* aktivieren Sie das Kontrollkästchen *Alternative Formeleingabe* und beenden den Dialog mit einem Klick auf die Schaltfläche *OK*.

3   Gehen Sie nun zu der Zelle, in der der Name in einer Formel verwendet wird. Wechseln Sie mit der Funktionstaste [F2] in den Bearbeitungsmodus und bestätigen Sie wieder mit [Enter].

4   Dies führen Sie für alle Formelzellen durch, in denen Sie den Namen durch den tatsächlichen Zellbezug ersetzen möchten.

5   Nachdem in allen Zellen die Namensbezüge aufgelöst wurden, sollten Sie die Option *Alternative Formeleingabe* wieder deaktivieren.

> **Hinweis**
>
> Die Namen bleiben bei dieser Vorgehensweise erhalten und können bei Bedarf sofort wieder verwendet werden.

## Tipp 6: Auflistung aller verwendeten Namen

Wenn Sie sich einen Überblick über alle verwendeten Namen einer Arbeitsmappe verschaffen möchten, können Sie das auf zwei verschiedenen Wegen erreichen. Zum einen bietet Excel einen integrierten Befehl, um alle Namen einer Arbeitsmappe aufzulisten, zum anderen besteht die Möglichkeit, über die Verwendung von Excel4-Funktionen alle Namen auszulesen und mit den entsprechenden Zellbezügen zu versehen.

## 4.3 Die clevere Verwendung von Namen

*So geht's: Verwendung der integrierten Excel-Funktion*

1 Markieren Sie die Zelle, ab der die Namensauflistung eingefügt werden soll.

2 Rufen Sie den Befehl über das Menü *Formeln/Definierte Namen/In Formeln verwenden/Namen einfügen* auf. Alternativ können Sie den Dialog auch über die Funktionstaste [F3] starten (Excel 2003: Menü *Einfügen/Namen/Einfügen*).

3 Mit einem Klick auf die Schaltfläche *Liste einfügen* werden alle Namen sowie die dazugehörigen Zellbezüge in das Tabellenblatt eingefügt.

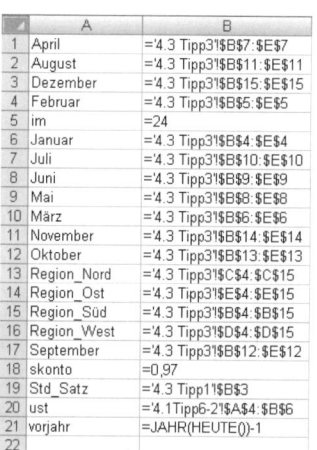

*So geht's: Auslesen der Namen über Makro4-Elemente*

Auch Excel 2013 unterstützt weiterhin Excel4-Makrofunktionen. Einige Lösungen lassen sich nach wie vor nur mit Excel4-Makrofunktionen realisieren. So besteht auch die Möglichkeit, verwendete Namen mittels Excel4-Makrofunktionen in einer Arbeitsmappe aufzulisten.

1 Öffnen Sie das Dialogfenster zum Erfassen eines neuen Namens. Als Name erfassen Sie *Name*, und unter *Bezieht sich auf* geben Sie diese Formel ein:
=NAMEN(;3;"*")

2 Zur Auflistung der verwendeten Namen erfassen Sie in Zelle D1 folgende Funktion:
=WENN(ZEILE()>ANZAHL2(Namen);"";INDEX(Namen;ZEILE()))
Kopieren Sie diese Funktion so weit wie nötig nach unten. Damit werden alle vorhandenen Namen ausgelesen und angezeigt.

## 4. Formeln effektiv und professionell einsetzen

|   | A | B | C | D | E |
|---|---|---|---|---|---|
| D1 | | $f_x$ | =WENN(ZEILE()>ANZAHL2(Namen);"";INDEX(Namen;ZEILE())) | | |
| 1 | April | ='4.3 Tipp3'!$B$7:$E$7 | | April | |
| 2 | August | ='4.3 Tipp3'!$B$11:$E$11 | | August | |
| 3 | Dezember | ='4.3 Tipp3'!$B$15:$E$15 | | Bezug | |
| 4 | Februar | ='4.3 Tipp3'!$B$5:$E$5 | | Dezember | |
| 5 | im | =24 | | Februar | |
| 6 | Januar | ='4.3 Tipp3'!$B$4:$E$4 | | im | |
| 7 | Juli | ='4.3 Tipp3'!$B$10:$E$10 | | Januar | |
| 8 | Juni | ='4.3 Tipp3'!$B$9:$E$9 | | Juli | |
| 9 | Mai | ='4.3 Tipp3'!$B$8:$E$8 | | Juni | |
| 10 | März | ='4.3 Tipp3'!$B$6:$E$6 | | Mai | |
| 11 | November | ='4.3 Tipp3'!$B$14:$E$14 | | März | |
| 12 | Oktober | ='4.3 Tipp3'!$B$13:$E$13 | | Namen | |
| 13 | Region_Nord | ='4.3 Tipp3'!$C$4:$C$15 | | November | |
| 14 | Region_Ost | ='4.3 Tipp3'!$E$4:$E$15 | | Oktober | |
| 15 | Region_Süd | ='4.3 Tipp3'!$B$4:$B$15 | | Region_Nord | |
| 16 | Region_West | ='4.3 Tipp3'!$D$4:$D$15 | | Region_Ost | |
| 17 | September | ='4.3 Tipp3'!$B$12:$E$12 | | Region_Süd | |
| 18 | skonto | =0,97 | | Region_West | |
| 19 | Std_Satz | ='4.3 Tipp1'!$B$3 | | September | |
| 20 | ust | ='4.1Tipp6-2'!$A$4:$B$6 | | skonto | |
| 21 | vorjahr | =JAHR(HEUTE())-1 | | Std_Satz | |
| 22 | | | | ust | |
| 23 | | | | vorjahr | |
| 24 | | | | | |

**3** Zum Auslesen der Zellbezüge muss ein weiterer Name definiert werden. Legen Sie den Namen *Bezug* an. Im Feld *Bezieht sich auf* erfassen Sie Folgendes: =NAMEN.ZUORDNEN('4.3 Tipp6'!C1)

**4** Tragen Sie nun in Zelle E1 die Formel =WENN(D1<>"";Bezug;"") ein. Kopieren Sie sie bis zur Zelle E23 nach unten.

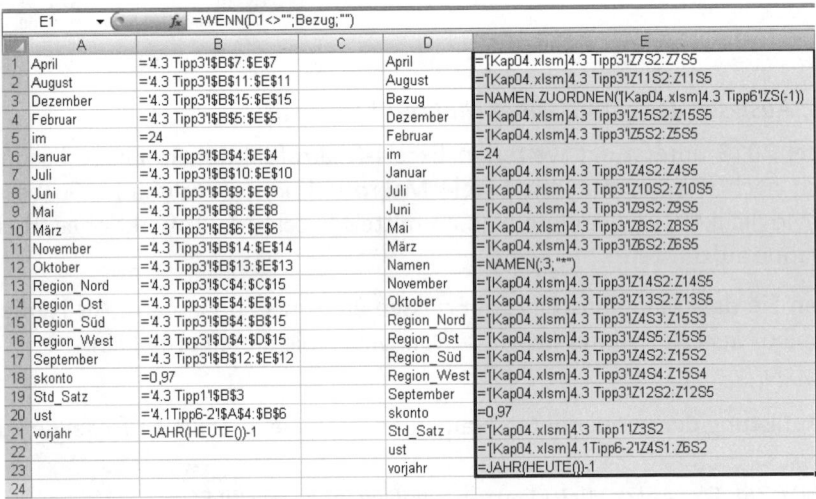

Auf diese Weise lassen sich ebenso alle Namen mit den entsprechenden Zellbezügen auflisten. Diese Vorgehensweise ist zwar etwas aufwendiger, aber dafür besteht die Möglichkeit, Zellbezüge selektiv auszulesen. Wenn der Name bekannt ist, können Sie diesen manuell in eine Zelle eintragen und wie beschrieben die Zellbezüge nur für diesen einen Namen auslesen.

## 4.4 Maßgeschneiderte Textfunktionen

Textfunktionen werden in den verschiedensten Bereichen benötigt. Beispielsweise sollen nach einem Datenimport Textstrings in einzelne Spalten aufgeteilt werden, Zahlen sollen von Buchstaben getrennt werden, oder Daten sollen in eine besser auswertbare Form gebracht werden. Diese Liste ließe sich beliebig lang fortsetzen.

Die nachfolgenden Tipps geben Ihnen anhand von Praxisbeispielen einen Überblick darüber, was in diesem Bereich mit Excel alles möglich ist und wie die einzelnen Funktionen praxisorientiert eingesetzt werden können.

### Tipp 1: Text, Zahlen- und Datumsformate in einer Zelle kombinieren

In dieser Übung sollen Angaben aus verschiedenen Zellen zu einem Textstring zusammengefügt werden. Die einzelnen Angaben sollen dabei mit verschiedenen Formaten versehen werden.

*So geht's:*

Sehen Sie sich zunächst die Ausgangstabelle an.

In Zelle B1 steht der Firmenname, in Zelle B2 der Jahresabschlussstichtag und in Zelle B3 der Umsatz.

|   | A | B |
|---|---|---|
| 1 | Firma: | Secure-IT GmbH |
| 2 | Stichtag: | 31.12.2006 |
| 3 | Umsatz: | 978665 |
| 4 |   |   |

Erfassen Sie in Zelle A6 folgende Formel:

`="Jahresabschluss der Firma " &B1 & " per " &TEXT(B2;"TT.MM.JJJJ")`

Auf diese Weise wird der Text *Jahresabschluss der Firma* mit dem Firmennamen aus Zelle B1 verknüpft, und der Jahresabschlussstichtag aus Zelle B2 wird angehängt. Damit das Datum korrekt angezeigt wird, muss es mit der Funktion *TEXT(Wert; Textformat)* in Form gebracht werden.

Das Ergebnis sieht so aus:

|   | A | B | C | D | E |
|---|---|---|---|---|---|
| 1 | Firma: | Secure-IT GmbH |   |   |   |
| 2 | Stichtag: | 31.12.2006 |   |   |   |
| 3 | Umsatz: | 978665 |   |   |   |
| 4 |   |   |   |   |   |
| 5 |   |   |   |   |   |
| 6 | Jahresabschluss der Firma Secure-IT GmbH per 31.12.2006 |   |   |   |   |
| 7 |   |   |   |   |   |

Der Text, der Firmenname sowie das Datum werden in einer Zelle ausgegeben.

> **Hinweis**
>
> Wenn Sie das Datum ohne die Funktion *TEXT()* verknüpfen, wandelt Excel das Datum automatisch in eine fortlaufende Zahl um und zeigt anstelle des Datums die fortlaufende Zahl an.

## 4. Formeln effektiv und professionell einsetzen

In einem zweiten Beispiel soll der Umsatzbetrag aus Zelle B3 mit in den Textstring übernommen und dabei als Währung formatiert werden.

Erfassen Sie dazu in Zelle A8 diese Formel:

="Im Jahr " & JAHR(B2) & " betrug der Umsatz " & TEXT(B3;"#.##0,00 €")

Damit wird aus Zelle B2 über die Funktion *JAHR()* das Jahr ausgelesen. Die Umsatzzahl wird über den Befehl *TEXT()* als Währung formatiert und entsprechend angezeigt.

|   | A | B | C | D | E |
|---|---|---|---|---|---|
| 1 | Firma: | Secure-IT GmbH | | | |
| 2 | Stichtag: | 31.12.2006 | | | |
| 3 | Umsatz: | 978665 | | | |
| 4 | | | | | |
| 5 | | | | | |
| 6 | Jahresabschluss der Firma Secure-IT GmbH per 31.12.2006 | | | | |
| 7 | | | | | |
| 8 | Im Jahr 2006 betrug der Umsatz 978.665,00 € | | | | |
| 9 | | | | | |

Sie sehen, dass sich in einem Textstring beliebige Formate miteinander kombinieren lassen.

### Hinweis

Soll der Betrag gerundet in T€ (Tausend Euro) ausgegeben werden, passen Sie die Formel wie folgt an:

="Im Jahr "&JAHR(B2)&" betrug der Umsatz "&TEXT(B3/1000;"#.##0,00 ")&" T€"

|    | A | B | C | D | E |
|----|---|---|---|---|---|
| 1  | Firma: | Secure-IT GmbH | | | |
| 2  | Stichtag: | 31.12.2006 | | | |
| 3  | Umsatz: | 978665 | | | |
| 4  | | | | | |
| 5  | | | | | |
| 6  | Jahresabschluss der Firma Secure-IT GmbH per 31.12.2006 | | | | |
| 7  | | | | | |
| 8  | Im Jahr 2006 betrug der Umsatz 978.665,00 € | | | | |
| 9  | | | | | |
| 10 | Im Jahr 2006 betrug der Umsatz 978,67 T€ | | | | |
| 11 | | | | | |

## Tipp 2: Vor- und Nachnamen aus einer Zelle extrahieren

In diesem Beispiel liegt eine Telefonliste vor, in der die Namen und Vornamen in einer Zelle erfasst wurden. Sie sollen nun getrennt und in zwei separaten Spalten dargestellt werden.

### So geht's:

Sehen Sie sich zunächst die Ausgangstabelle an.

In Spalte D sollen die Nachnamen und in Spalte E die Vornamen ausgelesen werden.

Zum Auslesen der Nachnamen gehen Sie wie folgt vor:

**1** Markieren Sie zunächst den Zellbereich D4:D15.

**2** Erfassen Sie in Zelle D4 folgende Formel:
=LINKS(A4;FINDEN(",";A4;1)-1)

|    | A | B | C |
|----|---|---|---|
| 1  | XYZ GmbH - Telefonliste | | |
| 2  | | | |
| 3  | Name | Durchwahl | KZ |
| 4  | Bayer, Max | Azubi | bm |
| 5  | Berger, Timo | 202 | bt |
| 6  | Bergmann, Franz | 124 | bf |
| 7  | Blume, Norbert | 125 | bn |
| 8  | Braut, Gustav | 203 | bg |
| 9  | Burg, Sandra | 204 | bs |
| 10 | Engelmayr, Bernd | 307 | eb |
| 11 | Frimberger, Stefan | 205 | fs |
| 12 | Gast, Hubert | 123 | gh |
| 13 | Neusinger, Helga | 206 | ns |
| 14 | Schwab, Ilona | 305 | si |
| 15 | Siegel, Günther | 306 | sg |

3 Schließen Sie die Eingabe mit der Tastenkombination [Strg]+[Enter] ab. Damit wird die Formel in den gesamten markierten Bereich eingetragen.

Mit der Funktion *FINDEN()* wird nach der Stelle des Kommas gesucht. Die Syntax lautet *(Suchtext;Text;Erstes_Zeichen)*, wobei das Argument *Erstes_Zeichen* optional ist. Die Funktion *LINKS()* liest den Text bis zu der Stelle aus, an der das Komma gefunden wird. Die Syntax lautet *(Text;Anzahl_Zeichen)*.

Im nächsten Schritt werden die Vornamen nach Spalte E extrahiert.

## So geht's:

1 Markieren Sie den Bereich E4:E15.

2 Erfassen Sie in Zelle E4 diese Formel:
=RECHTS(A4;LÄNGE(A4)-(FINDEN(",";A4))-1)

3 Beenden Sie die Eingabe mit der Tastenkombination [Strg]+[Enter].

Die Vorgehensweise ist ähnlich der beim Auslesen der Nachnamen. Zum Extrahieren der Vornamen wird ebenfalls mit der Funktion *FINDEN()* nach dem Komma gesucht. Mit der Tabellenfunktion *RECHTS()* wird nun aber der rechte Teil nach dem Komma ausgegeben.

Die Vor- und Nachnamen sind jetzt in zwei Spalten aufgeteilt und können entsprechend weiterverarbeitet werden.

→ Verweis: siehe Kapitel 11, Tipp 9

---

**Hinweis**

Wenn die Namen in Spalte A nicht durch ein Komma, sondern durch ein anderes Zeichen, beispielsweise ein Leerzeichen, getrennt sind, lauten die Formeln wie folgt:

Formel zum Auslesen des Nachnamens:
=LINKS(A18;FINDEN(" ";A18;1)-1)

Formel zum Auslesen des Vornamens:
=RECHTS(A18;LÄNGE(A18)-(FINDEN(" ";A18)))

## Tipp 3: Textteile innerhalb einer Zelle vertauschen

Diese Aufgabe erläutert, wie zwei Wörter, beispielsweise der Vor- und der Nachname, in einer Zelle vertauscht werden können. Als Ausgangstabelle liegt wieder eine Telefonliste zugrunde, in der die Vor- und Nachnamen getrennt durch ein Leerzeichen in einer Zelle eintragen sind.

Ziel ist es, die Telefonliste aufsteigend nach den Nachnamen zu sortieren.

*So geht's:*

1 Markieren Sie den Zellbereich B4:B15.

2 Erfassen Sie in Zelle B4 diese Funktion:
=RECHTS(A4;LÄNGE(A4)-FINDEN(" ";A4))&" "
&LINKS(A4;FINDEN(" ";A4)-1)

3 Beenden Sie die Eingabe der Formel mit der Tastenkombination [Strg]+[Enter].

Sobald die Namen vertauscht sind, kann die Sortierung nach den Nachnamen durchgeführt werden.

Die Formel liest im ersten Schritt über die Funktion RECHTS() den rechten Teil des Namens aus. Dabei wird der Anfang des rechten Teils bestimmt, indem mit der Funktion LÄNGE() die Gesamtlänge des Strings ermittelt wird und davon die Stellenanzahl subtrahiert wird, in der sich das Leerzeichen befindet. Die Stelle, an der sich das Leerzeichen befindet, wird dabei mit der Funktion FINDEN() ermittelt.

Der Teil links vom Leerzeichen wird über die Funktion LINKS() ermittelt, indem das Leerzeichen auch hier mit der Funktion FINDEN() ausgelesen wird.

## Tipp 4: Zellinhalte in Text- und Zahlenbestandteile aufteilen

In diesem Beispiel sollen Artikelnummern, die aus Ziffern und Buchstaben zusammengesetzt sind, in ihre Bestandteile zerlegt werden. Die Buchstabenkombinationen geben dabei die Artikelgruppe wieder, und die Ziffern stehen für eine eindeutige Nummer innerhalb der Artikelgruppe. Dabei haben die Buchstabenkennungen und auch die Ziffernfolgen unterschiedliche Längen, sodass die Funktionen LINKS() und RECHTS() nicht ohne Weiteres verwendet werden können.

4.4 Maßgeschneiderte Textfunktionen

Nachdem Sie sich die Ausgangstabelle näher angesehen haben, können Sie mit der Umsetzung beginnen.

| | A | B |
|---|---|---|
| 1 | Artikelstammdaten | |
| 2 | | |
| 3 | Artikel-Nr. | |
| 4 | AMXr4711 | |
| 5 | BGH34734 | |
| 6 | AMXr378 | |
| 7 | BGH8742 | |
| 8 | uX677 | |
| 9 | uX49888 | |
| 10 | AMXr76521 | |
| 11 | BGH87 | |
| 12 | uX241 | |
| 13 | StuQ3387 | |
| 14 | AMXr99833 | |
| 15 | StuQ449 | |

*So geht's:*

1. Im ersten Schritt werden die Ziffernfolgen ausgelesen. Erfassen Sie dazu in Zelle B4 folgende Funktion:
   =WERT(RECHTS(A4;SUMME(N(ISTZAHL(TEIL(A4;SPALTE(4:4);1)*1)))))
   Da es sich um eine Matrixfunktion handelt, müssen Sie sie mit der Tastenkombination [Strg]+[Umschalt]+[Enter] abschließen.

2. Kopieren Sie die Formel über das Ausfüllkästchen bis zur Zelle B15 nach unten. Diese Matrixfunktion überprüft Zeichen für Zeichen, ob es sich in Zelle B4 um eine Ziffer handelt. Die Anzahl der Übereinstimmungen ergibt die Anzahl der Stellen, die vom rechten Ende der Zeichenfolge ausgegeben werden müssen, um den Zahlenanteil zu erhalten.

3. Im nächsten Schritt werden nun die Buchstaben aus der Artikelnummer ausgelesen. Erfassen Sie dazu in Zelle C4 diese Formel:
   =GLÄTTEN(LINKS(A4;LÄNGE(A4)-SUMME(N(ISTZAHL(TEIL(A4;SPALTE(4:4);1)*1)))))
   Da es sich auch bei dieser Funktion um eine Matrixfunktion handelt, muss die Eingabe erneut mit der Tastenkombination [Strg]+[Umschalt]+[Enter] abgeschlossen werden.

4. Kopieren Sie diese Formel wieder bis zur Zelle C15 nach unten. Diese Formel subtrahiert von der Länge des Zellinhalts die Anzahl der Ziffern und liest den linken Teil ohne Ziffern aus. Damit eventuell vorhandene Leerstellen in der Artikelgruppe oder zwischen Buchstaben und Ziffern eliminiert werden, wird die Funktion *GLÄTTEN()* verwendet.

Das Ergebnis sieht wie das in nebenstehender Abbildung aus.

Unabhängig von der Länge der Buchstaben bzw. Ziffernfolge wird die Artikelnummer an der richtigen Stelle getrennt.

| | A | B | C |
|---|---|---|---|
| 1 | Artikelstammdaten | | |
| 2 | | | |
| 3 | Artikel-Nr. | Nummer | Gruppe |
| 4 | AMXr4711 | 4711 | AMXr |
| 5 | BGH34734 | 34734 | BGH |
| 6 | AMXr378 | 378 | AMXr |
| 7 | BGH8742 | 8742 | BGH |
| 8 | uX677 | 677 | uX |
| 9 | uX49888 | 49888 | uX |
| 10 | AMXr76521 | 76521 | AMXr |
| 11 | BGH87 | 87 | BGH |
| 12 | uX241 | 241 | uX |
| 13 | StuQ3387 | 3387 | StuQ |
| 14 | AMXr99833 | 99833 | AMXr |
| 15 | StuQ449 | 449 | StuQ |

## Tipp 5: Beliebige Ziffernfolgen aus einem Text extrahieren

In diesem Beispiel sehen Sie, wie aus Ziffern-Buchstaben-Kombinationen die Ziffern extrahiert werden können. Im Beispiel liegen Artikelnummern vor, die folgenden Aufbau haben: BBZZBBZZZ (B = **B**uchstabe, Z = **Z**iffer). Dabei kann die Anzahl der

Buchstaben und Ziffern pro Artikelnummer variieren. Die erste Zifferngruppe beinhaltet die Regalnummer, die zweite die Nummer des Regalfachs. Die Buchstabenfolgen zwischen den Ziffern bezeichnen die Artikelgruppe und geben einen Hinweis auf den Lieferanten. Ziel ist es nun, die Ziffern aus diesem String auszulesen und in einer eigenen Spalte auszugeben.

## So geht's:

Sehen Sie sich zunächst die Ausgangsdatei an.

Aus der angegebenen Referenznummer sollen alle Ziffern in Spalte B ausgelesen werden. Das Ergebnis in Zelle B4 sollte also *45154* lauten.

| | A | B | C |
|---|---|---|---|
| 1 | Referenznummernliste | | |
| 2 | | | |
| 3 | Ref.-Nr. | | |
| 4 | AGR45RE154 | | |
| 5 | BD157STE42 | | |
| 6 | POU142rTz178 | | |
| 7 | KJ87Jke42 | | |
| 8 | uX67lo97 | | |
| 9 | uX498knZ88 | | |
| 10 | AMXr165hhn21 | | |
| 11 | BGH87IO114 | | |
| 12 | HHG24LOK1 | | |
| 13 | Stu54Q387 | | |
| 14 | AMX99KI33 | | |
| 15 | St55Q149 | | |

**1** Erfassen Sie dazu in Zelle B4 diese Funktion:

*=SUMME((TEIL(0&A4;KGRÖSSTE (WENN(ISTZAHL(TEIL(0&A4;ZEILE($1:$256);1)*1);ZEILE($1:$256);1);ZEILE($1: $256));1)*1)*10^(ZEILE($1:$256)-1))*

Da es sich um eine Matrixfunktion handelt, muss sie mit der Tastenkombination ⌈Strg⌋+⌈Umschalt⌋+⌈Enter⌋ abgeschlossen werden.

**2** Kopieren Sie diese Zelle über das Ausfüllkästchen bis zur Zelle B15 nach unten.

Sie sehen, es werden wie gewünscht alle Ziffern aus der Referenznummer ausgelesen.

| | A | B | C |
|---|---|---|---|
| 1 | Referenznummernliste | | |
| 2 | | | |
| 3 | Ref.-Nr. | Ziffern | |
| 4 | AGR45RE154 | 45154 | |
| 5 | BD157STE42 | 15742 | |
| 6 | POU142rTz178 | 142178 | |
| 7 | KJ87Jke42 | 8742 | |
| 8 | uX67lo97 | 6797 | |
| 9 | uX498knZ88 | 49888 | |
| 10 | AMXr165hhn21 | 16521 | |
| 11 | BGH87IO114 | 87114 | |
| 12 | HHG24LOK1 | 241 | |
| 13 | Stu54Q387 | 54387 | |
| 14 | AMX99KI33 | 9933 | |
| 15 | St55Q149 | 55149 | |

---

**Hinweis**

Aufgrund der intern definierten Rechengenauigkeit von Excel können mit dieser Methode maximal 15 Ziffern aus einem String ausgelesen werden. Das gilt sowohl für Excel 2003 als auch ab Excel 2007.

---

## Tipp 6: Eindeutige Schlüssel, sogenannte Primary Keys, erzeugen

Im folgenden Tipp sehen Sie, wie aus zwei oder mehr Informationen eindeutige Schlüssel, sogenannte Primary Keys, erzeugt werden können. Primary Keys sind besonders im Datenbankbereich wichtig. Aber auch unter Excel ist ein eindeutiges

Kennzeichen von Bedeutung. Speziell im Umgang mit Verweisfunktionen geht an eindeutigen Schlüsseln (Suchkriterien) kein Weg vorbei. In einer Stückliste sind die einzelnen Teile nach Baugruppe, Nummer und Land aufgeführt. In jeder der Gruppierungen kommen Einträge mehrmals vor. Das bedeutet, dass weder Baugruppe noch Nummer oder Land als eindeutiges Schlüsselkriterium in Betracht kommen. Erst eine Kombination aus allen drei Informationen liefert einen eindeutigen Schlüssel.

*So geht's:*

1 Markieren Sie den Bereich D4:D10.

2 Erfassen Sie in Zelle D4 die Formel =VERKETTEN(A4;B4;C4).

3 Schließen Sie die Eingabe mit der Tastenkombination [Strg]+[Enter] ab.

In Spalte D ergeben sich damit Zeichenfolgen, die einmalig und somit eindeutig sind und deswegen als Primary Key (Suchkriterium) verwendet werden können.

**Hinweis**

Alternativ zur Funktion *VERKETTEN()* können Sie auch den Operator & verwenden, um als Zeichenfolge vorliegende Elemente miteinander zu verbinden. Die Formel in Zelle D4 lautet *=A4&B4&C4*.

## Tipp 7: Häufigkeit eines Teilstrings in einem Bereich ermitteln

In diesem Beispiel dient eine Auflistung aller verkauften Artikel eines Tags als Ausgangstabelle. Der Verkäufer trägt bei jedem Verkauf die Artikelkennung in eine Excel-Tabelle ein. Nun soll ermittelt werden, wie häufig ein bestimmter Artikel verkauft wurde.

*So geht's: Teilstring steht am Anfang des Texts*

Sehen Sie sich zunächst die Ausgangstabelle an. In diesem Beispiel beginnt die Artikelkennung jeweils mit einer Buchstabenkombination. Ziel ist es nun, zu ermitteln, wie oft der Artikel mit der Kennung *KL* verkauft wurde.

1 Erfassen Sie dazu in Zelle D3 das Suchkriterium *KL*, nach dem gesucht werden soll.

## 4. Formeln effektiv und professionell einsetzen

**2** In Zelle E3 tragen Sie folgende Formel ein:

=SUMME(IDENTISCH(GROSS(LINKS(B4:B15;LÄNGE(D3)));D3)*1)

Da es sich um eine Matrixfunktion handelt, muss die Eingabe mit der Tastenkombination [Strg]+[Umschalt]+[Enter] beendet werden.

| | A | B | C | D | E | F | G |
|---|---|---|---|---|---|---|---|
| 1 | Verkaufliste per 03. Juli 2012 | | | | | | |
| 2 | | | | Suchkriterium | Ergebnis | | |
| 3 | Datum | Artikelkennung | | KL | 4 | | |
| 4 | 03.07.2012 | KL 475 | | | | | |
| 5 | 03.07.2012 | kl 869 | | | | | |
| 6 | 03.07.2012 | RG 553 | | | | | |
| 7 | 03.07.2012 | HAT 553 U | | | | | |
| 8 | 03.07.2012 | RG 7636 | | | | | |
| 9 | 03.07.2012 | HP 665 | | | | | |
| 10 | 03.07.2012 | HAT 774 | | | | | |
| 11 | 03.07.2012 | KL 597 | | | | | |
| 12 | 03.07.2012 | HP 679 | | | | | |
| 13 | 03.07.2012 | KL 662 | | | | | |
| 14 | 03.07.2012 | HAT 7769 U | | | | | |
| 15 | 03.07.2012 | RG 653 | | | | | |

Excel ermittelt in diesem Beispiel vier Verkäufe mit der Kennung *KL*. Dabei spielt es keine Rolle, ob in der Liste der Artikelkennungen die Bezeichnung groß- oder kleingeschrieben wurde. Excel erkennt über die Funktion *GROSS()* alle Schreibweisen.

Wenn nur genaue Treffer gewünscht werden, also nur Artikel, bei denen die Kennungen genau so in der Liste stehen, wie im Suchkriterium angegeben, passen Sie die Funktion wie folgt an:

=SUMME(IDENTISCH(LINKS(B4:B15;LÄNGE(D3));D3)*1)

Schließen Sie auch diese Funktion wieder mit der Tastenkombination [Strg]+[Umschalt]+[Enter] ab.

### So geht's: Teilstring befindet sich an einer beliebigen Position innerhalb des Texts

Im folgenden Beispiel befindet sich die Artikelbezeichnung an einer beliebigen Stelle im Artikeltext. Unterschiedliche Anwender haben die Verkäufe eingetragen und dabei nicht auf eine konsistente Datenerfassung geachtet.

Die Ausgangstabelle sieht demnach wie die nebenstehende aus.

Auch hier soll ermittelt werden, wie häufig die Kennung *KL* vorhanden ist.

**1** Erfassen Sie dazu in Zelle D20 den Suchtext *KL*, nach dem gesucht werden soll.

**2** Zum Auswerten der Daten erfassen Sie in Zelle E20 folgende Formel:

=(SUMME(LÄNGE(B20:B31))-SUMME(LÄNGE(WECHSELN(B20:B31;D20;""))))/LÄNGE(D20)

| | A | B |
|---|---|---|
| 17 | Verkaufliste per 03. Juli 2012 | |
| 18 | | |
| 19 | Datum | Artikelkennung |
| 20 | 03.07.2012 | Art. KL 475 |
| 21 | 03.07.2012 | Art. KL 869 |
| 22 | 03.07.2012 | RG 553 |
| 23 | 03.07.2012 | HAT 553 U |
| 24 | 03.07.2012 | Artikel RG 7636 |
| 25 | 03.07.2012 | HP 665 |
| 26 | 03.07.2012 | Art. HAT 774 |
| 27 | 03.07.2012 | KL 597 |
| 28 | 03.07.2012 | Artikel HP 679 |
| 29 | 03.07.2012 | Art. KL 662 |
| 30 | 03.07.2012 | HAT 7769 U |
| 31 | 03.07.2012 | RG 653 |

4.4 Maßgeschneiderte Textfunktionen

Da es sich auch in diesem Fall um eine Matrixfunktion handelt, beenden Sie die Eingabe mit der Tastenkombination [Strg]+[Umschalt]+[Enter].

Sie sehen: Obwohl das Suchkriterium an einer beliebigen Stelle in der Artikelkennung steht, findet diese Matrixfunktion den gesuchten Teilstring.

## Tipp 8: Die ersten vier Wörter eines Texts extrahieren

Anhand des folgenden Beispiels erfahren Sie, wie aus einem beliebigen Textstring eine definierte Anzahl Wörter ausgelesen werden kann. Dabei spielt es keine Rolle, wie lang die Wörter sind. Excel erkennt die einzelnen Bestandteile aufgrund der Leerzeichen zwischen den Wörtern.

*So geht's:*

**1** Markieren Sie den Zellbereich B2:B4.

**2** Erfassen Sie in Zelle B2 diese Formel:
=GLÄTTEN(LINKS(A2;FINDEN("^";WECHSELN(GLÄTTEN(A2)&" ";" ";"^";4))-1))

**3** Schließen Sie die Datenerfassung mit der Tastenkombination [Strg]+[Enter] ab.

Im Ergebnis werden die ersten vier Wörter extrahiert und angezeigt.

Sollen beispielsweise nur zwei Wörter ausgelesen werden, passen Sie die Formel einfach entsprechend so an:

=GLÄTTEN(LINKS(A2;FINDEN("^";WECHSELN(GLÄTTEN(A2)&" ";" ";"^";2))-1))

239

> **Hinweis**
>
> Wenn das Trennzeichen zwischen den Wörtern (Teilstring) kein Leerzeichen, sondern beispielsweise ein Komma ist, sieht die Funktion folgendermaßen aus:
>
> =GLÄTTEN(LINKS(A2;FINDEN("^";WECHSELN(GLÄTTEN(A2)&",";",";"^";4))-1))

## Tipp 9: Überflüssige Zeichen aus einem Text entfernen

Aus einem EDV-System wurde eine Sachkontenliste importiert. Dabei wurden alle negativen Zahlen in Klammern dargestellt. Das folgende Beispiel zeigt, wie bestimmte Zeichen aus einer Zeichenkette bzw. aus einem Text entfernt werden können.

*So geht's:*

**1** Erfassen Sie die folgende Funktion in Zelle D9:

=WERT(TEXT(GLÄTTEN(WECHSELN(WECHSELN(C9;")";"");"(";""));"Standard"))

**2** Kopieren Sie diese Formel mit der Tastenkombination [Strg]+[C] in die Zwischenablage und fügen Sie sie mit der Tastenkombination [Strg]+[V] in die Zellen D11, D13, D15 und D17 ein.

| | A | B | C | D |
|---|---|---|---|---|
| 1 | Importierte Sachkontenliste | | | |
| 2 | | | | |
| 3 | Konto | Soll | Haben | Haben neu |
| 4 | 1000 | 2345,77 | | |
| 5 | 1002 | 298,44 | | |
| 6 | 1010 | 15399,30 | | |
| 7 | 1050 | 2349,54 | | |
| 8 | 1075 | 22,90 | | |
| 9 | 1235 | | (8464,89) | 8464,89 |
| 10 | 1236 | | (9983,54) | 9983,54 |
| 11 | 1250 | | (2998,54) | 2998,54 |
| 12 | 1300 | 4587,45 | | |
| 13 | 1600 | | (6983,21) | 6983,21 |
| 14 | 1610 | 18776,22 | | |
| 15 | 1700 | | (59982,65) | 59982,65 |

Die Funktion *WECHSELN()* erkennt die Klammernpaare und entfernt sie aus der Zeichenfolge. Mithilfe der Funktion *WERT()* wird die ausgelesene Ziffernfolge anschließend in eine Zahl umgewandelt.

> **Hinweis**
>
> Wenn Zeichen aus einem Text entfernt werden, ist es nicht sinnvoll, diesen als Wert umzuwandeln. Verwenden Sie bei Texten deswegen diese Formel:
>
> =TEXT(GLÄTTEN(WECHSELN(WECHSELN(C9;")";"");"(";""));"Standard")

## Tipp 10: Umlaute aus einem Text entfernen

Zur Vorbereitung von Daten für den Export sollen in diesem Beispiel alle Umlaute (ä, ö, ü) und das ß entfernt und gegen ae, oe, ue und ss ausgetauscht werden. Dies ist notwendig, da das Fremdsystem keine Umlaute akzeptiert.

*So geht's:*

**1** Markieren Sie den Bereich B3:B9.

2   Erfassen Sie in Zelle B3 diese Formel:
    =GROSS2(WECHSELN(WECHSELN(WECHSELN(WECHSELN(KLEIN(A3);"ß";"ss");
    "ä";"ae");"ö";"oe");"ü";"ue"))

3   Schließen Sie die Datenerfassung mit der Tastenkombination [Strg]+[Enter] ab. Damit wird die Funktion im gesamten markierten Bereich eingetragen.

| | A | B |
|---|---|---|
| 1 | Aufbereitung für Datenexport | |
| 2 | | |
| 3 | Schnürsenkel | Schnuersenkel |
| 4 | Bürsten | Buersten |
| 5 | Scheren | Scheren |
| 6 | Ölpumpen | Oelpumpen |
| 7 | Äxte | Aexte |
| 8 | Schaufeln | Schaufeln |
| 9 | Lätze | Laetze |

Sie sehen, es werden alle Umlaute, egal ob sie groß- oder kleingeschrieben sind, richtig umgewandelt. Der so veränderte Text kann in das Fremdsystem übertragen werden.

> **Hinweis**
>
> Im umgekehrten Fall, wenn also aus ae, ue und oe Umlaute erzeugt werden sollen, verwenden Sie einfach folgende Formel:
>
> =GROSS2(WECHSELN(WECHSELN(WECHSELN(WECHSELN(KLEIN(A14);"ss";"ß");"ae";"ä");"oe";"ö");"ue";"ü"))

## Tipp 11: Vor- und Nachnamen aus E-Mail-Adressen auslesen

Adressen werden häufig in Excel gespeichert und gepflegt. Folgendes Beispiel zeigt, wie Namen getrennt nach Vor- und Nachname aus einer E-Mail-Adresse ausgelesen werden können.

*So geht's:*

1   Markieren Sie den Zellbereich B4:B10.

2   Erfassen Sie folgende Funktion:
    =GROSS2(LINKS(A4;FINDEN(".";A4)-1))
    Damit wird der Vorname ausgelesen.

3   Beenden Sie die Erfassung dieser Funktion mit der Tastenkombination [Strg]+[Enter].

4   Markieren Sie den Bereich C4:C10.

5   Zum Auslesen des Nachnamens verwenden Sie diese Formel:
    =GROSS2(TEIL(A4;FINDEN(".";A4)+1;FINDEN("@";A4)-FINDEN(".";A4)-1))

6   Beenden Sie auch die Eingabe dieser Formel mit der Tastenkombination [Strg]+[Enter].

| | A | B | C |
|---|---|---|---|
| 1 | E-Mail-Liste | | |
| 2 | | | |
| 3 | E-Mail Adressen | Vorname | Nachname |
| 4 | alois.eckl@excel-inside.de | Alois | Eckl |
| 5 | hubert.meier@testnet.de | Hubert | Meier |
| 6 | bernd.huber@testonline.de | Bernd | Huber |
| 7 | ines.schnelle@testnet.de | Ines | Schnelle |
| 8 | Klara.Meier@musternet.de | Klara | Meier |
| 9 | norbert.Schmitt@testonline.de | Norbert | Schmitt |
| 10 | Maria.kalina@musternet.de | Maria | Kalina |

Im Ergebnis werden die Vor- und Zunamen wie gewünscht aus der E-Mail-Adresse extrahiert.

→ Verweis: siehe Kapitel 11, Tipp 10

## Tipp 12: Texte bis zu einer bestimmten Länge auffüllen

Zur besseren Übersicht ist es in bestimmten Fällen sinnvoll, Texte in einer festen Länge zu erfassen. Beispielsweise erleichtern Leseführungen in Inhaltsverzeichnissen die Lesbarkeit ungemein.

Dieses Beispiel zeigt, wie Sie Zelleinträge automatisch mit vorgegebenen Zeichen bis zu einer definierten Länge auffüllen können.

### So geht's:

1. Markieren Sie den Bereich B3:B14.
2. Erfassen Sie in Zelle B3 folgende Funktion:
   =A3&WIEDERHOLEN("_";30-LÄNGE(A3))

   Damit wird der Unterstrich bis zu einer Gesamtlänge von 30 Zeichen aufgefüllt.

|   | A | B | C |
|---|---|---|---|
| 1 | Inhaltsverzeichnis | | |
| 2 | | | Seite |
| 3 | Kapitel 1 | Kapitel 1_____ | 15 |
| 4 | Punkt 1.1 | Punkt 1.1_____ | 19 |
| 5 | Punkt 1.2 | Punkt 1.2_____ | 23 |
| 6 | Punkt 1.2.1 | Punkt 1.2.1_____ | 26 |
| 7 | Punkt 1.2.1.1 | Punkt 1.2.1.1_____ | 28 |
| 8 | Punkt 1.2.1.2 | Punkt 1.2.1.2_____ | 34 |
| 9 | Punkt 1.3 | Punkt 1.3_____ | 39 |
| 10 | Kapitel 2 | Kapitel 2_____ | 46 |
| 11 | Kapitel 2.1 | Kapitel 2.1_____ | 49 |
| 12 | Kapitel 2.2 | Kapitel 2.2_____ | 51 |
| 13 | Kapitel 2.2.1 | Kapitel 2.2.1_____ | 58 |
| 14 | Kapitel 2.2.2 | Kapitel 2.2.2_____ | 63 |

Damit das Ergebnis den gewünschten Erfolg bringt, müssen Sie den Zellbereich B3:B14 in einer nicht proportionalen Schrift wie beispielsweise Courier formatieren.

## Tipp 13: Dynamisch Zellen aus einem Bereich verketten

Oftmals liegen gewisse Daten nicht in der Form vor, in der sie letztendlich benötigt werden. So sind beispielsweise Datumsinformationen nicht selten über mehrere Spalten verteilt. Aber auch diese Informationen können sehr einfach und wenn gewünscht auch dynamisch in einer Zelle dargestellt werden, wie das nächste Beispiel zeigt.

### So geht's:

1. Hinterlegen Sie in einer neuen Tabelle einige beliebige Datumsinformationen, indem Sie in Spalte E den Tag, in Spalte F den Monat und in Spalte G das Jahr einfügen.
2. Erfassen Sie nun noch in Spalte D, um welches Datum es sich handelt, also um *Datum 1*, *Datum 2* etc., und hinterlegen Sie in Zelle A1 eine Gültigkeitsliste, die auf diese Spalte D zugreift.
3. Tragen Sie nun in Zelle B1 die Formel =INDIREKT("E"&RECHTS(A1))&". " &INDIREKT("F"&RECHTS(A1))&" "&INDIREKT("G"&RECHTS(A1)) ein.

**4** Wenn Sie jetzt in Zelle A1 ein Datum auswählen, wird in Zelle B1 diese Information dynamisch und per Verkettung der Datumsinformationen angezeigt.

| | A | B | C | D | E | F | G | H | I |
|---|---|---|---|---|---|---|---|---|---|
| | | B1 | | fx | =INDIREKT("E"&RECHTS(A1))&". "&INDIREKT("F"&RECHTS(A1))&" "& INDIREKT("G"&RECHTS(A1)) | | | | |
| 1 | Datum 3 | 3. Juni 2010 | | Datum 1 | 19 Februar | 2010 | | | |
| 2 | | | | Datum 2 | 2 März | 2010 | | | |
| 3 | | | | Datum 3 | 3 Juni | 2010 | | | |
| 4 | | | | Datum 4 | 6 August | 2010 | | | |
| 5 | | | | Datum 5 | 8 Oktober | 2010 | | | |
| 6 | | | | Datum 6 | 9 November | 2010 | | | |
| 7 | | | | Datum 7 | 12 Dezember | 2010 | | | |

Die Funktionsargumente:

- *INDIREKT:* Gibt aus einem Textstring einen Bezug auf eine Zelle zurück, die in der Schreibweise A1 adressiert werden soll.
- *RECHTS*: Über diese Funktion wird das letzte Zeichen aus Zelle A1 geholt und an die Funktion *INDIREKT* übergeben.
- *&*: Sorgt anstelle der Funktion *VERKETTEN* für das Zusammenhängen der Informationen aus den jeweiligen Zellen der Spalten E bis G.

## 4.5 Professionelle Datumsfunktionen

Excel bietet im Umgang mit Datumswerten bereits einige vorgefertigte Funktionen zum sofortigen Einsatz. Viele Problemansätze sind jedoch relativ komplex. So sind teilweise ausgeklügelte, umfangreiche Funktionen notwendig, in denen mehrere Datumsfunktionen ineinander verschachtelt bzw. kombiniert werden müssen, um zum gewünschten Erfolg zu gelangen. Die folgenden praxisorientierten Beispiele zeigen, welche Möglichkeiten Excel im Umgang mit Datumswerten bietet.

### Tipp 1: Auf einen Blick: der Aufbau des Datumsformats

Excel speichert Datumsangaben intern als fortlaufende positive ganze Zahl. Diese Zahl gibt an, wie viele Tage seit dem 01.01.1900 vergangen sind. So stellt die Zahl 1 den 01.01.1900 dar, der 02.01.1900 wird intern als 2 gespeichert und so weiter.

Dies können Sie ganz einfach überprüfen, indem Sie in eine Zelle die Zahl 3 eingeben und sie anschließend als Datum formatieren. Gehen Sie dabei wie folgt vor:

**1** Öffnen Sie über das Menü *Start/Zellen/Format/Zellen formatieren* das Dialogfenster *Zellen formatieren* (Excel 2003: Menü *Format/Zellen*).

**2** Auf der Registerkarte *Zahlen* wählen Sie unter *Kategorie* den Eintrag *Datum* aus und verwenden ein Datumsformat mit vierstelliger Jahresangabe.

Als Ergebnis wird wie zu erwarten der 3.1.1900 angezeigt.

Die interne Speicherung des Datums als fortlaufende Zahl ist notwendig, damit mit Datumswerten beliebige Berechnungen durchgeführt werden können.

## Tipp 2: Erläuterung der verschiedenen Datumsformate

Wie bereits in Kapitel 2.2 anhand einiger Praxisbeispiele erläutert, bietet Excel die Möglichkeit, Zahlen und selbstverständlich auch Datumsangaben beliebig zu formatieren. Dazu stellt Excel bereits einige vordefinierte Datumsformate zur Verfügung. Darüber hinaus können beliebige benutzerdefinierte Datumsformate hinzugefügt werden.

Im folgenden Beispiel sehen Sie, welche Darstellungsmöglichkeiten das Datumsformat bietet.

*So geht's:*

Diese Tabelle enthält alle möglichen Formatierungselemente, die bei der Erstellung eines benutzerdefinierten Datumsformats verwendet werden können:

| Datumsformat | Bedeutung |
| --- | --- |
| T | Das Tagesdatum als Zahl ohne führende Null bei einstelligen Daten (Tage als 1 bis 31). |
| TT | Das Tagesdatum als Zahl mit führender Null bei einstelligen Daten (Tage als 01 bis 31). |
| TTT | Der Name des Wochentags als Kürzel mit zwei Buchstaben (Tage als So bis Sa). |
| TTTT | Der komplette Name des Wochentags (Tage als Sonntag bis Samstag). |
| M | Das Monatsdatum als Zahl ohne führende Null bei einstelligen Daten (Monate als 1 bis 12). |
| MM | Das Monatsdatum als Zahl mit führender Null bei einstelligen Daten (Monate als 01 bis 12). |
| MMM | Der Name des Monats als Kürzel mit drei Buchstaben (Monate als Jan bis Dez). |
| MMMM | Der komplette Name des Monats (Monate als Januar bis Dezember). |
| JJ | Die zweistellige Jahreszahl ohne Angabe des Jahrhunderts und Jahrtausends (Jahre als 00 bis 99). |
| JJJJ | Die vierstellige Jahreszahl mit Jahrhundert und Jahrtausend (Jahre als 1900 bis 9999). |

Darüber hinaus bietet Excel die Möglichkeit, Punkte, Kommata oder sonstige andere Trennzeichen sowie beliebigen Text in einem Datumsformat zu verwenden. Wenn Sie im Datumsformat Text verwenden möchten, geben Sie diesen einfach in Anführungszeichen ein.

Nachfolgend sehen Sie eine Zusammenstellung von benutzerdefinierten Datumsformaten und deren Anzeige in Excel.

## 4.5 Professionelle Datumsfunktionen

Anhand des Datums 04.07.2007, das sich im Zellbereich C6:C20 befindet, sehen Sie, welche Darstellungsmöglichkeiten denkbar sind. Selbstverständlich ist diese Liste nicht endgültig.

Zur Erfassung des benutzerdefinierten Zellenformats gehen Sie wie folgt vor:

**1** Öffnen Sie über das Menü *Start/Zellen/Format/Zellen formatieren* das Dialogfenster *Zellen formatieren* (Excel 2003: Menü *Format/Zellen*).

**2** Wählen Sie auf der Registerkarte *Zahlen* die Kategorie *Benutzerdefiniert*.

**3** Erfassen Sie dort die gewünschten Datumsformate.

## 4. Formeln effektiv und professionell einsetzen

Neben der Möglichkeit, Datumswerte über vordefinierte oder benutzerdefinierte Zellenformate anzupassen, können Sie Formatanpassungen auch über die Funktion *TEXT()* vornehmen.

Zur Formatierung der Zelle B3 als langen Wochentag erfassen Sie beispielsweise in Zelle D9 die Formel *=TEXT($B$3;"TTTT")*. Damit wird, wie über das benutzerdefinierte Zellenformat, der Wochentag für das in Zelle B3 erfasste Datum angezeigt.

In Spalte C finden Sie alle Lösungen per benutzerdefiniertes Datumsformat. In Spalte D wurde zum Vergleich die gleiche Formatierung über die Funktion *TEXT()* realisiert.

| | A | B | C | D |
|---|---|---|---|---|
| | | | fx =TEXT($B$3;"TTTT") | |
| 1 | **Formatierung von Datumswerten** | | | |
| 2 | | | | |
| 3 | Ausgangsdatum | 04.07.2007 | | |
| 4 | | | | |
| 5 | Formatbeschreibung | Zahlenformat | Ergebnis (Datumsformat) | Ergebnis Funktion TEXT() |
| 6 | Tag einstellig | T | 4 | 4 |
| 7 | Tag zweistellig | TT | 04 | 04 |
| 8 | Kurzer Wochentag | TTT | Mi | Mi |
| 9 | Langer Wochentag | TTTT | Mittwoch | Mittwoch |
| 10 | Monat einstellig | M | 7 | 7 |
| 11 | Monat zweistellig | MM | 07 | 07 |
| 12 | Kurzer Monat | MMM | Jul | Jul |
| 13 | Langer Monat | MMMM | Juli | Juli |
| 14 | Jahr zweistellig | JJ | 07 | 07 |
| 15 | Jahr vierstellig | JJJJ | 2007 | 2007 |
| 16 | Datumsformat | TT/MM/JJJJ | 04/07/2007 | 04/07/2007 |
| 17 | Datumsformat | TT-MM-JJ | 04-07-07 | 04-07-07 |
| 18 | Datum und Text | "Nürnberg, " TT.MMMM.JJJJ | Nürnberg, 04.Juli.2007 | Nürnberg, 04.Juli.2007 |
| 19 | Datum und Wochentag | TTTT "der" TT.MMMM.JJJJ | Mittwoch der 04.Juli.2007 | Mittwoch der 04.Juli.2007 |
| 20 | Datum und Text | "Nürnberg im" MMMM.JJJJ | Nürnberg im Juli 2007 | Nürnberg im Juli.2007 |

→ Verweis: siehe Kapitel 2.2

## Tipp 3: Gültiges Datum aus Tag, Monat und Jahr zusammenbauen und wieder zerlegen

In diesem Beispiel liegen die Tages-, Monats- und Jahresangaben einzeln in verschiedenen Zellen vor. Die Daten stammen von einer Onlinedatenbank, in der der Nutzer bei Anmeldung sein Geburtsdatum in die drei verschiedenen Drop-down-Menüs *Tag*, *Monat* und *Jahr* eingibt. Ziel ist es nun, diese Einzelangaben zu einem gültigen Datum zusammenzufügen.

### So geht's: Datum aus Teilangaben zusammensetzen

1 Markieren Sie den Zellbereich F5:F10.

2 Erfassen Sie in Zelle F5 die Funktion *=DATUM(E5;D5;C5)* zur Erzeugung eines gültigen Datumseintrags.

3 Beenden Sie die Datenerfassung mit der Tastenkombination [Strg]+[Enter].

Sie sehen, es ist relativ einfach, mittels der Funktion *DATUM()* gültige Datumswerte zu erzeugen.

## 4.5 Professionelle Datumsfunktionen

### So geht's: Vollständiges Datum in Teilangaben zerlegen

Genauso einfach ist es aber auch, aus einem Datum den Tag, den Monat sowie das Jahr zu extrahieren.

In folgendem Beispiel ist im Bereich F16:F21 das Datum vorhanden. Zum Auslesen der Tage, Monate und Jahre gehen Sie wie folgt vor:

1 Markieren Sie den Bereich C16:C21 und erfassen Sie zum Extrahieren der Tagesangaben diese Formel: *=TAG(F16)*. Beenden Sie die Erfassung mit der Tastenkombination [Strg]+[Enter].

2 Im nächsten Schritt markieren Sie den Bereich D16:D21 und geben folgende Funktion ein: *=MONAT(F16)*. Damit wird der Monat ausgelesen.

3 Verfahren Sie genauso mit der Jahresspalte. Verwenden Sie dazu die Funktion *=JAHR(F16)*. Beenden Sie die Eingaben jeweils mit [Strg]+[Enter].

### So geht's: Gültige Datumsangaben erzeugen

Ein beliebtes Datumsformat in Datenbanken sieht so aus: JJJJMMTT. Damit wird beispielsweise der 23.07.2007 so in der Datenbank gespeichert: 20070723. Wurden diese Datumsformate nach Excel übertragen, sollen sie in gültige Datumsformate umgewandelt werden, da Excel mit der Datumsangabe 20070723 nicht umgehen kann.

### So geht's:

1 Markieren Sie den Bereich D26:D31.

2 Erfassen Sie in Zelle D26 folgende Formel:
   *=DATWERT(RECHTS(C26;2)&"."&TEIL(C26;5;2)&"."&LINKS(C26;4))*

## 4. Formeln effektiv und professionell einsetzen

**3** Beenden Sie die Eingabe mit der Tastenkombination [Strg]+[Enter].

**4** Damit das Ergebnis als Datumswert angezeigt wird, müssen Sie die Zellen noch mit einem beliebigen Datumsformat belegen.

Das Ergebnis sehen Sie in nebenstehender Abbildung.

## Tipp 4: Erzeugung dynamischer Datumsangaben

Excel-Tabellen werden häufig über mehrere Jahre hinweg geführt. So soll abhängig vom aktuellen Jahr die richtige Datumsangabe in Zelle C1 verwendet werden. Aktuell soll dort der 31.12.2013 stehen. Wenn die Tabelle in 2014 geöffnet wird, soll dort der 31.12.2014 angezeigt werden. Zur Dynamisierung des Datums gehen Sie wie folgt vor:

### So geht's:

Erfassen Sie in der gewünschten Zelle, im Beispiel Zelle C1, diese Formel:

*=DATUM(JAHR(HEUTE());12;31)*

Damit wird jeweils der 31.12. des aktuellen Jahrs angezeigt.

## Tipp 5: Ermittlung des Datums aus Jahr, Kalenderwoche und Wochentag

Dieses Beispiel zeigt, wie sich aus einer Jahresangabe, der Angabe der Kalenderwoche und der Angabe des Wochentags das entsprechende Datum ermitteln lässt.

In Projektplänen wird häufig mit diesen Angaben gearbeitet.

### So geht's:

Sehen Sie sich zunächst die Ausgangstabelle an.

Die Angabe des Wochentags liegt in diesem Beispiel in abgekürzter Form vor.

**1** Markieren Sie den Zellbereich D4:D8.

**2** Erfassen Sie in Zelle D4 diese Funktion:

| | A | B | C |
|---|---|---|---|
| 1 | Projektübersicht | | |
| 2 | | | |
| 3 | Jahr | KW | Wochentag |
| 4 | 2007 | 16 | Mi |
| 5 | 2007 | 21 | Di |
| 6 | 2007 | 24 | Mo |
| 7 | 2007 | 28 | Fr |
| 8 | 2007 | 33 | Do |
| 9 | | | |

=DATUM(A4;1;7*B4+4-WOCHENTAG(DATUM(A4;;);3)-SUCHEN(LINKS(C4;2);
"-SoSaFrDoMiDiMo")/2)

3  Beenden Sie die Eingabe mit der Tastenkombination [Strg]+[Enter].

Auf Basis der vorhandenen Angaben wird das Datum eingetragen.

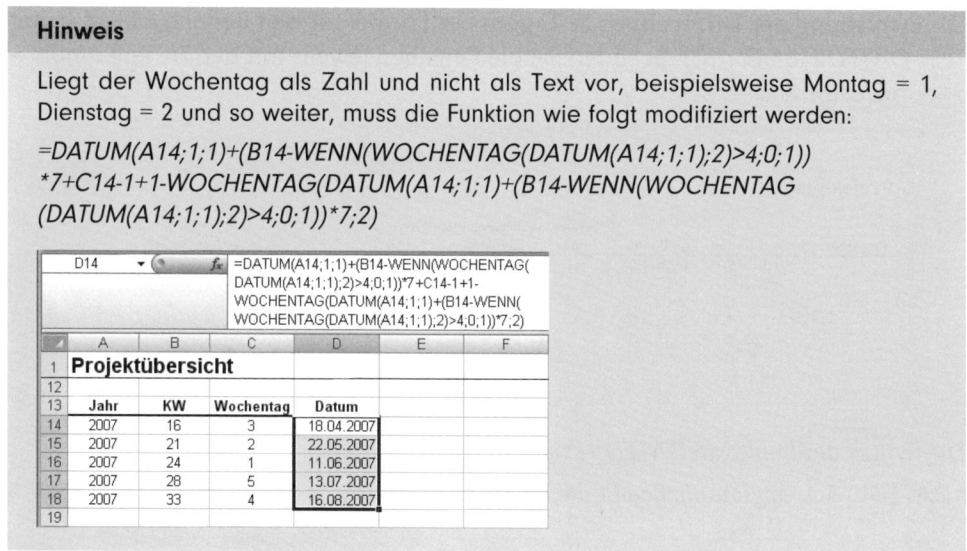

→ Verweis: siehe Kapitel 4.5, Tipp 19

## Tipp 6: Datumsdifferenzen in Jahren, Monaten und Tagen ermitteln

In dieser Aufgabenstellung sollen Datumsdifferenzen in Jahren, Monaten und Tagen ermittelt werden. Dazu bietet Excel die Funktion =DATEDIF() an. Mit DATEDIF() lassen sich Datumsdifferenzen leicht und übersichtlich ermitteln.

### So geht's:

Sehen Sie sich zunächst die Ausgangstabelle etwas näher an.

## 4. Formeln effektiv und professionell einsetzen

Der Projektplan beinhaltet für alle Projektschritte die Angaben für das Start- sowie das Enddatum. Ziel ist es nun, die Differenzen zwischen den Datumsangaben in Jahren, Monaten und Tagen zu ermitteln.

|   | A | B | C | D | E | F |
|---|---|---|---|---|---|---|
| 1 | Projektplan | | | | | |
| 2 | | | | | | |
| 3 | | | | Differenz in | Differenz in | Differenz in |
| 4 | Projektschritt | Start-Datum | End-Datum | Jahren | Monaten | Tagen |
| 5 | A | 03.11.2006 | 17.04.2007 | | | |
| 6 | C | 05.12.2006 | 18.07.2007 | | | |
| 7 | D | 03.01.2007 | 15.09.2007 | | | |
| 8 | B | 17.12.2006 | 08.02.2008 | | | |
| 9 | H | 15.08.2007 | 23.12.2007 | | | |
| 10 | G | 19.10.2007 | 06.02.2008 | | | |
| 11 | E | 14.10.2007 | 14.11.2008 | | | |
| 12 | | | | | | |

**1 Ermittlung der Differenzen in Jahren**: Markieren Sie den Bereich D5:D11. Erfassen Sie in Zelle D5 die Formel =DATEDIF(B5;C5;"y") und schließen Sie die Eingabe mit der Tastenkombination [Strg]+[Enter] ab.

**2 Ermittlung der Differenz in Monaten**: Zur Ermittlung der Monatsdifferenzen markieren Sie den Bereich E5:E11 und erfassen in Zelle E5 die Formel =DATEDIF(B5;C5;"m").

**3 Ermittlung der Differenzen in Tagen**: Die Formel für den Bereich F5:F11 lautet =DATEDIF(B5;C5;"d"). Beenden Sie die Eingaben jeweils mit der Tastenkombination [Strg]+[Enter].

| F5 | ▼ | fx | =DATEDIF(B5;C5;"d") | | |
|---|---|---|---|---|---|
|   | A | B | C | D | E | F |
| 1 | Projektplan | | | | | |
| 2 | | | | | | |
| 3 | | | | Differenz in | Differenz in | Differenz in |
| 4 | Projektschritt | Start-Datum | End-Datum | Jahren | Monaten | Tagen |
| 5 | A | 03.11.2006 | 17.04.2007 | 0 | 5 | 165 |
| 6 | C | 05.12.2006 | 18.07.2007 | 0 | 7 | 225 |
| 7 | D | 03.01.2007 | 15.09.2007 | 0 | 8 | 255 |
| 8 | B | 17.12.2006 | 08.02.2008 | 1 | 13 | 418 |
| 9 | H | 15.08.2007 | 23.12.2007 | 0 | 4 | 130 |
| 10 | G | 19.10.2007 | 06.02.2008 | 0 | 3 | 110 |
| 11 | E | 14.10.2007 | 14.11.2008 | 1 | 13 | 397 |
| 12 | | | | | | |

Die Syntax der Funktion *DATEDIF()* lautet:
=DATEDIF(Ausgangsdatum;Enddatum;Einheit)

| Parameter | Beschreibung |
|---|---|
| "y" | Gibt die Anzahl der vollständigen Jahre im angegebenen Zeitraum zurück. |
| "m" | Liefert die Anzahl der vollständigen Monate im Zeitraum. |
| "d" | Ermittelt mit dem Parameter *"d"* die Anzahl der Tage zwischen Ausgangs- und Enddatum. |
| "ym" | Liefert die Anzahl der vollständigen Monate im Zeitraum. Die Tage und Jahre der Datumsangaben werden ignoriert. |
| "md" | Gibt die Differenz in Tagen zwischen dem Anfangs- und dem Enddatum zurück, wobei die Monate und Jahre der Datumsangaben nicht berücksichtigt werden. |
| "yd" | Liefert die Anzahl der Tage zwischen Anfangs- und Enddatum. Die Jahre der Datumsangaben werden ignoriert. |

## 4.5 Professionelle Datumsfunktionen

> **Hinweis**
>
> Die Differenz in Tagen können Sie natürlich wesentlich einfacher ermitteln. Verwenden Sie dazu die Formel =C5-B5. Damit das Ergebnis richtig angezeigt wird, müssen Sie die Ergebniszelle mit der Standardformatierung belegen.

### Tipp 7: Zinstage auf der Basis von 360 Tagen ermitteln

Zinstage werden in Deutschland in der Regel auf der Basis von 360 Tagen ermittelt. Zur Abbildung dieser Tatsache bietet Excel die Funktion *TAGE360(Ausgangsdatum;Enddatum;Methode)*. Als Ausgangstabelle dient eine Auflistung von Ausgabe- und Rückzahlungsterminen für festverzinsliche Wertpapiere. Auf dieser Grundlage sollen nun die Zinstage zwischen den beiden Terminen ermittelt werden.

*So geht's:*

1  Markieren Sie den Bereich C5:C10.

2  Erfassen Sie in Zelle C5 diese Formel:
   =TAGE360(A4;B4;WAHR)

3  Bestätigen Sie die Eingabe mit der Tastenkombination [Strg]+[Enter].

| Ausgabe-datum | Rückzahlungs-datum | Zinstage 360 |
|---|---|---|
| 01.04.2006 | 31.03.2007 | 359 |
| 15.03.2005 | 31.07.2007 | 855 |
| 01.01.2007 | 30.06.2007 | 179 |
| 01.01.2007 | 01.01.2008 | 360 |
| 17.06.2006 | 29.08.2007 | 432 |

> **Hinweis**
>
> Sie sollten die europäische Methode wählen. Das erreichen Sie, indem Sie dem Argument *Methode* den Wert *WAHR* übergeben. Damit wird jedes Ausgangs- und Enddatum, das auf den 31. eines Monats fällt, zum 30. desselben Monats.

### Tipp 8: Datumsangaben in WENN-Abfragen verwenden

Dieses Beispiel zeigt, wie Datumswerte in *WENN*-Abfragen verwendet werden können. Dabei tritt das Problem auf, dass Excel das abzufragende Datum automatisch in eine fortlaufende Zahl umwandelt; das Referenzdatum liegt hingegen als Textstring vor. Damit werden Birnen mit Äpfeln bzw. Zahlen mit Texten verglichen. Selbstverständlich gibt es auch dafür eine Lösung.

*So geht's:*

Verwenden Sie die Funktion *DATWERT(Datumstext)*, um Datumswerte in *WENN*-Abfragen einzubinden. Diese Funktion wandelt ein Datum in eine fortlaufende Zahl um.

Erfassen Sie dazu in Zelle B6 folgende Funktion:

=WENN(B4=DATWERT("18.4.2007");"OK";"FEHLER")

Bei Übereinstimmung des Datums aus Zelle B4 mit dem in der Formel angegebenen Referenzdatum wird die Meldung OK ausgegeben, in allen anderen Fällen wird der Text FEHLER angezeigt.

|   | A | B | C | D | E |
|---|---|---|---|---|---|
| 1 | Datumsangaben in Wenn-Bedingungen | | | | |
| 2 | | | | | |
| 3 | | | | | |
| 4 | Ausgangsdatum: | 18.04.2007 | | | |
| 5 | | | | | |
| 6 | Ergebnis der Prüfung: | OK | | | |
| 7 | | | | | |

B6: =WENN(B4=DATWERT("18.4.2007");"OK";"FEHLER")

## Tipp 9: Rechnen mit Datumsangaben vor dem 01.01.1900

Excel beginnt bei der Datumszählung mit dem 01.01.1900. Dieses Datum entspricht der Zahl 1. Mit Daten vor dem 01.01.1900 bestehen grundsätzlich Probleme, sie können von Excel nicht ohne Weiteres verarbeitet werden. Hier hilft nur ein Trick. Der besteht darin, die entsprechenden Datumswerte in das Jahr 1900 zu verlegen. Erst wenn alle Datumsangaben nach dem 01.01.1900 liegen, kann Excel damit wie gewohnt rechnen.

### So geht's:

Als Ausgangstabelle liegt eine Geburtsstatistik vor, in der sich Geburtstage vor dem 01.01.1900 befinden.

|   | A | B | C | D | E | F |
|---|---|---|---|---|---|---|
| 1 | Geburtsstatistik | | | | | |
| 2 | | | | | Lebensdauer | |
| 3 | Name | Geburtstag | Sterbetag | Jahre | Monate | Monate gesamt |
| 4 | Frieda Muster | 01.04.1897 | 17.03.1988 | | | |
| 5 | Hans Testmann | 23.07.1899 | 05.06.1975 | | | |
| 6 | Margarethe Mustertest | 16.09.1896 | 24.05.1997 | | | |
| 7 | | | | | | |

**1** Im ersten Schritt werden die Jahre zwischen den Daten ermittelt. Markieren Sie dazu den Bereich D4:D6.

**2** Erfassen Sie in Zelle D4 diese Funktion:

=WENN(ISTTEXT(B4);DATEDIF(DATWERT(ERSETZEN(B4;LÄNGE(B4)-3;4; 1900));C4;"y")+(1900-RECHTS(B4;4));DATEDIF(B4;C4;"y"))

und schließen Sie die Dateneingabe mit der Tastenkombination [Strg]+[Enter] ab.

**3** Zur Berechnung der Monate, die kein ganzes Jahr ergeben, erfassen Sie in Zelle E4 folgende Formel und kopieren sie bis zur Zeile 6 nach unten:

=REST(WENN(ISTTEXT(B4);DATEDIF(DATWERT(ERSETZEN(B4;LÄNGE(B4)-3;4; 1900));C4;"m")+(1900-WERT(RECHTS(B4;4)))*12;DATEDIF(B4;C4;"m"));12)

**4** In Spalte F wird die gesamte Anzahl der Monate zwischen den beiden Datumsangaben ermittelt. Die Funktion dafür lautet:

=WENN(ISTTEXT(B4);DATEDIF(DATWERT(ERSETZEN(B4;LÄNGE(B4)-3;4; 1900));C4;"m")+(1900-WERT(RECHTS(B4;4)))*12;DATEDIF(B4;C4;"m"))

## 4.5 Professionelle Datumsfunktionen

| | A | B | C | D | E | F |
|---|---|---|---|---|---|---|
| 1 | **Geburtsstatistik** | | | | | |
| 2 | | | | | Lebensdauer | |
| 3 | Name | Geburtstag | Sterbetag | Jahre | Monate | Monate gesamt |
| 4 | Frieda Muster | 01.04.1897 | 17.03.1988 | 90 | 11 | 1091 |
| 5 | Hans Testmann | 23.07.1899 | 05.06.1975 | 75 | 10 | 910 |
| 6 | Margarethe Mustertest | 16.09.1896 | 24.05.1997 | 100 | 8 | 1208 |
| 7 | | | | | | |

Der zentrale Bestandteil in den Formeln besteht im Ersetzen des Datums, das vor dem 01.01.1900 liegt. Dies wird mit dem Befehl =DATWERT(ERSETZEN(B4; LÄNGE(B4)-3;4;1900) erreicht. Damit wird zum richtigen Tag und Monat immer das Jahr 1900 hinzugefügt.

> **Hinweis**
>
> Liegen beide Werte, also der Geburtstag und der Sterbetag, vor dem 01.01.1900, wenden Sie diesen Trick einfach auf beide Datumswerte an und rechnen mit den in die Zukunft verschobenen Werten weiter.

## Tipp 10: Der wievielte Tag im Jahr ist heute – und wie viele Tage sind es noch bis zum 31.12.?

In diesem Beispiel soll zur Prüfung des Projektfortschritts ermittelt werden, wie viele Tage im aktuellen Jahr bereits vergangen sind, also der wievielte Tag im Jahr der aktuelle Tag ist.

*So geht's:*

1. Legen Sie in Zelle B1 über die Funktion =HEUTE() das aktuelle Datum fest. Bei Änderung des Systemdatums wird das Datum somit automatisch aktualisiert.

2. Erfassen Sie in Zelle B3 die Formel
   =B1-("31.12."&JAHR(HEUTE())-1)
   Damit wird der 31.12. des Vorjahrs ermittelt, und davon wird das aktuelle Datum aus Zelle B1 subtrahiert.

| | A | B | C | D |
|---|---|---|---|---|
| 1 | Projektplan per | 18.02.2013 | | |
| 2 | | | | |
| 3 | Tage seit dem 01.01.2013 | 49 | | |
| 4 | | | | |
| 5 | | | | |
| 6 | Projektschritt | Start-Datum | End-Datum | |
| 7 | A | 03.11.2012 | 17.04.2013 | |
| 8 | C | 05.12.2012 | 18.07.2013 | |
| 9 | D | 03.01.2013 | 15.09.2013 | |
| 10 | B | 17.12.2012 | 08.02.2014 | |
| 11 | H | 15.08.2013 | 23.12.2013 | |
| 12 | G | 19.10.2013 | 06.02.2014 | |
| 13 | E | 14.10.2013 | 14.11.2014 | |
| 14 | | | | |

Auf diese Weise wird in Zelle B3 immer die aktualisierte Zahl der Tage, die seit dem 01.01. des aktuellen Jahrs vergangen sind, berechnet.

Ähnlich lässt sich auch der umgekehrte Fall ermitteln. Die Fragestellung lautet: Wie viele Tage sind es bis zum Jahresende?

Die Formel für Zelle B3 lautet =("31.12."&JAHR(HEUTE()))-B1.

## 4. Formeln effektiv und professionell einsetzen

Damit die Funktionen über die Jahresgrenzen hinweg verwendet werden können, wurde das Jahresende dynamisch ermittelt. Dies wird durch die Kombination der Funktionen *JAHR()* und *HEUTE()* erreicht.

| | A | B | C | D |
|---|---|---|---|---|
| | B3 | | fx | =("31.12."&JAHR(HEUTE()))-B1 |
| 1 | Projektplan per | 18.02.2013 | | |
| 2 | | | | |
| 3 | Tage bis zum 31.12.2013 | 316 | | |
| 4 | | | | |
| 5 | | | | |
| 6 | Projektschritt | Start-Datum | End-Datum | |
| 7 | A | 03.11.2012 | 17.04.2013 | |
| 8 | C | 05.12.2012 | 18.07.2013 | |
| 9 | D | 03.01.2013 | 15.09.2013 | |
| 10 | B | 17.12.2012 | 08.02.2014 | |
| 11 | H | 15.08.2013 | 23.12.2013 | |
| 12 | G | 19.10.2013 | 06.02.2014 | |
| 13 | E | 14.10.2013 | 14.11.2014 | |
| 14 | | | | |
| 15 | | | | |

> **Hinweis**
>
> Banken und Versicherungen rechnen in der Regel mit 360 Tagen. Zur Berechnung der Zinsen vom 01.01.2013 bis zum aktuellen Tag verwenden Sie folgende Funktion:
>
> =TAGE360(("31.12."&JAHR(HEUTE())-1);HEUTE();1)
>
> Damit werden die Tage seit Jahresbeginn auf der Basis von 30 Tagen pro Monat, also 360 Zinstagen im Jahr, ermittelt.

## Tipp 11: Ermittlung des Monatsletzten

In diesem Beispiel soll der Rückzahlungs- bzw. Fälligkeitstermin einer Kapitalanlage ermittelt werden. Dabei muss berücksichtigt werden, dass das Fälligkeitsdatum immer auf den letzten Tag des Monats gesetzt werden muss.

*So geht's:*

Zur Ermittlung des Monatsletzten stellt Excel die Funktion =MONATSENDE(Ausgangsdatum;Monate) zur Verfügung. Die Option *Monate* gibt an, wie viele Monate vor oder nach dem Ausgangsdatum liegen sollen. Ein positiver Wert für *Monate* ergibt ein in der Zukunft liegendes Datum, ein negativer Wert ein Datum in der Vergangenheit.

Als Ausgangstabelle liegt eine Auflistung der Einzahlungstermine mit den jeweiligen Laufzeiten in Monaten vor.

Zur Ermittlung des Rückzahlungsbetrags gehen Sie wie folgt vor:

1. Markieren Sie den Bereich C4:C10.
2. Erfassen Sie in Zelle C4 die Funktion =MONATSENDE(A4:A4;B4) und schließen Sie die Eingabe mit der Tastenkombination [Strg]+[Enter] ab.
3. Damit das Ergebnis korrekt angezeigt wird, müssen Sie den Bereich C4:C10 als Datum formatieren.

## 4.5 Professionelle Datumsfunktionen

| | A | B | C |
|---|---|---|---|
| 1 | **Ermittlung des Rückzahlungstermins** | | |
| 2 | | | |
| 3 | Einzahlungstermin | Laufzeit/Monate | Rückzahlungstermin |
| 4 | 01.01.2007 | 0 | 31.01.2007 |
| 5 | 01.01.2007 | 1 | 28.02.2007 |
| 6 | 17.03.2007 | 2 | 31.05.2007 |
| 7 | 28.03.2007 | 0 | 31.03.2007 |
| 8 | 08.04.2007 | 30 | 31.10.2009 |
| 9 | 08.04.2007 | 10 | 29.02.2008 |
| 10 | 23.07.2007 | 24 | 31.07.2009 |

C4 = =MONATSENDE(A4:A4;B4)

> **Hinweis**
>
> Die Funktion *MONATSENDE()* funktioniert nur, wenn das Add-in Analyse-Funktionen installiert ist, weitere Informationen dazu finden Sie in der Einführung zu diesem Kapitel.

Möchten Sie den Rückzahlungstermin ohne installiertes Add-in ermitteln? Auch das ist möglich, und zwar wie folgt:

**1** Markieren Sie den Bereich D4:D10.

**2** Erfassen Sie in Zelle D4 folgende Funktion:
   *=DATUM(JAHR(A4);MONAT(A4)+B4+1;1)-1*

**3** Beenden Sie die Eingabe mit der Tastenkombination [Strg]+[Enter].

**4** Formatieren Sie den Zielbereich D4:D10 mit einem beliebigen Datumsformat.

Wie Sie sehen, sind die Ergebnisse dieser Formelberechnung identisch mit den Ergebnissen der Funktion *MONATSENDE()*.

| | A | B | C | D |
|---|---|---|---|---|
| 1 | **Ermittlung des Rückzahlungstermins** | | | |
| 2 | | | | |
| 3 | Einzahlungstermin | Laufzeit/Monate | Rückzahlungstermin | Rückzahlungstermin |
| 4 | 01.01.2007 | 0 | 31.01.2007 | 31.01.2007 |
| 5 | 01.01.2007 | 1 | 28.02.2007 | 28.02.2007 |
| 6 | 17.03.2007 | 2 | 31.05.2007 | 31.05.2007 |
| 7 | 28.03.2007 | 0 | 31.03.2007 | 31.03.2007 |
| 8 | 08.04.2007 | 30 | 31.10.2009 | 31.10.2009 |
| 9 | 08.04.2007 | 10 | 29.02.2008 | 29.02.2008 |
| 10 | 23.07.2007 | 24 | 31.07.2009 | 31.07.2009 |

D4 = =DATUM(JAHR(A4);MONAT(A4)+B4+1;1)-1

## Tipp 12: Der wievielte Dienstag im Monat ist heute?

Dieses Beispiel zeigt, wie die Häufigkeit von Wochentagen ausgehend von einem erfassten Datum ermittelt werden kann. Ein Datum soll beispielsweise darauf geprüft werden, ob es sich um den zweiten Dienstag im Monat handelt, da an diesem Tag regelmäßig ein wichtiges Meeting stattfindet.

*So geht's:*

**1** Erfassen Sie in Zelle B4 ein beliebiges Datum, beispielsweise den 14.05.2013.

**2** In Zelle B6 soll der Wochentag des erfassten Datums ermittelt werden. Das geht ganz einfach. Stellen Sie einen Bezug zu Zelle B4 her, indem Sie die Bezugsformel *=B4* eingeben.

**3** Formatieren Sie die Zelle B6 mit dem benutzerdefinierten Zellenformat *TTTT*.

## 4. Formeln effektiv und professionell einsetzen

**4** In Zelle B7 geben Sie zur Ermittlung der Häufigkeit des Wochentags folgende Formel ein:

=TEXT(1+ABRUNDEN((B4-DATUM(JAHR(B4);MONAT(B4);"1"))/7;0);0)

Als Ergebnis wird ermittelt, dass es sich beim 14.05.2013 um den zweiten Dienstag im Monat Mai 2013 handelt.

## Tipp 13: Ermittlung von beweglichen Feiertagen

Alle beweglichen Feiertage eines Jahrs beziehen sich auf den Ostersonntag. Der Ostersonntag wurde im 1. Konzil von Nicäa 325 n. Chr. auf den ersten Sonntag nach dem ersten Vollmond nach Frühlingsanfang festgelegt.

Im folgenden Beispiel wird gezeigt, wie sich die beweglichen Feiertage ausgehend vom Ostersonntag ermitteln lassen.

### So geht's:

**1** Erfassen Sie in Zelle B4 folgende Funktion:
=RUNDEN((TAG(MINUTE(B3/38)/2+55)&".4."&B3)/7;)*7-6

Damit wird der Ostersonntag ermittelt.

## 4.5 Professionelle Datumsfunktionen

**2** Ausgehend vom Ostersonntag können die anderen Feiertage relativ einfach ermittelt werden, indem eine vorgegebene Anzahl von Tagen addiert bzw. subtrahiert wird.

In folgender Tabelle sehen Sie eine Zusammenstellung der Feiertage mit den jeweiligen Tageskorrekturen.

| Feiertag | Korrektur in Tagen |
|---|---|
| Rosenmontag | – 48 |
| Karfreitag | – 2 |
| Ostermontag | + 1 |
| Christi Himmelfahrt | + 39 |
| Pfingstsonntag | + 49 |
| Pfingstmontag | + 50 |
| Fronleichnam | + 60 |

Wenn Sie das Jahr in Zelle B3 ändern, werden alle Feiertage automatisch für das eingegebene Kalenderjahr ermittelt.

> **Hinweis**
>
> Wird die Datumsberechnung auf *1904-Datumswerte* umgestellt, funktioniert die Formel in manchen Jahren nicht richtig. Verwenden Sie bei dieser Einstellung besser folgende Formel:
>
> =DATUM(B3;3;28)+REST(24-REST(B3;19)*10,63;29)-REST(KÜRZEN(B3*5/4)+REST (24-REST(B3;19)*10,63;29)+1;7)
>
> Damit gibt es auch bei der Einstellung *1904-Datumswerte* keine bekannten Probleme.
>
> Die Option *1904-Datumswerte* wird über das Menü *Datei/Optionen/Erweitert* im Abschnitt *Allgemein* eingeschaltet, indem die Option *1904-Datumswerte setzen* aktiviert wird (Excel bis 2003: Menü *Extras/Optionen*, Registerkarte *Berechnung – 1904-Datumswerte* aktivieren).

## Tipp 14: Rechnen mit Arbeitstagen

In den bisherigen Beispielen wurde ausschließlich mit Kalendertagen gerechnet. Dieses Beispiel geht nun auf die Problematik im Umgang mit Arbeitstagen (Werktagen) und Feiertagen ein. So soll in einem Projektplan ausgehend von definierten Projektstart- und Projektenddaten die Anzahl an tatsächlich verfügbaren Arbeitstagen berechnet werden, wobei Feiertage als arbeitsfreie Tage berücksichtigt werden sollen. Nur wenn die zur Verfügung stehende Arbeitszeit bekannt ist, kann die entsprechende Ressourcenplanung durchgeführt werden.

### So geht's: Ermittlung der Arbeitstage

Zur Berechnung von Arbeitstagen stellt Excel die Funktion NETTOARBEITSTAGE(Ausgangsdatum;Enddatum;Freie_Tage) zur Verfügung. Diese Funktion gibt die Anzahl der Arbeitstage in einem Zeitintervall zurück. Nicht zu den Arbeitstagen gezählt werden Wochenenden sowie die Tage, die als Ferien (Feiertage) angegeben sind.

1. Damit die freien Tage bei der Ermittlung der reinen Arbeitstage berücksichtigt werden können, legen Sie sie in einem Zellbereich an. Im Beispiel liegen sie im Bereich G4:G13 vor.

2. Zur Berechnung der Arbeitstage erfassen Sie in Zelle D4 diese Formel:
   =NETTOARBEITSTAGE(B4;C4;$G$4:$G$13)

3. Kopieren Sie die Formel bis zur Zelle D10 nach unten.

| | A | B | C | D | E | F | G |
|---|---|---|---|---|---|---|---|
| 1 | Projektplan per 18.02.2013 | | | | | | |
| 2 | | | | | | | |
| 3 | Projektschritt | Start-Datum | End-Datum | Arbeitstage | | Feiertage | |
| 4 | A | 03.07.2013 | 31.12.2013 | 127 | | Karfreitag | 29.03.2013 |
| 5 | C | 05.02.2013 | 18.07.2013 | 112 | | Ostermontag | 01.04.2013 |
| 6 | D | 03.01.2013 | 15.09.2013 | 176 | | Maifeiertag | 01.05.2013 |
| 7 | B | 17.01.2013 | 08.12.2013 | 225 | | Christi Himmelfahrt | 09.05.2013 |
| 8 | H | 15.08.2013 | 23.12.2013 | 92 | | Pfingstsonntag | 19.05.2013 |
| 9 | G | 19.08.2013 | 06.12.2013 | 79 | | Pfingstmontag | 20.05.2013 |
| 10 | E | 14.01.2013 | 01.11.2013 | 203 | | Fronleichnam | 30.05.2013 |
| 11 | | | | | | Tag der Deutschen Einheit | 03.10.2013 |
| 12 | | | | | | 1. Weihnachtstag | 25.12.2013 |
| 13 | | | | | | 2. Weihnachtstag | 26.12.2013 |
| 14 | | | | | | | |

In Spalte D werden damit die reinen Arbeitstage unter Berücksichtigung der im Bereich G4:G13 erfassten freien Tage ermittelt. Die Liste der freien Tage ist nicht begrenzt. Sie können in diese Liste auch Urlaubszeiten von Mitarbeitern aufnehmen, damit sie bei der Arbeitszeitermittlung berücksichtigt werden.

→ Verweis: siehe Kapitel 4.5, Tipp 28

> **Hinweis**
>
> In diesem Beispiel wird der Pfingstsonntag nicht als Feiertag berücksichtigt, da er ja auf ein Wochenende fällt.

## So geht's: Ermittlung des Datums für das Projektende

In der Praxis kommt jedoch auch häufig der umgekehrte Fall vor: Die Projektdauer ist bekannt, und dementsprechend soll das Datum für das Projektende ermittelt werden.

Als Projektdauer werden die notwendigen Arbeitstage angegeben, was nicht mit der Anzahl der Kalendertage zu verwechseln ist.

Auch für diesen Zweck bietet Excel eine passende Lösung. Benutzen Sie hierfür die Funktion =ARBEITSTAG(Ausgangsdatum;Tage;Freie_Tage).

1 Markieren Sie den Bereich D18:D24.

2 Erfassen Sie in Zelle D18 folgende Formel:

=ARBEITSTAG(B18;C18;$G$18:$G$27)

Dabei werden die Feiertage im Bereich G18:G27 bei der Ermittlung des Projektenddatums berücksichtigt.

3 Beenden Sie die Dateneingabe mit der Tastenkombination [Strg]+[Enter].

4 Damit das Datum korrekt angezeigt wird, muss der Zellbereich D18:D24 noch mit einem Datumsformat belegt werden.

| | A | B | C | D | E | F | G |
|---|---|---|---|---|---|---|---|
| 1 | Projektplan per 18.02.2013 | | | | | | |
| 16 | | | | | | | |
| 17 | Projektschritt | Start-Datum | Arbeitstage | End-Datum | | Feiertage | |
| 18 | A | 03.07.2013 | 30 | 14.08.2013 | | Karfreitag | 29.03.2013 |
| 19 | C | 05.02.2013 | 90 | 19.06.2013 | | Ostermontag | 01.04.2013 |
| 20 | D | 03.01.2013 | 70 | 15.04.2013 | | Maifeiertag | 01.05.2013 |
| 21 | B | 17.01.2013 | 75 | 07.05.2013 | | Christi Himmelfahrt | 09.05.2013 |
| 22 | H | 15.08.2013 | 35 | 04.10.2013 | | Pfingstsonntag | 19.05.2013 |
| 23 | G | 19.08.2013 | 75 | 03.12.2013 | | Pfingstmontag | 20.05.2013 |
| 24 | E | 14.01.2013 | 105 | 18.06.2013 | | Fronleichnam | 30.05.2013 |
| 25 | | | | | | Tag der Deutschen Einheit | 03.10.2013 |
| 26 | | | | | | 1. Weihnachtstag | 25.12.2013 |
| 27 | | | | | | 2. Weihnachtstag | 26.12.2013 |
| 28 | | | | | | | |

Sie sehen, das Enddatum wird unter Berücksichtigung der Feiertage wie gewünscht ermittelt. Wenn Sie nun zum Vergleich die Differenz zwischen dem End- und dem Startdatum ermitteln, erhalten Sie die reinen Kalendertage inklusive Wochenenden und Feiertagen. Zur Erledigung des Projektschritts B werden also 75 Arbeitstage benötigt. Das entspricht unter Berücksichtigung von Feiertagen und Wochenenden genau 110 Kalendertagen.

→ Verweis: siehe Kapitel 4.5, Tipp 28

## Tipp 15: Handelt es sich um einen Arbeitstag?

Das folgende Beispiel zeigt, wie mit einer WENN-Abfrage geprüft werden kann, ob es sich bei einem Datum um einen Arbeitstag oder um einen Tag am Wochenende handelt.

## 4. Formeln effektiv und professionell einsetzen

### So geht's:

1 Markieren Sie den Zellbereich B4:B16.

2 Erfassen Sie in Zelle B4 folgende Formel:
=WENN(UND(TEXT(A4;"TTTT")<>"Samstag";TEXT(A4;"TTTT")<>"Sonntag");
"Woche";"Wochenende")

3 Beenden Sie die Eingabe der Formel mit der Tastenkombination [Strg]+[Enter].

Bei Wochentagen wird der Text *Woche* und bei Wochenenden der Text *Wochenende* ausgegeben.

→ Verweis: siehe Kapitel 1.4, Tipp 13, und Kapitel 2.1, Tipp 11

### Hinweis

Natürlich können Sie die Formel auch so modifizieren, dass nur ein Text ausgegeben wird, wenn Excel beispielsweise einen Mittwoch erkennt.

Verwenden Sie dazu diese Formel:
=WENN(TEXT(A4;"TTTT")="Mittwoch";"Mittwoch";"")

## Tipp 16: Ermittlung des letzten Arbeitstags im Monat

Welcher Werktag fällt auf den letzten Tag des Monats? Dies ist eine wichtige Frage z. B. in Lohn- und Spesenabrechnungen, in denen auf den letzten Werktag zurückgerechnet werden muss. Im folgenden Beispiel werden für jeden Monat im Jahr 2007 sowohl der letzte Tag des Monats als auch der letzte Arbeitstag (Werktag) ermittelt.

### So geht's:

Folgende Funktionen werden zur Ermittlung des letzten Tags im Monat benötigt:

- *WOCHENTAG(Zahl;Typ)*: Wandelt eine fortlaufende Zahl in einen Wochentag um.
- *DATWERT(Datumstext)*: Wandelt ein als Text vorliegendes Datum in eine fortlaufende Zahl um.
- *MONATSENDE(Ausgangsdatum;Monate)*: Gibt die fortlaufende Zahl des letzten Tags des Monats zurück, der eine bestimmte Anzahl von Monaten vor bzw. nach dem Ausgangsdatum liegt.

**1** Markieren Sie den Bereich B4:B15 und erfassen Sie in Zelle B4 die Formel =MONATSENDE(DATWERT("1."&A4&".07");0).

**2** Beenden Sie die Dateneingabe mit der Tastenkombination [Strg]+[Enter].

**3** Formatieren Sie den Zellbereich B4:B15 mit folgendem benutzerdefinierten Zellformat: TTTT TT.MM.JJJJ. Damit wird vor dem eigentlichen Datum der Name des Wochentags ausgegeben.

| | A | B | C |
|---|---|---|---|
| 1 | Ermittlung des letzten Werktags im Monat | | |
| 2 | | | |
| 3 | Monat | letzter Wochentag | |
| 4 | Januar | Mittwoch 31.01.2007 | |
| 5 | Februar | Mittwoch 28.02.2007 | |
| 6 | März | Samstag 31.03.2007 | |
| 7 | April | Montag 30.04.2007 | |
| 8 | Mai | Donnerstag 31.05.2007 | |
| 9 | Juni | Samstag 30.06.2007 | |
| 10 | Juli | Dienstag 31.07.2007 | |
| 11 | August | Freitag 31.08.2007 | |
| 12 | September | Sonntag 30.09.2007 | |
| 13 | Oktober | Mittwoch 31.10.2007 | |
| 14 | November | Freitag 30.11.2007 | |
| 15 | Dezember | Montag 31.12.2007 | |
| 16 | | | |

Nachdem der letzte Tag des Monats ermittelt ist, kann die Ermittlung des letzten Werktags in Angriff genommen werden.

Dazu sind diese Funktionen notwendig:

- *WAHL(Index;Wert1;Wert2;...)*: Abhängig vom Indexwert wird der entsprechende Wert zurückgegeben.
- *WOCHENTAG(WOCHENTAG(Zahl;Typ)*: Wandelt eine fortlaufende Zahl in einen Wochentag um.

**1** Markieren Sie dazu den Zellbereich C4:C15.

**2** Erfassen Sie in Zelle C4 die Formel =WAHL(WOCHENTAG(B4);B4-2;B4;B4;B4; B4;B4;B4-1).

**3** Schließen Sie die Eingabe mit der Tastenkombination [Strg]+[Enter] ab.

4 Damit auch in diesem Bereich der Wochentag mit ausgegeben wird, formatieren Sie die Zellen mit dem benutzerdefinierten Format *TTTT TT.MM.JJJJ*.

Als Ergebnis wird für jeden Monat der letzte Werktag in Spalte C ausgegeben.

| | A | B | C | D |
|---|---|---|---|---|
| 1 | Ermittlung des letzten Werktags im Monat | | | |
| 2 | | | | |
| 3 | Monat | letzter Tag im Monat | letzter Werktag | |
| 4 | Januar | Mittwoch 31.01.2007 | Mittwoch 31.01.2007 | |
| 5 | Februar | Mittwoch 28.02.2007 | Mittwoch 28.02.2007 | |
| 6 | März | Samstag 31.03.2007 | Freitag 30.03.2007 | |
| 7 | April | Montag 30.04.2007 | Montag 30.04.2007 | |
| 8 | Mai | Donnerstag 31.05.2007 | Donnerstag 31.05.2007 | |
| 9 | Juni | Samstag 30.06.2007 | Freitag 29.06.2007 | |
| 10 | Juli | Dienstag 31.07.2007 | Dienstag 31.07.2007 | |
| 11 | August | Freitag 31.08.2007 | Freitag 31.08.2007 | |
| 12 | September | Sonntag 30.09.2007 | Freitag 28.09.2007 | |
| 13 | Oktober | Mittwoch 31.10.2007 | Mittwoch 31.10.2007 | |
| 14 | November | Freitag 30.11.2007 | Freitag 30.11.2007 | |
| 15 | Dezember | Montag 31.12.2007 | Montag 31.12.2007 | |
| 16 | | | | |

Zellbezug C4: =WAHL(WOCHENTAG(B4);B4-2;B4;B4;B4;B4;B4;B4-1)

## Tipp 17: Wann fällt ein Wochentag auf ein bestimmtes Datum?

Der folgende Tipp zeigt, wie Sie ausgehend vom Wochentag und der Tagesangabe den nächsten Datumstreffer ermitteln können, an dem die beiden Voraussetzungen erfüllt sind. So soll beispielsweise berechnet werden, auf welches Datum der nächste Freitag der 13. fällt. Gehen Sie dazu wie folgt vor:

### So geht's:

1 Erfassen Sie in Zelle B6 folgende Formel:

=MIN(WENN(((TEXT(WOCHENTAG(HEUTE()+ZEILE(1:1000);1);"TTTT")=B3)*
(TAG(HEUTE()+ZEILE(1:1000))=B4))=1;HEUTE()+ZEILE(1:1000)))

2 Schließen Sie diese Eingabe mit der Tastenkombination [Strg]+[Umschalt]+[Enter] ab, da es sich um eine Matrixfunktion handelt.

3 Damit das Ergebnis als Datum angezeigt wird, müssen Sie der Zelle noch ein beliebiges Datumsformat zuweisen.

| | A | B | C | D |
|---|---|---|---|---|
| 1 | Wann ist der nächste Freitag der 13. | | | |
| 2 | | | | |
| 3 | | | Variante 1 | Variante 2 |
| 4 | Wochentag: | | Freitag | 5 |
| 5 | Tagesangabe: | | 13 | 13 |
| 6 | | | | |
| 7 | Ergebnis: | | 13.07.2007 | 13.07.2007 |
| 8 | | | | |

Wenn die Angabe des Wochentags nicht als Text, sondern als Wert vorliegt, beispielsweise 1 für Montag, 2 für Dienstag und 5 für Freitag, muss die Funktion in Zelle C7 wie folgt modifiziert werden:

=MIN(WENN(((WOCHENTAG(HEUTE()+ZEILE(1:1001);2)=C4)*(TAG(HEUTE()+
ZEILE(1:1001))=C5))=1;HEUTE()+ZEILE(1:1001)))

Da es sich auch hier wieder um eine Matrixfunktion handelt, schließen Sie diese Eingabe ebenfalls mit der Tastenkombination [Strg]+[Umschalt]+[Enter] ab. Als Ergebnis wird erneut der 13.07.2007 ermittelt.

Wenn nicht nur ein Termin, sondern beliebige Terminserien ermittelt werden sollen, die mit den angegebenen Kriterien übereinstimmen, gehen Sie wie folgt vor:

1. Erfassen Sie in Zelle B14 die Formel
   =KKLEINSTE(WENN(((TEXT(WOCHENTAG(HEUTE()+ZEILE($1:$10004));2);
   "TTTT")=$B$10)*(TAG(HEUTE()+ZEILE($1:$10004))=$B$11))=1;HEUTE()+ZEILE
   ($1:$10004));ZEILE()-13)

   und schließen Sie sie mit der Tastenkombination [Strg]+[Umschalt]+[Enter] ab.

2. Kopieren Sie diese Formel nun einfach mit dem Ausfüllkästchen nach unten, im Beispiel bis Zelle B28.

Als Ergebnis werden alle Datumswerte angezeigt, bei denen der 13. auf einen Freitag fällt.

| | A | B | C | D |
|---|---|---|---|---|
| 1 | Wann ist der nächste Freitag der 13. | | | |
| 2 | | | | |
| 3 | | Variante 1 | Variante 2 | |
| 4 | Wochentag: | Freitag | 5 | |
| 5 | Tagesangabe: | 13 | 13 | |
| 6 | | | | |
| 7 | Ergebnis: | 13.07.2007 | 13.07.2007 | |
| 8 | | | | |
| 9 | | | | |
| 10 | Wochentag: | Freitag | | |
| 11 | Tagesangabe: | 13 | | |
| 12 | | | | |
| 13 | | Liste der nächsten Termine | | |
| 14 | | 13.10.2007 | | |
| 15 | | 13.09.2008 | | |
| 16 | | 13.12.2008 | | |
| 17 | | 13.06.2009 | | |
| 18 | | 13.02.2010 | | |
| 19 | | 13.03.2010 | | |
| 20 | | 13.11.2010 | | |
| 21 | | 13.08.2011 | | |
| 22 | | 13.10.2012 | | |
| 23 | | 13.04.2013 | | |
| 24 | | 13.07.2013 | | |
| 25 | | 13.09.2014 | | |
| 26 | | 13.12.2014 | | |
| 27 | | 13.06.2015 | | |
| 28 | | 13.02.2016 | | |
| 29 | | | | |

## Tipp 18: Berechnung der Kalenderwoche nach DIN 1355/ISO 8601

Im Wirtschaftsleben wird die Kalenderwoche oft zur Definition von Zeitspannen oder Grobterminen verwendet. Auch wird in Projektplänen häufig mit der Kalenderwoche gearbeitet. Neu in Excel 2013 ist die Funktion *ISOKALENDERWOCHE()*, die die Ermittlung der Kalenderwoche gemäß DIN 1355/ISO 8601 durchführt. Die in Excel nach wie vor vorhandene Funktion *KALENDERWOCHE()* berücksichtigt dagegen die Vorgaben der DIN-Norm 1355, nach der die erste Kalenderwoche eines Jahrs die Woche ist, die mindestens vier Tage enthält, nicht.

Zur korrekten Ermittlung der Kalenderwoche muss in den Excel-Versionen 2003, 2007 und 2010 daher ein Workaround verwendet werden. Zur Ermittlung der richtigen Kalenderwoche bestehen grundsätzlich zwei Möglichkeiten, die nachfolgend dargestellt werden.

Sehen Sie sich zunächst die Ausgangstabelle an. Dort finden Sie im Bereich A5:A16 den 1. Januar der Jahre 1999 bis 2014. In Zelle B5 wurde die Funktion *=ISOKALENDERWOCHE(A5)* hinterlegt und bis Zelle B20 nach unten kopiert.

## 4. Formeln effektiv und professionell einsetzen

In Zelle C5 wurde die Funktion =KALENDERWOCHE(A5;2) eingegeben und entsprechend bis Zelle C20 kopiert. Als Ergebnis der Funktion KALENDERWOCHE wird in allen Fällen KW 1 zurückgegeben, was jedoch – wie der Vergleich mit den Ergebnissen der Funktion ISOKALENDERWOCHE in Spalte B zeigt – nicht richtig ist.

|   | A | B | C |
|---|---|---|---|
| 1 | **Kalenderwoche nach DIN 1355** | | |
| 2 | | | |
| 3 | | | |
| 4 | | Funktion Isokalenderwoche | Funktion Kalenderwoche |
| 5 | Fr 01.01.1999 | 53 | 1 |
| 6 | Sa 01.01.2000 | 52 | 1 |
| 7 | Mo 01.01.2001 | 1 | 1 |
| 8 | Di 01.01.2002 | 1 | 1 |
| 9 | Mi 01.01.2003 | 1 | 1 |
| 10 | Do 01.01.2004 | 1 | 1 |
| 11 | Sa 01.01.2005 | 53 | 1 |
| 12 | So 01.01.2006 | 52 | 1 |
| 13 | Mo 01.01.2007 | 1 | 1 |
| 14 | Di 01.01.2008 | 1 | 1 |
| 15 | Do 01.01.2009 | 1 | 1 |
| 16 | Fr 01.01.2010 | 53 | 1 |
| 17 | Sa 01.01.2011 | 52 | 1 |
| 18 | So 01.01.2012 | 52 | 1 |
| 19 | Di 01.01.2013 | 1 | 1 |
| 20 | Mi 01.01.2014 | 1 | 1 |

### So geht's mit einer Formellösung:

**1** Markieren Sie den Bereich D5:D20.

**2** Erfassen Sie in Zelle D5 diese Formel:

=KÜRZEN((A5-DATUM(JAHR(A5+3-REST(A5-2;7));1;REST(A5-2;7)-9))/7)

**3** Beenden Sie die Eingabe mit der Tastenkombination [Strg]+[Enter].

Mit dieser Formel wird die korrekte Kalenderwoche unter Berücksichtigung der DIN-1355-Vorschriften ermittelt.

|   | A | B | C | D |
|---|---|---|---|---|
| 1 | **Kalenderwoche nach DIN 1355** | | | |
| 2 | | | | |
| 3 | | | | |
| 4 | | Funktion Isokalenderwoche | Funktion Kalenderwoche | Excel-Formel |
| 5 | Fr 01.01.1999 | 53 | 1 | 53 |
| 6 | Sa 01.01.2000 | 52 | 1 | 52 |
| 7 | Mo 01.01.2001 | 1 | 1 | 1 |
| 8 | Di 01.01.2002 | 1 | 1 | 1 |
| 9 | Mi 01.01.2003 | 1 | 1 | 1 |
| 10 | Do 01.01.2004 | 1 | 1 | 1 |
| 11 | Sa 01.01.2005 | 53 | 1 | 53 |
| 12 | So 01.01.2006 | 52 | 1 | 52 |
| 13 | Mo 01.01.2007 | 1 | 1 | 1 |
| 14 | Di 01.01.2008 | 1 | 1 | 1 |
| 15 | Do 01.01.2009 | 1 | 1 | 1 |
| 16 | Fr 01.01.2010 | 53 | 1 | 53 |
| 17 | Sa 01.01.2011 | 52 | 1 | 52 |
| 18 | So 01.01.2012 | 52 | 1 | 52 |
| 19 | Di 01.01.2013 | 1 | 1 | 1 |
| 20 | Mi 01.01.2014 | 1 | 1 | 1 |

### So geht's mit einer benutzerdefinierten VBA-Funktion:

**1** Starten Sie im ersten Schritt mit der Tastenkombination [Alt]+[F11] den VBA-Editor.

**2** Erstellen Sie über das Menü *Einfügen/Modul* ein neues Codeblatt.

**3** Kopieren Sie den Code aus Listing 1 in dieses neue Codeblatt.

## 4.5 Professionelle Datumsfunktionen

4  Markieren Sie den Zellbereich E5:E20.

5  Geben Sie in Zelle E5 die Funktion =din_KW(A5) ein und beenden Sie die Dateneingabe mit der Tastenkombination [Strg]+[Enter].

Damit wird die benutzerdefinierte Funktion ausgeführt und die Kalenderwoche ermittelt. Wie Sie sehen, erhalten Sie das gleiche Ergebnis, das auch die Formellösung erbracht hat.

*Listing 1:*

```
Function din_kw(dat As Date) As Integer
'** Ermittlung der KW nach DIN 1355

Dim wert As Integer
Application.Volatile
wert = Int((dat - DateSerial(Year(dat), 1, 1) + _
  ((Weekday(DateSerial(Year(dat), 1, 1)) + 1) Mod 7) - 3) / 7) + 1
If wert = 0 Then
  wert = din_kw(DateSerial(Year(dat) - 1, 12, 31))
ElseIf wert = 53 And _
  (Weekday(DateSerial(Year(dat), 12, 31)) - 1) Mod 7 <= 3 Then
  wert = 1
End If
```

## 4. Formeln effektiv und professionell einsetzen

```
    din_kw = wert

End Function
```

→ Verweis: siehe Kapitel 2.1, Tipp 13, und Kapitel 4.5, Tipp 26

### Tipp 19: Datum aus Kalenderwoche und vorgegebenem Wochentag ermitteln

Dieses Beispiel zeigt einen Projektplan, in dem das Kalenderjahr sowie die Kalenderwoche vorgegeben sind. Ausgehend von dem in Zelle B3 vorgegebenen Wochentag (1 = Montag), soll nun das entsprechende Datum ermittelt werden, da an diesen Montagen jeweils wichtige Projektsitzungen stattfinden.

### So geht's:

Sehen Sie sich zunächst die Ausgangstabelle an.

Im Bereich A6:A24 ist das Kalenderjahr und im Bereich B6:B24 die jeweilige Kalenderwoche erfasst. In Zelle B3 ist der Wochentag als Ziffer eingegeben. Dabei steht die Ziffer 1 für Montag, 2 für Dienstag, 3 für Mittwoch etc.

Ausgehend von diesen Daten soll im Bereich C6:C24 das Datum für den Montag der jeweiligen Kalenderwochen errechnet werden.

|    | A | B | C |
|----|---|---|---|
| 1  | Projektplan 2013 | | |
| 2  | | | |
| 3  | Wochentag: | 1 | |
| 4  | | | |
| 5  | Kalenderjahr | Kalenderwoche | Datum |
| 6  | 2013 | 2 | |
| 7  | 2013 | 5 | |
| 8  | 2013 | 7 | |
| 9  | 2013 | 9 | |
| 10 | 2013 | 11 | |
| 11 | 2013 | 17 | |
| 12 | 2013 | 18 | |
| 13 | 2013 | 22 | |
| 14 | 2013 | 24 | |
| 15 | 2013 | 26 | |
| 16 | 2013 | 28 | |
| 17 | 2013 | 32 | |
| 18 | 2013 | 37 | |
| 19 | 2013 | 39 | |
| 20 | 2013 | 42 | |
| 21 | 2013 | 44 | |
| 22 | 2013 | 47 | |
| 23 | 2013 | 49 | |
| 24 | 2013 | 51 | |
| 25 | | | |

1. Markieren Sie den Bereich C6:C24.
2. Erfassen Sie in Zelle C6 folgende Formel:
   =DATUM(A6;1;$B$3)+(B6-WENN(WOCHENTAG(DATUM(A6;1;1);2)>4;0;1))
   *7-WOCHENTAG(DATUM(A6;1;1)+(B6-WENN(WOCHENTAG(DATUM(A6;1;1);
   2)>4;0;1))*7;2)+1
3. Schließen Sie die Dateneingabe mit der Tastenkombination [Strg]+[Enter] ab.

Damit wird die Formel in den gesamten Bereich eingetragen. Wie gewünscht, wird jeweils das Datum für den Montag der entsprechenden Kalenderwoche in Spalte C berechnet. Sollen anstatt für den Montag die Datumsangaben für den Freitag ermittelt werden, geben Sie in Zelle B3 einfach den Wert 5 ein.

4.5 Professionelle Datumsfunktionen

| C6 | | =DATUM(A6;1;$B$3)+(B6-WENN(WOCHENTAG(DATUM(A6;1;1);2)>4;0;1))*7-WOCHENTAG(DATUM(A6;1;1)+(B6-WENN(WOCHENTAG(DATUM(A6;1;1);2)>4;0;1))*7;2)+1 |

| | A | B | C |
|---|---|---|---|
| 1 | Projektplan 2013 | | |
| 2 | | | |
| 3 | Wochentag: | | 1 |
| 4 | | | |
| 5 | Kalenderjahr | Kalenderwoche | Datum |
| 6 | 2013 | 2 | 07.01.2013 |
| 7 | 2013 | 5 | 28.01.2013 |
| 8 | 2013 | 7 | 11.02.2013 |
| 9 | 2013 | 9 | 25.02.2013 |
| 10 | 2013 | 11 | 11.03.2013 |
| 11 | 2013 | 17 | 22.04.2013 |
| 12 | 2013 | 18 | 29.04.2013 |
| 13 | 2013 | 22 | 27.05.2013 |
| 14 | 2013 | 24 | 10.06.2013 |
| 15 | 2013 | 26 | 24.06.2013 |
| 16 | 2013 | 28 | 08.07.2013 |
| 17 | 2013 | 32 | 05.08.2013 |
| 18 | 2013 | 37 | 09.09.2013 |
| 19 | 2013 | 39 | 23.09.2013 |
| 20 | 2013 | 42 | 14.10.2013 |
| 21 | 2013 | 44 | 28.10.2013 |
| 22 | 2013 | 47 | 18.11.2013 |
| 23 | 2013 | 49 | 02.12.2013 |
| 24 | 2013 | 51 | 16.12.2013 |
| 25 | | | |

## Tipp 20: Datum des Wochenanfangs und des letzten Wochentags ermitteln

In dieser Aufgabenstellung soll für ein beliebiges Datum der Wochenanfang sowie der letzte Tag der Woche ermittelt werden. So sollen für Saisonarbeiter Wochenabrechnungen erstellt werden. In Spalte A liegen die Arbeitstage der Mitarbeiter vor. In Spalte B soll nun ausgehend von diesen Arbeitstagen der erste Wochentag, also der Montag, und in Spalte C der jeweilige Freitag berechnet werden.

*So geht's:*

1 Markieren Sie den Zellbereich B7:B15 und erfassen Sie in Zelle B7 die Formel =A7-WOCHENTAG(A7;3). Diese Formel ermittelt ausgehend vom Arbeitstag in Zelle A7 den ersten Tag der Woche, also den Montag, und zeigt diesen als Datum an.

2 Schließen Sie die Eingabe mit der Tastenkombination [Strg]+[Enter] ab. Damit werden die Formeln in den gesamten markierten Bereich übernommen.

3 Zur Ermittlung des letzten Arbeitstags einer Woche markieren Sie den Zellbereich C7:C15 und erfassen die Formel =B7+4.

4 Beenden Sie auch diese Eingabe mit [Strg]+[Enter].

| | A | B | C |
|---|---|---|---|
| 1 | Wochenabrechnung für Monat Juli 2007 | | |
| 2 | | | |
| 3 | Abrechnung für: | Herrn Horst Kupfer | |
| 4 | | | |
| 5 | | Wochenbeginn | Ende der Woche |
| 6 | Arbeitstag | (Montag) | (Freitag) |
| 7 | 03.07.2007 | 02.07.2007 | 06.07.2007 |
| 8 | 05.07.2007 | 02.07.2007 | 06.07.2007 |
| 9 | 09.07.2007 | 09.07.2007 | 13.07.2007 |
| 10 | 12.07.2007 | 09.07.2007 | 13.07.2007 |
| 11 | 19.07.2007 | 16.07.2007 | 20.07.2007 |
| 12 | 20.07.2007 | 16.07.2007 | 20.07.2007 |
| 13 | 27.07.2007 | 23.07.2007 | 27.07.2007 |
| 14 | 29.07.2007 | 23.07.2007 | 27.07.2007 |
| 15 | 31.07.2007 | 30.07.2007 | 03.08.2007 |
| 16 | | | |

## 4. Formeln effektiv und professionell einsetzen

Wie gewünscht, wird, abhängig vom Arbeitsdatum in Spalte A, das korrekte Datum jeweils für den Montag und für den Freitag der entsprechenden Kalenderwoche errechnet.

### Tipp 21: Auflistung von Wochentagen ohne Wochenenden erzeugen

Es soll eine Liste für August 2007 erstellt werden, in der die täglichen Umsatzzahlen eingetragen werden können. Auf Wochenenden soll verzichtet werden, da an diesen Tagen keine Umsatzzahlen eingetragen werden müssen.

*So geht's:*

1   Erfassen Sie in Zelle A4 das Datum *01.08.2007*.

2   In Zelle A5 geben Sie die Formel *=A4+WENN(WOCHENTAG(A4;2)=5;3;WENN (WOCHENTAG(A4;2)=6;2;1))* ein. Mit dieser Funktion wird ausgehend vom Startdatum in Zelle A4 der nächste Wochentag ohne Samstage und Sonntage eingetragen.

3   Kopieren Sie die Formel bis zur Zelle A26 nach unten.

4   Damit der Wochentag in Kurzform mit angezeigt wird, belegen Sie den Zellbereich A4:A26 mit diesem benutzerdefinierten Zellenformat:

    *TTT TT.MM.JJJJ*

Wie gewünscht, werden auf diese Weise ausschließlich Datumsangaben für Wochentage ohne Berücksichtigung der Wochenenden eingetragen.

### Tipp 22: Eine beliebige Anzahl von Monaten einem Datum hinzuaddieren

Dieses Beispiel zeigt, wie mit Excel der Rückzahlungstermin von festverzinslichen Wertpapieren ermittelt werden kann. In vielen Fällen erfolgt die Rückzahlung taggenau eine vorgegebene Anzahl von Monaten nach dem Emissionstag. Es sollen also zum Emissionstag x Monate hinzuaddiert werden.

## 4.5 Professionelle Datumsfunktionen

*So geht's:*

In Zelle B3 ist der Emissionstag eingetragen. In Zelle B4 steht die Laufzeit des Wertpapiers bis zur Rückzahlung in Monaten.

Erfassen Sie zur Ermittlung des Rückzahlungstermins in Zelle B6 die Formel =EDATUM(B3;B4). EDATUM() gibt die fortlaufende Zahl des Datums zurück, das eine bestimmte Anzahl von Monaten vor bzw. nach dem angegebenen Datum (Ausgangsdatum) liegt.

Mit dieser Funktion können somit nicht nur Monate zu einem Datum addiert, sondern auch davon subtrahiert werden.

> **Hinweis**
>
> Zur Verwendung der Funktion *EDATUM()* muss das Add-in Analyse-Funktionen installiert sein. Mit der Funktion *=DATUM(JAHR(B3);MONAT(B3)+B4;TAG(B3))* lässt sich das Rückzahlungsdatum auch ohne Installation des Add-in berechnen. Diese Funktion ist zwar etwas länger, liefert aber das gleiche Ergebnis.

## Tipp 23: Summierung von Umsätzen nach Quartalen

In der Praxis werden Daten häufig zu Quartalswerten verdichtet und in Quartalsberichten oder Quartalsabschlüssen dargestellt. In diesem Beispiel erfahren Sie, wie für ein beliebiges Datum das entsprechende Quartal ermittelt wird und welche Möglichkeiten damit zur Datenverdichtung gegeben sind.

*So geht's:*

In der Ausgangstabelle liegen zwölf Monatsumsätze vor.

Ziel ist es nun, diese Monatsumsätze nach Quartalen aufzusummieren.

1 Erfassen Sie dazu in Zelle C18 folgende Formel:
=SUMME(WENN(AUFRUNDEN(MONAT ($A$4:$A$15)/3;0)=B18;$C$4:$C$15;0))

2 Da es sich um eine Matrixfunktion handelt, müssen Sie die Eingabe mit der Tastenkombination [Strg]+[Umschalt]+[Enter] abschließen. Diese Formel ermittelt für das in Zelle B18 stehende Quartal den Umsatz, im Beispiel also den Umsatz für Januar, Februar und März 2006.

## 4. Formeln effektiv und professionell einsetzen

3   Kopieren Sie diese Formel mit dem Ausfüllkästchen bis zur Zelle C21 nach unten. Damit werden die Umsätze für alle vier Quartale aufsummiert.

4   Zur Verprobung der vier Quartalszahlen summieren Sie diese in Zelle C22 mit der Funktion =SUMME (C18:C21). Sie sehen, dass die vier Quartalssummen identisch sind mit der Summe der einzelnen Monate aus Zelle C16.

## Tipp 24: Ermittlung von Schaltjahren

In diesem Beispiel erfahren Sie, wie für beliebige Jahre geprüft werden kann, ob es sich um Schaltjahre handelt oder nicht.

### So geht's:

Die Regeln zu Ermittlung von Schaltjahren lauten wie folgt:

- Es handelt sich um ein Schaltjahr, wenn die Jahreszahl ohne Rest durch vier teilbar ist.
- Es gelten aber nur Jahre als Schaltjahr, die restfrei durch 100 und gleichzeitig durch 400 teilbar sind.

Mit folgender Funktion wurden diese Regeln nach Excel übertragen:

=WENN(REST(JAHR(A1);400)=0;"Schaltjahr";WENN(UND(REST(JAHR(A1);4)=0; REST(JAHR(A1);100)<>0);"Schaltjahr";"kein Schaltjahr"))

Erfassen Sie diese Formel in Zelle B5. Achten Sie darauf, dass in Zelle B3 ein vollständiges Datum und nicht nur eine Jahreszahl eingegeben ist. Tages- und Monatswert spielen dabei keine Rolle.

Ist das betreffende Jahr ein Schaltjahr, wird der Text *Schaltjahr* ausgegeben, im anderen Fall wird der Text *kein Schaltjahr* angezeigt.

> **Hinweis**
>
> Wenn in Zelle B3 nur ein Jahreswert und kein vollständiges Datum eingegeben werden soll, verwenden Sie in Zelle B5 diese Funktion:
>
> =WENN(REST(B3;400)=0;"Schaltjahr";WENN(UND(REST(B3;4)=0;REST(B3;100)<>0); "Schaltjahr";"kein Schaltjahr"))

## Tipp 25: Ermittlung der Sommer- und Winterzeit

Für die Sommer-/Winterzeitumstellung gelten klare Vorgaben. So beginnt die Sommerzeit am letzten Sonntag im März und endet am letzten Sonntag im Oktober. Beim Wechsel auf die Winterzeit wird die Uhr von 03:00 Uhr um eine Stunde auf 02:00 Uhr zurückgestellt. Zu Beginn der Sommerzeit wird entsprechend die Zeit von 02:00 Uhr um eine Stunde auf 03:00 Uhr vorgestellt.

Mit diesem Wissen lässt sich leicht ein Berechnungsmodell für Excel entwickeln.

1 Erfassen Sie zunächst in Zelle B3 die Jahresangabe, für die das Datum der Zeitumstellung auf Sommer- und Winterzeit ermittelt werden soll.

2 Zur Berechnung des Datums, an dem auf Sommerzeit umgestellt wird, erfassen Sie in Zelle B5 folgende Formel:

=DATUM(B3;4;)-WOCHENTAG(DATUM(B3;4;))+1

3 Das Datum zur Umstellung auf die Winterzeit in Zelle B6 wird mit dieser Funktion berechnet:

=DATUM(B3;11;)-WOCHENTAG(DATUM(B3;11;))+1

Ändern Sie nun noch die Jahresangabe in Zelle B3, und die Daten für Sommer- und Winterzeit werden korrekt ermittelt.

## Tipp 26: Kalenderwochen rückwärts zählen

Mithilfe dieser Formel kann ausgehend von einem beliebigen Datum die angegebene Anzahl an Kalenderwochen subtrahiert, also rückwärts gezählt werden. Ab Excel 2013 kann hierzu die neue Funktion *ISOKALENDERWOCHE()* verwendet werden; da in den Excel-Versionen 2003, 2007 und 2010 aber nur die Funktion *KALENDERWOCHE()* vorhanden ist und diese nicht dem internationalen Standard DIN 1355/ISO 8601 entspricht, verwenden wir in diesem Beispiel alternativ eine etwas umfangreichere Excel-Formel, die aber zum korrekten Ergebnis führt.

## 4. Formeln effektiv und professionell einsetzen

### So geht's:

Im folgenden Beispiel ist in Zelle B4 ein beliebiges Datum vorhanden. Ausgehend von diesem Datum, soll die Kalenderwoche bestimmt werden, die 15 Kalenderwochen vor dem angegebenen Datum liegt.

| | A | B |
|---|---|---|
| 1 | Kalenderwochen rückwärts zählen | |
| 2 | | |
| 3 | | |
| 4 | Ausgangsdatum | 11.02.2013 |
| 5 | Anzahl KW vor Ausgangsdatum | 15 |
| 6 | | |
| 7 | Ermittelte Kalenderwoche mit Formel | |
| 8 | | |
| 9 | Ermittelte Kalenderwoche mit Verwendung der Funktion ISOKALENDERWOCHE | |

1. Geben Sie in Zelle B4 das Ausgangsdatum ein, von dem eine bestimmte Anzahl an Kalenderwochen subtrahiert werden soll, im Beispiel das Datum 11.02.2013.

2. In Zelle B5 erfassen Sie nun die Anzahl der Kalenderwochen, die vom Ausgangsdatum abgezogen werden sollen, hier beispielsweise 15.

3a. Formelberechnung in Excel 2003/2007/2010:

Zur Berechnung der Kalenderwoche erfassen Sie in Zelle B7 folgende Formel:

=GANZZAHL(((((HEUTE()-7*B5)-WOCHENTAG((HEUTE()-7*B5);2)+4)
-DATUM(JAHR((HEUTE()-7*B5)-WOCHENTAG((HEUTE()-7*B5);2)+4);1;1))/7))
+1&"/"&JAHR((HEUTE()-7*B5)-WOCHENTAG((HEUTE()-7*B5);2)+4)

Diese Funktion ermittelt die nach ISO korrekte Kalenderwoche für das in Zelle B4 erfasste Datum und subtrahiert davon den in Zelle B5 erfassten Wert. Das Ergebnis lautet in diesem Fall KW 44.

3b. Berechnung mit Funktion *ISOKALENDERWOCHE()* in Excel 2013:

Zur Berechnung der Kalenderwoche erfassen Sie in Zelle B9 folgende Formel:

=ISOKALENDERWOCHE(B4-7*B5)
&"/"&JAHR(B4-7*B5)

| | A | B |
|---|---|---|
| 1 | Kalenderwochen rückwärts zählen | |
| 2 | | |
| 3 | | |
| 4 | Ausgangsdatum | 11.02.2013 |
| 5 | Anzahl KW vor Ausgangsdatum | 15 |
| 6 | | |
| 7 | Ermittelte Kalenderwoche mit Formel | 44/2012 |
| 8 | | |
| 9 | Ermittelte Kalenderwoche mit Verwendung der Funktion ISOKALENDERWOCHE | 44/2012 |

---

**Hinweis**

Testen Sie die Funktion mit einem Datum, das auf einen Donnerstag fällt. Der Donnerstag ist deswegen so interessant, weil er am Jahresanfang bestimmt, wann die erste Kalenderwoche des Jahrs beginnt. Die erste Kalenderwoche muss laut ISO-Norm mindestens die ersten vier Januartage umfassen. Fällt der erste Januar auf einen Donnerstag oder einen früheren Wochentag, handelt es sich um die erste Woche des Jahrs. Fällt der erste Januar hingegen auf einen Freitag, Samstag oder Sonntag, zählen diese Tage noch zur letzten Kalenderwoche des abgelaufenen Jahrs.

---

→ Verweis: siehe Kapitel 2.1, Tipp 14, und Kapitel 4.5, Tipp 18

## Tipp 27: Bestimmung von Arbeitswoche und Wochenende mit Excel 2010 und Excel 2013

Bis Excel 2007 konnte mit der Funktion *NETTOARBEITSTAGE(Ausgangsdatum;Enddatum;Freie_Tage)* die Anzahl der tatsächlichen Arbeitstage zwischen einem Start- und einem Endtermin berechnet werden, da diese Funktion automatisch alle Wochenenden von den Kalendertagen abzog. Allerdings war bei den Wochenenden nur eine Kombination aus Samstag und Sonntag möglich. Damit war der Einsatz dieser Funktion für manche Branchen und Berechnungszwecke nur eingeschränkt oder gar nicht möglich.

Mit Excel 2010 ist die neue Funktion *NETTOARBEITSTAGE.INTL(Ausgangsdatum; Enddatum;Wochenende;Frei_Tage)* hinzugekommen. Mit dieser Funktion besteht nun die Möglichkeit, eine beliebige Kombination an Tagen, die nicht zu den Arbeitstagen zählen, zu definieren.

Dabei stellt diese Funktion zwei Möglichkeiten zur Verfügung, um die Kombination der Wochenenden zu definieren. Die erste Möglichkeit besteht darin, die vordefinierten Wochenende-Kombinationen zu verwenden. Folgende Kombinationen stehen zur Verfügung:

| Wochenendnummer | Wochenendtag/e |
| --- | --- |
| 1 oder nicht angegeben | Samstag, Sonntag |
| 2 | Sonntag, Montag |
| 3 | Montag, Dienstag |
| 4 | Dienstag, Mittwoch |
| 5 | Mittwoch, Donnerstag |
| 6 | Donnerstag, Freitag |
| 7 | Freitag, Samstag |
| 11 | nur Sonntag |
| 12 | nur Montag |
| 13 | nur Dienstag |
| 14 | nur Mittwoch |
| 15 | nur Donnerstag |
| 16 | nur Freitag |
| 17 | nur Samstag |

Durch die Angabe der Ziffer 2 werden beispielsweise der Sonntag und der Montag als Wochenende definiert.

Die zweite Möglichkeit ist zwar etwas komplexer, aber dafür auch flexibler.

Anstatt der Wochenendnummern kann über eine Ziffernfolge aus 0 und 1 definiert werden, welcher Tag der Woche in die Berechnung einbezogen werden soll und welcher nicht. Die erste Ziffer der siebenstelligen Zahlenfolge steht dabei für Montag, die zweite für Dienstag und so weiter. Die Ziffernfolge 1000011 legt beispielsweise fest, dass der Montag, der Samstag und der Sonntag nicht in die Arbeitstagberechnung mit einbezogen wird. Diese Tage werden als Wochenende, also als arbeitsfreie Tage berücksichtigt.

## So geht's:

Das nachfolgende Beispiel ermittelt für das erste Halbjahr 2010, also vom 01.01.2010 bis zum 30.06.2010, sämtliche Arbeitstage unter der Voraussetzung, dass montags, samstags und sonntags nicht gearbeitet wird.

**1** In diesem Beispiel liegen die Informationen über Start- und Enddatum sowie darüber, welche Tage als Wochenende behandelt werden, im Zellbereich B4:B6 vor. Die Ziffernfolge *1000011* bestimmt, dass Montag, Samstag und Sonntag nicht gearbeitet wird.

**2** Erfassen Sie in Zelle B8 die Formel *=NETTOARBEITSTAGE.INTL(B4;B5;B6)*.

Als Ergebnis wird die korrekte Anzahl an Arbeitstagen zwischen dem Ausgangs- und dem Enddatum unter Berücksichtigung der definierten Wochenendtage berechnet. Das Ergebnis in diesem Beispiel lautet 103 Arbeitstage:

Als weiteres Argument kann diese Funktion auch freie Tage unabhängig von der Wochenenddefinition berücksichtigen. Erstellen Sie dazu eine Liste mit freien Arbeitstagen und übergeben Sie sie der Funktion als viertes Argument. Die Liste der freien Tage befindet sich im Beispiel im Zellbereich B12:B19.

Erfassen Sie zur Berechnung der korrekten Anzahl an Arbeitstagen die Funktion *=NETTOARBEITSTAGE.INTL(B4;B5;B6;B12:B19)* in Zelle B10. Als Ergebnis werden 95 Arbeitstage unter Berücksichtigung der Urlaubstage angezeigt.

## 4.5 Professionelle Datumsfunktionen

| | A | B | C | D |
|---|---|---|---|---|
| | B10 | | fx =NETTOARBEITSTAGE.INTL(B4;B5;B6;B12:B19) | |
| 1 | Anzahl Arbeitstage in einem bestimmten Zeitraum | | | |
| 2 | | | | |
| 3 | | | | |
| 4 | Beginn: | 01.01.2010 | | |
| 5 | Ende: | 30.06.2010 | | |
| 6 | Wochenende: | 1000011 | =Montag, Samstag, Sonntag | |
| 7 | | | | |
| 8 | Anzahl Arbeitstage | 103 | | |
| 9 | | | | |
| 10 | Anzahl Arbeitstage mit Berücksichtigung der freien Tagen | 95 | | |
| 11 | | | | |
| 12 | Freie Tage: | 16.03.2010 | | |
| 13 | | 17.03.2010 | | |
| 14 | | 18.03.2010 | | |
| 15 | | 19.03.2010 | | |
| 16 | | 27.04.2010 | | |
| 17 | | 28.04.2010 | | |
| 18 | | 29.04.2010 | | |
| 19 | | 30.04.2010 | | |
| 20 | | | | |

## Tipp 28: Ermittlung des Projektendtermins unter der Voraussetzung, dass sonntags und montags nicht am Projekt gearbeitet wird

Zur Berechnung von Arbeitstagen stellt Excel ab Excel 2010 eine weitere neue Funktion mit der Bezeichnung *ARBEITSTAG.INTL(Ausgangsdatum;Enddatum;Freie_Tage)* zur Verfügung. Diese Funktion gibt die fortlaufende Zahl des Datums vor oder nach einer bestimmten Anzahl von Arbeitstagen mit benutzerdefinierten Wochenendparametern zurück. Der Wochenendparameter definiert, welche und wie viele Tage als Wochenendtage behandelt werden. Wochenendtage und als freie Tage angegebene Tage werden nicht als Arbeitstage betrachtet. (In allen Versionen vor Excel 2010 lassen sich die Wochenenden nicht so variabel definieren.)

→ Verweis: siehe Kapitel 4.5, Tipp 15

*So geht's:*

Im Beispiel sollen zum Datum des Projektbeginns, beispielsweise zum 07.06.2010, insgesamt 35 Projektarbeitstage hinzuaddiert werden. Als Wochenende, also als Tage, an denen am Projekt nicht gearbeitet wird, werden Sonntag und Montag angenommen. Weitere freie Tage sollen nicht berücksichtigt werden.

1 Erfassen Sie dazu in Zelle B7 die Funktion *=ARBEITSTAG.INTL(B3;B5;2)*. Damit werden 35 Arbeitstage zum Projektbeginn hinzuaddiert.

2 Der dritte Parameter mit dem Wert 2 bestimmt die Wochenendtage. 2 steht dabei für Sonntag und Montag (siehe auch den vorhergehenden Tipp).

## 4. Formeln effektiv und professionell einsetzen

| | A | B | C | D | E |
|---|---|---|---|---|---|
| | | B7 | | fx | =ARBEITSTAG.INTL(B3;B5;2) |
| 1 | Datumsermittlung nach einer bestimmten Anzahl an Arbeitstagen | | | | |
| 2 | | | | | |
| 3 | Datum Projektbeginn | 07.06.2010 | | | |
| 4 | | | | | |
| 5 | Anzahl Projekt-Arbeitstage | 35 | | | |
| 6 | | | | | |
| 7 | Datum Projektende | 24.07.2010 | | | |
| 8 | | | | | |

> **Hinweis**
>
> Alternativ kann anstelle des Parameters 2 für die Wochenendtage auch die siebenstellige Ziffernfolge 1000001 angegeben werden. Die erste Ziffer steht für Montag und die letzte der sieben Stellen für Sonntag.

## Tipp 29: Anzahl der Februartage für ein bestimmtes Jahr ermitteln

Wenn Sie – ausgehend nur von einer Jahreszahl oder einer kombinierten Angabe von Monat und Jahr – bestimmen möchten, ob ein Schaltjahr vorliegt, bzw. die Anzahl der Februartage direkt als Rückgabewert benötigen, benutzen Sie folgende Methode.

### Ausgangswerte: Jahreszahlen, Format Standard

*So geht's:*

1. Im Zellbereich A2:A9 befinden sich Jahreszahlen, das Zellenformat ist *Standard*.

2. Erfassen Sie in Zelle B2 folgende Formel:
   =WENN(TAG(DATUM(A2;2;29))=29;29;28)

3. Markieren Sie Zelle B2, klicken Sie auf das Kreuz an der rechten unteren Ecke der Zelle und ziehen Sie bei gedrückter Maustaste die Markierung nach unten. Zurückgegeben wird die Anzahl der Februartage des jeweiligen Jahrs.

| | A | B |
|---|---|---|
| 1 | Jahr | Februartage |
| 2 | 2006 | 28 |
| 3 | 2007 | 28 |
| 4 | 2008 | 29 |
| 5 | 2009 | 28 |
| 6 | 2010 | 28 |
| 7 | 2011 | 28 |
| 8 | 2012 | 29 |
| 9 | 2013 | 28 |

### Ausgangswerte: Monats-/Jahresangabe, Datumsformat Feb. JJ

*So geht's:*

1. Im Zellbereich A12:A19 befinden sich Datumsangaben im Format *Feb.06, Feb. 07* etc.

2. Erfassen Sie in Zelle B12 folgende Formel:
   =WENN(TAG(DATUM(JAHR(A12);2;29))=29;29;28)

3. Markieren Sie Zelle B12, klicken Sie auf das Kreuz an der rechten unteren Ecke der Zelle und ziehen Sie bei gedrückter Maustaste die Markierung nach unten. Zurückgegeben wird die Anzahl der Februartage des jeweiligen Jahrs.

| | A | B |
|---|---|---|
| 11 | Monat/Jahr | Februartage |
| 12 | Feb. 06 | 28 |
| 13 | Feb. 07 | 28 |
| 14 | Feb. 08 | 29 |
| 15 | Feb. 09 | 28 |
| 16 | Feb. 10 | 28 |
| 17 | Feb. 11 | 28 |
| 18 | Feb. 12 | 29 |
| 19 | Feb. 13 | 28 |

## 4.6 Zeitfunktionen praxisbezogen einsetzen

Auch im Umgang mit Zeitberechnungen ist Excel gut gerüstet. Viele Praxislösungen bedürfen jedoch etwas mehr Know-how, als es die bloße Verwendung einzelner Zeitfunktionen erforderlich macht. Erst die richtige Kombination verschiedener Funktionen und das Wissen, wie Excel intern mit Zeiten umgeht, machen Sie zum Profi.

### Tipp 1: Ungleichmäßige Zeichenketten in Zeit umwandeln

Beim Datenimport von Zeitangaben aus Vorsystemen oder anderen Datenquellen kann es hin und wieder vorkommen, dass die Zeitangaben als Ganzzahl importiert werden. Die Umwandlung in einen Zeitwert ist möglich, bedarf jedoch des Einsatzes verschiedener Formeln.

*So geht's:*

1 Sehen Sie sich zuerst die Ausgangstabelle an. Sie enthält diverse Werte (Textstrings), die eine Zeitangabe verkörpern. Leider sind diese Zeitangaben völlig uneinheitlich und unverständlich, was den Einsatz verschiedener verschachtelter Formeln erforderlich macht.

2 Erfassen Sie zunächst in Zelle D2 die Formel
 *=(LINKS(TEXT(A2;"000000");2)/24)*,
 um die Stunde aus dem Textstring herauszulesen.

3 Erfassen Sie dann in Zelle E2 die Formel
 *=TEIL(TEXT(A2;"000000");3;2)/1440*
 für die Ermittlung der Minuten.

4 Zu guter Letzt müssen Sie in Zelle F2 die Formel *=RECHTS(TEXT(A2; "000000");2)/(24*3600)* eintragen, um die Sekunden zu ermitteln.

5 Das Ganze kann nun verschachtelt in Zelle B1 hinterlegt werden:
 *=(LINKS(TEXT(A2;"000000");2)/24)+(TEIL(TEXT(A2;"000000");3;2)/1440)
 +(RECHTS(TEXT(A2;"000000");2)/(24*3600))*

Damit werden Stunde, Minute und Sekunde in einer einzigen Zelle angezeigt.

## Tipp 2: Der Aufbau des Zeitformats

Zur Darstellung von Uhrzeiten verwendet Excel den Zahlenbereich 0 bis 1. Uhrzeiten werden als gebrochene Dezimalzahl gespeichert, wobei die Zahl 0 der Uhrzeit 00:00 Uhr entspricht und die Zahl 1 für die Uhrzeit 24:00 Uhr steht. Auf dieser Dezimalzahlbasis bildet Excel jede Uhrzeitangabe sekundengenau ab.

*So geht's:*

1   Erfassen Sie die Dezimalzahl *0,25* in einer Zelle.

2   Öffnen Sie über das Menü *Start/Zellen/Format/Zellen formatieren* das Dialogfenster *Zellen formatieren* (Excel 2003: Menü *Format/Zellen*).

3   Wechseln Sie zur Registerkarte *Zahlen* und wählen Sie unter *Kategorie* den Eintrag *Uhrzeit*. Als *Typ* wählen Sie beispielsweise das Zeitformat *13:30* aus oder verwenden das benutzerdefinierte Format *hh:mm*.

Als Ergebnis wird die Uhrzeit *6:00* angezeigt. So entspricht der Wert 0,25 einem viertel Tag, was zur Zeitangabe 6:00 Uhr führt. Die Zahl 0,5 entspricht einem halben Tag, also der Uhrzeit 12:00 Uhr.

Wie mit Datumswerten können Sie natürlich auch mit Uhrzeiten beliebige Berechnungen durchführen. So können Uhrzeiten subtrahiert und es können beliebige Additionen durchgeführt werden.

## Tipp 3: Erläuterung der verschiedenen Uhrzeitformate

Neben den Standardzeitformaten, die über das Menü *Start/Zellen/Format/Zellen formatieren* in der Kategorie *Uhrzeit* zur Verfügung stehen, bietet Excel auch für Uhrzeitangaben die Möglichkeit, benutzerdefinierte Formate zu verwenden. Damit lassen sich Zeitangaben analog zu den Datumsangaben beliebig formatieren.

*So geht's:*

In folgender Tabelle sehen Sie, welche Darstellungsmöglichkeiten das Zeitformat bietet.

| Zeitformat | Bedeutung |
|---|---|
| s | Sekundenanzeige ohne führende Null bei einstelligen Daten (Sekunde als 1 bis 60). |
| ss | Sekundenanzeige mit führender Null bei einstelligen Daten (Sekunde als 01 bis 60). |
| m | Minutenanzeige ohne führende Null bei einstelligen Daten (Minute als 1 bis 60). |
| mm | Minutenanzeige mit führender Null bei einstelligen Daten (Minute als 01 bis 60). |
| h | Stundenanzeige ohne führende Null bei einstelligen Daten (Stunde als 1 bis 24). |
| hh | Stundenanzeige mit führender Null bei einstelligen Daten (Stunde als 01 bis 24). |
| hh:mm | Stunden- und Minutenanzeige mit führender Null bei einstelligen Daten (11:15). |

## 4.6 Zeitfunktionen praxisbezogen einsetzen

| Zeitformat | Bedeutung |
|---|---|
| [hh]:mm | Stunden- und Minutenanzeige mit mehr als 24 Stunden und führender Null bei einstelligen Daten (27:36). |
| [mm]:ss | Minuten- und Sekundenanzeige mit mehr als 60 Minuten und führender Null bei einstelligen Daten (65:55). |

Aus diesen Elementen lassen sich beliebige Zeitformate zusammenstellen.

|  | A | B | C | D |
|---|---|---|---|---|
|  | D6 | =TEXT($B$3;B6) | | |
| 1 | **Formatierung von Zeitwerten** | | | |
| 2 | | | | |
| 3 | Uhrzeit | 08:23:09 | | |
| 4 | | | | |
| 5 | Formatbeschreibung | Zahlenformat | Ergebnis (Datumsformat) | Ergebnis Funktion TEXT() |
| 6 | Sekunde einstellig | s | 9 | 9 |
| 7 | Sekunde zweistellig | ss | 09 | 09 |
| 8 | Minute einstellig | m | 1 | 23 |
| 9 | Minute zweistellig | mm | 01 | 23 |
| 10 | Stunde einstellig | h | 8 | 8 |
| 11 | Stunde zweistellig | hh | 08 | 08 |
| 12 | Zeitformat | hh-mm-ss | 08-23-09 | 08-23-09 |
| 13 | Datum und Text | "Dienstag um " hh:mm | Dienstag um 08:23 | Dienstag um 08:23 |
| 14 | | | | |

Diese Formatangaben können auch wie gewohnt mit der Funktion *TEXT()* verwenden werden.

→ Verweis: siehe Kapitel 2.2, Tipp 10

## Tipp 4: Zeit in Stunden-, Minuten- und Sekundenangaben zerlegen und wieder zusammenfügen

Für verschiedene Praxisaufgaben ist es notwendig, eine Uhrzeitangabe in Stunden, Minuten und Sekunden zu zerlegen. So soll beispielsweise in einer *WENN*-Abfrage nur auf die Stundenangabe zugegriffen werden.

*So geht's:*

1 Zur Ermittlung der Stundenangabe erfassen Sie in Zelle B5 die Formel *=STUNDE (B3)*.

2 Die Minutenangabe in Zelle B6 wird über die Formel *=MINUTE(B3)* ausgelesen.

3 Zum Auslesen der Sekundenangabe verwenden Sie die Formel *=SEKUNDE(B3)* in Zelle B7.

Die ausgelesenen Stunden-, Minuten- und Sekundenwerte liegen als fortlaufende Zahlen vor, sodass Sie damit wie gewohnt weiterrechnen können.

## 4. Formeln effektiv und professionell einsetzen

Im nächsten Schritt wird aus den einzelnen Angaben wieder eine Uhrzeit erzeugt.

1. Erfassen Sie dazu in Zelle B10 die Formel =ZEIT(B5;B6;B7). Damit wird aus der Stundenangabe (Zelle B5), der Minutenangabe (Zelle B6) und der Sekundenangabe (Zelle B7) die Uhrzeit 15:25:37 erzeugt.

2. Damit die Uhrzeit auch korrekt angezeigt wird, müssen Sie der Zelle B10 noch ein beliebiges Uhrzeitformat zuweisen.

Um Zeitwerte miteinander zu kombinieren, gibt es noch eine weitere Möglichkeit. Gehen Sie dazu so vor:

1. Erfassen Sie in Zelle B11 die Formel =B5/24+B6/1440+B7/86400. Damit werden die jeweiligen Werte in die entsprechenden Stunden, Minuten und Sekundenbruchteile zerlegt und addiert.

2. Formatieren Sie die Zelle B11 mit einem beliebigen Zeitformat.

Es ist also gleichgültig, ob Sie die Funktion ZEIT() verwenden oder ob Sie lieber auf die hausgemachte Umrechnung setzen. Das Ergebnis ist in beiden Fällen das gleiche.

## Tipp 5: Zeitangaben in Industrieminuten umrechnen

In Produktionsbetrieben, aber auch bei der Zeiterfassung in Dienstleistungsbetrieben, wird oft mit sogenannten Industrieminuten gerechnet. Dabei entspricht eine Stunde 100 Industrieminuten, 45 Minuten entsprechen 75 Industrieminuten und so weiter. Dieses Beispiel zeigt eine Zeiterfassung, in der die Arbeitszeit ausgehend vom Arbeitsbeginn und vom Arbeitsende unter Berücksichtigung von Pausenzeiten ermittelt wurde. Ziel ist es nun, diese Stundenermittlung in Industrieminuten umzurechnen.

### So geht's:

Sehen Sie sich zunächst die Ausgangstabelle an.

## 4.6 Zeitfunktionen praxisbezogen einsetzen

Zur Ermittlung der Industrieminuten in Spalte F gehen Sie wie folgt vor:

**1** Markieren Sie den Zellbereich F4:F11.

**2** Erfassen Sie in Zelle F4 die Formel *=E4*24*. Durch die Multiplikation mit 24 wird die Uhrzeit auf Basis von 60 Minuten in Industrieminuten (Basis 100 Minuten) umgerechnet.

**3** Schließen Sie die Eingabe mit der Tastenkombination [Strg]+[Enter] ab.

**4** Damit das Ergebnis richtig angezeigt wird, müssen Sie die Ergebnisspalte als Zahl mit zwei Nachkommastellen formatieren.

| | A | B | C | D | E | F |
|---|---|---|---|---|---|---|
| 1 | Zeiterfassung der Firma Secure-IT GmbH | | | | | |
| 2 | | | | | | |
| 3 | Datum | Arbeitsbeginn Uhrzeit | Arbeitsende Uhrzeit | Pausen | Arbeitszeit | Industrieminuten |
| 4 | 01.08.2007 | 07:00 | 16:05 | 00:37 | 08:28 | 8,47 |
| 5 | 02.08.2007 | 07:21 | 15:33 | 00:28 | 07:44 | 7,73 |
| 6 | 03.08.2007 | 07:20 | 16:43 | 00:31 | 08:52 | 8,87 |
| 7 | 06.08.2007 | 07:38 | 15:22 | 00:20 | 07:24 | 7,40 |
| 8 | 07.08.2007 | 07:11 | 16:05 | 00:34 | 08:20 | 8,33 |
| 9 | 08.08.2007 | 07:07 | 17:32 | 01:03 | 09:22 | 9,37 |
| 10 | 09.08.2007 | 07:31 | 17:06 | 00:54 | 08:41 | 8,68 |
| 11 | 10.08.2007 | 07:01 | 14:22 | 00:11 | 07:10 | 7,17 |

---

**Hinweis**

Wenn im umgekehrten Fall Industrieminuten in Zeitangaben umgerechnet werden sollen, verwenden Sie in Spalte F die Formel *E4/24*.

Als Ergebnis werden die in Spalte E eingegebenen Industrieminuten wieder in Stunden und Minuten umgerechnet. Wichtig ist, dass das Ergebnis mit einem Zeitformat belegt wird.

| | A | B | C | D | E | F |
|---|---|---|---|---|---|---|
| 1 | Zeiterfassung der Firma Secure-IT GmbH | | | | | |
| 13 | | | | | | |
| 14 | Datum | Arbeitsbeginn Uhrzeit | Arbeitsende Uhrzeit | Pausen | Industrieminuten | Uhrzeit |
| 15 | 01.08.2007 | 07:00 | 16:05 | 00:37 | 8,47 | 08:28 |
| 16 | 02.08.2007 | 07:21 | 15:33 | 00:28 | 7,73 | 07:44 |
| 17 | 03.08.2007 | 07:20 | 16:43 | 00:31 | 8,87 | 08:52 |
| 18 | 06.08.2007 | 07:38 | 15:22 | 00:20 | 7,40 | 07:24 |
| 19 | 07.08.2007 | 07:11 | 16:05 | 00:34 | 8,33 | 08:20 |
| 20 | 08.08.2007 | 07:07 | 17:32 | 01:03 | 9,37 | 09:22 |
| 21 | 09.08.2007 | 07:31 | 17:06 | 00:54 | 8,68 | 08:41 |
| 22 | 10.08.2007 | 07:01 | 14:22 | 00:11 | 7,17 | 07:10 |

→ Verweis: siehe Kapitel 4.3, Tipp 3

## Tipp 6: Dezimalzahl in Stunden, Minuten und Sekunden umrechnen

Als Ausgangstabelle für dieses Beispiel dient eine Tabelle, in der Arbeitszeiten in Minuten erfasst worden sind. Ziel ist es nun, die Minutenangaben in eine korrekte Zeitangabe im Format *hh:mm* umzuwandeln. Mit den in Excel integrierten Zeitformaten lässt sich diese Aufgabenstellung jedoch nicht lösen, da Excel jede Zahl, die größer als 1 ist, bereits als Tagesangabe interpretiert.

## 4. Formeln effektiv und professionell einsetzen

*So geht's:*

1. Markieren Sie den Zellbereich C4:C11.
2. Erfassen Sie in Zelle C4 folgende Formel:
   =ZEIT(0;KÜRZEN(B4);RUNDEN((B4-KÜRZEN(B4))*60;))
3. Schließen Sie die Formelerfassung mit der Tastenkombination [Strg]+[Enter] ab.
4. Damit die Uhrzeit richtig angezeigt wird, belegen Sie den Zellbereich mit dem Zeitformat *hh:mm*.

Sie sehen, durch die Umrechnungsfunktion werden die Minutenangaben als korrekte Zeitwerte im Format *hh:mm* dargestellt.

| | A | B | C |
|---|---|---|---|
| 1 | Stundenermittlung basierend auf Dezimalzahlen | | |
| 2 | | | |
| 3 | Datum | Arbeitszeit in Minuten | Stundenangabe |
| 4 | 01.08.2007 | 511 | 8:31 |
| 5 | 02.08.2007 | 431 | 7:11 |
| 6 | 03.08.2007 | 533 | 8:53 |
| 7 | 06.08.2007 | 515 | 8:35 |
| 8 | 07.08.2007 | 499 | 8:19 |
| 9 | 08.08.2007 | 469 | 7:49 |
| 10 | 09.08.2007 | 504 | 8:24 |
| 11 | 10.08.2007 | 517 | 8:37 |

### Tipp 7: Ermittlung verschiedener Weltzeitzonen

In diesem Beispiel sehen Sie, wie anhand von vorgegebenen Zeitunterschieden die jeweiligen Weltzeitzonen berechnet werden können. Als Ausgangszeit soll dabei die für Deutschland geltende **m**ittel**e**uropäische **Z**eit (MEZ) verwendet werden.

*So geht's:*

Auf Basis der im Bereich B4:B8 vorliegenden Zeitdifferenzen sollen im Bereich C4:C8 die unterschiedlichen Zeitzonen berechnet werden.

1. Markieren Sie dazu den Zellbereich C5:C8.
2. Erfassen Sie in Zelle C4 die Formel =$C$4+(B5/24).
3. Beenden Sie die Dateneingabe mit der Tastenkombination [Strg]+[Enter].
4. Damit das Ergebnis korrekt angezeigt wird, müssen Sie die Zellen mit einem beliebigen Zeitformat belegen.

Als Ergebnis erhalten Sie die Uhrzeit in der jeweiligen Zeitzone.

| | A | B | C |
|---|---|---|---|
| 1 | Zeitzonenberechnung | | |
| 2 | | | |
| 3 | | Zeitdifferenz | Lokale Zeit |
| 4 | Deutschland | 0 | 12:25 |
| 5 | New York | -6 | 06:25 |
| 6 | London | -1 | 11:25 |
| 7 | Tokyo | 7 | 19:25 |
| 8 | Sidney | 8 | 20:25 |

### Tipp 8: Positive und negative Zeitdifferenzen in Minuten und Stunden ermitteln

Im folgenden Beispiel sollen die Zeitdifferenzen zwischen einem Plan- und einem Ist-Termin ermittelt werden. In Spalte A befinden sich die geplanten Termine und in Spalte B die tatsächlichen Startzeitpunkte. Bei der Subtraktion der beiden Termine kann es sowohl zu positiven als auch zu negativen Zeitdifferenzen kommen.

4.6 Zeitfunktionen praxisbezogen einsetzen

*So geht's:*

Als Ausgangstabelle dient eine Auflistung der Uhrzeiten des Plan-Beginns sowie der Zeiten des tatsächlichen Beginns.

1. Erfassen Sie in Zelle C4 die Formel *=(B4-A4)\*1440*. Da ein Tag aus genau 1.440 Minuten besteht, müssen die Differenzen einfach nur mit diesem Wert multipliziert werden.

2. Schließen Sie die Dateneingabe mit der Tastenkombination [Strg]+[Enter] ab. Zur Anzeige der korrekten Differenzen muss der Bereich nur noch mit einem beliebigen Zahlenformat oder mit dem Format *Standard* belegt werden.

In Spalte D sollen die Differenzen nun noch in Stunden ausgegeben werden. Das funktioniert genauso einfach wie die Differenzermittlung in Minuten.

Anstatt mit dem Wert 1.440 wird die ermittelte Differenz einfach mit 24 multipliziert. Die Formel für den Zellbereich D4 lautet somit *=(B5-A5)\*24*.

Das Ergebnis sieht wie das hier gezeigte aus.

| | A | B | C | D |
|---|---|---|---|---|
| 1 | Ermittlung von Terminabweichungen | | | |
| 2 | | | | |
| 3 | Plan-Beginn | Ist-Beginn | Abweichung in Minuten | Abweichung in Stunden |
| 4 | 07:30 | 07:48 | 18 | 0,30 |
| 5 | 08:20 | 08:17 | -3 | -0,05 |
| 6 | 09:23 | 10:50 | 87 | 1,45 |
| 7 | 10:45 | 10:30 | -15 | -0,25 |
| 8 | 12:00 | 12:50 | 50 | 0,83 |
| 9 | 14:15 | 13:50 | -25 | -0,42 |
| 10 | 16:20 | 16:33 | 13 | 0,22 |

## Tipp 9: Ermittlung von Zeitdifferenzen bei Nachtschichten über die 0-Uhr-Grenze hinaus

Grundsätzlich stellt die Subtraktion zweier Uhrzeiten unter Excel kein Problem dar. Problematisch wird es hingegen, wenn durch die Subtraktion eine negative Zeitdifferenz entsteht. Das ist dann der Fall, wenn Zeiten über die 0-Uhr-Grenze hinaus voneinander subtrahiert werden müssen. Sobald sich negative Zeitdifferenzen ergeben, wird anstatt des Ergebnisses nur das #-Zeichen ausgegeben.

Im nachfolgenden Beispiel sehen Sie anhand eines Schichtplans, mit welchem Trick auch Berechnungen über die 0-Uhr-Grenze hinaus möglich werden.

*So geht's:*

Sehen Sie sich zunächst die Ausgangstabelle etwas näher an. Darin befindet sich ab Zelle B4 die Uhrzeit des Schichtbeginns und ab Zelle C4 das Schichtende.

Die Arbeitszeit im Bereich D4:D9 wird ermittelt, indem vom Arbeitsende der Arbeitsbeginn subtrahiert wird. Das erste Problem tritt damit

| | A | B | C | D |
|---|---|---|---|---|
| 1 | Schichtplan - Arbeitszeiten | | | |
| 2 | | | | |
| 3 | Datum | Arbeitsbeginn | Arbeitsende | Arbeitszeit |
| 4 | 03.09.2007 | 06:30 | 14:35 | |
| 5 | 03.09.2007 | 14:30 | 22:37 | |
| 6 | 03.09.2007 | 22:30 | 06:39 | |
| 7 | 04.09.2007 | 06:31 | 14:39 | |
| 8 | 04.09.2007 | 14:28 | 22:32 | |
| 9 | 04.09.2007 | 22:33 | 06:31 | |

283

## 4. Formeln effektiv und professionell einsetzen

in Zeile 6 auf, da dort von der Uhrzeit 06:39 die Zeitangabe 22:30 subtrahiert wird und sich damit ein negativer Wert ergibt.

Zur Umgehung des Problems gehen Sie wie folgt vor:

1 Markieren Sie den Zellbereich D4:D9 und erfassen Sie in Zelle D4 die Formel =WENN(B4<C4;C4-B4;(1+C4)-B4). In einer WENN-Abfrage wird geprüft, ob das Arbeitsende kleiner ist als der Arbeitsbeginn. Liefert diese Prüfung das Ergebnis WAHR, wird zur Uhrzeit des Arbeitsendes einfach der Wert 1 addiert. Somit ist das Arbeitszeitende größer als der Arbeitsbeginn, und die Berechnung liefert keine negativen Werte mehr.

2 Beenden Sie die Dateneingabe mit der Tastenkombination [Strg]+[Enter].

3 Damit die Arbeitszeit als Uhrzeit angezeigt wird, müssen Sie den Zellbereich noch mit einem entsprechenden Zeitformat belegen.

| | A | B | C | D | E |
|---|---|---|---|---|---|
| 1 | Schichtplan - Arbeitszeiten | | | | |
| 2 | | | | | |
| 3 | Datum | Arbeitsbeginn | Arbeitsende | Arbeitszeit | |
| 4 | 03.09.2007 | 06:30 | 14:35 | 08:05 | |
| 5 | 03.09.2007 | 14:30 | 22:37 | 08:07 | |
| 6 | 03.09.2007 | 22:30 | 06:39 | 08:09 | |
| 7 | 04.09.2007 | 06:31 | 14:39 | 08:08 | |
| 8 | 04.09.2007 | 14:28 | 22:32 | 08:04 | |
| 9 | 04.09.2007 | 22:33 | 06:31 | 07:58 | |
| 10 | | | | | |

## Tipp 10: Summieren von Stundenwerten über die 24-Stunden-Grenze hinaus

Bei der Addition von Stundenangaben verhält sich Excel wie gewohnt, solange das Berechnungsergebnis unter 24 Stunden liegt. Sobald die Summe den Wert von 24 Stunden übersteigt, interpretiert Excel dies als vollen Tag (1 Tag = 24 Stunden) und zeigt nur noch die Stundenzahl an, die den Wert von 24 übersteigt. Zur Anzeige von Stunden über die 24-Stunden-Grenze hinaus gehen Sie wie folgt vor:

### So geht's:

Sehen Sie sich zunächst die Ausgangstabelle etwas genauer an.

Im Bereich C6:C13 liegen für die Kalenderwochen 31 und 32 Stundenangaben vor. In Zelle C15 soll die Summe der Stunden für den Zeitraum vom 01.08. bis 10.08.2007 ermittelt werden.

Erfassen Sie dazu in Zelle C15 die Summenformel =SUMME(C6:C13).

| | A | B | C | D |
|---|---|---|---|---|
| 1 | Arbeitszeit - Übersicht KW 31/32 | | | |
| 2 | | | | |
| 3 | Mitarbeiter: | Gerd Maurer | | |
| 4 | | | | |
| 5 | Zeitraum | Arbeitszeit in Minuten | Stundenangabe | |
| 6 | 01.08.2007 | 511 | 8:31 | |
| 7 | 02.08.2007 | 431 | 7:11 | |
| 8 | 03.08.2007 | 533 | 8:53 | |
| 9 | 06.08.2007 | 515 | 8:35 | |
| 10 | 07.08.2007 | 499 | 8:19 | |
| 11 | 08.08.2007 | 469 | 7:49 | |
| 12 | 09.08.2007 | 504 | 8:24 | |
| 13 | 10.08.2007 | 517 | 8:37 | |
| 14 | | | | |

Als Ergebnis erhalten Sie den Wert 18:19. Dass dies nicht stimmt, liegt auf der Hand. Der Wert von 18:19 ergibt sich, wie bereits beschrieben, aufgrund der Tatsache, dass 24 Stunden als voller Tag interpretiert werden. Die richtige Summe lautet nämlich 66:19 Stunden. Dabei handelt es sich um zwei volle Tage, also 48 Stun-

## 4.6 Zeitfunktionen praxisbezogen einsetzen

den. Excel zeigt nun nur den Stundenanteil an, der diese 48 Stunden übersteigt, also den Wert 18:19 (= 66:19 – 48:00).

Um nun den Gesamtwert von 66:19 anzuzeigen, genügt die Zuweisung des richtigen Zeitformats.

**1** Starten Sie dazu den Befehl über das Menü *Start/Zellen/Format/Zellen formatieren* (Excel 2003: Menü *Format/Zellen*).

**2** Legen Sie auf der Registerkarte *Zahlen* unter der Kategorie *Benutzerdefiniert* dieses Zellenformat fest: *[hh]:mm*.

Als Ergebnis wird nun wie gewünscht der komplette Stundenwert dargestellt.

### Hinweis

In der Statusleiste tritt das Problem der Anzeige von Zeitangaben über 24 Stunden nicht auf. Markieren Sie dazu einfach den Bereich C6:C13. Sie sehen, dass die korrekte Zeitangabe angezeigt wird.

285

## Tipp 11: Runden von Uhrzeiten

Handwerker oder Dienstleistungsunternehmen stellen häufig Rechnungen, in denen die erbrachte Arbeitsleistung auf volle 10 oder 15 Minuten (Zeiteinheiten) gerundet sind.

Hier erfahren Sie anhand verschiedener Beispiele, wie Uhrzeiten auf bestimmte Zeiteinheiten auf- oder abgerundet werden können.

### So geht's:

1 Markieren Sie den Zellbereich D4:D12 und erfassen Sie in Zelle D4 die Formel =RUNDEN(C4*144;0)/144.

2 Beenden Sie die Datenerfassung mit der Tastenkombination [Strg]+[Enter].

3 Damit die gerundeten Zeitangaben korrekt angezeigt werden, müssen Sie sie noch mit einem beliebigen Zeitformat belegen.

Die Zeiten sind kaufmännisch gerundet. Das bedeutet: Bis fünf Minuten wird abgerundet, ab fünf Minuten aufgerundet.

### Hinweis

Die Umrechnungswerte ergeben sich aus der Tatsache, dass Excel bei Uhrzeitangaben intern mit Dezimalzahlen zwischen 0 und 1 operiert.

10 Minuten - 1/6 Stunde = 1/144 eines Tags = 24 Stunden * 6

15 Minuten - 1/4 Stunde = 1/96 eines Tags = 24 Stunden * 4

30 Minuten - 1/2 Stunde = 1/48 eines Tags = 24 Stunden * 2

Zum generellen Aufrunden, wenn also jede Minutenangabe auf die nächste volle Zeiteinheit von zehn Minuten aufgerundet werden soll, verwenden Sie die Formel =AUFRUNDEN(C4*144;0)/144. Das generelle Abrunden auf die nächste Zeiteinheit erreichen Sie analog mit der Funktion =ABRUNDEN(C4*144;0)/144.

### Hinweis

Alternativ können Sie zum Aufrunden auch die Funktion =OBERGRENZE(C4;"0:10") und zum Abrunden die Funktion =UNTERGRENZE(C4; "0:10") verwenden.

## 4.6 Zeitfunktionen praxisbezogen einsetzen

Auch hier muss das Ergebnis mit einem beliebigen Zeitformat versehen werden.

| | A | B | C | D | E | F |
|---|---|---|---|---|---|---|
| 1 | Arbeitszeiten auf volle Zeiteinheiten runden | | | | | |
| 3 | Datum | Auftrag | Arbeitszeit | gerundet | Aufrunden | Abrunden |
| 4 | 21.05.2007 | G52369 | 02:17 | 02:20 | 02:20 | 02:10 |
| 5 | 21.05.2007 | G52370 | 01:23 | 01:20 | 01:30 | 01:20 |
| 6 | 21.05.2007 | G52371 | 00:54 | 00:50 | 01:00 | 00:50 |
| 7 | 21.05.2007 | G52372 | 03:47 | 03:50 | 03:50 | 03:40 |
| 8 | 22.05.2007 | G52373 | 00:22 | 00:20 | 00:30 | 00:20 |
| 9 | 22.05.2007 | G52374 | 02:36 | 02:40 | 02:40 | 02:30 |
| 10 | 22.05.2007 | G52375 | 03:04 | 03:00 | 03:10 | 03:00 |
| 11 | 22.05.2007 | G52376 | 01:51 | 01:50 | 02:00 | 01:50 |
| 12 | 22.05.2007 | G52377 | 01:12 | 01:10 | 01:20 | 01:10 |

Formel in F4: =ABRUNDEN(C4*144;0)/144

→ Verweis: siehe Kapitel 4.12, Tipp 3

## Tipp 12: Ermittlung von Stundenangaben innerhalb eines Zeitraums ohne Berücksichtigung von Wochenenden

Dieses Beispiel zeigt, wie die Gesamtstundenzahl in einem vorgegebenen Zeitraum errechnet werden kann. Wochenenden sollen dabei nicht berücksichtigt werden.

### So geht's:

Als Ausgangsbasis dient eine Tabelle, in der ein Ausgangsdatum einschließlich Uhrzeitangabe sowie das Enddatum, ebenfalls mit Uhrzeitangabe, vorliegen.

| | A | B | C |
|---|---|---|---|
| 1 | Gesamtstunden im Zeitraum | | |
| 3 | Ausgangsdatum | Enddatum | Gesamtstunden |
| 4 | 16.7.07 7:30 | 29.7.07 18:00 | |

1 Erfassen Sie in Zelle C4 folgende Funktion:
   =NETTOARBEITSTAGE(A4;B4)-1-REST(A4;1)+REST(B4;1)

2 Weisen Sie der Zelle C4 das Zeitformat [hh]:mm zu, damit die Zeitangabe korrekt dargestellt wird.

Im Zeitraum vom 16.07.2007, 7:30 Uhr, bis zum 29.07.2007, 18:00 Uhr, liegen 216:30 Stunden reine Arbeitszeit. Wochenenden werden dabei nicht berücksichtigt.

| | A | B | C |
|---|---|---|---|
| 1 | Gesamtstunden im Zeitraum | | |
| 3 | Ausgangsdatum | Enddatum | Gesamtstunden |
| 4 | 16.7.07 7:30 | 29.7.07 18:00 | 226:30:00 |

> **Hinweis**
>
> Die Funktion NETTOARBEITSTAGE() bietet auch die Möglichkeit, arbeitsfreie Tage anzugeben. Entsprechend werden diese bei der Gesamtstundenermittlung nicht berücksichtigt.

→ Verweis: siehe Kapitel 4.5, Tipp 14, 15 und 28

## Tipp 13: Ermittlung des Stundenlohns

Ausgehend von einem Auszahlungsbetrag und von den geleisteten Arbeitsstunden, soll der Stundenlohn berechnet werden. In diesem Beispiel werden zwei Berechnungsmethoden vorgestellt.

*So geht's:*

1   Markieren Sie den Zellbereich C4:C10.

2   Erfassen Sie in Zelle C4 diese Funktion:
    =RUNDEN(A4/(((TEXT(LINKS(TEXT(B4;"HH:MM");2);"0"))*1)+((TEXT(RECHTS(TEXT(B4;"HH:MM");2);"0"))*1)/60);2)

3   Beenden Sie die Dateneingabe mit der Tastenkombination [Strg]+[Enter].

Diese Funktion zerlegt die Uhrzeit in eine Stunden- und eine Minutenangabe und erzeugt eine Stundenangabe auf der Basis von Dezimalzahlen. Jetzt muss nur noch der Auszahlungsbetrag durch den Stundenwert dividiert werden. Als Ergebnis wird der Stundenlohn im Bereich C4:C10 ausgegeben.

Etwas leichter und vielleicht übersichtlicher können Sie die Aufgabenstellung mit folgender Formel lösen:

=RUNDEN(A4/(B4*24);2)

Diese Funktion erzeugt ebenfalls Industrieminuten und ermittelt basierend auf dem Auszahlungsbetrag den entsprechenden Stundenlohn.

|   | A | B | C |
|---|---|---|---|
| 1 | **Stundenlohnermittlung** | | |
| 2 | | | |
| 3 | Auszahlungsbetrag | Arbeitszeit in Stunden | Stundenlohn |
| 4 | 350,00 € | 12:35 | 27,81 € |
| 5 | 440,00 € | 15:20 | 28,70 € |
| 6 | 475,50 € | 17:45 | 26,79 € |
| 7 | 225,00 € | 8:00 | 28,13 € |
| 8 | 300,00 € | 10:50 | 27,69 € |
| 9 | 500,00 € | 18:50 | 26,55 € |
| 10 | 425,00 € | 14:55 | 28,49 € |

→ Verweis: siehe Kapitel 4.6, Tipp 5

## Tipp 14: Ermittlung der Durchschnittsgeschwindigkeit

Im folgenden Beispiel sehen Sie, wie die Durchschnittsgeschwindigkeit ausgehend von der Fahrzeit und den gefahrenen Kilometerangaben ermittelt werden kann. Die Durchschnittsgeschwindigkeit ergibt sich, wenn die gefahrene Strecke durch die dafür benötigte Zeit dividiert wird.

*So geht's:*

1   Markieren Sie den Zellbereich D4:D10 und erfassen Sie in Zelle D4 die Formel =RUNDEN(C4/B4/24;1). Damit werden die gefahrenen Kilometer durch den in Dezimalwerte umgerechneten Stundenwert dividiert.

2   Zur Anzeige des richtigen Werts müssen Sie dem Zellbereich das Standardformat zuweisen.

## 4.6 Zeitfunktionen praxisbezogen einsetzen

| | A | B | C | D | E |
|---|---|---|---|---|---|
| 1 | Ermittlung der Durchschnittsgeschwindigkeit | | | | |
| 2 | | | | | |
| 3 | Fahrer | Fahrzeit | gefahrene Kilometer | Ø-Geschwindigkeit | |
| 4 | Fahrer 1 | 02:25 | 179 | 74,1 | |
| 5 | Fahrer 2 | 00:43 | 47 | 65,6 | |
| 6 | Fahrer 3 | 03:05 | 205 | 66,5 | |
| 7 | Fahrer 4 | 02:47 | 239 | 85,9 | |
| 8 | Fahrer 5 | 00:57 | 69 | 72,6 | |
| 9 | Fahrer 6 | 04:22 | 390 | 89,3 | |
| 10 | Fahrer 7 | 01:14 | 71 | 57,6 | |
| 11 | | | | | |

D4: =RUNDEN(C4/B4/24;1)

## Tipp 15: Trennen von Datum und Uhrzeit

Die unten stehende Beispieltabelle wurde aus einem Zeiterfassungssystem exportiert. Dabei sind die Angaben für Datum und Zeit des Arbeitsbeginns in einer einzigen Zelle zusammengefasst. Für weitere Schritte werden diese Informationen nun aber in getrennten Zellen benötigt. Wie können die beiden Angaben separiert werden?

*So geht's:*

1. Markieren Sie den Zellbereich B4:B10.

2. Geben Sie in Zelle B4 die Formel *=GANZZAHL(A4)* ein und beenden Sie die Eingabe mit der Tastenkombination [Strg]+[Enter].

3. Zur korrekten Anzeige des Datums müssen Sie den Zellbereich mit einem Datumsformat belegen.

4. Nachdem das Datum ausgelesen ist, markieren Sie den Bereich C4:C10 und geben die Formel *=REST(A4;1)* ein. Schließen Sie auch diese Eingabe mit [Strg]+[Enter] ab. Mit dieser Funktion wird der Zeitanteil ausgelesen.

### Hinweis

Datums- und Zeitangaben werden in Excel intern als Dezimalzahl abgespeichert. Dabei repräsentiert die ganze Zahl vor dem Komma das Datum (1 = 1.1.1900), die Nachkommazahl beinhaltet die Zeit (0,5 = 12:00 Uhr).

## Tipp 16: VBA-Makro zu einer vorgegebenen Zeit ausführen

VBA bietet die Möglichkeit, Makros zeitgesteuert auszuführen. So ist es beispielsweise möglich, zu einer vorgegebenen Zeit Datensicherungen, Datenabgleiche oder Auswertungen automatisch durchführen zu lassen.

## 4. Formeln effektiv und professionell einsetzen

*So geht's:*

1 Starten Sie im ersten Schritt den VBA-Editor mit der Tastenkombination [Alt]+[F11].

2 Erfassen Sie den Code aus Listing 1 und Listing 2. Legen Sie im Code aus Listing 1 die gewünschte Uhrzeit fest, zu der der Befehl aufgerufen werden soll.

Über die Methode *OnTime* in Verbindung mit der Funktion *TimeValue* legen Sie den Zeitpunkt fest, zu dem das Makro ausgeführt werden soll. Nach Erreichen der vorgegebenen Zeit, im Beispiel 14:13:00 Uhr, wird das Makro *aktion()* aus Listing 2 gestartet.

*Listing 1:*

```
Public Sub Makro_nach_Zeit()
Application.OnTime TimeValue("14:13:00"), "aktion"
End Sub
```

*Listing 2:*

```
Public Sub aktion()
'** Dieser VBA-Code wird ausgeführt.
MsgBox "Die Aktion wird ausgeführt."
End Sub
```

## Tipp 17: Laufende Uhrzeit in eine Zelle eintragen

Mit den folgenden VBA-Makros wird in eine beliebige Zelle die laufende Uhrzeit eingetragen, sodass die Anzeige wie eine herkömmliche Digitaluhr wirkt. Diese Lösung können Sie problemlos in eigene Anwendungen integrieren.

*So geht's:*

1 Starten Sie den VBA-Editor mit der Tastenkombination [Alt]+[F11].

2 Erfassen Sie den Code der Listings 1 bis 3.

3 Gestartet wird die Digitaluhr, indem Sie die Prozedur *starten()* aufrufen.

4 Zum Beenden der Uhr starten Sie die Prozedur *beenden()*.

In diesem Beispiel wird die laufende Uhrzeit auf dem aktuellen Tabellenblatt in Zelle A1 eingetragen.

*Listing 1:*

```
Dim t As Boolean
Sub starten()
t = True
zeit = Time + TimeValue("00:00:01")
Application.OnTime zeit, "uhrzeit_eintragen"
End Sub
```

*Listing 2:*
- Sub uhrzeit_eintragen()
- ActiveSheet.Range("A1").Value = Time
- If t = True Then starten
- End Sub

*Listing 3:*
- Sub beenden()
- t = False
- End Sub

## 4.7 Finanzmathematik für die tägliche Arbeit

Ist von Finanzberechnungen am Computer die Rede, dann ist meistens ein Tabellenkalkulationsprogramm und somit Excel gefragt. Excel bietet über 50 integrierte Standardfunktionen zum Thema Finanzmathematik. Ab Excel 2007 stehen alle Funktionen ohne das Zusatz-Add-in Analyse-Funktionen zur Verfügung.

Leider weicht Excel in der Bezeichnung der Argumente und in der Onlinehilfe von den allgemeingültigen und bekannten Bezeichnungen und Konventionen der Finanzmathematik ab. In diesem Abschnitt wird versucht, eine Brücke zwischen den Excel-Konventionen und den allgemein verwendeten Konventionen zu bauen.

### Tipp 1: Auf- und Abzinsungsfaktoren

Die Formel zur Errechnung der Höhe eines Kapitals $K_n$, angelegt zur Zinsrate $i$ und jährlich mit Berücksichtigung von Zinseszinsen verzinst, lautet:

$$K_n = K_0 \times (1+i)^n$$

wobei der Teil

$$(1+i)^n = q^n$$

dabei auch als Aufzinsungsfaktor bezeichnet wird.

Mittels der Abzinsung kann errechnet werden, wie hoch ein Kapital $K_0$ (Barwert oder Kapitalwert) sein muss, damit zum Zeitpunkt $n$ ein bestimmtes Kapital $K_n$ verfügbar sein wird:

$$K_0 = K_n \times \frac{1}{(1+i)^n}$$

Der Teil

$$\frac{1}{(1+i)^n} = \frac{1}{q^n}$$

wird dabei auch als Abzinsungs- oder Barwertfaktor bezeichnet.

Tabellen mit Auf- oder Abzinsungsfaktoren für mehrere Zeiträume und Zinssätze können in Excel schnell erstellt werden.

## So geht's:

1 Tragen Sie in eine Zelle den kleinsten Zinssatz ein, für den Sie einen Aufzinsungsfaktor errechnen möchten. Im Beispiel wurde in Zelle B4 ein Zinssatz von 2 % eingegeben (formatiert mit zwei Nachkommastellen).

2 Tragen Sie in die rechts daneben liegende Zelle mit Bezug auf die erste Zelle und Angabe der Schrittweite den nächsthöheren gewünschten Zinssatz ein. Im Beispiel wurde dieses in Zelle C4 eingegeben:

=B4+2%

3 Markieren Sie Zelle C4, klicken Sie auf das Kreuz an der rechten unteren Ecke der Zelle und ziehen Sie bei gedrückter Maustaste die Markierung nach rechts.

4 Tragen Sie nun die Laufzeiten in Jahren ein, im Beispiel wurde in Zelle A5 der Wert 1 eingetragen. Erfassen Sie unterhalb der Zelle den nächsten gewünschten Wert, analog mit Bezug auf die oberhalb stehende Zelle und Angabe der Schrittweite. Im Beispiel wurde in Zelle A6 Folgendes eingegeben:

=A5+1

5 Markieren Sie Zelle A6, klicken Sie auf das Kreuz an der rechten unteren Ecke der Zelle und ziehen Sie bei gedrückter Maustaste die Markierung nach unten.

6 Erfassen Sie nun in Zelle B5 folgende Formel:

=(1+(B$4))^$A5

oder mittels Verwendung der einschlägigen Excel-Funktion anstelle dieser Formel:

=ZW(B$4;$A5;;-1;0)

7 Markieren Sie Zelle B5 und ziehen Sie sie nach rechts bis zum letzten eingegebenen Zinssatz.

| | A | B | C | D | E | F | G | H |
|---|---|---|---|---|---|---|---|---|
| B5 | | | fx | =(1+(B$4))^$A5 | | | | |
| 1 | Aufzinsungsfaktoren | | | | | | | |
| 2 | | | | | | | | |
| 3 | | Zinssatz | | | | | | |
| 4 | Jahr | 2,00% | 4,00% | 6,00% | 8,00% | 10,00% | 12,00% | 14,00% |
| 5 | 1 | 1,020000 | 1,040000 | 1,060000 | 1,080000 | 1,100000 | 1,120000 | 1,140000 |

8 Klicken Sie nun – während die Mehrfachmarkierung noch besteht – doppelt auf das Kreuz an der rechten unteren Ecke, sodass die restlichen Werte der Tabelle automatisch befüllt werden.

## 4.7 Finanzmathematik für die tägliche Arbeit

| | A | B | C | D | E | F | G | H |
|---|---|---|---|---|---|---|---|---|
| 1 | Aufzinsungsfaktoren | | | | | | | |
| 2 | | | | | | | | |
| 3 | | Zinssatz | | | | | | |
| 4 | Jahr | 2,00% | 4,00% | 6,00% | 8,00% | 10,00% | 12,00% | 14,00% |
| 5 | 1 | 1,020000 | 1,040000 | 1,060000 | 1,080000 | 1,100000 | 1,120000 | 1,140000 |
| 6 | 2 | 1,040400 | 1,081600 | 1,123600 | 1,166400 | 1,210000 | 1,254400 | 1,299600 |
| 7 | 3 | 1,061208 | 1,124864 | 1,191016 | 1,259712 | 1,331000 | 1,404928 | 1,481544 |
| 8 | 4 | 1,082432 | 1,169859 | 1,262477 | 1,360489 | 1,464100 | 1,573519 | 1,688960 |
| 9 | 5 | 1,104081 | 1,216653 | 1,338226 | 1,469328 | 1,610510 | 1,762342 | 1,925415 |
| 10 | 6 | 1,126162 | 1,265319 | 1,418519 | 1,586874 | 1,771561 | 1,973823 | 2,194973 |
| 11 | 7 | 1,148686 | 1,315932 | 1,503630 | 1,713824 | 1,948717 | 2,210681 | 2,502269 |
| 12 | 8 | 1,171659 | 1,368569 | 1,593848 | 1,850930 | 2,143589 | 2,475963 | 2,852586 |
| 13 | 9 | 1,195093 | 1,423312 | 1,689479 | 1,999005 | 2,357948 | 2,773079 | 3,251949 |
| 14 | 10 | 1,218994 | 1,480244 | 1,790848 | 2,158925 | 2,593742 | 3,105848 | 3,707221 |

Um eine Tabelle mit Abzinsungsfaktoren zu erstellen, verwenden Sie folgende Formel bzw. Funktion (angegebene Zellbezüge entsprechen dem obigen Beispiel):

=1/((1+(B$4))^$A5) bzw. =BW(B$4;$A5;;-1;0)

## Tipp 2: Zinsberechnungen im Überblick

*Einfache Zinsen – jährliche Verzinsung*

Die mathematische Formel zur Berechnung des Endkapitals lautet:

$$K_n = K_0 \times (i \times n + 1)$$

*So geht's:*

**1** Gegeben ist ein Anfangskapital $K_0$ = 500,00 €, das über $n$ = 10 Jahre mit $i$ = 2,00% jährlich verzinst wird. Die Höhe der Zinsen sowie des Endkapitals $K_n$ soll errechnet werden.

**2** Berechnung der Zinsen mit der Formel in Zelle C10:

=C3*C5*C4

Berechnung des Endkapitals mit der Formel in Zelle C11:

=C3+C3*C5*C4

Berechnung der Zinsen mit der Funktion *ZINSZ* in Zelle C13:

=ZINSZ(C5;1;1;-C3)*C4

Berechnung des Endkapitals mit der Funktion *ZINSZ* in Zelle C14:

=ZINSZ(C5;1;1;-C3)*C4+C3

| | A | B | C |
|---|---|---|---|
| 1 | Einfache Zinsen - jährliche Verzinsung | | |
| 2 | | | |
| 3 | geg.: | $K_0$ | 500,00 € |
| 4 | | n | 10 |
| 5 | | i | 2,00% |
| 6 | | | |
| 7 | ges.: | Zinsen | |
| 8 | | $K_n$ | |
| 9 | | | |
| 10 | Formel: | Zinsen | 100,00 € |
| 11 | | $K_n$ | 600,00 € |
| 12 | | | |
| 13 | Funktion: | Zinsen: | 100,00 € |
| 14 | | $K_n$ | 600,00 € |

## 4. Formeln effektiv und professionell einsetzen

**3** Bei bekanntem Anfangskapital $K_0$, Endkapital $K_n$ und Laufzeit $n$ soll nun der Zinssatz ermittelt werden.

Berechnung des Zinssatzes mit der Formel in Zelle G10:

=1/G4*(G5/G3-1)

Excel 2013: Berechnung des Zinssatzes mit der Funktion ZSATZINVEST in Zelle G13:

=ZSATZINVEST(G4/G4;G3;G5)/G4

|    | E        | F     | G        |
|----|----------|-------|----------|
| 3  | geg.:    | $K_0$ | 500,00 € |
| 4  |          | n     | 10       |
| 5  |          | $K_n$ | 600,00 € |
| 6  |          |       |          |
| 7  | ges.:    | i     |          |
| 8  |          |       |          |
| 9  |          |       |          |
| 10 | Formel:  | i     | 2,00%    |
| 11 |          |       |          |
| 12 |          |       |          |
| 13 | Funktion:| i     | 2,00%    |

### Einfache Zinsen – unterjährige Verzinsung

Die mathematische Formel zur Berechnung des Endkapitals lautet:

$$K_{n,k} = K_0 \times \left(1 + \frac{i_{nom}}{m} [n \times m + k]\right)$$

wobei $n$ den Jahren und der Quotient $i_{nom}/m$ dem nominalen Jahreszins geteilt durch die Anzahl der Zinsperioden pro Jahr ($m$) entspricht (relativer Zinssatz $i_{rel}$). $k$ ist die Anzahl von Zinsperioden, die gegebenenfalls zusätzlich zu vollen Jahren $n$ anfallen. Der Ausdruck $n \times m + k$ gibt somit die Laufzeit (Anzahl der Zinsperioden) an.

### So geht's:

**1** Gegeben ist ein Anfangskapital $K_0$ = 1000,00 €, das über $n$ = 3 Jahre und $k$ = 145 Tage mit $i_{nom}$ = 5% Jahreszins verzinst wird. Die Zinsperiode ist täglich auf Basis von 360 Tagen je Jahr: $m$ = 360. Die Höhe der Zinsen sowie des Endkapitals $K_n$ soll errechnet werden.

**2** Berechnung der Anzahl der Zinsperioden in Zelle C8: =C4*C5+C6

Berechnung des relativen Zinssatzes in Zelle C9:

=C7/C5

Berechnung der Zinsen mit der Formel in Zelle C14:

=RUNDEN(C3*C9*C8;2)

Berechnung des Endkapitals mit der Formel in Zelle C15:

=RUNDEN(C3+C3*C9*C8;2)

Berechnung der Zinsen mit der Funktion ZINSZ in Zelle C17:

=RUNDEN(ZINSZ(C9;1;1;-C3)*C8;2)

Berechnung des Endkapitals mit Funktion ZINSZ in Zelle C18:

=RUNDEN(ZINSZ(C9;1;1;-C3)*C8+C3;2)

|    | A        | B                              | C          |
|----|----------|--------------------------------|------------|
| 1  | Einfache Zinsen - unterjährige Verzinsung | | |
| 2  |          |                                |            |
| 3  | geg.:    | $K_0$                          | 1.000,00 € |
| 4  |          | n (Jahre)                      | 3          |
| 5  |          | m (Zinsperioden/Jahr)          | 360        |
| 6  |          | k (Anzahl Zinsperioden < 1 Jahr)| 145       |
| 7  |          | $i_{nom}$                      | 5,00%      |
| 8  |          | Anzahl Zinsperioden: n x m + k | 1225       |
| 9  |          | $i_{rel}$                      | 0,01%      |
| 10 |          |                                |            |
| 11 | ges.:    | Zinsen                         |            |
| 12 |          | $K_n$                          |            |
| 13 |          |                                |            |
| 14 | Formel:  | Zinsen                         | 170,14 €   |
| 15 |          | $K_n$                          | 1.170,14 € |
| 16 |          |                                |            |
| 17 | Funktion:| Zinsen:                        | 170,14 €   |
| 18 |          | $K_n$                          | 1.170,14 € |

3 Bei bekanntem Anfangskapital $K_0$, Endkapital $K_n$ sowie Laufzeit und $m$ sollen nun der relative und der nominale Zinssatz ermittelt werden.

Berechnung des nominalen Zinssatzes mit der Formel in Zelle G14:

=1/(G8)*(G7/G3-1)*G5

Berechnung des relativen Zinssatzes mit der Formel in Zelle G15:

=1/(G8)*(G7/G3-1)

| | E | F | G |
|---|---|---|---|
| 3 | geg.: | $K_0$ | 1.000,00 € |
| 4 | | n (Jahre) | 3 |
| 5 | | m (Zinsperioden/Jahr) | 360 |
| 6 | | k (Anzahl Zinsperioden < 1 Jahr) | 145 |
| 7 | | $K_n$ | 1.170,14 € |
| 8 | | Anzahl Zinsperioden: n x m + k | 1225 |
| 9 | | | |
| 10 | | | |
| 11 | ges.: | $i_{nom}$ | |
| 12 | | $i_{rel}$ | |
| 13 | | | |
| 14 | Formel: | $i_{nom}$ | 5,00% |
| 15 | | $i_{rel}$ | 0,01% |
| 16 | | | |
| 17 | Funktion: | $i_{nom}$ ZSATZINVEST | 5,00% |
| 18 | | $i_{rel}$ ZSATZINVEST | 0,01% |
| 19 | | $i_{nom}$ EFFEKTIV | 5,00% |
| 20 | | $i_{nom}$ NOMINAL | 5,00% |

Excel 2003–2013: Der nominale Zinssatz kann alternativ mit den Funktionen *EFFEKTIV* und *NOMINAL* berechnet werden, da die Ergebnisse in dieser Konstellation identisch sind:

Zelle G19: =EFFEKTIV((G7-G3)/G3*G5/G8;1)

Zelle G20: =NOMINAL((G7-G3)/G3*G5/G8;1)

Der relative Zinssatz ergibt sich jeweils mittels Division des Ergebnisses durch $m$.

Excel 2013: Berechnung des nominalen Zinssatzes mit der Funktion *ZSATZINVEST* in Zelle G17:

=ZSATZINVEST(G6/G6;G3;G7)*G5/G8

Excel 2013: Berechnung des relativen Zinssatzes mit der Funktion *ZSATZINVEST* in Zelle G18:

=ZSATZINVEST(G6/G6;G3;G7)/G8

### Zinseszinsen – jährliche Verzinsung

Die mathematische Formel zur Berechnung des Endkapitals lautet:

$$K_n = K_0 \times (1 + i_{nom})^n$$

wobei $n$ der Laufzeit in Jahren und $i_{nom}$ dem nominalen Jahreszins entspricht.

### So geht's:

1 Gegeben ist ein Anfangskapital $K_0$ = 1000,00 €, das über $n$ = 3 Jahre mit $i$ = 6,25% jährlich verzinst wird. Die Höhe der Zinsen sowie des Endkapitals $K_n$ soll errechnet werden.

2 Berechnung der Zinsen mit der Formel in Zelle C10:

=(C3*(1+C5)^C4)-C3

Berechnung des Endkapitals mit der Formel in Zelle C11:

=(C3*(1+C5)^C4)

## 4. Formeln effektiv und professionell einsetzen

Berechnung der Zinsen mit der Funktion ZW in Zelle C13:

=ZW(C5;C4;;-C3;0)-C3

Berechnung des Endkapitals mit der Funktion ZW in Zelle C14:

=ZW(C5;C4;;-C3;0)

| | A | B | C |
|---|---|---|---|
| 1 | Zinseszinsen - jährliche Verzinsung | | |
| 2 | | | |
| 3 | geg.: | $K_0$ | 1.000,00 € |
| 4 | | n | 3 |
| 5 | | $i_{nom}$ | 6,25% |
| 6 | | | |
| 7 | ges.: | Zinsen | |
| 8 | | $K_n$ | |
| 9 | | | |
| 10 | Formel: | Zinsen | 199,46 € |
| 11 | | $K_n$ | 1.199,46 € |
| 12 | | | |
| 13 | Funktion: | Zinsen | 199,46 € |
| 14 | | $K_n$ | 1.199,46 € |

### Zinseszinsen – unterjährige Verzinsung

Die mathematische Formel zur Berechnung des Endkapitals lautet:

$$K_n = K_0 \times (1 + i_{rel})^{n \times m}$$

wobei $n$ den Jahren und $i_{rel}$ dem nominalen Jahreszins $i_{nom}$ geteilt durch die Anzahl der Zinsperioden pro Jahr ($m$) entspricht. Der Exponent $n \times m$ gibt die Laufzeit (Anzahl der Zinsperioden) an.

### So geht's:

**1** Gegeben ist ein Anfangskapital $K_0$ = 1000,00 €, das über $n$ = 1 Jahr zu einem Jahreszins $i_{nom}$ = 5% verzinst wird; die Verzinsung erfolgt dabei monatlich: m = 12. Die Höhe der Zinsen sowie des Endkapitals $K_n$ soll errechnet werden.

**2** Berechnung des relativen Zinssatzes in Zelle C12:

=C6/C5

Berechnung der Zinsen mit der Formel in Zelle C13:

=(C3*(1+C12)^(C4))-C3

Berechnung des Endkapitals mit der Formel in Zelle C14:

=(C3*(1+C12)^(C4))

Berechnung der Zinsen mit der Funktion ZW in Zelle C17:

=ZW(C6/C5;C4;;-C3;0)-C3

Berechnung des Endkapitals mit der Funktion ZW in Zelle C18:

=ZW(C6/C5;C4;;-C3;0)

| | A | B | C |
|---|---|---|---|
| 1 | Zinseszinsen - unterjährige Verzinsung | | |
| 2 | | | |
| 3 | geg.: | $K_0$ | 1.000,00 € |
| 4 | | Zahl Zinsperioden | 12 |
| 5 | | m (Zinsperioden/Jahr) | 12 |
| 6 | | $i_{nom}$ | 5,00% |
| 7 | | | |
| 8 | ges.: | $i_{rel}$ | |
| 9 | | Zinsen | |
| 10 | | $K_n$ | |
| 11 | | | |
| 12 | Formel: | $i_{rel}$ | 0,42% |
| 13 | | Zinsen | 51,16 € |
| 14 | | $K_n$ | 1.051,16 € |
| 15 | | | |
| 16 | Funktion: | $i_{rel}$ | 0,42% |
| 17 | | Zinsen | 51,16 € |
| 18 | | $K_n$ | 1.051,16 € |

Berechnung des effektiven Zinssatzes mit der Formel in Zelle G11:

=(1+G7/G5)^(G5)-1

Excel 2003–2013:

Berechnung des effektiven Zinssatzes mit der Funktion *EFFEKTIV* in Zelle G14:

=RUNDEN(EFFEKTIV(G7;G5);4)

Excel 2013: Berechnung des effektiven Zinssatzes mit der Funktion *ZSATZINVEST* in Zelle G13:

=ZSATZINVEST(G4/G5;G3;G6)

|   | E | F | G |
|---|---|---|---|
| 3 | geg.: | $K_0$ | 1.000,00 € |
| 4 |   | Zahl Zinsperioden | 12 |
| 5 |   | m (Zinsperioden/Jahr) | 12 |
| 6 |   | $K_n$ | 1.051,16 € |
| 7 |   | $i_{nom}$ | 5,00% |
| 8 |   |   |   |
| 9 | ges.: | $i_{eff}$ |   |
| 10 |   |   |   |
| 11 | Formel: | $i_{eff}$ | 5,12% |
| 12 |   |   |   |
| 13 | Funktion: | $i_{eff}$ ZSATZINVEST | 5,12% |
| 14 |   | $i_{eff}$ EFFEKTIV | 5,12% |

## Gemischte Verzinsung

Bei dieser Zinsberechnungsmethode werden für einen bestimmten Teil der Laufzeit Zinseszinsen gerechnet, für den restlichen Zeitraum wird das bis dahin erzielte Kapital einfach verzinst. Unter der Annahme, dass die ersten vollen n Jahre mit Zinseszinsen verzinst werden, ein darauffolgender Jahresanteil aber nur einfach verzinst wird, ergibt sich – auf Basis von 360 Tagen – folgende Formel:

$$K_{n,t} = K_0 \times (1 + i_{nom})^n \times \left(1 + i_{nom} \times \frac{t}{360}\right)$$

### So geht's:

**1** Gegeben ist ein Anfangskapital $K_0$ = 1000,00 €, das über 2 Jahre, 3 Monate und 4 Tage zu einem Jahreszins $i_{nom}$ = 3,75% verzinst wird. Der letzte Tag (Auszahlungstag) soll nicht verzinst werden. Die Höhe der Zinsen sowie des Endkapitals $K_n$ soll errechnet werden.

**2** Fall A: Die Anlagedauer liegt in Jahren, Monaten, Tagen ausgedrückt vor.

Berechnung der Gesamtanlagedauer in Zelle C7:

=C4*360+C5*30+C6-1

Berechnung der Zinsen in Zelle C14:

=(C3*(1+C9)^C4)*(1+C9*(C5*30+C6)/360)-C3

Berechnung des Endkapitals in Zelle C15:

=(C3*(1+C9)^C4)*(1+C9*(C5*30+C6)/360)

Fall B: Die Anlagedauer soll aus Datum des Anlagebeginns und Auszahlungsdatum berechnet werden.

|   | A | B | C |
|---|---|---|---|
| 1 | Gemischte Verzinsung |   |   |
| 2 |   |   |   |
| 3 | geg.: | $K_0$ | 1.000,00 € |
| 4 |   | Anlagedauer Jahre + | 2 |
| 5 |   | Anlagedauer Monate + | 3 |
| 6 |   | Anlagedauer Tage | 4 |
| 7 |   | Anlagedauer gesamt in Tagen | 813 |
| 8 |   |   |   |
| 9 |   | $i_{nom}$ | 3,75% |
| 10 |   |   |   |
| 11 | ges.: | Zinsen |   |
| 12 |   | $K_n$ |   |
| 13 |   |   |   |
| 14 | Formel: | Zinsen | 86,95 € |
| 15 |   | $K_n$ | 1.086,95 € |

## 4. Formeln effektiv und professionell einsetzen

Berechnung der Gesamtanlagedauer in Zelle G6 unter Verwendung der Funktion *TAGE360*:

=TAGE360(G4;G5;WAHR)

Berechnung der Zinsen in Zelle G14, hierbei Verwendung der Funktionen *GANZZAHL* und *REST*, um die errechnete Anlagedauer in ganze Jahre $n$ und Periode $t$ aufzuspalten:

=(G3*(1+G9)^(GANZZAHL(G6/360)))*(1+G9*REST(G6+1;360)/360)-G3

Berechnung des Endkapitals in Zelle G15:

=(G3*(1+G9)^(GANZZAHL(G6/360)))*(1+G9*REST(G6+1;360)/360)

### Stetige Verzinsung

Die mathematische Formel zur Berechnung des Endkapitals lautet:

$$K_n = K_0 \times e^{i \times n}$$

wobei $e$ für die Eulersche Zahl steht, $n$ für Jahre, $i$ für den Nominalzins.

### So geht's:

1  Gegeben ist ein Anfangskapital $K_0$ = 1000,00 €, das über $n$ = 15 Jahre zu einem Jahreszins $i$ = 10% verzinst wird. Die Höhe der Zinsen sowie des Endkapitals $K_n$ soll errechnet werden.

2  Berechnung der Zinsen mit der Formel in Zelle C10:

=RUNDEN(C3*(EXP(1)^(C4*C5));2)-C3

Berechnung des Endkapitals mit der Formel in Zelle C11:

=RUNDEN(C3*(EXP(1)^(C4*C5));2)

|  | A | B | C |
|---|---|---|---|
| 1 | Stetige Verzinsung | | |
| 2 | | | |
| 3 | geg.: | $K_0$ | 1.000,00 € |
| 4 | | i | 10% |
| 5 | | n | 15 |
| 6 | | | |
| 7 | ges.: | Zinsen | |
| 8 | | $K_n$ | |
| 9 | | | |
| 10 | Formel: | Zinsen | 3.481,69 € |
| 11 | | $K_n$ | 4.481,69 € |

### NOMINAL und EFFEKTIV

Mit den Funktionen *NOMINAL* und *EFFEKTIV* kann in Excel die wechselseitige Beziehung zwischen Nominal- und Effektivverzinsung hergestellt bzw. eine der beiden Größe aus der gegebenen anderen Größe berechnet werden; als Argument erforderlich ist zusätzlich die Anzahl der Zinsperioden je Jahr.

Nominal- und Effektivzins stehen mathematisch in folgendem Zusammenhang:

## 4.7 Finanzmathematik für die tägliche Arbeit

a) Effektivzins-Formel:

$$i_{eff} = \left(1 + \frac{i_{nom}}{m}\right)^m - 1$$

b) Nominalzins-Formel:

$$i_{nom} = m \left(\left(\sqrt[m]{i_{eff} + 1}\right) - 1\right)$$

mit Effektivzins $i_{eff}$, Nominalzins $i_{nom}$ und Anzahl der unterjährigen Zinsperioden $m$. Im Folgenden wird anhand von Übersichtstabellen die Anwendung der Funktion sowie der alternativen Formellösung dargestellt.

### So geht's:

1 Für halbjährliche, quartalsweise, monatliche, wöchentliche und tägliche Verzinsung sollen für Nominalzinssätze zwischen 1 % und 3,5 % mit Schrittweite 0,5 % die Effektivzinssätze errechnet werden.

2 Erstellen Sie eine Tabelle für die Zinsperioden $m$ (Zellen B3:F3) und die Nominalzinssätze $i_{nom}$ (Zellen A4:A9).

Markieren Sie den Zellbereich B4:F9 und setzen Sie den Cursor in die Bearbeitungszeile.

Zur Befüllung der Tabelle mittels Nutzung der Funktion *EFFEKTIV* tragen Sie ein:
=EFFEKTIV($A4;B$3)

Alternativ tragen Sie für die Berechnung mittels Nutzung einer Formel ein:
=(1+$A4/B$3)^B$3-1

3 Halten Sie die Taste [Strg] gedrückt und bestätigen Sie die Eingabe mit [Enter].

| | A | B | C | D | E | F |
|---|---|---|---|---|---|---|
| 1 | Effektivzinssätze unterjährig aus Nominalzinssätzen berechnet | | | | | |
| 2 | | m | | | | |
| 3 | p | 2 | 4 | 12 | 52 | 360 |
| 4 | 1,00% | 1,0025% | 1,0038% | 1,0046% | 1,0049% | 1,0050% |
| 5 | 1,50% | 1,5056% | 1,5085% | 1,5104% | 1,5111% | 1,5113% |
| 6 | 2,00% | 2,0100% | 2,0151% | 2,0184% | 2,0197% | 2,0201% |
| 7 | 2,50% | 2,5156% | 2,5235% | 2,5288% | 2,5309% | 2,5314% |
| 8 | 3,00% | 3,0225% | 3,0339% | 3,0416% | 3,0446% | 3,0453% |
| 9 | 3,50% | 3,5306% | 3,5462% | 3,5567% | 3,5608% | 3,5618% |

4 Analog können Sie aus gegebenen Effektivzinssätzen die Nominalzinssätze errechnen und tabellarisch darstellen (siehe nächste Abbildung, Datenbereich B14:F19):

Funktionslösung: =NOMINAL($A14;B$13)
Formellösung: =B$13*((($A14+1)^(1/B$13))-1)

## 4. Formeln effektiv und professionell einsetzen

| | A | B | C | D | E | F |
|---|---|---|---|---|---|---|
| 11 | Nominalzinssätze unterjährig aus Effektivzinssätzen berechnet | | | | | |
| 12 | | m | | | | |
| 13 | p | 2 | 4 | 12 | 52 | 360 |
| 14 | 1,0000% | 0,9975% | 0,9963% | 0,9954% | 0,9951% | 0,9950% |
| 15 | 1,5000% | 1,4944% | 1,4916% | 1,4898% | 1,4891% | 1,4889% |
| 16 | 2,0000% | 1,9901% | 1,9852% | 1,9819% | 1,9806% | 1,9803% |
| 17 | 2,5000% | 2,4846% | 2,4769% | 2,4718% | 2,4698% | 2,4693% |
| 18 | 3,0000% | 2,9778% | 2,9668% | 2,9595% | 2,9567% | 2,9560% |
| 19 | 3,5000% | 3,4699% | 3,4550% | 3,4451% | 3,4413% | 3,4403% |

### Tipp 3: Ermittlung der monatlichen Ratenzahlung (Annuität) eines Darlehens

Als Annuität bezeichnet man eine regelmäßige, gleichbleibende Zahlung für einen Kredit. Sie besteht aus einem Zins- und einen Tilgungsanteil. Der Zinsanteil nimmt im Zeitverlauf ab. Im gleichen Maße steigt entsprechend der Teilungsanteil.

Die Annuität kann durch zwei verschiedene Methoden berechnet werden.

#### So geht's: Berechnung über eine finanzmathematische Formel

Die Ausgangsbasis für die Ermittlung der Annuität sehen Sie in der Abbildung.

Die Darlehensauszahlung hat bei 4,45 % Zinssatz 160.000,00 Euro betragen. Als Rückzahlungsdauer sind 30 Jahre angegeben – also eine klassische Immobilienfinanzierung.

Nachfolgend sehen Sie die allgemeingültige finanzmathematische Formel:

$$R = S_0 \cdot \frac{i \cdot (1+i)^n}{(1+i)^n - 1} = S_0 \cdot \frac{i \cdot q^n}{q^n - 1}$$

Überführt man diese Formel nach Excel, erhält man folgendes Ergebnis:

=1/(((((1+(B5/12)) ^(B6*12))-1)/(((((1+(B5/12))^(B6*12))) *B5/12))*B4

In diesem Beispiel ist eine monatliche Zahlungsweise unterstellt.

Wenn Sie diese Formel in Zelle B9 erfassen, wird eine Annuität von 805,95 Euro errechnet. Das bedeutet, zur Tilgung des Darlehens müssen 30 Jahre lang jeden Monat 805,95 Euro gezahlt werden.

## So geht's: Berechnung über die Excel-Funktion RMZ()

Die zweite, sicherlich elegantere Möglichkeit nutzt die Tatsache, dass Excel eine umfangreiche Sammlung an finanzmathematischen Funktionen besitzt. Damit müssen Sie also gar nicht lange mit den Grundrechenarten und komplexen Klammerausdrücken experimentieren.

Die Funktion zur Ermittlung der Annuität lautet *RMZ()*. Dies steht für regelmäßige Zahlungen. Die Syntax des Befehls lautet wie folgt:

*RMZ(Zinssatz;Anzahl_der_Raten;Kreditbetrag;Restwert;Fälligkeit)*

*RMZ()* gibt die konstante Zahlung einer Annuität pro Periode zurück, wobei konstante Zahlungen und ein konstanter Zinssatz vorausgesetzt werden.

Der *Zinssatz* bezieht sich jeweils auf eine einzelne Zahlungsperiode. Das heißt, dass er auf das zweite Argument, *Anzahl_der_Raten*, abgestimmt sein muss. Wenn Sie hier in Monaten rechnen, muss sich auch der Zinssatz auf einen Monat beziehen.

Die Argumente *Restwert* und *Fälligkeit* sind optional. Wenn Sie sie nicht angeben, nimmt Excel einen Restwert von null sowie die Fälligkeit am Ende der einzelnen Zahlungsperiode an. Alternativ können Sie dem Argument *Fälligkeit* auch den Wert 1 übergeben, sodass eine Zahlung am Anfang der Periode angenommen wird.

Zur Ermittlung der Annuität in diesem Beispiel erfassen Sie in Zelle B10 folgende Formel:

*=RMZ(B5/12;B6*12;-B4)*

Sie sehen, diese Funktion ist wesentlich kürzer und übersichtlicher. Das Ergebnis ist natürlich identisch mit der finanzmathematischen Berechnungsmethode.

| | A | B |
|---|---|---|
| 1 | Ermittlung der monatlichen Annuität eines Darlehens | |
| 2 | | |
| 3 | | |
| 4 | Darlehensbetrag | 160.000,00 € |
| 5 | Zinssatz p.a. | 4,45% |
| 6 | Laufzeit / Jahre | 30 |
| 7 | | |
| 8 | | |
| 9 | Annuität finanzm. Formel | 805,95 € |
| 10 | Annuität Funktion RMZ() | 805,95 € |

**Hinweis**

Zu beachten ist, dass der Zinssatz auf Monatsbasis heruntergerechnet wird, indem der Wert durch 12 dividiert wird. Analog dazu wird die Laufzeit auf Monate umgerechnet, indem die Jahresangabe mit 12 multipliziert wird.

## Tipp 4: Tilgungsanteil für einen Kredit in einem bestimmten Zeitraum ermitteln

Eine Annuität setzt sich aus einem Zins- und einem Tilgungsanteil zusammen. In dieser Aufgabenstellung soll aus einer Annuität der monatliche Tilgungsanteil ermittelt werden.

## 4. Formeln effektiv und professionell einsetzen

### So geht's:

Zur Ermittlung des Tilgungsanteils stellt Excel die Funktion *KAPZ()* zur Verfügung. Die Syntax lautet wie folgt:

*KAPZ(Zins;Zahlungszeitraum;Anzahl_Zahlungszeiträume;Barwert;Endwert;Fälligkeit)*

*KAPZ()* gibt die Kapitalrückzahlung einer Investition für eine angegebene Periode zurück. Es werden konstante periodische Zahlungen und ein konstanter Zinssatz vorausgesetzt.

Die Funktionsargumente:

- *Zins*: Ist der Zinssatz pro Periode (Zahlungszeitraum).
- *Zahlungszeitraum*: Gibt die Periode an und muss zwischen 1 und dem Zahlungszeitraum liegen.
- *Anzahl_Zahlungszeiträume:* Gibt an, über wie viele Perioden die jeweilige Annuität (Rente) gezahlt wird.
- *Barwert*: Ist der Gesamtbetrag, den eine Reihe zukünftiger Zahlungen zum gegenwärtigen Zeitpunkt wert ist.
- *Endwert*: Ist der zukünftige Wert (Endwert) oder der Kassenbestand, den Sie nach der letzten Zahlung erreicht haben möchten. Fehlt das Argument *Endwert*, wird der Wert 0 angenommen, d. h., der Kredit wird vollständig getilgt.
- *Fälligkeit*: Kann den Wert 0 oder 1 annehmen und gibt an, wann die Zahlungen fällig sind (0 = nachschüssig, 1 = vorschüssig).

Zur Ermittlung des Tilgungsanteils erfassen Sie nun in Zelle B12 die Funktion *=KAPZ(B7/B8;B10;B9*B8;B5*-1)*. Damit wird der Tilgungsanteil für den in Zelle B10 (*Tilgungsanteil für Periode*) angegebenen Monat ermittelt.

Das Ergebnis lautet 213,41 Euro.

Wenn Sie den Tilgungsanteil für den 50. Monat der Darlehenslaufzeit ermitteln möchten, erfassen Sie einfach in Zelle B10 den Wert 50.

> **Hinweis**
>
> Wenn der Kredit nicht monatlich, sondern jährlich zu tilgen ist, geben Sie in Zelle B8 den Wert 1 für eine jährliche Zahlungsweise ein. Bei halbjährlicher Rückzahlung geben Sie analog den Wert 2 und bei quartalsweiser Tilgung den Wert 4 ein. 12 steht somit für eine monatliche Rückzahlung.

# Tipp 5: Zinsanteil für einen Kredit in einem bestimmten Zeitraum ermitteln

Dieses Beispiel zeigt, wie sich der Zinsanteil aus einer Annuität bzw. direkt aus den gegebenen Eckdaten eines Darlehens berechnen lässt.

*So geht's:*

Excel stellt für die Ermittlung des Zinsanteils die Funktion ZINSZ() zur Verfügung. Der Befehl ist wie folgt aufgebaut:

ZINSZ(Zins;Zahlungszeitraum;Anzahl_Zahlungszeiträume;Barwert;Endwert;Fälligkeit)

ZINSZ() gibt die Zinszahlung einer Investition für die angegebene Periode ausgehend von regelmäßigen, konstanten Zahlungen und einem konstanten Zinssatz zurück.

Die Funktionsargumente:

- *Zins*: Ist der Zinssatz pro Periode (Zahlungszeitraum).
- *Zahlungszeitraum*: Ist die Periode, für die Sie den Zinsbetrag berechnen möchten.
- *Anzahl_Zahlungszeiträume*: Gibt an, über wie viele Perioden die jeweilige Annuität (Rente) gezahlt wird.
- *Barwert*: Ist der Barwert oder der heutige Gesamtwert einer Reihe zukünftiger Zahlungen.
- *Endwert*: Ist der zukünftige Wert (Endwert) oder der Kassenbestand, den Sie nach der letzten Zahlung erreicht haben möchten. Fehlt das Argument *Endwert*, wird es als 0 angenommen
- *Fälligkeit*: Kann den Wert 0 oder 1 annehmen und gibt an, wann Zahlungen fällig sind. Fehlt das Argument *Fälligkeit*, wird es als 0 angenommen.

Zur Ermittlung des Zinsanteils erfassen Sie in Zelle B14 diese Formel:

=ZINSZ(B7/B8;B10;B9*B8;B5*-1)

Der Zinsanteil für den zweiten Monat beträgt 592,54 Euro.

In Beispiel 1 wurde die Annuität mit dem Befehl RMZ() ermittelt. Bei gleichen Eckdaten hatte sich dort eine monatliche Annuität von 805,95 Euro ergeben.

| | A | B |
|---|---|---|
| 1 | Ermittlung des Tilgungsanteils eines bestimmten Zeitraums | |
| 5 | Darlehensbetrag | 160.000,00 € |
| 6 | Restwert | 0 |
| 7 | Zinssatz p.a. | 4,45% |
| 8 | Zahlungsweise | 12 |
| 9 | Laufzeit / Jahre | 30 |
| 10 | Tilgungsanteil für Periode | 2 |
| 12 | Tilgungsanteil | 213,41 € |
| 14 | Zinsanteil | 592,54 € |

Werden nun der in Beispiel 2 ermittelte Tilgungsanteil und der Zinsanteil aus diesem Beispiel summiert, ergibt sich wiederum die monatliche Annuität von 805,95 Euro.

## 4. Formeln effektiv und professionell einsetzen

|   | A | B | C |
|---|---|---|---|
| 1 | **Ermittlung des Tilgungsanteils eines bestimmten Zeitraums** | | |
| 2 | | | |
| 3 | | | |
| 4 | | | |
| 5 | Darlehensbetrag | 160.000,00 € | |
| 6 | Restwert | 0 | |
| 7 | Zinssatz p.a. | 4,45% | |
| 8 | Zahlungsweise | 12 | |
| 9 | Laufzeit / Jahre | 30 | |
| 10 | Tilgungsanteil für Periode | 2 | |
| 11 | | | |
| 12 | Tilungsanteil | 213,41 € | |
| 13 | | | |
| 14 | Zinsanteil | 592,54 € | |
| 15 | | | |
| 16 | Annuität | 805,95 € | |
| 17 | | | |

B16: =B12+B14

### Hinweis

Wenn der Kredit nicht monatlich, sondern jährlich zu tilgen ist, erfassen Sie in Zelle B8 den Wert 1 für eine jährliche Zahlungsweise. Bei halbjährlicher Rückzahlung geben Sie analog den Wert 2 und bei quartalsweiser Tilgung den Wert 4 ein. 12 steht somit für eine monatliche Rückzahlung.

## Tipp 6: Ermittlung des Zinssatzes für einen Kredit

In diesem Beispiel erfahren Sie, wie sich der Zinssatz für einen Kredit auf der Basis einer vorgegebenen Rückzahlung (Annuität) ermitteln lässt.

*So geht's:*

Zur Ermittlung des Zinssatzes wird die Funktion ZINS() verwendet. Die Syntax des Befehls lautet wie folgt:

ZINS(Anzahl_Zahlungszeiträume;Regelmäßige_Zahlung;Barwert;Endwert;Fälligkeit; Schätzwert)

ZINS() gibt den Zinssatz einer Annuität pro Periode zurück. ZINS() verwendet zur Berechnung eines Zinssatzes ein Iterationsverfahren. Es ist möglich, dass es keine Lösungen gibt. Wenn die Differenz aufeinanderfolgender Ergebnisse nach 20 Iterationsschritten nicht gegen 0,0000001 geht, gibt ZINS() den Fehlerwert #ZAHL! zurück.

Die Funktionsargumente:

- *Anzahl_Zahlungszeiträume*: Gibt an, über wie viele Perioden die jeweilige Annuität (Rente) gezahlt wird.
- *Regelmäßige_Zahlung*: Ist der Betrag (die Annuität), der in jeder Periode gezahlt wird. Dieser Betrag bleibt während der Laufzeit konstant. Üblicherweise umfasst die *Regelmäßige_Zahlung* das Kapital und die Zinsen, nicht jedoch Gebühren oder Steuern. Wenn das Argument *Regelmäßige_Zahlung* nicht verwendet wird, müssen Sie das Argument *Endwert* angeben.

- *Barwert*: Ist der Gesamtbetrag, den eine Reihe zukünftiger Zahlungen zum gegenwärtigen Zeitpunkt wert ist.
- *Endwert*: Ist der zukünftige Wert (Endwert), den Sie nach der letzten Zahlung erreicht haben möchten. Fehlt das Argument *Endwert*, wird es als 0 angenommen.
- *Fälligkeit*: Kann den Wert 0 oder 1 annehmen und gibt an, wann die Zahlungen fällig sind.
- *Schätzwert*: Entspricht Ihrer Schätzung bezüglich der Höhe des Zinssatzes. Wenn Sie keinen Wert für *Schätzwert* angeben, wird 10 % angenommen. Liefert die Funktion ZINS() kein Ergebnis, sollten Sie einen anderen Wert für *Schätzwert* angeben. Normalerweise liefert die Funktion ein Ergebnis, wenn der Schätzwert zwischen 0 und 1 liegt.

Zur Ermittlung des Zinssatzes erfassen Sie in Zelle B11 folgende Funktion:

=ZINS(B7*B6;-B8;B5)*B6

Als Ergebnis erhalten Sie einen Zinssatz von 4,45 %.

| | A | B | C |
|---|---|---|---|
| 1 | Zinssatz eines Kredites ermitteln | | |
| 2 | | | |
| 3 | | | |
| 4 | | | |
| 5 | Darlehensbetrag | 160.000,00 € | |
| 6 | Zahlungsweise | 12 | |
| 7 | Laufzeit / Jahre | 30 | |
| 8 | Annuität | 805,95 € | |
| 9 | | | |
| 10 | | | |
| 11 | Zinssatz p.a. | 4,45% | |
| 12 | | | |

## Tipp 7: Ermittlung des kumulierten Zins- und Tilgungsanteils

In diesem Beispiel sollen die kumulierten Zins- und Tilgungsanteile eines Darlehens ermittelt werden.

Excel stellt zu diesem Zweck die Funktionen KUMZINZ() und KUMKAPITAL() zur Verfügung. Mit KUMZINSZ() wird der kumulierte Zinsanteil und mit KUMKAPITAL() der kumulierte Tilgungsanteil eines Darlehens ermittelt.

Nachfolgend werden sowohl die beiden Excel-Funktionen als auch der finanzmathematische Ansatz erläutert, da die Excel-Funktionen folgende Defizite aufweisen:

- Bei vorschüssiger Zahlungsweise rechnen die Funktionen nicht korrekt.
- Es besteht keine Möglichkeit, Berechnungen unter Berücksichtigung eines Restwerts durchzuführen.

### So geht's mit den integrierten Excel-Funktionen KUMZINSZ() und KUMKAPITAL():

Die Syntax der beiden Funktionen lautet jeweils:

*KUMZINSZ(Zins;Anzahl_Zahlungszeiträume;Barwert;Zeitraum_Anfang;Zeitraum_Ende; Fälligkeit)*

*KUMKAPITAL(Zins;Anzahl_Zahlungszeiträume;Barwert;Zeitraum_Anfang;Zeitraum_Ende; Fälligkeit)*

## 4. Formeln effektiv und professionell einsetzen

Sehen Sie sich zunächst die Ausgangstabelle etwas näher an.

Als *Verrechnung* ist der Wert 12 angegeben. Dies bedeutet, dass eine monatliche Rückzahlung vereinbart ist. Bei jährlicher Rückzahlung wäre hier eine 1 zu erfassen.

|   | A | B |
|---|---|---|
| 1 | Ermittlung des kumulierten Zins- und Tilgungsanteils | |
| 2 | | |
| 3 | | |
| 4 | Darlehensbetrag | 160.000 |
| 5 | Restwert | 0 |
| 6 | Zinssatz p.a. | 4,45% |
| 7 | Verrechnung | 12 |
| 8 | Laufzeit / Jahre | 30 |
| 9 | Fälligkeit | 0 |
| 10 | Perioden von | 1 |
| 11 | Perioden bis | 360 |
| 12 | | |

Der Parameter *Fälligkeit* hat den Wert 0. Dieser Wert steht für eine nachschüssige Zahlungsweise. Bei vorschüssiger Zahlungsweise ist hier 1 anzugeben.

Die Parameter *Perioden von* und *Perioden bis* sind frei wählbar. Allerdings müssen sich die Angaben im möglichen Bereich bewegen. In diesem Beispiel liegt die größte Angabe bei *Perioden* bei 360 (= 30 Jahre x 12 Monate).

Zur Ermittlung des kumulierten Zins- und Tilgungsanteils gehen Sie nun wie folgt vor:

**1** Erfassen Sie in Zelle D5 folgende Formel:

=KUMZINSZ(B6/B7;B8*B7;B4;B10;B11;B9)*-1

Damit wird der kumulierte Zinsanteil errechnet.

**2** Zur Ermittlung des kumulierten Tilgungsanteils erfassen Sie in Zelle D6 diese Funktion:

=KUMKAPITAL(B6/B7;B8*B7;B4;B10;B11;B9)*-1

|   | A | B | C | D | E |
|---|---|---|---|---|---|
| 1 | Ermittlung des kumulierten Zins- und Tilgungsanteils | | | | |
| 2 | | | | | |
| 3 | | | | | |
| 4 | Darlehensbetrag | 160.000 | | Funktions-Lösung | |
| 5 | Restwert | 0 | | 130.142,01 € | Zinsen |
| 6 | Zinssatz p.a. | 4,45% | | 160.000,00 € | Tilgung |
| 7 | Verrechnung | 12 | | | |
| 8 | Laufzeit / Jahre | 30 | | | |
| 9 | Fälligkeit | 0 | | | |
| 10 | Perioden von | 1 | | | |
| 11 | Perioden bis | 360 | | | |
| 12 | | | | | |

### So geht's mit dem finanzmathematischen Ansatz:

Durch die bereits beschriebenen Defizite der Excel-Funktionen bietet es sich an, in der Praxis die finanzmathematische Formellösung einzusetzen.

**1** Erfassen Sie dazu in Zelle D10 zur Ermittlung der kumulierten Zinsen folgende Formel:

=(B11-B10+1)*(((B4-B5)*B6/(1-(B7/(B7+B6))^(B7*B8))+B5*B6)/B7*WENN(B9=1;B7/(B7+B6);1))-D11

**2** Zur Berechnung der kumulierten Tilgung geben Sie diese Formel ein:

=(B4-B5)*(1/(1+B6/B7)^(B8*B7-B11)-1/(1+B6/B7)^(B8*B7+1-B10))/(1-1/(1+B6/B7)^(B8*B7))

Wie Sie sehen, ergeben sich mit der finanzmathematischen Lösung die gleichen Zahlen wie mit der Funktionslösung. Erst wenn der Parameter *Fälligkeit* in Zelle B9 auf vorschüssig umgestellt wird, weicht die Funktionslösung vom finanzmathematischen Ansatz fälschlicherweise ab.

| | A | B | C | D | E | F |
|---|---|---|---|---|---|---|
| 1 | **Ermittlung des kumulierten Zins- und Tilgungsanteils** | | | | | |
| 2 | | | | | | |
| 3 | | | | | | |
| 4 | Darlehensbetrag | 160.000 | | Funktions-Lösung | | |
| 5 | *Restwert* | 0 | | 130.142,01 € | Zinsen | |
| 6 | Zinssatz p.a. | 4,45% | | 160.000,00 € | Tilgung | |
| 7 | Verrechnung | 12 | | | | |
| 8 | Laufzeit / Jahre | 30 | | | | |
| 9 | Fälligkeit | 0 | | Finanzmathematische Lösung | | |
| 10 | Perioden von | 1 | | 130.142,01 € | Zinsen | |
| 11 | Perioden bis | 360 | | 160.000,00 € | Tilgung | |
| 12 | | | | | | |

Formel D10: =(B11-B10+1)*(((B4-B5)*B6/(1-(B7/(B7+B6))^(B7*B8))+B5*B6)/B7*WENN(B9=1;B7/(B7+B6);1))-D11

> **Hinweis**
>
> Zur Verdeutlichung kann folgende Verprobungsrechnung durchgeführt werden. Multiplizieren Sie die monatliche Annuität aus Tipp 5 in Höhe von 805,95 mit der Periodenanzahl von 360 (= 30 Jahre x 12 Monate), ergibt sich ein Wert in Höhe von 290.142,00 Euro. Addieren Sie gleichermaßen den Zins- und Tilgungsanteil aus diesem Beispiel, erhalten Sie ebenso den Wert 290.142,01 Euro. Natürlich funktioniert diese Verprobung nur, weil in allen Beispielen von identischen Darlehensdaten ausgegangen wurde.

## Tipp 8: Tilgungsplan für drei Langfristfinanzierungen erstellen

Üblicherweise werden zur Finanzierung einer Immobilie Annuitätendarlehen mit unterschiedlicher Laufzeit aufeinander folgen. Dieser Tipp zeigt Ihnen, wie Sie Tilgungspläne für drei Annuitätendarlehen erstellen und kombinieren und so die Auswirkungen veränderter Nominalzinsen und Laufzeiten bei gegebener/geplanter Annuitätenhöhe abschätzen können.

*So geht's:*

**1** Erfassen Sie zunächst Eingabezellen für die Rahmendaten:

| | A | B | C | D |
|---|---|---|---|---|
| 1 | Tilgungsplan erstellen für 3 Langfristfinanzierungen | | | |
| 2 | | | | |
| 3 | 1. Finanzierung | | | |
| 4 | Darlehenssumme: | | 0,00 € | |
| 5 | Nominalzinssatz in %: | | 0,00% | |
| 6 | Laufzeit: | | 0 | Jahre |
| 7 | monatliche Annuität: | | 0,00 € | |
| 8 | Restschuld nach Ablauf Finanzierung: | | | 0,00 € |

Formatieren Sie die Zellen C4, C7 und D8 als Währung mit zwei Nachkommastellen, Zelle C5 als Prozent mit zwei Nachkommastellen und Zelle C6 als Zahl.

Tragen Sie in Zelle D8 dieses ein:
=SVERWEIS(C6;A11:E41;5)

2   Erstellen Sie den Tabellenkopf in Zeile 10 und nehmen Sie in Zeile 11 folgende Eingaben vor:

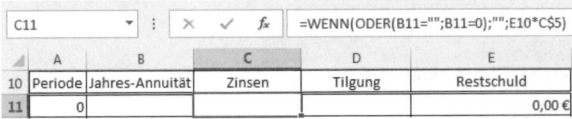

Zelle A11: =0
Zelle B11: =WENN(UND(A11<>0;A11<=C$6);C$7*12;"")
Zelle C11: =WENN(ODER(B11="";B11=0);"";E10*C$5)
Zelle D11: =WENN(C11="";"";B11-C11)
Zelle E11: =C4

Markieren Sie den Bereich B11:E11 und formatieren Sie die Zellen mit Währung, zwei Nachkommastellen.

3   In Zeile 12 tragen Sie folgende Formeln ein:
Zelle A12: =WENN(A11<$C$6;A11+1;"")

Markieren Sie den Zellbereich B11:D11 und kopieren Sie die Formeln in den Zellbereich B12:D12.

Zelle E12: =WENN(D12="";"";E11-D12)

4   Markieren Sie den Zellbereich A12:E12 und ziehen Sie die Markierung über das Ausfüllkästchen am rechten unteren Eck mit gedrückter Maustaste nach unten bis zur Zelle 41 (die maximale Laufzeit eines Annuitätenkredits wird in diesem Beispiel mit 30 Jahren angenommen).

5   Markieren Sie die Spalten A:E, kopieren Sie sie in die Zwischenablage (Klick mit der rechten Maustaste und *Kopieren* wählen), markieren Sie die Spalte F und fügen Sie den Inhalt der Zwischenablage ein (Klick mit der rechten Maustaste und *Kopierte Zellen einfügen* wählen).

Erfassen Sie in Zelle H4: =D8.

6   Markieren Sie die Spalten K:O, kopieren Sie sie in die Zwischenablage (Klick mit der rechten Maustaste und *Kopieren* wählen), markieren Sie die Spalte K und fügen Sie den Inhalt der Zwischenablage ein (Klick mit der rechten Maustaste und *Kopierte Zellen einfügen* wählen).

Damit ist das Gerüst des Tilgungsplans erstellt, und Sie können nun durch Eingabe bzw. Variation der jeweiligen Rahmendaten der drei aufeinander folgenden Finanzierungen die entsprechenden Auswirkungen darstellen.

## 4.7 Finanzmathematik für die tägliche Arbeit

| | A | B | C | D | E | F | G | H | I | J | K | L | M | N | O |
|---|---|---|---|---|---|---|---|---|---|---|---|---|---|---|---|
| 3 | 1. Finanzierung | | | | | 2. Finanzierung | | | | | 3. Finanzierung | | | | |
| 4 | Darlehenssumme: | 320.000,00 € | | | | Darlehenssumme: | 245.177,40 € | | | | Darlehenssumme: | 128.841,91 € | | | |
| 5 | Nominalzins: | 4,50% | | | | Nominalzins: | 3,25% | | | | Nominalzins: | 5,50% | | | |
| 6 | Laufzeit: | | 15 | Jahre | | Laufzeit: | | 10 | Jahre | | Laufzeit: | | 10 | Jahre | |
| 7 | monatl. Annuität: | 1.500,00 € | | | | monatl. Annuität: | 1.500,00 € | | | | monatl. Annuität: | 1.400,00 € | | | |
| 8 | Restschuld nach Ablauf: | | | 245.177,40 € | | Restschuld nach Ablauf: | | | 128.841,91 € | | Restschuld nach Ablauf: | | | 3.774,65 € | |
| 10 | Per. | Jahres-Annuität | Zinsen | Tilgung | Restschuld | Per. | Jahres-Annuität | Zinsen | Tilgung | Restschuld | Per. | Jahres-Annuität | Zinsen | Tilgung | Restschuld |
| 11 | 0 | | | | 320.000,00 € | 0 | | | | 245.177,40 € | 0 | | | | 128.841,91 € |
| 12 | 1 | 18.000,00 € | 14.400,00 € | 3.600,00 € | 316.400,00 € | 1 | 18.000,00 € | 7.968,27 € | 10.031,73 € | 235.145,67 € | 1 | 16.800,00 € | 7.086,31 € | 9.713,69 € | 119.128,22 € |
| 13 | 2 | 18.000,00 € | 14.238,00 € | 3.762,00 € | 312.638,00 € | 2 | 18.000,00 € | 7.642,23 € | 10.357,77 € | 224.787,90 € | 2 | 16.800,00 € | 6.552,05 € | 10.247,95 € | 108.880,27 € |
| 14 | 3 | 18.000,00 € | 14.068,71 € | 3.931,29 € | 308.706,71 € | 3 | 18.000,00 € | 7.305,61 € | 10.694,39 € | 214.093,51 € | 3 | 16.800,00 € | 5.988,41 € | 10.811,59 € | 98.068,68 € |
| 15 | 4 | 18.000,00 € | 13.891,80 € | 4.108,20 € | 304.598,51 € | 4 | 18.000,00 € | 6.958,04 € | 11.041,96 € | 203.051,55 € | 4 | 16.800,00 € | 5.393,78 € | 11.406,22 € | 86.662,46 € |
| 16 | 5 | 18.000,00 € | 13.706,93 € | 4.293,07 € | 300.305,44 € | 5 | 18.000,00 € | 6.599,18 € | 11.400,82 € | 191.650,73 € | 5 | 16.800,00 € | 4.766,44 € | 12.033,56 € | 74.628,90 € |
| 17 | 6 | 18.000,00 € | 13.513,75 € | 4.486,25 € | 295.819,19 € | 6 | 18.000,00 € | 6.228,65 € | 11.771,35 € | 179.879,37 € | 6 | 16.800,00 € | 4.104,59 € | 12.695,41 € | 61.933,49 € |
| 18 | 7 | 18.000,00 € | 13.311,86 € | 4.688,14 € | 291.131,05 € | 7 | 18.000,00 € | 5.846,08 € | 12.153,92 € | 167.725,45 € | 7 | 16.800,00 € | 3.406,34 € | 13.393,66 € | 48.539,83 € |
| 19 | 8 | 18.000,00 € | 13.100,90 € | 4.899,10 € | 286.231,95 € | 8 | 18.000,00 € | 5.451,08 € | 12.548,92 € | 155.176,53 € | 8 | 16.800,00 € | 2.669,69 € | 14.130,31 € | 34.409,52 € |
| 20 | 9 | 18.000,00 € | 12.880,44 € | 5.119,56 € | 281.112,39 € | 9 | 18.000,00 € | 5.043,24 € | 12.956,76 € | 142.219,77 € | 9 | 16.800,00 € | 1.892,52 € | 14.907,48 € | 19.502,04 € |
| 21 | 10 | 18.000,00 € | 12.650,06 € | 5.349,94 € | 275.762,45 € | 10 | 18.000,00 € | 4.622,14 € | 13.377,86 € | 128.841,91 € | 10 | 16.800,00 € | 1.072,61 € | 15.727,39 € | 3.774,65 € |
| 22 | 11 | 18.000,00 € | 12.409,31 € | 5.590,69 € | 270.171,76 € | | | | | | | | | | |
| 23 | 12 | 18.000,00 € | 12.157,73 € | 5.842,27 € | 264.329,49 € | | | | | | | | | | |
| 24 | 13 | 18.000,00 € | 11.894,83 € | 6.105,17 € | 258.224,31 € | | | | | | | | | | |
| 25 | 14 | 18.000,00 € | 11.620,09 € | 6.379,91 € | 251.844,41 € | | | | | | | | | | |
| 26 | 15 | 18.000,00 € | 11.333,00 € | 6.667,00 € | 245.177,40 € | | | | | | | | | | |

## Tipp 9: Anzahl regelmäßiger Zahlungen für ein definiertes Endkapital ermitteln

Durch regelmäßige, gleichbleibende Zahlungen soll ein bestimmtes Endkapital erzielt werden. Anhand dieses Beispiels soll die Anzahl der notwendigen Zahlungen errechnet werden.

Excel stellt zu diesem Zweck die Funktion ZZR() bereit. ZZR() steht für die Anzahl der Zahlungszeiträume. Darüber hinaus erfahren Sie, wie mithilfe einer finanzmathematischen Formel das gleiche Ergebnis erzielt werden kann. Die finanzmathematische Formellösung bietet gegenüber der Funktion ZZR() sogar noch einen gravierenden Vorteil. So lässt sich über die Funktion ZZR() keine Differenzierung zwischen der Häufigkeit der Einzahlungen und der Häufigkeit der Zinszahlungen in einem Jahr herstellen. Die Funktion ZZR() unterstellt für jeden Zahlungstermin auch einen Zinstermin.

Die finanzmathematische Formellösung hingegen ist so aufgebaut, dass Zahlungs- und Zinstermine variabel und getrennt voneinander berücksichtigt werden können.

Sehen Sie sich zunächst die Eckdaten für die Berechnung an.

| | A | B |
|---|---|---|
| 1 | Anzahl regelmäßiger Zahlungen für ein definiertes Endkapital ermitteln | |
| 2 | | |
| 3 | | |
| 4 | regelmäßger Anlagebetrag | 250,00 € |
| 5 | Zinssatz p. a. | 3,70% |
| 6 | angestrebtes Endkapital | 50.000,00 € |
| 7 | Anzahl Zahlungen | 12 |
| 8 | Verzinsungen pro Jahr | 12 |
| 9 | Fälligkeit | 0 |
| 10 | | |

### So geht's mit der integrierten Funktion ZZR():

Die Syntax für die Funktion ZZR() lautet wie folgt:

ZZR(Zins;Regelmäßige_Zahlung;Barwert;Endwert;Fälligkeit)

ZZR() gibt die Anzahl der Zahlungsperioden einer Investition zurück, die auf periodischen, gleichbleibenden Zahlungen sowie einem konstanten Zinssatz basiert.

Die Funktionsargumente:

- *Zins*: Ist der Zinssatz pro Periode.
- *Regelmäßige_Zahlung*: Ist der Betrag (die Annuität), der in jeder Periode gezahlt wird. Dieser Betrag kann sich während der Laufzeit nicht ändern. Üblicherweise umfasst die *Regelmäßige_Zahlung* Tilgung und Zinsen, nicht aber Gebühren oder Steuern.
- *Barwert*: Ist der Barwert oder der heutige Gesamtwert einer Reihe zukünftiger Zahlungen.
- *Endwert*: Ist der zukünftige Wert, den Sie nach der letzten Zahlung erreicht haben möchten. Fehlt das Argument *Endwert*, wird es als 0 angenommen.
- *Fälligkeit*: Kann den Wert 1 oder 0 annehmen und gibt an, wann die Zahlungen fällig sind.

Um nun zu ermitteln, wie lange es dauert, bis das Kapital von 50.000 Euro bei einem regelmäßigen Anlagebetrag von 250,00 Euro und unter Berücksichtigung eines Zinssatzes von 3,7 % erreicht ist, erfassen Sie in Zelle B11 diese Formel:

=ZZR(B5/B7;-B4;0;B6;1-B9)/B7

|   | A | B |
|---|---|---|
| 1 | Anzahl regelmäßiger Zahlungen für ein definiertes Endkapital ermitteln | |
| 2 | | |
| 3 | | |
| 4 | regelmäßger Anlagebetrag | 250,00 € |
| 5 | Zinssatz p. a. | 3,70% |
| 6 | angestrebtes Endkapital | 50.000,00 € |
| 7 | Anzahl Zahlungen | 12 |
| 8 | Verzinsungen pro Jahr | 12 |
| 9 | Fälligkeit | 0 |
| 10 | | |
| 11 | Funktions-Lösung | 12,97 |
| 12 | | |

Es dauert also unter den gegebenen Bedingungen 12,97 Jahre, bis das gewünschte Endkapital erreicht ist.

### So geht's mit der finanzmathematischen Formellösung:

Dieser Ansatz bietet die Möglichkeit, die Anzahl der Zinszahlungen (Zelle B8) abweichend von der Anzahl der Zahlungen (Zelle B7) anzugeben.

Zur Ermittlung der Zahlungsdauer gehen Sie wie folgt vor:

1 Erfassen Sie in der Hilfszelle C14 die Formel *=1+B5/B8*.

2 In Hilfszelle C15 geben Sie folgende Funktion ein:

   =B7/B8*B4+(B5/B8)*B4*(B7/B8+1)/2

   und in Hilfszelle C16 muss zum Schluss noch eine *WENN*-Abfrage erfasst werden:

   =WENN(B9=1;1+B5/B7;1)

   Die Hilfsspalten werden nach der Eingabe nicht mehr benötigt und können ausgeblendet werden.

3 Die Funktion =LN(C14+(C14-1)*(B6-C15/C16)/C15*C16)/LN(C14)/B8 in Zelle B14 ermittelt basierend auf den Hilfszellen die eigentliche Zahlungsdauer.

## 4.7 Finanzmathematik für die tägliche Arbeit

| | B14 | ▼ | $f_x$ | =LN(C14+(C14-1)*(B6-C15/C16)/C15*C16)/LN(C14)/B8 |
|---|---|---|---|---|
| | A | | B | C |
| 1 | Anzahl regelmäßiger Zahlungen für ein definiertes Endkapital ermitteln | | | |
| 2 | | | | |
| 3 | | | | |
| 4 | regelmäßger Anlagebetrag | | 250,00 € | |
| 5 | Zinssatz p. a. | | 3,70% | |
| 6 | angestrebtes Endkapital | | 50.000,00 € | |
| 7 | Anzahl Zahlungen | | 12 | |
| 8 | Verzinsungen pro Jahr | | 12 | |
| 9 | Fälligkeit | | 0 | |
| 10 | | | | |
| 11 | Funktions-Lösung | | 12,97 | |
| 12 | | | | |
| 13 | | | | |
| 14 | Finanzmathematische Lösung | | 12,97 | 1,003083333 |
| 15 | | | | 250,7708333 |
| 16 | | | | 1 |
| 17 | | | | |

Sie sehen, die Zahlungsdauer ist mit dem über die Funktion ZZR() ermittelten Wert identisch, allerdings besteht die Flexibilität, dass die Anzahl der Zahlungen und die Anzahl der Zinstermine nicht identisch sein müssen.

## Tipp 10: Ermittlung der Ablaufsumme einer Kapitalanlage – Endwert

Dieses Beispiel zeigt, wie mithilfe der integrierten Funktion ZW() die Ablaufsumme einer Kapitalanlage ermittelt wird.

Die Funktion ZW() ist wie folgt aufgebaut:

ZW(Zins;Anzahl_Zahlungszeiträume;Regelmäßige_Zahlung;Barwert;Fälligkeit)

ZW() gibt den zukünftigen Endwert einer Kapitalanlage oder Investition zurück. Die Berechnung basiert auf regelmäßigen, konstanten Zahlungen und einem konstanten Zinssatz.

Die Funktionsargumente:

- *Zins*: Ist der Zinssatz pro Periode.
- *Anzahl_Zahlungszeiträume*: Gibt an, über wie viele Perioden die jeweilige Annuität (Rente) gezahlt wird.
- *Regelmäßige_Zahlung*: Ist der Betrag (die Annuität), der in jeder Periode gezahlt wird. Dieser Betrag kann sich während der Laufzeit nicht ändern. Üblicherweise umfasst die *Regelmäßige_Zahlung* Tilgung und Zinsen, nicht aber Gebühren oder Steuern.
- *Barwert*: Ist der Barwert oder der heutige Gesamtwert einer Reihe zukünftiger Zahlungen.
- *Fälligkeit*: Kann den Wert 0 oder 1 annehmen und gibt an, wann die Zahlungen fällig sind.

## So geht's:

Erfassen Sie in Zelle B9 die Formel =ZW(B5/12;B6*B7;B4*-1;0;1).

Als Ergebnis wird ein Endkapital von 50.000 Euro berechnet.

| | A | B |
|---|---|---|
| 1 | Ermittlung des Endwerts einer Kapitalanlage | |
| 2 | | |
| 3 | | |
| 4 | regelmäßger Anlagebetrag | 250,00 € |
| 5 | Zinssatz p. a. | 3,70% |
| 6 | Anzahl Zahlungen | 12 |
| 7 | Laufzeit in Jahren | 12,9711244 |
| 8 | | |
| 9 | Endwert | 50.000,00 € |
| 10 | | |

### Hinweis

Um genau auf den Wert von 50.000 Euro zu kommen, muss die Laufzeit in Jahren mit allen Nachkommastellen eingegeben werden. In Tipp 9 wurde die Jahresangabe mit 12,97 gerundet dargestellt.

## Tipp 11: Ermittlung des Endwerts einer Kapitalanlage bei wechselnden Zinsen

In diesem Beispiel sehen Sie, wie auf einfache Weise das Endkapital bei sich jährlich ändernden Zinssätzen ermittelt werden kann. In der Praxis werden Sparbriefe angeboten, bei denen sich abhängig von der Anlagedauer der Zinssatz jährlich erhöht.

Für eine Kapitalanlage von 75.000 Euro soll der Gesamtzins bei einer Gesamtanlagedauer von sieben Jahren ermittelt werden. Dabei ist zu berücksichtigen, dass der Zinssatz nicht konstant ist, wie das Ausgangsszenario zeigt.

| | A | B |
|---|---|---|
| 1 | Ermittlung des Endwerts einer Kapitalanlage bei wechselnden Zinsen | |
| 2 | | |
| 3 | | |
| 4 | Anlagebetrag | 75.000,00 € |
| 5 | | |
| 6 | Zinssatz Jahr 1 | 1,50% |
| 7 | Zinssatz Jahr 2 | 2,25% |
| 8 | Zinssatz Jahr 3 | 3,00% |
| 9 | Zinssatz Jahr 4 | 3,50% |
| 10 | Zinssatz Jahr 5 | 4,20% |
| 11 | Zinssatz Jahr 6 | 4,70% |
| 12 | Zinssatz Jahr 7 | 5,00% |

## So geht's:

Zur Abbildung von variablen Zinssätzen stellt Excel die Funktion ZW2(Kapital; Zinsen) zur Verfügung. ZW2() gibt den aufgezinsten Wert des Anfangskapitals für eine Reihe periodisch unterschiedlicher Zinssätze zurück. Mit ZW2() können Sie den Endwert einer Investition oder Kapitalanlage berechnen, für die ein variabler oder wechselnder Zinssatz vereinbart ist.

Erfassen Sie in Zelle B14 die Formel =ZW2(B4;B6:B12). Als Endwert ergibt sich ein Betrag von 95.054,33 Euro.

Zur Verprobung des Ergebnisses gehen Sie wie folgt vor:

1. Erfassen Sie in Zelle D6 den Anlagebetrag *75000*.

2. In Zelle E6 berechnen Sie den Zins mittels folgender Formel: *=D6*B6*.

3. Geben Sie in Zelle D7 die Formel *=D6+E6* und in Zelle E7 die Formel *=D7*B7* ein.

4. Markieren Sie die Zellen D7:E7 und kopieren Sie sie bis zur Zeile 12 nach unten.

|   | A | B | C |
|---|---|---|---|
| 1 | Ermittlung des Endwerts einer Kapitalanlage bei wechselnden Zinsen | | |
| 2 | | | |
| 3 | | | |
| 4 | Anlagebetrag | 75.000,00 € | |
| 5 | | | |
| 6 | Zinssatz Jahr 1 | 1,50% | |
| 7 | Zinssatz Jahr 2 | 2,25% | |
| 8 | Zinssatz Jahr 3 | 3,00% | |
| 9 | Zinssatz Jahr 4 | 3,50% | |
| 10 | Zinssatz Jahr 5 | 4,20% | |
| 11 | Zinssatz Jahr 6 | 4,70% | |
| 12 | Zinssatz Jahr 7 | 5,00% | |
| 13 | | | |
| 14 | Endwert | 95.054,33 € | |
| 15 | | | |

5. Zuletzt müssen nur noch die gesamten Zinsen zum Anlagebetrag addiert werden. Das erreichen Sie mit dieser Formel in Zelle E14:

*=SUMME(E6:E12)+D6*

Als Ergebnis wird genau wie über die Funktion *ZW2()* der Endwert der Anlage unter Berücksichtigung der Zinseszinsen ermittelt.

| E14 | ▼ | $f_x$ | =SUMME(E6:E12)+D6 | | |
|---|---|---|---|---|---|
|   | A | B | C | D | E |
| 1 | Ermittlung des Endwerts einer Kapitalanlage bei wechselnden Zinsen | | | | |
| 2 | | | | | |
| 3 | | | | | |
| 4 | Anlagebetrag | 75.000,00 € | | | |
| 5 | | | | Kapital | Zinsen |
| 6 | Zinssatz Jahr 1 | 1,50% | | 75.000,00 € | 1.125,00 € |
| 7 | Zinssatz Jahr 2 | 2,25% | | 76.125,00 € | 1.712,81 € |
| 8 | Zinssatz Jahr 3 | 3,00% | | 77.837,81 € | 2.335,13 € |
| 9 | Zinssatz Jahr 4 | 3,50% | | 80.172,95 € | 2.806,05 € |
| 10 | Zinssatz Jahr 5 | 4,20% | | 82.979,00 € | 3.485,12 € |
| 11 | Zinssatz Jahr 6 | 4,70% | | 86.464,12 € | 4.063,81 € |
| 12 | Zinssatz Jahr 7 | 5,00% | | 90.527,93 € | 4.526,40 € |
| 13 | | | | | |
| 14 | Endwert | 95.054,33 € | | | 95.054,33 € |
| 15 | | | | | |

## Tipp 12: Welcher Zinssatz steckt hinter der Skontoausnutzung?

In der Praxis ist oft davon die Rede, der Verzicht auf die Skontoausnutzung sei der teuerste Kredit. In diesem Beispiel wird diese Aussage untersucht und ermittelt, ob es vorteilhaft ist, den Skontoabzug zu unterlassen, oder ob es besser ist, Skonto zu ziehen und dafür einen Kontokorrentkredit in Anspruch zu nehmen.

Die Ausgangswerte sehen Sie in der Abbildung.

|   | A | B | C |
|---|---|---|---|
| 1 | Ermittlung Zinssatz für Skontoausnutzung | | |
| 2 | | | |
| 3 | | | |
| 4 | Rechnungbetrag | 7.450,00 € | |
| 5 | Zahlungsziel ohne Skonto in Tagen | 30 | |
| 6 | Zahlungsziel mit Skonto | 10 | |
| 7 | Skonto in Prozent | 3,00% | |
| 8 | Zinssatz für den Kontokorrentkredit | 14% | |
| 9 | | | |

## 4. Formeln effektiv und professionell einsetzen

### So geht's:

1. Wenn die Rechnung am 10. Tag mit Skontoausnutzung gezahlt wird, muss für 20 Tage ein Kontokorrentkredit in Anspruch genommen werden. Diese 20 Tage resultieren aus der maximalen Zahlungsfrist von 30 Tagen im Vergleich zur Skontofrist von 10 Tagen. Berechnet wird das mit der Formel =B5-B6 in Zelle B11.

2. Ermitteln Sie im zweiten Schritt den Skontobetrag mit der Formel =B4*B7 in Zelle B12.

3. Nach Abzug des Skontobetrags verbleibt ein Zahlbetrag in Höhe von 7.226,50 Euro. Dieser wird durch die Formel =B4-B12 in Zelle B13 errechnet.

4. Der Zahlbetrag in Zelle B13 ist Grundlage zur Ermittlung des Kontokorrentzinses. Diesen ermitteln Sie mit der Formel =B13*B8*B11/360 in Zelle B14.

5. Den Vorteil der Skontozahlung berechnen Sie nun ganz einfach, indem Sie in Zelle B16 vom Skontobetrag den Kontokorrentzins subtrahieren.

Im Beispiel ergibt sich eine Einsparung durch die Skontoausnutzung in Höhe von 167,29 Euro.

> **Hinweis**
>
> Die Skontoausnutzung bringt eine Einsparung trotz Inanspruchnahme eines Kontokorrentkredits von 2,25 %. Die Kontokorrentzinsen belasten den Skontosatz also um 0,75 %.

| | A | B |
|---|---|---|
| 1 | **Ermittlung Zinssatz für Skontoausnutzung** | |
| 2 | | |
| 3 | | |
| 4 | Rechnungsbetrag | 7.450,00 € |
| 5 | Zahlungsziel ohne Skonto in Tagen | 30 |
| 6 | Zahlungsziel mit Skonto | 10 |
| 7 | Skonto in Prozent | 3,00% |
| 8 | Zinssatz für den Kontokorrentkredit | 14% |
| 9 | | |
| 10 | | |
| 11 | Inanspruchnahme KK-Kredit in Tagen | 20 |
| 12 | Skontobetrag | 223,50 € |
| 13 | Rechnungsbetrag bei Skontoausnutzung | 7.226,50 € |
| 14 | Zinsen für den Kontokorrentkredit | 56,21 € |
| 15 | | |
| 16 | Vorteil durch Skontoausnutzung | 167,29 € |
| 17 | | |

B16  fx =B12-B14

## Tipp 13: Wie hoch dürfen die Investitionskosten sein? – Ermittlung des Barwerts

Der Barwert oder auch Gegenwartswert entspricht dem Wert, den eine zukünftig anfallende Zahlungsreihe in der Gegenwart besitzt. Anders ausgedrückt, ist es der Wert aller Zahlungen am Anfang der Laufzeit (zum Zeitpunkt 0).

Die Funktion ist wie folgt aufgebaut:

BW(Zins;Anzahl_Zahlungszeiträume;Regelmäßige_Zahlung;Endwert;Fälligkeit)

BW() gibt den Barwert einer Investition zurück.

Die Funktionsargumente:

- *Zins*: Ist der Zinssatz pro Periode.
- *Anzahl_Zahlungszeiträume*: Gibt an, über wie viele Perioden die jeweilige Annuität (Rente) gezahlt wird.
- *Regelmäßige_Zahlung*: Ist der Betrag (die Annuität), der in jeder Periode gezahlt wird. Dieser Betrag kann sich während der Laufzeit nicht ändern. Üblicherweise umfasst die *Regelmäßige_Zahlung* Tilgung und Zinsen, nicht aber Gebühren oder Steuern.
- *Endwert*: Ist der zukünftige Wert, den Sie nach der letzten Zahlung erreicht haben möchten. Fehlt das Argument *Endwert*, wird es als 0 angenommen.
- *Fälligkeit*: Kann den Wert 0 oder 1 annehmen und gibt an, wann die Zahlungen fällig sind.

In folgendem Beispiel soll anhand der Barwertermittlung berechnet werden, wie hoch die Investitionskosten maximal sein dürfen, um die Gewinnschwelle nicht zu unterschreiten.

Die Ausgangswerte sehen Sie in der Abbildung. Die Investition liefert einen jährlichen Ertrag von 76.000 Euro über einen Zeitraum von 7 Jahren. Danach ist die Maschine abgeschrieben und muss durch eine neue ersetzt werden. Zur Investition muss ein Kredit mit einer Verzinsung von 4,8 % aufgenommen werden. Auch wenn die Investition aus Eigenmitteln durchgeführt wird, muss ein Zinssatz in ähnlicher Höhe angenommen werden. Dieser stellt die entgangene Eigenkapitalverzinsung dar.

## So geht's:

Zur Ermittlung der maximalen Investitionskosten erfassen Sie in Zelle B8 die Formel =BW(B6;B5;B4*-1).

Das Ergebnis lautet 442.969,65 Euro, was bedeutet, dass bei diesem Anschaffungsbetrag weder ein Gewinn noch ein Verlust über die gesamte Laufzeit entsteht. Eine Anschaffung über diesen Betrag ist also nicht zu empfehlen.

Deutlicher wird der Sachverhalt, wenn die Berechnung in einzelne Teilschritte zerlegt wird. Gehen Sie dazu wie folgt vor:

## 4. Formeln effektiv und professionell einsetzen

**1** Legen Sie eine Tabelle an.

|   | A | B | C | D | E |
|---|---|---|---|---|---|
| 1 | **Barwertermittlung - Einzelschritte** | | | | |
| 2 | | | | | |
| 3 | Jahr | Investition | Zinsen | Ertrag | Restwert |
| 4 | 1 | | | | |
| 5 | 2 | | | | |
| 6 | 3 | | | | |
| 7 | 4 | | | | |
| 8 | 5 | | | | |
| 9 | 6 | | | | |
| 10 | 7 | | | | |
| 11 | | | | | |

**2** Erfassen Sie in Zelle B4 die maximalen Investitionskosten in Höhe von 442.969,65 Euro.

**3** Die Formel in Zelle C4 zur Zinsermittlung lautet wie folgt:
=RUNDEN(B4*4,8%;2)

**4** Als jährlichen Ertrag erfassen Sie in Zelle D4 die Formel =76000*1.

**5** Zur Berechnung des Restwerts in Zelle E4 geben Sie folgende Formel ein:
=B4-D4+C4

**6** Markieren Sie nun den Zellbereich B5:B10 und erfassen Sie den Bezug zur Zelle E4 mit der Bezugsformel =E4. Schließen Sie die Eingabe mit der Tastenkombination [Strg]+[Enter] ab.

**7** Im letzten Schritt markieren Sie den Bereich C4:E4 und kopieren die Formeln und Zelleinträge bis zur Zeile 10 über das Ausfüllkästchen nach unten.

|   | A | B | C | D | E |
|---|---|---|---|---|---|
| 1 | **Barwertermittlung - Einzelschritte** | | | | |
| 2 | | | | | |
| 3 | Jahr | Investition | Zinsen | Ertrag | Restwert |
| 4 | 1 | 442.969,65 € | 21.262,54 € | 76.000,00 € | 388.232,19 € |
| 5 | 2 | 388.232,19 € | 18.635,15 € | 76.000,00 € | 330.867,34 € |
| 6 | 3 | 330.867,34 € | 15.881,63 € | 76.000,00 € | 270.748,97 € |
| 7 | 4 | 270.748,97 € | 12.995,95 € | 76.000,00 € | 207.744,92 € |
| 8 | 5 | 207.744,92 € | 9.971,76 € | 76.000,00 € | 141.716,68 € |
| 9 | 6 | 141.716,68 € | 6.802,40 € | 76.000,00 € | 72.519,08 € |
| 10 | 7 | 72.519,08 € | 3.480,92 € | 76.000,00 € | 0,00 € |
| 11 | | | | | |

Haben Sie die Berechnung korrekt durchgeführt, ergibt sich in Zelle E10 der Wert 0. Dies bedeutet, dass unter Berücksichtigung der Zinsen und des möglichen Ertrags nach sieben Jahren kein Restwert mehr vorhanden ist. Das belegt, dass der maximale Anschaffungsbetrag den Betrag von 442.969,65 nicht überschreiten darf.

> **Hinweis**
>
> Ihnen ist in Schritt 4 aufgefallen, dass nicht einfach der Wert 76000 erfasst, sondern über eine Multiplikation mit dem Wert 1 eingetragen wurde? Dies ist notwendig, damit beim Kopieren über das AutoAusfüllkästchen der Wert nicht automatisch angepasst wird.

## Tipp 14: Lineare und degressive Abschreibung

*Lineare Abschreibung*

Der jährliche konstante Abschreibungsbetrag $A_t$ bei linearer Abschreibung eines Wirtschaftsguts wird mit folgender Formel ermittelt (AK = Anschaffungskosten, RW = Restwert, ND = Nutzungsdauer in Jahren):

$$A_t = \frac{AK - RW}{ND}$$

*So geht's:*

1. Eine Maschine wird zu AK = 100.000,00 € (Zelle B1) beschafft. Die Nutzungsdauer beträgt 10 Jahre (Zelle B3), der Restwert nach der Nutzungsdauer 10.000,00 € (Zelle B2).

2. Um den jährlichen Abschreibungsbetrag zu ermitteln, erfassen Sie in Zelle B4:
   =LIA(B1;B2;B3)

|   | A | B | C | D |
|---|---|---|---|---|
| 1 | AK: | 100.000,00 € | | |
| 2 | Restwert: | 10.000,00 € | | |
| 3 | ND: | 10 | | |
| 4 | LIA: | 9.000,00 € | mit Formel: | 9.000,00 € |

3. Eine Abschreibungstabelle für das Wirtschaftsgut ist damit schnell erstellt:

   Erfassen Sie in einer Spalte die Jahre 0 bis 10. Im Jahr 0 tragen Sie in Zelle D7 den Anschaffungswert ein: =B1. Für das erste Jahr tragen Sie ein:
   
   - Wert Periodenbeginn, Zelle B8: =D7
   - Abschreibungsbetrag $A_t$, Zelle C8: = $B$4
   - Wert Periodenende, Zelle D8: =B8-C8
   
   Markieren Sie den Zellbereich B8:D8 und ziehen Sie die Markierung über das Ausfüllkästchen am rechten unteren Eck mit gedrückter Maustaste nach unten.

|    | A | B | C | D |
|----|---|---|---|---|
| 6  | Jahr | Wert Periodenbeginn | $A_t$ | Restwert Periodenende |
| 7  | 0 | | | 100.000,00 € |
| 8  | 1 | 100.000,00 € | 9.000,00 € | 91.000,00 € |
| 9  | 2 | 91.000,00 € | 9.000,00 € | 82.000,00 € |
| 10 | 3 | 82.000,00 € | 9.000,00 € | 73.000,00 € |
| 11 | 4 | 73.000,00 € | 9.000,00 € | 64.000,00 € |
| 12 | 5 | 64.000,00 € | 9.000,00 € | 55.000,00 € |
| 13 | 6 | 55.000,00 € | 9.000,00 € | 46.000,00 € |
| 14 | 7 | 46.000,00 € | 9.000,00 € | 37.000,00 € |
| 15 | 8 | 37.000,00 € | 9.000,00 € | 28.000,00 € |
| 16 | 9 | 28.000,00 € | 9.000,00 € | 19.000,00 € |
| 17 | 10 | 19.000,00 € | 9.000,00 € | 10.000,00 € |

*Geometrisch-degressive Abschreibung*

Während bei der linearen Abschreibung der jährliche Abschreibungsbetrag $A_t$ konstant ist, ist bei der geometrisch-degressiven Abschreibung der Prozentsatz der jährlichen Abschreibung konstant. Abgeschrieben wird dabei immer vom Restwert der Vorperiode, sodass sich fallende Abschreibungsbeträge ergeben. Der Abschreibungssatz r bestimmt sich nach der Formel (AK = Anschaffungskosten, RW = Restwert, ND = Nutzungsdauer in Jahren):

$$r = 1 - \left(\frac{RW}{AK}\right)^{\frac{1}{ND}} \times 100$$

## So geht's:

1. Eine Maschine wird zu AK = 110.000,00 € (Zelle B1) beschafft. Der *Restwert* nach der Nutzungsdauer ist auf 10.000,00 € (Zelle B2) festgesetzt. Als Nutzungsdauer sind 10 Jahre veranschlagt (Zelle B3).

2. Erfassen Sie in einer Spalte die Jahre 0 bis 10. Im Jahr 0 tragen Sie in Zelle D7 den Anschaffungswert ein: =B1. Für das erste Jahr tragen Sie ein:
   - Wert Periodenbeginn, Zelle B8: =D7
   - Abschreibungsbetrag $A_t$, Zelle C8: = GDA2($B$1;$B$2;$B$3;A8)
   - Wert Periodenende, Zelle D8: =B8-C8
   - Abschreibungssatz, Zelle E8: =C8/B8 (formatiert in Prozent)

   Markieren Sie den Zellbereich B8:E8 und ziehen Sie die Markierung über das Ausfüllkästchen am rechten unteren Eck mit gedrückter Maustaste nach unten.

   GDA2 berechnet – jeweils abhängig vom Jahr in Spalte A (relativer Bezug auf Spalte A als letztes Argument in der Formel, s. o.) – ausgehend vom Restwert mit dem festgelegten Prozentsatz den jährlichen Abschreibungsbetrag.

   Sie sehen anhand von Spalte E in der Beispieltabelle, dass dieser Abschreibungssatz für jedes Jahr identisch ist.

3. Bei der Bestimmung des Abschreibungssatzes ist gegebenenfalls zu beachten, dass – mit Bezug auf die geltende EStG-Regelung – der kleinere Wert folgender Größen den Maximalsatz darstellt:
   - das 2,5-Fache des sich bei linearer Abschreibung ergebenden Satzes,
   - maximal aber 25 %.

   Zur Kontrolle dieser Grenze dienen im Beispiel folgende Formeln:
   Zelle D1: =LIA(B1;B2;B3)*2,5/(B1-B2)
   Zelle D2: =25%
   Zelle D3: =MIN(D1;D2)
   Zelle D4: =C8/B8

   So kann anhand des Vergleichs der Zellen D3 und D4 sofort erkannt werden, ob ein durch Variation der Nutzungsdauer sich ergebender Abschreibungssatz im Einklang mit den – gegebenenfalls gemäß aktueller Rechtslage zu ändernden – hinterlegten Grenzen ist.

## 4.7 Finanzmathematik für die tägliche Arbeit

| | A | B | C | D | E |
|---|---|---|---|---|---|
| 1 | AK: | 110.000,00 € | LIA * 2,5: | 16,67% | |
| 2 | Restwert: | 10.000,00 € | max. 25%: | 25,00% | |
| 3 | ND: | 15 | Maximalsatz: | 16,67% | |
| 4 | | | Abschreibungssatz: | 14,80% | |
| 5 | | | | | |
| 6 | Jahr | Wert Periodenbeginn | $A_t$ | Restwert Periodenende | Abschreibungssatz |
| 7 | 0 | | | 110.000,00 € | |
| 8 | 1 | 110.000,00 € | 16280,0000 | 93.720,00 € | 14,80% |
| 9 | 2 | 93.720,00 € | 13870,5600 | 79.849,44 € | 14,80% |
| 10 | 3 | 79.849,44 € | 11817,7171 | 68.031,72 € | 14,80% |
| 11 | 4 | 68.031,72 € | 10068,6950 | 57.963,03 € | 14,80% |
| 12 | 5 | 57.963,03 € | 8578,5281 | 49.384,50 € | 14,80% |
| 13 | 6 | 49.384,50 € | 7308,9060 | 42.075,59 € | 14,80% |
| 14 | 7 | 42.075,59 € | 6227,1879 | 35.848,41 € | 14,80% |
| 15 | 8 | 35.848,41 € | 5305,5641 | 30.542,84 € | 14,80% |
| 16 | 9 | 30.542,84 € | 4520,3406 | 26.022,50 € | 14,80% |

### Arithmetisch-degressive Abschreibung

Bei der arithmetisch-degressiven Abschreibung wird der Abschreibungsbetrag in den einzelnen Jahren jeweils um einen fixen Betrag reduziert.

Dieser fixe Betrag *d* errechnet sich wie folgt:

$$d = \frac{AK - RW}{\frac{ND \times (ND+1)}{2}}$$

Bei der digitalen Abschreibung als wichtigsten Ausprägung der arithmetisch-degressiven Abschreibung entspricht die Abschreibung im letzten Nutzungsjahr genau dem jährlichen fixen Betrag *d*.

### So geht's:

**1** Eine Maschine wird zu *AK = 120.000,00 €* (Zelle B1) beschafft. Der Restwert nach der Nutzungsdauer ist auf *15.000,00 €* (Zelle B2) festgesetzt. Als Nutzungsdauer sind *10* Jahre veranschlagt (Zelle B3).

**2** Erfassen Sie in einer Spalte die Jahre 0 bis 10. Im Jahr 0 tragen Sie in Zelle D7 den Anschaffungswert ein: *=B1*. Für das erste Jahr tragen Sie ein:

- Wert Periodenbeginn, Zelle B8: *=D7*
- Abschreibungsbetrag $A_t$, Zelle C8: *=DIA($B$1;$B$2;$B$3;A8)*
- Wert Periodenende, Zelle D8: *=B8-C8*

Markieren Sie den Zellbereich B8:D8 und ziehen Sie die Markierung über das Ausfüllkästchen am rechten unteren Eck mit gedrückter Maustaste nach unten.

Erfassen Sie in Zelle E9: *=C8-C9*.

Markieren Sie die Zelle und ziehen Sie die Markierung über das Ausfüllkästchen am rechten unteren Eck mit gedrückter Maustaste nach unten.

Spalte C weist jährlich fallende Abschreibungsbeträge aus; Sie erkennen anhand von Spalte E, dass die jährliche Reduktion dieser Beträge konstant ist.

## 4. Formeln effektiv und professionell einsetzen

| | A | B | C | D | E |
|---|---|---|---|---|---|
| 1 | AK: | 120.000,00 € | | | |
| 2 | Restwert: | 15.000,00 € | | | |
| 3 | ND: | 10 | | | |
| 4 | | | | | |
| 5 | | | | | |
| 6 | Jahr | Wert Periodenbeginn | $A_t$ | Restwert Periodenende | d |
| 7 | 0 | | | 120.000,00 € | |
| 8 | 1 | 120.000,00 € | 19.090,91 € | 100.909,09 € | |
| 9 | 2 | 100.909,09 € | 17.181,82 € | 83.727,27 € | 1.909,09 € |
| 10 | 3 | 83.727,27 € | 15.272,73 € | 68.454,55 € | 1.909,09 € |
| 11 | 4 | 68.454,55 € | 13.363,64 € | 55.090,91 € | 1.909,09 € |
| 12 | 5 | 55.090,91 € | 11.454,55 € | 43.636,36 € | 1.909,09 € |
| 13 | 6 | 43.636,36 € | 9.545,45 € | 34.090,91 € | 1.909,09 € |
| 14 | 7 | 34.090,91 € | 7.636,36 € | 26.454,55 € | 1.909,09 € |
| 15 | 8 | 26.454,55 € | 5.727,27 € | 20.727,27 € | 1.909,09 € |
| 16 | 9 | 20.727,27 € | 3.818,18 € | 16.909,09 € | 1.909,09 € |
| 17 | 10 | 16.909,09 € | 1.909,09 € | 15.000,00 € | 1.909,09 € |

## Tipp 15: Umstellung von der degressiven auf die lineare Abschreibung

In diesem Beispiel wird berechnet, wann der beste Zeitpunkt zur Umstellung von der degressiven Abschreibung auf die lineare Methode ist. Bei der degressiven Abschreibung sind die Abschreibungsbeträge zu Beginn größer als bei der linearen Methode. Da die Abschreibungsbeträge bei der degressiven Methode jährlich fallen, kehrt sich dies zu einem bestimmten Zeitpunkt um. Dann ist die lineare Afa größer als die degressive Afa. Dies ist der Zeitpunkt, an dem die Umstellung vorgenommen werden sollte.

### So geht's:

Sehen Sie sich zunächst die Ausgangsdaten etwas näher an.

Zur Lösung der Aufgabenstellung bietet Excel die Funktion *VDB()*:

*VDB(Ansch_Wert;Restwert;Nutzungsdauer; Anfang;Fertig stellen;Faktor;Nicht_wechseln)*

| | A | B | C |
|---|---|---|---|
| | B8 | $f_x$ =B7/(1/B6) | |
| 1 | Umstellung von der degressiven- Afa auf die lineare Afa | | |
| 2 | | | |
| 3 | | | |
| 4 | Anschaffungskosten | 100.000,00 € | |
| 5 | Restwert | 0 | |
| 6 | Nutzungsdauer / Jahre | 10 | |
| 7 | degressiver Afa-Satz | 20% | |
| 8 | Faktor | 2 | |
| 9 | | | |

*VDB()* gibt die degressive Doppelratenabschreibung eines Wirtschaftsguts für eine bestimmte Periode oder Teilperiode zurück.

Die Funktionsargumente:

- *Ansch_Wert*: Sind die Anschaffungskosten eines Wirtschaftsguts.
- *Restwert*: Ist der Restwert nach Ablauf der Nutzungsdauer (häufig auch als Schrottwert bezeichnet).
- *Nutzungsdauer*: Meint die Anzahl der Perioden, über die das Wirtschaftsgut abgeschrieben wird (auch als Lebensdauer bezeichnet).
- *Anfang*: Ist der erste Zeitraum, der für die Berechnung eines Abschreibungsbetrags berücksichtigt werden soll. *Anfang* muss in derselben Zeiteinheit vorliegen wie *Nutzungsdauer*.

- *Fertig stellen*: Bezeichnet den letzten Zeitraum, der für die Berechnung eines Abschreibungsbetrags berücksichtigt werden soll. *Fertig stellen* muss in derselben Zeiteinheit vorliegen wie Nutzungsdauer.
- *Faktor*: Ist die Rate, um die der Restbuchwert abnimmt (Faktor steht für *Faktor \* 100 % / Nutzungsdauer*). Fehlt das Argument *Faktor*, wird es als 2 angenommen. Wenn Sie das Verfahren der degressiven Doppelratenabschreibung nicht anwenden möchten, müssen Sie einen anderen Faktor angeben.
- *Nicht_wechseln*: Ist ein Wahrheitswert, der angibt, ob auf lineare Abschreibung umgeschaltet werden soll, wenn der dabei berechnete Abschreibungsbetrag größer ist als der bei der geometrischen Abschreibung.

Zur Ermittlung des Umstellungszeitpunkts von der degressiven zur linearen Afa gehen Sie nun wie folgt vor:

1 Die Funktion *VDB()* benötigt das Argument *Faktor*. Zur Ermittlung dieses Faktors erfassen Sie in Zelle B8 die Formel =B14*100/B4. Die allgemeingültige Formel dafür lautet: *Abschreibungssatz in % \* 1 / (100 / Nutzungsdauer)*.

2 Markieren Sie den Zellbereich B12:B21 und erfassen Sie in Zelle B12 folgende Formel zur Ermittlung der degressiven Abschreibung:
=VDB($B$4;$B$5;$B$6;A12-1;A12;$B$8;FALSCH)

3 Beenden Sie die Dateneingabe mit der Tastenkombination [Strg]+[Enter]. Damit wird die Formel in den markierten Bereich eingetragen.

Im sechsten Jahr erfolgt die Umstellung von der degressiven auf die lineare Afa, indem der Buchwert durch die Restnutzungsdauer dividiert wird. Dies erkennen Sie daran, dass die Abschreibungsbeträge ab dem sechsten Jahr für den Restzeitraum identisch sind und nicht wie bei der degressiven Afa jährlich abfallen.

|    | A | B |
|---|---|---|
| 1 | Umstellung von der degressiven-Afa auf die lineare Afa | |
| 2 | | |
| 3 | | |
| 4 | Anschaffungskosten | 100.000,00 € |
| 5 | Restwert | 0 |
| 6 | Nutzungsdauer / Jahre | 10 |
| 7 | degressiver Afa-Satz | 20% |
| 8 | Faktor | 2 |
| 9 | | |
| 10 | | |
| 11 | Afa für Jahr | Abschreibung in € |
| 12 | 1 | 20.000,00 € |
| 13 | 2 | 16.000,00 € |
| 14 | 3 | 12.800,00 € |
| 15 | 4 | 10.240,00 € |
| 16 | 5 | 8.192,00 € |
| 17 | 6 | 6.553,60 € |
| 18 | 7 | 6.553,60 € |
| 19 | 8 | 6.553,60 € |
| 20 | 9 | 6.553,60 € |
| 21 | 10 | 6.553,60 € |

### Hinweis

Sie können mit der Funktion *VDB()* auch Abschreibungen für andere Zeiträume wie Monate oder Tage berechnen, indem Sie die Nutzungsdauer entsprechend erfassen. Bei der monatlichen Afa-Rechnung geben Sie anstelle von 10 Jahren einfach 120 Monate an. Darüber hinaus können Sie mit der Funktion *VDB()* auch Abschreibungen für Zeiträume wie beispielsweise 15 bis 25 Monate ermitteln.

## Tipp 16: Zukünftige Werte schätzen

Excel bietet in der Funktionskategorie *Statistik* einige Funktionen, mit denen sich zukünftige Entwicklungen (zumindest mathematisch) berechnen lassen. Für die Prognose zukünftiger finanzieller Entwicklungen können die Funktionen *SCHÄTZER* und *TREND* herangezogen werden. Diese Funktionen ermitteln auf Basis vorhandener Werte Prognosewerte. Sie berechnen aber nur gleichmäßige Änderungen, das heißt, Schwankungen bleiben unberücksichtigt. Nachfolgend sehen Sie, wie die Funktion *SCHÄTZER* arbeitet.

*So geht's:*

1. Erfassen Sie zunächst in einer neuen Tabelle in den Spalten B bis D drei Artikel mit Umsatzwerten für die ersten sieben Wochen eines Jahrs.

2. Tragen Sie nun für den ersten Artikel in Zelle B11 die Formel =SCHÄTZER($A11;B$4:B10;$A$4:$A10) ein und kopieren Sie diese Formel für die restlichen Wochen des Jahrs nach unten. Verfahren Sie analog mit den anderen Artikeln.

| | A | B | C | D |
|---|---|---|---|---|
| 1 | | Umsatzprognose | | |
| 2 | | | | |
| 3 | KW | Artikel A | Artikel B | Artikel C |
| 4 | 1 | 100.000 | 90.000 | 70.000 |
| 5 | 2 | 120.000 | 130.000 | 80.000 |
| 6 | 3 | 130.000 | 120.000 | 80.000 |
| 7 | 4 | 110.000 | 150.000 | 70.000 |
| 8 | 5 | 140.000 | 160.000 | 60.000 |
| 9 | 6 | 180.000 | 170.000 | 60.000 |
| 10 | 7 | 190.000 | 90.000 | 80.000 |
| 11 | 8 | 195.714 | 147.143 | 67.143 |
| 12 | 9 | 210.000 | 151.429 | 66.071 |
| 13 | 10 | 224.286 | 155.714 | 65.000 |
| 14 | 11 | 238.571 | 160.000 | 63.929 |
| 15 | 12 | 252.857 | 164.286 | 62.857 |
| 16 | 13 | 267.143 | 168.571 | 61.786 |

Die Funktion:

- *SCHÄTZER*: Diese Funktion gibt, wie der Name schon sagt, einen Schätzwert für einen linearen Trend zurück und eignet sich z. B. für die Prognose von Umsatzwerten, Aktienkursen etc.

## Tipp 17: Zukünftige Trends prognostizieren

Excel bietet neben der Funktion *SCHÄTZER* auch die Funktion *TREND*, um vorhandene Werte zu prognostizieren. Wie diese letztgenannte Funktion arbeitet, sehen Sie im nachfolgenden Beispiel.

*So geht's:*

1. Erfassen Sie erneut in einer Tabelle in den Spalten B bis D drei Artikel mit Umsatzwerten für die ersten sieben Wochen eines Jahrs.

2. Tragen Sie nun für den ersten Artikel in die Zellen B11 bis B55 die Formel {=TREND(B4:B10;A4:A10;A11:A55)} als Matrixfunktion ein. Verfahren Sie analog mit den anderen Artikeln.

4.7 Finanzmathematik für die tägliche Arbeit

| | A | B | C | D | E | F |
|---|---|---|---|---|---|---|
| | | B11 | | $f_x$ {=TREND(B4:B10;A4:A10;A11:A55)} | | |
| 5 | 2 | 120.000 | 130.000 | 80.000 | | |
| 6 | 3 | 130.000 | 120.000 | 80.000 | | |
| 7 | 4 | 110.000 | 150.000 | 70.000 | | |
| 8 | 5 | 140.000 | 160.000 | 60.000 | | |
| 9 | 6 | 180.000 | 170.000 | 60.000 | | |
| 10 | 7 | 190.000 | 90.000 | 80.000 | | |
| 11 | 8 | 195.714 | 147.143 | 67.143 | | |
| 12 | 9 | 210.000 | 151.429 | 66.071 | | |
| 13 | 10 | 224.286 | 155.714 | 65.000 | | |
| 14 | 11 | 238.571 | 160.000 | 63.929 | | |

Die Funktion:

- *TREND*: Diese Funktion liefert Werte, die sich aus einem linearen Trend ergeben, und eignet sich ebenfalls für die Prognose von Umsatzwerten, Aktienkursen etc. Der Unterschied zwischen den Funktionen *SCHÄTZER* und *TREND* liegt darin, dass Sie mit der Funktion *SCHÄTZER* lediglich einen einzelnen Wert, mit der Funktion *TREND* jedoch mehrere Werte prognostizieren können.

> **Hinweis**
>
> Die beiden Funktionen *SCHÄTZER* und *TREND* zeigen die gleichen Ergebnisse an und liefern beide eine gleichmäßig an- oder absteigende Prognose, da sie davon ausgehen, das alle Werte gleichmäßig an- oder absteigen. Dies muss bei der Betrachtung der prognostizierten Werte immer berücksichtigt werden.

## Tipp 18: Verzinsung des eingesetzten Kapitals bei Zinssatzsteigerung

Bei finanzmathematischen Fragestellungen ist Excel zweifelsfrei das Instrument Ihrer Wahl. Wenn Sie beispielsweise ein Anfangskapital über eine bestimmte Anzahl Perioden verzinsen möchten und dabei eine jährliche Steigung des Zinssatzes unterstellt wird, können Sie das mit einer einzigen Formel darstellen.

*So geht's:*

1 Erfassen Sie zuerst die Grunddaten. Das heißt, in Zelle B1 steht das Anfangskapital oder auch der Barwert, in B2 der Zinssatz der ersten Periode, in B3 die Anzahl der Perioden und in B4 der Zinsanstieg der Folgeperioden.

2 Tragen Sie dann in Zelle B1 die Matrixformel für das Endkapital ein:
{=PRODUKT(B2+1+(B4*(ZEILE(INDIREKT("1:"&B3))-1)))*B1}

| | A | B | C | D | E | F |
|---|---|---|---|---|---|---|
| | | B5 | | $f_x$ {=PRODUKT(B2+1+(B4*(ZEILE(INDIREKT("1:"&B3))-1)))*B1} | | |
| 1 | Anfangskapital | 5.000,00 | | | | |
| 2 | Zinssatz erste Periode | 3% | | | | |
| 3 | Anzahl Perioden | 5 | | | | |
| 4 | Zinsanstieg Folgeperioden | 0,40% | | | | |
| 5 | Endkapital | 6.024,55 | | | | |
| 6 | | | | | | |

## Tipp 19: Anlagedauer einer Einmalanlage bei jährlicher Verzinsung bis zum gewünschten Endkapital errechnen

Folgende Ausgangssituation: Sie möchten einen Betrag $K_0$ anlegen, der jährlich mit gegebenem Zinssatz $i$ verzinst werden soll. Auf diesem Weg möchten Sie ein bestimmtes Endkapital $K_t$ erreichen.

Wie lange dauert es nun in Jahren bzw. Monaten, bis dieses Endkapital tatsächlich erreicht wird?

Für diese Aufgabe stellt Excel ab Version 2013 eine spezielle Funktion zur Verfügung – *PDURATION*. In den Vorversionen kann diese Berechnung mittels der *LN*-Funktion erfolgen.

Die Syntax von *PDURATION* ist =PDURATION(Zins;Bw;Zw), wobei *Zins* entweder als Prozentwert oder als Dezimalzahl angegeben werden kann. *Bw* entspricht dem Betrag der Einmalanlage, *Zw* dem gewünschten Endkapital.

Die zugrunde liegende finanzmathematische Formel für die Berechnung lautet:

$t = (\log K_t - \log K_0) / \log (1 + i)$.

### So geht's in Excel 2013:

1. Geplant ist eine Anlage in Höhe von 1.000 Euro. Der jährliche Zinssatz liegt bei 3,5 %. Das Kapital soll auf den Zielwert von 1.200 Euro anwachsen.

2. Erfassen Sie das Anfangskapital, den Zinssatz sowie das gewünschte zu erzielende Endkapital in den Zellen C3, C4 und C5.

3. Um die Anlagedauer in Jahren auszurechnen, erfassen Sie folgende Formel in Zelle C7:

    =AUFRUNDEN(PDURATION(C4;C3;C5);2)

    Das Ergebnis wird somit mittels der Funktion *AUFRUNDEN* und dem Argument 2 auf zwei Nachkommastellen aufgerundet.

    Um die Anlagedauer in Monaten auszugeben und das Ergebnis auf eine Nachkommastelle aufzurunden, tragen Sie diese Formel in Zelle C8 ein:

    =AUFRUNDEN(PDURATION(C4/12;C3;C5);1)

| | A | B | C | D |
|---|---|---|---|---|
| 1 | Excel 2013: PDURATION | | | |
| 2 | | | | |
| 3 | Einmalanlage | | 1000 | |
| 4 | Zinssatz | | 3,50% | |
| 5 | Endkapital | | 1200 | |
| 6 | | | | |
| 7 | Anlagedauer Jahre: | | 5,30 | |
| 8 | Anlagedauer Monate: | | 62,7 | |

## 4.7 Finanzmathematik für die tägliche Arbeit

*So geht's bis Excel 2010:*

1 Erfassen Sie das Anfangskapital (1.000 Euro), den Zinssatz (3,5 %) sowie das gewünschte zu erzielende Endkapital (1.200 Euro) in den Zellen G3, G4 und G5.

2 Um die Anlagedauer in Jahren auszurechnen und auf zwei Nachkommastellen aufzurunden, erfassen Sie folgende Formel in Zelle G7:

=AUFRUNDEN((LN(G5)-LN(G3))/LN(1+G4);2)

Um die Anlagedauer in Monaten auszugeben und das Ergebnis auf eine Nachkommastelle aufzurunden, verwenden Sie diese Formel in Zelle G8:

=AUFRUNDEN((LN(G5)-LN(G3))/LN(1+(G4/12));1)

| | E | F | G | H | I | J |
|---|---|---|---|---|---|---|
| 1 | Bis Excel 2010: LN-Funktion | | | | | |
| 2 | | | | | | |
| 3 | Einmalanlage | | 1000 | | | |
| 4 | Zinssatz | | 3,50% | | | |
| 5 | Endkapital | | 1200 | | | |
| 6 | | | | | | |
| 7 | Anlagedauer Jahre: | | 5,30 | | | |
| 8 | Anlagedauer Monate: | | 62,7 | | | |

Zur Erlangung des Zielkapitals ist beim gegebenen Zinssatz also eine Anlagedauer von 5,3 Jahren bzw. 62,7 Monaten erforderlich.

### Tipp 20: Verzugszinsberechnung mit wechselnden Basiszinsen

Die Berechnung von Verzugszinsen orientiert sich am Basiszinssatz, der zum 1.1. bzw. 1.7. eines jeden Jahrs gegebenenfalls angepasst wird. Die aktuelle Liste der Basiszinssätze mit den jeweils relevanten Gültigkeitszeiträumen finden Sie auf der Homepage der Bundesbank: *http://www.bundesbank.de/Redaktion/DE/Standard artikel/Bundesbank/Zinssaetze/basiszinssatz.html*.

Bei der Berechnung muss fallweise unterschieden werden, ob der Forderung ein Verbrauchergeschäft oder ein Handelsgeschäft zugrunde liegt.

Handelt es sich um ein Verbrauchergeschäft, liegt der Verzugszinssatz nach § 288 Abs. 1 BGB um 5 Prozentpunkte über dem Basiszinssatz. Im Fall eines Handelsgeschäfts liegt der Verzugszinssatz nach § 288 Abs. 2 BGB um 8 Prozentpunkte über dem Basiszinssatz.

Zu beachten ist, dass bei der Verzugszinsermittlung üblicherweise die taggenaue Effektivzinssatzmethode (*act/act*) zur Anwendung kommt, d. h.:

- Das Jahr wird nicht mit 360 Tagen, sondern mit 365 Tagen berücksichtigt.
- Der Monat wird nicht pauschal mit 30 Tagen, sondern mit der tatsächlichen Tagesanzahl angesetzt.

## 4. Formeln effektiv und professionell einsetzen

- Sowohl bei der Berechnung der Verzugsdauer als auch bei der Berechnung der Jahreszinsen ist es deshalb anders als bei der kaufmännischen Zinsberechnung relevant, ob ein Schaltjahr vorliegt oder nicht.

Ziel ist es, einen Verzugszinsrechner zu erstellen, der folgenden Anforderungen genügt:

- Eingabefelder für den Betrag der Forderung, das Datum des Verzugsbeginns sowie das Datum des Verzugsendes (bzw. das aktuelle Tagesdatum).
- Es muss ausgewählt werden können, ob ein Verbraucher- oder ein Handelsgeschäft vorliegt. Hierfür soll ein ActiveX-Steuerelement verwendet werden (→ Verweis: siehe Kapitel 5.7, Tipp 2).
- Bei der Berechnung muss der relevante Zinssatz (Verbraucher- oder Handelsgeschäft) automatisch angewendet werden.
- Der Verzugszeitraum kann fallabhängig sowohl innerhalb einer Gültigkeitsperiode der Verzugszinssätze liegen als auch n Gültigkeitszeiträume umfassen. Die Verzugsdauer muss daher gegebenenfalls aufgespalten werden, sodass Zinstage je Gültigkeitszeitraum zu ermitteln und mit dem jeweils relevanten Zinssatz zu verbinden sind.
- Die taggenaue Effektivzinssatzmethode soll angewendet werden.
- Die Zinsen sollen je Gültigkeitszeitraum tabellarisch ausgewiesen werden, als Ergebnis sollen die kumulierten Zinsen und der neue Gesamtbetrag der Forderung berechnet werden.

### *So geht's:*

1. Erstellen Sie eine Tabelle der Verzugszinssätze für den gewünschten Zeitraum in den Spalten A bis D (siehe Abbildung).

2. Die Datumswerte in Spalte A und B müssen das Zellenformat *Zahlen*, Kategorie *Datum*, *Typ \*TT.MM.JJJJ* aufweisen. Die in Spalte C und D enthaltenen Zinssätze werden formatiert mit dem Zellenformat *Zahlen*, Kategorie *Prozent* mit zwei Dezimalstellen.

3. Erfassen Sie in Zelle A2 *01.07.2008* und in Zelle A3 *01.01.2009*. Markieren Sie die beiden Zellen und ziehen Sie sie mit gedrückter Maustaste nach unten.

4. Erfassen Sie in Zelle B2 folgende Formel:
   *=WENN(A3<>"";A3-1;HEUTE())*

   Kopieren Sie sie mittels Doppelklick auf das Ausfüllkästchen bis zur letzten Zeile der Tabelle.

   In Spalte B sollten nun abwechselnd der 30.06. und der 31.12. des jeweiligen Jahrs stehen, in der letzten Zelle der Tabelle das Datum des aktuellen Tags. Mit diesem Schritt ist der Gültigkeitsbeginn einer Periode nun ergänzt um das jeweilige Enddatum.

## 4.7 Finanzmathematik für die tägliche Arbeit

| | A | B | C | D | E |
|---|---|---|---|---|---|
| | | | Verzugszinssatz | Verzugszinssatz | |
| 1 | Gültig ab | Gültig bis | nach § 288 Abs. 1 | nach § 288 Abs. 2 | |
| 2 | 01.07.2008 | 31.12.2008 | 8,19% | 11,19% | |
| 3 | 01.01.2009 | 30.06.2009 | 6,62% | 9,62% | |
| 4 | 01.07.2009 | 31.12.2009 | 5,12% | 8,12% | |
| 5 | 01.01.2010 | 30.06.2010 | 5,12% | 8,12% | |
| 6 | 01.07.2010 | 31.12.2010 | 5,12% | 8,12% | |
| 7 | 01.01.2011 | 30.06.2011 | 5,12% | 8,12% | |
| 8 | 01.07.2011 | 31.12.2011 | 5,37% | 8,37% | |
| 9 | 01.01.2012 | 30.06.2012 | 5,12% | 8,12% | |
| 10 | 01.07.2012 | 27.12.2012 | 5,12% | 8,12% | |

In Zelle B2: `=WENN(A3<>"";A3-1;HEUTE())`

**5** Erstellen Sie jetzt den Eingabebereich sowie die Ergebniszellen (siehe Abbildung). Vergeben Sie folgende Namen:

- Zelle C14: *Verzugsbeginn*
- Zelle C15: *Verzugsende*
- Zelle C16: *Art*
- Zelle C17: *Basisforderung*

**6** Tragen Sie in die Zellen A21 und A22 die Texte *Verbraucher* bzw. *Handel* ein. Fügen Sie in Zelle C16 das ActiveX-Steuerelement *Kombinationsfeld* ein:

- ab Excel 2007: Menü *Entwicklertools/Steuerelemente/Einfügen/Kombinationsfeld*,
- in Excel 2003: Symbolleiste *Steuerelement-Toolbox*, Schaltfläche *Kombinationsfeld*.

**7** Öffnen Sie das *Eigenschaften*-Fenster und erfassen Sie als *ListFillRange* den Zellbezug A21:A22 und als *LinkedCell* den Zellbezug C16:

- ab Excel 2007: Menü *Entwicklertools/Steuerelemente/Eigenschaften*,
- in Excel 2003: Symbolleiste *Steuerelement-Toolbox*, Schaltfläche *Eigenschaften*.

**8** Schließen Sie danach das *Eigenschaften*-Fenster über das Schließkreuz und beenden Sie den Entwurfsmodus:

- ab Excel 2007: Registerkarte *Entwicklertools*, Gruppe *Steuerelemente*, Schaltfläche *Entwurfsmodus*,
- in Excel 2003: Symbolleiste *Steuerelement-Toolbox*, Schaltfläche *Entwurfsmodus*.

## 4. Formeln effektiv und professionell einsetzen

**9** Erfassen Sie in den Spalten E bis J folgende Formeln:

Zelle E2: =WENN(Art="Verbraucher";C2;WENN(Art="Handel";D2;""))

Formatieren Sie diese Zelle mit dem Zellenformat *Zahlen/Prozent* mit zwei Dezimalstellen.

Zelle F2: =WENN(REST(JAHR(A2);400)=0;366;WENN(UND(REST(JAHR(A2);4)=0;REST(JAHR(A2);100)<>0);366;365))

Zelle G2: =WENN(UND(Verzugsbeginn<A2;Verzugsende>B2);B2-A2+1;0)

Zelle H2: =WENN(UND(Verzugsbeginn>=A2;Verzugsende>B2;Verzugsbeginn<=B2); B2-Verzugsbeginn+1;0)

Zelle I2: =WENN(UND(Verzugsbeginn<A2;Verzugsende<=B2;Verzugsende>=A2); Verzugsende-A2+1;0)

Zelle J2: =WENN(UND(Verzugsbeginn>=A2;Verzugsende<=B2);Verzugsende-Verzugsbeginn+1;0)

Zelle K2: =RUNDEN((SUMME(G2:J2)/F2)*E2*Basisforderung;2)

Formatieren Sie Zelle K2 mit dem Zellenformat *Zahlen/Währung/Euro* mit zwei Nachkommastellen.

**10** Markieren Sie den Zellbereich E2:K2 und kopieren Sie ihn mit Doppelklick auf das Ausfüllkästchen nach unten.

## 4.7 Finanzmathematik für die tägliche Arbeit

| Relevanter Zinssatz | Anzahl Tage/Jahr (Schaltjahr ja/nein) | Fall 1 - Zinstage | Fall 2 - Zinstage | Fall 3 - Zinstage | Fall 4 - Zinstage | Zinssumme je Periode |
|---|---|---|---|---|---|---|
| 8,19% | 366 | 0 | 0 | 0 | 0 | 0,00 € |
| 6,62% | 365 | 0 | 181 | 0 | 0 | 32,83 € |
| 5,12% | 365 | 184 | 0 | 0 | 0 | 25,81 € |
| 5,12% | 365 | 181 | 0 | 0 | 0 | 25,39 € |
| 5,12% | 365 | 184 | 0 | 0 | 0 | 25,81 € |
| 5,12% | 365 | 181 | 0 | 0 | 0 | 25,39 € |
| 5,37% | 365 | 184 | 0 | 0 | 0 | 27,07 € |
| 5,12% | 366 | 182 | 0 | 0 | 0 | 25,46 € |
| 5,12% | 366 | 184 | 0 | 0 | 0 | 25,74 € |
| 4,87% | 365 | 0 | 0 | 32 | 0 | 4,27 € |

**11** Erfassen Sie nun abschließend folgende Formeln:

Zelle C17: =SUMMENPRODUKT((G2:J11)*(E2:E11)*Basisforderung/F2:F11)

Zelle C18: =SUMME(C16:C17)

Formatieren Sie den Zellbereich C16:C18 mit dem Zellformat *Zahlen/Währung/Euro* mit zwei Nachkommastellen.

## Tipp 21: Einkommensteuerberechnung mit Formel und benutzerdefinierter Funktion

### Der Einkommensteuertarif

Grundlage der Einkommensteuerberechnung ist der in § 32a Einkommensteuergesetz Abs. 1 und 5 festgelegte Grund- und Splittingtarif.

Nach Abs. 1 bemisst sich die **E**inkommen**st**euer (ESt) nach dem **z**u **v**ersteuernden **E**inkommen (zvE) und errechnet sich für 2012 wie folgt:

Stufe 1: zvE bis 8.004 Euro:

ESt = 0

Stufe 2: zvE von 8.005 Euro bis 13.469 Euro:

ESt = (912,17 * y + 1.400) * y

Stufe 3: zvE von 13.470 Euro bis 52.881 Euro:

ESt = (228,74 * z + 2.397) * z + 1.038

Stufe 4: zvE von 52.882 Euro bis 250.730 Euro:

ESt = (0,42 * x) − 8.172

Stufe 5: zvE ab 250.731 Euro:

ESt = (0,45 * x) − 15.694

wobei

- y ein Zehntausendstel des 8.004 Euro übersteigenden Teils des auf einen vollen Euro-Betrag abgerundeten zu versteuernden Einkommens ist:

$$y = \frac{zvE - 8.004}{10.000}$$

- z ein Zehntausendstel des 13.469 Euro übersteigenden Teils des auf einen vollen Euro-Betrag abgerundeten zu versteuernden Einkommens ist:

$$z = \frac{zvE - 13.469}{10.000}$$

- x das auf einen vollen Euro-Betrag abgerundete zu versteuernde Einkommen ist
- und der sich insgesamt ergebende Steuerbetrag auf den nächsten vollen Euro-Betrag abzurunden ist.

Zur Berechnung der Einkommensteuer nach dem Splittingtarif wird die Summe der beiden zu versteuernden Einkommen halbiert, für den sich ergebenden Betrag die Einkommensteuer gemäß oben dargestelltem Tarif errechnet und das Ergebnis verdoppelt.

### Einkommensteuerberechnung mit Excel-Formel

Die Umsetzung des dargestellten Einkommensteuertarifs in eine Formel erfordert die Verschachtelung mehrerer Wenn-dann-Abfolgen. Um die Erstellung dieser Verschachtelung einfach und übersichtlich zu halten, bietet sich ein schrittweises Vorgehen entsprechend den Stufen des Tarifs an.

Für die Berechnung der Einkommensteuer sind folgende Eingaben erforderlich:

- Jahreseinkommen,
- Auswahl Grund-/Splittingtarif (um nicht mit zwei Formeln – einmal für den Grund-, einmal für den Splittingtarif – arbeiten zu müssen, soll der Einkommenswert bereits vor Übergabe an die Formel angepasst werden).

## So geht's:

1 Zunächst wird eine Zelle für das Jahreseinkommen – im Beispiel C2 – festgelegt. Zur Kennzeichnung als Eingabefeld können Sie dem Zellhintergrund eine andere Farbe zuweisen.

2 In Feld C4 erfolgt die Abrundung des eingegebenen Werts auf die nächstkleinere ganze Zahl: =GANZZAHL(C2)

3 In Feld C5 soll ausgewählt werden können, ob die Berechnung nach Grund- oder Splittingtarif erfolgen soll. Dies soll hier mittels eines Drop-down-Felds in Verbindung mit einer hinterlegten Gültigkeitsliste umgesetzt werden:

Tragen Sie in Zelle H2 *Grundtarif*, in Zelle H3 *Splittingtarif* ein – diese beiden Zellen dienen als Listenbereich für die Gültigkeitsprüfung.

Setzen Sie den Cursor in Zelle C5 und rufen Sie das Menü *Datenüberprüfung* auf:
- ab Excel 2007: Menü *Daten/Datentools/Datenüberprüfung*,
- in Excel 2003: Menü *Daten/Gültigkeit*.

## 4.7 Finanzmathematik für die tägliche Arbeit

Wählen Sie im Register *Einstellungen* bei *Gültigkeitskriterien* den Wert *Liste* aus und setzen Sie bei *Quelle* den Bezug auf den Zellbereich H2:H3. In das Kontrollkästchen *Zellendropdown* setzen Sie einen Haken. Schließen Sie das Fenster per Klick auf die Schaltfläche *OK*.

4 In Zelle C6 tragen Sie folgende Formel ein:
=WENN(C5="Grundtarif";C4;GANZZAHL(C4/2))

Damit wird im Fall von *Grundtarif* der abgerundete Wert aus Zelle C4 übernommen, im Fall von *Splittingtarif* wird der Wert aus C4 halbiert und abgerundet.

Geben Sie dem Feld C6 den Namen *zvE*. Wenn Sie nun testweise 25000 in Zelle C2 eintragen und *Splittingtarif* auswählen, sollte sich das gleiche Bild wie auf der Abbildung ergeben.

5 Nun folgt der schrittweise Aufbau der Wenn-dann-Formel entsprechend den oben dargestellten Stufen, zunächst noch mit Platzhaltern für die jeweils nächsthöhere Stufe.

Hinweis: Da die Formel relativ umfangreich ist, empfiehlt es sich, vorab den Bearbeitungsbereich durch Klick auf das nach unten gerichtete Pfeilsymbol zu vergrößern.

Anmerkung: Anstatt den Excel-Bearbeitungsbereich zu nutzen, werden umfangreiche Formeln wie diese von vielen Anwendern auch häufig zunächst in Word zusammengestellt, dann nach Excel in den Bearbeitungsbereich kopiert, und Fehler in der Formel werden erst dort korrigiert – dies kann durchaus eine effiziente Methode darstellen.

- Formel für Stufe 1 in Zelle F2:
  =WENN(zvE<8005;0;"Stufe2")

## 4. Formeln effektiv und professionell einsetzen

- Formel für Stufe 2 in Zelle F3:
  =WENN(zvE<13470;GANZZAHL((912,17*((zvE-8004)/10000)+1400)
  *((zvE-8004)/10000));"Stufe3")

Hinweis: y wurde innerhalb der Formel aufgelöst.

- Formel für Stufe 3 in Zelle F4:
  =WENN(zvE<52882;GANZZAHL((228,74*((zvE-13469)/10000)+2397)
  *((zvE-13469)/10000)+1038);"Stufe4")

Hinweis: z wurde innerhalb der Formel aufgelöst.

- Formel für Stufe 4 in Zelle F5:
  =WENN(zvE<250731;GANZZAHL(0,42*zvE-8172);"Stufe5")

Hinweis x wurde innerhalb der Formel aufgelöst.

- Formel für Stufe 5 in Zelle F6:
  =WENN(250730<zvE;GANZZAHL(0,45*zvE-15694))

Hinweis: x wurde innerhalb der Formel aufgelöst.

6  Jetzt wird die Formel in Zelle F9 zusammengefügt. Kopieren Sie dazu zunächst den Inhalt von Zelle F2 in die Zelle F9. Platzieren Sie dann den Cursor in Zelle F3 und markieren Sie im Bearbeitungsbereich den gesamten Ausdruck mit Ausnahme des =-Zeichens. Drücken Sie die Tasten [Strg]+[C] und verlassen Sie den Bearbeitungsbereich mit Taste [Esc]. Setzen Sie nun den Cursor in F9, markieren Sie den Teil *Stufe 2* durch Doppelklick im Bearbeitungsbereich und fügen Sie den Inhalt der Zwischenablage mittels der Tastenkombination [Strg]+[V] ein. Bestätigen Sie mit [Enter].

Verfahren Sie analog mit den Inhalten der Zellen F3 bis F6.

In Zelle F9 befindet sich nun die zusammengesetzte Einkommensteuerformel:
=WENN(zvE<8005;0;WENN(zvE<13470;GANZZAHL((912,17*((zvE-8004)
/10000)+1400)*((zvE-8004)/10000));WENN(zvE<52882;GANZZAHL((228,74
*((zvE-13469)/10000)+2397)*((zvE-13469)/10000)+1038);WENN(zvE<250731;
GANZZAHL(0,42*zvE-8172);WENN(250730<zvE;GANZZAHL(0,45*zvE
-15694))))))

7  Tragen Sie in Zelle C8 die Formel =WENN(Tarif="Grundtarif";F9;F9*2) und in Zelle C9 gegebenenfalls noch die Berechnung des Solidaritätszuschlags ein: =C8*5,5%.

Mit der Formel in C8 wird im Fall des Grundtarifs der berechnete ESt-Wert aus F9 übernommen, im Fall des Splittingtarifs das Ergebnis der Einkommensteuerberechnung – auf Basis des halbiert übergebenen Eingangswerts – verdoppelt (§ 32a Abs. 5 EStG).

| | A | B | C |
|---|---|---|---|
| 1 | | | |
| 2 | | Eingabe Jahres-Einkommen: | 54.321,12 € |
| 3 | | | |
| 4 | | Abgerundetes Einkommen: | 54.321,00 € |
| 5 | | Grund-/Splittingtarif: | Splittingtarif |
| 6 | | Berechnungsgrundlage zvE: | 27.160,00 € |
| 7 | | | |
| 8 | | Einkommensteuer: | 9.496,00 € |
| 9 | | Solidaritätszuschlag: | 522,28 € |

## Einkommensteuerberechnung mit benutzerdefinierter Funktion

Eine Alternative zur Formellösung ist die Erstellung einer benutzerdefinierten Funktion. Im Folgenden wird der Code für eine solche benutzerdefinierte Funktion dargestellt, die anstelle der Formellösung für die Berechnung der Einkommensteuer in die oben erstellte Tabelle eingebaut werden kann.

## *So geht's:*

1 Wechseln Sie mit [Alt]+[F11] in den VBA-Editor.
2 Fügen Sie dann über das Menü *Einfügen* und den Befehl *Modul* ein neues Modul hinzu und erfassen Sie innerhalb dieses Moduls folgende Codezeilen:

*Listing 1:*

```
'** Aufrufen der Prozedur
Public Function Einkommensteuer(zvEx)
' *** mit zvEx wird gerundetes Einkommen aus Zelle C6 an Funktion übergeben
' ** Variablen deklarieren
' ** Grund-/Splittingtarif:
Dim kztab As Integer
' ** y aus Formel:
Dim y As Double
' ** z aus Formel:
Dim z As Double
' ** st für berechnete Steuer
Dim st As Double

' *** Auslesen der Auswahl Grund-/ Splittingtarif aus Zelle C5
If ActiveSheet.Range("c5").Value = "Grundtarif" Then
' ** ausgewählt ist Grundtarif, kztab bekommt Wert 1
    kztab = 1
Else
' ** ausgewählt ist Splittingtarif, kztab bekommt Wert 2
    kztab = 2
End If

'***Prüfung, welche Stufe relevant ist
Select Case zvEx
' ** Stufe 1:
Case Is < 8005:
    st = 0
' ** Stufe 2:
Case Is < 13470:
' ** Umsetzung der y-Formel
    y = (zvEx - 8004) / 10000
    st = (912.17 * y + 1400) * y
' ** Stufe 3:
Case Is < 52882:
' ** Umsetzung der z-Formel
```

## 4. Formeln effektiv und professionell einsetzen

```
        z = (zvEx - 13469) / 10000
        st = (228.74 * z + 2397) * z + 1038
    ' ** Stufe 4:
    Case Is < 250731:
        st = (zvEx * 0.42) - 8172
    ' ** Stufe 5:
    Case Is >= 250731:
        st = (zvEx * 0.45) - 15694

    End Select

    ' *** Zuweisung Rückgabewert an Funktion
    ' ** st wird auf Ganzzahl abgerundet
    ' ** Multiplikation der berechneten Steuer mit kztab
    ' **    kztab = 1 -> st = st * 1
    ' **    kztab = 2 -> st = st * 2, Verdopplung
    Einkommensteuer = Int(st) * kztab

End Function
```

**3** Wechseln Sie aus der Entwicklungsumgebung zurück auf das Tabellenblatt und geben Sie in Zelle C12 ein:

*=Einkommensteuer(C6)*

Entsprechend dem eingegebenen Einkommen in Zelle C2 und der Auswahl von Grund- oder Splittingtarif in Zelle C5 wird die berechnete Einkommensteuer ausgegeben.

### Ermittlung des Durchschnittsteuersatzes sowie des Differenzsteuersatzes bei Einkommensveränderung

Der Durchschnittsteuersatz drückt aus, welcher Prozentsatz des zu versteuernden Einkommens an Steuern abzuführen ist.

Der Differenzsteuersatz gibt demgegenüber an, welcher Steueranteil bei Erhöhung oder Verringerung des Einkommens auf den Veränderungsbetrag des Einkommens entfällt.

*So geht's:*

**1** Zur Ermittlung des Durchschnittsteuersatzes erfassen Sie in Zelle C14 folgende Formel:

*=WENN(C5="Grundtarif";RUNDEN(C12/C6;4);RUNDEN(C12/(C6*2);4))*

**2** Um den Differenzsteuersatz bei Veränderung des bisherigen Einkommens und die Veränderung des Steuerbetrags zu ermitteln, gehen Sie wie folgt vor:

In Zelle C16 tragen Sie als positiven oder negativen Wert die jährliche Einkommensveränderung ein.

In Zelle C17 wird unter Berücksichtigung des in C5 ausgewählten Tarifs die Veränderung des zvE bestimmt. Da sich aufgrund der Nachkommastellen gegebenenfalls ein abweichendes zvE errechnen kann, wird hierbei auf die ungerundeten Eingabewerte zurückgegriffen:
=WENN(C5="Grundtarif";GANZZAHL(C16+C2) ;GANZZAHL((C16+C2)/2))-zvE.

Das neue zvE ergibt sich in Zelle C18 mit: =zvE+C17. Vergeben Sie dieser Zelle den Namen zvEneu.

|  | B | C |
|---|---|---|
| 1 |  |  |
| 2 | Eingabe Jahres-Einkommen: | 65.000,00 € |
| 3 |  |  |
| 4 | Abgerundetes Einkommen: | 65.000,00 € |
| 5 | Grund-/Splittingtarif: | Splittingtarif |
| 6 | Berechnungsgrundlage zvE : | 32.500,00 € |
| 7 |  |  |
| 8 | Einkommensteuer: | 12.856,00 € |
| 9 | Solidaritätszuschlag: | 707,08 € |
| 10 |  |  |
| 11 |  |  |
| 12 | Einkommensteuer-Funktion: | 12.856,00 € |
| 13 |  |  |
| 14 | Durchschnittssteuersatz: | 19,78% |
| 15 |  |  |
| 16 | Einkommensveränderung +/- | -5.000,00 € |
| 17 | Delta zvE: | -2.500,00 € |
| 18 | zvE nach Einkommensveränderung: | 30.000,00 € |
| 19 | Differenz Einkommensteuer: | -1.606,00 € |
| 20 | Differenzsteuersatz: | 32,12% |

Die Änderung der Steuerlast wird nun in Zelle C19 bestimmt mit:
=(Einkommensteuer(zvEneu)-Einkommensteuer(zvE))

Nun kann in Zelle C20 der Differenzsteuersatz berechnet werden:
=RUNDEN((Einkommensteuer(zvEneu)-Einkommensteuer(zvE))/C16;4).

## Tipp 22: Sozialversicherungsbeiträge berechnen

In diesem Tipp erfahren Sie, wie Sie Arbeitgeber- und Arbeitnehmeranteil unter Berücksichtigung der Beitragsbemessungsgrenzen für folgende Sozialversicherungen berechnen können:

- Rentenversicherung
- Krankenversicherung
- Pflegeversicherung
- Arbeitslosenversicherung

Dem folgenden Beispiel sind die Rechengrößen der Sozialversicherung für das Jahr 2013 zugrunde gelegt, die Berechnung erfolgt auf Basis der monatlichen Werte. Diese sind:

|  | A | B | C | D | E |
|---|---|---|---|---|---|
| 1 | BBG | Alte Bundesländer |  | Neue Bundesländer |  |
| 2 | KV und PV monatlich | 3.937,50 € |  | 3.937,50 € |  |
| 3 | allgemeine RV monatlich | 5.800,00 € |  | 4.900,00 € |  |
| 4 | ALV monatlich | 5.800,00 € |  | 4.900,00 € |  |

### So geht's:

1 Zunächst legen Sie die Eingabezellen für das Bruttomonatseinkommen (Zelle C6) fest. Erforderlich ist ferner – da Sachsen hinsichtlich der Pflegeversicherung eine abweichende Regelung aufweist – ein entsprechendes *ja/nein*-Auswahlfeld.

## 4. Formeln effektiv und professionell einsetzen

Da Kinderlose in der Pflegeversicherung einen zusätzlichen Beitrag leisten müssen, ist auch hierfür eine *ja/nein*-Auswahl erforderlich.

| | | | |
|---|---|---|---|
| 6 | Brutto-Monatseinkommen (abhängig Beschäftigter, kein Minijob): | | 2.800,00 € |
| 7 | | | |
| 8 | Bundesland Sachsen ja/nein: | | nein |
| 9 | | | |
| 10 | Kinder ja/nein: | | nein |

Die Umsetzung der beiden *ja/nein*-Auswahlfelder erfolgt mittels eines Dropdown-Felds in Verbindung mit einer hinterlegten Gültigkeitsliste. Tragen Sie hierzu in zwei beliebige aneinandergrenzende Zellen *ja* bzw. *nein* ein (im Beispiel: H2:H3).

Setzen Sie dann den Cursor in die Zelle C8 und rufen Sie das Menü *Datenüberprüfung* auf:

ab Excel 2007: Menü *Daten/Datentools/Datenüberprüfung*,

in Excel 2003: Menü *Daten/Gültigkeit*.

Wählen Sie im Register *Einstellungen* bei *Gültigkeitskriterien* den Wert *Liste* aus und setzen Sie bei *Quelle* den Bezug auf den von Ihnen gewählten Zellbereich H2:H3. In das Kontrollkästchen *Zellendropdown* setzen Sie einen Haken. Schließen Sie das Fenster per Klick auf die Schaltfläche *OK*.

Verfahren Sie analog mit Zelle C10 für das Eingabefeld *Kinder*.

**2** Erstellen Sie folgende Tabelle:

| | A | B | C | D | E |
|---|---|---|---|---|---|
| | | \multicolumn{2}{c}{Alte Bundesländer} | Neue Bundesländer | |
| 12 | Sozialversicherungswerte | | | | |
| 13 | | AG-Anteil | AN-Anteil | AG-Anteil | AN-Anteil |
| 14 | KV monatlich | | | | |
| 15 | PV monatlich | | | | |
| 16 | RV monatlich | | | | |
| 17 | ALV monatlich | | | | |

**3** Tragen Sie nun diese Formeln ein:

Krankenversicherung, Zeile 14:

- Zelle B14: =RUNDEN(WENN(C6<3937,5;C6*7,3%;3937,5*7,3%);2)
- Zelle C14: =RUNDEN(WENN(C6<3937,5;C6*8,2%;3937,5*8,2%);2)
- Zelle D14: Kopieren Sie die Formel aus Zelle B14.
- Zelle E14: Kopieren Sie die Formel aus Zelle C14.

Pflegeversicherung, Zeile 15:

- Zelle B15:
  =RUNDEN(WENN(C6<3937,5;C6*1,025%;3937,5*1,025%);2)

- Zelle C15:
  =RUNDEN(WENN(C10="ja";WENN(C6<3937,5;C6*1,025%;3937,5*1,025%);
  WENN(C6<3937,5;C6*1,275%;3937,5*1,275%));2)

- Zelle D15:
  =RUNDEN(WENN(C8="ja";WENN(C6<3937,5;C6*0,525%;3937,5*0,525%);
  WENN(C6<3937,5;C6*1,025%;3937,5*1,025%));2)

- Zelle E15:
  =RUNDEN(WENN(UND(C8="ja";C10="nein");WENN(C6<3937,5;C6*1,775%;
  3937,5*1,775%);WENN(UND(C8="ja";C10="ja");WENN(C6<3937,5;C6
  *1,525%;3937,5*1,525%);WENN(UND(C8="nein";C10="nein");WENN(C6
  <3937,5;C6*1,275%;3937,5*1,275%);WENN(C6<3937,5;C6*1,025%;
  3937,5*1,025%))));2)

Rentenversicherung, Zeile 16:

- Zelle B16: =RUNDEN(WENN(C6<5800;C6*9,45%;5800*9,45%);2)
- Zelle C16: Kopieren Sie die Formel aus Zelle B16.
- Zelle D16: =RUNDEN(WENN(C6<4900;C6*9,45%;4900*9,45%);2)
- Zelle E16: Kopieren Sie die Formel aus Zelle D16.

Arbeitslosenversicherung, Zeile 17:

- Zelle B17: =RUNDEN(WENN(C6<5800;C6*1,5%;5800*1,5%);2)
- Zelle C17: Kopieren Sie die Formel aus Zelle B17.
- Zelle D17: =RUNDEN(WENN(C6<4900;C6*1,5%;4900*1,5%);2)
- Zelle E17: Kopieren Sie die Formel aus Zelle D17.

| | | | | | |
|---|---|---|---|---|---|
| 6 | Brutto-Monatseinkommen (abhängig Beschäftigter, kein Minijob): | | 2.800,00 € | | |
| 7 | | | | | |
| 8 | Bundesland Sachsen ja/nein: | | ja | | |
| 9 | | | | | |
| 10 | Kinder ja/nein: | | nein | | |
| 11 | | | | | |
| 12 | Sozialversicherungswerte | | Alte Bundesländer | | Neue Bundesländer |
| 13 | | | AG-Anteil | AN-Anteil | AG-Anteil | AN-Anteil |
| 14 | KV monatlich | | 204,40 € | 229,60 € | 204,40 € | 229,60 € |
| 15 | PV monatlich | | 28,70 € | 35,70 € | 14,70 € | 49,70 € |
| 16 | RV monatlich | | 264,60 € | 264,60 € | 264,60 € | 264,60 € |
| 17 | ALV monatlich | | 42,00 € | 42,00 € | 42,00 € | 42,00 € |

## Tipp 23: Durchschnittliche jährliche Wachstumsrate (CAGR) berechnen

Die durchschnittliche jährliche Wachstumsrate (CAGR = Compound Annual Growth Rate) wird mit folgender mathematischer Formel berechnet:

$$CAGR(t_0, t) = \left(\frac{K(t)}{K(t_0)}\right)^{\frac{1}{n}} - 1 \quad \text{mit } n = t - t_0$$

In Excel 2013 steht mit ZSATZINVEST(Zzr;Bw;Zw) eine neue Funktion zur Verfügung, mit der eine Berechnung gemäß dieser Formel ausgeführt werden kann. Dabei stehen die Funktionsargumente – verglichen mit obiger Formel – für:

- $Zzr = n$
- $Bw = K(t_0)$
- $Zw = K(t)$.

*So geht's:*

1. Gegeben sei der Wert *K(t) = 2500,00 €* in *t = 2013* und der Wert *K ($t_0$) = 500,00 €* in $t_0$ = *1999*.

2. In Excel 2013: Erfassen Sie folgenden Ausdruck in Zelle C6:

   =ZSATZINVEST(C2-C1;C3;C4)

   Bis Excel 2010: Hier gibt es zwei Möglichkeiten der Ermittlung mit einer Formel:

   Erfassen Sie in Zelle C7 bzw. C8:

   =(C4/C3)^(1/(C2-C1))-1

   bzw.

   =POTENZ(C4/C3;1/(C2-C1))-1

3. Ergebnis: Die durchschnittliche jährliche Wachstumsrate beträgt – gerundet auf zwei Nachkommastellen – 12,18 %.

| | A | B | C | D |
|---|---|---|---|---|
| 1 | | $t_0$: | 1999 | |
| 2 | | t: | 2013 | |
| 3 | | K($t_0$): | 500,00 € | |
| 4 | | K(t): | 2.500,00 € | |
| 5 | | | | |
| 6 | CAGR: | Excel 2013: ZSATZINVEST | 0,121828396 | 12,18% |
| 7 | | bis Excel 2010: Formellösung Caret | 0,121828396 | 12,18% |
| 8 | | bis Excel 2010: Formellösung POTENZ | 0,121828396 | 12,18% |

## 4.8 Daten professionell mit Datenbank- und Listenfunktionen verwalten

Eine richtig angeordnete Liste stellt für Excel bereits eine kleine Datenbank dar. Entscheidend ist, dass sich in der obersten Zeile Spaltenüberschriften befinden, die sogenannte Kopfzeile. Alle darunterliegenden Daten müssen den gleichen Aufbau haben, damit von einer Datenbank gesprochen werden kann.

### Tipp 1: Grundlagen zur Erstellung einer Excel-Datenbank

Die wesentlichen Aufgaben einer Datenbank bestehen in der Verwaltung und Strukturierung von Daten. Excel bietet verschiedene Möglichkeiten zur Erfassung, Verwaltung und Analyse von Daten.

Da Datenbanken inzwischen hauptsächlich auf Tabellen beruhen, bietet es sich geradezu an, Excel als Datenbank zu verwenden. Im Vergleich zu spezialisierten Datenbankmanagementsystemen wie Access oder Microsoft SQL Server sind die Funktionen von Excel eingeschränkt. Das größte Manko gegenüber Datenbankmanagementsystemen besteht darin, dass Tabellen nicht über Schlüssel, sogenannte Keys, verknüpft werden können. Kleinere Datenmengen von mehreren Hundert Datensätzen, die nicht auf verschiedenen Tabellenblättern liegen und verknüpft werden müssen, können mit Excel ohne Weiteres verwaltet werden.

Als Datenbank wird bereits eine Tabelle bezeichnet, die eine oder mehrere Überschriften mit darunterliegenden Daten beinhaltet. In der Terminologie der Datenbankverwaltung werden diese Überschriften Datenfeldnamen genannt. Unter einem Datenfeldnamen befinden sich in den Spalten immer gleichartige Informationen, zum Beispiel Vornamen, Nachnamen, Straßennamen, die Postleitzahl und der Ort.

| | A | B | C | D | E | F |
|---|---|---|---|---|---|---|
| 1 | Debitorenliste per 30.06.2007 | | | | | |
| 2 | | | | | | |
| 3 | Deb.-Nr. | Vorname | Nachname | Straße | PLZ | Ort |
| 4 | 70001 | Agnes | Argauer | Prenzlauerstraße 50 | 76438 | Musterau |
| 5 | 70003 | Björn | Paulus | Riestergasse 1 | 65293 | Testmainau |
| 6 | 70010 | Klaus | Weimer | Berghut 19 | 94773 | Musterstadt |
| 7 | 70015 | Anke | Greiner | Hauptweg 22 | 91772 | Testhausen |
| 8 | 70020 | Irmgard | Huber | Burgenweg 92 | 83008 | Musterdorf |
| 9 | 70025 | Adolf | Meier | Bahnhofstraße 4 | 93881 | Testbergheim |
| 10 | 70027 | Wolfgang | Eisenstätt | Trampelpfad 3 | 93340 | Schönmusterstadt |
| 11 | 70030 | Angelika | Maurer | Klaus-Straße 43 | 82019 | Bergtestheim |
| 12 | 70035 | Stefan | Leitner | Schnurstraße 9 | 74991 | Testort |

Diese einzelnen Informationen werden Datenfeldinhalte genannt. Eine Zeile einer Tabelle, die sich aus den einzelnen Datenfeldern zusammensetzt, bildet einen Datensatz. Trifft Excel auf eine derart strukturierte Tabelle, wird sie intern als Datenbank erkannt und als solche verwaltet. In diesem Beispiel liegt die Datenbank im Zellbereich A3:F12 vor.

Folgende Punkte müssen Sie beim Aufbau einer Datenbank jedoch beachten:

- Datenfeldnamen müssen eindeutig sein, dürfen sich also nicht wiederholen.
- Die Überschriften (Datenfeldnamen) müssen sich immer in der ersten Zeile der Datenbank befinden.
- Die Datenbank darf keine Leerzeilen enthalten.

Wenn Sie diese Rahmenbedingungen einhalten, steht der Verwendung der Datenverwaltungsfunktionen von Excel nichts mehr im Wege.

Die Daten können Sie wie gewohnt in die Datenbank eingeben. Alternativ stellt Excel den Befehl *Maske* zur Verfügung. Dieser ist aber standardmäßig nicht in der Multifunktionsleiste ab Excel 2007 enthalten, sondern muss manuell in die Schnellstartleiste eingebunden werden.

→ Verweis: siehe Kapitel 1.1, Tipp 1

In Excel 2003 steht dieser Befehl über das Menü *Daten/Maske* zur Verfügung.

Sie sehen, Excel verwendet die Überschriften in der Maske automatisch als Datenfeldbezeichnung. Weitere Features der Datenmaske sind eine Suchfunktion sowie die Möglichkeit, direkt aus der Maske heraus Daten zu löschen. Aber Vorsicht, hier steht keine Undo-Funktion zur Verfügung. Über die Suchfunktion können Sie Datensätze eingrenzen, so kann beispielsweise nach Daten innerhalb eines bestimmten

Postleitzahlenkreises gesucht werden. Verwenden Sie dazu die bekannten Suchparameter.

Excel stellt zur Analyse von Datenbanken einige Datenbankfunktionen zur Verfügung. Diese können Sie auf alle Datenbereiche anwenden, die eine Listenstruktur besitzen. Die Datenbankfunktionen eignen sich ausgezeichnet, um statistische Auswertungen und Analysen aufgrund bestimmter Kriterien vorzunehmen.

Nachfolgend erhalten Sie einen Überblick über alle von Excel zur Verfügung gestellten Datenbankfunktionen.

| Datenbankfunktion | Erläuterung |
| --- | --- |
| DBANZAHL(Datenbank,Feld, Kriterien) | Zählt die Anzahl von Zellen in einer Spalte einer Liste oder Datenbank, die den angegebenen Bedingungen entsprechen. |
| DBANZAHL2(Datenbank,Feld, Kriterien) | Zählt die Anzahl von nicht leeren Zellen in einer Spalte einer Liste oder Datenbank, die den angegebenen Bedingungen entsprechen. |
| DBAUSZUG(Datenbank,Feld, Kriterien) | Extrahiert einen einzelnen Wert in einer Spalte einer Liste oder Datenbank, der den angegebenen Bedingungen entspricht. |
| DBMAX(Datenbank,Feld, Kriterien) | Liefert die größte Anzahl in einer Spalte einer Liste oder Datenbank, die den angegebenen Bedingungen entspricht. |
| DBMIN(Datenbank,Feld, Kriterien) | Liefert die kleinste Anzahl in einer Spalte einer Liste oder Datenbank, die den angegebenen Bedingungen entspricht. |
| DBMITTELWERT(Datenbank, Feld,Kriterien) | Liefert den Mittelwert aus den Werten einer Listen- oder Datenbankspalte, die den von Ihnen angegebenen Bedingungen entsprechen. |
| DBPRODUKT(Datenbank, Feld,Kriterien) | Multipliziert die Werte in einer Spalte einer Liste oder Datenbank, die den angegebenen Bedingungen entsprechen. |
| DBSTABW(Datenbank,Feld, Kriterien) | Schätzt die Standardabweichung einer Grundgesamtheit, ausgehend von den Zahlen in einer Spalte einer Liste oder Datenbank, die den angegebenen Bedingungen entsprechen. |
| DBSTABWN(Datenbank,Feld, Kriterien) | Berechnet die Standardabweichung einer vollständigen Grundgesamtheit, ausgehend von den Zahlen in einer Spalte einer Liste oder Datenbank, die den angegebenen Bedingungen entsprechen. |
| DBSUMME(Datenbank,Feld, Kriterien) | Fügt die Zahlen in einer Spalte aus einer Liste oder Datenbank hinzu, die den angegebenen Bedingungen entsprechen. |
| DBVARIANZ(Datenbank,Feld, Kriterien) | Schätzt die Varianz einer Grundgesamtheit, ausgehend von einer Stichprobe mit den Zahlen in einer Spalte einer Liste oder Datenbank, die den angegebenen Bedingungen entsprechen. |
| DBVARIANZEN(Datenbank, Feld,Kriterien) | Berechnet die Varianz einer vollständigen Grundgesamtheit, ausgehend von den Zahlen in einer Spalte einer Liste oder Datenbank, die den angegebenen Bedingungen entsprechen. |

Erläuterung zu den Argumenten:

- Im Argument *Datenbank* ist jeweils der Zellbereich anzugeben, in dem sich die auszuwertenden Daten befinden.
- Das Argument *Feld* gibt an, welches Feld zur Auswertung herangezogen werden soll. Dabei kann sowohl der Zellbezug als auch der Text der Spaltenüberschrift angegebenen werden. Die Spaltenüberschrift muss dabei in Anführungszeichen gesetzt werden.
- Im Argument *Kriterium* wird der Zellbereich angegeben, der die Suchbedingungen enthält. Als Suchkriterium kann ein beliebiger Bereich verwendet werden, der mindestens eine Spaltenbeschriftung mit einer darunterliegenden Zeile beinhaltet, in der die Suchbedingung eingegeben werden kann.

Die nachfolgenden Beispiele basieren auf einer Artikel-Lagerübersicht, die wie folgt aufgebaut ist:

| | A | B | C | D | E | F | G |
|---|---|---|---|---|---|---|---|
| 1 | **Artikel-Lagerübersicht** | | | | | | |
| 2 | | | | | | | |
| 3 | Artikel-Nr. | Beschreibung | Gruppe | Lager | Mindestmenge | Lagermenge | EK netto/Stück |
| 4 | SAN-60853 | Artikel A1 | A | Hauptlager | 50 | 299 | 28,88 € |
| 5 | SAN-99296 | Artikel A2 | A | Nebenlager1 | 70 | 186 | 8,43 € |
| 6 | SBN-92709 | Artikel B1 | B | Nebenlager2 | 40 | 83 | 15,05 € |
| 7 | SBN-67439 | Artikel B2 | B | Hauptlager | 90 | 152 | 8,26 € |
| 8 | SCN-92796 | Artikel C1 | C | Nebenlager2 | 100 | 266 | 18,06 € |
| 9 | SDN-58941 | Artikel D2 | D | Nebenlager1 | 100 | 202 | 30,04 € |
| 10 | SCN-50875 | Artikel C2 | C | Hauptlager | 50 | 60 | 25,84 € |
| 11 | SAN-43180 | Artikel A3 | A | Nebenlager2 | 35 | 31 | 4,29 € |
| 12 | SCN-13421 | Artikel C3 | C | Nebenlager1 | 80 | 159 | 7,74 € |
| 13 | SCN-64761 | Artikel C4 | C | Nebenlager2 | 100 | 281 | 8,80 € |
| 14 | SDN-76839 | Artikel D2 | D | Hauptlager | 70 | 167 | 7,40 € |
| 15 | SBN-74756 | Artikel B3 | B | Nebenlager1 | 50 | 46 | 19,88 € |
| 16 | SAN-56800 | Artikel A4 | A | Nebenlager1 | 50 | 79 | 9,95 € |
| 17 | SBN-80678 | Artikel B4 | B | Nebenlager2 | 80 | 231 | 1,73 € |
| 18 | SDN-13266 | Artikel D2 | D | Hauptlager | 40 | 120 | 22,40 € |
| 19 | SAN-80402 | Artikel A5 | A | Hauptlager | 70 | 202 | 6,01 € |
| 20 | SBN-35317 | Artikel B5 | B | Hauptlager | 10 | 10 | 74,56 € |
| 21 | | | | | | | |

Bevor mit den Auswertungen begonnen werden kann, wird noch ein Kriterienbereich benötigt. Der Kriterienbereich muss mindestens zwei Zeilen hoch sein. Die Breite des Kriterienbereichs muss aber nicht zwingend mit der Breite der Datenbank übereinstimmen, was bedeutet, dass Sie nicht immer alle Datenbankfelder in den Kriterienbereich übernehmen müssen. Zu beachten ist, dass die Bezeichnung der Datenbankfelder im Kriterienbereich exakt mit der Spaltenbeschriftung des Datenbankbereichs übereinstimmen muss.

An welcher Position der Kriterienbereich innerhalb des Tabellenblatts angelegt wird, ist gleichgültig. Sie sollten nur darauf achten, dass der Kriterienbereich an einer Stelle des Tabellenblatts erzeugt wird, an der er bei der Erfassung von weiteren Datensätzen nicht stört.

Es bietet sich an, den Kriterienbereich über der Artikelliste im Zellbereich A4:G5 zu erzeugen. Damit ist gewährleistet, dass der Kriterienbereich nicht mit neuen Datensätzen kollidiert.

## 4. Formeln effektiv und professionell einsetzen

| | A | B | C | D | E | F | G |
|---|---|---|---|---|---|---|---|
| 1 | **Artikel-Lagerübersicht** | | | | | | |
| 2 | | | | | | | |
| 3 | | | | | | | |
| 4 | Artikel-Nr. | Beschreibung | Gruppe | Lager | Mindestmenge | Lagermenge | EK netto/Stück |
| 5 | | | | | | | |
| 6 | | | | | | | |
| 7 | | | | | | | |
| 8 | | | | | | | |
| 9 | | | | | | | |
| 10 | | | | | | | |
| 11 | | | | | | | |
| 12 | | | | | | | |
| 13 | Artikel-Nr. | Beschreibung | Gruppe | Lager | Mindestmenge | Lagermenge | EK netto/Stück |
| 14 | SAN-60853 | Artikel A1 | A | Hauptlager | 50 | 299 | 28,88 € |
| 15 | SAN-99296 | Artikel A2 | A | Nebenlager1 | 70 | 186 | 8,43 € |
| 16 | SBN-92709 | Artikel B1 | B | Nebenlager2 | 40 | 83 | 15,05 € |
| 17 | SBN-67439 | Artikel B2 | B | Hauptlager | 90 | 152 | 8,26 € |
| 18 | SCN-92796 | Artikel C1 | C | Nebenlager2 | 100 | 266 | 18,06 € |
| 19 | SDN-58941 | Artikel D1 | D | Nebenlager1 | 100 | 202 | 30,04 € |
| 20 | SCN-50875 | Artikel C2 | C | Hauptlager | 50 | 60 | 25,84 € |
| 21 | SAN-43180 | Artikel A3 | A | Nebenlager2 | 35 | 31 | 4,29 € |
| 22 | SCN-13421 | Artikel C3 | C | Nebenlager1 | 80 | 159 | 7,74 € |
| 23 | SCN-64761 | Artikel C4 | C | Nebenlager2 | 100 | 281 | 8,80 € |
| 24 | SDN-76839 | Artikel D2 | D | Hauptlager | 70 | 167 | 7,40 € |
| 25 | SBN-74756 | Artikel B3 | B | Nebenlager1 | 50 | 46 | 19,88 € |
| 26 | SAN-56800 | Artikel A4 | A | Nebenlager1 | 50 | 79 | 9,95 € |
| 27 | SBN-80678 | Artikel B4 | B | Nebenlager2 | 80 | 231 | 1,73 € |
| 28 | SDN-13266 | Artikel D2 | D | Hauptlager | 40 | 120 | 22,40 € |
| 29 | SAN-80402 | Artikel A5 | A | Hauptlager | 70 | 202 | 6,01 € |
| 30 | SBN-35317 | Artikel B5 | B | Hauptlager | 10 | 10 | 74,56 € |
| 31 | | | | | | | |

## Tipp 2: Zählen von Artikeln mithilfe der Datenbankfunktion DBANZAHL()

In diesem Beispiel soll aus der vorliegenden Artikelliste die Anzahl der Datensätze ermittelt werden, die folgende Kriterien aufweisen:

- Lagermenge größer als 200 Stück
- Einkaufspreis kleiner als 10,00 Euro
- Gelagert in Nebenlager2

*So geht's:*

Zur Lösung dieser Aufgabenstellung kommt die Datenbankfunktion *DBANZAHL (Datenbank;Datenbankfeld;Suchkriterium)* zum Einsatz.

**1** Da der Kriterienbereich bereits angelegt ist, können Sie direkt mit der Erfassung der einzelnen Suchkriterien beginnen. Erfassen Sie in Zelle D5 die erste Bedingung, nämlich den Eintrag *Nebenlager2*.

**2** In Zelle F5 geben Sie das Kriterium *>200* ein, da eben nur Datensätze gesucht werden sollen, bei denen mehr als 200 Stück vorhanden sind.

**3** Als dritte Bedingung legen Sie den Nettoeinkaufspreis in Zelle G5 auf *<10* fest.

## 4.8 Daten professionell mit Datenbank- und Listenfunktionen verwalten

| | A | B | C | D | E | F | G |
|---|---|---|---|---|---|---|---|
| 1 | **Artikel-Lagerübersicht** | | | | | | |
| 2 | | | | | | | |
| 3 | | | | | | | |
| 4 | Artikel-Nr. | Beschreibung | Gruppe | Lager | Mindestmenge | Lagermenge | EK netto/Stück |
| 5 | | | | Nebenlager2 | | >200 | <10 |
| 6 | | | | | | | |
| 7 | | | | | | | |
| 8 | | | | | | | |
| 9 | | | | | | | |
| 10 | | | | | | | |
| 11 | | | | | | | |
| 12 | | | | | | | |
| 13 | **Artikel-Nr.** | **Beschreibung** | **Gruppe** | **Lager** | **Mindestmenge** | **Lagermenge** | **EK netto/Stück** |
| 14 | SAN-60853 | Artikel A1 | A | Hauptlager | 50 | 299 | 28,88 € |
| 15 | SAN-99296 | Artikel A2 | A | Nebenlager1 | 70 | 186 | 8,43 € |
| 16 | SBN-92709 | Artikel B1 | B | Nebenlager2 | 40 | 83 | 15,05 € |
| 17 | SBN-67439 | Artikel B2 | B | Hauptlager | 90 | 152 | 8,26 € |
| 18 | SCN-92796 | Artikel C1 | C | Nebenlager2 | 100 | 266 | 18,06 € |
| 19 | SDN-58941 | Artikel D2 | D | Nebenlager1 | 100 | 202 | 30,04 € |
| 20 | SCN-50875 | Artikel C2 | C | Hauptlager | 50 | 60 | 25,84 € |
| 21 | SAN-43180 | Artikel A3 | A | Nebenlager2 | 35 | 31 | 4,29 € |
| 22 | SCN-13421 | Artikel C3 | C | Nebenlager1 | 80 | 159 | 7,74 € |
| 23 | SCN-64761 | Artikel C4 | C | Nebenlager2 | 100 | 281 | 8,80 € |
| 24 | SDN-76839 | Artikel D2 | D | Hauptlager | 70 | 167 | 7,40 € |
| 25 | SBN-74756 | Artikel B3 | B | Nebenlager1 | 50 | 46 | 19,88 € |
| 26 | SAN-56800 | Artikel A4 | A | Nebenlager1 | 50 | 79 | 9,95 € |
| 27 | SBN-80678 | Artikel B4 | B | Nebenlager2 | 80 | 231 | 1,73 € |
| 28 | SDN-13266 | Artikel D2 | D | Hauptlager | 40 | 120 | 22,40 € |
| 29 | SAN-80402 | Artikel A5 | A | Hauptlager | 70 | 202 | 6,01 € |
| 30 | SBN-35317 | Artikel B5 | B | Hauptlager | 10 | 10 | 74,56 € |
| 31 | | | | | | | |

**4** Zur eigentlichen Auswertung erfassen Sie in Zelle B9 die Funktion *=DBANZAHL (A13:G30;G4;A4:G5)*. Damit wird der Datenbereich A13:G30 auf die im Kriterienbereich A4:G5 angegebenen Kriterien durchsucht, und die Datensätze werden in der Spalte *EK netto/Stück* gezählt.

| | A | B | C | D | E | F | G |
|---|---|---|---|---|---|---|---|
| | B9 | ▼ | fx | =DBANZAHL(A13:G30;G4;A4:G5) | | | |
| 1 | **Artikel-Lagerübersicht** | | | | | | |
| 2 | | | | | | | |
| 3 | | | | | | | |
| 4 | Artikel-Nr. | Beschreibung | Gruppe | Lager | Mindestmenge | Lagermenge | EK netto/Stück |
| 5 | | | | Nebenlager2 | | >200 | <10 |
| 6 | | | | | | | |
| 7 | | | | | | | |
| 8 | **Auswertung:** | | | | | | |
| 9 | Anzahl | 2 | | | | | |
| 10 | | | | | | | |
| 11 | | | | | | | |
| 12 | | | | | | | |
| 13 | **Artikel-Nr.** | **Beschreibung** | **Gruppe** | **Lager** | **Mindestmenge** | **Lagermenge** | **EK netto/Stück** |
| 14 | SAN-60853 | Artikel A1 | A | Hauptlager | 50 | 299 | 28,88 € |
| 15 | SAN-99296 | Artikel A2 | A | Nebenlager1 | 70 | 186 | 8,43 € |
| 16 | SBN-92709 | Artikel B1 | B | Nebenlager2 | 40 | 83 | 15,05 € |
| 17 | SBN-67439 | Artikel B2 | B | Hauptlager | 90 | 152 | 8,26 € |
| 18 | SCN-92796 | Artikel C1 | C | Nebenlager2 | 100 | 266 | 18,06 € |
| 19 | SDN-58941 | Artikel D2 | D | Nebenlager1 | 100 | 202 | 30,04 € |
| 20 | SCN-50875 | Artikel C2 | C | Hauptlager | 50 | 60 | 25,84 € |
| 21 | SAN-43180 | Artikel A3 | A | Nebenlager2 | 35 | 31 | 4,29 € |
| 22 | SCN-13421 | Artikel C3 | C | Nebenlager1 | 80 | 159 | 7,74 € |
| 23 | SCN-64761 | Artikel C4 | C | Nebenlager2 | 100 | 281 | 8,80 € |
| 24 | SDN-76839 | Artikel D2 | D | Hauptlager | 70 | 167 | 7,40 € |
| 25 | SBN-74756 | Artikel B3 | B | Nebenlager1 | 50 | 46 | 19,88 € |
| 26 | SAN-56800 | Artikel A4 | A | Nebenlager1 | 50 | 79 | 9,95 € |
| 27 | SBN-80678 | Artikel B4 | B | Nebenlager2 | 80 | 231 | 1,73 € |
| 28 | SDN-13266 | Artikel D2 | D | Hauptlager | 40 | 120 | 22,40 € |
| 29 | SAN-80402 | Artikel A5 | A | Hauptlager | 70 | 202 | 6,01 € |
| 30 | SBN-35317 | Artikel B5 | B | Hauptlager | 10 | 10 | 74,56 € |
| 31 | | | | | | | |

Die Funktion liefert das Ergebnis 2. Wenn dieses Ergebnis nachkontrolliert werden soll, werden Sie schnell feststellen, dass es bereits bei drei Bedingungen und dieser relativ kleinen Datenmenge keine Freude macht, die Datensätze manuell zu suchen. Es handelt sich um die beiden Datensätze in den Zeilen 23 und 27.

4. Formeln effektiv und professionell einsetzen

## Tipp 3: Welche Möglichkeiten bietet der Kriterienbereich?

Jetzt erfahren Sie anhand einiger Beispiele, welche Möglichkeiten der Kriterienbereich bietet und wie er sich für die unterschiedlichsten Abfragen modifizieren lässt.

### So geht's: Und-Verknüpfungen herstellen

Wie sich Und-Verknüpfungen herstellen lassen, haben Sie bereits in Tipp 2 gesehen. Mehrere Suchkriterien in einer Kriterienzeile werden als Und-Abfrage interpretiert. Es besteht hier die Möglichkeit, alle Suchkriterien zu belegen, um eine möglichst genaue Suche durchzuführen.

### So geht's: Oder-Verknüpfungen erzeugen

Oder-Abfragen werden erstellt, indem die Suchkriterien in unterschiedlichen Zeilen eingegeben werden.

Sollen beispielsweise die Artikel gezählt werden, die der Artikelgruppe A angehören oder die sich in Nebenlager1 befinden, gehen Sie wie folgt vor:

1. Erfassen Sie in Zelle C5 den Buchstaben *A*. Damit wird das Kriterium für die Artikelgruppe definiert.

2. In Zelle D6 geben Sie das Kriterium für den Lagerort ein. Erfassen Sie den Text *Nebenlager1*.

3. Damit beide Kriterien ausgewertet werden, muss der Kriterienbereich in der Funktion *DBANZAHL()* erweitert werden. Geben Sie dazu in Zelle B9 die Formel *=DBANZAHL(A13:G30;G4;A4:G6)* ein. Sie sehen, das Argument *Kriterien* wurde auf die Zeile 6 ausgedehnt. Damit werden beide Bedingungen in einer Oder-Verknüpfung berücksichtigt.

| | A | B | C | D | E | F | G |
|---|---|---|---|---|---|---|---|
| 1 | **Artikel-Lagerübersicht** | | | | | | |
| 2 | | | | | | | |
| 3 | | | | | | | |
| 4 | Artikel-Nr. | Beschreibung | Gruppe | Lager | Mindestmenge | Lagermenge | EK netto/Stück |
| 5 | | | A | | | | |
| 6 | | | | Nebenlager1 | | | |
| 7 | | | | | | | |
| 8 | **Auswertung:** | | | | | | |
| 9 | Anzahl | 8 | | | | | |
| 10 | | | | | | | |
| 11 | | | | | | | |
| 12 | | | | | | | |
| 13 | Artikel-Nr. | Beschreibung | Gruppe | Lager | Mindestmenge | Lagermenge | EK netto/Stück |
| 14 | SAN-60853 | Artikel A1 | A | Hauptlager | 50 | 299 | 28,88 € |
| 15 | SAN-99296 | Artikel A2 | A | Nebenlager1 | 70 | 186 | 8,43 € |
| 16 | SBN-92709 | Artikel B1 | B | Nebenlager2 | 40 | 83 | 15,05 € |
| 17 | SBN-67439 | Artikel B2 | B | Hauptlager | 90 | 152 | 8,26 € |
| 18 | SCN-92796 | Artikel C1 | C | Nebenlager2 | 100 | 266 | 18,06 € |
| 19 | SDN-58941 | Artikel D1 | D | Nebenlager1 | 100 | 202 | 30,04 € |
| 20 | SCN-50875 | Artikel C2 | C | Hauptlager | 50 | 60 | 25,84 € |
| 21 | SAN-43180 | Artikel A3 | A | Nebenlager2 | 35 | 31 | 4,29 € |
| 22 | SCN-13421 | Artikel C3 | C | Nebenlager1 | 80 | 159 | 7,74 € |
| 23 | SCN-64761 | Artikel C4 | C | Nebenlager2 | 100 | 281 | 8,80 € |
| 24 | SDN-76839 | Artikel D2 | D | Hauptlager | 70 | 167 | 7,40 € |
| 25 | SBN-74756 | Artikel B3 | B | Nebenlager1 | 50 | 46 | 19,88 € |
| 26 | SAN-56800 | Artikel A4 | A | Nebenlager2 | 50 | 79 | 9,95 € |
| 27 | SBN-80678 | Artikel B4 | B | Nebenlager2 | 80 | 231 | 1,73 € |
| 28 | SDN-13266 | Artikel D2 | D | Hauptlager | 40 | 120 | 22,40 € |
| 29 | SAN-80402 | Artikel A5 | A | Hauptlager | 70 | 202 | 6,01 € |
| 30 | SBN-35317 | Artikel B5 | B | Hauptlager | 10 | 10 | 74,56 € |

Es befinden sich also acht Artikel entweder in Gruppe A oder im Nebenlager1.

## So geht's: Mehrere Gruppen von Kriterien müssen erfüllt sein (Und-Oder-Verknüpfung)

Dieses Beispiel zeigt, wie Datenbankauswertungen mit zwei Und-Oder-Verknüpfungen durchgeführt werden können.

So sollen die Artikel gezählt werden, die sich in Artikelgruppe A befinden und deren Lagermenge 100 übersteigt, oder Artikel aus Artikelgruppe B, deren Lagerbestand den Wert von 200 übersteigt.

1 Als erste Kriteriengruppe erfassen Sie in Zelle C5 den Buchstaben *A* und in Zelle F5 die Bedingung *>100*.

2 Das zweite Kriterienpaar definieren Sie durch Eingabe des Buchstabens *B* in Zelle C6 und durch die Bedingung *>200* in Zelle F6.

3 Zur Auswertung der Bedingungen geben Sie in Zelle B9 folgende Formel ein:
=DBANZAHL(A13:G30;G4;A4:G6)

| | A | B | C | D | E | F | G |
|---|---|---|---|---|---|---|---|
| 1 | **Artikel-Lagerübersicht** | | | | | | |
| 2 | | | | | | | |
| 3 | | | | | | | |
| 4 | Artikel-Nr. | Beschreibung | Gruppe | Lager | Mindestmenge | Lagermenge | EK netto/Stück |
| 5 | | | A | | | >100 | |
| 6 | | | B | | | >200 | |
| 7 | | | | | | | |
| 8 | **Auswertung:** | | | | | | |
| 9 | Anzahl | 4 | | | | | |
| 10 | | | | | | | |
| 11 | | | | | | | |
| 12 | | | | | | | |
| 13 | Artikel-Nr. | Beschreibung | Gruppe | Lager | Mindestmenge | Lagermenge | EK netto/Stück |
| 14 | SAN-60853 | Artikel A1 | A | Hauptlager | 50 | 299 | 28,88 € |
| 15 | SAN-99296 | Artikel A2 | A | Nebenlager1 | 70 | 186 | 8,43 € |
| 16 | SBN-92709 | Artikel B1 | B | Nebenlager2 | 40 | 83 | 15,05 € |
| 17 | SBN-67439 | Artikel B2 | B | Hauptlager | 90 | 152 | 8,26 € |
| 18 | SCN-92796 | Artikel C1 | C | Nebenlager2 | 100 | 266 | 18,06 € |
| 19 | SDN-58941 | Artikel D2 | D | Nebenlager1 | 100 | 202 | 30,04 € |
| 20 | SCN-50875 | Artikel C2 | C | Hauptlager | 50 | 60 | 25,84 € |
| 21 | SAN-43180 | Artikel A3 | A | Nebenlager2 | 35 | 31 | 4,29 € |
| 22 | SCN-13421 | Artikel C3 | C | Nebenlager1 | 80 | 159 | 7,74 € |
| 23 | SCN-64761 | Artikel C4 | C | Nebenlager2 | 100 | 281 | 8,80 € |
| 24 | SDN-76839 | Artikel D2 | D | Hauptlager | 70 | 167 | 7,40 € |
| 25 | SBN-74756 | Artikel B3 | B | Nebenlager1 | 50 | 46 | 19,88 € |
| 26 | SAN-56800 | Artikel A4 | A | Nebenlager1 | 50 | 79 | 9,95 € |
| 27 | SBN-80678 | Artikel B4 | B | Nebenlager2 | 80 | 231 | 1,73 € |
| 28 | SDN-13266 | Artikel D2 | D | Hauptlager | 40 | 120 | 22,40 € |
| 29 | SAN-80402 | Artikel A5 | A | Hauptlager | 70 | 202 | 6,01 € |
| 30 | SBN-35317 | Artikel B5 | B | Hauptlager | 10 | 10 | 74,56 € |

## So geht's: Mehrere Kriterien für ein Datenbankfeld müssen erfüllt sein (Und-Verknüpfung)

Sollen mehrere Kriterien für ein einziges Datenbankfeld abgefragt werden, lässt sich das realisieren, indem das gleiche Datenbankfeld mehrmals im Kriterienbereich angegeben wird.

## 4. Formeln effektiv und professionell einsetzen

Im Beispiel sollen alle Datensätze mit einem Nettoeinkaufspreis zwischen 10,00 und 20,00 Euro gezählt werden.

**1** Erweitern Sie dazu den Kriterienbereich um eine weitere Überschrift. Erfassen Sie in Zelle H4 die Überschrift *EK netto/Stück* ein zweites Mal.

**2** Als Kriterien geben Sie in Zelle G5 *>=10* und in Zelle F5 *<=20* ein.

**3** Zur Auswertung erfassen Sie in Zelle B9 diese Formel:
=DBANZAHL(A13:G30;G4;A4:H5)

Beachten Sie auch hier die Anpassung des Kriterienbereichs auf A4:H5.

| | A | B | C | D | E | F | G | H |
|---|---|---|---|---|---|---|---|---|
| 1 | Artikel-Lagerübersicht | | | | | | | |
| 2 | | | | | | | | |
| 3 | | | | | | | | |
| 4 | Artikel-Nr. | Beschreibung | Gruppe | Lager | Mindestmenge | Lagermenge | EK netto/Stück | EK netto/Stück |
| 5 | | | | | | | >=10 | <=20 |
| 6 | | | | | | | | |
| 7 | | | | | | | | |
| 8 | Auswertung: | | | | | | | |
| 9 | Anzahl | 3 | | | | | | |
| 10 | | | | | | | | |
| 11 | | | | | | | | |
| 12 | | | | | | | | |
| 13 | Artikel-Nr. | Beschreibung | Gruppe | Lager | Mindestmenge | Lagermenge | EK netto/Stück | |
| 14 | SAN-60853 | Artikel A1 | A | Hauptlager | 50 | 299 | 28,88 € | |
| 15 | SAN-99296 | Artikel A2 | A | Nebenlager1 | 70 | 186 | 8,43 € | |
| 16 | SBN-92709 | Artikel B1 | B | Nebenlager2 | 40 | 83 | 15,05 € | |
| 17 | SBN-67439 | Artikel B2 | B | Hauptlager | 90 | 152 | 8,26 € | |
| 18 | SCN-92796 | Artikel C1 | C | Nebenlager2 | 100 | 266 | 18,06 € | |
| 19 | SDN-58941 | Artikel D1 | D | Nebenlager1 | 100 | 202 | 30,04 € | |
| 20 | SCN-50875 | Artikel C2 | C | Hauptlager | 50 | 60 | 25,84 € | |
| 21 | SAN-43180 | Artikel A3 | A | Nebenlager2 | 35 | 31 | 4,29 € | |
| 22 | SCN-13421 | Artikel C3 | C | Nebenlager1 | 80 | 159 | 7,74 € | |
| 23 | SCN-64761 | Artikel C4 | C | Nebenlager1 | 100 | 281 | 8,80 € | |
| 24 | SDN-76839 | Artikel D2 | D | Hauptlager | 70 | 167 | 7,40 € | |
| 25 | SBN-74756 | Artikel B3 | B | Nebenlager1 | 50 | 46 | 19,88 € | |
| 26 | SAN-56800 | Artikel A4 | A | Nebenlager1 | 50 | 79 | 9,95 € | |
| 27 | SBN-80678 | Artikel B4 | B | Nebenlager2 | 80 | 231 | 1,73 € | |
| 28 | SDN-13266 | Artikel D2 | D | Hauptlager | 40 | 120 | 22,40 € | |
| 29 | SAN-80402 | Artikel A5 | A | Hauptlager | 70 | 202 | 6,01 € | |
| 30 | SBN-35317 | Artikel B5 | B | Hauptlager | 10 | 10 | 74,56 € | |

### *So geht's: Berechnungsergebnisse aus Formeln als Suchkriterium verwenden*

In den vorherigen Beispielen wurden Datenbankauswertungen ausschließlich auf der Basis von fest definierten Kriterien durchgeführt. Dieses Beispiel zeigt, welche Auswertungsmöglichkeiten es auf Basis von dynamischen, also berechneten Suchkriterien gibt.

Zu beachten ist, dass die Formel als Ergebnis immer den Wert *WAHR* oder *FALSCH* zurückliefern muss, damit die Abfrage funktionieren kann.

In dieser Aufgabenstellung sollen alle Datensätze gezählt werden, bei denen die Einkaufspreise über dem Durchschnitt liegen.

**1** Erweitern Sie dazu im ersten Schritt den Kriterienbereich, indem Sie in Zelle H4 als Kriterienüberschrift den Eintrag *Berechnung* eingeben.

2  Als Suchkriterium erfassen Sie in Zelle H5 die Formel =G14>MITTELWERT ($G$14:$G$30). Damit wird der Durchschnitt im Bereich G14:G30 ermittelt.

3  Zur Berechnung der Menge erfassen Sie in Zelle B9 diese Formel:
=DBANZAHL(A13:G30;G4;A4:H5)

Ausgehend von der Funktion zur Ermittlung des Suchkriteriums in Zelle H5, wird nun jede Zelle im Bereich G14:G30 beginnend bei Zelle G14 darauf untersucht, ob der Wert größer oder kleiner als der errechnete Durchschnitt ist.

| | A | B | C | D | E | F | G | H |
|---|---|---|---|---|---|---|---|---|
| 1 | Artikel-Lagerübersicht | | | | | | | |
| 2 | | | | | | | | |
| 3 | | | | | | | | |
| 4 | Artikel-Nr. | Beschreibung | Gruppe | Lager | Mindestmenge | Lagermenge | EK netto/Stück | Berechnung |
| 5 | | | | | | | | WAHR |
| 6 | | | | | | | | |
| 7 | | | | | | | | |
| 8 | Auswertung: | | | | | | | |
| 9 | Anzahl | 7 | | | | | | |
| 10 | | | | | | | | |
| 11 | | | | | | | | |
| 12 | | | | | | | | |
| 13 | Artikel-Nr. | Beschreibung | Gruppe | Lager | Mindestmenge | Lagermenge | EK netto/Stück | |
| 14 | SAN-60853 | Artikel A1 | A | Hauptlager | 50 | 299 | 28,88 € | |
| 15 | SAN-99296 | Artikel A2 | A | Nebenlager1 | 70 | 186 | 8,43 € | |
| 16 | SBN-92709 | Artikel B1 | B | Nebenlager2 | 40 | 83 | 15,05 € | |
| 17 | SBN-67439 | Artikel B2 | B | Hauptlager | 90 | 152 | 8,26 € | |
| 18 | SCN-92796 | Artikel C1 | C | Nebenlager2 | 100 | 266 | 18,06 € | |
| 19 | SDN-58941 | Artikel D1 | D | Nebenlager1 | 100 | 202 | 30,04 € | |
| 20 | SCN-50875 | Artikel C2 | C | Hauptlager | 50 | 60 | 25,84 € | |
| 21 | SAN-43180 | Artikel A3 | A | Nebenlager2 | 35 | 31 | 4,29 € | |
| 22 | SCN-13421 | Artikel C3 | C | Nebenlager1 | 80 | 159 | 7,74 € | |
| 23 | SCN-64761 | Artikel C4 | C | Nebenlager2 | 100 | 281 | 8,80 € | |
| 24 | SDN-76839 | Artikel D2 | D | Hauptlager | 70 | 167 | 7,40 € | |
| 25 | SBN-74756 | Artikel B3 | B | Nebenlager1 | 50 | 46 | 19,88 € | |
| 26 | SAN-56800 | Artikel A4 | A | Nebenlager1 | 50 | 79 | 9,95 € | |
| 27 | SBN-80678 | Artikel B4 | B | Nebenlager2 | 80 | 231 | 1,73 € | |
| 28 | SDN-13266 | Artikel D2 | D | Hauptlager | 40 | 120 | 22,40 € | |
| 29 | SAN-80402 | Artikel A5 | A | Hauptlager | 70 | 202 | 6,01 € | |
| 30 | SBN-35317 | Artikel B5 | B | Hauptlager | 10 | 10 | 74,56 € | |
| 31 | | | | | | | | |

Die Funktion liefert als Ergebnis sieben Datensätze, die über dem Durchschnitt von 17,49 im Bereich G14:G30 liegen.

**Hinweis**

Beachten Sie, dass die Formel =G14>MITTELWERT($G$14:$G$30) zur Ermittlung des Suchkriteriums in Zelle H5 mit den richtigen absoluten und relativen Formelbezügen erfasst wird.

## Tipp 4: Auswertung von Textinformationen einer Artikelliste mit der Datenbankfunktion DBANZAHL2()

Die Funktion *DBANZAHL2()* ist analog zur Funktion *DBANZAHL()* aufgebaut. Der Unterschied besteht darin, dass mit *DBANZAHL2()* im Gegensatz zu *DBANZAHL()* Textinformationen ausgewertet werden können. So sollen in dieser Übung alle

## 4. Formeln effektiv und professionell einsetzen

Artikel der Artikelgruppe B und D gezählt werden, die sich in den Nebenlagern befinden.

### So geht's:

1 Erfassen Sie dazu in Zelle C5 das Kriterium *B* und in Zelle C6 das Kriterium *D*.

2 Damit sowohl *Nebenlager1* als auch *Nebenlager2* gefunden werden, müssen Sie beim Kriterium zur Textsuche mit Jokern arbeiten. Erfassen Sie dazu in Zelle D5 die Bedingung *Neben\**. Der Stern bildet hier eine beliebige Anzahl von Zeichen ab.

3 Als Auswertungsformel hinterlegen Sie in Zelle B9 folgende Formel:
=DBANZAHL(A13:G30;G4;A4:G6)

| | A | B | C | D | E | F | G |
|---|---|---|---|---|---|---|---|
| 1 | Artikel-Lagerübersicht | | | | | | |
| 2 | | | | | | | |
| 3 | | | | | | | |
| 4 | Artikel-Nr. | Beschreibung | Gruppe | Lager | Mindestmenge | Lagermenge | EK netto/Stück |
| 5 | | | B | Neben* | | | |
| 6 | | | D | | | | |
| 7 | | | | | | | |
| 8 | Auswertung: | | | | | | |
| 9 | Anzahl | 6 | | | | | |
| 10 | | | | | | | |
| 11 | | | | | | | |
| 12 | | | | | | | |
| 13 | Artikel-Nr. | Beschreibung | Gruppe | Lager | Mindestmenge | Lagermenge | EK netto/Stück |
| 14 | SAN-60853 | Artikel A1 | A | Hauptlager | 50 | 299 | 28,88 € |
| 15 | SAN-99296 | Artikel A2 | A | Nebenlager1 | 70 | 186 | 8,43 € |
| 16 | SBN-92709 | Artikel B1 | B | Nebenlager2 | 40 | 83 | 15,05 € |
| 17 | SBN-67439 | Artikel B2 | B | Hauptlager | 90 | 152 | 8,26 € |
| 18 | SCN-92796 | Artikel C1 | C | Nebenlager2 | 100 | 266 | 18,06 € |
| 19 | SDN-58941 | Artikel D2 | D | Nebenlager1 | 100 | 202 | 30,04 € |
| 20 | SCN-50875 | Artikel C2 | C | Hauptlager | 50 | 60 | 25,84 € |
| 21 | SAN-43180 | Artikel A3 | A | Nebenlager2 | 35 | 31 | 4,29 € |
| 22 | SCN-13421 | Artikel C3 | C | Nebenlager1 | 80 | 159 | 7,74 € |
| 23 | SCN-64761 | Artikel C4 | C | Nebenlager2 | 100 | 281 | 8,80 € |
| 24 | SDN-76839 | Artikel D2 | D | Hauptlager | 70 | 167 | 7,40 € |
| 25 | SBN-74756 | Artikel B3 | B | Nebenlager1 | 50 | 46 | 19,88 € |
| 26 | SAN-56800 | Artikel A4 | A | Nebenlager1 | 50 | 79 | 9,95 € |
| 27 | SBN-80678 | Artikel B4 | B | Nebenlager2 | 80 | 231 | 1,73 € |
| 28 | SDN-13266 | Artikel D2 | D | Hauptlager | 40 | 120 | 22,40 € |
| 29 | SAN-80402 | Artikel A5 | A | Hauptlager | 70 | 202 | 6,01 € |
| 30 | SBN-35317 | Artikel B5 | B | Hauptlager | 10 | 10 | 74,56 € |
| 31 | | | | | | | |

Auf diese Weise können Sie Datenbankfelder nach beliebigen Stichwörtern durchsuchen. Folgende Platzhalterzeichen können zur Kriterienabfrage verwendet werden:

| Platzhalter | Suchergebnis |
|---|---|
| ? (Fragezeichen) | Ersetzt ein einzelnes Zeichen (M?ier findet Meier und Maier). |
| * (Stern) | Ersetzt eine beliebige Anzahl von Zeichen (*schrift findet Überschrift und Unterschrift). |
| ~ (Tilde) gefolgt von ? oder * oder ~ | Sucht nach den Platzhalterzeichen selbst (wer~? findet den Text wer?). |

## Tipp 5: Auswertung für den kleinsten/größten Wert in einer Artikelliste mit den Datenbankfunktionen DBMIN() und DBMAX()

Mit *DBMIN()* wird der kleinste und mit *DBMAX()* der größte Wert, der den angegebenen Suchkriterien entspricht, ermittelt. In dieser Aufgabenstellung soll die geringste Lagermenge innerhalb der Artikelgruppe A ermittelt werden.

### So geht's:

1 Erfassen Sie dazu in Zelle C5 das Auswertungskriterium *A*.

2 Zur Ermittlung der geringsten Lagermenge geben Sie in Zelle B9 die Datenbankformel *=DBMIN(A13:G30;F4;A4:G5)* ein. Damit wird aus der Artikelgruppe A der Wert 31 als kleinster Lagerbestand ermittelt.

Analog dazu ermittelt die Funktion *=DBMAX(A13:G30;F4;A4:G5)* die größte Lagermenge mit einem Wert von 299 innerhalb der Artikelgruppe A.

## 4. Formeln effektiv und professionell einsetzen

| | A | B | C | D | E | F | G |
|---|---|---|---|---|---|---|---|
| | B9 | | fx | =DBMAX(A13:G30;F4;A4:G5) | | | |
| 1 | **Artikel-Lagerübersicht** | | | | | | |
| 2 | | | | | | | |
| 3 | | | | | | | |
| 4 | Artikel-Nr. | Beschreibung | Gruppe | Lager | Mindestmenge | Lagermenge | EK netto/Stück |
| 5 | | | A | | | | |
| 6 | | | | | | | |
| 7 | | | | | | | |
| 8 | Auswertung: | | | | | | |
| 9 | Maximum | 299 | | | | | |
| 10 | | | | | | | |
| 11 | | | | | | | |
| 12 | | | | | | | |
| 13 | Artikel-Nr. | Beschreibung | Gruppe | Lager | Mindestmenge | Lagermenge | EK netto/Stück |
| 14 | SAN-60853 | Artikel A1 | A | Hauptlager | 50 | 299 | 28,88 € |
| 15 | SAN-99296 | Artikel A2 | A | Nebenlager1 | 70 | 186 | 8,43 € |
| 16 | SBN-92709 | Artikel B1 | B | Nebenlager2 | 40 | 83 | 15,05 € |
| 17 | SBN-67439 | Artikel B2 | B | Hauptlager | 90 | 152 | 8,26 € |
| 18 | SCN-92796 | Artikel C1 | C | Nebenlager2 | 100 | 266 | 18,06 € |
| 19 | SDN-58941 | Artikel D1 | D | Nebenlager1 | 100 | 202 | 30,04 € |
| 20 | SCN-50875 | Artikel C2 | C | Hauptlager | 50 | 60 | 25,84 € |
| 21 | SAN-43180 | Artikel A3 | A | Nebenlager2 | 35 | 31 | 4,29 € |
| 22 | SCN-13421 | Artikel C3 | C | Nebenlager1 | 80 | 159 | 7,74 € |
| 23 | SCN-64761 | Artikel C4 | C | Nebenlager2 | 100 | 281 | 8,80 € |
| 24 | SDN-76839 | Artikel D2 | D | Hauptlager | 70 | 167 | 7,40 € |
| 25 | SBN-74756 | Artikel B3 | B | Nebenlager1 | 50 | 46 | 19,88 € |
| 26 | SAN-56800 | Artikel A4 | A | Nebenlager1 | 50 | 79 | 9,95 € |
| 27 | SBN-80678 | Artikel B4 | B | Nebenlager2 | 80 | 231 | 1,73 € |
| 28 | SDN-13266 | Artikel D2 | D | Hauptlager | 40 | 120 | 22,40 € |
| 29 | SAN-80402 | Artikel A5 | A | Hauptlager | 70 | 202 | 6,01 € |
| 30 | SBN-35317 | Artikel B5 | B | Hauptlager | 10 | 10 | 74,56 € |
| 31 | | | | | | | |

## Tipp 6: Durchschnittsauswertung der Artikelliste mit der Datenbankfunktion DBMITTELWERT()

Mit der Funktion *DBMITTELWERT()* soll für das Hauptlager der durchschnittliche Nettoeinkaufspreis pro Stück ermittelt werden.

### So geht's:

**1** Erfassen Sie zur Auswertung des Hauptlagers das Kriterium *Hauptlager* in Zelle D5.

**2** Die Formel zur Ermittlung des durchschnittlichen Einkaufspreises geben Sie wie folgt in Zelle B9 ein:
*=DBMITTELWERT(A13:G30;G4;A4:G5)*

Wie Sie sehen, beträgt der durchschnittliche Einkaufspreis im Hauptlager 24,76 Euro pro Stück.

## 4.8 Daten professionell mit Datenbank- und Listenfunktionen verwalten

| | A | B | C | D | E | F | G |
|---|---|---|---|---|---|---|---|
| | B9 | | fx | =DBMITTELWERT(A13:G30;G4;A4:G5) | | | |
| 1 | **Artikel-Lagerübersicht** | | | | | | |
| 2 | | | | | | | |
| 3 | | | | | | | |
| 4 | Artikel-Nr. | Beschreibung | Gruppe | Lager | Mindestmenge | Lagermenge | EK netto/Stück |
| 5 | | | | Hauptlager | | | |
| 6 | | | | | | | |
| 7 | | | | | | | |
| 8 | Auswertung: | | | | | | |
| 9 | Durchschnitt | 24,76 | | | | | |
| 10 | | | | | | | |
| 11 | | | | | | | |
| 12 | | | | | | | |
| 13 | Artikel-Nr. | Beschreibung | Gruppe | Lager | Mindestmenge | Lagermenge | EK netto/Stück |
| 14 | SAN-60853 | Artikel A1 | A | Hauptlager | 50 | 299 | 28,88 € |
| 15 | SAN-99296 | Artikel A2 | A | Nebenlager1 | 70 | 186 | 8,43 € |
| 16 | SBN-92709 | Artikel B1 | B | Nebenlager2 | 40 | 83 | 15,05 € |
| 17 | SBN-67439 | Artikel B2 | B | Hauptlager | 90 | 152 | 8,26 € |
| 18 | SCN-92796 | Artikel C1 | C | Nebenlager2 | 100 | 266 | 18,06 € |
| 19 | SDN-58941 | Artikel D2 | D | Nebenlager1 | 100 | 202 | 30,04 € |
| 20 | SCN-50875 | Artikel C2 | C | Hauptlager | 50 | 60 | 25,84 € |
| 21 | SAN-43180 | Artikel A3 | A | Nebenlager2 | 35 | 31 | 4,29 € |
| 22 | SCN-13421 | Artikel C3 | C | Nebenlager1 | 80 | 159 | 7,74 € |
| 23 | SCN-64761 | Artikel C4 | C | Nebenlager2 | 100 | 281 | 8,80 € |
| 24 | SDN-76839 | Artikel D2 | D | Hauptlager | 70 | 167 | 7,40 € |
| 25 | SBN-74756 | Artikel B3 | B | Nebenlager1 | 50 | 46 | 19,88 € |
| 26 | SAN-56800 | Artikel A4 | A | Nebenlager1 | 50 | 79 | 9,95 € |
| 27 | SBN-80678 | Artikel B4 | B | Nebenlager2 | 80 | 231 | 1,73 € |
| 28 | SDN-13266 | Artikel D2 | D | Hauptlager | 40 | 120 | 22,40 € |
| 29 | SAN-80402 | Artikel A5 | A | Hauptlager | 70 | 202 | 6,01 € |
| 30 | SBN-35317 | Artikel B5 | B | Hauptlager | 10 | 10 | 74,56 € |
| 31 | | | | | | | |

## Tipp 7: Summenauswertung der Artikelliste mit der Datenbankfunktion DBSUMME()

In diesem Beispiel soll ermittelt werden, wie viele Artikel mit einem Nettoeinkaufspreis von mehr als 10 Euro in Nebenlager1 lagern.

### So geht's:

1 Im ersten Schritt müssen die beiden Bedingungen erfasst werden. Geben Sie dazu in Zelle D5 den Text *Nebenlager1* ein. Als zweite Bedingung erfassen Sie in Zelle F5 den Term *>10*.

2 Die Formel zur Auswertung in Zelle B9 lautet:
=DBSUMME(A13:G30;F4;A4:G5)

Die Anzahl der gelagerten Artikel, die mit den Bedingungen übereinstimmen, beträgt 248 Stück. Dabei handelt es sich um die Datensätze aus den Zeilen 19 und 25.

## 4. Formeln effektiv und professionell einsetzen

| | A | B | C | D | E | F | G |
|---|---|---|---|---|---|---|---|
| 1 | Artikel-Lagerübersicht | | | | | | |
| 2 | | | | | | | |
| 3 | | | | | | | |
| 4 | Artikel-Nr. | Beschreibung | Gruppe | Lager | Mindestmenge | Lagermenge | EK netto/Stück |
| 5 | | | | Nebenlager1 | | | >10 |
| 6 | | | | | | | |
| 7 | | | | | | | |
| 8 | Auswertung: | | | | | | |
| 9 | Summe | 248 | | | | | |
| 10 | | | | | | | |
| 11 | | | | | | | |
| 12 | | | | | | | |
| 13 | Artikel-Nr. | Beschreibung | Gruppe | Lager | Mindestmenge | Lagermenge | EK netto/Stück |
| 14 | SAN-60853 | Artikel A1 | A | Hauptlager | 50 | 299 | 28,88 € |
| 15 | SAN-99296 | Artikel A2 | A | Nebenlager1 | 70 | 186 | 8,43 € |
| 16 | SBN-92709 | Artikel B1 | B | Nebenlager2 | 40 | 83 | 15,05 € |
| 17 | SBN-67439 | Artikel B2 | B | Hauptlager | 90 | 152 | 8,26 € |
| 18 | SCN-92796 | Artikel C1 | C | Nebenlager2 | 100 | 266 | 18,06 € |
| 19 | SDN-58941 | Artikel D2 | D | Nebenlager1 | 100 | 202 | 30,04 € |
| 20 | SCN-50875 | Artikel C2 | C | Hauptlager | 50 | 60 | 25,84 € |
| 21 | SAN-43180 | Artikel A3 | A | Nebenlager2 | 35 | 31 | 4,29 € |
| 22 | SCN-13421 | Artikel C3 | C | Nebenlager1 | 80 | 159 | 7,74 € |
| 23 | SCN-64761 | Artikel C4 | C | Nebenlager2 | 100 | 281 | 8,80 € |
| 24 | SDN-76839 | Artikel D2 | D | Hauptlager | 70 | 167 | 7,40 € |
| 25 | SBN-74756 | Artikel B3 | B | Nebenlager1 | 50 | 46 | 19,88 € |
| 26 | SAN-56800 | Artikel A4 | A | Nebenlager1 | 50 | 79 | 9,95 € |
| 27 | SBN-80678 | Artikel B4 | B | Nebenlager2 | 80 | 231 | 1,73 € |
| 28 | SDN-13266 | Artikel D2 | D | Hauptlager | 40 | 120 | 22,40 € |
| 29 | SAN-80402 | Artikel A5 | A | Hauptlager | 70 | 202 | 6,01 € |
| 30 | SBN-35317 | Artikel B5 | B | Hauptlager | 10 | 10 | 74,56 € |
| 31 | | | | | | | |

B9: =DBSUMME(A13:G30;F4;A4:G5)

## Tipp 8: Ein Suchsystem mit der Funktion DBAUSZUG() einrichten

Dieses Beispiel zeigt, wie mit der Funktion *DBAUSZUG()* ein Suchsystem erstellt werden kann.

Die Funktion kann dazu verwendet werden, aus einer Datenbank oder einer Liste einzelne Werte auszulesen, bei denen die angegebenen Bedingungen erfüllt sind.

Wenn kein Datensatz mit den angegebenen Suchkriterien übereinstimmt, gibt *DBAUSZUG()* den Fehlerwert *#WERT!* zurück.

Ergeben die Suchkriterien mehrere Treffer, wird das mit dem Fehlerwert *#ZAHL!* quittiert.

Mithilfe der Funktion *DBAUSZUG()* können somit alle eindeutig identifizierbaren Datensätze ausfindig gemacht werden.

*So geht's:*

1. Damit das Suchsystem flexibel verwendet werden kann, ist ein weiteres Kriterium notwendig. Erfassen Sie dazu in Zelle H4 die Kriterienüberschrift *Rückgabe*. Darunter, also in Zelle H5, kann nun ganz flexibel der Datenfeldname eingetragen werden, aus dem die Funktion den Rückgabewert auslesen soll.
2. Zum Auslesen der Daten erfassen Sie in Zelle B9 folgende Formel:
=DBAUSZUG(A13:G30;H5;A4:G5)

## 4.8 Daten professionell mit Datenbank- und Listenfunktionen verwalten

In diesem Beispiel verweist das Argument *Datenbankfeld* auf die in Zelle H5 erfasste Datenfeldbezeichnung.

3  Damit die Funktion einen Datensatz sucht und das Ergebnis zurückgibt, müssen Sie im Kriterienbereich nur noch ein oder mehrere beliebige Suchkriterien eingeben. Möchten Sie beispielsweise wissen, welcher Artikel (Artikelnummer) zu einem Nettoeinkaufspreis von 6,01 Euro bezogen wird, geben Sie in Zelle G5 den Wert 6,01 und in Zelle H5 den Datenfeldnamen *Artikel-Nr.* ein.

Als Ergebnis erhalten Sie die Artikelnummer *SAN-80402*.

| | A | B | C | D | E | F | G | H |
|---|---|---|---|---|---|---|---|---|
| | B9 | | | =DBAUSZUG(A13:G30;H5;A4:G5) | | | | |
| 1 | **Artikel-Lagerübersicht** | | | | | | | |
| 2 | | | | | | | | |
| 3 | | | | | | | | |
| 4 | Artikel-Nr. | Beschreibung | Gruppe | Lager | Mindestmenge | Lagermenge | EK netto/Stück | Rückgabe |
| 5 | | | | | | | 6,01 | Artikel-Nr. |
| 6 | | | | | | | | |
| 7 | | | | | | | | |
| 8 | **Auswertung:** | | | | | | | |
| 9 | Summe | SAN-80402 | | | | | | |
| 10 | | | | | | | | |
| 11 | | | | | | | | |
| 12 | | | | | | | | |
| 13 | **Artikel-Nr.** | **Beschreibung** | **Gruppe** | **Lager** | **Mindestmenge** | **Lagermenge** | **EK netto/Stück** | |
| 14 | SAN-60853 | Artikel A1 | A | Hauptlager | 50 | 299 | 28,88 € | |
| 15 | SAN-99296 | Artikel A2 | A | Nebenlager1 | 70 | 186 | 8,43 € | |
| 16 | SBN-92709 | Artikel B1 | B | Nebenlager2 | 40 | 83 | 15,05 € | |
| 17 | SBN-67439 | Artikel B2 | B | Hauptlager | 90 | 152 | 8,26 € | |
| 18 | SCN-92796 | Artikel C1 | C | Nebenlager2 | 100 | 266 | 18,06 € | |
| 19 | SDN-58941 | Artikel D2 | D | Nebenlager1 | 100 | 202 | 30,04 € | |
| 20 | SCN-50875 | Artikel C2 | C | Hauptlager | 50 | 60 | 25,84 € | |
| 21 | SAN-43180 | Artikel A3 | A | Nebenlager2 | 35 | 31 | 4,29 € | |
| 22 | SCN-13421 | Artikel C3 | C | Nebenlager1 | 80 | 159 | 7,74 € | |
| 23 | SCN-64761 | Artikel C4 | C | Nebenlager2 | 100 | 281 | 8,80 € | |
| 24 | SDN-76839 | Artikel D2 | D | Hauptlager | 70 | 167 | 7,40 € | |
| 25 | SBN-74756 | Artikel B3 | B | Nebenlager1 | 50 | 46 | 19,88 € | |
| 26 | SAN-56800 | Artikel A4 | A | Nebenlager1 | 50 | 79 | 9,95 € | |
| 27 | SBN-80678 | Artikel B4 | B | Nebenlager2 | 80 | 231 | 1,73 € | |
| 28 | SDN-13266 | Artikel D2 | D | Hauptlager | 40 | 120 | 22,40 € | |
| 29 | SAN-80402 | Artikel A5 | A | Hauptlager | 70 | 202 | 6,01 € | |
| 30 | SBN-35317 | Artikel B5 | B | Hauptlager | 10 | 10 | 74,56 € | |
| 31 | | | | | | | | |

Um zu ermitteln, wie hoch die Mindestbestellmenge beim Artikel SCN-13421 ist, erfassen Sie in Zelle A5 die Artikelnummer *SCN-13421* und in Zelle H5 den Datenfeldnamen *Mindestmenge*.

Als Ergebnis erhalten Sie den Wert 80.

## 4. Formeln effektiv und professionell einsetzen

| | B9 | ▼ | fx | =DBAUSZUG(A13:G30;H5;A4:G5) | | | | |
|---|---|---|---|---|---|---|---|---|
| | A | B | C | D | E | F | G | H |
| 1 | **Artikel-Lagerübersicht** | | | | | | | |
| 2 | | | | | | | | |
| 3 | | | | | | | | |
| 4 | Artikel-Nr. | Beschreibung | Gruppe | Lager | Mindestmenge | Lagermenge | EK netto/Stück | Rückgabe |
| 5 | SCN-13421 | | | | | | | Mindestmenge |
| 6 | | | | | | | | |
| 7 | | | | | | | | |
| 8 | **Auswertung:** | | | | | | | |
| 9 | Summe | | 80 | | | | | |
| 10 | | | | | | | | |
| 11 | | | | | | | | |
| 12 | | | | | | | | |
| 13 | Artikel-Nr. | Beschreibung | Gruppe | Lager | Mindestmenge | Lagermenge | EK netto/Stück | |
| 14 | SAN-60853 | Artikel A1 | A | Hauptlager | 50 | 299 | 28,88 € | |
| 15 | SAN-99296 | Artikel A2 | A | Nebenlager1 | 70 | 186 | 8,43 € | |
| 16 | SBN-92709 | Artikel B1 | B | Nebenlager2 | 40 | 83 | 15,05 € | |
| 17 | SBN-67439 | Artikel B2 | B | Hauptlager | 90 | 152 | 8,26 € | |
| 18 | SCN-92796 | Artikel C1 | C | Nebenlager2 | 100 | 266 | 18,06 € | |
| 19 | SDN-58941 | Artikel D2 | D | Nebenlager1 | 100 | 202 | 30,04 € | |
| 20 | SCN-50875 | Artikel C2 | C | Hauptlager | 50 | 60 | 25,84 € | |
| 21 | SAN-43180 | Artikel A3 | A | Nebenlager2 | 35 | 31 | 4,29 € | |
| 22 | SCN-13421 | Artikel C3 | C | Nebenlager1 | 80 | 159 | 7,74 € | |
| 23 | SCN-64761 | Artikel C4 | C | Nebenlager2 | 100 | 281 | 8,80 € | |
| 24 | SDN-76839 | Artikel D2 | D | Hauptlager | 70 | 167 | 7,40 € | |
| 25 | SBN-74756 | Artikel B3 | B | Nebenlager1 | 50 | 46 | 19,88 € | |
| 26 | SAN-56800 | Artikel A4 | A | Hauptlager | 50 | 79 | 9,95 € | |
| 27 | SBN-80678 | Artikel B4 | B | Nebenlager2 | 80 | 231 | 1,73 € | |
| 28 | SDN-13266 | Artikel D2 | D | Hauptlager | 40 | 120 | 22,40 € | |
| 29 | SAN-80402 | Artikel A5 | A | Hauptlager | 70 | 202 | 6,01 € | |
| 30 | SBN-35317 | Artikel B5 | B | Hauptlager | 10 | 10 | 74,56 € | |
| 31 | | | | | | | | |

## Tipp 9: Überführung von Kreuztabellen in Datensätze

In Excel werden Daten häufig in sogenannten Kreuztabellen dargestellt. Bei einer Kreuztabelle handelt es sich um eine zweidimensionale Tabelle, in der zu jeder Spaltenüberschrift und zu jeder Zeilenbeschriftung mehrere Informationen vorliegen. Diese Umschreibung wird am deutlichsten, wenn Sie sich folgende Kreuztabelle ansehen.

So können Sie in der Spalte *Region 2* sämtliche Monate des ersten Halbjahrs ablesen, und umgekehrt sind für den Monat *März* die Umsätze der drei Regionen ersichtlich.

| | A | B | C | D | E | F |
|---|---|---|---|---|---|---|
| 1 | **Umsatzübersicht 1. HJ 2007 - Region 1 bis Region 3** | | | | | |
| 2 | | | | | | |
| 3 | | | | | | |
| 4 | | | | | | |
| 5 | | Region 1 | Region 2 | Region 3 | | |
| 6 | Januar | 23.568,50 | 17.085,52 | 25.764,29 | | |
| 7 | Februar | 19.553,25 | 14.948,56 | 19.536,87 | | |
| 8 | März | 34.253,67 | 24.523,82 | 21.462,32 | | |
| 9 | April | 25.364,26 | 19.467,73 | 17.497,10 | | |
| 10 | Mai | 15.469,94 | 22.414,69 | 20.370,39 | | |
| 11 | Juni | 21.649,25 | 18.594,46 | 26.835,98 | | |
| 12 | | | | | | |

Ziel dieser Aufgabe ist es nun, aus dieser Kreuztabelle einzelne Datensätze zu erstellen, um sie als Datenbank über die Datenbankfunktionen auswerten zu können.

### So geht's:

**1** Legen Sie im ersten Schritt fest, welche Breite und Länge der Datenbereich besitzt und in welcher Zeile er beginnt. Erfassen Sie dazu in Zelle H5 für die *Breite* des Datenbereichs den Wert 3 (3 Spalten). Als *Länge* für den Datenbereich geben Sie in Zelle H6 den Wert 6 ein (6 Zeilen). Die *Startzeile* geben Sie in Zelle H7 mit dem Wert 5 (Zeile 5) an.

## 4.8 Daten professionell mit Datenbank- und Listenfunktionen verwalten

|   | A | B | C | D | E | F | G | H |
|---|---|---|---|---|---|---|---|---|
| 1 | Umsatzübersicht 1. HJ 2007 - Region 1 bis Region 3 | | | | | | | |
| 2 | | | | | | | | |
| 3 | | | | | | | | |
| 4 | | | | | | | | |
| 5 | | Region 1 | Region 2 | Region 3 | | | Breite | 3 |
| 6 | Januar | 23.568,50 | 17.085,52 | 25.764,29 | | | Länge | 6 |
| 7 | Februar | 19.553,25 | 14.948,56 | 19.536,87 | | | Startzeile | 5 |
| 8 | März | 34.253,67 | 24.523,82 | 21.462,32 | | | | |
| 9 | April | 25.364,26 | 19.467,73 | 17.497,10 | | | | |
| 10 | Mai | 15.469,94 | 22.414,69 | 20.370,39 | | | | |
| 11 | Juni | 21.649,25 | 18.594,46 | 26.835,98 | | | | |
| 12 | | | | | | | | |

**2** Markieren Sie den Zellbereich J5:J22. Zum Auslesen der Umsatzdaten erfassen Sie in Zelle J5 folgende Formel:

=WENN(ZEILE(A5)-$H$7+1>H$5*H$6;"";INDEX(B$6:F$24;KÜRZEN((ZEILE(A5)-$H$7+1-1)/$H$5)+1;REST(ZEILE(A5)-$H$7+1-1;$H$5)+1))

Beenden Sie die Dateneingabe mit der Tastenkombination [Strg]+[Enter].

**3** Zum Auslesen der Spaltenüberschriften markieren Sie zuerst den Bereich I5:I22 und erfassen in Zelle I5 diese Formel:

=WENN(ZEILE(A1)>$H$5*$H$6;"";INDEX($B$5:$E$5;REST(ZEILE(A1)-1;$H$5)+1))

Schließen Sie die Erfassung mit [Strg]+[Enter] ab.

**4** Im letzten Schritt muss nun noch die Zeilenbeschriftung, also die Monate zum jeweiligen Umsatz, ausgelesen werden. Markieren Sie dazu den Zellbereich L5:L22 und erfassen Sie in Zelle L5 diese Formel:

=WENN(ZEILE(A1)+($H$5*$H$7-2)-1>$H$5*$H$6+($H$5*$H$7)-1;"";INDEX(A:A;KÜRZEN((ZEILE(A1)+($H$5*$H$7)-2-1-1)/$H$5)+1+1))

Beenden Sie auch diese Eingabe mit der Tastenkombination [Strg]+[Enter].

| L5 | | | fx | =WENN(ZEILE(A1)+($H$5*$H$7-2)-1>$H$5*$H$6+($H$5*$H$7)-1;"";INDEX(A:A;KÜRZEN((ZEILE(A1)+($H$5*$H$7)-2-1-1)/$H$5)+1+1)) | | | | | | |
|---|---|---|---|---|---|---|---|---|---|---|
|   | A | B | C | D | E | F | G | H | J | K | L |
| 1 | Umsatzübersicht 1. HJ 2007 - Region 1 bis Region 3 | | | | | | | | | | |
| 2 | | | | | | | | | | | |
| 3 | | | | | | | | | | | |
| 4 | | | | | | | | | Umsatz | Regionen | Monat |
| 5 | | Region 1 | Region 2 | Region 3 | | | Breite | 3 | 23.568,50 | Region 1 | Januar |
| 6 | Januar | 23.568,50 | 17.085,52 | 25.764,29 | | | Länge | 6 | 17.085,52 | Region 2 | Januar |
| 7 | Februar | 19.553,25 | 14.948,56 | 19.536,87 | | | Startzeile | 5 | 25.764,29 | Region 3 | Januar |
| 8 | März | 34.253,67 | 24.523,82 | 21.462,32 | | | | | 19.553,25 | Region 1 | Februar |
| 9 | April | 25.364,26 | 19.467,73 | 17.497,10 | | | | | 14.948,56 | Region 2 | Februar |
| 10 | Mai | 15.469,94 | 22.414,69 | 20.370,39 | | | | | 19.536,87 | Region 3 | Februar |
| 11 | Juni | 21.649,25 | 18.594,46 | 26.835,98 | | | | | 34.253,67 | Region 1 | März |
| 12 | | | | | | | | | 24.523,82 | Region 2 | März |
| 13 | | | | | | | | | 21.462,32 | Region 3 | März |
| 14 | | | | | | | | | 25.364,26 | Region 1 | April |
| 15 | | | | | | | | | 19.467,73 | Region 2 | April |
| 16 | | | | | | | | | 17.497,10 | Region 3 | April |
| 17 | | | | | | | | | 15.469,94 | Region 1 | Mai |
| 18 | | | | | | | | | 22.414,69 | Region 2 | Mai |
| 19 | | | | | | | | | 20.370,39 | Region 3 | Mai |
| 20 | | | | | | | | | 21.649,25 | Region 1 | Juni |
| 21 | | | | | | | | | 18.594,46 | Region 2 | Juni |
| 22 | | | | | | | | | 26.835,98 | Region 3 | Juni |
| 23 | | | | | | | | | | | |

Als Ergebnis erhalten Sie eine Datenliste, auf die Sie mit den beschriebenen Datenbankfunktionen nach Belieben zugreifen können.

## Tipp 10: Datenblöcke in einer Zeile (einem Datensatz) darstellen

Nach einem Datenimport aus Fremdprogrammen liegen die Daten häufig nicht so vor, wie sie zur Weiterverarbeitung in Excel benötigt werden.

In diesem Beispiel wurde aus einem Buchhaltungsprogramm die Offene-Posten-Liste exportiert und in Excel eingelesen. Das Ergebnis sehen Sie in nebenstehender Abbildung.

Die einzelnen Datenfelder werden einfach untereinander dargestellt. Auf dieser Basis kann natürlich keine sinnvolle Weiterverarbeitung der Daten stattfinden.

Ziel ist es nun, diese Daten in eine gültige Datensatzstruktur zu überführen.

|    | A | B | C |
|----|---|---|---|
| 1  | Importierte Debitorensaldenliste | | |
| 2  | Stand 15.08.2007 | | |
| 3  | | | |
| 4  | | | |
| 5  | | | |
| 6  | | | |
| 7  | 10005 | | |
| 8  | Achim OHG | | |
| 9  | 15436,25 | | |
| 10 | 10010 | | |
| 11 | Angelsport Huber KG | | |
| 12 | 2536,25 | | |
| 13 | 10013 | | |
| 14 | Angermayr Ludwig GbR | | |
| 15 | 579,94 | | |
| 16 | 10017 | | |
| 17 | A-Team GmbH | | |
| 18 | 9756,84 | | |
| 19 | 10025 | | |
| 20 | Augustin GmbH | | |
| 21 | 498,65 | | |
| 22 | 10030 | | |
| 23 | Bauer Ines e. K. | | |
| 24 | 4326,87 | | |
| 25 | 10040 | | |
| 26 | Bavaria e.V. | | |
| 27 | 152,63 | | |
| 28 | 10050 | | |
| 29 | Bergler OHG | | |
| 30 | 2466,36 | | |
| 31 | 10055 | | |
| 32 | Binder Tobias KG | | |
| 33 | 7025,3 | | |
| 34 | | | |

### So geht's:

1 Geben Sie dazu in Zelle D3 die Zeilennummer für die Zeile ein, in der der erste Datensatz steht, im Beispiel also Zeile 7.

2 In Zelle D4 geben Sie die Größe des Datenblocks in Zeilen ein. Im Beispiel umfasst jeder Datenblock drei Zeilen. Nach der dritten Zeile beginnt jeweils ein neuer Datensatz. Erfassen Sie deshalb den Wert 3.

3 Markieren Sie den Zellbereich C7:C15 und tragen Sie in Zelle C7 die Funktion =INDIREKT("A"&(ZEILE()-$C$3)*3+$C$3) ein. Schließen Sie die Dateneingabe mit der Tastenkombination [Strg]+[Enter] ab.

4 Zum Auswerten der Debitorennamen markieren Sie den Zellbereich D7:D15 und geben in Zelle D7 folgende Funktion ein:

=INDIREKT("a"&(ZEILE()-$D$3)*$D$4+$D$3+1)

Beenden Sie auch diese Formeleingabe mit [Strg]+[Enter].

5 Die Beträge werden mit der Funktion =INDIREKT("A"&(ZEILE()-$D$3)*$D$4+ $D$3+2) ausgelesen. Markieren Sie dazu den Bereich E7:E15 und erfassen Sie die Formel in Zelle E7. Schließen Sie auch diese Eingabe mit der Tastenkombination [Strg]+[Enter] ab.

| | A | B | C | D | E |
|---|---|---|---|---|---|
| | E7 | | fx | =INDIREKT("A"&(ZEILE()-$D$3)*$D$4+$D$3+2) | |
| 1 | Importierte Debitorensaldenliste | | | | |
| 2 | Stand15.08.2007 | | | | |
| 3 | | | Startzeile: | 7 | |
| 4 | | | Zeilen im Datenblock: | 3 | |
| 5 | | | | | |
| 6 | | | Debitoren-Nr. | Name | Offene Posten |
| 7 | 10005 | | 10005 | Achim OHG | 15.436,25 |
| 8 | Achim OHG | | 10010 | Angelsport Huber KG | 2.536,25 |
| 9 | 15436,25 | | 10013 | Angermayr Ludwig GbR | 579,94 |
| 10 | 10010 | | 10017 | A-Team GmbH | 9.756,84 |
| 11 | Angelsport Huber KG | | 10025 | Augustin GmbH | 498,65 |
| 12 | 2536,25 | | 10030 | Bauer Ines e. K. | 4.326,87 |
| 13 | 10013 | | 10040 | Bavaria e.V. | 152,63 |
| 14 | Angermayr Ludwig GbR | | 10050 | Bergler OHG | 2.466,36 |
| 15 | 579,94 | | 10055 | Binder Tobias KG | 7.025,30 |
| 16 | 10017 | | | | |
| 17 | A-Team GmbH | | | | |
| 18 | 9756,84 | | | | |
| 19 | 10025 | | | | |
| 20 | Augustin GmbH | | | | |
| 21 | 498,65 | | | | |
| 22 | 10030 | | | | |
| 23 | Bauer Ines e. K. | | | | |
| 24 | 4326,87 | | | | |
| 25 | 10040 | | | | |
| 26 | Bavaria e.V. | | | | |
| 27 | 152,63 | | | | |
| 28 | 10050 | | | | |
| 29 | Bergler OHG | | | | |
| 30 | 2466,36 | | | | |
| 31 | 10055 | | | | |
| 32 | Binder Tobias KG | | | | |
| 33 | 7025,3 | | | | |
| 34 | | | | | |

Sie sehen, die einzelnen Datenblöcke werden wie gewünscht zu Datensätzen zusammengesetzt. Auf dieser Basis können Sie nun mit Datenbankfunktionen weiterarbeiten. Die Liste lässt sich darüber hinaus auch wie gewohnt filtern und sortieren.

> **Hinweis**
>
> Damit die Auswertung mit den beschriebenen Funktionen ordnungsgemäß arbeiten kann, muss der Auswertungsbereich, in dem die Datensätze angezeigt werden, in der gleichen Zeile beginnen wie der importierte Datenbereich. In welcher Spalte die Auswertung eingefügt wird, ist dabei irrelevant.

## 4.9 Funktionen zur Informationsgewinnung

Excel stellt verschiedene Funktionen zum Auslesen von Informationen über Verzeichnisse, Arbeitsmappen, Tabellen und Zellen zur Verfügung. Dieser Abschnitt zeigt anhand von Beispielen, welche Ergebnisse sich bei geschicktem Einsatz der Funktionen erzielen lassen.

### Tipp 1: Auslesen von Systeminformationen

Die Funktion *INFO()* bietet verschiedene Möglichkeiten zur Abfrage der aktuellen Systemumgebung.

Aufgebaut ist die Funktion wie folgt: *INFO(Typ)*. Als Argument *Typ* wird der Text angegeben, der bestimmt, welche Art von Informationen ausgelesen werden sollen.

## 4. Formeln effektiv und professionell einsetzen

### So geht's:

Für den Parameter *Typ* stehen folgende Angaben zur Verfügung:

| Typ | Rückgabewert | Excel 2003 | Excel ab 2007 |
|---|---|---|---|
| BenutztSpeich | Größe des Arbeitsspeichers, der momentan für Daten benötigt wird. | Ja | Nein |
| Dateienzahl | Anzahl aktiver Arbeitsblätter in den geöffneten Arbeitsmappen. | Ja | Ja |
| GesamtSpeich | Der gesamte verfügbare Arbeitsspeicher in Byte, einschließlich der bereits belegten Teile des Arbeitsspeichers. | Ja | Nein |
| Rechenmodus | Der aktuelle Berechnungsmodus: *Automatisch* oder *Manuell*. | Ja | Ja |
| System | Der Name des Betriebssystems: Macintosh = mac Windows = pcdos | Ja | Ja |
| Sysversion | Version des aktuellen Betriebssystems als Text. | Ja | Ja |
| Ursprung | Absoluter Bezug als Text in der A1-Schreibweise mit dem Präfix *$A:*. Letzteres dient dazu, Kompatibilität zu Lotus 1-2-3, Version 3.x, zu gewährleisten. Gibt den Bezug der sichtbaren obersten linken Zelle im aktuellen Fensterbereich zurück. | Ja | Ja |
| VerfSpeich | Verfügbarer Arbeitsspeicher in Anzahl von Bytes. | Ja | Nein |
| Version | Die Version von Microsoft Excel als Text. | Ja | Ja |
| Verzeichnis | Der Pfad des aktuellen Verzeichnisses oder Ordners. | Ja | Ja |

Nachfolgend sehen Sie die Funktion im Praxiseinsatz:

| | A | B | C |
|---|---|---|---|
| 1 | Auslesen von Dateiinformationen | | |
| 2 | | | |
| 3 | Beschreibung | Ergebnis | Formel |
| 4 | Aktueller Arbeitsspeicherbedarf | 1879236 | =INFO("BenutztSpeich") |
| 5 | Anzahl Arbeitsblätter | 13 | =INFO("dateienzahl") |
| 6 | Betriebssystem | pcdos | =INFO("System") |
| 7 | Excel-Version | 11.0 | =INFO("Version") |
| 8 | Gesamter Speicher | 2927812 | =INFO("GesamtSpeich") |
| 9 | Rechenmodus | Automatisch | =INFO("Rechenmodus") |
| 10 | Sysemversion | Windows (32-bit) NT 5.01 | =INFO("Sysversion") |
| 11 | Ursprung | $A:$A$1 | =INFO("Ursprung") |
| 12 | Verfügbarer Speicher | 1048576 | =INFO("VerfSpeich") |
| 13 | Verzeichnis | F:\Buch Schnelle Lösungen\Buchtext\Kapitel4\Beispiele\ | =INFO("Verzeichnis") |
| 14 | | | |

Leider sind in Excel 2007, Excel 2010 und Excel 2013 die Datentypen zum Auslesen des Arbeitsspeichers nicht mehr enthalten.

Die Größe des Arbeitsspeichers kann aber per VBA ermittelt werden.

## 4.9 Funktionen zur Informationsgewinnung

### So geht's:

1 Starten Sie mit der Tastenkombination [Strg]+[F11] den VBA-Editor.
2 Fügen Sie über das Menü *Einfügen/Modul* ein neues Codemodul zur Erfassung des VBA-Codes hinzu.
3 In dieses Codemodul kopieren Sie den Code aus Listing 1.

Wenn Sie den Code starten, werden verschiedene Informationen zum Arbeitsspeicher in einer Infobox ausgegeben.

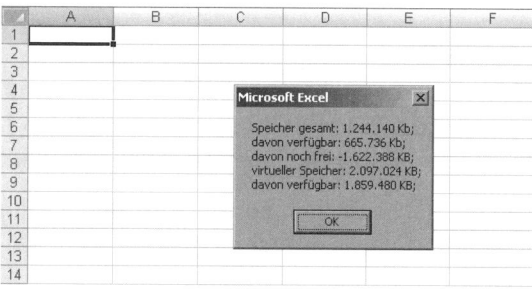

*Listing 1: Code zur Ermittlung der Größe des Arbeitsspeichers*

```
Private Type MemoryStatus
    dwLength As Long
    dwMemoryLoad As Long
    dwTotalPhys As Long
    dwAvailPhys As Long
    wTotalPageFile As Long
    dwAvailPageFile As Long
    dwTotalVirtual As Long
    dwAvailVirtual As Long
End Type

Private Declare Sub GlobalMemoryStatus Lib "kernel32" (lpBuffer As MemoryStatus)

Private Sub Memory()
Dim MemoryStatus As MemoryStatus
GlobalMemoryStatus MemoryStatus
MsgBox "Speicher gesamt: " & _
Format(Str$(MemoryStatus.dwTotalPhys / 1024), "#,##0") & _
" Kb;" & vbLf & "davon verfügbar: " & _
Format(Str$(MemoryStatus.dwAvailPhys / 1024), "#,##0") & _
" Kb;" & vbLf & "davon noch frei: " & _
Format(Str$(MemoryStatus.dwAvailPageFile / 1024), "#,##0") & _
" KB;" & vbLf & "virtueller Speicher: " & _
Format(Str$(MemoryStatus.dwTotalVirtual / 1024), "#,##0") & _
" KB;" & vbLf & "davon verfügbar: " & _
Format(Str$(MemoryStatus.dwAvailVirtual / 1024), "#,##0") & _
" KB;"
End Sub
```

## Tipp 2: Auslesen von Dateiinformationen

Im folgenden Beispiel wird eine Lösung vorgestellt, um Dateiinformationen wie beispielsweise den Dateipfad, den Dateinamen oder den Namen des aktuellen Tabellenblatts auszulesen und direkt in eine Zelle zu übertragen. Meist ist es sehr vorteilhaft, wenn auf Ausdrucken der Pfad sowie der Dateiname mit ausgegeben werden. Das spart viel Zeit und Mühe beim Wiederfinden der Datei.

*So geht's:*

Zum Auslesen und Eintragen der Dateiinformationen kommt die Funktion =ZELLE() zum Einsatz. In Verbindung mit dem Infotyp *Dateiname* lassen sich verschiedene Informationen über den Speicherort sowie über Dateinamen abfragen.

Die unterschiedlichen Formeln für die jeweiligen Ergebnisse können Sie der nachfolgenden Tabelle entnehmen:

| Ergebnis | Zelle | Funktion |
| --- | --- | --- |
| kompletter Pfad mit Tabellenblatt | B5 | =ZELLE("Dateiname";C1) |
| kompletter Pfad ohne Tabellenblatt | B7 | =TEIL(ZELLE("dateiname";C1);1;FINDEN("]";ZELLE("dateiname";C1))) |
| Pfad mit Laufwerk | B9 | =TEIL(ZELLE("Dateiname";C1);1;FINDEN("[";ZELLE("Dateiname";C1))-1) |
| Pfad ohne Laufwerk | B11 | =TEIL(ZELLE("Dateiname";C1);4;FINDEN("[";ZELLE("Dateiname";C1))-4) |
| Laufwerk | B13 | =LINKS(ZELLE("Dateiname";C1);2) |
| Dateiname mit Endung | B15 | =TEIL(ZELLE("DATEINAME";C1);FINDEN("[";ZELLE("DATEINAME";C1))+1;FINDEN("]";ZELLE("DATEINAME";C1))-FINDEN("[";ZELLE("DATEINAME";C1))-1) |
| Dateiname ohne Endung | B17 | =TEIL(ZELLE("Dateiname";C1);FINDEN("[";ZELLE("Dateiname";C1))+1;FINDEN("]";ZELLE("Dateiname";C1))-FINDEN("[";ZELLE("Dateiname";C1))-5) |
| Tabellenblatt | B19 | =TEIL(ZELLE("Dateiname";C1);FINDEN("]";ZELLE("Dateiname";C1))+1;LÄNGE(ZELLE("Dateiname";C1))-FINDEN("]";ZELLE("Dateiname";C1))) |

Tragen Sie die einzelnen Formeln in ein Tabellenblatt ein. Die Ausgabe der Dateiinformationen sieht wie in der Abbildung auf der nächsten Seite aus:

Auf diese Weise lassen sich sämtliche Informationen rund um den Dateinamen und die Pfadangabe ermitteln.

> **Hinweis**
>
> Die so ausgelesenen Dateinamen und Pfadangaben können für weitere Zellverknüpfungen, -bezüge und -verweise verwendet werden.

## 4.9 Funktionen zur Informationsgewinnung

| | B5 | | fx | =ZELLE("Dateiname";C1) | |
|---|---|---|---|---|---|
| | A | | | B | |
| 1 | **Dateiinformationen auslesen** | | | | |
| 2 | | | | | |
| 3 | | | | | |
| 4 | Beschreibung | | | Dateiinformationen | |
| 5 | kompletter Pfad mit Tabellenblatt | | | F:\Buch Schnelle Lösungen\Buchtext\Kapitel4\Beispiele\[Kap04.xlsm]4.9 Tipp2 | |
| 6 | | | | | |
| 7 | kompletter Pfad ohne Tabellenblatt | | | F:\Buch Schnelle Lösungen\Buchtext\Kapitel4\Beispiele\[Kap04.xlsm] | |
| 8 | | | | | |
| 9 | Pfad mit Laufwerk | | | F:\Buch Schnelle Lösungen\Buchtext\Kapitel4\Beispiele\ | |
| 10 | | | | | |
| 11 | Pfad ohne Laufwerk | | | Buch Schnelle Lösungen\Buchtext\Kapitel4\Beispiele\ | |
| 12 | | | | | |
| 13 | Laufwerk | | | F: | |
| 14 | | | | | |
| 15 | Dateiname mit Endung | | | Kap04.xlsm | |
| 16 | | | | | |
| 17 | Dateiname ohne Endung | | | Kap04. | |
| 18 | | | | | |
| 19 | Tabellenblatt | | | 4.9 Tipp2 | |
| 20 | | | | | |

## Tipp 3: Verschiedene Zellinformationen auslesen

In diesem Beispiel sollen verschiedene Informationen über Zellen in Erfahrung gebracht werden. So soll beispielsweise ermittelt werden, ob negative Werte farbig formatiert sind oder ob eine Zelle mit einem Zellschutz belegt ist.

### So geht's:

Unter Verwendung der Funktion *ZELLE()* lassen sich unterschiedliche Zellinformationen auslesen. Die Syntax dieser Funktion lautet wie folgt:

=ZELLE(Infotyp;Bezug)

Das Argument *Infotyp* benötigt einen Textwert, der definiert, welche Zellinformationen extrahiert werden sollen. Folgende Zusammenstellung gibt Ihnen einen Überblick darüber, welche Infotypen zur Verfügung stehen:

| Infotyp | Rückgabewert |
|---|---|
| Adresse | Bezug der ersten Zelle in *Bezug* als Text. |
| Breite | Spaltenbreite der Zelle, auf eine ganze Zahl gerundet. Jede Einheit der Spaltenbreite ist gleich der Breite eines Zeichens im Standardschriftgrad. |
| Dateiname | Dateiname (und vollständiger Pfad) der Datei als Text. Gibt eine leere Textzeichenfolge ("") zurück, wenn das Tabellenblatt noch nicht gespeichert wurde. |
| Farbe | 1, wenn die Zelle für negative Werte farbig formatiert ist. Andernfalls wird 0 (null) zurückgegeben. |
| Format | Textwert, der dem Zahlenformat der Zelle entspricht. Gibt "-" am Ende des Textwerts zurück, wenn die Zelle für negative Werte farbig formatiert ist. Gibt "()" am Ende des Textwerts zurück, wenn die Zelle für positive oder alle Werte mit Klammern formatiert ist. |
| Inhalt | Wert der linken obersten Zelle, die zu *Bezug* gehört, keine Formel. |

## 4. Formeln effektiv und professionell einsetzen

| Infotyp | Rückgabewert |
|---|---|
| Klammern | 1, wenn die Zelle als positiver Wert oder als Wert mit Klammern formatiert ist. Andernfalls wird 0 zurückgegeben. |
| Koord | Absoluter Bezug des Zellbereichs der ersten Zelle in *Bezug* als Text. |
| Präfix | Textwert, der dem Beschriftungspräfix der Zelle entspricht. Gibt ein einfaches Anführungszeichen (') zurück, wenn die Zelle linksbündigen Text enthält, ein doppeltes Anführungszeichen ("), wenn die Zelle rechtsbündigen Text enthält, ein Zirkumflexzeichen (^), wenn die Zelle zentrierten Text enthält, einen umgekehrten Schrägstrich (Backslash, \), wenn die Zelle ausgefüllten Text enthält, und eine leere Textzeichenfolge (""), wenn die Zelle etwas anderes enthält. |
| Schutz | 0, wenn die Zelle nicht gesperrt ist, 1, wenn die Zelle gesperrt ist. |
| Spalte | Spaltennummer der Zelle in *Bezug*. |
| Typ | Textwert, der dem Datentyp in der Zelle entspricht. Gibt "b" zurück, wenn die Zelle leer (blank) ist, "l" für Beschriftung (label), wenn die Zelle eine Textkonstante enthält, und "w" für Wert, wenn die Zelle etwas anderes enthält. |
| Zeile | Zeilennummer der Zelle in *Bezug*. |

### Hinweis

Obwohl die Funktion nur noch aus Kompatibilitätsgründen zu anderen Tabellenkalkulationsprogrammen zur Verfügung gestellt wird, bietet sie im Praxiseinsatz wertvolle Unterstützung.

## Tipp 4: Prüfen, ob ein bestimmter Name für einen benannten Bereich vorhanden ist

Um die Lesbarkeit von Formeln zu verbessern, werden häufig Namen für einzelne Zellen oder ganze Zellbereiche vergeben. Möchten Sie bei der Verwendung der Namen sicherstellen, dass diese auch vorhanden sind, können Sie natürlich im Namens-Manager nachsehen. Eine weitere und vor allem effizientere Möglichkeit besteht darin, bei der Verwendung eines Namens zu prüfen, ob dieser gültig ist oder nicht.

### So geht's:

Als Ausgangstabelle dient eine Verkaufsübersicht für die Verkaufsregion Süd.

1   Legen Sie zunächst für den Bereich B4:B15 den Namen *Rsüd* fest. Den Befehl dazu starten Sie über das Menü *Formeln/Definierte Namen/Namen definieren* (Excel 2003: Menü *Einfügen/Namen/Definieren*).

→ Verweis: siehe Kapitel 4.3

|   | A | B |
|---|---|---|
| 1 | **Verkaufsstatistik** | |
| 2 | | |
| 3 | | Region Süd |
| 4 | Januar | 5.763,87 € |
| 5 | Februar | 2.692,90 € |
| 6 | März | 4.298,56 € |
| 7 | April | 2.786,47 € |
| 8 | Mai | 2.053,81 € |
| 9 | Juni | 1.321,16 € |
| 10 | Juli | 588,50 € |
| 11 | August | 3.987,23 € |
| 12 | September | 4.631,70 € |
| 13 | Oktober | 5.964,74 € |
| 14 | November | 7.297,78 € |
| 15 | Dezember | 8.630,81 € |
| 16 | | |

**2** Um nun zu prüfen, ob es den Namen *Rsüd* überhaupt gibt, erfassen Sie in Zelle B17 folgende Formel:

*=WENN(ISTBEZUG(Rsüd);SUMME(Rsüd);0)*

Diese Formel verwendet die Funktion *ISTBEZUG()* in Verbindung mit der Funktion *WENN()*. Ist der verwendete Name vorhanden, gibt *ISTBEZUG()* den Wert *WAHR* zurück, und die Summe wird gebildet. Im anderen Fall wird der Wert *FALSCH* zurückgegeben, und es erfolgt entsprechend die Ausgabe des Werts 0.

## Tipp 5: Dateien aus Verzeichnis auslesen

Dieses Beispiel zeigt, wie mit der Excel4-Makrofunktion *DATEIEN()* über einen kleinen Trick beliebige Verzeichnisinhalte ohne VBA-Prozedur ausgelesen und in einem Tabellenblatt dargestellt werden können.

### So geht's:

**1** Legen Sie über das Menü *Formeln/Definierte Namen/Namen definieren* den Namen *File* an. Im Feld *Bezieht sich auf* geben Sie den Dateipfad, in dem gesucht werden soll, sowie das Suchkriterium für die Dateiauswahl an. Im Beispiel lautet der Bezug *=DATEIEN("F:\Excel\Beispiele\*.*")*. Damit wird im Pfad *F:\Excel\Beispiele* nach allen Dateien gesucht. Soll beispielsweise nur nach Excel-Dateien gesucht werden, übergeben Sie der Funktion einfach folgendes Suchkriterium: *"F:\Excel\Beispiele\*.xlsx"* (Excel 2003: Menü *Einfügen/Namen/Definieren*).

**2** Zum Auslesen der Dateinamen erfassen Sie in Zelle A1 folgende Funktion: *=INDEX(File;ZEILE())*. Wenn Sie diese Funktion über das Ausfüllkästchen nach unten kopieren, werden alle Dateien aus dem angegebenen Verzeichnis aufgelistet. Leider ist die Dateianzahl auf 256 Dateien begrenzt, was aber in den meisten Fällen ausreichen sollte.

## 4. Formeln effektiv und professionell einsetzen

> **Hinweis**
>
> Excel4-Makrofunktionen können nur in Excel-Dateien mit der Endung *.xlsm* (Excel-Arbeitsmappe mit Makros) abgespeichert werden, da Excel4-Makros intern wie VBA-Makros interpretiert werden.

## Tipp 6: Zellen auf deren Inhalt überprüfen

Excel stellt zur Überprüfung von Zellinhalten verschiedene IST-Funktionen zur Verfügung.

➔ Verweis: siehe Kapitel 2.1

Im Folgenden wird anhand von einigen kurzen Beispielen dargestellt, welche Möglichkeiten die IST-Funktionen zur Informationsgewinnung bieten.

### *So geht's: Zahlen von Text mithilfe der Funktion ISTZAHL() trennen*

In der Praxis kommt es häufig vor, dass Zahlen, mit denen weitergerechnet werden soll, in einen Text eingebunden sind. Mithilfe der Funktion *ISTZAHL()* lassen sich diese Zahlen aber ohne Schwierigkeiten vom restlichen Text trennen.

Dabei muss allerdings unterschieden werden, an welcher Stelle im Text sich die Zahlen befinden.

### *Zahlen befinden sich links im Textstring*

Wenn sich der Text links, also an erster Stelle, im Textstring befindet, verwenden Sie folgende Funktion zum Auslesen der Zahlenfolge:

=LINKS(A3;SUMME(1*(ISTZAHL(LINKS(A3;SPALTE(1:1))*1))))*1

Da es sich um eine Matrixfunktion handelt, müssen Sie die Dateneingabe mit der Tastenkombination [Strg]+[Umschalt]+[Enter] beenden.

### *Zahlen befinden sich rechts in der Textfolge*

Befindet sich die Zahlenfolge an äußerster rechter Position im Textstring, verwenden Sie zum Auslesen der Ziffern diese Formel:

=RECHTS(A5;SUMME(N(ISTZAHL(RECHTS(A5;SPALTE(1:1))*1))))

Beenden Sie auch diese Eingabe mit der Tastenkombination [Strg]+[Umschalt]+[Enter], damit sie als Matrixfunktion ausgezeichnet wird.

## 4.9 Funktionen zur Informationsgewinnung

### Zahlen befinden sich mitten im Textstring

In vielen Fällen befindet sich die auszulesende Ziffer mitten im Textstring. Zum Extrahieren von Zahlen aus der Mitte einer Zeichenfolge kommt folgende Matrixfunktion zum Einsatz:

=TEIL(LINKS(A7;MAX(WENN(ISTZAHL(TEIL(A7;SPALTE(1:1);1)*1);SPALTE(1:1))));
VERGLEICH(WAHR;ISTZAHL(TEIL(A7;SPALTE(1:1);1)*1);0);LÄNGE(A7))

Schließen Sie die Formelerfassung wiederum mit der Tastenkombination [Strg]+[Umschalt]+[Enter] ab.

Das Ergebnis sieht wie folgt aus:

| | A | B | C |
|---|---|---|---|
| 1 | **Zahlen von Text trennen** | | |
| 2 | | | |
| 3 | 19,95 Euro beträgt die monatliche Pauschale. | 19,95 | |
| 4 | | | |
| 5 | Zahlen Sie den vorstehenden Betrag auf Konto-Nr. 47114712 | 47114712 | |
| 6 | | | |
| 7 | Der Kaufpreis beläuft sich auf 133,70 Euro. | 133,70 | |
| 8 | | | |

> **Hinweis**
>
> Die Funktion zum Extrahieren von Ziffern aus der Stringmitte kann auch verwendet werden, um Zahlen links oder rechts vom Textstring zu extrahieren. Diese Funktion ist zwar etwas umfangreicher, deckt aber grundsätzlich alle Möglichkeiten ab.

### Mithilfe der Funktion ISTLEER() Auflistungen ohne Leerzeilen erstellen

In diesem Beispiel wird gezeigt, wie mit der Funktion *ISTLEER()* eine Auflistung ohne Leerzeilen erstellt werden kann. In der Ausgangstabelle sind verschiedene Einträge in einer Spalte verteilt. In der Spalte daneben sollen die Einträge ohne Leerzeilen aufgelistet werden.

### So geht's:

Nach einem Datenimport aus dem einen Warenwirtschaftsprogramm stehen in einer Excel-Tabelle folgende Lagerdaten zur Verfügung.

Beim Import haben sich Leerzeilen eingeschlichen, die sich wie folgt eliminieren lassen.

1 Zum Auslesen der Artikelnummern aus Spalte A tragen Sie in Zelle E5 folgende Matrixfunktion ein:

| | A | B | C | D |
|---|---|---|---|---|
| 1 | SAN-60853 | 299 | 28,88 € | |
| 2 | | | | |
| 3 | | | | |
| 4 | SAN-99296 | 186 | 8,43 € | |
| 5 | SBN-92709 | 83 | 15,05 € | |
| 6 | | | | |
| 7 | SBN-67439 | 152 | 8,26 € | |
| 8 | SCN-92796 | 266 | 18,06 € | |
| 9 | | | | |
| 10 | | | | |
| 11 | | | | |
| 12 | SDN-58941 | 202 | 30,04 € | |
| 13 | SCN-50875 | 60 | 25,84 € | |
| 14 | | | | |
| 15 | SAN-43180 | 31 | 4,29 € | |
| 16 | SCN-13421 | 159 | 7,74 € | |
| 17 | SCN-64761 | 281 | 8,80 € | |
| 18 | SDN-76839 | 167 | 7,40 € | |
| 19 | | | | |
| 20 | | | | |

## 4. Formeln effektiv und professionell einsetzen

=WENN(ZEILE(A1)>ANZAHL2($A$1:$A$100);"";INDEX(A:A;KKLEINSTE(WENN(A$1:A$1004>"";ZEILE($1:$1004));ZEILE(A1))))

Beenden Sie die Dateneingabe mit der Tastenkombination [Strg]+[Umschalt]+[Enter].

2 Die Lagermenge aus Spalte B wird mit der folgenden Matrixformel aus dem Importbereich extrahiert:

=WENN(ZEILE(B1)>ANZAHL2($B$1:$B$100);"";INDEX(B:B;KKLEINSTE(WENN(A$1:A$1004>"";ZEILE($1:$1004));ZEILE(B1))))

Tragen Sie diese Funktion in Zelle F5 ein und beenden Sie auch diese Formeleingabe mit [Strg]+[Umschalt]+[Enter].

3 Im letzten Schritt werden die Einkaufspreise aus Spalte C mit dieser Matrixfunktion, die in Zelle G5 eingetragen wird, ausgelesen:

=WENN(ZEILE(C1)>ANZAHL2($C$1:$C$100);"";INDEX(C:C;KKLEINSTE(WENN(A$1:A$1004>"";ZEILE($1:$1004));ZEILE(C1))))

Beenden Sie diese Funktion wiederum mit der Tastenkombination [Strg]+[Umschalt]+[Enter].

4 Markieren Sie nun den Bereich E5:G5 und kopieren Sie die Formeln bis zur Zeile 15 nach unten.

Als Ergebnis erhalten Sie die Lagerliste ohne die störenden Leerzeilen.

| | A | B | C | D | E | F | G |
|---|---|---|---|---|---|---|---|
| 1 | SAN-60853 | 299 | 28,88 € | | **Überarbeitete Lagerliste** | | |
| 2 | | | | | | | |
| 3 | | | | | | | |
| 4 | SAN-99296 | 186 | 8,43 € | | Artikel-Nummer | Lagermenge | EK-Preis |
| 5 | SBN-92709 | 83 | 15,05 € | | SAN-60853 | 299 | 28,88 € |
| 6 | | | | | SAN-99296 | 186 | 8,43 € |
| 7 | SBN-67439 | 152 | 8,26 € | | SBN-92709 | 83 | 15,05 € |
| 8 | SCN-92796 | 266 | 18,06 € | | SBN-67439 | 152 | 8,26 € |
| 9 | | | | | SCN-92796 | 266 | 18,06 € |
| 10 | | | | | SDN-58941 | 202 | 30,04 € |
| 11 | | | | | SCN-50875 | 60 | 25,84 € |
| 12 | SDN-58941 | 202 | 30,04 € | | SAN-43180 | 31 | 4,29 € |
| 13 | SCN-50875 | 60 | 25,84 € | | SCN-13421 | 159 | 7,74 € |
| 14 | | | | | SCN-64761 | 281 | 8,80 € |
| 15 | SAN-43180 | 31 | 4,29 € | | SDN-76839 | 167 | 7,40 € |
| 16 | SCN-13421 | 159 | 7,74 € | | | | |
| 17 | SCN-64761 | 281 | 8,80 € | | | | |
| 18 | SDN-76839 | 167 | 7,40 € | | | | |
| 19 | | | | | | | |

## Tipp 7: Zellinhalte mithilfe der Funktion TYP() analysieren

Die Tabellenfunktion *TYP()* bietet die Möglichkeit, abhängig vom Datentyp der Zelle die Zahl zurückgeben zu lassen, die den Datentyp des Zellwerts anzeigt.

### So geht's:

Zum Analysieren der Zellinhalte muss der Funktion *TYP()* das Argument *Wert* übergeben werden. Die Syntax lautet also *TYP(Wert)*.

Das Argument *Wert* kann ein beliebiger Microsoft-Excel-Wert sein, beispielsweise eine Zahl, ein Text, ein Wahrheitswert, ein Datum und so weiter.

Abhängig vom Zellinhalt liefert diese Funktion folgende Rückgabewerte:

| Zellinhalt (Wert) | Rückgabewert der Funktion TYP() |
|---|---|
| Zahl | 1 |
| Text | 2 |
| Wahrheitswert | 4 |
| Fehlerwert | 16 |
| Matrix | 64 |

|   | A | B | C |
|---|---|---|---|
| 1 | Datentyp der Zelle auslesen | | |
| 2 | | | |
| 3 | | | |
| 4 | 121 | 1 | |
| 5 | Alois Eckl | 2 | |
| 6 | WAHR | 4 | |
| 7 | #DIV/0! | 16 | |
| 8 | {1;2;3} | 64 | |
| 9 | | | |

Diese Rückgabewerte können beispielsweise in bedingten Formatierungen oder WENN-Abfragen verwendet werden.

## 4.10 Statistische Funktionen für die Praxis

Für Nichtstatistiker ist dieses Thema oft ein Buch mit sieben, ja fast acht Siegeln. Aus diesem Grund werden anhand einiger Beispiele die wichtigsten Statistikfunktionen für den Praxiseinsatz vorgestellt.

### Tipp 1: Mittelwerte

In diesem Tipp werden verschiedene Methoden zur Berechnung von Mittelwerten und ihre Handhabung in Excel dargestellt:

- Arithmetisches Mittel.
- Geometrisches Mittel.
- Harmonisches Mittel.
- Gestutztes Mittel.
- Median.
- Modalwert.
- Quadratisches Mittel.
- Kubisches Mittel.

4. Formeln effektiv und professionell einsetzen

## Arithmetisches Mittel

Die mathematische Formel für das arithmetische Mittel ist:

$$\bar{x} = \frac{1}{n} \sum_{i=1}^{n} x_i$$

*So geht's:*

1 Gegeben ist eine Produktliste mit dem jeweiligen Umsatz sowie den jeweiligen Kosten. Für Umsatz und Kosten der Produkte soll das arithmetische Mittel berechnet werden.

2 Erfassen Sie für den Durchschnittsumsatz in B5 folgende Formel:
=MITTELWERT(B2:J2)

und in I5 für die Durchschnittskosten:
=MITTELWERT(B3:J3)

Alternativ könnten Sie diese Werte auch errechnen mit =SUMME(B2:J2)/ANZAHL2(B1:J1) (Zelle F7) bzw. =SUMME(B3:J3)/ANZAHL2(B1:J1) (Zelle I7).

| F7 | | | ✓ | fx | =SUMME(B2:J2)/ANZAHL2(B1:J1) | | | | |
|---|---|---|---|---|---|---|---|---|---|
| | A | B | C | D | E | F | G | H | I | J |
| 1 | Produkte | A | B | C | D | E | F | G | H | I |
| 2 | Umsatz | 1000 | 1200 | 1400 | 1600 | 1800 | 2000 | 2200 | 2400 | 2600 |
| 3 | Kosten | 500 | 600 | 700 | 800 | 900 | 1000 | 1100 | 1200 | 1300 |
| 4 | | | | | | | | | | |
| 5 | Arithmetisches Mittel, Funktion MITTELWERT: | | | | Umsatz: | 1800 | | Kosten: | 900 | |
| 6 | | | | | | | | | | |
| 7 | Arithmetisches Mittel, alternative Berechnung: | | | | Umsatz: | 1800 | | Kosten: | 900 | |

## Geometrisches Mittel

Die mathematische Formel für das geometrische Mittel ist:

$$\bar{x} = \sqrt[n]{\prod_{i=0}^{n} x_i}$$

*So geht's:*

1 Für die Jahre 2002 bis 2010 liegen die Umsatzzahlen eines Produkts und die jährlichen Wachstumsfaktoren des Umsatzes vor. Errechnet werden soll die mittlere Wachstumsrate.

2 Erfassen Sie in F5 folgende Formel:
=GEOMITTEL(C3:J3)

und in H5 zur Darstellung des Zuwachses in Prozent diese Formel:
=F5-100%

Formatieren Sie Zelle H5 als Prozentwert.

Alternativ könnten Sie das geometrische Mittel auch errechnen (Zelle F7):
=PRODUKT(C3:J3)^(1/ANZAHL2(C1:J1))

| | A | B | C | D | E | F | G | H | I | J |
|---|---|---|---|---|---|---|---|---|---|---|
| 1 | | Jahr | 2002 | 2003 | 2004 | 2005 | 2006 | 2007 | 2008 | 2009 | 2010 |
| 2 | | Umsatz | 1000 | 1100 | 1200 | 1300 | 1600 | 1700 | 1723 | 1800 | 2000 |
| 3 | jährl. Wachstumsfaktor | - | 1,1000 | 1,0909 | 1,0833 | 1,2308 | 1,0625 | 1,0135 | 1,0447 | 1,1111 |
| 4 | | | | | | | | | | |
| 5 | Geometrisches Mittel, Funktion GEOMITTEL: | | | | Umsatz: | 1,0905 | bzw. | 9,05% | | |
| 6 | | | | | | | | | | |
| 7 | Geometrisches Mittel, alternative Berechnung: | | | | Umsatz: | 1,0905 | bzw. | 9,05% | | |

**Harmonisches Mittel**

Die mathematische Formel für das harmonische Mittel ist:

$$\bar{x} = \frac{n}{\sum_{i=1}^{n} \frac{1}{x_i}}$$

*So geht's:*

1 Ein bekanntes Beispiel zur Veranschaulichung des harmonischen Mittels ist folgende Fragestellung:

Herr M. fährt mit dem Auto von A nach B und zurück. Auf dem Hinweg legt er die 100 km mit einer Geschwindigkeit von 150 km/h zurück. Auf dem Rückweg fährt er nur mit einer Geschwindigkeit von 50 km/h. Wie hoch ist seine Durchschnittsgeschwindigkeit?

Mit der Methode des arithmetischen Mittels käme man hier zu folgendem – falschen – Ergebnis: (150 km/h + 50 km/h) / 2 = 100 km/h.

Zu berücksichtigen ist nämlich, dass der Zeitbedarf beim Zurücklegen der beiden Strecken unterschiedlich ist. Gemäß der Geschwindigkeitsformel

$$v = \frac{s}{t} \quad \text{bzw. umgeformt} \quad t = \frac{s}{v}$$

ergibt sich folgender Zeitbedarf für den Hin- bzw. Rückweg:

$$t_1 = \frac{100 \; km}{150 \frac{km}{h}} = \frac{2}{3} h$$

$$t_2 = \frac{100 \; km}{50 \frac{km}{h}} = 2 \; h$$

Dieser Sachverhalt fließt in die Berechnung des harmonischen Mittels ein.

2 Erfassen Sie in I5 folgende Formel:
=HARMITTEL(F1:F2)

Als Ergebnis wird eine Durchschnittsgeschwindigkeit von 75 km/h berechnet.

Kontrollberechnung anhand der Formel v=s/t (Zelle I8):
v = 200 km / 2 2/3 h = 75 km/h

Da der Kehrwert des harmonischen Mittels dem arithmetischen Mittel der Kehrwerte der Ausgangszahlen (hier: der beiden Geschwindigkeiten) entspricht, kann es auch wie folgt berechnet werden (I7):
=1/(MITTELWERT(1/150;1/50))

| I7 | | | × | ✓ | $f_x$ | =1/MITTELWERT(1/F1;1/F2) | | | |
|---|---|---|---|---|---|---|---|---|---|
| | A | B | C | D | E | F | G | H | I | J |
| 1 | Hinfahrt: | Strecke: | 100 | km | Geschwindigkeit: | 150 | km/h | Zeitbedarf: | 2/3 | h |
| 2 | Rückfahrt: | Strecke: | 100 | km | Geschwindigkeit: | 50 | km/h | Zeitbedarf: | 2 | h |
| 3 | | | | | | | | | | |
| 4 | | | | | | | | | | |
| 5 | Harmonisches Mittel, Funktion HARMITTEL, durchschnittliche Geschwindigkeit: | | | | | | | | 75 | km/h |
| 6 | | | | | | | | | | |
| 7 | Harmonisches Mittel, alternative Berechnung, durchschnittliche Geschwindigkeit: | | | | | | | | 75 | km/h |
| 8 | | | | | v = s/t: mit s = 100 km + 100 km und t = 2 h + 2/3 h | | | | 75 | km/h |

**Gestutztes Mittel**

Eine Stutzung um 10 % entspricht bei n = 10 Werten dem Abschneiden je eines Werts (der Ausreißer) am Anfang ($x_1$) und Ende ($x_{10}$) der Wertefolge. Das bedeutet: 20 % der Werte bleiben bei der Mittelwertbildung unberücksichtigt. Die mathematische Formel für das gestutzte Mittel ist in diesem Fall:

$$\bar{x} = \frac{1}{n-2} \sum_{i=2}^{n-1} x_i$$

*So geht's:*

**1** Gegeben sind 10 Werte in einem Bereich von 2 bis 1000. 8 Werte sind gleich oder zwischen 26 und 34.

Arithmetisch berechnet, ergibt sich ein – außerhalb des Zahlenbereichs mit den meisten Werten liegender – Mittelwert von 124,2.

Bei der Ermittlung des Mittelwerts sollen die beiden Ausreißerwerte 2 und 100 daher unberücksichtigt bleiben.

**2** Erfassen Sie in F4 folgende Formel:
=GESTUTZTMITTEL(B2:B11;20%)

Ergebnis der Berechnung ist ein 10-%-gestutztes Mittel von 30.

| | A | B |
|---|---|---|
| 1 | Wert-Nr. | Wert |
| 2 | 1 | 2 |
| 3 | 2 | 26 |
| 4 | 3 | 28 |
| 5 | 4 | 29 |
| 6 | 5 | 30 |
| 7 | 6 | 30 |
| 8 | 7 | 31 |
| 9 | 8 | 32 |
| 10 | 9 | 34 |
| 11 | 10 | 1000 |

Beachten Sie: Errechnet wurde ein gestutztes Mittel von 10 %, in die Excel-Funktion einzugeben ist aber der Prozentsatz der abgeschnittenen Werte insgesamt (20 % – 2 unberücksichtigte Werte bei n = 10). Anstelle der Prozentzahl – hier 20 % – ist übrigens auch die Eingabe des Anteils – hier: 0,2 – in der Funktion zulässig.

## 4.10 Statistische Funktionen für die Praxis

Alternativ lässt sich das gestutzte Mittel für den obigen Fall auch unter Rückgriff auf die Funktionen MIN und MAX errechnen mit folgender Formel (F11):

=(SUMME(B2:B11)-MIN(B2:B11)-MAX(B2:B11))/(ANZAHL(B2:B11)-2)

| | A | B | C | D | E | F |
|---|---|---|---|---|---|---|
| 1 | Wert-Nr. | Wert | | | | |
| 2 | 1 | 2 | | Arithmetisches Mittel bei n =10: | | 124,2 |
| 3 | 2 | 26 | | | | |
| 4 | 3 | 28 | | Gestutztmittel bei 10%: | | 30 |
| 5 | 4 | 29 | | | | |
| 6 | 5 | 30 | | Arithmetisches Mittel bei n = 8 | | |
| 7 | 6 | 30 | | ohne Werte Nr. 1 und Nr. 10: | | 30 |
| 8 | 7 | 31 | | | | |
| 9 | 8 | 32 | | Gestutztmittel mit Eingabe n: | | |
| 10 | 9 | 34 | | mit n-2 = 8 Werten bzw. | | |
| 11 | 10 | 1000 | | ohne den größten und kleinsten Wert: | | 30 |

> **Hinweis**
>
> Die Zahlenliste im Beispiel ist aufsteigend sortiert. Für die korrekte Berechnung des gestutzten Mittels mit *GESTUTZTMITTEL* bzw. der Formel ist eine auf- oder absteigende Sortierung der Werte nicht erforderlich.

### Median

Für die Bestimmung des Medians ist die vorangehende Sortierung der Werte notwendig. Der Median ist dadurch charakterisiert, dass die Hälfte der Werte einer Wertefolge größer, die andere Hälfte der Werte kleiner als sein Wert ist. Der Median liegt also genau in der Mitte der Wertefolge.

Die mathematische Formel zu seiner Errechnung ist:

$$\bar{x} = \begin{cases} x\left(\dfrac{n+1}{2}\right) & \text{für ungerade } n \\ \dfrac{1}{2}\left(x_{\left(\frac{n}{2}\right)} + x_{\left(\frac{n}{2}+1\right)}\right) & \text{für gerade } n \end{cases}$$

#### Median bei ungeradem n

*So geht's:*

1 Gegeben ist eine ungerade Anzahl von Werten mit n = 7, die Werte sind zwischen 2,1 und 11,2 aufsteigend sortiert.

2 Erfassen Sie in Zelle L3 folgende Formel:

=MEDIAN(J3:J9)

Als Ergebnis wird 8,9 zurückgegeben.

| | I | J | K | L |
|---|---|---|---|---|
| 1 | | | | |
| 2 | Wert-Nr. | Median | | |
| 3 | 1 | 2,1 | Median-Funktion: | 8,9 |
| 4 | 2 | 3,4 | | |
| 5 | 3 | 7,3 | | |
| 6 | 4 | 8,9 | | |
| 7 | 5 | 9,3 | | |
| 8 | 6 | 10,1 | | |
| 9 | 7 | 11,2 | | |

Die Position des Medians in der Wertefolge lässt sich auf folgende Arten ermitteln:

1) Bei Kenntnis des Medians mittels der Rangfunktion. Erfassen Sie folgende Funktion in Zelle L12:

=RANG.GLEICH(L3;I3:J9)

Zurückgegeben wird die dem Wert von 8,9 zugeordnete Wert-Nr. 4.

2) Ohne Kenntnis des Medians durch folgendes Vorgehen:

Bestimmen Sie zunächst mittels Eingabe der Funktion =ANZAHL2(J3:J10) in Zelle J11 den Wert von n. Erfassen Sie dann folgende Funktion in Zelle L11:

=AUFRUNDEN(J11*0,5;0)

Auch dieses Vorgehen liefert die korrekte Wert-Nr. 4. Über einen SVERWEIS können Sie nun auch den Medianwert ermitteln (Zelle L14):

=SVERWEIS($L$12;I3:J9;2;FALSCH)

|   | I | J | K | L |
|---|---|---|---|---|
| 1 |   |   |   |   |
| 2 | Wert-Nr. | Median |   |   |
| 3 | 1 | 2,1 | Median-Funktion: | 8,9 |
| 4 | 2 | 3,4 |   |   |
| 5 | 3 | 7,3 |   |   |
| 6 | 4 | 8,9 |   |   |
| 7 | 5 | 9,3 |   |   |
| 8 | 6 | 10,1 |   |   |
| 9 | 7 | 11,2 |   |   |
| 10 |   |   |   |   |
| 11 | n: | 7 | Wert-Nr. alternativ | 4 |
| 12 |   |   | Wert-Nr. RANG | 4 |
| 13 |   |   |   |   |
| 14 |   |   | Median: | 8,9 |

## Median bei geradem n

### So geht's:

**1** Gegeben ist eine gerade Anzahl von Werten mit n = 8, die Werte sind zwischen 2,1 und 11,9 aufsteigend sortiert.

**2** Erfassen Sie in Zelle E2 folgende Formel:

=MEDIAN(B2:B9)

|   | A | B | C | D |
|---|---|---|---|---|
| 1 | Wert-Nr. | Median |   |   |
| 2 | 1 |   | 2,1 Median-Funktion: | 9,1 |
| 3 | 2 | 3,4 |   |   |
| 4 | 3 | 7,3 |   |   |
| 5 | 4 | 8,9 |   |   |
| 6 | 5 | 9,3 |   |   |
| 7 | 6 | 10,1 |   |   |
| 8 | 7 | 11,2 |   |   |
| 9 | 8 | 11,9 |   |   |

Als Ergebnis wird 9,1 zurückgegeben, der Median liegt damit zwischen der Wert-Nr. 4 und der Wert-Nr. 5.

**3** Alternativ können Sie den Median auch wie folgt bestimmen. Ermitteln Sie zunächst den Wert von n (B11):

=ANZAHL2(B2:B9)

Entsprechend der Formel des Medians für gerade n muss nun das arithmetische Mittel der beiden mittleren Werte errechnet werden. Hierfür benötigt man zunächst die Wert-Nr. bzw. Positionen dieser Werte:

Zelle C14: =B11*0,5

Zelle C15: =B11*0,5+1

Nun können über *SVERWEIS* die Werte ausgelesen und das arithmetische Mittel kann gebildet werden:

Zelle D14: =SVERWEIS($C$14;$A$2:$B$9;2;FALSCH)

Zelle D15: =SVERWEIS($C$15;$A$2:$B$9;2;FALSCH)

Zelle D16: =SUMME(D14:D15)/2

| | A | B | C | D |
|---|---|---|---|---|
| 1 | Wert-Nr. | Median | | |
| 2 | 1 | 2,1 | Median-Funktion: | 9,1 |
| 3 | 2 | 3,4 | | |
| 4 | 3 | 7,3 | | |
| 5 | 4 | 8,9 | | |
| 6 | 5 | 9,3 | | |
| 7 | 6 | 10,1 | | |
| 8 | 7 | 11,2 | | |
| 9 | 8 | 11,9 | | |
| 10 | | | | |
| 11 | n: | 8 | | |
| 12 | | | | |
| 13 | Median-Formel bei geradem n: | | | |
| 14 | Stellenzahl unterer Datenpunkt: | | 4 | 8,9 |
| 15 | Stellenzahl oberer Datenpunkt: | | 5 | 9,3 |
| 16 | Median: | | | 9,1 |

## Modalwert

Unter dem Modalwert oder Modus versteht man den innerhalb einer Wertefolge am häufigsten auftretenden Wert – im engeren Sinne ist der Modalwert daher kein klassischer Mittelwert. Ab Excel 2010 stehen neben der Funktion *MODALWERT*, die aus Kompatibilitätsgründen beibehalten wird, die beiden Funktionen *MODUS.EINF* und *MODUS.VIELF* zur Verfügung.

### So geht's:

1 Gegeben ist eine Wertefolge mit Zahlen zwischen 1000 und 1005. Die Zahl mit dem häufigsten Vorkommen soll ermittelt werden.

2 Bis Excel 2007: Erfassen Sie in Zelle B18 folgende Formel:
=MODALWERT(A1:A16)

Ab Excel 2010: Erfassen Sie in Zelle B19 folgende Formel:
=MODUS.EINF(A1:A16)

Als Ergebnis wird 1005 zurückgegeben.

## 4. Formeln effektiv und professionell einsetzen

| B19 | | | | fx | =MODUS.EINF(A1:A16) |
|---|---|---|---|---|---|
| | A | B | C | D | |
| 1 | | 1003 | | | |
| 2 | | 1005 | | | |
| 3 | | 1008 | | | |
| 4 | | 1005 | | | |
| 5 | | 1008 | | | |
| 6 | | 1005 | | | |
| 7 | | 1002 | | | |
| 8 | | 1001 | | | |
| 9 | | 1006 | | | |
| 10 | | 1005 | | | |
| 11 | | 1000 | | | |
| 12 | | 1004 | | | |
| 13 | | 1002 | | | |
| 14 | | 1008 | | | |
| 15 | | 1005 | | | |
| 16 | | 1005 | | | |
| 17 | | | | | |
| 18 | MODALWERT - bis Excel 2007 | 1005 | | | |
| 19 | MODUSEINF. - ab Excel 2010 | 1005 | | | |

Ist in einem vertikalen Zellbereich mehr als ein Wert mit jeweils gleicher Anzahl vorhanden, lässt sich diese Anzahl ab Excel 2010 mit der Matrixfunktion *MODUS.VIELF* bestimmen.

### So geht's:

1 Gegeben ist eine Wertefolge mit 16 Zahlen zwischen 101 und 105. Die Zahlen mit dem gleich häufigsten Vorkommen sollen ermittelt werden.

2 Markieren Sie einen für die Ausgabe des Ergebnisses ausreichend großen Zellbereich, beispielsweise J1:J5.

3 Setzen Sie den Cursor in die Eingabezeile und erfassen Sie für Zelle J1 folgende Formel:

*{= MODUS.VIELF(H1:H16)}*

Beachten Sie: Die geschweiften Klammern werden nicht mit eingegeben, sondern entstehen durch die abschließende Bestätigung der Eingabe mittels der Tastenkombination [Strg]+[Umschalt]+[Enter] automatisch.

4 Als Ergebnis werden die Zahlen 105, 103, 102 zurückgegeben, da diese jeweils fünfmal in der Liste der 16 Zahlen vorhanden sind.

| J1 | | | | fx | {=MODUS.VIELF(H1:H16)} |
|---|---|---|---|---|---|
| | H | I | J | K | L |
| 1 | 105 | | 105 | | |
| 2 | 103 | | 103 | | |
| 3 | 102 | | 102 | | |
| 4 | 103 | | #NV | | |
| 5 | 105 | | #NV | | |

Möchten Sie die Ausgabe der häufigsten Zahlen nicht vertikal, sondern horizontal darstellen, können Sie die Funktion *MODUS.VIELF* in die Funktion *MTRANS* einbetten.

## 4.10 Statistische Funktionen für die Praxis

*So geht's:*

1 Gegeben ist eine Wertefolge mit 16 Zahlen zwischen 101 und 105. Die Zahlen mit dem gleich häufigsten Vorkommen sollen ermittelt werden.

2 Markieren Sie einen für die Ausgabe des Ergebnisses ausreichend großen horizontalen Zellbereich, beispielsweise J16:P16.

3 Setzen Sie den Cursor in die Eingabezeile und erfassen Sie für Zelle J16 folgende Formel:

{= MTRANS(MODUS.VIELF(H1:H16))}

Beachten Sie auch hier, dass die geschweiften Klammern nicht mit einzugeben sind, sondern durch die abschließende Bestätigung der Eingabe mittels Tastenkombination [Strg]+[Umschalt]+[Enter] automatisch gesetzt werden.

| | H | I | J | K | L | M | N |
|---|---|---|---|---|---|---|---|
| 1 | 105 | | 105 | | | | |
| 2 | 103 | | 103 | | | | |
| 3 | 102 | | 102 | | | | |
| 4 | 103 | | #NV | | | | |
| 5 | 105 | | #NV | | | | |
| 6 | 103 | | | | | | |
| 7 | 105 | | | | | | |
| 8 | 101 | | | | | | |
| 9 | 105 | | | | | | |
| 10 | 103 | | | | | | |
| 11 | 105 | | | | | | |
| 12 | 102 | | | | | | |
| 13 | 103 | | | | | | |
| 14 | 102 | | | | | | |
| 15 | 102 | | | | | | |
| 16 | 102 | | 105 | 103 | 102 | #NV | #NV |

Formelzeile: {=MTRANS(MODUS.VIELF($H$1:$H$16))}

Analog zu diesem Beispiel lassen sich beliebige Vertikal-/Horizontalanordnungen von Wertebereich und Auswertungsbereich darstellen.

### Quadratisches Mittel

Der quadratische Mittelwert (QMW) wird gemäß dieser Formel gebildet:

$$\bar{x} = \sqrt{\frac{1}{n}\sum_{i=1}^{n} x_i^2}$$

*So geht's:*

1 Gegeben sind 10 Werte im Bereich A1:J1, für die das quadratische Mittel berechnet und auf zwei Nachkommastellen gerundet werden soll.

2 Erfassen Sie folgende Formel in J3:
=RUNDEN(WURZEL(QUADRATESUMME(A1:J1)/(ANZAHL(A1:J1)));2)

## 4. Formeln effektiv und professionell einsetzen

| | A | B | C | D | E | F | G | H | I | J |
|---|---|---|---|---|---|---|---|---|---|---|
| J3 | | | | =RUNDEN(WURZEL(QUADRATESUMME(A1:J1)/(ANZAHL(A1:AJ1)));2) | | | | | | |
| 1 | 2 | 5 | 8 | 12 | 24 | 36 | 46 | 54 | 66 | 78 |
| 2 | | | | | | | | | | |
| 3 | | | | | | | | | | 41,93 |

### Kubisches Mittel

Der kubische Mittelwert wird gemäß dieser Formel gebildet:

$$\bar{x} = \sqrt[3]{\frac{1}{n}\sum_{i=1}^{n} x_i^3}$$

*So geht's:*

**1** Gegeben sind 10 Werte im Bereich A1:J1, für die das kubische Mittel berechnet und auf zwei Nachkommastellen gerundet werden soll.

**2** Erfassen Sie folgende Formel in B3:
{=RUNDEN((SUMME((A1:K1)^3)/ANZAHL(A1:K1))^(1/3);2)}

| | A | B | C | D | E | F | G | H | I | J |
|---|---|---|---|---|---|---|---|---|---|---|
| A3 | | | | {=RUNDEN((SUMME((A1:K1)^3)/ANZAHL(A1:K1))^(1/3);2)} | | | | | | |
| 1 | 2 | 5 | 8 | 12 | 24 | 36 | 46 | 54 | 66 | 78 |
| 2 | | | | | | | | | | |
| 3 | | 47,62 | | | | | | | | |

**3** Zur Veranschaulichung und als Alternative die schrittweise Berechnung:

| | A | B | C | D | E | F | G | H | I | J | K | L |
|---|---|---|---|---|---|---|---|---|---|---|---|---|
| 11 | 2 | 5 | 8 | 12 | 24 | 36 | 46 | 54 | 66 | 78 | | |
| 12 | =A1^3 | =B1^3 | =C1^3 | =D1^3 | =E1^3 | =F1^3 | =G1^3 | =H1^3 | =I1^3 | =J1^3 | 1079701 | =SUMME(A12:J12) |
| 13 | | | | | | | | | | | 10 | 10 |
| 14 | | | | | | | | | | | 107970,1 | =L12/L13 |
| 15 | | | | | | | | | | | 47,62 | =RUNDEN(L14^(1/3);2) |

Bilden Sie zunächst – im Bild in Zeile 12 – die 3. Potenz des jeweiligen Werts in Zeile 11.

In Zelle K12 werden die gebildeten Potenzen aufsummiert und durch die Anzahl n = 10 geteilt, das Ergebnis findet sich in Zelle K14.

Nun wird die 3. Wurzel aus dem Ergebnis in Zelle K14 gebildet und auf zwei Nachkommastellen gerundet (K15).

### Tipp 2: Varianz und Standardabweichung

In diesem Tipp wird die Berechnung der statistischen Streuungsmaße Standardabweichung und Varianz erläutert.

Bei der Berechnung und Wahl der Funktionen ist zu unterscheiden, ob die verfügbaren Werte auf einer Stichprobe aus der Grundgesamtheit beruhen oder eine Vollerhebung vorliegt.

### Schätzung von Varianz und Standardabweichung bei Vorliegen einer Stichprobe

Die mathematische Formel für die Schätzung der Varianz in der Grundgesamtheit ist:

$$\sigma^2 = \frac{1}{n-1} \sum_{i=1}^{n} (x_i - \bar{x})^2$$

Die Standardabweichung wird als Wurzel aus der Varianz errechnet:

$$\sigma = \sqrt{\sigma^2} = \sqrt{\frac{1}{n-1} \sum_{i=1}^{n} (x_i - \bar{x})^2}$$

*So geht's:*

**1** Im Bereich A2:A6 befinden sich 5 Werte, für die Varianz und Standardabweichung – gerundet auf zwei Nachkommastellen – zu schätzen sind.

**2** Ab Excel 2010: Erfassen Sie für die Varianz folgende Formel in C8:
=VAR.S(A2:A6)

sowie für die Standardabweichung in E8:
=RUNDEN(STABW.S(A2:A6);2)

Excel 2003/2007: Erfassen Sie für die Varianz folgende Formel in C9:
=VARIANZ(A2:A6)

sowie für die Standardabweichung in E9:
=RUNDEN(STABW(A2:A6);2)

| | A | B | C | D | E |
|---|---|---|---|---|---|
| 1 | Stichprobenwerte: | | | | |
| 2 | | 8 | | | |
| 3 | | 16 | | | |
| 4 | | 12 | | | |
| 5 | | 3 | | | |
| 6 | | 12 | | | |
| 7 | | | | | |
| 8 | ab Excel 2010: | | VAR.S | 24,2 | STABW.S | 4,92 |
| 9 | Excel 2003/2007: | | VARIANZ | 24,2 | STABW | 4,92 |

## 4. Formeln effektiv und professionell einsetzen

3. Eine alternative Berechnungsmethode mit direkter Umsetzung der mathematischen Formel als Matrixformel findet sich für die Varianz in J8:

{=(QUADRATESUMME((A2:A6)-MITTELWERT(A2:A6)))/(ANZAHL(A2:A6)-1)}

sowie für die Standardabweichung in J9:

{=RUNDEN(((QUADRATESUMME((A2:A6)-MITTELWERT(A2:A6)))/(ANZAHL(A2:A6)-1))^(1/2);2)}

Beachten Sie: Die geschweiften Klammern werden nicht mit eingegeben, sondern entstehen durch die abschließende Bestätigung der Eingabe mittels der Tastenkombination [Strg]+[Umschalt]+[Enter] automatisch.

Das folgende Bild veranschaulicht die Einzelschritte dieser Berechnung:

1) Aus den Stichprobenwerten wird der Mittelwert gebildet (Zelle G1).

2) In den Zellen H2:H6 wird die jeweilige Abweichung des Stichprobenwerts vom Mittelwert berechnet.

3) In I2:I6 werden die Abweichungen quadriert, die Summe der quadrierten Abweichungen findet sich in Zelle I7.

4) Mit den Formeln =I7/(ANZAHL(A2:A6)-1) in Zelle I8 sowie =RUNDEN(WURZEL(I8);2) in Zelle I9 werden Varianz bzw. Standardabweichung errechnet.

| | A | F | G | H | I | J |
|---|---|---|---|---|---|---|
| 1 | Stichprobenwerte: | Mittelwert: | 10,2 | Abweichung Stichprobenwert von Mittelwert | Quadrierte Abweichung | |
| 2 | 8 | | | 2,2 | 4,84 | |
| 3 | 16 | | | -5,8 | 33,64 | |
| 4 | 12 | | | -1,8 | 3,24 | |
| 5 | 3 | | | 7,2 | 51,84 | |
| 6 | 12 | | | -1,8 | 3,24 | |
| 7 | | | | Summe quadrierte Abweichung: | 96,8 | 96,8 |
| 8 | | | | Varianz: | 24,2 | 24,2 |
| 9 | | | | Standardabweichung: | 4,92 | 4,92 |

### Berechnung von Varianz und Standardabweichung bei Vollerhebung

Die mathematische Formel für die Berechnung der Varianz ist:

$$s^2 = \frac{1}{n} \sum_{i=1}^{n} (x_i - \bar{x})^2$$

Die Standardabweichung wird als Wurzel aus der Varianz errechnet:

$$s = \sqrt{s^2} = \sqrt{\frac{1}{n} \sum_{i=1}^{n} (x_i - \bar{x})^2}$$

## So geht's:

1 Im Bereich A2:A9 befinden sich 7 Werte, für die Varianz und Standardabweichung – gerundet auf zwei Nachkommastellen – zu errechnen sind.

2 Ab Excel 2010: Erfassen Sie für die Varianz folgende Formel in C11:
=VAR.P(A2:A9)
sowie für die Standardabweichung in E11:
=RUNDEN(STABW.N(A2:A9);2)

Excel 2003/2007: Erfassen Sie für die Varianz folgende Formel in C12:
=VARIANZEN(A2:A9)
sowie für die Standardabweichung in E12:
=RUNDEN(STABWN(A2:A9);2)

3 Analog alternativ berechnet mit direkter Umsetzung der mathematischen Formel als Matrixformel, ergibt sich für die Varianz in Zelle J11:

{=(QUADRATESUMME((A2:A9)-MITTELWERT(A2:A9)))/(ANZAHL(A2:A9))}

sowie für die Standardabweichung in Zelle J12:

{=RUNDEN(((QUADRATESUMME((A2:A9)-MITTELWERT(A2:A9)))/(ANZAHL(A2:A9)))^(1/2);2)}

Beachten Sie: Die geschweiften Klammern werden nicht mit eingegeben, sondern entstehen durch die abschließende Bestätigung der Eingabe mittels der Tastenkombination [Strg]+[Umschalt]+[Enter] automatisch.

## Tipp 3: Indexermittlung nach Laspeyres, Paasche und Fisher

Laspeyres-, Paasche- und Fisher-Index sind drei Indizes, mit denen die Veränderung von Preisen für einen statistischen Warenkorb mit mehreren Gütern (also Inflation oder Deflation) berechnet werden kann. Da nicht nur die Preise, sondern auch der Verbrauch in die Berechnung mit einfließen, handelt es sich bei diesen Preisindizes um gewogene arithmetische Mittelwerte.

Ausgangspunkt für die beispielhafte Berechnung der drei Indizes sei ein Warenkorb mit n = 10 Gütern. Für das Basisjahr 0 (2005) und das Berichtsjahr t (2010) liegen die jeweiligen Preise sowie der Verbrauch der einzelnen Güter in der folgenden Tabelle vor.

| | A | B | C | D | E |
|---|---|---|---|---|---|
| 1 | Berechnung von Preisindizes | | | | |
| 2 | Bereichs-Name: | Preis_0 | Verbrauch_0 | Preis_t | Verbrauch_t |
| 3 | | Basisjahr 0 = 2005 | | Berichtsjahr t = 2010 | |
| 4 | Warenkorb | Preis | Verbrauch (Gewicht) | Preis | Verbrauch (Gewicht) |
| 5 | Produkt 1 | 2,00 € | 14 | 2,12 € | 5 |
| 6 | Produkt 2 | 6,00 € | 12 | 6,13 € | 11 |
| 7 | Produkt 3 | 10,00 € | 40 | 11,00 € | 35 |
| 8 | Produkt 4 | 12,00 € | 15 | 13,50 € | 11 |
| 9 | Produkt 5 | 5,25 € | 23 | 5,80 € | 20 |
| 10 | Produkt 6 | 8,70 € | 12 | 8,90 € | 10 |
| 11 | Produkt 7 | 0,55 € | 14 | 0,66 € | 12 |
| 12 | Produkt 8 | 0,89 € | 16 | 1,00 € | 18 |
| 13 | Produkt 9 | 1,12 € | 30 | 1,32 € | 23 |
| 14 | Produkt 10 | 22,44 € | 35 | 24,45 € | 37 |

Um eine möglichst übersichtliche Darstellung der Formeln zu erreichen, empfiehlt es sich, zunächst den einzelnen Spalten in der Tabelle Namen zuzuweisen. Markieren Sie hierzu nacheinander die einzelnen Bereiche, geben Sie im Drop-down-Feld am linken Ende der Bearbeitungsleiste den Namen ein und bestätigen Sie mit der Taste (Enter):

- Bereich B5:B14: *Preis_0*
- Bereich C5:C14: *Verbrauch_0*
- Bereich D5:D14: *Preis_t*
- Bereich E5:E14: *Verbrauch_0*.

### Der Laspeyres-Index

Die mathematische Formel für die Berechnung des Index ist:

$$I_{La}^P = \frac{\sum_{i=1}^n p_i^t \times q_i^0}{\sum_{i=1}^n p_i^0 \times q_i^0}$$

mit

$p_i^0$ für die Preise der einzelnen Güter im Basisjahr 0

$p_i^t$ für die Preise der einzelnen Güter im Berichtsjahr t sowie

$q_i^0$ für den Verbrauch (das Gewicht) der einzelnen Güter im Basisjahr 0.

## So geht's:

1 Erfassen Sie folgende Formel in Zelle I5:

=RUNDEN(SUMMENPRODUKT(Verbrauch_0;Preis_t)/SUMMENPRODUKT(Preis_0;Verbrauch_0);4)

Ergebnis: Der Laspeyres-Index für das Berichtsjahr 2005, berechnet zum Basisjahr 2000, beträgt – gerundet auf vier Nachkommastellen – 1,0919.

2 Um die Inflationsrate in Prozent darzustellen, tragen Sie in Zelle I6 ein:

=I5-100%

Ergebnis: Die Inflationsrate nach Laspeyres, basierend auf dem Vergleich des Jahrs 2005 zum Jahr 2000, beträgt 9,19 %.

| | A | B | C | D | E | F | G | H | I |
|---|---|---|---|---|---|---|---|---|---|
| 1 | Berechnung von Preisindizes | | | | | | | | |
| 2 | Bereichs-Name: | Preis_0 | Verbrauch_0 | Preis_t | Verbrauch_t | | | | |
| 3 | | Basisjahr 0 = 2005 | | Berichtsjahr t = 2010 | | | | | |
| 4 | Warenkorb | Preis | Verbrauch (Gewicht) | Preis | Verbrauch (Gewicht) | | | | |
| 5 | Produkt 1 | 2,00 € | 14 | 2,12 € | 5 | | Laspeyres: | Index | 1,0919 |
| 6 | Produkt 2 | 6,00 € | 12 | 6,13 € | 11 | | | Preisanstieg | 9,19% |

## Der Paasche-Index

Die mathematische Formel für die Berechnung des Index ist:

$$I_{Pa}^P = \frac{\sum_{i=1}^n p_i^t \times q_i^t}{\sum_{i=1}^n p_i^0 \times q_i^t}$$

mit

$p_i^0$ für die Preise der einzelnen Güter im Basisjahr 0,

$p_i^t$ für die Preise der einzelnen Güter im Berichtsjahr t sowie

$q_i^t$ für den Verbrauch (das Gewicht) der einzelnen Güter im Berichtsjahr t.

## So geht's:

1 Erfassen Sie folgende Formel in Zelle I8:

=RUNDEN(SUMMENPRODUKT(Verbrauch_t;Preis_t)/SUMMENPRODUKT(Preis_0;Verbrauch_t);4)

Ergebnis: Der Paasche-Index für das Berichtsjahr 2005, berechnet zum Basisjahr 2000, beträgt – gerundet auf vier Nachkommastellen – 1,0914.

2 Um die Inflationsrate in Prozent darzustellen, tragen Sie in Zelle I9 ein:

=I8-100%

Ergebnis: Die Inflationsrate nach Paasche, basierend auf dem Vergleich des Jahrs 2005 zum Jahr 2000, beträgt 9,14 %.

## 4. Formeln effektiv und professionell einsetzen

| | A | B | C | D | E | F | G | H | I | J |
|---|---|---|---|---|---|---|---|---|---|---|
| 1 | Berechnung von Preisindizes | | | | | | | | | |
| 2 | Bereichs-Name: | Preis_0 | Verbrauch_0 | Preis_t | Verbrauch_t | | | | | |
| 3 | | Basisjahr 0 = 2005 | | Berichtsjahr t = 2010 | | | | | | |
| 4 | Warenkorb | Preis | Verbrauch (Gewicht) | Preis | Verbrauch (Gewicht) | | | | | |
| 5 | Produkt 1 | 2,00 € | 14 | 2,12 € | 5 | | | | | |
| 6 | Produkt 2 | 6,00 € | 12 | 6,13 € | 11 | | | | | |
| 7 | Produkt 3 | 10,00 € | 40 | 11,00 € | 35 | | | | | |
| 8 | Produkt 4 | 12,00 € | 15 | 13,50 € | 11 | | Paasche: | Index | 1,0914 | |
| 9 | Produkt 5 | 5,25 € | 23 | 5,80 € | 20 | | | Preisanstieg | 9,14% | |

Zelle I8: `=RUNDEN(SUMMENPRODUKT(Verbrauch_t;Preis_t)/SUMMENPRODUKT(Preis_0;Verbrauch_t);4)`

### Der Fisher-Index

Der Fisher-Index wird gebildet aus Laspeyres- und Paasche-Index – er ist das geometrische Mittel dieser beiden Indizes. Die mathematische Formel für die Berechnung des Index ist daher:

$$I_{Fi}^P = \sqrt{I_{La}^P \times I_{Pa}^P} = \sqrt{\frac{\sum_{i=1}^n p_i^t \times q_i^0}{\sum_{i=1}^n p_i^0 \times q_i^0} \times \frac{\sum_{i=1}^n p_i^t \times q_i^t}{\sum_{i=1}^n p_i^0 \times q_i^t}}$$

mit

$p_i^0$ für die Preise der einzelnen Güter im Basisjahr 0,

$p_i^t$ für die Preise der einzelnen Güter im Berichtsjahr t,

$q_i^0$ für den Verbrauch (das Gewicht) der einzelnen Güter im Basisjahr 0,

$q_i^t$ für den Verbrauch (das Gewicht) der einzelnen Güter im Berichtsjahr t.

*So geht's:*

1 Erfassen Sie folgende Formel in Zelle I11:

   `=GEOMITTEL(RUNDEN(SUMMENPRODUKT(Verbrauch_0;Preis_t)/SUMMENPRODUKT(Preis_0;Verbrauch_0);4);RUNDEN(SUMMENPRODUKT(Verbrauch_t;Preis_t)/SUMMENPRODUKT(Preis_0;Verbrauch_t);4))`

   Ergebnis: Der Fisher-Index für das Berichtsjahr 2005, berechnet zum Basisjahr 2000, beträgt – gerundet auf vier Nachkommastellen – 1,0916.

2 Um die Inflationsrate in Prozent darzustellen, tragen Sie in Zelle I12 ein:
   `=I11-100%`

   Ergebnis: Die Inflationsrate nach Fisher, basierend auf dem Vergleich des Jahrs 2005 zum Jahr 2000, beträgt 9,16 %.

4.10 Statistische Funktionen für die Praxis

I11   =GEOMITTEL(RUNDEN(SUMMENPRODUKT(Verbrauch_0;Preis_t)/SUMMENPRODUKT(Preis_0;Verbrauch_0);4); RUNDEN(SUMMENPRODUKT(Verbrauch_t;Preis_t)/SUMMENPRODUKT(Preis_0;Verbrauch_t);4))

| | A | B | C | D | E | F | G | H | I | J | K |
|---|---|---|---|---|---|---|---|---|---|---|---|
| 1 | Berechnung von Preisindizes | | | | | | | | | | |
| 2 | Bereichs-Name: | Preis_0 | Verbrauch_0 | Preis_t | Verbrauch_t | | | | | | |
| 3 | | Basisjahr 0 = 2005 | | Berichtsjahr t = 2010 | | | | | | | |
| 4 | Warenkorb | Preis | Verbrauch (Gewicht) | Preis | Verbrauch (Gewicht) | | | | | | |
| 5 | Produkt 1 | 2,00 € | 14 | 2,12 € | 5 | | | | | | |
| 6 | Produkt 2 | 6,00 € | 12 | 6,13 € | 11 | | | | | | |
| 7 | Produkt 3 | 10,00 € | 40 | 11,00 € | 35 | | | | | | |
| 8 | Produkt 4 | 12,00 € | 15 | 13,50 € | 11 | | | | | | |
| 9 | Produkt 5 | 5,25 € | 23 | 5,80 € | 20 | | | | | | |
| 10 | Produkt 6 | 8,70 € | 12 | 8,90 € | 10 | | | | | | |
| 11 | Produkt 7 | 0,55 € | 14 | 0,66 € | 12 | | Fisher: | Index | 1,0916 | | |
| 12 | Produkt 8 | 0,89 € | 16 | 1,00 € | 18 | | | Preisanstieg | 9,16% | | |
| 13 | Produkt 9 | 1,12 € | 30 | 1,32 € | 23 | | | | | | |
| 14 | Produkt 10 | 22,44 € | 35 | 24,45 € | 37 | | | | | | |

## Tipp 4: Kombinatorik – Permutationen, Variationen und Kombinationen

Die Kombinatorik hat als Gegenstand die Frage der möglichen Zusammenstellungen und Anordnungen einer endlichen Anzahl beliebig gegebener Elemente einer Menge. Man unterscheidet hierbei zunächst drei Fälle von Zusammenstellungen:

- **Permutationen**: Zusammenstellungen, in denen alle gegebenen Elemente einer Menge n enthalten sind. Unterschiedliche Anordnungen der Elemente werden als verschiedene Permutationen angesehen.
- **Variationen**: Zusammenstellungen, in denen k Elemente einer Menge n **unter Berücksichtigung ihrer Anordnung** enthalten sind.
- **Kombinationen**: Zusammenstellungen, in denen k Elemente einer Menge n **ohne Berücksichtigung ihrer Anordnung** enthalten sind.

Innerhalb dieser drei Fälle muss dabei jeweils noch zusätzlich unterschieden werden:

- Es findet **eine Wiederholung von Elementen** innerhalb der Zusammenstellung statt.
- Es findet **keine Wiederholung von Elementen** innerhalb der Zusammenstellung statt.

Die sich aus dieser Systematik ergebenden sechs Fälle und ihre Berechnung in Excel werden im Folgenden beispielhaft dargestellt.

### Permutationen ohne Wiederholung

Als Beispiel ist die Anzahl unterschiedlicher Zahlen gesucht, die sich aus den Ziffern 1, 2 und 3 bilden lassen. Jede Ziffer darf dabei nur einmal in der zu bildenden Zahl vorkommen (keine Wiederholung).

| | A | B | C |
|---|---|---|---|
| 1 | 123 | 213 | 312 |
| 2 | 132 | 231 | 321 |

## 4. Formeln effektiv und professionell einsetzen

Ergebnis: Wie in der Abbildung veranschaulicht, können aus den Ziffern 1,2 und 3 (also n = 3) sechs unterschiedliche Zahlen gebildet werden (6 Permutationen ohne Wiederholung).

Die Errechnung der Anzahl von Permutationen ohne Wiederholung bei gegebenem n erfolgt gemäß folgender Formel:

$n!$ (n-Fakultät).

### So geht's:

1 Die Anzahl der Elemente sei 8, also n = 8.

2 In Excel kann diese Zahl der Permutationen ohne Wiederholung auf zwei Wegen berechnet werden:

Verwendung der Funktion FAKULTÄT: =FAKULTÄT(Zahl), in unserem Beispiel: =FAKULTÄT(8) = 40320.

Verwendung der Funktion VARIATIONEN: =VARIATIONEN(n;k), wobei hier n = k gesetzt werden muss, in unserem Beispiel also: =VARIATIONEN(8;8) = 40320.

| Permutationen ohne Wiederholung | n | k | Ergebnis |
|---|---|---|---|
| FAKULTÄT(ZAHL) | 8 | - | 40320 |
| VARIATIONEN(n;k) mit n=k | 8 | 8 | 40320 |

Im Ergebnis sind also 40.320 Permutationen möglich.

### Permutationen mit Wiederholung

Als Beispiel ist die Anzahl unterschiedlicher Anordnungen gesucht, die sich aus den Elementen $A_1$, $A_2$ und B (n = 3) bilden lassen, wobei $A_1 = A_2 = A$ ist.

Ergebnis: Es gibt 6 Anordnungen, wobei aber aufgrund der Identität von A1 = A2 die Anordnungen nicht unterschieden werden können, bei denen lediglich die Positionen von $A_1$ und $A_2$ vertauscht wurden. Damit gibt es – wie folgende Abbildung zeigt – nur 3 verschiedene Permutationen.

| | A | B | C | D | E | F |
|---|---|---|---|---|---|---|
| 5 | $A_1A_2B$ | $A_2A_1B$ | $A_1BA_2$ | $A_2BA_1$ | $BA_1A_2$ | $BA_2A_1$ |
| 6 | AAB | | ABA | | BAA | |

Die Errechnung der Anzahl von Permutationen mit Wiederholung bei gegebenem n und r erfolgt gemäß folgender Formel:

$$\frac{n!}{r!}$$

### So geht's:

1 Die Anzahl der Elemente sei n = 4. Davon seien r = 3 Elemente gleich.

2 In Excel kann die Zahl der Permutationen ohne Wiederholung mittels Einsatz der FAKULTÄT-Funktion (siehe Abbildung) berechnet werden.

## 4.10 Statistische Funktionen für die Praxis

| Permutationen mit Wiederholung | | | |
|---|---|---|---|
| n Elemente, davon r Elemente gleich | n | r | Ergebnis |
| FAKULTÄT(ZAHL=n)/FAKULTÄT(ZAHL=r) | 4 | 3 | 4 |

Im Ergebnis gibt es nur 4 unterscheidbare Permutationen.

Berücksichtigt man den Fall, dass es innerhalb von n mehrere gleiche r-Elemente mit je unterschiedlicher Anzahl geben kann, muss die Berechnung erweitert werden – in der folgenden Abbildung dargestellt für den Fall von 3 r-Elementen mit Anzahl 1, 2, 1 bei n = 4.

| Permutationen mit Wiederholung | | | | |
|---|---|---|---|---|
| n Elemente, davon 3 unterschiedliche Elemente mit je unterschiedlicher Anzahl | | | | |
| FAKULTÄT(ZAHL=n)/(FAKULTÄT(ZAHL=$r_1$)*FAKULTÄT(ZAHL=$r_2$)*FAKULTÄT(ZAHL=$r_3$)) | | | | |
| | n | $r_1$ | $r_2$ | $r_3$ | Ergebnis |
| | 4 | 1 | 2 | 1 | 12 |

In diesem Fall sind also 12 unterscheidbare Permutationen gegeben.

### Variationen ohne Wiederholung

Die Formel zur Errechnung von Variationen ohne Wiederholung ist:

$$\frac{n!}{(n-k)!}$$

*So geht's:*

1  Im Beispiel werden von den Buchstaben A, B, C jeweils 2 Buchstaben gemeinsam entnommen und zusammengestellt.

2  In Excel geben Sie die Formel entweder unter Verwendung der Funktion *FAKULTÄT* ein oder – einfacher – mittels der Funktion =VARIATIONEN(n;k). Im Beispiel entspricht n = 3 und k = 2 mit k < n.

| 16 | Variationen ohne Wiederholung | | | |
|---|---|---|---|---|
| 17 | n Elemente, von denen k Elemente unter Berücksichtigung der Anordnung zusammengestellt werden | | | |
| 18 | | n | k | Ergebnis |
| 19 | VARIATIONEN(n;k) mit n>k | 3 | 2 | 6 |

Ergebnis: Es sind 6 Variationen ohne Wiederholung möglich.

### Variationen mit Wiederholung

*So geht's:*

1  Im Beispiel liegen 3 Buchstaben A, B und C vor, von denen zwei nacheinander ausgewählt werden und bei jeder Auswahl auf alle drei Buchstaben zurückgegriffen werden kann.

Die Anordnung der Elemente ist hierbei zu berücksichtigen, d. h., dass beispielsweise AB und BA nicht als identische Zusammenstellungen angesehen werden.

## 4. Formeln effektiv und professionell einsetzen

Ergebnis: Es sind 9 Variationen möglich:

| 17 | AA | AB | AC | BA | BB | BC | CA | CB | CC |

**2** Die mathematische Formel ist:

$$n^k$$

In Excel lässt sich dies auf drei Wegen errechnen:

Verwendung der Funktion *POTENZ*: *=POTENZ(Zahl;Potenz)*, in unserem Beispiel: =POTENZ(3;2) = 9.

Eingabe Potenzierung mittels Verwendung des Caret-Zeichens: = 3^2 (^-Eingabe durch ⌃+Leertaste).

Verwendung der Funktion *VARIATIONEN2*: *=VARIATIONEN2(n;k)*, in unserem Beispiel *VARIATIONEN2(2;3)*.

| Variationen mit Wiederholung | | | |
|---|---|---|---|
| n Elemente, von denen k Elemente unter Berücksichtigung der Anordnung zusammengestellt werden | | | |
| | n | k | Ergebnis |
| Potenzierung: = n^k | 3 | 2 | 9 |
| POTENZ(n;k) | 3 | 2 | 9 |
| VARIATIONEN2(n;k), k > n möglich | 3 | 2 | 9 |

## Kombinationen ohne Wiederholung

### So geht's:

**1** Im Beispiel werden von den Buchstaben A, B, C jeweils 2 Buchstaben gemeinsam entnommen, wobei die Anordnung unerheblich ist. Das bedeutet, AB wird mit BA gleichgesetzt.

| 19 | AB = BA | AC = CA | BC = CB |

Ergebnis: In diesem Fall ergeben sich lediglich 3 unterschiedliche Kombinationsmöglichkeiten.

**2** Die mathematische Formel ist:

$$\frac{n!}{(n-k)! * k!}$$

Auch hier können Sie die Eingabe der Formel mittels Verwendung von *FAKULTÄT* vornehmen, schneller ist allerdings die Nutzung der einschlägigen Funktion *KOMBINATIONEN*: *=KOMBINATIONEN(n;k)*, im Beispiel mit n = 3 und k = 2.

| Kombinationen ohne Wiederholung | | | |
|---|---|---|---|
| n Elemente, von denen k Elemente ohne Berücksichtigung der Anordnung zusammengestellt werden | | | |
| | n | k | Ergebnis |
| KOMBINATIONEN(n;k) | 10 | 6 | 210 |

## Kombinationen mit Wiederholung

*So geht's:*

1 Im Beispiel liegen die 3 Buchstaben A, B und C vor, von denen jeweils zwei zusammengestellt werden. Die Auswahl erfolgt mit Zurücklegen, d. h., es kann bei jeder Auswahl auf alle drei Buchstaben zurückgegriffen werden. Die Anordnung ist unerheblich, AB wird mit BA gleichgesetzt.

| 17 | AA | AB | AC | BB | BC | CC |
|---|---|---|---|---|---|---|

Ergebnis: Es ergeben sich sechs unterschiedliche Kombinationsmöglichkeiten.

2 Die Formel zur Berechnung dieses Falls ist:

$$\frac{(n+k-1)!}{(n-k)! * k!}$$

In Excel ist für diese Aufgabenstellung die Funktion KOMBINATIONEN2 vorgesehen: =KOMBINATIONEN2(n;k), im Beispiel mit n =3 und k = 2.

| Kombinationen mit Wiederholung | | | |
|---|---|---|---|
| n Elemente, von denen k Elemente ohne Berücksichtigung der Anordnung zusammengestellt werden | | | |
| | n | k | Ergebnis |
| KOMBINATIONEN2(Zahl;gewählteZahl) | 3 | 2 | 6 |

# Tipp 5: Berechnung der Umsatzprovision ausgehend vom Verkaufserfolg

Die Verkaufsprovision für ein Verkaufsteam, bestehend aus sechs Verkäufern, wird monatlich aufgrund der Verkaufszahlen ermittelt. Um den Wettbewerb innerhalb des Teams aufrechtzuerhalten, bekommt nicht jeder Verkäufer die gleiche Umsatzprovision, sondern es wird eine Staffelung nach Verkaufserfolg nach folgendem Verteilungsschema durchgeführt:

- Rang 1:    20 %
- Rang 2:    15 %
- Rang 3:    12,5 %
- Rang 4:    10 %
- Rang 5:    7,5 %
- Rang 6:    5 %

*So geht's:*

Sehen Sie sich zunächst die Ausgangstabelle etwas näher an. In Spalte B liegen die Umsatzzahlen für die einzelnen Verkaufsmitarbeiter vor, auf deren Basis die Umsatzprovision ermittelt werden soll.

| | A | B | C | D |
|---|---|---|---|---|
| 1 | Ermittlung der Umsatzprovision 7/2012 | | | |
| 2 | | | | |
| 3 | Verkäufer | Umsatz | Rang | Umsatzprovision |
| 4 | Kai Braun | 6.800,00 € | | |
| 5 | Ina Fischer | 5.350,00 € | | |
| 6 | Bernd Körner | 6.900,00 € | | |
| 7 | Klaus Steininger | 4.250,00 € | | |
| 8 | Jana Schneider | 4.700,00 € | | |
| 9 | Susanne Winter | 5.700,00 € | | |
| 10 | | | | |

# 4. Formeln effektiv und professionell einsetzen

1 Ermitteln Sie dazu im ersten Schritt die Rangfolge für die getätigten Umsätze, indem Sie den Zellbereich C4:C9 markieren.

2 Erfassen Sie in Zelle C4 die Formel =RANG(B4;$B$4:$B$9;0) und beenden Sie die Dateneingabe mit der Tastenkombination Strg+Enter. Damit wird die Formel in den gesamten markierten Bereich eingetragen, und die Rangfolgen werden für alle sechs Verkäufer ermittelt.

3 Zur Ermittlung der Umsatzprovision markieren Sie den Zellbereich D4:D9 und erfassen diese Formel:

=WAHL(RANG(B4;$B$4:$B$9);20;15;12,5;10;7,5;5)*B4/100

Der Funktion *WAHL()* wird aus dem Ergebnis der Funktion *RANG()* der entsprechende Wert aus der Liste der Werteargumente übergeben. Die so ermittelten Werte werden mit dem Umsatz aus Spalte B multipliziert, sodass sich daraus die entsprechende Umsatzprovision ergibt.

> **Hinweis**
>
> Wenn Sie die in Schritt 3 angegebene Formel verwenden, wird die Spalte *Rang* (Spalte C) nicht benötigt. Möchten Sie die Spalte aber dennoch beibehalten, kann die Funktion für Zelle D2 wie folgt verkürzt werden: *=WAHL(C4:C9;20;15;12,5;10; 7,5;5)*B4/100*. Damit bezieht sich die Funktion *WAHL()* direkt auf die bereits ermittelte Rangfolge in Spalte C.

## Tipp 6: Rangfolge ohne doppelte Ränge ermitteln

Dieses Beispiel zeigt, wie sich eine Rangfolge ermitteln lässt, ohne dass dabei der gleiche Rang mehrmals vergeben wird. Die Funktion *RANG()* vergibt nämlich bei identischen Ausgangswerten den gleichen Rang mehrmals.

### So geht's:

In einer Umsatzübersicht, die nach Produktgruppen gegliedert ist, wurde im Bereich C4:C10 mit der Funktion *RANG()* die Rangfolge eingetragen. Da der Umsatz in den Produktgruppen C und F mit 1,24 Mio. Euro identisch ist, wurde für beide der gleiche Rang vergeben.

## 4.10 Statistische Funktionen für die Praxis

Zur Ermittlung einer Rangfolge ohne doppelte Ränge gehen Sie nun wie folgt vor:

1. Erfassen Sie in Zelle D4 folgende Matrixfunktion:

   =SUMME(1*(B4<B$4:B$10))+1+WENN(ZEILE(B4)-ZEILE($B$4)=0;0;SUMME(1*(B4=BEREICH.VERSCHIEBEN($B$4;0;0;INDEX(ZEILE(B4)-ZEILE($B$4)+1;1)-1;1))))

2. Da es sich um eine Matrixfunktion handelt, müssen Sie die Eingabe mit der Tastenkombination [Strg]+[Umschalt]+[Enter] abschließen.

3. Kopieren Sie die Formel bis zur Zelle D10 nach unten.

Die Rangfolge, die sich mit dieser Funktion ergibt, enthält keine doppelten Ränge mehr.

### Hinweis

Bei identischen Ausgangswerten entscheidet die Sortierreihenfolge über die Vergabe des Rangs. Den besseren Rang enthält der Eintrag, der als Erster in der Liste steht, im Beispiel die Produktgruppe C.

## Tipp 7: Mittelwert ohne Nullwerte ermitteln

Zur Ermittlung des arithmetischen Mittels, also des Durchschnitts, stellt Excel die Funktion *MITTELWERT()* zur Verfügung. Damit wird jeder Wert, auch Nullwerte, in die Berechnung mit einbezogen. Im folgenden Beispiel sehen Sie anhand einer Gehaltsliste, wie der Durchschnitt der Gehaltszahlungen und der Arbeitgeberanteile zur Sozialversicherung ermittelt wird.

## 4. Formeln effektiv und professionell einsetzen

Da sich zwei Mitarbeiter in Elternzeit befinden und deswegen kein Gehalt bekommen, ist dieser Durchschnitt nicht korrekt berechnet. Ziel ist es nun, den Mittelwert ohne die beiden Nullwerte zu bilden.

*So geht's:*

1 Erfassen Sie in Zelle B18 die Funktion *=MITTELWERT(WENN(B4:B14<>0;B4:B14))* und schließen die Eingabe mit der Tastenkombination [Strg]+[Umschalt]+[Enter] ab. Damit wird die Funktion zur Matrixfunktion erklärt.

2 Kopieren Sie die Funktion mit dem Ausfüllkästchen in Zelle C18, um auch den Durchschnitt ohne Nullwerte für den Arbeitgeberanteil zur Sozialversicherung zu ermitteln.

In dieser Durchschnittsbetrachtung werden wie gewünscht nur Werte größer 0 berücksichtigt.

> **Hinweis**
>
> Um bei der Durchschnittsberechnung nur Werte größer 2.000 Euro zu berücksichtigen, modifizieren Sie die Funktion wie folgt:
>
> *=MITTELWERT(WENN(B4:B14>2000;B4:B14))*

# Tipp 8: Tendenz einer Zahlenreihe (Umsatzentwicklung) ermitteln

Eine Frage, die sich häufig in der Betriebswirtschaft stellt, ist die Frage nach dem weiteren Geschäftserfolg. Der zentrale Ausgangspunkt ist dabei oft die Umsatzentwicklung. Hier erfahren Sie anhand einer Beispieldatei, wie die Tendenz der Umsatzentwicklung mit Excel berechnet werden kann.

## So geht's:

In einer Excel-Tabelle liegen die Umsatzzahlen getrennt nach Filialen für das erste Halbjahr 2007 vor.

Zur Ermittlung der Tendenz für jede Filiale gehen Sie wie folgt vor:

**1** Markieren Sie die Zelle B11 und erfassen Sie dort folgende Funktion:
=WENN(STEIGUNG(B4:B9;ZEILE(4:9))>0;"steigend";WENN(STEIGUNG(B4:B9; ZEILE(4:9))<0;"fallend";"konstant"))

Die Funktion STEIGUNG() in Verbindung mit einer WENN-Abfrage prüft die Zahlenfolgen, also die Umsatzzahlen, im Bereich B4:B19 und gibt abhängig vom Ergebnis, also von der Tendenz der Zahlenreihe, den Text *steigend*, *fallend* oder *konstant* aus.

**2** Kopieren Sie diese Formel bis zur Zelle F11 nach rechts. Damit wird der Trend für alle fünf Filialen ermittelt.

In den Filialen A und D verläuft die Umsatzentwicklung steigend. In den Filialen B und C war die Entwicklung negativ, und in Filiale E war ein konstanter Umsatzverlauf zu verzeichnen.

## 4. Formeln effektiv und professionell einsetzen

Professioneller und ansprechender wirkt es unter Umständen, wenn Sie die Tendenz anstatt mit einer Textbezeichnung mit Pfeilsymbolen darstellen. Gehen Sie dazu so vor:

1 Formatieren Sie den Zellbereich B13:F13 mit der Schriftart Wingdings.

2 Erfassen Sie in Zelle B13 folgende Formel:
=WENN(STEIGUNG(B4:B9;ZEILE(4:9))>0;ZEICHEN(221);WENN(STEIGUNG(B4:B9;ZEILE(4:9))<0;ZEICHEN(222);ZEICHEN(220)))

Mit der Funktion ZEICHEN wird der Code der Pfeilsymbole übergeben, und das entsprechende Symbol wird in die Zelle eingetragen.

3 Kopieren Sie die Formel bis zur Zelle F13 nach rechts.

| | A | B | C | D | E | F |
|---|---|---|---|---|---|---|
| 1 | Umsatzzusammenstellung 1. Halbjahr 2007 | | | | | |
| 2 | | | | | | |
| 3 | | Filiale A | Filiale B | Filiale C | Filiale D | Filiale E |
| 4 | Jan | 12.252,30 € | 121.567,32 € | 126.039,41 € | 124.140,30 € | 10.000,00 € |
| 5 | Feb | 25.974,88 € | 100.738,41 € | 113.297,02 € | 109.462,05 € | 20.000,00 € |
| 6 | Mrz | 33.571,30 € | 112.696,66 € | 93.668,83 € | 98.447,23 € | 30.000,00 € |
| 7 | Apr | 23.646,94 € | 71.479,92 € | 83.732,22 € | 85.067,72 € | 20.000,00 € |
| 8 | Mai | 63.981,51 € | 62.842,05 € | 70.610,00 € | 101.549,51 € | 10.000,00 € |
| 9 | Jun | 75.012,26 € | 87.297,64 € | 149.343,28 € | 185.291,53 € | 18.000,00 € |
| 10 | | | | | | |
| 11 | Tendenz | steigend | fallend | fallend | steigend | konstant |
| 12 | | | | | | |
| 13 | Tendenz | ⭡ | ⭣ | ⭣ | ⭡ | ⮕ |
| 14 | | | | | | |

## Tipp 9: Ermittlung der größten positiven und der größten negativen Differenz in einer Liste

Anhand einer Aktienkurstabelle soll erläutert werden, wie sich der größte Gewinn (die größte positive Differenz) und der größte Verlust (die größte negative Differenz) in einer Liste ermitteln lässt. Als Ausgangstabelle liegt eine Aktienkurstabelle mit Datumsangaben und den entsprechenden Aktienkursen vor.

| | A | B |
|---|---|---|
| 1 | Aktienkurse Juli 2007 | |
| 2 | - Test AG | |
| 3 | | |
| 4 | Datum | Schlusskurs |
| 5 | 02.07.2007 | 40,23 € |
| 6 | 03.07.2007 | 40,12 € |
| 7 | 04.07.2007 | 39,20 € |
| 8 | 05.07.2007 | 39,35 € |
| 9 | 06.07.2007 | 39,71 € |
| 10 | 09.07.2007 | 39,53 € |
| 11 | 10.07.2007 | 40,03 € |
| 12 | 11.07.2007 | 39,94 € |
| 13 | 12.07.2007 | 40,23 € |
| 14 | 13.07.2007 | 40,46 € |
| 15 | 16.07.2007 | 41,14 € |
| 16 | 17.07.2007 | 41,50 € |
| 17 | 18.07.2007 | 42,21 € |
| 18 | 19.07.2007 | 41,90 € |
| 19 | 20.07.2007 | 42,01 € |
| 20 | | |

### So geht's:

1 Im ersten Schritt wird die größte positive Differenz ermittelt. Erfassen Sie dazu in Zelle D5 die Formel =MAX(B6:B101-B5:B100). Da es sich um eine Matrixfunktion handelt, müssen Sie die Eingabe mit der Tastenkombination [Strg]+[Umschalt]+[Enter] beenden.

2 Im nächsten Schritt wird die größte negative Differenz, also der größte Kursverlust, berechnet. Tragen Sie dazu in Zelle D6 diese Formel ein:
=MIN(B6:INDIREKT("B"&ANZAHL(B:B))-B5:INDIREKT("B"&ANZAHL(B:B)-1))

Da es sich auch bei dieser Formel um eine Matrixfunktion handelt, müssen Sie die Eingabe wieder mit der Tastenkombination [Strg]+[Umschalt]+[Enter] abschließen.

3   Jetzt wird noch das Datum für den Wert des größten Kursgewinns in Zelle E5 ausgelesen. Tragen Sie dazu in Zelle E5 die Funktion *=INDEX(A:A;VERGLEICH (D5;$B$6:$B$101-$B$5:$B$100;0)+5)* ein und beenden Sie auch diese Matrixfunktion mit [Strg]+[Umschalt]+[Enter].

4   Kopieren Sie im letzten Schritt diese Funktion nun noch in Zelle E6, damit das Datum auch für den größten Kursverlust ausgelesen wird.

Im Ergebnis erhalten Sie den größten Kursgewinn sowie den größten Kursverlust mit den entsprechenden Datumsangaben.

| | A | B | C | D | E | F |
|---|---|---|---|---|---|---|
| 1 | **Aktienkurse Juli 2007** | | | | | |
| 2 | - Test AG | | | | | |
| 3 | | | | | | |
| 4 | Datum | Schlusskurs | | Betrag | Datum | |
| 5 | 02.07.2007 | 40,23 € | | 0,71 € | 18.07.2007 | größter Kursgewinn |
| 6 | 03.07.2007 | 40,12 € | | - 0,92 € | 04.07.2007 | größter Kursverlust |
| 7 | 04.07.2007 | 39,20 € | | | | |
| 8 | 05.07.2007 | 39,35 € | | | | |
| 9 | 06.07.2007 | 39,71 € | | | | |
| 10 | 09.07.2007 | 39,53 € | | | | |
| 11 | 10.07.2007 | 40,03 € | | | | |
| 12 | 11.07.2007 | 39,94 € | | | | |
| 13 | 12.07.2007 | 40,23 € | | | | |
| 14 | 13.07.2007 | 40,46 € | | | | |
| 15 | 16.07.2007 | 41,14 € | | | | |
| 16 | 17.07.2007 | 41,50 € | | | | |
| 17 | 18.07.2007 | 42,21 € | | | | |
| 18 | 19.07.2007 | 41,90 € | | | | |
| 19 | 20.07.2007 | 42,01 € | | | | |

D6: {=MIN(B6:INDIREKT("B"&ANZAHL(B:B))-B5:INDIREKT("B"& ANZAHL(B:B)-1))}

### Hinweis

Zur Verprobung erfassen Sie in Zelle C6 die Formel *=B6-B5* und kopieren diese bis zur Zelle B19 nach unten. Sie sehen, der größte Kursgewinn mit 0,71 Euro war am 18.07.2007 und der größte Kursverlust mit –0,92 Euro war am 04.07.2007 zu verzeichnen.

| | A | B | C | D | E | F |
|---|---|---|---|---|---|---|
| 1 | **Aktienkurse Juli 2007** | | | | | |
| 2 | - Test AG | | | | | |
| 3 | | | | | | |
| 4 | Datum | Schlusskurs | | Betrag | Datum | |
| 5 | 02.07.2007 | 40,23 € | | 0,71 € | 18.07.2007 | größter Kursgewinn |
| 6 | 03.07.2007 | 40,12 € | - 0,11 € | - 0,92 € | 04.07.2007 | größter Kursverlust |
| 7 | 04.07.2007 | 39,20 € | - 0,92 € | | | |
| 8 | 05.07.2007 | 39,35 € | 0,15 € | | | |
| 9 | 06.07.2007 | 39,71 € | 0,36 € | | | |
| 10 | 09.07.2007 | 39,53 € | - 0,18 € | | | |
| 11 | 10.07.2007 | 40,03 € | 0,50 € | | | |
| 12 | 11.07.2007 | 39,94 € | - 0,09 € | | | |
| 13 | 12.07.2007 | 40,23 € | 0,29 € | | | |
| 14 | 13.07.2007 | 40,46 € | 0,23 € | | | |
| 15 | 16.07.2007 | 41,14 € | 0,68 € | | | |
| 16 | 17.07.2007 | 41,50 € | 0,36 € | | | |
| 17 | 18.07.2007 | 42,21 € | 0,71 € | | | |
| 18 | 19.07.2007 | 41,90 € | - 0,31 € | | | |
| 19 | 20.07.2007 | 42,01 € | 0,11 € | | | |

## Tipp 10: Umwandeln von verschiedenen Maßeinheiten

Nicht sehr bekannt ist die Funktion UMWANDELN(). Mithilfe dieser Funktion lassen sich viele unterschiedliche Maßeinheiten in andere Maßsysteme umwandeln. Dieser Tipp zeigt anhand einiger Beispiele, welche Umrechnungsfunktionen zur Verfügung stehen und wie sie verwendet werden können.

### So geht's:

Die Funktion UMWANDELN() hat folgende Syntax:

UMWANDELN(Zahl;Von_Maßeinheit;In_Maßeinheit).

Die Funktionsargumente:

- *Zahl*: Ist der Wert des Parameters *Von_Maßeinheit*, der umgewandelt werden soll.
- *Von_Maßeinheit*: Sind die Einheiten für die Zahl.
- *In_Maßeinheit*: Sind die Einheiten für das Ergebnis. UMWANDELN() akzeptiert die im Folgenden aufgeführten Textwerte (in Anführungszeichen) für *Von_Maßeinheit* und *In_Maßeinheit*.

#### 1. Umrechnung Inch in Meter

Das erste Beispiel zeigt, wie Inch in Meter umgerechnet werden können. Die Angabe der Länge in Inch steht mit einem Wert von 47,5 in Zelle A5. Erfassen Sie zur Umrechnung in Zelle B5 diese Funktion:

=UMWANDELN(A5;"in";"m")

47,5 Inch ergeben 1,21 Meter.

#### 2. Umrechnung Liter in Esslöffel

Nun soll ein Liter in die Messangabe Esslöffel umgerechnet werden. 1 Liter entspricht dabei 67,61 Esslöffeln. Erfassen Sie zur Umrechnung in Zelle B8 die Formel =UMWANDELN(A8;"l";"tbs").

#### 3. Umrechnung Grad Fahrenheit in Grad Celsius

Das letzte Beispiel zeigt, wie Grad Fahrenheit in Grad Celsius umgerechnet werden kann. Die Angabe der Temperatur in Grad Fahrenheit befindet sich in Zelle A11. Zur Umrechnung in Grad Celsius verwenden Sie folgende Formel in Zelle B11:

=UMWANDELN(A11;"F";"C")

| | A | B | C | D |
|---|---|---|---|---|
| 1 | Umrechnen von Maßsystemen | | | |
| 2 | | | | |
| 3 | | | | |
| 4 | Meter in Inch | | | |
| 5 | 47,5 | 1,21 | | |
| 6 | | | | |
| 7 | Liter in Esslöfel | | | |
| 8 | 1 | 67,61 | | |
| 9 | | | | |
| 10 | Grad Celsius in Grad Fahrenheit | | | |
| 11 | 68,9 | 20,50 | | |
| 12 | | | | |

Die nachfolgende Zusammenstellung gibt einen Überblick über alle verfügbaren Umrechnungsparameter der Funktion *UMWANDELN()*.

| Gewicht und Masse | Von_Maßeinheit oder In_Maßeinheit |
|---|---|
| Gramm | "g" |
| Stück | "sg" |
| Pfund (Handelsgewicht) | "lbm" |
| U (Atommasseeinheit) | "u" |
| Unze (Handelsgewicht) | "ozm" |
| **Entfernung** | **Von_Maßeinheit oder In_Maßeinheit** |
| Meter | "m" |
| Feste Meile | "mi" |
| Seemeile | "Nmi" |
| Zoll | "in" |
| Fuß | "ft" |
| Yard | "yd" |
| Ångstrom | "ang" |
| Pica (1/72 Zoll) | "Pica" |
| **Zeit** | **Von_Maßeinheit oder In_Maßeinheit** |
| Jahr | "yr" |
| Tag | "day" |
| Stunde | "hr" |
| Minute | "mn" |
| Sekunde | "sec" |
| **Druck** | **Von_Maßeinheit oder In_Maßeinheit** |
| Pascal | "Pa" (oder "p") |
| Atmosphäre | "atm" (oder "at") |
| mm Quecksilber | "mmHg" |
| **Kraft** | **Von_Maßeinheit oder In_Maßeinheit** |
| Newton | "N" |
| Dyne | "dyn" (oder "dy") |
| Pound-Kraft | "lbf" |
| **Energie** | **Von_Maßeinheit oder In_Maßeinheit** |
| Joule | "J" |
| Erg | "e" |
| Thermodynamische Kalorie | "c" |
| IT-Kalorie | "cal" |

| Energie | Von_Maßeinheit oder In_Maßeinheit |
|---|---|
| Elektrovolt | "eV" (oder "ev") |
| Pferdestärke/Stunde | "HPh" (oder "hh") |
| Wattstunde | "Wh" (oder "wh") |
| Fuß-Pound | "flb" |
| BTU | "BTU" (oder "btu") |
| **Potenziell** | **Von_Maßeinheit oder In_Maßeinheit** |
| Pferdestärke | "HP" (oder "h") |
| Watt | "W" (oder "w") |
| **Magnetismus** | **Von_Maßeinheit oder In_Maßeinheit** |
| Tesla | "T" |
| Gauss | "ga" |
| **Temperatur** | **Von_Maßeinheit oder In_Maßeinheit** |
| Grad Celsius | "C" (oder "cel") |
| Grad Fahrenheit | "F" (oder "fah") |
| Kelvin | "K" (oder "kel") |
| **Flüssigmaße** | **Von_Maßeinheit oder In_Maßeinheit** |
| Teelöffel | "tsp" |
| Esslöffel | "tbs" |
| Flüssigunze | "oz" |
| Tasse | "cup" |
| U.S. Pint | "pt" (oder "us_pt") |
| U.K. Pint | "uk_pt" |
| Quart | "qt" |
| Gallone | "gal" |
| Liter | "l" (oder "lt") |

## Tipp 11: Zeichen auf Knopfdruck tiefer stellen

Gerade in chemischen Formeln kann es erforderlich werden, Zeichen, wenn möglich auch automatisch, tiefer zu stellen. Dies kann jedoch nur über ein Makro realisiert werden. Das Makro, das Sie nachfolgend kennenlernen werden, ist so „gestrickt", dass hierbei alle markierten Zellen nacheinander richtig formatiert werden.

*So geht's:*

1  Drücken Sie die Tastenkombination [Alt]+[F11], um in die Entwicklungsumgebung, also zum VBA-Editor, von Excel zu gelangen.

2  Fügen Sie über das Menü *Einfügen*, Befehl *Modul* ein neues, noch leeres Modul ein und erfassen Sie den nachfolgenden Code.

*Listing 1:*

```
1  Sub ChemischeFormel()
2  Dim i As Integer
3  Dim cell As Range
4  For Each cell In Selection
5    With cell
6        If IsNull(.Font.Subscript) Then
7        .Font.Subscript = False
8        .Font.Superscript = False
9        Exit Sub
10       End If
11       For i = 1 To .Characters.Count
12       If IsNumeric(Mid(.Value, i, 1)) Then
13       .Characters(i, 1).Font.Subscript = True
14       ElseIf InStr(1, "+-", Mid(.Value, i, 1), 0) > 0 Then
15       .Characters(i, 1).Font.Superscript = True
16       End If
17       Next i
18    End With
19  Next cell
20  End Sub
```

3 Wechseln Sie nun zurück in die Excel-Umgebung und erfassen Sie ein paar typische chemische Formeln, z. B. *H20* oder *CO2*.

4 Markieren Sie dann diese Einträge und rufen Sie über *Ansicht/Makros/Makros anzeigen* das Makro mit dem Namen *ChemischeFormel* auf.

### Hinweis

In der Makroschleife werden alle markierten Zellen durchlaufen. Innerhalb dieser Schleife wird wiederum über eine weitere Schleife Zeichen für Zeichen durchforstet, und dann wird definiert, ob die Ziffer entweder höher oder tiefer gesetzt wird. Die Eigenschaft *Subscript* ist dabei verantwortlich für das Tieferstellen eines Zeichens, die Eigenschaft *Superscript* setzt ein Zeichen nach oben.

## 4.11 Mathematische Funktionen für den Alltag

Dieser Abschnitt soll Ihnen einen kleinen Überblick darüber verschaffen, welche Möglichkeiten Excel im Umgang mit alltäglichen mathematischen Funktionen bietet. Dazu werden einige Lösungen für den Praxiseinsatz vorgestellt und erläutert.

# Tipp 1: Auslesen der ersten Nachkommastelle einer Dezimalzahl

Aus einer Dezimalzahl mit beliebigen Nachkommastellen soll eine definierte Nachkommastelle extrahiert werden.

*So geht's:*

Zum Auslesen der ersten Nachkommastelle der Zahl aus Zelle A4 erfassen Sie in Zelle B4 die Funktion =WERT(RECHTS(KÜRZEN(A4;1))).

Soll die dritte Dezimalstelle extrahiert werden, muss die Funktion wie folgt modifiziert werden:

=WERT(RECHTS(KÜRZEN(A6;3)))

Auf diese Weise lassen sich beliebige Dezimalstellen auslesen.

> **Hinweis**
>
> Das Ganze funktioniert auch bei Brüchen, da Brüche intern natürlich ebenfalls als Dezimalzahlen verwaltet werden. Zum Auslesen der zweiten Dezimalstelle des Bruchs 2¾ verwenden Sie die Formel =WERT(RECHTS(KÜRZEN(A8; 2))). Das Ergebnis lautet 5 (2¾ = 2,75).

→ Verweis: siehe Kapitel 9, Tipp 1

# Tipp 2: Ermittlung von Primzahlen

Eine Primzahl ist eine natürliche Zahl mit genau zwei natürlichen Teilern, nämlich 1 und sie selbst.

Im folgenden Beispiel sehen Sie, wie mithilfe einer Excel-Formel beliebige Zahlen darauf geprüft werden können, ob es sich um eine Primzahl handelt oder nicht. Die derzeit größte Primzahl wurde im Januar 2013 gefunden. Sie lautet $2^{57885161} - 1$, das ist eine Zahl mit rund 17,4 Millionen Dezimalstellen.

## 4.11 Mathematische Funktionen für den Alltag

*So geht's:*

Als Ausgangstabelle liegt eine Auflistung von Ziffern vor. Im Beispiel sollen die Zahlen 3 bis 23 daraufhin geprüft werden, ob es sich jeweils um eine Primzahl handelt.

1 Markieren Sie dazu die Zelle B4 und erfassen Sie folgende Matrixfunktion:

   =WENN(SUMME(WENN(REST(A4;ZEILE(INDIREKT("2:"&A4-1)));0;1));"";"Primzahl")

   Diese Funktion gibt neben einer erkannten Primzahl den Text *Primzahl* aus.

2 Beenden Sie die Funktion mit der Tastenkombination [Strg]+[Umschalt]+[Enter]. Damit wird die Funktion als Matrixfunktion mit geschweiften Klammern eingetragen.

3 Kopieren Sie die Funktion bis zur Zelle B24 nach unten.

Im Ergebnis sehen Sie, bei welchen Zahlen es sich um Primzahlen handelt.

## Tipp 3: Ermittlung der Quersumme

Dieses Beispiel zeigt, wie sich mit einer Excel-Formel die Quersumme einer beliebig langen Zahlenfolge ermitteln lässt. Quersummen werden häufig als Prüfsummen verwendet.

## 4. Formeln effektiv und professionell einsetzen

### So geht's:

**1** Erfassen Sie dazu in Zelle B4 folgende Formel zur Ermittlung der Quersumme:

=SUMMENPRODUKT(WERT(TEIL(A4;ZEILE(INDIREKT("1:"&LÄNGE(A4)));1)))

Damit wird für die Zahl aus Zelle A4 die Quersumme berechnet.

**2** Kopieren Sie die Formel über das Ausfüllkästchen bis zur Zelle B6 nach unten.

Auf diese Weise können Sie beliebige Zahlenreihen als Quersumme berechnen.

Neben der herkömmlichen und allgemein bekannten Quersumme gibt es die sogenannte einstellige oder iterierte Quersumme. Dabei wird von der einfachen Quersumme so lange die Quersumme gebildet, bis nur noch eine einstellige Zahl übrig bleibt.

### So geht's:

**1** Wenn die Ausgangszahl in Zelle A10 steht, erfassen Sie in Zelle B10 diese Formel:

=(A10>0)*(REST(SUMME((0&TEIL(A10;SPALTE(1:1);1))*1)-1;9)+1)

**2** Da es sich um eine Matrixfunktion handelt, müssen Sie die Eingabe mit der Tastenkombination [Strg]+[Umschalt]+[Enter] beenden.

> **Hinweis**
>
> Das Ergebnis können Sie ganz einfach verproben, indem Sie in Zelle B13 die herkömmliche Quersumme berechnen. Das Ergebnis lautet 45. Wenn Sie nun in der nächsten Zeile die Quersumme von 45 ermitteln, ergibt sich der Wert 9. Die Formel zur Ermittlung der einstelligen Quersumme rechnet also korrekt.

# Tipp 4: Bestimmung der Fibonacci-Folge

Die Fibonacci-Folge ist eine mathematische Folge von positiven ganzen Zahlen. Diese Bedingungen gelten für die Fibonacci-Folge:

- Für die beiden ersten Zahlen werden die Werte 0 und 1 vorgegeben.
- Jede weitere Zahl ist die Summe ihrer beiden Vorgänger.

Auf dieser Basis soll nun die Fibonacci-Folge ermittelt werden, die sich in vielen Naturgesetzen zeigt, sich aber auch unter Börsianern zur Ermittlung und Analyse von Börsenzyklen herumgesprochen hat.

## So geht's über die Tabellenlösung:

1 Erfassen Sie in Zelle A4 die Zahl 0 und in Zelle A5 die 1.

2 In Zelle B5 geben Sie nun die Formel = A4+A5 ein.

3 Stellen Sie in Zelle A6 den Bezug zur Zelle B5 durch die Bezugsformel =B5 her.

4 Kopieren Sie die Formel aus Zelle A6 bis zur Zelle A20 nach unten.

5 Die Formel aus Zelle B5 kopieren Sie ebenfalls bis zur Zelle B20 nach unten.

Als Ergebnis erhalten Sie die Fibonacci-Folge im umrandeten Zellbereich A4:A20.

| | A | B | C | D |
|---|---|---|---|---|
| 1 | **Ermittlung der Fibonacci-Zahlen** | | | |
| 2 | | | | |
| 3 | Tabellenlösung: | | | |
| 4 | 0 | | | |
| 5 | 1 | 1 | | |
| 6 | 1 | 2 | | |
| 7 | 2 | 3 | | |
| 8 | 3 | 5 | | |
| 9 | 5 | 8 | | |
| 10 | 8 | 13 | | |
| 11 | 13 | 21 | | |
| 12 | 21 | 34 | | |
| 13 | 34 | 55 | | |
| 14 | 55 | 89 | | |
| 15 | 89 | 144 | | |
| 16 | 144 | 233 | | |
| 17 | 233 | 377 | | |
| 18 | 377 | 610 | | |
| 19 | 610 | 987 | | |
| 20 | 987 | 1597 | | |
| 21 | | | | |

## So geht's mit einer rekursiven Formel:

Damit zur Ermittlung der Fibonacci-Reihe nicht jedes Mal eine Tabelle aufgebaut werden muss, können Sie folgende Formel verwenden:

1 In Zelle A24 steht eine Zahl, die bestimmt, welche Fibonacci-Zahl berechnet werden soll. Wenn dort beispielsweise die Zahl 6 steht, wird in der Reihe die sechste Fibonacci-Zahl ermittelt.

2 Erfassen Sie in Zelle B24 zur Ermittlung der Fibonacci-Zahl folgende Formel:
=(1/(5^0,5))*(((1+5^0,5)/2)^A24-((1-5^0,5)/2)^A24)

## 4. Formeln effektiv und professionell einsetzen

## Tipp 5: Rechnen mit Brüchen

Dieses Beispiel zeigt, wie Sie ganz einfach das kleinste gemeinsame Vielfache zweier Zahlen sowie den größten gemeinsamen Teiler ermitteln können. Beide mathematischen Begriffe gehören eng zusammen und finden unter anderem in der Bruchrechnung Anwendung.

### So geht's: Ermittlung des größten gemeinsamen Teilers

Der größte gemeinsame Teiler ist die größte natürliche, also ganze Zahl, durch die sowohl die erste als auch die zweite Zahl ohne Rest teilbar sind.

Angenommen, in Zelle A5 befindet sich die erste und in Zelle B5 die zweite Zahl, aus denen der größte gemeinsame Teiler ermittelt werden soll. Erfassen Sie dazu in Zelle C5 folgende Formel:

=MAX(WENN((REST(B5;ZEILE(INDIREKT("1:"&A5)))&REST(A5;ZEILE(INDIREKT("1:"&A5))))="00";ZEILE(INDIREKT("1:"&A5))))

Da es sich um eine Matrixfunktion handelt, müssen Sie die Dateneingabe mit der Tastenkombination [Strg]+[Umschalt]+[Enter] abschließen.

Der größte gemeinsame Teiler für die Zahlen 66 und 255 lautet 3. Das heißt, 255 sowie 66 sind jeweils durch 3, aber durch keine höhere Zahl ohne Rest teilbar.

*So geht's: Ermittlung des kleinsten gemeinsamen Vielfachen*

Das kleinste gemeinsame Vielfache ist die kleinste positive ganze Zahl, die durch beide Zahlen teilbar ist.

In diesem Beispiel befinden sich die beiden Zahlen in den Zellen A8 und B8. In Zelle C8 soll mit folgender Formel das kleinste gemeinsame Vielfache ermittelt werden:

=B8*VERGLEICH(0;REST(B8*ZEILE(INDIREKT("1:"&A8));A8);0)

Auch diese Formel müssen Sie mit der Tastenkombination [Strg]+[Umschalt]+[Enter] abschließen, damit sie als Matrixfunktion behandelt wird.

Das kleinste gemeinsame Vielfache der Zahlen 7 und 9 beträgt 63. 63 ist somit die kleinste Zahl, die durch die Werte 7 und 9 ohne Rest teilbar ist.

→ Verweis: siehe Kapitel 2.2, Tipp 12

## Tipp 6: Alle möglichen Teiler einer Zahl berechnen

In folgendem Beispiel sollen für eine beliebige Zahl alle möglichen Teiler ermittelt werden.

*So geht's:*

Als Teiler wird eine ganze Zahl bezeichnet, wenn die Ausgangszahl durch den Teiler teilbar ist und bei der Division kein Rest bleibt.

1. Erfassen Sie in Zelle B4 folgende Formel zur Ermittlung der Teiler:1

    =KKLEINSTE(WENN(REST(A$4;ZEILE(INDIREKT("1:"&KÜRZEN(A$4^0,5))))=0; ZEILE(INDIREKT("1:"&KÜRZEN(A$4^0,5))));ZEILE()-3)

2. Beenden Sie die Eingabe der Formel mit der Tastenkombination [Strg]+[Umschalt]+[Enter], da es sich um eine Matrixfunktion handelt.

3. Kopieren Sie die Formel über das Ausfüllkästchen so weit nach unten, bis der Fehlerwert *#ZAHL!* ausgegeben wird. Löschen Sie die erzeugten Fehlerwerte wieder aus der Tabelle. In diesem Beispiel enden die Teiler in Zeile 17.

4. Formeln effektiv und professionell einsetzen

4   Markieren Sie nun den Bereich C4:C17 und erfassen Sie die Formel =WENN (B4^2=A$4;"";A$4/B4). Damit werden die restlichen Teiler für die Ausgangszahl berechnet.

5   Beenden Sie die Dateneingabe mit der Tastenkombination [Strg]+[Enter].

Für die Zahl 19776 ergeben sich somit 28 mögliche Teiler.

| | A | B | C |
|---|---|---|---|
| 1 | Ermittlung aller Teiler für eine beliebige Zahl | | |
| 2 | | | |
| 3 | | | |
| 4 | 19776 | 1 | 19776 |
| 5 | | 2 | 9888 |
| 6 | | 3 | 6592 |
| 7 | | 4 | 4944 |
| 8 | | 6 | 3296 |
| 9 | | 8 | 2472 |
| 10 | | 12 | 1648 |
| 11 | | 16 | 1236 |
| 12 | | 24 | 824 |
| 13 | | 32 | 618 |
| 14 | | 48 | 412 |
| 15 | | 64 | 309 |
| 16 | | 96 | 206 |
| 17 | | 103 | 192 |
| 18 | | | |

Formel in B4: {=KKLEINSTE(WENN(REST(A$4;ZEILE(INDIREKT("1:"&KÜRZEN(A$4^0,5))))=0;ZEILE(INDIREKT("1:"&KÜRZEN(A$4^0,5))));ZEILE()-3)}

## Tipp 7: EAN-Prüfzifferncode ermitteln

In diesem Beispiel soll die Prüfziffer einer EAN-Nummer ermittelt werden.

EAN steht für International Article Number (früher für European Article Number) und ist eine Produktbezeichnung für Handelsartikel. Die EAN ist eine 13-stellige Zahl, die zentral verwaltet und bei Bedarf an Hersteller vergeben wird.

Die 13. Stelle der EAN ist die Prüfziffer, die wie folgt ermittelt wird:

### So geht's:

Die Prüfziffer der EAN (letzte Ziffer) errechnet sich, indem die einzelnen Ziffern von rechts nach links, beginnend mit der vorletzten, abwechselnd mit 3 und 1 multipliziert werden, wobei immer mit dem Faktor 3 begonnen wird. Anschließend werden diese Produkte addiert und zur Prüfziffer verdichtet. Wenn die Prüfziffer durch 10 teilbar ist, wird ihr Wert mit 0 ausgegeben.

1   Erfassen Sie in Zelle A4 die ersten zwölf Stellen der EAN (ohne Prüfziffer).

2   Zur Berechnung der Prüfziffer in Zelle B4 verwenden Sie diese Formel:
    =10-REST(SUMMENPRODUKT(TEIL(A4;ZEILE(1:12);1)*(1+2*REST(ZEILE(2:13);2)));10)

Als Ergebnis erhalten Sie die berechnete Prüfziffer, im Beispiel die Zahl 6, die nun als 13. Ziffer an die EAN angehängt wird.

404

## 4.11 Mathematische Funktionen für den Alltag

> **Hinweis**
>
> Wenn Sie in Zelle A4 eine EAN mit mehr als zwölf Stellen erfassen, ist das unerheblich, da die Funktion ausschließlich die ersten zwölf Stellen auswertet.

Alternativ können Sie bei einer bestehenden 13-stelligen EAN prüfen, ob deren 13. Stelle, also die Prüfziffer, korrekt ist. Gehen Sie dazu wie folgt vor:

1 Geben Sie in Zelle A4 eine beliebige EAN mit Prüfziffer ein.

2 In Zelle B6 erfassen Sie diese Formel:
=WENN(0=REST(SUMMENPRODUKT(TEIL(A4;ZEILE(1:13);1)*(1+2*REST(ZEILE(2:14);2)));10);"OK";"Fehler")

Damit wird die Prüfziffer kontrolliert, und bei Übereinstimmung wird der Text *OK*, ansonsten der Text *Fehler* ausgegeben.

### Tipp 8: Berechnen und Umwandeln von Dezimal-, Dual-, Hexadezimal- und Oktalzahlen

Die folgende Tabelle soll – für einen ersten Einstieg – die Unterschiede der vier Zahlensysteme beispielhaft anhand der Zahlen 1 bis 10 in Erinnerung rufen.

| Dezimalsystem | 0 | 1 | 2 | 3 | 4 | 5 | 6 | 7 | 8 | 9 | 10 |
|---|---|---|---|---|---|---|---|---|---|---|---|
| Dualsystem | 0 | 1 | 10 | 11 | 100 | 101 | 110 | 111 | 1000 | 1001 | 1010 |
| Oktalsystem | 0 | 1 | 2 | 3 | 4 | 5 | 6 | 7 | 10 | 11 | 12 |
| Hexadezimalsystem | 0 | 1 | 2 | 3 | 4 | 5 | 6 | 7 | 8 | 9 | A |

Excel stellt seit der Version 2003 folgende Funktionen zur Umwandlung von Zahlen zwischen Dezimal-, Dual-, Hexadezimal- und Oktalzahlensystem zur Verfügung:

- *BININDEZ*: Wandelt Binärzahlen in Dezimalzahlen um.
- *BININHEX*: Wandelt Binärzahlen in Hexadezimalzahlen um.
- *BININOKT*: Wandelt Binärzahlen in Oktalzahlen um.
- *DEZINBIN*: Wandelt Dezimalzahlen in Binärzahlen um.
- *DEZINOKT*: Wandelt Dezimalzahlen in Oktalzahlen um.
- *DEZINHEX*: Wandelt Dezimalzahlen in Hexadezimalzahlen um.
- *OKTINDEZ*: Wandelt Oktalzahlen in Dezimalzahlen um.
- *OKTINBIN*: Wandelt Oktalzahlen in Binärzahlen um.
- *OKTINHEX*: Wandelt Oktalzahlen in Hexadezimalzahlen um.
- *HEXINBIN*: Wandelt Hexadezimalzahlen in Binärzahlen um.

- *HEXINOKT:* Wandelt Hexadezimalzahlen in Oktalzahlen um.
- *HEXINDEZ:* Wandelt Hexadezimalzahlen in Dezimalzahlen um.

Mit Excel 2013 wurde diese Liste um die beiden folgenden Funktionen ergänzt:
- *DEZIMAL(Text;Basis)*
- *BASIS(Zahl;Basis;[Mindestlänge]).*

Für die Umrechnung zwischen Dezimal- und einem der anderen Zahlensysteme muss damit in Excel 2013 nicht mehr notwendigerweise eine der sechs speziellen Funktionen verwendet werden – es genügt nun, der *DEZIMAL-* bzw. *BASIS*-Funktion die Basis des Ausgangs- bzw. Zielzahlensystems als Argument mitzugeben.

Für Excel 2003 bis 2010 allerdings sind diese Funktionen nach wie vor wesentlich.

Eine beliebte Aufgabenstellung in Schule und Studium ist es, ohne Verwendung einschlägiger Funktionen Umrechnungen zwischen Zahlensystemen vorzunehmen. Im Folgenden soll daher – ohne Verwendung der Funktion *BININDEZ* (bzw. *OKTINDEZ* sowie *HEXINDEZ*) – die Methodik der Umrechnung von Dual- (bzw. Oktal und Hexadezimalzahlen) in Dezimalzahlen und vice versa „zu Fuß" dargestellt werden.

### Umwandlung von Dual- in Dezimalzahlen – zu Fuß

Das Dual- oder auch Binärsystem hat als Basis den Wert 2, d. h., der Stellenwert einer Ziffer innerhalb einer Zahl ergibt sich durch Berechnung von $2^m$, wobei m mit 0 beginnend von rechts nach links aufsteigend gezählt wird und der Stellennummer entspricht:

| Stellennummer | m     | ... | 4  | 3 | 2 | 1 | 0 |
|---------------|-------|-----|----|---|---|---|---|
| Stellenwert   | $2^m$ | ... | 16 | 8 | 4 | 2 | 1 |

Der Dezimalwert beispielsweise der Dualzahl 1010 errechnet sich durch Aufsummierung der Produkte der Wertepaare Stellenwert und Stellenziffer:

$$1010_2 = 1*2^3 + 0*2^2 + 1*2^1 + 0*2^0$$
$$= 1*8 + 0*4 + 1*2 + 0*1$$
$$= 10$$

### So geht's:

1. Um – ohne Verwendung der Funktion *BININDEZ* – eine fünfstellige Dualzahl umzurechnen, erstellen Sie zunächst eine Tabellenzeile mit den ersten fünf Stellenwerten [16, 8, 4, 2, 1]. Markieren Sie diese fünf Zellen und geben Sie diesem Bereich den Namen *Stellenwert*.

2. Legen Sie ein Eingabefeld links der Tabelle fest und geben Sie diesem den Namen *Eingabe*. Tragen Sie unterhalb der bereits eingefügten Tabellenzeile in die erste Zelle unterhalb der Zahl 16 folgende Formel ein:

   =TEIL(Eingabe;1;1)

In die danebenliegenden Zellen tragen Sie ein:

=TEIL(Eingabe;2;1)

=TEIL(Eingabe;3;1)

=TEIL(Eingabe;4;1)

=TEIL(Eingabe;5;1)

Markieren Sie diese fünf Zellen und geben Sie diesem Zellbereich den Namen *Stellenziffer*.

3  Geben Sie eine fünfstellige Dualzahl in das Eingabefeld ein, beispielsweise 11010; die einzelnen Ziffern der eingegebenen Zahl werden nun durch die *TEIL*-Formeln isoliert und automatisch in die Spalten 1 bis 5 eingetragen.

|          |       |    | Stellenwert: | 16 | 8 | 4 | 2 | 1 |
|----------|-------|----|-----|----|---|---|---|---|
| Dualzahl: | 11010 | -> |     | 1  | 1 | 0 | 1 | 0 |

4  Erfassen Sie die folgende Matrixformel in einem neuen Feld:

{=SUMME(Stellenwert*Stellenziffer)}

Beachten Sie: Die geschweiften Klammern werden nicht mit eingegeben, sondern entstehen durch die abschließende Bestätigung der Eingabe mittels der Tastenkombination [Strg]+[Umschalt]+[Enter] automatisch.

| | × ✓ fx | {=SUMME(Stellenwert*Stellenziffer)} | | | | | |
|---|---|---|---|---|---|---|---|
| B | C | D | E | F | G | H | I |
| | Stellenwert: | | 16 | 8 | 4 | 2 | 1 |
| Dualzahl: | 11010 | -> | 1 | 1 | 0 | 1 | 0 |
| Dez.-Ergebnis: | 26 | = | 16*1 + | 8*1 + | 4*0 + | 2*1 + | 1*0 |

Mittels der Matrixfunktion werden die jeweiligen Paare aus Stellenwert und Stellenziffer miteinander multipliziert und danach addiert.

## Umwandlung von Oktal- und Hexadezimalzahlen in Dezimalzahlen – zu Fuß

Für die Umrechnung von Oktal- und Hexadezimalzahlen in Dezimalzahlen kann dies als Vorlage verwendet werden, es müssen lediglich folgende Anpassungen vorgenommen werden:

- Oktalsystem: Stellenwerte errechnen sich durch Potenzierung der Basis 8 mit der Stellenziffer.
- Hexadezimalsystem: Stellenwerte errechnen sich durch Potenzierung der Basis 16 mit der Stellenziffer.

## Umwandlung ins Dezimalsystem mittels Excel-Funktionen

Mittels der Excel-Funktionen wird – selbstverständlich ungleich schneller und komfortabler – wie folgt umgerechnet:

- Excel 2003–2013:
  =BININDEZ(Zahl)
  =OKTINDEZ(Zahl)
  =HEXINDEZ(Zahl)

  Für *Zahl* kann direkt eine Zahl oder ein Zellbezug eingegeben werden.

- Excel 2013:
  =DEZIMAL(Text;Basis), wobei für *Text* und *Basis* direkt eine Zahl oder ein Zellbezug eingegeben werden können. Zur Umrechnung ins Dualsystem verwenden Sie als Basis 2, zur Umrechnung ins Oktalsystem die Basis 8, zur Umrechnung ins Hexadezimalsystem die Basis 16.

  Grundsätzlich können in der Funktion DEZIMAL als Basis Werte von 2 bis 32 eingetragen werden.

### Umwandlung von Dezimal- ins Hexadezimalsystem – zu Fuß

Die beispielhafte Umrechnung vom Dezimalsystem in andere Systeme „zu Fuß" soll anhand des Hexadezimalsystems dargestellt werden. Dieses hat die Besonderheit, dass neben den Ziffern 1 bis 9 auch die Buchstaben A bis F eine Rolle spielen, was bei der Ergebnisnotation zu berücksichtigen ist. Zur Umrechnung der Systeme wird die Divisionsmethode eingesetzt.

### So geht's:

1 Um – ohne Verwendung der Funktion DEZINHEX – eine dreistellige Dezimalzahl umzurechnen, erstellen Sie zunächst die abgebildeten Tabellen:

| | A | B | C | D | E | F | G | H | I | J |
|---|---|---|---|---|---|---|---|---|---|---|
| 1 | | | | | | | | | Notation: | |
| 2 | Dezimalzahl: | 266 | -> | | 266 | 16 | 1 | | 10 | A |
| 3 | | | Teiler: | | :16 | :16 | :16 | | 11 | B |
| 4 | | | Zwischenergebnis: | | 16 | 1 | 0 | | 12 | C |
| 5 | | | Rest: | | 10 | 0 | 1 | | 13 | D |
| 6 | | | Notation: | | A | 0 | 1 | | 14 | E |
| 7 | | | | | | Notationsrichtung | | | 15 | F |
| 8 | Hexadez.-Ergebnis: | 10A | | | | | | | | |

2 In Zelle E2 setzen Sie einen Bezug auf die Eingabezelle B2 (=B2). Als Teiler wird die Zahl 16 in Zeile 3 eingetragen.

3 Markieren Sie die Zellen E4:G4 und tragen Sie für E4 =ABRUNDEN(E2/E3;0) ein. Bestätigen Sie mit [Strg]+[Enter].

4 Verfahren Sie in der nächsten Zeile analog mit Eingabe von =REST(E2;E3) in Zelle E5.

5 Gleiches Verfahren in Zeile 6 mit folgender Eingabe in Zelle E6: =WENNNV(SVERWEIS(E5;$I$2:$J$7;2;);E5).

6 In Zelle F2 setzen Sie einen Bezug auf E4 und kopieren die Formel in Zelle G2.

7 Um das Ergebnis in korrekter Notationsrichtung in der Ergebniszelle B8 darzustellen, erfassen Sie folgende Formel: =VERKETTEN(G6;F6;E6).

## Umwandlung von Dezimal- ins Oktal-/Dualsystem – zu Fuß

Eine Umrechnung von Dezimal- in Oktal- und Dualzahlen wird mit folgenden Anpassungen möglich:

- Oktalsystem: Als Teiler ist die Zahl 8 zu verwenden.
- Dualsystem: Als Teiler ist die Zahl 2 zu verwenden.

Für beide Systeme entfällt darüber hinaus die Zeile *Notation* – die Bezüge aus der Ergebniszelle können direkt auf die Restzeile gesetzt werden.

## Umwandlung vom Dezimal- ins Hexadezimal-, Oktal-/Dualsystem mittels Excel-Funktionen

Im Normalfall ist das Mittel der Wahl natürlich auch hier die schnelle Umrechnung mittels Excel-Funktionen:

- Excel 2003–2013:
  =DEZINBIN(Zahl;[Stellen])
  =DEZINOKT(Zahl;[Stellen])
  =DEZINHEX (Zahl;[Stellen])

Für *Zahl* kann direkt eine Zahl oder ein Zellbezug eingegeben werden. Die Maximalzahl für die Umrechnung ins Dualsystem ist dabei auf 511 festgelegt.

- Excel 2013:
  =BASIS(Zahl;Basis;[Mindestlänge])

Für *Zahl* und *Basis* kann analog direkt eine Zahl oder ein Zellbezug eingegeben werden. Als *Basis* können Werte von 2 bis 32 eingetragen werden.

| | A | B | C | D |
|---|---|---|---|---|
| 1 | **Excel 2003-2013:** | | | |
| 2 | BININDEZ | 1010 | 10 | =BININDEZ(B2) |
| 3 | BININHEX | 1010 | A | =BININHEX(B3) |
| 4 | BININOKT | 1010 | 12 | =BININOKT(B4) |
| 5 | | | | |
| 6 | DEZINBIN | 10 | 1010 | =DEZINBIN(B6) |
| 7 | DEZINOKT | 10 | 12 | =DEZINOKT(B7) |
| 8 | DEZINHEX | 10 | A | =DEZINHEX(B8) |
| 9 | | | | |
| 10 | OKTINDEZ | 12 | 10 | =OKTINDEZ(B10) |
| 11 | OKTINBIN | 12 | 1010 | =OKTINBIN(B11) |
| 12 | OKTINHEX | 12 | A | =OKTINHEX(B12) |
| 13 | | | | |
| 14 | HEXINBIN | A | 1010 | =HEXINBIN(B14) |
| 15 | HEXINOKT | A | 12 | =HEXINOKT(B15) |
| 16 | HEXINDEZ | A | 10 | =HEXINDEZ(B16) |
| 17 | | | | |
| 18 | **Excel 2013:** | | | |
| 19 | DEZIMAL Basis 2 | 1010 | 10 | =DEZIMAL(B19;2) |
| 20 | DEZIMAL Basis 8 | 12 | 10 | =DEZIMAL(B20;8) |
| 21 | DEZIMAL Basis 16 | A | 10 | =DEZIMAL(B21;16) |
| 22 | | | | |
| 23 | BASIS (Basis 2) | 10 | 1010 | =BASIS(B23;2) |
| 24 | BASIS (Basis 8) | 10 | 12 | =BASIS(B24;8) |
| 25 | BASIS (Basis 16) | 10 | A | =BASIS(B25;16) |

## 4. Formeln effektiv und professionell einsetzen

### Durchführung von Berechnungen in Hexadezimal-, Oktal- und Dualsystem

Um Grundrechenarten innerhalb des Dual-, Oktal- oder Hexadezimalsystems pragmatisch durchzuführen, empfiehlt es sich, den Zwischenschritt über eine Rückrechnung der Ausgangsdaten ins Dezimalsystem und der Wiederumrechnung des Ergebnisses in das Ausgangszahlensystem zu gehen.

Als Beispiel sollen die Dualzahlen 11010 und 11 addiert werden.

Erfassen Sie folgende Formel:
=DEZINBIN(BININDEZ(11010)+(BININDEZ(11)))

Das Ergebnis der Berechnung ist *11101*.

Analog können Addition, Subtraktion, Division und Multiplikation in allen drei Zahlensystemen durchgeführt werden.

| | A | B | C | D | E | F | G |
|---|---|---|---|---|---|---|---|
| 1 | Grundrechenarten im Dualsystem: | | | | | | |
| 2 | | | | | | | |
| 3 | Addition: | 11010 | + | 11 | = | 11101 | =DEZINBIN(BININDEZ(B3)+(BININDEZ(D3))) |
| 4 | Subtraktion: | 10001 | - | 101 | = | 1100 | =DEZINBIN(BININDEZ(B4)-(BININDEZ(D4))) |
| 5 | Division: | 110 | / | 10 | = | 11 | =DEZINBIN(BININDEZ(B5)/(BININDEZ(D5))) |
| 6 | Multiplikation: | 11100 | * | 111 | = | 100011 | =DEZINBIN(BININDEZ(B6)+(BININDEZ(D6))) |
| 7 | | | | | | | |
| 8 | | | | | | | |
| 9 | Grundrechenarten im Oktalsystem: | | | | | | |
| 10 | | | | | | | |
| 11 | Addition: | 11010 | + | 11 | = | 10777 | =DEZINOKT(OKTINDEZ(B11)-(OKTINDEZ(D11))) |
| 12 | Subtraktion: | 10001 | - | 101 | = | 7700 | =DEZINOKT(OKTINDEZ(B12)-(OKTINDEZ(D12))) |
| 13 | Division: | 110 | / | 10 | = | 11 | =DEZINOKT(OKTINDEZ(B13)/(OKTINDEZ(D13))) |
| 14 | Multiplikation: | 11100 | * | 111 | = | 1232100 | =DEZINOKT(OKTINDEZ(B14)*(OKTINDEZ(D14))) |
| 15 | | | | | | | |
| 16 | | | | | | | |
| 17 | Grundrechenarten im Hexadezimalsystem: | | | | | | |
| 18 | | | | | | | |
| 19 | Addition: | 1208 | + | 9 | = | 1211 | =DEZINHEX(HEXINDEZ(B19)+(HEXINDEZ(D19))) |
| 20 | Subtraktion: | 1001 | - | 41 | = | FC0 | =DEZINHEX(HEXINDEZ(B20)-(HEXINDEZ(D20))) |
| 21 | Division: | 48 | / | 8 | = | 9 | =DEZINHEX(HEXINDEZ(B21)/(HEXINDEZ(D21))) |
| 22 | Multiplikation: | 1240 | * | 49 | = | 53440 | =DEZINHEX(HEXINDEZ(B22)*(HEXINDEZ(D22))) |

### Tipp 9: Römische in arabische Zahlen umwandeln (und vice versa)

Excel stellt für die Umwandlung von römischen in arabische Zahlen die Funktion *RÖMISCH (Zahl; [Typ])* zur Verfügung. Mit dieser Funktion ist eine Konvertierung von Zahlen im Bereich von 1 bis 3999 möglich.

| | A | B | C | D | E | F | G | H |
|---|---|---|---|---|---|---|---|---|
| 1 | Arabische Zahl: | 1 | 5 | 10 | 50 | 100 | 500 | 1000 |
| 2 | Römische Zahl: | I | V | X | L | C | D | M |

Bei der Umwandlung kann mittels Variation des optionalen Arguments *Typ* zwischen mehreren Schreibweisen der römischen Zahlen gewählt werden:

- Wird als *Typ* 0 angegeben oder leer gelassen, wird die eingegebene Zahl in klassischer römischer Schreibweise zurückgegeben.
- Wählt man als *Typ* dagegen eine Zahl zwischen 1 und 4, wird das Ergebnis in römischer Schreibweise umso kürzer/vereinfachter gestaltet, je höher die Typzahl ist.

Die folgende Abbildung zeigt anhand der Zahl 499 diese unterschiedlichen Darstellungen in Abhängigkeit vom gewählten Typ:

## Umrechnung von arabischen in römische Zahlen

Im folgenden Beispiel ist eine Liste zu erstellen, die alle arabischen Zahlen des zulässigen Wertebereichs aufweist; jeder Zahl soll die umgewandelte römische Ziffer in den verschiedenen Schreibweisen vergleichend gegenübergestellt werden.

### So geht's:

1. Tragen Sie in Zelle A1 die Zahl 1 ein.
2. Zum automatischen Auffüllen der Zahlen bis 3999 verwenden Sie die Reihenfunktion:
    - ab Excel 2007: Menü *Start/Bearbeiten/Füllbereich/Reihe*,
    - in Excel 2003: Menü *Bearbeiten/Ausfüllen/Reihe*.
3. Im Dialogfenster *Reihe* wählen Sie die Option *Spalten* sowie als Typ *Linear*.

    Im Feld *Inkrement* belassen Sie den Wert 1 und geben im Feld *Endwert* die Zahl 3999 ein.

    Der abschließende Klick auf die Schaltfläche *OK* befüllt Spalte A mit den gewünschten Werten.

4. Erfassen Sie nun folgende Formeln:
    - Zelle B1: =RÖMISCH($A1;0)
    - Zelle C1: =RÖMISCH($A1;1)
    - Zelle D1: =RÖMISCH($A1;2)
    - Zelle E1: =RÖMISCH($A1;3)
    - Zelle F1: =RÖMISCH($A1;4).
5. Markieren Sie die Zellen B1:F1.
6. Setzen Sie den Mauszeiger auf das Ausfüllkästchen an der rechten unteren Ecke des markierten Bereichs und kopieren Sie die erfassten Formeln durch Doppelklick bis Zeile 3999.

## 4. Formeln effektiv und professionell einsetzen

| | A | B | C | D | E | F |
|---|---|---|---|---|---|---|
| 486 | 486 | CDLXXXVI | LDXXXVI | LDXXXVI | LDXXXVI | LDXXXVI |
| 487 | 487 | CDLXXXVII | LDXXXVII | LDXXXVII | LDXXXVII | LDXXXVII |
| 488 | 488 | CDLXXXVIII | LDXXXVIII | LDXXXVIII | LDXXXVIII | LDXXXVIII |
| 489 | 489 | CDLXXXIX | LDXXXIX | LDXXXIX | LDXXXIX | LDXXXIX |
| 490 | 490 | CDXC | LDXL | XD | XD | XD |
| 491 | 491 | CDXCI | LDXLI | XDI | XDI | XDI |
| 492 | 492 | CDXCII | LDXLII | XDII | XDII | XDII |
| 493 | 493 | CDXCIII | LDXLIII | XDIII | XDIII | XDIII |
| 494 | 494 | CDXCIV | LDXLIV | XDIV | XDIV | XDIV |
| 495 | 495 | CDXCV | LDVL | XDV | VD | VD |
| 496 | 496 | CDXCVI | LDVLI | XDVI | VDI | VDI |
| 497 | 497 | CDXCVII | LDVLII | XDVII | VDII | VDII |
| 498 | 498 | CDXCVIII | LDVLIII | XDVIII | VDIII | VDIII |
| 499 | 499 | CDXCIX | LDVLIV | XDIX | VDIV | ID |
| 500 | 500 | D | D | D | D | D |
| 501 | 501 | DI | DI | DI | DI | DI |

**Umrechnung von römischen in arabische Zahlen**

Für die Umrechnung römischer in arabische Zahlen steht in Excel 2013 erstmals eine dedizierte Funktion zur Verfügung: *ARABISCH(Text)*. Mit dieser Funktion können römische Zahlen – ungeachtet der Art der verwendeten römischen Schreibweise – in arabische Zahlen umgerechnet werden.

In den Versionen bis Excel 2010 ist die Umrechnung römischer Zahlen dagegen nur mittels rekursiver Verwendung der Funktion *RÖMISCH* möglich. Abhängig von der verwendeten Schreibweise der römischen Ausgangszahlen muss hier der entsprechende Typ als Argument beigegeben werden, um ein korrektes Ergebnis zu erhalten.

*So geht's:*

**1** Kopieren Sie die in den Spalten B bis F ermittelten Zahlen als Werte auf ein neues Tabellenblatt in die Spalten A bis E. In den Spalten A bis E befinden sich nun die Zahlen 1 bis 4999 in jeweils unterschiedlicher Schreibweise.

**2** Excel 2013: Erfassen Sie folgende Formel in Zelle F1:

=ARABISCH(A1)

Markieren Sie Zelle F1, setzen Sie den Mauszeiger auf das Ausfüllkästchen und ziehen Sie die Markierung nach rechts bis zur Zelle J1. In dieser Zelle sollte nun die Formel *=ARABISCH(E1)* stehen.

Markieren Sie die Zellen F1:J1 und kopieren Sie diese mittels Doppelklick auf das Ausfüllkästchen bis Zeile 3999. Unabhängig von der verwendeten Ausgangsschreibweise erhalten Sie die korrekte arabische Zahl.

Bis Excel 2010: Erfassen Sie folgende Matrixformeln:

- Zelle F1: {=VERGLEICH(A1;RÖMISCH(ZEILE(INDIREKT("1:3999"));0);0)}
- Zelle G1: {=VERGLEICH(B1;RÖMISCH(ZEILE(INDIREKT("1:3999"));1);0)}
- Zelle H1: {=VERGLEICH(C1;RÖMISCH(ZEILE(INDIREKT("1:3999"));2);0)}
- Zelle I1: {=VERGLEICH(D1;RÖMISCH(ZEILE(INDIREKT("1:3999"));3);0)}
- Zelle J1: {=VERGLEICH(E1;RÖMISCH(ZEILE(INDIREKT("1:3999"));4);0)}.

| | A | B | C | D | E | F | G | H | I | J |
|---|---|---|---|---|---|---|---|---|---|---|
| 486 | CDLXXXV | LDXXXV | LDXXXV | LDXXXV | LDXXXV | 485 | 485 | 485 | 485 | 485 |
| 487 | CDLXXXVI | LDXXXVI | LDXXXVI | LDXXXVI | LDXXXVI | 486 | 486 | 486 | 486 | 486 |
| 488 | CDLXXXVII | LDXXXVII | LDXXXVII | LDXXXVII | LDXXXVII | 487 | 487 | 487 | 487 | 487 |
| 489 | CDLXXXVIII | LDXXXVIII | LDXXXVIII | LDXXXVIII | LDXXXVIII | 488 | 488 | 488 | 488 | 488 |
| 490 | CDLXXXIX | LDXXXIX | LDXXXIX | LDXXXIX | LDXXXIX | 489 | 489 | 489 | 489 | 489 |
| 491 | CDXC | LDXL | XD | XD | XD | 490 | 490 | 490 | 490 | 490 |
| 492 | CDXCI | LDXLI | XDI | XDI | XDI | 491 | 491 | 491 | 491 | 491 |
| 493 | CDXCII | LDXLII | XDII | XDII | XDII | 492 | 492 | 492 | 492 | 492 |
| 494 | CDXCIII | LDXLIII | XDIII | XDIII | XDIII | 493 | 493 | 493 | 493 | 493 |
| 495 | CDXCIV | LDXLIV | XDIV | XDIV | XDIV | 494 | 494 | 494 | 494 | 494 |
| 496 | CDXCV | LDVL | XDV | VD | VD | 495 | 495 | 495 | 495 | 495 |
| 497 | CDXCVI | LDVLI | XDVI | VDI | VDI | 496 | 496 | 496 | 496 | 496 |
| 498 | CDXCVII | LDVLII | XDVII | VDII | VDII | 497 | 497 | 497 | 497 | 497 |
| 499 | CDXCVIII | LDVLIII | XDVIII | VDIII | VDIII | 498 | 498 | 498 | 498 | 498 |
| 500 | CDXCIX | LDVLIV | XDIX | VDIV | ID | 499 | 499 | 499 | 499 | 499 |
| 501 | D | D | D | D | D | 500 | 500 | 500 | 500 | 500 |
| 502 | DI | DI | DI | DI | DI | 501 | 501 | 501 | 501 | 501 |

Beachten Sie: Die geschweiften Klammern werden nicht mit eingegeben, sondern entstehen durch die abschließende Bestätigung der Eingabe mittels der Tastenkombination [Strg]+[Umschalt]+[Enter] automatisch.

Markieren Sie nun die Zellen F1:J1 und kopieren Sie diese mittels Doppelklick auf das Ausfüllkästchen bis Zeile 3999.

## Tipp 10: Rund ums Runden

Excel bietet eine Vielzahl an Formeln an, um diverse Rundungen von Werten vornehmen zu können. Die klassischen Formeln, die zum Runden benutzt werden können, sind *RUNDEN()*, *ABRUNDEN()*, *AUFRUNDEN()*, *KÜRZEN()*, *FEST()*, *GANZ-ZAHL()*, *GERADE()*, *UNGERADE()*, *OBERGRENZE()*, *UNTERGRENZE()* und *VRUN-DEN()*. Es gibt aber auch noch einige andere Möglichkeiten zum Runden. So können unter anderem auch Formeln wie *TEXT()*, *DM()* oder die nicht dokumentierte Funktion *USDOLLAR()* eingesetzt werden.

| | A | B | C | E |
|---|---|---|---|---|
| 1 | Beschreibung | Wert | Ergebnis | Formel |
| 2 | Auf zwei Nachkommastellen runden | 5,2749 | 5,27 | =RUNDEN(B2;2) |
| 3 | Auf zwei Nachkommastellen aufrunden | 5,2749 | 5,28 | =AUFRUNDEN(B3;2) |
| 4 | Auf Ganzzahl runden | 1,2649 | 1 | =RUNDEN(B4;0) |
| 5 | Auf nächsten 10er runden | 334,254 | 330 | =RUNDEN(B5;-1) |
| 6 | Auf nächsten 10er aufrunden | 334,254 | 340 | =AUFRUNDEN(B6;-1) |
| 7 | Auf nächsten 1000er runden | 312789123 | 312789000 | =RUNDEN(B7;-3) |
| 8 | Auf nächste Million runden mit einer Nachkommastelle | 312789123 | 312,8 | =RUNDEN(B8/1000000;1) |
| 9 | Auf die nächste Multiple von 2 runden | 43 | 44 | =VRUNDEN(B9;2) |
| 10 | Auf die nächste Multiple von 5 runden | 93 | 95 | =VRUNDEN(B10;5) |
| 11 | Auf den nächsten 100er abrunden | 301 | 300 | =UNTERGRENZE(B11;100) |
| 12 | Schneidet die Nachkommastellen ab | -23,34 | -23 | =KÜRZEN(B12;0) |
| 13 | Rundet auf die nächste gerade ganze Zahl auf | 42,1 | 44 | =GERADE(B13) |
| 14 | Rundet auf die nächste ungerade ganze Zahl auf | 44,93 | 45 | =UNGERADE(B14) |
| 15 | Rundet auf die 2te Nachkommastelle ab | 3,446 | 3,44 | =ABRUNDEN(B15;2) |
| 16 | Rundet auf die nächst kleinere ganze Zahl ab | 3,446 | 3 | =GANZZAHL(B16) |
| 17 | Wandelt den Wert in ein Währungsformat um | 1 | 1,00 € | =DM(B17;2) |
| 18 | Wandelt den Wert in ein Währungsformat um | 1,31 | 1,31 € | =USDOLLAR(B18;2) |
| 19 | Wandelt den Wert in ein Textformat um | 1,31 | 1,3 | =TEXT(B19;"# ##0,0") |

## 4.12 Sofort einsetzbare Summierungsfunktionen und bedingte Berechnungen

In diesem Abschnitt erfahren Sie anhand verschiedener Praxistipps, welche Summierungsmöglichkeiten Excel bietet und wie leistungsstarke Auswertungs- und Summierungsformeln erstellt werden können.

### Tipp 1: Summierung jeder x-ten Zeile

Im Beispiel liegen Messwerte einer Produktionsanlage vor. Zu Analysezwecken darf nur jeder vierte Wert der Zahlenreihe herangezogen werden. Die anderen Werte sollen unberücksichtigt bleiben.

*So geht's:*

Sehen Sie sich zunächst die Ausgangstabelle an. Diese Messwerte stammen aus einem Analyseprogramm und wurden nach Excel importiert.

1. Zum Auslesen jedes vierten Werts erfassen Sie in Zelle B22 folgende Formel:

    =SUMME(WENN(REST(ZEILE(B4:B20);4)=0;B4:B20))

    Damit wird jede vierte Zelle aus dem Bereich B4:B20 addiert. Alle anderen Messwerte bleiben unberücksichtigt.

2. Da es sich um eine Matrixfunktion handelt, müssen Sie die Formel mit der Tastenkombination [Strg]+[Umschalt]+[Enter] abschließen.

Die mit Pfeilen gekennzeichneten Werte fließen in die Summe ein.

### Hinweis

Soll beispielsweise jede dritte Zeile summiert werden, passen Sie die Formel entsprechend an:

=SUMME(WENN(REST(ZEILE(B4:B20);3)=0;B4:B20))

## Tipp 2: Summierung von absoluten Zahlen

In diesem Beispiel sollen alle Zahlen als absolute Zahlen behandelt und addiert werden. Als absolute Zahl wird eine Zahl ohne Vorzeichen bezeichnet. Ziel ist es also, dass alle Zahlen unabhängig vom Vorzeichen addiert werden.

### So geht's:

Erfassen Sie zur Summierung des Bereichs A4:A9 in Zelle A11 die Formel =SUMME(ABS(A4:A9)). Damit Excel die Formel als Matrixformel interpretiert, müssen Sie die Eingabe mit der Tastenkombination [Strg]+[Umschalt]+[Enter] abschließen.

Im Ergebnis werden nun alle Zahlen addiert, unabhängig davon, welches Vorzeichen die jeweilige Zahl besitzt.

## Tipp 3: Gerundete Zahlen richtig summieren

Diese Aufgabenstellung zeigt, welche Fallstricke im Umgang mit gerundeten Zahlen bestehen und wie sie umgangen werden können.

### So geht's:

Im Beispiel soll das Ergebnis einer Berechnung auf ganze Zahlen, also Zahlen ohne Nachkommastellen, gerundet werden. Sehen Sie sich zunächst die Ausgangswerte in nebenstehender Abbildung an.

Bei der Addition der Werte im Bereich A7:A10 mit der Funktion =SUMME(A7:A10) ergibt sich ein Betrag von 10011,54.

Um nun die Summe zu runden, stehen zwei verschiedene Methoden zur Verfügung:

1  Bei der ersten Möglichkeit wird nur das Ergebnis gerundet. Dies erreichen Sie durch die Formel =RUNDEN(SUMME(A7:A10);0) in Zelle B14. Als Ergebnis erhalten Sie den Wert 10012.

**2** Sollen hingegen bereits die einzelnen Umsatzbeträge gerundet werden, können Sie das durch folgende Matrixformel in Zelle B16 erreichen:

=SUMME(RUNDEN(A7:A10;0))

Schließen Sie die Array-Funktion mit der Tastenkombination [Strg]+[Umschalt]+[Enter] ab. Das Ergebnis lautet 10011.

Das Ergebnis von 10011 lässt sich ganz leicht verproben, indem in der Nebenspalte B7:B10 die einzelnen Umsätze gerundet und die gerundeten Umsätze addiert werden.

**1** Markieren Sie dazu den Zellbereich B7:B14 und erfassen Sie in Zelle B7 die Formel =RUNDEN(A7;0). Beenden Sie die Dateneingabe mit der Tastenkombination [Strg]+[Enter].

**2** In Zelle B12 wird die Summe der vier Umsätze ganz einfach mithilfe der Formel =SUMME(B7:B10) ermittelt.

Als Ergebnis wird ebenfalls die Summe der einzelnen gerundeten Umsätze zurückgegeben.

Auf diese Weise können Sie auch Zahlen auf volle Tausend oder volle Millionen runden.

## Tipp 4: Beschränkung intelligent umgehen – Summierung von mehr als 30 Argumenten unter Excel 2003 oder von mehr als 255 Argumenten ab Excel 2007

Die Summenfunktion, wie die meisten Funktionen, war bis Excel 2003 auf 30 Argumente beschränkt. Dadurch kam es hin und wieder zu Problemen und Fehlerhinweisen bei der Berechnung. Ab Excel 2007 stehen 255 Argumente zur Verfügung, sodass die beschriebene Problematik in der Praxis nur äußerst selten auftreten sollte. Für den Fall, dass aber auch 255 Argumente nicht ausreichen, hilft der folgende Tipp weiter.

## So geht's:

Das Problem ergibt sich dadurch, dass Bereiche summiert werden sollen, die nicht zusammenhängen. Bei zusammenhängenden Zellbereichen lässt sich die Anzahl der Argumente dadurch reduzieren, dass der gesamte Bereich als ein einziges Argument übergeben wird. Mit einem kleinen Trick lassen sich aber auch mehr als 30 bzw. 255 Argumente übergeben. Der Trick besteht darin, die Argumente mit Klammern zu Gruppen zusammenzufassen.

Die folgende Funktion zeigt, wie verschiedene Zellbereiche als Gruppenargumente übergeben werden:

=SUMME((A10;A12;A15;A17;A21);(B11;B15;B21);(C15:C23);(D1;D5;D20)

Ohne den Klammertrick wären mit dieser Funktion bereits 13 der 30 Argumente verbraucht. Mithilfe dieses Tricks handelt es sich im Beispiel um lediglich 4 Argumente.

Klammerausdrücke werden nämlich jeweils als ein Argument gewertet. Somit lässt sich die Begrenzung von 30 bzw. 255 Argumenten ab Excel 2007 leicht umgehen.

## Tipp 5: Summierung der drei Kunden mit dem höchsten Jahresumsatz

In der folgenden Aufgabenstellung sollen die drei höchsten Kundenumsätze ermittelt werden. Diese sollen als Grundlage zur Ermittlung des Verhältnisses der Topkundenumsätze zum Gesamtumsatz verwendet werden. Als Datenbasis dient dabei die Debitorensaldenliste per 30.06.2007

## So geht's:

Sehen Sie sich zunächst die Ausgangstabelle etwas näher an.

Die Umsätze befinden sich in Spalte *JVZ-Soll* in der Debitorenliste. Daraus sollen nun die höchsten drei Umsätze summiert werden.

| | A | B | C | D |
|---|---|---|---|---|
| 1 | \multicolumn{4}{l|}{Debitorensaldenliste per 30.06.2007} |
| 4 | Deb.-Nr. | Name | JVZ-Soll | JVZ-Haben |
| 5 | 10005 | Achim OHG | 1.456,82 € | 1.456,82 € |
| 6 | 10010 | Angelsport Huber KG | 35.732,88 € | 34.763,22 € |
| 7 | 10013 | Angermayr Ludwig GbR | 4.123,54 € | 3.823,83 € |
| 8 | 10017 | A-Team GmbH | 27.653,09 € | 24.519,70 € |
| 9 | 10025 | Augustin GmbH | 15.223,32 € | 14.671,71 € |
| 10 | 10030 | Bauer Ines e. K. | 652,33 € | 652,33 € |
| 11 | 10040 | Bavaria e.V. | 4.759,69 € | 4.338,78 € |
| 12 | 10050 | Bergler OHG | 5.972,81 € | 4.965,30 € |
| 13 | 10055 | Binder Tobias KG | 3.198,35 € | 3.198,35 € |
| 14 | 10057 | Blindenwerkstatt e.G. | 3.930,86 € | 3.178,13 € |
| 15 | 10060 | Bringservice Ag | 3.808,73 € | 2.650,07 € |
| 16 | 10065 | Burger-Transporte e.K. | 8.894,62 € | 1.057,04 € |
| 17 | 10072 | B-Zentrale e.V. | 1.734,98 € | 1.734,98 € |
| 18 | 10080 | CD AG | 616,71 € | 616,71 € |
| 19 | 10085 | Central-Sport GmbH | 617,16 € | - € |
| 20 | 10090 | China e.V. | 9.596,68 € | 9.119,75 € |
| 21 | 10100 | Cisco | 5.348,29 € | 5.348,29 € |
| 22 | | Gesamtumsatz | 133.320,86 € | |

Erfassen Sie in Zelle B24 folgende Formel:

=KGRÖSSTE(C5:C21;1)+KGRÖSSTE(C5:C21;2)+KGRÖSSTE(C5:C21;3)

## 4. Formeln effektiv und professionell einsetzen

Mit der Funktion *KGRÖSSTE()* wird zunächst der größte Wert ermittelt. Anschließend werden der zweitgrößte und zuletzt der drittgrößte Umsatz ermittelt und addiert.

C24: `=KGRÖSSTE(C5:C21;1)+KGRÖSSTE(C5:C21;2)+KGRÖSSTE(C5:C21;3)`

| | A | B | C | D | E |
|---|---|---|---|---|---|
| 1 | Debitorensaldenliste per 30.06.2007 | | | | |
| 2 | | | | | |
| 3 | | | | | |
| 4 | Deb.-Nr. | Name | JVZ-Soll | JVZ-Haben | |
| 5 | 10005 | Achim OHG | 1.456,82 € | 1.456,82 € | |
| 6 | 10010 | Angelsport Huber KG | 35.732,88 € | 34.763,22 € | |
| 7 | 10013 | Angermayr Ludwig GbR | 4.123,54 € | 3.823,83 € | |
| 8 | 10017 | A-Team GmbH | 27.653,09 € | 24.519,70 € | |
| 9 | 10025 | Augustin GmbH | 15.223,32 € | 14.671,71 € | |
| 10 | 10030 | Bauer Ines e. K. | 652,33 € | 652,33 € | |
| 11 | 10040 | Bavaria e.V. | 4.759,69 € | 4.338,78 € | |
| 12 | 10050 | Bergler OHG | 5.972,81 € | 4.965,30 € | |
| 13 | 10055 | Binder Tobias KG | 3.198,35 € | 3.198,35 € | |
| 14 | 10057 | Blindenwerkstatt e.G. | 3.930,86 € | 3.178,13 € | |
| 15 | 10060 | Bringservice Ag | 3.808,73 € | 2.650,07 € | |
| 16 | 10065 | Burger-Transporte e.K. | 8.894,62 € | 1.057,04 € | |
| 17 | 10072 | B-Zentrale e.V. | 1.734,98 € | 1.734,98 € | |
| 18 | 10080 | CD AG | 616,71 € | 616,71 € | |
| 19 | 10085 | Central-Sport GmbH | 617,16 € | - € | |
| 20 | 10090 | China e.V. | 9.596,68 € | 9.119,75 € | |
| 21 | 10100 | Cisco | 5.348,29 € | 5.348,29 € | |
| 22 | | Gesamtumsatz | 133.320,86 € | | |
| 23 | | | | | |
| 24 | | Die drei größten Umsätze | 78.609,29 € | | |
| 25 | | | | | |

### Hinweis

Die Funktion wird etwas unübersichtlich und lang, wenn mehrere Umsätze berechnet werden sollen. Mit dieser verkürzten Formel erhalten Sie das gleiche Ergebnis:

*=SUMME(KGRÖSSTE(A1:A100;{1;2;3}))*

## Tipp 6: Summierung von Zahlen mit vorangestelltem oder nachfolgendem Text

In diesem Beispiel wurde jeder Zahl die Bezeichnung *EURO* vorangestellt. Solche Daten entstehen entweder durch Datenimporte aus Fremdsystemen oder durch die manuelle Eingabe nicht versierter Anwender. Ziel ist es nun, auf Basis dieser Zahlen die Summe der Werte zu berechnen.

### So geht's:

Die Ausgangstabelle ist rechts abgebildet.

1   Zur Summierung der Werte aus den Zellen B4 bis B15 erfassen Sie in Zelle B17 folgende Formel:
*=SUMME(WERT(ERSETZEN(B4:B15;1;5;"")))*

| | A | B | C |
|---|---|---|---|
| 1 | Verkaufsstatistik 2012 | | |
| 2 | | | |
| 3 | | Summe | |
| 4 | Januar | EURO 20.388,55 | |
| 5 | Februar | EURO 16.287,16 | |
| 6 | März | EURO 16.400,70 | |
| 7 | April | EURO 13.704,29 | |
| 8 | Mai | EURO 11.710,36 | |
| 9 | Juni | EURO 15.164,71 | |
| 10 | Juli | EURO 12.972,49 | |
| 11 | August | EURO 16.625,45 | |
| 12 | September | EURO 17.524,15 | |
| 13 | Oktober | EURO 24.500,67 | |
| 14 | November | EURO 25.819,63 | |
| 15 | Dezember | EURO 30.101,53 | |

## 4.12 Sofort einsetzbare Summierungsfunktionen und bedingte Berechnungen

**2** Da es sich um eine Matrixfunktion handelt, müssen Sie die Dateneingabe mit der Tastenkombination [Strg]+[Umschalt]+[Enter] abschließen.

Mit der Funktion ERSETZEN() werden beginnend beim ersten bis zum fünften Zeichen die Zeichen E, U, R und O sowie das Leerzeichen entfernt.

Die Syntax der Funktion ERSETZEN() ist wie folgt aufgebaut:

ERSETZEN(Alter_Text;Erstes_Zeichen;Anzahl_Zeichen;Neuer_Text)

> **Hinweis**
>
> Wäre statt des Texts EURO nur das Euro-Zeichen (€) vorangestellt worden, kann die Summe mit folgender Formel gebildet werden:
>
> =SUMME(WERT(ERSETZEN(C4:C15;1;2;"")))
>
> Beenden Sie auch diese Formel mit der Tastenkombination [Strg]+[Umschalt]+[Enter].

Ist der Text nicht vorangestellt, sondern wurde er rechts an die Zahl angefügt, können Sie die Summe mit dieser Matrixfunktion ermitteln:

=SUMME(WERT(LINKS(B4:B15;LÄNGE(B4:B15)-5)))

## 4. Formeln effektiv und professionell einsetzen

Beenden Sie die Formel mit [Strg]+[Umschalt]+[Enter].

→ Verweis: siehe Kapitel 4.4, Tipp 5

### Tipp 7: Dynamische Summierung der ausgewählten Zellen

Die Excel-Statusleiste bietet die Möglichkeit, sich die Summe, den Mittelwert, die Anzahl, den Maximal- sowie den Minimalwert anzeigen zu lassen. In diesem Beispiel erfahren Sie, wie sich diese Funktion zur Verwendung in einer Excel-Zelle nachahmen lässt.

#### So geht's:

Hier kommt wieder einmal eine Excel4-Makrofunktion zum Einsatz.

1 Erfassen Sie über das Menü *Formeln/Definierte Namen/Namen definieren* den Namen *aus*. Im Feld *Bezieht sich auf* geben Sie die Funktion =AUSWAHL() ein (Excel 2003: Menü *Einfügen/Namen/Definieren*).

2 Erfassen Sie auf dem gleichen Weg einen zweiten Namen mit der Bezeichnung *Markierung*. Im Feld *Bezieht sich auf* geben Sie folgende Formel ein:

=ADRESSE(ZEILE(aus)+JETZT()*0;SPALTE(aus))&":"&ADRESSE(ZEILE(aus)+ZEILEN(aus)-1;SPALTE(aus)+SPALTEN(aus)-1)

3 Zur Berechnung der Summe des markierten Bereichs setzen Sie in eine beliebige Zelle die Formel =SUMME(INDIREKT(Markierung)).

## 4.12 Sofort einsetzbare Summierungsfunktionen und bedingte Berechnungen

Wenn bei der Erfassung der Formel ein Zirkelbezug auftritt, weil die Zelle, in der sich die Formel befindet, mit in die Berechnung der markierten Zellen einbezogen wird, bestätigen Sie die Warnmeldung mit der Schaltfläche *Abbrechen* und verlassen die Zelle. Vermeiden Sie, die Zelle künftig mit in die Markierung zur Summenberechnung einzubeziehen.

Wird ein Bereich selektiert, der über die Funktion summiert werden soll, muss zur Neuberechnung die Funktionstaste [F9] gedrückt werden.

> **Hinweis**
>
> Mithilfe dieser Funktion lassen sich auch weitere Berechnungen durchführen:
> Mittelwert: *=MITTELWERT(INDIREKT(Markierung))*
> Anzahl: *=ANZAHL(INDIREKT(Markierung))*
> Größter Wert: *=MAX(INDIREKT(Markierung))*
> Kleinster Wert: *=MIN(INDIREKT(Markierung))*

➔ Verweis: siehe Kapitel 11.1, Tipp 10

## Tipp 8: Bedingte Summierung mit verschiedenen Suchkriterien

In diesem Beispiel sollen die offenen Posten addiert werden, die den vorgegebenen Suchkriterien entsprechen. Als Ausgangstabelle dient dabei eine Liste aller offenen Forderungen mit Angabe der Debitorennummer, des Kundennamens und der offenen Forderung in Euro.

| | A | B | C |
|---|---|---|---|
| 1 | Offene-Posten-Liste per 30.06.2007 | | |
| 2 | | | |
| 3 | | | |
| 4 | Deb.-Nr. | Name | Offene Posten |
| 5 | 10005 | Achim OHG | 1.456,82 € |
| 6 | 10010 | Angelsport Huber KG | 35.732,88 € |
| 7 | 10013 | Angermayr Ludwig GbR | 4.123,54 € |
| 8 | 10017 | A-Team GmbH | 27.653,09 € |
| 9 | 10025 | Augustin GmbH | 15.223,32 € |
| 10 | 10030 | Bauer Ines e. K. | 652,33 € |
| 11 | 10040 | Bavaria e.V. | 4.759,69 € |
| 12 | 10050 | Bergler OHG | 5.972,81 € |
| 13 | 10055 | Binder Tobias KG | 3.198,35 € |
| 14 | 10057 | Blindenwerkstatt e.G. | 3.930,86 € |
| 15 | 10060 | Bringservice Ag | 3.808,73 € |
| 16 | 10065 | Burger-Transporte e.K. | 8.894,62 € |
| 17 | 10072 | B-Zentrale e.V. | 1.734,98 € |
| 18 | 10080 | CD AG | 616,71 € |
| 19 | 10085 | Central-Sport GmbH | 617,16 € |
| 20 | 10090 | China e.V. | 9.596,68 € |
| 21 | 10100 | Cisco | 5.348,29 € |

### So geht's:

1 Um beispielsweise die offenen Posten aller GmbHs zu addieren, erfassen Sie in Zelle B24 das Suchkriterium *GmbH.

2 Verwenden Sie dazu in Zelle B25 folgende Formel:

=SUMMEWENN(B5:B21;B24;C5:C21)

Damit wird der Bereich B5:B21 auf das Suchkriterium *GmbH hin durchsucht, und die Werte aus dem Bereich C5:C21, auf die das Suchkriterium zutrifft, werden addiert.

Als Ergebnis werden die drei Werte aus Zelle C8, C9 und C19 summiert, da sich in den Namen das Kürzel GmbH befindet.

B25  =SUMMEWENN(B5:B21;B24;C5:C21)

| | A | B | C |
|---|---|---|---|
| 1 | Offene-Posten-Liste per 30.06.2007 | | |
| 2 | | | |
| 3 | | | |
| 4 | Deb.-Nr. | Name | Offene Posten |
| 5 | 10005 | Achim OHG | 1.456,82 € |
| 6 | 10010 | Angelsport Huber KG | 35.732,88 € |
| 7 | 10013 | Angermayr Ludwig GbR | 4.123,54 € |
| 8 | 10017 | A-Team GmbH | 27.653,09 € |
| 9 | 10025 | Augustin GmbH | 15.223,32 € |
| 10 | 10030 | Bauer Ines e. K. | 652,33 € |
| 11 | 10040 | Bavaria e.V. | 4.759,69 € |
| 12 | 10050 | Bergler OHG | 5.972,81 € |
| 13 | 10055 | Binder Tobias KG | 3.198,35 € |
| 14 | 10057 | Blindenwerkstatt e.G. | 3.930,86 € |
| 15 | 10060 | Bringservice Ag | 3.808,73 € |
| 16 | 10065 | Burger-Transporte e.K. | 8.894,62 € |
| 17 | 10072 | B-Zentrale e.V. | 1.734,98 € |
| 18 | 10080 | CD AG | 616,71 € |
| 19 | 10085 | Central-Sport GmbH | 617,16 € |
| 20 | 10090 | China e.V. | 9.596,68 € |
| 21 | 10100 | Cisco | 5.348,29 € |
| 22 | | | |
| 23 | | Kriterien | |
| 24 | | *GmbH | |
| 25 | | 43.493,57 € | |
| 26 | | | |

Sollen beispielsweise alle offenen Posten über 10.000 Euro addiert werden, um einen Überblick über die größten Positionen zu bekommen, gehen Sie wie folgt vor:

1 Erfassen Sie in Zelle C24 das Suchkriterium >10000.

2 Ausgewertet wird das Suchkriterium in Zelle C25 mit folgender Formel:

=SUMMEWENN(C5:C21;C24;C5:C21)

## 4.12 Sofort einsetzbare Summierungsfunktionen und bedingte Berechnungen

Die Suchkriterien der Funktion *SUMME-WENN()* sind sehr flexibel einsetzbar.

|   | A | B | C |
|---|---|---|---|
| 1 | Offene-Posten-Liste per 30.06.2007 | | |
| 2 | | | |
| 3 | | | |
| 4 | Deb.-Nr. | Name | Offene Posten |
| 5 | 10005 | Achim OHG | 1.456,82 € |
| 6 | 10010 | Angelsport Huber KG | 35.732,88 € |
| 7 | 10013 | Angermayr Ludwig GbR | 4.123,54 € |
| 8 | 10017 | A-Team GmbH | 27.653,09 € |
| 9 | 10025 | Augustin GmbH | 15.223,32 € |
| 10 | 10030 | Bauer Ines e. K. | 652,33 € |
| 11 | 10040 | Bavaria e.V. | 4.759,69 € |
| 12 | 10050 | Bergler OHG | 5.972,81 € |
| 13 | 10055 | Binder Tobias KG | 3.198,35 € |
| 14 | 10057 | Blindenwerkstatt e.G. | 3.930,86 € |
| 15 | 10060 | Bringservice Ag | 3.808,73 € |
| 16 | 10065 | Burger-Transporte e.K. | 8.894,62 € |
| 17 | 10072 | B-Zentrale e.V. | 1.734,98 € |
| 18 | 10080 | CD AG | 616,71 € |
| 19 | 10085 | Central-Sport GmbH | 617,16 € |
| 20 | 10090 | China e.V. | 9.596,68 € |
| 21 | 10100 | Cisco | 5.348,29 € |
| 22 | | | |
| 23 | | Kriterien | |
| 24 | | *GmbH | >10000 |
| 25 | | 43.493,57 € | 78.609,29 € |
| 26 | | | |

Folgende Tabelle gibt einen kleinen Überblick über mögliche Suchkriterien:

| Kriterium | Ergebnis |
|---|---|
| >10000 | Addiert alle Werte über 10.000 Euro. |
| Bergler OHG | Addiert nur Werte, wenn der Ausdruck genau übereinstimmt. |
| Be* | Addiert alle Werte, die mit Be beginnen. Der Stern dient als Suchjoker für eine beliebig lange Zeichenfolge. |
| *ind* | Addiert alle Werte, in denen der Teilstring ind enthalten ist. |
| M?ier | Addiert Werte wie Maier oder Meier. Das Fragezeichen ersetzt ein Zeichen. |

Leider kann mit der Funktion *SUMMEWENN()* nur ein einziges Suchkriterium verarbeitet werden. Wenn mehrere Kriterien berücksichtigt werden sollen, müssen Sie einen anderen Lösungsansatz wählen.

→ Verweis: siehe Kapitel 4.12, Tipp 9

## Tipp 9: Summierung auf der Basis mehrerer Bedingungen

In diesem Beispiel liegt die Verkaufsstatistik für den Monat Juli 2007 getrennt nach Kalenderwoche, Produktgruppe und Verkaufsteam vor.

Auf dieser Basis soll für das Team 1 der Umsatz ermittelt werden, der mit der Produktgruppe B erzielt wurde. Die Verkaufsstatistik ist der Abbildung entsprechend aufgebaut.

## So geht's:

In Zelle B22 befindet sich die Produktgruppe und in Zelle B23 das Verkaufsteam, für das die Auswertung vorgenommen werden soll.

Zur Summierung der Umsätze auf Basis der beiden Auswertungsparameter erfassen Sie in Zelle B25 diese Formel:

*=SUMMENPRODUKT((B4:B19=B22) *(C4:C19=B23)*D4:D19)*

Im Ergebnis werden nun ausschließlich die Umsätze aus Spalte D addiert, bei denen in Spalte B der Eintrag *B* und in Spalte C der Eintrag *Team 1* vorhanden ist.

Ab Excel 2007 wird zur Summierung auf der Basis mehrerer Auswertungskriterien die neue Funktion *=SUMMEWENNS()* angeboten. Die Syntax der neuen Funktion lautet wie folgt:

*SUMMEWENNS(Summe_Bereich;Kriterium_Bereich1;Kriterium1;Kriterium_Bereich2; Kriterium2;...)*

Tragen Sie in Zelle B27 folgende Formel ein:

*=SUMMEWENNS(D4:D19;B4:B19; B22;C4:C19;B23)*

Damit erhalten Sie das gleiche Ergebnis wie mit der Funktion *SUMMENPRODUKT()*.

## 4.12 Sofort einsetzbare Summierungsfunktionen und bedingte Berechnungen

> **Wichtig!**
>
> Die Reihenfolge der Argumente ist in SUMMEWENNS() eine andere als in SUMMEWENN(). Das Argument Summe_Bereich ist in SUMMEWENNS() das erste Argument, während es in SUMMEWENN als drittes Argument angegeben werden muss. Beim Kopieren und Bearbeiten dieser ähnlichen Funktionen müssen Sie auf die richtige Reihenfolge der Argumente achten.

> **Hinweis**
>
> Noch kürzer geht's mit der Funktion =SUMME((B4:B19=B22)*(C4:C19=B23)*D4:D19). Schließen Sie diese Formel mit der Tastenkombination [Strg]+[Umschalt]+[Enter] ab.

| | A | B | C | D | E |
|---|---|---|---|---|---|
| | B29 | | fx | {=SUMME((B4:B19=B22)*(C4:C19=B23)*D4:D19)} | |
| 4 | 27 | A | Team 1 | 10.807,79 € | |
| 5 | 27 | B | Team 2 | 14.908,13 € | |
| 6 | 27 | A | Team 1 | 9.130,16 € | |
| 7 | 27 | C | Team 2 | 10.267,42 € | |
| 8 | 28 | D | Team 1 | 11.960,90 € | |
| 9 | 28 | B | Team 1 | 3.447,33 € | |
| 10 | 28 | C | Team 1 | 6.872,91 € | |
| 11 | 28 | D | Team 2 | 4.767,66 € | |
| 12 | 29 | C | Team 2 | 14.740,86 € | |
| 13 | 29 | D | Team 1 | 12.191,42 € | |
| 14 | 29 | B | Team 1 | 13.271,98 € | |
| 15 | 29 | A | Team 1 | 7.620,91 € | |
| 16 | 30 | B | Team 1 | 1.756,89 € | |
| 17 | 30 | A | Team 2 | 3.690,69 € | |
| 18 | 30 | D | Team 2 | 3.317,58 € | |
| 19 | 30 | C | Team 1 | 7.390,51 € | |
| 20 | | | | | |
| 21 | | | | | |
| 22 | Produktgruppe: | B | | | |
| 23 | Team: | Team 1 | | | |
| 24 | | | | | |
| 25 | Summe | 18.476,20 € | | | |
| 26 | | | | | |
| 27 | Summe | 18.476,20 € | SUMMEWENNS() | | |
| 28 | | | | | |
| 29 | Summe | 18.476,20 € | Matrixfunktion | | |
| 30 | | | | | |

Das Ergebnis stimmt selbstverständlich mit den Ergebnissen der Funktionen SUMMENPRODUKT() und SUMMEWENNS() überein.

Soll zusätzlich zur Produktgruppe und dem Verkaufsteam als weiteres Kriterium die Kalenderwoche als Auswertungskriterium herangezogen werden, sieht die Lösung wie folgt aus.

**1** Erfassen Sie in Zelle B26 diese Matrixfunktion:
=SUMME((B4:B19=B22)*(C4:C19=B23)*(A4:A19=B24)*D4:D19)

**2** Schließen Sie die Eingabe mit der Tastenkombination [Strg]+[Umschalt]+[Enter] ab.

## 4. Formeln effektiv und professionell einsetzen

**B26** `{=SUMME((B4:B19=B22)*(C4:C19=B23)*(A4:A19=B24)*D4:D19)}`

| | A | B | C | D | E |
|---|---|---|---|---|---|
| 1 | Verkaufsstatistik Juli 2007 | | | | |
| 2 | | | | | |
| 3 | Kalenderwoche | Produktgruppe | Verkaufsteam | Umsatz | |
| 4 | 27 | A | Team 1 | 10.807,79 € | |
| 5 | 27 | B | Team 2 | 14.908,13 € | |
| 6 | 27 | A | Team 1 | 9.130,16 € | |
| 7 | 27 | C | Team 2 | 10.267,42 € | |
| 8 | 28 | D | Team 1 | 11.960,90 € | |
| 9 | 28 | B | Team 1 | 3.447,33 € | |
| 10 | 28 | C | Team 1 | 6.872,91 € | |
| 11 | 28 | D | Team 2 | 4.767,66 € | |
| 12 | 29 | C | Team 2 | 14.740,86 € | |
| 13 | 29 | D | Team 1 | 12.191,42 € | |
| 14 | 29 | B | Team 1 | 13.271,98 € | |
| 15 | 29 | A | Team 1 | 7.620,91 € | |
| 16 | 30 | B | Team 1 | 1.756,89 € | |
| 17 | 30 | A | Team 2 | 3.690,69 € | |
| 18 | 30 | D | Team 2 | 3.317,58 € | |
| 19 | 30 | C | Team 1 | 7.390,51 € | |
| 20 | | | | | |
| 21 | | | | | |
| 22 | Produktgruppe: | B | | | |
| 23 | Team: | Team 1 | | | |
| 24 | Kalenderwoche: | 29 | | | |
| 25 | | | | | |
| 26 | Summe | 13.271,98 € | | | |
| 27 | | | | | |

Nun werden nur noch die Umsatzzahlen der Produktgruppe B innerhalb des Verkaufsteams 1 in der Kalenderwoche 29 summiert.

### Tipp 10: Variable Summierung mit Vorjahresvergleich

In einem Tabellenblatt sollen die kumulierten Umsatzzahlen verschiedener Kalenderjahre bis zu einem bestimmten Monat miteinander verglichen werden. Als Kriterium für die Summierung soll jeweils der Monat des aktuellen Jahrs herangezogen werden, in dem der letzte Monatsumsatz eingetragen ist.

In der Abbildung sehen Sie, wie die Ausgangstabelle aufgebaut ist.

In den Jahren 2004 bis 2006 sind die Umsatzzahlen komplett für alle zwölf Monate vorhanden. Im Jahr 2007 sind die Umsätze erst bis August eingetragen. Zur Erstellung eines sinnvollen Vorjahresvergleichs auf Monatsbasis sollen nun auch nur die Umsätze von Januar bis August der Jahre 2004 bis 2006 mit dem kumulierten Umsatz Januar bis August 2007 verglichen werden.

| | A | B | C | D | E | F |
|---|---|---|---|---|---|---|
| 1 | Umsatzdaten im Jahresvergleich | | | | | |
| 2 | | | | | | |
| 3 | | | | | | |
| 4 | Jahre | 2004 | 2005 | 2006 | 2007 | |
| 5 | Januar | 10.374,61 | 6.585,05 | 8.528,96 | 5.730,52 | |
| 6 | Februar | 513,24 | 7.322,83 | 11.125,19 | 9.470,44 | |
| 7 | März | 9.104,51 | 4.794,55 | 2.914,45 | 5.473,86 | |
| 8 | April | 14.198,78 | 13.453,24 | 10.560,69 | 8.524,80 | |
| 9 | Mai | 12.424,00 | 2.025,34 | 8.751,80 | 9.253,55 | |
| 10 | Juni | 2.972,17 | 11.034,39 | 4.838,13 | 7.635,36 | |
| 11 | Juli | 5.277,65 | 5.885,91 | 10.085,53 | 10.395,25 | |
| 12 | August | 6.878,79 | 8.680,12 | 6.280,21 | 7.530,81 | |
| 13 | September | 2.954,10 | 10.379,76 | 4.414,31 | | |
| 14 | Oktober | 3.280,25 | 1.741,16 | 13.460,52 | | |
| 15 | November | 5.885,82 | 12.646,69 | 9.055,84 | | |
| 16 | Dezember | 10.146,28 | 12.380,38 | 2.255,95 | | |
| 17 | | | | | | |

#### So geht's:

**1** Erfassen Sie in Zelle B18 diese Formel:

*=SUMME(BEREICH.VERSCHIEBEN(B5;0;0;ANZAHL($E$5:$E$16);1))*

## 4.12 Sofort einsetzbare Summierungsfunktionen und bedingte Berechnungen

Damit werden ausschließlich die Werte der Zellen B5:B12 summiert, da sich in Zelle E12 der letzte Umsatz im Jahr 2007 befindet.

2 Kopieren Sie die Formel bis zur Zelle E18 über das Ausfüllkästchen nach rechts.

| | A | B | C | D | E | F |
|---|---|---|---|---|---|---|
| 1 | Umsatzdaten im Jahresvergleich | | | | | |
| 2 | | | | | | |
| 3 | | | | | | |
| 4 | Jahre | 2004 | 2005 | 2006 | 2007 | |
| 5 | Januar | 10.374,61 | 6.585,05 | 8.528,96 | 5.730,52 | |
| 6 | Februar | 513,24 | 7.322,83 | 11.125,19 | 9.470,44 | |
| 7 | März | 9.104,51 | 4.794,55 | 2.914,45 | 5.473,86 | |
| 8 | April | 14.198,78 | 13.453,24 | 10.560,69 | 8.524,80 | |
| 9 | Mai | 12.424,00 | 2.025,34 | 8.751,80 | 9.253,55 | |
| 10 | Juni | 2.972,17 | 11.034,39 | 4.838,13 | 7.635,36 | |
| 11 | Juli | 5.277,65 | 5.885,91 | 10.085,53 | 10.395,25 | |
| 12 | August | 6.878,79 | 8.680,12 | 6.280,21 | 7.530,81 | |
| 13 | September | 2.954,10 | 10.379,76 | 4.414,31 | | |
| 14 | Oktober | 3.280,25 | 1.741,16 | 13.460,52 | | |
| 15 | November | 5.885,82 | 12.646,69 | 9.055,84 | | |
| 16 | Dezember | 10.146,28 | 12.380,38 | 2.255,95 | | |
| 17 | | | | | | |
| 18 | Summe | 61.743,75 | 59.781,43 | 63.084,96 | 64.014,59 | |
| 19 | | | | | | |

Diese Formel nutzt die Funktion *BEREICH.VERSCHIEBEN()*. Die Syntax dieser Funktion lautet wie folgt:

*BEREICH.VERSCHIEBEN(Bezug;Zeilen;Spalten;Höhe;Breite)*

| Argument | Beschreibung |
|---|---|
| *Bezug* | Ist der Bezug, der als Ausgangspunkt des Verschiebevorgangs dienen soll. *Bezug* muss ein Bezug zu einer Zelle oder einem Bereich aus angrenzenden Zellen sein. |
| *Zeilen* | Ist die Anzahl der Zeilen, um die Sie die obere linke Eckzelle des Bereichs nach oben oder nach unten verschieben möchten. Ist das Argument *Zeilen* beispielsweise gleich 5, bedeutet dies, dass die obere linke Ecke des neuen Bezugs fünf Zeilen unterhalb von *Bezug* liegt. Das Argument *Zeilen* kann sowohl einen positiven (unterhalb des Ausgangsbezugs liegend) als auch einen negativen Wert annehmen (oberhalb des Ausgangsbezugs liegend). |
| *Spalten* | Ist die Anzahl der Spalten, um die Sie die obere linke Eckzelle des Bereichs nach links oder nach rechts verschieben möchten. Ist das Argument *Spalten* beispielsweise gleich 5, bedeutet dies, dass die obere linke Ecke des neuen Bezugs fünf Spalten rechts von *Bezug* liegt. Das Argument *Spalten* kann sowohl einen positiven (rechts des Ausgangsbezugs liegend) als auch einen negativen Wert annehmen (links des Ausgangsbezugs liegend). |
| *Höhe* | Ist die Höhe des neuen Bezugs in Zeilen. Für *Höhe* muss ein positiver Wert angegeben werden. |
| *Breite* | Ist die Breite des neuen Bezugs in Spalten. Für *Breite* muss ein positiver Wert angegeben werden. |

Die Höhe des Bezugs wird über die Funktion *ANZAHL($E$5:$E$16)* ermittelt. Sobald also ein weiterer Monatswert, z. B. der Septemberumsatz, in die Umsatzspalte 2007 eingegeben wird, erfolgt automatisch die Anpassung der Höhe des Bezugs, und die Werte werden in allen Jahren bis einschließlich September addiert.

## 4. Formeln effektiv und professionell einsetzen

| | A | B | C | D | E | F |
|---|---|---|---|---|---|---|
| | E18 | | fx | =SUMME(BEREICH.VERSCHIEBEN(E5;0;0;ANZAHL($E$5:$E$16);1)) | | |
| 1 | Umsatzdaten im Jahresvergleich | | | | | |
| 2 | | | | | | |
| 3 | | | | | | |
| 4 | Jahre | 2004 | 2005 | 2006 | 2007 | |
| 5 | Januar | 10.374,61 | 6.585,05 | 8.528,96 | 5.730,52 | |
| 6 | Februar | 513,24 | 7.322,83 | 11.125,19 | 9.470,44 | |
| 7 | März | 9.104,51 | 4.794,55 | 2.914,45 | 5.473,86 | |
| 8 | April | 14.198,78 | 13.453,24 | 10.560,69 | 8.524,80 | |
| 9 | Mai | 12.424,00 | 2.025,34 | 8.751,80 | 9.253,55 | |
| 10 | Juni | 2.972,17 | 11.034,39 | 4.838,13 | 7.635,36 | |
| 11 | Juli | 5.277,65 | 5.885,91 | 10.085,53 | 10.395,25 | |
| 12 | August | 6.878,79 | 8.680,12 | 6.280,21 | 7.530,81 | |
| 13 | September | 2.954,10 | 10.379,76 | 4.414,31 | 8.324,92 | |
| 14 | Oktober | 3.280,25 | 1.741,16 | 13.460,52 | | |
| 15 | November | 5.885,82 | 12.646,69 | 9.055,84 | | |
| 16 | Dezember | 10.146,28 | 12.380,38 | 2.255,95 | | |
| 17 | | | | | | |
| 18 | Summe | 64.697,85 | 70.161,19 | 67.499,27 | 72.339,51 | |
| 19 | | | | | | |

## Tipp 11: Summierung mit indirekter Zellreferenzierung

Zum Aufbau größerer Kalkulationsmodelle ist es oft unerlässlich, auf indirekte Zellreferenzen zurückzugreifen. In diesem Beispiel erfahren Sie, wie mithilfe der Funktion *INDIREKT()* eine variable Summierungsfunktion aufgebaut werden kann.

### So geht's:

1. Zuerst müssen die Zellbezüge für die Start- und die Endzelle definiert werden. Geben Sie dazu in Zelle B19 den Zellbezug für die Startzelle ein. In diesem Beispiel lautet dieser *C7*. Den Zellbezug *C14* für die Endzelle erfassen Sie in Zelle B20.

2. In Zelle D19 soll die Summe des Bereichs C7:C14 (Startzelle:Endzelle) ermittelt werden. Das erreichen Sie mit der Formel *=SUMME(INDIREKT(B19&":"&B20))*.

Sobald die Angaben der Bezüge in den Zellen B19 und B20 verändert werden, wird in Zelle D19 sofort die geänderte Summe ermittelt.

## Tipp 12: Summierung bis zu einem bestimmten Monat durchführen

In einer Verkaufsliste sollen die Umsätze zu Analysezwecken bis zu einem bestimmten Monat ausgewertet werden. Die Verkaufsliste, die ausgewertet werden soll, sehen Sie in der Abbildung.

*So geht's:*

1. Im ersten Schritt muss das Kriterium eingegeben werden, das besagt, bis zu welchem Monat addiert werden soll. Erfassen Sie dazu in Zelle D5 die Monatsbezeichnung *Juli*.

2. In Zelle E5 soll nun die Summe der Werte Januar bis Juli 2006 gebildet werden. Das erreichen Sie, indem Sie in Zelle E5 folgende Formel eingeben:
   =SUMME(BEREICH.VERSCHIEBEN(B5;0;0;VERGLEICH(D5;A5:A16;0);1))

Sobald der Monatsname in Zelle D5 geändert wird, erfolgt die Neuberechnung der Summe in Zelle E5. Auf diese Weise lässt sich sehr schnell eine flexible Summierung aufbauen.

## Tipp 13: Dynamische Ermittlung von Zwischensummen

In einer Excel-Tabelle sind alle Verkäufe eines Tags unsortiert aufgelistet. Artikel mit gleicher Artikelnummer wurden mehrmals verkauft. Ziel ist es nun, die Verkaufssumme pro Artikelnummer zu ermitteln. Dabei sollen die Zwischensummen bei der jeweils letzten mehrfach vorkommenden Artikelnummer angezeigt werden.

## 4. Formeln effektiv und professionell einsetzen

### So geht's:

Die Liste der Tagesverkäufe ist wie nebenstehend aufgebaut.

| | A | B | C | D | E |
|---|---|---|---|---|---|
| 1 | **Tagesverkäufe** | | | | |
| 2 | Datum: | 20.07.2007 | | | |
| 3 | | | | | |
| 4 | Artikel-Nr. | Anzahl | VK pro Stück | Umsatz | |
| 5 | 47116 | 9 | 72,9 | 656,10 € | |
| 6 | 47125 | 8 | 75,01 | 600,08 € | |
| 7 | 47015 | 1 | 58,3 | 58,30 € | |
| 8 | 47116 | 5 | 72,9 | 364,50 € | |
| 9 | 47018 | 4 | 131,44 | 525,76 € | |
| 10 | 47125 | 4 | 75,01 | 300,04 € | |
| 11 | 47015 | 7 | 58,3 | 408,10 € | |
| 12 | 47116 | 1 | 72,9 | 72,90 € | |
| 13 | 47223 | 1 | 114,45 | 114,45 € | |
| 14 | 47223 | 1 | 114,45 | 114,45 € | |
| 15 | 47020 | 8 | 97,76 | 782,08 € | |
| 16 | 47116 | 6 | 72,9 | 437,40 € | |
| 17 | 47015 | 3 | 58,3 | 174,90 € | |
| 18 | 47223 | 15 | 114,45 | 1.716,75 € | |
| 19 | 47116 | 12 | 72,9 | 874,80 € | |
| 20 | 47020 | 12 | 97,76 | 1.173,12 € | |
| 21 | 47015 | 5 | 58,3 | 291,50 € | |
| 22 | | | | | |
| 23 | | | | 8.665,23 € | |
| 24 | | | | | |

**1** Markieren Sie den Zellbereich E5:E21.

**2** Geben Sie in Zelle E5 folgende Formel zur Ermittlung der Zwischensummen ein:

=WENN(ZÄHLENWENN(A5:A21;A5)
>1;"";SUMMEWENN($A$5:$A$21;A5;
$D$5:$D$21))

**3** Beenden Sie die Dateneingabe mit der Tastenkombination [Strg]+[Enter].

| E5 | ▼ | | $f_x$ | =WENN(ZÄHLENWENN(A5:A21;A5)>1;"";<br>SUMMEWENN($A$5:$A$21;A5;$D$5:$D$21)) | | |
|---|---|---|---|---|---|---|
| | A | B | C | D | E | F |
| 1 | **Tagesverkäufe** | | | | | |
| 2 | Datum: | 20.07.2007 | | | | |
| 3 | | | | | | |
| 4 | Artikel-Nr. | Anzahl | VK pro Stück | Umsatz | Gruppensumme | |
| 5 | 47116 | 9 | 72,9 | 656,10 € | | |
| 6 | 47125 | 8 | 75,01 | 600,08 € | | |
| 7 | 47015 | 1 | 58,3 | 58,30 € | | |
| 8 | 47116 | 5 | 72,9 | 364,50 € | | |
| 9 | 47018 | 4 | 131,44 | 525,76 € | 525,76 € | |
| 10 | 47125 | 4 | 75,01 | 300,04 € | 900,12 € | |
| 11 | 47015 | 7 | 58,3 | 408,10 € | | |
| 12 | 47116 | 1 | 72,9 | 72,90 € | | |
| 13 | 47223 | 1 | 114,45 | 114,45 € | | |
| 14 | 47223 | 1 | 114,45 | 114,45 € | | |
| 15 | 47020 | 8 | 97,76 | 782,08 € | | |
| 16 | 47116 | 6 | 72,9 | 437,40 € | | |
| 17 | 47015 | 3 | 58,3 | 174,90 € | | |
| 18 | 47223 | 15 | 114,45 | 1.716,75 € | 1.945,65 € | |
| 19 | 47116 | 12 | 72,9 | 874,80 € | 2.405,70 € | |
| 20 | 47020 | 12 | 97,76 | 1.173,12 € | 1.955,20 € | |
| 21 | 47015 | 5 | 58,3 | 291,50 € | 932,80 € | |
| 22 | | | | | | |
| 23 | | | | 8.665,23 € | 8.665,23 € | |
| 24 | | | | | | |

Sie sehen, dass bei der letzten mehrfach vorkommenden Artikelnummer jeweils die Gruppensumme für die betreffende Artikelnummer eingetragen wird. Wenn Sie nun in Zelle E23 die Zwischensummen aufaddieren, sehen Sie, dass sich das gleiche Ergebnis wie bei der Addition aller Umsatzzahlen in Zelle D23 ergibt.

**Hinweis**

Achten Sie bei der Formel auf die korrekte Angabe der relativen und absoluten Zellreferenzen.

## Tipp 14: Summierung bei doppelt vorkommenden Werten

In einer Excel-Tabelle werden die Teilzahlungen von Kunden erfasst. Dabei werden zu jeder Teilzahlung der Zahlungstag, die Kundennummer, der Kundenname, die Gesamtforderung sowie der Teilzahlungsbetrag eingegeben.

| | A | B | C | D | E | F |
|---|---|---|---|---|---|---|
| 1 | Geldeingänge Juni 2007 | | | | | |
| 2 | | | | | | |
| 3 | | | | | | |
| 4 | Zahlungstag | Deb.-Nr. | Name | Gesamtforderung | Teilbetrag | |
| 5 | 04.06.2007 | 10005 | Achim OHG | 1.456,82 € | 435,00 € | |
| 6 | 05.06.2007 | 10010 | Angelsport Huber KG | 35.732,88 € | 8.350,00 € | |
| 7 | 08.06.2007 | 10013 | Angermayr Ludwig GbR | 4.123,54 € | 1.100,00 € | |
| 8 | 11.06.2007 | 10005 | Achim OHG | 1.456,82 € | 350,00 € | |
| 9 | 12.06.2007 | 10005 | Achim OHG | 1.456,82 € | 100,00 € | |
| 10 | 14.06.2007 | 10010 | Angelsport Huber KG | 35.732,88 € | 9.500,00 € | |
| 11 | 18.06.2007 | 10013 | Angermayr Ludwig GbR | 4.123,54 € | 500,00 € | |
| 12 | 19.06.2007 | 10010 | Angelsport Huber KG | 35.732,88 € | 6.500,00 € | |
| 13 | 26.06.2007 | 10013 | Angermayr Ludwig GbR | 4.123,54 € | 500,00 € | |
| 14 | 28.06.2007 | 10013 | Angermayr Ludwig GbR | 4.123,54 € | 500,00 € | |
| 15 | | | | | | |

Ausgehend von diesem Datenbestand soll in Zelle E16 die Summe aller Teilzahlungen ermittelt werden. Darüber hinaus soll in Zelle D16 die Summe der Gesamtforderungen berechnet werden. Mit einer klassischen Summenfunktion ist es aber hier nicht getan, da die Werte im Bereich D5:D14 mehrfach vorhanden sind.

*So geht's:*

1 Zur Summierung der Teilbeträge erfassen Sie in Zelle E16 einfach die Summenformel =SUMME(E5:E14).

2 Etwas schwieriger wird es bei der Ermittlung der Gesamtforderungen, da keine Duplikate berücksichtigt werden dürfen. Erfassen Sie zu diesem Zweck folgende Formel in Zelle D16:

=SUMME((ZÄHLENWENN(BEREICH.VERSCHIEBEN(B5;0;0;ZEILE(5:14)-4); B5:B14)=1)*D5:D14)

Diese Formel prüft den Bereich B5:B14 auf identische Debitorennummern. Bei identischen Nummern wird der Betrag im Bereich D5:D14 nur jeweils einmal berücksichtigt.

In diesem Beispiel wird nicht die Wertspalte, sondern eine weitere Spalte zur Ermittlung von Duplikaten verwendet. Ebenso gut könnte hier die Spalte *Gesamtforderung* zu Ermittlung der Duplikate verwendet werden. Die Formel dafür lautet wie folgt:

=SUMME((ZÄHLENWENN(BEREICH.VERSCHIEBEN(D5;0;0;ZEILE(5:14)-4);D5:D14) =1)*D5:D14)

Damit wird in diesem Beispiel das gleiche Ergebnis erzielt.

→ Verweis: siehe Kapitel 2.1, Tipp 8

## Tipp 15: Summierung von farbigen Zellen

Standardmäßig bietet Excel keine Funktion, um bedingte Summierungen nach Schriftfarben durchzuführen. Häufig werden in der Praxis Farben zur Kennzeichnung bestimmter Tatbestände verwendet. Sollen nun die markierten Zellen addiert werden, fehlt die passende Funktion. Mit VBA lässt sich aber ganz leicht eine benutzerdefinierte Funktion zur Lösung der Fragestellung programmieren.

| | A | B | C | D | E | F | G |
|---|---|---|---|---|---|---|---|
| 1 | Debitorensaldenliste per 30.06.2007 | | | | | | |
| 2 | | | | | | | |
| 3 | | | | Farbpalette bis Excel 2003 | | | |
| 4 | Deb.-Nr. | JVZ-Soll | JVZ-Haben | | | | |
| 5 | 10005 | 1.456,82 € | 1.456,82 € | 1■ 2☐ 3■ 4☐ 5■ 6☐ 7■ | | | |
| 6 | 10010 | 35.732,88 € | 34.763,22 € | 8☐ 9■ 10■ 11■ 12■ 13■ 14■ | | | |
| 7 | 10013 | 4.123,54 € | 3.823,83 € | 15☐ 16■ 17■ 18■ 19☐ 20☐ 21■ | | | |
| 8 | 10017 | 27.653,09 € | 24.519,70 € | 22■ 23■ 24☐ 25■ 26■ 27☐ 28☐ | | | |
| 9 | 10025 | 15.223,32 € | 14.671,71 € | 29■ 30■ 31■ 32■ 33■ 34☐ 35■ | | | |
| 10 | 10030 | 652,33 € | 652,33 € | 36☐ 37☐ 38☐ 39■ 40☐ 41☐ 42☐ | | | |
| 11 | 10040 | 4.759,69 € | 4.338,78 € | 43■ 44■ 45■ 46■ 47■ 48■ 49■ | | | |
| 12 | 10050 | 5.972,81 € | 4.965,30 € | 50■ 51■ 52■ 53■ 54■ 55■ 56☐ | | | |
| 13 | 10055 | 3.198,35 € | 3.198,35 € | | | | |
| 14 | 10057 | 3.930,86 € | 3.178,13 € | | | | |
| 15 | 10060 | 3.808,73 € | 2.650,07 € | | | | |
| 16 | 10065 | 8.894,62 € | 1.057,04 € | | | | |
| 17 | 10072 | 1.734,98 € | 1.734,98 € | | | | |
| 18 | 10080 | 616,71 € | 616,71 € | | | | |
| 19 | 10085 | 617,16 € | - € | | | | |
| 20 | 10090 | 9.596,68 € | 9.119,75 € | | | | |
| 21 | 10100 | 5.348,29 € | 5.348,29 € | | | | |
| 22 | | | | | | | |
| 23 | | 35.312,50 € | | | | | |
| 24 | | | | | | | |

*So geht's:*

1 Starten Sie mit der Tastenkombination [Alt]+[F11] den VBA-Editor.

2 Fügen Sie über das Menü *Einfügen/Modul* ein neues Codeblatt hinzu.

3 Kopieren Sie den Code aus Listing 1 in das Codeblatt.

4 Der neuen Funktion SUMMEFARBE() müssen zwei Parameter übergeben werden. Der erste Parameter ist wie gewohnt der Zellbereich, der summiert werden soll. Als zweiter Parameter wird die Farbnummer übergeben. Um nun alle Zahlen mit roter Schriftfarbe zu markieren, erfassen Sie die Formel =SUMMEFARBE (B5:B21;3).

## 4.12 Sofort einsetzbare Summierungsfunktionen und bedingte Berechnungen

Sie sehen nun, dass ausschließlich die rot markierten Zahlen der Zellen B8, B13 und B15 addiert werden.

*Listing 1:*

```
Function summefarbe(bereich As Range, farbindex As Integer)
'** Zellen mit entsprechender Schriftfarbe werden summiert
'** Volatilität der Funktion einschalten
Application.Volatile
'** Farbsumme auf null setzen
summefarbe = 0
For Each zelle In bereich
    If zelle.Font.ColorIndex = farbindex Then
        summefarbe = summefarbe + zelle.Value
    End If
Next
End Function
```

Durch eine geringfügige Modifikation der benutzerdefinierten Funktion können auch alle fett markierten Zellen addiert werden. Den Code dazu sehen Sie in Listing 2.

Die Funktion *SUMMEFETT()* besitzt darüber hinaus noch folgendes Feature: Wenn nach der Bereichsangabe der Parameter 1 übergeben wird, werden alle fett markierten Zellen addiert. Wird der Parameter 0 übergeben, werden hingegen nur die nicht fett formatierten Zellen summiert.

*Listing 2:*

```
Function summefett(bereich As Range, Optional fett As Integer)
'** Zellen mit fett markierten Werten werden summiert

'** Volatilität der Funktion einschalten
Application.Volatile
'** Farbsumme auf null setzen
summefett = 0
For Each zelle In bereich
    If fett = 1 Then
        If zelle.Font.Bold = True Then
            summefett = summefett + zelle.Value
        End If
    ElseIf fett = 0 Then
        If zelle.Font.Bold = False Then
            summefett = summefett + zelle.Value
        End If
    End If
Next
End Function
```

## 4. Formeln effektiv und professionell einsetzen

### Hinweis

Bis Excel 2003 stehen 56 Farben zur Verfügung. So steht beispielsweise der Index 3 für Rot, 5 steht für Blau und 4 für Grün. Alle 56 Farbindizes können Sie der Arbeitsmappe zu Kapitel 4.12 entnehmen. Ab Excel 2007 stehen rund 4,3 Milliarden Farben zur Verfügung.

## Tipp 16: Bereiche per Shortcuts summieren

Dieses Beispiel zeigt einen wenig bekannten, aber in der Praxis nützlichen Trick, um in einer Kreuztabelle Spalten und Zeilensummen mit einem einzigen Shortcut einzufügen.

### So geht's:

1 Markieren Sie den Zellbereich, der summiert werden soll, zuzüglich einer leeren Spalte, in der die Zeilenergebnisse eingefügt werden sollen, und einer oder zwei leeren Zeilen, in denen die Spaltensummen ausgegeben werden sollen. Im Beispiel wird der Bereich C4:I17 markiert.

## 4.12 Sofort einsetzbare Summierungsfunktionen und bedingte Berechnungen

2  Drücken Sie die Tastenkombination [Alt]+[Umschalt]+[0]. Dieser Shortcut bewirkt, dass die Summenfunktion jeweils in die letzte markierte Zeile und Spalte eingetragen wird.

| | A | B | C | D | E | F | G | H | I | J |
|---|---|---|---|---|---|---|---|---|---|---|
| 1 | Sonstiger Betrieblicher Aufwand 1.1. bis 30.06.2007 | | | | | | | | | |
| 2 | | | | | | | | | | |
| 3 | Konto | Bezeichnung | Jan | Feb | Mrz | Apr | Mai | Jun | | |
| 4 | 4360 | Versicherungen | 1.520,00 | 1.520,00 | 1.520,00 | 1.815,00 | 1.520,00 | 1.520,00 | 9.415,00 | |
| 5 | 4540 | KFZ-Leasing | 1.105,00 | 1.105,00 | 1.105,00 | 1.105,00 | 1.105,00 | 1.105,00 | 6.630,00 | |
| 6 | 4610 | Werbekosten | 1.288,49 | 4.217,24 | 3.683,63 | 3.033,99 | 1.340,84 | 2.767,56 | 16.331,75 | |
| 7 | 4712 | Raumkosten | 622,94 | 1.296,87 | 1.844,31 | 733,38 | 1.930,28 | 1.728,68 | 8.156,46 | |
| 8 | 4810 | Reisekosten | 742,67 | 1.493,87 | 1.921,04 | 966,30 | 671,41 | 1.474,37 | 7.269,66 | |
| 9 | 4820 | Porto | 212,42 | 253,38 | 252,54 | 94,65 | 291,72 | 285,43 | 1.390,14 | |
| 10 | 4920 | Telefon | 1.075,98 | 1.365,47 | 632,70 | 511,22 | 697,28 | 1.484,98 | 5.767,63 | |
| 11 | 4930 | Bürobedarf | 298,13 | 443,35 | 545,48 | 188,62 | 842,14 | 495,76 | 2.813,48 | |
| 12 | 4945 | Fortbildungskosten | 434,18 | 1.730,47 | 677,99 | 749,31 | 1.719,43 | 1.365,27 | 6.676,65 | |
| 13 | 4955 | Buchführungskosten | 900,00 | 900,00 | 900,00 | 900,00 | 900,00 | 900,00 | 5.400,00 | |
| 14 | 4960 | Mieten für Einrichtungen | 1.250,00 | 1.250,00 | 1.250,00 | 1.250,00 | 1.250,00 | 1.250,00 | 7.500,00 | |
| 15 | 4980 | Betriebsbedarf | 136,57 | 437,89 | 1.882,76 | 924,38 | 836,41 | 962,98 | 5.180,99 | |
| 16 | | | | | | | | | | |
| 17 | | | 9.586,38 | 16.013,54 | 16.215,45 | 12.271,85 | 13.104,51 | 15.340,03 | 82.531,76 | |
| 18 | | | | | | | | | | |
| 19 | | | | | | | | | | |

Auf diese Weise werden die Summenfunktionen für sämtliche Zeilen und Spalten in Sekundenschnelle eintragen.

→ Verweis: siehe Anhang, Abschnitt 4

## Tipp 17: Summierung identischer Zellen über verschiedene Tabellen hinweg

Sie kennen sicherlich die Situation, dass Sie zwölf identische Monatstabellen haben und nun mit einer einzigen Formel alle gleichen Zellen in diesen Tabellenblättern kumuliert addieren möchten. Wie sich das mithilfe der Funktion SUMME() bewerkstelligen lässt, erfahren Sie in diesem Tipp.

### So geht's:

1  Öffnen Sie eine neue Arbeitsmappe und legen Sie zwölf Tabellen an. Erfassen Sie dann jeweils in Zelle A1 einen Wert.

2  Hinterlegen Sie nun in der zwölften Tabelle in Zelle B1 die Formel =SUMME (Tabelle1:Tabelle12!A1).

3  Jetzt werden alle Werte aus den Zellen A1 der jeweiligen Tabelle in der Zelle B1 von Tabelle12 kumuliert.

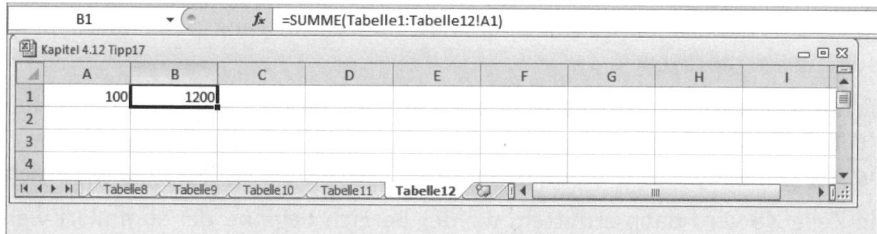

4. Formeln effektiv und professionell einsetzen

> **Hinweis**
>
> Beachten Sie, dass hier die Berechnung nicht von einem vermeintlichen Zähler nach der Tabellenblattbezeichnung abhängig ist, sondern der Reihe nach erfolgt. Es wird also eine Summe für alle Tabellenblätter gebildet, die sich – in der Reihenfolge von links nach rechts betrachtet – im Bereich zwischen *Tabelle1* und *Tabelle12* befinden. Würden Sie also eines der Tabellenblätter aus dieser Anordnung verschieben, also beispielsweise „hinter" *Tabelle12* anordnen, würde diese Tabelle nicht mehr in die Summierung mit einbezogen.

## Tipp 18: Verschobene Bereiche summieren

Die Funktion *BEREICH.VERSCHIEBEN()* bietet hervorragende Möglichkeiten, Bereiche dynamisch zu summieren. Nachdem Sie bereits in einem der vorherigen Kapitel gesehen haben, wie die Funktion arbeitet, soll nun anhand eines Zahlenbeispiels der praktische Nutzen gezeigt werden.

| | A | B | C | D | E | F | G | H | I | J | K | L | M | N | O | P | Q | R | S | T | U | V | W | X | Y | Z |
|---|---|---|---|---|---|---|---|---|---|---|---|---|---|---|---|---|---|---|---|---|---|---|---|---|---|---|
| | | | | | | | | | | | | | | | | | | | | | | | | | | |
| | | | | | | | | fx | | =SUMME(BEREICH.VERSCHIEBEN(INDIREKT(X1);Zeilen;Spalten;Höhe;Breite)) | | | | | | | | | | | | | | | | |
| 1 | 79 | 52 | 67 | 52 | 66 | 91 | 74 | 30 | 71 | 89 | 43 | 32 | 20 | 85 | 21 | 68 | 40 | 20 | 11 | 93 | | Startpunkt | C2 | $C$2 | 3 | 2 |
| 2 | 71 | 72 | 83 | 52 | 81 | 17 | 87 | 64 | 54 | 51 | 27 | 89 | 64 | 96 | 92 | 54 | 85 | 42 | 54 | 72 | | Anzahl Zeilen | 2 | | | 4 |
| 3 | 89 | 44 | 80 | 73 | 39 | 60 | 11 | 61 | 56 | 39 | 26 | 57 | 40 | 76 | 72 | 70 | 15 | 81 | 52 | 26 | | Anzahl Spalten | 2 | | 5 | |
| 4 | 18 | 22 | 55 | 41 | 65 | 86 | 94 | 12 | 97 | 15 | 84 | 34 | 37 | 60 | 20 | 39 | 34 | 70 | 68 | 73 | | Höhe | 2 | | | 5 |
| 5 | 20 | 84 | 15 | 43 | 55 | 45 | 96 | 15 | 41 | 65 | 39 | 95 | 79 | 14 | 12 | 72 | 56 | 75 | 57 | 94 | | Breite | 5 | | 9 | |
| 6 | 32 | 83 | 20 | 83 | 24 | 19 | 40 | 91 | 65 | 29 | 89 | 21 | 99 | 31 | 47 | 40 | 78 | 33 | 46 | 27 | | | | | | |
| 7 | 39 | 33 | 34 | 11 | 25 | 53 | 97 | 14 | 58 | 34 | 52 | 23 | 26 | 25 | 24 | 38 | 15 | 41 | 38 | 62 | | | | | Spalte | Zeile |
| 8 | 14 | 91 | 79 | 35 | 31 | 95 | 23 | 84 | 67 | 47 | 95 | 42 | 22 | 56 | 18 | 91 | 70 | 23 | 35 | 64 | | Bereich Anfang | | $E$4 | 5 | 4 |
| 9 | 44 | 87 | 72 | 24 | 92 | 91 | 36 | 26 | 27 | 52 | 76 | 52 | 88 | 54 | 28 | 64 | 39 | 16 | 60 | 37 | | Bereich Ende | | $I$5 | 9 | 5 |
| 10 | 58 | 13 | 86 | 35 | 13 | 57 | 67 | 29 | 71 | 17 | 35 | 40 | 21 | 61 | 90 | 84 | 26 | 51 | 27 | 15 | | | | | | |
| 11 | 81 | 34 | 23 | 11 | 33 | 13 | 16 | 47 | 70 | 18 | 26 | 50 | 88 | 72 | 28 | 90 | 52 | 19 | 28 | 22 | | | | | | |
| 12 | 97 | 43 | 70 | 73 | 76 | 41 | 62 | 10 | 47 | 58 | 47 | 14 | 40 | 53 | 15 | 51 | 44 | 12 | 82 | 97 | | Summe | | | | |
| 13 | 97 | 10 | 61 | 57 | 61 | 32 | 33 | 65 | 71 | 55 | 10 | 75 | 88 | 10 | 14 | 28 | 67 | 36 | 90 | 21 | | Markierung | =SUMME(B | | | |
| 14 | 37 | 93 | 35 | 78 | 80 | 81 | 58 | 77 | 67 | 33 | 72 | 44 | 79 | 80 | 48 | 62 | 59 | 43 | 49 | 96 | | | | | | |
| 15 | 23 | 38 | 23 | 51 | 13 | 85 | 83 | 23 | 16 | 68 | 45 | 78 | 73 | 62 | 28 | 56 | 19 | 15 | 35 | 33 | | | | | | |
| 16 | 87 | 86 | 43 | 51 | 14 | 17 | 51 | 37 | 43 | 10 | 11 | 17 | 57 | 98 | 96 | 60 | 76 | 35 | 77 | 56 | | | | | | |
| 17 | 76 | 32 | 60 | 54 | 11 | 40 | 73 | 98 | 81 | 49 | 42 | 73 | 88 | 37 | 10 | 53 | 72 | 34 | 18 | 86 | | | | | | |
| 18 | 65 | 88 | 95 | 32 | 73 | 81 | 34 | 54 | 13 | 40 | 79 | 24 | 55 | 96 | 74 | 58 | 97 | 82 | 38 | 44 | | | | | | |
| 19 | 18 | 55 | 35 | 77 | 73 | 69 | 60 | 21 | 35 | 46 | 43 | 59 | 70 | 49 | 80 | 20 | 42 | 95 | 90 | 78 | | | | | | |
| 20 | 70 | 14 | 16 | 43 | 57 | 52 | 54 | 23 | 42 | 69 | 88 | 26 | 36 | 81 | 74 | 91 | 44 | 43 | 31 | 91 | | | | | | |

*So geht's:*

**1** Grundlage für das nachfolgende Beispiel bildet der oben genannte Tipp, nun jedoch mit dem Unterschied, dass im Tabellenbereich A1:T20 Werte stehen und Sie einen gewissen Bereich aus dieser Wertetabelle mithilfe der Funktion *BEREICH.VERSCHIEBEN()* von einem bestimmten Ausgangspunkt aus dynamisch summieren möchten.

**2** Erfassen Sie zuerst in Zelle W12 die Formel *=SUMME(BEREICH.VERSCHIEBEN (INDIREKT(X1);Zeilen;Spalten;Höhe;Breite))*. Mithilfe dieser Formel werden alle Werte summiert, die sich durch die Funktion *BEREICH.VERSCHIEBEN()* ergeben.

**3** In Zelle X8 wird dann ermittelt, wo der Bereich beginnt, der summiert werden soll, und in Zelle X9 wird ermittelt, wo er endet. Dies geschieht über zusätzliche

Berechnungen zu Spalten- und Zeilenkoordinaten in den Spalten Y und Z. Die Zellen X8 und X9 dienen als „Markierungszellen", die über die bedingte Formatierung sichtbar gemacht werden.

4 Wenn Sie nun also im Zellbereich W1:W5 die erforderlichen Parameter für die Summierung via *BEREICH.VERSCHIEBEN()* hinterlegen, wird Ihnen in Zelle W12 das Ergebnis und im Zellbereich A1:T20 der Startpunkt angezeigt. Es werden Ihnen aber auch die zu summierenden Zellen per blauer Randmarkierung verdeutlicht.

→ Verweis: siehe Kapitel 1.3, Tipp 8

## Tipp 19: Vorzeichenabhängig addieren

Im Zellbereich A2:A5 des Beispiels befinden sich positive und negative Zahlen. Sowohl die Summe der positiven Zahlen als auch die Summe der negativen Zahlen sollen als Ergebnis ausgegeben werden.

*So geht's:*

1 Erfassen Sie in Zelle B6 folgende Formel zur Aufsummierung nur der negativen Werte:

=SUMMEWENN(B2:B5;"<0")

Alternativ können Sie dieses Ergebnis auch mit Nutzung der Funktion *VORZEICHEN* erzielen. Geben Sie dafür dieses in Zelle E6 ein:

{=SUMME(WENN(VORZEICHEN(B2:B5)=-1;B2:B5))}

2 Um nur die positiven Werte zu summieren, erfassen Sie in Zelle B7 folgende Formel:

=SUMMEWENN(B2:B5;">0")

und alternativ mit *VORZEICHEN*-Funktion:

={SUMME(WENN(VORZEICHEN(B2:B5)=1;B2:B5))}

Beachten Sie: Bei den beiden Formeln mit Verwendung der *VORZEICHEN*-Funktion handelt es sich um Matrixformeln; die geschweiften Klammern werden nicht mit eingegeben, sondern entstehen durch die abschließende Bestätigung der Eingabe mittels der Tastenkombination [Strg]+[Umschalt]+[Enter] automatisch.

| E7 | | | | fx | {=SUMME(WENN(VORZEICHEN(B2:B5)=1;B2:B5))} | |
|---|---|---|---|---|---|---|
| | A | B | C | D | E | F |
| 1 | | Werte | | | | |
| 2 | | 2 | | | | |
| 3 | | -1 | | | | |
| 4 | | 3 | | | | |
| 5 | | -2 | | | | |
| 6 | Summe negativ 1: | -3 | | Summe negativ 2: | -3 | |
| 7 | Summe positiv 1: | 5 | | Summe positiv 2: | 5 | |

## Tipp 20: Summenerhaltendes Runden

### Problemstellung

Häufig treten bei Rundungen von Zwischenergebnissen und deren anschließender Summierung kleine Differenzen auf gegenüber dem alternativen Vorgehen, bei dem zunächst aufsummiert und dann berechnet bzw. gerundet wird. Als Beispiel soll hier eine Rechnung mit Einzelausweis der positionsbezogenen Umsatzsteuer dienen.

Die Rechnung besteht aus fünf Positionen, für die jeweils Menge und Preis sowie die sich ergebenden Nettobeträge aufgelistet sind. Aus dem Nettobetrag wird je Position die Umsatzsteuer mit 19 % berechnet und auf zwei Nachkommastellen gerundet. Die Rundung erfolgt dabei mittels *=RUNDEN(Zahl;2)*, womit im Ergebnis eine nach kaufmännischen Regeln korrekte Rundung erzielt wird.

| F7 | | | fx | =RUNDEN($E7*0,19;2) | |
|---|---|---|---|---|---|
| A | B | C | D | E | F |
| | Nr. | Menge | Netto-Preis | Summe netto | Umsatzsteuer Rundung auf 2 Nachkommastellen |
| | 1 | 23 | 0,12 | 2,76 € | 0,52 € |
| | 2 | 45 | 14,32 | 644,40 € | 122,44 € |
| | 3 | 56 | 54,65 | 3.060,40 € | 581,48 € |
| | 4 | 77 | 12,33 | 949,41 € | 180,39 € |
| | 5 | 12 | 0,45 | 5,40 € | 1,03 € |
| | | | | 4.662,37 € | 885,86 € |

Wie im Bild dargestellt, summiert sich die gerundete Umsatzsteuer der einzelnen Positionen auf einen Betrag von 885,86 Euro.

Berechnet man nun vergleichend die gesamte Umsatzsteuer ausgehend von den aufsummierten Nettobeträgen in Höhe von 4662,37 Euro, ergibt sich demgegenüber – wiederum gerundet auf zwei Nachkommastellen – ein Wert von 885,85 Euro, d. h. eine Abweichung in Höhe von 1 Cent.

| Umsatzsteuer, Summe der Ust-Einzelpositionen: | 885,86 € | | |
|---|---|---|---|
| Umsatzsteuer berechnet auf Basis Summe netto: | 885,85 € | Abweichung: | 0,01 € |

In der folgenden Abbildung ist veranschaulicht, wie sich diese Abweichung zusammensetzt:

- Spalte G weist die Umsatzsteuerbeträge aus, die sich bei Rundung auf vier Nachkommastellen ergeben würden.
- In Spalte H sehen Sie den *Rundungsfehler*, der sich durch Subtraktion der beiden jeweiligen Umsatzsteuerbeträge in Spalte H und G ergibt.
- Kumuliert man die zeilenspezifischen Rundungsfehler (Spalte I), ergibt sich insgesamt eine Abweichung von 0,0097 Euro, gerundet auf zwei Nachkommastellen also 1 Cent.

## 4.12 Sofort einsetzbare Summierungsfunktionen und bedingte Berechnungen

| | F | G | H | I |
|---|---|---|---|---|
| 2 | Umsatzsteuer Rundung auf 2 Nachkommastellen | Umsatzsteuer Rundung auf 4 Nachkommastellen | Rundungsfehler | Rundungsfehler kumuliert |
| 3 | 0,52 € | 0,5244 € | 0,0044 € | 0,0044 € |
| 4 | 122,44 € | 122,4360 € | -0,0040 € | 0,0004 € |
| 5 | 581,48 € | 581,4760 € | -0,0040 € | -0,0036 € |
| 6 | 180,39 € | 180,3879 € | -0,0021 € | -0,0057 € |
| 7 | 1,03 € | 1,0260 € | -0,0040 € | -0,0097 € |
| 8 | 885,86 € | 885,85 € | | |

### Summenerhaltendes Runden umsetzen

Diese Abweichung lässt sich durch das im Folgenden dargestellte Vorgehen, das summenerhaltende Runden, vermeiden.

### So geht's:

1 Fügen Sie neben der Spalte mit den kaufmännisch gerundeten Umsatzsteuerbeträgen eine Hilfsspalte *Rundungsfehler kumuliert* ein. In Zelle G15, also der Zeile der ersten Rechnungsposition, tragen Sie folgende Formel ein:
=RUNDEN(E15*0,19;4)-RUNDEN(E15*0,19;2)

2 Markieren Sie die restlichen Zellen der Spalte bis zur letzten Rechnungsposition, klicken Sie in die Bearbeitungsleiste und tragen Sie folgende Formel ein:
=RUNDEN(E16*0,19;4)-RUNDEN(G15+E16*0,19;2)+G15

Bestätigen Sie die Eingabe mit [Strg]+[Enter], sodass alle Zellen – im Beispiel der Zellbereich G16:G19 – mit der Formel (bei automatischer Anpassung der Zellbezüge) befüllt werden.

3 In Zelle F15, der Zeile der ersten Rechnungsposition, tragen Sie ein:
=RUNDEN($E15*0,19;2)

4 Markieren Sie die restlichen Zellen der Spalte bis zur letzten Rechnungsposition, klicken Sie in die Bearbeitungsleiste und tragen Sie folgende Formel ein:
=RUNDEN(RUNDEN(E16*0,19;4)+G15;2)

Bestätigen Sie die Eingabe mit [Strg]+[Enter], sodass alle Zellen – im Beispiel der Zellbereich F16:F19 – mit der Formel (bei automatischer Anpassung der Zellbezüge) befüllt werden.

5 In der Tabelle ist nun ersichtlich, dass sich der Umsatzsteuerbetrag in Zelle F18 um einen Cent verringert hat. Gegenüber der ursprünglichen Tabelle haben sich auch die Werte der kumulierten Rundungsfehler in den Zellen G18 und G19 verändert.

Die Summe der gerundeten Umsatzsteuer der einzelnen Positionen entspricht nun der Umsatzsteuer, die auf Basis der Summe der Nettobeträge errechnet worden ist. Der kumulierte Rundungsfehler beträgt nun 0,0003 Euro statt vorher 0,0097 Euro.

## 4. Formeln effektiv und professionell einsetzen

| | A | B | C | D | E | F | G | H |
|---|---|---|---|---|---|---|---|---|
| 13 | | | | | | | | |
| 14 | | Nr. | Menge | Netto-Preis | Summe netto | Umsatzsteuer Rundung auf 2 Nachkommastellen | Rundungsfehler kumuliert | |
| 15 | | 1 | 23 | 0,12 | 2,76 € | 0,52 € | 0,0044 € | |
| 16 | | 2 | 45 | 14,32 | 644,40 € | 122,44 € | 0,0004 € | |
| 17 | | 3 | 56 | 54,65 | 3.060,40 € | 581,48 € | -0,0036 € | |
| 18 | | 4 | 77 | 12,33 | 949,41 € | 180,38 € | 0,0043 € | |
| 19 | | 5 | 12 | 0,45 | 5,40 € | 1,03 € | 0,0003 € | |
| 20 | | | | | 4.662,37 € | 885,85 € | | |
| 21 | | | | | | | | |
| 22 | | Umsatzsteuer berechnet auf Basis Summe netto: | | | 885,85 € | | Abweichung: | 0,00 € |

### *Erläuterung*

Bei der Berechnung der Umsatzsteuer in Spalte F wird – in der zweiten Rechnungsposition – der Rundungsfehler der ersten Rechnungsposition zur auf vier Nachkommastellen gerundeten errechneten Umsatzsteuer der zweiten Rechnungsposition hinzugezählt. Das Ergebnis dieser Berechnung wird auf zwei Nachkommastellen gerundet und als Umsatzsteuer in Zelle E16 eingetragen. Auch bei dieser Berechnung entsteht wieder ein Rundungsfehler, der mit dem Rundungsfehler aus der vorangegangenen Zeile – Zelle G15 – zusammengerechnet und als kumulierter Rundungsfehler in Zelle G16 eingetragen wird. Der kumulierte Rundungsfehler wird also von Position zu Position weitergegeben.

An der vierten Rechnungsposition entsteht dadurch nun ein abweichendes Rechenergebnis:

- Der ursprüngliche Wert war hier 180,3879, kaufmännisch gerundet 180,39.
- Durch Hinzurechnung des kumulierten Rundungsfehlers in Höhe von -0,0036 zu diesem Betrag – vor Durchführung der Rundung – ergibt sich nun ein kaufmännisch abzurundender Betrag von 180,3843, also 180,38.

## 4.13 Nützliche Zählfunktionen

Analog zu den Summierungsfunktionen bietet Excel auch umfassende Möglichkeiten, Datensätze zu zählen. Dieser Abschnitt zeigt anhand von Praxisbeispielen, wie Sie Zählfunktionen mit Mehrwert aufbauen und verwenden können.

### Tipp 1: ANZAHL, ANZAHL2 und ANZAHLLEEREZELLEN

Mit *ANZAHL, ANZAHL2* und *ANZAHLLEEREZELLEN* stellt Excel drei nützliche und häufig anwendbare Standardfunktionen zur Verfügung, wenn es darum geht, die Zahl von Argumenten bzw. Zellen innerhalb einer Liste bzw. eines Zellbereichs zu ermitteln. Welche der Funktionen zur Erlangung der gewünschten Aussage anzuwenden ist, hängt dabei von der Art der Argumente bzw. Zellinhalte ab.

## So geht's:

1. In unserem Beispiel liegt eine Tabelle mit einem Zellbereich vor, in dem Tabellenüberschriften, Text innerhalb der Tabelle, Zahlen, Formeln sowie leere Zellen enthalten sind. Gesucht ist:
   - die Anzahl der Zellen, die Zahlen oder Formeln enthalten.
   - die Anzahl der leeren Zellen.
   - die Anzahl der nicht leeren Zellen.
   - die Gesamtzahl aller Zellen in den beiden Bereichen.

|    | A      | B    | C    | D    | E      | F    | G    | H    | I      | J    | K      |
|----|--------|------|------|------|--------|------|------|------|--------|------|--------|
| 1  | Tabelle| AA   | AB   | AC   | AD     | AA   | AB   | AC   | AD     | AA   | AB     |
| 2  | A      | 3877 | 5282 | 8450 | 5577   | 6391 | 1007 | 6430 | 8261   | 8047 | 2744   |
| 3  | B      | 6864 | 7637 | 3680 | 3469   | 2679 | 7815 | 3936 | 7651   | 1153 | 2143   |
| 4  | C      | 2456 | 3819 | 498  | 3654   | 6167 | 1175 | 7217 | 4690   | 3557 | 857    |
| 5  | D      | 8124 | 6560 | 8343 | Text 1 | 8741 | 5017 | 4956 | Text 4 | 2264 | Text 5 |
| 6  | E      | 4998 |      | 2782 | 2726   | 6024 | 6891 | 164  | 940    | 5533 | 2101   |
| 7  | F      | 3236 |      | 1584 | 2146   | 1205 | 304  | 5803 | 2742   | 4775 | 487    |
| 8  | G      | 6681 | 7784 | 3233 | Text 2 | 6473 | 9776 | 105  | Text 3 | 8510 | 4083   |
| 9  | H      | 7713 | 5813 | 4694 | 1964   | 5961 | 5549 | 7880 | 3837   | 9197 | 7952   |
| 10 | I      | 7215 |      |      |        |      | 1115 | 2632 | 4455   | 6732 | 2751   |
| 11 | J      | 2108 | 4941 | 4287 | 6779   | 8635 | 4010 | 5183 | 266    | 9391 | 4490   |

2. Um die Anzahl der Zellen zu ermitteln, die Zahlen oder Formeln enthalten, erfassen Sie folgende Formel:

   =ANZAHL(A1:K11)

   die als Ergebnis den Wert 89 zurückgibt.

3. Um die Anzahl der leeren Zellen im Bereich zu ermitteln, erfassen Sie folgende Formel:

   =ANZAHLLEEREZELLEN(A1:K11)

   mit dem Ergebnis 6.

4. Zur Ermittlung der Zahl der nicht leeren Zellen verwenden Sie diese Formel:

   =ANZAHL2(A1:K11)

   Das Ergebnis ist 115, bei der Zählung berücksichtigt sind hier sowohl Zahlen und Formeln als auch Text.

5. Die Gesamtzahl schließlich (Ergebnis 121) kann aus der Summe von Schritt 3 und 4 berechnet werden und alternativ direkt mit folgender Formel:

   =ANZAHLLEEREZELLEN(A1:K11)+ANZAHL2(A1:K11).

## Tipp 2: Ermittlung von Zellen mit enthaltener Formel

Um zu ermitteln, ob in einer bestimmten Zelle eine Formel enthalten ist. bzw. um die Anzahl von Zellen innerhalb eines Bereichs zu ermitteln, in denen eine Formel enthalten ist, kann ab Excel 2013 auf die neue Funktion *ISTFORMEL* zurückgegriffen werden.

In früheren Excel-Versionen bis einschließlich 2010 können diese Werte mittels einer benutzerdefinierten Funktion bzw. eines Makros bestimmt werden.

## So geht's in Excel 2013:

### Prüfung, ob eine bestimmte Zelle eine Formel enthält

Zelle D1 enthält eine Formel. Erfassen Sie in E1 die Formel =ISTFORMEL(D1). Als Rückgabewert erhalten Sie in diesem Fall WAHR (wenn keine Formel enthalten wäre: FALSCH).

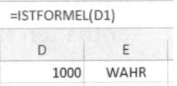

### Ermittlung der Anzahl von Zellen mit Formel innerhalb eines Bereichs

1. Der Bereich A1:K11 enthält Text, Zahlen und Formeln; die Anzahl der Zellen mit darin enthaltener Formel soll berechnet werden.

2. Excel 2013: Erfassen Sie folgende Formel in Zelle A13:
   {=SUMME(WENN(ISTFORMEL(A1:K11);1;0))}

   Beachten Sie: Es handelt sich hierbei um eine Matrixformel; die geschweiften Klammern werden nicht mit eingegeben, sondern entstehen durch die abschließende Bestätigung der Eingabe mittels der Tastenkombination [Strg]+[Umschalt]+[Enter] automatisch.

   Ergebnis: Im Bereich befinden sich sechs Zellen mit Formel.

## So geht's in Excel 2003–2010:

### Prüfung, ob eine bestimmte Zelle eine Formel enthält

Um die Funktionalität analog zu ISTFORMEL in Excel 2013 auch in den Vorversionen zu erhalten, kann eine benutzerdefinierte Funktion erstellt werden.

### So geht's:

1. Wechseln Sie über die Tastenkombination [Alt]+[F11] zum VBA-Editor und fügen Sie ein neues Modul ein.

2. Erfassen Sie die folgende benutzerdefinierte Funktion:

   Listing 1:
   ```
   Function MarkierteZelleIstFormel(Zelle)
   MarkierteZelleIstFormel = Zelle.HasFormula
   End Function
   ```

4.13 Nützliche Zählfunktionen

3 Wechseln Sie zurück auf das Tabellenblatt, setzen Sie den Cursor in Zelle E15 und geben Sie ein:

=MarkierteZelleIstFormel(H3)

Als Ergebnis erhalten Sie in Zelle E15 den Ausdruck *WAHR*, in H3 befindet sich also eine Formel (bei Rückgabewert *FALSCH* enthält die angesprochene Zelle keine Formel).

**Ermittlung der Anzahl von Zellen mit Formel innerhalb eines Bereichs**

1 Der Bereich A1:K11 enthält Text, Zahlen und Formeln; die Anzahl der Zellen mit darin enthaltener Formel soll berechnet werden.

2 Wechseln Sie über die Tastenkombination [Alt]+[F11] zum VBA-Editor und fügen Sie ein neues Modul ein.

3 Erfassen Sie das folgende Makro:

*Listing 2:*

```
Sub ZellenMitFormelnZaehlen()
Dim zellen As Range
Dim zaehler As Integer
zaehler = 0
  For Each zellen In Selection
    If zellen.HasFormula Then
    zaehler = zaehler + 1
    End If
  Next
ActiveWorkbook.ActiveSheet.Range("A15").Value = zaehler
End Sub
```

4 Wechseln Sie zurück auf das Tabellenblatt. Markieren Sie den Bereich, für den Sie die Zahl der Formelzellen ermitteln wollen.

5 Starten Sie das Makro *ZellenMitFormelnZaehlen* über:
- Excel 2007/2010: Menü *Entwicklertools/Code/Makros*,
- Excel 2003: Menü *Extras/Makro/Makros*.

Das Ergebnis der Zählung wird in Zelle A15 geschrieben.

## Tipp 3: Zählen mit mehreren Bedingungen – doppelte Datensätze ermitteln

Folgendes Praxisbeispiel zeigt eine Kundenliste, in der die Nachnamen der Kunden sowie deren Geburtsdaten aufgelistet sind. Aufgrund dieser Liste sollen nun alle Datensätze mit doppelten Namen und doppelten Geburtstagen sowie identische Namens- und Geburtstagskonstellationen ermittelt werden.

*So geht's:*

1 Zur Ermittlung der doppelten Namen und der identischen Geburtsdaten markieren Sie den Zellbereich C5:C17 und erfassen folgende Formel in Zelle C5:

## 4. Formeln effektiv und professionell einsetzen

=ZÄHLENWENN($A$5:$A$17;A5)

Beenden Sie die Eingabe mit [Strg]+[Enter].

2 Markieren Sie anschließend den Bereich D5:D17 und geben Sie die Formel =ZÄHLENWENN($B$5:$B$17;B5) in Zelle D5 ein. Schließen Sie auch diese Eingabe mit der Tastenkombination [Strg]+[Enter] ab.

Mithilfe der Funktion ZÄHLENWENN() werden jeweils die doppelten Namen bzw. Geburtsdaten ermittelt. Zur Auswertung der Einträge, bei denen sowohl der Name als auch das Geburtsdatum übereinstimmen, kann ZÄHLENWENN() nicht verwendet werden, da mit dieser Funktion nur ein einziges Kriterium ausgewertet werden kann. Zur Auswertung von mehreren Zählkriterien gehen Sie wie folgt vor:

1 Markieren Sie die Zelle E5 und erfassen Sie dort diese Formel:

=SUMME(WENN(($A$5:$A$17=A5)*($B$5:$B$17=B5);1))

2 Da es sich um eine Matrixfunktion handelt, müssen Sie die Formeleingabe mit der Tastenkombination [Strg]+[Umschalt]+[Enter] abschließen.

3 Kopieren Sie die Formel mit dem AutoAusfüllkästchen bis zur Zelle E17 nach unten. Im Ergebnis wird jeweils die Anzahl der Datensätze angezeigt, bei denen sowohl der Name als auch das Geburtsdatum übereinstimmen.

> **Hinweis**
>
> Die Array-Funktion kann wie folgt verkürzt werden:
>
> =SUMME(($A$5:$A$17=A5)*($B$5:$B$17=B5))
>
> Diese Funktion liefert das gleiche Ergebnis, nachdem Sie die Eingabe mit der Tastenkombination [Strg]+[Umschalt]+[Enter] abgeschlossen haben.

4.13 Nützliche Zählfunktionen

Ab Excel 2007 steht die neue Funktion ZÄHLENWENNS() zur Verfügung.

1  Markieren Sie den Zellbereich F5:F17.
2  Erfassen Sie folgende Formel in Zelle F5:
   =ZÄHLENWENNS($A$5:$A$17;A5;$B$5:$B$17;B5)
3  Beenden Sie die Dateneingabe mit der Tastenkombination [Strg]+[Enter].

| | A | B | C | D | E | F |
|---|---|---|---|---|---|---|
| 1 | **Kundenliste** | | | | | |
| 2 | | | | | | |
| 3 | | | | | | |
| 4 | Debitor-Namen | Geburtsdatum | Doppelte Namen | Doppelte Geburtsdaten | Doppelte Namen und Geburtsdaten | Neue Funktion ZÄHLENWENNS |
| 5 | Nesvadba | 05.02.1971 | 1 | 1 | 1 | 1 |
| 6 | Crommer | 18.03.1950 | 1 | 1 | 1 | 1 |
| 7 | Wiegandt | 15.05.1975 | 1 | 3 | 1 | 1 |
| 8 | Kraus | 15.05.1975 | 3 | 3 | 2 | 2 |
| 9 | Noelt | 01.06.1979 | 1 | 1 | 1 | 1 |
| 10 | Schlosser | 04.09.1969 | 2 | 2 | 2 | 2 |
| 11 | Kalina | 03.07.1976 | 2 | 1 | 1 | 1 |
| 12 | Kraus | 15.05.1975 | 3 | 3 | 2 | 2 |
| 13 | Müller | 28.02.1977 | 1 | 1 | 1 | 1 |
| 14 | Schmidt | 13.08.1955 | 1 | 1 | 1 | 1 |
| 15 | Schlosser | 04.09.1969 | 2 | 2 | 2 | 2 |
| 16 | Kraus | 08.01.1947 | 3 | 1 | 1 | 1 |
| 17 | Kalina | 05.09.1984 | 2 | 1 | 1 | 1 |

Wie Sie sehen, liefert die Funktion ZÄHLENWENNS() das gleiche Ergebnis.

## Tipp 4: Datensätze in gefilterter Liste nach Suchkriterium auswerten

In diesem Beispiel sollen in einer gefilterten Artikelliste die Artikel gezählt werden, die einem vorgegebenen Suchkriterium entsprechen. Die Artikelliste ist dabei wie folgt aufgebaut:

| | A | B | C | D | E | F |
|---|---|---|---|---|---|---|
| 1 | **Artikelliste nach Artikelgruppen** | | | | | |
| 2 | | | | | | |
| 3 | | | | | | |
| 4 | Artikel-Nr | Beschreibung | Gruppe | Lager | Mindestmenge | Lagermenge |
| 5 | SAN-60853 | Artikel A1 | A | Hauptlager | 50 | 299 |
| 6 | SAN-99296 | Artikel A2 | A | Nebenlager1 | 70 | 186 |
| 7 | SBN-92709 | Artikel B1 | B | Nebenlager2 | 40 | 83 |
| 8 | SBN-67439 | Artikel B2 | B | Hauptlager | 90 | 152 |
| 9 | SCN-92796 | Artikel C1 | C | Nebenlager2 | 100 | 266 |
| 10 | SDN-58941 | Artikel D2 | D | Nebenlager1 | 100 | 202 |
| 11 | SCN-50875 | Artikel C2 | C | Hauptlager | 50 | 60 |
| 12 | SAN-43180 | Artikel A3 | A | Nebenlager2 | 35 | 31 |
| 13 | SCN-13421 | Artikel C3 | C | Nebenlager1 | 80 | 159 |
| 14 | SCN-64761 | Artikel C4 | C | Nebenlager2 | 100 | 281 |
| 15 | SDN-76839 | Artikel D2 | D | Hauptlager | 70 | 167 |
| 16 | SBN-74756 | Artikel B3 | B | Nebenlager1 | 50 | 46 |
| 17 | SAN-56800 | Artikel A4 | A | Nebenlager1 | 50 | 79 |
| 18 | SBN-80678 | Artikel B4 | B | Nebenlager2 | 80 | 231 |
| 19 | SDN-13266 | Artikel D2 | D | Hauptlager | 40 | 120 |
| 20 | SAN-80402 | Artikel A5 | A | Hauptlager | 70 | 202 |
| 21 | SBN-35317 | Artikel B5 | B | Hauptlager | 10 | 10 |

Ziel ist es nun, zu ermitteln, wie oft die Artikelgruppe C im Nebenlager2 vorhanden ist.

## 4. Formeln effektiv und professionell einsetzen

### So geht's:

1 Markieren Sie im ersten Schritt den Zellbereich A4:F4 und setzen Sie den AutoFilter über das Menü *Daten/Sortieren und Filtern/Filtern* (Excel 2003: Menü *Daten/Filter/AutoFilter*).

2 Aktivieren Sie den Filtereintrag in Spalte D für das Kriterium *Nebenlager2*. Damit werden ausschließlich Artikel aus Nebenlager2 angezeigt.

|    | A | B | C | D | E | F | G |
|----|---|---|---|---|---|---|---|
| 1  | **Artikelliste nach Artikelgruppen** | | | | | | |
| 2  | | | | | | | |
| 3  | | | | | | | |
| 4  | Artikel-Nr | Beschreibung | Gruppe | Lager | Mindestmenge | Lagermenge | |
| 7  | SBN-92709 | Artikel B1 | B | Nebenlager2 | 40 | 83 | |
| 9  | SCN-92796 | Artikel C1 | C | Nebenlager2 | 100 | 266 | |
| 12 | SAN-43180 | Artikel A3 | A | Nebenlager2 | 35 | 31 | |
| 14 | SCN-64761 | Artikel C4 | C | Nebenlager2 | 100 | 281 | |
| 18 | SBN-80678 | Artikel B4 | B | Nebenlager2 | 80 | 231 | |
| 22 | | | | | | | |

3 Um nun zu ermitteln, wie häufig die Artikelgruppe C in der gefilterten Liste vorkommt, kann die Funktion *ZÄHLENWENN()* nicht verwendet werden, da sie nicht zwischen ein- und ausgeblendeten Zellen unterscheiden kann. Erfassen Sie deswegen in Zelle C24 folgende Formel:

=SUMMENPRODUKT(TEILERGEBNIS(3;INDIREKT("C"&ZEILE(5:21)))*($C$5:$C$21="C"))

Die Funktion *SUMMENPRODUKT()* in Verbindung mit der Funktion *TEILERGEBNIS()* ermöglicht die Auswertung von gefilterten Zeilen.

4 In Zelle B24 müssen Sie nun noch die Artikelgruppe eingeben, die ausgewertet werden soll, im Beispiel die Artikelgruppe C.

Als Ergebnis erhalten Sie den Wert 2. Die Artikelgruppe C befindet sich also zweimal in Nebenlager2.

Die Funktion *TEILERGEBNIS()* hat folgende Syntax:

*TEILERGEBNIS(Funktion;Bezug1;Bezug2;...)*

Das Argument *Funktion* ist eine Zahl von 1 bis 11 (bezieht ausgeblendete Werte ein) oder von 101 bis 111 (ignoriert ausgeblendete Werte), die festlegt, welche Funktion bei der Berechnung des Teilergebnisses innerhalb einer Liste verwendet werden soll.

| Funktion (bezieht ausgeblendete Werte mit ein) | Funktion (ignoriert ausgeblendete Werte) | Funktionstyp |
|---|---|---|
| 1 | 101 | MITTELWERT |
| 2 | 102 | ANZAHL |
| 3 | 103 | ANZAHL2 |
| 4 | 104 | MAX |
| 5 | 105 | MIN |
| 6 | 106 | PRODUKT |
| 7 | 107 | STABW |
| 8 | 108 | STABWN |
| 9 | 109 | SUMME |
| 10 | 110 | VARIANZ |
| 11 | 111 | VARIANZEN |

→ Verweis: siehe Kapitel 5.1, Tipp 10

## Tipp 5: Lagerbestände nach Alter auswerten

Ausgangsbasis für die Altersbestimmung der Lagerbestände ist eine Lagerliste per 30.06.2012. Darin befindet sich neben den Artikelstammdaten auch das jeweils letzte Anschaffungsdatum für jeden Artikel. Auf dieser Basis soll die Anzahl der Artikel ermittelt werden, bei denen innerhalb eines definierten Zeitkorridors Einkäufe stattgefunden haben.

*So geht's:*

Die Ausgangstabelle zeigt die Lagerbestände sowie die Auswertungsparameter. So soll die Anzahl der Datensätze ermittelt werden, deren Anschaffungsdatum 0 bis 60 Tage vor dem 30.06.2012 gelegen hat.

|   | A | B | C | D | E |
|---|---|---|---|---|---|
| 1 | Lagerliste per 30.06.2012 | | | | |
| 2 | | | | | |
| 3 | Artikel-Nr. | Beschreibung | Gruppe | Lager | Datum Anschaffung |
| 4 | SAN-60853 | Artikel A1 | A | Hauptlager | 27.02.2012 |
| 5 | SAN-99296 | Artikel A2 | A | Nebenlager1 | 12.01.2012 |
| 6 | SBN-92709 | Artikel B1 | B | Nebenlager2 | 16.04.2012 |
| 7 | SBN-67439 | Artikel B2 | B | Hauptlager | 28.05.2012 |
| 8 | SCN-92796 | Artikel C1 | C | Nebenlager2 | 22.12.2011 |
| 9 | SDN-58941 | Artikel D1 | D | Nebenlager1 | 19.02.2012 |
| 10 | SCN-50875 | Artikel C2 | C | Hauptlager | 03.05.2012 |
| 11 | SAN-43180 | Artikel A3 | A | Nebenlager2 | 23.04.2012 |
| 12 | SCN-13421 | Artikel C3 | C | Nebenlager1 | 17.01.2012 |
| 13 | SCN-64761 | Artikel C4 | C | Nebenlager2 | 08.06.2012 |
| 14 | SDN-76839 | Artikel D2 | D | Hauptlager | 16.03.2012 |
| 15 | SBN-74756 | Artikel B3 | B | Nebenlager1 | 08.03.2012 |
| 16 | SAN-56800 | Artikel A4 | A | Nebenlager1 | 22.06.2012 |
| 17 | SBN-80678 | Artikel B4 | B | Nebenlager2 | 19.02.2012 |
| 18 | SDN-13266 | Artikel D2 | D | Hauptlager | 28.03.2012 |
| 19 | SAN-80402 | Artikel A5 | A | Hauptlager | 12.04.2012 |
| 20 | SBN-35317 | Artikel B5 | B | Hauptlager | 18.05.2012 |
| 21 | | | | | |
| 22 | | | | | |
| 23 | Auswertungskriterien: | | | | |
| 24 | Stichtag: | | 30.06.2012 | | |
| 25 | Alter (in Tagen) von: | | 0 | | |
| 26 | Alter (in Tagen) bis: | | 60 | | |

## 4. Formeln effektiv und professionell einsetzen

**1** Die Auswertungsparameter befinden sich im Zellbereich B24:B26.

**2** Erfassen Sie zur Auswertung in Zelle B28 folgende Formel:

=SUMME((DATEDIF(E4:E20;B24;"d")<=B26)*(DATEDIF(E4:E20;B24;"d")>B25))

Mithilfe der Funktion *DATEDIF()* werden die Tagesdifferenzen zwischen dem 30.06.2012 und dem jeweiligen Anschaffungsdatum ermittelt und mit der Funktion *SUMME()* addiert.

**3** Beenden Sie die Erfassung dieser Formel mit der Tastenkombination [Strg]+[Umschalt]+[Enter], da es sich um eine Matrixfunktion handelt.

Es sind also fünf Artikel in der Liste vorhanden, deren Anschaffungsdaten im definierten Zeitkorridor liegen. Sie können die Auswertungskriterien nach Belieben verändern. Die Excel-Funktion liefert jeweils das entsprechende Ergebnis.

> **Hinweis**
>
> Beachten Sie, dass sich in der Liste kein Anschaffungsdatum befinden darf, das nach dem Auswertungsparameter *Stichtag* liegt, da die Matrixfunktion ansonsten den Fehlerwert *#ZAHL!* zurückgibt.

| | A | B | C | D | E |
|---|---|---|---|---|---|
| 1 | Lagerliste per 30.06.2012 | | | | |
| 2 | | | | | |
| 3 | Artikel-Nr. | Beschreibung | Gruppe | Lager | Datum Anschaffung |
| 4 | SAN-60853 | Artikel A1 | A | Hauptlager | 27.02.2012 |
| 5 | SAN-99296 | Artikel A2 | A | Nebenlager1 | 12.01.2012 |
| 6 | SBN-92709 | Artikel B1 | B | Nebenlager2 | 16.04.2012 |
| 7 | SBN-67439 | Artikel B2 | B | Hauptlager | 28.05.2012 |
| 8 | SCN-92796 | Artikel C1 | C | Nebenlager2 | 22.12.2011 |
| 9 | SDN-58941 | Artikel D2 | D | Nebenlager1 | 19.02.2012 |
| 10 | SCN-50875 | Artikel C2 | C | Hauptlager | 03.05.2012 |
| 11 | SAN-43180 | Artikel A3 | A | Nebenlager2 | 23.04.2012 |
| 12 | SCN-13421 | Artikel C3 | C | Nebenlager1 | 17.01.2012 |
| 13 | SCN-64761 | Artikel C4 | C | Nebenlager2 | 08.06.2012 |
| 14 | SDN-76839 | Artikel D2 | D | Hauptlager | 16.03.2012 |
| 15 | SBN-74756 | Artikel B3 | B | Nebenlager1 | 08.03.2012 |
| 16 | SAN-56800 | Artikel A4 | A | Nebenlager1 | 22.06.2012 |
| 17 | SBN-80678 | Artikel B4 | B | Nebenlager2 | 19.02.2012 |
| 18 | SDN-13266 | Artikel D2 | D | Hauptlager | 28.03.2012 |
| 19 | SAN-80402 | Artikel A5 | A | Hauptlager | 12.04.2012 |
| 20 | SBN-35317 | Artikel B5 | B | Hauptlager | 18.05.2012 |
| 21 | | | | | |
| 22 | | | | | |
| 23 | Auswertungskriterien: | | | | |
| 24 | Stichtag: | 30.06.2012 | | | |
| 25 | Alter (in Tagen) von: | 0 | | | |
| 26 | Alter (in Tagen) bis: | 60 | | | |
| 27 | | | | | |
| 28 | Anzahl Datensätze: | 5 | | | |
| 29 | | | | | |

B28: {=SUMME((DATEDIF(E4:E20;B24;"d")<=B26)*(DATEDIF(E4:E20;B24;"d")>B25))}

## Tipp 6: Anzahl unterschiedlicher Einträge in einer Liste ermitteln (Ermittlung von Unikaten)

In einer Tagesverkaufsliste werden täglich die verkauften Artikel mit allen notwendigen Informationen eingetragen. Am Tagesende soll gezählt werden, wie viele Verkäufe insgesamt stattgefunden haben und wie viele unterschiedliche Artikel verkauft wurden.

*So geht's:*

1 Zur Ermittlung der Gesamtzahl verkaufter Artikel kann ganz einfach die Funktion =ANZAHL(A5:A21) verwendet werden. Erfassen Sie die Formel in Zelle A23. Damit wird die Gesamtmenge in der Spalte *Artikel-Nr.* ermittelt.

2 Etwas schwieriger wird es bei der Ermittlung der Anzahl der unterschiedlichen verkauften Artikel (Artikelnummern). Erfassen Sie dazu in Zelle A25 folgende Array-Formel:

=SUMME(1/ZÄHLENWENN(A5:A21; A5:A21))

3 Beenden Sie die Formeleingabe mit [Strg]+[Umschalt]+[Enter]. Damit wird die Funktion zur Matrixfunktion qualifiziert.

| | A | B | C | D |
|---|---|---|---|---|
| 1 | **Tagesverkäufe** | | | |
| 2 | Datum: | 20.07.2007 | | |
| 3 | | | | |
| 4 | Artikel-Nr. | Anzahl | VK pro Stück | Umsatz |
| 5 | 47116 | 9 | 72,9 | 656,10 € |
| 6 | 47125 | 8 | 75,01 | 600,08 € |
| 7 | 47015 | 1 | 58,3 | 58,30 € |
| 8 | 47116 | 5 | 72,9 | 364,50 € |
| 9 | 47018 | 4 | 131,44 | 525,76 € |
| 10 | 47125 | 4 | 75,01 | 300,04 € |
| 11 | 47015 | 7 | 58,3 | 408,10 € |
| 12 | 47116 | 1 | 72,9 | 72,90 € |
| 13 | 47223 | 1 | 114,45 | 114,45 € |
| 14 | 47223 | 1 | 114,45 | 114,45 € |
| 15 | 47020 | 8 | 97,76 | 782,08 € |
| 16 | 47116 | 6 | 72,9 | 437,40 € |
| 17 | 47015 | 3 | 58,3 | 174,90 € |
| 18 | 47223 | 15 | 114,45 | 1.716,75 € |
| 19 | 47116 | 12 | 72,9 | 874,80 € |
| 20 | 47020 | 12 | 97,76 | 1.173,12 € |
| 21 | 47015 | 5 | 58,3 | 291,50 € |
| 22 | | | | |
| 23 | 17 | Anzahl Verkäufe gesamt | | |
| 24 | | | | |
| 25 | 6 | Anzahl unterschiedliche Einträge (Unikate) | | |
| 26 | | | | |

Insgesamt fanden also am 20.07.2007 17 Verkäufe statt, wobei sechs verschiedene Artikel verkauft wurden.

> **Hinweis**
>
> Wenn sich im Auswertungsbereich leere Zellen befinden, müssen Sie diese etwas komplexere Formel verwenden:
>
> =SUMME(1/WENN(ZÄHLENWENN(A5:A21;A5:A21)=0;1;ZÄHLENWENN(A5:A21; A5:A21)))-ANZAHLLEEREZELLEN(A5:A21)
>
> Damit werden Leerzellen nicht berücksichtigt, und die Auswertung liefert das korrekte Ergebnis. Schließen Sie diese Formeleingabe mit der Tastenkombination [Strg]+[Umschalt]+[Enter] ab.

→ Verweis: siehe Kapitel 5.1, Tipp 13

## Tipp 7: Anzahl einzelner, doppelter, dreifacher ... Einträge ermitteln

Angenommen, in einer Tabelle gibt es einzeln, doppelt oder dreifach vorkommende Artikel etc. Wenn es nun von Interesse ist, zu ermitteln, wie viele Artikel einmal, zweimal etc. vorkommen, können Sie das sehr rasch über eine Formel ermitteln, die eine Kombination aus den beiden Funktionen SUMMENPRODUKT und ZÄHLEN WENN darstellt.

| | D2 | | | $f_x$ | =SUMMENPRODUKT((ZÄHLENWENN($A$1:$A100;$A$1:$A100)=1)/1) | | | |
|---|---|---|---|---|---|---|---|---|
| | A | B | C | D | E | F | G | H |
| 1 | Artikel A | | Häufigkeit des Vorkommens von Artikeln | | | | | |
| 2 | Artikel A | | einfaches Vorkommen | 1 | Artikel C und D kommen nur 1x vor | | | |
| 3 | Artikel B | | zweifaches Vorkommen | 1 | Artikel B kommt 2x mal vor | | | |
| 4 | Artikel B | | dreifaches Vorkommen | 1 | Artikel D kommt 3x mal vor | | | |
| 5 | Artikel A | | vierfaches Vorkommen | 0 | kein Artikel kommt 4x mal vor | | | |
| 6 | Artikel A | | fünffaches Vorkommen | 0 | kein Artikel kommt 5x mal vor | | | |
| 7 | Artikel C | | sechsfaches Vorkommen | 1 | Artikel A kommt 6x mal vor | | | |
| 8 | Artikel A | | | | | | | |
| 9 | Artikel D | | | | | | | |
| 10 | Artikel D | | | | | | | |
| 11 | Artikel D | | | | | | | |
| 12 | Artikel A | | | | | | | |
| 13 | | | | | | | | |

*So geht's:*

1  Öffnen Sie eine neue Arbeitsmappe und tragen Sie beispielhaft in Spalte A diverse Artikel ein. Achten Sie darauf, einzelne Artikel nicht nur einmal, sondern auch mehrfach einzutragen.

2  Erfassen Sie nun in Zelle D2 die Formel *=SUMMENPRODUKT((ZÄHLENWENN ($A$1:$A100;$A$1:$A100)=1)/1)*, um zu ermitteln, wie viele Artikel einmalig in der Liste in Spalte A vorhanden sind.

3  Erfassen Sie anschließend in Zelle D3 die Formel *=SUMMENPRODUKT((ZÄHLEN WENN($A$1:$A100;$A$1:$A100)=2)/2)*, um festzustellen, wie viele Artikel zweimal in der Liste in Spalte A auftauchen, und führen Sie diese Formel je nach Bedarf in den darunterliegenden Zellen weiter fort.

## Tipp 8: Datensätze nach deren Häufigkeit auswerten und entsprechend sortieren

In diesem Beispiel liegt eine Verkaufsliste mit verschiedenen Artikelnummern vor. Ziel ist es nun, die Artikelnummern nach deren Häufigkeit auszuwerten und in absteigend sortierter Reihenfolge auszugeben.

*So geht's:*

1  Zur Ausgabe der Artikelnummern geben Sie in Zelle F5 folgende Formel ein: *=MODALWERT(A5:A21)*

## 4.13 Nützliche Zählfunktionen

MODALWERT() gibt den häufigsten Wert einer Datengruppe zurück.

**2** Zur Ermittlung des zweithäufigsten Werts erfassen Sie in Zelle F6 diese Matrixformel:

=MODALWERT(WENN(ZÄHLENWENN($F$5:F5;$A$5:$A$21)=0;$A$5:$A$21))

**3** Beenden Sie die Dateneingabe mit der Tastenkombination [Strg]+[Umschalt]+[Enter].

**4** Damit auch die dritt- und vierthäufigsten Werte etc. ausgelesen werden, kopieren Sie diese Funktion so lange über das AutoAusfüllkästchen nach unten, bis der Fehlerwert #NV angezeigt wird.

| | A | B | C | D | E | F | G |
|---|---|---|---|---|---|---|---|
| 1 | **Tagesverkäufe** | | | | | | |
| 2 | Datum: | 20.07.2007 | | | | | |
| 3 | | | | | | | |
| 4 | Artikel-Nr. | Anzahl | VK pro Stück | Umsatz | | Reihenfolge | |
| 5 | 47116 | 9 | 72,9 | 656,10 € | | 47116 | |
| 6 | 47125 | 8 | 75,01 | 600,08 € | | 47015 | |
| 7 | 47015 | 1 | 58,3 | 58,30 € | | 47223 | |
| 8 | 47116 | 5 | 72,9 | 364,50 € | | 47125 | |
| 9 | 47018 | 4 | 131,44 | 525,76 € | | 47020 | |
| 10 | 47125 | 4 | 75,01 | 300,04 € | | | |
| 11 | 47015 | 7 | 58,3 | 408,10 € | | | |
| 12 | 47116 | 1 | 72,9 | 72,90 € | | | |
| 13 | 47223 | 1 | 114,45 | 114,45 € | | | |
| 14 | 47223 | 1 | 114,45 | 114,45 € | | | |
| 15 | 47020 | 8 | 97,76 | 782,08 € | | | |
| 16 | 47116 | 6 | 72,9 | 437,40 € | | | |
| 17 | 47015 | 3 | 58,3 | 174,90 € | | | |
| 18 | 47223 | 15 | 114,45 | 1.716,75 € | | | |
| 19 | 47116 | 12 | 72,9 | 874,80 € | | | |
| 20 | 47020 | 12 | 97,76 | 1.173,12 € | | | |
| 21 | 47015 | 5 | 58,3 | 291,50 € | | | |

Im Zellbereich F5:F9 werden nun die Artikelnummern in der Reihenfolge der Häufigkeit angezeigt, mit der diese im Zellbereich A5:A21 vorhanden sind. Die Auflistung erfolgt dabei in absteigender Reihenfolge.

Zur Verprobung gehen Sie wie folgt vor:

**1** Markieren Sie den Zellbereich G5:G9.

**2** Geben Sie in Zelle G5 die Formel =ZÄHLENWENN($A$5:$A$21;F5) ein.

**3** Beenden Sie die Dateneingabe mit der Tastenkombination [Strg]+[Enter].

Damit wird ermittelt, wie oft die jeweilige Artikelnummer im Auswertungsbereich vorhanden ist.

## 4. Formeln effektiv und professionell einsetzen

| | A | B | C | D | E | F | G | H |
|---|---|---|---|---|---|---|---|---|
| | G5 | | fx | =ZÄHLENWENN($A$5:$A$21;F5) | | | | |
| 1 | **Tagesverkäufe** | | | | | | | |
| 2 | Datum: | 20.07.2007 | | | | | | |
| 3 | | | | | | | | |
| 4 | Artikel-Nr. | Anzahl | VK pro Stück | Umsatz | | Reihenfolge | Anzahl | |
| 5 | 47116 | 9 | 72,9 | 656,10 € | | 47116 | 5 | |
| 6 | 47125 | 8 | 75,01 | 600,08 € | | 47015 | 4 | |
| 7 | 47015 | 1 | 58,3 | 58,30 € | | 47223 | 3 | |
| 8 | 47116 | 5 | 72,9 | 364,50 € | | 47125 | 2 | |
| 9 | 47018 | 4 | 131,44 | 525,76 € | | 47020 | 2 | |
| 10 | 47125 | 4 | 75,01 | 300,04 € | | | | |
| 11 | 47015 | 7 | 58,3 | 408,10 € | | | | |
| 12 | 47116 | 1 | 72,9 | 72,90 € | | | | |
| 13 | 47223 | 1 | 114,45 | 114,45 € | | | | |
| 14 | 47223 | 1 | 114,45 | 114,45 € | | | | |
| 15 | 47020 | 8 | 97,76 | 782,08 € | | | | |
| 16 | 47116 | 6 | 72,9 | 437,40 € | | | | |
| 17 | 47015 | 3 | 58,3 | 174,90 € | | | | |
| 18 | 47223 | 15 | 114,45 | 1.716,75 € | | | | |
| 19 | 47116 | 12 | 72,9 | 874,80 € | | | | |
| 20 | 47020 | 12 | 97,76 | 1.173,12 € | | | | |
| 21 | 47015 | 5 | 58,3 | 291,50 € | | | | |
| 22 | | | | | | | | |

## Tipp 9: Ermittlung aller Zellen mit Text

Dieses Beispiel zeigt, wie sich die Anzahl der Zellen, in denen Text erfasst wurde, ermitteln lässt. In einer Datei stehen Messwerte einer Produktionsanlage, die nach bestimmten Kriterien manuell ausgewertet werden. Wenn bei einem Messwert Unklarheiten oder Fehler auftreten, wird das mit einem entsprechenden Hinweis gekennzeichnet. Der Anwender gibt dann einen beliebigen Text ein, wie in folgender Abbildung zu sehen ist.

Ziel ist es nun, die Anzahl der Einträge zu ermitteln, in denen in Spalte D ein beliebiger Text eingetragen wurde.

| | A | B | C | D |
|---|---|---|---|---|
| 1 | **Kontrolle der Messwerte Produktionsanlage A** | | | |
| 2 | | | | |
| 3 | Uhrzeit | Wert | Ergebnis | Auswertung |
| 4 | 07:15 | Wert 1 | 42,9888 | 2 |
| 5 | 07:30 | Wert 2 | 38,2382 | 1 |
| 6 | 07:45 | Wert 3 | 55,3665 | Fehler |
| 7 | 08:00 | Wert 4 | 37,8102 | 1 |
| 8 | 08:15 | Wert 5 | 42,5746 | ??? |
| 9 | 08:30 | Wert 6 | 42,3606 | 1 |
| 10 | 08:45 | Wert 7 | 32,1466 | 1 |
| 11 | 09:00 | Wert 8 | 51,9326 | 2 |
| 12 | 09:15 | Wert 9 | 41,7186 | 1 |
| 13 | 09:30 | Wert 10 | 565,336 | Fehler |
| 14 | 09:45 | Wert 11 | 45,2906 | 1 |
| 15 | 10:00 | Wert 12 | 36,0766 | 2 |
| 16 | 10:15 | Wert 13 | 51,8626 | 1 |
| 17 | 10:30 | Wert 14 | 15,2365 | Vorsicht |
| 18 | 10:45 | Wert 15 | 41,1107 | 1 |
| 19 | 11:00 | Wert 16 | 52,6345 | 1 |
| 20 | 11:15 | Wert 17 | 42,1685 | 2 |
| 21 | | | | |

*So geht's:*

**1** Erfassen Sie in Zelle D4 folgende Formel:
=SUMME(WENN(ISTTEXT(D4:D20);1;0))

Damit wird der Zähler um den Wert 1 erhöht, wenn eine Zelle mit Texteintrag im angegebenen Bereich gefunden wird.

**2** Da es sich um eine Matrixfunktion handelt, müssen Sie die Formeleingabe mit der Tastenkombination [Strg]+[Umschalt]+[Enter] beenden.

## 4.13 Nützliche Zählfunktionen

```
D22    {=SUMME(WENN(ISTTEXT(D4:D20);1;0))}
```

| | A | B | C | D | E |
|---|---|---|---|---|---|
| 1 | Kontrolle der Messwerte Produktionsanlage A | | | | |
| 2 | | | | | |
| 3 | Uhrzeit | Wert | Ergebnis | Auswertung | |
| 4 | 07:15 | Wert 1 | 42,9888 | 2 | |
| 5 | 07:30 | Wert 2 | 38,2382 | 1 | |
| 6 | 07:45 | Wert 3 | 55,3665 | Fehler | |
| 7 | 08:00 | Wert 4 | 37,8102 | 1 | |
| 8 | 08:15 | Wert 5 | 42,5746 | ??? | |
| 9 | 08:30 | Wert 6 | 42,3606 | 1 | |
| 10 | 08:45 | Wert 7 | 32,1466 | 1 | |
| 11 | 09:00 | Wert 8 | 51,9326 | 2 | |
| 12 | 09:15 | Wert 9 | 41,7186 | 1 | |
| 13 | 09:30 | Wert 10 | 565,336 | Fehler | |
| 14 | 09:45 | Wert 11 | 45,2906 | 1 | |
| 15 | 10:00 | Wert 12 | 36,0766 | 2 | |
| 16 | 10:15 | Wert 13 | 51,8626 | 1 | |
| 17 | 10:30 | Wert 14 | 15,2365 | Vorsicht | |
| 18 | 10:45 | Wert 15 | 41,1107 | 1 | |
| 19 | 11:00 | Wert 16 | 52,6345 | 1 | |
| 20 | 11:15 | Wert 17 | 42,1685 | 2 | |
| 21 | | | | | |
| 22 | | | Anzahl Zellen mit Text | 4 | |
| 23 | | | | | |

Sie sehen, es werden alle Zellen gezählt, in denen Text eingetragen wurde.

→ Verweis: siehe Kapitel 1.4, Tipp 4

### Tipp 10: Wie oft ist ein Teilstring in einer Textfolge vorhanden?

In der vorliegenden Inventurliste sollen die Artikelnummern daraufhin analysiert werden, wie oft sich ein bestimmter Teilstring darin befindet. Da jede Stelle der Artikelnummer eine Bedeutung hat, können aus der Analyse der Nummer der Stellplatz, das Anschaffungsjahr sowie der Lagerort bestimmt werden. Dafür ist es entscheidend, wie oft sich ein String in der Nummer befindet.

*So geht's:*

Sehen Sie sich zunächst die Inventurliste näher an.

| | A | B | C | D | E | F | G |
|---|---|---|---|---|---|---|---|
| 1 | Stammdaten - Inventurliste per 31.12.2006 | | | | | | |
| 2 | | | | | | | |
| 3 | Artikel-Nr. | Beschreibung | Gruppe | Lager | | Kriterium | Anzahl |
| 4 | SANH-60853 | Artikel A1 | A | Hauptlager | | | |
| 5 | SANN-99296 | Artikel A2 | A | Nebenlager1 | | | |
| 6 | SBNN-92709 | Artikel B1 | B | Nebenlager2 | | | |
| 7 | SBNH-67439 | Artikel B2 | B | Hauptlager | | | |
| 8 | SCNN-92796 | Artikel C1 | C | Nebenlager2 | | | |
| 9 | SDNN-58941 | Artikel D2 | D | Nebenlager1 | | | |
| 10 | SCNH-50875 | Artikel C2 | C | Hauptlager | | | |
| 11 | SANN-43180 | Artikel A3 | A | Nebenlager2 | | | |
| 12 | SCNN-13421 | Artikel C3 | C | Nebenlager1 | | | |
| 13 | SCNN-64761 | Artikel C4 | C | Nebenlager2 | | | |
| 14 | SDNH-76839 | Artikel D2 | D | Hauptlager | | | |
| 15 | SBNN-74756 | Artikel B3 | B | Nebenlager1 | | | |
| 16 | SANN-56800 | Artikel A4 | A | Nebenlager1 | | | |
| 17 | SBNN-80678 | Artikel B4 | B | Nebenlager2 | | | |
| 18 | SDNH-13266 | Artikel D2 | D | Hauptlager | | | |
| 19 | SANH-80402 | Artikel A5 | A | Hauptlager | | | |
| 20 | SBNH-35317 | Artikel B5 | B | Hauptlager | | | |
| 21 | | | | | | | |

Die zu analysierenden Artikelnummern liegen im Zellbereich A4:A20 vor.

## 4. Formeln effektiv und professionell einsetzen

**1** Geben Sie zunächst das Kriterium in Zelle F4 ein, nach dem gesucht werden soll. In diesem Beispiel soll nach dem Teilstring 9 gefragt werden.

**2** Zur Ermittlung, wie oft die Ziffer 9 in der jeweiligen Artikelnummer vorkommt, markieren Sie den Bereich G4:G20 und erfassen in Zelle G4 diese Formel:

=(LÄNGE(A4)-LÄNGE(WECHSELN(A4;$F$4;"")))/LÄNGE($F$4)

**3** Beenden Sie die Formeleingabe mit der Tastenkombination [Strg]+[Enter]. Damit wird die Formel in den gesamten markierten Bereich eingetragen.

| | A | B | C | D | E | F | G |
|---|---|---|---|---|---|---|---|
| 1 | Stammdaten - Inventurliste per 31.12.2006 | | | | | | |
| 2 | | | | | | | |
| 3 | Artikel-Nr. | Beschreibung | Gruppe | Lager | | Kriterium | Anzahl |
| 4 | SANH-60853 | Artikel A1 | A | Hauptlager | | 9 | 0 |
| 5 | SANN-99296 | Artikel A2 | A | Nebenlager1 | | | 3 |
| 6 | SBNN-92709 | Artikel B1 | B | Nebenlager2 | | | 2 |
| 7 | SBNH-67439 | Artikel B2 | B | Hauptlager | | | 1 |
| 8 | SCNN-92796 | Artikel C1 | C | Nebenlager2 | | | 2 |
| 9 | SDNN-58941 | Artikel D1 | D | Nebenlager1 | | | 1 |
| 10 | SCNH-50875 | Artikel C2 | A | Hauptlager | | | 0 |
| 11 | SANN-43180 | Artikel A3 | A | Nebenlager2 | | | 0 |
| 12 | SCNN-13421 | Artikel C3 | C | Nebenlager1 | | | 0 |
| 13 | SCNN-64761 | Artikel C4 | C | Nebenlager2 | | | 0 |
| 14 | SDNH-76839 | Artikel D2 | D | Hauptlager | | | 1 |
| 15 | SBNN-74756 | Artikel B3 | B | Nebenlager1 | | | 0 |
| 16 | SANN-56800 | Artikel A4 | A | Nebenlager1 | | | 0 |
| 17 | SBNN-80678 | Artikel B4 | B | Nebenlager2 | | | 0 |
| 18 | SDNH-13266 | Artikel D2 | D | Hauptlager | | | 0 |
| 19 | SANH-80402 | Artikel A5 | A | Hauptlager | | | 0 |
| 20 | SBNH-35217 | Artikel B5 | B | Hauptlager | | | 0 |

Die Artikelnummer in Zelle A5 beinhaltet beispielsweise die Ziffer 9 dreimal.

→ Verweis: siehe Kapitel 4.4, Tipp 7

### Tipp 11: Zufallszahlen ohne doppelte Werte erzeugen

In diesem Beispiel sollen 20 Zufallszahlen ohne doppelte Werte ermittelt werden. Die zufälligen Zahlenfolgen sollen im Wertebereich zwischen 21 und 40 berechnet werden. Wenn Sie die Formel =RUNDEN(ZUFALLSZAHL()*20;0)+20 in eine beliebige Zelle eintragen und 20 Zeilen nach unten kopieren, erhalten Sie 20 Zufallszahlen, aber mit großer Wahrscheinlichkeit auch mehrfach vorkommende Zahlen, wie in der Abbildung zu sehen.

Mithilfe eines kleinen Tricks lassen sich doppelte Zahlen aber leicht vermeiden.

| | H |
|---|---|
| | mit doppelten Werten |
| 4 | 29 |
| 5 | 26 |
| 6 | 28 |
| 7 | 39 |
| 8 | 38 |
| 9 | 37 |
| 10 | 25 |
| 11 | 23 |
| 12 | 40 |
| 13 | 34 |
| 14 | 26 |
| 15 | 20 |
| 16 | 32 |
| 17 | 29 |
| 18 | 36 |
| 19 | 30 |
| 20 | 36 |
| 21 | 26 |
| 22 | 35 |
| 23 | 36 |

## So geht's:

1. Markieren Sie einen beliebigen Zellbereich mit einer Zeilenanzahl von 20, beispielsweise den Bereich A4:A23.

2. Tragen Sie in Zelle A4 die Formel =ZUFALLSZAHL() ein und beenden Sie die Eingabe mit [Strg]+[Enter].

3. Markieren Sie nun in der Nebenspalte den Zellbereich B4:B23 und erfassen Sie in Zelle B4 die Formel =RANG(A4;$A$4:$A$23)+20.

4. Beenden Sie die Eingabe wiederum mit der Tastenkombination [Strg]+[Enter]. Damit wird für jede ermittelte Zufallszahl in Spalte A ein Rang ermittelt. Auf diese Weise ist sichergestellt, dass keine doppelten Werte vorkommen.

→ Verweis: siehe Kapitel 4.10, Tipp 6

## Tipp 12: Erzeugung von Passwörtern mit zufälligen Buchstaben-Zahlen-Kombinationen

Wenn Sie ein sicheres Passwort benötigen, ist es manchmal gar nicht einfach, sich auf die Schnelle ein absolut zufälliges Passwort zu überlegen. In diesem Beispiel sehen Sie, wie Sie schnell und einfach beliebige Passwörter erzeugen können.

## So geht's:

1. Erfassen Sie in Zelle A3 folgende ziemlich umfangreiche Formel:

   =LINKS(ADRESSE(1;RUNDEN(ZUFALLSZAHL()*26;0);4);1)&RUNDEN(ZUFALLS ZAHL()*10;0)&LINKS(ADRESSE(1;RUNDEN(ZUFALLSZAHL()*26;0);4);1) &RUNDEN(ZUFALLSZAHL()*10;0)&LINKS(ADRESSE(1;RUNDEN(ZUFALLSZAHL() *26;0);4);1)&RUNDEN(ZUFALLSZAHL()*10;0)&LINKS(ADRESSE(1;RUNDEN (ZUFALLSZAHL()*26;0);4);1)&RUNDEN(ZUFALLSZAHL()*10;0)

2. Kopieren Sie die Formel so viele Zeilen nach unten, wie Sie unterschiedliche Passwörter benötigen. Alternativ können Sie auch auf die Kopieraktion verzichten, denn bei jedem Drücken der Funktionstaste [F9] wird ein neues Passwort generiert.

Das Passwort enthält abwechselnd einen Buchstaben gefolgt von einer Zahl und ist acht Stellen lang.

## Tipp 13: Beträge in Anzahl Scheine und Anzahl Münzen aufteilen

Dieses Beispiel zeigt, wie sich Beträge in die Anzahl notwendiger Scheine und die Anzahl notwendiger Münzen aufteilen lassen. Ziel ist es, dass immer der größtmögliche Schein bzw. die größtmögliche Münze verwendet wird. Der Betrag von 100,00 Euro soll sich also nicht aus zwei 50-Euro-Scheinen oder fünf 20-Euro-Scheinen zusammensetzen, sondern aus einem einzigen 100-Euro-Schein.

*So geht's:*

Der aufzuteilende Betrag steht in unserem Beispiel in Zelle B3. Für die Berechnung der Anzahl an Scheinen und Münzen sind zwei Hilfsspalten notwendig.

**1** Erzeugen Sie zunächst ab Zelle A6 eine Hilfsspalte, in der die Werte der Scheine und Münzen eingetragen werden. Erfassen Sie dazu in Zelle A6 den Wert 500 für den größten Euro-Schein und anschließend 200 für den 200-Euro-Schein. Den letzten Wert für die 1-Cent-Münze erfassen Sie in Zelle A20, indem Sie dort den Wert 0,01 eintragen.

**2** Die zweite Hilfsspalte ab Zelle B6 enthält eine Umrechnung des aufzuteilenden Betrags aus Zelle B3. Geben Sie in Zelle B6 die Funktion =RUNDEN(REST(B3;A6);2) ein. Damit wird der Rest aus der Division aus Zelle B3 und A6 auf ein zweistelliges Ergebnis gerundet.

**3** Erfassen Sie weiterhin in Zelle B7 die Formel =RUNDEN(REST(B6;A7);2) und kopieren Sie sie mit dem Ausfüllkästchen bis zur Zelle B20 nach unten.

**4** Zur Ermittlung der tatsächlichen Anzahl notwendiger Scheine und Münzen geben Sie in Zelle C6 die Formel =GANZZAHL(B3/A6) ein. Kopieren Sie diese ebenfalls über das Ausfüllkästchen bis zur Zelle C20 nach unten.

**5** Geben Sie nun noch zur Identifikation der einzelnen Werte einen sprechenden Namen im Zellbereich D6:D20 ein. Der erste Eintrag lautet hier *500 Euro-Schein*, der zweite *200 Euro-Schein* und der letzte in Zelle D20 *1 Cent-Münze*.

| | A | B | C | D |
|---|---|---|---|---|
| 1 | Betrag in Anzahl Scheine und Anzahl Münzen aufteilen | | | |
| 2 | | | | |
| 3 | Betrag | 1.247,36 € | | |
| 4 | | | | |
| 5 | Hilfsspalte 1 | Hilfsspalte 2 | Anzahl | Scheine/Münzen |
| 6 | 500 | 247,36 | 2 | 500 Euro-Schein |
| 7 | 200 | 47,36 | 1 | 200 Euro-Schein |
| 8 | 100 | 47,36 | 0 | 100 Euro-Schein |
| 9 | 50 | 47,36 | 0 | 50 Euro-Schein |
| 10 | 20 | 7,36 | 2 | 20 Euro-Schein |
| 11 | 10 | 7,36 | 0 | 10 Euro-Schein |
| 12 | 5 | 2,36 | 1 | 5 Euro-Schein |
| 13 | 2 | 0,36 | 1 | 2 Euro-Münze |
| 14 | 1 | 0,36 | 0 | 1 Euro-Münze |
| 15 | 0,5 | 0,36 | 0 | 50 Cent-Münze |
| 16 | 0,2 | 0,16 | 1 | 20 Cent-Münze |
| 17 | 0,1 | 0,06 | 1 | 10 Cent-Münze |
| 18 | 0,05 | 0,01 | 1 | 5 Cent-Münze |
| 19 | 0,02 | 0,01 | 0 | 2 Cent-Münze |
| 20 | 0,01 | 0 | 1 | 1 Cent-Münze |

Nachdem alle Formeln eingetragen sind, wird für jeden beliebigen Betrag, den Sie in Zelle B3 eingeben, die Anzahl der optimalen Stückelung ermittelt.

## Hinweis

Zur Verprobung des Ergebnisses gehen Sie wie folgt vor:

Erfassen Sie in Zelle E6 die Formel =C6*A6 und kopieren Sie sie bis zur Zelle E20 nach unten.

Wenn Sie nun die Summe der Zellen E6 bis E20 bilden, werden Sie feststellen, dass diese mit dem Betrag aus Zelle B3 identisch ist.

Die Hilfsspalten A und B können jederzeit ausgeblendet werden.

| | A | B | C | D | E |
|---|---|---|---|---|---|
| 1 | Betrag in Anzahl Scheine und Anzahl Münzen aufteilen | | | | |
| 2 | | | | | |
| 3 | Betrag | 1.247,36 € | | | |
| 4 | | | | | |
| 5 | Hilfsspalte 1 | Hilfsspalte 2 | Anzahl | Scheine/Münzen | Kontrolle |
| 6 | 500 | 247,36 | 2 | 500 Euro-Schein | 1.000,00 € |
| 7 | 200 | 47,36 | 1 | 200 Euro-Schein | 200,00 € |
| 8 | 100 | 47,36 | 0 | 100 Euro-Schein | - € |
| 9 | 50 | 47,36 | 0 | 50 Euro-Schein | - € |
| 10 | 20 | 7,36 | 2 | 20 Euro-Schein | 40,00 € |
| 11 | 10 | 7,36 | 0 | 10 Euro-Schein | - € |
| 12 | 5 | 2,36 | 1 | 5 Euro-Schein | 5,00 € |
| 13 | 2 | 0,36 | 1 | 2 Euro-Münze | 2,00 € |
| 14 | 1 | 0,36 | 0 | 1 Euro-Münze | - € |
| 15 | 0,5 | 0,36 | 0 | 50 Cent-Münze | - € |
| 16 | 0,2 | 0,16 | 1 | 20 Cent-Münze | 0,20 € |
| 17 | 0,1 | 0,06 | 1 | 10 Cent-Münze | 0,10 € |
| 18 | 0,05 | 0,01 | 1 | 5 Cent-Münze | 0,05 € |
| 19 | 0,02 | 0,01 | 0 | 2 Cent-Münze | - € |
| 20 | 0,01 | 0 | 1 | 1 Cent-Münze | 0,01 € |
| 21 | | | | | 1.247,36 € |
| 22 | | | | | |

## Tipp 14: Anzahl farbiger Zellen ermitteln

Wenn Sie in Tabellen mit farbigen Zellen arbeiten, kann es durchaus von Interesse sein, wie viele Zellen mit einer bestimmten Hintergrundfarbe versehen sind – werden doch nicht selten bestimmte Werte farblich hervorgehoben. Wie Sie das mithilfe eines zu vergebenden Namens und einiger weniger Formeln bewerkstelligen können, erfahren Sie in diesem Tipp.

### So geht's:

1 Versehen Sie zuerst einige Zellen in Spalte A mit der Hintergrundfarbe Rot (die Zellen müssen nicht unbedingt einen Wert enthalten).

2 Rufen Sie nun über *Formeln/Definierte Namen* den Befehl *Namen definieren* auf (Excel 2003: Menü *Einfügen/Namen*, Befehl *Definieren*).

3 Erfassen Sie jetzt im Feld *Name* (Excel 2003: *Namen in der Arbeitsmappe*) den Eintrag *Farbe* und im Feld *Bezieht sich auf* die Formel =ZELLE.ZUORDNEN(24; INDIREKT("ZS(-1)";)).

4 Tragen Sie dann in Zelle B1 =*Farbe* ein und kopieren Sie diesen Eintrag in die darunterliegenden Zellen. Wie Sie unschwer erkennen können, schreibt Excel jetzt eine 2 in die Zellen, deren linke Nachbarzelle die Hintergrundfarbe Rot aufweist.

5. Hinterlegen Sie abschließend in Zelle E1 die Formel *=ZÄHLENWENN(B:B;2)*, um die Zellen zu zählen, die in Hilfsspalte B eine 2 aufweisen und somit kenntlich machen, dass die links liegende Zelle rot ist.

**Hinweis**

Beim Speichern der Arbeitsmappe werden Sie gefragt, ob die Arbeitsmappe mit Makros gespeichert werden soll. Das hängt damit zusammen, dass die Funktion, die sich hinter dem Namen *Farbe* verbirgt, zu den Excel4-Makrofunktionen gehört.

## 4.14 Maßgeschneiderte Verweisfunktionen

In umfangreichen Datenmengen ist es oft unerlässlich, über sogenannte Verweisfunktionen einzelne oder mehrere Datensätze in einen anderen Tabellenbereich zu extrahieren. Dies erhöht die Übersichtlichkeit enorm und schafft die Grundlage für weitere Berechnungen auf Basis der extrahierten Daten.

### Tipp 1: Verweisfunktionen im Überblick

Das bekannteste und in der Praxis am häufigsten eingesetzte Beispiel für eine Verweisfunktion ist sicherlich der *SVERWEIS*. Neben diesem existieren weitere allgemeine und spezielle Verweisfunktionen, die nutzbringende Einsatzmöglichkeiten bieten. Dieser Tipp verschafft Ihnen einen Überblick und zeigt Anwendungsgebiete und Grenzen der wichtigsten Funktionen auf.

#### Erläuterung wichtiger Begriffe

Erforderlich für das Verständnis der Funktionen sind folgende Begriffe:

- *Bereich*: Unter einem Bereich werden zwei oder mehr Zellen auf einem Tabellenblatt verstanden. Bereiche können entweder mit einem Namen versehen sein bzw. über den Namen identifiziert werden oder auch als Zellbezug (*"A1:A2"*) angesprochen werden.
- *Vektor*: Unter einem Vektor wird ein Bereich verstanden, der nur aus einer Spalte oder nur aus einer Zeile besteht.

- *Matrix*: Eine Matrix ist ein Bereich, der aus mehr als einer Spalte und mehr als einer Zeile besteht.

|   | A | B | C | D | E | F | G | H |
|---|---|---|---|---|---|---|---|---|
| 1 | Horizontaler Vektor: | A | B | C | D |   | Vertikaler Vektor: | 1 |
| 2 |   |   |   |   |   |   |   | 2 |
| 3 | Matrix: | 1 | AA | BA | CA |   |   | 3 |
| 4 |   | 2 | AB | BB | CB |   |   | 4 |
| 5 |   | 3 | AC | BC | CC |   |   |   |
| 6 |   | 4 | AD | BD | CD |   |   |   |
| 7 |   | 5 | AE | BE | CE |   |   |   |

- *Suchkriterium*: Eine Zahl, ein Text oder ein Wahrheitswert, nach dem innerhalb eines (Such-)Bereichs gesucht werden soll. Neben der direkten Verwendung dieser Werte ist auch die Angabe eines Zellbezugs bzw. des Namens eines Zellbezugs, der solche Werte enthält, möglich.

**Die Funktion VERWEIS bei einzelnen Spalten/Zeilen (Vektorversion)**

Mit der Funktion *VERWEIS* können Sie in einem Vektor (Suchbereich) nach einem Wert suchen und sich den zugehörigen Wert aus einem zweiten Vektor (Ergebnisbereich) zurückgeben lassen. Die Syntax der Funktion ist:

=VERWEIS (Suchkriterium;Suchvektor;[Ergebnisvektor])

Wichtig bei der Verwendung ist, dass:

- die Zahl der Zellen im Suchbereich identisch ist mit der Zahl der Zellen im Ergebnisbereich,
- einander zuzuordnende Werte innerhalb der Wertelisten der beiden Bereiche an derselben Position stehen.

*So geht's:*

1. Die Werteliste des Suchvektors befindet sich in den Zellen B2:B6, der Ergebnisvektor in den Zellen C2:C6. Die zusammengehörenden Wertepaare sind in derselben Reihenfolge angeordnet, zum Wert 1,11 gehört also der Wert *Alpha*, zu 2,22 der Wert *Bravo* etc.

|   | A | B | C |
|---|---|---|---|
| 1 | Rückgabewert: | Suchvektor | Ergebnisvektor |
| 2 | Bravo | 1,11 | Alpha |
| 3 |   | 2,22 | Bravo |
| 4 |   | 3,33 | Charly |
| 5 |   | 4,44 | Delta |
| 6 |   | 5,55 | Echo |

2. Um beispielsweise für den Suchwert 2,22 den zugehörigen Wert darzustellen, erfassen Sie in Zelle A2 die Funktion =VERWEIS(2,22;B2:B6;C2:C6).

Alternativ können Sie sowohl für das Suchkriterium als auch Such- und Ergebnisvektor Namen verwenden. In diesem Beispiel wurde Zelle C2 mit *Eingabefeld* benannt, den Bereichen D2:D6 bzw. E2:E6 wurden die Namen *Wertesuchen* bzw. *Wertefinden* zugewiesen und in der Funktion *VERWEIS* angesprochen.

## 4. Formeln effektiv und professionell einsetzen

| C3 | | × ✓ fx | =VERWEIS(Eingabefeld;Wertesuchen;Wertefinden) |
|---|---|---|---|

| | C | D | E |
|---|---|---|---|
| 1 | Rückgabe: | Suchvektor | Ergebnisvektor |
| 2 | 2,22 | 1,11 | Alpha |
| 3 | Bravo | 2,22 | Bravo |
| 4 | | 3,33 | Charly |
| 5 | | 4,44 | Delta |
| 6 | | 5,55 | Echo |

Das Suchkriterium muss im Übrigen nicht exakt einem Wert im Suchvektor entsprechen. Liegt keine Übereinstimmung vor, verwendet die *VERWEIS*-Funktion den im Vergleich zum eingegebenen Wert nächstkleineren Wert im Suchbereich als Suchkriterium und liefert den diesem zugeordneten Ergebniswert zurück.

Gibt es einen solchen kleineren Wert nicht im Suchbereich, wird #NV zurückgegeben. Im folgenden Beispiel wird nach dem Wert 4,89 gesucht, zurückgegeben wird der dem nächstkleineren Wert 4,44 zugeordnete Begriff *Delta*.

| C3 | | × ✓ fx | =VERWEIS(Eingabefeld;Wertesuchen;Wertefinden) |
|---|---|---|---|

| | C | D | E |
|---|---|---|---|
| 1 | Rückgabe: | Suchvektor | Ergebnisvektor |
| 2 | 4,89 | 1,11 | Alpha |
| 3 | Delta | 2,22 | Bravo |
| 4 | | 3,33 | Charly |
| 5 | | 4,44 | Delta |
| 6 | | 5,55 | Echo |

Aus Gründen der einfacheren Handhabung werden Such- und Ergebnisvektor üblicherweise nebeneinander positioniert, und beide Bereiche werden jeweils als Teile von Spalten bzw. Teile von Zeilen definiert.

Dies ist aber für eine Auswertung mittels *VERWEIS* keineswegs eine notwendige Bedingung, wie die folgenden Beispiele zeigen.

Beispiel 1: Der Suchvektor befindet sich in Spalte G in den Zellen G2:G6, der Ergebnisvektor befindet sich in Zeile 8 in den Zellen B8:F8, das Eingabefeld ist in B10 und die Funktion in E10.

| E10 | | × ✓ fx | =VERWEIS(B10;G2:G6;B8:F8) |
|---|---|---|---|

| | A | B | C | D | E | F | G |
|---|---|---|---|---|---|---|---|
| 1 | | | | | | | Suchvektor: |
| 2 | | | | | | | 1,11 |
| 3 | | | | | | | 2,22 |
| 4 | | | | | | | 3,33 |
| 5 | | | | | | | 4,44 |
| 6 | | | | | | | 5,55 |
| 7 | | | | | | | |
| 8 | Ergebnisvektor: | Alpha | Bravo | Charly | Delta | Echo | |
| 9 | | | | | | | |
| 10 | Eingabefeld: | 3,33 | | Rückgabe: | Charly | | |

Beispiel 2: Mit Einschränkung kann auch eine komplette Spalte als Suchbereich und eine ganze Zeile als Ergebnisbereich verwendet werden. Die Namen *Suchen1* bzw. *Finden1* beziehen sich auf Spalte B bzw. Zeile 7, der zum Suchkriterium 4,44 gehörende Begriff *Delta* wird korrekt zurückgegeben.

Aber beachten Sie, dass den jeweiligen Werten in Zeile 7 bzw. Spalte B jeweils genau eine leere Zelle vorangeht. Differiert nämlich die Zahl vorangehender leerer Zellen in der festgelegten Spalte/Zeile, wird VERWEIS nicht das richtige Ergebnis liefern, da – wie oben erwähnt – die identische Position der Werte innerhalb der auszulesenden Bereiche relevant ist.

| VERWEIS | : | × | ✓ | $f_x$ | =VERWEIS(A3;Suchen1;Finden1) | |
|---|---|---|---|---|---|---|
|  | A | B | C | D | E | F |
| 1 |  |  |  |  |  |  |
| 2 | Eingabefeld: | 1,11 |  |  |  | Rückgabe: |
| 3 | 4,44 | 2,22 |  |  |  | Delta |
| 4 |  | 3,33 |  |  |  |  |
| 5 |  | 4,44 |  |  |  |  |
| 6 |  | 5,55 |  |  |  |  |
| 7 |  | Alpha | Bravo | Charly | Delta | Echo |
| 8 |  |  |  |  |  |  |

## Die Funktion VERWEIS bei mehreren Spalten/Zeilen (Matrixversion)

Vorab: Excel stellt aus Kompatibilitätsgründen mit anderen Tabellenkalkulationsprogrammen die Funktion *VERWEIS* auch in einer Matrixversion zur Verfügung. In den meisten Fällen wird es aber sinnvoll sein, statt der Matrixversion von *VERWEIS* die originären Excel-Funktionen *SVERWEIS* bzw. *WVERWEIS* zu verwenden.

Mit der Funktion *VERWEIS* können Sie in einer Matrix nach einem bestimmten Wert suchen und sich den ebenfalls in der Matrix befindlichen zugehörigen Ergebniswert zurückgeben lassen – im Vergleich zum *VERWEIS* in der Vektorversion müssen also nicht sowohl Such- als auch Ergebnisbereich angegeben werden, sondern es gibt nur einen (gemeinsamen) Bereich. Die Syntax der Funktion ist:

*=VERWEIS (Suchkriterium;Matrix)*

Diese Version von *VERWEIS* kann allerdings nur dann benutzt werden, wenn die Matrix wie folgt aufgebaut ist:

- Der Suchwert befindet sich in der ersten Zeile und der Ergebniswert in der letzten Zeile der Matrix.

Oder:

- Der Suchwert befindet sich in der ersten Spalte und der Ergebniswert in der letzten Spalte der Matrix.

Wichtig bei der Verwendung ist außerdem, dass die Werte der Matrix in aufsteigender Reihenfolge angeordnet sind, da sonst gegebenenfalls ein falscher Wert zurückgegeben wird.

Interessant und beachtenswert ist bei dieser Funktion schließlich, dass sie anhand der Struktur der Matrix „entscheidet", ob sie bei der Suche nach dem als Suchkriterium eingegebenen Wert zeilen- oder spaltenweise vorgeht. Dies geschieht nach folgendem Regelwerk:

## 4. Formeln effektiv und professionell einsetzen

- Ist die Zahl der Zeilen größer als oder gleich der Spaltenanzahl, wird die erste Spalte nach dem Suchkriterium durchsucht.
- Ist die Zahl der Spalten größer als die Zahl der Zeilen, wird die erste Zeile nach dem Suchkriterium durchsucht.

### So geht's:

1 Die Matrix befindet sich im Bereich A4:C8, das Eingabefeld soll in Zelle F3 sein.

2 Erfassen Sie als Funktion in Zelle F4 =*VERWEIS(F3;A4:C8)*.

3 Da die Matrix mehr Zeilen (fünf) als Spalten (drei) aufweist, durchsucht die Funktion die erste Spalte nach dem Suchwert *B*, findet diesen an zweiter Position der Spalte und gibt im Ergebnis aus der letzten Spalte den in derselben Zeile stehenden zugehörigen Wert *BB* zurück.

Auch bei der Verweisfunktion in der Matrixversion ist eine exakte Übereinstimmung des Suchkriteriums mit einem Wert in der Matrix nicht erforderlich, um ein Ergebnis zurückzugeben.

Liegt keine Übereinstimmung vor, verwendet die *VERWEIS*-Funktion den im Vergleich zum eingegebenen Wert nächstkleineren Wert in der Suchzeile bzw. -spalte als Suchkriterium und liefert den diesem zugeordneten Ergebniswert zurück.

Gibt es einen solchen kleineren Wert nicht in der Suchzeile/-spalte, wird #NV zurückgegeben. Betrachten wir den Fall der Rückgabe des nächstkleineren Werts innerhalb einer Matrix, die mehr Spalten als Zeilen aufweist.

### So geht's:

1 Die Matrix befindet sich im Bereich A18:D20, das Eingabefeld in F17.

2 Erfassen Sie als Funktion in Zelle F18 = *VERWEIS(F17;A18:D20)*.

3 Als Suchkriterium geben Sie *2,5* in das Eingabefeld ein.

4 Die Matrix hat eine größere Spalten- als Zeilenanzahl, sodass die Funktion die erste Zeile auswertet. Mit *1,5* wird der im Vergleich zur Eingabe nächstkleinere Wert in der ersten Zeile identifiziert. Zurückgegeben wird der Wert aus der letzten Zeile der Matrix in derselben Spalte – *Charly*.

## 4.14 Maßgeschneiderte Verweisfunktionen

Bei der Matrixversion der Funktion VERWEIS ist ebenfalls die Vergabe eines Namens für die Ansprache der Matrix möglich. Beachten Sie, dass grundsätzlich ein zusammenhängender Bereich festgelegt werden muss.

Hier wurde beispielsweise für die Matrix in den Zellen A18:H20 als Name *Matrixbereich3* festgelegt und in der Funktion zur Ansprache verwendet.

| VERWEIS | | | | fx | =VERWEIS(F15;Matrixbereich3) | | | |
|---|---|---|---|---|---|---|---|---|
| | A | B | C | D | E | F | G | H |
| 15 | | | | | Eingabefeld: | 1,6 | | |
| 16 | | Matrix: Zahl Zeilen < Zahl Spalten | | | Ergebnisfeld: | Charly | | |
| 17 | | -> durchsucht wird erste Zeile | | | | | | |
| 18 | | 1,2 | | 1,5 | | 2,7 | 3,3 | |
| 19 | | B | | Bravo | | BB | BBB | |
| 20 | | C | | Charly | | CC | CCC | |

Auch die Verwendung ganzer Zeilen oder Spalten als Matrix ist funktional. Hierbei muss allerdings beachtet werden, dass die Festlegung in Übereinstimmung mit dem von der Funktion verwendeten Regelwerk – s. o. – für die Identifikation des Suchbereichs (Zeile oder Spalte) erfolgen muss:

- Ergibt die Regel, dass die erste Spalte nach dem Suchkriterium durchsucht wird – die Zahl der Zeilen ist größer als oder gleich der Spaltenanzahl –, müssen ganze Spalten als Matrixbereich markiert und zugeordnet werden.
- Ergibt die Regel, dass die erste Zeile nach dem Suchkriterium durchsucht wird – die Zahl der Spalten ist größer als die Zahl der Zeilen –, müssen ganze Zeilen als Matrixbereich markiert und zugeordnet werden.

**Die Funktion SVERWEIS**

Mit der Funktion *SVERWEIS* können Sie innerhalb einer Matrix nach einem Wert suchen und sich einen zugehörigen Wert aus derselben Matrix zurückgeben lassen. Die Funktion folgt dieser Syntax:

=SVERWEIS(Suchkriterium;Matrix;Spaltenindex;[Bereich_Verweis])

Nach dem Suchkriterium durchsucht wird dabei die erste Spalte der Matrix (das S in *SVERWEIS* steht für **S**enkrecht). Im Unterschied zur *VERWEIS*-Funktion, die obligatorisch den Wert der letzten Spalte zurückgibt, kann bei *SVERWEIS* mittels Angabe eines Spaltenindex festgelegt werden, aus welcher Spalte der Rückgabewert kommen soll.

Der Spaltenindex wird hierbei mittels einer Zahl angegeben, wobei die 1 der ersten Spalte zugeordnet ist und die Spaltenzählung nach rechts aufsteigend erfolgt.

*So geht's:*

1 Die Matrix befindet sich im Bereich B1:E5, das Eingabefeld für das Suchkriterium in C7. Gesucht ist der dem Eingabewert zugehörige Wert aus Spalte D.

2 Erfassen Sie als Funktion in Zelle C8 =SVERWEIS(C7;B1:E5;3).

**3** Als Suchkriterium geben Sie *C* in das Eingabefeld ein.

**4** *C* wird in Spalte B gefunden, und aus der dritten Spalte der Matrix wird *Charly* zurückgegeben.

In diesem Beispiel wurde das optionale Argument *[Bereich_Verweis]* nicht angegeben. In der Praxis empfiehlt es sich allerdings, dieses Argument immer anzugeben, um Irritationen durch unabsichtlich bzw. unwissentlich falsch ausgelesene Werte zu vermeiden.

Bei *Bereich_Verweis* handelt es sich um einen Wahrheitswert, mit dem Sie festlegen, ob eine genaue Entsprechung gesucht und zurückgegeben werden soll oder auch eine ungefähre Entsprechung geliefert werden kann.

Tatsächlich ist dies nun das große Plus im Vergleich zur Funktion *VERWEIS*, bei der diese Vorabentscheidung nicht möglich ist. Wenn das Argument *Bereich_Verweis* nicht befüllt wird, verwendet Excel als Default – leider – *WAHR*, was bedeutet, dass auch eine ungefähre Entsprechung zurückgegeben wird.

Dies ist unschädlich, wenn wie in unserem obigen Beispiel die Werte aufsteigend sortiert sind. Ist das nicht der Fall und wird eine genaue Übereinstimmung gesucht, muss unbedingt *FALSCH* als Argument mitgegeben werden, wie die folgenden Beispiele zeigen.

## So geht's:

**1** Ausgangspunkt ist die Matrix aus dem vorangegangenen Beispiel, jedoch mit dem Unterschied, dass die Suchspalte B unsortiert ist.

**2** Erfassen Sie *SVERWEIS* in Zelle C8 mit dem Argument *WAHR*:
=SVERWEIS(C7;B1:E5;3;WAHR)

Erfassen Sie *SVERWEIS* in Zelle C9 mit dem Argument *FALSCH*:
=SVERWEIS(C7;B1:E5;3;FALSCH)

**3** Bei Eingabe von *D* als Suchwert liefert *SVERWEIS* mit *WAHR* als Rückgabewert *Delta*, *SVERWEIS* mit *FALSCH* liefert das korrekte Ergebnis *Alpha*.

4 Analoge Ergebnisse bei der Suche und Auswertung von Zahlen: In Spalte G befindet sich eine unsortierte Zahlenfolge, als Suchspalte werden die Zahlen in Spalte H verwendet, gesucht wird nach dem Wert *5,12*.
Zelle H8: *=SVERWEIS(H7;G1:J5;2;WAHR)*, Rückgabewert ist *5,00*
Zelle H9: *=SVERWEIS(H7;G1:J5;2;FALSCH)*, der korrekte Rückgabewert ist *2,00*

**Die Funktion WVERWEIS**

Die Funktion *WVERWEIS* ist das Pendant zu *SVERWEIS*, wenn Sie innerhalb einer Matrix nicht vertikal (spaltenweise), sondern horizontal (zeilenweise) nach einem Wert suchen und sich den zugehörigen Wert aus derselben Matrix zurückgeben lassen möchten. Die Funktion folgt dieser Syntax:

*=WVERWEIS (Suchkriterium;Matrix;Zeilenindex;[Bereich_Verweis])*

Nach dem Suchkriterium durchsucht wird dabei die erste Zeile der Matrix (das W in *WVERWEIS* steht für **W**aagerecht). Über die Angabe des Zeilenindex kann festgelegt werden, aus welcher Zeile der Rückgabewert kommen soll.

Wie bei *SVERWEIS* erfolgt die Festlegung dieses Zeilenindex mittels einer Zahl, wobei die 1 der ersten Zeile zugeordnet ist und die Zeilenzählung nach unten aufsteigend erfolgt.

*So geht's:*

1 Die Matrix befindet sich im Bereich B1:E5, das Eingabefeld für das Suchkriterium in C7. Gesucht ist der dem Eingabewert zugehörige Wert aus Zeile 4.

2 Erfassen Sie als Funktion in Zelle C7:
*=WVERWEIS(C6;B1:E4;4;FALSCH)*

3 Als Suchkriterium geben Sie C in das Eingabefeld ein.

4 C wird in Zeile 1 in Spalte D gefunden, der Rückgabewert *CC* wird aus der vierten Zeile der Spalte ausgelesen.

| | A | B | C | D | E | F |
|---|---|---|---|---|---|---|
| 1 | | A | B | C | D | E |
| 2 | | 1 | 2 | 3 | 4 | 5 |
| 3 | | Alpha | Bravo | Charly | Delta | Echo |
| 4 | | AA | BB | CC | DD | EE |
| 5 | | | | | | |
| 6 | | Eingabefeld: | C | | | |
| 7 | | Ergebnisfeld: | CC | | | |

# Tipp 2: Vergleich der Verweisfunktionen SVERWEIS() und INDEX()

Der Hauptunterschied der beiden Funktionen liegt in der Tatsache, dass bei der Funktion *SVERWEIS()* die Daten so angeordnet sein müssen, dass das Suchfeld in der äußersten linken Spalte der Matrix vorhanden sein muss. Bei der Funktion *INDEX()*

spielt es hingegen keine Rolle, in welcher Spalte der Matrix sich das Suchfeld befindet.

Das Beispiel zeigt die beiden Funktionen im Vergleich. Die Mitarbeiternummer, nach der gesucht werden soll, befindet sich dabei in der Zelle F5.

|  | A | B | C | D | E | F |
|---|---|---|---|---|---|---|
| 1 | Telefonliste | | | | | |
| 2 | | | | | | |
| 3 | | | | | | |
| 4 | Mitarb.-Nr. | Name | Durchwahl | Abteilung | | Suchkriterium: |
| 5 | 35 | Harmsen | -33 | Technik | | 29 |
| 6 | 12 | Becker | -45 | Vertrieb | | |
| 7 | 5 | Schuller | -23 | Rewe | | |
| 8 | 95 | Kurt | -92 | Vertrieb | | |
| 9 | 64 | Schindler | -45 | Rewe | | |
| 10 | 22 | Eckl | -31 | Technik | | |
| 11 | 14 | Maier | -9 | Technik | | |
| 12 | 29 | Ricksen | -22 | Vertrieb | | |
| 13 | 50 | Huber | -56 | Rewe | | |
| 14 | 18 | Kleinlein | -70 | Vertrieb | | |
| 15 | 38 | Hollederer | -51 | Technik | | |
| 16 | 27 | Bergmann | -90 | Controlling | | |
| 17 | 10 | Klausfeld | -89 | Rewe | | |
| 18 | 56 | Schneider | -22 | Vertrieb | | |
| 19 | 20 | Berger | -38 | Technik | | |
| 20 | 32 | Kling | -43 | Controlling | | |
| 21 | 7 | Braun | -41 | Vertrieb | | |
| 22 | | | | | | |

## So geht's mit der Funktion SVERWEIS():

Die Syntax von *SVERWEIS()* lautet wie folgt:

*SVERWEIS(Suchkriterium;Matrix;Spaltenindex;Bereich_Verweis)*

| Argument | Beschreibung |
|---|---|
| Suchkriterium | Ist der in der ersten Spalte der Tabellenmatrix zu suchende Wert. *Suchkriterium* kann einen Wert oder einen Bezug darstellen. Wenn *Suchkriterium* kleiner als der kleinste Wert in der ersten Spalte von *Matrix* ist, wird von *SVERWEIS* der Fehlerwert #NV zurückgegeben. |
| Matrix | Mindestens zwei Datenspalten. Verwenden Sie einen Bezug auf einen Bereich oder einen Bereichsnamen. Die Werte in der ersten Spalte von *Matrix* sind die vom Suchkriterium gesuchten Werte und können Zeichenfolgen (Texte), Zahlen oder Wahrheitswerte darstellen. Bei Zeichenfolgen (Texten) wird nicht zwischen Groß- und Kleinschreibung unterschieden. |
| Spaltenindex | Ist die Spaltennummer in *Matrix*, aus der der entsprechende Wert zurückgegeben werden muss. Der Spaltenindex 1 gibt den Wert in der ersten Spalte in *Matrix* zurück, der Spaltenindex 2 gibt den Wert in der zweiten Spalte in *Matrix* zurück etc. |
| Bereich_Verweis | Ist ein Wahrheitswert, der angibt, ob *SVERWEIS* eine genaue Entsprechung oder eine ungefähre Entsprechung suchen soll. |

Zum Auslesen der Telefondurchwahl für die Mitarbeiternummer 29 tragen Sie folgende Formel in Zelle F7 ein:
*=SVERWEIS(F5;A5:D21;3;0)*

Damit wird das Suchkriterium aus Zelle F5 in der linken Spalte der Matrix A5:D21 gesucht, und die Entsprechung der gleichen Zeile aus der dritten Spalte wird zurückgegeben.

## So geht's mit der Funktion INDEX():

Die Funktion *INDEX()* ist wie folgt aufgebaut: *INDEX(Matrix;Zeile;Spalte)*.

| Argument | Beschreibung |
|---|---|
| Matrix | *Matrix* ist ein Zellbereich oder eine Matrixkonstante. |
| | Besteht das Argument *Matrix* aus nur einer Zeile oder Spalte, ist das entsprechende Argument *Zeile* bzw. *Spalte* optional. |
| | Erstreckt sich *Matrix* über mehrere Zeilen und Spalten und ist nur eines der Argumente, also *Zeile* oder *Spalte*, angegeben, liefert *INDEX* eine Matrix, die der gesamten zugehörigen Zeile oder Spalte von *Matrix* entspricht. |
| Zeile | Markiert die Zeile in der Matrix, aus der ein Wert zurückgegeben werden soll. Wird *Zeile* nicht angegeben, muss *Spalte* angegeben werden. |
| Spalte | Markiert die Zeile in der Matrix, aus der ein Wert zurückgegeben werden soll. Wird *Spalte* nicht angegeben, muss *Zeile* angegeben werden. |
| | Werden die beiden Argumente *Zeile* und *Spalte* gleichzeitig angegeben, gibt *INDEX* den Wert der Zelle zurück, in der sich *Zeile* und *Spalte* schneiden. |

Erfassen Sie diese Funktion in Zelle F9:

=INDEX(A5:D21;VERGLEICH(F5;A5:A21;0);VERGLEICH(B5;B5:B21;0)+2)

Damit wird ebenso wie mit *SVERWEIS()* die dem Suchbegriff entsprechende Telefonnummer zurückgegeben. Die Spalten- und Zeilennummer wird dabei mithilfe der Funktion *VERGLEICH()* ermittelt:

*VERGLEICH(Suchkriterium;Suchmatrix;Vergleichstyp)*

Diese Funktion ermittelt die Position, also die Zeilen- und Spaltennummer, des angegebenen Suchbegriffs.

Immer häufiger wird in der Praxis anstelle der Funktion *SVERWEIS()* oder *WVERWEIS()* die Funktion *INDEX()* verwendet, da diese in vielen Fällen flexibler einsetzbar ist.

| | A | B | C | D | E | F | G |
|---|---|---|---|---|---|---|---|
| 1 | Telefonliste | | | | | | |
| 2 | | | | | | | |
| 3 | | | | | | | |
| 4 | Mitarb.-Nr. | Name | Durchwahl | Abteilung | | Suchkriterium: | |
| 5 | 35 | Harmsen | -33 | Technik | | 29 | |
| 6 | 12 | Becker | -45 | Vertrieb | | | |
| 7 | 5 | Schuller | -23 | Rewe | | -22 | SVERWEIS() |
| 8 | 95 | Kurt | -92 | Vertrieb | | | |
| 9 | 64 | Schindler | -45 | Rewe | | -22 | INDEX() |
| 10 | 22 | Eckl | -31 | Technik | | | |
| 11 | 14 | Maier | -9 | Technik | | | |
| 12 | 29 | Ricksen | -22 | Vertrieb | | | |
| 13 | 50 | Huber | -56 | Rewe | | | |
| 14 | 18 | Kleinlein | -70 | Vertrieb | | | |
| 15 | 38 | Hollederer | -51 | Technik | | | |
| 16 | 27 | Bergmann | -90 | Controlling | | | |
| 17 | 10 | Klausfeld | -89 | Rewe | | | |
| 18 | 56 | Schneider | -22 | Vertrieb | | | |
| 19 | 20 | Berger | -38 | Technik | | | |
| 20 | 32 | Kling | -43 | Controlling | | | |
| 21 | 7 | Braun | -41 | Vertrieb | | | |
| 22 | | | | | | | |

## Tipp 3: Daten lückenlos aus einer Liste auslesen

Aus einer Auftragsliste sollen alle Auftragsnummern, bei denen der Versand bereits durchgeführt wurde, ausgelesen und lückenlos in einer neuen Spalte zusammengestellt werden. Der Versand wird durch das entsprechende Versanddatum gekennzeichnet.

*So geht's:*

**1** Zum Auslesen der ersten Auftragsnummer, die versendet wurde, tragen Sie in Zelle D4 folgende Formel ein:

=WENN(ISTFEHLER(WENN(ZEILEN($4:4)>ANZAHL2(A:A);"";INDEX(A:A; KKLEINSTE(WENN(B$4:B$103<>"";ZEILE($4:$103));ZEILEN($4:4)))));"";WENN (ZEILEN($4:4)>ANZAHL2(A:A);"";INDEX(A:A;KKLEINSTE(WENN(B$4:B$103<>""; ZEILE($4:$103));ZEILEN($4:4)))))

**2** Beenden Sie die Formeleingabe mit der Tastenkombination [Strg]+[Umschalt]+ [Enter], da es sich um eine Matrixfunktion handelt.

**3** Kopieren Sie diese Formel über das AutoAusfüllkästchen so weit wie nötig nach unten. Im Beispiel genügt es, wenn Sie die Formel bis zur Zelle D10 kopieren.

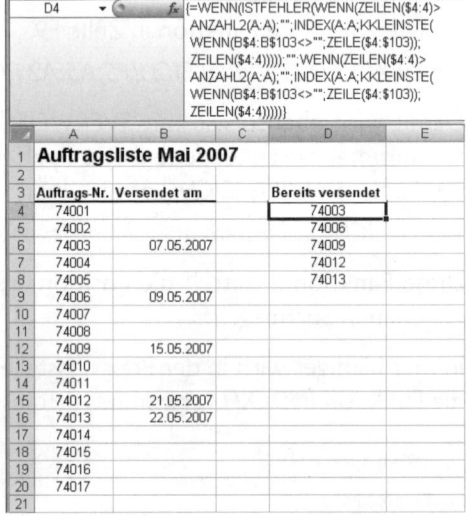

Nach der Erfassung eines neuen Versandkennzeichens in Spalte B wird die entsprechende Auftragsnummer sofort in den Auswertungsbereich übernommen und korrekt einsortiert. Das sehen Sie an dem neu eingetragenen Versanddatum in Zelle B4.

## Tipp 4: Auslesen von Daten mit mehreren Bedingungen

Aus einer Preisliste soll der Preis für einen bestimmten Artikel mit einer bestimmten Farbangabe ausgelesen werden. Die Artikel sind jeweils in verschiedenen Farben vorhanden, wobei die Artikelnummer bei den unterschiedlichen Farbmustern nicht wechselt, nur der Farbzusatz ändert sich.

Ziel ist es nun, für die Artikelnummer 1002 den Preis für die Farbe Orange zu ermitteln.

|   | A | B | C | D |
|---|---|---|---|---|
| 1 | Preisliste | | | |
| 2 | | | | |
| 3 | | | | |
| 4 | Artikel-Nr. | Farbe | Betrag | |
| 5 | 1001 | Blau | 43,90 € | |
| 6 | 1001 | Grün | 43,90 € | |
| 7 | 1002 | Gelb | 44,85 € | |
| 8 | 1002 | Grau | 19,95 € | |
| 9 | 1002 | Orange | 20,45 € | |
| 10 | 1003 | Schwarz | 18,70 € | |
| 11 | 1003 | Rot | 45,95 € | |
| 12 | 1003 | Grün | 44,95 € | |
| 13 | 1003 | Gelb | 46,95 € | |
| 14 | 1004 | Blau | 79,90 € | |
| 15 | 1004 | Schwarz | 78,90 € | |
| 16 | | | | |

*So geht's:*

1 Legen Sie zunächst die Kriterien fest. Das erste Kriterium, also die Artikelnummer, erfassen Sie in Zelle E5. Tragen Sie dort *1002* ein.

2 Das zweite Abfragekriterium erfassen Sie in Zelle F5. Tragen Sie dort die Farbe *Orange* ein.

3 Zur Ermittlung des Verkaufspreises erfassen Sie folgende Formel in Zelle G5:
=INDEX($C$5:$C$15;VERGLEICH(E5&F5;$A$5:$A$15&$B$5:$B$15;0))

Diese Formel ermittelt anhand der beiden vorgegebenen Kriterien den zugehörigen Verkaufspreis.

4 Beenden Sie die Eingabe mit der Tastenkombination [Strg]+[Umschalt]+[Enter]. Damit werden die geschweiften Klammern hinzugefügt, und die Funktion wird zur Array-Funktion.

| | A | B | C | D | E | F | G | H |
|---|---|---|---|---|---|---|---|---|
| | G5 | | fx | {=INDEX($C$5:$C$15;VERGLEICH(E5&F5;$A$5:$A$15&$B$5:$B$15;0))} | | | | |
| 1 | Preisliste | | | | | | | |
| 2 | | | | | | | | |
| 3 | | | | | | | | |
| 4 | Artikel-Nr. | Farbe | Betrag | | Artikel-Nr | Farbe | Ergebnis | |
| 5 | 1001 | Blau | 43,90 € | | 1002 | Orange | 20,45 € | |
| 6 | 1001 | Grün | 43,90 € | | | | | |
| 7 | 1002 | Gelb | 44,85 € | | | | | |
| 8 | 1002 | Grau | 19,95 € | | | | | |
| 9 | 1002 | Orange | 20,45 € | | | | | |
| 10 | 1003 | Schwarz | 18,70 € | | | | | |
| 11 | 1003 | Rot | 45,95 € | | | | | |
| 12 | 1003 | Grün | 44,95 € | | | | | |
| 13 | 1003 | Gelb | 46,95 € | | | | | |
| 14 | 1004 | Blau | 79,90 € | | | | | |
| 15 | 1004 | Schwarz | 78,90 € | | | | | |
| 16 | | | | | | | | |

Als Ergebnis wird der Wert 20,45 Euro zurückgegeben.

> **Hinweis**
>
> Wenn beide Kriterienpaare mehrmals im Datenbestand enthalten sind, liefert die Funktion den Wert für das erste Kriterienpaar.

## Tipp 5: Verweise nach links bzw. nach oben herstellen

Wie bereits geschildert, ist es mit der Funktion *SVERWEIS()* nicht möglich, Ergebnisse aus Spalten zu extrahieren, die links von der Suchspalte stehen. Das gleiche Problem tritt bei der Funktion *WVERWEIS()* auf. Auch hier besteht keine Möglichkeit, Daten aus Zeilen oberhalb der Suchzeile auszulesen. In diesem Beispiel erfahren Sie, mit welchen Funktionen diese Aufgabenstellung einfach und komfortabel zu lösen ist.

### So geht's: Verweise nach links realisieren

In der Ausgangstabelle steht in der ersten Spalte die Bezeichnung der Buchhaltungskonten und in der zweiten Spalte die Kontonummer. Ausgehend von der Kontonummer soll nun die zugehörige Bezeichnung ermittelt werden. Das Suchkriterium, also die Kontonummer, nach der gesucht werden soll, steht in Zelle B19.

Zum Auslesen der zugehörigen Bezeichnung erfassen Sie in Zelle A19 diese Formel:

=WENN(ISTNV(INDEX(A5:A16;VERGLEICH(B19;B5:B16;0)));"kein Treffer";INDEX (A5:A16;VERGLEICH(B19;B5:B16;0)))

Auf diese Weise lassen sich Werte extrahieren, die links von der Suchspalte stehen.

| | A | B | C | D |
|---|---|---|---|---|
| 1 | **Sachkontenliste** | | | |
| 2 | | | | |
| 3 | | | | |
| 4 | Bezeichnung | Konto | | |
| 5 | Versicherungen | 4360 | | |
| 6 | KFZ-Leasing | 4540 | | |
| 7 | Werbekosten | 4610 | | |
| 8 | Raumkosten | 4712 | | |
| 9 | Reisekosten | 4810 | | |
| 10 | Porto | 4820 | | |
| 11 | Telefon | 4920 | | |
| 12 | Bürobedarf | 4930 | | |
| 13 | Fortbildungskosten | 4945 | | |
| 14 | Buchführungskosten | 4955 | | |
| 15 | Mieten für Einrichtungen | 4960 | | |
| 16 | Betriebsbedarf | 4980 | | |
| 17 | | | | |
| 18 | | | | |
| 19 | **Werbekosten** | 4610 | | |
| 20 | | | | |

### So geht's: Verweise nach oben realisieren

Auf die gleiche Weise lassen sich Verweise nach oben realisieren. Die Sachkontenliste ist in diesem Beispiel nicht vertikal, sondern horizontal aufgebaut. Zeile 3 beinhaltet die Kontobezeichnung, und in Zeile 4 ist die Kontonummer eingetragen.

Ausgehend vom Suchkriterium *Konto-Nr.* soll die Kontobezeichnung ausgelesen werden. Erfassen Sie dazu in Zelle B6 diese Formel:

=WENN(ISTNV(INDEX(B3:K3;VERGLEICH(A6;B4:K4)));"kein Treffer";INDEX(B3:K3; VERGLEICH(A6;B4:K4)))

4.14 Maßgeschneiderte Verweisfunktionen

| | B6 | | $f_x$ | =WENN(ISTNV(INDEX(B3:K3;VERGLEICH(A6;B4:K4)));"kein Treffer";INDEX(B3:K3; VERGLEICH(A6;B4:K4))) | | | | | |
|---|---|---|---|---|---|---|---|---|---|
| | A | B | C | D | E | F | G | H | I |
| 1 | Sachkontenliste | | | | | | | | |
| 2 | | | | | | | | | |
| 3 | Bezeichnung | Versicherungen | KFZ-Leasing | Werbekosten | Raumkosten | Reisekosten | Porto | Telefon | Bürobedarf |
| 4 | Konto-Nr. | 4360 | 4540 | 4610 | 4712 | 4810 | 4820 | 4920 | 4930 |
| 5 | | | | | | | | | |
| 6 | 4610 | Werbekosten | | | | | | | |
| 7 | | | | | | | | | |

➔ Verweis: siehe Kapitel 4.14, Tipp 2

## Tipp 6: Zeitabhängige Verweise erstellen

In einer Excel-Tabelle werden die Zuordnungen der Kostenstellen zu einer bestimmten Produktionsanlage geführt. Aus abrechnungstechnischen Gründen ändert sich die Zuordnung der Kostenstelle zu einer bestimmten Produktionsanlage dann, wenn ein Auftrag abgeschlossen ist, der mit der entsprechenden Produktionsanlage durchgeführt wurde. Ziel ist es nun, zu ermitteln, welche Kostenstelle einer Maschine an einem bestimmten Datum zugeordnet war.

*So geht's:*

Die Kostenstellenzuordnungstabelle ist wie nebenstehend aufgebaut.

In Spalte A befinden sich die jeweiligen Kostenstellen. Spalte B beinhaltet die verschiedenen Produktionsanlagen, und in Spalte C sind die Datumswerte eingetragen, die den Zeitpunkt zeigen, an dem der Produktionsanlage eine neue Kostenstelle zugeordnet wurde.

| | A | B | C | D |
|---|---|---|---|---|
| 1 | Zordnung der Kostenstellen | | | |
| 2 | | | | |
| 3 | Kostenstellen | Produktionsanlagen | Gültig seit | |
| 4 | 1001 | Anlage A | 01.01.2007 | |
| 5 | 1002 | Anlage A | 01.06.2007 | |
| 6 | 1005 | Anlage D | 01.09.2006 | |
| 7 | 1006 | Anlage D | 01.03.2007 | |
| 8 | 1007 | Anlage D | 01.08.2007 | |
| 9 | 1010 | Anlage B | 01.01.2007 | |
| 10 | 1011 | Anlage B | 01.07.2007 | |
| 11 | | | | |
| 12 | | | | |
| 13 | | Auswertung | | |
| 14 | Anlage: | Anlage D | | |
| 15 | Datum: | 15.05.2007 | | |
| 16 | | | | |

Ziel ist es nun, die Kostenstelle zu ermitteln, die der Anlage D am 15.05.2007 zugeordnet war.

Tragen Sie dazu in Zelle B17 diese Formel ein:

*=WENN(ISTNV(INDEX(A4:A13;VERGLEICH(B14&MAX((B4:B13=B14)*WENN(C4: C13<=B15;C4:C13));B4:B13&C4:C13;0)));"kein Treffer";INDEX(A4:A13;VERGLEICH (B14&MAX((B4:B13=B14)*WENN(C4:C13<=B15;C4:C13));B4:B13&C4:C13;0)))*

Da es sich um eine Matrixfunktion handelt, müssen Sie die Eingabe mit der Tastenkombination [Strg]+[Umschalt]+[Enter] abschließen.

Die Auswertung ergibt, dass die Anlage D am 15.05.2007 der Kostenstelle 1006 zugeordnet war.

## Tipp 7: Ermittlung des Datums, an dem der höchste Tagesumsatz getätigt wurde

Die Liste der Tagesumsätze beinhaltet das Datum sowie den zugehörigen Tagesumsatz. Ziel ist es, aus dieser Liste das Datum zu ermitteln, an dem der höchste Umsatz getätigt wurde.

### So geht's:

1 Zur Ermittlung des Datums geben Sie in Zelle B23 folgende Formel ein:
=INDEX(A4:A19;VERGLEICH(MAX(B4:B19);B4:B19;0))

2 Damit das Ergebnis richtig angezeigt wird, müssen Sie Zelle B23 mit einem beliebigen Datumsformat belegen.

Die Funktion VERGLEICH() in Kombination mit der Funktion MAX() ermittelt den höchsten Umsatz aus Spalte B. Über die Funktion INDEX() wird aus Spalte A das Datum für den höchsten Umsatz ausgelesen und zurückgegeben.

Im Ergebnis sehen Sie, dass der höchste Tagesumsatz am 05.06.2007 gemacht wurde.

> **Hinweis**
>
> Diese Funktion ist natürlich nicht auf das Auslesen von Datumswerten beschränkt. So kann die Funktion beispielsweise auch verwendet werden, um den höchsten Umsatz aus der Aufstellung verschiedener Verkaufsfilialen zu ermitteln.

## Tipp 8: Ermittlung der letzten benutzten Zeilen- und Spaltennummern sowie der entsprechenden Zellinhalte

In diesem Beispiel erfahren Sie, wie sich die letzte benutzte Zeilen- und Spaltennummer eines beliebigen Bereichs ermitteln lässt. Darüber hinaus wird dargestellt, welche Möglichkeiten es gibt, um aus den letzten Zeilen und Spalten die entsprechenden Zellinhalte auszulesen.

Die Musterdaten liegen im Zellbereich B4:F15 vor und sollen entsprechend ausgewertet werden.

### So geht's: Ermittlung der letzten benutzten Zeile

1 Die letzte benutzte Zeile im Bereich B4:F15 kann mit folgender Formel ermittelt werden:

   =MAX(WENN(B4:F15<>"";ZEILE(B4:F15)))

2 Geben Sie diese Formel in Zelle C20 ein und schließen Sie die Eingabe mit [Strg]+[Umschalt]+[Enter] ab, da es sich um eine Matrixfunktion handelt.

### So geht's: Ermittlung der letzten benutzten Spalte

1 Analog zur Ermittlung der letzten benutzten Zeile erfassen Sie in Zelle C21 diese Formel:

   =MAX(WENN(B4:F15>"";SPALTE(B4:F15)))

2 Auch diese Funktion muss als Matrixfunktion eingegeben werden. Beenden Sie deshalb die Eingabe mit der Tastenkombination [Strg]+[Umschalt]+[Enter].

### So geht's: Auslesen des letzten Eintrags aus Zeile 10

1 Mit dieser Formel wird der letzte Eintrag aus Zeile 10 ausgelesen:

   =INDEX(10:10;MAX(NICHT(ISTLEER(10:10))*SPALTE(10:10)))

2 Erfassen Sie die Formel in Zelle C22 und beenden Sie die Dateneingabe mit [Strg]+[Umschalt]+[Enter].

### So geht's: Auslesen des letzten Eintrags aus Spalte D

1 Auch aus definierten Spalten lässt sich der letzte Eintrag ermitteln. Geben Sie dazu in Zelle C23 folgende Formel ein:

   =INDEX(D4:D15;MAX(NICHT(ISTLEER(D4:D15))*ZEILE(4:15)-3))

## 4. Formeln effektiv und professionell einsetzen

**2** Um das gewünschte Ergebnis zu erhalten, muss auch diese Formel mit Strg+Umschalt+Enter zur Matrixfunktion umgewandelt werden.

| | A | B | C | D | E | F | G |
|---|---|---|---|---|---|---|---|
| 1 | Auswertung von Bereichen | | | | | | |
| 2 | | | | | | | |
| 3 | | | | | | | |
| 4 | | | a | b | | c | |
| 5 | | | d | | | | |
| 6 | | | | | | e | |
| 7 | | | | f | | | |
| 8 | | | | | | | |
| 9 | | | g | | | h | |
| 10 | | | | i | j | | |
| 11 | | | | | | | |
| 12 | | | | k | | | |
| 13 | | | l | | | | |
| 14 | | | | | m | | |
| 15 | | | n | | | | |
| 16 | | | | | | | |
| 17 | | | | | | | |
| 18 | | | | | | | |
| 19 | | | | | | | |
| 20 | Letzte benutzte Zeile: | | 15 | | | | |
| 21 | Letzte benutzte Spalte: | | 6 | | | | |
| 22 | Letzter Text Zeile 10 | | i | | | | |
| 23 | Letzter Text Spalte D | | k | | | | |
| 24 | | | | | | | |

Formel C23: `{=INDEX(D4:D15;MAX(NICHT(ISTLEER(D4:D15))*ZEILE(4:15)-3))}`

## Tipp 9: Provision anhand einer Rabattstaffel ermitteln

Die Vertriebsmitarbeiter werden nach einem variablen Provisionssystem entlohnt. Abhängig vom erzielten Monatsumsatz ergibt sich ein entsprechender Provisionssatz. Im Beispiel liegt eine Tabelle vor, in der die Vertriebsmitarbeiter mit ihrem Monatsumsatz aufgelistet sind. Darüber hinaus befindet sich auf dem Arbeitsblatt eine Übersicht zu den jeweiligen Provisionsschlüsseln. Aus dieser Tabelle soll abhängig vom Monatsumsatz der entsprechende Provisionssatz ausgelesen werden.

### So geht's:

Nebenstehend sehen Sie den Aufbau der Provisionstabelle.

**1** Markieren Sie im ersten Schritt den Bereich C4:C12. In diesen Bereich sollen die Provisionssätze eingetragen werden.

**2** Tragen Sie in Zelle C4 folgende Formel ein:
=SVERWEIS(B4;$A$18:$B$25;2;WAHR)

Wichtig ist, dass das Argument *Bereich_Verweis* als *WAHR* angegeben wird. Wenn dieses Argument *WAHR* oder nicht belegt ist, wird eine ungefähre Entsprechung zurückgegeben. Wird also keine genaue Entsprechung gefunden, wird der nächstgrößere Wert zurückgegeben, der kleiner als das Suchkriterium ist.

| | A | B | C |
|---|---|---|---|
| 1 | Provisionsabrechnung 7/2012 | | |
| 2 | | | |
| 3 | Mitarbeiter | Monatsumsatz | Provisionssatz |
| 4 | Becker | 19.721,44 € | |
| 5 | Kurt | 42.881,90 € | |
| 6 | Ricksen | 25.910,03 € | |
| 7 | Kleinlein | 39.759,34 € | |
| 8 | Schneider | 51.884,15 € | |
| 9 | Braun | 12.863,93 € | |
| 10 | Maier | 20.010,33 € | |
| 11 | Bergfried | 29.973,41 € | |
| 12 | Seebarth | 24.317,14 € | |
| 13 | | | |
| 14 | | | |
| 15 | | | |
| 16 | Parameter zur Provisionsermittlung | | |
| 17 | Umsatzziel | Provisionssatz | |
| 18 | 10.000,00 € | 20% | |
| 19 | 15.000,00 € | 40% | |
| 20 | 17.500,00 € | 60% | |
| 21 | 20.000,00 € | 80% | |
| 22 | 25.000,00 € | 100% | |
| 23 | 30.000,00 € | 120% | |
| 24 | 40.000,00 € | 140% | |
| 25 | 50.000,00 € | 150% | |
| 26 | | | |

3  Damit die Formel in den gesamten markierten Bereich eingetragen wird, müssen Sie die Eingabe mit der Tastenkombination [Strg]+[Enter] abschließen.

|   | A | B | C |
|---|---|---|---|
| 1 | Provisionsabrechnung 7/2012 | | |
| 2 | | | |
| 3 | Mitarbeiter | Monatsumsatz | Provisionssatz |
| 4 | Becker | 19.721,44 € | |
| 5 | Kurt | 42.881,90 € | |
| 6 | Ricksen | 25.910,03 € | |
| 7 | Kleinlein | 39.759,34 € | |
| 8 | Schneider | 51.884,15 € | |
| 9 | Braun | 12.863,93 € | |
| 10 | Maier | 20.010,33 € | |
| 11 | Bergfried | 29.973,41 € | |
| 12 | Seebarth | 24.317,14 € | |
| 13 | | | |
| 14 | | | |
| 15 | | | |
| 16 | Parameter zur Provisionsermittlung | | |
| 17 | Umsatzziel | Provisionssatz | |
| 18 | 10.000,00 € | 20% | |
| 19 | 15.000,00 € | 40% | |
| 20 | 17.500,00 € | 60% | |
| 21 | 20.000,00 € | 80% | |
| 22 | 25.000,00 € | 100% | |
| 23 | 30.000,00 € | 120% | |
| 24 | 40.000,00 € | 140% | |
| 25 | 50.000,00 € | 150% | |
| 26 | | | |

## Tipp 10: Daten gezielt über Koordinaten aus einer Kreuztabelle auslesen

In diesem Beispiel liegen verschiedene Messdaten für eine Produktionsanlage in Tabellenform vor. Die Tabellen besitzen Koordinaten, wobei die x-Achse mit den Koordinaten A bis G und die y-Achse mit S bis Z bezeichnet ist. Die gewünschten Koordinaten sollen nun in Suchfelder eingegeben werden, und die Messzahl, die sich im Schnittpunkt der beiden Koordinaten befindet, soll ausgegeben und zusätzlich in der Matrix umrahmt werden.

### So geht's:

Die Matrix mit den Messwerten ist wie abgebildet aufgebaut.

In Zelle E15 ist die Koordinatenbezeichnung für die y-Achse einzugeben, in Zelle E16 die Bezeichnung für die x-Achse.

|    | A | B | C | D | E | F | G | H | I |
|----|---|---|---|---|---|---|---|---|---|
| 1  | Messwerte - Produktionsanlage A32 | | | | | | | | |
| 2  | | | | | | | | | |
| 3  | | | | | | | | | |
| 4  | | A | B | C | D | E | F | G | |
| 5  | S | 462,802 | 910,912 | 307,914 | 311,643 | 500,501 | 380,402 | 686,470 | |
| 6  | T | 99,681 | 593,145 | 736,796 | 38,209 | 462,364 | 583,884 | 172,173 | |
| 7  | U | 234,552 | 856,750 | 292,208 | 921,340 | 179,405 | 555,844 | 61,942 | |
| 8  | V | 447,043 | 919,845 | 404,575 | 914,051 | 579,348 | 897,320 | 389,972 | |
| 9  | W | 980,001 | 480,172 | 31,529 | 386,593 | 909,703 | 354,063 | 80,479 | |
| 10 | X | 550,337 | 97,101 | 417,550 | 259,673 | 917,866 | 994,120 | 95,912 | |
| 11 | Y | 597,381 | 32,453 | 915,349 | 881,868 | 703,570 | 180,922 | 765,628 | |
| 12 | Z | 80,471 | 151,682 | 682,473 | 0,882 | 316,491 | 302,310 | 767,579 | |
| 13 | | | | | | | | | |
| 14 | | | | | | | | | |
| 15 | | Y-Achse (Zeilen): | | | | | | | |
| 16 | | X-Achse (Spalten): | | | | | | | |
| 17 | | | | | | | | | |

1  Nachdem die Koordinaten in die Zellen E15 bis E16 eingetragen wurden, kann die Formel zum Auslesen des entsprechenden Messwerts eingetragen werden. Erfassen Sie dazu in Zelle D18 folgende Formel:

=INDEX(A4:H12;VERGLEICH(E15;A4:A12;0);VERGLEICH(E16;A4:H4;0))

Damit wird der Wert ausgelesen, der den angegebenen Koordinaten entspricht.

## 4. Formeln effektiv und professionell einsetzen

|  | D18 |  |  | $f_x$ | =INDEX(A4:H12;VERGLEICH(E15;A4:A12;0); VERGLEICH(E16;A4:H4;0)) | | | |
|---|---|---|---|---|---|---|---|---|
|  | A | B | C | D | E | F | G | H | I |
| 1 |  | **Messwerte - Produktionsanlage A32** | | | | | | |
| 2 |  |  |  |  |  |  |  |  |
| 3 |  |  |  |  |  |  |  |  |
| 4 |  | A | B | C | D | E | F | G |  |
| 5 | S | 462,802 | 910,912 | 307,914 | 311,643 | 500,501 | 380,402 | 686,470 |
| 6 | T | 99,681 | 593,145 | 736,796 | 38,209 | 462,364 | 583,884 | 172,173 |
| 7 | U | 234,552 | 856,750 | 292,208 | 921,340 | 179,405 | 555,844 | 61,942 |
| 8 | V | 447,043 | 919,845 | 404,575 | 914,051 | 579,348 | 897,320 | 389,972 |
| 9 | W | 980,001 | 480,172 | 31,529 | 386,593 | 909,703 | 354,063 | 80,479 |
| 10 | X | 550,337 | 97,101 | 417,550 | 259,673 | 917,866 | 994,120 | 95,912 |
| 11 | Y | 597,381 | 32,453 | 915,349 | 881,868 | 703,570 | 180,922 | 765,628 |
| 12 | Z | 80,471 | 151,682 | 682,473 | 0,882 | 316,491 | 302,310 | 767,579 |
| 13 |  |  |  |  |  |  |  |  |
| 14 |  |  |  |  |  |  |  |  |
| 15 |  | Y-Achse (Zeilen): | | | V |  |  |  |
| 16 |  | X-Achse (Spalten): | | | E |  |  |  |
| 17 |  |  |  |  |  |  |  |  |
| 18 |  | Ergebnis: | | 579,348 |  |  |  |  |
| 19 |  |  |  |  |  |  |  |  |

**2** Zur Kennzeichnung des ermittelten Ergebnisses mit einer Umrahmung in der Matrix wird die bedingte Formatierung verwendet. Markieren Sie dazu im ersten Schritt den Zellbereich B5:H12.

**3** Starten Sie über das Menü *Start/Formatvorlagen/Bedingte Formatierung/Neue Regel* das Dialogfenster *Neue Formatierungsregel*. Wählen Sie den Regeltyp *Nur Zellen formatieren, die enthalten* aus (Excel 2003: Menü *Format/Bedingte Formatierung*).

**4** Legen Sie folgende Einträge fest: *Zellwert – gleich – $D$18*.

**5** Über die Schaltfläche *Formatieren* gelangen Sie zum Dialogfenster *Zellen formatieren*.

**6** Wechseln Sie zur Registerkarte *Rahmen* und legen Sie die Zellumrandung *Außen* fest.

**7** Nachdem Sie beide Dialogfenster jeweils mit einem Klick auf die Schaltfläche *OK* beendet haben, wird die in Zelle D18 ermittelte Zahl auch in der Koordinatenmatrix mit einem Rahmen hervorgehoben.

|  | A | B | C | D | E | F | G | H | I |
|---|---|---|---|---|---|---|---|---|---|
| 1 |  | **Messwerte - Produktionsanlage A32** | | | | | | |
| 2 |  |  |  |  |  |  |  |  |
| 3 |  |  |  |  |  |  |  |  |
| 4 |  | A | B | C | D | E | F | G |
| 5 | S | 462,802 | 910,912 | 307,914 | 311,643 | 500,501 | 380,402 | 686,470 |
| 6 | T | 99,681 | 593,145 | 736,796 | 38,209 | 462,364 | 583,884 | 172,173 |
| 7 | U | 234,552 | 856,750 | 292,208 | 921,340 | 179,405 | 555,844 | 61,942 |
| 8 | V | 447,043 | 919,845 | 404,575 | 914,051 | 579,348 | 897,320 | 389,972 |
| 9 | W | 980,001 | 480,172 | 31,529 | 386,593 | 909,703 | 354,063 | 80,479 |
| 10 | X | 550,337 | 97,101 | 417,550 | 259,673 | 917,866 | 994,120 | 95,912 |
| 11 | Y | 597,381 | 32,453 | 915,349 | 881,868 | 703,570 | 180,922 | 765,628 |
| 12 | Z | 80,471 | 151,682 | 682,473 | 0,882 | 316,491 | 302,310 | 767,579 |
| 13 |  |  |  |  |  |  |  |  |
| 14 |  |  |  |  |  |  |  |  |
| 15 |  | Y-Achse (Zeilen): | | | V |  |  |  |
| 16 |  | X-Achse (Spalten): | | | E |  |  |  |
| 17 |  |  |  |  |  |  |  |  |
| 18 |  | Ergebnis: | | 579,348 |  |  |  |  |
| 19 |  |  |  |  |  |  |  |  |

Bei jeder Änderung der Zellkoordinaten wird nun das entsprechende Messergebnis ausgelesen und in Zelle D18 dargestellt. Gleichzeitig wird der Wert in der Matrix hervorgehoben.

→ Verweis: siehe Kapitel 4.8, Tipp 9

## Tipp 11: Flexibel Bezug auf Koordinaten in einem anderen Arbeitsblatt nehmen

Sie können über eine einzige Funktion einen hochvariablen Bezug auf Koordinaten eines anderen Arbeitsblatts nehmen. Das heißt, Sie können sich ganz gezielt Daten dynamisch aus anderen Tabellen anzeigen lassen, egal wo diese Daten dort in einer Zelle stehen. An einem einfachen Beispiel lässt sich dieser dynamische Bezug am besten darstellen.

### So geht's:

1 Öffnen Sie eine neue Arbeitsmappe und belegen Sie die Zellbereiche A1:C3 von *Tabelle2* und *Tabelle3* mit Werten.

2 Hinterlegen Sie nun über eine Gültigkeitsliste in Zelle A2 der *Tabelle1* die Einträge *Tabelle2* und *Tabelle3*. Aus diesen beiden Tabellen soll der Wert angezeigt werden.

3 Erfassen Sie dann, ebenfalls in einer Gültigkeitsliste, in Zelle B2 von *Tabelle1* die Einträge *A;B;C*, um die Spalte variabel auswählen zu können, aus der der Wert kommen muss.

4 Gehen Sie analog in Zelle C2 für die Zeilenauswahl vor. Erfassen Sie also auch hier eine Gültigkeitsliste, nun jedoch mit den Einträgen *1;2;3*.

5 Tragen Sie dann in Zelle D2 die Formel *=INDIREKT(A2&"!"&B2&C2)* ein.

6 Wenn Sie nun über die Zellen A2, B2 und C3 die gewünschten Einträge ausgewählt haben, werden Ihnen in Zelle D2 die gewünschten Werte aus der jeweiligen Tabelle angezeigt.

|   | A | B | C | D | E | F |
|---|---|---|---|---|---|---|
| 1 | Tabelle | Spalte | Zeile | Wert | | |
| 2 | Tabelle2 | A | 2 | Tab2-A2 | | |
| 3 | | | | | | |
| 4 | | | | | | |

### Funktionsübersicht

| Funktion | Erläuterung |
|---|---|
| ABRUNDEN(Zahl;Anzahl_Stellen) | Rundet die Zahl auf *Anzahl_Stellen* ab. |
| ARABISCH(Text) | Wandelt eine römische Zahl in eine arabische Zahl um. |
| AUFRUNDEN(Zahl;Anzahl_Stellen) | Rundet die Zahl auf *Anzahl_Stellen* auf. |
| ADRESSE(Zeile;Spalte;Abs;A1;Tabellenname) | Liefert einen Bezug auf eine Zelle als Text. |
| ANZAHL(Wert1;Wert2;...) | Ermittelt, wie viele Zellen Zahlen enthalten und wie viele Zahlen eine Liste von Argumenten enthält. |

## 4. Formeln effektiv und professionell einsetzen

| Funktion | Erläuterung |
|---|---|
| ANZAHL2(Wert1;Wert2;...) | Ermittelt, wie viele Zellen in einem Bereich nicht leer sind. |
| ANZAHLLEEREZELLEN (Bereich) | Zählt die leeren Zellen in einem Zellbereich. |
| ARBEITSTAG(Ausgangsdatum; Tage;Freie_Tage) | Gibt die Datumsangabe als fortlaufenden Tag im Jahr vor oder nach einer bestimmten Anzahl von Arbeitstagen zurück. Nicht zu den Arbeitstagen gezählt werden Wochenenden sowie die Tage, die als Ferien (*Freie_Tage*) angegeben sind. *ARBEITSTAG* ermöglicht es Ihnen, Wochenenden oder Ferien auszuschließen. |
| AUFRUNDEN(Zahl;Anzahl_ Stellen) | Rundet die Zahl auf *Anzahl_Stellen* auf. |
| BASIS(Zahl;Basis;[Mindestlänge]) | Wandelt eine Zahl in eine Textdarstellung mit der angegebenen Basis um. |
| BEREICH.VERSCHIEBEN (Bezug;Zeilen;Spalten;Höhe; Breite) | Gibt einen Bezug zurück, der gegenüber dem angegebenen Bezug versetzt ist. Der zurückgegebene Bezug kann eine einzelne Zelle oder ein Zellbereich sein. Sie können die Anzahl der zurückzugebenden Zeilen und Spalten festlegen. |
| BININHEX(Zahl;[Stellen]) | Wandelt eine binäre Zahl (Dualzahl) in eine hexadezimale Zahl um. |
| BININOKT(Zahl;[Stellen]) | Wandelt eine binäre Zahl (Dualzahl) in eine oktale Zahl um. |
| BININDEZ(Zahl) | Wandelt eine binäre Zahl (Dualzahl) in eine dezimale Zahl um. |
| BW(Zins;Anzahl_Zahlungszeiträume;Regelmäßige_ Zahlung;Endwert;Fälligkeit) | *BW()* gibt den Barwert einer Investition zurück. |
| DATEDIF(Ausgangsdatum; Enddatum;Einheit) | Ermittelt die Differenz zwischen zwei Datumswerten. *DATEDIF* steht aus Kompatibilitätsgründen zu Lotus 1-2-3 zur Verfügung. |
| DATUM(Jahr;Monat;Tag) | Gibt die fortlaufende Zahl zurück, die ein bestimmtes Datum darstellt. Wenn für das Zellenformat vor der Eingabe der Funktion die Option *Allgemein* eingestellt war, wird das Ergebnis als Datum formatiert. |
| DATWERT(Datumstext) | Wandelt ein als Text vorliegendes Datum in eine fortlaufende Zahl um. Verwenden Sie *DATWERT*, wenn Sie ein in Textform vorliegendes Datum in eine fortlaufende Zahl umwandeln möchten. |
| DBANZAHL(Datenbank,Feld, Kriterien) | Zählt die Anzahl von Zellen in einer Spalte einer Liste oder Datenbank, die den angegebenen Bedingungen entsprechen. |
| DBANZAHL2(Datenbank, Feld,Kriterien) | Zählt die Anzahl von Zellen in einer Spalte einer Liste oder Datenbank, die den angegebenen Bedingungen entsprechen. |
| DBAUSZUG(Datenbank,Feld, Kriterien) | Extrahiert einen einzelnen Wert in einer Spalte einer Liste oder Datenbank, der den angegebenen Bedingungen entspricht. |
| DBMAX(Datenbank,Feld, Kriterien) | Liefert die größte Anzahl in einer Spalte einer Liste oder Datenbank, die den angegebenen Bedingungen entspricht. |

## 4.14 Maßgeschneiderte Verweisfunktionen

| Funktion | Erläuterung |
|---|---|
| DBMIN(Datenbank,Feld, Kriterien) | Liefert die kleinste Anzahl in einer Spalte einer Liste oder Datenbank, die den angegebenen Bedingungen entspricht. |
| DBMITTELWERT(Datenbank, Feld,Kriterien) | Liefert den Mittelwert aus den Werten einer Listen- oder Datenbankspalte, die den von Ihnen angegebenen Bedingungen entsprechen. |
| DBPRODUKT(Datenbank, Feld,Kriterien) | Multipliziert die Werte in einer Spalte einer Liste oder Datenbank, die den angegebenen Bedingungen entsprechen. |
| DBSTABW(Datenbank,Feld, Kriterien) | Schätzt die Standardabweichung einer Grundgesamtheit, ausgehend von den Zahlen in einer Spalte einer Liste oder Datenbank, die den angegebenen Bedingungen entsprechen. |
| DBSTABWN(Datenbank,Feld, Kriterien) | Berechnet die Standardabweichung einer vollständigen Grundgesamtheit, ausgehend von den Zahlen in einer Spalte einer Liste oder Datenbank, die den angegebenen Bedingungen entsprechen. |
| DBSUMME(Datenbank,Feld, Kriterien) | Fügt die Zahlen in einer Spalte aus einer Liste oder Datenbank hinzu, die den angegebenen Bedingungen entsprechen. |
| DBVARIANZ(Datenbank,Feld, Kriterien) | Schätzt die Varianz einer Grundgesamtheit, ausgehend von einer Stichprobe mit den Zahlen in einer Spalte einer Liste oder Datenbank, die den angegebenen Bedingungen entsprechen. |
| DBVARIANZEN(Datenbank, Feld,Kriterien) | Berechnet die Varianz einer vollständigen Grundgesamtheit, ausgehend von den Zahlen in einer Spalte einer Liste oder Datenbank, die den angegebenen Bedingungen entsprechen. |
| DEZIMAL(Text;Basis) | Konvertiert eine Textdarstellung einer Zahl mit einer angegebenen Basis in eine Dezimalzahl. |
| DEZINBIN(Zahl;[Stellen]) | Wandelt eine dezimale Zahl in eine binäre Zahl (Dualzahl) um. |
| DEZINHEX(Zahl;[Stellen]) | Wandelt eine dezimale Zahl in eine hexadezimale Zahl um. |
| DEZINOKT(Zahl;[Stellen]) | Wandelt eine dezimale Zahl in eine oktale Zahl um. |
| DM(Zahl;[Dezimalstellen]) | Wandelt eine Zahl in einen Text im Währungsformat um. |
| EDATUM(Ausgangsdatum; Monate) | Gibt die fortlaufende Zahl des Datums zurück, das eine bestimmte Anzahl von Monaten vor bzw. nach dem angegebenen Datum (Ausgangsdatum) liegt. Mit *EDATUM* können Sie Rückzahlungs- oder Fälligkeitstermine berechnen, die auf denselben Tag eines Monats fallen wie der jeweilige Emissionstermin. |
| EFFEKTIV(Nominalzins; Perioden) | Gibt die jährliche Effektivverzinsung zurück. |
| ERSETZEN(Alter_Text;Erstes_ Zeichen;Anzahl_Zeichen; Neuer_Text) | *ERSETZEN* ersetzt auf der Grundlage der von Ihnen angegebenen Anzahl von Zeichen einen Teil einer Zeichenfolge durch eine andere Zeichenfolge. |
| EXP(Zahl) | Gibt e potenziert mit einer angegebenen Zahl zurück. Die Konstante e entspricht 2,71828182845904, d. h. der Basis des natürlichen Logarithmus. |

## 4. Formeln effektiv und professionell einsetzen

| Funktion | Erläuterung |
|---|---|
| FEST(Zahl;[Dezimalstellen]; [Keine_Punkte]) | Rundet eine Zahl auf die angegebene Anzahl von Dezimalstellen und gibt das Ergebnis als Text zurück. Sie können angeben, dass das Ergebnis mit oder ohne Punkte zurückgegeben wird. |
| FINDEN(Suchtext;Text;Erstes_Zeichen) | Mithilfe von *FINDEN* können Sie eine Textzeichenfolge innerhalb einer zweiten Textzeichenfolge suchen und die Anfangsposition der ersten Textzeichenfolge, vom ersten Zeichen der zweiten Textzeichenfolge aus gezählt, zurückgeben. |
| GANZZAHL(Zahl) | Rundet eine Zahl auf die nächstkleinere ganze Zahl ab. |
| GEOMITTEL(Zahl1;[Zahl2];...) | Gibt das geometrische Mittel einer Menge positiver Zahlen zurück. |
| GERADE(Zahl) | Rundet eine Zahl auf die nächste gerade ganze Zahl auf. |
| GESTUTZTMITTEL(Matrix; Prozent) | Gibt den Mittelwert einer Datengruppe zurück, ohne die Randwerte zu berücksichtigen. |
| GLÄTTEN(Text) | Löscht Leerzeichen in einem Text, die nicht als jeweils einzelne zwischen Wörtern stehende Trennzeichen dienen. |
| GROSS(Text) | Wandelt Text in Großbuchstaben um. |
| GROSS2(Text) | Wandelt den ersten Buchstaben aller Wörter einer Zeichenfolge in Großbuchstaben um. Wandelt alle anderen Buchstaben in Kleinbuchstaben um. |
| HARMITTEL(Zahl1;[Zahl2];...) | Gibt das harmonische Mittel einer Datenmenge zurück. Ein harmonisches Mittel ist der Kehrwert eines aus Kehrwerten berechneten arithmetischen Mittels. |
| HEUTE() | Gibt die fortlaufende Zahl des heutigen Datums zurück. |
| HEXINBIN(Zahl;[Stellen]) | Wandelt eine hexadezimale Zahl in eine Binärzahl um. |
| HEXINOKT(Zahl;[Stellen]) | Wandelt eine hexadezimale Zahl in eine oktale Zahl um. |
| HEXINDEZ(Zahl) | Wandelt eine hexadezimale Zahl in eine dezimale Zahl um. |
| IDENTISCH(Text1;Text2) | Prüft, ob zwei Zeichenfolgen identisch sind. In diesem Fall wird *WAHR* zurückgegeben. Andernfalls gibt die Funktion den Wert *FALSCH* zurück. *IDENTISCH* beachtet die Groß- und Kleinschreibung, ignoriert aber Formatierungsunterschiede. |
| INDEX(Matrix;Zeile;Spalte) INDEX(Bezug;Zeile;Spalte; Bereich) | Gibt einen Wert oder den Bezug zu einem Wert aus einer Tabelle oder einem Bereich zurück. Die Funktion *INDEX()* gibt es in zwei Versionen: der Matrixversion und der Bezugsversion. Die Matrixversion gibt immer einen Wert oder eine Matrix aus Werten zurück, die Bezugsversion gibt immer einen Bezug zurück. |
| INDIREKT(Bezug;A1) | Gibt den Bezug eines Textwerts zurück. Bezüge werden sofort ausgewertet, sodass die zu ihnen gehörenden Werte angezeigt werden. Verwenden Sie die *INDIREKT*-Funktion, um den Bezug auf eine in einer Formel befindliche Zelle zu ändern, ohne die Formel selbst zu ändern |

## 4.14 Maßgeschneiderte Verweisfunktionen

| Funktion | Erläuterung |
|---|---|
| INFO(Typ) | Gibt Informationen zur aktuellen Betriebssystemumgebung zurück. |
| ISTBEZUG(Wert) | *Wert* bezieht sich auf einen Bezug. |
| ISTFEHLER(Wert) | *Wert* bezieht sich auf einen beliebigen Fehlerwert (*#NV, #WERT!, #BEZUG!, #DIV/0!, #ZAHL!, #NAME?* oder *#NULL!*). |
| ISTFORMEL(Bezug) | Überprüft, ob ein Bezug auf eine Zelle verweist, die eine Formel enthält, und gibt *WAHR* oder *FALSCH* zurück. |
| ISTLEER(Wert) | Prüft, ob eine Zelle leer ist, und gibt entsprechend *WAHR* zurück. |
| ISTNV(Wert) | *Wert* bezieht sich auf den Fehlerwert *#NV* (Wert nicht verfügbar). |
| ISTTEXT(Wert) | Prüft, ob sich in einer Zelle Text befindet, und gibt entsprechend *WAHR* zurück. |
| ISTZAHL(Wert) | Prüft, ob sich in einer Zelle eine Zahl befindet, und gibt entsprechend *WAHR* zurück. |
| JAHR(Zahl) | Wandelt eine fortlaufende Zahl in eine Jahreszahl um. Das Jahr wird als ganze Zahl zurückgegeben, die einen Wert von 1900 bis 9999 annehmen kann. |
| JETZT( ) | Liefert die fortlaufende Zahl des aktuellen Datums und der aktuellen Uhrzeit. Wenn für das Zellenformat vor der Eingabe der Funktion die Option *Allgemein* festgelegt war, wird das Ergebnis als Datum formatiert. |
| KALENDERWOCHE(Datum; Rückgabe) | Bei der Funktion *KALENDERWOCHE* wird die Woche mit dem 1. Januar als erste Woche des Jahrs angesehen. Nach einer europäischen Norm gilt jedoch die erste Woche als die Woche mit den meisten Tagen im neuen Jahr (mindestens vier). Deshalb gibt die Funktion *KALENDERWOCHE* in Jahren, in denen die erste Januarwoche drei Tage oder weniger enthält, Ergebnisse zurück, die nach der europäischen Norm falsch sind. |
| KAPZ(Zins;Zahlungszeitraum; Anzahl_Zahlungszeiträume; Barwert;Endwert;Fälligkeit) | *KAPZ()* gibt die Kapitalrückzahlung einer Investition für eine angegebene Periode zurück. Es werden konstante periodische Zahlungen und ein konstanter Zinssatz vorausgesetzt. |
| KGRÖSSTE(Matrix;k) | Gibt den *k*-größten Wert einer Datengruppe zurück. Mit dieser Funktion können Sie eine Zahl auf Basis ihrer relativen Größe ermitteln. Beispielsweise können Sie mit *KGRÖSSTE* den Punktestand des Erst-, Zweit- oder Drittplatzierten ermitteln. |
| KKLEINSTE(Matrix;k) | Gibt den *k*-kleinsten Wert einer Datengruppe zurück. Mit dieser Funktion können Sie Werte ermitteln, die innerhalb einer Datenmenge eine bestimmte relative Größe haben. |
| KLEIN(Text) | Wandelt einen Text in Kleinbuchstaben um. |

## 4. Formeln effektiv und professionell einsetzen

| Funktion | Erläuterung |
|---|---|
| KOMBINATIONEN(n;k) | Gibt die Anzahl der Kombinationen ohne Wiederholung von *k* Elementen aus einer Menge von *n* Elementen zurück. Verwenden Sie *KOMBINATIONEN*, um zu berechnen, wie viele Gruppen aus einer bestimmten Anzahl von Elementen gebildet werden können. |
| KOMBINATIONEN2(Zahl; gewählte_Zahl) | Gibt die Anzahl von Kombinationen (mit Wiederholungen) für eine bestimmte Anzahl von Elementen zurück. |
| KUMKAPITAL(Zins;Anzahl_ Zahlungszeiträume;Barwert; Zeitraum_Anfang;Zeitraum_ Ende;Fälligkeit) | Berechnet die aufgelaufene Tilgung eines Darlehens, die zwischen zwei Perioden zu zahlen ist. |
| KUMZINSZ(Zins;Anzahl_ Zahlungszeiträume;Barwert; Zeitraum_Anfang;Zeitraum_ Ende;Fälligkeit) | Berechnet die kumulierten Zinsen, die zwischen zwei Perioden zu zahlen sind. |
| KÜRZEN(Zahl;Anzahl_Stellen) | Schneidet die Kommastellen der Zahl ab und gibt als Ergebnis eine ganze Zahl zurück. |
| LÄNGE(Text) | Gibt die Anzahl der Zeichen einer Zeichenfolge zurück. |
| LINKS(Text;Anzahl_Zeichen) | Gibt auf der Grundlage der Anzahl von Zeichen, die Sie angeben, das oder die erste(n) Zeichen in einer Textzeichenfolge zurück. |
| LN(Zahl) | Gibt den natürlichen Logarithmus einer Zahl zurück. Basis der natürlichen Logarithmen ist die Konstante e (2.71828182845904). |
| MAX(Zahl1;Zahl2;...) | Gibt den größten Wert innerhalb einer Argumentliste zurück. |
| MEDIAN(Zahl1;[Zahl2];...) | Gibt den Median der angegebenen Zahlen zurück. Der Median ist die Zahl, die in der Mitte einer Zahlenreihe liegt. |
| MIN(Zahl1;Zahl2;...) | Gibt den kleinsten Wert innerhalb einer Argumentliste zurück. |
| MINUTE(Zahl) | Wandelt eine fortlaufende Zahl in eine Minute um. Die Minute wird als ganze Zahl ausgegeben, die einen Wert von 0 bis 59 annehmen kann. |
| MITTELWERT(Zahl1;Zahl2;...) | Gibt den Mittelwert der angegebenen Argumente zurück. |
| MODALWERT(Zahl1;Zahl2;...) | Gibt den häufigsten Wert einer Matrix oder eines Datenbereichs zurück. |
| MODUS.EINF(Zahl1;[Zahl2];...) | Gibt den häufigsten Wert einer Matrix oder eines Datenbereichs zurück. |
| MODUS.VIELF((Zahl1; [Zahl2];...) | Gibt ein vertikales Array der am häufigsten vorkommenden oder wiederholten Werte in einem Array oder Datenbereich zurück. |
| MONAT(Zahl) | Wandelt eine fortlaufende Zahl in einen Monat um. Der Monat wird als ganze Zahl ausgegeben, die einen Wert von 1 (Januar) bis 12 (Dezember) annehmen kann. |

## 4.14 Maßgeschneiderte Verweisfunktionen

| Funktion | Erläuterung |
|---|---|
| MONATSENDE(Ausgangsdatum;Monate) | Gibt die fortlaufende Zahl des letzten Tags des Monats zurück, der eine bestimmte Anzahl von Monaten vor bzw. nach dem Ausgangsdatum liegt. Mit MONATSENDE können Sie Rückzahlungs- oder Fälligkeitstermine berechnen, die auf den letzten Tag eines Monats fallen. |
| MTRANS(Matrix) | Mit der Funktion MTRANS wird ein vertikaler Zellbereich als horizontaler Bereich zurückgegeben oder umgekehrt. |
| NETTOARBEITSTAGE(Ausgangsdatum;Enddatum;Freie_Tage) | Gibt die Anzahl der Arbeitstage in einem Zeitintervall zurück. Nicht zu den Arbeitstagen gezählt werden Wochenenden sowie die Tage, die als Ferien (Feiertage) angegeben sind. |
| NICHT(Wahrheitswert) | Kehrt den Wert eines Arguments um. NICHT können Sie immer dann verwenden, wenn Sie sicherstellen möchten, dass ein Wert nicht mit einem bestimmten Wert übereinstimmt. |
| NOMINAL(Effektiver_Zins;Perioden) | Gibt die jährliche Nominalverzinsung zurück, ausgehend vom effektiven Zinssatz sowie der Anzahl der Verzinsungsperioden innerhalb eines Jahrs. |
| OBERGRENZE(Zahl;Schritt) | Rundet eine Zahl betragsmäßig auf das kleinste Vielfache von *Schritt* auf. |
| OKTINBIN(Zahl;[Stellen]) | Wandelt eine oktale Zahl in eine binäre Zahl (Dualzahl) um. |
| OKTINDEZ(Zahl) | Wandelt eine oktale Zahl in eine dezimale Zahl um. |
| OKTINHEX(Zahl;[Stellen]) | Wandelt eine oktale Zahl in eine hexadezimale Zahl um. |
| PDURATION(Zins;Bw;Zw) | Gibt die Anzahl von Perioden zurück, die erforderlich sind, bis eine Investition einen angegebenen Wert erreicht hat. |
| POTENZ(Zahl;Potenz) | Gibt als Ergebnis eine potenzierte Zahl zurück. |
| PRODUKT(Zahl1; [Zahl2];...) | Mit der Funktion PRODUKT werden alle als Argumente angegebenen Zahlen multipliziert, und das Produkt wird zurückgegeben. |
| QUADRATESUMME(Zahl1;[Zahl2];...) | Summiert die quadrierten Argumente. |
| RANG(Zahl;Bezug;Reihenfolge) | Gibt den Rang zurück, den eine Zahl innerhalb einer Liste von Zahlen einnimmt. Als Rang einer Zahl wird deren Größe, bezogen auf die anderen Werte der jeweiligen Liste, bezeichnet. |
| RANG.GLEICH(Zahl;Bezug;Reihenfolge) | Gibt den Rang zurück, den eine Zahl innerhalb einer Liste von Zahlen einnimmt: die Größe relativ zu anderen Werten in der Liste. Wenn mehrere Werte die gleiche Rangzahl aufweisen, wird der oberste Rang dieser Gruppe von Werten zurückgegeben. |
| RECHTS(Text;Anzahl_Zeichen) | Gibt das letzte oder die letzten Zeichen einer Textzeichenfolge auf der Grundlage der von Ihnen angegebenen Anzahl von Zeichen zurück. |
| REST(Zahl;Divisor) | Gibt den Rest einer Division zurück. Das Ergebnis hat dasselbe Vorzeichen wie der Divisor. |

## 4. Formeln effektiv und professionell einsetzen

| Funktion | Erläuterung |
|---|---|
| RMZ(Zinssatz;Anzahl_der_Raten;Kreditbetrag;Restwert;Fälligkeit) | Gibt die konstante Zahlung einer Annuität pro Periode zurück, wobei konstante Zahlungen und ein konstanter Zinssatz vorausgesetzt werden. |
| RÖMISCH(Zahl; [Typ]) | Wandelt eine arabische Zahl in eine römische Zahl als Text um. |
| RUNDEN(Zahl;Anzahl_Stellen) | Rundet eine Zahl auf eine bestimmte Anzahl von Dezimalstellen. |
| SEKUNDE(Zahl) | Wandelt eine fortlaufende Zahl in eine Sekunde um. Die Sekunde wird als ganze Zahl ausgegeben, die einen Wert von 0 (null) bis 59 annehmen kann. |
| SPALTE(Bezug) | Gibt die Spaltennummer eines Bezugs zurück. |
| STABW(Zahl1;Zahl2;...) | Schätzt die Standardabweichung ausgehend von einer Stichprobe. Die Standardabweichung ist ein Maß dafür, wie weit die jeweiligen Werte um den Mittelwert (Durchschnitt) streuen. |
| STABWN(Zahl1;Zahl2;...) | Berechnet die Standardabweichung ausgehend von der Grundgesamtheit. Es wird vorausgesetzt, dass alle Werte als Argumente angegeben werden. Die Standardabweichung ist ein Maß dafür, wie weit die jeweiligen Werte um den Mittelwert (Durchschnitt) streuen. |
| STABW.N(Zahl1;[Zahl2];...) | Berechnet die Standardabweichung ausgehend von einer als Argumente angegebenen Grundgesamtheit (logische Werte und Text werden ignoriert). |
| STEIGUNG(Y_Werte;X_Werte) | Gibt die Steigung der Regressionsgeraden zurück, die an die in *Y_Werte* und *X_Werte* abgelegten Datenpunkte angepasst ist. Die Steigung entspricht dem Quotienten aus dem jeweiligen vertikalen und dem horizontalen Abstand zweier beliebiger Punkte der Geraden und ist ein Maß für die Änderung entlang der Regressionsgeraden. |
| STUNDE(Zahl) | Gibt die Stunde einer Zeitangabe zurück. Die Stunde wird als ganze Zahl ausgegeben, die einen Wert von 0 (0 Uhr) bis 23 (23 Uhr) annehmen kann. |
| SUCHEN(Suchtext;Text;Erstes_Zeichen) | *SUCHEN* gibt, beginnend mit *Erstes_Zeichen*, die Nummer des Zeichens zurück, an der das zu suchende Zeichen oder die zu suchende Textzeichenfolge erstmals gefunden wurde. |
| SUMME(Zahl1;Zahl2;...) | Summiert die Argumente. |
| SUMMENPRODUKT(Matrix1;Matrix2;Matrix3;...) | Multipliziert die einander entsprechenden Komponenten der angegebenen Matrizen miteinander und gibt die Summe dieser Produkte zurück. |
| SUMMEWENN(Bereich;Kriterien;Summe_Bereich) | Addiert Zahlen, die mit den Suchkriterien übereinstimmen. |
| SUMMEWENNS(Summe_Bereich;Kriterium_Bereich1;Kriterium1;Kriterium_Bereich2;Kriterium2;...) | Fügt die Zellen einem Bereich hinzu, die mehrere Kriterien erfüllen. |

| Funktion | Erläuterung |
|---|---|
| SVERWEIS(Suchkriterium; Matrix;Spaltenindex;Bereich_Verweis) | Sucht in der ersten Spalte einer Tabellenmatrix nach einem Wert und gibt in der gleichen Zeile einen Wert aus einer anderen Spalte in der Tabellenmatrix zurück. |
| TAG(Zahl) | Gibt den Tag eines Datums als fortlaufende Zahl zurück. Der Tag wird als ganze Zahl im Bereich von 1 bis 31 ausgegeben. |
| TAGE360(Ausgangsdatum; Enddatum;Methode) | Berechnet, ausgehend von einem Jahr, das 360 Tage umfasst, die Anzahl der zwischen zwei Tagesdaten liegenden Tage. Sie können diese Funktion als Hilfe für die Berechnung von Zahlungen verwenden, wenn Ihr Buchführungssystem auf 12 Monaten mit je 30 Tagen basiert. |
| TEIL(Text;Erstes_Zeichen; Anzahl_Zeichen) | *TEIL* liefert auf der Grundlage der angegebenen Anzahl von Zeichen eine bestimmte Anzahl von Zeichen einer Zeichenfolge ab der von Ihnen angegebenen Position. |
| TEILERGEBNIS(Funktion; Bezug1;Bezug2;...) | Gibt ein Teilergebnis für eine Liste oder Datenbank zurück. |
| TEXT(Wert;Textformat) | Formatiert eine Zahl und wandelt sie in Text um. |
| TYP(Wert) | Gibt eine Zahl zurück, die den Datentyp des angegebenen Werts anzeigt. Die Funktion *TYP* können Sie immer dann verwenden, wenn das weitere Verhalten einer Funktion vom Typ des in einer bestimmten Zelle enthaltenen Werts abhängt. |
| UMWANDELN(Zahl;Von_Maßeinheit;In_Maßeinheit) | Wandelt eine Zahl von einem Maßsystem in ein anderes um. Beispielsweise kann *UMWANDELN* eine Tabelle mit Entfernungen in Meilen in eine Tabelle mit Entfernungen in Kilometern umwandeln. |
| UND(Wahrheitswert1; Wahrheitswert2;...) | Gibt *WAHR* zurück, wenn alle Argumente *WAHR* sind. Sind die Aussagen eines oder mehrerer Argumente *FALSCH*, gibt diese Funktion den Wert *FALSCH* zurück. |
| UNGERADE(Zahl) | Rundet eine Zahl auf die nächste ungerade ganze Zahl auf. |
| UNTERGRENZE(Zahl;Schritt) | Rundet eine Zahl betragsmäßig auf das kleinste Vielfache von *Schritt* ab. |
| USDOLLAR(Zahl;Dezimalstellen) | Wandelt eine Zahl in einen Text im Währungsformat um. Dabei werden die Dezimalstellen entsprechend der angegebenen Stelle gerundet. Als Format wird $#.##0,00_;$#.##0,00 verwendet. |
| VDB(Ansch_Wert;Restwert; Nutzungsdauer;Anfang; Fertigstellen;Faktor;Nicht_wechseln) | Gibt die degressive Doppelratenabschreibung eines Wirtschaftsguts für eine bestimmte Periode oder Teilperiode zurück. |
| VARIANZEN(Zahl1;[Zahl2];...) | Berechnet die Varianz auf der Grundlage der Grundgesamtheit. |
| VARIATIONEN(n;k) | Gibt die Anzahl der Möglichkeiten zurück, um *k* Elemente aus einer Menge von *n* Elementen ohne Zurücklegen zu ziehen. |
| VARIATIONEN2(Zahl; gewählte_Zahl) | Gibt die Anzahl der Permutationen für eine angegebene Anzahl von Objekten zurück (mit Wiederholungen), die aus der Gesamtmenge der Objekte ausgewählt werden können. |

## 4. Formeln effektiv und professionell einsetzen

| Funktion | Erläuterung |
|---|---|
| VAR.S(Zahl1;[Zahl2];...) | Schätzt die Varianz auf der Grundlage einer Stichprobe. |
| VAR.P(Zahl1;[Zahl2];...) | Berechnet die Varianz auf der Grundlage der Grundgesamtheit. |
| VERGLEICH(Suchkriterium; Suchmatrix;Vergleichstyp) | Sucht Werte innerhalb eines Bezugs oder einer Matrix. Verwenden Sie *VERGLEICH* statt eine der *VERWEIS*-Funktionen immer dann, wenn Sie die Position eines Elements in einem Bereich und nicht das Element selbst benötigen. |
| VERKETTEN(Text1;Text2;...) | Verknüpft zwei oder mehr Textzeichenfolgen zu einer Textzeichenfolge. |
| VERWEIS(Suchkriterium; Suchvektor;[Ergebnisvektor]) | Vektorversion. Gibt Wert aus einem Bereich mit einer Zeile oder einer Spalte zurück. |
| VERWEIS(Suchkriterium; Matrix) | Matrixversion. Gibt Wert aus einer Matrix zurück. |
| VORZEICHEN(Zahl) | Gibt das Vorzeichen einer Zahl zurück. Die Funktion gibt folgende Werte zurück: 1, wenn die Zahl positiv ist, 0 (null), wenn die Zahl 0 ist, -1, wenn die Zahl negativ ist. |
| VRUNDEN(Zahl;Vielfaches) | Gibt eine auf das gewünschte Vielfache gerundete Zahl zurück. |
| WAHL(Index;Wert1; Wert2;...) | Verwendet *Index*, um einen Wert aus der Liste der Werteargumente zurückzugeben. Verwenden Sie *WAHL*, um bis zu 254 Werte auf der Grundlage der Indexnummer auszuwählen. Wenn beispielsweise *Wert1* bis *Wert7* Tage der Woche sind, gibt *WAHL* einen der Tage zurück, wenn eine Zahl zwischen 1 und 7 als Index verwendet wird. |
| WECHSELN(Text;Alter_Text; Neuer_Text;Ntes_Auftreten) | Ersetzt alten Text durch neuen Text in einer Zeichenfolge. *WECHSELN* können Sie immer dann verwenden, wenn Sie innerhalb eines Texts eine bestimmte Zeichenfolge austauschen möchten. *ERSETZEN* sollten Sie dann verwenden, wenn Sie innerhalb eines Texts eine an einer bestimmten Position beginnende Zeichenfolge ersetzen möchten. |
| WENN(Prüfung;Dann_Wert; Sonst_Wert) | Prüft, ob eine Bedingung zutrifft, also *WAHR* oder *FALSCH* ist, und macht das Ergebnis vom Resultat der Prüfung abhängig. |
| WERT(Text) | Wandelt ein als Text angegebenes Argument in eine Zahl um. |
| WIEDERHOLEN(Text; Multiplikator) | Wiederholt einen Text so oft wie angegeben. Verwenden Sie *WIEDERHOLEN*, um eine Zeichenfolge in einer bestimmten Häufigkeit in eine Zelle einzugeben. |
| WOCHENTAG(Zahl,Typ) | Wandelt eine fortlaufende Zahl in einen Wochentag um. Der Tag wird standardmäßig als ganze Zahl ausgegeben, die einen Wert von 1 (Sonntag) bis 7 (Samstag) annehmen kann. |
| WURZEL(Zahl) | Gibt die Quadratwurzel einer Zahl zurück. |
| WVERWEIS(Suchkriterium; Matrix;Zeilenindex;Bereich_Verweis) | Sucht in der obersten Zeile einer Tabelle oder eines Arrays nach Werten und gibt dann in der gleichen Spalte einen Wert aus einer Zeile zurück, die Sie in der Tabelle oder im Array angeben. |

## 4.14 Maßgeschneiderte Verweisfunktionen

| Funktion | Erläuterung |
|---|---|
| ZÄHLENWENN(Bereich; Kriterien) | Zählt die nicht leeren Zellen eines Bereichs, deren Inhalte mit den Suchkriterien übereinstimmen. |
| ZÄHLENWENNS(Bereich1; Kriterien1;Bereich2; Kriterien2;...) | Zählt die Anzahl der Zellen eines Bereichs, die mehreren Kriterien entsprechen. Neu in Excel 2007. |
| ZEICHEN(Zahl) | Gibt das der Codezahl entsprechende Zeichen zurück. |
| ZEILE(Bezug) | Liefert die Zeilennummer eines Bezugs. |
| ZEIT(Stunde;Minute;Sekunde) | Gibt die Dezimalzahl einer bestimmten Uhrzeit zurück. |
| ZELLE(Infotyp;Bezug) | Gibt Informationen zur Formatierung, der Position oder dem Inhalt der Zelle links oben in einem Bezug zurück. |
| ZINS(Anzahl_Zahlungszeiträume;Regelmäßige_ Zahlung;Barwert;Endwert; Fälligkeit;Schätzwert) | *ZINS()* gibt den Zinssatz einer Annuität pro Periode zurück. *ZINS()* verwendet zur Berechnung eines Zinssatzes ein Iterationsverfahren. Es ist möglich, dass es keine Lösungen gibt. Wenn die Differenzen aufeinanderfolgender Ergebnisse nach 20 Iterationsschritten nicht gegen 0,0000001 gehen, gibt *ZINS()* den Fehlerwert #ZAHL! zurück. |
| ZINSZ(Zins;Zahlungszeitraum; Anzahl_Zahlungszeiträume; Barwert;Endwert;Fälligkeit) | *ZINSZ()* gibt die Zinszahlung einer Investition für die angegebene Periode ausgehend von regelmäßigen, konstanten Zahlungen und einem konstanten Zinssatz zurück. |
| ZSATZINVEST(Zzr;Bw;Zw) | Gibt den effektiven Jahreszins für den Wertzuwachs einer Investition zurück. |
| ZUFALLSZAHL( ) | Gibt eine gleichmäßig verteilte reelle Zufallszahl größer oder gleich 0 und kleiner als 1 zurück. Bei jeder Neuberechnung des jeweiligen Arbeitsblatts wird eine neue Zufallszahl berechnet. |
| ZW(Zins;Anzahl_Zahlungszeiträume;Regelmäßige_ Zahlung;Barwert;Fälligkeit) | *ZW()* gibt den zukünftigen Endwert einer Kapitalanlage oder Investition zurück. Die Berechnung basiert auf regelmäßigen, konstanten Zahlungen und einem konstanten Zinssatz. |
| ZW2(Kapital;Zinsen) | Gibt den aufgezinsten Wert des Anfangskapitals für eine Reihe periodisch unterschiedlicher Zinssätze zurück. Mit *ZW2()* können Sie den Endwert einer Investition oder Kapitalanlage berechnen, für die ein variabler oder wechselnder Zinssatz vereinbart wurde. |
| ZZR(Zins;Regelmäßige_ Zahlung;Barwert;Endwert; Fälligkeit) | *ZZR()* gibt die Anzahl der Zahlungsperioden einer Investition zurück, die auf periodischen, gleichbleibenden Zahlungen sowie einem konstanten Zinssatz basieren. |

# 5. Daten bearbeiten, auswerten und analysieren für die tägliche Praxis

| | | |
|---|---|---|
| 5.1 | Daten suchen, sortieren und filtern | 488 |
| 5.2 | Was-wäre-wenn-Analysen, Zielwertsuche und Solver | 520 |
| 5.3 | PivotTables zeitsparend und nutzbringend einsetzen | 530 |
| 5.4 | Teilergebnisse sinnvoll einsetzen | 562 |
| 5.5 | Zielgerichtete Datenkonsolidierung | 571 |
| 5.6 | Professioneller Umgang mit Zellkommentaren | 579 |
| 5.7 | Umgang mit Steuerelementen und Formularen | 589 |

In klar umrissenen und strukturierten Beispielen informiert Sie dieses Kapitel über den Umgang mit großen Datenmengen. Sie erfahren, welche Werkzeuge, Assistenten und Features Excel zur professionellen Datenauswertung und
Datenanalyse bereitstellt. Die Beispiele sind so aufgebaut, dass sie leicht an Ihre persönlichen Bedürfnisse angepasst werden können.

## 5.1 Daten suchen, sortieren und filtern

In diesem Abschnitt erfahren Sie anhand von praxisorientierten Beispielen und Aufgabenstellungen, welche Möglichkeiten und Features Excel zu den Themen Suchen und Finden sowie zum Sortieren und Filtern bietet. Denn nur in geordneten Datenbeständen kann Excel seine volle Leistungsfähigkeit entfalten. Die Weisheit „Wer Ordnung hält, ist zu faul zum Suchen" trifft im Umgang mit Excel nicht zu.

### Tipp 1: Analyse und Verwaltung einer Gruppe: der einfache Umgang mit Tabellen ab Excel 2007

Wenn Sie das Verwalten und Analysieren einer Gruppe verwandter Daten einfacher gestalten möchten, können Sie einen Zellbereich in eine Microsoft-Excel-Tabelle umwandeln. Bis Excel 2003 wurde das als Excel-Liste bezeichnet. Die Funktionalität ist ab Excel 2007 dabei deutlich erweitert worden. Nachfolgend erhalten Sie einen Überblick über den Funktionsumfang von Excel-2007/2010/2013-Tabellen.

## 5.1 Daten suchen, sortieren und filtern

*So geht's:*

Zur Erstellung einer Tabelle gehen Sie wie folgt vor:

1 Setzen Sie den Zellzeiger auf eine beliebige Datenzelle innerhalb des Datenbestands.

2 Starten Sie über das Menü *Einfügen/Tabellen/Tabelle* den Befehl zur Erstellung von Tabellen (Excel 2003: Menü *Daten/Liste/Liste erstellen*).

3 Der Tabellenbereich wird automatisch erkannt, und der Bezug wird automatisch im Dialogfenster *Tabelle erstellen* eingetragen. Im Beispiel sollte der Zellbereich A4:D20 eingetragen werden. Achten Sie auch darauf, dass das Kontrollkästchen *Tabelle hat Überschriften* aktiviert ist.

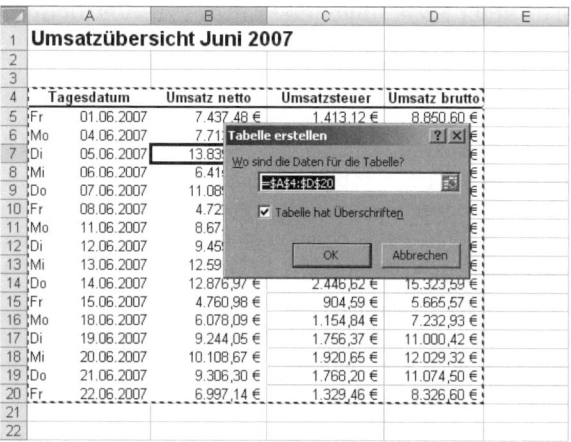

4 Nachdem Sie das Dialogfenster mit einem Klick auf die Schaltfläche *OK* beendet haben, wird die Excel-Tabelle erzeugt.

Sie erkennen die Tabelle an der Zuweisung einer Tabellenformatvorlage und der Anzeige der Filtersymbole neben den Überschriften.

## 5. Daten bearbeiten, auswerten und analysieren für die tägliche Praxis

Darüber hinaus wird die kontextbezogene Registerkarte *Tabellentools* eingeblendet.

Auf dieser Registerkarte finden Sie alle Befehle zur Bearbeitung von Excel-Tabellen.

In Excel 2003 wird zur Bearbeitung von Excel-Listen die Symbolleiste mit der Bezeichnung *Liste* eingeblendet, die die entsprechenden Befehle zur Verfügung stellt.

Zum Verwalten von Datentabellen stellt Excel folgende Features zur Verfügung:

| Features | Beschreibung |
|---|---|
| Sortieren und Filtern | Tabellen können in auf- oder absteigender Reihenfolge oder nach Farben sortiert werden. Sie können auch eine benutzerdefinierte Sortierreihenfolge erstellen. Tabellen können so gefiltert werden, dass nur Daten angezeigt werden, die die angegebenen Kriterien erfüllen, oder Sie können eine Sortierung nach Farben vornehmen. Die Sortierfunktion nach Farben steht ab Excel 2007 zur Verfügung. |
| Formatieren | Datentabellen lassen sich schnell formatieren, indem Sie ein vordefiniertes oder benutzerdefiniertes Tabellenformat anwenden. Darüber hinaus können Sie Schnellformatvorlagen auswählen, um eine Tabelle mit oder ohne Kopf- und Ergebniszeile anzuzeigen. |
| Einfügen und Löschen von Zeilen und Spalten | Einer Tabelle können Zeilen und Spalten auf verschiedene Weisen hinzugefügt werden. Wie gewohnt, können Spalten und Zeilen aus der Tabelle auch wieder gelöscht werden. |
| Berechnete Spalte | Wenn Sie eine einzelne Formel verwenden möchten, die an jede Zeile in einer Tabelle angepasst wird, können Sie eine berechnete Spalte erstellen. Eine berechnete Spalte wird automatisch erweitert, um zusätzliche Zeilen aufzunehmen, sodass die Formel sofort auf diese Zeilen ausgeweitet wird. |
| Anzeigen und Berechnen von Gesamtergebnissen | Sie können die Daten in einer Tabelle schnell zusammenfassen, indem Sie am Ende der Tabelle eine Ergebniszeile anzeigen lassen und entsprechend die Funktionen verwenden, die in den Drop-down-Listen für die einzelnen Zellen bereitgestellt werden. |
| Datenintegrität | Bei Tabellen, die nicht mit SharePoint-Listen verknüpft sind, können Sie die integrierten Features zur Gültigkeitsprüfung in Excel verwenden. So können Sie beispielsweise auswählen, dass ausschließlich Zahlen oder Texte in einer Spalte einer Tabelle zugelassen sind. |
| Exportieren in eine SharePoint-Liste | Sie können eine Tabelle in eine SharePoint-Liste exportieren, damit andere Personen die Tabellendaten anzeigen, bearbeiten und aktualisieren können. |

## Ergebniszeile einfügen

Über das Menü *Tabellentools/Entwurf/Optionen für Tabellenformat/Ergebniszeile* können Sie am Ende der Tabelle eine Ergebniszeile einfügen, indem Sie das Kontrollkästchen *Ergebniszeile* aktivieren (Excel 2003: Symbolleiste *Liste/Ergebniszeile umschalten*).

Die Ergebniszeile verwendet die Funktion *TEILERGEBNIS()*. Sobald die Ergebniszeile eingefügt ist, stehen über das Drop-down-Menü innerhalb der Ergebniszeile verschiedene Berechnungsfunktionen wie beispielsweise *Summe, Mittelwert, Anzahl, Minimum, Maximum* etc. zur Verfügung.

### Hinweis

Die Tabellenfunktion ab Excel 2007 bietet ein sehr praktisches Feature. Bei langen Tabellen tritt regelmäßig das Problem auf, dass beim Scrollen nach unten die Überschriften nach oben verschwinden und nicht mehr nachvollzogen werden kann, welche Spalte welche Überschrift besitzt. Um den Überblick zu behalten, musste bis zur Version Excel 2003 der gewünschte Zellbereich fixiert werden, damit er nicht einfach nach oben wegscrollt und verschwindet. Ab Excel 2007 werden Tabellenüberschriften direkt in die Spaltenköpfe übernommen, wenn diese nach oben herausscrollen, sodass sie immer zur Verfügung stehen.

Beachten Sie, dass dieses Feature nur zur Verfügung steht, wenn ein Datenbereich in eine Tabelle umgewandelt wurde.

## 5. Daten bearbeiten, auswerten und analysieren für die tägliche Praxis

### Tabelle in einen Bereich zurückverwandeln

Wird die Funktionalität für den Tabellenbereich nicht mehr benötigt, können Sie die Excel-Tabelle wieder in einen herkömmlichen Bereich zurückverwandeln.

**1** Markieren Sie dazu eine beliebige Zelle in der Tabelle.

**2** Starten Sie den Befehl *Tabellentools/Entwurf/Tools/In Bereich konvertieren* und bestätigen Sie die Sicherheitsabfrage mit *Ja*. Damit wird die Tabelle in einen herkömmlichen Bereich zurückverwandelt (Excel 2003: Symbolleiste *Liste/In Bereich umwandeln*).

Mehr zum Thema Tabellen finden Sie in der Onlinehilfe von Excel.

## Tipp 2: Daten suchen und finden unter Verwendung von Platzhalterzeichen (Jokern)

Dieses Beispiel zeigt, welche Möglichkeiten Excel bietet, um komfortabel und flexibel nach bestimmten Daten auf einem Tabellenblatt oder in einer Arbeitsmappe suchen zu können.

### So geht's:

**1** Starten Sie den Suchbefehl mit der Tastenkombination [Strg]+[F].

**2** In das Feld *Suchen nach* können beliebige Zeichenfolgen unter Verwendung von Platzhalterzeichen eingegeben werden. Dafür stehen einige Joker zur Verfügung (siehe Tabelle).

**3** Wenn Sie die Suchoptionen eingeblendet haben, können Sie festlegen, ob die Suche auf dem aktuellen Arbeitsblatt oder in der gesamten Arbeitsmappe durchgeführt und ob in Formeln, Werten oder Kommentaren gesucht werden soll.

| Platzhalter (Joker) | Suchergebnis |
|---|---|
| ? (Fragezeichen) | Ersetzt ein einzelnes Zeichen (M?ier findet Meier und Maier). |
| * (Stern) | Ersetzt eine beliebige Anzahl Zeichen (*schrift findet Überschrift und Unterschrift). |
| ~ (Tilde) gefolgt von ? oder * oder ~ | Sucht nach den Platzhalterzeichen selbst (wer~? findet den Text wer?). |

Diese Platzhalterzeichen können neben der Suchfunktion auch in folgenden Tabellenfunktionen verwendet werden:

- Funktion *SUCHEN()*
- Funktion *SUMMEWENN()* bzw. *SUMMENWENNS()*
- Funktion *SUMMENPRODUKT()*
- Funktion *ZÄHLENWENN()* bzw. *ZÄHLENWENNS()*
- Funktion *SVERWEIS()*
- Funktion *VERGLEICH()*
- Funktion *WENN()*
- Funktion *DBSUMME()*
- AutoFilter und Spezialfilter

→ Verweis: siehe Kapitel 4.8, Tipp 4

## Tipp 3: Grundlagen der Datensortierung

Hier erfahren Sie, wie Excel Daten sortiert und welche Kriterien und Rahmenbedingungen dabei Beachtung finden.

### So geht's:

Ab Excel 2007 stehen 64 Sortierbedingungen zur Verfügung. Bis Excel 2003 war die Anzahl auf drei Sortierbedingungen beschränkt. Sämtliche Sortierinformationen werden in der Arbeitsmappe gespeichert. Das bedeutet, dass die Informationen beim erneuten Öffnen einer Mappe unverändert zur Verfügung stehen.

Gestartet wird der Sortierbefehl über das Menü *Start/Bearbeiten/Sortieren und Filtern*. Hier können Sie zwischen auf- und absteigender Sortierreihenfolge wählen (Excel 2003: Menü *Daten/Sortieren*).

Beim Sortieren von Daten bietet Excel folgende Sortierreihenfolgen für die unterschiedlichen Datentypen an:

| Datentyp | Sortierreihenfolge bei aufsteigender Sortierung |
|---|---|
| Numerische Werte | Sortiert wird vom kleinsten negativen zum größten positiven Wert. |
| Datum | Sortiert wird vom frühesten zum spätesten Datum. |

## 5. Daten bearbeiten, auswerten und analysieren für die tägliche Praxis

| Datentyp | Sortierreihenfolge bei aufsteigender Sortierung |
|---|---|
| Text | Textstrings werden von links nach rechts sortiert. Dabei wird folgende Reihenfolge eingehalten: Leerzeichen, Sonderzeichen, als Text erfasste Zahlen und zuletzt herkömmliche Buchstaben. Wenn die Option *Groß- und Kleinschreibung unterscheiden* aktiviert ist, wird jeweils erst der Klein- und anschließend der Großbuchstabe ausgewertet, also beispielsweise a, A, b, B etc. |
| Logische Wahrheitswerte | Zuerst wird der Wert *FALSCH*, anschließend der Wert *WAHR* aufgelistet. |
| Fehlerwerte | Fehlerwerte werden in der Reihenfolge aufgelistet, in der sie gefunden werden. |
| Leere Zellen | Egal in welcher Sortierreihenfolge (auf- oder absteigend) ausgewertet wird, Leerzellen werden immer zuletzt aufgelistet. |

> **Hinweis**
>
> Die grundlegenden Einstellungen zum Sortierverhalten werden über die Regions- und Sprachoptionen von Windows gesteuert.

## Tipp 4: Sortieren auf der Basis von benutzerdefinierten Listen

Nicht immer ist gewünscht, dass Daten nach den vorgegebenen Sortierreihenfolgen sortiert werden. In diesem Beispiel sollen Filialen nicht alphabetisch, sondern nach deren Bedeutung für das Unternehmen aufgelistet werden. Die Beschreibung der Vorgehensweise bezieht sich im Wesentlichen auf die Vorgehensweise ab Excel 2007.

*So geht's:*

Individuelle Sortierreihenfolgen lassen sich ganz einfach über benutzerdefinierte Listen erzeugen. Dazu muss im ersten Schritt die benutzerdefinierte Liste erstellt werden. Gehen Sie dazu wie folgt vor:

1. Erfassen Sie die Filialen in der gewünschten Reihenfolge in einem beliebigen Zellbereich. Im Beispiel wurden die Filialenbezeichnungen im Bereich A5:A14 erfasst.

2. Markieren Sie nun diesen Bereich und starten Sie den Dialog *Benutzerdefinierte Listen:*
   - ab Excel 2010: Menü *Datei/Optionen/Erweitert* im Bereich *Allgemein* über die Schaltfläche *Benutzerdefinierte Listen bearbeiten,*
   - in Excel 2007: Menü *Office/Excel-Optionen/Häufig verwendet,*
   - in Excel 2003: Menü *Extras/Optionen*, Registerkarte *Benutzerdefinierte Listen.*

## 5.1 Daten suchen, sortieren und filtern

**3** Klicken Sie auf die Schaltfläche *Importieren* und beenden Sie das Dialogfenster mit einem Klick auf die Schaltfläche *OK*. Damit werden die Filialen als benutzerdefinierte Listeneinträge aufgenommen.

Alternativ können Sie die Listeneinträge auch über die Schaltfläche *Hinzufügen* manuell eintragen.

Nachdem die benutzerdefinierte Liste erstellt ist, können Sie die Daten auf der Basis dieser Liste sortieren.

**1** Markieren Sie dazu den zu sortierenden Bereich inklusive Überschrift. Im Beispiel befinden sich die Daten im Bereich A4:A14.

**2** Starten Sie den Befehl über das Menü *Daten/Sortieren und Filtern/Sortieren* (Excel 2003: Menü *Daten/Sortieren*).

**3** Im Dialogfenster *Sortieren* wählen Sie die Spalte, nach der sortiert werden soll. Im Beispiel soll nach der Spalte *Filialen* sortiert werden. Im Feld *Sortieren nach* legen Sie den Eintrag *Werte* fest. Im Feld *Reihenfolge* selektieren Sie den Eintrag *Benutzerdefinierte Liste*.

**4** Daraufhin öffnet sich ein weiteres bereits bekanntes Dialogfenster, in dem Sie die gerade definierte benutzerdefinierte Liste auswählen können (Excel 2003: Schaltfläche *Optionen*, im Feld *Benutzerdefinierte Sortierreihenfolge* wählen Sie die benutzerdefinierte Liste aus).

**5** Selektieren Sie die Liste mit den Filialnamen und bestätigen Sie das Dialogfenster mit einem Klick auf *OK*. Das Dialogfenster *Sortieren* sollte nun wie folgt aussehen:

## 5. Daten bearbeiten, auswerten und analysieren für die tägliche Praxis

6 Nachdem Sie den Sortierbefehl mit einem Klick auf die Schaltfläche *OK* beendet haben, wird die Liste mit den Filialen nach der benutzerdefinierten Sortierreihenfolge aufgelistet.

→ Verweis: siehe Kapitel 1.1, Tipp 7

## Tipp 5: Daten nach Farben sortieren

Neu ab Excel 2007 ist die Funktion, mit der Daten nach Zellhintergrund- bzw. Schriftfarbe sortiert werden können. Dabei ist es gleichgültig, ob die Daten manuell oder über die bedingte Formatierung farblich hervorgehoben wurden. In diesem Beispiel wurden die Bezeichnungen der Filialen nach ihrer strategischen Bedeutung farblich gekennzeichnet. Grün bedeutet sehr wichtig, Orange wichtig und Rot weniger wichtig. Ziel ist es nun, die Liste nach der Farbmarkierung zu sortieren.

### So geht's:

1 Markieren Sie im ersten Schritt den zu sortierenden Zellbereich A3:C13.

2 Starten Sie den Sortierbefehl über das Menü *Daten/Sortieren und Filtern/ Sortieren*.

3 Ergänzen Sie die Vorgaben zum Sortieren wie nachfolgend dargestellt. Dabei sollen zuerst die grün formatieren Zellen, anschließend die Zellen mit der Farbe Orange und zuletzt alle rot markierten Zellen aufgelistet werden.

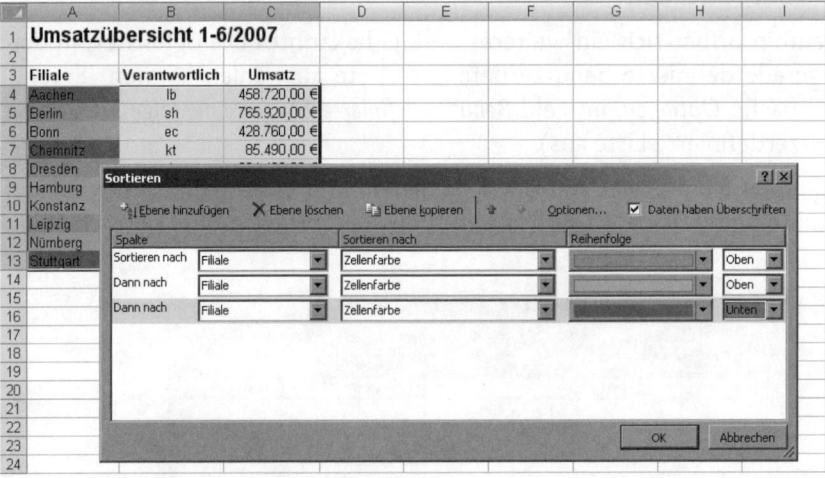

4   Nachdem Sie das Dialogfenster mit einem Klick auf die Schaltfläche OK beendet haben, werden die Filialen in der definierten Farbreihenfolge sortiert.

→ Verweis: siehe Kapitel 4.12, Tipp 15

| | A | B | C | D |
|---|---|---|---|---|
| 1 | Umsatzübersicht 1-6/2007 | | | |
| 2 | | | | |
| 3 | Filiale | Verantwortlich | Umsatz | |
| 4 | Berlin | sh | 765.920,00 € | |
| 5 | Dresden | rb | 684.430,00 € | |
| 6 | Leipzig | ri | 397.760,00 € | |
| 7 | Bonn | ec | 428.760,00 € | |
| 8 | Hamburg | hu | 755.610,00 € | |
| 9 | Konstanz | sp | 391.490,00 € | |
| 10 | Nürnberg | pa | 452.990,00 € | |
| 11 | Aachen | lb | 458.720,00 € | |
| 12 | Chemnitz | kt | 85.490,00 € | |
| 13 | Stuttgart | kn | 126.650,00 € | |
| 14 | | | | |

**Hinweis**

Ab Excel 2007 haben Sie darüber hinaus die Möglichkeit, nach der Schriftfarbe sowie nach Symbolen zu sortieren. Bei der Sortierung nach Farben oder Symbolen gibt es keine Standardsortierreihenfolge. Bei jedem Sortiervorgang muss die Reihenfolge manuell definiert werden.

## Tipp 6: Farbpalette ändern in Excel 2003

Excel-Arbeitsmappen besitzen standardmäßig eine Farbpalette für die verschiedenen Arbeitsmappenelemente. Diese Farbpalette ist arbeitsmappenbezogen, entspricht jedoch nicht immer den Vorstellungen eines Anwenders und kann deshalb auch individuell verändert werden. Zum Ändern der Farbpalette für eine Arbeitsmappe müssen Sie wie folgt vorgehen.

### So geht's:

1   Starten Sie Excel und öffnen Sie anschließend die Arbeitsmappe.

2   Klicken Sie zuerst im Menü *Extras* auf *Optionen* und dann auf die Registerkarte *Farbe*.

3   Klicken Sie hier auf die zu ändernde Farbe und anschließend auf die Schaltfläche *Ändern*. Führen Sie jetzt einen oder mehrere der nachfolgenden Schritte aus.

4   Um die ausgewählte Farbe innerhalb der Farbpalette durch eine andere Standardfarbe zu ersetzen, müssen Sie auf die Registerkarte *Standard* und dann auf die von Ihnen gewünschte Farbe klicken.

5   Zum Ändern des Farbtons müssen Sie zur Registerkarte *Benutzerdefiniert* wechseln und anschließend die Farboptionen ändern. Die Einstellungen werden durch einen Klick auf *OK* übernommen.

6   Die Schritte müssen für jede einzelne zu ändernde Farbe wiederholt werden.

## 5. Daten bearbeiten, auswerten und analysieren für die tägliche Praxis

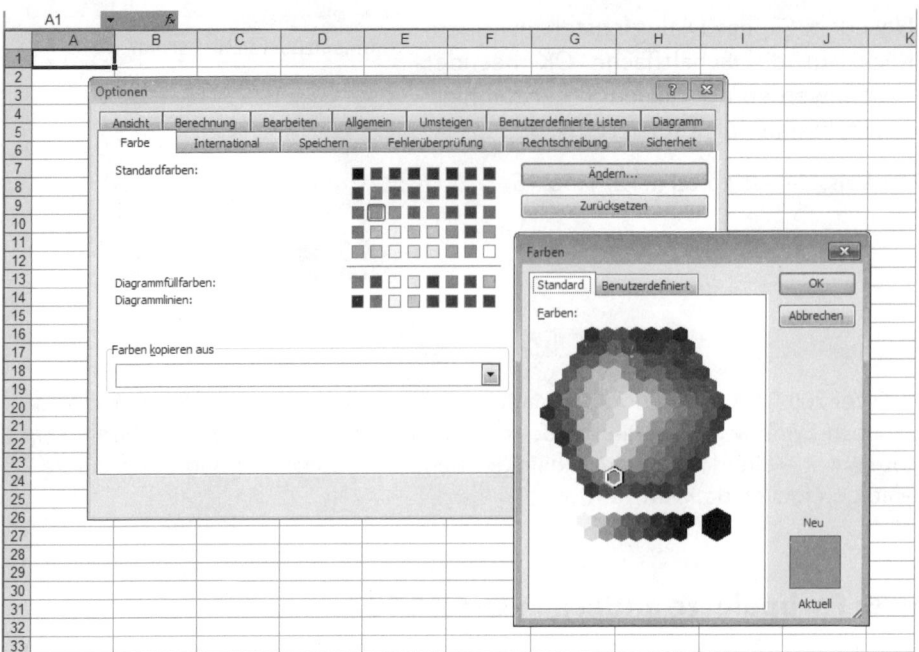

## Tipp 7: Farbpalette ändern ab Excel 2007

Ab Excel 2007 haben Sie weitaus mehr farbliche Möglichkeiten, weil Ihnen ein völlig neues Farbkonzept mit Designfarben zur Verfügung steht. Sie können verschiedene benutzerdefinierte sowie integrierte Designfarben auswählen. Sollten Ihnen diese vielfältigen Möglichkeiten immer noch nicht ausreichen, weil beispielsweise Ihr Berichtswesen einer individuellen Farbnotation unterliegt, können Sie dennoch die Farben individuell anpassen.

*So geht's:*

1  Starten Sie Excel und öffnen Sie anschließend eine neue Arbeitsmappe.

2  Rufen Sie nun über *Seitenlayout/Designs/Farben* den Befehl *Neue Designfarben erstellen* auf.

3  Im Dialog *Neue Designfarben erstellen* können Sie nun zwölf Designfarben definieren und im Feld *Name* eine Bezeichnung hinterlegen.

4  Wenn Sie dann die Schaltfläche *Speichern* anklicken, wird dieses Farbprofil gespeichert und steht Ihnen über *Seitenlayout/Designs/Farben* unter der Rubrik *Benutzerdefiniert* zur Verfügung.

5.1 Daten suchen, sortieren und filtern

**Hinweis**

Bei Auswahl einer der zwölf Designfarben werden von Excel automatisch unterschiedliche Helligkeitsstufen vergeben, wobei zwei Farben nur für Hyperlinks zur Verfügung stehen und nicht für andere Zwecke ausgewählt werden können. Eine Palette mit Designfarben hat also 60 (10 x 6) unterschiedliche Farben mit 10 zusätzlichen Standardfarben. Ab Excel 2007 können Sie mit mehreren Farbpaletten pro Arbeitsmappe arbeiten. Die Farbpaletten sind im Gegensatz zu Excel 2003 jedoch nicht mehr einer einzelnen Arbeitsmappe zugehörig, sondern werden zentral mithilfe von XML-Dateien verwaltet.

## Tipp 8: Farbpalette übernehmen in Excel 2003

Da die Farbpalette in Excel 2003 arbeitsmappenbezogen ist, müssten Sie diese beim Erstellen einer neuen Arbeitsmappe immer wieder individuell anpassen. Das wäre mit einem hohen manuellen Aufwand verbunden, den Sie sich allerdings sparen können.

*So geht's:*

1  Öffnen Sie die Arbeitsmappe, die die zu kopierende Farbpalette enthält.

2  Wechseln Sie dann zu der Arbeitsmappe, in die Sie die Farbpalette kopieren möchten.

3  Klicken Sie nun über *Extras/Optionen* auf die Registerkarte *Farbe*.

**4** Klicken Sie dann im Feld *Farben kopieren aus* auf die Arbeitsmappe, die die zu kopierende Farbpalette enthält. Verlassen Sie den Dialog mit *OK*.

## Tipp 9: Sortieren von Geburtstagslisten

In der Praxis tritt immer wieder die Frage nach der Sortierung von Geburtstagslisten auf. Wird nach dem Datum sortiert, tritt das Problem auf, dass ausgehend von der Jahreszahl auf- oder absteigend sortiert wird. Geburtstagslisten sollen aber üblicherweise nicht nach dem Jahr, sondern ausschließlich nach Monats- und Tagesangaben sortiert werden.

### So geht's:

**1** Als Sortierkriterium wird eine Hilfsspalte benötigt, die die Jahreszahl ausklammert. Markieren Sie dazu den Zellbereich E4:E15.

**2** Erfassen Sie in Zelle E4 folgende Formel:

=DATUM(JAHR(HEUTE());MONAT(D4);TAG(D4))

Diese Formel verlegt alle Geburtstage ins aktuelle Jahr. Dadurch wird die Jahresangabe irrelevant, und beim Sortieren werden nun nur noch die Monats- und Tagesangaben berücksichtigt.

**3** Beenden Sie die Formeleingabe mit der Tastenkombination [Strg]+[Enter]. Damit wird die Formel in den gesamten markierten Zellbereich eingetragen.

**4** Markieren Sie nun den Zellbereich A3:E15 und starten Sie über das Menü *Daten/Sortieren und Filtern/Sortieren* den Sortierbefehl.

**5** Im Feld *Sortieren nach* wählen Sie die Hilfsspalte E4:E15 aus. Als Reihenfolge legen Sie den Eintrag *Nach Alter (absteigend)* fest.

**6** Nachdem Sie das Dialogfenster mit einem Klick auf die Schaltfläche *OK* beendet haben, wird die Geburtstagsliste wie gewünscht nach Monats- und Tagesangaben sortiert.

> **Hinweis**
>
> Die Hilfsspalte E können Sie nach dem Sortiervorgang ausblenden oder ganz entfernen.

| | A | B | C | D | E | F |
|---|---|---|---|---|---|---|
| | E4 | | $f_x$ | =DATUM(JAHR(HEUTE());MONAT(D4);TAG(D4)) | | |
| 1 | Geburtstagsübersicht | | | | | |
| 2 | | | | | | |
| 3 | Nachname | Vorname | KZ | Geburtstag | Hilfsspalte | |
| 4 | Berger | Timo | bt | 09.01.1979 | 09.01.2007 | |
| 5 | Schwab | Ilona | si | 01.03.1985 | 01.03.2007 | |
| 6 | Bayer | Max | bm | 15.03.1957 | 15.03.2007 | |
| 7 | Siegel | Günther | sg | 13.04.1965 | 13.04.2007 | |
| 8 | Bergmann | Franz | bf | 28.05.1960 | 28.05.2007 | |
| 9 | Burg | Sandra | bs | 21.07.1984 | 21.07.2007 | |
| 10 | Neusinger | Helga | ns | 23.07.1976 | 23.07.2007 | |
| 11 | Engelmayr | Bernd | eb | 02.08.1958 | 02.08.2007 | |
| 12 | Blume | Norbert | bn | 13.09.1980 | 13.09.2007 | |
| 13 | Gast | Hubert | gh | 17.10.1972 | 17.10.2007 | |
| 14 | Frimberger | Stefan | fs | 10.11.1969 | 10.11.2007 | |
| 15 | Braut | Gustav | bg | 30.12.1950 | 30.12.2007 | |
| 16 | | | | | | |

## Tipp 10: Die AutoFilter-Funktion im Praxiseinsatz

Der AutoFilter stellt ein Instrument dar, das mit wenigen Mausklicks Datenbestände auf das gerade Wichtige und Wesentliche beschränken kann. Ab Excel 2007 wurde der AutoFilter überarbeitet und zeigt sich in großen Teilen im neuen Look mit erweiterten Funktionalitäten. Die folgende Beschreibung geht deshalb im Wesentlichen auf den erweiterten Funktionsumfang von Excel 2007, Excel 2010 und Excel 2013 ein.

### So geht's: Aktivieren des AutoFilter

Zum Starten des AutoFilter gehen Sie wie folgt vor:

**1** Markieren Sie im ersten Schritt den Datenbereich, der über den AutoFilter gefiltert werden soll. Im Beispiel befinden sich die Daten im Zellbereich A4:D20. Sie können entweder den gesamten Datenbereich markieren, alternativ genügt es aber auch, nur die Überschriftenzeile zu markieren, also die Zellen A4:D4.

**2** Gestartet wird der AutoFilter ab Excel 2007 über das Menü *Daten/Sortieren und Filtern/Filtern*. Nach der Aktivierung des AutoFilter werden neben den Überschriften Drop-down-Pfeile eingeblendet, über die die Filteroptionen ausgewählt werden können (Excel 2003: Menü *Daten/Filter/AutoFilter*).

**3** Die weiteren Filtereinstellungen werden über die Einträge *Zahlenfilter*, *Textfilter* und *Datumsfilter* sowie über weitere Untermenüs aufgerufen. Abhängig davon, ob eine Spalte mit Zahlen, Texten oder Datumswerten gefiltert werden soll, wird die entsprechende Filtermöglichkeit eingeblendet.

# 5. Daten bearbeiten, auswerten und analysieren für die tägliche Praxis

## So geht's: Verwenden des AutoFilter

In diesem Beispiel sollen alle Bruttoumsätze über 10.000 Euro und unter 15.000 Euro ausgefiltert werden. Die Ausgangstabelle enthält eine Zusammenstellung der Umsätze pro Tag.

**1** Aktivieren Sie nun den AutoFilter über das Drop-down-Menü neben der Überschrift *Umsatz brutto*.

**2** Klicken Sie auf den Eintrag *Zahlenfilter* und anschließend auf den Menüeintrag *Zwischen*. Daraufhin wird das Dialogfenster *Benutzerdefinierter AutoFilter* geöffnet.

**3** Die Filterkriterien können Sie der Abbildung entnehmen.

**4** Nachdem Sie das Dialogfenster mit einem Klick auf die Schaltfläche *OK* beendet haben, werden nur noch die Datensätze angezeigt, die den vorgegebenen Kriterien entsprechen.

## 5.1 Daten suchen, sortieren und filtern

|   | A | B | C | D | E |
|---|---|---|---|---|---|
| 1 | Umsatzübersicht Juni 2007 | | | | |
| 2 | | | | | |
| 3 | | | | | |
| 4 | Tagesdatu | Umsatz ne | Umsatzste | Umsatz brutto | |
| 9 | 07.06.2007 | 11.089,66 € | 2.107,04 € | 13.196,70 € | |
| 11 | 11.06.2007 | 8.674,77 € | 1.648,21 € | 10.322,98 € | |
| 12 | 12.06.2007 | 9.459,99 € | 1.797,40 € | 11.257,39 € | |
| 13 | 13.06.2007 | 12.591,60 € | 2.392,40 € | 14.984,00 € | |
| 17 | 19.06.2007 | 9.244,05 € | 1.756,37 € | 11.000,42 € | |
| 18 | 20.06.2007 | 10.108,67 € | 1.920,65 € | 12.029,32 € | |
| 19 | 21.06.2007 | 9.306,30 € | 1.768,20 € | 11.074,50 € | |
| 21 | | | | | |

Auf diese Art und Weise lassen sich beliebige Filtereinstellungen vornehmen.

> **Hinweis**
>
> Anhand des Filtersymbols erkennen Sie, dass in Spalte D ein Filter gesetzt ist und deswegen nicht alle Daten angezeigt werden. Bis Excel 2003 wird kein Filtersymbol angezeigt, stattdessen wird der Pfeil auf dem Drop-down-Symbol blau eingefärbt.

→ Verweis: siehe Kapitel 4.13, Tipp 4

## Tipp 11: Duplikate aus einer Liste entfernen

In diesem Beispiel liegt eine Kundenliste mit mehreren identischen Einträgen vor. Ziel ist es nun, alle doppelten Einträge zu entfernen, damit ausschließlich Unikate angezeigt werden. Ab Excel 2007 steht zum Entfernen von Duplikaten neben dem bereits in Excel 2003 vorhandenen Spezialfilter eine neue Funktion zur Verfügung, mit der über wenige Klicks doppelte Einträge entfernt werden können.

Nachfolgend werden beide Methoden dargestellt.

*So geht's: Doppelte Einträge beseitigen über die ab Excel 2007 neue Funktion Duplikate entfernen*

Sehen Sie sich zunächst die Ausgangstabelle an. Sie enthält einige doppelte Debitorennamen.

1   Markieren Sie im ersten Schritt den Zellbereich A4:A18, in dem sich die Daten befinden.

2   Starten Sie den Befehl zum Entfernen von doppelten Datensätzen über das Menü *Daten/Datentools/Duplikate entfernen*. Das Dialogfenster *Duplikate entfernen* zeigt die Spalte bzw. die Spalten an, aus denen Duplikate entfernt werden können. Aktivieren Sie die von Ihnen gewünschten Spalten.

5. Daten bearbeiten, auswerten und analysieren für die tägliche Praxis

**3** Nach einem Klick auf die Schaltfläche *OK* werden aus den definierten Spalten alle doppelten Einträge entfernt. Anschließend werden die Anzahl der doppelten Werte sowie die Anzahl der verbleibenden Unikate in einer Meldung zusammengefasst.

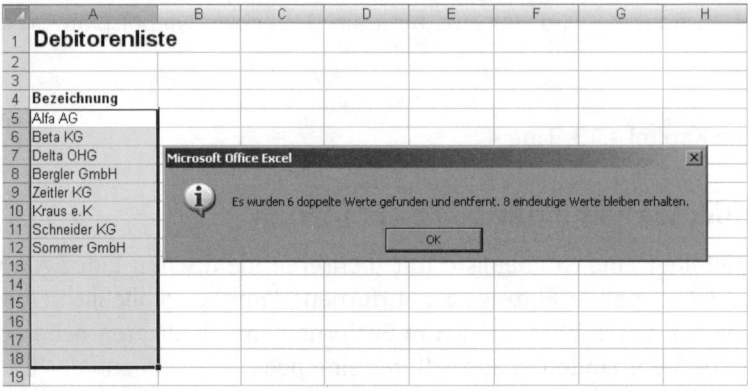

### So geht's: Duplikate über den Spezialfilter in Excel 2003 und ab Excel 2007 entfernen

Unter Excel 2003 und auch ab Excel 2007 kann zur Entfernung von Duplikaten der Spezialfilter verwendet werden. Der Vorteil des Spezialfilters besteht darin, dass die Liste der Unikate in einen anderen Zellbereich kopiert werden kann.

**1** Aktivieren Sie dazu den Spezialfilter über das Menü *Daten/Sortieren und Filtern/ Erweitert* (Excel 2003: Menü *Daten/Filter/Spezialfilter*).

**2** Im Dialogfenster *Spezialfilter* wählen Sie die Option *An eine andere Stelle kopieren*. Dadurch wird das Feld *Kopieren nach* aktiviert.

**3** Geben Sie im Feld *Listenbereich* den Zellbereich A4:A18 an.

**4** Im Feld *Kopieren nach* erfassen Sie die Zelle, ab der die Liste der Unikate ausgegeben werden soll, im Beispiel Zelle C4.

5.1 Daten suchen, sortieren und filtern

5 Entscheidend für den Erfolg ist das Kontrollkästchen *Keine Duplikate*. Nur wenn der Haken gesetzt ist, werden keine doppelten Einträge in den neuen Zellbereich übertragen.

6 Nachdem Sie den Dialog mit einem Klick auf die Schaltfläche *OK* beendet haben, wird die Liste der Unikate ab Zelle C4 eingefügt.

→ Verweis: siehe Kapitel 4.13, Tipp 6

## Tipp 12: So lässt sich eine Tabelle mit Bildern korrekt sortieren

Häufig werden in der Praxis auch Bilder in Excel verwaltet. Es bietet sich geradezu an, zur Artikelliste, die in Excel geführt wird, auch das zugehörige Bild des Artikels einzubinden. Dabei werden die Bilder im Normalfall in eine Zelle eingebunden.

| | A | B | C | D |
|---|---|---|---|---|
| 1 | Artikelliste mit Bilddatenbank | | | |
| 2 | | | | |
| 3 | Art.-Nr. | Artikelbezeichnung | EK netto | Bilder |
| 4 | 12761173 | Artikel 17 | 89,54 € | |
| 5 | 29271076 | Artikel 3 | 181,67 € | |
| 6 | 31757514 | Artikel 18 | 267,56 € | |
| 7 | 35461576 | Artikel 9 | 234,92 € | |

Da Excel allerdings nicht als Bilddatenbank konzipiert wurde, sind dem Ganzen natürlich Grenzen gesetzt. So stößt Excel beim Sortieren von Datensätzen mit Bildern bereits an diese Grenzen. Nach dem Sortieren verbleiben manche Bilder an ihrem alten Platz. Dieser Fehler tritt sporadisch auf und lässt sich auch nicht im Detail nachvollziehen. Für eine professionelle Bearbeitung ist diese Vorgehensweise somit nicht geeignet. Aus diesem Grund stellen wir Ihnen hier eine alternative Lösung vor.

→ Verweis: siehe Kapitel 5.6, Tipp 3

*So geht's:*

1 Anstatt die Bilder direkt in eine Zelle einzufügen, verwenden Sie hier einen Trick. Die Bilder werden als Hintergrund in ein Kommentarfenster eingebunden.

2 Fügen Sie dazu im ersten Schritt in Zelle B5 einen neuen Kommentar über das Menü *Überprüfen/Neuer Kommentar* ein (Excel 2003: Menü *Einfügen/Kommentar*).

3 Klicken Sie mit der rechten Maustaste auf die Umrandung des Zellkommentars und wählen Sie im Kontextmenü den Eintrag *Kommentar formatieren*.

## 5. Daten bearbeiten, auswerten und analysieren für die tägliche Praxis

**4** Damit öffnet sich das Dialogfenster *Kommentare formatieren*. Wechseln Sie dort zu Registerkarte *Farben und Linien*.

**5** Klicken Sie im Bereich *Ausfüllen* auf das Kombinationsfeld *Farbe* und wählen Sie dort den Eintrag *Fülleffekte*.

**6** Wechseln Sie nun im Dialogfenster *Fülleffekte* zur Registerkarte *Grafik*.

**7** Klicken Sie anschließend auf die Schaltfläche *Grafik auswählen* und fügen Sie die gewünschte Grafik über die Schaltfläche *Einfügen* zum Kommentar hinzu.

**8** Beenden Sie dann die Dialogfenster *Fülleffekte* und *Kommentar formatieren* jeweils mit einem Klick auf die Schaltfläche *OK*.

**9** Damit steht das Bild als Kommentarhintergrund zur Verfügung.

Auf diese Weise können beliebige Bilder den Artikeln hinzugefügt werden. Da ein Kommentar fest mit einer Zelle verknüpft ist, können die Daten nun beliebig sortiert, gefiltert oder verschoben werden, ohne dass die Bilder ein Eigenleben entwickeln.

> **Hinweis**
>
> Ein weiterer Vorteil bei dieser Vorgehensweise liegt darin, dass Bilder keinen Platz in der Excel-Liste in Anspruch nehmen. Die Anzeigegröße der Bilder kann beliebig variiert werden. Dazu muss das Kommentarfeld nur in der Größe verändert werden. Die Einstellung der Größe des Kommentarfelds kann im *Bearbeiten*-Modus des Kommentars vorgenommen werden.

# Tipp 13: Duplikate mittels einer Funktion in einer einspaltigen Liste finden

Im Beispiel liegt eine Debitorenliste mit identischen Debitorennamen vor. Ziel ist es nun, alle doppelt vorkommenden Namen in einer weiteren Spalte mit der Bezeichnung *Duplikat* zu versehen.

*So geht's:*

1. Erfassen Sie in Zelle C5 die Formel =WENN(ZÄHLENWENN($A$5:A5;A5)>1;"Duplikat";""). Damit wird über die Funktion *WENN()* in Verbindung mit der Funktion *ZÄHLENWENN()* ermittelt, welche Einträge doppelt vorhanden sind.

   Wichtig ist, dass die Angabe der Zellreferenz korrekt mit absoluten und relativen Bezügen vorgenommen wird.

2. Kopieren Sie diese Formel bis ans Ende der Liste über das AutoAusfüllkästchen nach unten.

Wie gewünscht, werden nun alle doppelten Einträge in Spalte C mit dem Vermerk *Duplikat* versehen.

Alternativ zur Formel können Sie diese Aufgabe auch per Makro lösen – sinnvoll insbesondere bei umfangreichen Listen.

*So geht's:*

1. Ausgangspunkt ist wie oben die Debitorenliste mit teilweise mehrfach vorkommenden Debitorennamen. Ziel ist es, ab dem zweiten Vorkommen eines Werts in die Zelle rechts des Werts einen entsprechenden Vermerk zu schreiben.

   Außerdem soll die Liste an eine andere Stelle kopiert und alphabetisch aufsteigend sortiert werden.

2. Wechseln Sie über [Alt]+[F11] in die Entwicklungsumgebung, also den VBA-Editor.

3. Fügen Sie dann über das Menü *Einfügen* und den Befehl *Modul* ein neues Modul hinzu und erfassen Sie innerhalb dieses Moduls folgende Codezeilen:

5. Daten bearbeiten, auswerten und analysieren für die tägliche Praxis

*Listing 1:*

```
Sub KopierenSortierenDuplikate()
Dim Startzelle As Range
Dim Zielzelle As Range
Dim Vermerk As String
Dim ZahlZeilen As Integer
Dim KorrekturZeilenzahl As Integer
    Set Startzelle = Range("A4")
    Set Zielzelle = Range("E4")
    KorrekturZeilenzahl = 4
    Vermerk = "Duplikat"
    ActiveSheet.Select
    Startzelle.Select
    ZahlZeilen = ActiveWorkbook.ActiveSheet.UsedRange.Rows.Count
Range(ActiveCell(), ActiveCell.Offset(ZahlZeilen - _
    KorrekturZeilenzahl, 0)).Select
Selection.Copy
Zielzelle.Select
ActiveSheet.Paste
Selection.Sort Key1:=Zielzelle, Order1:=xlAscending, Header:=xlGuess, _
    OrderCustom:=1, MatchCase:=False, Orientation:=xlTopToBottom
Zielzelle.Select
ActiveCell.Offset(1, 0).Select
    Do Until ActiveCell.Value = ""
    If ActiveCell.Value = ActiveCell.Offset(1,0).Value Then
        ActiveCell.Offset(1, 1).Value = Vermerk
    End If
    ActiveCell.Offset(1, 0).Select
    Loop
End Sub
```

4  Wechseln Sie aus der Entwicklungsumgebung zurück auf das Tabellenblatt mit der zu bearbeitenden Liste und starten Sie das Makro *KopierenSortierenDuplikate*:

- ab Excel 2007: Menü *Entwicklertools/Code/Makros*,
- in Excel 2003: Menü *Extras/Makro/Makros*.

Sie können das Makro schnell auf Ihren speziellen Fall anpassen, indem Sie folgende Variablen ändern:

- *Startzelle*: Ersetzen Sie den Wert *A4* mit der Zelladresse, in der sich Überschrift oder erster Wert Ihrer Liste befinden.
- *Zielzelle*: Ersetzen Sie den Wert *E4* mit der Zelladresse, in der sich Überschrift oder erster Wert der kopierten Liste befinden soll.
- *KorrekturZeilenzahl*: Ersetzen Sie die Zahl 4 durch die Zeilenzahl oberhalb der Überschrift bzw. des ersten Werts Ihrer Liste.
- *Vermerk*: Ersetzen Sie den Text *Duplikat* durch einen beliebigen Text.

| E | F |
|---|---|
| | mit Makro: |
| Bezeichnung | Doppelt |
| Alfa AG | |
| Bergler GmbH | |
| Bergler GmbH | Duplikat |
| Beta KG | |
| Beta KG | Duplikat |
| Delta OHG | |
| Delta OHG | Duplikat |
| Kraus e.K | |
| Schneider KG | |
| Schneider KG | Duplikat |
| Sommer GmbH | |
| Sommer GmbH | Duplikat |
| Zeitler KG | |
| Zeitler KG | Duplikat |

## Tipp 14: Duplikate mittels einer Funktion in einer mehrspaltigen Liste finden

Genau wie im vorherigen Tipp liegt wieder eine Debitorenliste mit identischen Einträgen vor. Im Unterschied zum vorangegangenen Tipp besitzt die Debitorenliste jedoch neben dem Debitorennamen noch einen Ansprechpartner und eine Telefonnummer.

Auf dieser Basis sollen nun alle Duplikate ermittelt werden, bei denen die Einträge in sämtlichen Spalten identisch sind. Unterscheidet sich eine Spalte, handelt es sich nicht um einen identischen Datensatz.

|   | A | B | C | D |
|---|---|---|---|---|
| 1 | Debitorenliste | | | |
| 2 | | | | |
| 3 | | | | |
| 4 | Bezeichnung | Ansprechpartner | Telefonnummer | |
| 5 | Alfa AG | Frau Meier | 29882028 | |
| 6 | Beta KG | Herr Bogner | 47912753 | |
| 7 | Delta OHG | Herr Frieser | 61491359 | |
| 8 | Bergler GmbH | Herr Fronius | 77310157 | |
| 9 | Zeitler KG | Frau Görel | 47451682 | |
| 10 | Delta OHG | Frau Klein | 90483507 | |
| 11 | Kraus e.K | Herr Kraus | 81445213 | |
| 12 | Schneider KG | Herr Lin | 94113579 | |
| 13 | Bergler GmbH | Herr Fronius | 77310157 | |
| 14 | Zeitler KG | Frau Klattke | 96734512 | |
| 15 | Sommer GmbH | Frau Sommer | 89815455 | |
| 16 | Schneider KG | Herr Deuter | 29399229 | |
| 17 | Beta KG | Herr Bogner | 47912753 | |
| 18 | Sommer GmbH | Frau Sommer | 89815455 | |
| 19 | Delta OHG | Herr Frieser | 61491359 | |
| 20 | | | | |

*So geht's:*

Wenn ein Duplikat erkannt wird, soll in Spalte E die Bezeichnung *Duplikat* geschrieben werden.

1. Um die Duplikate über alle drei Spalten zu ermitteln, geben Sie in Zelle E5 diese Formel ein:

   {=WENN(MAX(WENN(ZEILE($5:$19)=ZEILE();1;MMULT(($A$5:$C$19=A5:C5)*1;WENN(ZEILE($5:$7);1))))=3;"Duplikat";"")}

   Damit Excel die Funktion als Matrixfunktion interpretiert, müssen Sie sie mit der Tastenkombination [Strg]+[Umschalt]+[Enter] abschließen.

2. Kopieren Sie diese Formel bis zur Zelle E19 mit dem Auto-Ausfüllkästchen nach unten.

E5    *fx* {=WENN(MAX(WENN(ZEILE($5:$19)=ZEILE();1;MMULT(($A$5:$C$19=A5:C5)*1;WENN(ZEILE($5:$7);1))))=3;"Duplikat";"")}

|   | A | B | C | E |
|---|---|---|---|---|
| 1 | Debitorenliste | | | |
| 2 | | | | |
| 3 | | | | |
| 4 | Bezeichnung | Ansprechpartner | Telefonnummer | Doppelte |
| 5 | Alfa AG | Frau Meier | 29882028 | |
| 6 | Beta KG | Herr Bogner | 47912753 | Duplikat |
| 7 | Delta OHG | Herr Frieser | 61491359 | Duplikat |
| 8 | Bergler GmbH | Herr Fronius | 77310157 | Duplikat |
| 9 | Zeitler KG | Frau Görel | 47451682 | |
| 10 | Delta OHG | Frau Klein | 90483507 | |
| 11 | Kraus e.K | Herr Kraus | 81445213 | |
| 12 | Schneider KG | Herr Lin | 94113579 | |
| 13 | Bergler GmbH | Herr Fronius | 77310157 | Duplikat |
| 14 | Zeitler KG | Frau Klattke | 96734512 | |
| 15 | Sommer GmbH | Frau Sommer | 89815455 | Duplikat |
| 16 | Schneider KG | Herr Deuter | 29399229 | |
| 17 | Beta KG | Herr Bogner | 47912753 | Duplikat |
| 18 | Sommer GmbH | Frau Sommer | 89815455 | Duplikat |
| 19 | Delta OHG | Herr Frieser | 61491359 | Duplikat |
| 20 | | | | |

Wie Sie sehen, werden nur die Datensätze gekennzeichnet, bei denen die Spalten A, B und C identische Inhalte besitzen.

Wenn lediglich die Duplikate markiert werden sollen, also nicht die Originale, müssen Sie die Formel leicht modifizieren. Die geänderte Formel für die Zelle F5 sieht wie folgt aus:

{=WENN(MAX(WENN(ZEILE($5:$19)>=ZEILE();1;MMULT(($A$5:$C$19=A5:C5)*1; WENN(ZEILE($5:$7);1))))=3;"Duplikat";"")}

Da es sich auch bei dieser Formel um eine Matrixfunktion handelt, muss sie wiederum mit der Tastenkombination [Strg]+[Umschalt]+[Enter] abgeschlossen werden.

| | A | B | C | D | E | F |
|---|---|---|---|---|---|---|
| 1 | **Debitorenliste** | | | | | |
| 2 | | | | | | |
| 3 | | | | | | |
| 4 | Bezeichnung | Ansprechpartner | Telefonnummer | | Doppelte | Doppelte |
| 5 | Alfa AG | Frau Meier | 29882028 | | | |
| 6 | Beta KG | Herr Bogner | 47912753 | | Duplikat | |
| 7 | Delta OHG | Herr Frieser | 61491359 | | Duplikat | |
| 8 | Bergler GmbH | Herr Fronius | 77310157 | | Duplikat | |
| 9 | Zeitler KG | Frau Görel | 47451682 | | | |
| 10 | Delta OHG | Frau Klein | 90483507 | | | |
| 11 | Kraus e.K | Herr Kraus | 81445213 | | | |
| 12 | Schneider KG | Herr Lin | 94113579 | | | |
| 13 | Bergler GmbH | Herr Fronius | 77310157 | | Duplikat | Duplikat |
| 14 | Zeitler KG | Frau Klattke | 96734512 | | | |
| 15 | Sommer GmbH | Frau Sommer | 89815455 | | Duplikat | |
| 16 | Schneider KG | Herr Deuter | 29399229 | | | |
| 17 | Beta KG | Herr Bogner | 47912753 | | Duplikat | Duplikat |
| 18 | Sommer GmbH | Frau Sommer | 89815455 | | Duplikat | Duplikat |
| 19 | Delta OHG | Herr Frieser | 61491359 | | Duplikat | Duplikat |
| 20 | | | | | | |

## Tipp 15: Mehrere Filterkriterien mit dem Spezialfilter auswerten

Da in der AutoFilter-Funktion maximal zwei Filterkriterien berücksichtigt werden, kann bei mehreren Filterkriterien der AutoFilter nicht verwendet werden. Aber auch für diese Zwecke bietet Excel eine Lösung. Verwenden Sie zum Filtern nach mehreren Kriterien den Spezialfilter. Anhand einer umfangreicheren Artikelliste sehen Sie, welche Möglichkeiten der Spezialfilter zur Verfügung stellt.

### So geht's:

→ Verweis: siehe Kapitel 4.8, Tipp 3

Zur Verwendung des Spezialfilters müssen Sie folgende Voraussetzungen schaffen. Es wird ein Kriterienbereich benötigt, der mindestens zwei Zeilen umfasst. Die Breite des Kriterienbereichs muss aber nicht zwingend mit der Breite der Liste übereinstimmen, was bedeutet, dass Sie nicht immer alle Listenfelder in den Kriterienbereich übernehmen müssen. Zu beachten ist, dass die Bezeichnung der Datenbank-

## 5.1 Daten suchen, sortieren und filtern

felder im Kriterienbereich exakt mit der Spaltenbeschriftung des Listenbereichs übereinstimmen muss.

Im Beispiel sollen nun aus der nachfolgend dargestellten Artikelliste alle Einträge gefiltert werden, die folgende Kriterien aufweisen:

- Lager: *Hauptlager*
- Mindestmenge: *>=50*
- EK netto/Stück: *<=20*

Erfassen Sie dazu die Kriterien, wie in der Abbildung zu sehen, im Kriterienbereich.

| | A | B | C | D | E | F | G |
|---|---|---|---|---|---|---|---|
| 1 | **Artikel-Lagerübersicht** | | | | | | |
| 2 | | | | | | | |
| 3 | | | | | | | |
| 4 | Artikel-Nr. | Beschreibung | Gruppe | Lager | Mindestmenge | Lagermenge | EK netto/Stück |
| 5 | | | | Hauptlager | >=50 | | <=20 |
| 6 | | | | | | | |
| 7 | | | | | | | |
| 8 | Artikel-Nr. | Beschreibung | Gruppe | Lager | Mindestmenge | Lagermenge | EK netto/Stück |
| 9 | SAN-60853 | Artikel A1 | A | Hauptlager | 50 | 299 | 28,88 € |
| 10 | SAN-99296 | Artikel A2 | A | Nebenlager1 | 70 | 186 | 8,43 € |
| 11 | SBN-92709 | Artikel B1 | B | Nebenlager2 | 40 | 83 | 15,05 € |
| 12 | SBN-67439 | Artikel B2 | B | Hauptlager | 90 | 152 | 8,26 € |
| 13 | SCN-92796 | Artikel C1 | C | Nebenlager2 | 100 | 266 | 18,06 € |
| 14 | SDN-58941 | Artikel D2 | D | Nebenlager1 | 100 | 202 | 30,04 € |
| 15 | SCN-50875 | Artikel C2 | C | Hauptlager | 50 | 60 | 25,84 € |
| 16 | SAN-43180 | Artikel A3 | A | Nebenlager2 | 35 | 31 | 4,29 € |
| 17 | SCN-13421 | Artikel C3 | C | Nebenlager1 | 80 | 159 | 7,74 € |
| 18 | SCN-64761 | Artikel C4 | C | Nebenlager2 | 100 | 281 | 8,80 € |
| 19 | SDN-76839 | Artikel D2 | D | Hauptlager | 70 | 167 | 7,40 € |
| 20 | SBN-74756 | Artikel B3 | B | Nebenlager1 | 50 | 46 | 19,88 € |
| 21 | SAN-56800 | Artikel A4 | A | Nebenlager1 | 50 | 79 | 9,95 € |
| 22 | SBN-80678 | Artikel B4 | B | Nebenlager2 | 80 | 231 | 1,73 € |
| 23 | SDN-13266 | Artikel D2 | D | Hauptlager | 40 | 120 | 22,40 € |
| 24 | SAN-80402 | Artikel A5 | A | Hauptlager | 70 | 202 | 6,01 € |
| 25 | SBN-35317 | Artikel B5 | B | Hauptlager | 10 | 10 | 74,56 € |
| 26 | | | | | | | |

Damit die Daten nach den vorgegebenen Kriterien gefiltert werden, sind folgende Schritte notwendig:

1 Starten Sie den Spezialfilter über das Menü *Daten/Sortieren und Filtern/Erweitert* (Excel 2003: Menü *Daten/Filter/Spezialfilter*).

2 Im Regelfall erkennt Excel den Listenbereich und trägt diesen automatisch in das Feld *Listenbereich* ein. Wenn nicht, müssen Sie den Listenbereich A8:G25 manuell in das Feld eintragen.

3 In das Feld *Kriterienbereich* geben Sie den Zellbereich A4:G5 ein.

4 Nach einem Klick auf die Schaltfläche *OK* werden nun nur noch die Datensätze angezeigt, die den vorgegebenen Kriterien entsprechen.

Die Filterkriterien lassen beliebige Und-Verknüpfungen, Oder-Verknüpfungen bzw. Und-Oder-Verknüpfungen zu. Nähere Information dazu erhalten Sie in der Onlinehilfe sowie in Kapitel 4.8, Tipp 3.

5. Daten bearbeiten, auswerten und analysieren für die tägliche Praxis

|   | A | B | C | D | E | F | G |
|---|---|---|---|---|---|---|---|
| 1 | **Artikel-Lagerübersicht** | | | | | | |
| 2 | | | | | | | |
| 3 | | | | | | | |
| 4 | Artikel-Nr. | Beschreibung | Gruppe | Lager | Mindestmenge | Lagermenge | EK netto/Stück |
| 5 | | | | Hauptlager | >=50 | | <=20 |
| 6 | | | | | | | |
| 7 | | | | | | | |
| 8 | Artikel-Nr. | Beschreibung | Gruppe | Lager | Mindestmenge | Lagermenge | EK netto/Stück |
| 12 | SBN-67439 | Artikel B2 | B | Hauptlager | 90 | 152 | 8,26 € |
| 19 | SDN-76839 | Artikel D2 | D | Hauptlager | 70 | 167 | 7,40 € |
| 24 | SAN-80402 | Artikel A5 | A | Hauptlager | 70 | 202 | 6,01 € |

Spezialfilter-Dialog:
- Aktion: Liste an gleicher Stelle filtern / An eine andere Stelle kopieren
- Listenbereich: $A$8:$G$25
- Kriterienbereich: $A$4:$G$5
- Kopieren nach:
- Keine Duplikate

## Tipp 16: Fortlaufende Nummerierung in gefilterten Listen

In einer Inventurliste soll jeder Artikel eine fortlaufende Nummer in Spalte A erhalten. So weit besteht auch kein Problem, denn diese fortlaufende Nummerierung lässt sich ganz einfach über das AutoAusfüllkästchen herstellen. In gefilterten Listen sieht das jedoch etwas anders aus. Die Anforderung besteht darin, dass auch in gefilterten Listen, obwohl Datensätze ausgeblendet sind, eine fortlaufende Nummerierung gewährleistet wird.

### So geht's:

1   Markieren Sie den Zellbereich A5:A20. Dabei handelt es sich um den Bereich, in den die fortlaufende Nummerierung eingetragen werden soll.

2   Geben Sie in Zelle A5 folgende Formel ein:
    =TEILERGEBNIS(3;BEREICH.VERSCHIEBEN($B$5;0;0;ZEILE()-4;1))

3   Beenden Sie die Eingabe der Formel mit der Tastenkombination [Strg]+[Enter]. Als Ergebnis wird die fortlaufende Nummerierung von 1 bis 16 eingetragen.

4   Starten Sie nun für die Inventurliste den AutoFilter, indem Sie den Bereich A4:E4 markieren und über das Menü *Daten/Sortieren und Filtern/Filtern* die Funktion aufrufen (Excel 2003: Menü *Daten/AutoFilter*).

5.1 Daten suchen, sortieren und filtern

**5** Wählen Sie über den AutoFilter in Spalte C (*Artikel-Gruppe*) den Eintrag *30*, damit nur Artikel der Artikelgruppe 30 angezeigt werden.

Sie sehen, die fortlaufende Nummerierung wird dynamisch angepasst, und es werden ausschließlich sichtbare Datensätze mit einer Nummer versehen. Ausgeblendete Datensätze werden bei der Nummernvergabe nicht berücksichtigt.

> **Hinweis**
>
> Diese Formel können Sie auch bei der Datensortierung anwenden. Wenn also nur die Daten und nicht die fortlaufende Nummerierung in eine andere Reihenfolge gebracht werden sollen, verwenden Sie anstatt einer statischen fortlaufenden Nummerierung diese dynamische Variante.

## Tipp 17: Mehrere unabhängige AutoFilter in einer Tabelle setzen

Ab Excel 2007 können Sie sehr einfach innerhalb ein und derselben Tabelle mehrere voneinander unabhängige AutoFilter setzen.

*So geht's:*

**1** Öffnen Sie zuerst eine leere Tabelle und erfassen Sie in dieser Tabelle in drei unterschiedlichen, d. h. voneinander unabhängigen Bereichen ein paar Überschriften und einige Datensätze.

**2** Wenn Sie jetzt jedoch vermuten, dass Sie, wie nachfolgend dargestellt, lediglich die Spaltenüberschriften markieren müssen und dann über *Daten/Sortieren und Filtern* gleichzeitig einen AutoFilter für alle drei Bereiche setzen können, werden Sie eine Fehlermeldung erhalten.

**3** Markieren Sie stattdessen zuerst die erste Tabelle, also den Bereich C1:C5, und rufen Sie über *Einfügen/Tabellen* den Befehl *Tabelle* auf.

**4** Belassen Sie die Einstellungen im sich nun öffnenden Dialog *Tabelle erstellen* und bestätigen Sie mit *OK*.

**5** Nun wird augenblicklich die Tabelle mit Filtermöglichkeiten und einem von Excel vorgegebenen Format angezeigt, das sich übrigens über *Tabellentools/ Tabellenformatvorlage* verändern lässt.

**6** Wiederholen Sie diese Schritte für die beiden anderen Tabellen, und Sie erhalten dann drei voneinander unabhängige Tabellen, die separat gefiltert werden können.

> **Hinweis**
>
> Mit Excel 2003 können Sie einen ähnlichen Effekt erzielen, wenn Sie mit einem kleinen Trick arbeiten. Voraussetzung ist zunächst, dass zwischen allen Datenbereichen jeweils mindestens eine Leerzeile und eine Leerspalte liegen.
>
> Sie müssen dann in der ersten Zelle des ersten Datenbereichs über die rechte Maustaste aus dem Kontextmenü den Befehl *Liste erstellen* aufrufen. Verfahren Sie analog mit den anderen Bereichen, und schon steht Ihnen in jedem Datenbereich ein AutoFilter zur Verfügung.

## Tipp 18: Die erweiterte Filterfunktion in Excel 2010 und Excel 2013 – Finden leicht gemacht

Das schnelle und effiziente Auffinden gesuchter Informationen ist von größter Bedeutung. Dies gilt besonders für umfangreiche Datenbestände, bei denen Suchläufe in Tausenden, wenn nicht sogar in Millionen von Elementen ausgeführt werden.

Mit Excel 2010 wurde ein neuer Suchfilter eingeführt. Dieser steht beim Filtern von Excel-Tabellen, von PivotTables und von PivotCharts gleichermaßen zur Verfügung.

Im Beispiel liegt ein Artikelkatalog mit 500 Artikelnummern und entsprechenden Artikelbezeichnungen vor. Ziel ist es, alle Artikel zu suchen, bei denen in der Artikelkurzbezeichnung die Buchstabenfolge *LG* enthalten ist. Dieser Tipp zeigt Ihnen, wie Sie mit Excel 2010 und Excel 2013 die Datensätze noch einfacher durchsuchen und die gewünschten Informationen finden können.

➔ Verweis: siehe Kapitel 5.1, Tipp 10

*So geht's:*

1 Fügen Sie zunächst den AutoFilter zum Artikelkatalog hinzu. Stellen Sie dazu den Zellzeiger auf eine beliebige Zelle innerhalb des Datenbestands und aktivieren Sie den AutoFilter über das Menü *Daten/Filtern*.

2 Klicken Sie in der Spalte *Artikel-Kurzbezeichnung* auf den AutoFilter. Damit öffnen Sie wie gewohnt die AutoFilter-Optionen. Darin befindet sich das neue Feld mit der Bezeichnung *Suchen*.

## 5. Daten bearbeiten, auswerten und analysieren für die tägliche Praxis

3   Haben Sie in diesem Feld den Suchbegriff *LG* erfasst, werden die gefundenen Datensätze automatisch in der Trefferliste angezeigt. Dort besteht, genau wie in Excel 2007, die Möglichkeit, die Trefferliste weiter einzuschränken, indem der Haken beim entsprechenden Datensatz entfernt wird.

4   Mit einem Klick auf die Schaltfläche *OK* wird der Artikelkatalog auf die gefundenen Treffer eingeschränkt, und nur noch die Datensätze mit dem Suchbegriff *LG* werden angezeigt. Dass der AutoFilter aktiv ist, lässt sich daran erkennen, dass der Dropdown-Pfeil als Symbol einen Trichter besitzt.

### Hinweis

Das Filtersymbol wird auch in Excel 2007 angezeigt. Bis Excel 2003 gibt es kein Symbol, allerdings wird dort der Dropdown-Pfeil blau eingefärbt.

## Tipp 19: Listen mithilfe von Formeln sortieren

Sie können Listen sehr einfach mithilfe einiger weniger Formeln sortieren. Angenommen, in Spalte B befindet sich eine unsortierte Kontenliste, die in der rechts befindlichen Spalte C entweder auf- oder absteigend sortiert angezeigt werden soll.

### So geht's:

1   Erfassen Sie zuerst in Zelle B2 eine Gültigkeitsliste mit zwei Einträgen (*aufsteigend* und *absteigend*). Diese beiden Bedingungen werden in einem der folgenden Schritte abgefragt.

2   Tragen Sie dann in Spalte A beginnend mit A5 die Formel =WENN($B$2= "aufsteigend";ZÄHLENWENN($B$5:$B$9;"<="&B5);ZÄHLENWENN($B$5:$B$9; ">="&B5)) ein. Diese Formel prüft, welche Bedingung in Zelle B2 vorliegt. Sie ermittelt dann über die Funktion ZÄHLENWENN, wie viele Einträge im Zellbereich B5:B9 größer bzw. kleiner sind als der Eintrag in der rechts danebenliegenden Zelle, im ersten Fall also der Zelle B5.

3   Jetzt liegt die Sortierreihenfolge fest, und über die Funktion SVERWEIS kann nun die Sortierung der Liste erfolgen. Dazu müssen Sie in Spalte C beginnend mit Zelle C5 die Formel =SVERWEIS(ZEILE()-ZEILE($C$4);$A$5:$B$9;2;FALSCH) erfassen. Die Funktion SVERWEIS sucht nun im Bereich A5:B9 über den Formelteil ZEILE()-ZEILE($C$4) – im Fall einer absteigenden Sortierung – für die Zelle

C5 den Wert 1 in Spalte A und liefert über den Spaltenindex 2, d. h. aus Spalte B, den gewünschten Eintrag zurück.

4 Nun können Sie über das Drop-down-Feld in Zelle B2 einstellen, ob Sie eine auf- oder eine absteigende Sortierung anzeigen lassen möchten.

|  | C5 | ▼ (•  $f_x$ =SVERWEIS(ZEILE()-ZEILE($C$4);$A$5:$B$9;2;FALSCH) | |
|---|---|---|---|
|  | A | B | C |
| 1 |  |  |  |
| 2 |  | aufsteigend |  |
| 3 |  |  |  |
| 4 | Reihenfolge | ohne Sortierung | Mit Sortierung |
| 5 | 2 | 5012 Erlöse Artikel A | 5000 Erlöse Artikel E |
| 6 | 5 | 5017 Erlöse Artikel B | 5012 Erlöse Artikel A |
| 7 | 4 | 5013 Erlöse Artikel C | 5012 Erlöse Artikel D |
| 8 | 3 | 5012 Erlöse Artikel D | 5013 Erlöse Artikel C |
| 9 | 1 | 5000 Erlöse Artikel E | 5017 Erlöse Artikel B |
| 10 |  |  |  |

## Tipp 20: Liste ohne Leerzeilen mithilfe von Formeln erzeugen

Sie können die Ergebnisse aus einer Liste, die in zwei Spalten Daten sowie Leereinträge beinhaltet, in zwei weiteren Spalten ohne Leereinträge darstellen lassen, ohne dass dabei ein manueller Eingriff notwendig ist.

*So geht's:*

1 Erfassen Sie zuerst in den Spalten A und B beginnend mit Zeile 5 einige Daten und bauen Sie bewusst zwischen den erfassten Daten Leerräume ein.

2 Tragen Sie nun in die Zelle D5 die Formel *=INDIREKT(ADRESSE(KKLEINSTE (WENN($A$5:$A$100<>0;ZEILE($5:$100);96);ZEILE()-4);1))* ein. Schließen Sie die Eingabe mit der Tastenkombination [Strg]+[Umschalt]+[Enter] ab, um das Ganze mit geschweiften Klammern zu versehen und somit als Matrixformel zu hinterlegen.

3 Erfassen Sie dann in Zelle E5 diese Matrixformel:
=INDIREKT(ADRESSE(KKLEINSTE(WENN($B$5:$B$100<>0;ZEILE($B$5:$IV$100); 96);ZEILE()-4);2))
Kopieren Sie nun beide Formeln nach unten.

Die Funktionsargumente:

- INDIREKT: Diese Funktion liefert den Bezug zur ersten Zelle der ersten Spalte (im Beispiel Spalte A), die einen Wert enthält.
- ADRESSE: Über diese Funktion wird der Zeilenbezug (in Beispiel Zeile 5) und der Spaltenbezug (in Beispiel Spalte A) geliefert. Während der Spaltenbezug als Wert im zweiten Argument dieser Funktion gesetzt werden kann, muss der Zeilenbezug, der dynamisch ist, mithilfe der Funktion KKLEINSTE und einer WENN-Bedingung ermittelt werden.
- KKLEINSTE: Über diese Funktion wird die Zeile mit dem kleinsten Wert zurückgegeben und bezogen auf Zelle D5 die Zeile, die sich hierbei auf Rang 1 befindet

(in D6 wird ebenfalls die Zeilennummer mit dem kleinsten Wert gesucht, hier aber die Zeilennummer, die sich auf Rang 2 befindet etc.).

- *WENN:* Über das erste Argument dieser Funktion wird zusätzlich geprüft, welche Zeilen überhaupt in Betracht kommen, und das sind eben nur die Zeilen, deren Zellwert in Spalte B ungleich null ist.

| | E5 | | $f_x$ | {=INDIREKT(ADRESSE(KKLEINSTE(WENN($B$5: $B$100<>0;ZEILE($B$5:$IV$100);96);ZEILE()-4);2))} | | |
|---|---|---|---|---|---|---|
| | A | B | C | D | E | F | G |
| 1 | | | | | | | |
| 2 | | | | | | | |
| 3 | Mit Leereinträgen | | | Ohne Leereinträge | | | |
| 4 | Summe | Jahr | | Summe | Jahr | | |
| 5 | 1.000 | 2006 | | 1.000 | 2006 | | |
| 6 | 2.000 | 2007 | | 2.000 | 2007 | | |
| 7 | | | | 2.000 | 2008 | | |
| 8 | | | | 1.000 | 2008 | | |
| 9 | | | | 4.000 | 2003 | | |
| 10 | 2.000 | 2008 | | 5.000 | 2009 | | |
| 11 | | | | 2.500 | 2009 | | |
| 12 | 1.000 | 2008 | | 3.000 | 2010 | | |
| 13 | | | | 9.000 | 2011 | | |
| 14 | | | | | | | |
| 15 | | | | | | | |
| 16 | 4.000 | 2003 | | | | | |
| 17 | | | | | | | |
| 18 | 5.000 | 2009 | | | | | |
| 19 | 2.500 | 2009 | | | | | |
| 20 | | | | | | | |
| 21 | | | | | | | |
| 22 | | | | | | | |
| 23 | 3.000 | 2010 | | | | | |

→ Verweis: siehe Kapitel 4.9, Tipp 6

## Tipp 21: Dynamische Liste mit Grafiken

Es gibt eine Vielzahl von Anwendungsgebieten, bei denen grafisch unterlegte Listen einen ungemeinen Vorteil bieten, weil die Grafik oder das Bild innerhalb der Liste sofort erkennbar macht, um wen oder was es sich bei der Listenposition handelt. So ermöglichen in Personallisten die Bilder der Personen sehr gute visuelle Zusatzinformationen.

### So geht's:

1 Erfassen Sie in einer neuen Tabelle eine kleine Personalliste mit drei Spalten (*PersNr., Person, Notiz*).

2 Tragen Sie dann in die Spalte *Person* die Namen der Personen ein, die ausgewählt werden sollen, und machen Sie die Schrift über die Schriftfarbe Weiß unsichtbar. Achten Sie darauf, dass die Zellen in dieser Spalte groß genug sind, um ein Personalbild „aufnehmen" zu können.

3 Kopieren Sie dann das Personalbild in die Zelle und passen Sie auf, dass das Bildobjekt nicht über den Zellenrand hinausreicht.

4 Markieren Sie nun Bild für Bild und klicken Sie dabei mit der rechten Maustaste, um den Befehl *Größe und Eigenschaften* (Excel 2003: *Grafik formatieren*) aufzurufen und den gleichnamigen Dialog zu starten. Wechseln Sie nun zum Register

*Eigenschaften* und wählen Sie als *Objektpositionierung* die Option *Von Zellposition und -größe abhängig*.

5  Markieren Sie zum Schluss die Überschriftenzeile und rufen Sie dann über *Daten/Sortieren und Filtern* den Befehl *Filtern* auf, um die Liste mit Filtermöglichkeiten auszustatten (Excel 2003: Menü *Daten/Filter/AutoFilter*).

6  Filtern Sie nun über die Spalte mit den Namen die Personen aus, die Sie in der Liste sehen möchten, und beobachten Sie, dass Excel nun nur noch die entsprechenden Personen anzeigt. Das heißt, die übrigen Bilder werden einfach ausgeblendet.

→ Verweis: siehe Kapitel 5.1, Tipp 12

## Tipp 22: Letzten Wert einer Spalte ermitteln

In einigen meist umfangreichen Listen ist es manchmal von Vorteil, wenn der letzte Wert in einer Spalte auf den ersten Blick ersichtlich wird. Das lässt sich am besten über eine selbst programmierte Funktion realisieren. Dieser Funktion wird die Spaltennummer übergeben, in der der letzte Wert innerhalb dieser Spalte auftaucht.

### So geht's:

1  Öffnen Sie eine neue Arbeitsmappe und erstellen Sie eine Tabelle mit diversen Werten.

2  Drücken Sie die Tastenkombination [Alt]+[F11], um in die Entwicklungsumgebung – den VBA-Editor – von Excel zu gelangen.

3  Dort wählen Sie aus dem Menü *Einfügen* den Befehl *Modul* und erfassen die folgende benutzerdefinierte Funktion:

*Listing 1:*
```
Function LeSp(Spalte As Integer)
Application.Volatile
    LeSp = Cells(Cells(14, Spalte).End(xlUp).Row, Spalte).Value
End Function
```

*Listing 2:*
```
Function LeZe(Zeile As Integer)
Application.Volatile
    LeZe = Cells(Zeile, Cells(Zeile, 16).End(xlToLeft).Column).Value
End Function
```

4 Wechseln Sie wieder zurück in Ihre Excel-Tabelle. Erfassen Sie dann in einer Spalte, die Werte enthält, unterhalb der Einträge die Formel =leSp (SPALTE()) und schließen Sie die Eingabe mit der Tastenkombination [Strg]+[Enter] ab.

5 Wie Sie unschwer erkennen können, gibt die benutzerdefinierte Funktion nun den letzten Wert innerhalb der Spalte zurück.

## 5.2 Was-wäre-wenn-Analysen, Zielwertsuche und Solver

Die Excel-Zielwertsuche und der Excel-Solver sind leistungsfähige Instrumente, um veränderbare Zellen an einen bestimmten Zielwert anzupassen. Dieser Abschnitt beschäftigt sich mit dem sinnvollen Einsatz der beiden Instrumente und erläutert sie anhand einiger Praxisbeispiele.

### Tipp 1: Endkapital einer Geldanlage über die Zielwertsuche ermitteln

Die Zielwertsuche arbeitet iterativ, indem der zu variierende Parameter zuerst in größeren und dann in immer kleiner werdenden Schritten verändert wird. Nachdem die Veränderung vorgenommen wurde, wird die gesamte Tabelle neu berechnet und der Inhalt der Zielzelle mit dem gewünschten Zielwert verglichen. Die Zielzelle wird so lange verändert, bis der gewünschte Zielwert erreicht ist.

In diesem Beispiel soll mithilfe der Zielwertsuche ermittelt werden, welcher Betrag heute zu einem Zinssatz von 4,40 % angelegt werden muss, damit in 15 Jahren ein Rückzahlungsbetrag von 75.000 Euro erreicht wird.

*So geht's:*

Sehen Sie sich zunächst die Ausgangsdaten etwas näher an.

Ausgehend von den fixen Eckdaten Zinssatz und Laufzeit in Jahren soll der Kapitalanlagebetrag ermittelt werden, der als Rückzahlungsbetrag 75.000 Euro erzielt. Die Formel in Zelle B8 zur Ermittlung des Rückzahlungsbetrags (Endwerts) lautet wie folgt: $=B4*((1+B5)\wedge B6)$.

## 5.2 Was-wäre-wenn-Analysen, Zielwertsuche und Solver

1 Starten Sie dazu die Zielwertsuche über das Menü *Daten/Datentools/Was-wäre-wenn-Analyse/Zielwertsuche* (Excel 2003: Menü *Extras/Zielwertsuche*).

2 Im sich öffnenden Dialogfenster *Zielwertsuche* geben Sie im Feld *Zielzelle* den Bezug zu Zelle B8, im Feld *Zielwert* den Wert 75000 und im Feld *Veränderbare Zelle* den Bezug zu Zelle B4 ein.

3 Nachdem Sie das Dialogfenster mit einem Klick auf die Schaltfläche *OK* beendet haben, wird als Anlagebetrag der Wert 39.314,59 Euro ermittelt. Das bedeutet, Sie müssen diesen Betrag heute anlegen, um in 15 Jahren bei einem gleichbleibenden Zinssatz von 4,40 % ein Endkapital von 75.000 Euro zu erzielen.

> **Hinweis**
>
> Alternativ können Sie zur Ermittlung des Rückzahlungsbetrags auch die Tabellenfunktion *ZW()* verwenden. Tragen Sie dazu in Zelle B8 folgende Formel ein:
> =ZW(B5;B6;0;-B4)

### Tipp 2: Break-even-Analyse mithilfe der Zielwertsuche

Dieses Beispiel zeigt, wie mit der Zielwertsuche eine Break-even-Analyse durchgeführt werden kann. Es soll ermittelt werden, wie hoch der Verkaufspreis bei einer angenommenen Verkaufsmenge von 12.000 Stück sein muss, wenn folgende Kosten abgedeckt werden müssen: variable Kosten pro Stück in Höhe von 18,63 Euro und Fixkosten in Höhe von 125.000,00 Euro. Die entsprechenden Formeln zur Ermittlung der Ergebnisse sehen Sie in Spalte D.

*So geht's:*

1 Starten Sie den Befehl über das Menü *Daten/Datentools/Was-wäre-wenn-Analyse/Zielwertsuche* (Excel 2003: Menü *Extras/Zielwertsuche*).

## 5. Daten bearbeiten, auswerten und analysieren für die tägliche Praxis

**2** Im Dialogfenster *Zielwertsuche* erfassen Sie die Parameter, wie in folgender Abbildung zu sehen.

**3** Beenden Sie das Dialogfenster mit einem Klick auf die Schaltfläche *OK*.

Das iterative Verfahren der Zielwertsuche ermittelt bei einer Verkaufsmenge von 12.000 Stück einen Stückverkaufspreis von 29,05 Euro bei gegebener Kostensituation. Damit wird ein ausgeglichenes Ergebnis (Break-even) erzielt. Jeder weitere Verkauf erhöht den Gewinn um 29,05 Euro.

### Tipp 3: Komplexe Rechnungen „lösen": Grundlagen des Solvers

Der Begriff Solver entstammt dem englischen Wort „to solve", was so viel wie „lösen" bedeutet. Genau das beschreibt die Funktion des Solvers. Er löst Rechnungen mit mehreren Variablen unter Berücksichtigung verschiedener Nebenbedingungen. Er forscht nach den bestmöglichen Werten für die Zielzelle. Dies schafft er, indem er die Zielzelle so lange variiert, bis das gewünschte Ergebnis erreicht ist. Bei der Zielwertsuche kann nur eine einzige veränderliche Zelle variiert werden, beim Solver geht das mit mehreren gleichzeitig. Der Solver schließt also die einfache Zielwertsuche ein.

So lassen sich mit dem Solver Probleme mit bis zu 200 Unbekannten (Variablen) und einer unbegrenzten Anzahl von Nebenbedingungen lösen. Die Anzahl der Nebenbedingungen ist nur vom verfügbaren Arbeitsspeicher abhängig. In der Praxis sollte das in den allermeisten Fällen ausreichend sein.

## So geht's: Aktivieren des Solvers

Sollten Sie das Add-in Solver noch nicht eingebunden haben, holen Sie das jetzt nach. Gehen Sie dazu wie folgt vor.

1. Starten Sie den Add-Ins-Manager:
   - ab Excel 2010: Menü *Datei/Optionen/Add-Ins*,
   - in Excel 2007: Menü *Office/Excel-Optionen/Add-Ins*,
   - in Excel 2003: Menü *Extras/Add-Ins*.
   
   Wählen Sie im Drop-down-Menü *Verwalten* den Eintrag *Excel-Add-Ins* und klicken Sie auf die Schaltfläche *Gehe zu*.

2. Setzen Sie im Dialogfenster *Add-Ins* (Excel 2003: *Verfügbare Add-Ins*) beim Eintrag *Solver* einen Haken.

3. Mit einem Klick auf die Schaltfläche *OK* wird der Solver in Excel eingebunden und steht für alle weiteren Aktionen zur Verfügung.

## So geht's: Die Grundfunktionalitäten des Solvers

Gestartet wird der Solver über das Menü *Daten/Analyse/Solver* (Excel 2003: Menü *Extras/Solver*).

Wie die Abbildung zeigt, muss zuerst die Zielzelle angegeben werden, die das gewünschte Ergebnis enthält. Die Zielzelle muss stets eine Formel enthalten, in der mindestens eine veränderbare Zelle mitwirkt.

Als Zielwert, den die Zielzelle annehmen soll, können Sie zwischen den Extremwerten *Max.* (Maximum), *Min.* (Minimum) und einem frei einzugebenden *Wert* auswählen. In betriebswirtschaftlichen Aufgabenstellungen sind das sehr oft der Gewinn, das Betriebsergebnis, der Deckungsbeitrag, die Kosten etc.

Anschließend legen Sie die veränderbaren Zellen fest, die Excel variieren soll, um das gewünschte Ergebnis (Zielwert) in der Zielzelle zu erreichen. Im Gegensatz zur Zielwertsuche können hier bis zu 200 veränderbare Zellen angegeben werden. Dabei können Sie sowohl ganze Zellbereiche als auch einzelne Zellen als veränderbare Zellen festlegen.

Das Listenfeld *Nebenbedingungen* dient der Festlegung von Beschränkungen, die Excel bei der Lösungsfindung berücksichtigen soll. Nebenbedingungen stellen somit Wertebereiche dar, die bei der Ergebnisermittlung nicht über- bzw. unterschritten werden dürfen. Geben Sie Excel über die Möglichkeit der Nebenbedingungen bekannt, in welchen Grenzen der jeweilige Parameter variiert werden darf. Unter *Nebenbedingungen* können Sie übrigens nicht nur Konstanten, sondern auch Zellbezüge angeben.

Die über die Schaltfläche *Optionen* erreichbaren Einstellungen können in den meisten Fällen ohne Veränderungen übernommen werden.

## Tipp 4: Optimierungsrechnung – Ermittlung des optimalen Deckungsbeitrags unter Berücksichtigung von Engpässen

Dieses Beispiel zeigt anhand einer Deckungsbeitragsrechnung, wie der Solver in der Praxis eingesetzt werden kann. Ein Unternehmen stellt zwei verschiedene Produkte mit unterschiedlichen Stückdeckungsbeiträgen her. Zur Produktion werden jeweils drei unterschiedliche Maschinen benötigt. Natürlich haben die Maschinen Auslastungsgrenzen, die nicht überschritten werden können und dürfen. Diese Auslastungsgrenzen stellen auch den limitierenden Faktor dar. Das bedeutet, es können nicht beliebig viele Produkte erzeugt werden. Die Kunst besteht nun darin, die optimale Produktionsmenge für Produkt A und Produkt B zu ermitteln, bei der der größte Gesamtdeckungsbeitrag erzielt wird.

### So geht's:

Zur Verdeutlichung der Problematik sehen Sie sich zunächst die Ausgangstabelle etwas näher an.

| | A | B | C | D |
|---|---|---|---|---|
| 1 | **Maximierung des Deckungsbeitrages** | | | |
| 2 | | | | |
| 3 | | | | |
| 4 | | Produkt A | Produkt B | |
| 5 | Erlös pro Einheit | 320,00 € | 490,00 € | |
| 6 | variable Stückkosten | 250,00 € | 435,00 € | |
| 7 | = DB pro Stück | 70,00 € | 55,00 € | |
| 8 | | | | |
| 9 | | | | |
| 10 | produzierte Menge in Stück | 75 | 80 | |
| 11 | Deckungsbeitrag gesamt je Produkt | 5.250,00 | 4.400,00 | |
| 12 | | | | |
| 13 | **Gesamter Deckungsbeitrag** | | 9.650,00 | |
| 14 | | | | |
| 15 | | | | |
| 16 | **Fertigungszeiten in Stunden [h]** | Produkt A | Produkt B | |
| 17 | Maschine 1 | 1,25 | 2,00 | |
| 18 | Maschine 2 | 1,50 | 1,00 | |
| 19 | Maschine 3 | 1,00 | 2,00 | |
| 20 | | | | |
| 21 | **Kapazitäten** | genutzt | verfügbare | |
| 22 | Maschine 1 | 253,75 | 255,00 | |
| 23 | Maschine 2 | 192,50 | 220,00 | |
| 24 | Maschine 3 | 235,00 | 240,00 | |
| 25 | | | | |

Die folgende Tabelle gibt einen Überblick über alle Formeln des Kalkulationsmodells:

## 5.2 Was-wäre-wenn-Analysen, Zielwertsuche und Solver

| Zelle | Formel |
|---|---|
| B7 | =B5-B6 |
| C7 | =C5-C6 |
| B11 | =B7*B10 |
| C11 | =B7*B10 |
| C13 | =SUMME(B11:C11) |
| B22 | =B17*$B$10+C17*$C$10 |
| B23 | =B18*$B$10+C18*$C$10 |
| B24 | =B19*$B$10+C19*$C$10 |

Ziel ist es nun, zu ermitteln, ob bei der Verteilung von 75 Stück Produkt A und 80 Stück Produkt B der optimale Deckungsbeitrag erzielt wird oder ob eine andere Verteilung zu einem höheren Deckungsbeitrag führt. Dabei muss immer bedacht werden, dass die genutzten Maschinenstunden im Bereich B22:B24 niemals die maximal verfügbaren Stunden im Bereich C22:C24 übersteigen dürfen. Zur Lösung dieser Fragestellung bietet sich der Solver geradezu an.

1   Starten Sie den Solver über das Menü *Daten/Analyse/Solver* (Excel 2003: Menü *Extras/Solver*).

2   Erfassen Sie folgende Solver-Parameter: Als Zielzelle erfassen Sie den Zellbezug *C13*, als Zielwert aktivieren Sie die Option *Max*. Als *Variablenzellen* geben Sie den Zellbezug B10:C10 ein; die *Nebenbedingungen* können Sie eingeben, indem Sie auf die Schaltfläche *Hinzufügen* klicken und folgende Nebenbedingungen definieren: *B22:B24<=C22:C24* und *B10:C10 = Ganzzahlig*.

## 5. Daten bearbeiten, auswerten und analysieren für die tägliche Praxis

> **Hinweis**
>
> Die eingetragenen Solver-Parameter lassen sich auch speichern. Gehen Sie dazu wie folgt vor:
>
> 1. Klicken Sie auf die Schaltfläche *Optionen*.
> 2. Klicken Sie im Fenster *Optionen* auf die Schaltfläche *Modell speichern* und wählen Sie einen Zellbereich aus, in dem die Parameter abgelegt werden sollen.
> 3. Nachdem Sie das Dialogfenster über die Schaltfläche *OK* beendet haben, werden sämtliche Parameter auf das Tabellenblatt übertragen.
> 4. Wenn Sie ein so gespeichertes Modell wieder laden möchten, können Sie das erreichen, indem Sie im *Optionen*-Fenster auf die Schaltfläche *Modell laden* klicken.
>
>
>
> Mehr zu den Optionen finden Sie in der Onlinehilfe von Excel.

**3** Nachdem alle Parameter ordnungsgemäß erfasst sind, klicken Sie auf die Schaltfläche *Lösen*. Damit berechnet Excel den Maximalwert für den Deckungsbeitrag in Zelle C13 unter Berücksichtigung der definierten Nebenbedingungen.

Durch die Optimierung konnte der Deckungsbeitrag von 9.650,00 Euro auf 10.775,00 Euro erhöht werden. Die optimalen Produktionsmengen betragen somit 106 Stück Produkt A und 61 Stück Produkt B. Wenn Sie sich nun noch den Bereich der genutzten Produktionsstunden ansehen, stellen Sie fest, dass sämtliche Nebenbedingungen eingehalten wurden.

| | A | B | C | D |
|---|---|---|---|---|
| 1 | **Maximierung des Deckungsbeitrages** | | | |
| 2 | | | | |
| 3 | | | | |
| 4 | | Produkt A | Produkt B | |
| 5 | Erlös pro Einheit | 320,00 € | 490,00 € | |
| 6 | variable Stückkosten | 250,00 € | 435,00 € | |
| 7 | = DB pro Stück | 70,00 € | 55,00 € | |
| 8 | | | | |
| 9 | | | | |
| 10 | produzierte Menge in Stück | 106 | 61 | |
| 11 | Deckungsbeitrag gesamt je Produkt | 7.420,00 | 3.355,00 | |
| 12 | | | | |
| 13 | **Gesamter Deckungsbeitrag** | | 10.775,00 | |
| 14 | | | | |
| 15 | | | | |
| 16 | Fertigungszeiten in Stunden [h] | Produkt A | Produkt B | |
| 17 | Maschine 1 | 1,25 | 2,00 | |
| 18 | Maschine 2 | 1,50 | 1,00 | |
| 19 | Maschine 3 | 1,00 | 2,00 | |
| 20 | | | | |
| 21 | **Kapazitäten** | genutzt | verfügbare | |
| 22 | Maschine 1 | 254,50 | 255,00 | |
| 23 | Maschine 2 | 220,00 | 220,00 | |
| 24 | Maschine 3 | 228,00 | 240,00 | |
| 25 | | | | |

> **Hinweis**
>
> Die Nebenbedingung *Ganzzahlig* für die Zellen B10 und C10 ist notwendig, da nur ganze Produkte und keine Teile davon hergestellt werden können. Es dürfen also keine Dezimalzahlen in diesem Bereich ermittelt werden.

Sobald die Lösung gefunden ist, erhalten Sie noch einen kurzen Überblick über die Berichte, die der Solver zu bieten hat. Zur endgültigen Übernahme des Ergebnisses blendet der Solver ein Dialogfenster ein, in dem Sie entscheiden können, ob die Lösung verwendet werden soll oder ob die Ausgangswerte wiederhergestellt werden sollen. Bevor Sie das Fenster mit *OK* beenden, können Sie im Listenfeld *Berichte* drei verschiedene Berichte mit gedrückter [Strg]-Taste auswählen.

### 1. Antwort-Bericht

Die *Antwort* enthält alle relevanten Informationen zur gefundenen Lösung. So finden Sie dort den Ausgangs- und Lösungswert für die Zielzelle. Im zweiten Abschnitt des *Antwort*-Berichts erhalten Sie Informationen zu den veränderbaren Zellen. Auch hier sind jeweils der Ausgangs- und der Lösungswert der veränderbaren Zellen dargestellt. Im dritten und letzten Abschnitt dieses Berichts finden Sie einen Überblick über die Nebenbedingungen, die zur Ermittlung der Lösung erforderlich sind. Sie sehen dort den Zellwert der Nebenbedingung nach dem Lösungsvorschlag des Solvers. Das Feld *Status* gibt Auskunft darüber, ob die Lösung den vorgegebenen Grenzwert erreicht hat (*Einschränkend*) oder nicht.

## 2. Grenzwerte-Bericht

Der *Grenzwerte*-Bericht gibt Auskunft über die Zielzelle und die gefundene Lösung. Darüber hinaus zeigt der Bericht, welche Grenzwerte für die veränderbaren Zellen gelten und wie sich das Zielergebnis bei Betrachtung dieser Grenzwerte darstellt.

## 3. Sensitivität-Bericht

Die Sensitivitätsanalyse ist ein Verfahren zur Abschätzung des Risikos durch Variation einzelner (oder mehrerer) ungewisser Input-Größen. Der *Sensitivität*-Bericht zeigt den Lösungsendwert aller variierbaren Zellen sowie den reduzierten Gradienten an.

## Tipp 5: Verschiedene Berechnungsmodelle über die Funktion Mehrfachoperation vergleichen

Mehrfachoperationen bieten die Möglichkeit, Berechnungen mit einer oder zwei Variablen durchzuführen. In diesem Beispiel sollen ausgehend von einem definierten Startkapital verschiedene Rückzahlungsbeträge (Endwerte) für unterschiedliche Zinssätze und unterschiedliche Laufzeiten berechnet werden.

### So geht's:

1 Legen Sie im ersten Schritt das Modell zur Berechnung des Endkapitals an. Erfassen Sie dazu die Parameter *Startkapital*, *Laufzeit* und *Zinssatz*. Die Formel zu Ermittlung des Endkapitals in Zelle B8 lautet =ZW(B6;B5;0;-B4).

2 Erfassen Sie in den Zellen C8 bis K8 Zinssätze von 4,00 bis 6,00 % in Schritten von 0,25 % und im Bereich B9:B19 Jahresangaben von 7,5 bis 12,5 Jahren in Schritten von 0,5 Jahren.

## 5.2 Was-wäre-wenn-Analysen, Zielwertsuche und Solver

**3** Zur Ermittlung der Berechnungsergebnisse für alle Schnittpunkte in der Matrix müssen Sie den gesamten Zellbereich von Zelle B8 bis K19 markieren.

**4** Starten Sie den Befehl *Datentabelle* über das Menü *Daten/Datentools/Was-wäre-wenn-Analyse/Datentabelle* (Excel 2003: Menü *Daten/Tabelle*).

**5** Im Feld *Werte aus Zeile* erfassen Sie den Bezug B6 *(Zinssatz)*. In das Feld *Werte aus Spalten* geben Sie den Bezug B5 *(Laufzeit in Jahren)* ein.

**6** Wenn Sie das Dialogfenster mit einem Klick auf die Schaltfläche *OK* beenden, wird die Berechnungslogik aus Zelle B8 in den gesamten Zellbereich als Mehrfachoperation eingefügt. Das Ergebnis sieht wie folgt aus:

Beachten Sie, dass in die Matrix nicht die angepasste Formel aus Zelle B8 eingetragen wird, sondern die Berechnung mit der Tabellenfunktion MEHRFACHOPERATIONEN() durchgeführt wird.

Auf diese Weise haben Sie nun einen guten Überblick über alle möglichen Varianten zur Anlage des Startkapitals.

> **Hinweis**
>
> Da es sich bei der Funktion MEHRFACHOPERATIONEN() um eine Matrixfunktion handelt, können einzelne Teile daraus nicht gelöscht werden.

## 5.3 PivotTables zeitsparend und nutzbringend einsetzen

Die PivotTable ist ein sehr leistungsstarkes und überaus flexibel einsetzbares Werkzeug, wenn es darum geht, große dynamische Datenmengen zu organisieren und zu analysieren. Durch die interaktive Darstellungsweise von PivotTables lassen sich über den Datenbestand verschiedene Berechnungsmethoden und Sichtweisen legen.

Dabei ist es gleichgültig, ob die Quelldaten in einer Excel-Tabelle oder in einer Datenbank gespeichert sind.

Der Begriff Pivot kommt aus dem Französischen, „se pivoter" bedeutet „sich drehen". Damit ist gemeint, dass Zeilen und Spalten in einer PivotTable beliebig gedreht, umgestellt und positioniert werden können, um unterschiedliche Darstellungs- und Analysesichten für komplexe Datenbestände zu ermöglichen.

Dieser Abschnitt geht auf die wesentlichen Funktionalitäten von PivotTables ein. Es wird nicht der Anspruch gestellt, den gesamten Funktionsumfang im Detail zu erläutern, sondern Sie erfahren anhand von klar umrissenen Praxisbeispielen, welche grundsätzlichen Möglichkeiten PivotTable-Berichte bieten.

→ Verweis: siehe Kapitel 11.3, Tipp 12

### Tipp 1: Allgemeine Regeln im Umgang mit einer PivotTable

Zur Erstellung einer PivotTable sind einige grundsätzliche Regeln zu beachten, die nachfolgend erläutert werden.

*So geht's: Allgemeines zur PivotTable*

- Eine PivotTable bietet sich an, wenn es um die Auswertung von großen Datenmengen geht.

- Über einen PivotTable-Assistenten lassen sich PivotTables schnell und leicht aufbauen.
- Durch die Flexibilität lassen sich Zeilen und Spalten beliebig verschieben. Damit werden unterschiedliche Sichtweisen über den Quellbereich gelegt.
- Daten sollten möglichst in ihrer Rohform vorliegen, es sollten noch keine Formelergänzungen, Verdichtungen oder andere Aufbereitungen durchgeführt worden sein.
- Die Datenliste darf nur eine Überschrift haben, wobei die Überschriften eindeutig sein müssen, d. h., es dürfen keine doppelten Überschriften vorhanden sein.
- Die Datenliste sollte keine Teilergebnisse, keine leere Zeilen oder leere Spalten besitzen.

*So geht's: Arbeiten mit verschiedenen Excel-Versionen*

In jeder neuen Excel-Version wurden weitere Features für PivotTable-Berichte hinzugefügt. So unterscheiden sich PivotTable-Berichte in den Versionen 2013, 2010, 2007, 2002/2003 und 2000 voneinander. Wichtig zu wissen ist, dass die Funktion bis Excel 2010 grundsätzlich abwärtskompatibel ist. Das bedeutet, in Excel 2010 lassen sich alle Features älterer Versionen ohne Probleme nutzen. Sie können PivotTables der aktuellen Versionen ebenfalls im gewünschten Vorgängerformat abspeichern. Damit lassen sich PivotTable-Berichte, die mit Excel 2010 bearbeitet wurden, auch hinterher mit den Vorgängerversionen Excel 2007, 2003 und älter öffnen und bearbeiten.

In Excel 2013 wurden die PowerPivot-Funktionen stärker integriert.

→ Verweis: siehe Kapitel 11.3, Tipp 12

Mit Excel 2010 und dem PowerPivot-Add-in 2010 erstellte Arbeitsmappen müssen daher zur Verwendung in Excel 2013 gegebenenfalls upgegradet werden.

Eine Anleitung zur Durchführung dieses Upgrades finden Sie hier:

*http://office.microsoft.com/de-de/excel-help/aktualisieren-von-powerpivot-datenmodellen-auf-excel-2013-HA103356104.aspx?CTT=3*

## Tipp 2: Excel 2010 und die verbesserten PivotTable-Funktionen

In Excel 2010 wurden die PivotTable-Funktionen im Detail verbessert. Die nachfolgende Auflistung gibt einen Überblick über die Änderungen in Excel 2010.

*Verbesserte Leistung*

Das Multithreading sorgt in Excel 2010 für eine verbesserte Gesamtleistung der PivotTables. Beim Arbeiten mit großen Datenmengen werden schnellere Ergebnisse erzielt. So werden Sortier- und Filtervorgänge schneller abgearbeitet.

## PivotTable-Beschriftungen

Neu ist, dass Beschriftungen in einer PivotTable nach unten ausgefüllt werden können. Darüber hinaus besteht die Möglichkeit, Beschriftungen zu wiederholen, um so Elementbeschriftungen von geschachtelten Feldern in allen Zeilen und Spalten anzuzeigen.

## Erweiterte Filterung

Die Filterfunktion wurde verbessert, um auch die Analyse großer Datenmengen zu ermöglichen. In Excel 2010 wurde das Filtern auf mehrere Elemente erheblich beschleunigt, und es werden auch nicht sichtbare Daten wie beispielsweise ausgeblendete Elemente in Summen in den Filtervorgang eingeschlossen.

Mithilfe der neu eingefügten Datenschnittfunktion können Daten in einer PivotTable mit einem Klick gefiltert werden, ohne dass dafür weitere Menüs geöffnet werden müssen.

→ Verweis: siehe Kapitel 5.3. Tipp 10

## Elementsuche

Excel 2010 ermöglicht das Suchen von Elementen in PivotTables, sodass der Benutzer mit Feldern und Spalten arbeiten kann, die eine große Anzahl von Elementen aufweisen. Mit der Elementsuche kann der Benutzer die relevanten Elemente in Tausenden oder sogar Millionen von Zeilen in einer PivotTable finden.

## Zurückschreiben

Zurückschreiben ist eine wichtige Funktion für die Arbeit mit Daten in Analysis-Services-Cubes oder anderen OLAP-Cubes. Die Zurückschreibfunktion wird in einer Vielzahl unterschiedlicher Szenarien benötigt, wozu beispielsweise die Erfassung von Planungsdaten oder die Budgeterstellung zählen.

In Excel 2010 können Sie die Werte von PivotTables ändern und veranlassen, dass diese Werte in den Daten-Cube auf dem OLAP-Server zurückgeschrieben werden. Danach können Sie die Zurückschreibfunktion im „Was-wäre-wenn-Modus" verwenden und anschließend ein Rollback der Änderungen durchführen, wenn Sie sie nicht mehr benötigen, oder Sie können die Daten übernehmen, indem Sie die Änderungen speichern. Die Funktion *Zurückschreiben* kann in Verbindung mit jedem OLAP-Provider verwendet werden, der die Anweisung UPDATE CUBE unterstützt.

## Feature Werte anzeigen als

Mit diesem neuen Feature kann eine Reihe neuer Berechnungen automatisch durchgeführt werden. Dazu zählen z. B.:

- % des Vorgängerzeilen-Gesamtergebnisses
- % des Vorgängerspalten-Gesamtergebnisses
- % des Vorgänger-Gesamtergebnisses

- % Ergebnis
- Rangfolge nach Größen aufsteigend
- Rangfolge nach Größen absteigend

*PivotChart-Verbesserungen*

Das direkte Filtern von Daten in einem PivotChart-Bericht und die Neuanordnung des Diagrammlayouts durch Hinzufügen und Entfernen von Feldern ist einfacher geworden. Darüber hinaus können mit einem einzigen Mausklick alle Feldschaltflächen im PivotChart-Bericht ausgeblendet werden.

## Tipp 3: Erstellung der ersten einfachen PivotTable

Als Beispieltabelle dient eine Verkaufsliste, die analysiert und ausgewertet werden soll. Diese Verkaufsliste ist wie nebenstehend aufgebaut.

| | A | B | C | D | E | F | G | H |
|---|---|---|---|---|---|---|---|---|
| 1 | Verkaufsliste Juli 2007 | | | | | | | |
| 2 | | | | | | | | |
| 3 | Kunde | Region | Großhändler | Artikelgruppe | Artikelnummer | Einzelpreis | Menge | Umsatz |
| 4 | Kaiser | Nord | Ja | Art.Gr. E | 1636E | 45,23 | 15 | 678,45 |
| 5 | Kaiser | Nord | Nein | Art.Gr. E | 2769E | 77,21 | 35 | 2.702,35 |
| 6 | Wiesner | Ost | Ja | Art.Gr. C | 1328C | 113,94 | 2 | 227,88 |
| 7 | Kling | Mitte | Ja | Art.Gr. E | 4458E | 15,98 | 23 | 367,54 |
| 8 | Schmidt | Ost | Ja | Art.Gr. A | 7248A | 163,41 | 22 | 3.595,02 |
| 9 | Kaiser | Mitte | Ja | Art.Gr. A | 1044A | 112,07 | 47 | 5.267,29 |
| 10 | Kaiser | West | Ja | Art.Gr. C | 9452C | 27,28 | 3 | 81,84 |
| 11 | Nesvadba | Mitte | Ja | Art.Gr. E | 9667E | 124,02 | 4 | 496,08 |
| 12 | Klein | West | Nein | Art.Gr. B | 1381B | 18,45 | 28 | 516,60 |
| 13 | Walter | Süd | Nein | Art.Gr. E | 3654E | 21,75 | 17 | 369,75 |
| 14 | Kaiser | West | Ja | Art.Gr. B | 9885B | 82,00 | 4 | 328,00 |
| 15 | Bergler | West | Ja | Art.Gr. A | 3524A | 29,27 | 40 | 1.170,80 |
| 16 | Schneider | Süd | Nein | Art.Gr. A | 1248A | 73,59 | 5 | 367,95 |
| 17 | Kleichlich | Nord | Nein | Art.Gr. B | 1251B | 23,65 | 46 | 1.087,90 |
| 18 | Schmidt | Ost | Ja | Art.Gr. C | 7087C | 21,40 | 28 | 599,20 |
| 19 | Krüger | Nord | Nein | Art.Gr. B | 8799B | 148,28 | 27 | 4.003,56 |
| 20 | Bunny | Mitte | Ja | Art.Gr. E | 9517E | 96,63 | 37 | 3.575,31 |
| 21 | Walter | Süd | Nein | Art.Gr. C | 4238C | 193,14 | 23 | 4.442,22 |
| 22 | Baumann | West | Nein | Art.Gr. C | 4834C | 153,25 | 13 | 1.992,25 |
| 23 | Klein | West | Nein | Art.Gr. D | 5004D | 79,09 | 22 | 1.739,98 |
| 24 | Kaiser | Nord | Ja | Art.Gr. C | 3367C | 123,80 | 9 | 1.114,20 |
| 25 | Kling | Nord | Ja | Art.Gr. C | 7016C | 6,10 | 42 | 256,20 |
| 26 | Wiesner | Ost | Ja | Art.Gr. C | 1369C | 47,79 | 25 | 1.194,75 |
| 27 | Baumann | West | Nein | Art.Gr. A | 3477A | 71,43 | 9 | 642,87 |
| 28 | Walter | Süd | Nein | Art.Gr. B | 4854B | 137,35 | 23 | 3.159,05 |
| 29 | Braun | Ost | Ja | Art.Gr. B | 2289B | 178,61 | 34 | 6.072,74 |
| 30 | Mertens | West | Nein | Art.Gr. B | 9079B | 137,75 | 39 | 5.372,25 |
| 31 | Clausen | Süd | Nein | Art.Gr. B | 8381B | 53,13 | 26 | 1.381,38 |
| 32 | Nesvadba | Mitte | Ja | Art.Gr. C | 1109C | 150,87 | 2 | 301,74 |
| 33 | Schmidt | Ost | Ja | Art.Gr. B | 4549B | 113,61 | 24 | 2.726,64 |

Die Verkaufsliste beinhaltet folgende Datenfelder:

| Datenfeld | Erläuterung |
|---|---|
| Kunde | Name des Kunden |
| Region | Verkaufsregion |
| Großhändler | Großhändler (*Ja/Nein*) – bezieht sich auf jeden einzelnen Verkauf |
| Artikelgruppe | Bezeichnung der Artikelgruppe, zu der der Artikel gehört |
| Artikelnummer | eindeutige Nummer für den jeweiligen Artikel |
| Einzelpreis | Verkaufspreis pro Stück |
| Menge | Anzahl verkaufte Stücke |
| Umsatz | Umsatz gesamt (Verkaufsmenge x Verkaufspreis pro Stück) |

## 5. Daten bearbeiten, auswerten und analysieren für die tägliche Praxis

Ziel ist es nun, zu ermitteln, welche Umsätze mit den jeweiligen Kunden gemacht wurden. Die Verkaufsliste dient als Grundlage für alle weiteren Beispiele in diesem Abschnitt.

### So geht's:

**1** Setzen Sie den Zellzeiger auf eine beliebige Zelle innerhalb der Datenliste. Alternativ können Sie auch die Datenliste inklusive Überschrift markieren. Die Datenliste befindet sich im Beispiel im Zellbereich A3:H60.

**2** Starten Sie den Befehl zur Erstellung einer PivotTable über das Menü *Einfügen/Tabellen/PivotTable/PivotTable* (Excel 2003: Menü *Daten/PivotTable- und PivotChart-Bericht*).

**3** Im Dialogfenster *PivotTable erstellen* wurde in das Feld *Tabelle/Bereich* der korrekte Zellbereich eingetragen. Sollte das nicht der Fall sein, können Sie dies hier manuell nachholen. In diesem Beispiel soll der Pivot-Bericht in einem neuen Tabellenblatt angelegt werden. Aktivieren Sie deswegen die Option *Neues Arbeitsblatt*.

**4** Nach einem Klick auf die Schaltfläche *OK* wird das neue Arbeitsblatt mit der PivotTable und dem Aufgabenbereich (der Task Pane) *PivotTable-Feldliste* angezeigt.

**5** Ziehen Sie nun bei gedrückter linker Maustaste den Feldnamen *Kunde* in den Bereich *Zeilenbeschriftungen* und den Feldnamen *Umsatz* in den Bereich *Werte*.

## 5.3 PivotTables zeitsparend und nutzbringend einsetzen

Das war es auch schon. Wie gewünscht, werden nun Umsatzsummen kumuliert für jeden Kunden angezeigt.

> **Hinweis**
>
> Sobald sich der Zellzeiger in der PivotTable befindet, wird die kontextbezogene Registerkarte *PivotTable-Tools* oberhalb der Registerkarte *Optionen* eingeblendet. Über diese Registerkarte stehen sämtliche Befehle zu PivotTable-Berichten zur Verfügung.

### So geht's: Erweiterung des Beispiels

Der eben erstellte PivotTable-Bericht soll nun etwas erweitert werden. So sollen neben dem Umsatzbetrag pro Kunde auch der Umsatz pro verkauften Artikel sowie die Artikelgruppe, zu der der verkaufte Artikel gehört, angezeigt werden.

1. Setzen Sie dazu den Cursor auf eine beliebige Zelle im Datenbereich.
2. Ziehen Sie mit der Maus den Feldnamen *Artikel-nummer* in den Bereich *Zeilenbeschriftungen* und das Datenfeld *Artikel-gruppe* in den Bereich *Spaltenbeschriftungen*.

535

5. Daten bearbeiten, auswerten und analysieren für die tägliche Praxis

Als Ergebnis erhalten Sie folgenden PivotTable-Bericht.

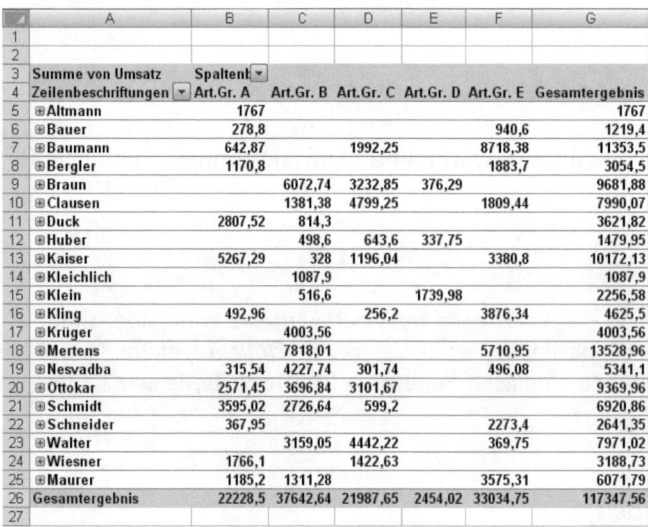

Zusätzlich zum Gesamtumsatz in Spalte G werden nun auch die Summen für die Artikelgruppen A bis E angezeigt.

Vor jedem Kundennamen sehen Sie ein Plussymbol. Wenn Sie darauf klicken, werden sämtliche Artikelnummern eingeblendet, die an den Kunden verkauft wurden.

## 5.3 PivotTables zeitsparend und nutzbringend einsetzen

| | A | B | C | D | E | F | G |
|---|---|---|---|---|---|---|---|
| 1 | | | | | | | |
| 2 | | | | | | | |
| 3 | Summe von Umsatz | Spalten | | | | | |
| 4 | Zeilenbeschriftungen | Art.Gr. A | Art.Gr. B | Art.Gr. C | Art.Gr. D | Art.Gr. E | Gesamtergebnis |
| 5 | ⊞Altmann | 1767 | | | | | 1767 |
| 6 | ⊞Bauer | 278,8 | | | | 940,6 | 1219,4 |
| 7 | ⊞Baumann | 642,87 | | 1992,25 | | 8718,38 | 11353,5 |
| 8 | ⊞Bergler | 1170,8 | | | | 1883,7 | 3054,5 |
| 9 | ⊞Braun | | 6072,74 | 3232,85 | 376,29 | | 9681,88 |
| 10 | ⊞Clausen | | 1381,38 | 4799,25 | | 1809,44 | 7990,07 |
| 11 | ⊞Duck | 2807,52 | 814,3 | | | | 3621,82 |
| 12 | ⊟Huber | | 498,6 | 643,6 | 337,75 | | 1479,95 |
| 13 | 1789C | | | 643,6 | | | 643,6 |
| 14 | 7400B | | 498,6 | | | | 498,6 |
| 15 | 7862D | | | | 337,75 | | 337,75 |
| 16 | ⊞Kaiser | 5267,29 | 328 | 1196,04 | | 3380,8 | 10172,13 |
| 17 | ⊞Kleichlich | | 1087,9 | | | | 1087,9 |
| 18 | ⊞Klein | | 516,6 | | 1739,98 | | 2256,58 |
| 19 | ⊞Kling | 492,96 | | 256,2 | | 3876,34 | 4625,5 |
| 20 | ⊞Krüger | | 4003,56 | | | | 4003,56 |
| 21 | ⊞Mertens | | 7818,01 | | | 5710,95 | 13528,96 |
| 22 | ⊞Nesvadba | 315,54 | 4227,74 | 301,74 | | 496,08 | 5341,1 |
| 23 | ⊞Ottokar | 2571,45 | 3696,84 | 3101,67 | | | 9369,96 |
| 24 | ⊞Schmidt | 3595,02 | 2726,64 | 599,2 | | | 6920,86 |
| 25 | ⊞Schneider | 367,95 | | | | 2273,4 | 2641,35 |
| 26 | ⊞Walter | | 3159,05 | 4442,22 | | 369,75 | 7971,02 |
| 27 | ⊞Wiesner | 1766,1 | | 1422,63 | | | 3188,73 |
| 28 | ⊞Maurer | 1185,2 | 1311,28 | | | 3575,31 | 6071,79 |
| 29 | Gesamtergebnis | 22228,5 | 37642,64 | 21987,65 | 2454,02 | 33034,75 | 117347,56 |

An den Kunden Huber wurden drei Artikel aus den Artikelgruppen B, C und D mit einer Gesamtsumme von 1.479,95 Euro verkauft.

Damit Sie die Detaildaten (Artikelnummern) nicht für jeden Kunden separat einblenden müssen, gehen Sie wie folgt vor:

**1** Setzen Sie den Cursor auf das Wort *Zeilenbeschriftungen* in Zelle A3. Dabei verwandelt sich der Cursor in einen Pfeil.

**2** Wenn Sie nun einen Klick mit der linken Maustaste ausführen, wird die gesamte Spalte A im PivotTable-Bericht markiert.

**3** Über das Menü *PivotTable-Tools/Optionen/Aktives Feld/Gesamtes Feld erweitern* können Sie sämtliche Detaildaten einblenden lassen. Ausgeblendet werden können die Detaildaten über das Menü *Optionen/Aktives Feld/Gesamtes Feld reduzieren* (Excel 2003: Symbolleiste *PivotTable/PivotTable/Gruppierung und Detail anzeigen/Detail ausblenden* (bzw. *Detail anzeigen*)).

## Tipp 4: Weitere Teilergebnisse zur PivotTable hinzufügen

In diesem Beispiel soll der PivotTable-Bericht noch erweitert und ergänzt werden. In der PivotTable soll verdichtet auf einzelne Kunden und Artikelgruppen der Umsatz gegliedert nach Regionen dargestellt werden. Dazu sollen zusätzlich zu jeder Artikelgruppe auch der Einzelpreis, die Bestellmenge und der Umsatz pro Artikelnummer angezeigt werden. Die Verkaufsliste aus Tipp 3 liefert die Basisdaten.

*So geht's:*

1 Setzen Sie den Cursor auf eine beliebige Zelle im Datenbereich.

2 Falls noch nicht geschehen, blenden Sie die Feldliste ein:

- ab Excel 2010: Menü *PivotTable-Tools/Optionen/Anzeige/Feldliste*,
- in Excel 2007: Menü *PivotTable-Tools/Optionen/Einblenden, Ausblenden/Feldliste*,
- in Excel 2003: Symbolleiste *PivotTable*, Schaltfläche *Feldliste anzeigen*.

3 Ziehen Sie mit gedrückter linker Maustaste die Felder wie nachfolgend dargestellt in die einzelnen Bereiche.

Beachten Sie die Reihenfolge der Felder. Die Reihenfolge im Bereich *Zeilenbeschriftungen* ist ausschlaggebend für die Darstellung der Verdichtungsebenen.

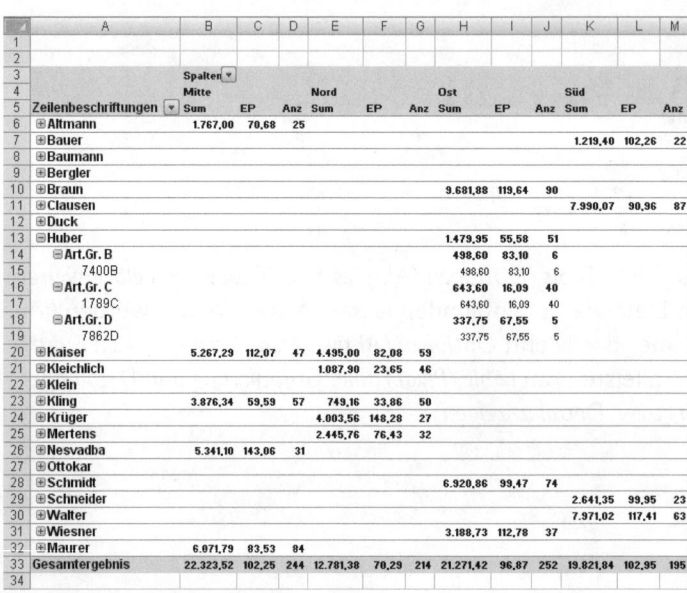

In diesem Beispiel wird zuerst der Kunde, dann die Artikelgruppe und anschließend die einzelne Artikelnummer dargestellt. Dies ist auch gleichzeitig die Reihenfolge der Verdichtung.

Soll beispielsweise nicht nach dem Kundennamen an erster Stelle, sondern nach der Artikelgruppe verdichtet werden, lässt sich das mit einem einzigen Klick erreichen. Klicken Sie im Bereich *Zeilenbeschriftungen* auf den Eintrag *Artikel-gruppe* und ziehen Sie diesen bei gedrückter linker Maustaste vor den Eintrag *Kunde*.

Das war es auch schon. Nun wird anstatt nach Kunden nach Artikelgruppen in der ersten Ebene verdichtet.

Als Ergebnis erhalten Sie folgenden PivotTable-Bericht.

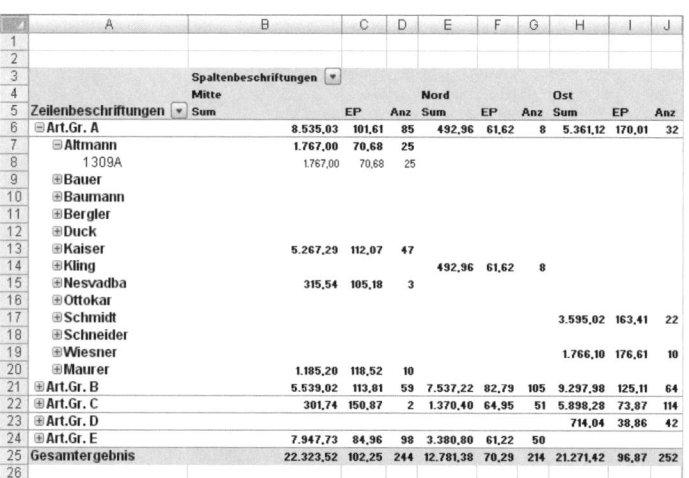

Sie sehen, die PivotTable (Drehtabelle) macht ihrem Namen alle Ehre. Der Bericht wurde wie gewünscht gedreht, die Gruppierung erfolgt nun nach den Artikelgruppen A bis E.

## Tipp 5: Verwendung des Bereichsfilters im PivotTable-Bericht

Über den Bereichsfilter können Datensätze aus- oder eingeblendet werden, die bestimmten Kriterien entsprechen. In diesem Beispiel sollen nur Datensätze der Artikelgruppen A und C angezeigt werden. Die anderen Artikelgruppen sollen ausgeblendet werden.

### So geht's:

1 Aktivieren Sie den PivotTable-Bericht, indem Sie den Zellzeiger in den Bericht setzen.

**2** Ordnen Sie die Felder wie folgt an:
- *Berichtsfilter: Artikel-gruppe*
- *Spaltenbeschriftungen: Region*
- *Zeilenbeschriftungen: Kunde, Artikel-nummer*
- *Werte: Umsatz (Summe von)*

**3** Durch die Festlegung der Artikelgruppe als Berichtsfilter wird im PivotTable-Bericht das Filterkriterium *Artikel-gruppe* im Zellbereich A1:B1 angezeigt.

**4** Nach einem Klick auf das Drop-down-Menü in Zelle B1 wird das Menü eingeblendet, in dem Sie festlegen können, welche Artikelgruppen angezeigt werden sollen und welche nicht. Standardmäßig ist der Eintrag *Alle* aktiviert.

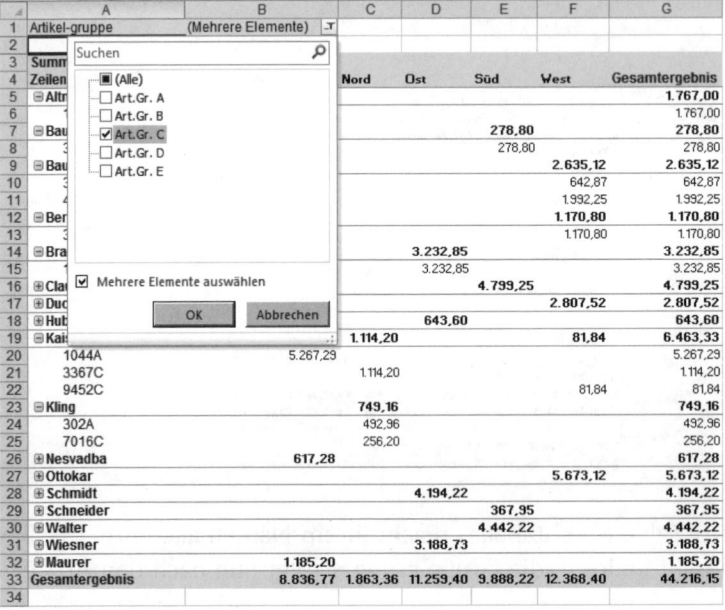

**5** Aktivieren Sie das Kontrollkästchen *Mehrere Elemente auswählen* und entfernen Sie die Haken bei *Art.Gr. B, D* und *E*, sodass nur noch die Artikelgruppen A und C aktiviert sind.

**6** Nach einem Klick auf die Schaltfläche *OK* werden im PivotTable-Bericht nur noch Daten der Artikelgruppen A und C angezeigt.

## 5.3 PivotTables zeitsparend und nutzbringend einsetzen

|    | A | B | C | D | E | F | G |
|---|---|---|---|---|---|---|---|
| 1 | Artikel-gruppe | (Mehrere Elemente) | | | | | |
| 2 | | | | | | | |
| 3 | Summe von Umsatz | Spaltenbeschriftungen | | | | | |
| 4 | Zeilenbeschriftungen | Mitte | Nord | Ost | Süd | West | Gesamtergebnis |
| 5 | ⊟Altmann | 1.767,00 | | | | | 1.767,00 |
| 6 | 1309A | 1.767,00 | | | | | 1.767,00 |
| 7 | ⊟Bauer | | | | 278,80 | | 278,80 |
| 8 | 3226A | | | | 278,80 | | 278,80 |
| 9 | ⊟Baumann | | | | | 2.635,12 | 2.635,12 |
| 10 | 3477A | | | | | 642,87 | 642,87 |
| 11 | 4834C | | | | | 1.992,25 | 1.992,25 |
| 12 | ⊟Bergler | | | | | 1.170,80 | 1.170,80 |
| 13 | 3524A | | | | | 1.170,80 | 1.170,80 |
| 14 | ⊟Braun | | | 3.232,85 | | | 3.232,85 |
| 15 | 1461C | | | 3.232,85 | | | 3.232,85 |
| 16 | ⊞Clausen | | | 4.799,25 | | | 4.799,25 |
| 17 | ⊞Duck | | | | 2.807,52 | | 2.807,52 |
| 18 | ⊞Huber | | | 643,60 | | | 643,60 |
| 19 | ⊟Kaiser | 5.267,29 | 1.114,20 | | | 81,84 | 6.463,33 |
| 20 | 1044A | 5.267,29 | | | | | 5.267,29 |
| 21 | 3367C | | 1.114,20 | | | | 1.114,20 |
| 22 | 9452C | | | | | 81,84 | 81,84 |
| 23 | ⊟Kling | | | 749,16 | | | 749,16 |
| 24 | 302A | | | 492,96 | | | 492,96 |
| 25 | 7016C | | | 256,20 | | | 256,20 |
| 26 | ⊞Nesvadba | 617,28 | | | | | 617,28 |
| 27 | ⊞Ottokar | | | | | 5.673,12 | 5.673,12 |
| 28 | ⊞Schmidt | | | 4.194,22 | | | 4.194,22 |
| 29 | ⊞Schneider | | | | 367,95 | | 367,95 |
| 30 | ⊞Walter | | | | 4.442,22 | | 4.442,22 |
| 31 | ⊞Wiesner | | | 3.188,73 | | | 3.188,73 |
| 32 | ⊞Maurer | 1.185,20 | | | | | 1.185,20 |
| 33 | Gesamtergebnis | 8.836,77 | 1.863,36 | 11.259,40 | 9.888,22 | 12.368,40 | 44.216,15 |
| 34 | | | | | | | |

### Hinweis

Ab Excel 2010 steht im Auswahlfenster die neue Suchfunktion zur Verfügung, über die nach beliebigen Datensätzen gesucht werden kann. Die gefundenen Datensätze werden dort entsprechend angezeigt. In diesem Beispiel wird nach der Zeichenfolge *Ba* am Wortanfang gesucht. Das wird erreicht, indem nach der Zeichenfolge das *-Platzhalterzeichen eingegeben wird. Ohne das Platzhalterzeichen würden alle Einträge mit der Zeichenfolge *ba* gefunden werden, gleichgültig an welcher Position im Suchbegriff diese vorkommt.

## Tipp 6: Erzeugen der Top-5-Kundenliste

Dieses Praxisbeispiel zeigt, wie in einem PivotTable-Bericht mit wenigen Mausklicks die Daten so gefiltert werden können, dass nur noch die fünf Topkunden mit den größten Umsätzen angezeigt werden.

## So geht's:

1 Erstellen Sie auf Basis der Verkaufsliste vom Juli 2007 einen PivotTable-Bericht mit folgender Datenfeldzuordnung.

- *Berichtsfilter*: kein Angabe
- *Spaltenbeschriftungen: Region*
- *Zeilenbeschriftungen: Kunde, Artikel-gruppe*
- *Werte: Umsatz (Summe von)*

2 Als Ergebnis erhalten Sie eine PivotTable mit sämtlichen Kundenumsätzen, aufgeschlüsselt nach Vertriebsgebiet (Regionen). Ein Klick auf das Plussymbol vor dem Kundennamen blendet das weitere Kriterium *Artikel-gruppe* ein.

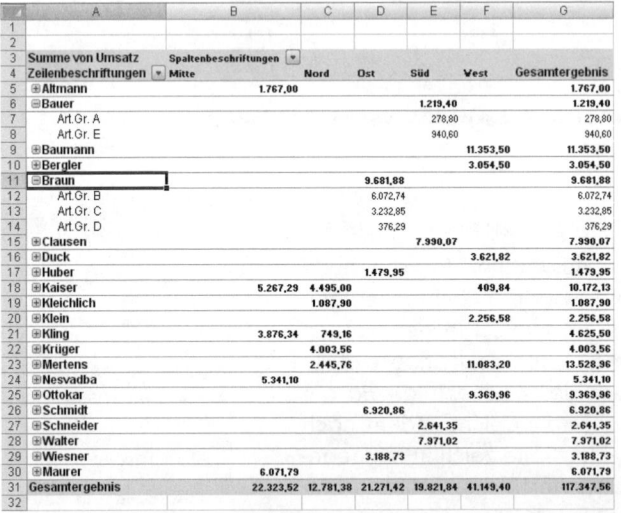

3 Zur Anzeige der fünf Datensätze mit dem größten Umsatz klicken Sie auf das Drop-down-Menü in Zelle A4 (*Zeilenbeschriftungen*) und wählen dort den Menüpunkt *Wertefilter/Top 10*.

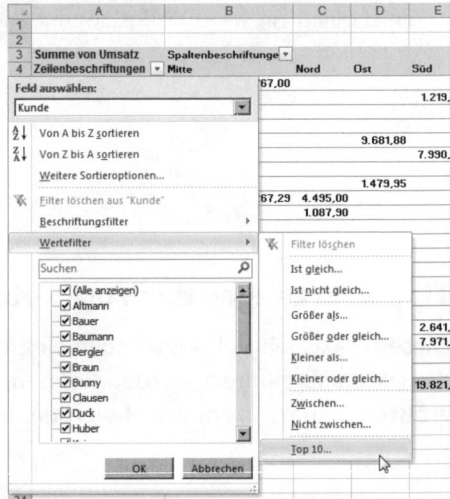

## 5.3 PivotTables zeitsparend und nutzbringend einsetzen

4 Im Dialogfenster *Top-10-Filter* wählen Sie die Einstellungen *Obersten 5 Elemente nach Summe von Umsatz* und beenden das Dialogfenster mit einem Klick auf die Schaltfläche *OK*.

5 Im PivotTable-Bericht werden nun die fünf Datensätze angezeigt, die den eingegebenen Filterkriterien entsprechen.

## Tipp 7: Drill-down-Details einblenden

In diesem Beispiel sehen Sie, wie sich weitere Details, sogenannte Drill-down-Details, zu einem Datensatz einblenden lassen.

### So geht's:

Drill-down-Details lassen sich ganz einfach mit einem Doppelklick auf die gewünschte Zelle in einem neuen Arbeitsblatt erzeugen. Dabei erhalten Sie abhängig von der gewählten Zelle die entsprechenden Detaildaten. Als Detaildaten wird der komplette Datensatz aus den Originaldaten eingeblendet. Dies wird in den folgenden Beispielen erläutert.

Anhand des Kunden Kaiser wird dargestellt, welche Drill-down-Detaildaten abhängig von der gewählten Zelle ausgegeben werden. Der PivotTable-Bericht enthält für den Kunden Kaiser die Daten laut folgender Abbildung.

| | A | B | C | D | E | F | G | H |
|---|---|---|---|---|---|---|---|---|
| 1 | | | | | | | | |
| 2 | | | | | | | | |
| 3 | Summe von Umsatz | | Region | | | | | |
| 4 | Kunde | Artikel-gru | Mitte | Nord | Ost | Süd | West | Gesamtergebnis |
| 5 | ⊞Altmann | | 1767 | | | | | 1767 |
| 6 | ⊞Bauer | | | | | 1219,4 | | 1219,4 |
| 7 | ⊞Baumann | | | | | | 11353,5 | 11353,5 |
| 8 | ⊞Bergler | | | | | | 3054,5 | 3054,5 |
| 9 | ⊞Braun | | | | 9681,88 | | | 9681,88 |
| 10 | ⊞Clausen | | | | | 7990,07 | | 7990,07 |
| 11 | ⊞Duck | | | | | | 3621,82 | 3621,82 |
| 12 | ⊞Huber | | | | | 1479,95 | | 1479,95 |
| 13 | ⊟Kaiser | Art.Gr. A | 5267,29 | | | | | 5267,29 |
| 14 | | Art.Gr. B | | | | 328 | | 328 |
| 15 | | Art.Gr. C | | 1114,2 | | 81,84 | | 1196,04 |
| 16 | | Art.Gr. E | | 3380,8 | | | | 3380,8 |
| 17 | Kaiser Ergebnis | | 5267,29 | 4495 | | 409,84 | | 10172,13 |
| 18 | ⊞Kleichlich | | | 1087,9 | | | | 1087,9 |

## 5. Daten bearbeiten, auswerten und analysieren für die tägliche Praxis

**Auswerten der Zelle C13 (Kunde Kaiser, Verkauf Art.Gr. A in der Region Mitte)**

Ein Doppelklick auf diese Zelle führt zu diesem Ergebnis.

|   | A | B | C | D | E | F | G | H |
|---|---|---|---|---|---|---|---|---|
| 1 | Kunde | Region | Groß-händler | Artikel-gruppe | Artikel-nummer | Einzelpreis | Menge | Umsatz |
| 2 | Kaiser | Mitte | Ja | Art.Gr. A | 1044A | 112,07 | 47 | 5267,29 |
| 3 |  |  |  |  |  |  |  |  |
| 4 |  |  |  |  |  |  |  |  |

Da sich der Drill-down auf einen einzigen Datensatz bezieht, erhalten Sie auch nur Details zu diesem einen Datensatz.

**Auswerten der Zelle H15 (Kunde Kaiser, alle Verkäufe aus Artikelgruppe C)**

Weil an den Kunden Kaiser zwei Artikel aus der Artikelgruppe C verkauft wurden, werden entsprechend diese zwei Artikel als Detaildaten ausgegeben.

|   | A | B | C | D | E | F | G | H |
|---|---|---|---|---|---|---|---|---|
| 1 | Kunde | Region | Groß-händler | Artikel-gruppe | Artikel-nummer | Einzelpreis | Menge | Umsatz |
| 2 | Kaiser | Nord | Ja | Art.Gr. C | 3367C | 123,8 | 9 | 1114,2 |
| 3 | Kaiser | West | Ja | Art.Gr. C | 9452C | 27,28 | 3 | 81,84 |
| 4 |  |  |  |  |  |  |  |  |
| 5 |  |  |  |  |  |  |  |  |

**Auswerten der Zelle H17 (Kunde Kaiser, alle Verkäufe an diesen Kunden)**

Da ein Drill-down auf der Summenzeile durchgeführt wurde, werden sämtliche Verkäufe des Kunden angezeigt.

|   | A | B | C | D | E | F | G | H |
|---|---|---|---|---|---|---|---|---|
| 1 | Kunde | Region | Groß-händler | Artikel-gruppe | Artikel-nummer | Einzelpreis | Menge | Umsatz |
| 2 | Kaiser | Mitte | Ja | Art.Gr. A | 1044A | 112,07 | 47 | 5267,29 |
| 3 | Kaiser | West | Ja | Art.Gr. B | 9885B | 82 | 4 | 328 |
| 4 | Kaiser | Nord | Ja | Art.Gr. C | 3367C | 123,8 | 9 | 1114,2 |
| 5 | Kaiser | West | Ja | Art.Gr. C | 9452C | 27,28 | 3 | 81,84 |
| 6 | Kaiser | Nord | Ja | Art.Gr. E | 1636E | 45,23 | 15 | 678,45 |
| 7 | Kaiser | Nord | Nein | Art.Gr. E | 2769E | 77,21 | 35 | 2702,35 |
| 8 |  |  |  |  |  |  |  |  |
| 9 |  |  |  |  |  |  |  |  |

Sie sehen, die Drill-down-Detailausgabe ist sensitiv. Abhängig von der ausgewählten Zelle werden die jeweils zugehörigen Daten in einem neuen Tabellenblatt ausgegeben.

> **Hinweis**
>
> Die Drill-down-Methode bietet sich besonders an, wenn beispielsweise nur Teile aus einem PivotTable-Bericht und nicht die gesamte Datenliste an Dritte weitergegeben werden soll.

## Tipp 8: Berechnende Felder zum PivotTable-Bericht hinzufügen

Über berechnende Felder können PivotTable-Berichte beliebig erweitert und ergänzt werden. In diesem Beispiel soll der Bruttoumsatz inklusive 19 % Umsatzsteuer ermittelt werden.

## 5.3 PivotTables zeitsparend und nutzbringend einsetzen

*So geht's:*

1  Setzen Sie dazu den Zellzeiger auf eine beliebige Zelle im PivotTable-Bericht.

2  Öffnen Sie über das Menü *PivotTable-Tools/Optionen/Berechnungen/ Felder, Elemente und Gruppen/Berechnetes Feld* das Dialogfenster *Berechnetes Feld einfügen* (Excel 2007: Menü *PivotTable-Tools/Optionen/Tools/ Formeln/Berechnetes Feld*).

3  Erfassen Sie im Feld *Name* die Bezeichnung *Brutto*. Als Formel erfassen Sie *=Umsatz*1,19* und klicken auf die Schaltfläche *Hinzufügen*.

4  Nachdem Sie die Eingabe mit einem Klick auf die Schaltfläche *OK* beendet haben, wird das berechnende Feld in den PivotTable-Bericht aufgenommen.

|    | A | B | C | D | E | F |
|----|---|---|---|---|---|---|
| 1  |   |   |   |   |   |   |
| 2  |   |   |   |   |   |   |
| 3  |   |   | Region | Daten |   |   |
| 4  |   |   | Mitte |   | Nord |   |
| 5  | Kunde | Artikel-gruppe | Summe von Umsatz | Summe von Brutto | Summe von Umsatz | Summe von Brutto |
| 6  | Altmann |   | 1767 | 2.102,73 |   | 0,00 |
| 7  | Bauer |   |   | 0,00 |   | 0,00 |
| 8  | Baumann |   |   | 0,00 |   | 0,00 |
| 9  | Bergler |   |   | 0,00 |   | 0,00 |
| 10 | Braun |   |   | 0,00 |   | 0,00 |
| 11 | Clausen |   |   | 0,00 |   | 0,00 |
| 12 | Duck |   |   | 0,00 |   | 0,00 |
| 13 | Huber |   |   | 0,00 |   | 0,00 |
| 14 | Kaiser | Art.Gr. A | 5267,39 | 6.268,08 |   | 0,00 |
| 15 |   | Art.Gr. B |   | 0,00 |   | 0,00 |
| 16 |   | Art.Gr. C |   | 0,00 | 1114,2 | 1.325,90 |
| 17 |   | Art.Gr. E |   | 0,00 | 3380,8 | 4.023,15 |
| 18 | Kaiser Ergebnis |   | 5267,39 | 6.268,08 | 4495 | 5.349,05 |
| 19 | Kleichlich |   |   | 0,00 | 1087,9 | 1.294,60 |
| 20 | Klein |   |   | 0,00 |   | 0,00 |
| 21 | Kling |   | 3876,34 | 4.612,84 | 749,16 | 891,50 |
| 22 | Krüger |   |   | 0,00 | 4003,56 | 4.764,24 |
| 23 | Maurer |   | 6071,79 | 7.225,43 |   | 0,00 |
| 24 | Mertens |   |   | 0,00 | 2445,76 | 2.910,45 |
| 25 | Nesvadba |   | 5341,1 | 6.355,91 |   | 0,00 |
| 26 | Ottokar |   |   | 0,00 |   | 0,00 |
| 27 | Schmidt |   |   | 0,00 |   | 0,00 |
| 28 | Schneider |   |   | 0,00 |   | 0,00 |
| 29 | Walter |   |   | 0,00 |   | 0,00 |
| 30 | Wiesner |   |   | 0,00 |   | 0,00 |
| 31 | Gesamtergebnis |   | 22323,52 | 26.564,99 | 12781,38 | 15.209,84 |
| 32 |   |   |   |   |   |   |

Auf diese Weise können beliebige, auch komplexe Berechnungsvorgänge zum PivotTable-Bericht hinzugefügt werden.

### Tipp 9: Gezielt Daten aus einer PivotTable auslesen

Eine in der Praxis meist wenig genutzte Funktion ist die Tabellenfunktion *PIVOTDATENZUORDEN()*. Mit dieser Funktion können Sie einzelne Datenfelder gezielt aus einer PivotTable auslesen. Diese Funktion ermöglicht es, gleichzeitig Daten aus mehreren unterschiedlichen PivotTable-Berichten auszulesen und daraus einen neuen Bericht zu erstellen. Dazu ist es allerdings nicht erforderlich, dass die Dateien mit den PivotTable-Berichten geöffnet sind.

## 5. Daten bearbeiten, auswerten und analysieren für die tägliche Praxis

In diesem Beispiel sollen einige Detaildaten aus einer PivotTable extrahiert werden, ohne dabei die PivotTable selbst zu modifizieren.

### So geht's:

Sehen Sie sich zunächst die Syntax der Funktion etwas näher an:

PIVOTDATENZUORDNEN(Datenfeld;PivotTable;Feld1;Element1;Feld2;Element2;...)

- *Datenfeld*: Bezeichnet den Namen für das Datenfeld, das die Daten enthält, die Sie abrufen möchten.
- *PivotTable*: Stellt einen Bezug auf eine Zelle, einen Zellbereich oder einen benannten Zellbereich in einem PivotTable-Bericht dar. Diese Informationen werden dazu verwendet, zu ermitteln, welcher PivotTable-Bericht die Daten enthält, die Sie abrufen möchten.
- *Feld1, Element1, Feld2, Element2*: Stehen für Paare aus Feld- und Elementnamen (zwischen 1 und 126), die die Daten beschreiben, die Sie abrufen möchten. Diese Paare können in einer beliebigen Reihenfolge auftreten. Feld- und Elementnamen, die nicht aus Datumsangaben oder Zahlen bestehen, werden in Anführungszeichen eingeschlossen. (In Excel 2003 stehen nur bis zu 14 Auswertungspaare zur Verfügung.)

Nachfolgend sehen Sie, wie sich mit der Funktion *PIVOTDATENZORDNEN()* beliebige Datensätze extrahieren lassen.

Als Ausgangstabelle dient folgender PivotTable-Bericht:

| | A | B | C | D | E | F | G | H |
|---|---|---|---|---|---|---|---|---|
| 1 | | | | | | | | |
| 2 | | | | | | | | |
| 3 | Summe von Umsatz | | Region | | | | | |
| 4 | Kunde | Artikel-gru | Mitte | Nord | Ost | Süd | West | Gesamtergebnis |
| 5 | Altmann | | 1767 | | | | | 1767 |
| 6 | Bauer | | | | | 1219,4 | | 1219,4 |
| 7 | Baumann | | | | | | 11353,5 | 11353,5 |
| 8 | Bergler | | | | | | 3054,5 | 3054,5 |
| 9 | Braun | | | | 9681,88 | | | 9681,88 |
| 10 | Clausen | | | | | 7990,07 | | 7990,07 |
| 11 | Duck | | | | | | 3621,82 | 3621,82 |
| 12 | Huber | | | | 1479,95 | | | 1479,95 |
| 13 | Kaiser | Art.Gr. A | 5267,29 | | | | | 5267,29 |
| 14 | | Art.Gr. B | | | | | 328 | 328 |
| 15 | | Art.Gr. C | | 1114,2 | | | 81,84 | 1196,04 |
| 16 | | Art.Gr. E | | 3380,8 | | | | 3380,8 |
| 17 | Kaiser Ergebnis | | 5267,29 | 4495 | | | 409,84 | 10172,13 |
| 18 | Kleichlich | | | 1087,9 | | | | 1087,9 |
| 19 | Klein | | | | | | 2256,58 | 2256,58 |
| 20 | Kling | | 3876,34 | 749,16 | | | | 4625,5 |
| 21 | Krüger | | | 4003,56 | | | | 4003,56 |
| 22 | Maurer | | 6071,79 | | | | | 6071,79 |
| 23 | Mertens | | | 2445,76 | | | 11083,2 | 13528,96 |
| 24 | Nesvadba | | 5341,1 | | | | | 5341,1 |
| 25 | Ottokar | | | | | | 9369,96 | 9369,96 |
| 26 | Schmidt | | | | 6920,86 | | | 6920,86 |
| 27 | Schneider | | | | | 2641,35 | | 2641,35 |
| 28 | Walter | | | | | 7971,02 | | 7971,02 |
| 29 | Wiesner | | | | | 3188,73 | | 3188,73 |
| 30 | Gesamtergebnis | | 22323,52 | 12781,38 | 21271,42 | 19821,84 | 41149,4 | 117347,56 |
| 31 | | | | | | | | |

Basierend auf dieser Tabelle sollen nun verschiedene Datensätze extrahiert werden.

## 5.3 PivotTables zeitsparend und nutzbringend einsetzen

### Auslesen des Gesamtumsatzes für den Kunden Kaiser

Erfassen Sie dazu in Zelle C34 diese Formel:

=PIVOTDATENZUORDNEN("Umsatz";$A$3;"Kunde";"Kaiser")

Das Ergebnis lautet 10.172,13.

### Auslesen der Summe Umsatz Art.Gr. C für den Kunden Kaiser

Diesen Wert können Sie mit dieser Formel extrahieren:

=PIVOTDATENZUORDNEN("Umsatz";$A$3;"Kunde";"Kaiser";"Artikel-gruppe"; "Art.Gr. C")

Erfassen Sie diese Formel in Zelle C36. Das Ergebnis lautet 1.196,04.

### Auslesen der Summe Umsatz Art.Gr. C in der Region Nord für den Kunden Kaiser

Die Formel zum Extrahieren dieses Werts lautet wie folgt:

=PIVOTDATENZUORDNEN("Umsatz";$A$3;"Kunde";"Kaiser";"Artikel-gruppe"; "Art.Gr. C";"Region";"Nord")

Tragen Sie diese Formel in Zelle C38 ein. Das Ergebnis lautet 1.114,20.

| | A | B | C | D | E | F | G | H |
|---|---|---|---|---|---|---|---|---|
| 1 | | | | | | | | |
| 2 | | | | | | | | |
| 3 | Summe von Umsatz | | Region | | | | | |
| 4 | Kunde | Artikel-gruppe | Mitte | Nord | Ost | Süd | West | Gesamtergebnis |
| 5 | ⊞Altmann | | 1767 | | | | | 1767 |
| 6 | ⊞Bauer | | | | | 1219,4 | | 1219,4 |
| 7 | ⊞Baumann | | | | | | 11353,5 | 11353,5 |
| 8 | ⊞Bergler | | | | | | 3054,5 | 3054,5 |
| 9 | ⊞Braun | | | | 9681,88 | | | 9681,88 |
| 10 | ⊞Clausen | | | | | 7990,07 | | 7990,07 |
| 11 | ⊞Duck | | | | | | 3621,82 | 3621,82 |
| 12 | ⊞Huber | | | | 1479,95 | | | 1479,95 |
| 13 | ⊟Kaiser | Art.Gr. A | 5267,29 | | | | | 5267,29 |
| 14 | | Art.Gr. B | | | | | 328 | 328 |
| 15 | | Art.Gr. C | | 1114,2 | | | 81,84 | 1196,04 |
| 16 | | Art.Gr. E | | 3380,8 | | | | 3380,8 |
| 17 | Kaiser Ergebnis | | 5267,29 | 4495 | | | 409,84 | 10172,13 |
| 18 | ⊞Kleichlich | | | 1087,9 | | | | 1087,9 |
| 19 | ⊞Klein | | | | | | 2256,58 | 2256,58 |
| 20 | ⊞Kling | | 3876,34 | 749,16 | | | | 4625,5 |
| 21 | ⊞Krüger | | | 4003,56 | | | | 4003,56 |
| 22 | ⊞Maurer | | 6071,79 | | | | | 6071,79 |
| 23 | ⊞Mertens | | | 2445,76 | | | 11083,2 | 13528,96 |
| 24 | ⊞Nesvadba | | 5341,1 | | | | | 5341,1 |
| 25 | ⊞Ottokar | | | | | | 9369,96 | 9369,96 |
| 26 | ⊞Schmidt | | | | 6920,86 | | | 6920,86 |
| 27 | ⊞Schneider | | | | | 2641,35 | | 2641,35 |
| 28 | ⊞Walter | | | | | 7971,02 | | 7971,02 |
| 29 | ⊞Wiesner | | | | 3188,73 | | | 3188,73 |
| 30 | Gesamtergebnis | | 22323,5 | 12781,4 | 21271,4 | 19821,8 | 41149,4 | 117347,56 |
| 31 | | | | | | | | |
| 32 | | | | | | | | |
| 33 | | | | | | | | |
| 34 | 1. Gesamtergebnis für Kunde "Kaiser" | | 10.172,13 | | | | | |
| 35 | | | | | | | | |
| 36 | 2. Kunde "Kaiser" Summe Umsatz "Art.Gr. C" | | 1.196,04 | | | | | |
| 37 | | | | | | | | |
| 38 | 3. Kunde "Kaiser" Umsatz "Art.Gr. C2" Region "Nord" | | 1.114,20 | | | | | |
| 39 | | | | | | | | |

Auf diese Weise können Sie gezielt einzelne Datensätze aus beliebigen PivotTable-Berichten auslesen.

> **Hinweis**
>
> Wenn Sie die Felder in der PivotTable verschieben, also anders anordnen, hat das keine Auswirkung auf die Ergebnisse der Funktion *PIVOTDATENZUORDNEN()*.

## Tipp 10: Filtern von PivotTables mithilfe der neuen Datenschnittfunktion

Die mit Excel 2010 eingeführte Datenschnittfunktion bietet eine höchst visuelle Möglichkeit, die Daten in PivotTables zu filtern. Mithilfe von Datenschnitten können die einzelnen Daten anhand von Schaltflächen schnell segmentiert und gefiltert werden. In früheren Versionen von Microsoft Excel können Bereichsfilter verwendet werden, um Daten in einem PivotTable-Bericht zu filtern. Es war aber nicht leicht, den aktuellen Filterstatus zu erkennen, wenn mehrere Elemente gefiltert waren. Wenden Sie jetzt in Excel 2010/2013 mehrere Filter auf die PivotTable an, müssen Sie nicht länger eine Liste öffnen, um die auf die Daten angewendeten Filter anzuzeigen. Stattdessen sehen Sie das direkt auf dem Bildschirm im Datenschnitt. Datenschnitte können auch an die Formatierung der Arbeitsmappe angepasst werden, sodass sie sich als Bedienelement nahtlos einbinden lassen. Darüber hinaus lassen sie sich auch in anderen PivotTables, PivotCharts und Cube-Funktionen auf einfache Weise wiederverwenden.

Als Ausgangsbasis dient die Verkaufsliste vom Mai 2010. Da die Datenschnittfunktion nur in Excel 2010 und Excel 2013 zur Verfügung steht, bezieht sich dieser Tipp auch ausschließlich auf diese Versionen.

| | A | B | C | D | E | F | G | H |
|---|---|---|---|---|---|---|---|---|
| 1 | Verkaufsliste Mai 2010 | | | | | | | |
| 2 | | | | | | | | |
| 3 | Kunde | Region | Groß-händler | Artikel-gruppe | Artikel-nummer | Einzelpreis | Menge | Umsatz |
| 4 | Kaiser | Nord | Ja | Art.Gr. E | 1636E | 45,23 | 15 | 678,45 |
| 5 | Kaiser | Nord | Nein | Art.Gr. E | 2769E | 77,21 | 35 | 2.702,35 |
| 6 | Wiesner | Ost | Ja | Art.Gr. C | 1328C | 113,94 | 2 | 227,88 |
| 7 | Kling | Mitte | Ja | Art.Gr. E | 4458E | 15,98 | 23 | 367,54 |
| 8 | Schmidt | Ost | Ja | Art.Gr. A | 7248A | 163,41 | 22 | 3.595,02 |
| 9 | Kaiser | Mitte | Ja | Art.Gr. A | 1044A | 112,07 | 47 | 5.267,29 |
| 10 | Kaiser | West | Ja | Art.Gr. C | 9452C | 27,28 | 3 | 81,84 |
| 11 | Nesvadba | Mitte | Ja | Art.Gr. E | 9667E | 124,02 | 4 | 496,08 |
| 12 | Klein | West | Nein | Art.Gr. B | 1381B | 18,45 | 28 | 516,60 |
| 13 | Walter | Süd | Nein | Art.Gr. E | 3654E | 21,75 | 17 | 369,75 |
| 14 | Kaiser | West | Ja | Art.Gr. B | 9885B | 82,00 | 4 | 328,00 |
| 15 | Bergler | West | Ja | Art.Gr. A | 3524A | 29,27 | 40 | 1.170,80 |
| 16 | Schneider | Süd | Nein | Art.Gr. A | 1248A | 73,59 | 5 | 367,95 |
| 17 | Kleichlich | Nord | Nein | Art.Gr. B | 1251B | 23,65 | 46 | 1.087,90 |
| 18 | Schmidt | Ost | Ja | Art.Gr. C | 7087C | 21,40 | 28 | 599,20 |
| 19 | Krüger | Nord | Nein | Art.Gr. B | 8799B | 148,28 | 27 | 4.003,56 |
| 20 | Maurer | Mitte | Ja | Art.Gr. E | 9517E | 96,63 | 37 | 3.575,31 |
| 21 | Walter | Süd | Nein | Art.Gr. C | 4238C | 193,14 | 23 | 4.442,22 |
| 22 | Baumann | West | Nein | Art.Gr. C | 4834C | 153,25 | 13 | 1.992,25 |
| 23 | Klein | West | Nein | Art.Gr. D | 5004D | 79,09 | 22 | 1.739,98 |
| 24 | Kaiser | Nord | Ja | Art.Gr. C | 3367C | 123,80 | 9 | 1.114,20 |
| 25 | Kling | Nord | Ja | Art.Gr. C | 7016C | 6,10 | 42 | 256,20 |
| 26 | Wiesner | Ost | Ja | Art.Gr. C | 1369C | 47,79 | 25 | 1.194,75 |

*So geht's:*

1. Erstellen Sie im ersten Schritt eine PivotTable. Setzen Sie den Zellzeiger an eine beliebige Zelle in der Verkaufsliste, z. B. Zelle B5.

2. Rufen Sie über das Menü *Einfügen/PivotTable* den Assistenten zur PivotTable-Erstellung auf. Die relevanten Informationen werden automatisch ausgelesen und im Assistenten angezeigt. Achten Sie darauf, dass die Option *Neues Arbeitsblatt* aktiviert ist.

5.3 PivotTables zeitsparend und nutzbringend einsetzen

**3** Nachdem Sie das Dialogfenster mit einem Klick auf die Schaltfläche *OK* beendet haben, wird ein neues Tabellenblatt für die PivotTable eingefügt, und die Pivot-Table-Feldliste wird im Aufgabenbereich angezeigt. Darüber hinaus werden die Registerkarten *Optionen* und *Entwurf* aus dem Bereich *PivotTable-Tools* eingeblendet.

**4** Ziehen Sie, wie in der Abbildung gezeigt, die Felder aus der Feldliste in die Bereiche *Spaltenbeschriftung*, *Zeilenbeschriftung* und *Werte*.

5. Daten bearbeiten, auswerten und analysieren für die tägliche Praxis

**5** Direkt nach dem Verschieben der Felder in die einzelnen Bereiche wird die PivotTable aufgebaut und entsprechend gegliedert. Das Ergebnis sehen Sie in der folgenden Abbildung. Damit die Begriffe *Zeilenbeschriftung* und *Spaltenbeschriftung* in der Kopfzeile der PivotTable nicht mehr angezeigt werden, müssen sie noch ausgeblendet werden. Das wird über das Menü *PivotTable-Tools/ Optionen/Feldkopfzeilen* erreicht.

| | A | B | C | D | E | F | G |
|---|---|---|---|---|---|---|---|
| 1 | | | | | | | |
| 2 | | | | | | | |
| 3 | Summe von Umsatz | | | | | | |
| 4 | | Mitte | Nord | Ost | Süd | West | Gesamtergebnis |
| 5 | ⊞ Altmann | 1.767,00 € | | | | | 1.767,00 € |
| 6 | ⊞ Bauer | | | | 1.219,40 € | | 1.219,40 € |
| 7 | ⊞ Baumann | | | | | 11.353,50 € | 11.353,50 € |
| 8 | ⊞ Bergler | | | | | 3.054,50 € | 3.054,50 € |
| 9 | ⊞ Braun | | | 9.681,88 € | | | 9.681,88 € |
| 10 | ⊞ Clausen | | | | 7.990,07 € | | 7.990,07 € |
| 11 | ⊞ Duck | | | | | 3.621,82 € | 3.621,82 € |
| 12 | ⊞ Huber | | | 1.479,95 € | | | 1.479,95 € |
| 13 | ⊞ Kaiser | 5.267,29 € | 4.495,00 € | | | 409,84 € | 10.172,13 € |
| 14 | ⊞ Kleichlich | | 1.087,90 € | | | | 1.087,90 € |
| 15 | ⊞ Klein | | | | | 2.256,58 € | 2.256,58 € |
| 16 | ⊞ Kling | 3.876,34 € | 749,16 € | | | | 4.625,50 € |
| 17 | ⊞ Krüger | | 4.003,56 € | | | | 4.003,56 € |
| 18 | ⊞ Maurer | 6.071,79 € | | | | | 6.071,79 € |
| 19 | ⊞ Mertens | | 2.445,76 € | | | 11.083,20 € | 13.528,96 € |
| 20 | ⊞ Nesvadba | 5.341,10 € | | | | | 5.341,10 € |
| 21 | ⊞ Ottokar | | | | | 9.369,96 € | 9.369,96 € |
| 22 | ⊞ Schmidt | | | 6.920,86 € | | | 6.920,86 € |
| 23 | ⊞ Schneider | | | | 2.641,35 € | | 2.641,35 € |
| 24 | ⊞ Walter | | | | 7.971,02 € | | 7.971,02 € |
| 25 | ⊞ Wiesner | | | 3.188,73 € | | | 3.188,73 € |
| 26 | Gesamtergebnis | 22.323,52 € | 12.781,38 € | 21.271,42 € | 19.821,84 € | 41.149,40 € | 117.347,56 € |
| 27 | | | | | | | |

**6** Im nächsten Schritt wird ein Datenschnitt eingefügt. Markieren Sie dazu eine beliebige Zelle innerhalb der PivotTable und wählen Sie den Befehl *PivotTable-Tools/Optionen/Datenschnitt einfügen*. Dieser Befehl öffnet ein Dialogfenster, über das festgelegt wird, für welches Feld/welche Felder der Datenschnitt erzeugt werden soll.

## 5.3 PivotTables zeitsparend und nutzbringend einsetzen

Wählen Sie in diesem Beispiel den Eintrag *Kunde* und beenden Sie den Dialog mit einem Klick auf die Schaltfläche *OK*.

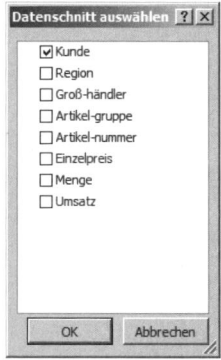

**7** Damit haben Sie für das Feld *Kunde* einen Datenschnitt erzeugt. Das bedeutet, dass ein Fenster mit den Feldinhalten des Felds *Kunde* erstellt wird. Dabei kann jeder Kunde individuell angeklickt werden, und so wird in der PivotTable die Anzeige auf den gewählten Kunden eingeschränkt.

**8** In diesem Beispiel sollen nun nur die Daten des Kunden *Kling* angezeigt werden. Suchen Sie dazu aus der alphabetischen Liste des Datenschnitts den Eintrag *Kling* heraus und klicken Sie ihn an. Dadurch wird der Filter auf diesen Datensatz gesetzt, und die PivotTable wird auf den Kunden *Kling* eingegrenzt.

**9** Natürlich können auch mehrere individuell ausgewählte Kunden gefiltert werden. Markieren Sie dazu mehrere Einträge im Datenschnitt gleichzeitig. Bei gedrückter [Strg]-Taste können Sie einzelne Kunden selektiv mit der linken Maustaste auswählen, bei gedrückter [Umschalt]-Taste können zusammenhängende Bereiche gewählt werden. Im Beispiel sollen die Kunden *Clausen*, *Huber*, *Kleichlich* und *Klein* angezeigt werden.

5. Daten bearbeiten, auswerten und analysieren für die tägliche Praxis

|   | A | B | C | D | E | F | G | H |
|---|---|---|---|---|---|---|---|---|
| 1 |  |  |  |  |  |  |  |  |
| 2 |  |  |  |  |  |  |  |  |
| 3 | Summe von Umsatz |  |  |  |  |  | Kunde | ▽ |
| 4 |  | Nord | Ost | Süd | West | Gesamtergebnis |  |  |
| 5 | ⊞ Clausen |  |  | 7.990,07 € |  | 7.990,07 € | Clausen |  |
| 6 | ⊞ Huber |  | 1.479,95 € |  |  | 1.479,95 € | Duck |  |
| 7 | ⊞ Kleichlich | 1.087,90 € |  |  |  | 1.087,90 € |  |  |
| 8 | ⊞ Klein |  |  |  | 2.256,58 € | 2.256,58 € | Huber |  |
| 9 | Gesamtergebnis | 1.087,90 € | 1.479,95 € | 7.990,07 € | 2.256,58 € | 12.814,50 € | Kaiser |  |
| 10 |  |  |  |  |  |  |  |  |
| 11 |  |  |  |  |  |  | Kleichlich |  |
| 12 |  |  |  |  |  |  | Klein |  |
| 13 |  |  |  |  |  |  |  |  |
| 14 |  |  |  |  |  |  | Kling |  |
| 15 |  |  |  |  |  |  |  |  |
| 16 |  |  |  |  |  |  |  |  |

> **Hinweis**
>
> Am Filtersymbol rechts oben im Datenschnittfenster ist zu erkennen, ob ein Filter aktiv ist oder nicht. Das Symbol ▽ wird angezeigt, wenn der Filter aktiv ist. Mit einem Klick darauf wird der Filter gelöscht, und es werden wieder alle Datensätze angezeigt.

Sie sehen, mithilfe dieser neuen Funktion lässt sich die PivotTable sehr leicht und elegant auf die gewünschten Datensätze filtern.

→ Verweis: siehe Kapitel 11.3, Tipp 12

## Tipp 11: Die Datenschnittfunktion in der Praxis – Ideen und Anregungen

Der vorherige Tipp zeigt den grundsätzlichen Umgang mit der Datenschnittfunktion. In diesem Tipp erfahren Sie, wie Sie diese Funktion als Bedien- und Anzeigeelement in der Praxis einsetzen können und wie sich mehrere Datenschnitte sinnvoll einsetzen und kombinieren lassen.

*So geht's:*

Nachfolgend wird das Beispiel aus dem vorherigen Tipp verwendet und entsprechend erweitert. Im ersten Schritt soll nun die Formatierung des Datenschnitts an die PivotTable angepasst werden.

1 Markieren Sie dazu das Datenschnittfenster *Kunde* und wählen Sie über das Menü *Datenschnitttools/Optionen* eine entsprechende Datenschnittformatvorlage aus, die zur farblichen Gestaltung der PivotTable passt.

2 Auch die Überschrift des Datenschnitts kann verändert werden. Markieren Sie dazu das Datenschnittfenster und öffnen Sie über den Befehl *Datenschnitttools/Optionen/Datenschnitteinstellungen* das entsprechende Dialogfenster. Dort können Sie im Bereich *Kopfzeile* eine Beschriftung eintragen bzw. die Anzeige von Kopfzeilen deaktivieren. In unserem Beispiel soll anstelle der Überschrift *Kunde* der Text *Bitte wählen* erscheinen.

## 5.3 PivotTables zeitsparend und nutzbringend einsetzen

3   Nachdem Sie das Dialogfenster mit OK beendet haben, wird das Datenschnittfenster entsprechend angezeigt.

4   Im nächsten Schritt fügen Sie einen zweiten Datenschnitt für das Feld *Großhändler* hinzu. Setzen Sie den Zellzeiger dazu auf eine beliebige Zelle in der PivotTable und fügen Sie über das Menü *PivotTable-Tools/Optionen/Datenschnitt einfüge*n einen Datenschnitt für das Feld *Großhändler* ein.

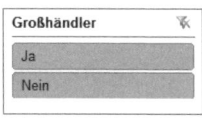

5   Dieser Datenschnitt enthält die Werte *Ja* und *Nein*, abhängig davon, ob es sich beim ausgewählten Kunden um einen Großhändler handelt oder nicht. Passen Sie diesen Datenschnitt wieder farblich an.

6   Wenn Sie nun die einzelnen Kunden auswählen, wird automatisch der entsprechende Eintrag *Ja* oder *Nein* im Datenschnittfenster *Großhändler* angezeigt. Damit können Sie Informationen der PivotTable über den zweiten Datenschnitt elegant anzeigen lassen.

7   Damit der Datenschnitt *Großhändler* wie in der vorstehenden Abbildung zweispaltig angezeigt wird, muss die entsprechende Einstellung vorgenommen werden. Markieren Sie zunächst den Datenschnitt und öffnen Sie über das Kontextmenü, das Sie mit der rechten Maustaste aufrufen, den Befehl *Größe und Eigenschaften*. Legen Sie dort unter dem Punkt *Position und Layout* die *Anzahl der Spalten* auf 2 fest und positionieren Sie den Datenschnitt über der PivotTable.

→ Verweis: siehe Kapitel 11.3, Tipp 12

## Tipp 12: PowerPivot – Self Service Business Intelligence kurz vorgestellt

Mit PowerPivot hat Microsoft ein neues, sogenanntes Self-Service-Datenanalysewerkzeug auf den Markt gebracht. Endanwender sollen damit in der Lage sein, selbstständig **B**usiness-**I**ntelligence-(BI-)Analysen mit großen Datenmengen aufzubereiten.

Für Excel 2010 wird PowerPivot als Add-in zur Verfügung gestellt, das auf der Seite *www.powerpivot.com/* heruntergeladen werden kann.

Mit Excel 2013 wurden die PowerPivot-Funktionen stärker in Excel integriert; vor erstmaliger Nutzung ist allerdings die Aktivierung des in Excel enthaltenen Add-ins erforderlich. Eine Beschreibung dazu finden Sie hier:

*http://office.microsoft.com/de-de/excel-help/starten-des-powerpivot-in-excel-2013-add-ins-HA102837097.aspx?CTT=1*

Die folgende Darstellung bezieht sich auf PowerPivot für Excel 2010 in der englischen Version.

PowerPivot setzt sich aus einer Reihe von Client- und Serverkomponenten zusammen, die im gegenseitigen Zusammenspiel die Umsetzung solcher BI-Lösungen ermöglichen. PowerPivot besteht im Grunde aus drei Komponenten:

### Add-in für Excel 2010

Das Excel-Add-in hat eine eigene Benutzeroberfläche und eine eigene Multifunktionsleiste. Durch die Verwendung des Add-in können über 100 Millionen Datensätze importiert werden. Daten können zueinander in Beziehung gesetzt werden, in neuen Spalten können Ergebnisse formelbasiert ermittelt werden. Der Anwender benötigt keine Kenntnisse in Datenbankabfragesprachen wie SQL oder MDX. Darüber hinaus können die entwickelten Lösungen auf einer Sharepoint-Webseite bereitgestellt werden.

### Add-in für Sharepoint 2010

Ein Add-in für Sharepoint 2010 ermöglicht es, die über das Excel-Add-in erstellten Arbeitsmappen zu verwalten, bereitzustellen sowie die Rechtevergabe zu steuern.

### Neuartige Speicherverwaltung

Die neue Speicherverwaltung nimmt eine spaltenbasierte Kompression der Daten vor (Column-based Compression). Erst diese Speicherverwaltung ermöglicht die Integration von Millionen von Zeilen.

Mit PowerPivot können Daten aus verschiedenen Quellen, einschließlich Datenbanken, Arbeitsblättern, Berichten und Datenfeeds des Unternehmens, auf schnelle und einfache Weise gesammelt und vor allem kombiniert werden. Sobald sich die Daten in Excel befinden, können sie mithilfe von PivotTables, Datenschnitten und

## 5.3 PivotTables zeitsparend und nutzbringend einsetzen

anderen vertrauten Excel-Features ganz interaktiv analysiert, berechnet und ausgewertet werden.

Bevor wir uns das Add-in PowerPivot näher ansehen, sollten Sie es installieren. Den Download des Add-in finden Sie auf *www.powerpivot.com/*. Die Installation erfolgt über ein Setup-Programm. Wenn Sie Excel nach erfolgter Installation starten, steht eine neue Registerkarte mit der Bezeichnung *PowerPivot* in der Multifunktionsleiste zur Verfügung.

In diesem Tipp zeigen wir Ihnen anhand eines einfachen Beispiels, wie sich Daten mit PowerPivot importieren und auswerten lassen.

### So geht's:

Als Basis dient eine Access-Datenbank mit rund 90.000 Datensätzen.

Die Datenbank enthält eine Datentabelle mit den Feldern *ID*, *Art-Nr*, *Umsatz netto*, *Ust* (Umsatzsteuer), *Umsatz brutto* und *Monat Verkauf*, in dem der Artikel verkauft wurde.

## 5. Daten bearbeiten, auswerten und analysieren für die tägliche Praxis

Ziel ist es, die Daten aus der Access-Datenbank über PowerPivot auszulesen und in Excel mittels einer PivotTable und einem Datenschnitt auf den Verkaufsmonat auszuwerten.

Sehen wir uns zunächst den Import der Daten aus der Access-Datenbank näher an.

**1** Starten Sie PowerPivot im ersten Schritt über das Menü *PowerPivot/PowerPivot window*. Daraufhin öffnet sich ein neues Excel-Fenster, das sich wie folgt präsentiert.

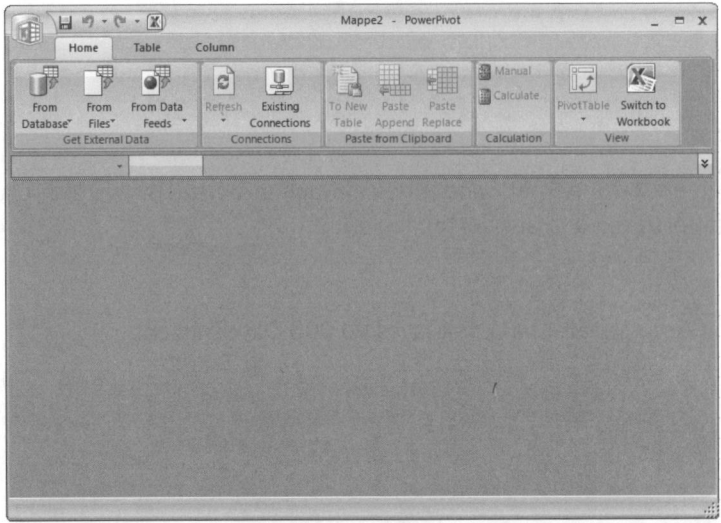

**2** Klicken Sie nun auf die Schaltfläche *From Database* und anschließend auf *From Access*, da die Daten dieses Beispiels als Access-Datenbank vorliegen.

**3** Daraufhin öffnet sich das Dialogfenster *Tabellenimport-Assistent*. Geben Sie dort im Feld *Anzeigename der Verbindung* die Bezeichnung *Access Verkaufsliste* ein. Wählen Sie über die Schaltfläche *Durchsuchen* die zu importierende Access-Datenbank aus und klicken Sie anschließend auf die Schaltfläche *Weiter*.

## 5.3 PivotTables zeitsparend und nutzbringend einsetzen

4   Im nächsten Schritt wird die Verbindung zur Datenbank aufgebaut. In einem weiteren Dialogfenster ist die Entscheidung zu treffen, ob die Daten aus Tabellen oder Datenbanksichten importiert werden sollen oder ob die zu importierenden Daten über eine SQL-Abfrage selektiert werden sollen. Aktivieren Sie in diesem Beispiel die erste Option.

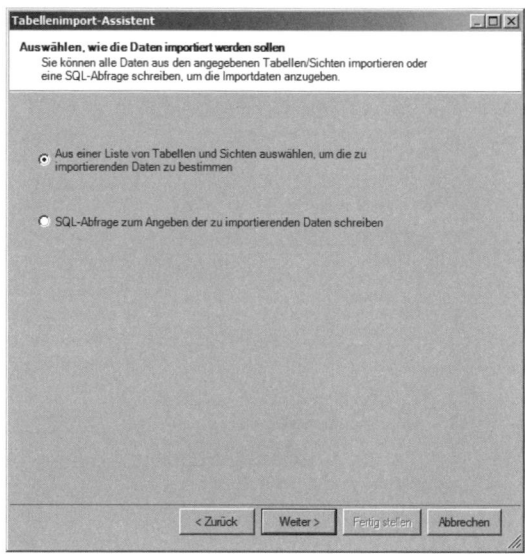

5   Nach einem erneuten Klick auf die Schaltfläche *Weiter* werden die Tabellen und Sichten der ausgewählten Access-Datenbank angezeigt. Da die Beispieldatenbank nur eine Tabelle mit der Bezeichnung *Daten* enthält, wird auch nur diese dargestellt.

6   Über die Schaltfläche *Preview & Filter* können Sie sich die Daten vor dem Import anzeigen lassen. Darüber hinaus besteht die Möglichkeit, den Import der Daten zu beschränken. So wäre es beispielsweise möglich, nur Artikelnummern von 40000000 bis 49999999 anzuzeigen.

## 5. Daten bearbeiten, auswerten und analysieren für die tägliche Praxis

**7** In diesem Beispiel sollen alle Daten importiert werden. Deswegen können Sie die Datenvorschau mit einem Klick auf die Schaltfläche *OK* ohne weitere Einstellungen beenden.

**8** Klicken Sie im nächsten Schritt auf die Schaltfläche *Fertig stellen*. Damit wird der Importvorgang angestoßen, und die Datensätze aus der Tabelle *Daten* werden ohne Filterbeschränkung importiert. Der Importvorgang wird mit nebenstehender Statusmeldung quittiert.

**9** Beenden Sie dieses Dialogfenster mit einem Klick auf die Schaltfläche *Schließen*. Damit wird das ursprüngliche Fenster mit den ausgelesenen Datensätzen angezeigt.

## 5.3 PivotTables zeitsparend und nutzbringend einsetzen

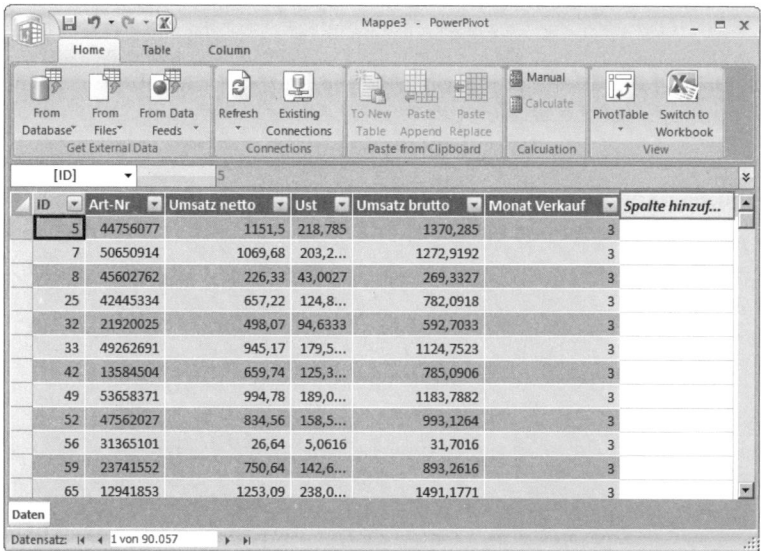

10 Im nächsten Schritt sollen die Daten noch um die durchschnittliche Rohspanne angereichert werden. Diese beträgt 24 % auf den Nettoumsatz. Markieren Sie dazu die rechte Spalte mit der Bezeichnung *Spalte hinzufügen* und führen Sie auf den Spaltenkopf einen Rechtsklick aus.

11 Wählen Sie im Kontextmenü den Eintrag *Spalte umbenennen* und geben Sie als Spaltennamen *Rohspanne* ein.

12 Erfassen Sie im nächsten Schritt die Formel zur Berechnung der Rohspanne in der Bearbeitungsleiste. Diese lautet *=[Umsatz netto]\*0.24*.

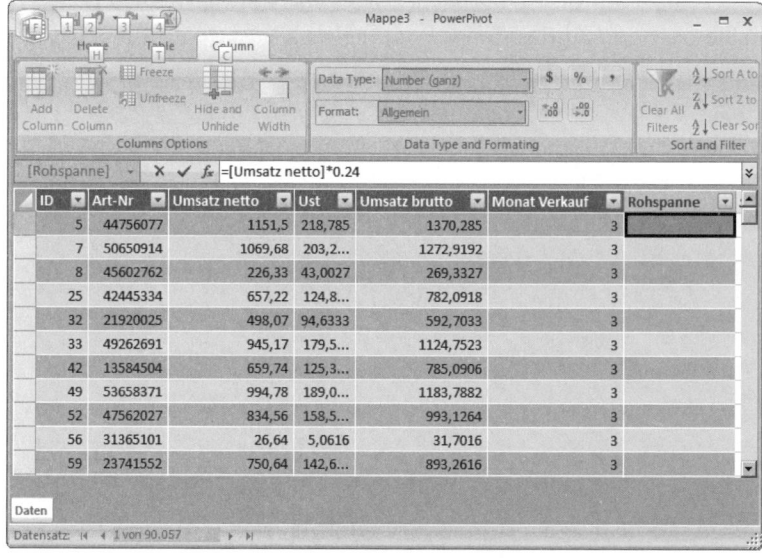

5. Daten bearbeiten, auswerten und analysieren für die tägliche Praxis

> **Hinweis**
>
> Der Multiplikator 0.24 wurde im Beispiel mit einem Punkt als Dezimaltrennzeichen eingegeben, da die englische Version des Add-in verwendet wurde.

**13** Wenn Sie die Eingabe der Formel mit [Enter] abschließen, werden in der neuen Spalte *Rohspanne* die Ergebnisse eingetragen.

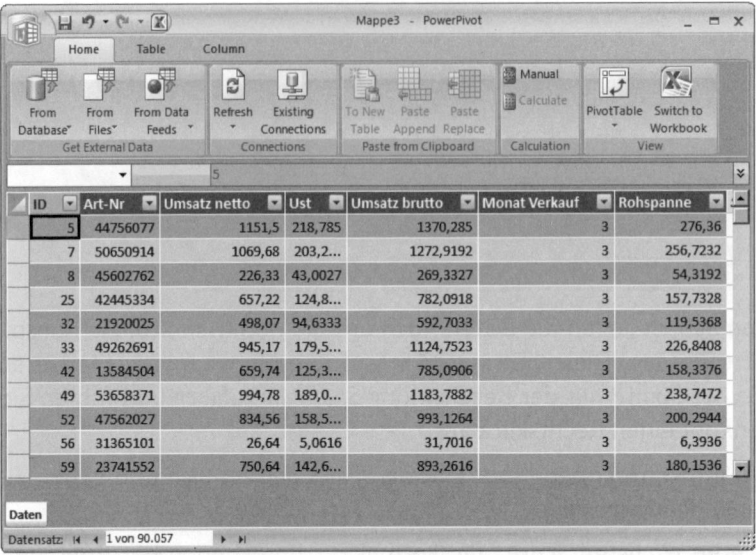

**14** Im folgenden Schritt werden die Daten nun in ein Excel-Tabellenblatt übertragen. Klicken Sie dazu auf die Schaltfläche *PivotTable* auf der Registerkarte *Home* und wählen Sie dort den Eintrag *Single PivotTable*.

15 Legen Sie im folgenden Dialogfenster fest, wo die PivotTable eingefügt werden sollen. Wählen Sie in diesem Beispiel den Eintrag *Neues Arbeitsblatt* aus und bestätigen Sie das Dialogfenster mit einem Klick auf die Schaltfläche *OK*.

16 Im Anschluss öffnet sich in Excel eine leere PivotTable. Ziehen Sie nun die Felder *Monat Verkauf* und *Art-Nr* in den Bereich *Zeilenbeschriftungen*. Die Felder *Umsatz netto* und *Rohspanne* ziehen Sie in den Bereich *Werte*.

17 Im Ergebnis werden der Nettoumsatz sowie die Rohspanne nach Monaten gruppiert angezeigt.

18 Im letzten Schritt soll nun noch ein Datenschnitt für die Monate eingefügt werden, sodass diese per Klick ein- und ausgeblendet werden können. Markieren Sie zunächst eine beliebige Zelle innerhalb der PivotTable und starten Sie über das Menü *PivotTable-Tools/Optionen/Datenschnitt einfügen* das Dialogfenster zur Auswahl eines Datenschnitts.

19 Markieren Sie dort den Eintrag *Monat Verkauf* und beenden Sie das Dialogfenster über die Schaltfläche *OK*.

20 Damit wird der Datenschnitt (Filter) für die Verkaufsmonate eingefügt. Formatieren Sie das Fenster wie gewünscht, indem Sie die Farbe oder die Größe und Ausrichtung beliebig variieren.

➔ Verweis: siehe Kapitel 5.3, Tipp 11

5. Daten bearbeiten, auswerten und analysieren für die tägliche Praxis

| | A | B | C | D | E | F |
|---|---|---|---|---|---|---|
| 1 | | | | | | |
| 2 | | | | | | |
| 3 | | Zeilenbeschriftungen | Summe Umsatz netto | Summe Rohspanne | Monat ... | |
| 4 | | ⊞ 1 | 11157321,39 | 2677757,134 | 1 | |
| 5 | | ⊞ 3 | 11267271,08 | 2704145,059 | 2 | |
| 6 | | Gesamtergebnis | 22424592,47 | 5381902,193 | 3 | |
| 7 | | | | | 4 | |
| 8 | | | | | 5 | |
| 9 | | | | | 6 | |

**21** Über den Filter können Daten nun beliebig ein- und ausgeblendet werden. Im Beispiel werden nur die Monate Januar und März angezeigt. Die Anzeige der anderen Monate wird unterdrückt.

> **Hinweis**
>
> Sie sehen, dass sich mit der neuen PowerPivot-Funktion dem Endanwender ganz neue Möglichkeiten eröffnen. Ohne großes Datenbankwissen kommen Sie der schönen weiten Welt von Business Intelligence und Data-Warehousing einen großen Schritt näher.

## 5.4 Teilergebnisse sinnvoll einsetzen

Die Funktion *Teilergebnisse* bietet eine schnelle und einfache Möglichkeit, um Datenbestände zu strukturieren und zu gliedern.

Beim Thema Teilergebnisse müssen zwei grundsätzliche Sachverhalte unterschieden werden. Zum einen bietet Excel einen Teilergebnis-Assistenten, über den Zwischensummen, also Teilergebnisse, zu einer Datenliste automatisch hinzugefügt werden können. Zum anderen stellt Excel die Tabellenfunktion *TEILERGEBNIS()* zur Verfügung, über die sich Teilergebnisse manuell einfügen lassen.

Der Teilergebnis-Assistent bietet sich zur Lösung folgender Aufgabenstellungen an:

- Gruppierung und Gliederung von Daten
- Einfügen von Teil- und Gesamtergebnissen in eine Datenliste

### Tipp 1: Allgemeine Informationen zum Teilergebnis-Assistenten

Zum Gruppieren und Gliedern stellt Excel den Teilergebnis-Assistenten zur Verfügung. Dieser wird über das Menü *Daten/Gliederung/Teilergebnis* aufgerufen (Excel 2003: Menü *Daten/Teilergebnisse*).

## 5.4 Teilergebnisse sinnvoll einsetzen

*So geht's:*

Damit der Assistent brauchbare Ergebnisse liefern kann, muss der Datenbestand folgende Grundvoraussetzungen erfüllen:

- Die Datenliste muss homogen sein, das bedeutet, alle Datensätze der Liste müssen gleich aufgebaut sein.
- Die Datenfelder müssen eine Spaltenbeschriftung besitzen, damit sie der Konvention von Excel-Tabellen entsprechen.
- Die Liste muss in einer sortierten Form vorliegen. Dabei kommt der Sortierung eine besondere Bedeutung zu. Die Liste muss nach der Spalte (Datenfeld) sortiert sein, für die die Teilergebnisse eingefügt werden sollen.

Wenn diese Voraussetzungen erfüllt sind, steht der Verwendung des Teilergebnis-Assistenten nichts mehr im Wege.

Nach dem Aufruf des Assistenten wird das Dialogfenster *Teilergebnisse* eingeblendet. Wenn die Daten ordnungsgemäß aufgebaut sind, erkennt Excel die Datentabelle in der Regel automatisch und wendet die Funktion auf diese an.

Die Optionen des Assistenten bieten verschiedene Einstellungs- und somit Auswertungsmöglichkeiten.

| Optionsfeld | Beschreibung |
|---|---|
| *Gruppieren nach* | In diesem Kombinationsfeld stehen alle Datenfeldüberschriften zur Verfügung. Über dieses Feld legen Sie fest, nach welchen Spalten gruppiert werden soll. |
| *Unter Verwendung von* | In diesem Kombinationsfeld können Sie zwischen den verschiedenen Berechnungsmethoden *Summe, Anzahl, Mittelwert, Maximum, Minimum, Produkt, Anzahl Zahlen, Standardabweichung (Stichprobe), Standardabweichung (Grundgesamtheit), Varianz (Stichprobe)* und *Varianz (Grundgesamtheit)* wählen. |
| *Teilergebnis addieren zu* | In diesem Listenfeld können Sie über Kontrollkästchen die Spalten festlegen, für die die Teilergebnisberechnung ausgeführt werden soll. |
| *Vorhandene Teilergebnisse ersetzen* | Wenn dieses Kontrollkästchen aktiviert ist, werden alle bestehenden Teilergebnisse bei erneuter Ausführung des Befehls ersetzt. |
| *Seitenumbrüche zwischen Gruppen einfügen* | Aktivieren Sie dieses Kontrollkästchen, wenn Sie Datengruppen auf jeweils eigenen Tabellenblättern ausdrucken möchten. |

5. Daten bearbeiten, auswerten und analysieren für die tägliche Praxis

| Optionsfeld | Beschreibung |
| --- | --- |
| Ergebnisse unterhalb der Daten anzeigen | Das Aktivieren dieses Kontrollkästchens sorgt dafür, dass die Teilergebnisse unter der jeweiligen Datengruppe angezeigt werden. Wenn diese Option deaktiviert ist, werden die Ergebnisse oberhalb angezeigt. |
| Alle entfernen | Ein Klick auf diese Schaltfläche entfernt sämtliche Teilergebnisse aus der Datentabelle. |

### Hinweis

Sobald Sie Änderungen am Datenbestand vornehmen, werden die Teilergebnisse automatisch neu berechnet.

## Tipp 2: Teilergebnisse schnell und zielgerichtet erzeugen

Als Ausgangstabelle dient die Verkaufsliste per Juni 2007, die Sie bereits aus Kapitel 5.3 zu den PivotTables kennen.

Ziel ist es nun, die Verkaufsdaten nach Regionen zusammenzufassen. Dabei sollen für die einzelnen Regionen Zwischensummen gebildet werden.

*So geht's:*

1 Markieren Sie den Zellbereich A3:H64 (Daten inklusive Überschriften). Am einfachsten erreichen Sie das mit der Tastenkombination [Strg]+[A]. Bevor Sie die Tastenkombination ausführen, muss sich der Zellzeiger auf einer beliebigen Zelle in der Datenliste befinden.

2 Sortieren Sie die Datenliste nach der der Spalte *Region* (Spalte B) aufsteigend. Den Sortierbefehl starten Sie über das Menü *Start/Bearbeiten/Sortieren und Filtern* (Excel 2003: Menü *Daten/Sortieren*).

3 Als Sortierkriterium wählen Sie den Eintrag *Region* im Feld *Sortieren nach* und aktivieren die Reihenfolge *A bis Z*.

4 Beenden Sie das Dialogfenster *Sortieren* mit einem Klick auf die Schaltfläche *OK*. Die Daten stehen nun in der neu sortierten Reihenfolge zur Verfügung.

## 5.4 Teilergebnisse sinnvoll einsetzen

5   Starten Sie anschließend über das Menü *Daten/Gliederung/Teilergebnis* den Teilergebnis-Assistenten. Achten Sie wiederum darauf, dass entweder der gesamte Zellbereich markiert ist oder sich der Zellzeiger innerhalb der Datenliste befindet (Excel 2003: Menü *Daten/Teilergebnisse*).

6   Wählen Sie im Feld *Gruppieren nach* den Eintrag *Region*. Im Kombinationsfeld *Unter Verwendung von* legen Sie den Eintrag *Summe* fest. Aktivieren Sie im letzten Schritt im Listenfeld *Teilergebnis addieren zu* den Eintrag *Umsatz*, da die Spalte *Umsatz* addiert werden soll. Bei den weiteren Einstellungen können Sie die Vorgaben übernehmen.

7   Nachdem Sie das Dialogfenster mit einem Klick auf die Schaltfläche *OK* beendet haben, werden die Daten nach der Spalte *Regionen* gruppiert. Nach jeder Gruppe wird ein Teilergebnis in der Spalte *Umsatz* eingefügt.

| | A | B | C | D | E | F | G | H |
|---|---|---|---|---|---|---|---|---|
| 1 | Verkaufsliste Juli 2007 | | | | | | | |
| 2 | | | | | | | | |
| 3 | Kunde | Region | Groß-händler | Artikel-gruppe | Artikel-nummer | Einzelpreis | Menge | Umsatz |
| 4 | Altmann | Mitte | Nein | Art.Gr. A | 1309A | 70,68 | 25 | 1.767,00 |
| 5 | Kaiser | Mitte | Ja | Art.Gr. A | 1044A | 112,07 | 47 | 5.267,29 |
| 6 | Maurer | Mitte | Ja | Art.Gr. A | 8242A | 118,52 | 10 | 1.185,20 |
| 7 | Nesvadba | Mitte | Ja | Art.Gr. A | 3093A | 105,18 | 3 | 315,54 |
| 8 | Maurer | Mitte | Ja | Art.Gr. B | 3526B | 35,44 | 37 | 1.311,28 |
| 9 | Nesvadba | Mitte | Ja | Art.Gr. B | 7334B | 192,17 | 22 | 4.227,74 |
| 10 | Nesvadba | Mitte | Ja | Art.Gr. C | 1109C | 150,87 | 2 | 301,74 |
| 11 | Kling | Mitte | Ja | Art.Gr. E | 4458E | 15,98 | 23 | 367,54 |
| 12 | Kling | Mitte | Ja | Art.Gr. E | 5652E | 103,20 | 34 | 3.508,80 |
| 13 | Maurer | Mitte | Ja | Art.Gr. E | 9517E | 96,63 | 37 | 3.575,31 |
| 14 | Nesvadba | Mitte | Ja | Art.Gr. E | 9667E | 124,02 | 4 | 496,08 |
| 15 | | Mitte Ergebnis | | | | | | 22.323,52 |
| 16 | Kling | Nord | Ja | Art.Gr. A | 302A | 61,62 | 8 | 492,96 |
| 17 | Kleichlich | Nord | Nein | Art.Gr. B | 1251B | 23,65 | 46 | 1.087,90 |
| 18 | Krüger | Nord | Nein | Art.Gr. B | 8799B | 148,28 | 27 | 4.003,56 |
| 19 | Mertens | Nord | Nein | Art.Gr. b | 6341A | 76,43 | 32 | 2.445,76 |
| 20 | Kaiser | Nord | Ja | Art.Gr. C | 3367C | 123,80 | 9 | 1.114,20 |
| 21 | Kling | Nord | Ja | Art.Gr. C | 7016C | 6,10 | 42 | 256,20 |
| 22 | Kaiser | Nord | Ja | Art.Gr. E | 1636E | 45,23 | 15 | 678,45 |
| 23 | Kaiser | Nord | Nein | Art.Gr. E | 2769E | 77,21 | 35 | 2.702,35 |
| 24 | | Nord Ergebnis | | | | | | 12.781,38 |
| 37 | | Ost Ergebnis | | | | | | 21.271,42 |
| 48 | | Süd Ergebnis | | | | | | 19.821,84 |
| 65 | | West Ergebnis | | | | | | 41.149,40 |
| 66 | | Gesamtergebnis | | | | | | 117.347,56 |
| 67 | | | | | | | | |

### Hinweis

Über die Plus- und Minussymbole (Gliederungssymbole) am linken Tabellenrand können die Detaildaten für die Spalte *Region* ein- bzw. ausgeblendet werden. Alternativ können Sie die Gruppendetails auch über die Zahlen 1, 2, 3 in der linken oberen Ecke ein- und ausblenden.

Mit dem Shortcut [Strg]+[7] lassen sich die Gruppierungssymbole komplett ausblenden. Eingeblendet werden die Symbole über die gleiche Tastenkombination.

## Tipp 3: Mehrere Teilergebnisse verschachteln

Dieses Beispiel zeigt, wie mehrere Teilergebnisse zu einer Liste hinzugefügt werden können. Ziel ist es, wie bereits in Beispiel 2 gezeigt, die Summe für jede Region hinzuzufügen. Darüber hinaus sollen innerhalb der Regionengruppierung für die verschiedenen Artikelgruppen A, B, C, D die Umsatzsumme sowie die durchschnittliche Bestellmenge ermittelt werden.

*So geht's:*

1 Grundlage zum Einfügen der Teilergebnisse ist eine korrekt sortierte Liste. Starten Sie dazu den Sortierbefehl und sortieren Sie die Datenliste zuerst nach der Spalte *Region* und anschließend nach der Spalte *Artikel-gruppe*.

2 Starten Sie über das Menü *Daten/Gliederung/Teilergebnis* den Assistenten zum Einfügen von Teilergebnissen (Excel 2003: Menü *Daten/Teilergebnisse*).

3 Im ersten Schritt werden die Teilergebnisse für die Gruppe *Region* eingefügt. Legen Sie die Optionen dazu wie dargestellt fest und beenden Sie anschließend das Dialogfenster mit einem Klick auf die Schaltfläche *OK*.

4 Da dieses Dialogfenster keine Möglichkeit bietet, mehrere Gruppierungen anzugeben, müssen Sie den Teilergebnis-Assistenten erneut aufrufen und folgende Optionseinstellungen vornehmen:
- *Gruppieren nach: Artikel-gruppe*
- *Unter Verwendung von: Summe*
- *Teilergebnis addieren zu: Menge* und *Umsatz*
- *Vorhandene Teilergebnisse ersetzen*: deaktivieren

## 5.4 Teilergebnisse sinnvoll einsetzen

**Hinweis**

Achten Sie darauf, dass bei allen weiteren Teilergebnissen die Option *Vorhandene Teilergebnisse ersetzen* deaktiviert ist.

**5** Nach einem Klick auf die Schaltfläche *OK* werden zu den Teilergebnissen der Regionen die Teilergebnisse der Artikelgruppen hinzugefügt.

Das Ergebnis sehen Sie in folgender Abbildung.

**Hinweis**

Ab Excel 2007 bietet sich Ihnen zur Formatierung von Tabellen und Datenlisten eine Vielzahl von Formatvorlagen. Damit die Teilsummenergebnisse besser hervorgehoben werden, bietet es sich an, der Datenliste per Knopfdruck eine Formatvorlage zuzuweisen.

## Tipp 4: Teilergebnisse aus der Datenliste entfernen

Die vorherigen Beispiele haben gezeigt, wie Teilergebnisse ganz einfach zu Datenlisten hinzugefügt werden können. Nachfolgend sehen Sie, wie sich die eingefügten Teilergebnisse ganz leicht entfernen lassen.

*So geht's:*

1 Setzen Sie dazu den Zellzeiger auf eine beliebige Zelle im Datenbestand.

2 Starten Sie über das Menü *Daten/Gliederung/Teilergebnis* das Dialogfenster *Teilergebnisse* (Excel 2003: Menü *Daten/Teilergebnisse*).

3 Nach einem Klick auf die Schaltfläche *Alle entfernen* werden sämtliche Teilergebnisse aus der Datentabelle entfernt.

## Tipp 5: Automatischen Seitenwechsel nach einzelnen Teilergebnissen einfügen

Dieses Beispiel zeigt, wie nach jeder Teilergebnisgruppe ein Seitenumbruch eingefügt werden kann. Ziel ist es, dass jede Artikelgruppe auf einem eigenen Blatt ausgedruckt wird.

*So geht's:*

1 Sortieren Sie im ersten Schritt die Datentabelle nach der Spalte *Artikel-gruppe*.

2 Öffnen Sie den Teilergebnis-Assistenten über das Menü *Daten/Gliederung/Teilergebnis* (Excel 2003: Menü *Daten/Teilergebnisse*).

3 Legen Sie die Optionen wie folgt fest. Achten Sie darauf, dass die Option *Seitenumbrüche zwischen Gruppen einfügen* aktiviert ist.

- *Gruppieren nach: Artikel-gruppe*
- *Unter Verwendung von: Summe*
- *Teilergebnis addieren zu: Umsatz*
- *Vorhandene Teilergebnisse ersetzen* aktivieren
- *Seitenumbrüche zwischen Gruppen einfügen* aktivieren

4 Beenden Sie das Dialogfenster mit einem Klick auf die Schaltfläche *OK*. Sie sehen, dass jetzt nach jeder Gruppe ein Seitenumbruch angezeigt wird. Dies erkennen Sie an den gestrichelten Linien.

## 5.4 Teilergebnisse sinnvoll einsetzen

| | A | B | C | D | E | F | G | H |
|---|---|---|---|---|---|---|---|---|
| 1 | Verkaufsliste Juli 2007 | | | | | | | |
| 2 | | | | | | | | |
| 3 | Kunde | Region | Groß-händler | Artikel-gruppe | Artikel-nummer | Einzelpreis | Menge | Umsatz |
| 4 | Altmann | Mitte | Nein | Art.Gr. A | 1309A | 70,68 | 25 | 1.767,00 |
| 5 | Kaiser | Mitte | Ja | Art.Gr. A | 1044A | 112,07 | 47 | 5.267,29 |
| 6 | Maurer | Mitte | Ja | Art.Gr. A | 8242A | 118,52 | 10 | 1.185,20 |
| 7 | Nesvadba | Mitte | Ja | Art.Gr. A | 3093A | 105,18 | 3 | 315,54 |
| 8 | Kling | Nord | Ja | Art.Gr. A | 302A | 61,62 | 8 | 492,96 |
| 9 | Schmidt | Ost | Ja | Art.Gr. A | 7248A | 163,41 | 22 | 3.595,02 |
| 10 | Wiesner | Ost | Ja | Art.Gr. A | 3225A | 176,61 | 10 | 1.766,10 |
| 11 | Bauer | Süd | Nein | Art.Gr. A | 3226A | 16,40 | 17 | 278,80 |
| 12 | Schneider | Süd | Nein | Art.Gr. A | 1248A | 73,59 | 5 | 367,95 |
| 13 | Baumann | West | Nein | Art.Gr. A | 3477A | 71,43 | 9 | 642,87 |
| 14 | Bergler | West | Ja | Art.Gr. A | 3524A | 29,27 | 40 | 1.170,80 |
| 15 | Duck | West | Ja | Art.Gr. A | 1025A | 58,49 | 48 | 2.807,52 |
| 16 | Ottokar | West | Ja | Art.Gr. A | 5622A | 171,43 | 15 | 2.571,45 |
| 17 | | | | Art.Gr. A Ergebnis | | | | 22.228,50 |
| 18 | Maurer | Mitte | Ja | Art.Gr. B | 3526B | 35,44 | 37 | 1.311,28 |
| 19 | Nesvadba | Mitte | Ja | Art.Gr. B | 7334B | 192,17 | 22 | 4.227,74 |
| 20 | Kleichlich | Nord | Nein | Art.Gr. B | 1251B | 23,65 | 46 | 1.087,90 |
| 21 | Krüger | Nord | Nein | Art.Gr. B | 8799B | 148,28 | 27 | 4.003,56 |
| 22 | Mertens | Nord | Nein | Art.Gr. b | 6341A | 76,43 | 32 | 2.445,76 |
| 23 | Braun | Ost | Ja | Art.Gr. B | 2289B | 178,61 | 34 | 6.072,74 |
| 24 | Huber | Ost | Ja | Art.Gr. B | 7400B | 83,10 | 6 | 498,60 |
| 25 | Schmidt | Ost | Ja | Art.Gr. B | 4549B | 113,61 | 24 | 2.726,64 |
| 26 | Clausen | Süd | Nein | Art.Gr. B | 8381B | 53,13 | 26 | 1.381,38 |
| 27 | Walter | Süd | Nein | Art.Gr. B | 4854B | 137,35 | 23 | 3.159,05 |
| 28 | Duck | West | Ja | Art.Gr. B | 4657B | 81,43 | 10 | 814,30 |
| 29 | Kaiser | West | Ja | Art.Gr. B | 9885B | 82,00 | 4 | 328,00 |
| 30 | Klein | West | Nein | Art.Gr. B | 1381B | 18,45 | 28 | 516,60 |
| 31 | Mertens | West | Nein | Art.Gr. B | 9079B | 137,75 | 39 | 5.372,25 |
| 32 | Ottokar | West | Nein | Art.Gr. B | 4900B | 176,04 | 21 | 3.696,84 |
| 33 | | | | Art.Gr. B Ergebnis | | | | 37.642,64 |
| 34 | Nesvadba | Mitte | Ja | Art.Gr. C | 1109C | 150,87 | 2 | 301,74 |
| 35 | Kaiser | Nord | Ja | Art.Gr. C | 3367C | 123,80 | 9 | 1.114,20 |

## Tipp 6: Teilergebnisse in gleichförmige Listen manuell eintragen

Für diese Aufgabenstellung liegt eine Excel-Tabelle mit den Umsätzen des ersten Quartals 2007 für die Regionen Nord, Süd, Ost und West vor. Nach jedem Quartal ist eine Leerzeile vorhanden. In diese Leerzeilen sollen die Summen für den *Umsatz netto*, für die *Umsatzsteuer* und für den *Umsatz brutto* eingetragen werden. Nachfolgend sehen Sie eine Möglichkeit, wie sich diese Teilsummen schnell und komfortabel eintragen lassen.

### So geht's:

In der Abbildung sehen Sie die Ausgangstabelle.

Ziel ist es, in den Zeilen 9, 14 und 19 die Summen der Quartale 1 bis 3 zu berechnen.

| | A | B | C | D | E |
|---|---|---|---|---|---|
| 1 | Umsatzübersicht 1. Quartal 2007 | | | | |
| 2 | | | | | |
| 3 | | | | | |
| 4 | Artikelgruppe | Umsatz netto | Umsatzsteuer | Umsatz brutto | |
| 5 | Region Nord 1/2007 | 7.437,48 € | 1.413,12 € | 8.850,60 € | |
| 6 | Region Süd 1/2007 | 7.713,21 € | 1.465,51 € | 9.178,72 € | |
| 7 | Region Ost 1/2007 | 13.839,86 € | 2.629,57 € | 16.469,43 € | |
| 8 | Region West 1/2007 | 6.415,79 € | 1.219,00 € | 7.634,79 € | |
| 9 | Summe Quartal 1 | | | | |
| 10 | Region Nord 2/2007 | 11.089,66 € | 2.107,04 € | 13.196,70 € | |
| 11 | Region Süd 2/2007 | 4.722,33 € | 897,24 € | 5.619,57 € | |
| 12 | Region Ost 2/2007 | 8.674,77 € | 1.648,21 € | 10.322,98 € | |
| 13 | Region West 2/2007 | 9.459,99 € | 1.797,40 € | 11.257,39 € | |
| 14 | Summe Quartal 2 | | | | |
| 15 | Region Nord 3/2007 | 12.591,60 € | 2.392,40 € | 14.984,00 € | |
| 16 | Region Süd 3/2007 | 12.876,97 € | 2.446,62 € | 15.323,59 € | |
| 17 | Region Ost 3/2007 | 4.760,98 € | 904,59 € | 5.665,57 € | |
| 18 | Region West 3/2007 | 6.078,09 € | 1.154,84 € | 7.232,93 € | |
| 19 | Summe Quartal 3 | | | | |
| 20 | | | | | |

## 5. Daten bearbeiten, auswerten und analysieren für die tägliche Praxis

**1** Markieren Sie dazu den Zellbereich A9:D19. Wichtig ist, dass Sie die Zeile, in der das Teilergebnis für das dritte Quartal eingetragen werden soll, mit markieren.

**2** Starten Sie das Dialogfenster *Gehe zu* über das Menü *Start/Bearbeiten/Suchen und Auswählen/Gehe zu* oder über die Funktionstaste [F5] (Excel 2003: Menü *Bearbeiten/Gehe zu* oder ebenfalls [F5]).

**3** Klicken Sie auf die Schaltfläche *Inhalte* und wählen Sie im Dialogfenster die Option *Leerzellen* aus.

**4** Nach einem Klick auf die Schaltfläche *OK* werden die Zeilen markiert, in die die Teilergebnisse eingefügt werden sollen.

**5** Wechseln Sie nun in den Bearbeitungsmodus, indem Sie die Funktionstaste [F2] drücken.

**6** Erfassen Sie in Zelle B9 die Formel *=TEILERGEBNIS(9;B5:B8)*. Beenden Sie die Formeleingabe mit der Tastenkombination [Strg]+[Enter].

Wie gewünscht, werden die Teilergebnisse für die einzelnen Quartale berechnet.

Der Vorteil bei der Verwendung der Tabellenfunktion *TEILERGEBNIS()* besteht darin, dass Sie nun in Zeile 21 auf einfache Weise die Gesamtsumme berechnen können. Wären die Zwischensummen über die Funktion *SUMME()* berechnet worden, ergäbe sich in der Gesamtsumme der doppelte Wert, da die einzelnen Umsätze sowie die jeweiligen Zwischensummen in das Ergebnis einfließen würden.

Die Funktion *TEILERGEBNIS()* hingegen bezieht Ergebnisse, die mit dieser Funktion berechnet wurden, in weitere Teilergebnisberechnungen nicht mit ein.

Deswegen liefert die Formel =*TEILERGEBNIS(9;B5:B19)* auch das korrekte Ergebnis und nicht den doppelten Wert zurück. Erfassen Sie die Formel in Zelle B21 und kopieren Sie sie über das AutoAusfüllkästchen bis zur Zelle D21 nach rechts.

→ Verweis: siehe Kapitel 4.13, Tipp 4

## 5.5 Zielgerichtete Datenkonsolidierung

Datenkonsolidierung bedeutet, dass gleichartige Daten aus verschiedenen Tabellen zu Auswertungszwecken zu einem Bericht zusammengefasst werden. Für diesen Zweck stellt Excel die Funktion *Konsolidieren* zur Verfügung. Dieser Abschnitt zeigt, welche Möglichkeiten diese Funktion bietet und wie Sie damit schnell und praxisorientiert zum Ziel kommen.

### Tipp 1: Allgemeine Informationen zum Konsolidieren von Daten

Bevor mit der Datenkonsolidierung begonnen werden kann, sollten Sie ein paar Dinge über die Datenkonsolidierungsfunktion wissen. Die Daten müssen folgenden Aufbau besitzen:

- Die Struktur der zu konsolidierenden Datenlisten muss weitgehend identisch sein.
- Die Spaltenüberschriften und die Zeilenbeschriftungen müssen in allen Datenlisten identisch sein. Die Konsolidierung orientiert sich nämlich an den Beschriftungen.
- Nicht identisch muss hingegen die Spalten- und Zeilenzahl sein.
- Die Zelleinträge müssen numerische Werte (Zahlen) beinhalten, damit sie konsolidiert werden können.

## 5. Daten bearbeiten, auswerten und analysieren für die tägliche Praxis

Bei Verwendung der Datenkonsolidierung ist es unerheblich, ob sich die zu verdichtenden Daten auf einem oder auf verschiedenen Tabellenblättern befinden. Ausschlaggebend sind nur die oben dargestellten Grundvoraussetzungen.

Gestartet wird der Befehl über das Menü *Daten/Datentools/Datenkonsolidieren* (Excel 2003: Menü *Daten/Konsolidieren*).

Nach dem Start der Funktion wird nebenstehendes Dialogfenster eingeblendet.

In der nachfolgenden Zusammenstellung erhalten Sie einen Überblick über die verschiedenen Optionen und Einstellungsmöglichkeiten der Funktion *Konsolidieren*.

| Dialogfeld | Beschreibung |
| --- | --- |
| Funktion | Aus diesem Kombinationsfeld können Sie zwischen den verschiedenen Berechnungsmethoden *Summe, Anzahl, Mittelwert, Maximum, Minimum, Produkt, Anzahl Zahlen, Standardabweichung (Stichprobe), Standardabweichung (Grundgesamtheit), Varianz (Stichprobe)* und *Varianz (Grundgesamtheit)* wählen. |
| Verweis | Im Feld *Verweis* wird definiert, auf welchem Tabellenblatt und in welchem Zellbereich sich die zu konsolidierenden Daten befinden. Die Verweisangaben können Sie durch Zeigen mit der Maus eintragen. |
| Durchsuchen | Über die Schaltfläche *Durchsuchen* können Sie eine beliebige Excel-Datei öffnen und einen Verweis auf die geöffnete Datei herstellen. |
| Hinzufügen | Es werden die im Feld *Verweis* definierten Zellbezüge in das Listenfeld *Vorhandene Verweise* eingetragen. |
| Löschen | Die im Listenfeld *Vorhandene Verweise* markierten Verweise werden gelöscht. |
| Beschriftung aus: Oberster Zeile | Mit dieser Option wird festgelegt, dass Excel die Spaltenbeschriftungen als Konsolidierungskriterium für übereinstimmende Spaltenbezeichnungen heranzieht. |
| Beschriftung aus: Linker Spalte | Über diese Option legen Sie fest, dass Excel die Zeilenbeschriftung am linken Rand des Verweisbezugs als Kriterium für die Datenkonsolidierung heranzieht. |
| Verknüpfungen mit Quelldaten | Wenn dieses Kontrollkästchen aktiviert ist, werden die Daten dynamisch konsolidiert (verknüpft), was bedeutet, dass sich Änderungen im Quellbereich sofort auf den konsolidierten Zielbereich auswirken. |

## Tipp 2: Daten einfach konsolidieren anhand eines Praxisbeispiels

Dieses Praxisbeispiel zeigt, wie Daten auf einfache Weise konsolidiert werden können. Für drei Filialen der Buchhaus GmbH liegen die Umsatzübersichten des ersten Halbjahrs 2013 vor. Die Daten befinden sich auf verschiedenen Tabellenblättern, sind aber identisch aufgebaut und entsprechen somit den Voraussetzungen für eine Datenkonsolidierung.

**Filiale Köln**: Die Daten befinden sich auf dem Tabellenblatt *Umsatz Köln*.

| | A | B | C | D | E | F | G | H | I |
|---|---|---|---|---|---|---|---|---|---|
| 1 | Umsätze 1. Halbjahr 2013 | | | | | | | | |
| 2 | Buchhaus GmbH | | | | | | | | |
| 3 | | | | | | | | | |
| 4 | | | | Filiale Köln - Werte in T€ | | | | | |
| 5 | Artikelgruppe | Jan | Feb | Mrz | Apr | Mai | Jun | Summe | |
| 6 | Sachbücher | 12,59 | 15,32 | 11,59 | 13,04 | 8,62 | 13,62 | 74,78 | |
| 7 | Romane | 1,88 | 1,09 | 7,86 | 19,32 | 18,17 | 13,07 | 61,39 | |
| 8 | Kinderbücher | 9,72 | 5,91 | 16,99 | 18,10 | 13,36 | 9,90 | 73,98 | |
| 9 | Zeitschriften | 15,32 | 10,72 | 8,68 | 3,20 | 6,68 | 3,01 | 47,61 | |
| 10 | Summe: | 39,51 | 33,04 | 45,12 | 53,66 | 46,83 | 39,60 | 257,76 | |
| 11 | | | | | | | | | |

**Filiale Hamburg**: Die Daten befinden sich auf dem Tabellenblatt *Umsatz Hamburg*.

| | A | B | C | D | E | F | G | H | I |
|---|---|---|---|---|---|---|---|---|---|
| 1 | Umsätze 1. Halbjahr 2013 | | | | | | | | |
| 2 | Buchhaus GmbH | | | | | | | | |
| 3 | | | | | | | | | |
| 4 | | | | Filiale Hamburg - Werte in T€ | | | | | |
| 5 | Artikelgruppe | Jan | Feb | Mrz | Apr | Mai | Jun | Summe | |
| 6 | Sachbücher | 13,22 | 11,32 | 10,44 | 14,69 | 10,26 | 5,96 | 65,89 | |
| 7 | Romane | 16,73 | 8,00 | 13,32 | 4,15 | 7,84 | 18,71 | 68,75 | |
| 8 | Kinderbücher | 19,65 | 3,73 | 5,14 | 10,58 | 6,39 | 5,22 | 50,71 | |
| 9 | Zeitschriften | 11,90 | 19,20 | 5,90 | 7,33 | 5,23 | 3,37 | 52,93 | |
| 10 | Summe: | 61,50 | 42,25 | 34,80 | 36,75 | 29,72 | 33,26 | 238,28 | |
| 11 | | | | | | | | | |

**Filiale Düsseldorf**: Die Daten befinden sich auf dem Tabellenblatt *Umsatz Düsseldorf*.

| | A | B | C | D | E | F | G | H | I |
|---|---|---|---|---|---|---|---|---|---|
| 1 | Umsätze 1. Halbjahr 2013 | | | | | | | | |
| 2 | Buchhaus GmbH | | | | | | | | |
| 3 | | | | | | | | | |
| 4 | | | | Filiale Düsseldorf - Werte in T€ | | | | | |
| 5 | Artikelgruppe | Jan | Feb | Mrz | Apr | Mai | Jun | Summe | |
| 6 | Sachbücher | 8,36 | 9,44 | 18,67 | 11,80 | 12,06 | 7,07 | 67,40 | |
| 7 | Romane | 11,30 | 15,47 | 11,58 | 15,43 | 17,89 | 13,16 | 84,83 | |
| 8 | Kinderbücher | 8,01 | 18,31 | 8,59 | 5,97 | 2,29 | 3,21 | 46,38 | |
| 9 | Zeitschriften | 17,89 | 10,13 | 5,68 | 15,11 | 7,18 | 4,90 | 60,89 | |
| 10 | Summe: | 45,56 | 53,35 | 44,52 | 48,31 | 39,42 | 28,34 | 259,50 | |
| 11 | | | | | | | | | |

Ziel ist es nun, die Umsatzdaten der drei Filialen auf einem eigenen Tabellenblatt zu verdichten, sodass für die jeweiligen Monate und Artikelgruppen der Gesamtumsatz aller drei Filialen berechnet werden kann.

## 5. Daten bearbeiten, auswerten und analysieren für die tägliche Praxis

### So geht's:

1 Damit die konsolidierten Daten im gleichen Layout wie die Quelldaten ausgegeben werden, müssen Sie im ersten Schritt eine Vorlage für die Datenkonsolidierung erstellen. Diese könnte wie folgt aussehen:

2 Nachdem die Vorlage erstellt ist, markieren Sie Zelle A5 und starten über das Menü *Daten/Datentools/Konsolidieren* das Dialogfenster zur Datenkonsolidierung (Excel 2003: Menü *Daten/Konsolidieren*).

3 Wählen Sie im Feld *Funktion* den Eintrag *Summe*, da die Zahlen addiert werden sollen. Wie bereits beschrieben, stehen hier verschiedene Konsolidierungsfunktionen zur Verfügung.

4 Fügen Sie über die Schaltfläche *Hinzufügen* folgende Verweise hinzu:
'Umsatz Köln'!$A$5:$H$10
'Umsatz Hamburg'!$A$5:$H$10
'Umsatz Düsseldorf'!$A$5:$H$10

5 Die Einstellungen für *Beschriftung aus: Oberster Zeile* sowie *Linker Spalte* können Sie übernehmen. Das Kontrollkästchen *Verknüpfungen mit Quelldaten* ist zu deaktivieren, da im ersten Schritt eine statische Konsolidierung durchgeführt werden soll.

6 Nachdem Sie die Konsolidierung mit einem Klick auf die Schaltfläche *OK* abgeschlossen haben, werden die verdichteten Daten im Zielbereich ausgegeben. Das Ergebnis sieht wie folgt aus.

|   | A | B | C | D | E | F | G | H | I |
|---|---|---|---|---|---|---|---|---|---|
| 1 | Umsätze 1. Halbjahr 2013 | | | | | | | | |
| 2 | Buchhaus GmbH | | | | | | | | |
| 3 | | | | | | | | | |
| 4 | | Konsolidiert Köln, Hamburg, Düsseldorf - Werte in T€ | | | | | | | |
| 5 | Artikelgruppe | | Jan | Feb | Mrz | Apr | Mai | Jun | Summe |
| 9 | Sachbücher | | 34,17 | 36,08 | 40,70 | 39,53 | 30,94 | 26,65 | 208,07 |
| 13 | Romane | | 29,91 | 24,56 | 32,76 | 38,90 | 43,90 | 44,94 | 214,97 |
| 17 | Kinderbücher | | 37,38 | 27,95 | 30,72 | 34,65 | 22,04 | 18,33 | 171,07 |
| 21 | Zeitschriften | | 45,11 | 40,05 | 20,26 | 25,64 | 19,09 | 11,28 | 161,43 |
| 25 | Summe: | | 146,57 | 128,64 | 124,44 | 138,72 | 115,97 | 101,20 | 755,54 |
| 26 | | | | | | | | | |

## 5.5 Zielgerichtete Datenkonsolidierung

Wie Sie sehen, wurden die Umsatzzahlen der drei Filialen korrekt addiert und die Summen in den Zielbereich eingetragen.

Auf diese Weise werden statische Verknüpfungen erzeugt, was bedeutet, dass sich Änderungen im Quellbereich nicht automatisch im Zielbereich auswirken.

Die Datenkonsolidierung bietet aber auch die Möglichkeit, die Datenverknüpfung dynamisch zu gestalten, sodass Änderungen des Quellbereichs sofort im Zielbereich (Konsolidierungsbereich) aktualisiert werden.

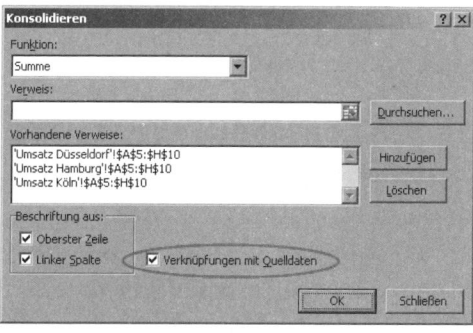

Dies erreichen Sie ganz einfach, indem Sie die Schritte 2 bis 6 wiederholen, dabei aber im Dialogfenster *Konsolidieren* das Kontrollkästchen *Verknüpfungen mit Quelldaten* diesmal aktivieren. Beachten Sie, dass dynamische Daten nicht auf dem Tabellenblatt erstellt werden können, auf dem sich die Quelldaten befinden. Es ist somit zwingend erforderlich, dass Sie die dynamische Datenkonsolidierung auf einem neuen Tabellenblatt durchführen.

Nach dem Schließen des Dialogfensters über die Schaltfläche *OK* wird die Datenkonsolidierung dynamisch durchgeführt. Dies erkennen Sie daran, dass im konsolidierten Zellbereich nicht die konsolidierten Werte, sondern die Bezüge zu den entsprechenden Zellen sowie Berechnungsformeln eingefügt wurden.

Am linken Rand werden Gliederungssymbole eingeblendet, über die Sie die konsolidierten Datensätze ein- und ausblenden können.

> **Hinweis**
>
> Bei dynamischen Verknüpfungen gibt es wie bereits erwähnt die Einschränkung, dass sich der Zielbereich (Konsolidierungsbereich) nicht auf dem gleichen Tabellenblatt wie der Quellbereich befinden darf. Das heißt, dynamisch erzeugte Konsolidierungsberichte müssen zwingend in einem neuen Tabellenblatt erstellt werden.

5. Daten bearbeiten, auswerten und analysieren für die tägliche Praxis

| D25 | | | | fx | =SUMME(D22:D24) | | | | |
|---|---|---|---|---|---|---|---|---|---|
| | A | B | C | D | E | F | G | H | I |
| 1 | Umsätze 1. Halbjahr 2013 | | | | | | | | |
| 2 | Buchhaus GmbH | | | | | | | | |
| 3 | | | | | | | | | |
| 4 | | Konsolidiert Köln, Hamburg, Düsseldorf - Werte in T€ | | | | | | | |
| 5 | Artikelgruppe | | Jan | Feb | Mrz | Apr | Mai | Jun | Summe |
| 6 | Kapitel 5_5.Xlsm | | 8,36 | 9,44 | 18,67 | 11,80 | 12,06 | 7,07 | 67,40 |
| 7 | Kapitel 5_5.Xlsm | | 13,22 | 11,32 | 10,44 | 14,69 | 10,26 | 5,96 | 65,89 |
| 8 | Kapitel 5_5.Xlsm | | 12,59 | 15,32 | 11,59 | 13,04 | 8,62 | 13,62 | 74,78 |
| 9 | Sachbücher | | | | 34,17 | 36,08 | 40,70 | 39,53 | 30,94 | 26,65 | 208,07 |
| 13 | Romane | | | | 29,91 | 24,56 | 32,76 | 38,90 | 43,90 | 44,94 | 214,97 |
| 17 | Kinderbücher | | | | 37,38 | 27,95 | 30,72 | 34,65 | 22,04 | 18,33 | 171,07 |
| 21 | Zeitschriften | | | | 45,11 | 40,05 | 20,26 | 25,64 | 19,09 | 11,28 | 161,43 |
| 25 | Summe: | | | | 146,57 | 128,64 | 124,44 | 138,72 | 115,97 | 101,20 | 755,54 |
| 26 | | | | | | | | | | |

## Tipp 3: Konsolidieren mit unterschiedlichen Überschriften und Zeilenbeschriftungen

In diesem Beispiel liegt für drei Lagerstätten eine Lagerbestandsverwaltung vor, die im Wesentlichen zwar identisch aufgebaut sind, die Anzahl der Zeilen und Spalten in den jeweiligen Bestandslisten differiert jedoch.

Wie bereits beschrieben, ist das unerheblich. Excel konsolidiert die Daten aufgrund der Zeilen- und Spaltenbeschriftung sehr intelligent und erstellt deshalb im konsolidierten Zielbereich eine Komplettliste aller Daten.

Excel konsolidiert die Zahlen dabei so weit wie möglich und notwendig. Ziel ist es, in einem neuen Tabellenblatt eine dynamische Konsolidierung der drei Bestandslisten aufzubauen, wobei identische Bezeichnungen konsolidiert werden sollen.

### So geht's:

Die Ausgangsdaten stellen sich wie folgt dar:

| | A | B | C | D | E | F | G |
|---|---|---|---|---|---|---|---|
| 1 | Lager-Bestandsverwaltung 1-6/2007 | | | | | | |
| 2 | | | | | | | |
| 3 | | | | | | | |
| 4 | Lager 1 | Art.-Nr. 4711 | Art.-Nr. 4712 | Art.-Nr. 4713 | Art.-Nr. 4714 | Art.-Nr. 4715 | |
| 5 | Lagermenge alt | 423 | 723 | 354 | 241 | 29 | |
| 6 | - Entnahmen | -334 | -845 | -45 | -231 | -17 | |
| 7 | + Zukäufe | 155 | 953 | 12 | 197 | 55 | |
| 8 | = Lagermenge neu | 244 | 831 | 321 | 207 | 67 | |
| 9 | | | | | | | |
| 10 | | | | | | | |
| 11 | Lager 2 | Art.-Nr. 4716 | Art.-Nr. 4713 | Art.-Nr. 4714 | Art.-Nr. 4717 | | |
| 12 | Lagermenge alt | 146 | 1542 | 694 | 153 | | |
| 13 | - Entnahmen | -59 | -869 | -714 | -128 | | |
| 14 | + Zukäufe | 87 | 1123 | 962 | 128 | | |
| 15 | = Lagermenge neu | 174 | 1796 | 942 | 153 | | |
| 16 | | | | | | | |
| 17 | | | | | | | |
| 18 | Lager 3 | Art.-Nr. 4711 | Art.-Nr. 4712 | Art.-Nr. 4716 | Art.-Nr. 4717 | Art.-Nr. 4718 | |
| 19 | Lagermenge alt | 150 | 549 | 233 | 523 | 55 | |
| 20 | - Entnahmen | -15 | -394 | -147 | -17 | -54 | |
| 21 | - Verschrottung | | -350 | | -275 | | |
| 22 | + Zukäufe | 23 | 512 | 214 | 245 | 0 | |
| 23 | = Lagermenge neu | 158 | 317 | 300 | 476 | 1 | |
| 24 | | | | | | | |

## 5.5 Zielgerichtete Datenkonsolidierung

In den Lagern befinden sich unterschiedliche Artikel, wobei für jeden Artikel *Lagermenge alt*, *Entnahmen*, *Zukäufe* sowie *Lagermenge neu* aufgeführt sind. In Lager 3 ist zusätzlich die Zeile *Verschrottung* vorhanden, da nach einem Wasserschaden Artikel ausgemustert werden mussten.

Zur Konsolidierung der Daten gehen Sie wie nachfolgend dargestellt vor.

**1** Fügen Sie ein neues Tabellenblatt ein, auf dem die Datenkonsolidierung durchgeführt werden soll.

**2** Markieren Sie die Zelle A4 in dem neu eingefügten Tabellenblatt und starten Sie über das Menü *Daten/Datentools/Konsolidieren* den Befehl zum Konsolidieren (Excel 2003: Menü *Daten/Konsolidieren*).

**3** Legen Sie als Funktion den Eintrag *Summe* fest und definieren Sie folgende Verweise auf die Listen der Lager 1 bis 3:

'5.5 Tipp3 Daten'!$A$4:$F$8

'5.5 Tipp3 Daten'!$A$11:$E$15

'5.5 Tipp3 Daten'!$A$18:$F$23

**4** Beachten Sie auch, dass das Kontrollkästchen *Verknüpfungen mit Quelldaten* aktiviert ist. Nach einem Klick auf die Schaltfläche *OK* wird die Konsolidierung wie gewünscht durchgeführt. Das Ergebnis sehen Sie in folgender Abbildung.

| | A | B | C | D | E | F | G | H | I | J |
|---|---|---|---|---|---|---|---|---|---|---|
| | 1 | | | | | | | | | |
| | 2 | | | | | | | | | |
| | 3 | | | | | | | | | |
| | 4 | | Art.-Nr. 4711 | Art.-Nr. 4712 | Art.-Nr. 4716 | Art.-Nr. 4713 | Art.-Nr. 4714 | Art.-Nr. 4715 | Art.-Nr. 4717 | Art.-Nr. 4718 |
| | 8 | Lagermenge alt | 573 | 1272 | 379 | 1896 | 935 | 29 | 676 | 55 |
| | 12 | - Entnahmen | -349 | -1239 | -206 | -914 | -945 | -17 | -145 | -54 |
| | 14 | - Verschrottung | | -350 | | | | | -275 | |
| | 18 | + Zukäufe | 178 | 1465 | 301 | 1135 | 1159 | 55 | 373 | 0 |
| | 22 | = Lagermenge neu | 402 | 1148 | 474 | 2117 | 1149 | 67 | 629 | 1 |
| | 23 | | | | | | | | | |

Wie gewünscht, wird die Konsolidierung über alle Artikelnummern durchgeführt. Die konsolidierte Liste wird sozusagen aus allen Detaildaten der einzelnen Lagerlisten zusammengesetzt und so weit wie möglich und notwendig konsolidiert.

## Tipp 4: Nur bestimmte Informationen konsolidieren: Durchführen von Teilkonsolidierungen

In den bisherigen Beispielen wurde jeweils der gesamte Datenbestand konsolidiert. Dieses Beispiel geht nun auf ein Szenario ein, in dem nur bestimmte Informationen einer Datenliste konsolidiert werden sollen. So liegen als Ausgangstabellen zwei Artikellisten mit identischen Artikelnummern, der Angabe der Lagermengen sowie der Verkaufspreise vor. Da sich die Verkaufspreise voneinander unterscheiden, sollen sie unverändert dargestellt werden. Nur die Lagermenge der Artikel soll zusammengefasst werden.

### So geht's:

Die Ausgangstabelle ist wie hier gezeigt aufgebaut.

Zur Konsolidierung der Lagermenge bei unveränderter Anzeige der Verkaufspreise gehen Sie nun so vor:

**1** Ändern Sie die Zeilenbeschriftung der beiden Verkaufspreise. Erfassen Sie dazu in Zelle C5 die Überschrift *Verkaufspreis Nord* und in Zelle C14 *Verkaufspreis Süd*.

|   | A | B | C | D |
|---|---|---|---|---|
| 1 | **Artikelverzeichnis** | | | |
| 2 | | | | |
| 3 | | | | |
| 4 | **Region Nord** | | | |
| 5 | Art.-Nr. | Lagermenge | Verkaufspreis Nord | |
| 6 | 4711 | 30 | 19,5 | |
| 7 | 4712 | 47 | 22,45 | |
| 8 | 4713 | 63 | 5,79 | |
| 9 | 4714 | 15 | 15,75 | |
| 10 | 4715 | 8 | 16,2 | |
| 11 | 4716 | 74 | 23,45 | |
| 12 | | | | |
| 13 | | | | |
| 14 | **Region Süd** | | | |
| 15 | Art.-Nr. | Lagermenge | Verkaufspreis Süd | |
| 16 | 4711 | 24 | 19,95 | |
| 17 | 4712 | 38 | 22,95 | |
| 18 | 4713 | 45 | 5,49 | |
| 19 | 4714 | 32 | 15,45 | |
| 20 | 4715 | 37 | 16,39 | |
| 21 | 4716 | 29 | 23,25 | |
| 22 | | | | |
| 23 | | | | |

**2** Selektieren Sie eine beliebige Zelle, ab der die konsolidierten Zahlen eingefügt werden sollen, beispielsweise Zelle A25.

**3** Fügen Sie die beiden zu konsolidierenden Tabellen, wie in den bisherigen Beispielen beschrieben, im Dialogfenster *Konsolidieren* als Verweise hinzu, zu sehen auf nebenstehender Abbildung.

**4** Nachdem Sie das Dialogfenster mit einem Klick auf die Schaltfläche *OK* beendet haben, werden die Zahlen wie folgt konsolidiert.

| | A | B | C | D | E |
|---|---|---|---|---|---|
| 1 | **Artikelverzeichnis** | | | | |
| 2 | | | | | |
| 3 | | | | | |
| 4 | Region Nord | | | | |
| 5 | Art.-Nr. | Lagermenge | Verkaufspreis Nord | | |
| 6 | 4711 | 30 | 19,5 | | |
| 7 | 4712 | 47 | 22,45 | | |
| 8 | 4713 | 63 | 5,79 | | |
| 9 | 4714 | 15 | 15,75 | | |
| 10 | 4715 | 8 | 16,2 | | |
| 11 | 4716 | 74 | 23,45 | | |
| 12 | | | | | |
| 13 | | | | | |
| 14 | Region Süd | | | | |
| 15 | Art.-Nr. | Lagermenge | Verkaufspreis Süd | | |
| 16 | 4711 | 24 | 19,95 | | |
| 17 | 4712 | 38 | 22,95 | | |
| 18 | 4713 | 45 | 5,49 | | |
| 19 | 4714 | 32 | 15,45 | | |
| 20 | 4715 | 37 | 16,39 | | |
| 21 | 4716 | 29 | 23,25 | | |
| 22 | | | | | |
| 23 | | | | | |
| 24 | | | | | |
| 25 | | Lagermenge | Verkaufspreis Nord | Verkaufspreis Süd | |
| 26 | 4711 | 54 | 19,5 | 19,95 | |
| 27 | 4712 | 85 | 22,45 | 22,95 | |
| 28 | 4713 | 108 | 5,79 | 5,49 | |
| 29 | 4714 | 47 | 15,75 | 15,45 | |
| 30 | 4715 | 45 | 16,2 | 16,39 | |
| 31 | 4716 | 103 | 23,45 | 23,25 | |
| 32 | | | | | |
| 33 | | | | | |

Sie sehen, es wird wie gewünscht nur die Lagermenge konsolidiert. Aufgrund der unterschiedlichen Überschriften der Verkaufspreise erfolgt keine Konsolidierung der Verkaufspreiszahlen.

## 5.6 Professioneller Umgang mit Zellkommentaren

Zellkommentare sind für die tägliche Arbeit fast unentbehrlich. Arbeiten Sie mit umfangreichen Kalkulationsmodellen oder arbeiten mehrere Personen mit derselben Tabelle, kommen Sie am Thema Zellkommentar kaum vorbei. Das Schöne an dieser Funktion ist, dass sie sehr leicht zu verstehen und zu bedienen ist. Dieser Abschnitt geht deswegen auf die Besonderheiten und die Features der Zellkommentierung ein und erläutert diese anhand von Praxisbeispielen.

### Tipp 1: Zellkommentare auf einen Blick – eine kurze Einführung

Excel bietet die Möglichkeit, zu jeder Zelle eine Information, einen sogenannten Zellkommentar, abzulegen.

Mit Kommentaren können unter anderem folgende Ziele erreicht werden:

- Benutzungshinweise für andere Anwender können zur Verfügung gestellt werden.
- Formeln und Kalkulationsbeziehungen können kommentiert werden.

## 5. Daten bearbeiten, auswerten und analysieren für die tägliche Praxis

- Die Namen der Bearbeiter und das Datum bei Aktualisierung von Zellinhalten können dokumentiert werden.
- Und vieles mehr.

Zum Einfügen von Zellkommentaren stellt Excel verschiedene Möglichkeiten zur Verfügung.

### So geht's:

1 Kommentare lassen sich über das Menü *Überprüfen/Kommentare/Neuer Kommentar* einfügen (Excel 2003: Menü *Einfügen/Kommentar*).

2 Alternativ können Sie den Befehl über das Kontextmenü aufrufen. Führen Sie dazu einen Rechtsklick auf die entsprechende Zelle aus und wählen Sie im Kontextmenü den Eintrag *Kommentar einfügen*.

3 Am schnellsten können Sie neue Kommentare mit der Tastenkombination [Umschalt]+[F2] einfügen.

### Anzeige der Zellkommentare

Bei der Anzeige von Zellkommentaren stehen drei verschiedene Optionen zur Verfügung. Die Optionseinstellung können Sie wie folgt aufrufen:

- ab Excel 2010: *Datei/Optionen/Erweitert*, Abschnitt *Anzeige*,
- in Excel 2007: Menü *Office/Excel-Optionen*,
- in Excel 2003: Menü *Extras/Optionen*, Registerkarte *Ansicht*.

| Optionen | Beschreibung |
|---|---|
| Keine Kommentare und Indikatoren | Wenn die Option *Keine Kommentare und Indikatoren* gewählt ist, werden weder die Indikatordreiecke noch der Kommentar angezeigt. Auf den ersten Blick deutet nichts auf einen hinterlegten Kommentar hin. |
| Nur Indikatoren, und Kommentare nur beim Daraufzeigen | In der rechten oberen Zellecke wird ein rotes Indikatordreieck angezeigt. Wenn Sie den Mauszeiger über die betreffende Zelle bewegen, wird der Kommentar automatisch eingeblendet. |
| Kommentare und Indikatoren | Bei dieser Option werden sowohl die Indikatoren als auch die Kommentare dauerhaft eingeblendet. |

**Zellen mit Kommentaren markieren**

Zellen, die einen Kommentar enthalten, können Sie markieren, indem Sie den Befehl dazu über das Menü *Start/Bearbeiten/Suchen und Auswählen/Kommentare* aufrufen. Alternativ können Sie alle Zellkommentare auch über den Dialog *Inhalte auswählen* markieren. Dieser kann durch Drücken der Funktionstaste [F5] und durch einen Klick auf die Schaltfläche *Inhalte* aufgerufen werden. Im Dialogfenster *Inhalte auswählen* aktivieren Sie die Option *Kommentare* und beenden das Dialogfenster mit einem Klick auf die Schaltfläche *OK* (Excel 2003: Funktionstaste [F5], Schaltfläche *Inhalte*, Option *Kommentare*).

**Kommentare löschen**

Zum Löschen von Kommentaren gibt es wiederum mehrere Möglichkeiten. Am schnellsten können Kommentare wie folgt gelöscht werden:

1 Markieren Sie die Zelle oder die Zellen, aus denen Kommentare entfernt werden sollen.

2 Führen Sie im markierten Bereich einen Rechtsklick mit der Maus durch und wählen Sie im Kontextmenü den Eintrag *Kommentar löschen*. Damit werden sämtliche Kommentare ohne Sicherheitsabfrage gelöscht.

## Tipp 2: Formatieren von Zellkommentaren

Kommentare können auf verschiedene Art und Weise formatiert werden. So besteht die Möglichkeit, die Schriftart oder Hintergrundfarbe anzupassen. Auch Rahmenfarbe und Rahmenstärke können verändert werden. Es können Schatten oder 3-D-Effekte hinzugefügt werden. Darüber hinaus lässt sich die Form des Kommentars verändern.

*So geht's: Ändern von Schriftart, Hintergrundfarbe und Rahmen*

1 Markieren Sie die Zelle, die den Kommentar beinhaltet, und aktivieren Sie mit der Tastenkombination [Umschalt]+[F2] den Bearbeitungsmodus für den Kommentar.

**2** Klicken Sie auf den Rahmen des Kommentars. Öffnen Sie über einen Klick mit der rechten Maustaste das Kontextmenü und wählen Sie darin den Eintrag *Kommentar formatieren*.

**3** In diesem Dialogfenster können Sie wie gewohnt sämtliche Formateinstellungen wie Schriftart, Ausrichtung, Farben, Linieneinstellungen etc. vornehmen.

**4** Wählen Sie beispielsweise die Schriftart Script MT Bold mit dem Schriftgrad 18. Auf der Registerkarte *Farben und Linien* bestimmen Sie einen grünen Hintergrund. Die Rahmenbreite legen Sie auf 6 Pixel mit roter Farbe fest. Nach einem Klick auf die Schaltfläche *OK* erhalten Sie folgendes Ergebnis:

## So geht's: Ändern der Form von Kommentaren

Eine wenig bekannte Funktion besteht darin, die Form von Kommentaren zu verändern. So können Sie Kommentaren sämtliche zur Verfügung stehende AutoFormen zuweisen.

**1** Markieren Sie die Zelle, die den Kommentar beinhaltet, und aktivieren Sie mit der Tastenkombination [Umschalt]+[F2] den Bearbeitungsmodus für den Kommentar.

**2** Klicken Sie auf den Rahmen des Kommentars, sodass aus der gestrichelten Zellumrandung eine gepunktete Umrandung wird.

**3** Über das Menü *Einfügen/Illustrationen/Formen* steht Ihnen die Möglichkeit zur Verfügung, dem Kommentar beliebige AutoFormen zuzuweisen (Excel 2003: Symbolleiste *Zeichnen*, Schaltfläche *Zeichnen/AutoForm ändern*).

## 5.6 Professioneller Umgang mit Zellkommentaren

Auf diese Weise lassen sich Kommentare nach Belieben anpassen.

## Tipp 3: Bilder in Zellkommentare einbinden

Dieses Beispiel zeigt, wie Sie beliebige Bilder, Diagramme, Grafiken etc. in einen Kommentar einbinden können. So sollen in einer Umsatzliste für die Jahre 2006 und 2007 die Daten für die Jahre 2004 und 2005 nicht direkt im Arbeitsblatt, sondern zu Vergleichszwecken in einem Kommentarfenster dargestellt werden.

### So geht's:

Im ersten Schritt müssen Sie die Grafik erstellen, die Sie in dem Kommentar als Bild hinterlegen möchten.

1. Markieren Sie dazu den Zellbereich A1:D19, der kopiert werden soll.
2. Kopieren Sie den markierten Zellbereich mit der Tastenkombination [Strg]+[C] in die Zwischenablage.
3. Starten Sie ein beliebiges Zeichenprogramm, wie beispielsweise das in Windows enthaltene Programm Paint.
4. Fügen Sie den Inhalt der Zwischenablage mit der Tastenkombination [Strg]+[V] in das Zeichenprogramm ein.
5. Speichern Sie das Bild im Format TIF, JPG, GIF oder einem ähnlichen Bildformat ab.

Ist das Bild erstellt, können Sie es einem Kommentar hinzufügen. Gehen Sie dazu wie folgt vor.

1. Fügen Sie einen neuen Kommentar der Zelle C4 hinzu.
2. Markieren Sie die Zelle C4 und wählen Sie im Kontextmenü den Befehl *Kommentar bearbeiten*.

3 Klicken Sie mit rechts auf die Umrandung des Kommentars und wählen Sie im Kontextmenü den Befehl *Kommentar formatieren*.

4 Wechseln Sie zur Registerkarte *Farben und Linien*.

5 Öffnen Sie das Kombinationsfeld *Farbe* und wählen Sie dort den Eintrag *Fülleffekte*.

6 Klicken Sie nun auf *Grafik auswählen* auf der Registerkarte *Grafik*.

7 Dort können Sie das soeben erstellte Bild auswählen und mit einem Klick auf die Schaltfläche *Einfügen* einsetzen.

8 Nachdem Sie die beiden offenen Dialogfenster mit je einem Klick auf die Schaltfläche *OK* geschlossen haben, wird die Grafik der Umsätze 2004 und 2005 in einem Kommentar angezeigt.

Auf diese Weise können nun bei Bedarf die Jahre 2004 und 2005 eingeblendet werden, indem Sie einfach den Mauszeiger auf die Zelle C4 setzen.

→ Verweis: siehe Kapitel 5.1, Tipp 12

## Tipp 4: Kommentare drucken

Wenn Kommentare wichtige Informationen enthalten, ist es hin und wieder notwendig, die Kommentare eines Tabellenblatts auszudrucken.

*So geht's:*

1 Starten Sie dazu das Dialogfenster *Seite einrichten*:
  - ab Excel 2010: über das Startprogramm des Registers *Seitenlayout/Blattoptionen*,
  - in Excel 2007: *Seitenlayout/Tabellenblattoptionen*,
  - in Excel 2003: Menü *Datei/Seite einrichten*, Registerkarte *Tabelle*.

## 5.6 Professioneller Umgang mit Zellkommentaren

**2** Auf der Registerkarte *Blatt* (Excel 2007: *Tabelle*) im Dialogfenster *Seite einrichten* stehen im Kombinationsfeld *Kommentare* drei Optionen zur Auswahl.

- *(Keine)*: Kommentare werden nicht gedruckt.
- *Am Ende des Blattes*: Nach dem Ausdruck der Tabelle werden die Kommentare ausgegeben.
- *Wie auf dem Blatt angezeigt*: Die Kommentare werden genau so gedruckt, wie sie auf dem Blatt dargestellt werden. Dabei besteht allerdings das Problem, dass möglicherweise Zahlen oder wichtige Informationen von Kommentarfenstern überdeckt werden.

---

**Hinweis**

Die Einstellung zum Ausdruck von Kommentaren wird in der Arbeitsmappe gespeichert. Wenn Sie die Einstellung rückgängig machen möchten, müssen Sie sie manuell zurücksetzen.

5. Daten bearbeiten, auswerten und analysieren für die tägliche Praxis

## Tipp 5: Anpassen des Benutzernamens

Bei jedem neu eingefügten Kommentar wird Ihr Benutzername eingefügt. Statt des Benutzernamens soll nun die Abteilungsbezeichnung im Kommentar ausgegeben werden.

*So geht's:*

1. Starten Sie den Befehl zum Ändern des Benutzernamens:
   - ab Excel 2010: Menü *Datei/Optionen/Allgemein*,
   - in Excel 2007: Menü *Office/Excel-Optionen/Häufig verwendet*,
   - in Excel 2003: Menü *Extras/Optionen*.

2. Im Abschnitt *Microsoft Office-Kopie personalisieren* können Sie beliebige Bezeichnungen eintragen. Erfassen Sie in diesem Beispiel den Eintrag *Abt. Rewe* und beenden Sie das Dialogfenster mit einem Klick auf die Schaltfläche *OK* (Excel 2003: Registerkarte *Allgemein*, Textfeld *Benutzername*).

Wenn Sie nun einen neuen Kommentar hinzufügen, wird statt Ihres Benutzernamens die Abteilungsbezeichnung *Abt. Rewe* angezeigt.

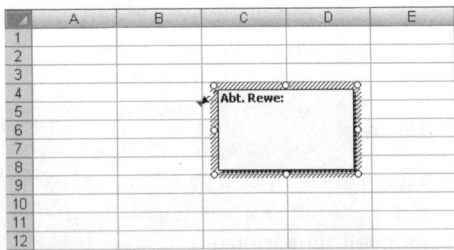

### Hinweis

Sollen immer wieder die gleichen Standardtexte als Kommentar eingefügt werden, können Sie diese als Benutzername eintragen. Die Zeichenanzahl ist allerdings auf 52 Stellen begrenzt.

## 5.6 Professioneller Umgang mit Zellkommentaren

### Tipp 6: Zellkommentare per Funktion auslesen

Wenn Sie einen möglichst schnellen Weg suchen, um auf die Kommentare innerhalb einer Excel-Tabelle zugreifen zu können, kommen Sie um ein paar Zeilen Code nicht herum. Das Makro ist allerdings äußerst überschaubar.

*So geht's:*

1 Öffnen Sie ein neues Arbeitsblatt und wechseln Sie über [Alt]+[F11] in den VBA-Editor.

2 Fügen Sie dann über das Menü *Einfügen* und den Befehl *Modul* ein neues Modul hinzu und erfassen Sie innerhalb dieses Moduls folgende Codezeilen:

*Listing 1:*
- Function KomHol(incell) As String
- On Error Resume Next
- KomHol = incell.Comment.Text
- End Function

3 Schreiben Sie jetzt in eine beliebige Zelle einen Kommentar.

4 Erfassen Sie dann beispielsweise in Zelle B6 die Formel *=KomHol(A2)* und beenden Sie die Erfassung mit der [Enter]-Taste. Beobachten Sie, wie jetzt umgehend über diese Funktion der Excel-Kommentar in diese Zelle geschrieben wird.

### Tipp 7: Alle Zellkommentare eines Tabellenblatts per Makro formatieren

Verschobene oder uneinheitlich gestaltete Zellkommentare manuell zu formatieren, kann bei einer Vielzahl vorhandener Kommentare eine äußerst mühsame und zeitraubende Tätigkeit sein. Sparen Sie sich diese Arbeit und verwenden Sie dafür ein Makro.

*Vollständige Anzeige der Zellkommentare herstellen*

*So geht's:*

1 Ausgangspunkt ist ein Tabellenblatt, auf dem Kommentare nicht oder nur unvollständig angezeigt werden. Ziel ist es, den Inhalt aller Kommentarfelder vollständig sichtbar zu machen.

5. Daten bearbeiten, auswerten und analysieren für die tägliche Praxis

**2** Wechseln Sie über [Alt]+[F11] in die Entwicklungsumgebung, den VBA-Editor also.

**3** Fügen Sie dann über das Menü *Einfügen* und den Befehl *Modul* ein neues Modul hinzu und erfassen Sie innerhalb dieses Moduls folgende Codezeilen:

*Listing 1:*
- Sub KommentareFormatieren1()
- Dim objKommentar As Comment
- For Each objKommentar In ActiveSheet.Comments
- With objKommentar
- .Shape.TextFrame.AutoSize = True
- End With
- Next
- End Sub

**4** Wechseln Sie aus der Entwicklungsumgebung zurück auf das Tabellenblatt mit den zu bearbeitenden Kommentaren und starten Sie das Makro *Kommentare-Formatieren1*:
- ab Excel 2007: Menü *Entwicklertools/Code/Makros*,
- in Excel 2003: Menü *Extras/Makro/Makros*.

Nun wird der Inhalt aller Kommentarfelder vollständig angezeigt.

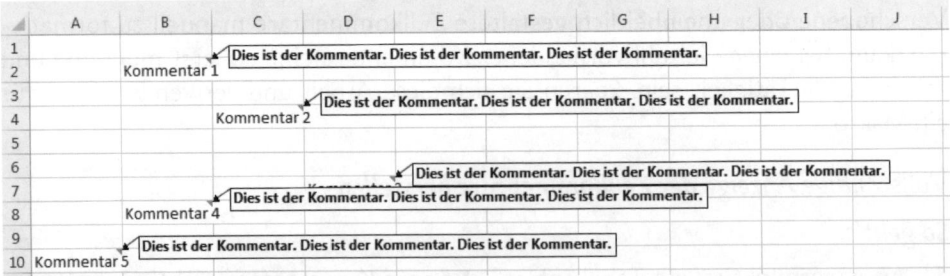

### Schrift in Zellkommentaren automatisch formatieren

Falls Sie zusätzlich Schriftart, Schriftschnitt und Schriftfarbe ändern wollen, können Sie dies mithilfe des Makros aus *Listing 2* tun. In diesem Listing wird als Schriftart

Arial in der Schriftgröße 8 festgelegt, der Schriftschnitt wird von fett auf normal, die Schriftfarbe auf Blau geändert.

*Listing 2:*
- Sub KommentareFormatieren2()
- Dim objKommentar As Comment
-  For Each objKommentar In ActiveSheet.Comments
-   With objKommentar
-    .Shape.TextFrame.Characters.Font.Name = Arial
-    .Shape.TextFrame.Characters.Font.Size = 8
-    .Shape.TextFrame.Characters.Font.ColorIndex = 32
-    .Shape.TextFrame.Characters.Font.Bold = False
-    .Shape.TextFrame.AutoSize = True
-   End With
-  Next
- End Sub

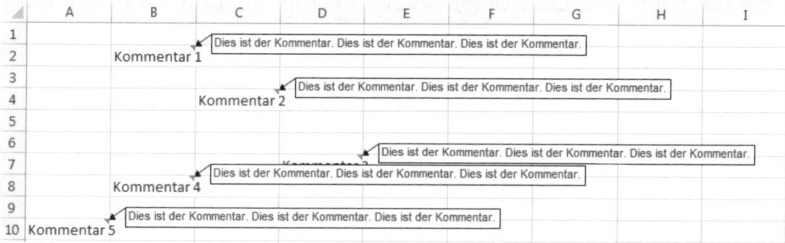

## 5.7 Umgang mit Steuerelementen und Formularen

Mit Steuerelementen lassen sich professionelle und leicht zu bedienende Kalkulationsmodelle aufbauen. Steuerelemente können verwendet werden, um vordefinierte Auswahlmöglichkeiten und Optionen zur Verfügung zu stellen. Damit werden die Eingabemöglichkeiten begrenzt und die Fehlerquellen reduziert.

### Tipp 1: Grundlegende Informationen zu Steuerelementen

Excel unterscheidet zwei unterschiedliche Typen von Steuerelementen.

Formularsteuerelemente sind im Wesentlichen auf deren eigentliche Funktionalität beschränkt und bieten darüber hinaus nur wenige Anpassungsmöglichkeiten. ActiveX-Steuerelemente bieten dagegen umfangreiche Einstellungs- und Formatierungsmöglichkeiten. Die folgenden Beispiele beziehen sich aufgrund des größeren Leistungsumfangs deshalb im Wesentlichen auf ActiveX-Steuerelemente.

Damit Sie Zugriff auf die Steuerelemente bekommen, müssen Sie die Registerkarte *Entwicklertools* einblenden. Die Aktivierung erfolgt über das Menü *Datei/Optionen/Menüband anpassen*. Setzen Sie den Haken im Auswahlfeld *Hauptregisterkarten* bei

## 5. Daten bearbeiten, auswerten und analysieren für die tägliche Praxis

*Entwicklertools* (Excel 2007: Menü *Office/Excel-Optionen/Häufig verwendet*, Kontrollkästchen *Entwicklerregisterkarte in der Multifunktionsleiste anzeigen*).

Daraufhin steht die Registerkarte *Entwicklertools* zur Verfügung, und Sie haben über das Menü *Entwicklertools/Steuerelemente/Einfügen* Zugriff auf Formularsteuerelemente und ActiveX-Steuerelemente.

In Excel 2003 werden die Steuerelemente über die Symbolleiste *Steuerelement-Toolbox* zur Verfügung gestellt, die über das Menü *Ansicht/Symbolleisten/Steuerelement-Toolbox* aufgerufen werden kann.

Die nachfolgende Tabelle gibt Ihnen einen kurzen Überblick über die in Excel zur Verfügung stehenden ActiveX-Steuerelemente.

| ActiveX-Steuerelement | | Erläuterung |
|---|---|---|
| | Befehlsschaltfläche | Über die Befehlsschaltfläche können Makros gestartet werden. Alternativ können Sie als Beschriftung der Schaltfläche eine Internetadresse angeben, die damit im Internetbrowser geöffnet werden kann. |
| | Kombinationsfeld | Das Kombinationsfeld ermöglicht eine Auflistung von vorgegebenen Einträgen. Bei der Auswahl eines Eintrags wird die Nummer des Eintrags zurückgegeben. |

| ActiveX-Steuerelement | | Erläuterung |
|---|---|---|
| ☑ | Kontrollkästchen | Mit Kontrollkästchen können Wahrheitswerte abgefragt werden. So kann das Kontrollkästchen aktiviert sein (*WAHR*), oder es kann deaktiviert sein (*FALSCH*). |
| | Drehfeld | Über das Drehfeld können Zahlenwerte vermindert oder erhöht werden. |
| | Listenfeld | Das Listenfeld zeigt ebenso wie das Kombinationsfeld eine Auflistung von vorgegebenen Einträgen, die durch Scrollen in der Liste ausgewählt werden können. |
| ⊙ | Optionsfeld | Ähnlich wie beim Kontrollkästchen können im Optionsfeld Wahrheitswerte ausgelesen werden: aktiviert = *WAHR*, deaktiviert = *FALSCH*. Das Optionsfeld bietet darüber hinaus die Möglichkeit, zusammenhängende Optionsgruppen zu definieren. |
| A | Bezeichnung | Über dieses Steuerelement können zu einem Formular erläuternde Texte und Hinweise hinzugefügt werden. |
| | Bildlaufleiste | Ähnlich dem Drehfeld können Zahlenwerte über die Bildlaufleiste vermindert oder erhöht werden. |
| abl | Textfeld | Im Textfeld können beliebige Informationen erfasst werden. |
| | Umschaltfläche | Die Umschaltfläche stellt einen Schalter mit Einrastfunktion zur Verfügung: eingeschaltet = *WAHR*, ausgeschaltet = *FALSCH*. |
| | Bild | Über dieses Steuerelement können beliebige Bilder und Grafiken in eine Excel-Tabelle oder ein Dialogfenster eingebunden werden. |

Nachfolgend sehen Sie anhand verschiedener Beispiele, wie sich Steuerelemente gewinnbringend in der Praxis einsetzen lassen. Bei der Erläuterung wird dabei auf Zusammenhänge verzichtet, die für die Praxis nur geringe Bedeutung haben oder keiner zusätzlichen Erklärung bedürfen.

## Tipp 2: Das Kombinationsfeld für vordefinierte Einträge

Das Kombinationsfeld bietet die Möglichkeit, vordefinierte Einträge zur Verfügung zu stellen. Im Beispiel soll ein Kombinationsfeld erzeugt werden, über das die vordefinierten Niederlassungen eines Unternehmens ausgewählt werden können.

*So geht's:*

1 Fügen Sie im ersten Schritt ein ActiveX-Kombinationsfeld über das Menü *Entwicklertools/Steuerelemente/Einfügen/Kombinationsfeld* ein. Der Mauszeiger verwandelt sich in ein Kreuz. Jetzt können Sie das Kombinationsfeld auf dem Tabellenblatt aufziehen (Excel 2003: Symbolleiste *Steuerelement-Toolbox*, Schaltfläche *Kombinationsfeld*).

**2** Nach dem Einfügen ist das Steuerelement aktiviert, und der Entwurfsmodus ist eingeschaltet. Das erkennen Sie an den acht Anfasspunkten rund um das Steuerelement. Über diese Anfasser können Sie die Größe des Steuerelements beliebig verändern.

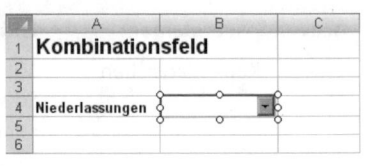

**3** Bevor die Niederlassungen dem Kombinationsfeld zugewiesen werden können, müssen Sie diese in einem freien, nicht benutzten Tabellenbereich eingeben. Im Beispiel liegen die Niederlassungen im Zellbereich E4:E9 vor.

**4** Um nun diese Liste im Kombinationsfeld zu hinterlegen, müssen Sie das *Eigenschaften*-Fenster öffnen. Dieses können Sie über das Menü *Entwicklertools/Steuerelemente/Eigenschaften* oder über das Kontextmenü für das Kombinationsfeld aufrufen (Excel 2003: Symbolleiste *Steuerelement-Toolbox*, Schaltfläche *Eigenschaften*).

**5** Erfassen Sie unter der Eigenschaft *List FillRange* den Zellbezug E4:E9.

**6** Die über das Kombinationsfeld ausgewählte Niederlassung soll in Zelle A7 ausgegeben werden. Erfassen Sie dazu im Eigenschaftsfeld *LinkedCell* den Zellbezug *A7*.

**7** Damit das Kombinationsfeld funktionieren kann, müssen Sie den Entwurfsmodus beenden. Klicken Sie dazu auf die Schaltfläche *Entwurfsmodus* in der Gruppe *Steuerelemente* auf der Registerkarte *Entwicklertools* (Excel 2003: Symbolleiste *Steuerelement-Toolbox*, Schaltfläche *Entwurfsmodus*).

**8** Die im Zellbereich E4:E9 vorgegebenen Niederlassungen stehen nun im Kombinationsfeld zur Verfügung.

**9** Wenn Sie jetzt einen Eintrag auswählen, wird dieser in Zelle A7 (*LinkedCell*) ausgegeben. Wählen Sie beispielsweise den Eintrag *Nürnberg*, erhalten Sie das Ergebnis in der Abbildung.

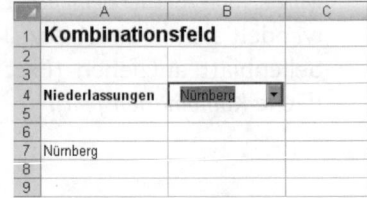

## Tipp 3: Verwendung des Kontrollkästchens in einem Praxisbeispiel

Das Kontrollkästchen bietet die Möglichkeit, eine vorgegebene Option zu aktivieren oder zu deaktivieren. In diesem Beispiel liegt eine Umsatzliste für die Jahre 2005 bis 2007 vor. Dabei soll das Jahr 2007 immer angezeigt werden. Die Anzeige der Jahre 2005 und 2006 soll jeweils über ein Kontrollkästchen gesteuert werden. Die Daten sollen nur angezeigt werden, wenn das jeweilige Kontrollkästchen aktiviert ist.

*So geht's:*

Sehen Sie sich zunächst die Ausgangstabelle etwas näher an.

In die Zellen A4 und A5 sollen zwei Kontrollkästchen eingefügt werden, über die die Jahre 2006 und 2005 aus- und eingeblendet werden können.

|    | A | B | C | D | E |
|----|---|---|---|---|---|
| 1  | Umsatzdaten im Jahresvergleich | | | | |
| 2  | | | | | |
| 3  | | | | | |
| 4  | | | | | |
| 5  | | | | | |
| 6  | | | | | |
| 7  | Jahre | 2007 | 2006 | 2005 | |
| 8  | Januar | 5.730,52 | 8.528,96 | 6.585,05 | |
| 9  | Februar | 9.470,44 | 11.125,19 | 7.322,83 | |
| 10 | März | 5.473,86 | 2.914,45 | 4.794,55 | |
| 11 | April | 8.524,80 | 10.560,69 | 13.453,24 | |
| 12 | Mai | 9.253,55 | 8.751,80 | 2.025,34 | |
| 13 | Juni | 7.635,36 | 4.838,13 | 11.034,39 | |
| 14 | Juli | 10.395,25 | 10.085,53 | 5.885,91 | |
| 15 | August | 7.530,81 | 6.280,21 | 8.680,12 | |
| 16 | September | | 4.414,31 | 10.379,76 | |
| 17 | Oktober | | 13.460,52 | 1.741,16 | |
| 18 | November | | 9.055,84 | 12.646,69 | |
| 19 | Dezember | | 2.255,95 | 12.380,38 | |
| 20 | | | | | |
| 21 | Summe | 66.021,59 | 94.277,58 | 98.934,42 | |
| 22 | | | | | |

**1** Fügen Sie dazu über das Menü *Entwicklertools/Steuerelemente/Einfügen* ein ActiveX-Kontrollkästchen zur Zelle A4 hinzu. Wiederholen Sie den Vorgang und fügen Sie ein zweites Kontrollkästchen zur Zelle A5 hinzu (Excel 2003: Symbolleiste *Steuerelement-Toolbox*, Schaltfläche *Kontrollkästchen*).

**2** Markieren Sie das Kontrollkästchen in Zelle A4 und rufen Sie über das Menü *Entwicklertools/Steuerelemente/Eigenschaften* das *Eigenschaften*-Fenster auf (Excel 2003: Symbolleiste *Steuerelement-Toolbox*, Schaltfläche *Eigenschaften*).

**3** Geben Sie für das erste Kontrollkästchen über die Eigenschaft *Caption* die Beschreibung des Kontrollkästchens ein. Erfassen Sie den Text *Jahr 2006*. Unter der Eigenschaft *LinkedCell* erfassen Sie den Zellbezug *C4*.

**4** Wiederholen Sie den Vorgang ab Schritt 2 auch für das zweite Kontrollkästchen in Zelle A5. Als *Caption* erfassen Sie dort die Bezeichnung *Jahr 2005*, und als Eigenschaft für *LinkedCell* geben Sie den Zellbezug *C5* ein.

## 5. Daten bearbeiten, auswerten und analysieren für die tägliche Praxis

**5** Damit die Steuerelemente funktionsfähig werden, müssen Sie den Entwurfsmodus über das Menü *Entwicklertools/Steuerelemente/Entwurfsmodus* beenden (Excel 2003: Symbolleiste *Steuerelement-Toolbox*, Schaltfläche *Entwurfsmodus*).

|    | A | B | C | D | E |
|---|---|---|---|---|---|
| 1 | Umsatzdaten im Jahresvergleich | | | | |
| 2 | | | | | |
| 3 | Vorjahre einblenden | | | | |
| 4 | ☑ Jahr 2006 | | WAHR | | |
| 5 | ☑ Jahr 2005 | | WAHR | | |
| 6 | | | | | |
| 7 | Jahre | 2007 | 2006 | 2005 | |
| 8 | Januar | 5.730,52 | 8.528,96 | 6.585,05 | |
| 9 | Februar | 9.470,44 | 11.125,19 | 7.322,83 | |
| 10 | März | 5.473,86 | 2.914,45 | 4.794,55 | |
| 11 | April | 8.524,80 | 10.560,69 | 13.453,24 | |
| 12 | Mai | 9.253,55 | 8.751,80 | 2.025,34 | |
| 13 | Juni | 7.635,36 | 4.838,13 | 11.034,39 | |
| 14 | Juli | 10.395,25 | 10.085,53 | 5.885,91 | |
| 15 | August | 7.530,81 | 6.280,21 | 8.680,12 | |
| 16 | September | | 4.414,31 | 10.379,76 | |
| 17 | Oktober | | 13.460,52 | 1.741,16 | |
| 18 | November | | 9.055,84 | 12.646,69 | |
| 19 | Dezember | | 2.255,95 | 12.380,38 | |
| 20 | | | | | |
| 21 | Summe | 66.021,59 | 94.277,58 | 98.934,42 | |
| 22 | | | | | |

Durch die Angabe der Zellen C4 und C5 in der Eigenschaft *LinkedCell* wird nun der Wahrheitswert der Kontrollkästchen in diesen Zellen ausgegeben. Wenn das Kontrollkästchen aktiviert ist, wird der Wahrheitswert *WAHR* ausgegeben. Ist das Kontrollkästchen hingegen deaktiviert, erscheint in der verlinkten Zelle der Wahrheitswert *FALSCH*.

Diese Informationen können nun genutzt werden, um abhängig von der gewählten Option über die bedingte Formatierung die Jahre 2005 und 2006 ein- oder auszublenden.

**1** Markieren Sie dazu für die Option *Jahr 2006* den Zellbereich C7:C21.

**2** Starten Sie über das Menü *Start/Formatvorlagen/Bedingte Formatierung/Neue Regel* das Dialogfenster zur Erfassung einer neuen bedingten Formatierung (Excel 2003: Menü *Format/Bedingte Formatierung*).

**3** Wählen Sie als Regeltyp den Eintrag *Formel zur Ermittlung der zu formatierenden Zellen verwenden* aus. Als Formel erfassen Sie *=$C$4=FALSCH*.

**4** Öffnen Sie über die Schaltfläche *Formatieren* das Dialogfenster *Zellen formatieren*. Legen Sie auf der Registerkarte *Schrift* eine weiße Schriftfarbe fest. Auf der Registerkarte *Rahmen* löschen Sie alle Rahmen, indem Sie auf die Schaltfläche *Keine* klicken.

5 Beenden Sie beide Dialogfenster jeweils mit einem Klick auf die Schaltfläche OK.

6 Wiederholen Sie nun die Schritte 1 bis 5 für den Zellbereich D7:D21. In Schritt 3 erfassen Sie die leicht modifizierte Formel =$C$5=FALSCH.

| | A | B | C | D | E |
|---|---|---|---|---|---|
| 1 | Umsatzdaten im Jahresvergleich | | | | |
| 2 | | | | | |
| 3 | Vorjahre einblenden | | | | |
| 4 | ☑ Jahr 2006 | | WAHR | | |
| 5 | ☐ Jahr 2005 | | FALSCH | | |
| 6 | | | | | |
| 7 | Jahre | 2007 | 2006 | | |
| 8 | Januar | 5.730,52 | 8.528,96 | | |
| 9 | Februar | 9.470,44 | 11.125,19 | | |
| 10 | März | 5.473,86 | 2.914,45 | | |
| 11 | April | 8.524,80 | 10.560,69 | | |
| 12 | Mai | 9.253,55 | 8.751,80 | | |
| 13 | Juni | 7.635,36 | 4.838,13 | | |
| 14 | Juli | 10.395,25 | 10.085,53 | | |
| 15 | August | 7.530,81 | 6.280,21 | | |
| 16 | September | | 4.414,31 | | |
| 17 | Oktober | | 13.460,52 | | |
| 18 | November | | 9.055,84 | | |
| 19 | Dezember | | 2.255,95 | | |
| 20 | | | | | |
| 21 | Summe | 66.021,59 | 94.277,58 | | |
| 22 | | | | | |

Sobald Sie nun beispielsweise das Kontrollkästchen *Jahr 2005* deaktivieren, werden die Werte des Jahrs 2005 über die bedingte Formatierung ausgeblendet.

> **Hinweis**
>
> Die Wahrheitswerte, die sich in den Zellen C4 und C5 befinden, können mit weißer Schriftfarbe formatiert werden, sodass sie nicht mehr angezeigt werden. Praktischer ist es aber, wenn Sie die Wahrheitswerte direkt unterhalb der Kontrollkästchen, also in den Zellen A4 und A5, ausgeben lassen, sodass die Kontrollkästchen die Werte verdecken. Verändern Sie dazu die Zellbezüge der Eigenschaft *LinkedCell* entsprechend.

## Tipp 4: Verwendung des Optionsfelds in einem Praxisbeispiel

In diesem Beispiel liegt eine Preisliste für verschiedene Artikelnummern vor. Die Preisliste enthält den Listenverkaufspreis, eine Spalte mit den Rabatten sowie die Nettoverkaufspreise. Abhängig davon, in welcher Umsatzklasse sich ein Kunde befindet, erhält er 3 %, 5 % oder 8,5 % Mengenrabatt. Um einen schnellen Überblick zu bekommen, sollen die Nettoverkaufspreise per Knopfdruck unter Berücksichtigung der korrekten Rabatte ermittelt werden.

### So geht's:

Die Preisliste ist hier (Abbildung nächste Seite) zur Ansicht aufgebaut.

Im Zellbereich A3:A5 sollen drei Optionsfelder eingefügt werden, über die festgelegt werden kann, ob der Nettoverkaufspreis auf der Basis von 3 %, 5 % oder 8,5 % berechnet werden soll.

## 5. Daten bearbeiten, auswerten und analysieren für die tägliche Praxis

|   | A | B | C | D | E |
|---|---|---|---|---|---|
| 1 | Artikelpreisliste per 01.07.2007 | | | | |
| 2 | | | | | |
| 3 | | | | | |
| 4 | | | | | |
| 5 | | | | | |
| 6 | | | | | |
| 7 | Art.-Nr. | Listenverkaufspreis | Rabatt | Nettoverkaufspreis | |
| 8 | 1044A | 112,07 € | | | |
| 9 | 1248A | 73,59 € | | | |
| 10 | 1251B | 23,65 € | | | |
| 11 | 1328C | 113,94 € | | | |
| 12 | 1381B | 18,45 € | | | |
| 13 | 1636E | 45,23 € | | | |
| 14 | 2769E | 77,21 € | | | |
| 15 | 3524A | 29,27 € | | | |
| 16 | 3654E | 21,75 € | | | |
| 17 | 4238C | 193,14 € | | | |
| 18 | 4458E | 15,98 € | | | |
| 19 | 7087C | 21,40 € | | | |
| 20 | 7248A | 163,41 € | | | |
| 21 | 8799B | 148,28 € | | | |
| 22 | 9452C | 27,28 € | | | |
| 23 | 9517E | 96,63 € | | | |
| 24 | 9667E | 124,02 € | | | |
| 25 | 9885B | 82,00 € | | | |
| 26 | | | | | |

**1** Fügen Sie im ersten Schritt drei ActiveX-Optionsfelder über das Menü *Entwicklertools/Steuerelemente/Einfügen* in die Zellen A3, A4 und A5 ein (Excel 2003: Symbolleiste *Steuerelement-Toolbox*, Schaltfläche *Optionsfeld*).

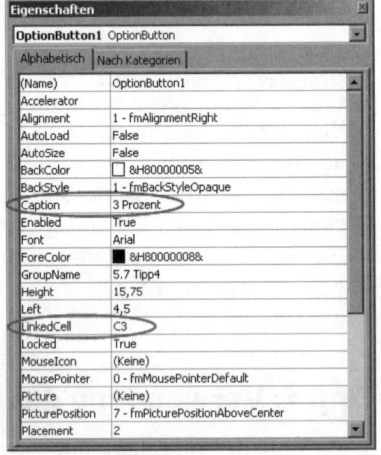

**2** Legen Sie die Optionsfeldeigenschaften im *Eigenschaften*-Fenster, das Sie über das Menü *Entwicklertools/Steuerelemente/Eigenschaften* aufrufen können, für die drei Optionsfelder wie folgt fest:

| Optionsfeld | Eigenschaft Caption | Eigenschaft LinkedCell |
|---|---|---|
| Optionsfeld 1 | 3 Prozent | C3 |
| Optionsfeld 2 | 5 Prozent | C4 |
| Optionsfeld 3 | 8,5 Prozent | C5 |

**3** Erfassen Sie in Zelle D3 die Ziffer 3, in Zelle D4 die Ziffer 5 und in Zelle D5 die Ziffer 8,5. Damit weisen Sie den einzelnen Optionen die richtigen Prozentangaben zu.

**4** Nachdem Sie den Entwicklungsmodus über das Menü *Entwicklertools/Steuerelemente/Entwurfsmodus* beendet haben, sieht das Zwischenergebnis wie in der Abbildung gezeigt aus (Excel 2003: Symbolleiste *Steuerelement-Toolbox*, Schaltfläche *Entwurfsmodus*).

5.7 Umgang mit Steuerelementen und Formularen

**5** Jetzt muss noch abhängig von der gewählten Option der entsprechende Prozentwert aus dem Zellbereich D3:D5 ausgelesen werden. Erfassen Sie dazu in Zelle C6 die Formel *=SVERWEIS(WAHR;C3:D5;2;0)*.

**6** Zur Ermittlung des Rabatts markieren Sie den Zellbereich C8:C25 und erfassen in Zelle C8 die Formel *=B8*$C$6/100*. Damit die Formel in den gesamten Zellbereich eingetragen wird, beenden Sie die Formeleingabe mit der Tastenkombination [Strg]+[Enter].

**7** Im letzten Schritt wird der Nettoverkaufspreis berechnet. Markieren Sie dazu den Zellbereich D8:D25 und erfassen Sie in Zelle D8 die Formel *=B8-C8*. Beenden Sie die Eingabe ebenfalls mit der Tastenkombination [Strg]+[Enter].

Das Ergebnis sieht wie das in der Abbildung gezeigte aus.

Sobald nun ein anderes Optionsfeld ausgewählt wird, werden die Rabattbedingungen in Zelle C6 automatisch angepasst, und der Nettoverkaufspreis wird auf Basis des gewählten Rabattsatzes ermittelt.

## Hinweis

Die Einträge im Zellbereich C3:D6 können ausgeblendet werden, indem sie mit weißer Schriftfarbe formatiert werden. Alternativ können Sie die Hilfsspalten auch auf einem weniger exponierten Teil auf dem Tabellenblatt unterbringen, wo sie weniger stören.

## Funktionsübersicht

| Funktion | Erläuterung |
| --- | --- |
| ADRESSE(Zeile;Spalte;Abs;A1; Tabellenname) | Liefert einen Bezug auf eine Zelle als Text. |
| BEREICH.VERSCHIEBEN(Bezug; Zeilen;Spalten;Höhe;Breite) | Gibt einen Bezug zurück, der gegenüber dem angegebenen Bezug versetzt ist. Der zurückgegebene Bezug kann eine einzelne Zelle oder ein Zellbereich sein. Sie können die Anzahl der zurückzugebenden Zeilen und Spalten festlegen. |
| DATUM(Jahr;Monat;Tag) | Gibt die fortlaufende Zahl zurück, die ein bestimmtes Datum darstellt. Wenn für das Zellformat vor der Eingabe der Funktion die Option *Allgemein* eingestellt war, wird das Ergebnis als Datum formatiert. |
| HEUTE() | Gibt die fortlaufende Zahl des heutigen Datums zurück. |
| INDIREKT(Bezug;A1) | Gibt den Bezug eines Textwerts zurück. Bezüge werden sofort ausgewertet, sodass die zu ihnen gehörenden Werte angezeigt werden. Verwenden Sie die *INDIREKT*-Funktion, um den Bezug auf eine in einer Formel befindliche Zelle zu ändern, ohne die Formel selbst anzupassen. |
| JAHR(Zahl) | Wandelt eine fortlaufende Zahl in eine Jahreszahl um. Das Jahr wird als ganze Zahl zurückgegeben, die einen Wert von 1900 bis 9999 annehmen kann. |
| KKLEINSTE(Matrix;k) | Gibt den *k*-kleinsten Wert einer Datengruppe zurück. Mit dieser Funktion können Sie Werte ermitteln, die innerhalb einer Datenmenge eine bestimmte relative Größe haben. |
| MONAT(Zahl) | Wandelt eine fortlaufende Zahl in einen Monat um. Der Monat wird als ganze Zahl ausgegeben, die einen Wert von 1 (Januar) bis 12 (Dezember) annehmen kann. |
| PIVOTDATENZUORDNEN (Datenfeld;PivotTable;Feld1; Element1;Feld2;Element2;...) | Gibt Daten aus einem PivotTable-Bericht zurück. Sie können *PIVOTDATENZUORDNEN* verwenden, um Datenzusammenfassungen aus einem PivotTable-Bericht abzurufen. |
| SUMME(Zahl1;Zahl2;...) | Summiert die Argumente. |
| SVERWEIS(Suchkriterium; Matrix;Spaltenindex;Bereich_ Verweis) | Sucht in der ersten Spalte einer Tabellenmatrix nach einem Wert und gibt in der gleichen Zeile einen Wert aus einer anderen Spalte in der Tabellenmatrix zurück. |
| TAG(Zahl) | Gibt den Tag eines Datums als fortlaufende Zahl zurück. Der Tag wird als ganze Zahl im Bereich von 1 bis 31 ausgegeben. |

| Funktion | Erläuterung |
|---|---|
| TEILERGEBNIS(Funktion;Bezug1; Bezug2;...) | Gibt ein Teilergebnis in einer Liste oder Datenbank zurück. |
| WENN(Prüfung;Dann_Wert; Sonst_Wert) | Prüft, ob eine Bedingung zutrifft, also *WAHR* oder *FALSCH* ist, und macht das Ergebnis vom Resultat der Prüfung abhängig. |
| ZEILE(Bezug) | Liefert die Zeilennummer eines Bezugs. |
| ZÄHLENWENN(Bereich; Kriterien) | Zählt die nicht leeren Zellen eines Bereichs, deren Inhalte mit den Suchkriterien übereinstimmen. |
| ZW(Zins;Anzahl_Zahlungszeit- räume;Regelmäßige_Zahlung; Barwert;Fälligkeit) | *ZW()* gibt den zukünftigen Endwert einer Kapitalanlage oder Investition zurück. Die Berechnung basiert auf regelmäßigen, konstanten Zahlungen und einem konstanten Zinssatz. |

# 6. Professionelle Diagramme, Charts und Präsentationen

In diesem Kapitel geht es um die Darstellung von Daten in Diagrammen. Ein Bild sagt mehr als tausend Worte. Dieser Spruch trifft häufig den Nagel auf den Kopf. Umfangreiche Datenlisten sind meistens etwas unübersichtlich und auf den ersten Blick schwer verständlich.

Werden die Daten hingegen intelligent in ein Diagramm verpackt, lassen sich auch komplexe Sachverhalte relativ einfach erfassen und verstehen.

Bereits in Excel 2003 war es relativ leicht möglich, ein Diagramm zu erstellen. In Excel 2007 und Excel 2010 wurden die Diagrammfunktionalitäten noch weiter verbessert und erweitert. Der bisher in Excel 2003 vorhandene Diagramm-Assistent ist in den neuen Excel-Versionen nicht mehr integriert. Die Schritte bis zum fertigen Diagramm wurden auf ein Minimum reduziert. Mit Excel 2013 wird der Anwender unter anderem durch die Diagrammfunktion *Empfohlene Diagramme* noch stärker unterstützt.

→ Verweis: siehe Kapitel 11.3, Tipp 13, 14, 15

Aufgrund der gravierenden Unterschiede bei der Diagrammerstellung beschränkt sich dieses Kapitel auf die Erläuterung der Diagrammfeatures ab Excel 2007. Wenn Sie bereits Erfahrung mit dem Diagramm-Assistenten unter Excel 2003 gesammelt haben, können Sie die hier vorgestellten Praxistipps ohne Weiteres auch in Excel 2003 nachvollziehen.

## Tipp 1: Mit Excel 2007, Excel 2010 und Excel 2013 ganz einfach ein Diagramm erstellen

In diesem Beispiel erfahren Sie, wie mit Excel in den Versionen 2007, 2010 und 2013 ganz einfach ein Diagramm erstellt werden kann. Das Diagramm soll für eine monatliche Umsatzübersicht der Jahre 2005 bis 2007 erstellt werden. Auf den ersten Blick ist die neue Diagrammbedienung vielleicht ein wenig ungewohnt, aber schon nach kurzer Zeit werden Sie feststellen, dass die Diagrammerstellung ab Excel 2007 noch einfacher und komfortabler geworden ist.

# 6. Professionelle Diagramme, Charts und Präsentationen

## So geht's: Einfügen eines Diagramms auf dem Tabellenblatt

Als Ausgangsdaten für das Diagramm dienen die Daten der nebenstehenden Umsatzzusammenstellung.

|   | A | B | C | D | E |
|---|---|---|---|---|---|
| 1 | Umsatzübersicht 2005 bis 2007 | | | | |
| 2 | | | | | |
| 3 | | | | | |
| 4 | Jahre | 2007 | 2006 | 2005 | |
| 5 | Januar | 5.730,52 | 8.528,96 | 6.585,05 | |
| 6 | Februar | 9.470,44 | 11.125,19 | 7.322,83 | |
| 7 | März | 5.473,86 | 2.914,45 | 4.794,55 | |
| 8 | April | 8.524,80 | 10.560,69 | 13.453,24 | |
| 9 | Mai | 9.253,55 | 8.751,80 | 2.025,34 | |
| 10 | Juni | 7.635,36 | 4.838,13 | 11.034,39 | |
| 11 | Juli | 10.395,25 | 10.085,53 | 5.885,91 | |
| 12 | August | 7.530,81 | 6.280,21 | 8.680,12 | |
| 13 | September | | 4.414,31 | 10.379,76 | |
| 14 | Oktober | | 13.460,52 | 1.741,16 | |
| 15 | November | | 9.055,84 | 12.646,69 | |
| 16 | Dezember | | 2.255,95 | 12.380,38 | |
| 17 | | | | | |

Um das erste Diagramm in Excel 2007/2010 zu erstellen, gehen Sie wie folgt vor:

**1** Setzen Sie den Zellzeiger auf eine beliebige Zelle innerhalb der Umsatzübersicht.

**2** Starten Sie den Befehl zur Erstellung des Diagramms über das Menü *Einfügen/Diagramme/Säule*. Wählen Sie aus der Kategorie *3D-Säule* das erste 3-D-Säulendiagramm aus.

**3** Nach dem Klick auf die Diagrammschaltfläche wird das Diagramm sofort auf dem Tabellenblatt erstellt.

601

## 6. Professionelle Diagramme, Charts und Präsentationen

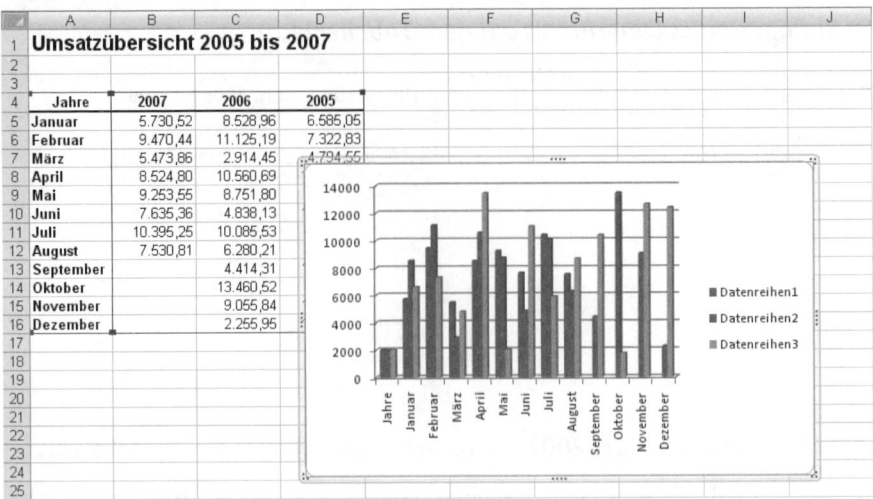

Sie sehen, es bedarf nur weniger Mausklicks, um das erste Diagramm in Excel zu erstellen.

> **Hinweis**
>
> Noch schneller geht's, wenn Sie die Tastenkombination [Alt]+[F1] drücken. Damit erhalten Sie das gleiche Ergebnis. Es ist somit möglich, mit nur zwei Tasten ein fix und fertiges Diagramm in das Tabellenblatt einzufügen. Die Taste [F11] erstellt das Diagramm in einem neuen Diagrammblatt.

### So geht's: Diagramm formatieren und layouten

Wenn das neu eingefügte Diagramm aktiviert ist, sodass ein Rahmen mit Anfasspunkten zu sehen ist, werden drei (Excel 2007/2010) bzw. zwei (Excel 2013) kontextsensitive Registerkarten in der Multifunktionsleiste eingeblendet. Der folgende Screen sowie die Funktionsübersicht veranschaulichen diese Registerkarten und deren Inhalte unter Excel 2007/2010. In Excel 2013 ist die Registerkarte *Layout* entfallen, die darin enthaltenen Funktionen wurden den Registerkarten *Entwurf* und *Format* hinzugefügt.

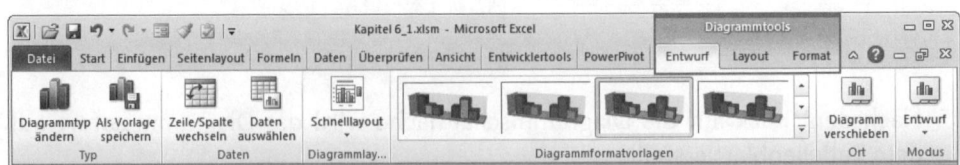

Die Diagrammtools stellen dabei folgende Funktionen zur Verfügung:

| Registerkarte/Gruppe | Erläuterung |
|---|---|
| **Registerkarte Entwurf** | |
| Gruppe *Typ* | Es besteht die Möglichkeit, den Diagrammtyp zu ändern sowie das erstellte Diagramm mit allen Formatierungen und Vorgaben als Vorlage für weitere Diagramme abzuspeichern. |
| Gruppe *Daten* | Über die Schaltfläche *Zeile/Spalte wechseln* können Sie einfach den Datenbestand transponieren. Aus Zeilen werden Spalten und aus Spalten Zeilen. Diese Funktion hat nur Auswirkungen auf das Diagramm. Der Datenbestand bleibt natürlich unangetastet. Über den Befehl *Daten auswählen* können Sie festlegen, welche Spalten und Zeilen in die Diagrammerstellung mit einbezogen werden sollen. |
| Gruppe *Diagrammlayouts* | Hier besteht die Möglichkeit, aus vordefinierten Layouts einen beliebigen Vorschlag auszuwählen. Sie können festlegen, wo sich die Diagrammlegenden befinden sollen, ob die Anzeige mit oder ohne Tabellendaten erfolgen soll etc. |
| Gruppe *Diagrammformatvorlagen* | *Diagrammformatvorlagen* bieten eine bunte Sammlung verschiedener Diagrammvorlagen. |
| Gruppe *Ort* | Über die Schaltfläche *Diagramm verschieben* können Sie festlegen, ob das Diagramm in einem eigenen Tabellenblatt dargestellt werden soll oder nicht. |
| Gruppe *Modus* (nur in Excel 2010) | Mittels der Schaltfläche *Entwurf* kann der Entwurfsmodus für das aktuelle Diagramm bzw. für alle Diagramme aktiviert und deaktiviert werden. |
| **Registerkarte Layout** | |
| Gruppe *Aktuelle Auswahl* | Hier können Sie verschiedene Diagrammelemente aufrufen und gezielt darauf zugreifen. |
| Schaltfläche *Einfügen* | Hierüber können Sie Textfelder, Grafiken und Formen dem Diagramm hinzufügen. |
| Gruppe *Beschriftungen* | Über die Gruppe *Beschriftungen* haben Sie Zugriff auf den Diagrammtitel, Achsenbeschriftungen, Legenden etc. |
| Gruppe *Achsen* | Es besteht die Möglichkeit, die Skalierung von Achsen etc. zu verändern. Auch die Gitternetzlinien können hier angepasst werden. |
| **Registerkarte Layout** | |
| Schaltfläche *Hintergrund* | Hierüber können Sie den Hintergrund des Diagramms festlegen und verändern. |
| Schaltfläche *Analyse* | Über diese Schaltfläche können Sie Trendanalysen sowie Fehlerindikatoren in das Diagramm aufnehmen. |
| Schaltfläche *Eigenschaften* | Hiermit lässt sich der Name des Diagramms verändern. |

| Registerkarte/Gruppe | Erläuterung |
|---|---|
| **Registerkarte Format** | |
| Gruppe *Aktuelle Auswahl* | Hier können Sie verschiedene Diagrammelemente aufrufen und gezielt darauf zugreifen. |
| Gruppe *Formenarten* | In der Gruppe *Formenarten* sind die Befehle zum Festlegen individueller Formen, Farben, Konturen und Effekte für das ausgewählte Diagrammelement zusammengefasst. |
| Gruppe *WordArt-Formate* | Darin finden Sie verschiedene Formatierungsmöglichkeiten für Diagrammbeschriftungen wie Legenden, Achsenbeschriftungen oder Diagrammtitel. |
| Gruppe *Anordnen* | Hier können Diagramme ausgeblendet werden. Außerdem können die Diagramme am Raster ausgerichtet sowie gedreht und gruppiert werden. |
| Gruppe *Größe* | Diese Gruppe bietet die Möglichkeit, die Breite und Höhe des Diagramms exakt den Erfordernissen anzupassen. |

Sie sehen, Excel 2007/2010 bzw. Excel 2013 bieten auf den drei bzw. zwei kontextsensitiven *Diagrammtools*-Registerkarten alle Befehle übersichtlich gruppiert und zusammengefasst.

> **Hinweis**
>
> Beachten Sie, dass nicht alle Funktionen bei allen Diagrammtypen zur Verfügung stehen. Die Anzeige erfolgt kontextsensitiv, also abhängig vom gewählten Diagrammtyp bzw. Diagrammelement.

## Tipp 2: Datenbereiche für Diagramme dynamisieren

In diesem Beispiel liegt eine Auflistung der produzierten Stückzahlen für die Jahre 2000 bis 2006 vor. Diese Zahlen sollen nun in einem Diagramm dargestellt werden. So weit dürfte das kein Problem darstellen. Da zu dieser Tabelle jedes Jahr ein neuer Wert hinzukommt, soll das Diagramm aber so aufgebaut werden, dass sich das Diagramm, sobald ein neuer Produktionswert eingetragen wird, automatisch erweitert und anpasst.

*So geht's:*

Als Ausgangsbasis dient die abgebildete Produktionsübersicht.

In Spalte A befinden sich die einzelnen Jahresangaben, und Spalte B zeigt die zugehörige Produktionsmenge. Zur Erstellung eines dynamischen Diagramms sind einige Schritte notwendig, die nachfolgend beschrieben werden.

## 6. Professionelle Diagramme, Charts und Präsentationen

|   | A | B | C | D |
|---|---|---|---|---|
| 1 | **Produktionsmenge in Stück** | | | |
| 2 | | | | |
| 3 | | | | |
| 4 | | Menge | | |
| 5 | 2000 | 124.789 | | |
| 6 | 2001 | 127.892 | | |
| 7 | 2002 | 134.172 | | |
| 8 | 2003 | 133.769 | | |
| 9 | 2004 | 138.665 | | |
| 10 | 2005 | 146.849 | | |
| 11 | 2006 | 152.398 | | |
| 12 | | | | |
| 13 | | | | |

1. Im ersten Schritt müssen Sie einen Namen definieren, dem der dynamische Zellbereich übergeben wird. Starten Sie dazu über das Menü *Formeln/Definierte Namen/Namen definieren* das Dialogfenster zur Erfassung eines neuen Namens.

2. Im Feld *Name* erfassen Sie die Bezeichnung *DynBereich*. Im Feld *Bezieht sich auf* geben Sie folgende Formel ein:
=BEREICH.VERSCHIEBEN('6.1 Tipp2'!$B$5;0;0;ANZAHL2('6.1 Tipp2'!$B:$B)-1)

Damit wird bei Erfassung eines Werts in Spalte B der Bereich auf den neuen Wert ausgeweitet.

3. Wenn Sie das Dialogfenster mit einem Klick auf die Schaltfläche *OK* beenden, wird der Name *DynBereich* erstellt.

4. Setzen Sie nun den Zellzeiger in eine beliebige Zelle im Datenbereich und fügen Sie über das Menü *Einfügen/Diagramme/Säule* das 2-D-Diagrammm *Gruppierte Säulen* ein.

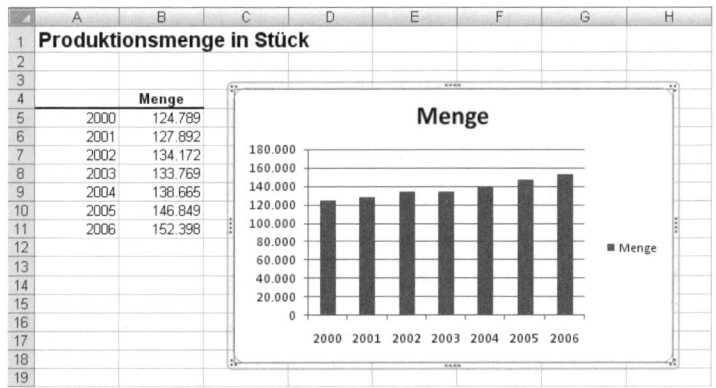

5. Markieren Sie das Diagramm und rufen Sie über das Menü *Diagrammtools/ Entwurf/Daten/Daten auswählen* das Dialogfenster *Datenquelle auswählen* auf.

## 6. Professionelle Diagramme, Charts und Präsentationen

**6** Selektieren Sie im Listenfeld *Legendeneinträge (Reihen)* den Eintrag *Menge* und klicken Sie auf die Schaltfläche *Bearbeiten* im linken Fensterbereich. Damit wird das Dialogfenster *Datenreihe bearbeiten* geöffnet.

**7** Erfassen Sie darin im Feld *Reihenwerte* folgenden Bezug: =*'Kapitel 6.xlsm'!DynBereich*. Durch diese Eingabe weisen Sie der Reihe *Menge* den über den Namen *DynBereich* erzeugten dynamischen Zellbezug zu.

**8** Beenden Sie die beiden geöffneten Dialogfenster jeweils mit einem Klick auf die Schaltfläche *OK*.

Sobald Sie nun in Spalte B einen Wert erfassen, wird das Diagramm sofort aktualisiert und um den neuen Wert inklusive der Jahresangabe erweitert.

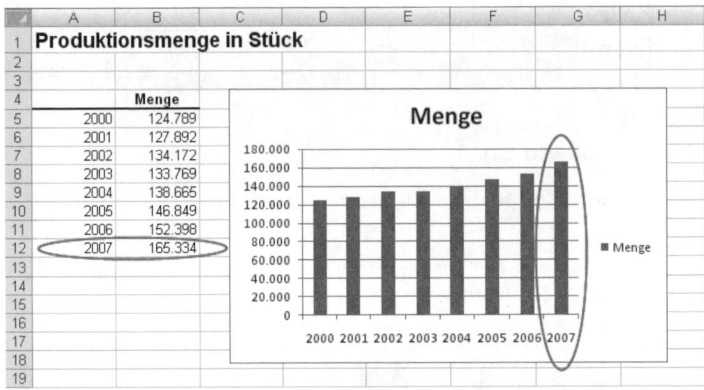

### Tipp 3: Einzelne Werte dynamisch hervorheben

Dieser Aufgabenstellung liegt eine Umsatzzusammenstellung der letzten 15 Tage zugrunde. Ziel ist es nun, den jeweils größten Tagesumsatz im Diagramm dynamisch hervorzuheben. Das bedeutet, Excel soll automatisch den größten Betrag ermitteln und die entsprechende Datenreihe im Diagramm kennzeichnen.

## 6. Professionelle Diagramme, Charts und Präsentationen

*So geht's:*

Sehen Sie sich zunächst die Ausgangstabelle an. In Spalte A sind die Datumswerte und in Spalte B ist der Umsatz am jeweiligen Kalendertag angegeben.

1. Zur Dynamisierung des Diagramms werden zwei Hilfsspalten benötigt. Fügen Sie dazu zwischen Spalte A und Spalte B zwei leere Spalten ein, sodass die Umsatzangaben im Bereich D5:D19 stehen.

2. Markieren Sie nun den Zellbereich B5:B19 und erfassen Sie diese Formel:

   =WENN(D5=MAX($D$5:$D$19);NV();D5)

   Beenden Sie die Formeleingabe mit der Tastenkombination [Strg]+[Enter].

3. Markieren Sie in der zweiten Hilfsspalte den Zellbereich C5:C19 und geben Sie in Zelle C5 folgende Formel ein

   =WENN(D5=MAX($D$5:$D$19);D5;NV())

   Schließen Sie auch diese Dateneingabe mit der Tastenkombination [Strg]+[Enter] ab.

4. Erfassen Sie nun noch in den Zellen B4 und C4 eine Überschrift für die beiden Hilfsspalten. Beispielsweise können Sie hier jeweils die Bezeichnung *Umsatz* eintragen. Das Zwischenergebnis sieht wie abgebildet aus.

Wie Sie sehen, wurde der größte Tagesumsatz am 06.07.2007 gemacht, das bedeutet, dass dieser Wert im Diagramm hervorgehoben werden soll.

5. Zu Erstellung des Diagramms markieren Sie nun den Zellbereich A5:C19. Achten Sie darauf, dass Spalte D nicht markiert wird.

6. Fügen Sie über das Menü *Einfügen/Diagramme/Säulen* ein gruppiertes 2-D-Säulendiagramm ein. Sie erhalten folgendes Zwischenergebnis.

## 6. Professionelle Diagramme, Charts und Präsentationen

|   | A | B | C | D | E | F | G |
|---|---|---|---|---|---|---|---|
| 1 | Auflistung der Tagesumsätze | | | | | | |
| 2 | | | | | | | |
| 3 | | | | | | | |
| 4 | | Umsatz | Umsatz | Betrag | | | |
| 5 | 01.07.2007 | 2191,42 | #NV | 2.191,42 € | | | |
| 6 | 02.07.2007 | 9479,11 | #NV | 9.479,11 € | | | |
| 7 | 03.07.2007 | 10137,59 | #NV | 10.137,59 € | | | |
| 8 | 04.07.2007 | 2910,34 | #NV | 2.910,34 € | | | |
| 9 | 05.07.2007 | 11174,34 | #NV | 11.174,34 € | | | |
| 10 | 06.07.2007 | #NV | 11429,41 | 11.429,41 € | | | |
| 11 | 07.07.2007 | 8427,85 | #NV | 8.427,85 € | | | |

**7** Nun können Sie das Diagramm beliebig formatieren. Sie können beispielsweise die Legende anpassen oder die Breite der Diagrammbalken bzw. deren Farbe verändern. Die beiden Hilfsspalten können auch ausgeblendet werden.

**8** Damit ausgeblendete Werte im Diagramm dargestellt werden, müssen Sie das explizit einstellen. Öffnen Sie dazu über das Menü *Diagrammtools/Entwurf/ Daten/Daten auswählen* das Dialogfenster *Datenquelle auswählen*.

**9** Klicken Sie auf die Schaltfläche *Ausgeblendete und leere Zellen*. Im folgenden Dialogfenster müssen Sie nur noch das Kontrollkästchen *Daten in ausgeblendeten Zeilen und Spalten anzeigen* aktivieren.

**10** Nachdem Sie beide geöffneten Dialogfenster mit jeweils einem Klick auf die Schaltfläche *OK* beendet haben, könnte das Ergebnis wie folgt aussehen.

In diesem Diagramm wird nun wie gewünscht der höchste Wert farbig hervorgehoben.

608

## Tipp 4: Diagramme als statische Bilder einfügen

In diesem Beispiel erfahren Sie, wie aus Diagrammen Bilder erzeugt werden können. Damit wird die Dynamik aus den Diagrammen entfernt. Das Diagramm soll sich nicht mehr verändern, auch wenn die Ausgangsdaten angepasst werden.

### So geht's:

1 Markieren Sie das Diagramm, indem Sie es mit der Maus anklicken.

2 Öffnen Sie über das Menü *Start/Zwischenablage/Kopieren/Als Bild kopieren* das Dialogfenster *Bild kopieren* (Excel 2007: Menü *Start/Zwischenablage/Einfügen/Als Bild/Als Grafik einfügen*).

3 Aktivieren Sie die Optionen *Wie angezeigt* und *Bild*. Durch Beenden des Dialogfensters mit einem Klick auf die Schaltfläche *OK* wird das Diagramm in die Zwischenablage kopiert.

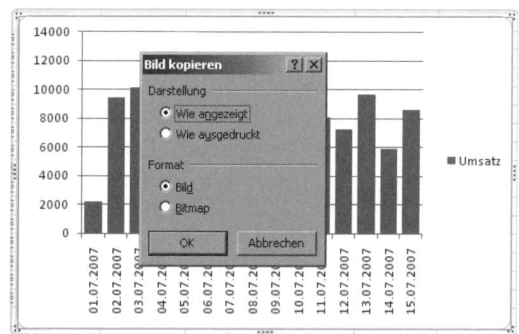

4 Wechseln Sie nun auf ein leeres Tabellenblatt oder zu einem freien Tabellenbereich und markieren Sie die Zelle, ab der das Diagrammbild eingefügt werden soll.

5 Über das Menü *Start/Zwischenablage/Einfügen* wird das Diagramm als statisches Bild eingefügt. Zum gleichen Ergebnis gelangen Sie auch mit der Tastenkombination [Strg]+[V] (Excel 2007: Menü *Start/Zwischenablage/Einfügen/Als Bild/Als Grafik einfügen*).

## 6. Professionelle Diagramme, Charts und Präsentationen

Auf den ersten Blick unterscheiden sich die beiden Grafiken nicht voneinander. Werden aber die Umsatzzahlen in der Tagesumsatzliste verändert, hat das nur Auswirkungen auf das Diagramm, nicht auf die eingefügte Grafik.

## Tipp 5: Zellen ohne Inhalte bei der Diagrammerstellung ignorieren

Diesem Beispiel liegt die Auflistung der Arbeitsstunden eines Mitarbeiters nach Wochentagen zugrunde. Die Höhe der Wochenarbeitsstunden soll in einem Liniendiagramm optisch dargestellt werden. Allerdings sind die Arbeitszeiten erst bis Kalenderwoche 13 eingetragen.

### So geht's:

In der Ausgangstabelle sind die Arbeitsstunden für jeden Tag sowie in der Gesamtsumme der gesamten Woche aufgelistet. Die Wochenstunden in Zelle G6 wurden mit der folgenden Formel summiert:

=WENN(SUMME(B6:F6)<>0;SUMME(B6:F6);"")

Die anderen Wochenstunden wurden mit der identischen Summenformel berechnet. Mit der WENN-Abfrage wird verhindert, dass ab KW 14 Nullwerte durch die Summenfunktion eingetragen werden.

1. Zur Erstellung des Diagramms markieren Sie den Zellbereich G6:G25.

2. Fügen Sie über das Menü *Einfügen/Diagramm/Linie* ein 2-D-Liniendiagramm ein. Das Ergebnis stellt sich wie folgt dar:

Wie Sie sehen, fällt ab Kalenderwoche 14 die Linie auf null ab, obwohl ab KW 14 keine Nullwerte in der Tabelle vorhanden sind. Dies liegt daran, dass die Nullwerte über die *WENN*-Abfrage abgefangen wurden. Ziel ist es, dass die Linie in KW 13 einfach endet und nicht auf den Nullpunkt absinkt.

Damit das Diagramm nicht auf die Nulllinie abfällt, müssen Sie die Formel im Bereich G6:G25 abändern.

**1** Markieren Sie dazu den Zellbereich G6:G25 und erfassen Sie in Zelle G6 diese Formel:

=WENN(SUMME(B6:F6)<>0;SUMME(B6:F6);NV())

**2** Beenden Sie die Formeleingabe mit der Tastenkombination [Strg]+[Enter].

Damit Excel die ab KW 14 fehlenden Werte nicht als Nullwerte interpretiert, muss der Fehlerwert *#NV* (**N**icht **V**orhanden) übergeben werden.

Nun wird ab Zelle G19 der Fehlerwert *#NV* eingetragen. Im Ergebnis werden wie gewünscht keine Nullwerte mehr abgebildet.

> **Hinweis**
>
> Den Fehler *#NV* können Sie über die bedingte Formatierung ausblenden. Markieren Sie dazu den Zellbereich G6:G25. Tragen Sie die Formel *=ISTNV(G6)* ein und definieren Sie eine weiße Schriftfarbe. Damit werden alle *#NV*-Fehlerwerte im markierten Bereich unsichtbar (siehe Kapitel 2.1 „Bedingte Formatierungen sinnvoll einsetzen").

## Tipp 6: Kleine und große Zahlen gleichzeitig in einem Diagramm darstellen

Ein häufig vorkommendes Problem bei der Darstellung von Diagrammen tritt dann auf, wenn die Spannweite der darzustellenden Zahlen relativ groß ist bzw. bestimmte Zahlen im Vergleich zu den anderen relativ klein sind. Im Beispiel liegt eine Aufwandsübersicht aus dem Jahr 2006 vor, die in einem Diagramm dargestellt werden soll.

*So geht's:*

1 Setzen Sie den Zellzeiger auf eine beliebige Zelle im Datenbereich.

2 Fügen Sie über das Menü *Einfügen/Diagramme/Kreis* den Diagrammtyp *Kreis aus Kreis* ein.

3 Excel erkennt und analysiert die Daten automatisch, sodass das nachfolgend gezeigte Diagramm eingefügt wird.

**Hinweis**

Dieser Diagrammtyp steht auch unter Excel 2003 zur Verfügung.

Sie sehen, dieser Diagrammtyp ist sehr gut geeignet, um unterschiedlich große Zahlen übersichtlich darzustellen.

6. Professionelle Diagramme, Charts und Präsentationen

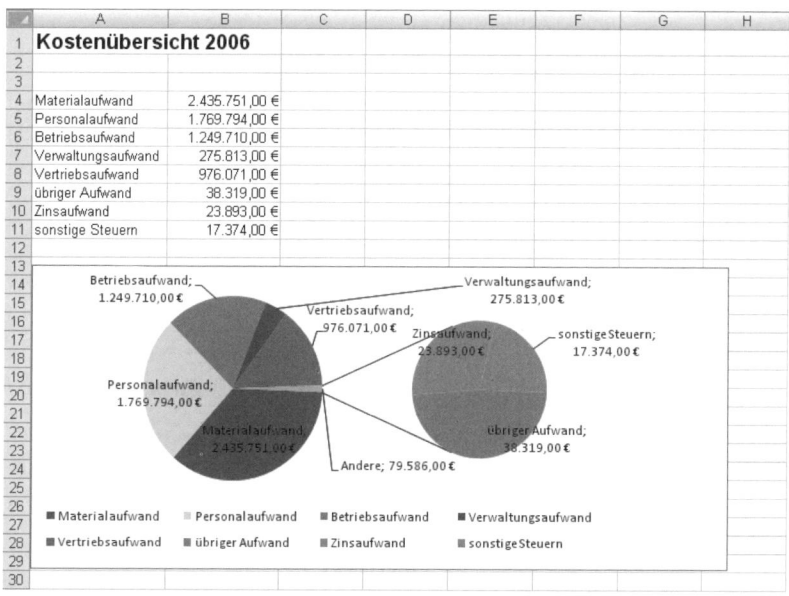

## Tipp 7: Informationen in Diagrammen ein- und ausblenden

Dieses Beispiel zeigt, wie sich Informationen für die Darstellung in einem Diagramm beliebig ein- und ausblenden lassen. Als Beispieltabelle dient eine Umsatzübersicht für vier verschiedene Niederlassungen.

Über ein Kontrollkästchen zu jeder Niederlassung soll es möglich sein, die Informationen im Diagramm anzuzeigen oder auszublenden.

*So geht's:*

1   Im ersten Schritt werden in Zeile 4 die Kontrollkästchen zu jeder Niederlassung eingefügt. Starten Sie den Befehl dazu über das Menü *Entwicklertools/Steuerelemente/ActiveX-Steuerelemente/Einfügen/Kontrollkästchen*. Fügen Sie so vier Kontrollkästchen ein und positionieren Sie sie jeweils zentral über dem Ortsnamen (Excel 2003: Symbolleiste *Steuerelement-Toolbox*, Schaltfläche *Kontrollkästchen*).

2   Rufen Sie über das Menü *Entwicklertools/Steuerelemente/Eigenschaften* das *Eigenschaften*-Fenster auf (Excel 2003: Symbolleiste *Steuerelement-Toolbox*, Schaltfläche *Eigenschaften*).

**3** Markieren Sie das erste Kontrollkästchen und entfernen Sie aus der Eigenschaft *Caption* die Beschriftung für das Kontrollkästchen. Wiederholen Sie den Vorgang für die restlichen drei Kontrollkästchen.

**4** Geben Sie im Eigenschaftsfeld *LinkedCell* den Zellbezug B4 ein. Für das zweite Kontrollkästchen in Zelle C4 legen Sie die Eigenschaft *LinkedCell* auf die Zelle C4 fest. Ändern Sie diese Einstellungen analog für alle vier Kontrollkästchen.

**5** Beenden Sie den Entwurfsmodus über das Menü *Entwicklertools/Steuerelemente/Entwurfsmodus* (Excel 2003: Symbolleiste *Steuerelement-Toolbox*, Schaltfläche *Entwurfsmodus*).

**6** Beim Aktivieren der Kontrollkästchen wird in den Zellen B4, C4, D4 und E4 der Wahrheitswert *WAHR* eingetragen, beim Deaktivieren der Wahrheitswert *FALSCH*. Damit diese Information nicht stört, formatieren Sie die betreffenden Zellen mit der Schriftfarbe Weiß. Das vorläufige Zwischenergebnis sieht wie hier abgebildet aus.

|   | A | B | C | D | E | F |
|---|---|---|---|---|---|---|
| 1 | **Umsatzliste 1-9 / 2007** | | | | | |
| 2 | | | | | | |
| 3 | | | | | | |
| 4 | | ☑ | ☑ | ☑ | ☑ | |
| 5 | | Nürnberg | Köln | Hamburg | Düsseldorf | |
| 6 | Jan | 5.496,89 € | 2.927,98 € | 9.513,55 € | 6.173,79 € | |
| 7 | Feb | 7.417,72 € | 450,78 € | 655,89 € | 701,76 € | |
| 8 | Mrz | 9.902,17 € | 9.286,56 € | 3.173,10 € | 7.170,13 € | |
| 9 | Apr | 141,01 € | 5.643,43 € | 7.322,25 € | 3.941,90 € | |
| 10 | Mai | 5.557,90 € | 1.300,77 € | 5.889,97 € | 465,70 € | |
| 11 | Jun | 4.228,99 € | 2.233,24 € | 9.333,08 € | 4.337,26 € | |
| 12 | Jul | 2.651,68 € | 9.974,45 € | 424,24 € | 1.033,44 € | |
| 13 | Aug | 5.743,66 € | 3.165,06 € | 2.632,10 € | 6.448,76 € | |
| 14 | Sep | 7.392,83 € | 6.392,98 € | 3.892,33 € | 5.393,04 € | |
| 15 | | | | | | |

**7** Im nächsten Schritt müssen die Daten, auf die sich das Diagramm beziehen soll, in einem eigenen Hilfsdatenbereich erstellt werden. Erfassen Sie dazu im Zellbereich A18:A26 die Monatseinträge *Jan* bis *Sep*.

**8** Abhängig davon, ob das Kontrollkästchen aktiviert ist, sollen im Bereich B17:B26 die Umsatzdaten der betreffenden Monate angezeigt werden. Markieren Sie dazu den Zellbereich B17:B26 und erfassen Sie in Zelle B17 die Formel: *=WENN(B$4=WAHR;B6;"")*. Schließen Sie die Formeleingabe mit der Tastenkombination [Strg]+[Enter] ab.

**9** Verfahren Sie auf gleiche Weise mit den Formeln für die anderen Niederlassungen:

- Formel für Zellbereich C17:C26: *=WENN(C$4=WAHR;C6;"")*
- Formel für Zellbereich D17:D26: *=WENN(D$4=WAHR;D6;"")*
- Formel für Zellbereich E17:E26: *=WENN(E$4=WAHR;E6;"")*

## 6. Professionelle Diagramme, Charts und Präsentationen

Diese Formeln sorgen dafür, dass die Werte aus dem jeweiligen Quellbereich nur dann übernommen werden, wenn in den Zellen B4 bis E6 der Wert *WAHR* eingetragen ist, wenn also das betreffende Kontrollkästchen aktiviert ist. Im anderen Fall wird ein leerer Zeichenstring übergeben.

**10** Im letzten Schritt wird nun die Grafik eingefügt. Da die Grafik auf dem Hilfsbereich A17:E26 basiert, setzen Sie den Zellzeiger auf eine beliebige Zelle im Hilfsbereich.

**11** Fügen Sie über das Menü *Einfügen/Diagramme/Linie* eine 2-D-Linie ein. Für dieses Beispiel ist am besten der Typ ganz links oben im Auswahlmenü geeignet.

**12** Verschieben Sie das Diagramm noch an den gewünschten Platz auf dem Tabellenblatt und passen Sie es Ihren Wünschen und Vorstellungen an.

Sobald nun ein Kontrollkästchen deaktiviert wird, werden die Daten im Hilfsbereich ausgeblendet, und die Linie wird aus dem Diagramm entfernt.

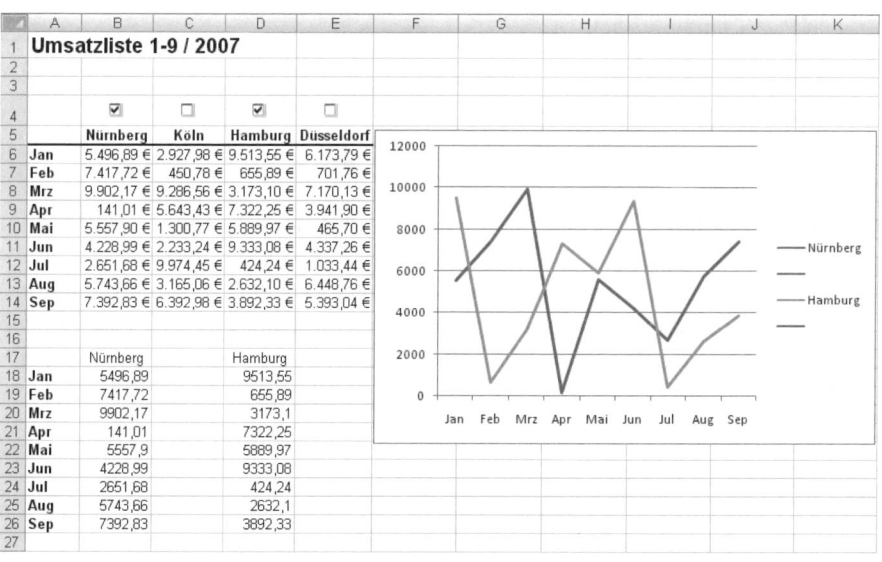

## Tipp 8: Ein PivotChart einfach erstellen

In Kapitel 5.3 haben Sie bereits einiges über PivotTable-Berichte erfahren. Dieses Beispiel zeigt, wie auf Basis der Pivot-Funktion ein PivotChart gewohnt einfach erstellt werden kann. Als Ausgangsdatei dient eine Verkaufsliste mit verschiedenen Informationen.

Auf dieser Grundlage soll nun ein PivotChart erstellt werden, das die Verkäufe nach Regionen und Artikelgruppen aufgeteilt darstellt.

### So geht's:

**1** Setzen Sie den Zellzeiger auf eine beliebige Zelle in der Datenliste.

**2** Fügen Sie über das Menü *Einfügen/Tabellen/PivotTable/PivotChart* ein neues Tabellenblatt ein, auf dem das PivotChart aufgebaut werden kann.

Da das PivotChart auf einem neuen Tabellenblatt eingefügt werden soll, müssen Sie die Option *Neues Arbeitsblatt* aktivieren (Excel 2003: Menü *Daten/PivotTable- und PivotChart-Bericht*).

**3** Nach einem Klick auf die Schaltfläche *OK* wird das neue Arbeitsblatt mit dem PivotChart und dem Aufgabenbereich (der Task Pane) *PivotTable-Feldliste* angezeigt. Darüber hinaus werden vier kontextsensitive Registerkarten eingeblendet. Bei den ersten drei Registerkarten handelt es sich um Diagrammfunktionen. Die vierte kontextsensitive Registerkarte enthält die Funktionen für das PivotChart.

4 Ziehen Sie nun bei gedrückter linker Maustaste den Feldnamen *Region* in den Bereich *Achsenfelder (Rubriken)*. Wiederholen Sie den Vorgang analog für den Feldnamen *Artikel-gruppe*. Den Feldnamen *Umsatz* ziehen Sie in den Bereich *Werte*.

5 Durch das Zuweisen der Datenfelder wurden automatisch sowohl ein PivotTable-Bericht als auch das darauf basierende PivotChart erstellt.

Sie sehen, es ist relativ einfach, ein PivotChart zu erstellen. PivotCharts können genauso wie Diagramme bearbeitet und modifiziert werden.

## Tipp 9: Mehrere Diagrammtypen kombinieren

In der Praxis kommt es häufig vor, dass verschiedene Informationen in einem Diagramm dargestellt werden sollen. Im Beispiel liegt eine Verkaufsliste aus dem Jahr 2009 mit Umsatz- und Mengenangaben vor.

6. Professionelle Diagramme, Charts und Präsentationen

Beide Angaben sollen in einem einzigen Diagramm angezeigt werden, obwohl sich die Wertebereiche doch relativ stark unterscheiden. Ziel ist es, die Umsatzzahlen als Balkendiagramm und die Verkaufsmenge als Liniendiagramm darzustellen.

|  | A | B | C |
|---|---|---|---|
| 1 | Verkaufszahlen 2009 | | |
| 2 | | | |
| 3 | | | |
| 4 | | Umsatz in T€ | Verkaufsmenge in Stück |
| 5 | Januar | 380 | 2636 |
| 6 | Februar | 332 | 5225 |
| 7 | März | 394 | 7423 |
| 8 | April | 136 | 2706 |
| 9 | Mai | 492 | 16200 |
| 10 | Juni | 673 | 1876 |
| 11 | Juli | 436 | 3970 |
| 12 | August | 135 | 2614 |
| 13 | September | 143 | 7500 |
| 14 | Oktober | 121 | 829 |
| 15 | November | 253 | 2890 |
| 16 | Dezember | 321 | 2047 |
| 17 | | | |

## So geht's:

1 Fügen Sie zunächst ein neues Diagramm ein. Markieren Sie dazu den Zellbereich A4:C16 und wählen Sie über das Menü *Einfügen/Säule* eine gestapelte 2-D-Säule aus (Excel 2003: Menü *Einfügen/Diagramm/Gruppierte Säule*).

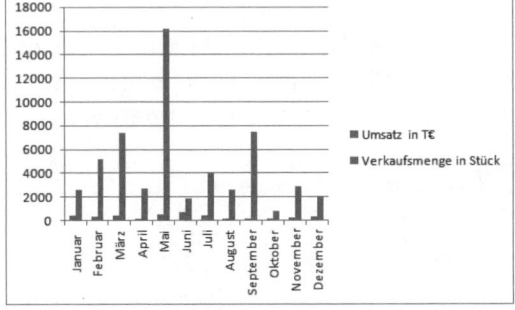

2 Wie nicht anders zu erwarten war, werden alle Werte als Balken dargestellt. Um nun die Verkaufszahlen als Linien anzuzeigen, markieren Sie die Balken, die die Verkaufsmenge repräsentieren, indem Sie sie mit einem Mausklick auf einen der Verkaufsbalken auswählen.

3 Öffnen Sie jetzt mit einem Rechtsklick auf die ausgewählten Balken das Kontextmenü und wählen Sie darin den Eintrag *Datenreihen-Diagrammtyp ändern* (Excel 2003: Kontextmenüeintrag *Diagrammtyp*).

4 Wählen Sie dort ein Liniendiagramm aus und beenden Sie das Dialogfenster mit einem Klick auf die Schaltfläche *OK*.

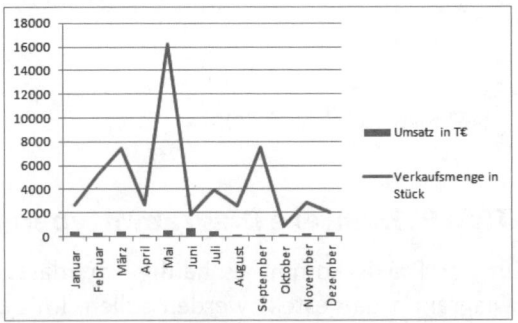

5 Die Darstellung der beiden Wertebereiche *Umsatz* und *Verkaufsmenge* in einem Diagramm führt dazu, dass die Balken für den Umsatz relativ klein im Verhältnis zur Verkaufsmenge angezeigt werden. Um dieses Problem zu beheben, muss eine zweite y-Achse für die Verkaufsmenge eingefügt werden. Markieren Sie dazu die Linie und führen Sie

einen Rechtsklick darauf aus. Aus dem Kontextmenü wählen Sie den Eintrag *Datenreihen formatieren*.

6 Wählen Sie im Dialogfenster *Datenreihen formatieren* unter dem Punkt *Reihenoptionen* den Eintrag *Sekundärachse* (Excel 2003: Registerkarte *Achsen*, Eintrag *Sekundärachse*).

7 Nach dem Schließen des Dialogfensters wird die Grafik für die Verkaufszahlen korrekt angezeigt. Die Umsatzgröße bezieht sich auf die linke Achse und die Verkaufsmenge auf die rechte Achse des Diagramms. Beide Werte werden in den jeweiligen relativen Verhältnissen angezeigt.

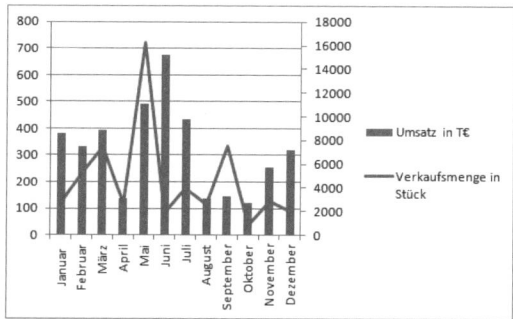

→ Verweis: siehe Kapitel 11.3, Tipp 15

## Tipp 10: Diagramme als Webseite veröffentlichen

Excel 2003 stellt genau wie die Versionen 2007, 2010 und 2013 die Funktion zur Verfügung, Tabellenblätter als Webseite abzuspeichern.

Ab Excel 2007 hat sich die Funktion allerdings verändert. Wenn ab Excel 2007 Tabellenblätter, auf denen sich Daten und Diagramme befinden, abgespeichert werden, werden in der HTML-Datei nur die Daten, nicht aber das Diagramm angezeigt. In Excel 2003 war das ohne Probleme möglich. Es gibt zwar auch ab Excel 2007 eine Möglichkeit, Diagramme als Webseite im HTML-Format abzuspeichern, allerdings wurde ab Excel 2007 auf die interaktiven Funktionen verzichtet, Tabelleninhalte lassen sich nur noch als statische HTML-Dateien abspeichern. Somit lässt sich ab Excel 2007 ein Diagramm nur als Bild in einer Webseite speichern, so als hätten Sie in Excel 2003 das Kontrollkästchen *Interaktivität hinzufügen* ausgeschaltet. Häufig genügt aber die statische Variante, und so kommen Sie auch ab Excel 2007 zum Ziel.

### So geht's:

Im Beispiel liegt ein Diagramm vor, das in ein Tabellenblatt eingebettet ist. Um es als HTML-Datei zu speichern, muss es zuerst auf ein Diagrammblatt übertragen werden. Diese Vorgehensweise betrifft die Versionen ab Excel 2007.

1 Klicken Sie im ersten Schritt mit der rechten Maustaste auf das eingebettete Diagramm, das als HTML-Datei abgespeichert werden soll.

## 6. Professionelle Diagramme, Charts und Präsentationen

**2** Selektieren Sie im Kontextmenü den Befehl *Diagramm verschieben*.

**3** Wählen Sie im Dialogfenster *Diagramm verschieben* die Option *Neues Blatt* und geben Sie einen beliebigen Namen für das Diagrammblatt ein.

**4** Nachdem Sie das Dialogfenster mit einem Klick auf die Schaltfläche *OK* bestätigt haben, wird das ausgewählte Diagramm auf ein eigenes Diagrammblatt verschoben.

**5** Wählen Sie über das Menü der Office-Schaltfläche und den Befehl *Speichern unter* (Excel 2007) bzw. über *Datei/Speichern unter* (Excel 2010/2013) als Dateityp den Eintrag *Webseite (\*.htm;\*.html)* aus.

**6** Vergeben Sie einen beliebigen Dateinamen und klicken Sie anschließend auf die Schaltfläche *Speichern*.

**7** Damit wird eine HTML-Datei mit dem gewählten Diagramm erzeugt, die Sie mit einem beliebigen Browser öffnen können.

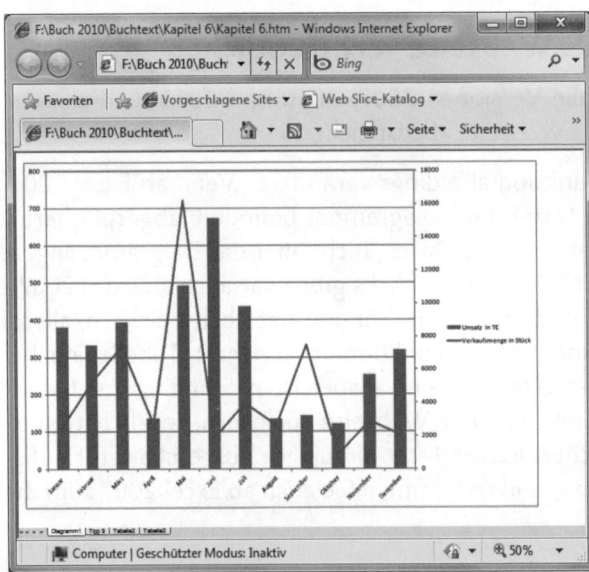

### Tipp 11: Erweiterte Diagrammfunktionen ab Excel 2010

Dieser Tipp gibt einen kurzen Überblick über die erweiterten Diagrammfunktionen ab Excel 2010.

1 Bis Excel 2007 war die Anzahl der Datenpunkte in 2-D-Diagrammen auf 32.000 und in 3-D-Diagrammen auf 4.000 begrenzt. Mehr Daten konnten also nicht in einem Excel-Diagramm dargestellt werden. Ab Excel 2010 ist die Anzahl der Datenpunkte nur noch durch die Größe des verfügbaren Speichers begrenzt. Damit wird der Verarbeitung von großen Datenmengen Rechnung getragen.

2 Ab Excel 2010 kann nun, genau wie in Excel 2003, mit einem Doppelklick auf einzelne Diagrammelemente der entsprechende Dialog aufgerufen werden. Dieser Zugriff war in Excel 2007 so nicht möglich.

3 In Excel 2007 erzeugte die Aufzeichnung eines Makros während des Formatierens eines Diagramms oder eines anderen Objekts keinen Makrocode. Ab Excel 2010 steht nun, genau wie in Excel 2003, die Makroaufzeichnung für die Änderung und Erstellung verschiedener Diagrammobjekte wieder zur Verfügung.

4 Die Performance, selbst bei mehr als einer Million Datenpunkte, ist gut und genügt in jeder Hinsicht den Anforderungen der Praxis.

5 In Excel 2013 wurden mit *Empfohlene Diagramme, Hervorhebung von Top-/Low-Werten* und den neuen Verbunddiagrammtypen weitere hilfreiche Diagrammfunktionen eingeführt.

→ Verweis: siehe Kapitel 11.3, Tipp 13, 14, 15

Alles in allem ist Excel in den Versionen 2010 und 2013 für die Erstellung professioneller Diagramme sehr gut gerüstet.

## Tipp 12: Diagramme in PowerPoint integrieren

Es gibt einen einfachen und schnellen Weg, Excel-Objekte in PowerPoint einzubinden. Das Excel-Objekt wird hierbei als Bild in die Folie eingefügt. Diese Art, Excel-Schaubilder in PowerPoint zu integrieren, wird sehr oft praktiziert, ist jedoch nicht dynamisch und bietet sich nur für Grafiken an, die einmalig in einer PowerPoint-Präsentation verwendet werden.

*So geht's:*

1 Öffnen Sie eine neue Excel-Datei und erstellen Sie ein beliebiges Diagramm.

2 Öffnen Sie nun ein neues PowerPoint-Dokument und kehren Sie zurück zur Excel-Anwendung.

3 Klicken Sie auf das Excel-Diagramm und befördern Sie es mit der Tastenkombination [Strg]+[C] in die Zwischenablage.

4 Wechseln Sie wieder zum PowerPoint-Dokument und fügen Sie das Diagramm aus der Zwischenablage per Kontextmenü der rechten Maustaste und *Einfügeoptionen* über das Symbol *Grafik (G)* in das PowerPoint-Dokument ein (Excel 2003: per Tastenkombination [Strg]+[V] aus der Zwischenablage einfügen).

6. Professionelle Diagramme, Charts und Präsentationen

## Tipp 13: Diagramme dynamisch mit PowerPoint verknüpfen

Es gibt aber noch einen weiteren Weg, Excel-Objekte in PowerPoint einzubinden. Das Excel-Objekt wird hierbei als dynamisches Objekt in PowerPoint eingefügt. Diese Möglichkeit, Excel-Schaubilder in PowerPoint zu integrieren, ist dann sinnvoll, wenn das Schaubild in der Präsentation immer wieder verwendet wird und sich die Daten dynamisch anpassen müssen.

*So geht's:*

1. Öffnen Sie erneut eine neue Excel-Datei und erstellen Sie noch einmal ein beliebiges Diagramm.

2. Öffnen Sie jetzt ein neues PowerPoint-Dokument und kehren Sie zur Excel-Anwendung zurück.

3. Klicken Sie nun auf das Excel-Diagramm und befördern Sie es auch hier wieder mit der Tastenkombination [Strg]+[C] in die Zwischenablage.

4. Wechseln Sie dann zum PowerPoint-Dokument und fügen Sie nun das Diagramm aus der Zwischenablage über das Kontextmenü der rechten Maustaste und hier über *Einfügeoptionen* und das Symbol *Zieldesign verwenden und Daten verknüpfen (L)* in das PowerPoint-Dokument ein (Excel 2003: über das Menü *Bearbeiten/Inhalte einfügen* den gleichnamigen Dialog starten, die Option *Verknüpfungen einfügen* auswählen und die Einstellungen mit *OK* übernehmen).

5. Markieren Sie nun in PowerPoint das eingebettete Diagramm und klicken Sie dann im Kontextmenü auf den *Befehl Daten bearbeiten*.

6. Professionelle Diagramme, Charts und Präsentationen

6 Nun werden Sie automatisch zurück zur Excel-Datei geführt. Ändern Sie hier beispielsweise in Zelle A1 den Wert und beobachten Sie, wie sich zunächst das Diagramm in Excel verändert.

7 Wechseln Sie erneut zu PowerPoint und klicken Sie dort über *Diagrammtools/ Daten* auf das Symbol *Daten aktualisieren* (Excel 2003: Klick auf das Diagramm und Befehl *Verknüpfungen aktualisieren*).

8 Wie Sie nun unschwer erkennen können, werden die Daten auch im Diagramm der PowerPoint-Folie aktualisiert, und die Grafik wird angepasst.

## Tipp 14: Diagramme mit Formeln erzeugen

Grafiken müssen betriebswirtschaftliche Zusammenhänge einfach und verständlich darstellen und sollen auch möglichst einfach gehalten sein, damit sie schnell verstanden werden. Hierbei sind die Excel-Grafikfunktionen nicht immer die erste Wahl, da sie nicht selten zuerst von unnötigen Grafikdekorationen befreit werden müssen, um die Aussagekraft zu erhöhen. Gute, einfache Grafiken, die Abweichungen darstellen sollen, können diese auch über die weniger bekannte Funktion *Wiederholen* in Kombination mit diversen Symbolen hervorragend abbilden.

*So geht's:*

1 Öffnen Sie eine neue Arbeitsmappe und erfassen Sie einige Ist- und Plan-Werte sowie deren Abweichungen.

2 Erfassen Sie nun in Zelle I5 die Formel *=WENN(H5<0;H5;"")*, die, je nachdem, welches Vorzeichen die Abweichung in Spalte H aufweist, entweder den Wert aus dieser Spalte übernimmt oder nicht. Kopieren Sie die Formel nach unten.

## 6. Professionelle Diagramme, Charts und Präsentationen

|   | H5 |   | fx | =F5-E5 |   |   |
|---|---|---|---|---|---|---|
|   | A B | C | D E | F | G | H |
| 1 |   |   |   |   |   |   |
| 2 |   |   |   |   |   |   |
| 3 |   |   |   |   |   |   |
| 4 |   | 2010 |   | Pln | Ist |   |
| 5 |   | Artikel 1 |   | 100 | 80 | -20 |
| 6 |   | Artikel 2 |   | 110 | 120 | 10 |
| 7 |   | Artikel 3 |   | 120 | 120 | 0 |
| 8 |   | Artikelgruppe A |   | 330 | 320 | -10 |
| 9 |   |   |   |   |   |   |

**3** Erfassen Sie dann in Zelle J5 die Formel =WENN(H5>0;ABS(H5);""), die ebenfalls in Abhängigkeit vom Vorzeichen der Abweichung in Spalte H entweder den Wert aus dieser Spalte übernimmt oder nicht.

**4** Blenden Sie nun die Spalten H bis J gegebenenfalls über die Gruppierungsfunktion aus.

**5** Schaffen Sie sich im Zellbereich C11:E18 einen Bereich zur Steuerung der Grafik, indem Sie im Zellbereich E12:E16 die Symbole hinterlegen, über die der Grafiktyp gesteuert wird, um in Zelle E11 über eine Gültigkeitsliste auf diese Symbole zugreifen zu können. Hinterlegen Sie nun noch in Zelle E18 einen Skalierungsfaktor, über den die Grafik gestreckt oder gestaucht werden kann.

**6** Erfassen Sie dann in Zelle K5 die erste Formel der Grafik, indem Sie in diese Zelle =WENN(I5<>"";TEXT(I5;"#")&" "&WIEDERHOLEN($E$11;ABS(I5)*$E$18);"") eintragen. Diese Formel zeigt die negativen Abweichungen an, d. h. die Abweichungen, die dann entstehen, wenn Plan > Ist ist.

**7** Erfassen Sie des Weiteren in Zelle L5 die zweite Formel der Grafik, indem Sie in diese Zelle =WENN(J5<>"";WIEDERHOLEN($E$11;ABS(J5)*$E$18)&" "&TEXT(J5;"#");"") eintragen. Diese Formel zeigt die positiven Abweichungen an, d. h. die Abweichungen, die entstehen, wenn Plan < Ist ist.

**8** Kopieren Sie dann beide Formeln nach unten und stellen Sie in Zelle E11 den gewünschten Grafiktyp ein bzw. in Zelle E18 den Skalierungsfaktor, der der Grafik zum gewünschten Größenverhältnis verhilft.

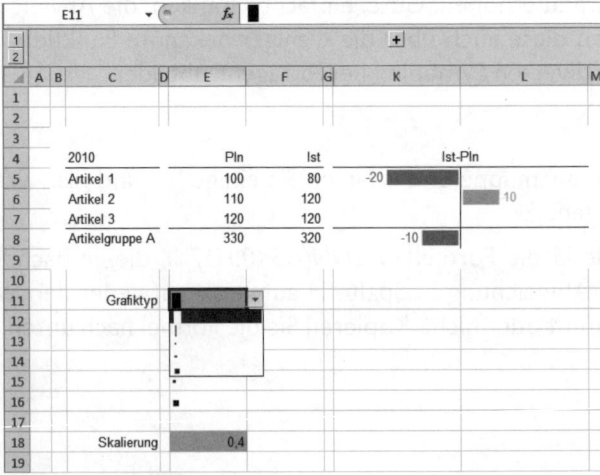

## Tipp 15: Sparklines ab Excel 2010 – klein, aber fein

Mit Sparklines, auch Wortgrafiken genannt, können Zahlenverläufe in einem Text oder einer Excel-Zelle auf platzsparende Weise dargestellt werden. In der Form eines stark verkleinerten Zeitreihendiagramms zeigen Sparklines die historische Entwicklung eines Werteverlaufs und geben ihm so den Kontext, der für seine Interpretation wichtig ist. So sagt beispielsweise der aktuelle absolute Kurs einer Aktie für sich nichts aus. Erst die Betrachtung des Kursverlaufs gibt Aufschluss darüber, ob der aktuelle Kurs eher hoch oder doch eher niedrig einzustufen ist.

Mit Sparklines lassen sich beispielsweise saisonale Auf- und Abschwünge oder Wirtschaftszyklen grafisch hervorheben und darstellen. Um die größtmögliche Wirkung zu erzielen, sollten Sparklines in der Regel in der direkten Nähe der zugehörigen Daten positioniert werden. Wenn Sparklines in einem Text angewendet werden, ist der direkte Bezug zu den Daten natürlich nicht möglich.

Das Konzept der verdichteten Wortgrafiken wurde von Edward Tufte, einem ehemaligen Professor der bekannten Yale-Universität, entwickelt.

Da Sparklines erst ab Excel 2010 zur Verfügung stehen, gelten sämtliche Erläuterungen auch nur für diese Version.

### So geht's:

In Excel 2010 und Excel 2013 stehen drei verschiedene Sparklines zur Verfügung:

- **Linien:** Die Linien-Sparkline wird in einer Excel-Zelle als relativ zur Entwicklung der Werte skalierte Linie dargestellt.
- **Balken:** Die Balken-Sparkline wird wie die Linien-Sparkline dargestellt, jedoch als Balken.
- **Gewinn/Verlust:** Diese Sparkline visualisiert einen Gewinn oder Verlust, jedoch ohne relative Skalierung, das heißt, die Balken sind immer gleich hoch.

Im ersten Beispiel liegt eine Umsatzliste für unterschiedliche Verkaufsbereiche vor. Neben den einzelnen Verkaufsbereichen werden die Summe aller Verkaufsbereiche sowie die monatliche Abweichung (Gewinn/Verlust zum Vormonat) dargestellt.

| | A | B | C | D | E | F | G | H | I | J | K | L | M |
|---|---|---|---|---|---|---|---|---|---|---|---|---|---|
| 1 | **Umsatzübersicht 2009** | | | | | | | | | | | | |
| 2 | Beträge grundet in T€ | | | | | | | | | | | | |
| 3 | | | | | | | | | | | | | |
| 4 | | | | | | | | | | | | | |
| 5 | | Jan 09 | Feb 09 | Mrz 09 | Apr 09 | Mai 09 | Jun 09 | Jul 09 | Aug 09 | Sep 09 | Okt 09 | Nov 09 | Dez 09 |
| 6 | Bekleidung | 273 | 228 | 236 | 345 | 329 | 214 | 356 | 307 | 356 | 362 | 250 | 355 |
| 7 | Lebensmittel | 864 | 765 | 648 | 632 | 606 | 708 | 754 | 755 | 719 | 744 | 638 | 696 |
| 8 | Technik | 108 | 221 | 265 | 186 | 217 | 278 | 236 | 266 | 429 | 379 | 259 | 285 |
| 9 | Baumarkt | 527 | 333 | 313 | 458 | 445 | 344 | 424 | 473 | 347 | 384 | 354 | 497 |
| 10 | Summe | 1772 | 1547 | 1462 | 1621 | 1597 | 1544 | 1770 | 1801 | 1851 | 1869 | 1501 | 1833 |
| 11 | | | | | | | | | | | | | |
| 12 | Abweichung (+/-) | 0 | -225 | -85 | 159 | -24 | -53 | 226 | 31 | 50 | 18 | -368 | 332 |
| 13 | | | | | | | | | | | | | |

6. Professionelle Diagramme, Charts und Präsentationen

Ziel ist es hier, für die einzelnen Verkaufsbereiche sowie für die Summenzeile Sparklines vom Typ *Linie* zu erzeugen. Die Abweichungen soll hingegen mit Sparklines vom Typ *Gewinn/Verlust* dargestellt werden.

1   Markieren Sie den Zellbereich B6:M10.

2   Starten Sie über das Menü *Einfügen/Linie* (aus der Gruppe *Sparklines*) das Dialogfenster mit der Bezeichnung *Sparklines erstellen*.

3   Der Datenbereich wurde automatisch eingetragen. Als Positionsbereich geben Sie den Zellbereich N6:N10 ein.

4   Nachdem Sie das Dialogfenster mit einem Klick auf die Schaltfläche *OK* geschlossen haben, werden die Sparklines in den angegebenen Zellbereich eingefügt.

5   Zum Einfügen der Sparklines vom Typ *Gewinn/Verlust* in Zelle N12 gehen Sie genauso vor. Markieren Sie zunächst den Zellbereich B10:M10. Öffnen Sie über das Menü *Einfügen/Gewinn/Verlust* das Dialogfenster *Sparklines erstellen*. Erfassen Sie im Feld *Positionsbereich* den Zellbezug N12, in dem die Zellgrafik eingetragen werden soll.

6   Beenden Sie auch dieses Dialogfenster mit einem Klick auf die Schaltfläche *OK*. Damit sind alle Sparklines in das Tabellenblatt eingetragen. Die Sparklines *Gewinn/Verlust* setzen für jede positive Abweichung einen Punkt oberhalb der Zellmitte in Blau, für negative Abweichungen zum Vormonat wird ein Punkt unterhalb der Zellmitte in Rot eingefügt.

→ Verweis: siehe Kapitel 16, Tipp 8

## Tipp 16: So können Sparklines modifiziert und an die jeweilige Situation angepasst werden

Die enthaltenen Sparklines sollen auf unterschiedliche Arten dargestellt werden. Wir zeigen Ihnen die verschiedenen Möglichkeiten, die die Sparkline-Funktionen bieten. Als Basis dient die Beispieldatei aus Tipp 15.

### So geht's:

Wenn Sie eine Sparkline auf dem Tabellenblatt anklicken, wird die Registerkarte *Sparklinetools* angezeigt.

Diese Registerkarte stellt alle für die Formatierung von Sparklines notwendigen Funktionen zur Verfügung.

## 6. Professionelle Diagramme, Charts und Präsentationen

Die nachfolgenden Punkte geben einen Überblick über die Darstellungsmöglichkeiten der neuen Wortgrafiken.

1. **Ändern des Typs vorhandener Sparklines**: Markieren Sie dazu die entsprechende Sparkline und wählen Sie einfach über das Menü *Sparklinetools* einen der drei möglichen Typen *Linie*, *Balken* oder *Gewinn/Verlust* aus. In diesem Beispiel wurden die Linien-Sparklines in Balken-Sparklines umgewandelt.

2. **Hervorheben verschiedener Datenpunkte innerhalb einer Sparkline**: Folgende Punkte können in einer Sparkline hervorgehoben werden: *Höchstpunkt*, *Tiefpunkt*, *Negative Punkte*, *Erster Punkt*, *Letzter Punkt* und alle vorhandenen Datenpunkte.

3. **Ändern der Sparkline-Farbe**: Über Formatvorlagen, siehe folgende Abbildung, stehen verschiedene vordefinierte Formate zur Verfügung, über die die Sparkline-Farbe sehr einfach verändert werden kann.

Darüber hinaus kann über den Befehl *Sparklinetools/Sparklinefarbe* und *Sparklinetools/Datenpunktfarbe* die Darstellung beliebig und individuell unabhängig von den Formatvorlagen festgelegt werden.

**4** **Ändern der Größe von Sparklines**: Die Größe der Sparklines kann ganz einfach durch Verändern der Zellgröße erreicht werden. In diesem Beispiel wurde die Spalte verbreitert.

| | K | L | M | N |
|---|---|---|---|---|
| | | | | |
| | Okt 09 | Nov 09 | Dez 09 | |
| | 362 | 250 | 355 | |
| | 744 | 638 | 696 | |
| | 379 | 259 | 285 | |
| | 384 | 354 | 497 | |
| | 1869 | 1501 | 1833 | |
| | | | | |
| | 18 | -368 | 332 | |

Alternativ kann auch die Zeilenhöhe vergrößert werden. Durch die Vergrößerung der y-Achse werden die Abweichungen im Zeitverlauf deutlicher dargestellt.

**5** **Sparklines mit Zusatzinformationen versehen**: Sparklines werden als Zellhintergrund eingefügt. Damit besteht die Möglichkeit, zusätzlich zur Wortgrafik noch Text in die jeweilige Zelle einzugeben. Damit der Text gut zu erkennen ist, empfiehlt es sich, eine helle Farbe für die Sparklines zu verwenden und die Schrift entsprechend zu verkleinern.

## Funktionsübersicht

| Funktion | Erläuterung |
|---|---|
| ANZAHL2(Wert1;Wert2;...) | Berechnet, wie viele Werte eine Liste von Argumenten enthält. Verwenden Sie *ANZAHL2*, wenn Sie wissen möchten, wie viele zu einem Bereich oder einer Matrix gehörende Zellen Daten enthalten. |
| ABS(Zahl) | Liefert den Absolutwert einer Zahl ohne Vorzeichen. |
| BEREICH.VERSCHIEBEN (Bezug;Zeilen;Spalten;Höhe;Breite) | Gibt einen Bezug zurück, der gegenüber dem angegebenen Bezug versetzt ist. Der zurückgegebene Bezug kann eine einzelne Zelle oder ein Zellbereich sein. Sie können die Anzahl der zurückzugebenden Zeilen und Spalten festlegen. |

| Funktion | Erläuterung |
|---|---|
| ISTNV(Wert) | *Wert* bezieht sich auf den Fehlerwert *#NV* (Wert nicht verfügbar). |
| MAX(Zahl1;Zahl2;...) | Gibt den größten Wert innerhalb einer Argumentliste zurück. |
| NV( ) | Gibt den Fehlerwert *#NV* zurück. Der Fehlerwert *#NV* besagt, dass kein Wert verfügbar ist. Verwenden Sie *NV*, um leere Zellen zu kennzeichnen. |
| SUMME(Zahl1;Zahl2;...) | Summiert die Argumente. |
| TEXT(Wert;Textformat) | Formatiert eine Zahl und wandelt sie in Text um. |
| WENN(Prüfung;Dann_Wert; Sonst_Wert) | Prüft, ob eine Bedingung zutrifft, also wahr oder falsch ist, und macht das Ergebnis vom Resultat der Prüfung abhängig. |
| WIEDERHOLEN(Text;Multiplikator) | Wiederholt einen Text so oft wie angegeben. Verwenden Sie *WIEDERHOLEN*, um eine Zeichenfolge in einer bestimmten Häufigkeit in eine Zelle einzugeben. |

# 7. Interne und externe Schnittstellen nutzen

| 7.1 | Importieren, Exportieren, Verknüpfen | 630 |
|---|---|---|
| 7.2 | Excel im Office-Umfeld | 644 |

Microsoft Excel ist zwar ein sehr mächtiges Programm, aber alle Probleme und Fragestellungen lassen sich damit natürlich nicht lösen. So liegt es in der Natur der Sache, dass Daten zwischen verschiedenen Programmen ausgetauscht werden müssen.

Dieses Kapitel geht auf unterschiedliche Schnittstellenbereiche ein und erläutert diese anhand verschiedener Praxisbeispiele. Betrachtet wird dabei sowohl der Datenimport als auch der Datenexport. Denn es ist genauso wichtig, Daten in Excel einzulesen und damit in Excel weiterzuarbeiten, wie auch Daten für andere Anwendungen zu exportieren.

## 7.1 Importieren, Exportieren, Verknüpfen

Dieser Abschnitt zeigt, welche Möglichkeiten Excel bietet, um Daten intelligent zwischen verschiedenen Excel-Tabellen und -Arbeitsmappen zu verknüpfen. Darüber hinaus erfahren Sie, wie Daten in Excel eingelesen werden können und wie sie sich zur Weiterverarbeitung aufbereiten lassen.

### Tipp 1: Schnelles Arbeiten mit dem Textkonvertierungs-Assistenten

In diesem Beispiel soll eine Datei mit Aktienkursen aus einer ASCII-Textdatei in Excel eingelesen werden, um die Daten in Excel auswerten und analysieren zu können. Die Textdatei mit dem Dateinamen *Aktie.txt* ist dabei wie in der Abbildung auf der nächste Seite gezeigt aufgebaut.

In der ersten Spalte befindet sich das Kursdatum. Die nachfolgenden Spalten beinhalten folgende Kursangaben: Öffnungskurs, Höchstkurs, Tiefstkurs und Schlusskurs.

Ziel ist es nun, diese Daten in Excel einzulesen und zur Weiterverarbeitung zur Verfügung zu stellen.

## 7.1 Importieren, Exportieren, Verknüpfen

### So geht's:

1 Starten Sie den *Öffnen*-Dialog über das Menü *Datei/Öffnen* und wählen Sie wie gewohnt die Datei *Aktie.txt* im entsprechenden Verzeichnis aus (Excel 2007: Menü *Office/Öffnen*, Excel 2003: Menü *Datei/Öffnen*).

2 Nach einem Klick auf die Schaltfläche *Öffnen* wird automatisch der Textkonvertierungs-Assistent gestartet. Dieser wird immer gestartet, wenn Excel das geöffnete Datenformat nicht erkennt und die Datei nicht automatisch geöffnet werden kann.

3 Wählen Sie für dieses Beispiel die Option *Getrennt*, da die Daten in der Textdatei in Spalten angeordnet sind. Alle anderen Einstellungen können Sie unverändert übernehmen.

# 7. Interne und externe Schnittstellen nutzen

**4** Nach einem Klick auf die Schaltfläche *Weiter* wird die zweite Seite des Assistenten aufgerufen. Setzen Sie dort den Haken im Kontrollkästchen *Tabstopp*. Damit wird der Tabulator als Trennzeichen für die Textdatei definiert. Sobald Sie diese Einstellung vorgenommen haben, werden im Vorschaufenster die Trennstriche an den entsprechenden Positionen eingetragen.

Diese zeigen an, wo Excel die Spalten trennt. Erst wenn im Vorschaufenster das gewünschte Ergebnis zu sehen ist, sollten Sie auf die Schaltfläche *Weiter* klicken, um zum dritten und letzten Schritt des Assistenten zu wechseln.

**5** Im dritten Schritt werden die Datenformate für die zu importierenden Spalten definiert. Wählen Sie dazu im Listenfeld *Datenvorschau* die einzelnen Spalten aus, indem Sie mit der Maus darauf klicken. Legen Sie für die jeweiligen Spalten das gewünschte Datenformat fest. In diesem Beispiel können Sie für alle Spalten das Format *Standard* übernehmen. Es besteht hier aber auch die Möglichkeit, Daten vom Import auszuschließen. Über die Schaltfläche *Weitere* stehen Optionen zur Verfügung, über die die zu importierenden Daten noch genauer spezifiziert werden können. So können Sie darüber zum Beispiel definieren, welche Zeichen als Dezimaltrennzeichen und welche als Tausendertrennzeichen verwendet werden sollen und wie mit Minuszeichen verfahren werden soll.

7.1 Importieren, Exportieren, Verknüpfen

**6** Sind alle Einstellungen vorgenommen worden, können Sie den Assistenten mit einem Klick auf die Schaltfläche *Fertig stellen* beenden. Damit werden die Daten aus der Textdatei nach Excel übertragen.

| | A | B | C | D | E | F |
|---|---|---|---|---|---|---|
| 1 | 20070610 | 10,95 | 11,45 | 10,95 | 11,25 | |
| 2 | 20070613 | 11,45 | 11,45 | 11,1 | 11,15 | |
| 3 | 20070614 | 11,15 | 11,25 | 10,9 | 11,15 | |
| 4 | 20070615 | 11,1 | 11,15 | 10,8 | 10,95 | |
| 5 | 20070616 | 10,9 | 10,95 | 10,35 | 10,5 | |
| 6 | 20070617 | 11 | 11,35 | 10,55 | 11,25 | |
| 7 | 20070620 | 11,25 | 11,45 | 11,15 | 11,2 | |
| 8 | 20070621 | 11,45 | 11,45 | 10,9 | 10,9 | |
| 9 | 20070622 | 10,9 | 11,2 | 10,75 | 11,15 | |
| 10 | 20070623 | 11,05 | 11,35 | 11 | 11,15 | |
| 11 | 20070624 | 11,15 | 11,35 | 11 | 11,25 | |
| 12 | 20070627 | 11,35 | 11,75 | 11,35 | 11,6 | |
| 13 | 20070628 | 11,5 | 11,6 | 11,2 | 11,5 | |
| 14 | 20070629 | 11,4 | 12,8 | 11,4 | 12,7 | |
| 15 | 20070701 | 12,85 | 13,5 | 12,85 | 13 | |
| 16 | 20070704 | 13,15 | 13,25 | 12,95 | 13,2 | |
| 17 | 20070705 | 13,05 | 13,25 | 12,85 | 12,95 | |
| 18 | 20070706 | 13 | 13,1 | 12,75 | 12,75 | |
| 19 | 20070707 | 12,75 | 13,05 | 12,7 | 12,7 | |
| 20 | 20070708 | 12,75 | 13 | 12,5 | 13 | |
| 21 | 20070711 | 12,9 | 12,9 | 12,55 | 12,6 | |
| 22 | 20070712 | 12,6 | 12,6 | 11,8 | 11,8 | |
| 23 | 20070713 | 12,15 | 12,3 | 12,05 | 12,2 | |
| 24 | 20070714 | 12,15 | 12,3 | 12,05 | 12,1 | |
| 25 | 20070715 | 12,15 | 12,3 | 12 | 12,1 | |

**7** Die importierten Aktienkurse stehen nun wie gewünscht zur Verfügung. Allerdings gilt es, diese noch etwas zu überarbeiten. Im ersten Schritt muss aus dem Datum im Format 20070610 ein von Excel verwertbares Format erstellt werden. Markieren Sie dazu den Zellbereich F1:F50 und erfassen Sie in Zelle F1 folgende Formel:
=DATUM(LINKS(A1;4);TEIL(A1;5;2);RECHTS(A1;2))
Beenden Sie die Eingabe der Formel mit der Tastenkombination [Strg]+[Enter].

**8** Wenn Sie noch keine andere Zelle markiert haben, ist der Bereich F1:F50 weiterhin markiert, und Sie können die Datumswerte mit der Tastenkombination [Strg]+[C] in die Zwischenablage kopieren.

**9** Markieren Sie nun Zelle A1 und fügen Sie die Datumsangaben über das Menü *Start/Zwischenablage/Einfügen/Werte einfügen* ein. Damit die Datumsangaben richtig angezeigt werden, müssen Sie sie noch mit einem beliebigen Datumsformat belegen (Excel 2003: Menü *Bearbeiten/Inhalte einfügen/Werte*).

**10** Fügen Sie abschließend eine Titelzeile mit den entsprechenden Überschriften ein und formatieren Sie die Kurswerte mit einem beliebigen Währungsformat. Bei Bedarf kann die Hilfsspalte F jetzt wieder gelöscht werden.

> **Hinweis**
>
> Wenn die Quelldaten, also die Daten, die importiert werden sollen, bereits so gut aufbereitet sind, dass sie direkt und ohne den Textkonvertierungs-Assistenten importiert werden können, hilft folgender Trick weiter. Halten Sie beim Öffnen der Textdatei die [Umschalt]-Taste gedrückt. Damit werden die Daten sofort importiert, ohne dass der Assistent gestartet wird.

## 7. Interne und externe Schnittstellen nutzen

| | A | B | C | D | E |
|---|---|---|---|---|---|
| 1 | Datum | Eröffnungskurs | Höchstkurs | Tiefstkurs | Schlusskurs |
| 2 | 10.06.2007 | 10,95 € | 11,45 € | 10,95 € | 11,25 € |
| 3 | 13.06.2007 | 11,45 € | 11,45 € | 11,10 € | 11,15 € |
| 4 | 14.06.2007 | 11,15 € | 11,25 € | 10,90 € | 11,15 € |
| 5 | 15.06.2007 | 11,10 € | 11,15 € | 10,80 € | 10,95 € |
| 6 | 16.06.2007 | 10,90 € | 10,95 € | 10,35 € | 10,50 € |
| 7 | 17.06.2007 | 11,00 € | 11,35 € | 10,55 € | 11,25 € |
| 8 | 20.06.2007 | 11,25 € | 11,45 € | 11,15 € | 11,20 € |
| 9 | 21.06.2007 | 11,45 € | 11,45 € | 10,90 € | 10,90 € |
| 10 | 22.06.2007 | 10,90 € | 11,20 € | 10,75 € | 11,15 € |
| 11 | 23.06.2007 | 11,05 € | 11,35 € | 11,00 € | 11,15 € |
| 12 | 24.06.2007 | 11,15 € | 11,35 € | 11,00 € | 11,25 € |
| 13 | 27.06.2007 | 11,35 € | 11,75 € | 11,35 € | 11,60 € |
| 14 | 28.06.2007 | 11,50 € | 11,60 € | 11,20 € | 11,50 € |
| 15 | 29.06.2007 | 11,40 € | 12,80 € | 11,40 € | 12,70 € |
| 16 | 01.07.2007 | 12,85 € | 13,50 € | 12,85 € | 13,00 € |
| 17 | 04.07.2007 | 13,15 € | 13,25 € | 12,95 € | 13,20 € |
| 18 | 05.07.2007 | 13,05 € | 13,25 € | 12,85 € | 12,95 € |
| 19 | 06.07.2007 | 13,00 € | 13,10 € | 12,75 € | 12,75 € |
| 20 | 07.07.2007 | 12,75 € | 13,05 € | 12,70 € | 12,70 € |
| 21 | 08.07.2007 | 12,75 € | 13,00 € | 12,50 € | 13,00 € |
| 22 | 11.07.2007 | 12,90 € | 12,90 € | 12,55 € | 12,60 € |
| 23 | 12.07.2007 | 12,60 € | 12,60 € | 11,80 € | 11,80 € |
| 24 | 13.07.2007 | 12,15 € | 12,30 € | 12,05 € | 12,20 € |
| 25 | 14.07.2007 | 12,15 € | 12,30 € | 12,05 € | 12,10 € |

## Tipp 2: Bereinigen von Daten nach dem Importvorgang

Beim Importieren von Daten, egal auf welche Weise, kommt es regelmäßig zu Problemen bei der Erkennung der Daten. So werden Zahlen als Text interpretiert, Zahlen mit nachgestelltem Minuszeichen werden nicht als Zahlen erkannt, in Texten oder Ziffern befinden sich unnötige Leerzeichen, oder die importierten Daten enthalten Sonderzeichen, die nicht erkannt werden. Anhand einiger Beispiele erfahren Sie, welche Möglichkeiten es gibt, diese Probleme in den Griff zu bekommen.

### So geht's: Eine Zahl wird beim Datenimport als Text interpretiert

Wenn eine Zahl als Text interpretiert wird, erkennen Sie das in der Regel daran, dass die Zahl nicht wie gewohnt rechtsbündig, sondern linksbündig in der Zelle dargestellt wird. Das Problem kann wie folgt gelöst werden:

- **Möglichkeit 1** – Verwenden Sie die Funktion *WERT(Text)*. Diese Funktion wandelt ein als Text angegebenes Argument in eine Zahl um. Wenden Sie diesen Befehl in einer Hilfsspalte auf alle betroffenen Werte aus dem Datenimport an.

- **Möglichkeit 2** – Markieren Sie die betreffenden Zellen, wechseln Sie mit der Funktionstaste [F2] in den Bearbeitungsmodus und drücken Sie die [Enter]-Taste. Das genügt meistens schon, um den importierten Wert in eine Zahl zu verwandeln. Diese manuelle Vorgehensweise lässt sich natürlich nur auf kleinere Datenmengen anwenden.

- **Möglichkeit 3** – Ein weiterer Weg besteht darin, die importierten Zahlen mit dem Wert 1 zu multiplizieren. Erfassen Sie dazu in einer beliebigen Zelle die Ziffer *1*. Kopieren Sie sie mit der Tastenkombination [Strg]+[C] in die Zwischenablage. Markieren Sie nun die als Text erkannten Werte und rufen Sie über das Menü *Start/Einfügen/Inhalte einfügen* den Befehl zum Einfügen von Inhalten auf. Wählen Sie die Option *Werte* im Bereich *Einfügen* und unter *Vorgang* die Option

*Multiplizieren*. Durch diesen Multiplikationsvorgang werden die Werte als Zahlen erkannt und auch als solche dargestellt (Excel 2003: Menü *Bearbeiten/Inhalte einfügen*).

## So geht's: Bereinigung von Zahlen mit nachgestelltem Minuszeichen

Im folgenden Beispiel ist aus einem Buchhaltungssystem eine Liste mit Ausgangsrechnungen an Excel übergeben worden. Dabei wird das Minuszeichen bei Gutschriften nicht vorangestellt, sondern rechts an die Zahl angehängt, also nachgestellt. Mit dieser Darstellungsweise kann Excel nicht umgehen und interpretiert die negativen Werte als Text, zu erkennen auf folgender Abbildung.

Damit Excel mit den Zahlen rechnen kann, muss das Minuszeichen vorangestellt, also links vor die Zahl gesetzt werden. Gehen Sie dazu wie folgt vor:

**1** Markieren Sie den Zellbereich C5:C14.

**2** Erfassen Sie in Zelle C5 folgende Formel:

=WENN(ISTTEXT(B5);WERT(RECHTS(B5;1)&LINKS(B5;LÄNGE(B5)-1));B5)

Diese Formel liest das rechtsbündige Minuszeichen aus und stellt es linksbündig voran.

**3** Beenden Sie die Formeleingabe mit der Tastenkombination [Strg]+[Enter].

## So geht's: Unnötige Leerzeichen und Sonderzeichen nach einem Datenimport entfernen

In diesem Beispiel wurden aus einem Buchhaltungssystem die Debitorenstammdaten nach Excel übertragen. Excel zeigt beim Vor- und Nachnamen ein Sonderzeichen an. Auch bei der Übergabe der Straßenangaben scheint etwas schiefgegangen zu sein. Vor der Straße und vor der Hausnummer befinden sich jeweils unnötige Leerzeichen.

|   | A | B | C | D |
|---|---|---|---|---|
| 1 | Debitoren-Stammdaten | | | |
| 2 | | | | |
| 3 | | | | |
| 4 | Deb.-Nr. | Vorname | Nachname | Straße |
| 5 | 70001 | ‖Agnes | ‖Argauer | Prenzlauerstraße   50 |
| 6 | 70003 | ‖Björn | ‖Paulus | Riestergasse   1 |
| 7 | 70010 | ‖Klaus | ‖Weimer | Berghut   19 |
| 8 | 70015 | ‖Anke | ‖Greiner | Hauptweg   22 |
| 9 | 70020 | ‖Irmgard | ‖Huber | Burgenweg   92 |
| 10 | 70025 | ‖Adolf | ‖Meier | Bahnhofstraße   4 |
| 11 | 70027 | ‖Wolfgang | ‖Eisenstätt | Trampelpfad   3 |
| 12 | 70030 | ‖Angelika | ‖Maurer | Klaus-Straße   43 |
| 13 | 70035 | ‖Stefan | ‖Leitner | Schnurstraße   9 |
| 14 | | | | |

Zur Bereinigung der Daten gehen Sie wie folgt vor:

**1** Markieren Sie den Zellbereich E5:F13 und erfassen Sie folgende Funktion in Zelle E5: =SÄUBERN(B5). Beenden Sie die Formeleingabe mit der Tastenkombination ⌈Strg⌉+⌈Enter⌉. Die Funktion SÄUBERN() löscht alle nicht druckbaren Zeichen aus einem Text.

**2** Markieren Sie anschließend den Zellbereich G5:G13 und geben Sie in Zelle G5 die Funktion =GLÄTTEN(D5) ein. Schließen Sie auch diese Formeleingabe mit der Tastenkombination ⌈Strg⌉+⌈Enter⌉ ab. Mit der Funktion GLÄTTEN() werden alle Leerzeichen aus Texten entfernt, die nicht als Trennzeichen zwischen einzelnen Wörtern dienen.

Als Ergebnis erhalten Sie die Debitorenstammdatenliste ohne störende Sonderzeichen und überzählige Leerzeichen.

|   | A | B | C | D | E | F | G |
|---|---|---|---|---|---|---|---|
| 1 | Debitoren-Stammdaten | | | | | | |
| 2 | | | | | | | |
| 3 | | | | | | | |
| 4 | Deb.-Nr. | Vorname | Nachname | Straße | Vorname | Nachname | Straße |
| 5 | 70001 | ‖Agnes | ‖Argauer | Prenzlauerstraße   50 | Agnes | Argauer | Prenzlauerstraße 50 |
| 6 | 70003 | ‖Björn | ‖Paulus | Riestergasse   1 | Björn | Paulus | Riestergasse 1 |
| 7 | 70010 | ‖Klaus | ‖Weimer | Berghut   19 | Klaus | Weimer | Berghut 19 |
| 8 | 70015 | ‖Anke | ‖Greiner | Hauptweg   22 | Anke | Greiner | Hauptweg 22 |
| 9 | 70020 | ‖Irmgard | ‖Huber | Burgenweg   92 | Irmgard | Huber | Burgenweg 92 |
| 10 | 70025 | ‖Adolf | ‖Meier | Bahnhofstraße   4 | Adolf | Meier | Bahnhofstraße 4 |
| 11 | 70027 | ‖Wolfgang | ‖Eisenstätt | Trampelpfad   3 | Wolfgang | Eisenstätt | Trampelpfad 3 |
| 12 | 70030 | ‖Angelika | ‖Maurer | Klaus-Straße   43 | Angelika | Maurer | Klaus-Straße 43 |
| 13 | 70035 | ‖Stefan | ‖Leitner | Schnurstraße   9 | Stefan | Leitner | Schnurstraße 9 |
| 14 | | | | | | | |

## Tipp 3: Interne Schnittstelle – Update von verlinkten Arbeitsmappen

Beim Öffnen einer Excel-Arbeitsmappe, die Zellverknüpfungen zu anderen Arbeitsmappen enthält, erfolgt bei jedem Start eine Prüfung mit der Abfrage, ob die Verknüpfungen aktualisiert werden sollen oder nicht.

## 7.1 Importieren, Exportieren, Verknüpfen

Mit einem Klick auf die Schaltfläche *Aktualisieren* werden die Daten im Zielbereich aktualisiert. Ein Klick auf die Schaltfläche *Nicht aktualisieren* hingegen prüft die verknüpften Zellen nicht auf deren Aktualität. Gibt es eine Möglichkeit, um diese Abfrage zu unterdrücken bzw. zu definieren, wie Excel ohne Zwischenfrage mit externen Verknüpfungen umgehen soll?

### So geht's: Unterdrücken der Abfrage für bestimmte Arbeitsmappen

Seit der Version 2003 bietet Excel die Möglichkeit, explizit für eine Arbeitsmappe vorzugeben, wie externe Verknüpfungen behandelt werden sollen.

1 Starten Sie den Befehl dazu über das Menü *Daten/Verbindungen/Verknüpfungen bearbeiten* (Excel 2003: Menü *Bearbeiten/Verknüpfungen*).

2 Indem Sie auf die Schaltfläche *Eingabeaufforderung beim Start* klicken (Excel 2003: Menü *Bearbeiten/Verknüpfungen*, Schaltfläche *Eingabeaufforderung beim Start*), können Sie folgende Einstellungen für die aktuelle Arbeitsmappe vornehmen:

- *Benutzer entscheidet, ob eine Warnung angezeigt wird*
- *Keine Warnung anzeigen und Verknüpfung nicht aktualisieren*
- *Keine Warnung anzeigen und Verknüpfung aktualisieren*

### Hinweis

Wenn Sie die Quelldatei unter einem anderen Namen abspeichern möchten, öffnen Sie beide Dateien, also die Quell- und die Zieldatei. Dadurch werden die Bezüge in der Zieldatei automatisch angepasst. Eine manuelle Nachbearbeitung entfällt damit.

### So geht's: Generelles Unterdrücken der Abfrage

Ab Excel 2007 können Sie die Option zur generellen Unterdrückung der automatischen Aktualisierung wie folgt festlegen:

## 7. Interne und externe Schnittstellen nutzen

**1** Starten Sie die Einstellungen für die Dokumentensicherheit:
- Excel 2013: Menü *Datei/Optionen*, Kategorie *Trust Center*,
- Excel 2010: Menü *Datei/Optionen*, Kategorie *Sicherheitscenter*,
- Excel 2007: Menü *Office/Excel-Optionen*, Kategorie *Vertrauensstellungscenter*.

**2** Klicken Sie auf die Schaltfläche *Einstellungen für das Sicherheitscenter*. Damit öffnen Sie das Dialogfenster *Sicherheitscenter* (Excel 2007: Schaltfläche *Einstellungen für das Vertrauensstellungscenter*, Dialogfenster *Vertrauensstellungscenter*).

**3** Wechseln Sie in die Kategorie *Externer Inhalt*. Dort können Sie sich für eine der drei Optionen entscheiden. Wenn Sie die Option *Automatische Aktualisierung aller Arbeitsmappenverknüpfungen aktivieren (nicht empfohlen)* wählen, wird zukünftig keine Abfrage bezüglich der Datenaktualisierung bei verknüpften Arbeitsmappen mehr durchgeführt.

Unter Excel 2003 können Sie die Option über das Menü *Extras/Optionen*, Registerkarte *Bearbeiten* aufrufen. Entfernen Sie dazu den Haken im Kontrollkästchen *Aktualisierung von automatischen Verknüpfungen bestätigen*.

## Tipp 4: Externe Links in einer Arbeitsmappe finden und entfernen

In diesem Beispiel sollen alle Verknüpfungen zu externen Arbeitsmappen entfernt werden. Excel stellt dazu zwei verschiedene Methoden zur Verfügung.

*So geht's: Methode 1*

1 Starten Sie über das Menü *Daten/Verbindungen/Verknüpfungen bearbeiten* das Dialogfenster *Verknüpfungen bearbeiten* (Excel 2003: Menü *Bearbeiten/Verknüpfungen*).

2 Wählen Sie die Verknüpfungen aus, die entfernt werden sollen, und klicken Sie auf *Verknüpfungen löschen*.

Damit werden alle externen Verknüpfungen aus der Arbeitsmappe entfernt.

*So geht's: Methode 2*

1 Öffnen Sie mit der Tastenkombination [Strg]+[F] den *Suchen*-Dialog.

2 Erfassen Sie im Feld *Suchen nach* die eckige Klammer [. Dieses Zeichen bietet sich an, da es bei externen Verknüpfungen immer vorhanden ist.

3 Durch einen Klick auf die Schaltfläche *Weitersuchen* werden nacheinander alle externen Verknüpfungen anhand der Klammer gesucht und gefunden. So können Sie ganz individuell Verknüpfungen bearbeiten oder entfernen.

## Tipp 5: Hyperlinks, die besondere Verknüpfung – Start von VBA-Makros über Hyperlinks

Hyperlinks werden in der Praxis häufig unterschätzt. Dieses Beispiel zeigt, was mit Hyperlinks möglich ist und wie Sie diese Funktion sinnvoll einsetzen können.

1   Starten Sie den Befehl über das Menü *Einfügen/Hyperlinks/Hyperlink* (Excel 2003: Menü *Einfügen/Hyperlink*).

2   Das Dialogfenster *Hyperlink einfügen* wird geöffnet.

3   In diesem Dialog können Sie Links zu folgenden Objekten herstellen:
    - Zu lokalen Dateien oder Webseiten, lokal oder im Internet.
    - Zu Objekten im aktuellen Dokument.
    - Darüber hinaus können neue Dokumente erstellt und Links zu E-Mail-Adressen hergestellt werden.

Sehr praktisch ist auch die Möglichkeit, über Hyperlinks VBA-Makros aufzurufen. Gehen Sie dazu wie folgt vor:

1   Markieren Sie die Zelle, in der der Hyperlink dargestellt werden soll, im Beispiel Zelle B4. Fügen Sie anschließend einen Hyperlink auf das aktuelle Dokument ein.

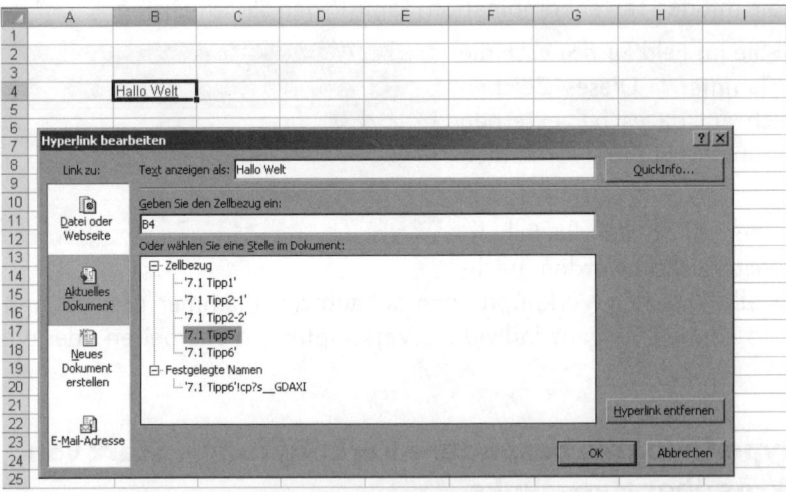

2   Im Feld *Text anzeigen als* geben Sie die Bezeichnung *Hallo Welt* ein. Als Zellbezug erfassen Sie den Zellbezug *B4*. Wenn Sie hier einen anderen Zellbezug eingeben, springt der Zellzeiger nach einem Klick auf den Hyperlink zur angegebenen Zelle.

3 Beenden Sie das Dialogfenster mit einem Klick auf die Schaltfläche OK.

4 Aktivieren Sie nun den VBA-Editor, indem Sie mit der rechten Maustaste auf die Registerkarte des aktuellen Tabellenblatts klicken. Wählen Sie im Kontextmenü den Eintrag *Code anzeigen*.

5 Erfassen Sie im geöffneten Codeblatt den Code aus Listing 1.

Ein Klick auf den Hyperlink startet nun das angegebene Makro. Das Ergebnis sieht wie nebenstehend gezeigt aus.

Auf diese Weise lassen sich beliebige VBA-Prozeduren starten.

*Listing 1:*
```
Private Sub Worksheet_FollowHyperlink(ByVal Target As Hyperlink)
MsgBox "Hallo Welt"
End Sub
```

## Tipp 6: Daten in verschiedene Formate exportieren

Hier erfahren Sie, welche Möglichkeiten es gibt, Daten so zu exportieren, dass mit den Daten in anderen Programmen weitergearbeitet werden kann.

### So geht's:

Die unverbindlichste Art des Datenexports aus Excel stellen das Textformat und das CSV-Format dar. In Excel ist es absolut simpel, Daten in diesen Formaten auszugeben. Gehen Sie dazu wie folgt vor:

1 Starten Sie die zu exportierende Datei.

2 Rufen Sie das *Speichern unter*-Dialogfenster auf:
- ab Excel 2010: Menü *Datei/Speichern unter*,
- in Excel 2007: Menü *Office/Speichern unter*,
- in Excel 2003: Menü *Datei/Speichern unter*.

3 Wählen Sie als Dateityp *Text (Tabstopp-getrennt) (\*.txt)* oder *CSV (Trennzeichen-getrennt) (\*.csv)* aus.

**4** Mit einem Klick auf die Schaltfläche *Speichern* wird das aktuelle Tabellenblatt im angegebenen Dateiformat abgelegt. Beachten Sie, dass diese Formate nur ein Tabellenblatt unterstützen. Deshalb wird auch bei jedem Speichervorgang eine Meldung ausgegeben, die darauf hinweist, dass der Dateityp keine Arbeitsmappen unterstützt, die mehrere Tabellenblätter enthalten. Diese Meldung müssen Sie mit einem Klick auf die Schaltfläche *OK* bestätigen.

**5** Daraufhin gibt Excel noch eine Warnmeldung aus, die besagt, dass Daten enthalten sein können, die mit dem CSV- oder Textformat nicht kompatibel sind. Wenn Sie diesen Warnhinweis ebenfalls mit einem Klick auf die Schaltfläche *Ja* bestätigen, wird das Tabellenblatt im gewünschten Format abgelegt.

## Tipp 7: Daten aus dem Internet einlesen und verarbeiten

Das Internet ist aus dem heutigen Geschäftsleben in den allermeisten Branchen nicht mehr wegzudenken. Auch Excel ist für das Internet gerüstet. So lassen sich über die sogenannte Webabfrage Informationen aus dem Internet auslesen und weiterverarbeiten. Im nachfolgenden Beispiel sollen von der Internetseite *http://de.finance.yahoo.com* die Aktienkurse der 30 DAX-Unternehmen ausgelesen und in ein Tabellenblatt übernommen werden.

*So geht's:*

**1** Starten Sie im ersten Schritt das Dialogfenster *Webabfrage* über das Menü *Daten/Externe Daten abrufen/Aus dem Web* (Excel 2003: Menü *Daten/Externe Daten importieren/Neue Webabfrage*).

**2** Erfassen Sie im Adressfeld die Internetadresse *http://de.finance.yahoo.com/q/cp?s=^GDAXI*, die auf die Seite für die 30 DAX-Kurse bei Yahoo! verweist.

**3** Ein Klick auf die Schaltfläche *OK* neben dem Adressfeld öffnet die Internetseite in Excel. Dabei werden neben den einzelnen Webseitenbestandteilen horizontale Pfeile angezeigt. Wenn Sie einen bestimmten Bereich importieren möchten, genügt ein Klick auf den Pfeil. Durch die Aktivierung wird das Feld grün eingefärbt, und der Pfeil verändert sich zu einem Haken, was bedeutet, dass diese Informationen von der Webseite abgefragt und eingelesen werden.

7.1 Importieren, Exportieren, Verknüpfen

4 Nachdem Sie festgelegt haben, welche Informationen von der Webseite gelesen werden sollen, aktivieren Sie den Importvorgang über die Schaltfläche *Importieren*.

5 Jetzt müssen Sie nur noch definieren, ab welcher Zelle die importierten Daten eingefügt werden sollen. Im Beispiel wurde dafür die Zelle A1 angegeben.

Nun werden die DAX-Werte mit dem Kurs und dem Handelsvolumen von der Internetseite ausgelesen und nach Excel übertragen.

Da die Abfragestruktur jetzt angelegt ist, lassen sich die Daten ganz einfach aktualisieren. Zum Synchronisieren genügt ein Klick auf die Schaltfläche *Aktualisieren*, die über das Menü *Daten/Verbindungen/Alle aktualisieren* aufgerufen werden kann (Excel 2003: Symbolleiste *Externe Daten*, Schaltfläche *Daten aktualisieren*).

Auf diese Weise stehen Ihnen auf Knopfdruck die aktuellsten Aktienkurse zur Verfügung.

## 7.2 Excel im Office-Umfeld

Gerade im Zusammenspiel mit anderen Office-Anwendungen wie Access, Word oder Outlook bietet Excel einige Möglichkeiten zum Datenaustausch an. Dieser Abschnitt geht auf die Schnittstellen innerhalb der Office-Familie ein und gibt einen Überblick über mögliche Szenarien zum Datenaustausch.

### Tipp 1: Ausgewählte Datensätze über MS-Query aus Access importieren

Diesem Beispiel liegt eine Artikeldatenbank im Access-Format zugrunde. Sie erfahren, welche flexiblen Möglichkeiten der Query-Assistent zur Verfügung stellt und wie Sie ganz einfach und gezielt auf die Daten der Access-Artikeldatenbank über Excel zugreifen können.

*So geht's:*

Sehen Sie sich zunächst die Access-Datenbank etwas näher an.

| Art-Nr | Bezeichnun | VK | EK | Menge |
|---|---|---|---|---|
| 1000 | Tastatur | 29,95 € | 18,22 € | 232 |
| 1001 | Computermau | 22,90 € | 14,76 € | 128 |
| 1002 | USB-Stick 1,0 G | 19,99 € | 16,78 € | 87 |
| 1003 | Head-Set | 8,89 € | 7,79 € | 216 |
| 1004 | Externe HD 40 | 74,90 € | 65,43 € | 106 |
| 1005 | Pocket-PC | 299,50 € | 259,75 € | 22 |
| 1006 | Tastatur 1 | 23,95 € | 19,78 € | 87 |
| 1007 | Tastatur 2 | 47,80 € | 42,55 € | 41 |
| 1008 | Monitor | 179,00 € | 151,50 € | 25 |

Ziel ist es, diese Daten nach Excel zu übertragen, wobei nur Datensätze in Excel importiert werden sollen, deren *EK* (Einkaufspreis) mehr als 30 Euro beträgt.

1  Starten Sie dazu über das Menü *Daten/Externe Daten abrufen/Aus anderen Quellen/ Von Microsoft Query* den Query-Assistenten (Excel 2003: Menü *Daten/Externe Daten importieren/Neue Abfrage erstellen*).

2  Wählen Sie auf der Registerkarte *Datenbanken* den Eintrag *Microsoft Access Datenbank* und achten Sie darauf, dass der Haken im Kontrollkästchen *Query-Assistenten zur Erstellung/Bearbeitung von Abfragen verwenden* gesetzt ist.

7.2 Excel im Office-Umfeld

3   Nach einem Klick auf die Schaltfläche OK öffnet sich ein Dialogfenster, in dem Sie die gewünschte Datenbank auswählen können. In diesem Beispiel wird die Datenbank *Artikel.mdb* verwendet.

4   Nachdem Sie das Dialogfenster mit einem Klick auf die Schaltfläche OK beendet haben, zeigt der Query-Assistent alle in der Datenbank vorhandenen Objekte wie Tabellen und Abfragen an.

5   Markieren Sie nun die Tabelle, die nach Excel übertragen werden soll. Wählen Sie dazu in diesem Beispiel die Tabelle *TabArtikel* aus und klicken Sie auf den Pfeil, der nach rechts zeigt. Damit werden alle Felder der Datenbanktabelle in die Abfrage übernommen.

6   Nachdem Sie auf die Schaltfläche Weiter geklickt haben, besteht die Möglichkeit, die Daten zu filtern. Sie können also bereits im Query-Assistenten die gewünschte Abfrage definieren. Markieren Sie dazu das Datenfeld *EK*. Legen Sie im ersten Drop-down-Menü den Eintrag *ist größer als oder gleich* fest, und im Feld daneben wählen Sie den Wert 30. Damit werden nur Daten aus der Access-Tabelle ausgelesen, deren EK größer oder gleich 30 ist.

## 7. Interne und externe Schnittstellen nutzen

**7** Ein Klick auf die Schaltfläche *Weiter* ruft das Dialogfenster zum Sortieren von Daten auf. Darüber können Sie definieren, in welcher Reihenfolge die Daten in Excel angezeigt werden sollen. In diesem Beispiel sollen die Daten in der Reihenfolge übernommen werden, in der Sie in der Access-Datenbank vorhanden sind. Sie können also gleich mit einem Klick auf die Schaltfläche *Weiter* fortfahren.

**8** Im letzten Schritt des Query-Assistenten müssen Sie nun noch festlegen, was mit den Daten geschehen soll. Dabei stehen folgende zwei Optionen zur Verfügung:

- *Daten an Microsoft Excel zurückgeben*
- *Daten in Microsoft Query bearbeiten oder ansehen*

Darüber hinaus besteht über die Schaltfläche *Abfrage speichern* die Möglichkeit, die eben erstellte Query-Abfrage zu speichern. Die Query-Parameter werden in einer Datei mit der Endung *.dqy abgelegt und stehen für weitere Abfragen zur Verfügung. Auf das Speichern der Abfrage wird in diesem Beispiel verzichtet. Wählen Sie deshalb gleich die erste Option *Daten an Microsoft Excel zurückgeben* und klicken Sie auf die Schaltfläche *Fertig stellen*.

**9** Es öffnet sich ein neues Dialogfenster, in dem Sie festlegen können, ab welcher Zelle die Daten in Excel eingefügt werden sollen. Geben Sie für dieses Beispiel den Zellbezug zu Zelle A4 an.

**10** Wenn Sie nun auf die Schaltfläche *OK* klicken, werden alle Datensätze mit einem Einkaufspreis ab 30 Euro an Excel übergeben.

Werden die Daten in Excel (bis Excel 2007) weiterverarbeitet und kommen dabei Formeln zum Einsatz, bietet Excel die Möglichkeit, angrenzende Formeln automatisch aktualisieren zu lassen. Wenn neue Datensätze hinzukommen, werden die Formeln auch an die neuen Datensätze angehängt. Diese Option können Sie wie folgt aktivieren:

**1** Setzen Sie den Zellzeiger auf eine beliebige Zelle innerhalb des Datenbereichs.

**2** Starten Sie das *Eigenschaften*-Fenster für den Datenbereich über das Menü *Daten/Verbindungen/Eigenschaften* (Excel 2003: Menü *Daten/Datenbereichseigenschaften*).

## 7.2 Excel im Office-Umfeld

**3** Setzen Sie den Haken im Kontrollkästchen *Formeln in angrenzenden Zellen ausfüllen* und bestätigen Sie das Dialogfenster mit einem Klick auf die Schaltfläche *OK*. Damit werden bei der Datenaktualisierung angrenzende Formeln zu neuen Datensätzen hinzugefügt.

Innerhalb bestehender Query-Abfragen lassen sich die Daten ohne großen Aufwand schnell und einfach auf den neusten Stand bringen.

Den Befehl dazu finden Sie im Menü *Daten/Verbindungen/Alle aktualisieren/Aktualisieren* (Excel 2003: Symbolleiste *Externe Daten*, Schaltfläche *Daten aktualisieren*).

Mit diesem Befehl werden die Daten über die bestehende Abfrage aus der Access-Tabelle ausgelesen und wie gewünscht nach Excel übertragen.

Ab Excel 2010 werden die ausgelesenen Daten als Datentabelle eingetragen, und die Formeln, die sich auf die eingefügte Tabelle beziehen, werden komplett anders verwaltet. Eine solche Formel bezieht sich direkt auf den Namen des Datenfelds und enthält vor dem Datenfeldnamen das @-Zeichen.

### So geht's:

Im Beispiel soll in Spalte E der Einkaufspreis (*EK*) vom Verkaufspreis (*VK*) subtrahiert werden.

Gehen Sie dazu wie folgt vor.

**1** Erfassen Sie in Zelle E5 die Formel *=C5-D5*.

**2** Diese Formel wird automatisch als *=[@VK]-[@EK]* dargestellt.

**3** Nachdem Sie die Eingabe mit [Enter] bestätigt haben, wird der komplette Bereich in Spalte E bis zur Zelle E8 mit der neuen Formel ausgefüllt.

**4** Sobald nun die Daten aktualisiert werden, wird auch der berechnete Teil in Spalte E automatisch aktualisiert.

## Tipp 2: Dynamisieren der Query-Abfrage

In diesem Beispiel soll die Query-Abfrage dynamisiert werden. Das bedeutet, die Abfrageparameter sollen nicht im Query-Assistenten statisch hinterlegt werden, sondern dynamisch auf einem Excel-Sheet eingetragen werden. Wie bereits im ersten Beispiel sollen auch in diesem alle Datensätze mit einem Einkaufspreis größer als 30 Euro aus der Access-Datenbank *Artikel.mdb* ausgelesen werden.

*So geht's:*

1. Bevor Sie den Query-Assistenten aufrufen, müssen Sie die Abfrageparameter in das Excel-Tabellenblatt eintragen. Erfassen Sie dazu in Zelle G2 den Wert 30.

2. Starten Sie anschließend über das Menü *Daten/Externe Daten abrufen/Aus anderen Quellen/Von Microsoft Query* den Query-Assistenten (Excel 2003: Menü *Daten/Externe Daten importieren/Neue Abfrage erstellen*).

3. Wählen Sie auf der Registerkarte *Datenbanken* den Eintrag *Microsoft Access Datenbank* und achten Sie darauf, dass das Kontrollkästchen *Query-Assistenten zur Erstellung/Bearbeitung von Abfragen verwenden* aktiviert ist.

4. Nach einem Klick auf die Schaltfläche *OK* öffnet sich ein Dialogfenster, in dem Sie die Datenbank auswählen können. In diesem Beispiel wird die Datenbank *Artikel.mdb* verwendet.

5. Nach einem weiteren Klick auf die Schaltfläche *OK* zeigt der Query-Assistent alle in der Datenbank vorhandenen Objekte wie Tabellen und Abfragen an.

6. Markieren Sie die Tabelle, die nach Excel übertragen werden soll. Wählen Sie dazu in diesem Beispiel die Tabelle *TabArtikel* aus und klicken Sie auf den Pfeil, der nach rechts zeigt. Damit werden alle Felder der Datenbanktabelle in die Abfrage übernommen.

7.2 Excel im Office-Umfeld

7 Klicken Sie dreimal auf die Schaltfläche *Weiter*. Im letzten Schritt des Assistenten wählen Sie den Eintrag *Daten in Microsoft Query bearbeiten oder ansehen* und beenden den Assistenten mit einem Klick auf die Schaltfläche *Fertig stellen*. Dadurch öffnet sich das Microsoft-Query-Fenster.

8 Im nächsten Schritt muss über das Menü *Ansicht/Kriterien* der Kriterienbereich eingeblendet werden. Wählen Sie im *Kriterienfeld* den Eintrag *EK* und geben Sie im Feld *Wert* die Variable *>[par1]* ein. Dabei stellt *[par1]* den Abfrageparameter dar.

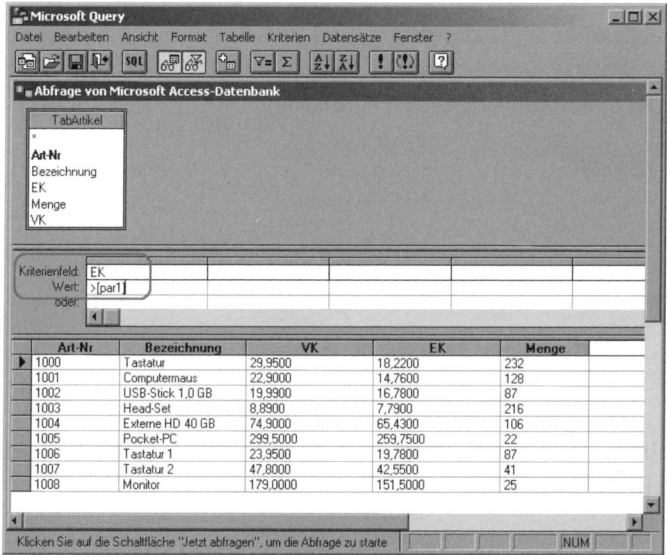

9 Über das Menü *Datei/Daten Microsoft Excel zurückgeben* wird ein Dialogfenster eingeblendet, das Sie ohne weitere Aktion mit einem Klick auf die Schaltfläche *OK* beenden können.

10 Geben Sie nun noch ein, in welche Zeile die zurückgegebenen Daten platziert werden sollen. Erfassen Sie hier den Zellbezug *$A$4* und beenden Sie den Dialog mit *OK*.

11 Es öffnet sich ein weiteres Dialogfenster mit der Bezeichnung *Parameterwert eingeben*. Stellen Sie hier den Bezug zwischen dem Abfrageparameter *[par1]* und der Zelle G2 her, indem Sie den Zellbezug *$G$2* in das Textfeld eingeben.

12 Aktivieren Sie die Kontrollkästchen *Wert/Bezug immer verwenden* und *Automatisch aktualisieren, wenn Zellwert sich ändert*, indem Sie jeweils einen Haken setzen.

13 Beenden Sie diese Abfrage mit einem Klick auf die Schaltfläche *OK*.

649

## 7. Interne und externe Schnittstellen nutzen

|   | A | B | C | D | E | F | G | H |
|---|---|---|---|---|---|---|---|---|
| 1 | **Dynamische Query-Abfrage** | | | | | | Abfrageparameter | |
| 2 | | | | | | | 30 | |
| 3 | | | | | | | | |
| 4 | Art-Nr | Bezeichnung | VK | EK | Menge | | | |
| 5 | 1004 | Externe HD 40 GB | 74,9 | 65,43 | 106 | | | |
| 6 | 1005 | Pocket-PC | 299,5 | 259,75 | 22 | | | |
| 7 | 1007 | Tastatur 2 | 47,8 | 42,55 | 41 | | | |
| 8 | 1008 | Monitor | 179 | 151,5 | 25 | | | |
| 9 | | | | | | | | |

**14** Sie sehen, wie gewünscht werden nur die Daten übernommen, deren Einkaufspreis größer als 30 Euro ist. Wenn Sie nun in Zelle G2 den Parameter abändern, beispielsweise den Wert 10 eingeben, wird die Query-Abfrage automatisch mit dem neuen Abfrageparameter durchgeführt, und es werden nur die Datensätze aus der Access-Datenbank *Artikel.mdb* ausgelesen, deren EK größer als 10 Euro ist. Das Ergebnis sehen Sie in der folgenden Abbildung.

|    | A | B | C | D | E | F | G | H |
|----|---|---|---|---|---|---|---|---|
| 1  | **Dynamische Query-Abfrage** | | | | | | Abfrageparameter | |
| 2  | | | | | | | 10 | |
| 3  | | | | | | | | |
| 4  | Art-Nr | Bezeichnung | VK | EK | Menge | | | |
| 5  | 1000 | Tastatur | 29,95 | 18,22 | 232 | | | |
| 6  | 1001 | Computermaus | 22,9 | 14,76 | 128 | | | |
| 7  | 1002 | USB-Stick 1,0 GB | 19,99 | 16,78 | 87 | | | |
| 8  | 1004 | Externe HD 40 GB | 74,9 | 65,43 | 106 | | | |
| 9  | 1005 | Pocket-PC | 299,5 | 259,75 | 22 | | | |
| 10 | 1006 | Tastatur 1 | 23,95 | 19,78 | 87 | | | |
| 11 | 1007 | Tastatur 2 | 47,8 | 42,55 | 41 | | | |
| 12 | 1008 | Monitor | 179 | 151,5 | 25 | | | |
| 13 | | | | | | | | |

Auf diese Weise steht Ihnen ein sehr flexibles und dynamisches Abfragesystem zur Verfügung, das sich leicht für Ihre Zwecke modifizieren lässt.

## Tipp 3: Ausgewählte Datensätze über OLE-DB aus Access einlesen

Eine weitere Möglichkeit, Daten aus Access auszulesen, besteht über eine sogenannte OLE-DB-Abfrage. Der Unterschied zu Microsoft Query besteht darin, dass keine Abfragen wie mit dem Query-Assistenten definiert werden können, sondern dass die Abfragen bereits in der Datenbank vorhanden sein müssen. Microsoft Query bietet sich somit an, wenn nur kleinere Abfragen definiert werden sollen. Bei umfangreichen Abfrageparametern ist es hingegen sinnvoll, die Abfragen im Datenbankmanagementsystem zu erledigen, da die Möglichkeiten wesentlich umfangreicher und praktikabler sind.

Dieses Beispiel zeigt anhand einer Access-Datenbank, wie der Zugriff über OLE-DB funktioniert. Dabei sollen genau wie im Beispiel vorher alle Artikel mit einem Einkaufspreis von mehr als 30 Euro ausgelesen und nach Excel übertragen werden.

### So geht's:

Bevor die Daten mit Excel über eine OLE-DB-Verbindung ausgelesen werden können, bedarf es eines kleinen Exkurses nach Access. Über OLE-DB besteht, wie bereits erläutert, keine Möglichkeit, die Daten direkt beim Auslesen einzuschrän-

## 7.2 Excel im Office-Umfeld

ken. Das muss bereits in der Datenbank durch sogenannte Abfragen passieren. Die folgende Abbildung zeigt die Access-Abfrage, die die Datensätze auf die Bedingung *EK => 30* einschränkt.

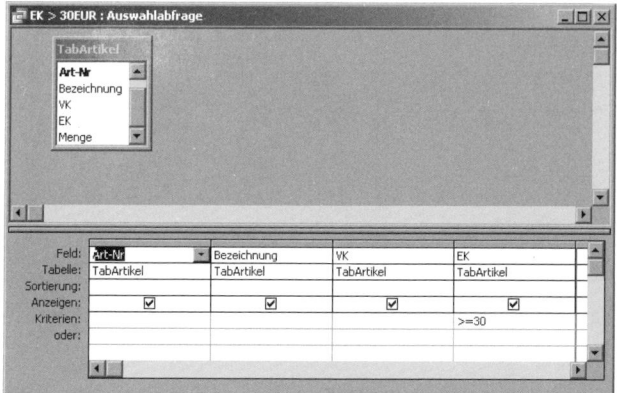

Die Abfrage wurde unter dem Namen *EK > 30EUR* abgespeichert. Diese Abfrage stellt die Grundlage für den Datenimport in Excel dar.

1  Starten Sie im ersten Schritt den Befehl zum OLE-DB-Datenimport über das Menü *Daten/Externe Daten abrufen/Aus Access* (Excel 2003: Menü *Daten/Externe Daten importieren/Daten importieren*).

2  Wählen Sie die Datenbank über das Feld *Suchen in* aus und bestätigen Sie die ausgewählte Datenbank mit einem Klick auf die Schaltfläche *Öffnen*. Im Beispiel lautet der Datenbankname *Artikel.mdb*.

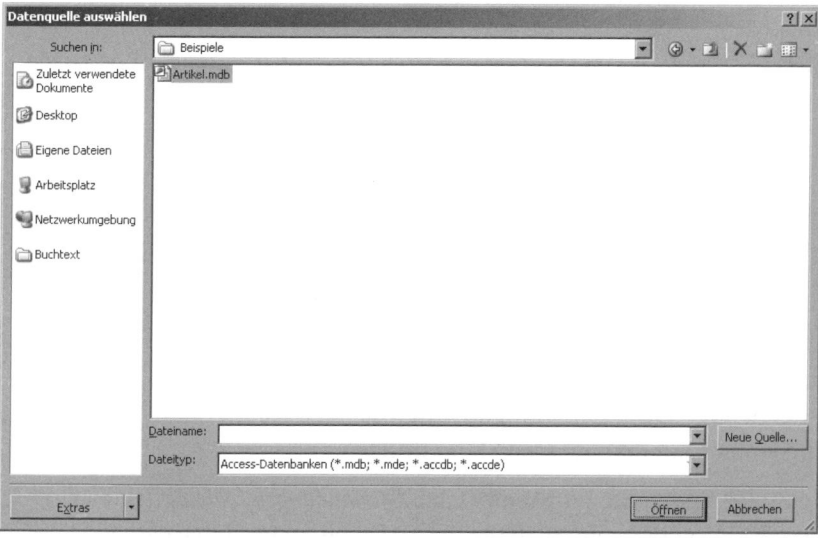

3  Nach dem Öffnen der Datenbank wird das Dialogfenster *Tabelle auswählen* angezeigt. Dieses Fenster gibt einen Überblick über alle in der Datenbank vorhandenen Objekte. In diesem Beispiel liegt eine Datentabelle mit der Bezeichnung

*TabArtikel* und eine Abfrage mit der Bezeichnung *EK > 30EUR* vor. Ob es sich bei dem Objekt um eine Tabelle oder um eine Abfrage handelt, erkennen Sie am Typkennzeichen. *VIEW* steht für Ansicht bzw. Abfrage und *TABLE* für Datentabelle.

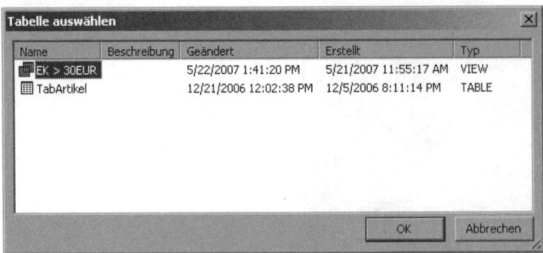

4 Wählen Sie die Abfrage mit der Bezeichnung *EK > 30EUR* aus und bestätigen Sie die Auswahl mit einem Klick auf die Schaltfläche *OK*.

5 Im folgenden Dialogfenster *Daten importieren* müssen Sie nun nur noch die Zelle festlegen, ab der die importierten Daten eingetragen werden sollen. Geben Sie hier den Bezug zu Zelle A4 ein.

Nachdem Sie auch dieses Dialogfenster mit einem Klick auf die Schaltfläche *OK* beendet haben, werden die Daten beginnend ab Zelle A4 aus der Access-Abfrage nach Excel übertragen.

Für bestehende OLE-DB-Verbindungen lassen sich die Daten ohne großen Aufwand schnell und einfach auf den neusten Stand bringen.

Den Befehl dazu finden Sie im Menü *Daten/Verbindungen/Alle aktualisieren/Aktualisieren* (Excel 2003: Symbolleiste *Externe Daten*, Schaltfläche *Daten aktualisieren*).

# Tipp 4: Daten an Microsoft Word übergeben

In diesem Beispiel erfahren Sie, wie Sie ganz einfach Excel-Daten an Word übergeben können. Grundsätzlich muss hier zwischen einem statischen und einem dynamischen Datenaustausch unterschieden werden.

Beim dynamischen Datenaustausch werden Änderungen in der Excel-Tabelle automatisch nach Word übertragen. Beim statischen Austausch unterbleibt hingegen die automatische Aktualisierung der Daten in Word.

*So geht's: Statische Datenübernahme nach Word*

Dieses Beispiel zeigt, wie eine Umsatzübersicht aus Excel nach Word übertragen werden kann. Die Daten sollen in einen Bericht eingebunden werden und dürfen sich auch bei Veränderung der Excel-Daten in Word nicht mehr ändern. Die Lösung dafür ist ganz einfach.

1 Markieren Sie den Zellbereich, den Sie nach Word übertragen wollen, im Beispiel den Bereich A4:D11, und kopieren Sie ihn mit der Tastenkombination [Strg]+[C] in die Zwischenablage.

| | A | B | C | D | E |
|---|---|---|---|---|---|
| 1 | Umsätze Brutto - Netto 1 bis 7 / 2007 | | | | |
| 2 | | | | | |
| 3 | | | | | |
| 4 | Monat | Netto | Ust-KZ | Brutto | |
| 5 | Januar | 39.829,45 € | 1 | 47.397,05 € | |
| 6 | Februar | 68.739,79 € | 2 | 73.551,58 € | |
| 7 | März | 87.639,62 € | 1 | 104.291,15 € | |
| 8 | April | 63.923,90 € | 2 | 68.398,57 € | |
| 9 | Mai | 77.641,00 € | 3 | 90.063,56 € | |
| 10 | Juni | 58.293,44 € | 1 | 69.369,19 € | |
| 11 | Juli | 102.893,35 € | 2 | 110.095,88 € | |
| 12 | | | | | |

2 Öffnen Sie das gewünschte Dokument in Word und fügen Sie über das Menü *Start/Zwischenablage/Inhalte einfügen* den Inhalt der Zwischenablage ein. Es öffnet sich das Dialogfenster *Inhalte einfügen*. Achten Sie dabei darauf, dass die Option *Einfügen* aktiviert ist. Dabei ist es Ihnen überlassen, in welchem Format die Daten eingefügt werden (Excel 2003: Menü *Bearbeiten/Inhalte einfügen*).

Durch die Option *Einfügen* ist gewährleistet, dass sich Änderungen in der Excel-Tabelle nicht auf das Word-Dokument auswirken. In Word sieht das Ergebnis aus, wie nebenstehend gezeigt.

### So geht's: Daten mit dynamischer Verknüpfung in Word einfügen

Ausgangsbasis für dieses Beispiel ist ein Diagramm, das auf der Umsatztabelle von Januar bis Juli 2007 basiert. Ziel ist es nun, das Diagramm in Word einzufügen, wobei Änderungen in der Excel-Tabelle und somit Änderungen im Diagramm direkte Auswirkungen auf das in Word eingefügte Diagramm haben sollen.

1 Markieren Sie das Diagramm in Excel und kopieren Sie es mit der Tastenkombination [Strg]+[C] in die Zwischenablage.

2 Öffnen Sie in Word das gewünschte Dokument und fügen Sie das Diagramm über das Menü *Start/Zwischenablage/Inhalte einfügen* in Word ein. Aktivieren Sie im Dialogfenster *Inhalte einfügen* die Option *Verknüpfungen einfügen*, und als Einfügetyp wählen Sie *Microsoft Office Excel-Diagramm-Objekt* aus.

3 Nachdem Sie das Dialogfenster mit einem Klick auf die Schaltfläche *OK* beendet haben, wird das Diagramm wie gewünscht in Word eingebunden. Sobald nun Änderungen in der Umsatzliste vorgenommen werden, die Auswirkungen auf das Diagramm haben, werden diese Änderungen sofort auch in das in Word verknüpfte Diagramm übernommen.

Auf diese Weise lassen sich schnell und einfach dynamische Verknüpfungen in Word erzeugen.

## Tipp 5: Automatische Wiedervorlage von Excel-Dateien in Outlook

Haben Sie sich schon einmal gewünscht, automatisch eine Erinnerung darüber zu erhalten, dass Sie an einer Excel-Tabelle Veränderungen vornehmen müssen? Gerade im Rechnungswesen müssen viele Arbeiten monatlich wiederkehrend erledigt werden. Um nichts zu vergessen, ist eine Wiedervorlagefunktion hierfür die optimale Lösung. Auf den ersten Blick sieht es zunächst etwas kompliziert aus, tatsächlich lässt sich aber diese Funktion durch eine geschickte Kombination von Excel und Outlook relativ einfach realisieren.

### So geht's:

1 Im ersten Schritt muss der dafür notwendige Befehl in die Schnellstartleiste eingebunden werden. Starten Sie die entsprechende Funktion über das Menü *Datei/Optionen/Symbolleiste für den Schnellzugriff/Alle Befehle/Microsoft Office Outlook-Aufgabe erstellen* und fügen Sie diese über die Schaltfläche *Hinzufügen* der Schnellstartleiste hinzu. Nachdem Sie das *Optionen*-Fenster mit einem Klick auf die Schaltfläche *OK* beendet haben, steht der Befehl in der Schnellstartleiste zur Verfügung (Excel 2007: Menü *Office/Excel-Optionen/Anpassen/Alle Befehle/ Microsoft Office Outlook-Aufgabe erstellen*).

2 Wenn Sie nun an einer Arbeitsmappe arbeiten, für die eine Wiedervorlage erstellt werden soll, aktivieren Sie die Wiedervorlage über den neu eingefügten Befehl in der Schnellstartleiste (Excel 2003: Symbolleiste *Überarbeiten*, Schaltfläche *Microsoft Office Outlook-Aufgabe erstellen*).

## 7. Interne und externe Schnittstellen nutzen

**3** Dadurch öffnet sich das bekannte Outlook-Fenster zur Erstellung einer neuen Aufgabe. Entscheidend für die Erinnerungsfunktion ist, dass die Option *Erinnerung* aktiviert wird und dass das Datum sowie die Uhrzeit festgelegt werden.

**4** Wenn Sie nun diese Aufgabe über die Schaltfläche *Speichern & schließen* beenden, wird zum definierten Termin die Aufgabenerinnerung automatisch eingeblendet. Durch einen Klick auf die Verknüpfung zur Excel-Mappe können Sie sie wie gewohnt starten. Voraussetzung für die Anzeige der Erinnerungsfunktion ist natürlich, dass Outlook gestartet ist.

> **Hinweis**
>
> Da Outlook als „Wecker" verwendet wird, stehen alle bekannten Funktionen von Outlook zur Verfügung. So lassen sich Serientermine, Status, Prioritäten und Erledigungskennzeichen festlegen.

### Funktionsübersicht

| Funktion | Erläuterung |
| --- | --- |
| DATUM(Jahr;Monat;Tag) | Gibt die fortlaufende Zahl zurück, die ein bestimmtes Datum darstellt. Wenn für das Zellenformat vor der Eingabe der Funktion die Option *Allgemein* eingestellt war, wird das Ergebnis als Datum formatiert. |
| GLÄTTEN(Text) | Löscht Leerzeichen aus einem Text, die nicht als jeweils einzelne zwischen Wörtern stehende Trennzeichen dienen. |
| ISTTEXT(Wert) | Prüft, ob sich in einer Zelle Text befindet, und gibt entsprechend *WAHR* zurück. |
| LÄNGE(Text) | Gibt die Anzahl der Zeichen einer Zeichenfolge zurück. |
| LINKS(Text;Anzahl_Zeichen) | Gibt auf der Grundlage der Anzahl von Zeichen, die Sie angeben, das oder die erste(n) Zeichen in einer Textzeichenfolge zurück. |

| Funktion | Erläuterung |
|---|---|
| RECHTS(Text;Anzahl_Zeichen) | Gibt das letzte oder die letzten Zeichen einer Textzeichenfolge auf der Grundlage der von Ihnen angegebenen Anzahl von Zeichen zurück. |
| SÄUBERN(Text) | Löscht alle nicht druckbaren Zeichen aus einem Text. Verwenden Sie *SÄUBERN* für Texte, die aus anderen Anwendungen importiert wurden und eventuell Zeichen enthalten, die das von Ihnen verwendete Betriebssystem nicht drucken kann. |
| TEIL(Text;Erstes_Zeichen;Anzahl_Zeichen) | *TEIL* liefert auf der Grundlage der angegebenen Anzahl von Zeichen eine bestimmte Anzahl von Zeichen einer Zeichenfolge ab der von Ihnen angegebenen Position. |
| WENN(Prüfung;Dann_Wert;Sonst_Wert) | Prüft, ob eine Bedingung zutrifft, also wahr oder falsch ist, und macht das Ergebnis vom Resultat der Prüfung abhängig. |
| WERT(Text) | Wandelt ein als Text angegebenes Argument in eine Zahl um. |

# 8. Nützliche Druck- und Mailfunktionen

8.1 Drucklayout – die besten Tipps und Tricks .................................................. 658
8.2 E-Mail-Funktionen in Excel nutzen .................................................. 671

Der nächste Schritt nach der Erstellung von Kalkulationsmodellen ist häufig der Ausdruck auf Papier. Viele denken, ein Knopfdruck genügt. Oft ist es leider in der Praxis nicht ganz so einfach. Dieses Kapitel geht auf spezielle Druck- und Mailfunktionen ein und zeigt, welche Möglichkeiten Excel über die allgemein bekannten Funktionen hinaus bietet.

## 8.1 Drucklayout – die besten Tipps und Tricks

In diesem Abschnitt werden spezielle Druckfunktionen vorgestellt. Anhand von kurzen Praxisbeispielen erfahren Sie, wie sich professionelle Ausdrucke ohne großen Aufwand erstellen lassen.

### Tipp 1: Daten beim Ausdruck verbergen

In manchen Situationen ist es erforderlich, dass bestimmte Informationen, die auf einem Excel-Tabellenblatt vorhanden sind, auf dem Ausdruck nicht erscheinen. Nachfolgend erhalten Sie mehrere Lösungsvorschläge für diese Aufgabenstellung.

#### So geht's: Ganze Zeilen und Spalten verstecken

1 Markieren Sie die betroffenen Zeilen oder Spalten. Das erreichen Sie am schnellsten durch einen Klick auf den Spaltenkopf bzw. auf die Zeilenbeschriftung.

2 Klicken Sie mit rechts auf den markierten Bereich und wählen Sie im Kontextmenü den Eintrag *Ausblenden*.

Die so ausgeblendeten Zeilen oder Spalten erscheinen weder in der Bildschirmansicht noch auf dem Ausdruck.

#### So geht's: Einzelne Zellen verbergen

Einzelne Zellinhalte können Sie verbergen, indem Sie die Schriftfarbe auf die Farbe des Zellhintergrunds setzen. Diese Zellen werden dann zwar gedruckt, sind aber aufgrund der identischen Zellhintergrundfarbe nicht zu lesen.

## So geht's: Negative Zahlen unterdrücken

Sollen alle negativen Zahlen unterdrückt werden, verwenden Sie das folgende benutzerdefinierte Zellenformat:

*#.##0,00_ ;;*

Sie sehen, der negative Wert wird durch dieses benutzerdefinierte Format in der Zelle nicht angezeigt und somit auch nicht gedruckt. Dass ein Wert vorhanden ist, lässt sich nur an der Bearbeitungsleiste erkennen.

→ Verweis: siehe Kapitel 2.2, Tipp 11

## So geht's: Einen ganzen Zellbereich unterdrücken

Einen oder mehrere beliebige Zellbereiche können Sie für den Ausdruck verbergen, wenn Sie einfach ein Textfeld mit weißer Hintergrundfarbe und ohne Rahmen über die betroffenen Bereiche legen.

Ein Textfeld lässt sich über das Menü *Einfügen/Illustrationen/Formen/Textfeld* einfügen. Stellen Sie sicher, dass die Farbe des Textfelds mit der des Hintergrunds übereinstimmt und dass keine Zellumrandung vorhanden ist (Excel 2003: Symbolleiste *Zeichnen*, Schaltfläche *Textfeld*).

Die Monate September bis Dezember der Jahre 2006 und 2005 werden nun von einem Textfeld überlagert.

|    | A | B | C | D | E |
|----|---|---|---|---|---|
| 1  | Umsatzdaten im Jahresvergleich | | | | |
| 2  | | | | | |
| 3  | | | | | |
| 4  | | | | | |
| 5  | Jahre | 2007 | 2006 | 2005 | |
| 6  | Januar | 5.730,52 | 8.528,96 | 6.585,05 | |
| 7  | Februar | 9.470,44 | 11.125,19 | 7.322,83 | |
| 8  | März | 5.473,86 | 2.914,45 | 4.794,55 | |
| 9  | April | 8.524,80 | 10.560,69 | 13.453,24 | |
| 10 | Mai | 9.253,55 | 8.751,80 | 2.025,34 | |
| 11 | Juni | 7.635,36 | 4.838,13 | 11.034,39 | |
| 12 | Juli | 10.395,25 | 10.085,53 | 5.885,91 | |
| 13 | August | 7.530,81 | 6.280,21 | 8.680,12 | |
| 14 | September | | | | |
| 15 | Oktober | | | | |
| 16 | November | | | | |
| 17 | Dezember | | | | |
| 18 | | | | | |
| 19 | Summe | 66.021,59 | 94.277,58 | 98.934,42 | |
| 20 | | | | | |

### Hinweis

Damit das Textfeld nicht stört, ist es erforderlich, dass der Ausdruck der Gitternetzlinien deaktiviert ist, da sonst die Gitternetzlinien durch das Textfeld überlagert werden.

## Tipp 2: Den Ausdruck von Steuerelementen verhindern

In vielen Fällen werden Steuerelemente in Excel verwendet, um bestimmte Funktionalitäten für den Anwender bereitzustellen. Meistens ist es nicht gewünscht, dass diese Steuerelemente beim Drucken der Tabelle mit ausgegeben werden.

*So geht's:*

1   Abhängig davon, ob es sich um ein ActiveX-Steuerelement oder um ein Formularsteuerelement handelt, müssen Sie im ersten Schritt in den Entwurfsmodus wechseln. Auf die Eigenschaften von ActiveX-Steuerelementen besteht nur dann Zugriff, wenn der Entwurfsmodus aktiviert ist. Der Entwurfsmodus lässt sich über das Menü *Entwicklertools/Steuerelemente/Entwurfsmodus* aufrufen (Excel 2003: Symbolleiste *Steuerelement-Toolbox*, Schaltfläche *Entwurfsmodus*).

2   Klicken Sie mit der rechten Maustaste auf das ActiveX-Steuerelement oder auf das Formularsteuerelement und wählen Sie im Kontextmenü den Eintrag *Steuerelement formatieren*.

3   Wechseln Sie nun im Dialogfenster auf die Registerkarte *Eigenschaften* und deaktivieren Sie das Kontrollkästchen *Objekte drucken*.

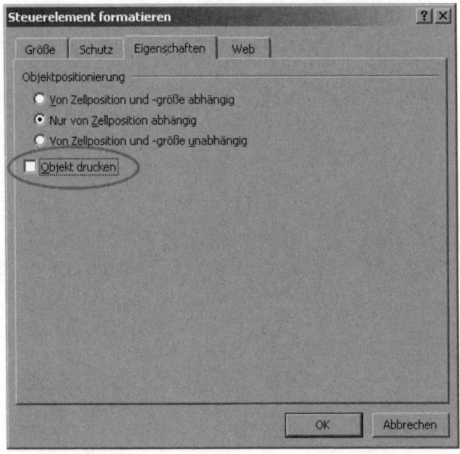

Damit werden die Steuerelemente zwar angezeigt und stehen für den Anwender zur Verfügung, beim Drucken werden sie hingegen nicht mehr berücksichtigt.

→ Verweis: siehe Kapitel 5.7, Tipp 1

## Tipp 3: Wasserzeichen einfügen

In diesem Beispiel sehen Sie, wie auf bestimmten Tabellenblättern Wasserzeichen eingeblendet werden können. Wasserzeichen können als Kopierschutz oder als Botschaft für wichtige Informationen verwendet werden.

## So geht's:

Viele Drucker bieten mittlerweile Möglichkeiten, Wasserzeichen komfortabel einzufügen. Die Einstellungen dafür finden Sie im *Eigenschaften*-Fenster Ihres Druckers.

Wenn Ihr Drucker diese Funktion nicht zur Verfügung stellt, können Sie sich wie folgt behelfen:

1 Fügen Sie im ersten Schritt über das Menü *Einfügen/Text/WordArt* eine WordArt-Grafik mit dem Text *Entwurf* ein. Verwenden Sie im Auswahlfenster die WordArt-Variante aus der linken oberen Ecke (Excel 2003: Symbolleiste *WordArt*, Schaltfläche *WordArt einfügen*).

2 Markieren Sie die WordArt-Grafik und legen Sie über das Menü *Format/WordArt-Formate/Textfüllung* den Eintrag *Keine Füllung* fest. Klicken Sie im gleichen Menü auf den Eintrag *Textgliederung* und wählen Sie einen hellen Grauton aus. Im letzten Schritt klicken Sie auf die Schaltfläche *Texteffekt* und legen im Untermenü *Schatten* fest, dass kein Schatten angezeigt werden soll.

3 Jetzt müssen Sie die WordArt-Grafik nur noch richtig positionieren und gegebenenfalls die Schriftgröße anpassen. Verändern Sie dazu über das Menü *Start/ Schriftart* die Größe der Schrift (Excel 2003: Grafik markieren und durch Ziehen an den Anfassern die Grafik beliebig vergrößern oder verkleinern).

# 8. Nützliche Druck- und Mailfunktionen

|   | A | B | C | D | E | F |
|---|---|---|---|---|---|---|
| 1 | Verkaufsstatistik 2007 | | | | | |
| 2 | | | | | | |
| 3 | | | | | | |
| 4 | | Region Süd | Region Nord | Region West | Region Ost | |
| 5 | Januar | 5.763,87 € | 2.983,48 € | 6.652,40 € | 4.988,80 € | |
| 6 | Februar | 2.692,90 € | 873,73 € | 9.832,99 € | 2.887,54 € | |
| 7 | März | 4.298,56 € | 3.951,30 € | 4.984,95 € | 3.165,89 € | |
| 8 | April | 2.786,47 € | 3.570,66 € | 5.489,33 € | 1.857,83 € | |
| 9 | Mai | 2.053,81 € | 4.054,57 € | 4.655,61 € | 946,38 € | |
| 10 | Juni | 1.321,16 € | 4.538,48 € | 3.821,88 € | 5.483,20 € | |
| 11 | Juli | 588,50 € | 5.022,39 € | 2.988,16 € | 4.373,44 € | |
| 12 | August | 3.987,23 € | 5.506,30 € | 2.154,43 € | 4.977,49 € | |
| 13 | September | 4.631,70 € | 5.990,21 € | 1.320,71 € | 5.581,54 € | |
| 14 | Oktober | 5.964,74 € | 6.474,12 € | 5.676,23 € | 6.185,59 € | |
| 15 | November | 7.297,78 € | 4.893,30 € | 6.838,92 € | 6.789,63 € | |
| 16 | Dezember | 8.630,81 € | 5.377,21 € | 8.699,82 € | 7.393,68 € | |
| 17 | | | | | | |
| 18 | | | | | | |
| 19 | | | | | | |
| 20 | | | | | | |
| 21 | | | | | | |
| 22 | | | | | | |
| 23 | | | | | | |
| 24 | | | | | | |
| 25 | | | | | | |

## Tipp 4: Wiederholungszeilen auf bestimmte Blätter beschränken

Als Wiederholungszeilen werden die Drucktitel bezeichnet, die als Überschrift zu jedem Tabellenblatt festgelegt werden können. Sobald Sie Wiederholungszeilen definiert haben, werden diese auf allen Seiten ausgegeben. In diesem Beispiel erfahren Sie, welche Möglichkeiten es gibt, die Ausgabe von Wiederholungszeilen auf die ersten beiden Seiten zu beschränken.

### *So geht's:*

In Excel werden Wiederholungszeilen über das Menü *Seitenlayout/Seite einrichten/Drucktitel* definiert (Excel 2003: Menü *Datei/Seite einrichten*, Registerkarte *Tabelle*).

Leider bietet Excel keine Standardmöglichkeit, um zu definieren, auf welchen Seiten die Wiederholungszeilen ausgedruckt werden sollen und auf welchen nicht.

Um nun zu erreichen, dass nur auf den ersten zwei Seiten Wiederholungszeilen ausgegeben werden, bedarf es einer VBA-Prozedur. Gehen Sie dazu wie folgt vor:

**1** Starten Sie mit der Tastenkombination [Alt]+[F11] den VBA-Editor.

**2** Fügen Sie über das Menü *Einfügen/Modul* ein neues VBA-Codeblatt ein.

**3** Erfassen Sie in diesem Modul den Code aus Listing 1.

Wenn Sie den Code nun starten, werden die Wiederholungszeilen aus Zeile 1 des Arbeitsblatts nur auf den Seiten 1 und 2 ausgegeben.

*Listing 1:*

```
 1  Sub Bedingte_Wiederholungszeilen()
    '** Dimensionierung der Variablen
    Dim x%, y%

 5  '** Nur auf den ersten zwei Seiten einblenden
    x = ExecuteExcel4Macro("Get.Document(50)")
    If x = 1 Then Exit Sub
      ActiveSheet.PageSetup.Order = xlDownThenOver

10  '** Definition der Wiederholungszeilen
    ActiveSheet.PageSetup.PrintTitleRows = "$1:$1"
    For y = 1 To x

      '** Festlegen der Seiten mit Wiederholungszeilen
15    If y > 2 Then
        ActiveSheet.PageSetup.PrintTitleRows = ""
      End If

      '** Ausdruck der einzelnen Seiten
20    ActiveWindow.SelectedSheets.PrintOut From:=y, To:=y, Copies:=1, _
        Collate:=True

    Next

    End Sub
```

## Tipp 5: Ausdruck auf den sichtbaren Bereich beschränken

Dieses Beispiel zeigt, wie der Ausdruck auf den sichtbaren Bereich beschränkt werden kann. Sie müssen also nur noch zu dem Bereich scrollen, der ausgedruckt werden soll. Beim Ausdruck oder bei der Anzeige der Seitenansicht wird ausschließlich der am Bildschirm sichtbare Teil der Tabelle ausgegeben.

*So geht's:*

**1** Erstellen Sie über das Menü *Formeln/Definierte Namen/Namen definieren* den Namen *Druckbereich* (Excel 2003: Menü *Einfügen/Namen/Definieren*).

**2** In das Textfeld *Bezieht sich auf* geben Sie folgende Formel ein:
=BEREICH.VERSCHIEBEN(INDIREKT(TEIL(INFO("Ursprung");4;9));;;45;7)

## 8. Nützliche Druck- und Mailfunktionen

Über die letzten beiden Parameter 45 und 7 der Funktion BEREICH.VERSCHIEBEN() wird die Größe des maximal sichtbaren Bereichs definiert. 45 steht dabei für die Anzahl der Zeilen, die auf Ihrem Bildschirm angezeigt werden. Diesen Wert ermitteln Sie am einfachsten, indem Sie eine neue Tabelle aufrufen und die letzte sichtbare Zeilennummer ablesen. Der Wert 7 steht für die Spaltenanzahl. Abhängig davon, wie breit die Spalten sind und welche Seitenrandeinstellungen vorgenommen wurden, differiert dieser Wert und muss individuell angepasst werden.

3 Nachdem Sie die beiden Parameter auf Ihre Bedürfnisse angepasst haben, können Sie das Dialogfenster *Neuer Name* (Excel 2007: *Namen definieren*) mit einem Klick auf die Schaltfläche *OK* wieder beenden.

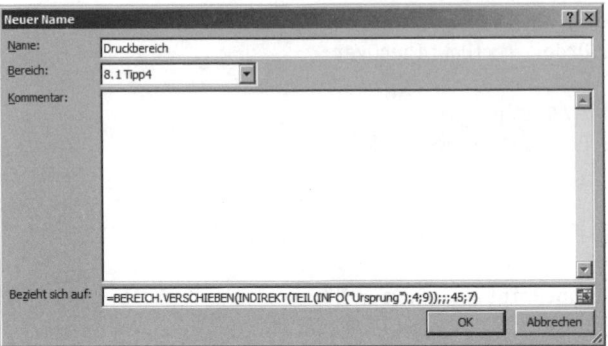

Wird jetzt der Druckbefehl ausgeführt oder die Seitenansicht aktiviert, erfolgt wie gewünscht nur die Ausgabe des sichtbaren Bereichs. So lassen sich einfach und schnell die gewünschten Bereiche ausdrucken.

> **Hinweis**
> 
> Der Name *Druckbereich* gilt jeweils für ein Tabellenblatt. Sie müssen diesen Namen somit wie beschrieben in allen Tabellenblättern definieren, in denen die Funktionalität benötigt wird.

### Tipp 6: Dynamisieren von Druckbereichen

Im folgenden Beispiel liegt eine Wareneingangsliste vor, in der täglich alle Wareneingänge verzeichnet werden. Die Liste besitzt sechs Spalten, wovon nur die ersten vier ausgegeben werden sollen. Zur Beschränkung des Druckumfangs stellt Excel die Funktion *Druckbereich festlegen* zur Verfügung. Die so manuell definierten Druckbereiche sind jedoch statisch, was bedeutet, dass der Druckbereich täglich angepasst werden muss, sobald sich die Länge der Wareneingangsliste ändert. Die nachfolgend dargestellte Lösung zeigt, wie Sie einen Druckbereich dynamisieren können. Sobald eine neue Zeile erfasst wird, soll sich der Druckbereich automatisch den neuen Gegebenheiten anpassen.

8.1 Drucklayout – die besten Tipps und Tricks

## So geht's:

1 Definieren Sie über das Menü *Formeln/Definierte Namen/Namen definieren* den Namen *Druckbereich* (Excel 2003: Menü *Einfügen/Namen/Definieren*).

2 Im Feld *Bezieht sich auf* erfassen Sie die Formel *=INDIREKT("$A$1:$D$"&ANZAHL2 ('8.1 Tipp6'!$D:$D)+2)*.

3 Nachdem Sie das Dialogfenster mit einem Klick auf die Schaltfläche *OK* beendet haben, wird der Druckbereich automatisch erzeugt. Die Anpassung erfolgt, sobald zur Spalte D ein weiterer Eintrag hinzugefügt wird.

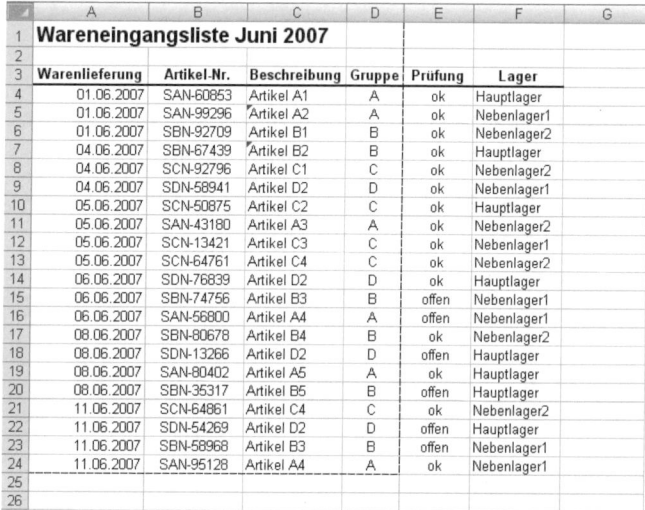

Wie gewünscht, werden jetzt nur die Spalten A bis D ausgedruckt. Den Druckbereich erkennen Sie an der gestrichelten Linie um den gewünschten Zellbereich.

> **Hinweis**
>
> Beachten Sie, dass sich in Spalte D keine leeren Zellen befinden dürfen, damit die dynamische Anpassung des Druckbereichs ordnungsgemäß funktionieren kann.

665

## Tipp 7: Fehlerwerte beim Drucken ausblenden

Als Ausgangstabelle für dieses Beispiel dient eine Übersicht der Tagesverkäufe. Diese Liste beinhaltet einige Fehler, die sich aus der Datenübernahme aus einem Fremdsystem ergeben haben. Ziel ist es nun, die Tabelle zu drucken, ohne dass die Fehlerwerte angezeigt werden.

*So geht's:*

Seit Excel 2002 steht für diesen Zweck eine eigene Funktion zur Verfügung.

**1** Öffnen Sie über das Menü *Seitenlayout/Seite einrichten/Drucktitel* das Dialogfenster *Seite einrichten* (Excel 2003: Menü *Datei/Seite einrichten*).

**2** Im Listenfeld *Fehlerwert als* wählen Sie den Eintrag *<leer>*. Damit wird beim Ausdruck anstatt des Fehlerwerts eine leere Zeichenfolge ausgegeben.

## 8.1 Drucklayout – die besten Tipps und Tricks

Im Ergebnis werden nun sämtliche Fehlerwerte wie gewünscht unterdrückt. Am schnellsten können Sie sich das Ergebnis über die Druckvorschau ansehen. Diese aktivieren Sie wie folgt:

- ab Excel 2010: Menü *Datei/ Drucken,*
- in Excel 2007: Menü *Office/ Drucken/Seitenansicht,*
- in Excel 2003: Menü *Datei/ Seitenansicht.*

### Hinweis

Die Druckdarstellung hat jedoch keine Auswirkung auf die Anzeige im Tabellenblatt. Dort stehen die Fehlerwerte unverändert zur Verfügung.

## Tipp 8: Drucklayouts für zukünftige Ausdrucke abspeichern

Eine sehr komfortable, aber in der Praxis wenig genutzte Funktion ist die Funktion *Benutzerdefinierte Ansichten*. Über diese Funktion lassen sich beliebige Seiten-, Druck- und Layouteinstellungen abspeichern und zu einem späteren Zeitpunkt ohne großen Aufwand aktivieren.

### So geht's:

1 Im ersten Schritt müssen Sie das Tabellenblatt Ihren Wünschen entsprechend einrichten. Legen Sie dazu folgende Einstellungen nach Belieben fest:
- Hoch- oder Querformat
- Seitenränder
- Kopf- und Fußzeilen
- Druckbereiche
- Wiederholungszeilen
- Gitternetzlinien

## 8. Nützliche Druck- und Mailfunktionen

- Filtereinstellungen
- u. v. m.

**2** Nachdem Sie das Blatt wie gewünscht eingerichtet haben, starten Sie den Befehl *Benutzerdefinierte Ansichten* über das Menü *Ansicht/ Arbeitsmappenansichten/Benutzerdef. Ansichten* (Excel 2003: Menü *Ansicht/Benutzerdefinierte Ansichten*).

**3** Mit einem Klick auf die Schaltfläche *Hinzufügen* kann für die aktuellen Seiteneinstellungen ein Name vergeben und gleichzeitig definiert werden, ob in der benutzerdefinierten Ansicht *Druckereinstellungen* und/oder *Ausgeblendete Zeilen-, Spalten- und Filtereinstellungen* berücksichtigt werden sollen.

**4** Nachdem Sie das Dialogfenster mit *OK* beendet haben, steht die neu definierte Ansicht zur Verfügung und kann entsprechend über die Schaltfläche *Anzeigen* im Dialogfenster *Benutzerdefinierte Ansichten* aufgerufen und verwendet werden.

---

**Hinweis**

In Excel 2003 können Sie einen Schnellzugriff auf die benutzerdefinierte Ansicht in der Menüleiste einrichten. Führen Sie dazu einen Klick mit der rechten Maustaste auf eine beliebige Symbolleiste aus. Wählen Sie im Kontextmenü den Eintrag *Anpassen* und wechseln Sie zur Registerkarte *Befehle*. Selektieren Sie im Listenfeld *Kategorie* den Eintrag *Ansicht* und ziehen Sie mit gedrückter linker Maustaste den Eintrag *Benutzerdefinierte Ansichten* aus dem Listenfeld *Befehle* in die Menüleiste. Damit steht der Zugriff auf die benutzerdefinierten Ansichten jederzeit zur Verfügung.

Ab Excel 2007 lässt sich der Befehl auch der Schnellstartleiste hinzufügen. Wechseln Sie dazu auf der Registerkarte *Ansicht* zur Gruppe *Arbeitsmappenansicht* und führen Sie einen Rechtsklick auf die Schaltfläche *Benutzerdef. Ansichten* aus. Wählen Sie im Kontextmenü den Eintrag *Zu Symbolleiste für den Schnellzugriff hinzufügen*. Dadurch wird der Schnellstartleiste das Symbol für die benutzerdefinierten Ansichten hinzugefügt.

## Tipp 9: Erzeugung einer Formelübersicht

Um sich in umfangreichen Kalkulationsmodellen zurechtzufinden und um sich einen Überblick über die enthaltenen Formeln und Funktionen zu verschaffen, bietet es sich an, anstatt der Formelergebnisse die Formeln selbst auszudrucken.

*So geht's:*

1 Aktivieren Sie im ersten Schritt über das Menü *Formeln/Formelüberwachung/ Formeln anzeigen* die Formelansicht. Alternativ kann sie auch über die Tastenkombination [Strg]+[#] aktiviert werden (Excel 2003: Menü *Extras/Optionen*, Registerkarte *Ansicht*, Kontrollkästchen *Formeln*).

2 Nachdem die Formelansicht eingeschaltet ist, müssen Sie nur noch die Druckoptionen definieren. Öffnen Sie dazu über das Menü *Seitenlayout/Seite einrichten/Drucktitel* das Dialogfenster zur Einrichtung der Seite (Excel 2003: Menü *Datei/Seite einrichten*).

3 Wechseln Sie zur Registerkarte *Tabelle* und aktivieren Sie die Kontrollkästchen *Gitternetzlinien* sowie *Zeilen- und Spaltenüberschriften*.

4 Beenden Sie das Dialogfenster *Seite einrichten* mit einem Klick auf die Schaltfläche *OK*. Durch die eingeblendeten Zeilen- und Spaltenüberschriften sehen Sie beim Ausdruck oder in der Seitenansicht des betreffenden Tabellenblatts sehr schnell, in welcher Zelle sich welche Formel befindet. Die Seitenansicht aktivieren Sie wie folgt:

- ab Excel 2010: Menü *Datei/Drucken*,
- in Excel 2007: Menü *Office/Drucken/Seitenansicht*,
- in Excel 2003: Menü *Datei/Seitenansicht*.

## 8. Nützliche Druck- und Mailfunktionen

**Hinweis**

Wenn die Formeln sehr lang sind, bietet es sich an, das Tabellenblatt im Querformat auszudrucken.

## Tipp 10: Druck von Tabellen unterbinden

Es gibt eine sehr einfache und effektive Möglichkeit, seine Daten vor dem unbefugten Drucken zu schützen. Per VBA können in Excel sogenannte Ereignisse genutzt werden, um gewisse Aktionen auszulösen oder auch zu unterbinden. Es gibt ein Ereignis, das unmittelbar vor dem Druckvorgang ausgelöst wird, und dieses Ereignis können Sie für Ihre Zwecke nutzen.

### So geht's:

1 Öffnen Sie die Arbeitsmappe, die nicht gedruckt werden darf.

2 Drücken Sie die nun die Tastenkombination [Alt]+[F11], um in den VBA-Editor von Excel zu gelangen.

3 Im Projekt-Explorer, der sich meist auf der linken Seite befindet, müssen Sie jetzt auf den Eintrag *DieseArbeitsmappe* doppelklicken.

4 Wählen Sie nun im Codefenster aus dem ersten Drop-down-Feld oben den Eintrag *Workbook* und anschließend im zweiten Drop-down-Feld das Ereignis *BeforePrint* aus.

5 Ergänzen Sie den noch leeren Rahmen mit dem nachfolgenden Code.
   Listing 1:
   - `Private Sub Workbook_BeforePrint(Cancel As Boolean)`
   - `    MsgBox "Das Drucken ist in dieser Mappe verboten!", vbInformation`
   - `    Cancel = True`
   - `End Sub`

6 Speichern Sie zum Schluss die Arbeitsmappe und versuchen Sie dann einmal, eine beliebige Tabelle auszudrucken. Vergeblich, denn es erscheint lediglich eine entsprechende Meldung am Bildschirm, und der Druckvorgang wird abgebrochen.

> **Hinweis**
>
> Das Makro für das Verhindern des Drucks basiert auf dem Argument *Cancel*, das auf *True* gesetzt wird und damit bewirkt, dass das Druckereignis abgebrochen wird. Auf diese simple Art und Weise können Daten aus der so eingestellten Arbeitsmappe nicht mehr gedruckt werden. Voraussetzung für diesen Schutz ist allerdings die Aktivierung der Makros.

## 8.2 E-Mail-Funktionen in Excel nutzen

Zum heutigen Geschäftsleben gehört der E-Mail-Verkehr genauso dazu wie die herkömmliche Briefpost. Dieser Abschnitt zeigt, wie Sie geschickt E-Mails versenden können und welche Features Excel zu diesem Thema bereithält.

### Tipp 1: Arbeitsmappe und Tabellenblatt aus Excel per E-Mail versenden

Dieses Beispiel zeigt, wie sich ganze Arbeitsmappen oder auch einzelne Tabellenblätter per E-Mail versenden lassen. Ab Excel 2003 stehen diese Funktionen gleichermaßen zur Verfügung.

*So geht's: Versenden der gesamten Arbeitsmappe*

Zum Versenden der gesamten Arbeitsmappe gehen Sie wie folgt vor:

1 Öffnen Sie die Arbeitsmappe, die per Mail versandt werden soll.
2 Starten Sie den Befehl zum E-Mail-Versand:
 - Excel 2013: Menü *Datei/Freigeben/E-Mail*,
 - Excel 2010: Menü *Datei/Speichern und Senden/Per E-Mail senden*,
 - Excel 2007: Menü *Office/Senden/E-Mail*,
 - Excel 2003: Menü *Datei/Senden an/E-Mail-Empfänger (als Anlage)*.

## 8. Nützliche Druck- und Mailfunktionen

**3** Es öffnet sich ein E-Mail-Fenster, in dem Sie wie gewohnt die Empfängeradresse, einen Betreff und einen Mailtext eintragen können. Die Arbeitsmappe ist der E-Mail bereits als Anhang beigefügt.

**4** Mit einem Klick auf die Schaltfläche *Senden* wird die E-Mail wie gewohnt verschickt.

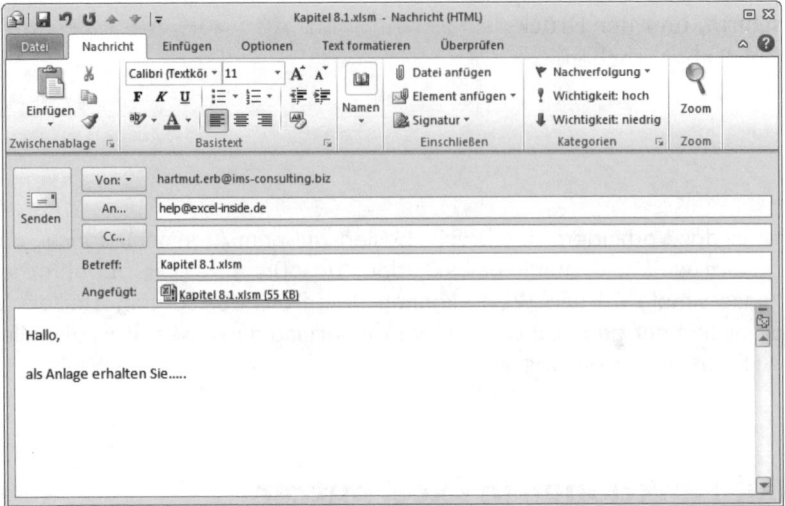

> **Hinweis**
>
> Vor dem E-Mail-Versand müssen Sie gegebenenfalls ein Microsoft-Outlook-Profil erstellen bzw. ein E-Mail-Konto einrichten.

### *So geht's: Einzelnes Tabellenblatt versenden*

Einzelne Tabellenblätter werden nicht als Anhang an die Mail angehängt, sondern direkt als Text in die E-Mail eingefügt.

**1** Bevor Sie die Funktion nutzen können, müssen Sie der Schnellstartleiste den Befehl *An E-Mail-Empfänger senden* hinzufügen. Führen Sie dazu einen Klick mit der rechten Maustaste auf die *Symbolleiste für den Schnellzugriff* aus und wählen Sie aus dem Kontextmenü den Eintrag *Symbolleiste für den Schnellzugriff anpassen*.

**2** Wählen Sie dort den Eintrag *Alle Befehle* aus und scrollen Sie nach unten bis zum Eintrag *An E-Mail-Empfänger senden*. Mit einem Klick auf die Schaltfläche *Hinzufügen* und der anschließenden Bestätigung mit *OK* wird der Befehl der Schnellstartleiste hinzugefügt.

## 8.2 E-Mail-Funktionen in Excel nutzen

3   Wenn Sie nun auf das E-Mail-Symbol in der Schnellstartleiste klicken, öffnet sich ein E-Mail-Fenster, in dem das gerade aktive Tabellenblatt bereits als Mailtext eingefügt ist.

4   Auch hier können Sie wie gewohnt die Mailadresse sowie den Betreff eintragen. Im Feld *Einleitung* kann noch ein zusätzlicher Text eingegeben werden.

5   Mit einem Klick auf die Schaltfläche *Dieses Blatt senden* wird die Mail verschickt.

## Tipp 2: Markierten Bereich per E-Mail versenden

In diesem Beispiel soll ein definierter Teilbereich eines Tabellenblatts per E-Mail versendet werden. Leider bietet Excel dafür keine Standardfunktion an, was aber kein größeres Problem darstellt, da sich diese Aufgabenstellung über eine kleinere VBA-Prozedur leicht lösen lässt.

*So geht's:*

1 Starten Sie im ersten Schritt mit der Tastenkombination [Alt]+[F11] den VBA-Editor.

2 Fügen Sie über das Menü *Einfügen/Modul* ein neues Codeblatt hinzu, in das Sie den VBA-Code aus Listing 1 kopieren.

3 Aktivieren Sie nun das Tabellenblatt, aus dem der Zellbereich per Mail versendet werden sollen.

4 Starten Sie das VBA-Makro über den Befehl *Entwicklertools/Code/Makros*. Daraufhin öffnet sich ein Dialogfenster mit allen zur Verfügung stehenden VBA-Makros.

5 Selektieren Sie im Dialogfenster *Makro* die VBA-Prozedur mit der Bezeichnung *RangeMail* und starten Sie diese über die Schaltfläche *Ausführen*.

6 Nun öffnet sich ein Dialogfenster, über das Sie den Zellbereich, der per Mail versendet werden soll, markieren können. Setzen Sie dazu den Zellzeiger in das Textfeld und markieren Sie den Zellbereich mit der Maus auf dem Tabellenblatt. Die Zelladressen werden automatisch in das Textfeld übernommen.

7 Bestätigen Sie Ihre Auswahl mit einem Klick auf die Schaltfläche *OK*. Nun öffnet sich ein zweites Fenster, in das Sie die E-Mail-Adresse eingeben können.

8 Wenn Sie die E-Mail-Adresse eingetragen und das Dialogfenster mit einem Klick auf die Schaltfläche *OK* geschlossen haben, wird eine neue E-Mail erstellt. Diese enthält die erfasste E-Mail-Adresse, den Betreff und die angehängte Excel-Datei *Range.xls*.

9 Die Datei *Range.xls* enthält ein Tabellenblatt, auf dem sich der markierte Tabellenausschnitt befindet.

10 Mit einem Klick auf die Schaltfläche *Senden* wird die Mail wie gewohnt verschickt.

## 8.2 E-Mail-Funktionen in Excel nutzen

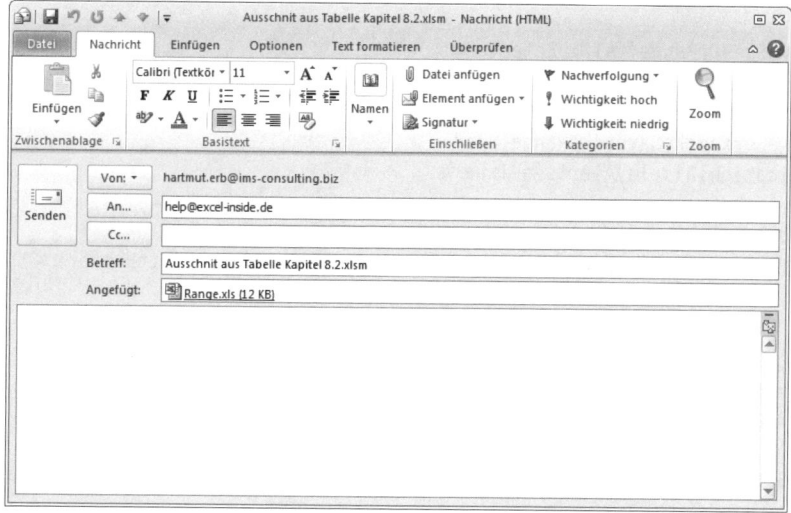

*Listing 1:*

```
Sub RangeMail()

'** Dimensionierung der Variablen
Dim strRecipient As String
5   Dim strHeader As String
Dim strRange As Range

'** Fehlerhandling
On Error GoTo errorhandling
10
'** Standardmailadresse
strRecipient = "help@excel-inside.de"
strHeader = "Ausschnitt aus Tabelle " & ActiveWorkbook.Name

15  '** Bereich definieren
Set strRange = Application.InputBox("Markieren Sie den E-Mail-Bereich:", Type:=8)

'** Mailadresse definieren
strRecipient = Application.InputBox("Geben Sie die Mailadresse an:")
20
'** Markierung kopieren und in Sheet übertragen
Range(strRange.Address).Select
Selection.Copy
Workbooks.Add
25  ActiveSheet.Paste
With Selection
    .PasteSpecial Paste:=xlPasteValues
    .PasteSpecial Paste:=xlPasteFormats
    .Columns.AutoFit
30  End With
```

# 8. Nützliche Druck- und Mailfunktionen

```
      ActiveSheet.Range("A1").Select
      '** Mappe mit Bereich abspeichern
      Application.DisplayAlerts = False
   35 ActiveWorkbook.SaveAs "Range.xls"
      Application.DisplayAlerts = True

      '** Bereich an Mail anhängen und versenden
      Application.Dialogs(xlDialogSendMail).Show strRecipient, strHeader
   40
      Exit Sub

      '** Fehlerhandling
      errorhandling:
   45
      End Sub
```

## Tipp 3: Kontakte von Outlook nach Excel übertragen

Kontakte werden in der Praxis häufig in Outlook verwaltet. In manchen Situationen kann es aber erforderlich sein, dass die Adressinformationen in Excel zur Verfügung stehen, beispielsweise wenn Sie über Word einen Serienbrief schreiben und Excel als Datenbasis für die Anschriften verwenden möchten. In diesem Beispiel erfahren Sie, wie sich Outlook-Kontakte nach Excel übertragen lassen.

### So geht's:

Da Excel zum Auslesen von Outlook-Kontakten keine Standardfunktion zur Verfügung stellt, muss die Aufgabenstellung über ein VBA-Makro gelöst werden.

1  Starten Sie im ersten Schritt mit der Tastenkombination [Alt]+[F11] den VBA-Editor.

2  Fügen Sie über das Menü *Einfügen/Modul* ein neues Codeblatt hinzu.

3  Kopieren Sie in das Codeblatt den VBA-Code aus Listing 1.

4  Fügen Sie ein leeres Tabellenblatt hinzu, in das die Kontakte ab Zeile A1 eingetragen werden sollen.

5  Öffnen Sie das Dialogfenster *Makro* über das Menü *Entwicklertools/Code/Makros*.

Wählen Sie nun im Dialogfenster *Makro* die Prozedur *OutlookKontakte* und starten Sie das Makro über die Schaltfläche *Ausführen* (Excel 2003: Menü *Extras/Makro/Makros*).

6  Als Ergebnis werden in diesem Beispiel folgende Informationen aus Outlook übertragen und zeilenweise als Datensatz

## 8.2 E-Mail-Funktionen in Excel nutzen

dargestellt. Aus datenschutzrechtlichen Gründen wird auf die Abbildung des Ergebnisses verzichtet.

- Vorname
- Nachname
- Telefonnummer geschäftlich
- Faxnummer geschäftlich
- E-Mail-Adresse

*Listing 1:*

```
Sub OutlookKontakte()

'** Dimensionierung der Variablen
Dim lngCount As Long
Dim strMail As New Outlook.Application

'** Fehlerhandlung
On Error Resume Next

'** Vorbereitung
Range("A1").Select
Set strContact = strMail.GetNamespace("MAPI") _
    .GetDefaultFolder(olFolderContacts)

'** Durchlaufen aller Kontakte und Übernehmen nach Excel
For lngCount = 1 To strContact.Items.Count
    Set strOutlook = strContact.Items(lngCount)

    With strOutlook
        ActiveCell.Value = .LastName
        ActiveCell.Offset(0, 1).Value = .FirstName
        ActiveCell.Offset(0, 2).Value = .BusinessTelephoneNumber
        ActiveCell.Offset(0, 3).Value = .BusinessFaxNumber
        ActiveCell.Offset(0, 4).Value = .EmailAddress
    End With
    ActiveCell.Offset(1, 0).Select

Next lngCount

'** Spaltenbreite
ActiveSheet.Columns("A:F").EntireColumn.AutoFit

'** Objektvariablen zurücksetzen
Set strOutlook = Nothing
Set strContact = Nothing
Set strMail = Nothing

End Sub
```

> **Hinweis**
>
> Über dieses Makro lassen sich sämtliche in Outlook verfügbare Kontaktinformationen auslesen und nach Excel übertragen. Die Bezeichnung der Outlook-Objekte finden Sie im Objektkatalog von Outlook. Aufgerufen wird der Objektkatalog im VBA-Editor, indem Sie die Funktionstaste (F2) drücken. Im Suchfenster kann nach den benötigten Objekten gesucht werden.

## Funktionsübersicht

| Funktion | Erläuterung |
| --- | --- |
| BEREICH.VERSCHIEBEN (Bezug;Zeilen;Spalten;Höhe; Breite) | Gibt einen Bezug zurück, der gegenüber dem angegebenen Bezug versetzt ist. Der zurückgegebene Bezug kann eine einzelne Zelle oder ein Zellbereich sein. Sie können die Anzahl der zurückzugebenden Zeilen und Spalten festlegen. |
| ANZAHL2(Wert1;Wert2;...) | Berechnet, wie viele Werte eine Liste von Argumenten enthält. Verwenden Sie *ANZAHL2*, wenn Sie wissen möchten, wie viele zu einem Bereich oder einer Matrix gehörende Zellen Daten enthalten. |
| INFO(Typ) | Gibt Informationen zur aktuellen Betriebssystemumgebung zurück. |
| INDIREKT(Bezug;A1) | Gibt den Bezug eines Textwerts zurück. Bezüge werden sofort ausgewertet, sodass die zu ihnen gehörenden Werte angezeigt werden. Verwenden Sie die *INDIREKT*-Funktion, um den Bezug auf eine in einer Formel befindliche Zelle zu ändern, ohne die Formel selbst zu ändern. |
| TEIL(Text;Erstes_Zeichen; Anzahl_Zeichen) | *TEIL* gibt eine bestimmte Anzahl von Zeichen einer Zeichenfolge ab der von Ihnen angegebenen Position zurück. |

# 9. Excel den individuellen Bedürfnissen anpassen

Excel ist ein sehr mächtiges und umfangreiches Tabellenkalkulationsprogramm. Es wird in den verschiedensten Branchen und von den unterschiedlichsten Anwendern zur Erledigung diverser Aufgaben weltweit eingesetzt. Da ist es natürlich sehr wichtig, dass sich das Programm den unterschiedlichen Anforderungen und Bedürfnissen individuell anpassen lässt. Dieser Abschnitt gibt einen Überblick über die wichtigsten Einstellungen und die damit verbundenen Optimierungseffekte.

## Tipp 1: Verschiedene Standardeinstellungen für Excel individuell vorgeben

In diesem Beispiel erhalten Sie einen Überblick über die wichtigsten Einstellungsmöglichkeiten im Umgang mit Excel.

*So geht's: Verschieben des Zellzeigers nach Drücken der Enter-Taste*

Standardmäßig ist der Zellzeiger in Excel so eingestellt, dass beim Drücken der (Enter)-Taste der Zellzeiger eine Zelle nach unten verschoben wird. Manchmal kann es erforderlich sein, dass der Zellzeiger nach rechts, links oder auch nach oben verschoben werden muss. Müssen Sie viele Einträge in einer Zeile vornehmen, bietet es sich an, die Option so einzustellen, dass die Eingabemarke nach jeder Eingabe nach rechts verschoben wird.

1 Öffnen Sie dazu das Dialogfenster *Excel-Optionen*:
- ab Excel 2010: Menü *Datei/Optionen*,
- in Excel 2007: Menü *Office/Excel-Optionen*,
- in Excel 2003: Menü *Extras/Optionen*, Registerkarte *Bearbeiten*.

2 Auf der Registerkarte *Erweitert* finden Sie die Einstellung für den Zellzeiger. Aktivieren Sie das Kontrollkästchen *Markierung nach Drücken der Eingabetaste verschieben*, und im Kombinationsfeld *Richtung* wählen Sie den Eintrag *Rechts* aus.

3 Mit einem Klick auf die Schaltfläche *OK* wird die Optionseinstellung geschlossen, und die Zellmarkierung wird wie gewünscht nach rechts verschoben.

## 9. Excel den individuellen Bedürfnissen anpassen

### So geht's: AutoAusfüllkästchen sowie das Ziehen mit der Maus deaktivieren

So praktisch das AutoAusfüllkästchen auch sein mag: In manchen Situationen oder an manchen Arbeitsplätzen ist es nicht zu gebrauchen. Deaktivieren Sie diese Funktion wie folgt:

**1** Starten Sie das Dialogfenster *Excel-Optionen*.

**2** Das Ausfüllkästchen lässt sich im Abschnitt *Erweitert* über das Kontrollkästchen *Ausfüllkästchen und Drag & Drop von Zellen aktivieren* abschalten, indem der Haken entfernt wird (Excel 2003: Menü *Extras/Optionen*, Registerkarte *Bearbeiten*).

Damit besteht nun nicht mehr die Gefahr, mit unbeabsichtigten Mausbewegungen den Datenbestand zu beschädigen.

→ Verweis: siehe Kapitel 1.1, Tipp 5

## So geht's: Vorgabe fixer Dezimalstellen

In verschiedenen Buchhaltungsprogrammen müssen Zahlen nicht mit Dezimalkomma getrennt erfasst werden, da unterstellt wird, dass die Mehrzahl der Beträge Nachkommastellen besitzen. In diesen Programmen wird der Betrag von beispielsweise 155,37 Euro einfach ohne Dezimaltrennzeichen im Format 15537 eingegeben. Das Programm setzt automatisch vor den letzten beiden Zeichen ein Dezimaltrennzeichen. Genau diese Funktion stellt Excel ebenfalls zur Verfügung.

1   Auch diese Einstellung finden Sie im Dialogfenster *Excel-Optionen* im Abschnitt *Erweitert* (Excel 2003: Menü *Extras/Optionen*, Registerkarte *Bearbeiten*).

2   Zum Aktivieren dieser Option müssen Sie nur den Haken in das Kontrollkästchen *Dezimalkomma automatisch einfügen* setzen und die Anzahl der Dezimalstellen auf den Wert 2 einstellen.

Mit dieser Einstellung ist es nun nicht mehr notwendig, das Komma als Dezimaltrennzeichen zu erfassen.

## So geht's: Festlegen des Standardspeicherpfads und des Standardspeichertyps

Arbeiten Sie an längeren Projekten oder gibt es ein Abteilungslaufwerk, auf dem sämtliche Excel-Dateien abgespeichert werden sollen, bietet es sich an, den Standardspeicherpfad für alle Excel-Dateien auf ein gewünschtes Verzeichnis fest einzustellen.

1   Starten Sie dazu das Dialogfenster *Excel-Optionen* und wechseln Sie zum Abschnitt *Speichern* (Excel 2003: Menü *Extras/Optionen*, Registerkarte *Allgemein*).

2   In das Textfeld *Standardspeicherort* können Sie den Pfad eingeben, der geöffnet werden soll, wenn Sie eine neue Arbeitsmappe über den Befehl *Speichern* oder *Speichern unter* ablegen möchten.

## 9. Excel den individuellen Bedürfnissen anpassen

**3** Der Standardspeichertyp wird im gleichen *Optionen*-Fenster im Kombinationsfeld *Dateien in diesem Format speichern* festgelegt. Als Standardspeichertypen können Sie alle in Excel verfügbaren Datentypen festlegen. Das reicht von einer herkömmlichen Excel-Arbeitsmappe mit der Endung *.xlsx* bzw. *.xls* bis hin zum XML-Format mit der Endung *.xml*. In Excel 2003 kann der Standardspeichertyp nicht vordefiniert werden.

### So geht's: Festlegen des Dezimal- und Tausendertrennzeichens

Standardmäßig wird die Vorgabe für das Dezimaltrennzeichen und für das Tausendertrennzeichen aus den Regions- und Spracheinstellungen des Betriebssystems übernommen. In Deutschland wird das Komma als Dezimal- und der Punkt als Tausendertrennzeichen verwendet. Arbeiten Sie hin und wieder mit Dateien aus anderen Ländern, beispielsweise aus der Schweiz oder Liechtenstein, in denen als Dezimaltrennzeichen der Punkt und als Tausendertrennzeichen das Hochkomma (') verwendet wird, ist es nicht notwendig, gleich die Einstellungen des Betriebssystems für eine korrekte Anzeige zu ändern. Es genügt die Modifikation der Trennzeichen in Excel.

**1** Starten Sie dazu das Dialogfenster *Excel-Optionen*:
- ab Excel 2010: Menü *Datei/Optionen*,
- in Excel 2007: Menü *Office/Excel-Optionen*,
- in Excel 2003: Menü *Extras/Optionen*, Registerkarte *Bearbeiten*.

**2** Wechseln Sie zum Abschnitt *Erweitert*. Im Bereich *Allgemeine Optionen* finden Sie das Kontrollkästchen *Trennzeichen vom Betriebssystem übernehmen*.

Entfernen Sie dort den Haken und erfassen Sie die gewünschten Trennzeichen für das Dezimalzeichen und für das Tausendertrennzeichen (Excel 2003: Menü *Extras/Optionen*, Registerkarte *International*).

Im Beispiel wurde als Dezimaltrennzeichen der Punkt und als Tausendertrennzeichen das Hochkomma eingetragen. Nach einem Klick auf die Schaltfläche *OK* werden die Daten im Tabellenblatt mit den geänderten Trennzeichen dargestellt.

## So geht's: Manuelle Berechnung erzwingen

Wenn mit großen Datenmengen und vielen komplexen Formeln und Funktionen gearbeitet wird, kommt es schon mal vor, dass die Performance nach unten geht. Um dennoch schnell arbeiten zu können, bietet Excel die Möglichkeit, die automatische Berechnung zu deaktivieren.

1 Diese Einstellung finden Sie im Dialogfenster *Excel-Optionen* auf der Registerkarte *Formeln*. Alternativ können Sie die Einstellung ab Excel 2007 über das Menü *Formeln/Berechnung/Berechnungsoptionen* vornehmen (Excel 2003: Menü *Extras/Optionen*, Registerkarte *Berechnung*).

2 Wenn Sie dort den Eintrag *Manuell* aktivieren, wird nicht bei jeder Zelländerung eine Neuberechnung der Tabelle durchgeführt.

3 Über folgende Shortcuts lassen sich bei Bedarf Neuberechnungen durchführen, obwohl die Berechnungsoption auf *Manuell* steht.

- Die Funktionstaste [F9] berechnet das aktive Tabellenblatt neu.
- Die Tastenkombination [Umschalt]+[F9] berechnet die gesamte Arbeitsmappe neu.
- Mit der Tastenkombination [Strg]+[Alt]+[F9] werden alle Formeln in allen geöffneten Arbeitsmappen neu berechnet.
- Noch einen Schritt weiter geht der Shortcut [Strg]+[Umschalt]+[Alt]+[F9]. Damit werden vor der Neuberechnung aller Arbeitsmappen auch alle abhängigen Formeln erneut überprüft.

## 9. Excel den individuellen Bedürfnissen anpassen

> **Hinweis**
>
> Ab Excel 2007 steht eine neue Funktion zur Verfügung, die einen Warnhinweis anzeigt, wenn eine bestimmte Anzahl Zellen neu berechnet werden müssten. Die Einstellung finden Sie unter *Excel-Optionen* auf der Registerkarte *Erweitert*. Der Standardeintrag lautet hier *33554*. Bei diesem Wert handelt es sich um eine Angabe in Tausend, was bedeutet, dass die Meldung erscheint, wenn 33.554.000 Zellen neu berechnet werden müssten.

## Tipp 2: Individuelle Anpassung von Symbolleisten

Bis Excel 2003 erfolgt die Benutzerführung über Menüleisten und Menüeinträge sowie über Symbolleisten mit den entsprechenden Schaltflächen. Ab Excel 2007 ist nur noch eine einzige Symbolleiste, die sogenannte Schnellzugriffsleiste, in Excel vorhanden. Dieses Beispiel zeigt, wie sich die Symbolleisten Ihren individuellen Bedürfnissen entsprechend anpassen lassen.

### So geht's: Anpassen der Schnellzugriffsleiste ab Excel 2007

Die Schnellstartleiste stellt im Gegensatz zum Multifunktionsband Befehle unabhängig von der jeweiligen Arbeitssituation zur Verfügung. Die Befehle *Speichern*, *Rückgängig* und *Wiederholen* sind als Standard in der Schnellstartleiste enthalten und können jederzeit aufgerufen werden.

Der einfachste Weg, um Befehle zur Schnellstartleiste hinzuzufügen, besteht darin, auf die Pfeilschaltfläche rechts von der Leiste zu klicken. Es öffnet sich ein Menü, in dem die wichtigsten vordefinierten Befehle enthalten sind.

Ein Klick auf die Schaltfläche *Öffnen* beispielsweise fügt direkt den *Öffnen*-Befehl der Schnellstartleiste hinzu. Wenn Sie die gleiche Aktion ein zweites Mal ausführen, wird der Befehl wieder aus der Schnellstartleiste entfernt.

Sollen Befehle hinzugefügt werden, die in der vordefinierten Auflistung nicht enthalten sind, rufen Sie das Dialogfenster *Anpassen* auf, indem Sie auf die Pfeilschaltfläche rechts von der Schnellzugriffsleiste klicken und aus dem Menü den Eintrag *Weitere Be-*

## 9. Excel den individuellen Bedürfnissen anpassen

*fehle* wählen. Alternativ können Sie dieses Dialogfenster auch über das Menü *Datei/ Optionen*, Registerkarte *Symbolleiste für den Schnellzugriff* aufrufen (Excel 2007: Menü *Office/Excel-Optionen*, Registerkarte *Anpassen*).

Im Kombinationsfeld *Befehle auswählen* stehen Ihnen die Befehle sortiert nach Registerkarten zur Verfügung. Über den Eintrag *Alle Befehle* haben Sie Zugriff auf alle Excel-Befehle, die der Schnellstartleiste hinzugefügt werden können.

Soll beispielsweise der Druckbefehl in die Schnellstartleiste eingebunden werden, scrollen Sie im Listenfeld nach unten, bis Sie in der alphabetisch sortierten Befehlsliste zum Befehl *Drucken* gelangen, und fügen diesen über die Schaltfläche *Hinzufügen* in das rechte Listenfeld und somit in die Schnellstartleiste ein. Mit einem Klick auf die Schaltfläche *OK* beenden Sie das *Optionen*-Fenster, und der Druckbefehl steht in der Schnellstartleiste wie gewünscht zur Verfügung.

Auf diese Weise lassen sich der Schnellstartleiste beliebig viele Befehle hinzufügen.

Wurden mehr Befehle hinzugefügt, als in der Leiste angezeigt werden können, werden rechts in der Symbolleiste zwei kleine Pfeile eingeblendet. Wenn Sie darauf klicken, wird eine zweite Zeile eingeblendet, in der die weiteren Befehle auftauchen.

Sie können mit der Schnellstartleiste nach Belieben experimentieren. Auf der Registerkarte *Menüband anpassen* (Excel 2007: Registerkarte *Anpassen* im Dialogfenster *Excel-Optionen*) steht die Schaltfläche *Zurücksetzen* zur Verfügung. Ein Klick darauf genügt, und der Ursprungszustand der Schnellstartleiste ist wiederhergestellt.

## 9. Excel den individuellen Bedürfnissen anpassen

> **Hinweis**
>
> Wenn eine individuell gestaltete Schnellstartleiste nur für eine bestimmte Arbeitsmappe gelten soll, können Sie das einfach erreichen, indem Sie auf der Registerkarte *Menüband anpassen* im Listenfeld *Symbolleiste für den Schnellzugriff anpassen* die entsprechende Arbeitsmappe auswählen.

### So geht's: Anpassen der Symbolleisten in Excel 2003

Da in Excel 2003 nicht nur eine Symbolleiste wie in Version 2007 zur Verfügung steht, sondern weitaus mehr, bietet es sich an, auch diese Symbolleisten den individuellen Bedürfnissen anzupassen.

1 Führen Sie dazu im ersten Schritt einen Klick mit der rechten Maustaste auf eine beliebige Symbolleiste aus und wählen Sie im Kontextmenü den letzten Eintrag *Anpassen*.

2 Über die Registerkarte *Symbolleisten* lassen sich die vorhandenen Symbolleisten beliebig ein- und ausblenden. Mit einem Klick auf die Schaltfläche *Neu* kann sogar eine ganz neue, individuelle Symbolleiste zusammengestellt werden.

3 Auf der Registerkarte *Befehle* stehen alle Befehle von Excel gruppiert nach Menüpunkten zur Verfügung. Öffnen Sie den gewünschten Menüpunkt, beispielsweise *Extras*, und ziehen Sie einen beliebigen Befehl mit gedrückter linker Maustaste auf eine Symbolleiste Ihrer Wahl.

4 Damit wird der ausgewählte Befehl an die Symbolleiste angehängt und steht nach Beenden des Dialogfensters *Anpassen* künftig zur Verfügung.

Auf diese Art und Weise können Sie neue Symbolleisten individuell gestalten oder bestehende Symbolleisten ganz einfach modifizieren.

> **Hinweis**
>
> Selbst in die Menüzeile lassen sich beliebige Befehle einfügen. Ziehen Sie dazu wie beschrieben das Symbol nicht auf eine Symbolleiste, sondern per Drag-and-drop direkt in die Menüzeile.

## Tipp 3: Schnellzugriffsleiste und Symbolleisten sicher im Griff

Nachdem Sie die Schnellstartleiste in Excel 2007/2010/2013 bzw. die Symbolleisten in Excel 2003 in mühevoller Kleinarbeit angepasst haben, ist es an der Zeit, die Arbeit zu sichern, damit bei einer Neuinstallation des Systems oder nach ungewollten Veränderungen die erstellten Symbolleisten rekonstruiert werden können und die Arbeit nicht verloren ist.

### So geht's: Sicherung der Schnellstartleiste in Excel 2007

In Excel 2007 werden die Einstellungen zur individuell angepassten Schnellstartleiste in der Datei *Excel.qat* gespeichert. Die Endung *.qat* steht dabei für **Q**uick **A**ccess **T**oolbar. Abgelegt wird die Datei im Verzeichnis *C:\Dokumente und Einstellungen\%user%\Lokale Einstellungen\Anwendungsdaten\Microsoft\Office*.

Excel 2003 speichert sämtliche Menü- und Symbolleisteneinstellungen in der Datei *Excel.xlb*. Die XLB-Datei finden Sie im Verzeichnis *C:\Dokumente und Einstellungen\%user%\Anwendungsdaten\Microsoft\Excel*.

Erstellen Sie von der entsprechenden Datei eine Sicherungskopie, die im Ernstfall wieder eingespielt werden kann.

### So geht's: Sicherung der Schnellstartleiste in Excel 2010/2013

1  Öffnen Sie das Dialogfenster *Symbolleiste für den Schnellzugriff anpassen* über das Menü *Datei/Optionen/Symbolleiste für den Schnellzugriff*.

2  Über *Importieren/Exportieren* können Sie die benutzerdefinierte Menüleiste exportieren und auf einem anderen Computer wieder importieren.

Wenn Sie die Anpassungsdatei exportieren, wird eine Datei mit der Endung *.exportedUI* erzeugt. Diese können Sie an einem anderen Arbeitsplatz, auf dem ebenfalls Excel 2010 bzw. Excel 2013 installiert ist, auf dem gleichen Weg wieder importieren.

→ Verweis: siehe Kapitel 11.2, Tipp 5

## Tipp 4: Farbpaletten und andere Untermenüs separat darstellen

Dieses Beispiel gilt nur für Excel 2003.

Arbeiten Sie häufig mit Schrift- oder Hintergrundfarben? Wenn ja, haben Sie sich vielleicht schon mal gefragt, ob es nicht eine einfachere Möglichkeit gibt, um auf die Farben zuzugreifen, als jedes Mal erneut über die Symbolleiste die Farbpalette einzublenden, die sofort wieder verschwindet, wenn eine Farbe selektiert wurde. Es gibt dafür tatsächlich eine Lösung.

## So geht's:

1 Blenden Sie die gewünschte Hintergrundfarbpalette über das Symbol *Füllfarbe* auf der Registerkarte *Format* ein.

2 Am oberen Rand der Farbpalette werden mehrere Punkte dargestellt. Wenn Sie mit dem Mauszeiger darüberfahren, verändert sich dieser zu einem Kreuz.

3 Klicken Sie nun mit der linken Maustaste und ziehen Sie bei gedrückter Maustaste die Farbpalette nach unten. Damit wird die Palette losgelöst und als eigenständige Symbolleiste mit der Bezeichnung *Füllfarbe* auf dem Tabellenblatt angezeigt.

Damit haben Sie nun permanent Zugriff auf die benötigten Farben.

> **Hinweis**
>
> Dieses Feature steht bei allen Symbolleisten zur Verfügung, bei denen die Punkte oberhalb der Palette angezeigt werden. Weitere Beispiele für solche Paletten finden Sie in den Symbolleisten *Zeichnen/AutoFormen* und *Diagramm/Diagrammtyp*.

## Tipp 5: Excel individuell starten

Dieses Beispiel zeigt, welche Möglichkeiten für den Excel-Start zur Verfügung stehen. So soll beispielsweise Excel immer mit einer bestimmten schreibgeschützten Datei gestartet werden.

## So geht's:

Jedes Mal, wenn Sie Excel starten, wird die Datei *Excel.exe* ausgeführt. Dieser Datei können Sie Startoptionen übergeben. Eine Option wird immer in folgender Syntax eingegeben: *Excel.exe /r "c:\Verzeichnis\Datei.xlsx"*. Wichtig ist dabei, dass die Pfad-

## 9. Excel den individuellen Bedürfnissen anpassen

und Dateiangabe in Anführungsstriche eingeschlossen wird. Die folgende Auflistung gibt einen Überblick über die wichtigsten Startparameter:

| Parameter | Beschreibung |
|---|---|
| Excel.exe "Pfad+Dateiname" | Öffnet Excel mit der angegebenen Datei. |
| Excel.exe /r "Pfad+Dateiname" | Öffnet die angegebene Arbeitsmappe schreibgeschützt. |
| Excel.exe /t "Pfad+Dateiname" | Startet Excel und öffnet die angegebene Datei als Vorlage. |
| Excel.exe /e | Verhindert das Anzeigen des Excel-Startbildschirms und das Öffnen einer neuen leeren Arbeitsmappe. |
| Excel.exe /p "Pfad+Dateiname" | Gibt einen Ordner als Standardordner an, auf den beispielsweise über den Befehl *Speichern unter* zugegriffen wird. |

Wenn Sie Excel nur einmal mit dem entsprechenden Parameter aufrufen möchten, können Sie das über die Eingabeaufforderung tun.

**1** Die Eingabeaufforderung starten Sie unter Windows XP, Windows Vista und Windows 7 über das Menü *Start/Alle Programme/Zubehör/Eingabeaufforderung*. Unter Windows 8 gehen Sie mit dem Mauszeiger auf dem Bildschirm nach unten links, klicken die Vorschau mit der rechten Maustaste an und wählen im Kontextmenü *Eingabeaufforderung* oder *Eingabeaufforderung (Administrator)* aus.

**2** Wechseln Sie in das Verzeichnis, in dem Excel installiert ist.

**3** Geben Sie den gewünschten Startparameter gefolgt vom Pfad- und vom Dateinamen an.

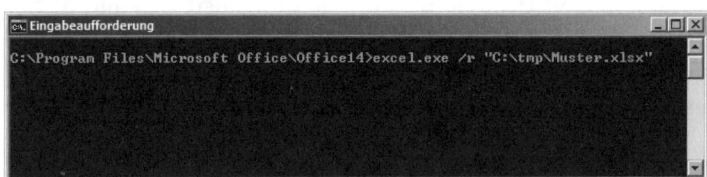

Im Beispiel wird die Datei *Muster.xlsx* im Verzeichnis *C:\temp* schreibgeschützt geöffnet.

Möchten Sie den parametergesteuerten Excel-Aufruf häufiger nutzen, legen Sie auf dem Desktop einfach eine Verknüpfung mit dem entsprechenden Excel-Aufruf an.

# 10. So bekommen Sie Fehler problemlos in den Griff

Fehler stellen in Kalkulationsmodellen ein nicht zu unterschätzendes Problem dar. So können Fehler grundsätzlich in zwei verschiedene Arten eingeteilt werden. Zum einen gibt es die allgemeinen Fehler, deren Vorhandensein meist bereits auf den ersten Blick erkannt wird. Diese Fehler bildet Excel in der Regel auch mit entsprechenden Fehlermeldungen ab. Bei der anderen Sorte, den Logikfehlern, wird es schon etwas schwieriger. Logikfehler sind Fehler, die zwar falsche Ergebnisse liefern, aber von Excel nicht und vom Anwender meist nur schwer erkannt werden können. Dieser Abschnitt geht auf die Vermeidung und Behebung von Fehlern ein und erläutert dies anhand praxisbezogener Beispiele.

## Tipp 1: Fehler suchen und finden

Als Ausgangsdatei für dieses Beispiel dient eine Vertriebszusammenstellung, die manuell von verschiedenen Mitarbeitern gepflegt wird. Dabei kommt es natürlich vor, dass sich der eine oder andere Fehler einschleicht. Dieses Beispiel zeigt, wie Sie die Fehler am schnellsten finden können.

### So geht's: Fehler markieren

1   Starten Sie das Dialogfenster *Gehe zu* mit der Funktionstaste [F5] und öffnen Sie über die Schaltfläche *Inhalte* das Dialogfenster *Inhalte auswählen*. Alternativ können Sie das Dialogfenster auch über das Menü *Start/Bearbeiten/Suchen und Auswählen/Inhalte auswählen* aufrufen (Excel 2003: Menü *Bearbeiten/Gehe zu*, Schaltfläche *Inhalte*).

2   Aktivieren Sie im Dialogfenster *Inhalte auswählen* die Option *Formeln* und setzen Sie den Haken im Kontrollkästchen *Fehler*. Die anderen Kontrollkästchen müssen deaktiviert sein.

3   Nachdem Sie das Dialogfenster mit einem Klick auf die Schaltfläche *OK* beendet haben, werden alle Zellen markiert, die einen Fehler enthalten.

## 10. So bekommen Sie Fehler problemlos in den Griff

### So geht's: Fehler filtern

In diesem Beispiel soll eine Liste der Datensätze dargestellt werden, die in einer beliebigen Spalte einen Fehler enthalten.

1 Markieren Sie den Zellbereich H5:H25 und erfassen Sie in Zelle H5 die Formel =WENN(ISTFEHLER(D5&E5&F5&G5);"Fehler";""). Diese Formel prüft in den Zellen D5, E5, F5 und G5, ob sich ein Fehler darin befindet. Enthält eine der vier Zellen einen Fehler, wird der Text *FEHLER* ausgegeben.

2 Beenden Sie die Formeleingabe mit der Tastenkombination [Strg]+[Enter]. Damit wird die Formel in den gesamten markierten Bereich eingetragen.

3   Im nächsten Schritt wird nun der AutoFilter hinzugefügt. Markieren Sie dazu den Bereich A4:H4 und fügen Sie den Filter über das Menü *Daten/Sortieren und Filtern/Filtern* hinzu (Excel 2003: Menü *Daten/Filter/AutoFilter*).

4   Blenden Sie nun über den Filter in Spalte H alle Zeilen aus, die nicht den Eintrag *FEHLER* enthalten. Damit werden ausschließlich Datensätze angezeigt, in denen in den Spalten C bis G ein Fehlerwert enthalten ist.

## Tipp 2: Überblick über die Fehlerarten in Excel

Excel unterscheidet bei der Fehlererkennung zwischen verschiedenen Fehlerwerten. Nachfolgend erhalten Sie einen Überblick über die verschiedenen Fehlertypen.

*So geht's:*

| Fehlerwert | Erläuterung |
|---|---|
| #BEZUG | Wird angezeigt, wenn ein Bezug auf eine Zelle ungültig ist. |
| #DIV/0! | Wird angezeigt, wenn ein Wert durch null dividiert wird. |
| #NULL! | Wird bei der Angabe der Schnittmenge von zwei Bereichen angezeigt, wenn sich die Bereiche nicht überschneiden. |
| #NV | Wird angezeigt, wenn ein Wert weder in einer Formel oder Funktion noch in einer Datenmatrix vorhanden ist. |
| #NAME? | Wird angezeigt, wenn Excel eine Formel oder Funktion nicht kennt. |
| #WERT! | Wird angezeigt, wenn für einen Wert ein falscher Datentyp verwendet wurde. |
| #ZAHL! | Wird bei Fehlern bezüglich der Zahlenangaben in Formeln oder Funktionen angezeigt. |
| # über die gesamte Zellenbreite | Wird angezeigt, wenn die Spalte zu schmal für die Anzeige des Texts oder der Zahl ist. Wird auch bei negativen Zeitberechnungen ausgegeben. |

Anhand der Fehlerwerte können Sie den entstandenen Fehler eingrenzen und somit eine erste Diagnose stellen.

## Tipp 3: Ermitteln, welcher Fehlertyp vorliegt

Da Excel verschiedene Fehlertypen unterscheidet, ist es möglich, den vorliegenden Fehler eindeutig zu bestimmen. Mit diesem Wissen kann man entsprechend auf verschiedene Fehler reagieren.

*So geht's:*

Zum Auslesen der Fehlertypen stellt Excel die Tabellenfunktion *FEHLER.TYP(Fehlerwert)* zur Verfügung. Über diese Funktion erhalten Sie eine Zahl als Rückgabewert, die bestimmt, welcher Fehlertyp vorliegt.

Die folgende Beispieltabelle zeigt, welchem Fehler welcher Rückgabewert zugeordnet ist:

| Fehlerwert | Rückgabewert |
|---|---|
| Kein Fehler | #NV |
| #NULL! | 1 |
| #DIV/0! | 2 |
| #WERT! | 3 |
| #BEZUG | 4 |
| #NAME? | 5 |
| #ZAHL! | 6 |
| #NV | 7 |
| #DATEN_ABRUFEN | 8 |

Den Rückgabewert können Sie verwenden, um in WENN-Abfragen adäquat auf den Fehler reagieren zu können.

## Tipp 4: Fehler abfragen und unterdrücken

In vielen Situationen kann es sinnvoll sein, Fehler unterdrücken zu lassen. Anhand der folgenden Beispiele sehen Sie, welche Möglichkeiten Excel dafür zur Verfügung stellt.

### So geht's: Fehler generell unterdrücken

Im vorliegenden Beispiel wird der Durchschnittswert pro verkauftes Stück anhand der Formel =RUNDEN(F5/E5;2) in Zelle G5 ermittelt.

Da sich in Zelle E5 der Wert 0 befindet, wird der Umsatz aus Zelle F5 durch 0 dividiert. Diese Berechnung erzeugt den Fehler #DIV/0!. Der Fehler #WERT! in Zelle G6 entsteht durch die fehlerhafte Zahl in Zelle F6. Dort wurde als Dezimaltrennzeichen versehentlich ein Punkt anstelle eines Kommas verwendet.

Zur Unterdrückung der beiden Fehler gehen Sie wie folgt vor:

1 Markieren Sie den Zellbereich G5:G6.

2 Erfassen Sie in Zelle G5 folgende Formel:
=WENN(ISTFEHLER(RUNDEN(F5/E5;2));"";RUNDEN(F5/E5;2))

Diese WENN-Abfrage verhindert die Ausgabe sämtlicher Fehlerhinweise.

**3** Schließen Sie die Formeleingabe mit der Tastenkombination [Strg]+[Enter] ab.

| | A | B | C | D | E | F | G |
|---|---|---|---|---|---|---|---|
| | G5 | | fx | =WENN(ISTFEHLER(RUNDEN(F5/E5;2));"";RUNDEN(F5/E5;2)) | | | |
| 1 | Vertriebszusammenstellung | | | | | | |
| 2 | | | | | | | |
| 3 | | | | | | | |
| 4 | Datum | Artikel | Mitarb. Nr. | Mitarbeiter | Menge | Umsatz gesamt | Durchschnitt pro Stück |
| 5 | 26.06.2007 | 4712 | 3 | Schneider | 0 | 1.053,50 € | |
| 6 | 26.06.2007 | 4821 | 9 | #NV | 23 | 342.12 | |
| 7 | | | | | | | |

Ab Excel 2007 steht die neue Tabellenfunktion WENNFEHLER(Wert;Wert_falls_Fehler) zur Verfügung. Diese Funktion ist längst überfällig, denn wenn Sie sich die Formel in Schritt 2 etwas näher ansehen, werden Sie feststellen, dass die Berechnung des Durchschnittswerts zweimal durchgeführt werden muss: einmal, um über die Funktion ISTFEHLER() zu prüfen, ob die Formel einen Fehler erzeugt, und zum zweiten Mal dann, wenn kein Fehler vorhanden ist, um das tatsächliche Ergebnis zu ermitteln.

Mithilfe der Funktion WENNFEHLER() wird die Fehlerabfrage ein ganzes Stück einfacher.

**1** Markieren Sie dazu den Zellbereich H5:H6.

**2** Erfassen Sie in Zelle H5 folgende Formel:

=WENNFEHLER(RUNDEN(F5/E5;2);"")

**3** Beenden Sie die Dateneingabe mit der Tastenkombination [Strg]+[Enter].

| | A | B | C | D | E | F | G | H |
|---|---|---|---|---|---|---|---|---|
| | H5 | | fx | =WENNFEHLER(RUNDEN(F5/E5;2);"") | | | | |
| 1 | Vertriebszusammenstellung | | | | | | | |
| 2 | | | | | | | | |
| 3 | | | | | | | | |
| 4 | Datum | Artikel | Mitarb. Nr. | Mitarbeiter | Menge | Umsatz gesamt | Durchschnitt pro Stück | Durchschnitt pro Stück |
| 5 | 26.06.2007 | 4712 | 3 | Schneider | 0 | 1.053,50 € | | |
| 6 | 26.06.2007 | 4821 | 9 | #NV | 23 | 342.12 | | |
| 7 | | | | | | | | |

Sie sehen, diese Formel liefert das gleiche Ergebnis, ist dabei aber wesentlich kürzer und deshalb auch besser verständlich.

### So geht's: Fehler gezielt unterdrücken

Nicht jeder Fehlerwert in einer Kalkulation ist unerwünscht. So ist es in diesem Beispiel sinnvoll, den Fehlerwert #WERT! nicht zu unterdrücken, da faktisch ein Fehler vorliegt. Der Fehlerwert #DIV/0! hingegen kann ausgeblendet werden, da das Ergebnis 0 lautet.

**1** Markieren Sie den Zellbereich G5:G6.

**2** Geben Sie in Zelle G5 folgende Formel ein:

=WENN(FEHLER.TYP(RUNDEN(F5/E5;2))=2;0;RUNDEN(F5/E5;2))

## 10. So bekommen Sie Fehler problemlos in den Griff

Mithilfe der Funktion *FEHLER.TYP()* wird geprüft, ob der Rückgabewert 2 für *#DIV/0!* geliefert wird. Nur wenn das der Fall ist, wird anstatt des Fehlerwerts der Wert 0 ausgegeben. Bei allen anderen Fehlerwerten werden die Fehlerwerte selbst angezeigt.

3 Beenden Sie die Datenerfassung mit der Tastenkombination [Strg]+[Enter].

| | A | B | C | D | E | F | G |
|---|---|---|---|---|---|---|---|
| 1 | Vertriebszusammenstellung | | | | | | |
| 2 | | | | | | | |
| 3 | | | | | | | |
| 4 | Datum | Artikel | Mitarb. Nr. | Mitarbeiter | Menge | Umsatz gesamt | Durchschnitt pro Stück |
| 5 | 26.06.2007 | 4712 | 3 | Schneider | 0 | 1.053,50 € | 0,00 € |
| 6 | 26.06.2007 | 4821 | 9 | #NV | 23 | 342,12 | #WERT! |
| 7 | | | | | | | |

Formel in G5: =WENN(FEHLER.TYP(RUNDEN(F5/E5;2))=2;0;RUNDEN(F5/E5;2))

Im Ergebnis werden wie gewünscht alle Fehlerwerte bis auf den Fehlerwert *#DIV/0!* angezeigt.

→ Verweis: siehe Kapitel 8.1, Tipp 7

## Tipp 5: Unerwartete Fehler bei der Funktion SVERWEIS() unterdrücken

Liefert die Funktion *SVERWEIS()* den Fehlerwert *#NV*, obwohl die gesuchten Daten in der Matrix vorhanden sind, kann das unterschiedliche Ursachen haben. Dieses Beispiel zeigt, wie sich die Ursachen eliminieren lassen, sodass *SVERWEIS()* die Daten korrekt auslesen kann.

### So geht's:

Sehen Sie sich zunächst die Ausgangstabelle einschließlich der Datenmatrix etwas näher an.

In Zelle D14 wird der Befehl *SVERWEIS()* verwendet, um für das Suchkriterium *Kramer* aus Zelle B14 die Artikelnummer aus Spalte D auszulesen. Auf die gleiche Art wird in Zelle D16 die Funktion *SVERWEIS()* eingesetzt, um für das Suchkriterium *342,12* die Artikelnummer zu ermitteln.

| | A | B | C | D | E |
|---|---|---|---|---|---|
| 1 | Verkaufsliste | | | | |
| 2 | | | | | |
| 3 | Mitarbeiter | Menge | Umsatz | Artikel | |
| 4 | Schneider | 45 | 1.053,50 | 4712 | |
| 5 | Pfaffenstein | 0 | 243,24 | 4734 | |
| 6 | Eckert | 23 | 342,12 | 4821 | |
| 7 | Lauterbach | 143 | 1.324,32 | 5325 | |
| 8 | Nesvadba | 23 | 3.243,23 | 4613 | |
| 9 | Schneider | 7 | 502,33 | 5324 | |
| 10 | Kramer | 34 | 1.055,13 | 6542 | |
| 11 | Klaus | 52 | 2.603,33 | 4254 | |
| 12 | | | | | |
| 13 | | | | | |
| 14 | Suchkriterium | Kramer | | #NV | =SVERWEIS(B14;$A$4:$D$11;4;0) |
| 15 | | | | | |
| 16 | Suchkriterium | 342,12 | | #NV | =SVERWEIS(B16;$C$4:$D$11;2;0) |
| 17 | | | | | |

Wie Sie sehen, ergeben beide Abfragen den Fehlerwert *#NV*, was bedeutet, dass die gesuchten Werte in der Matrix anscheinend nicht vorhanden sind. Dem ist aber nicht so. Das Suchkriterium *Kramer* befindet sich in Zelle A10 und der Wert 342,12 in Zelle C6. Warum werden die Werte nun nicht gefunden?

## 10. So bekommen Sie Fehler problemlos in den Griff

Dafür kann es mehrere Gründe geben. Zum einen können offensichtliche Schreibfehler dafür verantwortlich sein, was in diesem Fall jedoch nicht zutrifft. Zum anderen genügen aber auch schon kleine Abweichungen wie ein Leerzeichen oder eine Unterscheidung in der Anzahl der Dezimalstellen, damit der Suchbegriff nicht gefunden wird.

Um auf Nummer sicher zu gehen und um solche Probleme ausschließen zu können, empfiehlt es sich, die Datenmatrix zu bereinigen. Gehen Sie dazu wie folgt vor:

1 Löschen Sie die vorhandenen Suchkriterien und Auswertungsformeln im Bereich A14:E16.

2 Markieren Sie im nächsten Schritt den Zellbereich A16:A23 und geben Sie die Formel =GLÄTTEN(A4) in Zelle A16 ein. Mithilfe der Funktion GLÄTTEN() werden alle Leerzeichen aus Zelle A4 entfernt. Schließen Sie die Dateneingabe mit der Tastenkombination [Strg]+[Enter] ab.

3 Markieren Sie nun den Bereich B16:B23 und übernehmen Sie die Mengenangaben durch den einfachen Bezug =B4, den Sie in Zelle B16 erfassen. Beendet wird die Datenübernahme mit [Strg]+[Enter].

4 Zum Übertragen der Umsatzzahlen markieren Sie den Zellbereich C16:C23 und geben in Zelle C16 die Formel =RUNDEN(C4;2) ein. Die Funktion RUNDEN() stellt sicher, dass tatsächlich nur zwei Nachkommastellen berücksichtigt werden, selbst wenn im Originaldatenbestand mehr als zwei vorhanden sind. Auch diese Formeleingabe ist mit [Strg]+[Enter] zu beenden.

5 Im letzten Schritt müssen Sie nun nur noch die Artikelnummern über die Bezugsformel =D4 übernehmen. Markieren Sie dazu den Zellbereich D16:D23 und geben Sie den Zellbezug in Zelle D16 ein. Mit der Tastenkombination [Strg]+[Enter] wird der Bezug in den gesamten markierten Zellbereich übertragen.

Damit ist es geschafft. Der bereinigte Datenbestand steht wie gewünscht im Zellbereich A16:D23 zur Verfügung.

| | A | B | C | D | E |
|---|---|---|---|---|---|
| 1 | **Verkaufsliste** | | | | |
| 2 | | | | | |
| 3 | **Mitarbeiter** | **Menge** | **Umsatz** | **Artikel** | |
| 4 | Schneider | 45 | 1.053,50 | 4712 | |
| 5 | Pfaffenstein | 0 | 243,24 | 4734 | |
| 6 | Eckert | 23 | 342,12 | 4821 | |
| 7 | Lauterbach | 143 | 1.324,32 | 5325 | |
| 8 | Nesvadba | 23 | 3.243,23 | 4613 | |
| 9 | Schneider | 7 | 502,33 | 5324 | |
| 10 | Kramer | 34 | 1.055,13 | 6542 | |
| 11 | Klaus | 52 | 2.603,33 | 4254 | |
| 12 | | | | | |
| 13 | | | | | |
| 14 | **Bereinigter Datenbestand** | | | | |
| 15 | **Mitarbeiter** | **Menge** | **Umsatz** | **Artikel** | |
| 16 | Schneider | 45 | 1.053,50 | 4712 | |
| 17 | Pfaffenstein | 0 | 243,24 | 4734 | |
| 18 | Eckert | 23 | 342,12 | 4821 | |
| 19 | Lauterbach | 143 | 1.324,32 | 5325 | |
| 20 | Nesvadba | 23 | 3.243,23 | 4613 | |
| 21 | Schneider | 7 | 502,33 | 5324 | |
| 22 | Kramer | 34 | 1.055,13 | 6542 | |
| 23 | Klaus | 52 | 2.603,33 | 4254 | |
| 24 | | | | | |

Auf den ersten Blick hat sich nichts verändert. Aber durch die eingesetzten Formeln wird sichergestellt, dass sich in der Spalte *Mitarbeiter* keine unnötigen oder überzähligen Leerzeichen sowie in der Spalte *Umsatz* keine Zahlen mit mehr als zwei Nachkommastellen befinden.

Erstellen Sie nun im Bereich A26:D28 die bereits bekannte Abfrage des Mitarbeiters Kramer und des Betrags von 342,12 noch einmal, jedoch mit dem Unterschied, dass die Werte nicht aus der Matrix A4:D11, sondern aus dem bereinigten Bereich A16:D23 ausgelesen werden sollen (siehe folgende Abbildung).

Sie sehen, dass nun die Artikelnummern in beiden Abfragen korrekt ausgelesen werden.

Wenn Sie also unerklärliche Fehlermeldungen im Umgang mit *SVERWEIS()* oder *WVERWEIS()* erhalten, prüfen Sie den Datenbestand der Matrix und übertragen ihn unter Umständen wie dargestellt in einen neuen Zellbereich. Dabei hängt es natürlich vom Quelldatenbestand und von den Fehlermöglichkeiten ab, welche Formeln für die Datenbereinigung zum Einsatz kommen müssen.

→ Verweis: siehe Kapitel 4.14, Tipp 2

## Tipp 6: Vorhandene Fehlerwerte analysieren

Ausgehend von einer Tabelle mit verschiedenen Fehlern soll ermittelt werden, in welcher Zeile und in welcher Zelladresse sich der erste Fehler bzw. der erste Fehler eines bestimmten Fehlertyps befindet. Zudem soll geklärt werden, wie viele Fehler in der Tabelle insgesamt und wie viele eines bestimmten Typs vorhanden sind. Diese Fragestellung wird anhand verschiedener Beispiele erläutert.

### So geht's: Ermittlung der Fehleranzahl insgesamt

1 Erfassen Sie in Zelle D27 diese Formel:

=SUMME(ISTFEHLER(A5:G25)*1)

2 Beenden Sie die Formeleingabe mit der Tastenkombination [Strg]+[Umschalt]+[Enter], da es sich um eine Matrixfunktion handelt.

Diese Formel zählt alle Fehler im Zellbereich A5:G25 und gibt das Ergebnis als Wert zurück. In der Beispieltabelle befinden sich sechs Fehler.

## 10. So bekommen Sie Fehler problemlos in den Griff

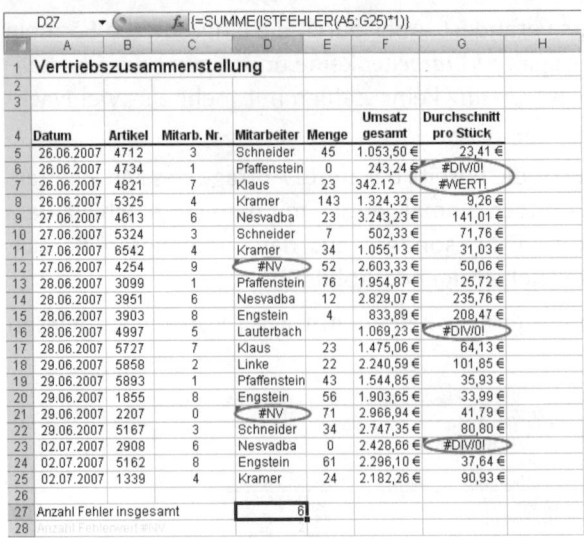

### So geht's: Zählen des Fehlerwerts #NV

In diesem Beispiel soll gezählt werden, wie oft ein bestimmter Fehlerwert, also beispielsweise der Typ #NV, im Zellbereich A5:G25 vorkommt.

**1** Erfassen Sie dazu in Zelle D28 folgende Formel:

=ZÄHLENWENN(A5:G25;#NV)

Mithilfe der Funktion ZÄHLENWENN() wird im angegebenen Bereich gezählt, wie häufig der Eintrag #NV vorkommt.

**2** Beenden Sie die Funktion mit der Tastenkombination [Strg]+[Umschalt]+[Enter], damit die Formel als Matrixformel eingetragen wird.

698

Die Formel ermittelt nun die korrekte Anzahl der Fehlerwerte #NV.

## So geht's: Ermittlung der Zeilennummer des ersten Fehlers

Möchten Sie ermitteln, in welcher Zeile sich der erste Fehler befindet, gehen Sie wie folgt vor:

1 Erfassen Sie in Zelle D29 folgende Formel:

=MIN(WENN(ISTFEHLER(A5:H25);ZEILE(5:25)))

2 Beenden Sie die Dateneingabe mit der Tastenkombination [Strg]+[Umschalt]+[Enter], damit die Formel als Matrixformel behandelt wird.

Als Zeile mit dem ersten Fehlerwert wird die Zeile 6 ermittelt, da sich in Zelle G6 der Fehlerwert #DIV/0! befindet.

## So geht's: Zeilennummer ermitteln, in der ein bestimmter Fehlertyp das erste Mal auftritt

Ziel dieser Formellösung ist es, zu ermitteln, in welcher Zeile der Fehlerwert #NV das erste Mal vorkommt. Gehen Sie dazu wie folgt vor:

1 Erfassen Sie in Zelle D30 diese Formel:

=MIN(WENN(ISTZAHL(FEHLER.TYP(A5:G25));WENN(FEHLER.TYP(A5:G25)=7; ZEILE(5:25))))

2 Da es sich auch bei dieser Formel um eine Matrixfunktion handelt, muss die Dateneingabe mit der Tastenkombination [Strg]+[Umschalt]+[Enter] abgeschlossen werden.

Die Formel liefert im Beispiel Zeilennummer 12, in der der Fehler #NV das erste Mal auftritt.

## 10. So bekommen Sie Fehler problemlos in den Griff

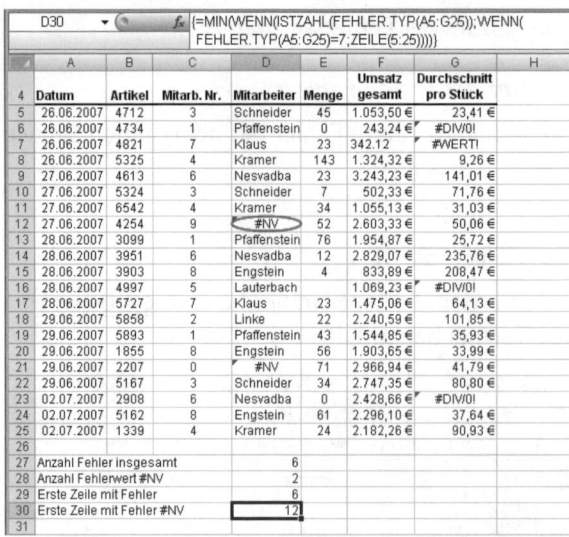

### So geht's: Ermittlung der Zelladresse des ersten Fehlerwerts

Das letzte Beispiel zeigt, wie sich die Zelladresse des ersten Fehlerwerts im Zellbereich A5:G25 ermitteln lässt.

**1** Erfassen Sie dazu in Zelle D31 diese etwas längere Formel:

=ADRESSE(MIN(WENN(ISTFEHLER(A5:G25);ZEILE(A5:A25)));MIN(WENN
(ISTFEHLER(INDIREKT("A"&MIN(WENN(ISTFEHLER(A5:G25);ZEILE(A5:A25)))):
INDIREKT("H"&MIN(WENN(ISTFEHLER (A5:G25);ZEILE(A5:A25)))));SPALTE
(A:H))))

**2** Beenden Sie die Formeleingabe mit der Tastenkombination [Strg]+[Umschalt]+[Enter]. Damit wird auch diese Formel als Matrixfunktion qualifiziert.

So lässt sich jeweils die Zelladresse ermitteln, in der der nächste Fehler zu finden ist, der noch beseitigt werden muss.

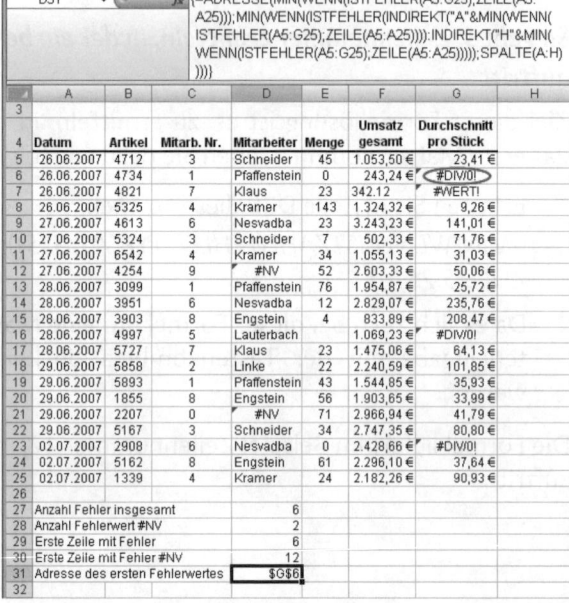

700

## Tipp 7: Spur zum Fehler ermitteln

Excel bietet im Umgang mit Fehlern einiges an Unterstützung an. Dazu zählt auch die Funktion *Spur zum Fehler*. Damit lässt sich sehr schön darstellen, wo die Quelle des Fehlers liegt, um die Fehlerbeseitigung gezielt in Angriff nehmen zu können.

*So geht's:*

Sehen Sie sich zunächst die Ausgangstabelle etwas näher an.

|   | A | B | C |
|---|---|---|---|
| 1 | **Ermittlung Zinssatz für Skontoausnutzung** | | |
| 2 | | | |
| 3 | | | |
| 4 | | | |
| 5 | Zahlungsziel ohne Skonto in Tagen | 30 | |
| 6 | Zahlungsziel mit Skonto | 10 | |
| 7 | Skonto in Prozent | 3,00% | |
| 8 | Zinssatz für den Kontokorrentkredit | 14% | |
| 9 | Rechnungsbetrag | #ZAHL! | |
| 10 | | | |
| 11 | Inanspruchnahme KK-Kredit in Tagen | 20 | |
| 12 | Skontobetrag | #ZAHL! | |
| 13 | Rechnungsbetrag bei Skontoausnutzung | #ZAHL! | |
| 14 | Zinsen für den Kontokorrentkredit | #ZAHL! | |
| 15 | | | |
| 16 | Vorteil durch Skontoausnutzung | #ZAHL! | |
| 17 | | | |

Das Kalkulationsmodell enthält einige Fehlereinträge des Typs *#ZAHL!*. Auf den ersten Blick ist nicht zu erkennen, welche Zelle den Ausgangspunkt für die fehlerhafte Berechnung darstellt.

**1** Markieren Sie die Ergebniszelle, die als letzte Zelle einen Fehlereintrag besitzt, im Beispiel die Zelle B16.

**2** Starten Sie die Fehlersuche über das Menü *Formeln/Formelüberwachung/Fehlerprüfung/Spur zum Fehler* (Excel 2003: Menü *Extras/Formelüberwachung/Spur zum Fehler*).

Als Ergebnis werden zwei rot dargestellte Fehlerspuren gezeigt. Die erste Fehlerspur reicht von Zelle B9 zur Zelle B12, die zweite von Zelle B12 zur Zelle B16.

Daraus lässt sich ableiten, dass der Ausgangspunkt für die Fehler in Zelle B9 liegt. Korrigieren Sie den Eintrag in Zelle B9 und sehen Sie sich das Ergebnis an.

Damit werden alle Berechnungen ohne Anzeige eines Fehlerwerts korrekt ausgeführt. Die Farbe der Fehlerspur hat von Rot auf Blau gewechselt, was bedeutet, dass keine Fehler mehr gefunden wurden.

|  | A | B | C |
|---|---|---|---|
| 1 | Ermittlung Zinssatz für Skontoausnutzung | | |
| 2 | | | |
| 3 | | | |
| 4 | | | |
| 5 | Zahlungsziel ohne Skonto in Tagen | 30 | |
| 6 | Zahlungsziel mit Skonto | 10 | |
| 7 | Skonto in Prozent | 3,00% | |
| 8 | Zinssatz für den Kontokorrentkredit | 14% | |
| 9 | Rechnungsbetrag | 5.000,00 € | |
| 10 | | | |
| 11 | Inanspruchnahme KK-Kredit in Tagen | 20 | |
| 12 | Skontobetrag | 150,00 € | |
| 13 | Rechnungsbetrag bei Skontoausnutzung | 4.850,00 € | |
| 14 | Zinsen für den Kontokorrentkredit | 37,72 € | |
| 15 | | | |
| 16 | Vorteil durch Skontoausnutzung | 112,28 € | |
| 17 | | | |

Die Anzeige der Spuren lässt sich über das Menü *Formeln/Formelüberwachung/Pfeile entfernen* wieder beenden (Excel 2003: Menü *Extras/Formelüberwachung/Alle Spuren entfernen*).

> **Hinweis**
>
> Unabhängig von Fehlern lassen sich über das Menü *Formeln/Formelüberwachung/Spur zum Vorgänger* oder *Spur zum Nachfolger* die Bezüge grafisch über die Verwendung von Spurpfeilen anzeigen (Excel 2003: Menü *Extras/Formelüberwachung/Spur zum Vorgänger* oder *Spur zum Nachfolger*).

## Tipp 8: Automatische Fehleranalyse durchführen

Je früher Fehler in einer Kalkulation erkannt werden, desto schneller können die Ursachen dafür gefunden und beseitigt werden. Allgemein bekannt dürfte die Rechtschreib- und Grammatikprüfung in Microsoft Word sein. Excel stellt eine ähnliche Funktion zur Verfügung, deren Einsatzmöglichkeiten im Folgenden erläutert werden.

### So geht's:

Die automatische Fehlerprüfung ist in Excel standardmäßig aktiviert. Die Einstellungen finden Sie hier:

- ab Excel 2010: Menü *Datei/Optionen/Formeln*,
- in Excel 2007: Menü *Office/Excel-Optionen/Formeln*,
- in Excel 2003: Menü *Extras/Optionen*, Registerkarte *Fehlerüberprüfung*.

Über das Kontrollkästchen *Fehlerüberprüfung im Hintergrund aktivieren* lässt sich die automatische Prüfung bei Bedarf auch deaktivieren. Im Regelfall sollten Sie die Prüfung aber aktiviert lassen. Wenn Sie für einen oder mehrere Fehler die Anzeige des Fehlerindikators ausgeschaltet haben, können Sie über die Schaltfläche *Ignorierte Fehler zurücksetzen* (Excel 2003: *Zu ignorierende Fehler zurücksetzen*) die deaktivierten Fehlermeldungen wieder einschalten.

## 10. So bekommen Sie Fehler problemlos in den Griff

Sobald die automatische Fehlerprüfung Fehler erkennt, die den definierten Regeln entsprechen, wird in der linken oberen Zellecke als Fehlerindikator ein kleines grünes Dreieck eingeblendet.

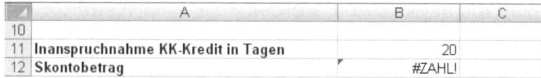

Für die automatische Fehlerprüfung können im *Optionen*-Fenster auf der Registerkarte *Formeln* (Excel 2003: Registerkarte *Fehlerüberprüfung*) verschiedenen Regeln definiert werden, die nachfolgend kurz erläutert werden.

| Regel | Erläuterung |
|---|---|
| Zellen mit Formeln, die zu einem Fehler führen | Wählen Sie diese Option aus, um in Excel Zellen wie Fehler zu behandeln, die Formeln enthalten, die zu einem Fehler führen. |
| Inkonsistente berechnete Spaltenformel in Tabellen | Aktivieren Sie diese Option, um in Excel Zellen wie Fehler zu behandeln, die Formeln oder Werte enthalten, die mit der Spaltenformel oder mit Tabellen inkonsistent sind. |
| Zellen, die zweistellige Jahreszahlen enthalten | Wählen Sie die Option aus, damit in Excel Formeln, die textformatierte Zellen mit zweistelligen Jahreszahlen enthalten, wie Fehler behandelt werden. |
| Zahlen, die als Text formatiert sind oder denen ein Apostroph vorangestellt ist | Wählen Sie diese Option aus, damit Zahlen, die als Text formatiert sind oder denen ein Apostroph vorangestellt ist, wie Fehler behandelt werden. |
| Formeln, die mit anderen Formeln im Bereich inkonsistent sind | Durch Auswählen dieser Option wird in einem Bereich eine Formel, die von anderen Formeln im gleichen Bereich abweicht, wie ein Fehler behandelt. |
| Formeln, die sich nicht auf alle Zellen im Bereich beziehen | Durch Auswählen dieser Option werden Formeln, die bestimmte Zellen in einem Bereich auslassen, in Excel wie Fehler behandelt. |
| Nicht gesperrte Zellen, die Formeln enthalten | Mit Aktivierung dieser Option wird in Excel eine nicht gesperrte Zelle, die eine Formel enthält, wie ein Fehler behandelt. |

## 10. So bekommen Sie Fehler problemlos in den Griff

| Regel | Erläuterung |
|---|---|
| Formeln, die sich auf leere Zellen beziehen | Durch Auswählen dieser Option werden Formeln, die Bezüge auf leere Zellen enthalten, in Excel wie Fehler behandelt. |
| In eine Tabelle eingegebene Daten sind ungültig | Wenn Sie diese Option aktivieren, werden Zellen mit Werten, die mit dem Spaltendatentyp für mit Daten in einer SharePoint-Liste verbundene Tabellen inkonsistent sind, wie Fehler behandelt. |

**Hinweis**

Diese Regeln beziehen sich auf die Excel-Versionen ab 2007. In Excel 2003 stehen analoge Regeln zur Verfügung. Allerdings lauten die Bezeichnungen etwas anders.

Wenn nun ein Fehler auftritt, können Sie über den Fehlerindikator festlegen, wie mit dem Fehler umgegangen werden soll. Klicken Sie dazu auf das SmartTag links von der Fehlerzelle. Damit öffnen Sie ein Kontextmenü mit verschiedenen Optionen.

Im Kontextmenü zu dem Fehler können Sie zwischen folgenden Möglichkeiten wählen:

- *Hilfe für den Fehler anzeigen*: Wenn Sie diese Option auswählen, wird das Hilfefenster mit weiteren Erläuterungen aufgerufen.

- *Berechnungs-Schritte anzeigen*: Diese Option öffnet das Dialogfenster *Formel auswerten*, über das die einzelnen Berechnungsschritte nachvollzogen und überprüft werden können.
- *Fehler ignorieren*: Ein Klick auf diese Option blendet den Fehlerindikator aus.
- *In Bearbeitungsleiste bearbeiten*: Damit wird die Formel in der Bearbeitungsleiste aktiviert. Alternativ können Sie auch die Funktionstaste [F2] drücken.
- *Optionen zur Fehlerüberprüfung*: Mit einem Klick hierauf wird das *Optionen*-Fenster zum Festlegen der Fehlerregeln aufgerufen.

## Tipp 9: Intelligente Fehlersuche in Formeln

Wird in einer längeren Formel ein Fehler angezeigt, bedeutet dies nicht, dass die gesamte Formel falsch ist. Meist ist nur ein kleiner Teil fehlerhaft, und das kann ganz einfach behoben werden. In diesem Beispiel wurde in Zelle B9 der Zinsbetrag ermittelt. Allerdings wird als Ergebnis der Fehlerwert *#WERT!* ausgegeben. Ziel ist es nun, zu ermitteln, wo der Fehler liegt.

*So geht's:*

1 Im ersten Schritt der systematischen Fehlersuche müssen Sie die Formel in Zelle B9 markieren, sodass sie in der Bearbeitungsleiste angezeigt wird.

2 Wechseln Sie mit der Funktionstaste [F2] in den Bearbeitungsmodus.

3 Markieren Sie nun den ersten Teil der Formel, also die Berechnung *B4*B6/100*, und drücken Sie die Funktionstaste [F9]. Damit wird das Ergebnis der Berechnung in absolute Werte umgewandelt und direkt in der Formel dargestellt. Da ein Ergebnis ermittelt wird, wissen Sie, dass der Fehler nicht in diesem Teil der Formel liegt, Sie können also mit der Prüfung fortfahren.

4 Markieren Sie nun den zweiten Teil der Formel, also den Ausdruck *B5*, und drücken Sie wieder die Funktionstaste [F9]. In der Formel wird der absolute Wert 50 angezeigt, was wiederum bedeutet, dass auch hier der Fehler nicht liegen kann.

**5** Markieren Sie nun den letzten Teil der Formel, also den Eintrag *B7*, und drücken Sie erneut die Funktionstaste F9. Dieses Mal wird anstatt eines Werts die Textfolge *"360.00"* eingetragen. Dass es sich um einen Text und somit um einen Fehler handelt, erkennen Sie an den Anführungsstrichen. Anstatt eines Kommas wurde versehentlich ein Punkt als Dezimaltrennzeichen beim Wert 360,00 eingetragen.

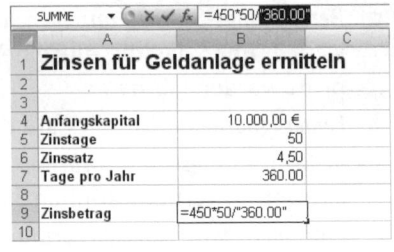

Sobald Sie die fehlerhafte Tagesangabe in Zelle B7 korrigiert haben, wird die Berechnung des Zinsbetrags korrekt durchgeführt.

## Funktionsübersicht

| Funktion | Erläuterung |
| --- | --- |
| WENN(Prüfung;Dann_Wert; Sonst_Wert) | Prüft, ob eine Bedingung zutrifft, also *WAHR* oder *FALSCH* ist, und macht das Ergebnis vom Resultat der Prüfung abhängig. |
| WENNFEHLER(Wert;Wert_ falls_Fehler) | Gibt einen von Ihnen festgelegten Wert zurück, wenn eine Formel einen Fehler ergibt. Andernfalls wird das Ergebnis der Formel ausgegeben. |
| ZEILE(Bezug) | Liefert die Zeilennummer eines Bezugs. |
| ZÄHLENWENN(Bereich; Kriterien) | Zählt die nicht leeren Zellen eines Bereichs, deren Inhalte mit den Suchkriterien übereinstimmen. |
| SPALTE(Bezug) | Gibt die Spaltennummer eines Bezugs zurück. |
| SUMME(Zahl1;Zahl2;...) | Summiert die angegebenen Argumente. |
| RUNDEN(Zahl;Anzahl_ Stellen) | Rundet eine Zahl auf eine bestimmte Anzahl von Dezimalstellen. |
| MIN(Zahl1;Zahl2;...) | Gibt den kleinsten Wert innerhalb einer Argumentliste zurück. |
| ISTFEHLER(Wert) | *Wert* bezieht sich auf einen beliebigen Fehlerwert (*#NV*, *#WERT!*, *#BEZUG!*, *#DIV/0!*, *#ZAHL!*, *#NAME?* oder *#NULL!*). |
| INDIREKT(Bezug;A1) | Gibt den Bezug eines Textwerts zurück. Bezüge werden sofort ausgewertet, sodass die zu ihnen gehörenden Werte angezeigt werden. Verwenden Sie die *INDIREKT*-Funktion, um den Bezug auf eine in einer Formel befindliche Zelle zu ändern, ohne die Formel selbst anzupassen. |
| GLÄTTEN(Text) | Löscht Leerzeichen in einem Text, die nicht als jeweils einzelne zwischen Wörtern stehende Trennzeichen dienen. |
| FEHLER.TYP(Fehlerwert) | Gibt eine Zahl zurück, die einem der Fehlerwerte in Microsoft Excel entspricht, oder den Fehlerwert *#NV*, wenn kein Fehler vorhanden ist. |
| ADRESSE(Zeile;Spalte;Abs; A1;Tabellenname) | Liefert einen Bezug auf eine Zelle als Text. |

# 11. Neuerungen und Features rund um Excel 2007, 2010 und 2013

**11.1 News in Excel 2007** .................................................. 707
**11.2 News in Excel 2010** .................................................. 729
**11.3 Neue Funktionen und Features in Excel 2013** ............... 758

## 11.1 News in Excel 2007

Mit Excel 2007 wurde die neu gestaltete Benutzeroberfläche, insbesondere die Optik der Multifunktionsleiste (Ribbons), eingeführt. Auf den zweiten Blick treten aber weitere innovative Neuerungen und Erweiterungen zutage. Dieses Kapitel gibt einen Überblick über die wesentlichsten Neuerungen von Excel 2007. Viele der in diesem Kapitel enthaltenen Tipps gelten auch für Excel 2010 und Excel 2013, da die meisten Funktionen unverändert in die neuen Excel-Versionen übernommen wurden.

### Tipp 1: Die Benutzeroberfläche von Excel 2007

Die Benutzeroberfläche in Excel 2007 ist komplett überarbeitet und stellt sich in einem völlig neuen Look-and-feel dar. Microsoft hat im Testlabor viel Zeit darauf verwendet, die Arbeitsweise von Benutzern zu analysieren sowie das Feedback der User auszuwerten und als Anlass zu nehmen, die Bedienelemente und Funktionsaufrufe nicht mehr in herkömmlichen Menüstrukturen, sondern über die sogenannte Multifunktionsleiste zur Verfügung zu stellen.

Dazu wurde das in Office 2003 integrierte Erhebungsmodul mitsamt der Einladung zur freiwilligen Teilnahme an der Produktverbesserung eingeführt. Wenn der Anwender eingewilligt hatte, wurden in bestimmten Zeitintervallen anonymisierte Informationen über die Nutzung der Programmfunktionen über das Internet an Microsoft gesendet und dort systematisch ausgewertet. Seit der Produkteinführung von Office 2003 wurden auf diese Weise rund 1,3 Milliarden Sitzungen aufgezeichnet.

## 11. Neuerungen und Features rund um Excel 2007, 2010 und 2013

Die Multifunktionsleiste ist sicherlich die Veränderung der Version 2007, die als Erstes ins Auge fällt und mit der sich der Anwender in den ersten Arbeitssitzungen am häufigsten und intensivsten auseinandersetzen wird und muss.

Die folgende Abbildung gibt einen Überblick über die wichtigsten Bedienelemente. Auf altbekannte Funktionen wird dabei nicht näher eingegangen.

| Nr. | Element | Erläuterung |
|---|---|---|
| 1 | Office-Menü/Office-Schaltfläche | Das Office-Menü bietet Zugriff auf zentrale Aufgaben. In den vorherigen Versionen waren viele Befehle daraus im Menü *Datei* untergebracht. In Excel 2010 wurde diese Schaltfläche wieder in *Datei* umbenannt. |
| 2 | Symbolleiste für den Schnellzugriff | Die Symbolleiste für den Schnellzugriff bietet als einzige verbliebene Symbolleiste die Möglichkeit, Befehle individuell anzuordnen. Die Befehle der Schnellzugriffsleiste stehen unabhängig von der aktuellen Arbeitssituation ständig zur Verfügung. |
| 3 | Registerkarte | Excel stellt die Registerkarten *Start*, *Einfügen*, *Seitenlayout*, *Formeln*, *Daten*, *Überprüfen*, *Ansicht* und bei Bedarf die Registerkarte *Entwicklertools* zur Verfügung. Darüber hinaus werden Registerkarten kontextsensitiv, also abhängig von der Arbeitssituation, zur Verfügung gestellt. |
| 4 | Befehlsgruppe | Als Befehlsgruppen werden zusammengehörige Befehle innerhalb einer Registerkarte bezeichnet. |

| Nr. | Element | Erläuterung |
|---|---|---|
| 5 | Befehl | Auf einzelne Befehle wird über Symbolschaltflächen zugegriffen, die in den meisten Fällen grafisch unverändert gegenüber der Version 2003 geblieben sind. |
| 6 | Startprogramm für Dialogfelder | Über das Startprogramm für Dialogfelder kann das entsprechende Dialogfenster mit allen weiteren Einstellungen geöffnet werden. |
| 7 | Bearbeitungsleiste | Die Bearbeitungsleiste beinhaltet die Eingabezeile, das Namensfeld sowie die Schaltfläche *Funktion einfügen*. |
| 8 | Bearbeitungsleiste erweitern | Der Doppelpfeil rechts neben der Eingabezeile bietet die Möglichkeit, die Bearbeitungsleiste zu erweitern und zu reduzieren, sodass längere Texte oder Formeln bequem angezeigt werden können. |
| 9 | Tabelle einfügen | Die neue Schaltfläche *Tabelle einfügen* stellt eine elegante Möglichkeit zur Verfügung, neue Tabellenblätter zur Arbeitsmappe hinzuzufügen. |
| 10 | Statusleiste | Die Statusleiste wurde um einige Features erweitert. So können jetzt gleichzeitig mehrere Informationen über den Datenbestand angezeigt werden. |
| 11 | Ansichten | Über die Schaltflächen für die verschiedenen Ansichten in der Statusleiste kann schnell zwischen der Normalansicht, der Seitenlayoutansicht und der Seitenumbruchvorschau gewechselt werden. |
| 12 | Zoomregler | Mit dem Zoomregler lässt sich die Größe der Bildschirmanzeige stufenlos von 10 % bis 400 % einstellen. |

In das Design der neuen Benutzeroberfläche sind laut Microsoft-Designer folgende Philosophien eingeflossen:

- **Fokus**: Die Aufmerksamkeit des Benutzers soll auf dem Inhalt, nicht auf der Benutzeroberfläche liegen. Der ergebnisorientierte Ansatz ermöglicht es dem Benutzer, anspruchsvolle Formatierungen anzuwenden und erweiterte Aufgaben durchzuführen, ohne seine Aufmerksamkeit von Dokument oder Inhalt abzulenken, an dem er gerade arbeitet.

- **Kontext**: Dem Benutzer soll das Gefühl gegeben werden, die Materie zu beherrschen, indem die Anzahl der zur Verfügung stehenden Auswahlmöglichkeiten verringert wird. Der Befehlsbereich soll dadurch reduziert werden, dass überflüssige oder selten genutzte Funktionen entfernt werden.

- **Effizienz**: Die Konzentration liegt auf der Effizienz anstatt auf dem Umfang. Benutzer müssen in der Lage sein, die leistungsfähigsten Funktionen für eine Aufgabe schnell und einfach zu finden.

- **Konsistenz**: Um eine ergebnisorientierte Benutzerfunktionalität zu gewährleisten, müssen zur Lösung unterschiedlicher Probleme intuitive Wege bereitgestellt werden. Wenn Tools auf Aufgaben angewendet werden, ist eine flexible Folgerichtigkeit wünschenswert, Homogenität hingegen nicht.

- **Beständigkeit**: Ein klar definierter Zugriff auf Werkzeuge garantiert deren bessere Verwendung. Unklarheiten werden vermieden, indem für Gruppen von

Funktionen ein definierter Ort geschaffen wird. Eine solche Benutzeroberfläche ist einer „smarten" Benutzeroberfläche vorzuziehen.

- **Vorhersagbarkeit**: Durch ein unkompliziertes Design werden Benutzerkomfort und optimale Ergebnisse sichergestellt. Das Vorhersagbare soll gegenüber dem Neuen bevorzugt werden.

### Tipp 2: Das Office-Menü – die zentrale Anlaufstelle

Das Office-Menü enthält viele der Befehle, die in den Vorgängerversionen über das Menü *Datei* erreichbar waren. Das Office-Menü wird über die Symbolschaltfläche *Office* in der linken oberen Ecke des Excel-Fensters aufgerufen.

Ein Klick auf diese Schaltfläche öffnet ein Menü mit bekannten Befehlen wie *Neu*, *Öffnen*, *Speichern*, *Speichern unter*, *Drucken* etc.
Die Befehle beziehen sich auf die Excel-Arbeitsmappe selbst und nicht auf deren Inhalt. Wenn Sie links im Menü einen Eintrag auswählen, werden im rechten Teil die entsprechenden Optionen angezeigt, die mit einem Klick auf den jeweiligen Eintrag aufgerufen werden können.

→ Verweis: siehe Kapitel 11.2, Tipp 3

### Tipp 3: Benutzerdefinierte Einstellungen über Excel-Optionen vornehmen

Über das Menü *Office/Excel-Optionen* lässt sich Excel den individuellen Bedürfnissen anpassen. In den Vorgängerversionen finden sich diese Einstellungsmöglichkeiten im Menü *Extras/Optionen*.

11.1 News in Excel 2007

Über die Registerkarten *Häufig verwendet, Formeln, Dokumentprüfung, Speichern, Erweitert, Anpassen, Add-Ins, Vertrauensstellungscenter* und *Ressourcen* stehen die verschiedenen Befehle zur Anpassung der Umgebung zur Verfügung.

Sehr gut gelungen ist die Gliederung der doch relativ umfangreichen Befehle und Optionen für die Anpassung der Excel-Umgebung. Übersichtlich dargestellt sind auch die Optionseinstellungen, die nur für eine Arbeitsmappe gelten sollen. In den vorherigen Versionen war nicht immer ganz klar, ob sich eine Option auf die gesamte Excel-Umgebung oder nur auf die aktuelle Arbeitsmappe auswirkt.

711

Für einige Optionen wird über ein Infosymbol eine kurze Erläuterung gegeben, wenn man mit der Maus darauf geklickt.

Auf die einzelnen Optionseinstellungen wird an dieser Stelle nicht näher eingegangen. Die Erläuterungen zu verschiedenen Optionseinstellungen finden Sie kontextbezogen im jeweiligen Kapitel bzw. Abschnitt dieses Buchs.

→ Verweis: siehe Kapitel 11.2, Tipp 3

> **Hinweis**
>
> Gespeichert werden die Optionseinstellungen in der Windows-Registrierungsdatenbank im Schlüssel *HKEY_CURRENT_USER\Software\Microsoft\Office\12.0\Excel\Options*.

## Tipp 4: Die Symbolleiste für den Schnellzugriff

Die Symbolleiste für den Schnellzugriff ist die einzige in Excel 2007 verbliebene Symbolleiste. Diese Symbolleiste steht dauerhaft und unabhängig von der jeweiligen Arbeitssituation zur Verfügung und kann sowohl über als auch unter der Multifunktionsleiste dargestellt werden.

Die Schnellstartleiste kann beliebig den individuellen Bedürfnissen angepasst werden.

Wenn die Symbolleiste angepasst wird, besteht die Möglichkeit, die Anpassungen für Excel insgesamt oder für eine bestimmte Arbeitsmappe vorzunehmen. Wird eine Arbeitsmappe mit angepasster Schnellzugriffsleiste geschlossen, wird automatisch der Ursprungszustand der Symbolleiste wiederhergestellt. In älteren Excel-Versionen blieben gebundene Symbolleisten nach dem Schließen der Arbeitsmappe sichtbar.

Sie können mit der Symbolleiste für den Schnellzugriff beliebig experimentieren, da über die Schaltfläche *Zurücksetzen* im Menü *Office/Excel-Optionen/Anpassen* der Ursprungszustand ganz leicht wiederhergestellt werden kann.

→ Verweis: siehe Kapitel 9, Tipp 2 und Tipp 3, sowie Kapitel 11.2, Tipp 6

## Tipp 5: Die Multifunktionsleiste im Detail

Ein wesentlicher Grund dafür, dass viele Excel-Benutzer nicht glauben, dass sie das Programm beherrschen, ist die Vielzahl verschiedener Orte, an denen sich gesuchte Befehle befinden können. Zur Auswahl stehen kurze Menüs, lange Menüs, verschachtelte Untermenüs, sichtbare Symbolleisten, ausgeblendete Symbolleisten, Pop-up-Symbolleisten sowie Aufgabenbereiche (Task Panes), die nur bei bestimmten Aufgaben eingeblendet werden.

Das fordert regelmäßig auch versierte Profianwender. Der Wildwuchs an Funktionen lässt sich am besten an der Zunahme der Menü- und Untermenüpunkte ablesen. Lag deren Zahl bei WinWord 1.0 im Jahr 1989 noch bei 50, so umfasste Word 2003 bereits 273 Menübefehle. Auch die Zahl der Symbolleisten steigerte sich ständig: von 2 in Word 1.0 über 18 in Word 97 bis hin auf 30 in Word 2003. Dieses Komplexitätsproblem blieb auch den Microsoft-Entwicklern nicht verborgen, und so entstand über einen längeren Zeitraum das System der aufgabenbezogenen Multifunktionsleiste.

Die Multifunktionsleiste (Menüband) ist das Herzstück der neuen Befehlsoberfläche. Ähnlich wie in Symbolleisten aus früheren Versionen steht der Zugriff auf einzelne Befehle mit nur einem Mausklick zur Verfügung. Darüber hinaus werden Bezeichnungen zur Verfügung gestellt, die dem Anwender helfen, das passende Symbol oder die passende Schaltfläche für einen bestimmten Befehl schneller identifizieren zu können.

Auch die Größe und die Anordnung der Symbole und Schaltflächen sind nicht zufällig entstanden. Große Schaltflächen kennzeichnen die am häufigsten verwendeten Befehle. Kleine Schaltflächen, die in Gruppen zusammengefasst sind, verdeutlichen demgegenüber die Beziehung zwischen weniger wichtigen Funktionen, die für die gemeinsame Verwendung gedacht sind. Befehle innerhalb einer Registerkarte wurden so angeordnet, dass eine visuelle Hierarchie gegeben ist, die das Durchsuchen der Multifunktionsleisten erleichtern soll.

Es ist daher kein Zufall, dass die erste Registerkarte die am häufigsten verwendeten Funktionen der *Standard-* und *Format-*Symbolleisten von früheren Versionen enthält.

Durch das Entwicklungsmodell in Office 2007 ist die Multifunktionsleiste vollständig erweiterbar. Sie können ganze Registerkarten hinzufügen und entfernen sowie Steuerelemente oder Befehlsgruppen vorhandenen Registerkarten hinzufügen.

**Verschiedene Anzeigegrößen**

Die Multifunktionsleiste wird automatisch für verschiedene Bildschirmauflösungen skaliert und optimiert. So wird abhängig von der Bildschirmauflösung und von der Größe des Anwendungsfensters die Anzeige optimal dargestellt. Wie die folgenden Abbildungen zeigen, wurden die Steuerelementgruppen in verschiedenen Größen entworfen.

## 11. Neuerungen und Features rund um Excel 2007, 2010 und 2013

Das Skalierverhalten der Multifunktionsleiste lässt sich jedoch nicht kontrollieren. Es ist nicht möglich, anzugeben, welche Steuerelemente in ihrer Größe verändert werden sollen und welche nicht. Allerdings werden benutzerdefinierte Registerkarten als Letztes verkleinert, da diesen Priorität eingeräumt wurde.

Poweruser können die Multifunktionsleiste auf eine Zeile reduzieren, die nicht mehr Platz einnimmt als die Menüleiste aus früheren Excel-Versionen.

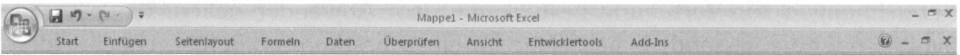

Dies erreichen Sie, indem Sie die Multifunktionsleiste über das Kontextmenü minimieren. Alternativ wird die Multifunktionsleiste auch über einen Doppelklick auf die Registerkarten minimiert. Mit einem weiteren Doppelklick wird der Originalzustand wiederhergestellt.

Über die Tastenkombination [Strg]+[F1] kann die Multifunktionsleiste ebenfalls minimiert und maximiert werden.

### Kontextbezogene Registerkarten

Bis Excel 2003 werden bis auf wenige Ausnahmen alle verfügbaren Befehle angezeigt, unabhängig davon, ob es in einer bestimmten Arbeitssituation möglich ist, einen Befehl zu benutzen oder nicht. Wenn der Befehl nicht zur Verfügung steht, wird der Menüeintrag grau, also inaktiv, dargestellt.

Im Gegensatz dazu ist die neue Multifunktionsleiste auf einem kontextsensitiven Konzept aufgebaut. Das bedeutet, dass Befehle nur dann angezeigt werden, wenn das Objekt, auf das sie angewendet werden können, auch ausgewählt ist. Wird ein Objekt ausgewählt, werden in der Multifunktionsleiste zusätzliche Registerkarten angezeigt, die sogenannten kontextbezogenen Registerkarten.

Diese Registerkarten werden bereitgestellt, um das Objekt zu bearbeiten und zu formatieren. Indem diese Befehle nur dann angezeigt werden, wenn ein Objekt ausgewählt ist, wird die Anzahl der zu durchsuchenden Befehle im Kernregisterkartensatz reduziert. Die Befehlsleisten sind deshalb übersichtlicher, und es wird der Eindruck erweckt, dass die Befehle der kontextbezogenen Registerkarten zielgerichteter und relevanter sind.

So werden beispielsweise kontextbezogene Registerkarten für Tabellen, Bilder oder Steuerelemente wie *Textfelder, Formen, Diagramme, WordArt, Kopf- und Fußzeilen* sowie *PivotTables* angezeigt. Jedem Element, das als Objekt angezeigt und ausgewählt werden kann, ist eine kontextsensitive Registerkarte zugeordnet.

→ Verweis: siehe Kapitel 11.2, Tipp 4

### Tipp 6: Tastaturbefehle für die Multifunktionsleiste

Viele Anwender verwenden anstelle der Maus lieber Tastenkombinationen oder Shortcuts. Damit lassen sich diverse „Mauskilometer" sparen, und in der Regel geht es über die Tastatur auch noch schneller.

Die Multifunktionsleiste lässt sich ausschließlich mit der Tastatur steuern. Damit Sie sich nicht jeden Tastaturbefehl merken müssen, können über die [Alt]-Taste sogenannte Tastaturtipps eingeblendet werden. Office 2007 unterstützt ein neues Zugriffssystem für die Multifunktionsleiste. Tastenkombinationen werden als „Überlagerungen" auf den Steuerelementen und Registerkarten der Multifunktionsleiste angezeigt. Register werden über Zahlenangaben und Steuerelemente über Buchstaben angesprochen.

Über diesen Ansatz wird sichergestellt, dass jedes Steuerelement mithilfe von Tastenkombinationen jederzeit zugänglich ist.

Darüber hinaus ist bei Weitem die Mehrzahl der Tastenkombinationen aus den vorhergehenden Excel-Versionen übernommen worden. Damit wird der Übergang zur neuen Version erheblich erleichtert, vorausgesetzt, Sie haben bisher mit Tastenkombinationen gearbeitet.

→ Verweis: siehe Anhang, Abschnitt 4

> **Hinweis**
>
> Dieser Tipp ist auch für Excel 2010 gültig.

## Tipp 7: Startprogramm für Dialogfenster

Auf der einen Seite bieten Dialogfenster eine Vielzahl an Steuerungsmöglichkeiten komprimiert und zusammengefasst in einem Fenster. Auf der anderen Seite kann die Ausführung von Routineaufgaben dadurch unnötig erschwert werden. Die neue Benutzeroberfläche zielt darauf ab, die Abhängigkeit der Benutzer von Dialogfenstern zu verringern, aber es auch gleichzeitig zu vereinfachen, das gewünschte Dialogfenster zu finden und aufzurufen. Selbstverständlich sind Dialogfenster weiterhin ein wichtiger Bestandteil des Anwendungskonzepts. Ihre Bedeutung als primärer Mechanismus zum Formatieren von Inhalten wurde jedoch reduziert und im Wesentlichen auf die Multifunktionsleiste verlagert.

Dialogfenster werden weiterhin verwendet, um Zugriff auf mehrere zusammenhängende Einstellungsmöglichkeiten zu haben und um Benutzereingaben erfassen zu können. Benutzereingaben werden also weiterhin in Dialogfenstern und nicht auf der Multifunktionsleiste durchgeführt.

Die Multifunktionsleiste bietet für jede funktionale Befehlsgruppe ein Startprogramm für das zugehörige Dialogfeld an. Dadurch wird eine feste Verknüpfung zwischen dem effizienten Funktionsaufruf über die Multifunktionsleiste und der erweiterten Dialogfeldversion bereitgestellt.

Ein Klick auf den Pfeil in der rechten unteren Ecke einer Befehlsgruppe genügt, um das jeweils zugehörige Dialogfenster zu starten.

> **Hinweis**
>
> Das Startprogramm für Dialogfenster steht in der gleichen Art und Weise auch unter Excel 2010 und Excel 2013 zur Verfügung.

## Tipp 8: Die erweiterte Bearbeitungsleiste

Die Bearbeitungsleiste stellt neben der eigentlichen Zelle das Fenster zu Excel dar. So können über die Bearbeitungsleiste Texte, Ziffern und Formeln erfasst und vor allem korrigiert werden. Die Bearbeitungsleiste enthält das Namensfeld, die Funktionsschaltfläche zum Einfügen von Funktionen, die Bearbeitungsleiste selbst, einen Schalter zum Verändern der Breite sowie die Schaltfläche zur Veränderung der Zeilenzahl.

Durch die Änderung der Breite des Namensfelds können nun auch längere Namen vollständig angezeigt werden. Zur Veränderung der Zeilenhöhe genügt ein Klick auf die untere Begrenzung der Bearbeitungsleiste. Mit gedrückter linker Maustaste lässt sich die Zeilenhöhe beliebig variieren.

Mit dem Doppelpfeil am rechten Rand kann zwischen der erweiterten und der einzeiligen Ansicht hin- und hergewechselt werden.

> **Hinweis**
>
> In Excel 2010 und Excel 2013 steht für die Bearbeitungsleiste die gleiche Funktionalität zur Verfügung.

## Tipp 9: Erweiterte Kontextmenüs und Minikontextmenüs ab Excel 2007

Kontextmenüs wurden erstmalig mit Microsoft Windows 95 eingeführt. Sie sind deshalb so erfolgreich, weil sie eine Teilmenge der verfügbaren Befehle darstellen, die auf das ausgewählte Objekt angewendet werden können.

Die Vorteile der kontextsensitiven Anzeige von Befehlen werden in der gesamten neuen Benutzeroberfläche institutionalisiert. Dies spiegelt sich in der Modalität der Multifunktionsleisten, in kontextbezogenen Registerkarten und in den Kontextmenüs einschließlich der Minisymbolleisten wider.

Ein Klick mit der rechten Maustaste auf ein ausgewähltes Objekt öffnet das Kontextmenü, und es wird neben dem Mauszeiger eingeblendet.

Kontextmenüs können die gleichen Befehle enthalten wie die Multifunktionsleiste. So können über Kontextmenüs selbst Kataloge mit der Livevorschauansicht eingeblendet werden.

## Minisymbolleiste des Kontextmenüs

Für manche Tätigkeiten ist das Kontextmenü nicht geeignet. Müssen Befehle mehrfach ausgeführt werden oder sollen mehrere Formatierungen gleichzeitig geändert werden, bietet sich die Minisymbolleiste des Kontextmenüs an.

Wenn Sie auf die Minisymbolleiste oberhalb des Kontextmenüs klicken, wird das Kontextmenü ausgeblendet, während die Minisymbolleiste als kleine Symbolleiste sichtbar bleibt.

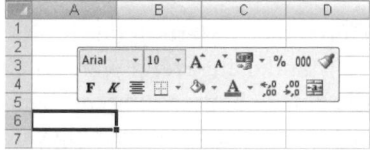

## Effizienter Zugriff auf häufig verwendete Befehle über die Minisymbolleiste

Die Minisymbolleiste stellt situationsbedingt wichtige Befehle zur Verfügung. In Excel 2003 wurden dazu z. B. SmartTags benutzt. SmartTags wurden jedoch hauptsächlich dazu verwendet, selten benutzte oder schwer zu findende Befehle hervorzuheben. Die Minisymbolleiste macht genau das Gegenteil. Sie stellt die am häufigsten verwendeten Befehle direkt neben dem Mauszeiger zur Verfügung. Damit werden die Mausbewegungen minimiert, und die Effizienz wird somit erheblich gesteigert.

Die Minisymbolleiste wird eingeblendet, wenn innerhalb einer Zelle oder über die Bearbeitungsleiste Texte, Zahlen oder Formeln mit der Maus markiert werden.

Sie wird teilweise transparent in der Nähe des Mauszeigers eingeblendet. Wenn Sie den Cursor in Richtung der Minisymbolleiste bewegen, wird sie richtig dargestellt, und es stehen die am häufigsten verwendeten Formatierungsbefehle zur Verfügung.

> **Hinweis**
>
> Die erweiterte Funktionalität der Kontextmenüs wurde auch in Excel 2010 und 2013 beibehalten.

## Tipp 10: Die erweiterte Statusleiste

Die Statusleiste wurde ab Version 2007 zu einem kleinen Informationszentrum ausgebaut. So lassen sich darüber verschiedene Informationen wie Summe, Minimum- und Maximumwerte, Anzahl, Mittelwert etc. einblenden. Über die Ansichtssymbole kann zwischen drei Ansichtsmodi gewechselt werden. Der Zoomregler bietet einen schnellen Zugriff auf die Zoomeinstellungen. So kann die Auflösung zwischen 10 und 400 % stufenlos eingestellt werden. Das Feld *Modus* zeigt den aktuellen Status an. Dieser kann zwischen *Bereit*, *Eingabe* und *Bearbeiten* wechseln.

Wenn Sie mit der rechten Maustaste einen Klick auf die Statusleiste ausführen, wird ein Kontextmenü eingeblendet, über das die Symbolleiste den eigenen Gewohnheiten und Bedürfnissen angepasst werden kann.

> **Hinweis**
>
> Änderungen der Statusleiste werden in der Registry im Schlüssel *HKEY_CURRENT_USER\Software\Microsoft\Office\12.0\Excel\StatusBar* gespeichert.

## Tipp 11: Neue Dateiformate ab Excel 2007

Office 2007 war die erste Office-Version, die sich vollständig von proprietären binären Dateiformaten gelöst hat. Die Daten werden in XML-Dateien abgespeichert. Hierbei handelt es sich um eine komprimierte Zipdatei, die eine ausgeklügelte Struktur besitzt. Die Daten werden dabei in Teildateien abgelegt, die untereinander in Beziehung stehen.

Das neue XML-Speicherformat bietet folgende Vorteile:

- Bessere Wiederherstellungsmöglichkeit für beschädigte Dateien.
- Geringerer Speicherbedarf aufgrund der Komprimierung.
- Aufgrund der völligen XML-Kompatibilität ist das Speicherformat für Fremdanwendungen offen.

Die folgende Tabelle gibt einen Überblick darüber, welche Speicherformate in Excel verwendet werden.

| Dateityp ab Excel 2007 | Erläuterung | Dateityp bis Excel 2003 |
| --- | --- | --- |
| .xlsx | Ist das XML-basierte Office-Excel-2007/2010-Standarddateiformat. Kann weder VBA-Makrocode noch Excel-4.0-Makrovorlagen (XLM) speichern. | .xls |
| .xlsm | Dieses XML-basierte Dateiformat speichert VBA-Makrocode sowie Excel-4.0-Makrovorlagen (XLM). | .xls |
| .xltx | Excel-Arbeitsmappenvorlage, die weder VBA-Makrocode noch Excel-4.0-Makrovorlagen (XLM) speichern kann. | .xlt |
| .xltm | Excel-Arbeitsmappenvorlage zum Speichern von VBA-Makrocode sowie Excel-4.0-Makrovorlagen (XLM). | .xlt |
| .xlam | Excel-Add-in. | .xla |
| .xlsb | Excel-Arbeitsmappe im binären Dateiformat (BIFF 12). | .xls |

Darüber hinaus stehen verschiedene Datenbank-, Text-, HTML- und XML-Formate für den Datenexport zur Verfügung.

> **Hinweis**
>
> Mit dem Add-in SaveAsPDFandXPS.exe, das auf der Internetseite *office.microsoft.com* heruntergeladen werden kann, besteht die Möglichkeit, Daten direkt als PDF- oder XPS-File abzuspeichern.

## Tipp 12: Kompatibilität von Excel 2007/2010 zu Excel 2003

Die neuen Dateiformate ab Excel 2007 sind grundsätzlich nicht mit den Dateiformaten von Excel 2003 kompatibel. Ältere Dateiformate können aber mit Excel 2007 und Excel 2010 problemlos geöffnet, bearbeitet und wieder gespeichert werden.

Für den umgekehrten Weg gibt es aber auch Lösungen. So kann der Zugriff mit älteren Excel-Versionen auf Excel-2007- und Excel-2010-Dateien wie folgt realisiert werden.

### So geht's: Speichern im Excel-2003-Format

Um sicherzustellen, dass eine Arbeitsmappe, die ab Excel 2007 erstellt wurde, mit früheren Versionen bis Excel 2003 gelesen werden kann, müssen Sie diese in dem entsprechenden Originalformat abspeichern. Excel 2007/2010 bietet dazu die Formate *Excel 97-2003-Arbeitsmappe (\*xls)* sowie *Excel 5.0/95-Arbeitsmappe (\*.xls)* an. Diese Formate sind vollständig kompatibel mit den entsprechenden Excel-Versionen.

Wenn Sie merken, dass in einem Übergangszeitraum die Mehrheit der Dateien beispielsweise im Excel-97-2003-Format abgespeichert wird, können Sie dieses Format zum Standardformat machen. Die Einstellung finden Sie im Menü *Office/Excel-Optionen/Speichern*. Wählen Sie aus dem Listenfeld *Dateien in diesem Format speichern* das gewünschte Speicherformat aus. Nun schlägt Excel bei allen *Speichern unter-*Vorgängen das Dateiformat *Excel 97-2003-Arbeitsmappe (\*.xls)* vor. Natürlich können Sie nach wie vor im neuen Dateiformat von Excel 2007 bzw. Excel 2010 speichern. Dann muss aber dieses Format explizit aus der Dateitypliste ausgewählt werden.

### So geht's: Verwendung des Microsoft Office Compatibility Pack

Eine weitere Möglichkeit, um in älteren Versionen auf Excel-2007/2010-Dateien zugreifen zu können, besteht in der Verwendung des Microsoft Office Compatibility Pack.

Laden Sie von der Homepage *www.microsoft.de* das Microsoft Office Compatibility Pack herunter und installieren Sie die Updates und Konverter, die zum Öffnen der Office-Excel-2007/2010-Arbeitsmappen benötigt werden.

Beim Öffnen einer Excel-2007-Datei wird diese konvertiert, sodass die Bearbeitung und Speicherung in älteren Excel-Versionen ohne Probleme möglich ist, ohne dass Sie zur neuen Excel-Version updaten müssen. Excel-2007/2010-spezifische Features und Formatierungen werden in der früheren Version von Excel möglicherweise nicht angezeigt, sind aber dennoch verfügbar, wenn die Arbeitsmappe gespeichert und anschließend wieder in Excel 2007 geöffnet wird.

→ Verweis: siehe Kapitel 11.2, Tipp 2

### Tipp 13: Limitationen in Excel 2007/2010/2013

Ab Excel 2007 wurden nicht nur Benutzeroberfläche und Menüstruktur auf neue Beine gestellt, auch Grenzen wurden teilweise nach hinten verschoben bzw. aufgehoben.

Die folgende Tabelle gibt einen Überblick über die wichtigsten Limitationen von Excel 2007, Excel 2010 und Excel 2013 im Vergleich zu Excel 2003.

| Feature | Bis Excel 2003 | Ab Excel 2007 |
| --- | --- | --- |
| Anzahl der Zeilen | 65.536 | 1.048.576 |
| Anzahl der Spalten | 255 | 16.384 |
| Anzahl der Zellen pro Blatt | 16.777.216 | 17.179.869.184 |
| Anzahl der Farben | 56 | 4.294.967.296 (32 Bit) |
| Regeln für bedingte Formatierungen | 3 | Beschränkung nur durch verfügbaren Arbeitsspeicher |
| Sortierkriterien | 3 | 64 |
| Anzahl der Einträge im AutoFilter-Kombinationsfeld | 1.000 | 10.000 |
| Eindeutige Zellenformate | 4.000 | 65.536 |
| Anzahl der Zeichen in einer Zelle | 1.024 | 32.767 |
| Anzahl der Zeichen in einer Formel | 1.024 | 16.384 |
| Anzahl der Formelverschachtelungen | 7 | 64 |
| Anzahl der Funktionsargumente | 30 | 255 |
| Anzahl der Operanden pro Formel | 40 | 1.024 |
| Anzahl der Matrixformeln zu externen Arbeitsmappen | 65.536 (Excel 97: 32.704) | Beschränkung nur durch verfügbaren Arbeitsspeicher |
| Eindeutige Einträge in Pivotfeldern | 32.768 | 1.048.576 |
| Anzahl der Kategorien für benutzerdefinierte Funktionen | 32 | 255 |
| Anzahl der Namen in einer Arbeitsmappe | 32.704 | Beschränkung nur durch verfügbaren Arbeitsspeicher |
| Anzahl der externen Verknüpfungen | ca. 16.000 | Beschränkung nur durch verfügbaren Arbeitsspeicher |

## Tipp 14: Erweiterte Excel-Funktionen und Assistenten

Ab Excel 2007 wurden einige Funktionen und Funktions-Assistenten erweitert. Im Folgenden erhalten Sie einen kleinen Überblick über die wichtigsten Veränderungen.

### Die neue Sortierfunktion

Die Sortierfunktion wurde ab Excel 2007 von bisher 3 auf 64 Sortierkriterien ausgeweitet. Darüber hinaus besteht die Möglichkeit, auf benutzerdefinierte Sortierkriterien zurückzugreifen. Genügt das immer noch nicht, steht ab Excel 2007 auch die Möglichkeit zur Verfügung, Daten nach Schriftfarbe, Zellfarbe und Zellensymbolen zu sortieren.

Bei der Farbsortierung stehen allerdings keine vorgegebenen Sortierreihenfolgen zur Verfügung. Die Farbsortierung verlangt immer die Vorgabe von benutzerdefinierten Sortierreihenfolgen.

### Bedingte Formatierung

Die bedingte Formatierung wurde erstmalig mit Excel 97 zur Verfügung gestellt. Bis zur Version 2003 konnten drei Regeln für die bedingte Formatierung angegeben werden. Ab Excel 2007 fällt diese Beschränkung komplett weg. Die Anzahl der bedingten Formate ist nun nur noch durch den Arbeitsspeicher beschränkt. Neu sind auch die zusätzlichen Formatierungsmöglichkeiten Datenbalken, Farbskala und Symbolsätze. Die Erweiterung ist rundum gelungen.

➔ Verweis: siehe Kapitel 2.1, Tipp 22 und Tipp 23

### Der Namens-Manager

Auch bei der Namensverwaltung hat sich einiges in der neuen Version getan. Bis Excel 2003 konnten 32.704 Namen in einer Arbeitsmappe verwaltet werden. Ab Excel 2007 ist die Anzahl der Namen nur durch den verfügbaren Arbeitsspeicher limitiert. Einhergehend mit dieser Erweiterung wurde auch die Verwaltung der Namen modifiziert und erweitert.

Im Namens-Manager werden alle sichtbaren Namen der aktuellen Arbeitsmappe aufgelistet. Der neue Namens-Manager zeigt darüber hinaus den aktuellen Wert eines Namens, den Bezug auf einen Namen, den Bereich, für den der Name gilt, sowie einen eventuell manuell hinzugefügten Kommentar an.

11.1 News in Excel 2007

## Tipp 15: Formatieren mithilfe von Formatkatalogen

Ein weiterer Meilenstein in der neuen Excel-Version stellt die Verwendung von Vorlagen bzw. Katalogen dar. Excel ab Version 2007 bietet dazu Dokumentvorlagen, Farbvorlagen, Tabellenvorlagen und Designvorlagen. Sämtliche Änderungen werden in der sogenannten Livevorschau angezeigt. Das bedeutet, sobald Sie die Maus über eine Formatauswahl bewegen, wird diese live in der Tabelle angezeigt. Aber erst mit einem Klick auf die entsprechende Auswahl wird die gewählte Formatierung in die Tabelle übernommen.

> **Hinweis**
>
> Wenn die Livevorschau nicht angezeigt wird, müssen Sie über das Menü *Office/ Excel-Optionen/Häufig verwendet* das Kontrollkästchen *Livevorschau* aktivieren.
>
> In Excel 2010 und Excel 2013 finden Sie den Befehl im Menü *Datei/Optionen/ Allgemein*.

## Tipp 16: Neue Designs ab Excel 2007

Ab Excel 2007 wurde die neue Formatfunktion *Designs* eingeführt. Dabei wird eine Vielzahl fertiger Designs bereits mitgeliefert, die sich aber jederzeit individuell anpassen lassen. Zu einem Design gehören sämtliche Farben, die Schriftarten, Schriftgrößen für Texte und Zahlen sowie verschiedene Formeffekte.

Da die Verwendung von Designs tief in die Gestaltung einer Excel-Tabelle eingreift, bietet es sich an, die Livevorschau ausgiebig zu nutzen, bevor Sie das Design auf die Tabelle anwenden.

## Tipp 17: Neue Tabellenfunktionen einsetzen

Mit der Version Excel 2007 wurden auch neue Tabellenfunktionen eingeführt. Die folgende Tabelle gibt einen Überblick darüber.

| Funktion | Erläuterung |
|---|---|
| WENNFEHLER(Wert;Wert_falls_Fehler) | Gibt einen von Ihnen festgelegten Wert zurück, wenn eine Formel einen Fehler ergibt. Andernfalls wird das Ergebnis der Formel ausgegeben. Verwenden Sie die *WENNFEHLER*-Funktion, um Fehler in einer Formel aufzuspüren und zu beseitigen. |
| ZÄHLENWENNS(Bereich1;Kriterien1; Bereich2;Kriterien2;...) | Im Gegensatz zur Funktion *ZÄHLENWENN()* zählt diese Funktion die Anzahl der Zellen eines Bereichs, die mehreren Kriterien entsprechen. |
| SUMMEWENNS(Summe_Bereich; Kriterium_Bereich1;Kriterium1; Kriterium_Bereich2;Kriterium2;...) | Anders als bei *SUMMEWENN()* können sich die Suchkriterien in verschiedenen Bereichen befinden. Es können bis zu 127 Bereiche und Kriterien angegeben werden. |
| MITTELWERTWENN(Bereich;Kriterien; Mittelwert_Bereich) | Gibt den Durchschnittswert (das arithmetische Mittel) für alle Zellen in einem Bereich zurück, die einem angegebenen Kriterium entsprechen. |
| MITTELWERTWENNS(Mittelwert_Bereich;Kriterien_Bereich1; Kriterium1;Kriterien_Bereich2; Kriterien2;...) | Gibt den Durchschnittswert (das arithmetische Mittel) aller Zellen zurück, die mehreren Kriterien entsprechen. Es können bis zu 127 Bereiche und Kriterien angegeben werden. |

Darüber hinaus werden noch die neuen Funktionen CUBEELEMENT(), CUBE-ELEMENTEIGENSCHAFT(), CUBERANGEELEMENT(), CUBEMENGE(), CUBEMENGEANZAHL() und CUBEWERT() zur Verfügung gestellt, auf die an dieser Stelle nicht näher eingegangen wird. Mehr dazu finden Sie in der Onlinehilfe von Excel 2007, Excel 2010 bzw. Excel 2013.

Wenn eine Arbeitsmappe mit einer neuen Excel-2007-Funktion in einem älteren Dateiformat abgespeichert wird, beispielsweise im Format *Excel 97-2003-Arbeitsmappe*, wird dieser Funktion die Bezeichnung _xlfn vorangestellt (_xlfn.WENNFEHLER (Wert;Wert_falls_Fehler). Um Fehler zu vermeiden, empfiehlt es sich, keine neuen Funktionen zu verwenden bzw. diese durch eine Excel-2003-Funktion zu ersetzen, wenn Sie beabsichtigen, die Arbeitsmappe in einem älteren Dateiformat abzuspeichern.

→ Verweis: siehe Kapitel 15.1 und 15.2

## Tipp 18: Excel-2007/2010-Arbeitsmappen auf Kompatibilität prüfen

Werden Dateien an Dritte weitergegeben und ist nicht bekannt, welche Excel-Version der Empfänger verwendet, bietet es sich an, die Kompatibilitätsprüfung durchzuführen. Wenn nämlich Kompatibilitätsprobleme vorliegen, kann das zu Funktionalitätsverlusten mit unvorhersehbaren Auswirkungen führen.

*So geht's:*

1 Öffnen Sie die zu prüfende Excel-2007/2010-Arbeitsmappe.

2 Starten Sie den Befehl über das Menü *Office/Vorbereiten/Kompatibilitätsprüfung* (Excel 2010: Menü *Datei/Informationen/Auf Probleme prüfen/Kompatibilität prüfen*).

3 Damit bei jedem Speichervorgang die Kompatibilität geprüft wird, müssen Sie das Kontrollkästchen *Kompatibilität beim Speichern dieser Arbeitsmappe überprüfen* aktivieren.

4 Wenn Sie auf die Schaltfläche *In neues Blatt kopieren* klicken, wird der Bericht über vorhandene Kompatibilitätsprobleme in einem neuen Arbeitsblatt erstellt.

Wenn möglich, werden kleinere Probleme automatisch behoben. Informationen zur Lösung komplexer Probleme bekommen Sie über die Schaltfläche *Hilfe*.

11. Neuerungen und Features rund um Excel 2007, 2010 und 2013

> **Hinweis**
>
> Wird die Arbeitsmappe bereits im Kompatibilitätsmodus bearbeitet, da diese als XLS-Datei im Format *Excel 97-2003-Arbeitsmappe* vorliegt, wird die Kompatibilitätsprüfung automatisch bei jedem Speichervorgang durchgeführt.

→ Verweis: siehe Kapitel 11.2, Tipp 2

## Tipp 19: Die neuen Excel-Hilfefunktionen

Das Hilfefenster wird ab Excel 2007 genau so wie in allen früheren Versionen mit der Funktionstaste F1 aufgerufen.

Bei der Verwendung des Hilfefensters können Sie festlegen, ob Informationen ausschließlich auf dem lokalen Computer gesucht oder ob Onlineinhalte mit einbezogen werden sollen.

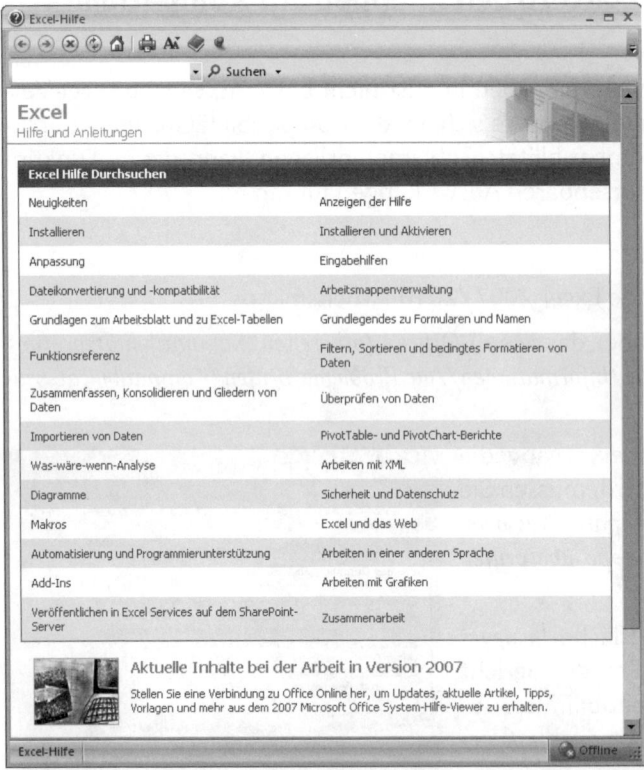

Diese Einstellung finden Sie im Menü *Office/Excel-Optionen/Vertrauensstellungscenter*, Schaltfläche *Einstellungen für das Vertrauensstellungscenter/Datenschutzoptionen*. Aktivieren Sie dort das Kontrollkästchen *Microsoft Office Online nach Hilfeinhalt durchsuchen, wenn eine Verbindung mit dem Internet besteht*.

> **Hinweis**
>
> In Excel steht der Office-Assistent nicht mehr zur Verfügung.

→ Verweis: siehe Kapitel 11.2, Tipp 15

## 11.2 News in Excel 2010

Mit Office 2010 hat Microsoft ein neues Kapitel in der Geschichte der Office-Anwendungen aufgeschlagen. Obwohl auf den ersten Blick kaum etwas Neues in Excel 2010 zu entdecken war, bot die neue Version beachtenswerte Vorteile gegenüber der Vorgängerversion Excel 2007, die im Folgenden erläutert werden.

### Tipp 1: Fakten zu Excel 2010

Zunächst erhalten Sie einen Überblick über die wichtigsten Fakten zur Office- bzw. Excel-Version 2010.

- Excel 2010 wird genau wie Excel 2007 über die sogenannte Multifunktionsleiste gesteuert, die in der neuen Version noch weiter ausgebaut und verfeinert wurde.

- Der von Excel 2007 bekannte Office-Button verschwindet zugunsten der sogenannten Backstage. Mit Backstage wird ein neuer Menüpunkt mit dem Namen *Datei* bezeichnet, unter dem sämtliche Einstellungsmöglichkeiten zusammengefasst sind.

    → Verweis: siehe Kapitel 11.2, Tipp 3

- Office 2010 und damit auch Excel 2010 werden erstmals als 64-Bit-Version angeboten. Ein Update einer vorhandenen 32-Bit-Version auf eine 64-Bit-Version ist allerdings nicht möglich.

- Excel 2010 läuft unter Windows 8, Windows 7, Windows Vista und Windows XP SP3.

## 11. Neuerungen und Features rund um Excel 2007, 2010 und 2013

- Die Parallelinstallation von Excel 2003, Excel 2007 und Excel 2010 ist problemlos möglich.
- Selbstverständlich ist in Excel 2010 die Makroprogrammiersprache VBA (**V**isual **B**asic for **A**pplications) weiterhin vorhanden und mit den Vorgängerversionen kompatibel. Allerdings sind einige neue VBA-Befehle hinzugekommen, die die neuen Excel-2010-Funktionen abbilden.
- Laut Microsoft werden für Office 2010 und somit auch für Excel 2010 keine anderen Anforderungen an die Hardware als für Excel 2007 gestellt, sodass keine Hardwareerweiterungen notwendig sind.

### Tipp 2: Kompatibilität zwischen den einzelnen Excel-Versionen

Seit der Version Excel 2007 kommt das neue XML-Dateiformat zum Einsatz. Dieses Dateiformat kann mithilfe des Compatibility Pack auch in Excel 2003 und älter gelesen und bearbeitet werden. Das Compatibility Pack kann auf der Homepage von Microsoft kostenlos heruntergeladen werden.

→ Verweis: siehe Kapitel 11.1, Tipp 11

Excel 2010 ist zu den Vorgängerversionen grundsätzlich abwärtskompatibel. Zur Prüfung der Kompatibilität des VBA-Codes stellt Microsoft ein eigenes Tool mit der Bezeichnung Compatibility Inspector zur Verfügung, das unter folgendem Link bezogen werden kann:

http://www.microsoft.com/en-us/download/details.aspx?id=15001

Nach der Installation des Programms erscheint im Menü *Entwicklertools* die Programmgruppe *VBA-Inspector*.

### Tipp 3: Die neue Backstage in Excel 2010

Microsoft hat mit Excel 2010 die sogenannte Backstage eingeführt. Diese wird über den aus vielen Vorgängerversionen bekannten Menüpunkt *Datei* aufgerufen.

Über dieses Menü sind im Wesentlichen die Menüpunkte zu erreichen, die unter Excel 2007 über die Office-Schaltfläche zugänglich waren. So können darüber beispielsweise neue Dokumente erstellt werden, das Druckmenü kann aufgerufen werden, Standardfunktionen wie *Speichern*, *Speichern unter*, *Öffnen* und *Schließen* werden hier zur Verfügung gestellt. Darüber hinaus können über die Backstage die allgemeinen Excel-Optionen sowie die Hilfefunktion aufgerufen werden.

Nachfolgend erhalten Sie einen Überblick über die einzelnen Backstage-Funktionen.

## Backstage – Informationen

Nach dem Start der Backstage präsentiert sich Excel, wie in der folgenden Abbildung dargestellt, mit Informationen zur geöffneten Arbeitsmappe. Im rechten Fensterbereich können Eigenschaften wie Titel, Kategorien und Autor definiert werden. Klicken Sie dazu einfach auf den Text *Titel hinzufügen*, *Autor hinzufügen* etc., um die Einträge eingeben zu können.

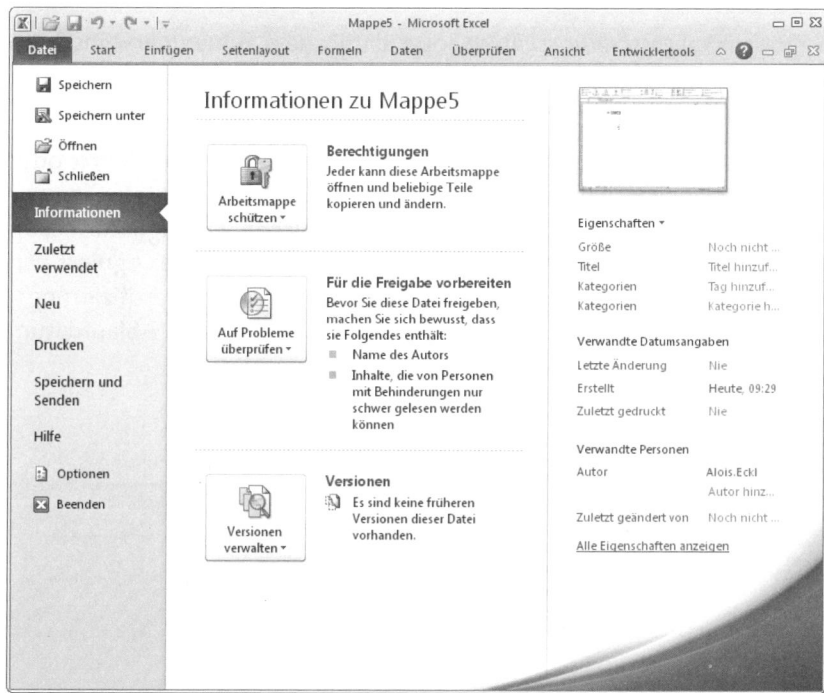

Über dieses Informationsfenster lassen sich weitere Eigenschaften für die geöffnete Arbeitsmappe festlegen.

## Arbeitsmappe schützen

Über die Schaltfläche *Arbeitsmappe schützen* lassen sich Funktionen rund um den Schutz der Arbeitsmappe aufrufen.

Mithilfe des Befehls *Als abgeschlossen kennzeichnen* können Sie angeben, dass Sie die endgültige Version einer Datei freigeben, und gleichzeitig verhindern, dass Bearbeiter oder Leser aus Versehen Änderungen an dem Dokument vornehmen. Wenn eine Datei als abgeschlossen gekennzeichnet wird, werden Eingaben, Bearbeitungsbefehle und Rechtschreibprüfungsmarkierungen deaktiviert, und die Datei ist schreibgeschützt. Außerdem ist die Statuseigenschaft des Dokuments auf *Endgültig* festgelegt.

Der Befehl *Mit Kennwort verschlüsseln* sorgt dafür, dass die Datei nur durch Eingabe des Kennworts geöffnet werden kann.

Mit der Funktion *Aktuelle Tabelle schützen* wird gesteuert, welche Aktionen ein Benutzer auf einem Tabellenblatt ausführen darf.

Die Funktion *Arbeitsmappenstruktur schützen* sorgt dafür, dass keine unerwünschten Änderungen an der Tabellenstruktur wie beispielsweise das Einfügen eines neuen Arbeitsblatts durchgeführt werden können.

Über den letzten Punkt *Digitale Signatur hinzufügen* kann zu einem Makro oder einem Dokument eine digitale Signatur hinzugefügt werden. Eine digitale Signatur ist ein verschlüsseltes, elektronisches Authentifizierungszeichen. Die Signatur bestätigt, dass das Makro bzw. das Dokument von der Person stammt, die es signiert hat, und nicht verändert wurde. Digitale Signaturen werden von einer Zertifizierungsstelle ausgestellt, verlieren wie andere Ausweisdokumente mit dem Ablaufdatum ihre Gültigkeit und können durch Widerrufen eingezogen werden.

### Auf Probleme überprüfen

Die Schaltfläche *Auf Probleme überprüfen* stellt Funktionen rund um die Freigabe von Arbeitsmappen zur Verfügung.

Über den Befehl *Dokument prüfen* wird das Dialogfenster *Dokumentprüfung* aufgerufen.

Mit einem Klick auf die Schaltfläche *Prüfen* werden die angehakten Punkte überprüft, und das Ergebnis der Prüfung wird angezeigt.

Die Barrierefreiheitsprüfung unterstützt Sie beim Erkennen und Beheben von Barrierefreiheitsproblemen in der Arbeitsmappe, wodurch Sie potenzielle Probleme beheben können, die möglicherweise Personen mit Behinderungen vom Zugriff auf Ihre Inhalte abhalten. Wenn Ihre Arbeitsmappe Barrierefreiheitsprobleme aufweist, wird in der Backstage-Ansicht eine Warnung angezeigt, die es Ihnen ermöglicht, sämtliche Probleme in der Arbeitsmappe zu überprüfen und bei Bedarf zu beheben.

Über den Befehl *Kompatibilität prüfen* wird das Dialogfenster *Microsoft Excel – Kompatibilitätsprüfung* aufgerufen.

In der Zusammenfassung werden alle Probleme aufgelistet, die zwischen Version 2010 und früheren Versionen bestehen. Wenn Sie das Kontrollkästchen *Kompatibilität beim Speichern dieser Arbeitsmappe überprüfen* aktivieren, erfolgt beim Speichern der Datei als frühere Version automatisch eine Überprüfung auf Kompatibilitätsprobleme.

### Versionen verwalten

Die Schaltfläche *Versionen verwalten* beinhaltet zwei Optionen.

Die erste Option *Entwurfsversionen wiederherstellen* bietet die Möglichkeit, verschiedene Versionen einer Excel-Datei wieder zu rekonstruieren. Dazu ist es aber erforderlich, dass die Funktion *AutoWiederherstellen* aktiviert ist, was nach einer Standardinstallation von Excel 2010 der Fall ist.

Damit kann beispielsweise nach einem Stromausfall die letzte Version wiederhergestellt werden, und der Datenverlust sollte sich in Grenzen halten. Wird die Datei jedoch ordnungsgemäß gespeichert, werden die meisten automatisch gespeicherten Versionsdateien automatisch entfernt, und der Festplattenplatz wird wieder freigegeben.

Über die zweite Option *Alle Entwurfsversionen löschen* lassen sich alle aktuell gespeicherten Entwurfsversionen manuell entfernen, um den Speicherplatz bei Bedarf freizugeben.

**Backstage: Zuletzt verwendet**

Über diesen Menüpunkt haben Sie Zugriff auf eine Liste der zuletzt geöffneten Dokumente. Diese Liste ist dynamisch, das bedeutet, dass die zuletzt geöffneten Dokumente oben hinzugefügt werden und dementsprechend ältere Dokumente aus der Liste verschwinden.

Ab Excel 2007 besteht nun die Möglichkeit, Dokumente dauerhaft in dieser Liste zu fixieren. Klicken Sie dazu auf den Pin rechts neben dem Namen des Dokuments. Das Standardsymbol ändert sich nach dem Fixieren von einem liegenden Pin zu einem eingesteckten Pin. Dies symbolisiert, dass die Datei nun permanent in der Liste der zuletzt verwendeten Arbeitsmappen verbleibt. Durch einen erneuten Klick wird die Fixierung wieder rückgängig gemacht.

Die Abbildung zeigt, dass zwei Dokumente dauerhaft in der Liste angeheftet sind. Die restliche Liste unter der horizontalen Linie bleibt nach wie vor dynamisch.

Microsoft hat in diesem Dialog einen Schnellzugriff auf nicht gespeicherte Arbeitsmappen geschaffen, um hier direkt darauf zugreifen zu können, was in der Praxis sicherlich sehr hilfreich ist.

Darüber hinaus ist in Excel 2010 ein weiteres schönes Feature hinzugekommen. Neben den zuletzt verwendeten Arbeitsmappen besteht nun auch ein direkter Zugriff auf die zuletzt besuchten Orte. Ein Klick auf einen Eintrag der Liste *Zuletzt besuchte Orte* startet das Dialogfenster *Öffnen* im ausgewählten zuletzt verwendeten Verzeichnis.

### Backstage – Neu

Über den Menüpunkt *Neu* können wie bisher leere Arbeitsmappen, zuletzt verwendete Vorlagen etc. geöffnet werden. Darüber hinaus stehen wie bereits unter Excel 2007 verschiedene Vorlagen, die thematisch gegliedert sind, zur Verfügung.

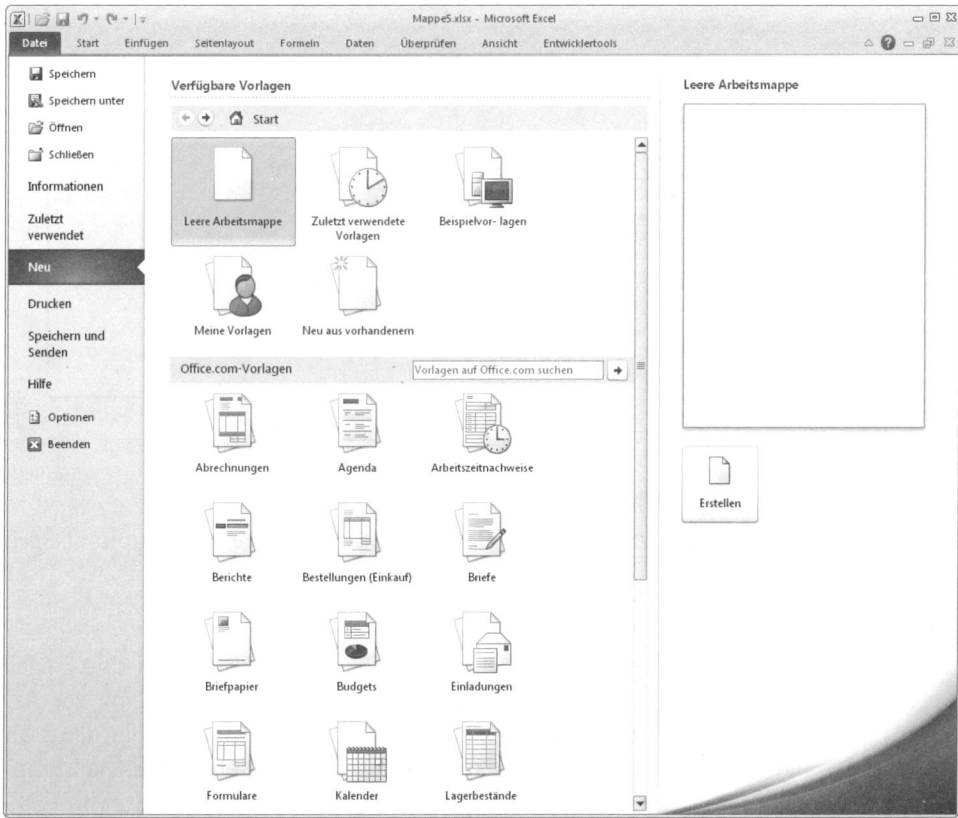

### Backstage – Drucken

Neu ist in Excel 2010 die Druckvorschau, die direkt in der Backstage unter dem Menüpunkt *Drucken* angezeigt wird. Bei mehreren Seiten besteht die Möglichkeit, direkt hier alle Seiten in der Druckvorschau zu sehen. Anwender, die häufig Ausdrucke erstellen, sparen sich mit dieser Funktion einige zusätzliche Klicks.

## 11. Neuerungen und Features rund um Excel 2007, 2010 und 2013

### Backstage – Speichern und Senden

Excel 2010 fasst alle Möglichkeiten der Dateifreigabe unter dem Menüpunkt *Speichern und Senden* zusammen.

Dabei stehen folgende Freigabemöglichkeiten zur Verfügung:

- *Per E-Mail senden*: Mit dieser Funktion kann eine Excel-Datei direkt an eine E-Mail angehängt werden, alternativ besteht die Möglichkeit, nur einen Link zur Arbeitsmappe per E-Mail zu senden. Dazu muss die Arbeitsmappe allerdings an einem freigegebenen Speicherort gespeichert sein, auf den der E-Mail-Empfänger Zugriff hat. Darüber hinaus kann über diese Funktion die Datei im PDF- oder XPS-Format sowie über ein Internetfax direkt versendet werden.

- *Im Web speichern*: SkyDrive ist ein von Microsoft zur Verfügung gestellter Onlinespeicher mit einer Größe von derzeit 25 GByte. Um Zugriff auf SkyDrive zu bekommen, müssen Sie sich unter der Adresse *http://home.live.com* registrieren und einen kostenlosen Live-Account erstellen. Nachdem Sie Ihre Daten direkt aus Excel heraus auf dem Onlinespeicher SkyDrive abgelegt haben, können Sie von überall auf Ihre Dateien zugreifen sowie die Daten mit dem Webbrowser und den sogenannten Web-Apps ansehen und bearbeiten.

- *In SharePoint speichern*: Über diese Funktion können Sie die Arbeitsmappe direkt in SharePoint-Webseiten veröffentlichen und folgende Funktionen von SharePoint nutzen:
  - Gleichzeitig mit mehreren Personen an einer Arbeitsmappe arbeiten.
  - Einen Webbrowser zum Anzeigen und Bearbeiten von Arbeitsmappen verwenden.
  - Frühere Versionen der Arbeitsmappe aufrufen und bearbeiten.
  - E-Mail-Benachrichtigungen bei Änderungen von Arbeitsmappen erhalten.

Wenn Sie Excel Services zum Speichern oder Veröffentlichen von Arbeitsmappen auf SharePoint-Websites verwenden, können Sie die hilfreichen neuen Features für die Datenfreigabe nutzen. Bei Excel Services handelt es sich um eine Microsoft-Office-SharePoint-Technologie, mit der die innerhalb des Unternehmens einheitliche Verwendung, Freigabe und Verwaltung von Microsoft-Office-Excel-2007-Arbeitsmappen *(\*.xslx, \*.xslb)* als interaktive Berichte vereinfacht werden.

Wenn Sie eine Arbeitsmappe für eine Website auf einem Windows-SharePoint-Services-Version-4-Server veröffentlichen, können Benutzer mit den entsprechenden Berechtigungen für diese Website die Daten bearbeiten, formatieren und auf eine Weise mit ihnen arbeiten, die mit Excel Web Access auf einem Server, der Windows SharePoint Services 3.0 ausführt, nicht möglich gewesen wäre.

> **Hinweis**
>
> Das Veröffentlichen von Arbeitsmappen wird nur in den neueren Excel-Versionen ab 2007 unterstützt. Nachdem Sie eine Arbeitsmappe auf einer SharePoint-Services-Website veröffentlicht haben, können Sie deren Daten in einem Webbrowser anzeigen. Diese Funktionalität ist in Excel 2003 oder anderen vorherigen Versionen nicht verfügbar.

*Dateityp ändern*: Möchten Sie eine vorhandene Datei in einem anderen Format abspeichern, können Sie das über diesen Menüpunkt realisieren. Nachdem Sie das gewünschte Dateiformat, beispielsweise das Excel-97-2003-Format, ausgewählt haben, öffnet sich der *Speichern unter*-Dialog, und Sie können die Datei nach Vergabe eines Dateinamens in ein beliebiges Verzeichnis im gewählten Format abspeichern.

*PDF/XPS-Dokument erstellen*: Mithilfe dieser Funktion lassen sich Excel-Tabellen im Standardformat PDF oder XPS abspeichern. Dabei handelt es sich um Formate, die auf beliebigen Betriebssystemen gelesen werden können. Anzeigeprogramme stehen im Internet zum kostenlosen Download bereit.

11. Neuerungen und Features rund um Excel 2007, 2010 und 2013

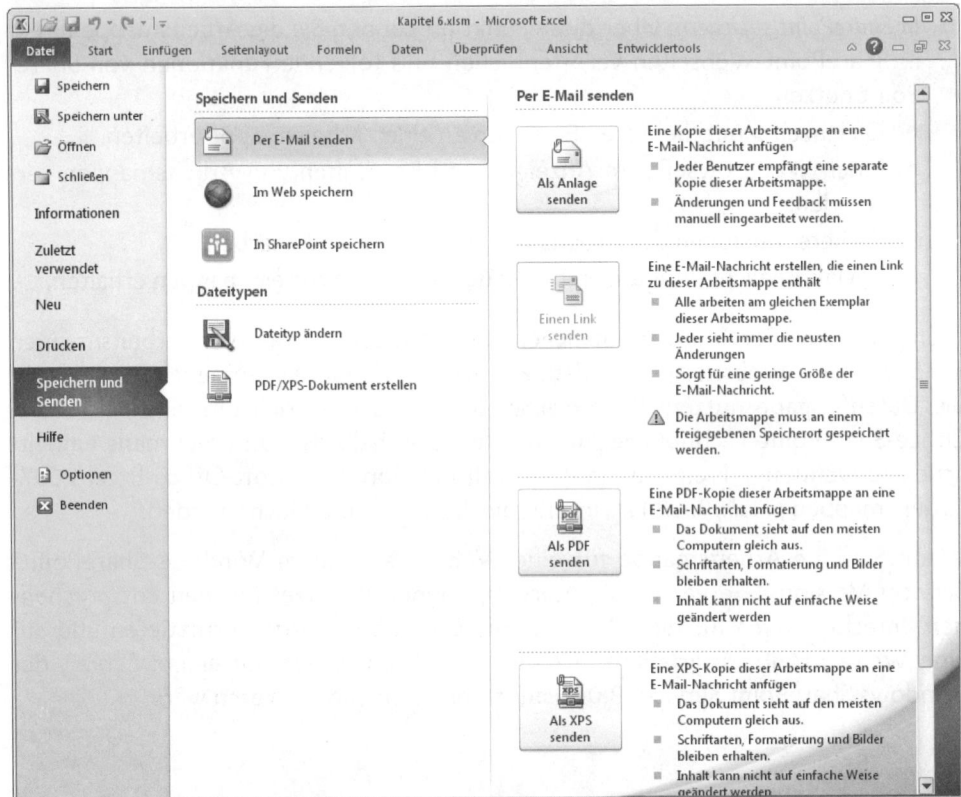

## Tipp 4: So passen Sie das Menüband (die Multifunktionsleiste) unter Excel 2010 an

Die erstmalig in Excel 2007 eingeführte Multifunktionsleiste ist dazu gedacht, dass Sie Befehle und Features schnell und einfach finden können, die zuvor häufig in komplexen Menüs und Symbolleisten versteckt waren.

→ Verweis: siehe Kapitel 11.1, Tipp 5

In Excel 2007 können Befehle zu einer Symbolleiste für den Schnellzugriff hinzugefügt werden, es ist jedoch nicht möglich, eigene Registerkarten zu erstellen oder die integrierten Registerkarten oder Gruppen des Menübands anzupassen.

→ Verweis: siehe Kapitel 11.1, Tipp 4

Eine Modifikation der Multifunktionsleiste kann hier nur per XML-Programmierung vorgenommen werden.

In Excel 2010 ist es nun viel einfacher, vorhandene Registerkarten zu ändern sowie eigene Registerkarten und Gruppen zu erstellen. Dadurch können Sie den Arbeitsbereich gemäß Ihren Vorstellungen anpassen, wiederkehrende Aufgaben zügiger ausführen und schneller auf bevorzugte Befehle zugreifen.

Zur Anpassung des Menübands gehen Sie wie folgt vor:

1 Öffnen Sie das Menü *Datei*, also die Backstage.
2 Klicken Sie auf den Eintrag *Optionen*. Damit öffnen Sie das Dialogfenster *Excel-Optionen*. Über dieses Dialogfenster lassen sich sowohl bestehende Registerkarten und Gruppen verändern als auch neue Registerkarten und Gruppen hinzufügen.

3 Zum Einfügen einer neuen Registerkarte klicken Sie auf die Schaltfläche *Neue Registerkarte*. Damit fügen Sie eine neue Registerkarte ein, der Sie jetzt nur noch Ihren Wünschen entsprechend über die Schaltfläche *Umbenennen* einen Namen geben müssen.

4 Auf die gleiche Art können Sie eine neue Programmgruppe einfügen. Klicken Sie dazu auf die Schaltfläche *Neue Gruppe* und geben Sie der eingefügten Gruppe eine beliebige Bezeichnung.

5 Um nun Befehle der neu eingefügten Programmgruppe hinzuzufügen, gehen Sie wie folgt vor: Suchen Sie in der linken Spalte mit der Bezeichnung *Befehle auswählen* die gewünschte Programmfunktion aus und klicken Sie anschließend auf die Schaltfläche *Hinzufügen*. Diesen Vorgang wiederholen Sie so oft, bis alle gewünschten Befehle in der neu erstellten Registerkarte und den entsprechenden Programmgruppen enthalten sind.

## 11. Neuerungen und Features rund um Excel 2007, 2010 und 2013

6   Über die beiden kleinen Pfeile am rechten Fensterrand können die Registerkarten sowie die Programmgruppen innerhalb der Registerkarten beliebig nach oben bzw. unten verschoben werden. Im Beispiel wurde eine neue Registerkarte mit der Bezeichnung *Excel-Inside* und einer Programmgruppe mit der Bezeichnung *Standardbefehle* eingefügt, zu der verschiedene Funktionen hinzugefügt wurden.

Damit ein schneller Zugriff auf die Standardbefehle gegeben ist, wurde die benutzerdefinierte Symbolleiste auf die erste Position im Menüband verschoben.

> **Hinweis**
>
> Um den Ursprungszustand wiederherzustellen, genügt ein Klick auf die Schaltfläche *Zurücksetzen*. Dort können Sie entscheiden, ob alle Änderungen verworfen und der Standard für sämtliche Registerkarten wiederhergestellt werden soll oder ob nur die Änderungen der gewählten Registerkarte rückgängig gemacht werden sollen.

Damit aber nicht genug. Links neben den Hauptregisterkarten befinden sich Kontrollkästchen. Darüber lassen sich sowohl benutzerdefinierte Registerkarten als auch die Standardregisterkarten per Klick ein- und ausblenden.

### Tipp 5: Verwendung des modifizierten Menübands an mehreren Arbeitsplätzen

Wenn Sie mit mehreren Computern arbeiten und auf allen Geräten mit den gleichen individuell angepassten Menüleisten arbeiten möchten, können Sie das wie folgt realisieren:

*So geht's:*

1   Öffnen Sie das Dialogfenster *Menüband anpassen* über das Menü *Datei/ Optionen/Menüband anpassen*.

2   Über *Importieren/Exportieren* können Sie die benutzerdefinierte Menüleiste exportieren und an einem anderen Computer wieder importieren.

Wenn Sie die Anpassungsdatei exportieren, wird eine Datei mit der Endung .*exportedUI* erzeugt. Diese können Sie an einem anderen Arbeitsplatz, auf dem ebenfalls Excel 2010 installiert ist, auf dem gleichen Weg wieder importieren.

## Tipp 6: Anpassen der Leiste für den Schnellzugriff

Neben der Multifunktionsleiste lässt sich in Excel 2010 ebenso wie in Excel 2007 die Schnellstartleiste an die eigenen Bedürfnisse anpassen.

*So geht's:*

1 Öffnen Sie das Dialogfenster *Symbolleiste für den Schnellzugriff anpassen* über das Menü *Datei/Optionen/Symbolleiste für den Schnellzugriff*.

2 Im linken Fensterbereich befinden sich die zur Auswahl stehenden Befehle.

3 Diese Befehle werden mit einem Klick auf die Schaltfläche *Hinzufügen* in den rechten Fensterbereich verschoben und damit in die Schnellstartleiste übernommen.

4 Mittels der Pfeile am rechten Fensterrand können die jeweiligen Befehle nach oben bzw. unten verschoben werden, auf diese Weise legen Sie die Reihenfolge in der Symbolleiste fest.

Wenn das Kontrollkästchen *Symbolleiste für den Schnellzugriff unter dem Menüband anzeigen* aktiviert ist, wird zuerst die Multifunktionsleiste und darunter die Schnellstartleiste dargestellt.

Ansonsten bietet das Dialogfenster zur Anpassung der Symbolleiste für den Schnellzugriff die gleichen Optionen für die Herstellung des Originalzustands wie das Dialogfenster zum Anpassen des Menübands. Auch die Export- und Importfunktion zur Übertragung der modifizier-

ten Symbolleiste auf einen anderen Computer stehen in gleicher Weise zur Verfügung.

→ Verweis: siehe Kapitel 11.2, Tipp 4

> **Hinweis**
>
> Am rechten Rand der Schnellzugriffsleiste befindet sich ein kleiner Pfeil, über den sich ebenfalls die wesentlichen Einstellungen für die Symbolleiste durchführen lassen.

### Tipp 7: Ein- und Ausblenden des Menübands

Excel 2010 stellt neben den bereits in Excel 2007 verfügbaren Möglichkeiten zur Verkleinerung der Multifunktionsleiste eine neue Option zur Verfügung.

Neben dem Hilfesymbol hat Microsoft einen kleinen, fast unscheinbaren Pfeil platziert, über den sich das Menüband verkleinern und vergrößern lässt.

Alternativ kann die Menüleiste mit der Tastenkombination [Strg]+[F1] oder mit einem Doppelklick auf ein Register ein- und ausgeblendet werden.

### Tipp 8: Erweitertes Copy-and-paste unter Excel 2010

Neu in Excel 2010 ist die Erweiterung der Funktion *Einfügen*.

Wenn Daten aus der Zwischenablage eingefügt werden sollen, genügt es, den Mauszeiger auf den entsprechenden Einfügebefehl zu stellen. Damit wird direkt im Zielbereich die Vorschau darauf, wie das Ergebnis des Einfügevorgangs aussehen würde, angezeigt.

Mit dieser neuen Funktion entfällt künftig das lästige Rückgängigmachen der Einfügebefehle, wenn das eingefügte Ergebnis nicht den Vorstellungen entspricht, was in der Praxis, gerade bei umfangreicheren Daten, häufig vorkommt.

## 11.2 News in Excel 2010

Die neuen Symbole entsprechen im Wesentlichen den Funktionen, die in Excel 2007 über das Untermenü zum Kopieren oder den Dialog *Inhalte einfügen* erreichbar sind. In der folgenden Auflistung erhalten Sie einen Überblick über die zur Verfügung stehenden Einfügeoptionen.

## Tipp 9: Erweiterte Löschen-Schaltfläche

Die Schaltfläche *Löschen* in der Gruppe *Bearbeiten* ist um die Funktion zum Entfernen von Hyperlinks erweitert worden. Damit ist der Zugriff auf diese Funktion wesentlich schneller erreichbar als bisher unter Excel 2003 oder 2007.

## Tipp 10: Beliebige Screenshots ganz einfach einfügen

Diese neue Funktion eignet sich sehr gut, um Sachverhalte schnell und einfach zu illustrieren. Der neue Befehl *Screenshot* befindet sich im Register *Einfügen* in der Programmgruppe *Illustrationen*.

Wenn Sie auf die Schaltfläche *Screenshot* klicken, erhalten Sie eine Vorschau aller verfügbaren Anwendungen. Allerdings dürfen diese nicht zur Taskleiste minimiert werden, sondern müssen als Fenster im Hintergrund geöffnet sein.

Im Beispiel stehen Vorschauelemente von zwei im Hintergrund geöffneten Anwendungen zur Verfügung. Sobald Sie auf ein Vorschaubild klicken, wird der Screenshot des gesamten Anwendungsfensters in die Tabelle eingefügt.

Darüber hinaus besteht die Möglichkeit, einen beliebigen Bildschirmausschnitt auszuwählen.

*So geht's:*

1. Öffnen Sie den Befehl über das Menü *Screenshot/Bildschirmausschnitt*.
2. Excel wird damit automatisch verkleinert, sodass der Desktop mit den restlichen geöffneten Fenstern angezeigt wird.
3. Zur Auswahl des gewünschten Bildausschnitts wird ein Auswahlkreuz eingeblendet, über das Sie durch Ziehen mit gedrückter linker Maustaste den gewünschten Bereich markieren können.

## 11.2 News in Excel 2010

**4** Wenn Sie die linke Maustaste loslassen, wird der gewählte Bildausschnitt automatisch in der aktuell geöffneten Excel-Tabelle angezeigt. Dort kann die Grafik beliebig positioniert und verändert werden.

## Tipp 11: Einfügen von mathematischen Gleichungen – der neue Formeleditor

In Excel 2010 steht jetzt auch ein Formeleditor, ähnlich wie der in Word 2007, zur Verfügung. Damit lassen sich mathematische Gleichungen auch in Excel einfach darstellen.

### So geht's:

**1** Damit die Befehle zum Einfügen von Formeln zur Verfügung stehen, muss zunächst eine Textbox eingefügt werden. Klicken Sie dazu auf die Schaltfläche *Textfeld* auf der Registerkarte *Einfügen*. Diese Schaltfläche finden Sie in der Gruppe *Text*.

**2** Ziehen Sie die Textbox mit gedrückter linker Maustaste in der für Ihre Formel voraussichtlich notwendigen Größe auf. Selbstverständlich können Sie die Größe später noch beliebig ändern.

**3** Den Befehl namens *Formel* zum Starten des Formeleditors finden Sie nun auf der Registerkarte *Einfügen* in der Programmgruppe *Symbolleiste*.

**4** Zum Einfügen von Formeln stehen zwei Möglichkeiten zur Verfügung. Wenn Sie auf die untere Hälfte, also auf den Pfeil der Schaltfläche *Formel* klicken, öffnet sich eine Liste mit vordefinierten Formeln, von denen Sie eine auswählen können. Zur Verfügung stehen hier beispielsweise Formeln zur Berechnung der Kreisoberfläche, der Binomische Lehrsatz, der Satz des Pythagoras und so weiter.

**5** Sollten Sie eine andere als die vordefinierte Formel erstellen wollen, was in den meisten Fällen auch der Fall sein dürfte, klicken Sie auf die obere Hälfte der Schaltfläche *Formeln* und öffnen damit die Registerkarte *Formeltools*.

## 11. Neuerungen und Features rund um Excel 2007, 2010 und 2013

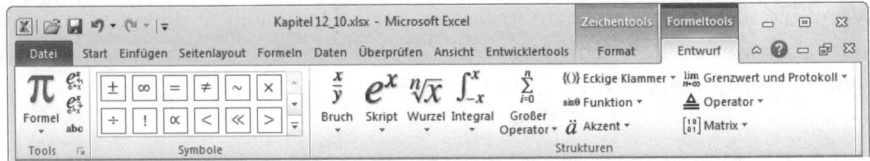

Über diese Registerkarte können Sie Formeln nach Ihren individuellen Bedürfnissen zusammenbauen und gestalten. So können Sie Vorlagen für Brüche, Skripten, Wurzeln, Integrale, Klammern etc. einfügen und anschließend mit Werten befüllen. Im Beispiel sehen Sie die Zinsformel Kapital (*k*) * Zinssatz (*p*) * Zinstage (*t*) dividiert durch 100 * 360, dargestellt als allgemeingültige Formel. Mit dieser Formel wird der Zinsbetrag ermittelt.

## Tipp 12: Die neue Excel-Solver-Version

In Excel 2010 steht eine völlig überarbeitete Solver-Version zur Verfügung. Damit Sie den Solver verwenden können, müssen Sie ihn zuerst einbinden.

*So geht's:*

1 Starten Sie zunächst über das Menü *Datei/Optionen/Add-Ins* das Dialogfenster *Microsoft Office Add-Ins anzeigen und verwalten*.

2 Wählen Sie im Bereich *Verwalten* den Eintrag *Excel-Add-Ins* und klicken Sie auf die Schaltfläche *Gehe zu*.

3 Aktivieren Sie im Dialogfenster *Add-Ins* den Eintrag *Solver*. Damit steht der Befehl auf der Registerkarte *Daten* innerhalb der Programmgruppe *Analyse* zur Verfügung.

Nach einem Klick auf die Schaltfläche *Solver* öffnet sich das Dialogfenster des erweiterten Solvers.

Dieser beinhaltet folgende neue Funktionen:

- Eine verbesserte Benutzeroberfläche.
- Eine neue evolutionäre Solver-Engine, die auf genetischen Algorithmen basiert und Modelle mit beliebigen Excel-Funktionen verarbeitet.

- Neue globale Optimierungsoptionen.
- Verbesserte lineare Programmierungsoptionen.
- Neue Berichte zu Linearität und Machbarkeit.
- Der neue Solver steht auch in einer 64-Bit-Version in Excel 64 Bit zur Verfügung.

## Tipp 13: Umfangreiche Funktionen zur Bildbearbeitung

Die Kommunikation von Ideen in Excel 2010 umfasst nicht immer nur die Anzeige von Zahlen oder Diagrammen. In Excel 2010 müssen Sie kein Grafikdesigner sein, um professionell und elegant aussehende Bilder zu erstellen. Wenn Sie Ihre Ideen mithilfe von Fotos, Zeichnungen oder SmartArts optisch vermitteln möchten, können Sie die folgenden Features nutzen.

Excel 2010 bietet umfangreiche Funktionen zur Bildbearbeitung. Anhand eines Beispielbilds wollen wir die einzelnen Funktionen etwas genauer unter die Lupe nehmen.

Fügen Sie zunächst ein Bild über das Menü *Einfügen/Grafik* ein. Wir haben uns für die Pinguine aus dem Bilderordner von Windows 7 entschieden.

Sobald das Bild eingefügt und markiert ist, wird die Registerkarte *Bildtools* angezeigt. Diese Registerkarte enthält die für die Bearbeitung von Bildern relevanten Befehle. Auf den ersten Blick fällt auf, dass einige Schaltflächen aus Excel 2007 weggefallen sind oder umsortiert wurden und dass neue Optionen in Excel 2010 vorhanden sind.

## 11. Neuerungen und Features rund um Excel 2007, 2010 und 2013

### Freistellen

Mithilfe der Funktion *Freistellen* können Objekte freigestellt, also vom Hintergrund befreit werden. Wer sich etwas intensiver mit Bildbearbeitungsprogrammen beschäftigt, wird wissen, dass für diese Funktion relativ aufwendige Algorithmen notwendig sind. Nach einem Klick auf die Schaltfläche *Freistellen* wird die Registerkarte *Freistellen* mit verschiedenen Befehlen eingeblendet, und der Bildhintergrund, also der Bereich, der entfernt werden soll, wird automatisch farbig gekennzeichnet.

Ziehen Sie die Markierung um Ihre freizustellenden Objekte, im Beispiel um die drei Pinguine. Damit legen Sie fest, welcher Hintergrundbereich behalten werden soll und welcher entfernt wird. Die Vorschau wird live im eingefügten Bild angezeigt.

Wenn Sie mit der Auswahl fertig sind und auf die Schaltfläche *Änderungen beibehalten* klicken, wird der farbig markierte Hintergrund entfernt, und es bleiben nur noch die Pinguine übrig.

Wie Sie sehen, wurde beim linken Pinguin im Halsbereich etwas zu viel entfernt. Das kann aber leicht korrigiert werden. Dazu soll der rechte Pinguin aus dem Bild entfernt werden.

## So geht's:

1 Markieren Sie zunächst das Bild.

2 Klicken Sie auf die Schaltfläche *Freistellen*, damit wird der Hintergrund wieder farbig eingefärbt.

3 Im nächsten Schritt müssen Sie über die Schaltflächen *Zu behaltende Bereiche markieren* und *Zu entfernende Bereiche markieren* die entsprechenden Bereiche des Bilds markieren. Zu behaltende Bereiche werden mit einem Plus- und zu entfernende Bereiche mit einem Minuszeichen versehen.

4 Nach einem Klick auf die Schaltfläche *Änderungen beibehalten* wird das Bild ohne Hintergrund und ohne den rechten Pinguin angezeigt.

Für ein Kalkulationsprogramm ist die Leistungsfähigkeit dieses Freistellungstools wirklich sehr beachtlich.

## Künstlerische Effekte

Die Funktion *Künstlerische Effekte* bietet eine Menge Möglichkeiten, Bilder zu verändern und zu optimieren. Markieren Sie dazu das Bild und öffnen Sie mit dem Befehl *Bildtools/Künstlerische Effekte* den entsprechenden Bereich. Hier können Sie verschiedene Vorlagen ausprobieren bzw. die Effekte nach Ihren Bedürfnissen anpassen.

Die Abbildung zeigt die Pinguine als Bleistiftzeichnung.

*Bildlayout*

Diese neue Excel-Funktion kombiniert SmartArts mit der eingefügten Grafik. Den Befehl starten Sie bei aktivierter Grafik über das Menü *Bildtools/Bildlayout*. Aus der Gallery können Sie eine beliebige vordefinierte Vorlage auswählen und diese mit einem beliebigen Text versehen.

Natürlich können Sie auch die SmartArts an Ihre Bedürfnisse und Vorstellungen anpassen; lassen Sie Ihren künstlerischen Fähigkeiten freien Lauf.

## Tipp 14: Die neuen Sicherheitsoptionen in Excel 2010

In Excel 2010 wurde das gesamte Sicherheitskonzept überarbeitet. Dabei werden nicht nur erweiterte Sicherheitsoptionen zur Verfügung gestellt, vielmehr wurde das ganze Sicherheitskonzept überarbeitet und verfeinert.

Über folgendes Menü gelangen Sie ins Sicherheitscenter: *Datei/Optionen/Sicherheitscenter*. Ein Klick auf die Schaltfläche *Einstellungen für das Sicherheitscenter* öffnet das gewünschte Dialogfenster.

Dieser Tipp gibt Ihnen einen Überblick über die wesentlichen Änderungen und Erweiterungen der Sicherheitsmechanismen in Excel 2010. Auf die bereits in Excel 2007 vorhandenen Sicherheitseinstellungen wird daher nicht näher eingegangen.

## Vertrauenswürdige Dokumente

Neben dem Menüpunkt *Vertrauenswürdige Herausgeber* und *Vertrauenswürdige Speicherorte* ist in Excel 2010 der Menüpunkt *Vertrauenswürdige Dokumente* hinzugekommen. Damit kann unabhängig vom Speicherort und vom Herausgeber ganz speziell für eine Datei festgelegt werden, dass sie als vertrauenswürdig eingestuft werden soll. Wenn eine Datei als vertrauenswürdig eingestuft wurde, werden Makros, ActiveX-Steuerelemente und andere aktive Inhalte ohne Sicherheitsabfrage geöffnet. Es erfolgt auch keine Abfrage, wenn neuer aktiver Inhalt zum Dokument hinzugefügt wird oder bestehende Inhalte verändert werden.

Im Dialogfenster haben Sie die Möglichkeit, diese Funktion zu deaktivieren oder alle als vertrauenswürdig eingestuften Dokumente zu löschen. Dies erreichen Sie über die Schaltfläche *Bereinigen*.

## Geschützte Ansicht

Microsoft hat anscheinend akzeptiert, dass es auf absehbare Zeit nicht gelingen wird, alle Schwachstellen in den Dateiformaten des Office-Pakets zu beseitigen, die zum Einschleusen von Schädlingen genutzt werden können. Aus diesem Grund enthält Office 2010 den sogenannten „Sandbox-Modus", der Office-Anwendungen und darin geöffnete Dokumente daran hindern soll, auf lokal gespeicherte Dateien zuzugreifen.

Es kann detailliert festgelegt werden, welche Dokumente nur in der geschützten Ansicht geöffnet werden dürfen. Folgende Optionen stehen hier zur Verfügung:

- *Geschütze Ansicht für Dateien mit fehlgeschlagener Überprüfung aktivieren*
- *Geschützte Ansicht für Dateien aus dem Internet aktivieren*
- *Geschütze Ansicht für Dateien an potenziell unsicheren Speicherorten aktivieren*
- *Geschützte Ansicht für Outlook-Anlagen aktivieren*

## 11. Neuerungen und Features rund um Excel 2007, 2010 und 2013

Weiterhin steht die Option *Datenausführungsverhinderungs-Modus aktivieren* zur Verfügung. Besser dürfte diese Funktion unter der Bezeichnung DEP (**D**ata **E**xecution **P**revention) bekannt sein. Über DEP werden Programme bei der Ausführung überwacht, um sicherzustellen, dass sie auf die Speicherbereiche sauber zugreifen. Versucht ein Programm, Code auf eine nicht erlaubte Weise auszuführen, wird das Programm durch DEP automatisch beendet. Die Funktion ist in Excel 2010 standardmäßig aktiviert, kann aber unter diesem Menüpunkt deaktiviert werden.

### Einstellungen für den Zugriffsschutz

Hier finden Sie die Einstellungen, um das Verhalten von Excel für das Öffnen und Speichern bestimmter Dateitypen zu definieren.

## 11.2 News in Excel 2010

So können für alle Dateitypen, beginnend beim Format für Excel 2007/2010 über ältere Excel-Formate bis hin zu dBase und OpenOffice-Formaten, detaillierte Vorgaben zum Öffnen und Speichern getroffen werden.

Nachdem der entsprechende Dateityp in der Spalte *Öffnen* und/oder *Speichern* mit einem Haken aktiviert wurde, kann über die Optionsfelder das *Öffnungsverhalten der ausgewählten Dateitypen* festgelegt werden. Folgende Optionen stehen dabei zur Verfügung:

- *Ausgewählte Dateitypen nicht öffnen*
- *Ausgewählte Dateitypen in geschützter Ansicht öffnen*
- *Ausgewählte Dateitypen in der geschützten Ansicht öffnen und Bearbeitung erlauben*

Abhängig von den gewählten Einstellungen wird beim Öffnen von Dateien ein Hinweis unterhalb der Multifunktionsleiste mit einem entsprechenden Hinweis angezeigt. Dort haben Sie gegebenenfalls auch direkt die Möglichkeit, die geblockten Inhalte zu aktivieren. Das ist jedoch abhängig von den eingestellten Datenschutzoptionen.

Die gleiche Logik wie für das Öffnen von Dateien gilt auch für das Speichern des entsprechenden Dokuments. Sollte das Speichern aufgrund der definierten Speicheroptionen nicht möglich sein, wird eine entsprechende Meldung ausgegeben.

Zusammen sollen diese Maßnahmen einen mehrschichtigen Schutz vor Angriffen durch schädliche Dateien bieten, ohne das Arbeiten mit Office 2010 allzu sehr zu behindern. Die Praxistauglichkeit bleibt jedoch abzuwarten.

## 11. Neuerungen und Features rund um Excel 2007, 2010 und 2013

### Tipp 15: Nutzen der Hilfefunktion – offline und online

Auch unter Excel 2010 steht eine umfangreiche und aussagekräftige Hilfefunktion zur Verfügung.

Aufgerufen wird sie wie in den vorherigen Excel-Versionen mit der Funktionstaste [F1] oder auch über das Fragezeichensymbol.

Sie können festlegen, ob die Hilfefunktion nur offline arbeiten oder auch online nach Inhalten suchen soll.

Diese Einstellungen werden über den Menüpunkt *Datei/Optionen/Sicherheitscenter*, Schaltfläche *Einstellungen für das Sicherheitscenter/Datenschutzoptionen* vorgenommen.

Haben Sie das Kontrollkästchen *Verbindung mit Office.com herstellen, um nach aktualisierten Inhalten zu suchen, wenn eine Verbindung mit dem Internet besteht* aktiviert, werden bei Suchanfragen auch Onlineinhalte durchsucht und in der Ergebnisliste aufgeführt.

### Tipp 16: Mehrere Dateien schnell ins Excel-2007-Format/Excel-2010-Format konvertieren

Das neue XLSX-Format wurde zusammen mit Excel 2007 eingeführt und wird auch in Excel 2010 als Standardformat verwendet. Anwender, die mit Excel 2007 oder Excel 2010 arbeiten, werden sämtliche neuen Dokumente wohl im neuen XLSX-Format abspeichern, in der Praxis ist aber sicherlich noch eine Vielzahl an Arbeitsmappen im „alten" XLS-Dateiformat vorhanden.

## 11.2 News in Excel 2010

In der Regel werden Sie eine vorhandene Arbeitsmappe im XLS-Format dann in das XLSX-Format konvertieren, wenn Sie die Arbeitsmappe öffnen, überarbeiten und wieder abspeichern. Dieses Vorgehen ist aber relativ aufwendig, da jede einzelne Arbeitsmappe ins neue Format konvertiert werden muss.

Microsoft stellt zur automatischen Konvertierung ein Tool mit der Bezeichnung Office Migration Planning Manager zur Verfügung. Mit diesem Tool können komplette Verzeichnisse in das neue Format umgewandelt werden.

### So geht's:

1 Laden Sie zuerst das Programm Microsoft Office Migration Planning Manager unter folgender URL herunter:

http://www.microsoft.com/en-us/download/details.aspx?id=11454

2 Entpacken Sie diese Datei per Doppelklick in ein beliebiges Verzeichnis, beispielsweise in C:\Programme\Migration Planning Manager.

3 Laden Sie in einem zweiten Schritt, falls auf Ihrem Rechner noch nicht vorhanden, das Microsoft Office Compatibility Pack unter diesem Link herunter

http://www.microsoft.com/de-de/download/details.aspx?id=3

4 Das Office Compatibility Pack ermöglicht Nutzern älterer Office-Versionen das Öffnen, Bearbeiten und Speichern von Arbeitsmappen, die mit Excel 2007 oder Excel 2010 im neuen Dateiformat erstellt wurden. Für die automatische Konvertierung mit dem Migration Planning Manager muss das Compatibility Pack zwingend installiert sein.

5 Wechseln Sie nun in den Ordner, in dem sich der Migration Planning Manager befindet, und verzweigen Sie dort in den weiteren Unterordner mit der Bezeichnung Tools.

6 Öffnen Sie in diesem Ordner die Datei ofc.ini mit einem Texteditor, suchen Sie nach dem Eintrag ;fldr=C:\Documents and Settings\Administrator\My Documents und ändern Sie diese Zeile so ab, dass der Pfad auf das Verzeichnis zeigt, in dem sich die zu konvertierenden Arbeitsmappen im XLS-Format befinden. Die geänderte Zeile könnte wie folgt aussehen: fldr=C\tmp. Achten Sie darauf, dass das Semikolon vor der Pfadangabe entfernt wird, speichern Sie die geänderte Datei ab und schließen Sie sie.

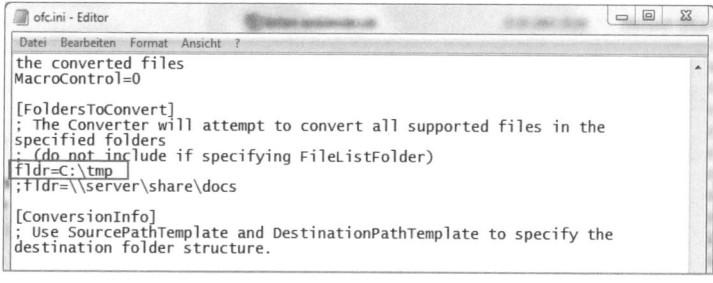

11. Neuerungen und Features rund um Excel 2007, 2010 und 2013

7 Zum Starten des Konvertierungsvorgangs müssen Sie nun nur noch die Datei *ofc.exe* mit einem Doppelklick starten. Damit werden alle Dateien im angegebenen Verzeichnis sowie alle Unterordner nacheinander abgearbeitet. Der Arbeitsfortschritt kann in einem Fenster verfolgt werden.

8 Die ins neue Format konvertierten Arbeitsmappen werden im Ordner *C:\tmp\ Converted* abgelegt.

> **Hinweis**
>
> Zu beachten ist, dass kennwortgeschützte Dateien nicht automatisch umgewandelt werden können.
>
> Darüber hinaus können mit dem Programm auch Access, Word-, PowerPoint- und Visio-Dateien in die jeweils neuen Formate konvertiert werden.

## Tipp 17: Zugriff auf SkyDrive über Excel 2010

Excel 2010 bietet genau wie verschiedene andere Office-2010-Programme die Möglichkeit, Dateien direkt auf der virtuellen Onlinefestplatte SkyDrive abzulegen. SkyDrive ist Bestandteil von Windows Live und kann nach der Registrierung und Anmeldung völlig kostenfrei verwendet werden.

→ Verweis: siehe Kapitel 12, Tipp 2

*So geht's:*

Wenn die Arbeitsmappe fertiggestellt ist, kann sie direkt auf SkyDrive abgespeichert werden.

1 Öffnen Sie zunächst über das Menü *Datei/Freigeben/Speichern auf SkyDrive* das entsprechende Dialogfenster.

## 11.2 News in Excel 2010

**2** Damit Sie Zugriff auf das Laufwerk bekommen, müssen Sie sich zunächst bei SkyDrive anmelden. Klicken Sie dazu auf die Schaltfläche *Anmelden* und legitimieren Sie sich mit Ihrem Benutzernamen und Ihrem Kennwort.

**3** Sobald Sie die Daten eingetragen und das Dialogfenster über die Schaltfläche *OK* bestätigt haben, wird in der Backstage auf der Registerkarte *Freigeben* die Ordnerstruktur von SkyDrive angezeigt. Darüber hinaus kann direkt aus Excel 2010 heraus ein neuer Ordner auf SkyDrive erstellt werden.

**4** Wählen Sie den Ordner aus, in dem Sie die Datei speichern möchten, und klicken Sie auf die Schaltfläche *Speichern unter*. Es öffnet sich ein Dialog, in dem Sie den gewünschten Dateinamen eingeben und den Sie dann per Schaltfläche *Speichern* beenden.

Damit wird die Excel-Arbeitsmappe auf der virtuellen Onlinefestplatte SkyDrive im angegebenen Verzeichnis abgespeichert. Somit steht sie abhängig von der Ordnerberechtigung nur Ihnen oder auch anderen Benutzern zur Verfügung. Sie können die Datei anschließend wieder mit Excel 2010 (Clientanwendung) öffnen oder in Excel-Web-App ansehen und bearbeiten.

→ Verweis: siehe Kapitel 12, Tipp 3

## 11.3 Neue Funktionen und Features in Excel 2013

Seit Anfang 2012 wird über die neue Version Office 2013 spekuliert. Bereits im Februar 2012 wurde die Technical-Preview-Version für einen ausgewählten Anwenderkreis zur Verfügung gestellt. Mitte Juli 2012 wurde Office 2013 dann schließlich in einer Pressekonferenz von Steve Balmer persönlich dem breiten Publikum präsentiert. Daran anschließend gab es eine offenen Consumer-Preview, an dem alle interessierten Anwender teilnehmen konnten. Bereits ab Ende Oktober 2012 stand für MSDN- und Technet-Abonennten Office 2013 in der RTM-Version (**R**elease **T**o **M**anufacturing), also der Version, die später auf CD gepresst wurde, zur Verfügung. Damit konnten wir diesen Buchabschnitt bereits mit der endgültigen Version von Excel 2013 verfassen. Angekündigt war die Verkaufsversion für das erste Quartal 2013, daher auch die Produktbezeichnung Excel 2013. Seit Ende Januar 2013 kann das neue Office nun erworben werden.

Beim ersten Blick auf Excel 2013 fällt das neue Design auf. Dieses wirkt sehr übersichtlich und aufgeräumt. Das Layout ist an das neue Windows-8-Design (vormals Metro UI) angelehnt und soll für eine ablenkungsfreie Arbeit mit den neuen Office-Produkten sorgen. Windows-8-Design bedeutet, dass auf 3-D-Effekte, unnötige Zwischenlinien und sonstigen unnötigen Ballast in der gesamten Bedienoberfläche, aber insbesondere in der Menüleiste verzichtet, wurde. Das geht sogar so weit, dass die Menüleiste in Excel 2013 standardmäßig ausgeblendet ist. Erst wenn eine Registerkarte (z. B. *Datei*, *Einfügen* etc.) angeklickt wird, wird die Multifunktionsleiste angezeigt.

Eine weitere Besonderheit, die allerdings nicht sofort auffällt, zumindest nicht, wenn man Excel 2013 an einem PC nutzt, ist die Möglichkeit, Excel 2013 vollständig auf Touchscreen-basierten Geräten zu verwenden. Dazu steht der sogenannte Touch-Modus zur Verfügung, der ein- und ausgeschaltet werden kann.

Die dritte und spannendste Besonderheit von Office 2013 ist wohl das neue Speicherkonzept. Damit soll Office 2013 mit der Cloud verschmelzen, indem Onlinespeicher, wie beispielsweise der Microsoft-eigene kostenlose Onlinespeicher SkyDrive, direkt in Office integriert sind. Weitere Onlinedienste können ganz einfach hinzugefügt werden.

Alles in allem hinterlässt Excel 2013 einen soliden und durchdachten Eindruck. Ob und wie sich Office 2013 auf Touchscreen-basierten Endgeräten wie Smartphones und Tablet-PCs durchsetzen wird, bleibt abzuwarten. Mithilfe der gewohnten Funktionsvielfalt sowie der umfassenden Cloud-Integration sollte Office 2013, und damit auch Excel 2013, aber gut für die Zukunft gerüstet sein.

## Tipp 1: Fakten zu Excel 2013

In diesem Tipp erhalten Sie einen Überblick über die Neuerungen und grundsätzlichen Fakten von Excel 2013.

- Office 2013 läuft nicht mehr unter Windows XP oder Windows Vista. Voraussetzung für die Installation von Office 2013 und damit für Excel 2013 sind die Betriebssysteme Windows 7, Windows 8, Windows Server 2008 R2 oder Windows Server 2012.
- Die Parallelinstallation von Excel 2013 mit den Vorgängerversionen Excel 2003, 2007 und 2010 ist wie bereits in den vorherigen Versionen jederzeit möglich.
- Excel 2013 enthält nach wie vor die programminterne Erweiterungssprache VBA (**V**isual **B**asic for **A**pplications).
- Office 2013 stellt ebenso wie die Vorgängerversionen keine besonderen Ansprüche an die Hardware, sodass die bestehende Hardware, auf der Excel 2003 bzw. 2007/2010 läuft, ohne Probleme verwendet werden kann.

## Tipp 2: Kompatibilität von Excel 2013

→ Verweis: siehe Kapitel 11.2, Tipp 2

Auch Excel 2013 ist wie die Vorgängerversionen abwärtskompatibel. Bereits mit Excel 2007 wurde das neue XML-basierte Dateiformat eingeführt, das auch in Excel 2013 verwendet wird. Somit können die Dateien zwischen Excel 2007, 2010 und 2013 bedenkenlos ausgetauscht werden. Zur Verwendung des neuen Dateiformats in Excel 2003 muss der Compatibility Pack verwendet werden, der auf den Seiten von Microsoft kostenlos heruntergeladen werden kann. Weitere Informationen zu diesem Thema finden Sie in Kapitel 11.1, Tipp 11 und 12.

## Tipp 3: Diese Office-2013-Varianten gibt es

Microsoft bietet Office 2013 in den folgenden drei verschiedenen Varianten an:

Wie gewohnt als lokale Installation

Als Onlinedienst mit der Bezeichnung Office Web-Apps

Als App-Streaming-Version

Zu den ersten beiden Punkten gibt es nicht viel zu sagen. Bereits seit Office 2010 werden die Programme Excel, Word, PowerPoint und OneNote als Onlineversion kostenlos angeboten. Nach Registrierung und Anmeldung bei *http://www.live.com* können die Web-Apps genutzt werden, um neue Dokumente zu erstellen und vorhandene Dokumente zu bearbeiten. Der Funktionsumfang der Web-Apps ist aber derzeit noch eingeschränkt, sodass viele Funktionen in der Onlinevariante nicht zur Verfügung stehen. VBA ist bei der Onlineversion derzeit noch außen vor. Ob VBA jemals in die Web-Apps integriert wird, bleibt abzuwarten.

Was verbirgt sich aber hinter der neuen Installationsmethode des App-Streamings? Beim App-Streaming wird ein Teil der Anwendung auf den Computer geladen, wenn das Programm gestartet wird. Der in der Regel größere Teil der Software steht online zur Verfügung. Damit ist App-Streaming ein Mittelding zwischen einer reinen lokalen Installation und einer reinen Onlineversion.

Beim App-Streaming gibt es in der Regel keine Zeitverzögerung bei der Ausführung des Programms, sodass der Anwender davon nichts mitbekommt. Wenn das Programm beendet wird, wird die heruntergeladene Software komplett vom System entfernt, sodass sich eine App auf diese Art ohne Rückstände auf jedem internetfähigen Computer nutzen lässt, z. B. in Internetcafés etc.

App-Streaming bietet folgende Vorteile:

- Anwendungen und Updates können schnell zur Verfügung gestellt werden
- Selten oder nie benutzte Funktionen werden nicht lokal auf dem System gespeichert
- Der Funktionsumfang von gestreamten Anwendungen ist größer als bei reinen Onlineversionen

## Tipp 4: Das neue Speicherkonzept von Excel 2013 – SkyDrive & Co.

Eine wesentliche Neuerung von Excel 2013 ist die vollständige Integration von Cloud-Diensten wie SkyDrive oder Office 365. Damit wird die Software selbst zum Cloud-basierten Abonnementdienst.

Standardmäßig ist der Microsoft-eigene Onlinespeicher SkyDrive als Speicherort integriert. Um diesen nutzen zu können, benötigen Sie nur eine Microsoft Live ID, mit der Sie sich in Excel anmelden müssen.

## 11.3 Neue Funktionen und Features in Excel 2013

### So geht's:

1 Über den Menüpunkt *Datei/Öffnen* bzw. *Datei/Speichern unter* gelangen Sie in das entsprechende Dialogfenster.

2 Wenn Sie in diesem Fenster auf den Eintrag *SkyDrive* klicken, wird Ihnen das Fenster zur Anmeldung angezeigt.

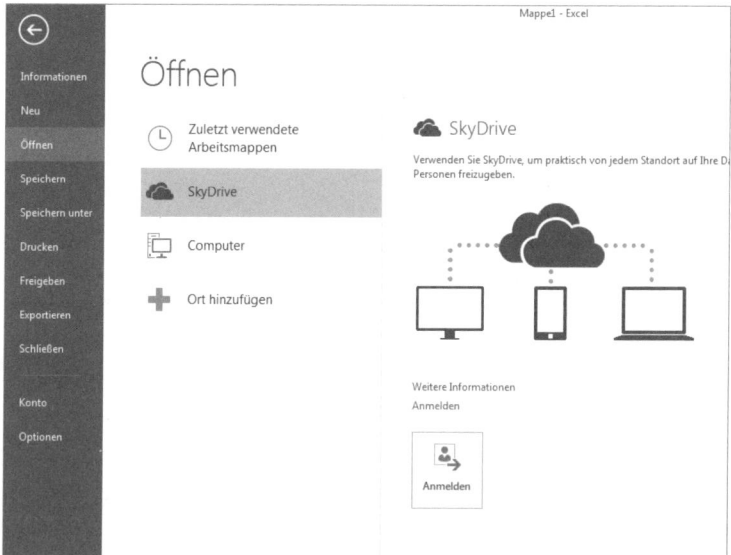

3 Ein weiterer Klick auf die Schaltfläche *Anmelden* öffnet das Dialogfenster zur Anmeldung mit Ihrer Live ID. Tragen Sie diese dort ein und geben Sie zusätzlich Ihr Kennwort an.

4 Nach einem erneuten Klick auf die Schaltfläche *Anmelden* haben Sie uneingeschränkten Zugriff auf Ihren Onlinespeicher SkyDrive.

Auf die gleiche Art und Weise können Sie weitere Onlinespeicherorte hinzufügen. Ich habe neben dem Onlinespeicher SkyDrive auch noch meinen SharePoint-Server von Office 365 als Speicherort hinzugefügt, wie die folgende Abbildung zeigt.

## 11. Neuerungen und Features rund um Excel 2007, 2010 und 2013

Die Synchronisation von Dokumenten zwischen unterschiedlichen Endgeräten wie beispielsweise Desktop-PC, Tablet und Smartphone ist damit ein Kinderspiel, da von überall und von allen Endgeräten auf die gleichen Daten zugegriffen werden kann. Selbst personalisierte Einstellungen wie die zuletzt verwendeten Dateien folgen dem Anwender von Gerät zu Gerät.

Darüber hinaus werden von allen Dokumenten aus dem Onlinespeicher offline Kopien erstellt, sodass diese auch ohne Internetanbindung und Zugriff auf den Onlinespeicher verwendet und bearbeitet werden können.

Wenn Sie also eine Datei aus dem Onlinespeicher öffnen möchten, aber keinen Onlinezugriff haben, wird die Offlineversion geöffnet. Dabei wird ein entsprechender Hinweis in der Informationsleiste ausgegeben.

Sobald Sie erneut Zugriff auf SkyDrive & Co. haben, werden die offline geänderten Daten mit dem Onlinespeicher sofort wieder synchronisiert, sodass die Datenaktualität immer sichergestellt ist.

Neben dem Zugriff auf SkyDrive aus Office 2013 gibt es verschiedene Apps für Windows und den Mac sowie für IOS und Android, mit denen ohne Office direkt oder über den Dateiexplorer auf die Daten im Onlinespeicher zugegriffen werden kann.

→ Verweis: siehe Kapitel 12, Tipp 2

## Tipp 5: Der überarbeitete Backstage-Bereich in Excel 2013

Die sogenannte Backstage, die erstmalig mit Excel 2007 eingeführt wurde, hat nun auch in Excel 2013, wie bereits in Excel 2010, weitere Optimierungen erfahren, die nachfolgend kurz erläutert werden. Aufgerufen wird die Backstage über das Menü *Datei*.

- Der Befehl *Zuletzt verwendet* wurde direkt in den *Öffnen*-Dialog integriert.
- Der neue Menüpunkt *Konto* erlaubt den Zugriff auf die verbundenen Onlinespeicher wie beispielsweise SkyDrive und SharePoint. Darüber hinaus besteht hier auch die Möglichkeit, soziale Netzwerke wie Facebook etc. hinzuzufügen und zu verwalten.
- Der Befehl *Speichern und Senden* aus Excel 2010 wurde in Excel 2013 in die beiden *Befehle Freigeben* und *Exportieren* unterteilt.
- Unter dem Menüpunkt *Freigeben* können Personen zur Teamarbeit eingeladen werden. Mit dieser Funktion kann gleichzeitig an online verfügbaren Tabellen gearbeitet werden. Darüber hinaus können Nachrichten direkt bei den verbundenen sozialen Netzwerken veröffentlicht werden. Auch das Versenden von Tabellen per E-Mail wird über diesen Menüpunkt erledigt.

- Das Menü *Exportieren* stellt die Funktion zur Erstellung von PDF-/XPS-Dokumenten zur Verfügung. Darüber hinaus kann der Dateityp einer bereits bestehenden Datei in diesem Menüpunkt geändert werden. Neu in Office 2013 ist, dass PDF-Dateien direkt ohne zusätzliche PDF-Software erstellt werden können.

Die anderen Funktionen sind im Wesentlichen gegenüber Excel 2010 unverändert geblieben. Einzig die Reihenfolge verschiedener Befehle hat sich geändert.

### Tipp 6: Excel 2013 ohne Startbildschirm ausführen

Alle Office-2013-Anwendungen, und damit auch Excel 2013, starten mit einer Startseite, auf der verschiedene Optionen ausgewählt werden können.

Darüber können die zuletzt verwendeten Arbeitsmappen sowie leere Sheets und Vorlagen geöffnet werden. Viele Anwender möchten allerdings beim Neustart von Excel sofort mit einem leeren Arbeitsblatt beginnen. In diesem Tipp zeigen wir Ihnen, welche Einstellungen Sie vornehmen müssen, damit Excel 2013 wie gewohnt mit einem leeren Tabellenblatt startet.

*So geht's:*

1 Öffnen Sie über das Menü *Datei/Optionen* die Registerkarte *Allgemein*.

2 Entfernen Sie den Haken beim Eintrag *Startbildschirm beim Starten dieser Anwendung anzeigen*.

3 Beenden Sie das Dialogfeld mit einem Klick auf die Schaltfläche *OK*.

## 11.3 Neue Funktionen und Features in Excel 2013

Beim nächsten Start von Excel wird nun direkt ein leeres Tabellenblatt angezeigt, und Sie können sofort mit der Arbeit beginnen.

### Tipp 7: Animationen in Excel 2013 ein- und ausschalten

Wie Ihnen sicherlich schon aufgefallen ist, werden verschiedene Aktionen in Excel mit einer netten Animation unterlegt. So werden beispielsweise Zahlen, die sich aufgrund einer Neuberechnung ergeben, nicht einfach nur angezeigt. Das neue Ergebnis scrollt von oben nach unten und schiebt dadurch das alte Ergebnis unten aus der Zelle hinaus. Auch das Verschieben des Zellzeigers und das Markieren von Zellen mit der Tastatur oder mit der Maus sind animiert. So entsteht der Effekt, dass man den Zellzeiger über das Bild wandern sieht. Sollten Ihnen die neuen Animationen allerdings nicht zusagen, können Sie sie jederzeit abschalten.

*So geht's:*

Diese Beschreibung bezieht sich auf Windows 7.

1 Öffnen Sie über die Systemsteuerung zuerst den Bereich *System*.

2 Über die Schaltfläche *Erweiterte Systemeinstellungen* im linken Bereich muss das Dialogfenster *Systemeigenschaften* geöffnet werden.

3 Öffnen Sie in diesem Dialogfenster zunächst die Registerkarte *Erweitert*.

## 11. Neuerungen und Features rund um Excel 2007, 2010 und 2013

**4** Auf dieser Registerkarte befindet sich im Bereich *Leistung* die Schaltfläche *Einstellungen*.

**5** Ein Klick auf die Schaltfläche *Einstellungen* öffnet das Dialogfenster *Leistungsoptionen*.

**6** Auf der Registerkarte *Visuelle Effekte* muss der Haken bei *Steuerelemente und Elemente innerhalb von Fenstern animieren* entfernt werden.

**7** Nachdem anschließend alle Fenster mit einem Klick auf die Schaltfläche *OK* bestätigt wurden, ist die Animation wie gewünscht deaktiviert, und Office 2013 einschließlich Excel 2013 präsentiert sich in dieser Hinsicht wie seine Vorgänger. Da sich diese Einstellung systemweit auswirkt, werden die Animationen in allen Office-2013-Anwendungen deaktiviert.

Wenn Sie die Animationen wieder aktivieren möchten, führen Sie die beschriebenen Schritte erneut aus und setzen den entsprechenden Haken einfach wieder.

### Tipp 8: Die neue Schnellanalysefunktion

Wie der Name schon sagt, können mit dieser neuen Funktion Daten einfach und schnell analysiert und mit zusätzlichen Informationen automatisch angereichert werden.

## 11.3 Neue Funktionen und Features in Excel 2013

Die neue Funktion hinterlässt einen sehr guten Eindruck und ist intuitiv zu bedienen. Die Schnellanalysefunktion kann auf beliebige zusammenhängende Datenbereiche angewendet werden. Es spielt dabei keine Rolle, ob der Datenbereich als Datentabelle formatiert wurde oder nicht.

### So geht's:

Um die Funktion nutzen zu können, müssen zuerst die Zellen, die ausgewertet werden sollen, entsprechend markiert werden. Ist der gewünschte Zellbereich ausgewählt, erscheint sofort neben der rechten unteren Zelle im ausgewählten Bereich ein Symbol.

|    | A         | B             | C           | D            |
|----|-----------|---------------|-------------|--------------|
| 1  | Schnellanalyse | | | |
| 2  | | | | |
| 3  | | | | |
| 4  | | | | |
| 5  | Artikel-Nr | Einkaufspreis | Gewinnspanne | Verkaufspreis |
| 6  | 3896D     | 114,38        | 5,72        | 120,10       |
| 7  | 2034C     | 298,25        | 14,91       | 313,16       |
| 8  | 7762I     | 165,40        | 8,27        | 173,67       |
| 9  | 4474U     | 176,56        | 8,83        | 185,39       |
| 10 | 5204X     | 66,00         | 3,30        | 69,30        |
| 11 | 6640A     | 62,00         | 3,10        | 65,10        |
| 12 | 8867O     | 253,58        | 12,68       | 266,26       |
| 13 | 1907J     | 196,40        | 9,82        | 206,22       |
| 14 | 2904X     | 14,60         | 0,73        | 15,33        |
| 15 | 5994N     | 23,08         | 1,15        | 24,23        |
| 16 | 5771G     | 210,55        | 10,53       | 221,08       |

Schnellanalyse (Strg+Q)
Verwenden Sie das Schnellanalysetool, um Ihre Daten mit einigen der nützlichsten Tools von Excel schnell und einfach zu analysieren, beispielsweise Diagramme, Farbcodierung oder Formeln.

Mit einem Klick auf das Schnellanalysesymbol bzw. mithilfe der Tastenkombination [Strg]+[Q] öffnet sich ein Fenster, in dem folgende Schnellanalysefunktionen ausgewählt werden können.

- *FORMATIERUNG* – bedingte Formatierung wie *Datenbalken, Farbskala, Symbolsatz, Größer als, Obere 10 %)*
- *DIAGRAMME* – *Gruppierte Säulen, Gestapelte Säulen, Gruppierte Balken, Gestapelte Balken, Blase, Weitere Diagramme*
- *ERGEBNISSE* – *Summe, Durchschnitt, Anzahl, % Gesamt, Laufende Summe;* diese Funktionen können unterhalb und rechts von der Datentabelle eingefügt werden
- *TABELLEN* – *Tabellen, Pivot-Tabellen*
- *SPARKLINES* – *Linie, Säule Gewinn/Verlust*

Die folgende Abbildung zeigt den Aufbau der Schnellanalysefunktion.

## 11. Neuerungen und Features rund um Excel 2007, 2010 und 2013

Im folgenden Beispiel soll eine Summenzeile unterhalb der Tabelle mit Gesamtsummen sowie Datenbalken (bedingte Formatierung) für die Spalte *Verkaufspreis* über die Schnellanalysefunktion eingefügt werden. Dafür sind nur ein paar wenige Schritte erforderlich. Den Rest erledigt die neue Funktion völlig automatisch.

### So geht's:

1 Markieren Sie zunächst den Zellbereich, der summiert werden soll, also im Beispiel den Zellbereich A6:D16.

2 Klicken Sie anschließend auf das Schnellanalysesymbol rechts unten neben dem Datenbereich.

3 Wählen Sie nun die gewünschte Summenfunktion aus. Diese ist auf der Registerkarte *ERGEBNISSE* zu finden.

4 Sobald Sie jetzt den Mauszeiger auf die Berechnungsfunktion *Summe* setzen, erscheint dank der Vorschaufunktion sofort die Gesamtsumme wie gewünscht unterhalb der Datentabelle.

5 Wenn Sie den Befehl *Summe* anklicken, wird die Summenzeile eingefügt, und das Schnellanalysefenster wird ausgeblendet.

Um nun die Spalte *Verkaufspreis* mit einem Datenbalken zu versehen, sind folgende Schritte notwendig:

## 11.3 Neue Funktionen und Features in Excel 2013

1  Markieren Sie zunächst den Zellbereich D5:D16. Alternativ genügt es auch, den Zellbereich D6:D16 zu markieren. Excel erkennt die Überschrift automatisch und führt die bedingte Formatierung nur auf die relevanten Zellen aus, in denen sich die Werte zur Auswertung befinden.

2  Öffnen Sie die Schnellanalysefunktion und wählen Sie im Register *FORMATIERUNG* den Befehl *Datenbalken* aus.

3  Durch die Vorschaufunktion werden die Datenbalken bereits angezeigt, wenn Sie den Mauszeiger auf den Befehl setzen. Mit einem Klick auf den Befehl *Datenbalken* übernehmen Sie die Formatierung in die Spalte *Verkaufspreis*. Das Ergebnis sehen Sie in der folgenden Abbildung.

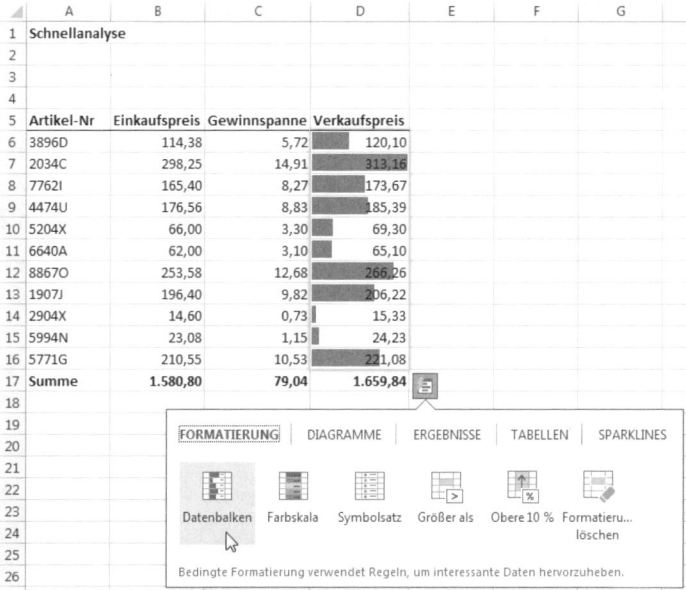

Mithilfe der Schnellanalysefunktion lassen sich Daten mit wenigen Mausklicks erfolgreich auswerten und ansprechend aufbereiten.

> **Hinweis**
>
> Die Befehle der Schnellanalysefunktion stehen abhängig von den ausgewählten Dateninhalten zur Verfügung. So werden beispielsweise andere Formatierungsbefehle angezeigt, wenn Texte oder Datumswerte anstelle von Zahlen analysiert werden sollen.

## Tipp 9: Die neue Blitzvorschaufunktion

Mithilfe der neuen Blitzvorschaufunktion können Daten auf intelligente Art und Weise extrahiert werden. Zum Extrahieren von Daten genügt es, das gewünschte

Extraktionsmuster rechts oder links neben die auszuwertende Liste geschrieben wird. Wenn Sie anschließend die neue Blitzvorschaufunktion ausführen, versucht Excel anhand des vorgegebenen Musters, alle weiteren Einträge in der Liste zu erkennen, auszulesen und in die entsprechenden Zellen zu schreiben.

Am besten lässt sich die neue Funktion anhand von Beispielen erläutern. Im ersten Beispiel soll aus einer Liste mit E-Mail-Adressen jeweils der Nachname ausgelesen werden. Die Liste mit den E-Mail-Adressen sehen Sie in der nebenstehenden Abbildung.

## So geht's:

**1** Schreiben Sie zunächst das gewünschte Extraktionsmuster in die Zelle rechts oder links neben der Datentabelle. In diesem Beispiel schreiben wir als Muster den Nachnamen *mueller* rechts neben die erste Datenzeile der Liste, also in Zelle B6.

**2** Markieren Sie nun dann gesamten Bereich von B6 bis B13, also einschließlich der Musterzelle. Nur wenn die Musterzeile in die Markierung eingeschlossen wird, kann die Blitzvorschaufunktion korrekt arbeiten.

**3** Starten Sie nun über das Menü *Start/Bearbeiten/Füllbereich/Blitzvorschau* die Blitzvorschaufunktion.

**4** Sobald Sie die Funktion ausgeführt haben, werden die Nachnamen dem vorgegebenen Extraktionsmuster entsprechend in die markierten Zellen rechts neben der Liste eingetragen.

Zusätzlich wird rechts neben dem ersten ausgelesenen Namen das Symbol *Blitzvorschauoptionen* angezeigt. Wenn Sie darauf klicken, öffnet sich ein Optionsfenster, in dem Sie verschiedene Aktionen ausführen können.

Über die erste Option *Rückgängig* können Sie die Funktion einfach wieder zurücksetzen.

Die Option *Vorschläge akzeptieren* sorgt dafür, dass die ausgelesenen Inhalte fest in die Zellen eingetragen werden. Damit verschwindet auch das *Blitzvorschauoptionen*-Symbol.

Solange Sie aber die Daten mit der Option *Vorschläge akzeptieren* nicht angenommen haben, können Sie das Extraktionsmuster in Zelle B6 jederzeit ändern. Wenn Sie beispielsweise anstatt des Nachnamens *mueller* den Vornamen *gerd* eintragen, wird dieser automatisch in die Zellen B7 bis B13 übernommen. Sollte die Übernahme nicht automatisch erfolgen, können Sie sie anstoßen. Klicken Sie dazu einfach auf das Symbol *Blitzvorschauoptionen* und wählen Sie die unterste Option *Alle ausgewählten Zellen ändern* aus. Das Ergebnis der Änderung des Extraktionsmusters auf den Vornamen sehen Sie in der folgenden Abbildung.

Wie gewünscht, werden nun anstatt der Nachnamen die Vornamen aus der E-Mail Liste ausgelesen.

## Tipp 10: Weitere Extraktionsmöglichkeiten mithilfe der Blitzvorschaufunktion

Dieser Tipp zeigt weitere Möglichkeiten der Blitzvorschaufunktion, um Daten aus einer Auflistung auszulesen und in separaten Zellen darzustellen.

Als Basis für diesen Tipp dient erneut die Liste mit den E-Mail-Adressen aus Tipp 9. Nun sollen die Vor- und Nachnamen gleichzeitig extrahiert werden.

*So geht's:*

1 Um den Vor- und den Nachnamen auszulesen, tragen Sie in Zelle B6 einfach *Gerd Mueller* ein.

2 Markieren Sie anschließend den Zellbereich B6:B13.

3 Starten Sie nun über das Menü *Start/Bearbeiten/Füllbereich/Blitzvorschau* die Blitzvorschaufunktion.

**4** Als Ergebnis wird aus allen E-Mail-Adressen der Vor- und Nachname korrekt ausgelesen. Selbst der Punkt, der den Vor- und Zunamen in der E-Mail-Adresse trennt, wird aus den ausgelesenen Daten entfernt.

Beachten Sie, dass die Anfangsbuchstaben auch alle korrekt als Großbuchstaben ausgegeben werden. Dies liegt daran, dass das vorgegebene Muster, also der Name *Gerd Mueller*, auch mit den entsprechenden Großbuchstaben vorgegeben wurde.

Im nächsten Beispiel zeigen wir Ihnen, welche Möglichkeiten die Blitzvorschaufunktion noch bietet. Dazu wurde die E-Mail-Liste etwas modifiziert. Die **T**op-**L**evel-**D**omain (TLD) *.info* wurde bei den einzelnen E-Mail-Adressen auf eine jeweils andere TLD abgeändert.

Das Ziel ist nun, neben den Vor- und Nachnamen die Top-Level-Domains mit dem Zusatz *TLD:* auslesen zu lassen. Vorname und Nachname sollen dabei vertauscht werden.

### So geht's:

1. Tragen Sie in Zelle B6 Folgendes ein: *Mueller Gerd – TLD: .info*.

2. Markieren Sie nun wie gewohnt den kompletten Zellbereich, also B6 bis B13.

3. Starten Sie schließlich die Blitzvorschaufunktion über das Menü *Start/Bearbeiten/Füllbereich/Blitzvorschau*.

4. Als Ergebnis werden die vertauschten Vor- und Zunamen ausgegeben. Außerdem wird der Zusatz *– TLD:* gefolgt von der entsprechenden Top-Level-Domain extrahiert.

## 11.3 Neue Funktionen und Features in Excel 2013

Sie sehen, diese neue Vorschaufunktion ist ziemlich mächtig.

| | A | B |
|---|---|---|
| 1 | Neue Funktion "Füllbereich" | |
| 2 | | |
| 3 | | |
| 4 | | |
| 5 | E-Mail Adressen | |
| 6 | gerd.mueller@mustertest.info | Mueller Gerd - TLD: .info |
| 7 | wibke.huber@mustertest.de | Huber Wibke - TLD: .de |
| 8 | sven.koenig@mustertest.com | Koenig Sven - TLD: .com |
| 9 | klara.kraus@mustertest.net | Kraus Klara - TLD: .net |
| 10 | otto.bergner@mustertest.eu | Bergner Otto - TLD: .eu |
| 11 | doris.hansen@mustertest.tv | Hansen Doris - TLD: .tv |
| 12 | klaus.raum@mustertest.at | Raum Klaus - TLD: .at |
| 13 | olga.toenges@mustertest.org | Toenges Olga - TLD: .org |
| 14 | | |

→ Verweis: siehe Kapitel 4.4, Tipp 11

### Tipp 11: Neue PivotTable-Funktion: mehrere Datenquellen

Excel 2013 bietet zwei neue Funktionen für PivotTables. Mit diesen Erweiterungen lässt sich die PivotTable-Funktion noch praxisorientierter verwenden. Auswertungen lassen sich damit jetzt übersichtlicher und einfacher realisieren.

Mithilfe der ersten neuen PivotTable-Funktion können mehrere Datentabellen bzw. Datenbereiche gleichzeitig in einer einzigen PivotTable ausgewertet werden. Bis Excel 2010 konnte in PivotTables jeweils nur ein einziger Datenbereich analysiert werden. Waren die relevanten Daten auf mehrere Tabellen oder Datenbereiche verteilt, musste zuerst eine neue Liste mit allen relevanten Datenfeldern erzeugt werden, die dann als Basis für die PivotTable verwendet werden konnte. Dieser Schritt kann in Excel 2013 entfallen, da beide Datentabellen in eine PivotTable-Auswertung integriert werden können.

In diesem Beispiel liegt, wie in der Abbildung zu sehen, eine Bestellliste vor.

Diese Liste enthält die meisten Informationen für die Auswertung. Auf einem anderen Tabellenblatt steht aber noch eine weitere Tabelle zur Verfügung, in der eine Beziehung zwischen der Artikelgruppe und dem Lagerort über die Artikelgruppe dargestellt wird.

| | A | B | C | D | E |
|---|---|---|---|---|---|
| 1 | PivotTable in Excel 2013 | | | | |
| 2 | | | | | |
| 3 | Bestellliste | | | | |
| 4 | | | | | |
| 5 | Nr. | Bestelldatum | Artikel-Nr. | Artikel-Gruppe | Umsatz |
| 6 | 1 | 12.11.2012 | 1005 | 1000 | 29.474,46 |
| 7 | 2 | 12.11.2012 | 2051 | 2000 | 17.340,23 |
| 8 | 3 | 13.11.2012 | 1076 | 1000 | 38.982,79 |
| 9 | 4 | 13.11.2012 | 3513 | 3000 | 38.976,54 |
| 10 | 5 | 14.11.2012 | 3428 | 3000 | 25.755,49 |
| 11 | 6 | 14.11.2012 | 2347 | 2000 | 11.411,98 |
| 12 | 7 | 14.11.2012 | 1430 | 1000 | 31.209,15 |
| 13 | 8 | 15.11.2012 | 2747 | 2000 | 31.316,69 |
| 14 | 9 | 15.11.2012 | 1948 | 1000 | 17.944,19 |
| 15 | 10 | 15.11.2012 | 3009 | 3000 | 19.653,65 |
| 16 | | | | | |

| | A | B | C |
|---|---|---|---|
| 1 | PivotTable in Excel 2013 | | |
| 2 | | | |
| 3 | Lagerliste | | |
| 4 | | | |
| 5 | Lager | Art.-Gruppe | |
| 6 | Hauptlager 1 | 1000 | |
| 7 | Hauptlager 2 | 2000 | |
| 8 | Nebenlager A | 3000 | |
| 9 | Nebenlager B | 4000 | |
| 10 | | | |

## 11. Neuerungen und Features rund um Excel 2007, 2010 und 2013

Die zu erstellende PivotTable-Auswertung in diesem Tipp soll nun Informationen aus beiden Tabellen enthalten, indem neben der Artikelgruppennummer auch die Bezeichnung des Lagers aus der zweiten Tabelle angezeigt wird.

Dies kann erreicht werden, wenn beide Datenbereiche zur PivotTable-Auswertung hinzugefügt werden.

### So geht's:

**1** Markieren Sie dazu im ersten Schritt in der *Bestellliste* den Bereich A5:E15.

**2** Erzeugen Sie nun über den Befehl *Einfügen/Tabellen/PivotTable* eine neue PivotTable. Achten Sie darauf, dass das Kontrollkästchen *Dem Datenmodell diese Daten hinzufügen* aktiviert ist, wie die Abbildung zeigt. Dies ist notwendig, damit mehrere Tabellen bzw. Datenbereiche analysiert und ausgewertet werden können.

**3** Bestätigen Sie dieses Dialogfenster mit *OK*. Damit wird ein neues Tabellenblatt mit einer PivotTable erzeugt.

**4** Im nächsten Schritt muss nun der Pivot-Bericht generiert werden. Ziehen Sie dazu das relevante Berichtsfeld *Artikel-Gruppe* in den Zeilenbereich und das Feld *Umsatz* in den Wertebereich.

## 11.3 Neue Funktionen und Features in Excel 2013

5   Um nun die zweite Tabelle *Lagerliste* dem Pivot-Bericht hinzuzufügen, wiederholen Sie Schritt 2 einfach. Markieren Sie dazu in der *Lagerliste* den Zellbereich A5:B9 und starten Sie den PivotTable-Befehl über das Menü *Einfügen/Tabellen/PivotTable*. Achten Sie darauf, dass hier ebenfalls der Haken im Kontrollkästchen *Dem Datenmodell diese Daten hinzufügen* gesetzt wird, und beenden Sie das Dialogfenster mit einem Klick auf die Schaltfläche *OK*.

6   Damit sind beide Datentabellen vorhanden und können verwendet werden. Um allerdings die Daten miteinander zu verknüpfen, ist noch ein weiterer Schritt notwendig. In diesem Beispiel müssen das Feld *Artikel-Gruppe* aus der *Bestellliste* sowie das Feld *Art.-Gruppe* aus der *Lagerliste* zueinander in Beziehung gesetzt werden. Öffnen Sie dazu auf der Registerkarte *PivotTable-Tools/Analysieren/Berechnungen/Beziehungen* den entsprechenden Befehl, um eine Relation zwischen den beiden Datenfeldern herzustellen. Wählen Sie aus den jeweiligen Bereichen die beiden Datenfelder aus und bestätigen Sie das Dialogfenster mit einem Klick auf die Schaltfläche *OK*.

Im bereits erzeugten PivotTable-Bericht stehen nun auch die Felder aus der Lagerliste zur Verfügung, und die Felder sind entsprechend verknüpft, sodass über die Artikelgruppe die Beziehung zwischen den beiden Datenbereichen hergestellt ist.

7   Um die neuen Datenfelder allerdings zu sehen und verwenden zu können, muss die Anzeigeoption in der *PivotTable-Felder*-Seitenleiste von *AKTIV* auf die Option *ALLE* umgestellt werden. Damit wird *Bereich1* eingeblendet, und Sie können die Felder aus der zweiten Datentabelle wie gewohnt verwenden.

775

## 11. Neuerungen und Features rund um Excel 2007, 2010 und 2013

**8** Um nun den PivotTable-Bericht um die Lagerinformationen zu ergänzen, ziehen Sie das Datenfeld *Lager* aus *Bereich1* einfach in den Zeilenbereich der PivotTable. Achten Sie darauf, dass dieses Feld vor dem Feld *Artikel-Gruppe* eingefügt wird.

Damit ist der PivotTable-Bericht fertig, und die Auswertung steht wie gewünscht zur Verfügung.

### Hinweis

Beachten Sie, dass die Bezeichnung der Datenfelder, über die die Beziehung hergestellt werden soll, nicht identisch sein muss. Es können damit beliebige Berichte miteinander in Relation gesetzt werden, ohne dass diese vorher angepasst werden müssen.

## Tipp 12: Neue PivotTable-Funktion: Zeitachsentool

→ Verweis: siehe Kapitel 5.3, Tipp 10 und Tipp 11

Excel 2013 bietet ein weiteres Feature, nämlich ein neues Zeitachsentool, das in Kombination mit PivotTables eingesetzt werden kann. In diesem Tipp erfahren Sie, wie dieses Tool implementiert und verwendet werden kann. Das Zeitachsentool ist als Filterinstrument für Zeitbetrachtungen gedacht und entspricht in der Logik der in Excel 2010 eingeführten Datenschnittfunktion.

Als Ausgangsbasis dient eine einfache Umsatztabelle für das zweite Halbjahr 2012, also für den Zeitraum Juli bis Dezember. Diese Umsatztabelle enthält chronologisch aufsteigend die Umsätze pro Tag.

Ziel ist nun, die Umsätze über das Zeitachsentool zu filtern.

## 11.3 Neue Funktionen und Features in Excel 2013

*So geht's:*

1 Setzen Sie im ersten Schritt den Zellzeiger auf eine beliebige Zelle in der Umsatztabelle und erzeugen Sie über das Menü *Einfügen/Tabellen/Pivot-Table* eine neue PivotTable. Der Assistent erkennt automatisch den Datenbereich einschließlich der Überschriftenzeile und schlägt diesen entsprechend vor.

2 Mit einem Klick auf die Schaltfläche *OK* wird die PivotTable auf einem neuen Arbeitsblatt erstellt.

3 Ziehen Sie nun das Feld *Verkaufsdatum* in den *Zeilen*-Bereich und das Feld *Betrag* in den *Werte*-Bereich. Damit wird die entsprechende PivotTable erzeugt.

4 Im nächsten Schritt kann nun die Zeitachse eingefügt werden. Setzen Sie dazu den Zellzeiger in die eben erstellte PivotTable und führen Sie den Befehl *PivotTable-Tools/Analysieren/Filtern/Zeitachse einfügen* aus. Excel erkennt automatisch das Feld *Verkaufsdatum* als Datumsfeld. Damit dieses in der Zeitachse verwendet wird, müssen Sie einen Haken davor setzen und das Dialogfenster mit *OK* bestätigen.

**5** Damit wird auf Basis der vorliegenden PivotTable für den Zeitraum Juli bis Dezember 2012 eine Zeitachse eingefügt.

**6** Um nun die Anzeige auf beliebige Monate einzuschränken, markieren Sie einfach den entsprechenden Monat bzw. Monatsbereich. Die folgende Abbildung zeigt die Beschränkung der Datenanzeige auf den Monat Dezember.

Auf diese Weise lassen sich Daten schnell und einfach nach beliebigen Zeiträumen filtern.

**7** Nachdem das Zeitachsentool eingefügt und markiert ist, steht die neue kontextsensitive Registerkarte *Zeitachsentools* zur Verfügung.

Darüber kann das Layout der Zeitachse den eigenen Wünschen entsprechend angepasst werden.

## Tipp 13: Neue Diagrammfunktion: empfohlene Diagramme

In Excel 2013 hat die Diagrammfunktion erhebliche Änderungen erfahren. In diesem Tipp zeigen wir Ihnen, was die neue Funktion *Empfohlene Diagramme* alles bietet.

## 11.3 Neue Funktionen und Features in Excel 2013

Als Datenbasis für das Diagramm dient eine Auflistung der monatlichen Euribor-Zinssätze.

Wenn Sie die Registerkarte *Einfügen/Diagramme* näher betrachten, fällt als Erstes die neue Schaltfläche *Empfohlene Diagramme* ins Auge. Um diese neue Funktion zu testen, gehen Sie wie folgt vor:

|    | A | B |
|----|---|---|
| 1  | Euribor-Zinssätze 2011 | |
| 2  | | |
| 3  | | |
| 4  | Monat | Durschschnitt pro Monat |
| 5  | Januar | 0,689% |
| 6  | Februar | 0,830% |
| 7  | März | 0,809% |
| 8  | April | 1,070% |
| 9  | Mai | 1,185% |
| 10 | Juni | 1,187% |
| 11 | Juli | 1,324% |
| 12 | August | 1,166% |
| 13 | September | 1,134% |
| 14 | Oktober | 1,166% |
| 15 | November | 0,954% |
| 16 | Dezember | 0,817% |
| 17 | | |

### So geht's:

**1** Setzen Sie zuerst den Zellzeiger auf eine beliebige Zelle im Datenbereich und klicken Sie auf die neue Schaltfläche *Empfohlene Diagramme*. Excel analysiert automatisch die Daten und schlägt auf Basis der vorliegenden Daten die passenden Diagrammtypen vor.

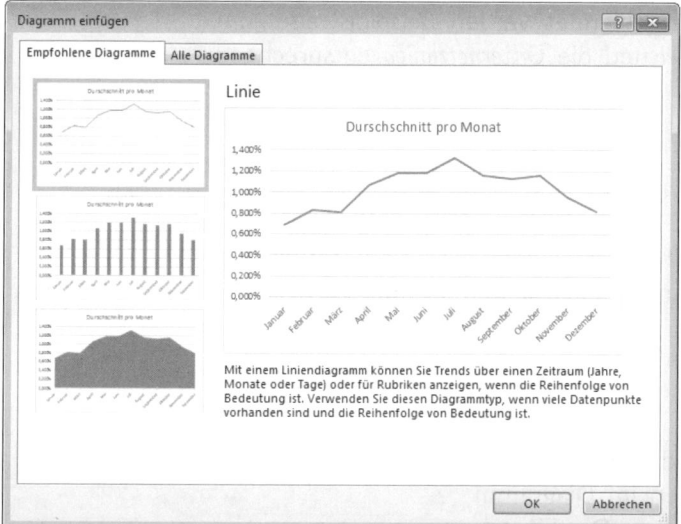

**2** In unserem Beispiel werden drei verschiedene Diagrammtypen empfohlen. Mit einem Klick auf das entsprechende Diagramm in der linken Leiste kann dieses ausgewählt werden. Schön ist an dieser Stelle, dass die Daten direkt in einer Livevorschau im rechten Fensterbereich angezeigt werden.

**3** Wählen Sie beispielsweise das Liniendiagramm aus und fügen Sie dieses über einen Klick auf die Schaltfläche *OK* in Ihr Tabellenblatt ein.

## 11. Neuerungen und Features rund um Excel 2007, 2010 und 2013

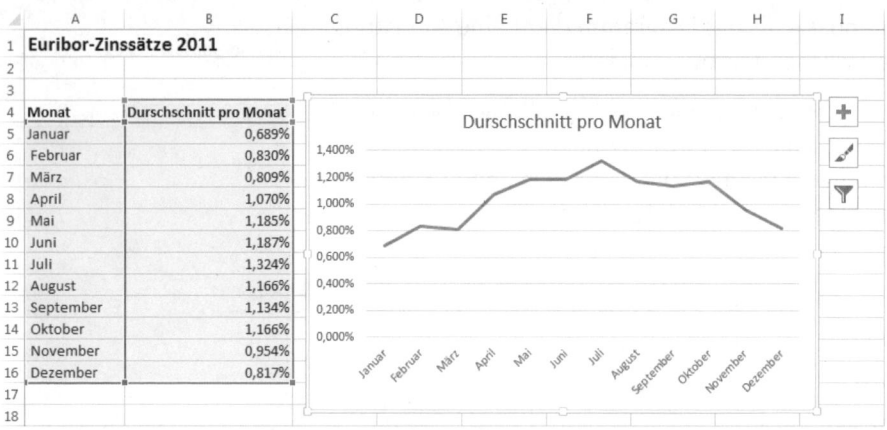

Neben jedem Diagramm werden in Excel 2013 drei Schaltflächen angezeigt, sobald das Diagramm aktiviert bzw. markiert wurde. Über diese Schaltflächen sind die wichtigsten Diagrammfunktionen einfach und schnell erreichbar.

Mithilfe des Plussymbols können verschiedene Diagrammelemente ein- und ausgeblendet werden. Beispielsweise können der *Diagrammtitel* und die *Gitternetzlinien* entsprechend angepasst werden.

Das Pinselsymbol enthält verschiedene Diagrammformatvorlagen sowie Einstellungsmöglichkeiten für die Farbverwaltung.

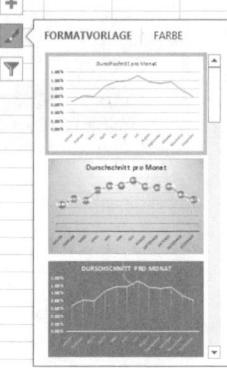

Über das Filtersymbol kann definiert werden, welche Daten im Diagramm angezeigt werden sollen. Die Einstellungsmöglichkeiten beziehen sich auf ganze Datenreihen oder auf einzelne Elemente unter *Datenreihe* und *Kategorien*.

## 11.3 Neue Funktionen und Features in Excel 2013

Weitere Einstellungsmöglichkeiten sind aber auch wie gewohnt über die beiden kontextsensitiven Registerkarten *Diagrammtools/Entwurf* und *Diagrammtools/Format* erreichbar. An dieser Stelle wurden ebenfalls einige Änderungen vorgenommen. So ist beispielsweise die dritte Registerkarte *Layout* in Excel 2013 entfallen. Die Layoutfunktionen sind in den verbleibenden beiden Registerkarten untergebracht.

### Tipp 14: Neue Diagrammfunktion: Topwerte hervorheben

In diesem Beispiel zeigen wir Ihnen, wie dynamische Informationen in Diagrammen unter Excel 2013 angezeigt werden können.

Als Datenbasis dient wieder unsere Zinstabelle aus Tipp 13. In diesem Beispiel soll der höchste Wert mit dem Zusatz *Top* und der niedrigste Wert mit dem Zusatz *Low* versehen werden.

*So geht's:*

1  Zunächst muss der Datenbereich um eine weitere Spalte ergänzt werden. Erfassen Sie dazu in Zelle C5 die Formel *=WENN(B5=MAX($B$5:$B$16);"Top";WENN (B5=MIN($B$5:$B$16);"Low";""))*. Achten Sie auf die korrekte Verwendung der $-Zeichen zur Erstellung von absoluten Zellbezügen. Diese Formel ermittelt im angegebenen Zellbereich B5:B16 mithilfe der Funktionen *MAX()* und *MIN()* den höchsten und den niedrigsten Wert und gibt entsprechend den Text *Top* oder *Low* aus.

2  Kopieren Sie diese Formel bis zur Zelle C16 nach unten, damit alle Monatswerte analysiert werden.

Sie sehen, dass der niedrigste Zinssatz im Januar den Zusatz *Low* und der höchste Wert im Monat *Juli* den Zusatz *Top* bekommt. Ändern sich die Werte in Spalte B, wird die Info in Spalte C völlig dynamisch angepasst.

Um nun diese Information in das Diagramm zu übernehmen, sind folgende Schritte notwendig:

1  Fügen Sie zunächst ein Diagramm für den Datenbereich A4:B16 ein, indem Sie diesen Bereich markieren und über die Schaltfläche *Empfohlene Charts* ein Liniendiagramm einfügen, Näheres dazu in Tipp 13.

**2** Nachdem das Diagramm eingefügt wurde, müssen Sie es markieren und über das Plussymbol und *Datenbeschriftung/Weitere Optionen* die Seitenleiste für die Datenbeschriftungen einblenden.

**3** Aktivieren Sie anschließend das Kontrollkästchen *Werte aus Zellen*. Damit öffnet sich ein Dialogfenster, in dem der Bereich angegeben werden muss, der zusätzlich im Diagramm angezeigt werden soll. In unserem Beispiel sollen die Infos *Top* und *Low*, also der Zellbereich C5 bis C16, angezeigt werden. Tragen Sie deshalb in das Dialogfenster diesen Zellbezug ein und bestätigen Sie die Eingabe mit einem Klick auf die Schaltfläche *OK*.

**4** Entfernen Sie in der Seitenleiste noch den Haken bei *Wert*, sodass die %-Angaben nicht im Diagramm erscheinen. Fertig! Mit dieser Einstellung werden nun die Zusätze *Top* und *Low* wie gewünscht im Diagramm automatisch und völlig dynamisch angezeigt.

## Tipp 15: Neue Diagrammfunktion: neue Verbunddiagrammtypen

Eine weitere sehr schöne Neuerung in Excel 2013 sind die neuen Verbunddiagrammtypen. Mit diesen Diagrammtypen können Sie Werte auf verschieden skalierten Achsen auftragen sowie verschiedene Diagrammtypen wie Balken und Linien in einem einzigen Diagramm zusammenfügen.

Als Datenbasis für das Verbunddiagramm dient eine Artikelliste mit Verkaufspreis und Margenangabe in Prozent.

In diesem Tipp soll der Verkaufspreis sowie die Marge in einem einzigen Chart dargestellt werden. Dabei soll der Verkaufspreis als Balkendiagramm und die Marge als Liniendiagramm darübergelegt werden. Grundsätzlich war dies bereits in den Vorgängerversionen möglich. Mithilfe des neuen Verbunddiagrammtyps lässt es sich aber erheblich eleganter realisieren.

|   | A | B | C |
|---|---|---|---|
| 1 | Artikelliste | | |
| 2 | | | |
| 3 | | | |
| 4 | | | |
| 5 | Art.-Nr. | VK | Marge % |
| 6 | 707238A | 3.189,00 € | 4,92% |
| 7 | 708937A | 1.280,00 € | 10,94% |
| 8 | 701665A | 3.496,00 € | 4,81% |
| 9 | 707648A | 1.247,00 € | 12,51% |
| 10 | 703071A | 3.579,00 € | 7,69% |
| 11 | 707704A | 3.762,00 € | 2,74% |
| 12 | 708645A | 2.035,00 € | 3,16% |
| 13 | 707023A | 1.700,00 € | 4,03% |
| 14 | 707149A | 3.666,00 € | 1,71% |
| 15 | 707552A | 2.995,00 € | 6,30% |
| 16 | 709730A | 2.676,00 € | 3,12% |
| 17 | 708022A | 2.612,00 € | 5,27% |
| 18 | 701890A | 2.096,00 € | 2,45% |
| 19 | 709761A | 1.680,00 € | 11,48% |
| 20 | 708591A | 1.441,00 € | 6,24% |
| 21 | | | |

*So geht's:*

1. Markieren Sie zunächst den relevanten Datenbereich A5 bis C20.
2. Fügen Sie nun über das Menü *Einfügen/Diagramme/Verbunddiagramme* ein gruppiertes Säulen-Linien-Diagramm ein.

3. Als Ergebnis erhalten Sie das gewünschte Diagramm, in dem der Verkaufspreis als Säule und die Marge als Linie angezeigt werden. Auf der linken vertikalen Achse (Primärachse) werden die Verkaufspreise in Euro und auf der rechten vertikalen Achse (Sekundärachse) wird die Marge in % abgetragen.

## 11. Neuerungen und Features rund um Excel 2007, 2010 und 2013

→ Verweis: siehe Kapitel 6, Tipp 9

### Tipp 16: Das Microsoft Office Upload Center

In Office 2013 ist wie bereits in Office 2010 das sogenannte Upload Center integriert. Mithilfe dieses Tools behält der Anwender den Überblick über die in der Cloud (Onlinespeicher) abgelegten Dateien. Da Office 2013 sehr eng mit der Cloud, also mit SkyDrive und SharePoint, verzahnt ist, stellt das Upload Center eine zentrale Anlaufstelle für alle online verfügbaren Daten dar.

Das Tool wird bei der Installation von Office 2013 automatisch eingebunden und steht unter Windows 7 im Startmenü unter *Start/Alle Programme/Microsoft Office 2013/Office 2013-Tools/Office 2013 Upload Center* zur Verfügung.

Alternativ kann das Upload Center auch über die Tray-Leiste geöffnet werden, da das Upload Center beim Start von Windows automatisch ausgeführt wird.

Sobald das Upload Center geöffnet ist, präsentiert es sich in der Ausgangsposition.

Wird eine Datei über Excel oder ein anderes Office-Programm bei SkyDrive oder SharePoint abgelegt, kann der Speichervorgang live im Upload Center verfolgt werden. Die folgende Abbildung zeigt das Upload Center in Aktion.

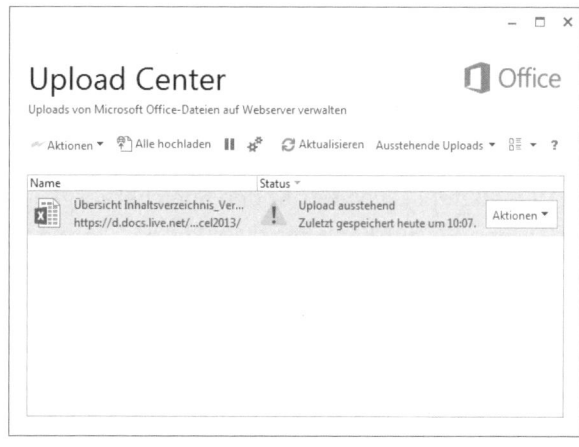

Sobald die Datei korrekt gespeichert ist, verschwindet sie wieder aus dieser Anzeige. Die Dauer des Uploads variiert dabei abhängig von der Größe der Datei und der Geschwindigkeit des Internetzugangs.

Soll eine Datei hochgeladen werden, obwohl kein Internetzugang vorhanden ist, geht die Datei nicht verloren. Sie steht offline zur Verfügung und wird so lange im Upload Center angezeigt, bis sie zum entsprechenden Cloud-Dienst hochgeladen werden kann. Bei bestehendem Internetzugang werden alle offline vorhandenen Daten mit den Onlineversionen synchronisiert, sodass immer die aktuellsten Versionen sowohl offline als auch online verfügbar sind.

Über die Schaltfläche *Ausstehende Uploads* kann zwischen den Ansichten gewechselt werden; so kann dort zwischen der Anzeige von ausstehenden Uploads, den zuletzt hochgeladenen Dateien und der Anzeige der zwischengespeicherten Dateien umgeschaltet werden.

Neben jedem Eintrag befindet sich rechts die Schaltfläche *Aktionen*. Diese Schaltfläche stellt abhängig davon, ob die Datei hochgeladen ist oder noch nicht, verschiedene Befehle zur Verfügung. Die folgende Abbildung zeigt die verfügbaren Befehle für eine noch nicht hochgeladene Datei.

- Über die Schaltfläche *Öffnen* kann die Datei in der entsprechenden Office-Anwendung, wie hier im Beispiel in Excel, geöffnet werden.
- Die Schaltfläche *Website öffnen* startet einen Internetbrowser und öffnet den Cloud-Speicher, auf dem die Datei gespeichert wurde, also beispielsweise die SkyDrive- oder SharePoint-Seite.
- Der Befehl *Upload* stößt den Speichervorgang im Onlinespeicher erneut an.
- Wenn Sie auf *Kopie speichern* klicken, können Sie eine Kopie der Datei an einem anderen Speicherort, lokal oder online, ablegen.
- Über die Schaltfläche *Änderungen verwerfen* werden die Änderungen an der lokalen Datei verworfen.

Insgesamt macht das Upload Center bereits ab Office 2010 einen sehr soliden Eindruck und sorgt in allen Fällen verlässlich dafür, dass keine Daten verloren gehen und dass die offline vorhandenen Versionen mit den Onlineversionen korrekt synchronisiert werden.

## Tipp 17: Der neue Touch-Modus (Modus für die Fingereingabe) in Excel 2013

Da Office 2013 auch für die Verwendung auf Touch-PCs, Tablet-Computern und Smartphones optimiert wurde, gibt es einen speziellen Touch-Modus. Dieser kann ganz einfach durch einen Klick auf das entsprechende Symbol ein- und ausgeschaltet werden. Der Fingereingabemodus kann aber auch auf Desktopcomputern ohne Touchscreen aktiviert werden.

Damit der Fingereingabemodus angeschaltet werden kann, muss zunächst die Schnellstartleiste um diese Option ergänzt werden.

### So geht's:

1 Öffnen Sie zunächst über den kleinen Pfeil, der sich rechts neben der Schnellstartleiste befindet, das Menü zur Anpassung der Schnellstartleiste.

2 Aktivieren Sie in diesem Menü den Eintrag *Fingereingabe-/Mausmodus*.

3 Nachdem Sie den Eintrag angeklickt haben, erscheint ein neues Schnellstartsymbol in der Schnellstartleiste.

4 Über dieses neue Symbol kann zwischen dem Fingereingabe- und dem Mausmodus umgeschaltet werden.

Der Fingereingabemodus sorgt dafür, dass die Schaltflächen in der Menüleiste sowie andere Bedienelemente etwas größer dargestellt werden. Dadurch soll die Bedienung mit den Fingern erleichtert werden.

Die folgenden Abbildungen zeigen die Größe der Schaltfläche bei gleichem Fensterzoom in den beiden Modi.

*Menüleiste im Mausmodus:*

*Menüleiste im Fingereingabemodus (Touch-Modus):*

Man sieht ganz deutlich die Größenunterschiede der Schaltflächen und Bedienelemente. Ob die Vergrößerung der Schaltflächen allerdings für eine erfolgreiche und praxisorientierte Verwendung von Office auf Smartphones und Tablet-PCs genügt, bleibt abzuwarten.

### Tipp 18: Bing Maps in Excel 2013 einbinden

Bei Bing Maps handelt es sich um eine Erweiterung (App) aus dem Office-Store. Bevor Sie diese App nutzen können, müssen Sie sie also zuerst über das Menü *Einfügen/Apps für Office* einbinden. Eine genaue Beschreibung, wie Sie Office um zusätzliche Apps erweitern können, finden Sie in diesem Kapitel in Tipp 20.

In diesem Tipp zeigen wir Ihnen, wie Sie eine Bing Map in Excel einbinden können und welche Möglichkeiten die App bietet.

*So geht's:*

1  Im ersten Schritt muss die Landkarte (Map) auf einem Excel-Tabellenblatt eingebunden werden. Dies geschieht ganz einfach über das Menü *Einfügen/Apps/ Apps für Office/Bing Maps*.

## 11. Neuerungen und Features rund um Excel 2007, 2010 und 2013

**2** Nach einem Klick auf den Eintrag *Bing Maps* wird die Karte in das Excel-Sheet eingefügt.

**3** Um nun entsprechende Adressen in der Karte anzuzeigen, müssen die relevanten Adressangaben zunächst in einer Zelle eingetragen werden. Im Beispiel liegen zwei Adressen im Zellbereich A4:A5 vor. Wichtig ist, dass dieser Adressbereich eine Überschrift in Zelle A3 bekommt. Nur so werden die darunterstehenden Adressen korrekt in der Karte angezeigt.

**4** Ist der Zellbereich A3:A5, also einschließlich der Zelle mit der Überschrift, markiert, klicken Sie einfach auf den Pin (*Plot Locations*) in der Titelleiste der Bing Map.

## 11.3 Neue Funktionen und Features in Excel 2013

5 Damit werden die eingegebenen Adressen mit einem orangefarbenen Pin in der Karte markiert.

6 Mit der Maus können Sie den Kartenausschnitt nach oben, unten, rechts oder links verschieben. Die Lupen mit dem Plus- und Minussymbol in der Titelleiste dienen zur Skalierung der Kartenauflösung.

7 Über die Schaltfläche *Settings* (Zahnradsymbol) können Sie zwischen der Kartenansicht (*Road*) und der Satellitenansicht (*Bird's Eye*) umschalten. Die folgende Abbildung zeigt einen vergrößerten Kartenabschnitt in der Satellitenansicht.

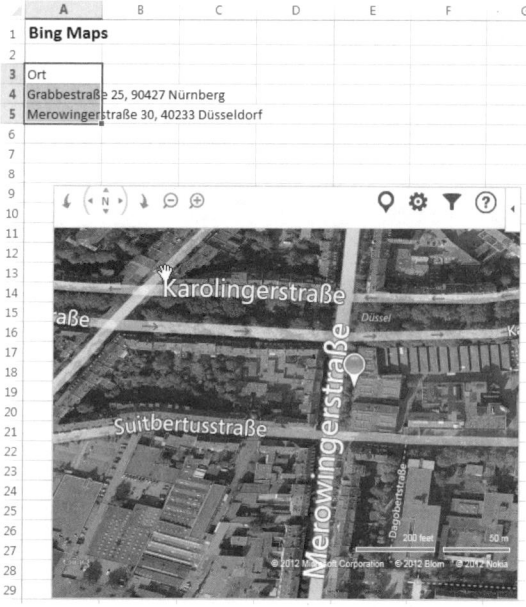

Das ist aber noch nicht alles, Bing Maps kann noch mehr. So lassen sich neben der einfachen Anzeige eines Orts mit einer Pinnadel auch ganze Regionen wie beispielsweise Länder oder Bundesländer auswählen und mit weiteren Informationen versehen.

In diesem Beispiel soll der Ausländeranteil in Prozent nach Bundesländern dargestellt werden.

## 11. Neuerungen und Features rund um Excel 2007, 2010 und 2013

### So geht's:

1 Erfassen Sie zunächst die relevanten Daten in einer Excel-Tabelle. In diesem Beispiel liegen die Daten im Zellbereich H8:J24 vor.

2 Markieren Sie nun den Datenbereich einschließlich Überschrift und klicken Sie in der Bing Map auf das Pinsymbol (*Plot locations*) in der Titelleiste der Karte.

3 Wie gewünscht, werden die Orte (Bundesländer) mit einem Tortendiagramm markiert. Mit einem Klick auf ein Tortendiagramm öffnet sich ein kleines Dialogfenster, in dem das Bundesland (allerdings derzeit noch in Englisch) sowie die Prozentangaben für die Anteile der Ausländer und Deutschen ausgegeben werden.

| Bundesland | Ausländer | Deutsche |
|---|---|---|
| Berlin | 14 | 86 |
| Hamburg | 13,7 | 86,3 |
| Bremen | 12,6 | 87,4 |
| Baden-Württemberg | 12,1 | 87,9 |
| Hessen | 11,4 | 88,6 |
| Nordrhein-Westfalen | 10,7 | 89,3 |
| Bayern | 9,8 | 90,2 |
| Saarland | 8,2 | 91,8 |
| Rheinland-Pfalz | 7,9 | 92,1 |
| Niedersachsen | 6,9 | 93,1 |
| Schleswig-Holstein | 5,2 | 94,8 |
| Sachsen | 2,8 | 97,2 |
| Brandenburg | 2,7 | 97,3 |
| Mecklenburg-Vorpommern | 2,5 | 97,5 |
| Thüringen | 2,3 | 97,7 |
| Sachsen-Anhalt | 1,9 | 98,1 |

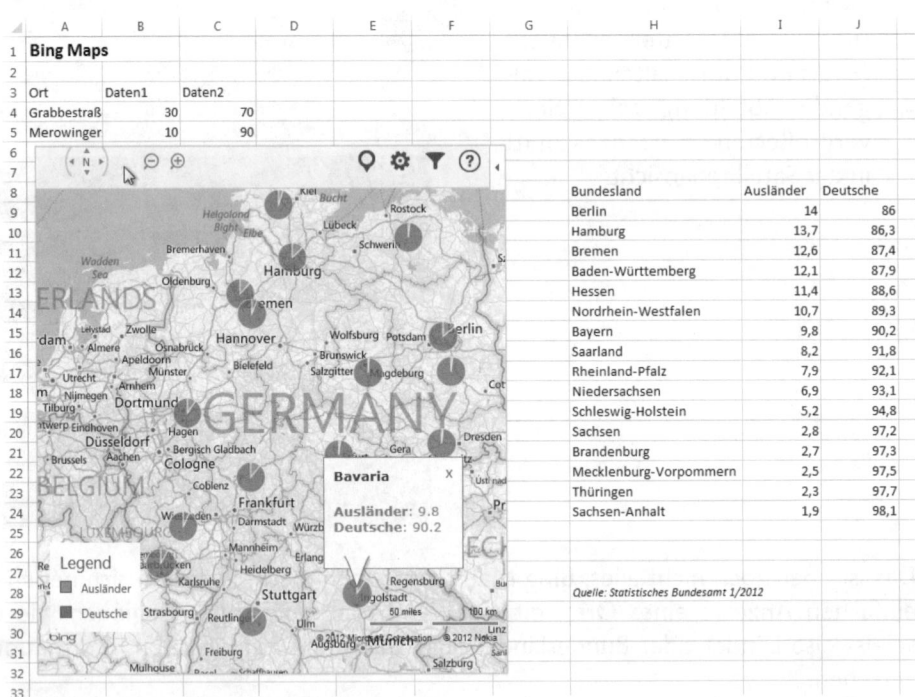

## Tipp 19: Spreadsheet Compare 2013 – Tabellen vergleichen ab Excel 2013

Office 2013 bietet ein neues Tool mit der Bezeichnung Spreadsheet Compare 2013. Wie der Name andeutet, ist das Tool derzeit noch in englischer Sprache. Ob und wann es eine deutsche Version geben wird, bleibt abzuwarten. Da das Tool aber sehr übersichtlich aufgebaut ist, sollte die englische Sprache für die allermeisten Anwender kein Hindernis sein.

Mithilfe des Tools können zwei Arbeitsmappen miteinander verglichen und die Abweichungen übersichtlich dargestellt werden. Dies war früher zwar schon durch externe Tools oder Add-ins möglich, ab Office 2013 wird dieses Produkt aber von Microsoft kostenlos mitgeliefert.

Bei dem Tool Spreadsheet Compare handelt es sich um ein eigenständiges Programm, das nicht direkt in Excel integriert ist. Sie finden es in Windows 7 unter *Start/Alle Programme/ Microsoft Office 2013/Office 2013-Tools/ Spreadsheet Compare 2013*.

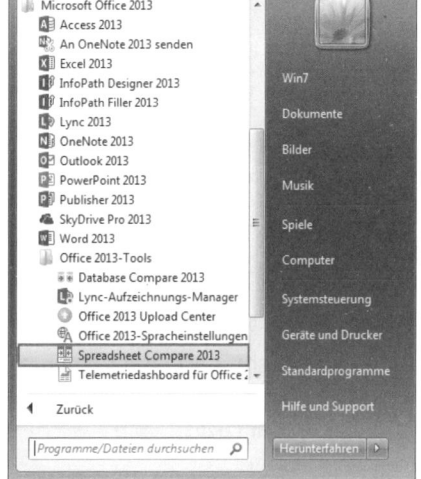

Nach dem Start des Programms zeigt sich ein Fenster mit zwei nebeneinander angeordneten Bereichen.

## 11. Neuerungen und Features rund um Excel 2007, 2010 und 2013

Im linken oberen Teilfenster wird die erste und im rechten Teilfenster die zweite zu vergleichende Arbeitsmappe angezeigt. Im rechten Fenster werden die Änderungen gegenüber der ersten Arbeitsmappe farblich hervorgehoben.

Im unteren Bereich werden die Abweichungen noch einmal explizit beschrieben und in einer kleinen Statistik aufbereitet.

Als Beispiel dienen zwei Arbeitsmappen mit einer kleinen Artikelübersicht.

Auf den ersten Blick unterscheiden sich die beiden Dateien kaum.

Artikelübersicht 1 – Datei *Compare_1.xlsx*:

|    | A | B | C | D | E | F |
|----|---|---|---|---|---|---|
| 1  | Artikelübersicht 11/2012 | | | | | |
| 2  | | | | | | |
| 3  | | | | | | |
| 4  | | | | | | |
| 5  | Artikel-Nr | Einkaufspreis | Gewinnspanne | Verkaufspreis | | |
| 6  | 3896D | 114,38 | 5,72 | 120,92 | | |
| 7  | 2034C | 298,25 | 14,91 | 342,72 | | |
| 8  | 7762I | 165,40 | 8,27 | 179,08 | | |
| 9  | 4474U | 176,56 | 8,83 | 192,15 | | |
| 10 | 5204X | 66,00 | 3,30 | 68,18 | | |
| 11 | 6640A | 62,00 | 3,10 | 63,92 | | |
| 12 | 8867O | 253,58 | 12,68 | 285,73 | | |
| 13 | 1907J | 196,40 | 9,82 | 215,69 | | |
| 14 | 2904X | 14,60 | 0,73 | 14,71 | | |
| 15 | 5994N | 23,08 | 1,15 | 23,35 | | |
| 16 | 5771G | 210,55 | 10,53 | 232,72 | | |
| 17 | Summe | 1.580,80 | 79,04 | 1.739,16 | | |
| 18 | | | | | | |

Artikelübersicht 2 – Datei *Compare_2.xlsx*:

|    | A | B | C | D | E | F |
|----|---|---|---|---|---|---|
| 1  | Artikelübersicht 12/2012 | | | | | |
| 2  | | | | | | |
| 3  | | | | | | |
| 4  | | | | | | |
| 5  | Artikel-Nr | Einkaufspreis | Gewinnspanne | Verkaufspreis | | Endergebnis |
| 6  | 3896D | 114,38 | 5,72 | 120,92 | | 1.753,60 |
| 7  | 2034C | 298,25 | 14,91 | 342,72 | | |
| 8  | 7762I | 165,40 | 17,00 | 193,52 | | |
| 9  | 4474U | 176,56 | 8,83 | 192,15 | | |
| 10 | 5204X | 66,00 | 3,30 | 68,18 | | |
| 11 | 6640a | 62,00 | 3,10 | 63,92 | | |
| 12 | 8867O | 253,58 | 12,68 | 285,73 | | |
| 13 | 1907J | 196,40 | 9,82 | 215,69 | | |
| 14 | 2904X | 14,60 | 0,73 | 14,71 | | |
| 15 | 5994N | 23,08 | 1,15 | 23,35 | | |
| 16 | 5771G | 210,55 | 10,53 | 232,72 | | |
| 17 | Summe | 1.580,80 | 87,77 | 1.753,60 | | |
| 18 | | | | | | |

Ein paar Unterschiede gibt es aber dennoch, die wir mit Spreadsheet Compare 2013 aufspüren möchten.

### So geht's:

**1** Starten Sie dazu zunächst das Vergleichsprogramm Spreadsheet Compare.

## 11.3 Neue Funktionen und Features in Excel 2013

2   Legen Sie nun über die Schaltfläche *Compare Files* fest, welche beiden Dateien miteinander verglichen werden sollen. In unserem Beispiel vergleichen wir die Dateien *Compare_1.xlsx* und *Compare_2.xlsx*.

3   Nachdem Sie die beiden Dateien ausgewählt haben, beenden Sie dieses Fenster einfach mit einem Klick auf die Schaltfläche *OK*. Damit startet der Vergleichsvorgang sofort, und die Ergebnisse werden entsprechend angezeigt.

Das linke obere Fenster zeigt die Datei *Compare_1.xlsx*, also die Ausgangsdatei. Im rechten oberen Fenster wird die Datei *Compare_2.xlsx* dargestellt. Dabei werden Abweichungen gegenüber der linken Datei farblich hervorgehoben. Jede Farbe hat dabei ihre eigene Bedeutung. Die Beschreibung dazu, welche Bedeutung die einzelnen Farben haben, finden Sie im Fenster links unten. Dort können Sie auch festlegen, welche Änderungen hervorgehoben werden sollen und welche nicht. Setzen Sie einfach den Haken bei der entsprechenden Option.

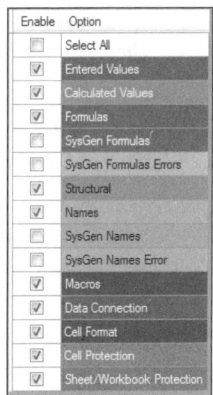

Der mittlere Fensterbereich in der unteren Programmhälfte listet alle Abweichungen nach Zellen getrennt auf. So kann sehr einfach und übersichtlich nachvollzogen werden, in welchen Zellen es Unterschiede gibt.

793

# 11. Neuerungen und Features rund um Excel 2007, 2010 und 2013

| Sheet | Cell | Value 1 | Value 2 | Change Description |
|---|---|---|---|---|
| Compare_2 | | Compare_1 | Compare_2 | Renamed Sheet At Position 1. |
| Compare_2 | | | | Added Columns E:F. |
| Compare_2 | A1 | Artikelübersicht 11/... | Artikelübersicht 12/2012 | Entered Value Changed. |
| Compare_2 | A11 | 6640A | 6640a | Entered Value Changed. |
| Compare_2 | C8 | 8,27 (8.27) | 17,00 (17) | Entered Value Changed. |
| Compare_2 | C17 | 79,04 (79.0400000... | 87,77 (87.77) | Calculated Value Changed. |
| Compare_2 | D8 | 179,08 (179.07858... | 193,52 (193.518) | Calculated Value Changed. |
| Compare_2 | D17 | 1.739,16 (1739.163... | 1.753,60 (1753.603198... | Calculated Value Changed. |
| Compare_2 | A17 | Background color: ... | Background color: Colo... | Cell Formatting Changed |

Wie Sie sehen, unterscheidet sich die Artikelnummer in Zelle A11. In der ersten Datei hat die Artikelnummer ein großes A und in der zweiten Tabelle ein kleines a. Da es sich dabei um eine Abweichung des Werts handelt, wird diese Abweichung grün hervorgehoben. Unterschiede in der Formatierung werden türkis markiert. Dies sehen Sie beispielsweise in Zelle A17. Diese Zelle besitzt in der zweiten Datei einen grauen Zellhintergrund und in der ersten Datei nicht.

Im rechten unteren Fenster wird eine kleine Statistik angezeigt, in der die Anzahl aller Abweichungen getrennt nach Abweichungsgrund aufgelistet wird. Damit erhalten Sie auf den ersten Blick einen Eindruck davon, wie stark sich zwei Dateien unterscheiden.

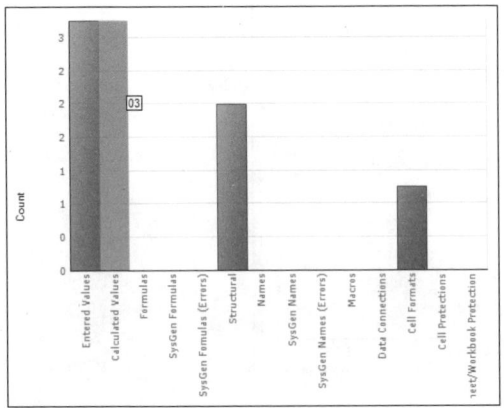

Über die Menüleiste lassen sich darüber hinaus noch ein paar zusätzliche Funktionen aufrufen.

- *Show Formulas*: Darüber kann die Anzeige der beiden oberen Fenster geändert werden. So lässt sich über diesen Befehl zwischen der Formelansicht und der Ergebnisansicht umschalten.
- *Resize Cells to Fit*: Ein Klick auf diese Schaltfläche sorgt dafür, dass die Spaltenbreite in den oberen Datenfenstern auf die optimale Breite eingestellt wird.
- *Show Workbook Formating*: Mithilfe dieses Befehls kann die farbliche Hervorhebung der Abweichungen im rechten oberen Fenster ein- und ausgeschaltet werden.
- *Export Results*: *Export Results* sorgt dafür, dass die Abweichungen in eine separate Excel-Tabelle gespeichert werden.

## 11.3 Neue Funktionen und Features in Excel 2013

|   | A | B | C | D | E |
|---|---|---|---|---|---|
| 1 | Differences | | | | |
| 2 | Sheet | Range | Old Value | New Value | Description |
| 3 | Compare_2 | | Compare_1 | Compare_2 | Renamed Sheet At Position 1. |
| 4 | Compare_2 | | | | Added Columns E:F. |
| 5 | Compare_2 | A1 | Artikelübersicht 11/2012 | Artikelübersicht 12/2012 | Entered Value Changed. |
| 6 | Compare_2 | A11 | 6640A | 6640a | Entered Value Changed. |
| 7 | Compare_2 | C8 | 8,27 (8.27) | 17,00 (17) | Entered Value Changed. |
| 8 | Compare_2 | C17 | 79,04 (79.040000000000006) | 87,77 (87.77) | Calculated Value Changed. |
| 9 | Compare_2 | D8 | 179,08 (179.07858000000002) | 193,52 (193.518) | Calculated Value Changed. |
| 10 | Compare_2 | D17 | 1.739,16 (1739.1637780000003) | 1.753,60 (1753.6031980000002) | Calculated Value Changed. |
| 11 | Compare_2 | A17 | Background color: Color [Window], | Background color: Color [A=255, R | Cell Formatting Changed |
| 12 | | | | | |

Neben den Abweichungen werden die getroffenen Einstellungen zusätzlich auf das Blatt *Setup* übertragen. Mit dieser Info können die gefundenen Differenzen entsprechend abgestimmt werden.

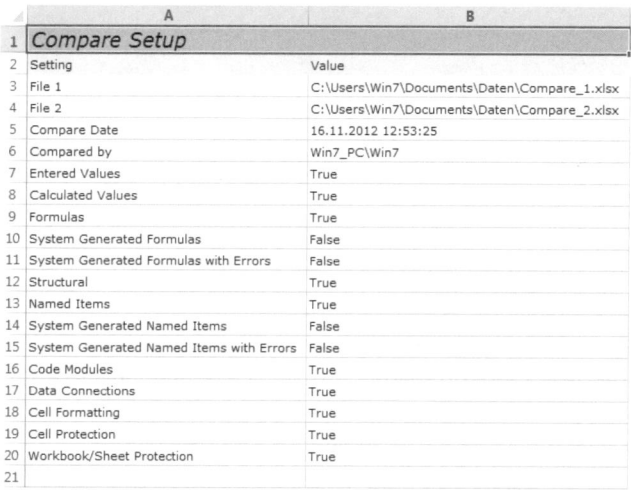

- *Copy Results to Clipboard*: Dieser Befehl kopiert die Abweichungsergebnisse in die Zwischenablage.

Das Programm Spreadsheet Compare macht einen wirklich guten Eindruck und lässt sich intuitiv bedienen. Dabei liefert es übersichtlich und nachvollziehbar die gewünschten Abweichungen der analysierten Arbeitsmappen.

## Tipp 20: So lässt sich Excel um Apps aus dem App-Store erweitern

Mit Office 2013 hat Microsoft die Möglichkeit eingeführt, verschiedene Office-Programme, wie Excel, Outlook, Word, Project etc., mit sogenannten Apps erweitern zu können. Dazu hat Microsoft auch einen App-Store entwickelt, der unter der Adresse *http://office.microsoft.com/en-us/store/* verfügbar ist. Zum Zeitpunkt, als das Buch geschrieben wurde, stand noch keine deutsche Version des App-Stores zur Verfügung.

Am einfachsten lassen sich Apps direkt über die Office-Anwendung einbinden.

## 11. Neuerungen und Features rund um Excel 2007, 2010 und 2013

**So geht's:**

1 Neue Apps lassen sich in Excel über das Menü *Einfügen/Apps/Apps für Office* einfügen.

2 Im Drop-down-Menü gibt es den Eintrag *Alle anzeigen*. Ein Klick auf diesen Befehl öffnet das Dialogfenster *Apps für Office*. Dort werden alle bereits eingebundenen Apps aufgelistet.

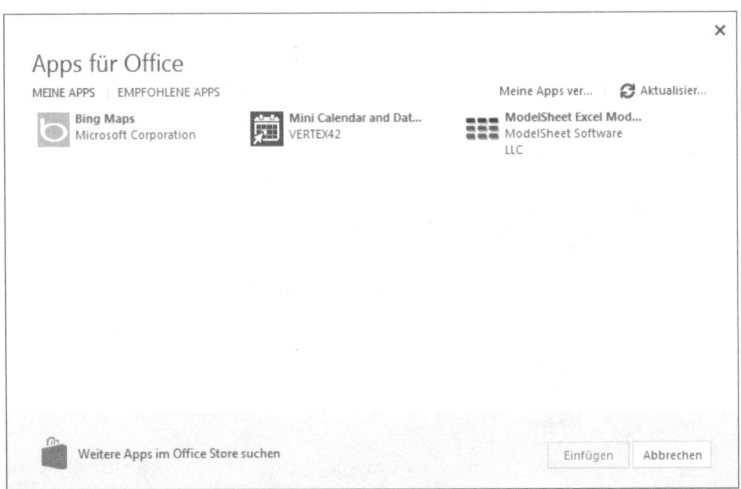

3 Um eine neue App hinzuzufügen, müssen Sie sie einfach auswählen, indem Sie sie anklicken. Im Beispiel soll die App Gauge aus der Liste *Empfohlene Apps* hinzugefügt werden.

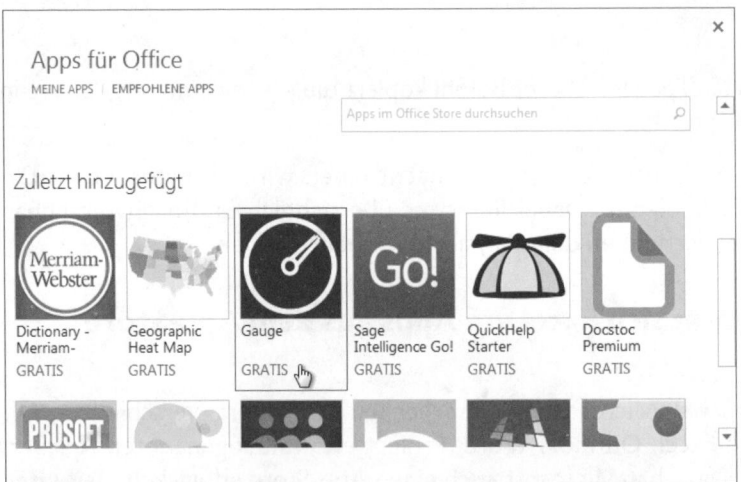

4 Daraufhin öffnet sich ein Browserfenster, in dem Sie über die Schaltfläche *Add* die ausgewählte App Excel hinzufügen können.

## 11.3 Neue Funktionen und Features in Excel 2013

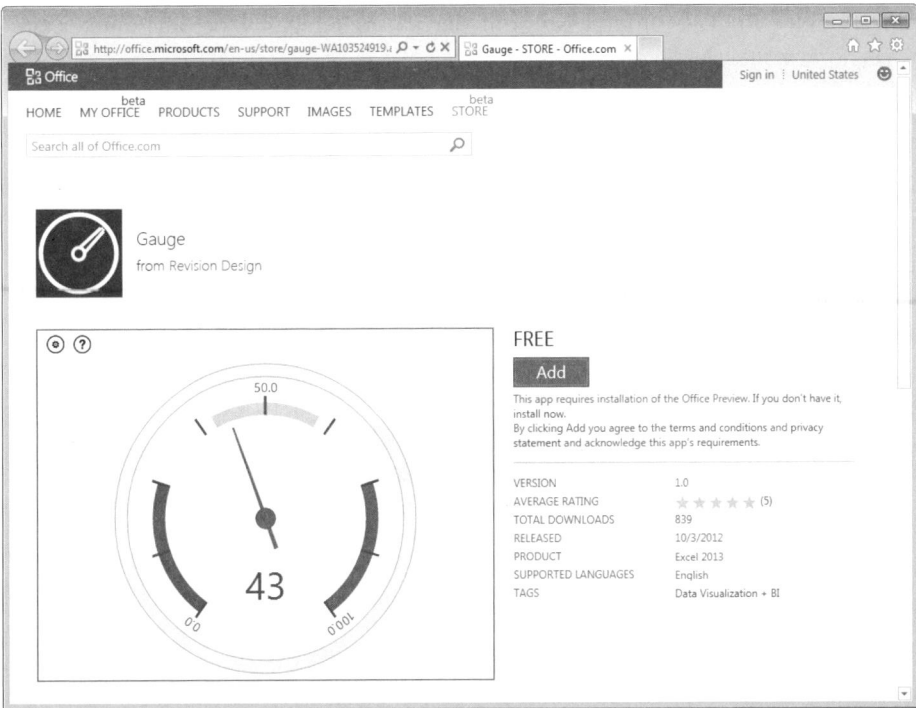

**5** Wenn Sie nun das Dialogfenster *Apps für Office* erneut öffnen oder über die Schaltfläche *Aktualisieren* die Anzeige erneuern, wird die eben hinzugefügte App Gauge auf der Seite *Meine Apps* angezeigt.

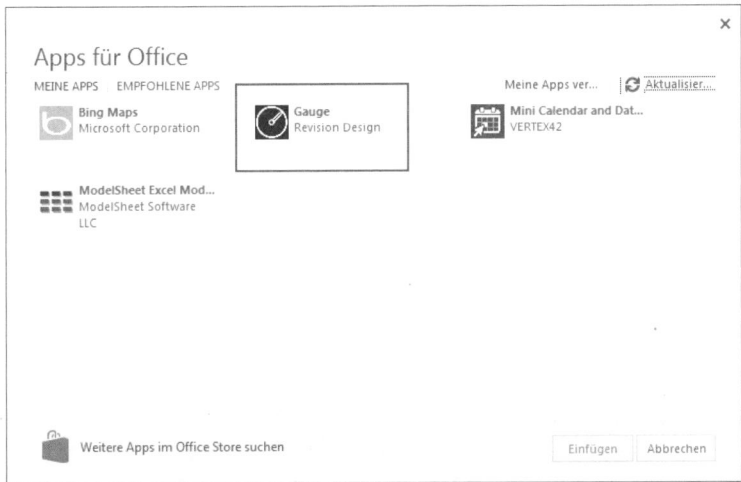

Auf diese Weise lassen sich Excel und auch andere Office-Programme um verschiedene Funktionen erweitern.

Das nächste Beispiel zeigt, wie nun die gerade installierte App Gauge in ein Tabellenblatt eingefügt und verwendet werden kann. Bei dieser App handelt es sich um

## 11. Neuerungen und Features rund um Excel 2007, 2010 und 2013

eine Anzeige im Tachometer-Stil, mit der ein beliebiger Wert aus einer Zelle entsprechend visualisiert werden kann.

1. Öffnen Sie zunächst über das Menü *Einfügen/Apps/Apps für Office* das entsprechende Dialogfenster.

2. Selektieren Sie die App Gauge und fügen Sie sie über einen Klick auf die Schaltfläche *Einfügen* in das Tabellenblatt ein.

3. Um nun die Zelle festzulegen, die visualisiert werden soll, muss diese über die Schaltfläche *Insert Gauges* definiert werden.

4. Im Beispiel wurde die Zelle B4 als die Zelle festgelegt, die in der Tachoanzeige visualisiert werden soll.

5. Sobald nun der Wert in Zelle B4 geändert wird, wird die Anzeige in der App sofort aktualisiert.

Sie sehen, durch die Erweiterung der Anwendung mit Apps lassen sich Funktionen, die vorher nur schwierig zu realisieren waren, jederzeit nachrüsten.

Aktuell sind im Office-App-Store zwar noch nicht sehr viele Apps verfügbar, was sich aber sicherlich bald ändern wird.

Sehr schön in diesem Zusammenhang ist auch die sogenannte Account-Bindung im App-Store. Das bedeutet, dass hinzugefügte Apps mit dem Microsoft-Account verbunden werden, sodass die Apps an jedem Computer zur Verfügung stehen, auf dem Office 2013 vorhanden ist, sofern über den gleichen Windows-Live-Account gearbeitet wird.

Wird ein Dokument, das eine App aus dem App-Store enthält, per E-Mail versendet, kann diese App (Erweiterung) beim Empfänger sofort verwendet werden, da Office 2013 die notwendigen Informationen für die App gleich mitliefert. Voraussetzung ist natürlich, dass der Empfänger ebenfalls Office 2013 im Einsatz hat.

Ein weiterer großer Vorteil ist, dass Dateien, die zusätzliche Apps verwenden, auch mit den Office-Web-Apps geöffnet werden können. Auch dort steht die eingebundene App uneingeschränkt zur Verfügung.

# 12. Excel online – die Web-Apps

Bei den Microsoft-Office-Web-Apps handelt es sich um das kostenlose Onlinebegleitprodukt zu Office 2010 und Office 2013. Sie erhalten damit die Möglichkeit, von praktisch überall auf Ihre Excel-Arbeitsmappen zugreifen zu können, z. B. über Ihren PC, Ihr Mobiltelefon, Ihr Tablet oder über einen beliebigen Webbrowser. Da die Web-Apps vollständig webbasiert sind, muss keine zusätzliche Software heruntergeladen oder installiert werden. Zur Verwendung der Web-Apps ist es auch nicht notwendig, dass Microsoft Office auf dem Computer vorhanden ist.

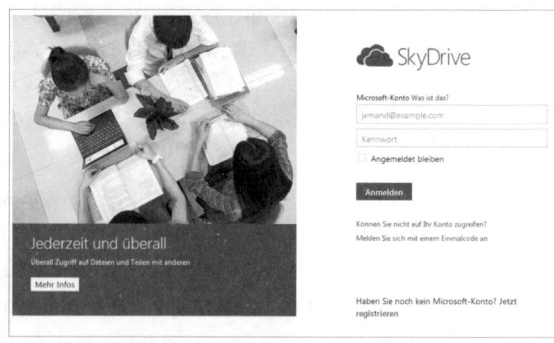

In diesem Kapitel erfahren Sie, welche Voraussetzungen notwendig sind und welche Möglichkeiten die Excel-Web-App und die Onlineangebote rund um Microsoft Office bieten.

### Tipp 1: Übersicht über die neuen Office-Web-Apps

Mit den Office-Web-Apps stellt Microsoft die Funktionen von Office in abgespeckter Form als Webanwendung zur Verfügung und bietet damit Google mit deren Google-Apps Paroli. Aktuell stehen folgende Web-Apps zur Verfügung:

- Word-Web-App
- Excel-Web-App
- PowerPoint-Web-App
- OneNote-Web-App

Nachfolgend erhalten Sie einen Überblick über die Features und Möglichkeiten der Office-Web-Apps.

- **Ortsunabhängiges Erstellen und Bearbeiten von Dokumenten**
  Da die Web-Apps vollständig webbasiert sind, können Dokumente mit einem Webbrowser von jedem beliebigen Ort betrachtet und bearbeitet werden. Die gewohnt hochwertige Ansicht leidet dabei keineswegs.

- **Flexibles Arbeiten über verschiedene Plattformen hinweg**
  Office-Web-Apps werden von einer ganzen Reihe von Browsern unterstützt. Dazu zählen beispielsweise der Internet Explorer, Chrom und Firefox. Auch verschiedene Office-Versionen wie Office 2003, 2007, 2010, 2013 und Office 2008 für Mac werden unterstützt. Damit wird sichergestellt, dass die Dokumente auf verschiedenen Plattformen bearbeitet werden können und dadurch die

Zusammenarbeit über verschiedene Plattformen hinweg wesentlich erleichtert wird.

- **Freigabe von Daten auf Webseiten, Blogs oder Wikis**
Die Funktion *Freigeben* ermöglicht das Publizieren von Daten aus Excel oder von PowerPoint-Präsentationen auf beliebigen Webseiten von Drittanbietern, in Blogs oder in Wikis. Der Vorteil liegt darin, dass Änderungen im Dokument automatisch auf den veröffentlichten Webseiten mit erfasst werden.

- **Schnelleinstieg dank gewohnter Benutzeroberfläche**
Die Office-Web-Apps verwenden, wie die Office-Clientapplikationen, die gewohnte Multifunktionsleiste, sodass die Onlineversion ohne lange Einarbeitungszeit schnell genutzt werden kann.

- **Sehr gute Darstellung der Dokumente**
Die Onlinebetrachtung der Daten mit einem Webbrowser ähnelt der klaren Darstellung der Office-Clientanwendungen. Dokumente, die mit der Clientversion erstellt wurden, behalten, auch wenn sie online geöffnet wurden, sämtliche Formatierungen.

- **Leichte und sichere Verbreitung von Dokumenten**
Es ist sehr leicht möglich, Dokumente in passwortgeschützten Ordnern zu veröffentlichen. Es können Lese- oder Schreibberechtigungen für Personen oder Gruppen vergeben werden. Natürlich besteht auch die Möglichkeit, Dokumente mit allen zu teilen, ohne dass ein Passwort zur Ansicht oder zur Bearbeitung notwendig wäre.

- **Zusammenarbeit in Echtzeit**
Durch die Bearbeitungsmöglichkeit im Webbrowser steht einer Echtzeitzusammenarbeit für freigegebene Dokumente nichts im Wege.

- **Office-Web-Apps in Verbindung mit Office 2010 und Office 2013**
Neben der Möglichkeit, per Webbrowser Dokumente online zu erstellen und zu bearbeiten, besteht in den Office-2010- und Office-2013-Clientanwendungen die Möglichkeit, Dokumente direkt über die Programmoberfläche auf dem Onlinespeicher abzulegen und darauf zuzugreifen. In Office 2013 ist der Zugriff auf SkyDrive bereits integriert, sodass die Anbindung noch einfacher ist.

- **Office-Web-Apps für Privatkunden, Schüler, Studenten und kleine Unternehmen**
Für Privatkunden ist der Zugriff auf die Office-Web-Apps völlig kostenlos. Die Web-Apps sind Bestandteil der Windows Live Services. Zur Anmeldung ist lediglich eine Windows Live ID erforderlich. Nach Registrierung und Anmeldung steht Ihnen SkyDrive, ein Onlinespeicher mit derzeit 7 GByte Kapazität, zur Verfügung. Dort können Dokumente abgelegt und mit Zugriffsrechten versehen werden. Wie bereits beschrieben, können Dokumente direkt aus Excel 2010 und Excel 2013 auf SkyDrive abgelegt werden, um anschließend über die in SkyDrive integrierte Excel-Web-App lesend und schreibend darauf zuzugreifen.

## 12. Excel online – die Web-Apps

- **Office-Web-Apps für Geschäftskunden – Office 365**
  Die Web-Apps für Geschäftskunden sind kostenpflichtig, bieten dafür aber auch mehr. Geschäftskunden, die an einem Volumenlizenzprogramm für Microsoft Office teilnehmen, können Office-Web-Apps vor Ort auf einem Server mit Microsoft SharePoint Foundation oder Microsoft SharePoint Server ab Version 2010 verwenden. Damit stehen die umfangreichen Funktionalitäten von SharePoint in Verbindung mit den Office-Web-Apps zur Verfügung.

- **Microsoft Excel Mobile 2010/Windows Phone 8**
  Sie können über jedes Mobiltelefon ab Windows Mobile 6.5 auf Ihre Excel-2010-Arbeitsmappen zugreifen. Sie können Arbeitsmappen öffnen, die auf dem Windows-Mobiltelefon gespeichert werden. Außerdem können Sie die Arbeitsmappen über SharePoint Server oder die Windows Live Services veröffentlichen sowie Dokumente über einen Smartphone-Browser anzeigen und darauf zugreifen.

### Tipp 2: Windows Live.com – SkyDrive einrichten und verwenden

SkyDrive, ehemals Windows Live Folders, ist ein Dienst von Microsoft Live.com, der es ermöglicht, Dateien auf eine virtuelle Festplatte hochzuladen. Die Größe des kostenlosen Onlinespeichers beträgt aktuell 7 GByte. Sollten Sie mehr benötigen, kann der Speicher kostenpflichtig erweitert werden. Damit mit den Web-Apps gearbeitet werden kann, müssen Sie zunächst ein SkyDrive-Laufwerk einrichten und konfigurieren.

*So geht's:*

1. Rufen Sie im ersten Schritt die Seite *http://login.live.com/* auf.
2. Wenn Sie noch nicht registriert sind, müssen Sie zunächst ein neues Konto einrichten. Besitzen Sie bereits eine Windows Live ID, können Sie sich direkt anmelden. Auch mit Anmeldedaten für Microsoft Hotmail, Xbox Live oder Windows Phone können Sie sich hier legitimieren.
3. Sobald Sie angemeldet sind, sehen Sie die Oberfläche von Outlook.com. Wechseln Sie über das Menü links oben zum Onlinespeicher SkyDrive.

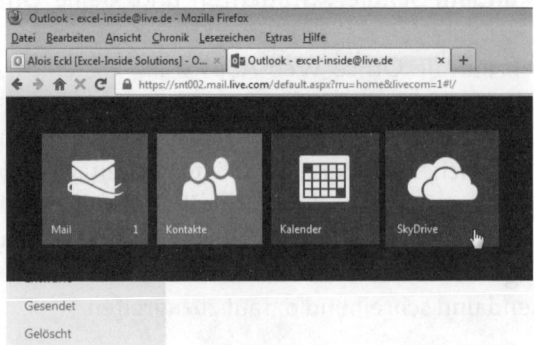

**4** Im Startbereich sehen Sie die bereits angelegten Ordner und Dateien. SkyDrive präsentiert sich in der Version 2013 ähnlich wie Windows 8 im Kacheldesign. Über die Ordnersymbole kann auf die einzelnen Ordner zugegriffen und die entsprechenden Dateien können aufgerufen werden. Dabei werden Ordner mit blauer Hintergrundfarbe angezeigt. Die entsprechenden Dateien haben die Farbe der jeweiligen Anwendung. Dementsprechend werden Excel-Dateien mit grüner und Word-Dateien mit blauer Kachelfarbe dargestellt.

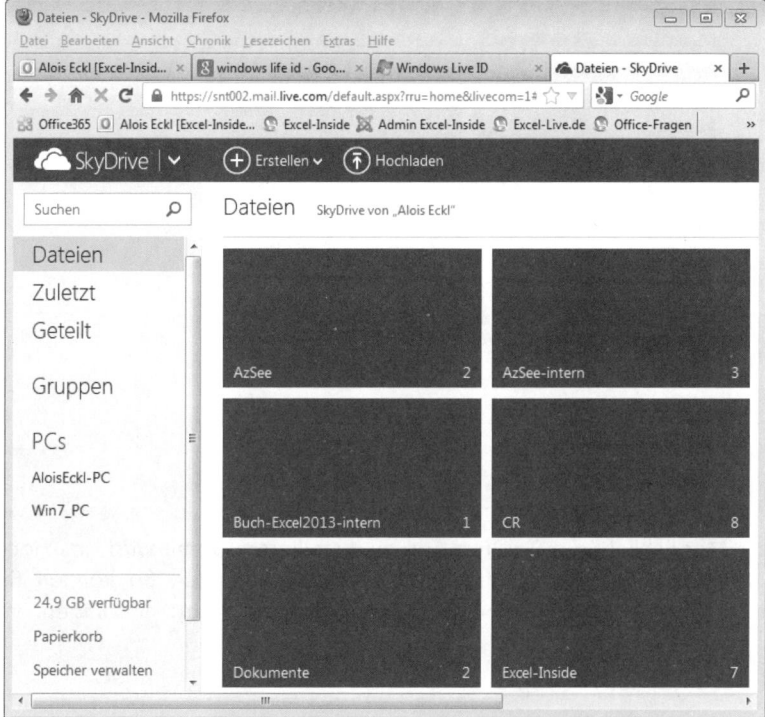

**5** SkyDrive bietet umfangreiche Verwaltungsmöglichkeiten. So können selbstverständlich neue Ordner angelegt werden, Dateien und Ordner können mit anderen Anwendern geteilt werden etc.

**6** Zum Hochladen von Dateien klicken Sie auf den Link *Hochladen*. Daraufhin öffnet sich ein Fenster mit Ordnern und Dateien Ihrer lokalen Umgebung. Wählen Sie einfach die gewünschte Datei aus und bestätigen Sie dies mit *OK*. Damit wird die gewählte Datei zu SkyDrive hochgeladen.

**7** Anschließend stehen die auf SkyDrive kopierten Dateien zur Anzeige und Bearbeitung zur Verfügung. Im Beispiel wurden sechs Excel-Dateien und eine Word-Datei auf SkyDrive im Ordner *Office2013* abgelegt.

## 12. Excel online – die Web-Apps

### Hinweis

Es besteht die Möglichkeit, die SkyDrive-App zu installieren. Damit wird das Hochladen von Daten zur Onlinefestplatte SkyDrive noch einfacher. So können Sie Dateien einfach über den Windows-Explorer per Drag-and-drop hinzufügen und uploaden.

➜ Verweis: siehe Kapitel 12, Tipp 6

### Tipp 3: Arbeiten mit der Excel-Web-App – Zugriff über den Browser

Dieser Tipp zeigt, welche Möglichkeiten die Excel-Web-App in der aktuellen Ausbaustufe bietet. Sollten Sie noch keine Excel-Dateien in Ihr SkyDrive hochgeladen haben, holen Sie das am besten jetzt nach. Die Beschreibung finden Sie in Tipp 2. Optimalerweise verwenden Sie Dateien im Format XLSX.

*So geht's:*

1 Loggen Sie sich bei Microsoft Live in Ihr SkyDrive-Laufwerk ein.

2 Wechseln Sie in das Verzeichnis, in dem die Excel-Dokumente liegen.

3 Klicken Sie die Datei an, die Sie mit der Excel-Web-App öffnen möchten. Damit öffnet sich automatisch die entsprechende Web-App mit der gewünschten Excel-Datei.

## 12. Excel online – die Web-Apps

4   Sie können die Datei nun in der Excel-Web-App ansehen, bearbeiten und verändern. Die Oberfläche sieht auf den ersten Blick wie die Oberfläche von Excel 2013 aus. Auf den zweiten Blick sieht man aber, dass der Funktionsumfang im Vergleich zur Offlineversion doch noch um einiges geringer ist. Die Grundfunktionalitäten sind aber vorhanden – so können Sie Texte, Zahlen und Formeln eingeben sowie beliebige Formatierungen vornehmen. Selbst die Funktionen zum Rückgängigmachen und Wiederholen von Befehlen werden in der Excel-Web-App angeboten. Im Großen und Ganzen sind die Funktionen der Web-App für die allermeisten Kalkulationen völlig ausreichend.

5   Auch das Menü *Datei* steht in der Excel-Web-App zur Verfügung, allerdings mit weniger Möglichkeiten. So gibt es dort nur folgende Menüpunkte:

## 12. Excel online – die Web-Apps

- *Informationen*: Über diesen Menüpunkt kann die Datei direkt in Excel 2010/2013 geöffnet werden. Es kann hier aber auch die vorherige Version des Dokuments aufgerufen werden.
- *Speichern unter*: Hier können Dateien unter einem anderen Dateinamen bei SkyDrive abgelegt oder direkt auf den lokalen Computer heruntergeladen werden.
- *Drucken*: Mit diesem Befehl wird eine Druckansicht der Tabelle erzeugt, die dann entsprechend über den Browser ausgedruckt werden kann.
- *Freigeben*: Über *Freigeben* kann eine Datei mit weiteren Personen geteilt werden. Diese können dazu per E-Mail eingeladen werden. Dieser Menüpunkt enthält auch die Funktion zum Einbetten von Dateien in einem Blog oder auf einer Webseite. Dazu kann hier der entsprechende Einbindungscode abgerufen werden, siehe Tipp 4.
- *Info*: Hier finden Sie Infos zu Microsoft Office, zu den Nutzungsbedingungen, zum Datenschutz und zu den Cookies.
- *Hilfe*: Dieser Befehl öffnet die Hilfefunktion zur Excel-Web-App, die ich absolut empfehlen kann. Dort finden Sie die Funktionsweise ausführlich beschrieben.
- *Beenden*: Mithilfe des letzten Menüpunkts *Beenden* kann die Excel-Web-App wie von der Offlineversion gewohnt beendet werden. Damit gelangen Sie zurück zur Ordner- und Dateiübersicht in SkyDrive.

### Hinweis
Laut Microsoft werden die Office-Web-Apps in Zukunft ständig erweitert und aktualisiert, sodass immer mehr Funktionalitäten auch in der Onlineversion zur Verfügung stehen.

## Tipp 4: Einbetten von Excel-Tabellen in Webseiten

Ein weiteres Feature der Excel-Web-App ist die Möglichkeit, dass Kalkulationstabellen interaktiv in Webseiten und Blogs eingebettet werden können. Dies lässt sich relativ einfach bewerkstelligen.

### So geht's:

1. Melden Sie sich zunächst mit Ihrer Windows Live ID bei Live.com, also bei Ihrem SkyDrive-Konto an.
2. Laden Sie im nächsten Schritt die gewünschte Excel-Datei in einen öffentlichen Ordner zu SkyDrive hoch oder erstellen Sie mit der Excel-Web-App eine neue Excel-Datei. Wichtig ist, dass der Ordner, in dem die Datei abgelegt ist, öffentlich ist. Das bedeutet, dass alle User auf den Ordner und die darin enthaltenen Dateien ohne Beschränkung zugreifen können. Um zu sehen, ob ein Ordner die Zugriffsberechtigung *Öffentlich* besitzt, rufen Sie einfach über einen Klick mit

der rechten Maustaste auf den entsprechenden Ordner das Kontextmenü auf und wählen dort den Eintrag *Eigenschaften*.

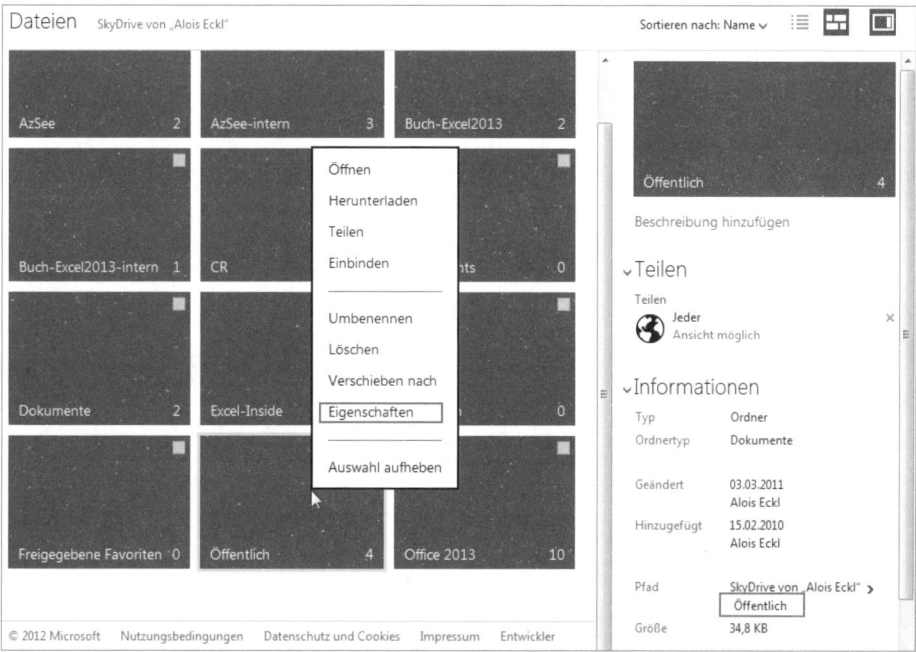

In der rechten Seitenleiste wird die entsprechende Berechtigung, im Beispiel *Öffentlich*, angezeigt.

3   Nachdem die gewünschte Datei zur Anzeige auf einer Webseite in einen öffentlichen Ordner eingestellt wurde, können Sie diese freigeben. Öffnen Sie dazu die Datei, in unserem Beispiel heißt sie *Quick Analysis.xlsx*.

4   Öffnen Sie nun über die Registerkarte *Datei* den Menüpunkt *Freigeben/Einbetten*.

5   Es öffnet sich ein Fenster, in dem folgende Einstellungen vorgenommen werden können.

- *Datenbereich*: Anzeige der gesamten Tabelle, eines Zellbereichs aus der Tabelle oder einer definierten Datentabelle.
- *Darstellung*: Definition verschiedener Darstellungsoptionen, wie Gitternetzlinien ein- und ausblenden, die Anzeige der Zeilen- und Spaltenüberschriften sowie die Anzeige eines Download-Links.
- *Interaktion*: Festlegen, welche Interaktionen zugelassen werden. Es wird definiert, ob auf der Webseite gefiltert und sortiert werden darf, ob der Anwender Daten in die Zellen eingeben kann (Änderungen werden allerdings nicht gespeichert), und es kann festgelegt werden, welche Zelle beim Aufrufen der Webseite ausgewählt ist.
- *Abmessungen*: Als letzte Option kann noch die Größe des Fensters festgelegt werden. Dabei erfolgt die Angabe in Pixel.

## 12. Excel online – die Web-Apps

Sämtliche Änderungen werden im Vorschaufenster live nachvollzogen.

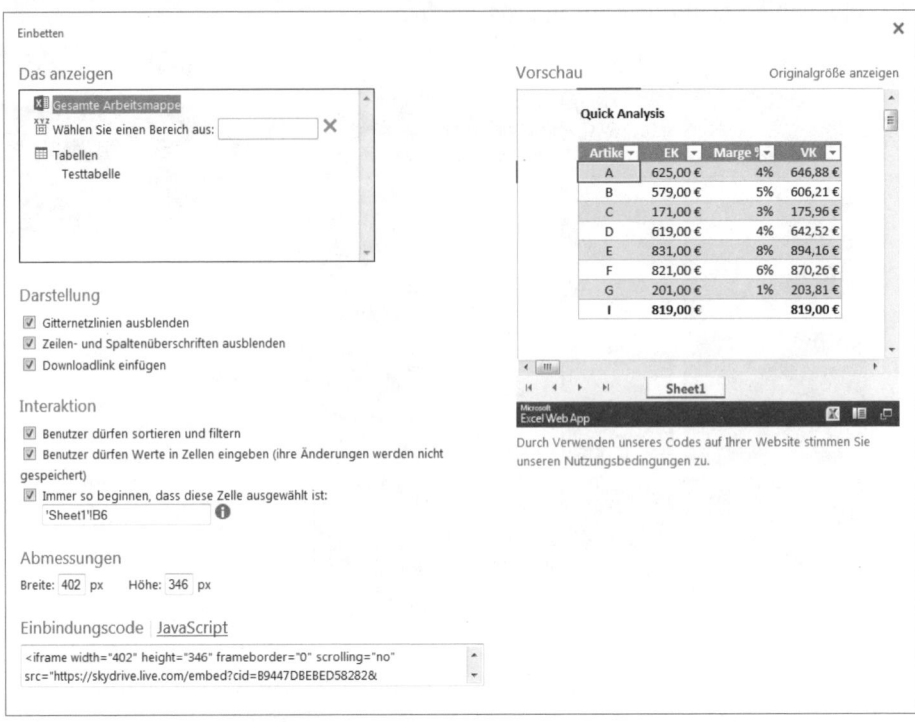

**6** Nachdem alle Einstellungen vorgenommen wurden, kann der Code zum Einbinden auf der Webseite kopiert werden. Dabei kann zwischen der iFrame-Technik und dem Einbinden über JavaScript gewählt werden.

**7** Kopieren Sie den gewünschten Code anschließend in die Zwischenablage und fügen Sie ihn entsprechend auf Ihrer Webseite ein. Das Ergebnis können Sie hier auf meinem Office-2013-Blog http://msoffice2013.de/excel-datei-auf-webseite-einbinden/ sehen.

Die folgende Tabelle zeigt das Ergebnis.

Im rechten unteren Bereich der Onlinetabelle sehen Sie drei Symbole.

Über das erste kann die Datei heruntergeladen werden.

Über die zweite (mittlere) Schaltfläche können die URL sowie der Einbindungscode aufgerufen werden. Damit kann die Datei z. B. auf einer anderen Webseite veröffentlicht werden.

Das dritte Symbol bietet die Möglichkeit, die Excel-Tabelle direkt in SkyDrive aufzurufen und entsprechend Änderungen daran vorzunehmen.

## Tipp 5: HTML-basierte Datentabellen mithilfe des Excel-Buttons auf einer Webseite anzeigen

Der Excel-Button kann in bestehende Webseiten eingebaut werden und wandelt die Daten einer HTML-Tabelle automatisch zur Ansicht in Excel um. Darüber hinaus können die so aufbereiteten und dargestellten Daten gefiltert, mit Diagrammen versehen und als Excel-Tabelle heruntergeladen werden.

Als Beispiel für diesen Tipp dient eine HTML-Tabelle mit verschiedenen Artikeln.

| Art.-Nr. | Bezeichnung | EK € | Marge | VK € |
|---|---|---|---|---|
| A4711 | Artikel A | 100,00 | 2,5 | 102,50 |
| A4712 | Artikel B | 110,00 | 3,0 | 113,30 |
| A4713 | Artikel C | 120,00 | 1,7 | 122,04 |
| A4714 | Artikel D | 130,00 | 4,8 | 136,24 |
| A4715 | Artikel E | 140,00 | 6,9 | 149,66 |
| A4716 | Artikel F | 150,00 | 3,2 | 154,80 |
| A4717 | Artikel G | 160,00 | 4,9 | 167,84 |

Diese HTML-basierte Tabelle kann z. B. in einem WordPress-Blog in der Form oder so ähnlich vorhanden sein. Um nun diese flache HTML-Tabelle in eine Excel-Ansicht zu bringen und mit entsprechenden Excel-Features anzureichern muss der sogenannte Excel-Button eingebaut werden.

### So geht's:

Zur Umwandlung der HTML-Tabelle über den Excel-Button sind nur wenige Schritte erforderliche. Auf der Webseite *http://www.excelmashup.com* kann über den Menüpunkt *Add the Button* der Code zur Anzeige des Excel-Button automatisch erzeugt werden.

1. Rufen Sie dazu zunächst die Seite *excelmashup.com* auf und klicken Sie auf den Menüpunkt *Add the Button*.

2. Sie finden dort ein paar Einstellungsmöglichkeiten für den Excel-Button. So kann die Größe des Buttons definiert werden, es kann eine Titelbezeichnung eingegeben werden, und es kann eine Firmenname bzw. die Bezeichnung einer Webseite eingegeben werden. Nachdem Sie die Einstellungen vorgenommen haben, wird über die Schaltfläche *Generate Code* der entsprechende Code für den Excel-Button erzeugt.

## 12. Excel online – die Web-Apps

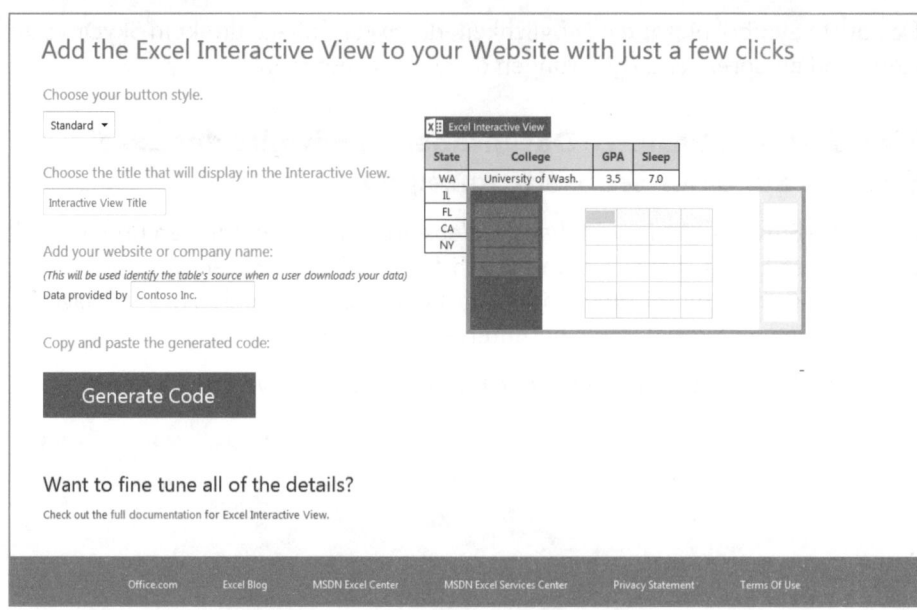

**3** Der so erzeugte Code wird daraufhin in einem neuen Fenster ausgegeben. Wie Sie sehen, werden zwei Codeteile erzeugt.

Im Wesentlichen beinhaltet das Einbinden des Excel-Buttons zwei Schritte. Zunächst ist der HTML-Code für den Button selbst einzubinden. Dieser besteht aus einem Link, der in die Zeile vor dem Code der HTML-Tabelle platziert wird:

- `<a href="#" name="MicrosoftExcelButton" data-xl-tableTitle="" data-xl-buttonStyle="Standard" data-xl-fileName="Book1" data-xl-attribution="" ></a>`

Damit jedoch ein Klick auf den Excel-Button die Anwendung aufrufen kann, muss noch eine JavaScript-Datei vom Microsoft-Server angebunden werden. Fügen Sie folgende Zeile vor dem *</body>*-Tag der Website ein:

- `<script type="text/javascript" src="http://r.office.microsoft.com/r/rlidExcelButton?v=1 &kip=1"></script>`

## 12. Excel online – die Web-Apps

**4** Wenn Sie den Excel-Button wie beschrieben auf Ihrer Webseite eingebunden haben, wird dieser oberhalb der HTML-Tabelle angezeigt.

**5** Mit einem Klick auf den Excel-Button werden die Daten der HTML-Tabelle nun als Excel-Tabelle angezeigt.

**6** Die Daten können jetzt mit Datenbalken versehen werden. Darüber hinaus können die entsprechenden Diagramme für die unterschiedlichen Werte wie EK €, Marge und VK € angezeigt werden. Über das Filtersymbol kann die Anzeige auf die gewählten Werte beschränkt werden.

**7** Über die linke Menüleiste können weitere Optionen ausgeführt werden. So kann beispielsweise über das Excel-Symbol die angezeigte Excel-Tabelle in den Excel-Web-Apps geöffnet oder auf den lokalen PC heruntergeladen werden.

## Tipp 6: SkyDrive als Netzlaufwerk in Windows einbinden

SkyDrive bietet als kostenlose virtuelle Onlinefestplatte eine Speicherkapazität von derzeit 7 GByte. Wie bereits in den vorherigen Tipps beschrieben, können dort Daten abgelegt und mit Zugriffsrechten versehen werden. Per Office-Anwendungen bzw. per Office-Web-Apps, per Smartphone oder Tablet-PC kann darauf zugegriffen werden.

Wenn der Onlinespeicher SkyDrive intensiv genutzt wird, ist es sinnvoll, die Onlinefestplatte direkt in Windows zu integrieren. Dazu stellt Microsoft die SkyDrive-App zur Verfügung. In diesem Tipp zeigen wir Ihnen, wie Sie den Speicher in Windows einbinden.

*So geht's:*

1 Melden Sie sich zunächst mit Ihrer Windows Live ID bei Live.com an.

2 Bei SkyDrive finden Sie einen Link (derzeit links unten auf der Seite), über den Sie die SkyDrive-App anfordern können. Wenn Sie darauf klicken, öffnet sich eine Seite, über die verschiedene SkyDrive-Apps bezogen werden können. Derzeit gibt es die App für Windows, für den Mac, für Windows Phone, für das iPhone und das iPad sowie für Android.

3 Da wir in diesem Beispiel SkyDrive in Windows integrieren möchten, benötigen wir die Windows-Desktop-App. Klicken Sie dazu auf *Windows Desktop* und laden Sie die Datei herunter.

4 Nachdem der Download der knapp 6 MByte große Datei abgeschlossen ist, muss sie installiert werden. Führen Sie dazu die Datei über eine Doppelklick aus und starten Sie damit den Installationsvorgang. Beachten Sie an der Stelle, dass die SkyDrive-App nur unter Windows 8, Windows 7, Windows Vista SP2, Windows Server 2008R2 oder Windows Server 2008 SP2 installiert werden kann.

5 Wenn die Installation abgeschlossen ist, steht der Onlinespeicher SkyDrive direkt über den Windows-Explorer zur Verfügung. Obwohl die Verzeichnisse und Dateien in der Cloud, also im Internet, gespeichert sind, können Sie mit diesen arbeiten, als würden sie lokal auf Ihrer Festplatte oder im Netzwerk liegen. Sie können Dateien darauf speichern, verschieben, umbenennen etc.

# 13. Routineaufgaben per Makro erledigen

Wer viel mit Excel arbeitet und nicht immer wieder gewisse Routinearbeiten manuell erledigen möchte, kommt am Thema VBA nicht vorbei. VBA, also **V**isual **B**asic for **A**pplications, ist eine einfach zu erlernende Programmiersprache, die Excel zu einem noch mächtigeren Werkzeug macht.

Excel ist bereits in seiner Standardform ein umfassendes Instrument zur Tabellenkalkulation mit vielen Formeln und Funktionen für die Kalkulation, Datenanalyse und auch zur Datenpräsentation.

In Verbindung mit VBA kann das breite Spektrum der Anwendung auch an die eigenen Bedürfnisse angepasst werden, und damit werden die Anwendungen beträchtlich erweitert. Sie haben bereits in den vorherigen Kapiteln einige Makros kennengelernt. Erfahren Sie nun einiges zu den Grundlagen der Programmiersprache VBA und lassen Sie sich anhand von Beispielen in das Thema Programmierung von Makros einführen.

### Tipp 1: Vorstellung des VBA-Editors

Nach der Installation von Microsoft Office ist bereits alles verfügbar, was Sie für die Programmierung mit VBA benötigen. Die Entwicklungsumgebung ist in die Applikation Excel integriert und kann sofort genutzt werden. In diesem ersten Tipp lernen Sie die Entwicklungsumgebung von Excel und deren Bedienung Schritt für Schritt kennen.

*So geht's:*

**1** Starten Sie Microsoft Excel mit einer neuen, noch leeren Arbeitsmappe und drücken Sie die Tastenkombination [Strg]+[F11] bzw. klicken Sie mit der rechten Maustaste entweder auf die Tabellenregisterkarte links unten oder auf den oberen Rand des Tabellenfensters und dann auf den Befehl *Code anzeigen*, um direkt in die Entwicklungsumgebung zu gelangen.

13. Routineaufgaben per Makro erledigen

**2** Machen Sie sich nun mit dem Projekt-Explorer vertraut, der in einem separaten Finster oben links angeordnet ist. In diesem Explorer sehen Sie alle momentan geöffneten Excel-Arbeitsmappen und gegebenenfalls Add-ins wie beispielsweise das Add-in *EuroTool (EUROTOOL.XLAM)*, sofern es über den Add-Ins-Manager eingebunden oder seitens Excel standardmäßig bei der Installation integriert wurde. Der Zugriff auf solche Add-ins ist in aller Regel kennwortgeschützt. Über die Plussymbole werden alle in der Arbeitsmappe befindlichen Tabellen angezeigt, egal ob diese Tabellen in der Excel-Umgebung ein- oder ausgeblendet sind.

---

**Hinweis**

Bei genauem Hinsehen werden Sie feststellen, dass die Tabellen im Projekt-Explorer immer mit zwei Namen versehen sind. Der erste Tabellenname ist der sogenannte Codename der Tabelle, der von einem Anwender, der keinen Zugriff auf die Entwicklungsumgebung hat, auch nicht geändert werden kann. Der zweite Tabellenname, der in runden Klammern angegeben ist, repräsentiert den Namen der Tabelle, der sich auch auf der Excel-Oberfläche auf der Tabellenregisterkarte (unten links) wiederfindet.

In neuen Arbeitsmappen sind beide Namen zunächst gleich. Wenn jedoch der Name einer Tabelle in der Excel-Oberfläche über die Tabellenregisterkarte geändert wird, existieren zwei Tabellennamen, die via VBA genutzt werden können. Arbeiten Sie deshalb immer mit dem Codenamen der Tabelle, da dieser nur in der VBA-Umgebung geändert werden kann und es somit bei Änderungen des

## 13. Routineaufgaben per Makro erledigen

> Tabellennamens über die Excel-Umgebung zu keinen Problemen im Code kommen kann: Denn der Code ändert sich nicht automatisch mit bei der Umbenennung eines Tabellennamens in der Excel-Umgebung.

3 Makros werden in aller Regel in sogenannten Modulen abgelegt. Ein Modul ist vergleichbar mit einem Container, in dem sich eben diese Makros befinden. Die Systematik der Ablage der Makros bleibt Ihnen überlassen.

4 Legen Sie nun ein neues Modul an, indem Sie in der Entwicklungsumgebung über das Menü *Einfügen* den Befehl *Modul* aufrufen.

5 Nun wird ein neues Objekt mit Namen *Modul1* und eine neue Rubrik namens *Module* in den Projekt-Explorer eingefügt. Da der Name *Modul1* nicht unbedingt sprechend ist, empfiehlt es sich, ihn umzubenennen.

6 Markieren Sie also dieses Objekt *Modul1*, klicken Sie dann im *Eigenschaften*-Fenster, das sich standardmäßig unterhalb des Projekt-Explorers befindet, unter *Nach Kategorien* auf den Eintrag *Modul1* und ersetzen Sie diesen Begriff durch einen neuen, sprechenderen Begriff wie z. B. *mdl_ErsteMakros*. Bestätigen Sie diese Eingabe mit der Enter-Taste.

7 Erfassen Sie nun im rechten Codefenster des Moduls *mdl_ErsteMakros* ein einfaches Makro in dieser Form:

Listing 1:
- Sub NameAktiveMappeAnzeigen()
-     MsgBox ActiveWorkbook.Name
- End Sub

**8** Ist der Code erfasst, klicken Sie auf das Symbol *Sub/UserForm Ausführen (F5)* in der Symbolleiste *Voreinstellungen* oder drücken alternativ auf die F5-Taste. Nun wird augenblicklich das Makro ausgeführt, und es erscheint dazu eine Meldung auf dem Excel-Bildschirm.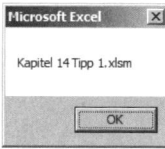

**9** Speichern Sie nun die Excel-Datei ab und achten Sie darauf, dass Sie im Dialog *Speichern unter* im Feld *Dateityp* den Eintrag *Excel-Arbeitsmappe mit Makros* auswählen (Excel 2003 kennt die Unterscheidung von Arbeitsmappen mit und ohne Makros nicht).

**10** Sie finden in der Entwicklungsumgebung eine Vielzahl an Hilfestellungen. Wenn Sie z. B. den Cursor auf einen Befehl bzw. eine Funktion setzen und die F1-Taste drücken, wird sogleich ein Fenster geöffnet, das Informationen zum Befehl bzw. der Funktion liefert. Neben Erläuterungen zur Syntax und zu diversen Einstellungen können Sie sich in aller Regel auch einige Beispiele dazu ansehen.

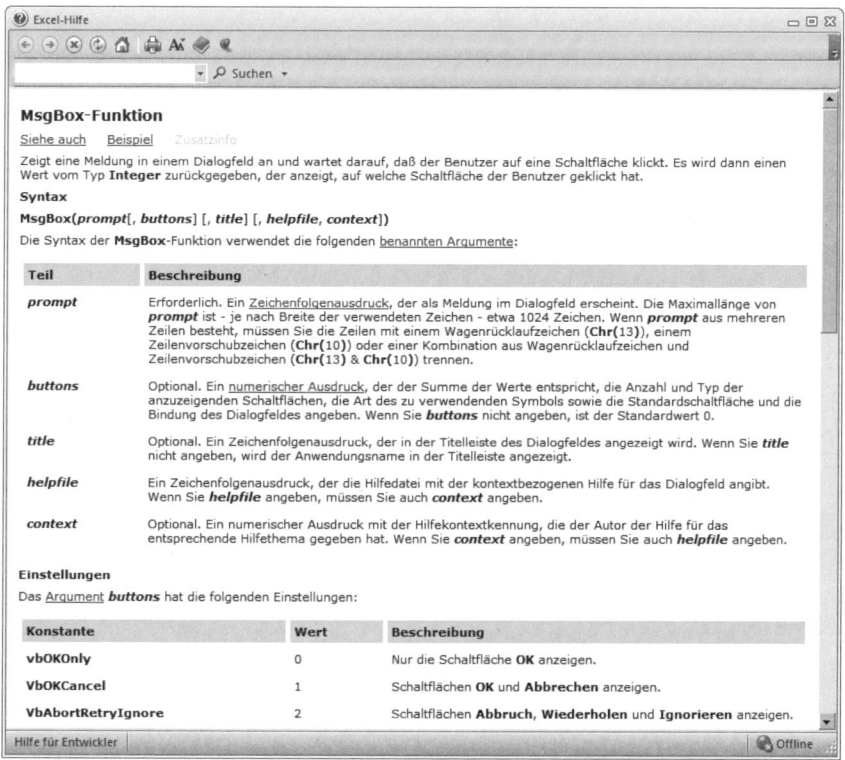

### 13. Routineaufgaben per Makro erledigen

**11** Gute Unterstützung bietet ebenfalls das Direktfenster, das Sie über den Menübefehl *Ansicht/Direktfenster* einblenden können. Über das Direktfenster können Sie Ihre Makros sehr gut testen, d. h., Sie können beispielsweise die Ausgabe mehrerer Variablen nacheinander anzeigen lassen, ohne immer wieder etwa den Befehl *MsgBox* bemühen zu müssen.

**12** Über die F1-Taste können Sie den Objektkatalog aufrufen, der den kompletten Sprachumfang von VBA enthält.

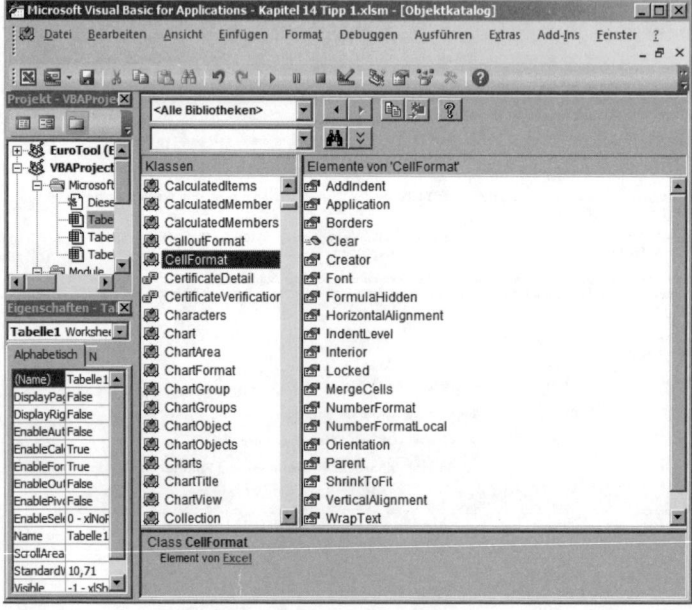

Sie sehen hier, welche Befehle verfügbar sind. Es wird dabei zwischen Objekten, Methoden, Eigenschaften und Ereignissen unterschieden.

> **Hinweis**
>
> *Objekte*: Objekte sind Zellen, Tabellen, Mappen oder auch Diagramme (Charts).
>
> *Eigenschaften*: Objekte haben bestimmte Eigenschaften; so hat beispielsweise das Objekt *Range* die Eigenschaft einer bestimmten Adresse (etwa A1).
>
> *Methoden*: Mit den Objekten lassen sich verschiedenste Dinge anstellen. Das Objekt *Workbook* (= Mappe) kann geöffnet, gespeichert, gedruckt, geschlossen etc. werden. Alle diese Aktionen werden als Methoden bezeichnet.
>
> *Ereignisse*: Ereignisse sind im Objektkatalog mit dem Blitzsymbol gekennzeichnet. Ein Ereignis ist zum Beispiel *BeforeDoubleClick*. Sie können auf ein Ereignis, d. h. auf ein Objekt, das hier per Doppelklick angesteuert wird, reagieren und beispielsweise im Zusammenhang mit diesem Ereignis eine „Befehlshandlung" auslösen.

## Tipp 2: Makros aufzeichnen

VBA bedient sich der englischen Sprache, und es ist zunächst gar nicht so einfach, die Syntax zu den einzelnen Befehlen auf Anhieb zu verstehen. Daher bietet es sich an, den integrierten Makrorekorder zu nutzen und die Arbeitsschritte mit der dazugehörigen Syntax aufzuzeichnen. Das Ganze funktioniert so, dass Sie einzelne Aktionen in Excel durchführen, die dann durch den Makrorekorder (im Hintergrund, also in der VBA-Umgebung) automatisch in Quellcode umgesetzt werden.

### So geht's:

1  Wählen Sie in der Excel-Arbeitsoberfläche über *Ansicht/Makros* und die Symbolschaltfläche *Makros* den Befehl *Makro aufzeichnen* (Excel 2003: Menü *Extras/Makro*, Befehl *Aufzeichnen*). Im Dialogfenster *Makro aufzeichnen* müssen dann zunächst diverse Einstellungen getroffen werden.

2  Im Feld *Makroname* können Sie einen beliebigen Namen für Ihr Makro vergeben und den Vorschlag von Excel übergehen. Im Drop-down-Feld *Makro speichern in* legen Sie fest, wo der aufgezeichnete Quellcode gespeichert werden soll. Standardmäßig wird *Diese Arbeitsmappe* vorgeschlagen, also die Mappe, die Sie gerade geöffnet haben. Klicken Sie zu Schluss auf *OK*, um die Aufzeichnung zu starten.

3  Nun sollen die Gitternetzlinien ausgeschaltet werden. Entfernen Sie über *Datei/Optionen/Erweitert* aus der Rubrik *Optionen für dieses Arbeitsblatt anzeigen* das Häkchen bei *Gitternetzlinien einblenden* (Excel 2003: Menü *Extras/Optionen*, Registerkarte *Ansicht*, Kontrollkästchen *Gitternetzlinien*). Bestätigen Sie mit *OK*.

## 13. Routineaufgaben per Makro erledigen

**4** Beenden Sie die Aufzeichnung über *Ansicht/Makros*, Symbolschaltfläche *Makros*, Befehl *Aufzeichnung beenden* (Excel 2003: Menü *Extras/Makro*, Befehl *Aufzeichnung beenden*).

**5** Wechseln Sie dann über die Tastenkombination [Alt]+[F11] in die Entwicklungsumgebung und betrachten Sie das Ergebnis: Der Code wurde aufgezeichnet und kann nun manuell ergänzt, modifiziert und natürlich auch wieder gelöscht werden.

### Hinweis

Makroaufzeichnungen werden standardmäßig in einem neuen Modul durchgeführt. Führen Sie mehrere Aufzeichnungen innerhalb einer Excel-Sitzung durch, werden alle in dasselbe Modul geschrieben.

Wenn Sie Excel jedoch schließen und erneut starten, wird bei einer neuerlichen Makroaufzeichnung ein neues Modul eingefügt. Sie können diese Module selbstverständlich auch wieder löschen, indem Sie das zu löschende Modul mit der rechten Maustaste anklicken und den Befehl *Entfernen von [Modulnamen]* auswählen. Bevor der Löschvorgang durchgeführt wird, haben Sie die Möglichkeit, das Modul in einer Textdatei standardmäßig zu sichern. Falls das nicht erwünscht ist, klicken Sie auf die Schaltfläche *Nein*.

Die Aufzeichnungen des Makrorekorders eignen sich (vor allem für Einsteiger) hervorragend, um die VBA-Befehle näher kennenzulernen. Obwohl der Makrorekorder akribisch jeden Schritt aufzeichnet und somit auch immer zu viel Quellcode erzeugt, kann man sich mit der durch Excel erzeugten Syntax schneller vertraut machen. (Aufzeichnungen können jederzeit nachgebessert werden.)

**6** In der Symbolleiste *Bearbeiten*, die Sie über *Ansicht/Symbolleisten/Bearbeiten* einblenden können, finden Sie hilfreiche Werkzeuge, die Sie bei der Programmierung unterstützen.

> **Hinweis**
>
> *Einzug vergrößern* bzw. *Einzug verkleinern*: Mithilfe dieser Symbole können Sie Zeilen bzw. ganze Bereiche einrücken, damit der Quellcode besser lesbar wird.
>
> *Haltepunkt ein/aus*: Durch das Markieren einer Codezeile und einen Klick auf dieses Symbol wird ein Haltepunkt gesetzt. Wenn Sie also das Makro starten (z. B. mit der F11-Taste), wird es bis zu diesem Haltepunkt durchlaufen, und die Verarbeitung stoppt dann genau an dieser Stelle.
>
> *Block auskommentieren* bzw. *Auskommentierung des Blocks aufheben*: Damit können Sie eine oder mehrere Programmierzeilen auskommentieren. Das heißt, diese Zeilen werden nicht verarbeitet, sondern bleiben als Kommentare stehen. Sie erkennen auskommentierte Zeilen an der grünen Schriftfarbe und am ersten Zeichen der Zeile, einem Apostroph.
>
> *Lesezeichen setzen/zurücksetzen*: Wenn Sie viele Seiten Makrocode geschrieben haben, können Sie hiermit bestimmte Stellen schneller „anspringen".

## Tipp 3: Makros mit einfacher For Next-Schleife

Die wesentlichen Bestandteile einer Programmiersprache sind Schleifen und Abfragen, die allerdings nicht mit dem Makrorekorder aufgezeichnet werden können. Unter einer Schleife versteht man einen sich fortlaufend wiederholenden Vorgang. Schleifen werden meistens dann eingesetzt, wenn es beispielsweise darum geht, alle Zeilen einer Tabelle nacheinander abzuarbeiten. Eine Abfrage ist vergleichbar mit dem, was die Tabellenfunktion *WENN* leistet. Diese Funktion prüft in Form einer Abfrage, ob bestimmte Kriterien erfüllt werden oder nicht. Ähnlich arbeiten Abfragen, die per VBA erzeugt werden.

Nachfolgend können Sie sich mit dem ersten Typ von Schleifen vertraut machen, der *For Next*-Schleife, die sehr häufig zum Einsatz kommt.

### So geht's:

Die Syntax zur *For Next*-Schleife sieht so aus:
- `For Zähler = Anfang To Ende [Step Schritt]`
-     `[Anweisungen]`
-     `[Exit For]`
-     `[Anweisungen]`
- `Next [Zähler]`

## 13. Routineaufgaben per Makro erledigen

Die Syntax:

- *Zähler*: Dieses Argument verkörpert eine Variable und dient als Schleifenzähler. Das Argument wird zu Beginn eines Makros angelegt.
- *Anfang*: Dieses Argument dient als Startwert der Schleife, kennzeichnet also beispielsweise die erste Zeile, die verarbeitet werden soll.
- *Ende*: Dieses Argument steht für das Ende einer Schleife. Müssen z. B. zehn Zeilen verarbeitet werden, ist der Endwert des Zählers 10.
- *Schritt*: Wird wahlweise eingesetzt und verkörpert den Wert, um den der Schleifenzähler bei jedem Schleifendurchlauf verändert wird. Falls kein Schrittwert angegeben wird, wird 1 als Schrittweite eingesetzt.
- *Anweisungen*: Beinhaltet eine oder mehrere Anweisungen zwischen *For* und *Next*, die so lange wie angegeben durchlaufen werden müssen.
- *Exit For*: Dieser Befehl kann eingesetzt werden, wenn ein bestimmter Vorfall direkt aus der Schleife heraus „angesprungen" werden soll.

An einem kleinen Beispiel wird die Arbeitsweise dieser Art von Schleife gut ersichtlich. Hier soll eine Tabelle zeilenweise verarbeitet werden. In *Tabelle1* sind zehn Zeilen mit Werten gefüllt. Die Verarbeitung soll in Zeile 2 starten und in Zeile 10 enden, wobei das Ende der Verarbeitung dynamisch gehalten sein muss. Das heißt, Sie müssen zuerst ermitteln, wie viele Zellen in Spalte B gefüllt sind, und gleichzeitig sicherstellen, dass zwischen den einzelnen Zeilen keine leeren Zeilen stehen.

Das lässt sich am einfachsten bewerkstelligen, indem Sie zunächst an das untere Ende der Tabelle und dann von unten nach oben bis zur zuletzt gefüllten Zelle dieser Spalte springen. Der Befehl hierfür lautet *lngZeileMax = Tabelle1.Range("B1048576").End(xlUp).Row* (Excel 2003: *lngZeileMax = Tabelle1.Range("B65536").End(xlUp).Row*).

**1** Erfassen Sie nun zuerst in einer neuen Arbeitsmappe im Zellbereich B2:B11 einige Werte und dann in der Entwicklungsumgebung in einem neuen Modul nachfolgende Codezeilen. Blenden Sie dabei über *Ansicht/Direktfenster* das Fenster *Direktbereich* ein, um das Ergebnis des Codes zu überwachen. Starten Sie das Makro über die F11-Taste.

*Listing 1:*

```
Sub ForNextBeispiel()
Dim lngZeile As Long
Dim lngZeileMax As Long
lngZeileMax = Tabelle1.Range("B1048576").End(xlUp).Row
    For lngZeile = 2 To lngZeileMax
        Debug.Print Tabelle1.Cells(lngZeile, 2).Value
    Next lngZeile
End Sub
```

## 13. Routineaufgaben per Makro erledigen

**2** Wie Sie nun erkennen können, werden die Werte von Spalte B aus *Tabelle1* über das Makro im Fenster *Direktbereich* angezeigt.

Die Syntax:

- *lngZeile* und *lngZeileMax*: Diese zwei Zählvariablen vom Typ *Long* werden zu Beginn des Makros deklariert. Der Datentyp *Long* kann ganzzahlige Werte aufnehmen und ist geradezu prädestiniert für die Schleifensteuerung.
- *Tabelle1.Range("B1048576").End(xlUp).Row*: Dieser Befehl übergibt die Zeilennummer der zuletzt belegten Zelle in Spalte B an die Variable *lngZeileMax*.
- *For lngZeile = 2 To lngZeileMax*: Die Verarbeitung beginnt in der zweiten Excel-Zeile und endet mit der Zeilennummer der soeben ermittelten letzten Zelle von Spalte B. Die Schleife wird also genau neunmal durchlaufen.
- *Debug.Print Tabelle1.Cells(lngZeile, 2).Value*: Innerhalb der Schleife wird über den Befehl *Debug.Print* der Inhalt der Zellen im Fenster *Direktbereich* ausgegeben. Auf die einzelnen Zellen wird mit der Eigenschaft *Cells* zugegriffen. Diese Eigenschaft besitzt zwei Argumente: Im ersten Argument geben Sie die jeweilige Zeilennummer an, die bei jedem Schleifendurchlauf über die Variable *lngZeile* hochgesetzt wird, und im zweiten Argument steht die Spaltennummer 2 (steht für Spalte B).
- *Next lngZeile*: Dieser Befehl sorgt zusammen mit *For* für die Anzahl der Schleifendurchläufe.

13. Routineaufgaben per Makro erledigen

## Tipp 4: Makros mit einfacher If-Anweisung

Mit einer *If*-Anweisung können Sie prüfen, ob bestimmte Kriterien erfüllt sind, und je nach Ergebnis weitere Arbeitsabläufe steuern.

### So geht's:

Die Syntax für die *If*-Anweisung sieht so aus:

- If Bedingung Then [Anweisung] [Else elseAnweisung]

Alternativ kann auch die Blocksyntax verwendet werden:

- If Bedingung Then
-   [Anweisung]
-   [Anweisung]
- [Else]
-   [elseAnweisung]
-   [elseAnweisung]
- End If

Die Syntax:

- *Bedingung*: Das ist die Bedingung, die erfüllt sein muss, um die weiteren Schritte in die Wege zu leiten.
- *Anweisung*: Steht direkt im Anschluss an *Then*, der Anweisung, die ausgeführt wird, wenn die Bedingung zutrifft.
- *elseAnweisung*: Mit diesem Argument kann eine oder können auch mehrere Anweisungen durchgeführt werden, falls die Bedingung nicht erfüllt ist.

> **Hinweis**
>
> Bei der ersten Syntaxform muss kein Abschluss mit *End If* erfolgen, sofern der Befehl in eine Codezeile passt. Sobald jedoch ein Zeilenumbruch ohne Zeilenfortsetzungszeichen (Blank mit anschließendem Unterstrich) gemacht wird, muss *End If* gesetzt werden, da VBA sonst einen Syntaxfehler meldet.

Der Befehl wird auch hier anhand eines kleinen Beispiels verdeutlicht. Es sollen in einer Spalte alle Zellen farblich markiert und mit Schriftschnitt „Fett" versehen werden, die einen Texteintrag beinhalten.

1. Erfassen Sie in einer neuen Arbeitsmappe in Spalte A einige Texte und Werte. Tragen Sie dann in der Entwicklungsumgebung in einem neuen Modul nachfolgende Codezeilen ein und starten Sie das Makro über die F11-Taste (achten Sie als Excel-2003-Anwender darauf, die Range auf *65536* anzupassen):

   *Listing 1:*
   - Sub IfBeispiel()
   - Dim lngZeile As Long
   - Dim lngZeileMax As Long
   -

- With Tabelle1
- lngZeileMax = .Range("A1048576").End(xlUp).Row
-
-   For lngZeile = 1 To lngZeileMax
-   If IsNumeric(.Cells(lngZeile, 1).Value) = False Then
-     .Cells(lngZeile, 1).Font.Bold = True
-     .Cells(lngZeile, 1).Interior.ColorIndex = 3
-   Else
-     .Cells(lngZeile, 1).Font.Bold = False
-     .Cells(lngZeile, 1).Interior.ColorIndex = xlColorIndexNone
-   End If
-   Next lngZeile
-
- End With
- End Sub

**2** Wie Sie sehen können, werden die Texte von Spalte A aus *Tabelle1* mit einem farblich anderen Hintergrund und mit Schriftschnitt Fett gekennzeichnet.

Die Syntax:

- *With Tabelle1*: Mit der Anweisung *With* sparen Sie sich etwas Schreibarbeit. Sie müssen im Code selbst nicht mehr *Tabelle1* und nachfolgenden Code erfassen, sondern es genügt, einen Punkt zu setzen und unmittelbar nach dem Punkt den Code zu schreiben. Über *With* können Sie also eine Reihe von Anweisungen für

ein bestimmtes Objekt, im Beispiel *Tabelle1*, ausführen, ohne dass Sie dieses Objekt mehrmals angeben müssen.
- *IsNumeric*: Prüft den Datentyp der Zelle.
- *Bold*: Falls der Inhalt der Zelle einen Text enthält, wird ihr der Schriftschnitt Fett über die Eigenschaft *Bold* zugewiesen.
- *Colorindex*: Diese Eigenschaft sorgt für die Färbung des Zellhintergrunds.
- *Else*: Der *Else*-Zweig der *If*-Anweisung stellt sicher, dass, wenn Sie das Makro mehrfach laufen lassen und währenddessen Änderungen in der Tabelle vorgenommen werden, sichergestellt ist, dass wirklich alle Zellen verarbeitet werden.

## Tipp 5: Makros mit Select Case-Bedingung

Mit einer *Select Case*-Anweisung können mehrere ineinander verschachtelte Abfragen durchgeführt werden. Diese Art von Anweisung bietet gegenüber der *If*-Anweisung eine überschaubarere Möglichkeit, wenn es darum geht, mehrere Kriterien abzufragen.

### So geht's:

Die Syntax für die *Select Case*-Anweisung sieht so aus:
- `Select Case Ausdruck`
- `  [Case Ausdrucksliste-n]`
- `    [Anweisungen-n] ...`
- `  [Case Else]`
- `    [elseAnw]`
- `End Select`

Die Syntax:
- *Ausdruck*: Ist ein beliebiger numerischer Ausdruck oder ein Zeichenfolgenausdruck, der ausgewertet werden soll.
- *Ausdrucksliste-n*: Hier werden die Abfrageoptionen näher spezifiziert. Dabei können auch Vergleichsoperatoren wie *To*, *Is* oder *Like* eingesetzt werden.
- *Anweisungen-n*: Mit diesem Argument können eine oder mehrere Anweisungen angegeben werden, die ausgeführt werden sollen, wenn der abgefragte Ausdruck mit irgendeinem Element in *Ausdrucksliste-n* übereinstimmt.
- *elseAnw*: Ist optional einsetzbar – insbesondere dann, wenn der abgefragte Ausdruck mit keinem Element im *Case*-Abschnitt übereinstimmen sollte.

Auch diese Anweisung lässt sich am besten an einem Beispiel erläutern. Bei dieser Aufgabe sind innerhalb des Bereichs A1:D10 in einer neuen Tabelle Werte zugrunde gelegt, die im Wertebereich zwischen –100 und 100 liegen. Die Werte sollen nun folgendermaßen formatiert werden:
- Werte kleiner 0: Hintergrundfarbe Rot
- Werte gleich 0: ohne Hintergrundfarbe
- Werte zwischen 0 und 50: Hintergrundfarbe Grün
- Werte größer 50: Hintergrundfarbe Gelb

## 13. Routineaufgaben per Makro erledigen

**1** Erfassen Sie in einer neuen Arbeitsmappe in *Tabelle1* im Zellbereich A1:D10 Werte zwischen 0 und 100. Tragen Sie dann in der Entwicklungsumgebung in einem neuen Modul den nachfolgend gelisteten Code ein und starten Sie das Makro über die F11-Taste.

*Listing 1:*

```
Sub SelectCaseBeispiel()
Dim rngZelle As Range
Dim rngBereich As Range
With Tabelle1
Set rngBereich = .Range("A1:D10")
  For Each rngZelle In rngBereich
  Select Case rngZelle

  Case Is < 0
   rngZelle.Interior.ColorIndex = 3
  Case 0
   rngZelle.Interior.ColorIndex = xlColorIndexNone
  Case 1 To 50
   rngZelle.Interior.ColorIndex = 4
  Case Is > 50
   rngZelle.Interior.ColorIndex = 6
  Case Else

  End Select
  Next rngZelle
End With
End Sub
```

**2** Wie Sie leicht erkennen können, werden nun die Werte im Zellbereich A1:D10 mit dem farblichen Hintergrund angezeigt, der ihnen per Makro aufgrund ihres Werts zugewiesen wurde.

Die Syntax:

- *For Each rngZelle In rngBereich*: Da es sich hier um einen ganzen Bereich handelt, der abgearbeitet werden muss, empfiehlt sich der Einsatz einer *For Each Next*-Schleife.
- *Range*: Die *For Each Next*-Schleife benötigt zu Beginn des Makros die Definition von zwei Objektvariablen vom Typ *Range*, einem Zelltyp.
- *Set rngBereich = .Range("A1:D10")*: Die Variable *rngBereich* nimmt den Bereich auf, den es in *Tabelle1* zu bearbeiten gilt.
- *Select Case rngZelle*: Mit diesem Argument beginnt der Durchlauf der unterschiedlichen Kriterien, um alle Zahlen in diesem Bereich auszuwerten.
- *ColorIndex*: Je nach Wertgröße wird dann über diese Eigenschaft der Zellhintergrund eingefärbt.

## Tipp 6: Mit Makros Zellen füllen

Makros zur Steuerung von Zellen und Bereichen gehören zu den zentralen Themen in der VBA-Programmierung, denn über die Zellen spielen sich die eigentlichen Aufgaben der Tabellenkalkulation, wie das Formatieren von Zahlen und Texten, die Berechnung und Anpassung von Werten sowie die konkrete Auswertung und Datenübertragung, ab. Zellen und Bereiche werden über das Objekt *Range* angesprochen, für das es diverse Methoden und Eigenschaften gibt, die Sie bei der Programmierung einsetzen können. In der Praxis kommen zwei Varianten zum Einsatz, die Eigenschaft *Range* und die Eigenschaft *Cells*. Doch am besten sehen Sie sich das Ganze anhand eines Beispiels etwas näher an.

### So geht's:

**1** Tragen Sie in einer neuen Arbeitsmappe in der Entwicklungsumgebung in einem neuen Modul nachfolgende Codezeilen ein und starten Sie das Makro über die [F11]-Taste.

Listing 1:

```
  Sub ZelleFuellenBeispiel()
  Dim lngZeile As Long
  With Tabelle1

5 For lngZeile = 1 To 10
    .Cells(lngZeile, 1).Value = lngZeile
  Next lngZeile

  End With
10 End Sub
```

**2** Wie Sie sehen können, wird bei diesem Makro eine Nummerierung der Zeilen 1 bis 10 durchgeführt.

Die Syntax:

- *For lngZeile = 1 To 10*: Mit der Variablen *lngZeile* wird die Schleife dynamisch gesteuert, und beginnend mit dem Zähler 1 wird die Schleife bis zum Ende, 10, durchlaufen.
- *.Cells(lngZeile, 1).Value = lngZeile*: Innerhalb der Schleife wird mit der Eigenschaft *Cells* gearbeitet. Im ersten Argument der Eigenschaft wird die Zeilennummer dynamisch gehalten, im zweiten Argument, das auf den Wert 1 gesetzt wird, ist die Spalte A als erste Spalte der Tabelle gemeint. Mithilfe der Eigenschaft *Value* wird der gewünschte (Zähl-)Wert in eine Zelle geschrieben.

## Tipp 7: Mit Makros Zeilen ausblenden

Wie Sie mithilfe von VBA sehr schnell ganz bestimmte Zeilen ausblenden können, erfahren Sie jetzt. Im nachfolgenden Beispiel sollen alle Zeilen, die eine Null enthalten, ausgeblendet werden.

### So geht's:

1 Tragen Sie zuerst in einer neuen Tabelle einige Werte ein. Achten Sie darauf, dass in der Tabelle auch Nullwerte enthalten sind, und erfassen Sie in der Entwicklungsumgebung in einem neuen Modul nachfolgende Codezeilen. Starten Sie das Makro über die [F11]-Taste.

*Listing 1:*
- Sub ZeilenAusblendenBeispiel()
- Dim lngZeile As Long
- Dim lngZeileMax As Long
- With Tabelle2
-

## 13. Routineaufgaben per Makro erledigen

- lngZeileMax = .Range("A1048576").End(xlUp).Row
- For lngZeile = 2 To lngZeileMax
-   If .Cells(lngZeile, 1).Value = 0 Then
-     .Rows(lngZeile).Hidden = True
-   End If
- Next lngZeile
- 
- End With
- End Sub

**2** Sie erkennen jetzt, dass Excel umgehend alle Zeilen, die einen Nullwert enthalten, ausblendet.

Die Syntax:

Innerhalb der Schleife wird geprüft, ob die jeweilige Zelle aus Spalte A den Wert 0 aufweist. Ist das der Fall, wird die komplette Zeile ausgeblendet, indem die Eigenschaft *Rows* den momentanen Inhalt der Variablen *lngZeile* an die Eigenschaft *Hidden* übergibt.

→ Verweis: siehe Kapitel 13, Tipp 8

### Tipp 8: Mit Makros Zeilen einblenden

Um die Zeilen, die Sie im letzten Tipp ausgeblendet haben, wieder einzublenden, müssen Sie lediglich die Eigenschaft *Hidden* im vorherigen Beispiel auf den Wert *False* setzen. Es geht aber noch einfacher.

*So geht's:*

**1** Erfassen Sie in der Entwicklungsumgebung der Arbeitsmappe aus dem vorherigen Tipp in einem neuen Modul nachfolgende Codezeilen. Starten Sie das Makro über die (F11)-Taste.

*Listing 1:*
- Sub ZeilenEinblendenBeispiel()
- Tabelle1.Rows.Hidden = False
- End Sub

**2** Sie erkennen jetzt, dass Excel umgehend alle Zeilen, die einen Nullwert enthalten, wieder eingeblendet hat.

Die Syntax:

Entweder weisen Sie der Eigenschaft ganz konkret eine bestimmte Zeilennummer zu, die Sie ausblenden möchten, oder Sie verwenden die Eigenschaft *Rows* ohne weitere Argumente. Denn dann sind automatisch alle Zeilen der Tabelle gemeint, die Sie über die Eigenschaft *Hidden* wieder sichtbar machen, indem Sie dieser Eigenschaft den Wert *False* zuweisen.

→ Verweis: siehe Kapitel 13, Tipp 7

## Tipp 9: Rechnungs- und Angebotsnummer PC-übergreifend dynamisch erzeugen

Dieser Tipp zeigt, wie sich fortlaufende Rechnungsnummern PC- und anwenderübergreifend erzeugen lassen. Zu den Pflichtangaben auf einer Rechnung gehören die Umsatzsteuer, der Umsatzsteuersatz, die Steuernummer und die Umsatzsteuer-Identnummer. Zudem muss eine Rechnung auch eine fortlaufende Rechnungsnummer enthalten. Wenn mehrere Personen mit der Erstellung von Rechnungen betraut sind, ist es in der Praxis ziemlich aufwendig und vor allem fehleranfällig, eine fortlaufende Folge der Rechnungsnummern mit Excel zu gewährleisten. Häufig wird dazu eine Excel-Tabelle geführt, in die der Anwender die nächste fortlaufende Nummer manuell einträgt, die er gerade für seine aktuelle Rechnung benötigt. Wird die Eingabe in diese zentrale Rechnungsnummernliste vergessen, ist es vorprogrammiert, dass eine Rechnungsnummer mindestens zweimal vergeben wird.

## 13. Routineaufgaben per Makro erledigen

*So geht's:*

Und genau hier setzt dieses VBA-Programm an. Es erzeugt per Knopfdruck völlig automatisch eine neue fortlaufende Rechnungsnummer, was den Anwender spürbar entlastet.

Die Abbildung zeigt das Muster eines Rechnungsformulars.

Sie können entweder dieses Muster verwenden und mit Ihren Daten modifizieren oder den VBA-Code in Ihr bereits bestehendes Rechnungsformular übernehmen.

Um nun die Funktion zur Erzeugung einer fortlaufenden Rechnungsnummer zu implementieren, erstellen Sie zunächst eine Befehlsschaltfläche (*CommandButton*), über die die nächste Rechnungsnummer aufgerufen werden kann. Gehen Sie dazu wie folgt vor:

1. Fügen Sie über das Menü *Entwicklertools/Einfügen/Befehlsschaltfläche* (Excel 2003: Symbolleiste *Steuerelementetoolbox/Befehlsschaltfläche*) eine neue Schaltfläche ein und positionieren Sie diese an der gewünschten Stelle auf dem Rechnungsvordruck.
2. Als Bezeichnung für die Schaltfläche geben Sie beispielsweise *Re.-Nr. erzeugen* an.
3. Damit nun ein Klick auf diese Schaltfläche auch die gewünschte Aktion bewirkt, müssen Sie für diese Schaltfläche den VBA-Code aus *Listing 1* hinterlegen. Fügen Sie dazu folgenden Code in den Codecontainer von Blatt 1, auf dem sich die Schaltfläche befindet, ein.

*Listing 1:*
- `Private Sub CommandButton1_Click()`
- `'** Aufrufen der Prozedur zum`
- `'** Erzeugen der Rechnungsnummer`
- `fortlaufende_Rechnungsnummer`
- `End Sub`

Den eigentlichen Programmcode zur Erzeugung der fortlaufenden Rechnungsnummer sehen Sie im folgenden Listing.

*Listing 2:*
- `Sub fortlaufende_Rechnungsnummer()`
- `'** Vorgaben definieren.`
- `Set wsakt = ThisWorkbook.Sheets("Rechnung")`
- `'** Dimensionierung der Variablen.`

## 13. Routineaufgaben per Makro erledigen

```vba
Dim strArray(1, 1) As String 'Maximal 1000 Schnellstarteinträge
'** Auslesen des Verzeichnisses, in dem sich die aktuelle Datei
'** befindet. In diesem Verzeichnis wird auch die INI-Datei erstellt.
iniDatei = ActiveWorkbook.Path & "\count.ini"
strPath = ActiveWorkbook.Path
'** Erzeugung der nächsten verfügbaren Dateinummer der Textdatei.
intFile = FreeFile()
'** Prüfen, ob die Datei count.ini bereits vorhanden ist.
'** Wenn nicht, wird sie erstellt.
b = MappeDa(iniDatei)
If b = False Then
   Open iniDatei For Output As 1
   Close #1
End If
'** Auslesen der Werte aus der INI-Datei.
Open iniDatei For Input As intFile   'Record-File
Do Until EOF(intFile)
   intCount = 1 'intCount + 1
   'Einlesen der Werte in das Array
   Input #intFile, varTemp
   strArray(1, 1) = varTemp
Loop
Close #intFile
'** Aktualisierten Zähler in die INI-Datei schreiben.
Open iniDatei For Output As 1
   If strArray(1, 1) = "" Then
      Zaehler = 1
   Else
      Zaehler = strArray(1, 1) + 1
   End If
   Print #1, Zaehler
Close #1
'** Abspeichern der aktuellen laufenden Nummer.
wsakt.Range("B20").Value = Zaehler
wsakt.Range("B20").NumberFormat = "000"
End Sub
```

Der VBA-Code ist wie folgt aufgebaut:

Nachdem alle Vorarbeiten wie die Dimensionierung der Variablen erledigt sind, wird geprüft, ob eine ASCII-Datei mit dem Namen *count.ini* im gleichen Verzeichnis vorhanden ist, in dem sich auch die Rechnungsdatei befindet. Dies wird mit folgender Programmzeile erledigt:

```vba
b = MappeDa(iniDatei)
```

Dazu wird der Programmcode aus dem folgenden Listing aufgerufen.

## 13. Routineaufgaben per Makro erledigen

*Listing 3:*

- Function MappeDa(str As Variant) As Boolean
- '** Prüfen, ob die INI-Datei vorhanden ist.
- MappeDa = False
- If Len(str) > 0 Then MappeDa = (Dir(str) <> "")
- Exit Function
- End Function

Wenn die Datei *count.ini* noch nicht vorhanden ist, wird sie automatisch im aktuellen Verzeichnis erstellt, und die erste Rechnungsnummer wird eingetragen.

Bei der Datei *count.ini* handelt es sich um eine reine ASCII-Datei, die nur die Rechnungsnummer enthält. Bei jedem Klick auf die Befehlsschaltfläche *Re.-Nr. erzeugen* wird die in der Datei *count.ini* vorhandene Rechnungsnummer ausgelesen, um den Wert 1 erhöht und wieder in die Textdatei zurückgeschrieben.

Nachdem die Datei *count.ini* aktualisiert wurde, wird die neu erzeugte Rechnungsnummer in das Rechnungsformular übertragen. Im vorliegenden Beispiel wird die Rechnungsnummer in Zelle B20 eingetragen.

Soll die Rechnungsnummer in eine andere Zelle eingetragen werden, müssen Sie nur folgende beiden Codezeilen anpassen:

- wsakt.Range("B20").Value = Zaehler
- wsakt.Range("B20").NumberFormat = "000"

Soll die Rechnungsnummer beispielsweise in Zelle G7 übertragen werden, lautet der Code wie folgt:

- wsakt.Range("G7").Value = Zaehler
- wsakt.Range("G7").NumberFormat = "000"

Wenn Sie nun das Rechnungsformular sowie die Datei *count.ini* auf einem Netzlaufwerk, auf das die zuständigen Anwender Zugriff haben, zur Verfügung stellen, werden die Rechnungsnummern künftig fast automatisch und völlig fehlerfrei erzeugt.

## Tipp 10: Tabellen automatisch in die richtige Reihenfolge bringen

In der Praxis, und dabei speziell im Controlling, ist es sehr wichtig, dass Berechnungen, Datenbestände und Kalkulationsmodelle nachvollziehbar sind. Um dies zu erreichen, werden ältere Versionsstände häufig nicht einfach gelöscht, sondern in der betreffenden Arbeitsmappe archiviert und oft mit dem Datum des Modellstands

## 13. Routineaufgaben per Makro erledigen

gekennzeichnet. Auf diese Weise sammeln sich unzählige Tabellenblätter in einer Arbeitsmappe an.

Um nun den Überblick nicht zu verlieren, ist es zweckmäßig, die Tabellenblätter in eine sinnvolle Reihenfolge zu bringen.

Leider bietet Excel dafür keine Standardfunktion. Mit einem VBA-Makro lässt sich das Problem aber ganz leicht lösen.

### So geht's:

Geben Sie den Code aus Listing 1 in ein leeres Codemodul ein.

*Listing 1:*

```
Sub TabellenblätterSortieren()
'** Dimensionierung von Tabellenblättern
Dim x As Integer
Dim y As Integer

Application.ScreenUpdating = False
Application.Calculation = xlCalculationManual

For x = 1 To ActiveWorkbook.Worksheets.Count
  For y = x To ActiveWorkbook.Worksheets.Count
    If Worksheets(y).Name < Worksheets(x).Name Then
      Worksheets(y).Move before:=Worksheets(x)
    End If
  Next y
Next x

Application.ScreenUpdating = True
Application.Calculation = xlCalculationAutomatic
End Sub
```

Nachdem Sie die VBA-Prozedur *TabellenblätterSortieren* ausgeführt haben, stehen die Tabellenblätter in der richtigen Reihenfolge zur Verfügung. Durch die Sortierung wird der Zugriff auf die gewünschte Arbeitsmappe wesentlich schneller ermöglicht.

## 13. Routineaufgaben per Makro erledigen

So funktioniert der VBA-Code:

Nach der Definition der Variablen werden die Blätter über zwei *For Next*-Schleifen in die richtige Reihenfolge gebracht. Dabei erfolgt jeweils ein Abgleich des aktuellen Tabellenblatts mit dem darauffolgenden Tabellenblatt.

Der Trick besteht nun darin: Steht der Name des aktuellen Tabellenblatts weiter hinten im Alphabet, wird dieses Blatt hinter das aktuelle Tabellenblatt geschoben. Dieser Vorgang wird so oft durchgeführt, bis alle Tabellenblätter in der richtigen alphabetischen Reihenfolge einsortiert sind.

Beim Sortiervorgang wird ganz streng nach der gültigen Sortierreihenfolge von Excel vorgegangen.

- Zahlen werden von der kleinsten negativen Zahl zur größten positiven Zahl sortiert.
- Datumswerte werden vom frühesten bis zum letzten Zeitpunkt sortiert.
- Alphanumerischer Text wird Zeichen um Zeichen von links nach rechts sortiert.

### Tipp 11: Gefilterte Daten in ein neues Tabellenblatt übertragen

Dieser Praxistipp zeigt, wie Sie aus einer Tabelle bestimmte Datensätze herausfiltern und in eine neue Tabelle überführen können. In der Ursprungstabelle befinden sich mehrere Buchungen mit unterschiedlichen Kontonummern.

Ziel ist, dass nach Eingabe der gewünschten Kontonummer in Zelle D1 die entsprechenden Buchungen einschließlich des Betragsfelds sowie der Kostenstelle (KSt) in eine separate Tabelle transferiert werden.

| | A | B | C | D | E |
|---|---|---|---|---|---|
| 1 | Konto-Nr. | Betrag | KSt | 1005 | |
| 2 | 1005 | 284,00 | K100 | | |
| 3 | 1006 | 104,00 | K105 | | |
| 4 | 1007 | 534,00 | K120 | | |
| 5 | 1009 | 628,00 | K100 | | |
| 6 | 1005 | 422,00 | K200 | | |
| 7 | 1007 | 720,00 | K105 | | |
| 8 | 1005 | 263,00 | K100 | | |
| 9 | 1006 | 309,00 | K150 | | |
| 10 | 1007 | 138,00 | K105 | | |
| 11 | 1005 | 499,00 | K120 | | |
| 12 | 1009 | 721,00 | K105 | | |
| 13 | 1006 | 674,00 | K100 | | |
| 14 | | | | | |

*So geht's:*

Erfassen Sie dazu den Code aus Listing 1 in einem neuen Codemodul.

*Listing 1:*

```
   Sub Export()
   '** Dimensionierung der Variablen
   Dim Zeile As Long
   Dim ZeileMax As Long
 5 Dim zz As Long
   '** Startzeile
   zz = 2
   '** Ausgabebereich löschen
   Ziel.Range("A2:C65536").ClearContents
10 '** Daten übertragen
   With Quelle
      ZeileMax = .UsedRange.Rows.Count
      For Zeile = 2 To ZeileMax
```

## 13. Routineaufgaben per Makro erledigen

```
        If .Cells(Zeile, 1).Value = .Range("D1").Value Then
15          Ziel.Rows(zz).Value = .Rows(Zeile).Value
            zz = zz + 1
        End If
    Next Zeile
    Ziel.Activate
20 End With
End Sub
```

Zu Beginn löscht das Makro die Zieltabelle, indem der Befehl *ClearContents* für den gesamten Tabellenbereich mit Ausnahme der Überschriftenzeile angewendet wird. Danach wird über eine *For Next*-Schleife Zeile für Zeile geprüft, ob die Kontonummer aus Spalte A mit der Kontonummer aus Zelle D1 übereinstimmt. Ist dies der Fall, wird die komplette Zeile in die Zieltabelle übertragen.

Das Ergebnis sieht wie nebenstehend aus.

In der Zieltabelle befinden sich nun ausschließlich Datensätze mit der Kontonummer 1005.

|   | A | B | C |
|---|---|---|---|
| 1 | Konto-Nr. | Betrag | KSt |
| 2 | 1005 | 284,00 | K100 |
| 3 | 1005 | 422,00 | K200 |
| 4 | 1005 | 263,00 | K100 |
| 5 | 1005 | 499,00 | K120 |
| 6 |   |   |   |
| 7 |   |   |   |

Anstatt die gefilterten Daten in ein neues Tabellenblatt der gleichen Arbeitsmappe zu übertragen, sehen Sie im folgenden Codebeispiel die Vorgehensweise, mit der die Daten in eine neue Arbeitsmappe ausgelagert werden. Geben Sie dazu den Code aus Listing 2 ebenfalls in ein Codemodul im VBA-Editor ein.

*Listing 2:*
```
Sub ExportInNeueMappe()
'** Dimensionierung der Variablen
Dim Zeile As Long
Dim ZeileMax As Long
5 Dim zz As Long
'** Startzeile festlegen
zz = 1
'** Zielbereich löschen
Ziel.Range("A2:C65536").ClearContents
10 With Quelle
    ZeileMax = .UsedRange.Rows.Count
    For Zeile = 2 To ZeileMax
        If .Cells(Zeile, 1).Value = .Range("D1").Value Then
            Ziel.Rows(zz).Value = .Rows(Zeile).Value
15          zz = zz + 1
        End If
    Next Zeile
    Ziel.Activate
    '** Tabelle in neuer Mappe ablegen
20  Ziel.Copy
    '** Neue Arbeitsmappe speichern
    Application.DisplayAlerts = False
    ActiveWorkbook.SaveAs ThisWorkbook.Path & "\" & _
```

## 13. Routineaufgaben per Makro erledigen

```
      Year(Date) & "_" & Format(Month(Date), "00") & "_" & _
25    Format(Day(Date), "00") & "_" & _
         .Range("D1").Value & "_Export.xls"
      ActiveWorkbook.Close
      Application.DisplayAlerts = True
   End With
30 End Sub
```

Bei dieser Variante wird die Methode *Copy* angewendet, um die gefilterte Tabelle in eine neue Arbeitsmappe zu übertragen. Danach werden die Warnmeldungen temporär kurz ausgeschaltet, indem bei der Eigenschaft *DisplayAlerts* der Wert *False* gesetzt wird. Dieser Vorgang bewirkt, dass eine eventuell bereits angelegte Transfermappe automatisch überschrieben wird, wenn Sie das Makro erneut starten. Wenden Sie danach die Methode *SaveAs* an, um die neu erstellte Mappe zu speichern. Ergänzen Sie den Dateinamen *Export* noch um ein Datum, wobei Sie jeweils die Datumsbestandteile über die Funktionen *Year*, *Month* und *Day* aus dem aktuellen Tagesdatum (*Date*) herausziehen. Schließen Sie danach die Mappe mithilfe der Methode *Close* und vergessen Sie nicht, die vorher ausgeschalteten Warnmeldungen wieder verfügbar zu machen.

> **Hinweis**
>
> Um das Makro direkt nach der Eingabe einer Kontonummer in Zelle D1 automatisch zu starten, klicken Sie das Tabellenregister der Tabelle im VBA-Editor an und wählen den Befehl *Code anzeigen* aus dem Kontextmenü. Erfassen Sie danach folgendes Ereignismakro:
>
> ```
> Private Sub Worksheet_Change(ByVal Target As Range)
>    If Target.Address = "$D$1" Then Export
> End Sub
> ```
>
> Das Ereignis *Change* wird bei jeder Zelleingabe angestoßen. Sie haben damit die Möglichkeit, auf Eingaben zu reagieren. Über die Eigenschaft *Address* können Sie diese „Dauerüberwachung" aber auf eine einzelne Zelle beschränken. In dieser Form wird das Makro *Export* nur dann ausgelöst, wenn Sie in Zelle D1 einen Eintrag vornehmen.

### Tipp 12: Alle Dateien eines Verzeichnisses auflisten

In diesem Beispiel sollen alle Dateien des angegebenen Verzeichnisses in einem Excel-Tabellenblatt aufgelistet werden.

### So geht's:

Um die Dateien in einem Blatt aufzulisten, genügen ein paar Zeilen VBA-Code. Erfassen Sie dazu das folgende Makro in einem Codemodulblatt:

*Listing 1:*

```
  Sub DateienListen()
  '** Dimensionierung der Variablen
  Dim sordner As String
  Dim lngZ As Long
5 Dim i As Long
  '** Verzeichnis einstellen
  sordner = OrdnerAuswahl & "C:\tmp\*.*"
  sordner = Dir(sordner)
  '** Startzeile
10 i = 1
  '** Durchlaufen des angegebenen Verzeichnisses
  Do While sordner <> ""
     sordner = Dir()
     ActiveSheet.Cells(i, 1).Value = sordner
15   i = i + 1
  Loop
  End Sub
```

Das Verzeichnis, das ausgelesen werden soll, wird über den Befehl *sordner = OrdnerAuswahl & "C:\tmp\*.*"* festgelegt. In diesem Beispiel wird also das Verzeichnis *tmp* des C-Laufwerks ausgelesen.

Alternativ können Sie das Auslesen auch auf bestimmte Dateitypen beschränken. Sollen beispielsweise nur Excel-Dateien mit den Endungen *xls*, *xlsx*, *xlsm*, *xlsa* oder *xlsb* ausgelesen werden, passen Sie die Codezeile wie folgt an: *sordner = OrdnerAuswahl & "C:\tmp\*.xls?"*.

## Tipp 13: Arbeitsmappen automatisch per Microsoft Outlook versenden

Im folgenden Beispiel wird eine ganz beträchtliche Arbeitserleichterung geschaffen. Dabei sollen auf Knopfdruck alle Excel-Arbeitsmappen aus einem bestimmten Verzeichnis per E-Mail verschickt werden. Dazu müssen Sie Outlook nicht einmal öffnen und auch keine Mappen mühselig in eine E-Mail kopieren. Das alles soll automatisch von einem VBA-Makro erledigt werden.

*So geht's:*

Erfassen Sie zunächst das Makro aus Listing 1 in einem leeren Codemodulblatt:

*Listing 1:*

```
  Sub EMailVerschickenMitMappen()
  '** Dimensionierung der Variablen
  Dim outObj As Object
  Dim Mail As Object
5 Dim i As Integer
  Dim sPfad As String
  Dim sName As String
```

## 13. Routineaufgaben per Makro erledigen

```
   '** Errorhandling
10 On Error GoTo Fehler
   '** Vorgaben definieren
   Set outObj = CreateObject("Outlook.Application")
   Set Mail = outObj.CreateItem(0)
   '** Mail versenden
15 With Mail
     .Subject = "Bestellungen"
     .Body = "Sehr geehrte Damen und Herren " & vbLf & _
   "Bitte bearbeiten Sie die beigefügten Bestellungen." & vbLf & _
     "Viele Grüße " & vbLf & _
20   Environ("username")
     .To = "alois.eckl@excel-inside.de"
     .CC = "officer@office-fragen.de"
   End With

25 sPfad = "C:\Bestellungen\"          ' Pfad setzen
   sName = Dir(sPfad & "*.xls?")       ' Ersten Eintrag abrufen
   Do While sName > ""                 ' Schleife beginnen
     ' Anweisungen
     Mail.Attachments.Add sPfad & sName
30   sName = Dir                       ' Nächsten Eintrag abrufen
   Loop

   '** E-Mail aufrufen
   Mail.Display
35 '** Variablen zurücksetzen
   Set Mail = Nothing
   Set outObj = Nothing
   Exit Sub

40 '** Errorhandling
   Fehler:
     Select Case Err.Number
     Case 429
     MsgBox "Es trat ein Problem beim Aufruf von Outlook auf"
45   Case Else
     End Select
   End Sub
```

Um versionsunabhängig zu sein, deklarieren Sie zu Beginn des Makros eine Objektvariable mit dem Namen *outObj* vom Typ *Object*. Danach erzeugen Sie mithilfe der Funktion *CreateObject* ein Outlook-Objekt. Damit stehen Ihnen alle Befehle zur Verfügung, die mit diesem Objekt angeboten werden, unter anderem auch die Methode *CreateItem*, über die Sie zunächst ein leeres E-Mail-Fenster erstellen.

Danach müssen die einzelnen Eigenschaften für die E-Mail noch genauer angegeben werden. Über die Eigenschaft *Subject* wird der Betreff der E-Mail festgelegt. Die

Eigenschaft *Body* enthält den eigentlichen E-Mail-Text. Über die Eigenschaften *To* und *CC* können Sie die E-Mail-Empfänger definieren.

Anschließend wird über den Befehl *Dir* die Dateisuche gestartet. Dazu ist es notwendig, dass zuerst das Verzeichnis angegeben wird, das die zu versendenden Dateien enthält. Im vorliegenden Beispiel sollen die Bestelldateien aus dem Verzeichnis *C:\Bestellungen* versendet werden. Wenn Sie darüber hinaus noch den Dateityp bestimmen möchten, da beispielsweise nur Excel-Dateien aus dem angegebenen Ordner versendet werden sollen, können Sie dies über den folgenden Befehl festlegen: *sName = Dir(sPfad & "*.xls?")*.

Über eine Schleife werden nun die gefundenen Arbeitsmappen nacheinander über die Methode *Add* in die vorher erstellte E-Mail eingefügt. Danach wird die E-Mail über die Eigenschaft *Display* am Bildschirm angezeigt und kann entsprechend manuell versendet werden.

Soll das Versenden der E-Mails direkt erfolgen, tauschen Sie den Befehl *Mail.Display* aus und setzen dafür den Befehl *Mail.Send* ein. Damit wird die E-Mail ohne Zutun des Anwenders versendet.

## Tipp 14: Alle Verknüpfungen aus einer Arbeitsmappe löschen

Dieser Tipp zeigt eine programmierte Lösung, um alle Formeln und Verknüpfungen zu entfernen und in Festwerte umzuwandeln.

Der Hintergrund für diese Lösung ist folgender: Wenn Sie z. B. einem Kollegen an einem anderen Standort eine Excel-Mappe mit Verknüpfungen mailen, wäre es unter Umständen sehr aufwendig, alle verknüpften Mappen mitzuschicken. Erstens würde das viel mehr Mailkapazitäten bedeuten, und außerdem ist es in den meisten Fällen gar nicht notwendig, sämtliche Herleitungen mit zu übermitteln. Auch bei der Korrespondenz mit Kunden ist es oft nicht erwünscht, Berechnungen so zur Verfügung zu stellen, dass eine Nachkalkulation zum Kinderspiel wird. Auch hier reicht es, die Tabellen als „Endergebnis", also ohne Formeln, zur Verfügung zu stellen.

| | A | B | C | D |
|---|---|---|---|---|
| 1 | Vorkalkulation 30.01.2 | | | |
| 2 | | | | |
| 3 | Artikel | Betrag netto | Ust 19% | Betrag brutto |
| 4 | Artikel A | 330,90 € | 62,87 € | 393,77 € |
| 5 | Artikel B | 133,90 € | 25,44 € | 159,34 € |
| 6 | Artikel C | 403,90 € | 76,74 € | 480,64 € |
| 7 | Artikel D | 157,90 € | 30,00 € | 187,90 € |
| 8 | Artikel D | 305,90 € | 58,12 € | 364,02 € |
| 9 | Artikel F | 248,90 € | 47,29 € | 296,19 € |
| 10 | | | | |

B4-Formel: `='F:\Excel\Autorentätigkeit\Buch 2012\Neuauflage\Beispieldaten\Kapitel 14\[Kapital 14 Tipp 14_externe Werte.xls]Kalkulationswerte'!$B5`

## So geht's:

Zunächst sollte die aktuelle Mappe gespeichert werden. Im Anschluss daran wird die Mappe im selben Verzeichnis gesichert. Als Dateiname wird der aktuelle Name um den Zusatz *Kopie* ergänzt. Das Makro arbeitet nun alle Tabellenblätter der Arbeitsmappe nacheinander ab und ersetzt alle Formeln durch Festwerte. Erfassen Sie dazu den VBA-Code aus Listing 1 in einem leeren Codemodul:

*Listing 1:*

```
Sub FormelnInFestwerte()
'** Dimensionierung der Variablen
Dim Quelle As Workbook
Dim Ziel As Workbook
5 Dim Tabelle As Worksheet
Dim Zelle As Range
'** Vorgaben definieren
Set Quelle = ThisWorkbook
'** Mappe unter neuem Namen abspeichern
10 Quelle.Save
Quelle.SaveAs Quelle.Path & "\" & _
Left(Quelle.Name, InStr(Quelle.Name, ".") - 1) & _
"_Kopie.xls"
Set Ziel = ActiveWorkbook
15
'** Alle Blätter durchlaufen und Formeln durch
'** Festwerte ersetzen
For Each Tabelle In Ziel.Worksheets
    For Each Zelle In Tabelle.UsedRange
20      If Zelle.HasFormula Then
            Zelle.Value = Zelle.Value
        End If
    Next Zelle
Next Tabelle
25 End Sub
```

Zuerst werden einige Objektvariablen definiert. Es ist zu empfehlen, die Bezeichnung der Variablen möglichst sprechend zu gestalten, wenn es um die Programmierung von mehreren verschiedenen Arbeitsmappen geht. Mit den beiden Variablen *Quelle* und *Ziel* ist klar, welche Arbeitsmappe jeweils gemeint ist.

Anschließend wird zunächst die aktuelle Arbeitsmappe mit der Methode *Save* gesichert. Danach wird über die Methode *SaveAs* die aktuelle Arbeitsmappe im selben Verzeichnis mit der Dateinamenserweiterung *Kopie* abgespeichert. Dieser kopierten Arbeitsmappe wird die Variable *Ziel* zugewiesen. Im nächsten Schritt werden zwei verschachtelte *For Each Next*-Schleifen aufgesetzt. Die äußere Schleife durchläuft dabei alle Tabellen der Arbeitsmappe, die innere Schleife alle Zellen des benutzten Bereichs auf dem jeweiligen Tabellenblatt. Über die *If Then*-Abfrage wird nun geprüft, ob sich in der jeweiligen Zelle eine Formel befindet. Ist das der Fall, wird diese ersetzt, indem sie mit der Eigenschaft *Value* auf direktem Weg mit dem Zellwert überschrieben wird.

Nachdem das Makro die komplette Arbeitsmappe Zelle für Zelle durchlaufen hat, ist die Mappe komplett formelfrei.

## Tipp 15: Alternative Datenerfassung per Schieberegler

Dieses Beispiel zeigt, wie Daten über einen Schieberegler (eine Bildlaufleiste) erfasst werden können. Als Beispiel dient ein Bestellsystem mit Angabe der maximalen Lagermenge und mit Angabe der Ist- und der Soll-Lagermenge. Das Ausgangsbeispiel sehen Sie in nebenstehender Abbildung.

|    | A | B | C | D |
|----|---|---|---|---|
| 1  | **Bestellsystem** | | | |
| 2  | Lager L2/2012 | | | |
| 3  | | | | |
| 4  | | | | |
| 5  | | | | |
| 6  | | | | |
| 7  | Artikel | Max Lagermenge | Ist Lagermenge | Soll Lagermenge |
| 8  | A | 50 | 15 | 15 |
| 9  | B | 50 | 9 | 9 |
| 10 | C | 40 | 15 | 15 |
| 11 | D | 30 | 14 | 14 |
| 12 | E | 30 | 15 | 15 |
| 13 | F | 20 | 14 | 14 |
| 14 | G | 15 | 4 | 4 |
| 15 | H | 20 | 5 | 5 |
| 16 | I | 20 | 8 | 8 |
| 17 | J | 20 | 5 | 5 |
| 18 | K | 20 | 5 | 5 |
| 19 | L | 30 | 3 | 3 |
| 20 | M | 20 | 2 | 2 |
| 21 | | | | |

In Spalte B, *Max-Lagermenge*, befindet sich die maximale Lagermenge. Diese Lagermenge darf durch Bestellvorgänge nicht überschritten werden. In Spalte C, *Ist-Lagermenge*, ist der aktuelle Lagerbestand enthalten, und in Spalte D, *Soll-Lagermenge*, wird die gewünschte Lagermenge eingetragen, also die Stückzahl, die nach der aktuellen Bestellung im Lager vorhanden sein soll.

Ziel ist nun, dass mithilfe einer Scrollbar (eines Schiebereglers) die Soll-Menge festgelegt wird. Dabei soll die Scrollbar jeweils für die aktuelle Zelle im Bereich D8:D20 funktional einsetzbar sein. Das heißt, sobald im genannten Bereich eine Zelle ausgewählt ist, kann mit dem Schieberegler der Wert der ausgewählten Zelle nach oben bzw. unten verändert werden.

## So geht's:

1 Erzeugen Sie zunächst eine Bildlaufleiste und positionieren Sie diese horizontal im Zellbereich D5:E5. Verwenden Sie dazu den Befehl *Entwicklertools/Einfügen (ActiveX-Steuerelemente)/Bildlaufleiste* (Excel 2003: Symbolleiste *Steuerelement-Toolbox/Bildlaufleiste*).

2 Fügen Sie eine weitere Spalte hinzu, in der die berechnete Bestellmenge ausgegeben wird. Erfassen Sie als Überschrift für diese neue Spalte die Bezeichnung *Bestellmenge*.

3 Im nächsten Schritt wird der Code für die Bildlaufleiste eingefügt. Erfassen Sie dazu den VBA-Code aus Listing 1 im Codecontainer des Tabellenblatts, in dem sich die Scrollbar befindet. Mithilfe der Methode *Intersect* wird die Funktionalität der Bildlaufleiste auf den Zellbereich D8:D20 beschränkt. Dies ist wichtig, damit mit der Scrollbar nur Zahlen im angegebenen Zellbereich und nicht auf dem gesamten Tabellenblatt erfasst und verändert werden können.

*Listing 1:*

```
Private Sub ScrollBar1_Change()
'** Einschränken der Funktionalität auf den angegebenen Zellbereich
If Not Application.Intersect(ActiveCell, Range("D8:D20")) Is Nothing Then
    '** Prüfen, ob sich in der aktiven Zelle eine Zahl befindet
    If IsNumeric(ActiveCell.Value) Then
        '** Festlegen der Werte
        If ActiveCell.Value >= Cells(ActiveCell.Row, ActiveCell.Column - 1) _
        Then
            ActiveCell.Value = ScrollBar1.Value
            Cells(ActiveCell.Row, ActiveCell.Column + 1).Value = _
                ActiveCell.Value - Cells(ActiveCell.Row, ActiveCell.Column
                    - 1).Value
        Else
            ScrollBar1.Value = Cells(ActiveCell.Row, ActiveCell.Column - 1)
            ActiveCell.Value = Cells(ActiveCell.Row, ActiveCell.Column - 1)
        End If
    End If
End If
End Sub
```

4 Der Code aus Listing 2 wird in dieselbe Tabelle wie der VBA-Code aus Listing 1 eingefügt. Dieser Code fängt das Ereignis *Worksheet_Change* ab. Das bedeutet, sobald im Bereich D8:D20 ein Wert verändert wird, wird dieser VBA-Code ausgeführt. Im Wesentlichen wird in dieser Prozedur dafür gesorgt, dass keine Soll-Lagermenge eingegeben werden kann, die unterhalb der Ist-Lagermenge liegt.

*Listing 2:*
```
Private Sub Worksheet_Change(ByVal Target As Range)
'** Errorhandling
On Error Resume Next
'** Eingabe auf Ist-Lagermenge begrenzen
If Not Application.Intersect(Target, Range("D8:D20")) _
  Is Nothing Then
  If Target.Value < _
    Cells(Target.Row, Target.Column - 1).Value Then
    ScrollBar1.Value = _
      Cells(Target.Row, Target.Column - 1).Value
    ActiveCell.Value = _
      Cells(Target.Row, Target.Column - 1).Value
  Exit Sub
  End If
End If
End Sub
```

5  In Listing 3 wird unter anderem die Bestellmenge ermittelt und in Spalte E eingetragen. Darüber hinaus sorgt der Code in diesem Listing dafür, dass die Summe aus Bestellmenge und Ist-Lagermenge die maximale Stückzahl nicht überschreitet. Erfassen Sie den Code aus Listing 3 ebenfalls im Codemodul der Tabelle, in der sich die Scrollbar befindet.

*Listing 3:*
```
Private Sub Worksheet_selectionChange(ByVal Target As Range)
'** Errorhandling
On Error GoTo fehlermeldung

If Not Application.Intersect(Target, Range("D8:D20")) _
  Is Nothing Then
  '** Max-Menge an Scrollbar übergeben
  ActiveSheet.ScrollBar1.Max = _
    Cells(Target.Row, Target.Column - 2).Value
  '** Übertrag "Lagermenge Ist" in "Lagermenge Ziel"
  If Target.Value = "" Then
    Target.Value = _
      Cells(Target.Row, Target.Column - 1).Value
  End If
  If IsNumeric(Target) Then
    If Target.Value > 0 Then
      ActiveSheet.ScrollBar1.Value = Target.Value
    End If
  End If
End If
Exit Sub
'** Errorhandling
fehlermeldung:
MsgBox "Die Ziel-Lagermenge überschreitet die Maximale Lagermenge" & _
```

```
25    "- Eingabe bitte prüfen", vbCritical, "Hinweis"
    Target.Value = Cells(Target.Row, Target.Column - 2).Value
    End Sub
```

Ist der komplette VBA-Code eingetragen, ist die Programmierung bereits erledigt. Die Abbildung zeigt das funktionierende Bestellsystem.

Markieren Sie zum Testen in Zellbereich D8:D20 den Artikel, für den Sie eine Bestellung auslösen möchten. Über die Bildlaufleiste können Sie die Soll-Lagermenge erhöhen. Die Bestellmenge wird dabei automatisch bei jeder Veränderung berechnet und in Spalte E angezeigt. Das Bestellsystem ist so ausgelegt, dass die Ist-Menge nicht unterschritten werden kann. Bei Auswahl eines Artikels wird die Bildlaufleiste automatisch auf den gewählten Wert angepasst. Die Scrollbar verhält sich dabei dynamisch. Das bedeutet, abhängig von der maximalen Bestellmenge und von der tatsächlich vorhandenen Ist-Lagermenge wird der Schieberegler im Verhältnis korrekt positioniert, sodass Sie über die Stellung des Schiebereglers die Bestellmenge bereits grob ableiten können.

Selbstverständlich lässt sich die Methode zur Erfassung von Werten mithilfe eines Schiebereglers problemlos auch auf andere Geschäftsprozesse übertragen.

## Tipp 16: PivotTable vor dem Ausdruck automatisch aktualisieren

In diesem Tipp zeigen wir Ihnen, wie PivotTables automatisch aktualisiert werden können. So empfiehlt es sich beispielsweise, dass vor einem Ausdruck einer PivotTable diese noch einmal aktualisiert wird. Damit wird sichergestellt, dass die Tabelle auch wirklich die aktuellsten Zahlen beinhaltet.

*So geht's:*

1    Öffnen Sie zunächst das VBA-Codemodul *DieseArbeitsmappe* im VBA-Editor.

2    Geben Sie in das Codemodul *DieseArbeitsmappe* den VBA-Code aus Listing 1 ein.

*Listing 1:*

```
Private Sub Workbook_BeforePrint(Cancel As Boolean)
'** Dimensionierung der Variablen
Dim Blatt As Worksheet
Dim PivotT As PivotTable
5
'** Durchlaufen aller Tabellenblätter
For Each Blatt In ThisWorkbook.Worksheets
  '** Alle PivotTables aktualisieren
  For Each PivotT In Blatt.PivotTables
10   PivotT.RefreshTable
  Next PivotT
Next Blatt
End Sub
```

Bei der Prozedur *Workbook_BeforePrint* handelt es sich um eine Ereignisprozedur, die vor jedem Druckvorgang ausgeführt wird.

Sind die notwendigen Objektvariablen definiert, erfolgt über eine *For Each Next*-Schleife der Durchlauf aller Tabellenblätter der Arbeitsmappe. Die zweite *For Each Next*-Schleife prüft, ob sich auf dem Tabellenblatt mindestens eine PivotTable befindet. Ist das der Fall, wird diese über die Methode *RefreshTable* aktualisiert.

Zur Aktualisierung ist es bereits ausreichend, wenn Sie die Seitenvorschau aufrufen. Bereits zu diesem Zeitpunkt wird das Ereignis *Workbook_BeforPrint* aufgerufen.

Mit dieser Vorgehensweise ist sichergestellt, dass nur aktuelle PivotTable-Auswertungen auf Papier landen.

## Tipp 17: Bereits in Excel 2003 nach Farben filtern

Das Filtern nach Farben steht ab Excel 2007 standardmäßig zur Verfügung. Dieser Tipp zeigt, wie sich diese Funktion bereits in Excel 2003 realisieren lässt. Im Beispiel sehen Sie eine Projektliste mit mehreren Projekten und den dazugehörigen Projektinformationen.

| | A | B | C | D | E | F | G |
|---|---|---|---|---|---|---|---|
| 1 | Projektübersicht | | | | | | |
| 2 | Projekt-Nr | Bezeichnung | Start | Ende | Plan-Kosten | Ist-Kosten | Abw. |
| 3 | P001 | Projekt101 | 01.01.2011 | 30.04.2011 | 80.500 € | 79.500 € | -1,26% |
| 4 | P002 | Projekt102 | 12.02.2011 | 15.05.2011 | 62.450 € | 65.800 € | 5,09% |
| 5 | P003 | Projekt103 | 21.02.2011 | 27.02.2011 | 4.000 € | 4.000 € | 0,00% |
| 6 | P004 | Projekt104 | 02.03.2011 | 13.04.2011 | 28.350 € | 32.145 € | 11,81% |
| 7 | P005 | Projekt105 | 14.03.2011 | 29.03.2011 | 10.000 € | 9.845 € | -1,57% |
| 8 | P006 | Projekt106 | 21.03.2011 | 10.04.2011 | 13.500 € | 14.050 € | 3,91% |
| 9 | P007 | Projekt107 | 02.04.2011 | 15.05.2011 | 28.900 € | 26.750 € | -8,04% |
| 10 | P008 | Projekt108 | 10.04.2011 | 20.04.2011 | 6.700 € | 6.545 € | -2,37% |
| 11 | P009 | Projekt109 | 12.04.2011 | 21.05.2011 | 26.200 € | 27.320 € | 4,10% |
| 12 | P010 | Projekt110 | 15.05.2011 | 30.11.2011 | 133.700 € | 127.663 € | -4,73% |
| 13 | P011 | Projekt111 | 18.05.2011 | 29.09.2011 | 90.000 € | 87.550 € | -2,80% |
| 14 | P012 | Projekt112 | 22.05.2011 | 30.08.2011 | 67.200 € | 69.200 € | 2,89% |
| 15 | P013 | Projekt113 | 12.06.2011 | 20.06.2011 | 5.300 € | 5.700 € | 7,02% |
| 16 | P014 | Projekt114 | 19.06.2011 | 23.07.2011 | 22.800 € | 22.900 € | 0,44% |
| 17 | P015 | Projekt115 | 02.07.2011 | 21.08.2011 | 33.600 € | 32.900 € | -2,13% |
| 18 | | | | | | | |

## 13. Routineaufgaben per Makro erledigen

Ziel ist nun, dass alle Zeilen rot eingefärbt werden, bei denen die Ist-Kosten die Plan-Kosten um mehr als 2 % übersteigen. Gleichzeitig sollen alle nicht eingefärbten Zeilen (Projekte) ausgeblendet werden, sodass die Liste nur noch die Projekte enthält, bei denen die Plan-Vorgaben um mindestens zwei Prozentpunkte überstiegen werden.

### So geht's:

Um diesen Automatismus einzubinden, fügen Sie zunächst den VBA-Code aus Listing 1 in ein leeres Codemodul ein.

*Listing 1:*

```
Sub Farbfilter()
'** Dimensionierung der Variablen
Dim Zeile As Long
Dim ZeileMax As Long

With Sheets(1)
  '** Ermittlung der letzten Zeile in der Tabelle
  ZeileMax = .Range("A65536").End(xlUp).Row
  '** Durchlaufen aller Projekte
  For Zeile = 3 To ZeileMax
    '** Abweichungen prüfen
    If (.Cells(Zeile, 6).Value / .Cells(Zeile, 5).Value) - 1 > 0.02 Then
      .Range(.Cells(Zeile, 1), .Cells(Zeile, 7)).Interior.ColorIndex = 3
    Else
      .Range(.Cells(Zeile, 1), .Cells(Zeile, 7)).Interior.ColorIndex = _
        xlColorIndexNone
    End If
    '** Zeilen ausblenden
    If .Cells(Zeile, 1).Interior.ColorIndex <> 3 Then
      .Rows(Zeile).Hidden = True
    End If
  Next Zeile
End With
End Sub
```

**1** Ermitteln Sie im ersten Schritt, wie viele Zeilen in der Projektübersicht verwendet werden. Nehmen Sie dazu die Anweisung *End(xlUp)*. Über die Eigenschaft *Row* erhalten Sie die letzte Zeilennummer in der Tabelle.

**2** Mithilfe der *For Next*-Schleife wird die gesamte Projektübersicht durchlaufen, und mithilfe einer *If Then*-Abfrage wird geprüft, ob die Abweichung der Ist- zu den Plan-Kosten mehr als 2 % beträgt. Wenn das der Fall ist, wird die Zeile mit der Hintergrundfarbe Rot belegt. Die Farbzuweisung wird über den Befehl *.Interior.ColorIndex = 3* vorgenommen.

**3** Im nächsten Schritt wird ebenfalls mithilfe einer *If Then*-Abfrage geprüft, ob die jeweilige Zeile mit der Hintergrundfarbe Rot belegt wurde. Wenn als Hintergrundfarbe Rot erkannt wurde, wird die komplette Zeile ausgeblendet, indem die Eigenschaft *Hidden* für die komplette Zeile auf *True* gesetzt wird.

Nachdem Sie das Makro ausgeführt haben, werden wie gewünscht nur noch Projekte angezeigt, die eine Überschreitung der Plan-Kosten um mindestens 2 % aufweisen.

Sollen alle Zeilen wieder eingeblendet werden, starten Sie das Makro aus Listing 2.

*Listing 2:*

- Sub Alleanzeigen()
- '** Alle Zeilen einblenden
- Sheets(1).Rows.Hidden = False
- End Sub

Wenn Sie die Eigenschaft *Rows* verwenden und in Klammern keine bestimmte Zeile angeben, sind automatisch alle Zeilen der Tabelle gemeint. Diesem sogenannten Auflistungsobjekt können Sie über die Eigenschaft *Hidden* den Wert *False* zuweisen, um alle Zeilen der Tabelle wieder sichtbar zu machen.

Damit die Anwendung etwas komfortabler wird, können Sie nun noch zwei Schaltflächen einfügen, über die die beiden VBA-Makros aufgerufen werden können. Im Beispiel sind die Schaltflächen mit *Alle Zeilen* und mit *Filtern* beschriftet. Die Schaltfläche *Alle Zeilen* ruft dabei das Makro aus Listing 2 auf, und die Schaltfläche *Filtern* startet den Code aus Listing 1.

## Tipp 18: Excel-Diagramme automatisch ohne Qualitätsverlust nach PowerPoint übertragen

Dieser Tipp zeigt, wie sich Diagramme aus Excel ganz einfach nach PowerPoint übertragen lassen. Wenn Excel-Diagramme nachträglich in PowerPoint angepasst werden, kommt es hin und wieder zu unschönen Veränderungen. Mit diesem Tipp erhalten Sie eine Lösung, um Diagramme automatisch nach PowerPoint zu transferieren.

*So geht's:*
Anhand eines Soll-Ist-Diagramms soll diese Arbeit mit VBA automatisiert werden.

In diesem Tipp zeigen wir Ihnen zwei verschiedene Möglichkeiten, um das Diagramm zu übertragen. In der ersten Variante wird das Diagramm in die Zwischenablage kopiert. Aus der Zwischenablage erfolgt dann das Einfügen der Grafik in eine PowerPoint-Folie. Den Code dazu sehen Sie in Listing 1.

*Listing 1:*

```
Sub DiagrammNachPP_V1()
'** Dimensionierung der Variablen
Dim mychart As Chart
Dim pp As Object
'** Vorgaben definieren - PPT-Objekt erzeugen
Set ppt = CreateObject("PowerPoint.Application")
'** Präsentation in PPT hinzufügen
With ppt
    .Presentations.Add
    .Visible = True
    .ActiveWindow.View.Zoom = 100
    .ActivePresentation.Slides.Add 1, 12
End With
'** Diagramm kopieren
Tabelle1.Range("A8:M20").CopyPicture Appearance:=xlScreen, Format:=xlPicture
'** Diagramm in PPT einfügen
```

- ppt.ActiveWindow.View.Paste
- End Sub

Bei dieser Variante wird zunächst ein PowerPoint-Objekt über die Funktion *CreateObject* erstellt und eine neue Präsentation mithilfe der Methode *Add* angelegt. Danach wird die Eigenschaft *Visible* auf den Wert *True* gesetzt, um die PowerPoint-Sitzung anzuzeigen. Anschließend wird die Ansicht auf 100 % festgelegt, und eine neue Folie wird eingefügt, indem der Befehl *Slides.Add* ausgeführt wird. In diesem Auflistungsobjekt sind automatisch alle Folien einer Präsentation verzeichnet, ähnlich wie in einem Inhaltsverzeichnis. Dieser Auflistung fügen Sie über die Methode *Add* eine neue Folie hinzu. In Excel wird danach die Methode *CopyPicture* angewendet, die das Diagramm als Grafik kopiert. Anschließend wird der Inhalt der Zwischenablage über den Befehl *Paste* in die PowerPoint-Folie eingefügt.

Die zweite Variante geht einen kleinen Umweg: Das Diagramm wird zunächst als Grafik exportiert und dann auf der Festplatte zwischengeparkt (siehe Listing 2).

*Listing 2:*
```
Sub DiagrammNAchPP_V2()
'** Dimensionierung der Variablen
Dim mychart As Chart
Dim pp As Object
'** Vorgaben definieren
Set mychart = Tabelle1.ChartObjects(1).Chart
s = "Chart1.gif"
'** Diagramm als Bild erstellen
mychart.Export Filename:=ThisWorkbook.Path & "\" & s, FilterName:="GIF"
'** PPT-Objekt erzeugen
Set pp = CreateObject("PowerPoint.Application")
'** Präsentation in PPT hinzufügen
With ppt
    .Presentations.Add
    .Visible = True
    .ActivePresentation.Slides.Add 1, 12
    .ActiveWindow.Selection.SlideRange.Shapes.AddPicture( _
     Filename:=ThisWorkbook.Path & "\" & s, LinkToFile:=False, _
     SaveWithDocument:=True, Left:=0, Top:=0).Select
End With
'** Grafikdatei löschen
Kill ThisWorkbook.Path & "\" & s
End Sub
```

Das Exportieren des Diagramms als Grafik übernimmt die Methode *Export*, der Sie den Namen und den Pfad sowie das Dateiformat der Grafik übergeben können. Diese Variante ist dann interessant, wenn die Diagrammgrafiken eventuell zu einem späteren Zeitpunkt weiterverwendet werden sollen. Über die Funktion *CreateObject* wird anschließend ein PowerPoint-Objekt erstellt, das Objekt wird sichtbar gemacht, und eine neue Folie wird eingefügt. Im Anschluss daran wird die Methode

## 13. Routineaufgaben per Makro erledigen

*AddPicture* verwendet, um die vorher gespeicherte Grafik direkt in die PowerPoint-Folie einzufügen.

Wenn die auf der Festplatte abgelegte Grafik nicht mehr benötigt wird, kann sie über die Anweisung *Kill* direkt wieder gelöscht werden.

Es handelt sich zwar um zwei völlig unterschiedliche Lösungsansätze, die aber beide zum gewünschten Ziel führen.

## Tipp 19: Zellinformationen per VBA auslesen

In diesem Tipp zeigen wir Ihnen eine Lösung, um Informationen rund um Zelleinträge zu ermitteln. Dazu stellen wir Ihnen eine benutzerdefinierte Funktion (UDF) vor, mit deren Hilfe Sie ganz einfach zum Ziel kommen.

### So geht's:

Erfassen Sie zunächst den VBA-Code aus Listing 1 in einem neuen Codemodul:

*Listing 1:*

```
Public Function zellinfo(zelle As Range, i As Integer)
'** Applikation vorbereiten
Application.Volatile
'** Übergebene Parameter auswerten
Select Case i
'** Zelladresse ausgeben
Case 1
    zellinfo = zelle.Address
'** Wert der Zelle ausgeben
Case 2
    zellinfo = zelle.Value
'** Formel ausgeben
Case 3
    zellinfo = zelle.FormulaLocal
'** Art des Zellinhalts ausgeben
Case 4
    If zelle.HasFormula = True Then
        zellinfo = "Formel"
```

```
        ElseIf IsEmpty(zelle) Then
20          zellinfo = "Leer"
        ElseIf IsNumeric(zelle) Then
            zellinfo = "Zahl"
        Else: zellinfo = "Text"
        End If
25  Case Else
        zellinfo = "nicht vergeben"
    End Select
    End Function
```

Die neue Funktion *=ZELLINFO(Zelle, Inhalt)* erwartet zwei Parameter. Als ersten Parameter müssen Sie der Funktion die Adresse der Zelle übergeben, die Sie auswerten möchten. Als zweiten Parameter erwartet die Funktion eine Ziffer zwischen 1 und 4. Damit können die unterschiedlichen Zellinformationen abgefragt werden.

Mit dem Parameter 1 kann die Adresse der Zelle ermittelt werden. Parameter 2 liest den Wert der entsprechenden Zelle aus. Mithilfe des Parameters 3 wird die Formel, falls vorhanden, ausgelesen und angezeigt. In den Fällen, in denen keine Formel in der Zelle vorhanden ist, wird der entsprechende Wert ausgegeben. Mit dem vierten und letzten Parameter 4 können Sie sich anzeigen lassen, ob es sich beim Zellinhalt um eine Formel, eine Zahl oder um Text handelt. Die Ausgabe der Zellinfo erfolgt, indem die Wörter *Formel*, *Zahl*, *Text* oder *Leer* angezeigt werden.

In der Abbildung sehen Sie, wie die neue Funktion verwendet wird.

Der Befehl *Application.Volatile* kennzeichnet eine benutzerdefinierte Funktion als flüchtig. Das bedeutet, dass die Funktion bei jeder Berechnung ebenfalls neu berechnet wird. Somit ist gewährleistet, dass die Zellinformationen immer aktuell gehalten werden. Mithilfe der Anweisung *Select Case* werden die einzelnen Parameter (1–4) abgefragt und die entsprechenden Informationen als Ergebnis ausgegeben.

## Tipp 20: Tabellen durch Deaktivieren der Delete-Taste schützen

Ein besonderes Augenmerk liegt in der Praxis auf dem Schutz von Excel-Tabellen. In diesem Tipp erfahren Sie, wie Formeln einfach, unkompliziert und vor allem ohne die Verwendung des Blattschutzes geschützt werden können. Damit besteht völlige Freiheit in der Gestaltung und Formatierung der Arbeitsmappe, und die Formeln sind dennoch vor unbeabsichtigtem Löschen sicher.

## 13. Routineaufgaben per Makro erledigen

### So geht's:

Erfassen Sie zunächst den Code aus Listing 1 in dem Codemodul des Tabellenblatts, das Sie vor dem unbeabsichtigten Löschen von Formeln schützen möchten.

*Listing 1:*

```
Private Sub Worksheet_SelectionChange(ByVal Target As Range)
'** Del-Taste deaktivieren
If Target.HasFormula = True Then
    Application.OnKey "{del}", ""
Else
    Application.OnKey "{del}"
End If
End Sub
```

Im ersten Schritt wird über eine *If Then*-Abfrage geprüft, ob sich in der aktuellen Zelle eine Formel befindet. Wenn das der Fall ist, wird mithilfe der Methode *OnKey* der Delete-Taste eine leere Zeichenfolge zugewiesen, was dazu führt, dass die Delete-Taste keine Wirkung mehr hat. Sie wird mit dem Befehl also deaktiviert.

Über den *Else*-Zweig der Abfrage wird die Funktion der Delete-Taste wieder in den Ursprungszustand zurückgesetzt, sobald eine Zelle ausgewählt wird, die keine Formel enthält.

Der Code aus Listing 1 kann beliebig variiert werden. Soll beispielsweise die Delete-Taste bei einem roten Zellhintergrund deaktiviert werden, verändern Sie den Code entsprechend Listing 2.

*Listing 2:*

```
Private Sub Worksheet_SelectionChange(ByVal Target As Range)
'** Del-Taste deaktivieren
If Target.Interior.ColorIndex = 3 Then
    Application.OnKey "{del}", ""
Else
    Application.OnKey "{del}"
End If
End Sub
```

Dieser Code funktioniert im Prinzip genauso, nur wird nicht geprüft, ob sich eine Formel in der aktuellen Zelle befindet, sondern es wird über die Eigenschaft *Interior.ColorIndex* überprüft, ob die Zielzelle eine rote Hintergrundfarbe besitzt.

Um sicherzustellen, dass die Delete-Taste in allen anderen Tabellenblättern wieder ordnungsgemäß zur Verfügung steht, erfassen Sie den Code aus Listing 3 ebenfalls im entsprechenden Tabellenblatt.

*Listing 3:*

```
Private Sub Worksheet_Deactivate()
'** Ausführen beim Verlassen des Tabellenblatts
Application.OnKey "{del}"
End Sub
```

Das Ereignis *Worksheet_Deactivate* wird immer dann ausgeführt, wenn ein anderes Tabellenblatt aufgerufen wird. Mithilfe der Funktion *Application.OnKey "{del}"* wird die ursprüngliche Funktion der Delete-Taste wiederhergestellt.

## Tipp 21: Pfad und Dateiname in der Titelleiste des Excel-Fensters anzeigen

Zur besseren Übersicht darüber, in welcher Datei Sie sich gerade befinden, ist es hilfreich, wenn sowohl der Pfad als auch Dateiname und Tabellenblattname in der Titelleiste von Excel angezeigt werden.

Dies lässt sich mit wenigen Zeilen VBA-Code auch relativ einfach realisieren.

### So geht's:

Erfassen Sie dazu das Listing 1 im Modul *DieseArbeitsmappe* im VBA-Editor. Dies ist notwendig, da das Makro beim Start der Arbeitsmappe ausgeführt werden muss.

*Listing 1:*
```
Public WithEvents anw As Application
Private Sub Workbook_Open()
Set anw = Application
ActiveWindow.Caption = ActiveWorkbook.FullName & ":" & _
   ActiveWorkbook.ActiveSheet.Name
End Sub
```

Zuerst wird über die Anweisung *Public WithEvents anw As Application* der Variablen *anw* der Objekttyp *Application* zugewiesen. Anschließend erfolgt innerhalb der Ereignisprozedur *Workbook_Open* die Zuweisung des Dateipfads, des Dateinamens sowie des Tabellennamens zur Titelleiste. Die Titelleiste wird dabei über die Eigenschaft *ActiveWindow.Caption* angesprochen.

Damit beim Wechseln der Tabellenblätter auch der aktuelle Blattname in der Titelleiste angezeigt wird, ist es notwendig, dass zusätzlich der Code aus Listing 2 in das Codemodul *DieseArbeitsmappe* eingetragen wird.

*Listing 2:*
- `Private Sub anw_SheetActivate(ByVal Sh As Object)`
- `ActiveWindow.Caption = ActiveWorkbook.FullName & ":" & _`
-   `ActiveWorkbook.ActiveSheet.Name`
- `End Sub`

In dieser Prozedur werden ebenso wie in Listing 1 der aktuelle Pfad, der Dateiname sowie der Blattname zur Titelleiste zugewiesen.

In Listing 3 sehen Sie den VBA-Code, mit dem die Standardtitelleiste wiederhergestellt werden kann. Diesen Code können Sie in ein normales VBA-Modul eintragen.

*Listing 3:*
- `Sub Pfad_ausblenden()`
- `'** Entfernen der Pfadangabe`
- `ActiveWindow.Caption = False`
- `End Sub`

Über die Eigenschaft *ActiveWindow.Caption = False* werden die Änderungen in der Titelleiste wieder rückgängig gemacht, und die Standardinformationen werden ausgegeben.

## Tipp 22: So lassen sich Kommentare aus Zellinhalten erzeugen

In diesem Beispiel liegt eine Preisliste für diverse Artikel vor. Ziel ist es nun, dass vor der Aktualisierung der Preise die alten Informationen als Kommentar abgespeichert werden. Damit besteht die Möglichkeit, nach Veränderung der Zahl den vorherigen Preis noch mal einsehen zu können.

|   | A | B | C | D |
|---|---|---|---|---|
| 1 | Kommentare aus Zellinhalten erzeugen | | | |
| 2 | | | | |
| 3 | Preisliste Stand 30.12.2011 | | | |
| 4 | | | | |
| 5 | **Artikel** | **Verkaufspreise** | | |
| 6 | A4711 | 191,93 | | |
| 7 | A4712 | 96,48 | | |
| 8 | A4713 | 276,62 | | |
| 9 | A4714 | 213,46 | | |
| 10 | A4715 | 298,93 | | |
| 11 | A4716 | 299,12 | | |
| 12 | A4717 | 296,95 | | |
| 13 | A4718 | 300,76 | | |
| 14 | A4719 | 106,71 | | |
| 15 | A4720 | 283,32 | | |
| 16 | A4721 | 108,56 | | |
| 17 | A4722 | 282,88 | | |
| 18 | A4723 | 47,03 | | |
| 19 | A4724 | 76,69 | | |
| 20 | A4725 | 298,35 | | |
| 21 | | | | |

*So geht's:*

Erfassen Sie zunächst den Code aus Listing 1 im VBA-Editor in einem leeren Codemodul.

*Listing 1:*
- `Public Sub kommentar_aus_zelle_einfuegen()`
- `'** Dimensionierung der Variablen`
- `Dim kom As Comment`
- `Dim zelle As Object`
- `'** Durchlaufen aller Zellen im gewählten Bereich`
- `For Each zelle In Selection`
- `On Error Resume Next`
-   `Set kom = zelle.AddComment`
-   `kom.Text Date & Chr(10) & zelle.Value`
- `Next zelle`
- `End Sub`

Nachdem die Variablen dimensioniert wurden, erfolgt die Übertragung der Zellinhalte über eine *For Each Next*-Schleife.

Das Besondere an dieser Schleife ist, dass alle Zellen im selektierten Zellbereich bearbeitet werden. Dafür verantwortlich ist die Eigenschaft *Selection*. Diese gibt die ausgewählten Zellen im aktiven Excel-Fenster zurück.

Die Methode *AddComment* sorgt dafür, dass der Zellinhalt in das Kommentarfenster übertragen wird.

Wenn Sie im vorliegenden Beispiel nun vor der Aktualisierung der Preise den Zellbereich B6:B20 markieren und anschließend das Makro ausführen, werden die Preise wie gewünscht in die Kommentarfunktion übertragen.

## Tipp 23: Verbundene Zellen suchen und finden

Beim Importieren von Daten, beispielsweise aus SAP oder anderen Systemen, kommt es häufig vor, dass Zellen z. B. in der Überschriftenzeile verbunden sind.

Dieser Tipp zeigt, wie sich verbundene Zellen ohne manuellen Aufwand schnell finden und auf Wunsch markieren lassen.

### So geht's:

Der VBA-Code aus Listing 1 sorgt dafür, dass der Zellhintergrund aller verbundenen Zellen gelb hervorgehoben wird.

*Listing 1:*

```
Sub VerbundeneZellen_einfärben()
' Alle verbundenen Zellen werden eingefärbt
Dim zelle As Range
For Each zelle In ActiveSheet.UsedRange
    If zelle.MergeCells Then zelle.Interior.ColorIndex = 6
Next zelle
End Sub
```

Mithilfe einer *For Each Next*-Schleife werden alle Zellen des verwendeten Bereichs (*.Used Range*) durchsucht. Dabei wird geprüft, ob Zellen verbunden sind. Diese Prüfung erfolgt über die Eigenschaft *MergeCells*. Ist eine verbundene Zelle gefunden, wird unter Verwendung der Eigenschaft *Interior.Colorindex* die Hintergrundfarbe gesetzt.

Damit sehen Sie auf einen Blick, welche Zellen verbunden sind, und können diese bei Bedarf manuell nachbearbeiten.

Alternativ kann das Makro auch so aufgebaut werden, dass anstelle der Hervorhebung der verbundenen Zellen die Verbindung gleich aufgehoben wird.

Passen Sie dazu das vorhandene Makro einfach wie folgt an.

*Listing 2:*

- Sub VerbundeneZellen_aufheben()
- ' Alle verbundenen Zellen werden eingefärbt
- Dim zelle As Range
- For Each zelle In ActiveSheet.UsedRange
-     If zelle.MergeCells Then zelle.MergeArea.UnMerge
- Next zelle
- End Sub

## Tipp 24: Zahlen aus Text extrahieren

Im vorliegenden Beispiel sollen aus einem beliebigen Text alle Zahlen ausgelesen und in eine separate Zelle neben den Text geschrieben werden.

Als Besonderheit in diesem Beispiel ist zu erwähnen, dass Zahlen mit Nachkommastellen ebenfalls korrekt ausgelesen werden sollen. Das Ausgangsbeispiel sehen Sie in der nebenstehenden Abbildung. Es handelt sich um einen Text, der die Nettopreise eines Artikels enthält, die entsprechend extrahiert werden sollen.

*So geht's:*

Erfassen Sie zunächst den VBA-Code aus Listing 1 in einem leeren Codemodul:

## 13. Routineaufgaben per Makro erledigen

*Listing 1:*

```
   Sub ZahlenExtrahieren()
   '** Extrahieren von Zahlen auf Basis der ASCII-Codes von Zahlen
   
   '** Dimensionierung der Variablen
 5 Dim strTxt As String
   Dim varVal As Variant
   '** Auswerten der Zeilen 5 bis 15
   For d = 5 To 15
     '** Text Zelle auslesen
10   strTxt = Cells(d, 1).Text
     '** Variable löschen
     varVal = ""
     '** Durchlaufen aller Zeichen in der Zeile
     For lngindex = 1 To Len(strTxt)
15     '** Alle Zeichen (ASCII) prüfen
       Select Case Asc(Mid(strTxt, lngindex, 1))
       '** Prüfen, ob es sich um eine Zahl handelt
       Case 48 To 57
         '** Zahlen zusammensetzen
20       varVal = varVal & Mid(strTxt, lngindex, 1)
         Cells(d, 2).Value = varVal
       Case 44
         '** Dezimalkomma
         varVal = varVal & "."
25     Case Else
         '** Variable löschen
         varVal = ""
       End Select
     Next lngindex
30 Next d
   End Sub
```

1 Zunächst werden wie gewohnt die Variablen dimensioniert.

2 Anschließend werden die angegebenen Zeilen zwischen Zeile 5 und 15 mittels einer *For Next*-Schleife durchlaufen. Dies müssen Sie gegebenenfalls für Ihre Umgebung individuell anpassen.

3 Nachdem der Textstring der ersten Zelle ausgelesen wurde, wird dieser über eine zweite *For Next*-Schleife analysiert.

4 Die Analyse erfolgt Zeichen für Zeichen. Das heißt, dass jedes einzelne Zeichen des Textstrings daraufhin geprüft wird, ob es sich um eine Zahl handelt. Dazu wird der ASCII-Code des Zeichens ermittelt. Der ASCII-Code 48 entspricht dabei der Ziffer 0 und Code 57 der Ziffer 9.

**5** Die Prüfung erfolgt über die Anweisung *Select Case*. Enthält die Zahl Nachkommastellen, werden diese ebenfalls korrekt ausgelesen.

Das Ergebnis der Extraktion sehen Sie in der Abbildung.

| | A | B |
|---|---|---|
| 1 | Zahlen aus Text extrahieren | |
| 2 | | |
| 3 | | |
| 4 | Text | Betrag |
| 5 | Der Artikel kostet 25 EUR zzgl. USt | 25,00 |
| 6 | Der Artikel kostet 1,99 EUR zzgl. USt | 1,99 |
| 7 | Der Artikel kostet 19,95 EUR zzgl. USt | 19,95 |
| 8 | Der Artikel kostet 23,50 EUR zzgl. USt | 23,50 |
| 9 | Der Artikel kostet 47,90 EUR zzgl. USt | 47,90 |
| 10 | Der Artikel kostet 99,50 EUR zzgl. USt | 99,50 |
| 11 | Der Artikel kostet 1250,25 EUR zzgl. USt | 1250,25 |
| 12 | Der Artikel kostet 39,99 EUR zzgl. USt | 39,99 |
| 13 | Der Artikel kostet 900,00 EUR zzgl. USt | 900,00 |
| 14 | Der Artikel kostet 17,98 EUR zzgl. USt | 17,98 |
| 15 | Der Artikel kostet 135,90 EUR zzgl. USt | 135,90 |
| 16 | | |

## Tipp 25: Einzelnes Tabellenblatt in separater Arbeitsmappe abspeichern

In diesem Tipp zeigen wir Ihnen, wie sich ein einzelnes Tabellenblatt ganz einfach per VBA in eine neue Arbeitsmappe transferieren lässt.

In der Praxis empfiehlt es sich, beispielsweise nur die relevanten Tabellenblätter einer umfangreichen Kalkulation per E-Mail zu versenden. Das Beispiel zeigt, wie das gerade ausgewählte Tabellenblatt in einer neuen Arbeitsmappe mit dem angegebenen Dateinamen abgespeichert wird.

### So geht's:

Den notwendigen VBA-Code sehen Sie in Listing 1. Erfassen Sie diesen in einem leeren Codemodul:

*Listing 1:*

```
Sub BlattSpeichern()
'** Errorhandling
On Error GoTo fehlermeldung
'** Dimensionierung der Variablen
Dim TBName As String
Dim WBName As String

'** Aktives Blatt festlegen
TBName = ActiveSheet.Name

'** Abfrage des neuen Dateinamens
WBName = InputBox("Unter welchem Dateinamen soll das " & _
    "Tabellenblatt gespeichert werden?" & vbLf & vbLf & _
    "Bitte den Dateinamen eingeben:")
If WBName = "" Then Exit Sub

'** Blatt kopieren
Worksheets(TBName).Copy
'** Neue Arbeitsmappe speichern und schließen
ActiveWorkbook.SaveAs WBName
```

- ActiveWorkbook.Close
- Exit Sub
- 
- '** Errorhandling
- 25 fehlermeldung:
- MsgBox "Es ist ein Fehler aufgetreten!"
- End Sub

1. Nachdem die Variablen dimensioniert sind, wird der Name des gewählten Tabellenblatts in der Variablen *TBname* abgelegt.

2. Mithilfe der Funktion *InputBox* werden Sie nach dem Dateinamen für die neue Arbeitsmappe gefragt, in der das gewählte Tabellenblatt abgespeichert werden soll.

3. Wenn Sie dort einen gültigen Dateinamen eingegeben haben, wird über die Methode *Copy* das Tabellenblatt in die neue Arbeitsmappe kopiert und über die Methode *SaveAs* unter dem erfassten Dateinamen abgespeichert.

4. Zuletzt wird die neue Arbeitsmappe unter Verwendung der Methode *Close* geschlossen.

Abgelegt wird die neue Arbeitsmappe im gleichen Verzeichnis, in der sich die Ursprungsdatei befindet, aus der das gewählte Tabellenblatt extrahiert werden soll.

Beachten Sie auch Tipp 14 in diesem Kapitel, um Probleme und Nachfragen im Zusammenhang mit externen Verknüpfungen zu vermeiden.

## Tipp 26: Makros über formelbasierte WENN-Abfragen ausführen

In manchen Fällen kann es notwendig und sinnvoll sein, abhängig von einer *WENN*-Abfrage bestimmte VBA-Makros auszuführen. Die Kombination aus formelbasierten Abfragen und VBA-Makros kann dabei neue Wege eröffnen. In diesem Tipp zeigen wir Ihnen, wie sich so etwas realisieren lässt.

*So geht's:*

Über eine formelbasierte *WENN*-Abfrage lassen sich keine herkömmlichen Subprozeduren, sondern ausschließlich benutzerdefinierte Funktionen (UDF) ausführen. Erstellen Sie dazu im ersten Schritt die beiden Funktionen aus Listing 1 und Listing 2 in einem neuen Codemodul:

*Listing 1:*

- Public Function Groesser(intWert As Integer)
- MsgBox "Der Wert beträgt " & intWert & _
-   " und ist somit größer als 100.", vbInformation, "Hinweis"
- End Function

## 13. Routineaufgaben per Makro erledigen

*Listing 2:*
- Public Function Kleiner(intWert As Integer)
- MsgBox "Der Wert beträgt " & intWert & _
- " und ist somit kleiner als 100.", vbInformation, "Hinweis"
- End Function

Diese beiden Funktionen können nun abhängig von dem in Zelle B5 eingetragenen Wert über eine normale *WENN*-Abfrage gestartet werden. Erfassen Sie dazu folgende Formel in Zelle A5:

=WENN(B1>=100;Groesser(B1);Kleiner(B1)).

Diese *WENN*-Abfrage prüft den in Zelle B5 erfassten Wert und ruft die entsprechende benutzerdefinierte Funktion auf. Ist der Wert in Zelle B5 größer oder gleich 100, wird die Funktion *Groesser()* ausgeführt und eine entsprechende *MessageBox* aufgerufen.

Ist der in Zelle B5 erfasste Wert hingegen kleiner als 100, erfolgt der Aufruf der Funktion *Kleiner()* mit der Ausgabe der entsprechenden Meldung.

Auf diese Art und Weise können Sie verschiedene Makros über eine formelbasierte *WENN*-Abfrage aufrufen und jeden beliebigen VBA-Code ausführen.

## Tipp 27: Umwandeln von Umlauten per benutzerdefinierter VBA-Funktion

Mithilfe der in diesem Tipp vorgestellten benutzerdefinierten Funktion (UDF) können Umlaute (ä, ö, ü, ß) in ae, oe, ue und ss sowie in umgekehrter Richtung umgewandelt werden. Beim Import aus Fremdsystemen bzw. beim Export in andere Systeme kommt diese Fragestellung häufig zum Tragen.

Im vorliegenden Beispiel soll der Satz „Die Vögelchen tönen im März ganz fröhlich" entsprechend umgewandelt werden.

### So geht's:
Erfassen Sie zunächst den VBA-Code aus Listing 1 in einem neuen leeren Codemodul:

*Listing 1:*
- Function UMLAUT(text As String, Optional para = 0)
- '** Dimensionierung der Variablen
- Dim umlaut1, umlaut2, umlaut3, umlaut4, _
- umlaut5, umlaut6, umlaut7 As String

5

## 13. Routineaufgaben per Makro erledigen

```
    '** Umlaute umwandeln in z. B. a -> ae
    If para = 0 Then
      umlaut1 = Replace(text, "ü", "ue")
      umlaut2 = Replace(umlaut1, "Ü", "Ue")
10    umlaut3 = Replace(umlaut2, "ä", "ae")
      umlaut4 = Replace(umlaut3, "Ä", "Ae")
      umlaut5 = Replace(umlaut4, "ö", "oe")
      umlaut6 = Replace(umlaut5, "Ö", "Oe")
      umlaut7 = Replace(umlaut6, "ß", "ss")
15    UMLAUT = umlaut7
    '** In Umlaute zurückverwandeln, z. B. ae -> ä
    ElseIf para = 1 Then
      umlaut1 = Replace(text, "ue", "ü")
      umlaut2 = Replace(umlaut1, "Ue", "Ü")
20    umlaut3 = Replace(umlaut2, "ae", "ä")
      umlaut4 = Replace(umlaut3, "Ae", "Ä")
      umlaut5 = Replace(umlaut4, "oe", "ö")
      umlaut6 = Replace(umlaut5, "Oe", "Ö")
      umlaut7 = Replace(umlaut6, "ss", "ß")
25    UMLAUT = umlaut7
    End If
    End Function
```

Die neue benutzerdefinierte Funktion ist wie folgt aufgebaut:
*=UMLAUT(Text, der umgewandelt werden soll, Umwandlungsrichtung)*

Den umzuwandelnden Text können Sie entweder direkt in Anführungsstrichen angeben oder als Bezug, z. B. A5, wenn sich der Text wie im vorliegenden Beispiel in Zelle A5 befindet.

Weiterhin stehen zwei Umwandlungsparameter zur Verfügung. Diese sind allerdings optional. Wenn Sie den Parameter nicht angeben oder den Wert 0 vorgeben, werden ä, o, ü und ß in ae, oe, ue und ss umgewandelt. Geben Sie stattdessen den Parameter 1 an, bewirkt dies, dass Zeichenfolgen wie ae, oe, ue und ss wieder in die entsprechenden Laute wie ä, ö, ü und ß zurückverwandelt werden.

Um alle Umlaute des Texts in Zelle A5 umzuwandeln, geben Sie in Zelle B5 folgende Formel ein: *=UMLAUT(A5;0)*.

In Zelle A6 befindet sich der gleiche Text, allerdings ohne Umlaute. Um die vorhandenen Zeichenfolgen ae, ue etc. wieder in Umlaute zurückzuverwandeln, geben Sie in B6 diese Formel ein: *=UMLAUT(A6;1)*.

Das Ergebnis sehen Sie in der folgenden Abbildung.

|   | A | B |
|---|---|---|
| 1 | Umwandeln von Umlauten | |
| 2 | | |
| 3 | | |
| 4 | | |
| 5 | Die Vögelchen tönen im März ganz fröhlich. | Die Voegelchen toenen im Maerz ganz froehlich. |
| 6 | Die Voegelchen toenen im Maerz ganz froehlich. | Die Vögelchen tönen im März ganz fröhlich. |
| 7 | | |

➔ Verweis: siehe Kapitel 4.4, Tipp 10

## Tipp 28: xls-Fadenkreuz als Excel-Lesehilfe

Wenn Sie häufiger mit umfangreichen Tabellen wie betriebswirtschaftlichen Auswertungen, Liquiditätsplänen oder anderen umfangreichen Excel-Kalkulationen arbeiten, haben Sie sich vielleicht schon mal eine Art Lineal oder Leseführung gewünscht, um nicht ständig in der Zeile oder Spalte zu verrutschen. Je kleiner die Bildschirmauflösung ist und je mehr Informationen man auf einmal im Blick haben möchte, desto schwerer wird es, die Übersicht zu bewahren.

An dieser Stelle setzt nun die Excel-Erweiterung xls-Fadenkreuz an. Das Fadenkreuz besteht aus gekreuzten Markierungen einer Zeile und einer Spalte. Dieser Tipp gibt einen Überblick über die grundsätzliche Funktionsweise der Erweiterung und erläutert, wie das Add-in eingebunden werden muss.

*So geht's:*

Bevor Sie das Add-in verwenden können, muss es installiert werden. Zur Installation gehen Sie wie folgt vor:

1 Öffnen Sie über das Menü *Datei/Optionen/Add-Ins/Gehe zu Excel-Add-Ins* den Add-Ins-Manager (Excel 2003: *Extras/Add-Ins*).

2 Klicken Sie anschließend auf die Schaltfläche *Durchsuchen* und wählen Sie die Datei *xls-Fadenkreuz.xlam* bzw. in Excel 2003 die Datei *xls-Fadenkreuz.xla* aus.

3 Bestätigen Sie die beiden offenen Fenster jeweils mit einem Klick auf die Schaltfläche *OK*. Damit ist das Add-in korrekt eingebunden und steht zur Verfügung.

Nachdem die Installation erfolgreich durchgeführt wurde, kann das Fadenkreuz über die Tastenkombinationen [Alt]+[1] aktiviert werden. Mit [Alt]+[2] wird die Lesehilfe entsprechend wieder ausgeschaltet.

Selbstverständlich verhält sich Excel bei aktiviertem Zellkreuz wie gewohnt. Die Datenerfassung, das Scrollen mit den Cursortasten, das Scrollen mit den [Bild↑]- und [Bild↓]-Tasten sowie die [Enter]-Taste funktionieren wie gewohnt unverändert.

# 14. Daten schützen

In einer Vielzahl von Unternehmen werden sensible Daten in Excel-Tabellen gespeichert. Nicht immer werden diese Daten angemessen geschützt, sodass der Zugang für ungebetene „Interessenten" dieser Daten ein Leichtes ist. Aber auch im privaten Bereich, wenn z. B. ein PC durch mehrere Anwender genutzt wird, kann es durchaus sinnvoll sein, seine Daten besonders zu schützen. Wie auch immer, Excel bietet eine ganze Reihe von Schutzmechanismen, von denen einige in diesem Kapitel etwas näher beleuchtet werden sollen.

### Tipp 1: Diverse Möglichkeiten, Daten zu schützen

Excel bietet auf verschiedenen Ebenen Schutzmechanismen für sensible Daten an. Sie können standardmäßig Ihre Daten auf Ebene der Arbeitsmappe, auf Ebene der Tabellen, aber auch auf Ebene von Strukturen schützen. Daneben können weitere Schutzmechanismen in Excel eingesetzt werden. Dazu bedarf es mitunter nur einiger weniger Zeilen Makrocodes, wie Sie in diesem Kapitel noch erfahren werden. Und dennoch gilt auch hier: Einen hundertprozentigen Schutz Ihrer Daten wird es nicht geben können. Sie können es aber einem „Hacker" so schwer wie möglich machen, indem Sie mehrere Schutzmechanismen parallel einsetzen.

*So geht's:*

1 Nutzen Sie grundsätzlich die von Excel standardmäßig angebotenen Schutzmechanismen.

2 Erhöhen Sie den Schutz gezielt mit Makros.

3 Schützen Sie die Daten zusätzlich mit Windows-Bordmitteln, indem Sie beispielsweise den Zugriff auf das Datenlaufwerk über das Benutzerkonzept von Windows steuern.

4 Schotten Sie gegebenenfalls Ihr Daten ab, indem Sie Rechner mit hochsensiblen Daten aus dem (Firmen-)Netz nehmen.

### Tipp 2: Der Schutz von Arbeitsmappen

Standardmäßig kann eine Arbeitsmappe in Excel vor dem unerlaubten Öffnen bzw. Ändern mithilfe von Passwörtern geschützt werden.

## So geht's:

1 Öffnen Sie eine neue Arbeitsmappe und rufen Sie über *Datei* den Befehl *Speichern unter* auf. Wählen Sie nun, bevor Sie auf die Schaltfläche *Speichern* klicken, im links danebenliegenden Drop-down-Feld *Tools* in Excel 2010/2013 die Auswahl *Allgemeine Optionen* (Excel 2007: Menü *Office/Speichern unter/Excel-Arbeitsmappe* oder anderer Dokumententyp/*Tools*, Befehl *Allgemeine Optionen*, Excel 2003: Menü *Datei/Speichern unter*, im rechten, oberen Bereich des Dialogs Schaltfläche *Extras*, Befehl *Allgemeine Optionen*).

2 Erfassen Sie im Feld *Kennwort zum Öffnen* das Kennwort *passwort1* und im Feld *Kennwort zum Ändern* das Kennwort *passwort2* (Excel 2003: Feld *Lese-/Schreibkennwort* und Feld *Schreibschutzkennwort*).

3 Klicken Sie dann auf *OK*, um die Passwörter zu bestätigen und den Dialog wieder zu verlassen, und anschließend auf die Schaltfläche *Speichern*.

4 Wenn Sie jetzt die Datei schließen und danach wieder öffnen möchten, passiert Folgendes: Sie werden zunächst nach dem ersten Passwort, also *passwort1*, gefragt, das Ihnen das Öffnen der Datei ermöglicht. Anschließend werden Sie nach dem zweiten Passwort, d. h. nach *passwort2*, gefragt, das Ihnen das Ändern der Datei ermöglicht. Sollte einem Anwender dieses zweite Passwort nicht zur Verfügung stehen, muss er die Datei über die Schaltfläche *Schreibschutz* öffnen und kann die Daten dann einsehen und auch Änderungen vornehmen. Er muss jedoch die geänderten Daten dann in einer Datei mit einem anderen Namen abspeichern, weil die Originaldatei lediglich im schreibgeschützten Modus geöffnet ist.

> **Hinweis**
>
> Wenn das Kontrollkästchen *Schreibschutz empfehlen* aktiviert wurde, wird den Anwendern empfohlen, die Datei schreibgeschützt zu öffnen.
>
> Es wird jedoch nicht verhindert, dass die Anwender mit Lese- und Schreibberechtigungen die Datei öffnen. Die Datei kann geändert und die Änderungen können gespeichert werden.
>
> Wenn die Datei wieder ohne Kennwort geöffnet werden soll, müssen Sie den Kennwortschutz aufheben. Dazu öffnen Sie zunächst die Datei über das Kennwort und sichern sie anschließend über den Dialog *Speichern unter* erneut, diesmal jedoch, indem Sie das vorhandene Kennwort bei diesem Vorgang wieder herausnehmen bzw. löschen.

## Tipp 3: Der Schutz von Tabellen

Sie können auch einzelne Tabellen innerhalb einer Arbeitsmappe standardmäßig schützen. Um ein einzelnes Tabellenblatt zu schützen, müssen Sie wie folgt vorgehen.

*So geht's:*

1 Öffnen Sie eine neue Arbeitsmappe und rufen Sie über *Datei/Informationen/ Arbeitsmappe schützen* den Befehl *Aktuelle Tabelle schützen* auf.

2 Im Dialog *Blatt schützen* können Sie nun ein Kennwort für die Tabelle vergeben und dem Anwender der Tabelle verschiedene Optionen zur Bearbeitung der Tabelle freigeben. Hierbei müssen Sie lediglich die gewünschten Aktionen, die der Anwender ausführen darf, mit einem Häkchen markieren.

**Hinweis**

Wenn Sie eine Tabelle auf diese Art schützen, werden in der Standardeinstellung alle Zellen in diesem Arbeitsblatt gesperrt, und ein Anwender kann an einer gesperrten Zelle keine Änderungen mehr vornehmen. Das heißt, in der gesperrten Zelle können beispielsweise keine Daten mehr eingefügt, verändert, gelöscht oder auch formatiert werden. Es ist somit natürlich ebenfalls nicht möglich, Formeln versehentlich zu überschreiben oder zu verändern. Je nach Einstellung können die Formeln in der Zelle auch komplett ausgeblendet werden.

Diese Art, die Tabelle zu schützen, muss gut durchdacht sein, falls nicht alle Zellen der Tabelle diesem Schutz unterworfen werden sollen. Vor dem Schützen eines Arbeitsblatts müssen Sie sich also Gedanken machen über die (Zell-)Bereiche, in denen Benutzer Daten ändern oder eingeben können sollen. Hierbei greifen folgende Möglichkeiten:

Sie können für die besagten (Zell-)Bereiche ein Aufheben der Sperrung der Zellen für alle Benutzer erreichen. Rufen Sie hierbei über das Kontextmenü der rechten Maustaste den Befehl *Zellen formatieren* auf. Über die Registerkarte *Schutz* können Sie nun die entsprechende Einstellung vornehmen.

Sie können aber auch ein Aufheben der Sperrung der Zellen für bestimmte Benutzer erreichen. Klicken Sie dazu auf der Registerkarte *Überprüfen/Änderungen* auf den Befehl *Benutzer dürfen Bereiche bearbeiten* (Excel 2003: Menü *Extras/Schutz*, Befehl *Benutzer dürfen Bereiche bearbeiten*). Hier können Sie im Dialogfeld *Benutzerberechtigungen zum Bearbeiten von Bereichen* gezielt die Sperrung von Zellen benutzerabhängig aufheben.

14. Daten schützen

## Tipp 4: Quellcode schützen

Auch Ihren Quellcode sollten Sie unbedingt vor unbefugtem Zugriff schützen, damit die hinterlegten Makros nicht eingesehen oder gar verändert werden können. Das ist ebenfalls mit nur wenigen Handgriffen möglich.

*So geht's:*

1 Starten Sie mit der Tastenkombination [Alt]+[F11] den VBA-Editor.

2 Klicken Sie im Projekt-Explorer die dort angezeigte Mappe mit der rechten Maustaste an und wählen Sie aus dem Kontextmenü den Befehl *Eigenschaften von VBAProject*.

3 Wechseln Sie nun im Dialog *VBAProject-Projekteigenschaften* auf die Registerkarte *Schutz*.

4 Aktivieren Sie das Kontrollkästchen *Projekt für die Anzeige sperren*, vergeben Sie im Feld *Kennwort* ein Passwort und wiederholen Sie dieses im Feld *Kennwort bestätigen*.

5 Klicken Sie auf die Schaltfläche *OK* und speichern Sie die Arbeitsmappe.

### Hinweis

Der Zugangsschutz wird erst beim nächsten Öffnen der Arbeitsmappe aktiv. Ohne Passwortkenntnis können keine Tabellen und Quellcodes angezeigt werden. Durch das Schützen des Quellcodes werden Makros in aller Regel noch schneller durchlaufen.

## Tipp 5: Datenänderungen verhindern

Sie können das Markieren bestimmter Zellen mit einem kleinen Makro raffiniert verhindert, indem Sie nach Auswahl der besagten Zellen automatisch den Mauszeiger in eine andere Zelle setzen lassen. Dieser Trick sorgt dafür, dass bestimmte Zellen auch ohne eingestellten Tabellenschutz nicht editierbar sind, weil sie schlicht und ergreifend nicht ausgewählt werden können.

*So geht's:*

1 Öffnen Sie eine neue Datei und starten Sie mit der Tastenkombination [Alt]+[F11] den VBA-Editor.

## 14. Daten schützen

**2** Klicken Sie nun im linken oberen Drop-down-Feld des Codefensters von *Tabelle1* auf den Eintrag *Worksheet* und im rechten oberen Drop-down-Feld auf den Eintrag *SelectionChange*. Erfassen Sie folgende Codezeilen:

*Listing 1:*
- `Private Sub Worksheet_SelectionChange(ByVal Target As Range)`
- `Dim Ber1 As Range`
- `Dim Ber2 As Range`
- `Dim BerGes As Range`
- `Set Ber1 = Tabelle1.Range("B1:B5")`
- `Set Ber2 = Tabelle1.Range("E1:E5")`
- `Set BerGes = Union(Ber1, Ber2)`
- `If Intersect(BerGes, Target) Is Nothing Then`
- `Else`
- `Tabelle1.Range("A1").Select`
- `End If`
- `End Sub`

**3** Der Anwender hat nun keine Chance mehr, den Mauszeiger auf den gelb markierten Bereich zu setzen. Sämtliche Versuche werden ihm verwehrt, und der Mauszeiger wird augenblicklich in Zelle A1 verschoben.

Die Syntax:

Zunächst werden Bereichsvariablen definiert, die dann über die Anweisung *Set* definiert werden. Über *Union* werden diese Einzelbereiche zu einem Gesamtbereich zusammengefasst. Somit müssen die Bereiche nicht zwingend nebeneinanderliegen. Über den Befehl *Intersect* wird nun überprüft, ob die aktuell markierte Zelle, die das *Target* darstellt, im definierten Gesamtbereich liegt. Ist das der Fall, wird der Mauszeiger über den Befehl *Select* in Zelle A1 platziert.

## Tipp 6: Das Speichern von Datenänderungen unterbinden

Es gibt eine weitere, für den Anwender etwas perfide Methode, um eine Arbeitsmappe vor Datenänderungen zu schützen. Dabei kann er zwar die Daten der Mappe ändern, jedoch gehen die Änderungen just in dem Moment verloren, da die Datei gespeichert werden soll. Der Anwender verliert nur dann seine Daten nicht, wenn er das richtige Passwort eingibt.

*So geht's:*

1 Öffnen Sie eine neue Datei und starten Sie mit der Tastenkombination [Alt]+[F11] den VBA-Editor.

2 Öffnen Sie dann im Projekt-Explorer die Rubrik *Microsoft Excel Objekte* und klicken Sie einen doppelt auf den Eintrag *DieseArbeitsmappe*.

3 Wählen Sie im Codefenster aus dem Drop-down-Menü oben links das Ereignis *BeforeSave* aus und tragen Sie folgenden Makrocode ein:

*Listing 1:*

```
Private Sub Workbook_BeforeSave _
(ByVal SaveAsUI As Boolean, Cancel As Boolean)
Dim strText As String
strText = InputBox("Bitte geben Sie das Passwort ein!")
If strText <> "passwort" Then
  MsgBox "Sie sind nicht berechtigt Änderungen zu speichern" _
  & vbLf & "die Änderungen werden nicht gesichert!", _
  vbExclamation
  Cancel = True
End If
End Sub
```

4 Änderungen an der Datei können jetzt nur noch mit dem Passwort *passwort* gespeichert werden.

Die Syntax:

Beim Speichern der Arbeitsmappe wird das Ereignis *Workbook_BeforeSave* ausgelöst, und genau zu diesem Zeitpunkt muss der Anwender Farbe bekennen und das Passwort, so es ihm bekannt ist, hinterlegen. Wird das Passwort nicht oder falsch eingegeben, wird der Speichervorgang dadurch abgebrochen, dass das Argument *Cancel* auf den Wert *True* gesetzt wird.

## 14. Daten schützen

### Tipp 7: Professioneller Datenschutz über Hardware-Dongle

Einen hervorragenden Schutzmechanismus bietet seit einiger Zeit der Einsatz eines sogenannten Hardware-Dongle. Der Ansatz war in der Vergangenheit nur mit ausführbaren Dateien (EXE-Dateien) möglich. Mit einer einfach zu handhabenden Zusatzsoftware können Sie nun auch diese hocheffektive Schutzmethode anwenden. Nähere Angaben zu diesem Tool und eine genaue Beschreibung zum Einsatz finden Sie unter *www.matrixlock.de/excel.htm*.

# 15. Neue und geänderte Funktionen

**15.1 In Excel 2010 verbesserte und neue Funktionen** ............................................. 873
**15.2 Neue Funktionen in Excel 2013** ............................................. 884

In diesem Kapitel zeigen wir Ihnen die in der Funktionsbibliothek von Excel 2010 aktualisierten und umbenannten sowie die neu hinzugefügten Funktionen.

Bei einigen Funktionen wurde zur Erhöhung der Genauigkeit der Berechnungsalgorithmus verbessert. Andere Funktionen wurden umbenannt, um eine bessere Übereinstimmung der Funktionsdefinition mit dem im allgemeinen Sprachgebrauch oder in der Wissenschaft verwendeten Terminus zu erzielen.

Darüber hinaus sind neue Funktionen implementiert worden. Diese neuen Funktionen können zwar in Excel 2010 verwendet werden, sind aber mit früheren Versionen nicht kompatibel. Nachfolgend stellen wir Ihnen die einzelnen Funktionen kurz vor und geben Ihnen einen Einblick in deren Funktionsweise.

## 15.1 In Excel 2010 verbesserte und neue Funktionen

An dieser Stelle erhalten Sie einen Kurzüberblick über die wichtigsten geänderten (Tipp 1 bis 32) und neuen Funktionen (ab Tipp 33). Bei den geänderten Funktionen wurde entweder die Genauigkeit der Berechnungsalgorithmen verbessert oder die Berechnungsgeschwindigkeit erhöht.

### Tipp 1: Funktion ARCSINHYP()

Die Funktion *ARCSINHYP(Zahl)* gibt den umgekehrten hyperbolischen Sinus einer Zahl zurück. Als Zahl kann eine beliebige reelle Zahl eingegeben werden.

Bei dieser Funktion wurde der Algorithmus verändert.

### Tipp 2: Funktion BETA.VERT()/BETAVERT()

Die Funktion *BETA.VERT(x;Alpha;Beta;kumuliert;[A];[B])* wird verwendet, um die Streuung bei mehreren Stichproben zu bestimmten Vorgängen zu untersuchen. Beispielsweise kann mit dieser Funktion ermittelt werden, wie viel Zeit Personen auf dem Arbeitsweg verbringen.

Die Funktion BETAVERT() wurde durch die Funktion BETA.VERT() ersetzt, da mit der neuen Funktion ein genaueres Arbeiten möglich ist. Die Funktion BETAVERT() ist nur noch aus Gründen der Kompatibilität mit älteren Excel-Versionen verfügbar. Wenn allerdings keine Abwärtskompatibilität erforderlich ist, sollten Sie die neue Funktion verwenden.

### Tipp 3: Funktion BETA.INV()/BETAINV()

Die Funktion BETA.INV(Wahrscheinlichkeit;Alpha;Beta;A;B) ermittelt die Quantile der Verteilungsfunktion einer betaverteilten Zufallsvariablen (BETA.VERT). Mithilfe der Betaverteilung kann beispielsweise der wahrscheinliche Endtermin einer Projektplanung unter Annahme einer bestimmten Streuung ermittelt werden.

Die Funktion BETAINV() wurde durch die Funktion BETA.INV() ersetzt, da mit der neuen Funktion ein genaueres Arbeiten möglich ist. Die Funktion BETAINV() ist nur noch aus Gründen der Kompatibilität mit älteren Excel-Versionen verfügbar. Wenn allerdings keine Abwärtskompatibilität erforderlich ist, sollten Sie die neue Funktion verwenden.

### Tipp 4: Funktion BINOM.VERT()/BINOMVERT()

Mithilfe der Funktion BINOM.VERT(Zahl_Erfolge;Versuche;Erfolgswahrscheinlichkeit; kumuliert) wird der Wahrscheinlichkeitswert einer binomialverteilten Zufallsvariablen ermittelt. Verwenden Sie BINOM.VERT() bei Problemen mit einer festgelegten Anzahl von Tests oder Versuchen, wenn das Ergebnis jedes einzelnen Versuchs entweder Erfolg oder Misserfolg ist und die einzelnen Versuche voneinander unabhängig sind. Voraussetzung ist, dass die Wahrscheinlichkeit des Erfolgs für alle Versuche konstant ist. Mit BINOM.VERT() lässt sich beispielsweise die Wahrscheinlichkeit ermitteln, mit der zwei von drei Neugeborenen männlich sind.

Die Funktion BINOMVERT() wurde durch die Funktion BINOM.VERT() ersetzt, da mit der neuen Funktion ein genaueres Arbeiten möglich ist. Die Funktion BINOM-VERT() ist nur noch aus Gründen der Kompatibilität mit älteren Excel-Versionen verfügbar. Wenn allerdings keine Abwärtskompatibilität erforderlich ist, sollten Sie die neue Funktion verwenden.

### Tipp 5: Funktion BINOM.INV()/KRITBINOM()

BINOM.INV(Versuche;Erfolgswahrscheinlichkeit;Alpha) gibt den kleinsten Wert zurück, für den die kumulierten Wahrscheinlichkeiten der Binomialverteilung größer oder gleich einer Grenzwahrscheinlichkeit sind.

Die Funktion KRITBINOM() wurde durch die Funktion BINOM.INV() ersetzt, da mit der neuen Funktion ein genaueres Arbeiten möglich ist. Die Funktion KRITBINOM() ist nur noch aus Gründen der Kompatibilität mit älteren Excel-Versionen verfügbar.

Wenn allerdings keine Abwärtskompatibilität erforderlich ist, sollten Sie die neue Funktion verwenden.

### Tipp 6: Funktion CHIQU.INV.RE()/CHIINV()

Die Funktion *CHIQU.INV.RE(Wahrscheinlichkeit;Freiheitsgrade)* gibt die Perzentile der rechtsseitigen Chi-Quadrat-Verteilung zurück. Mithilfe dieser Funktion lassen sich zum Zweck der Validierung von Hypothesen beobachtete und erwartete Ergebnisse miteinander vergleichen.

Die Funktion *CHIINV()* wurde durch die Funktion *CHIQU.INV.RE()* ersetzt. Die Funktion *CHIINV()* ist nur noch aus Gründen der Kompatibilität mit älteren Excel-Versionen verfügbar. Wenn allerdings keine Abwärtskompatibilität erforderlich ist, sollten Sie die neue Funktion verwenden.

### Tipp 7: Funktion CHIQU.TEST()/CHITEST()

Mithilfe der Funktion *CHIQU.TEST(Beobachteter_Messwert;Erwarteter_Wert)* wird die Teststatistik eines Unabhängigkeitstests geliefert. Damit lässt sich feststellen, ob in Experimenten die Ergebnisse bestätigt werden, die aufgrund von Hypothesen erwartet wurden.

Die Funktion *CHITEST()* wurde durch die Funktion *CHIQU.TEST()* ersetzt. Die Funktion *CHITEST()* ist nur noch aus Gründen der Kompatibilität mit älteren Excel-Versionen verfügbar. Wenn allerdings keine Abwärtskompatibilität erforderlich ist, sollten Sie die neue Funktion verwenden.

### Tipp 8: Funktion UMWANDELN()

*UMWANDELN(Zahl;Von_Maßeinheit;In_Maßeinheit)* wandelt eine Zahl von einem Maßsystem in ein anderes um. So können beispielsweise Umrechnungen von Gramm in Unze oder von Grad Celsius in Grad Fahrenheit vorgenommen werden.

Diese Funktion wurde in Excel 2010 optimiert.

→ Verweis: siehe Kapitel 4.10, Tipp 10

### Tipp 9: Funktion KUMZINSZ()

Die Funktion *KUMZINSZ(Zinssatz;Anzahl_Zahlungszeiträume;Barwert;Zeitraum_Anfang; Zeitraum_Ende;Fälligkeit)* berechnet die kumulierten Zinsen zwischen dem angegebenen Anfangs- und Endzeitpunkt.

→ Verweis: siehe Kapitel 4.7, Tipp 7

## Tipp 10: Funktion KUMKAPITAL()

Mithilfe der Funktion *KUMKAPITAL(Zinssatz;Anzahl_Zahlungszeiträume;Barwert; Zeitraum_Anfang;Zeitraum_Ende;Fälligkeit)* wird die aufgelaufene Tilgung eines Darlehens zwischen dem angegebenen Anfangs- und Endzeitpunkt berechnet.

→ Verweis: siehe Kapitel 4.7, Tipp 7

## Tipp 11: Funktion F.VERT.RE()/FVERT()

Die Funktion *F.VERT.RE(x;Freiheitsgrade1;Freiheitsgrade2)* berechnet den Wert der Verteilungsfunktion einer rechtsseitigen F-verteilten Zufallsvariablen. Damit lässt sich feststellen, ob zwei Datenmengen unterschiedlichen Streuungen unterliegen. Beispielsweise können Sie die Punktzahlen untersuchen, die Männer und Frauen bei einem Einstellungstest erzielt haben, und ermitteln, ob sich die für die Frauen gefundene Streuung von derjenigen der Männer unterscheidet.

Die Funktion *FVERT()* wurde durch die Funktion *F.VERT.RE()* ersetzt. Die Funktion *FVERT()* ist nur noch aus Gründen der Kompatibilität mit älteren Excel-Versionen verfügbar. Wenn allerdings keine Abwärtskompatibilität erforderlich ist, sollten Sie die neue Funktion verwenden.

## Tipp 12: Funktion F.INV.RE()/FINV()

*F.INV.RE(Wahrscheinlichkeit;Freiheitsgrade1;Freiheitsgrade2)* gibt die Quantile der rechtsseitigen F-Verteilung zurück. Die F-Verteilung kann in F-Tests verwendet werden, bei denen die Streuungen zweier Datenmengen ins Verhältnis gesetzt werden. Zum Beispiel können Sie die Verteilung der in den USA und Kanada erzielten Einkommen daraufhin analysieren, ob in den beiden Ländern ähnliche Einkommensverteilungen vorliegen.

Die Funktion *FINV()* wurde durch die Funktion *F.INV.RE()* ersetzt. Die Funktion *FINV()* ist nur noch aus Gründen der Kompatibilität mit älteren Excel-Versionen verfügbar. Wenn allerdings keine Abwärtskompatibilität erforderlich ist, sollten Sie die neue Funktion verwenden.

## Tipp 13: Funktion GEOMITTEL()

Die Funktion *GEOMITTEL(Zahl1;Zahl2;Zahl3;...)* gibt das geometrische Mittel einer Menge positiver Zahlen zurück. Zum Beispiel können Sie mit *GEOMITTEL* eine mittlere Wachstumsrate berechnen, wenn für einen Zinseszins variable Zinssätze gegeben sind.

## Tipp 14: Funktion GAMMA.VERT/GAMMAVERT()

Die Funktion *GAMMA.VERT(x;Alpha;Beta;kumuliert)* gibt die Wahrscheinlichkeiten einer gammaverteilten Zufallsvariablen zurück. Mit dieser Funktion können Sie

Variablen untersuchen, die eine schiefe Verteilung besitzen. Die Gammaverteilung wird häufig bei Warteschlangenanalysen verwendet.

Die Funktion *GAMMAVERT()* wurde durch die Funktion *GAMMA.VERT()* ersetzt. Die Funktion *GAMMAVERT()* ist nur noch aus Gründen der Kompatibilität mit älteren Excel-Versionen verfügbar. Wenn allerdings keine Abwärtskompatibilität erforderlich ist, sollten Sie die neue Funktion verwenden.

### Tipp 15: Funktion GAMMA.INV/GAMMAINV()

*GAMMA.INV(Wahrscheinlichkeit;Alpha;Beta)* gibt den Kehrwert der kumulierten Gammaverteilung zurück. Mit dieser Funktion können Sie eine Variable untersuchen, deren Verteilung eventuell schief ist.

Die Funktion *GAMMAINV()* wurde durch die Funktion *GAMMA.INV()* ersetzt. Die Funktion *GAMMAINV()* ist nur noch aus Gründen der Kompatibilität mit älteren Excel-Versionen verfügbar. Wenn allerdings keine Abwärtskompatibilität erforderlich ist, sollten Sie die neue Funktion verwenden.

### Tipp 16: Funktion HYPGEOM.VERT()/HYPGEOMVERT()

*HYPGEOM.VERT(Erfolge_Stichprobe;Umfang_Stichprobe;Erfolge_Grundgesamtheit;Umfang_Grundgesamtheit;kumuliert)* berechnet die Wahrscheinlichkeit, in einer Stichprobe eine bestimmte Anzahl von Beobachtungen zu erhalten. *HYPGEOM.VERT()* können Sie für Problemstellungen einsetzen, bei denen eine begrenzte Grundgesamtheit vorliegt und jede Beobachtung entweder ein Erfolg oder ein Misserfolg sein kann und bei denen jede Teilmenge eines bestimmten Umfangs mit gleicher Wahrscheinlichkeit gewählt wird.

Die Funktion *HYPGEOMVERT()* wurde durch die Funktion *HYPGEOM.VERT()* ersetzt. Die Funktion *HYPGEOMVERT()* ist nur noch aus Gründen der Kompatibilität mit älteren Excel-Versionen verfügbar. Wenn allerdings keine Abwärtskompatibilität erforderlich ist, sollten Sie die neue Funktion verwenden.

### Tipp 17: Funktion IKV()

Die Funktion *IKV(Werte;Schätzwert)* gibt den internen Zinsfuß einer Investition ohne Finanzierungskosten oder Reinvestitionsgewinne zurück. Die in *Werte* angegebenen Zahlen entsprechen der zu der Investition gehörenden Zahlungsreihe. Diese Zahlungen müssen nicht gleich groß sein, wie es bei Annuitätenzahlungen der Fall ist. Der Zinsfluss muss jedoch in regelmäßigen Intervallen, monatlich oder jährlich, auftreten. Der interne Zinsfuß ist der Zinssatz, der für eine Investition erreicht wird, die aus Auszahlungen (negativen Werten) und Einzahlungen (positiven Werten) besteht, die in regelmäßigen Abständen erfolgen.

## Tipp 18: Funktion LOGNORM.VERT()/LOGNORMVERT()

*LOGNORM.VERT(x;Mittelwert;Standardabweichung;kumuliert)* liefert den Wert der Verteilungsfunktion einer lognormalverteilten Zufallsvariablen zurück, wobei *x* mit den Parametern *Mittelwert* und *Standardabweichung* normalverteilt ist. Mit dieser Funktion können Daten untersucht werden, die logarithmisch transformiert wurden.

Die Funktion *LOGNORMVERT()* wurde durch die Funktion *LOGNORM.VERT()* ersetzt. Die Funktion *LOGNORMVERT()* ist nur noch aus Gründen der Kompatibilität mit älteren Excel-Versionen verfügbar. Wenn allerdings keine Abwärtskompatibilität erforderlich ist, sollten Sie die neue Funktion verwenden.

## Tipp 19: Funktion LOGNORM.INV()/LOGNORMINV()

Die Funktion *LOGNORM.INV(Wahrscheinlichkeit;Mittelwert;Standardabweichung)* ermittelt die Quantile der Lognormalverteilung von x zurück, wobei x mit den Parametern *Mittelwert* und *Standardabweichung* normalverteilt ist.

Die Funktion *LOGNORMINV()* wurde durch die Funktion *LOGNORM.INV()* ersetzt. Die Funktion *LOGNORMINV()* ist nur noch aus Gründen der Kompatibilität mit älteren Excel-Versionen verfügbar. Wenn allerdings keine Abwärtskompatibilität erforderlich ist, sollten Sie die neue Funktion verwenden.

## Tipp 20: Funktion REST()

Die Funktion *REST(Zahl;Divisor)* gibt den Rest einer Division zurück. Das Ergebnis hat dabei dasselbe Vorzeichen wie der Divisor.

Der Algorithmus dieser Funktion wurde in Excel 2010 optimiert.

## Tipp 21: Funktion NEGBINOM.VERT()/NEGBINOMVERT()

Die Funktion *NEGBINOM.VERT(Zahl_Misserfolge;Zahl_Erfolge;Erfolgswahrscheinlichkeit)* gibt die Wahrscheinlichkeit einer negativen binomialverteilten Zufallsvariablen zurück. Die Vorgehensweise dieser Funktion unterscheidet sich von der Binomialverteilung nur dadurch, dass die Anzahl der Erfolge feststeht und die Anzahl der Versuche variabel ist. Analog zu einer Binomialverteilung wird vorausgesetzt, dass die jeweiligen Versuche voneinander unabhängig sind.

Die Funktion *NEGBINOMVERT()* wurde durch die Funktion *NEGBINOM.VERT()* ersetzt. Die Funktion *NEGBINOMVERT()* ist nur noch aus Gründen der Kompatibilität mit älteren Excel-Versionen verfügbar. Wenn allerdings keine Abwärtskompatibilität erforderlich ist, sollten Sie die neue Funktion verwenden.

## Tipp 22: Funktion NORM.VERT()/NORMVERT()

*NORM.VERT(x;Mittelwert;Standardabweichung;kumuliert)* errechnet die Normalverteilung für den angegebenen Mittelwert und die angegebene Standardabweichung. Diese Funktion wird häufig in der Statistik verwendet.

Die Funktion *NORMVERT()* wurde durch die Funktion *NORM.VERT()* ersetzt. Die Funktion *NORMVERT()* ist nur noch aus Gründen der Kompatibilität mit älteren Excel-Versionen verfügbar. Wenn allerdings keine Abwärtskompatibilität erforderlich ist, sollten Sie die neue Funktion verwenden.

## Tipp 23: Funktion NORM.INV()/NORMINV()

*NORM.INV(Wahrscheinlichkeit;Mittelwert;Standardabweichung)* ermittelt die Quantile der Normalverteilung.

Die Funktion *NORMINV()* wurde durch die Funktion *NORM.INV()* ersetzt. Die Funktion *NORMINV()* ist nur noch aus Gründen der Kompatibilität mit älteren Excel-Versionen verfügbar. Wenn allerdings keine Abwärtskompatibilität erforderlich ist, sollten Sie die neue Funktion verwenden.

## Tipp 24: Funktion NORM.S.VERT()/STANDNORMVERT()

Die Funktion *NORM.S.VERT(z;kumuliert)* ermittelt die Standardnormalverteilung. Die Standardnormalverteilung hat einen Mittelwert von 0 und eine Standardabweichung von 1. Sie können diese Funktion anstelle einer Tabelle verwenden, in der Werte der Verteilungsfunktion der Standardnormalverteilung zusammengestellt sind.

Die Funktion *STANDNORMVERT()* wurde durch die Funktion *NORM.S.VERT()* ersetzt. Die Funktion *STANDNORMVERT()* ist nur noch aus Gründen der Kompatibilität mit älteren Excel-Versionen verfügbar. Wenn allerdings keine Abwärtskompatibilität erforderlich ist, sollten Sie die neue Funktion verwenden.

## Tipp 25: Funktion NORM.S.INV()/STANDNORMINV()

*NORM.S.INV(Wahrscheinlichkeit)* ermittelt die Quantile der Standardnormalverteilung. Die Standardnormalverteilung hat einen Mittelwert von 0 und eine Standardabweichung von 1.

Die Funktion *STANDNORMINV()* wurde durch die Funktion *NORM.S.INV()* ersetzt. Die Funktion *STANDNORMINV()* ist nur noch aus Gründen der Kompatibilität mit älteren Excel-Versionen verfügbar. Wenn allerdings keine Abwärtskompatibilität erforderlich ist, sollten Sie die neue Funktion verwenden.

## Tipp 26: Funktion POISSON.VERT()/POISSON()

Die Funktion *POISSON.VERT(x;Mittelwert;kumuliert)* gibt die Wahrscheinlichkeiten einer poissonverteilten Zufallsvariablen zurück. Eine übliche Anwendung der Poissonverteilung ist die Modellierung der Anzahl der Ereignisse innerhalb eines bestimmten Zeitraums, beispielsweise die Anzahl der Kunden, die innerhalb einer Stunde an einem Schalter eintreffen.

Die Funktion *POISSON()* wurde durch die Funktion *POISSON.VERT()* ersetzt. Die Funktion *POISSON()* ist nur noch aus Gründen der Kompatibilität mit älteren Excel-Versionen verfügbar. Wenn allerdings keine Abwärtskompatibilität erforderlich ist, sollten Sie die neue Funktion verwenden.

## Tipp 27: Funktion ZUFALLSZAHL()

Die Funktion *ZUFALLSZAHL()* gibt eine gleichmäßig verteilte reelle Zufallszahl größer oder gleich 0 und kleiner als 1 zurück. Bei jeder Neuberechnung des jeweiligen Arbeitsblatts wird eine neue Zufallszahl ermittelt.

In der überarbeiteten Version erfolgt die Berechnung mit einem verbesserten Algorithmus.

→ Verweis: siehe Kapitel 4.13, Tipp 11

## Tipp 28: Funktion STABW.S()/STABW()

Die Funktion *STABW.S(Zahl1;Zahl2;...)* schätzt die Standardabweichung ausgehend von einer Stichprobe. Logische Werte und Texte werden bei den Stichproben ignoriert. Die Standardabweichung ist ein Maß für die Streuung von Werten bezüglich ihres Mittelwerts.

Die Funktion *STABW()* wurde durch die Funktion *STABW.S()* ersetzt. Die Funktion *STABW()* ist nur noch aus Gründen der Kompatibilität mit älteren Excel-Versionen verfügbar. Wenn allerdings keine Abwärtskompatibilität erforderlich ist, sollten Sie die neue Funktion verwenden.

## Tipp 29: Funktion T.VERT()/TVERT()

Mithilfe der Funktion *T.VERT(x;Freiheitsgrade)* wird die t-Verteilung für die rechte Endfläche ermittelt. Die t-Verteilung wird für das Testen von Hypothesen bei kleinem Stichprobenumfang verwendet. Benutzen Sie diese Funktion anstelle einer Tabelle mit kritischen Werten für die t-Verteilung.

Die Funktion *TVERT()* wurde durch die Funktion *T.VERT()* ersetzt. Die Funktion *TVERT()* ist nur noch aus Gründen der Kompatibilität mit älteren Excel-Versionen verfügbar. Wenn allerdings keine Abwärtskompatibilität erforderlich ist, sollten Sie die neue Funktion verwenden.

## Tipp 30: Funktion T.INV.2S()/TINV()

*T.INV.2S(Wahrscheinlichkeit;Freiheitsgrade)* gibt die zweiseitige Quantile der t-Verteilung zurück.

Die Funktion *TINV()* wurde durch die Funktion *T.INV.2S()* ersetzt. Die Funktion *TINV()* ist nur noch aus Gründen der Kompatibilität mit älteren Excel-Versionen verfügbar. Wenn allerdings keine Abwärtskompatibilität erforderlich ist, sollten Sie die neue Funktion verwenden.

## Tipp 31: Funktion VAR.S()/VARIANZ()

Die Funktion *VAR.S(Zahl1;Zahl2;...)* schätzt die Varianz ausgehend von einer Stichprobe. Logische Werte und Text werden bei der Stichprobenberechnung ignoriert.

Die Funktion *VARIANZ()* wurde durch die Funktion *VAR.S()* ersetzt. Die Funktion *VARIANZ()* ist nur noch aus Gründen der Kompatibilität mit älteren Excel-Versionen verfügbar. Wenn allerdings keine Abwärtskompatibilität erforderlich ist, sollten Sie die neue Funktion verwenden.

## Tipp 32: Funktion KONFIDENZ.NORM()/KONFIDENZ()

*KONFIDENZ.NORM(Alpha;Standardabweichung;Umfang)* ermöglicht die Berechnung des 1-Alpha-Konfidenzintervalls für den Erwartungswert einer Zufallsvariablen. Dabei wird die Normalverteilung verwendet.

Die Funktion *KONFIDENZ()* wurde durch die Funktion *KONFIDENZ.NORM()* ersetzt. Die Funktion *KONFIDENZ()* ist nur noch aus Gründen der Kompatibilität mit älteren Excel-Versionen verfügbar. Wenn allerdings keine Abwärtskompatibilität erforderlich ist, sollten Sie die neue Funktion verwenden.

## Tipp 33: Funktion NETTOARBEITSTAGE.INTL()

Die neue Funktion *NETTOARBEITSTAGE.INTL(Ausgangsdatum;Enddatum;Wochenende;...)* berechnet die Anzahl der vollen Arbeitstage zwischen zwei Datumsangaben. Dabei werden verschiedene Parameter verwendet, um anzugeben, welche und wie viele Tage auf ein Wochenende bzw. auf arbeitsfreie Tage fallen. Wochenenden und Tage, die als freie Tage angegeben sind, werden nicht zu den Arbeitstagen gezählt.

➔ Verweis: siehe Kapitel 4.5, Tipp 14

## Tipp 34: Funktion ARBEITSTAG.INTL()

Mithilfe der Funktion *ARBEITSTAG.INTL(Ausgangsdatum;Tage;Wochenende;Freie_Tage)* wird die fortlaufende Zahl des Datums vor oder nach einer bestimmten Anzahl von Arbeitstagen mit benutzerdefinierten Wochenendparametern ermittelt. Mit Wochenendparametern wird angegeben, welche und wie viele Tage als Wochenendtage behandelt werden. Wochenendtage und als Feiertage angegebene Tage werden nicht als Arbeitstage betrachtet.

→ Verweis: siehe Kapitel 4.5, Tipp 27

### Tipp 35: Funktion AGGREGAT()

Die Funktion *AGGREGAT(Funktionsnummer;Optionen;Bezug1;[Bezug2])* hat den Zweck, bestimmte Beschränkungen bei der bedingten Formatierung zu umgehen. Datenbalken, Symbolsätze und Farbskalen können keine bedingte Formatierung wiedergeben, wenn der Wertebereich Fehler enthält. Der Grund hierfür ist, dass die Funktionen *MIN*, *MAX* und *QUANTIL* keine Berechnungen durchführen, wenn der Berechnungsbereich einen Fehler enthält. Aus denselben Gründen können auch die Funktionen *KGRÖSSTE()*, *KKLEINSTE()* und *STABWN()* die ordnungsgemäße Funktionalität bestimmter Formatierungsregeln negativ beeinflussen. Mithilfe der *AGGREGAT*-Funktion können Sie diese Funktionen implementieren, da die Fehler ignoriert werden. Darüber hinaus kann die *AGGREGAT*-Funktion verschiedene Aggregatfunktionen auf eine Liste oder Datenbank mit der Option anwenden, ausgeblendete Zeilen und Fehlerwerte zu ignorieren.

### Tipp 36: Funktion OBERGRENZE.GENAU()

*OBERGRENZE.GENAU(Zahl;Schritt)* rundet eine Zahl auf die nächste Ganzzahl oder auf das kleinste Vielfache von *Schritt* auf. Die Zahl wird unabhängig von ihrem Vorzeichen aufgerundet. Ist *Zahl* oder *Schritt* 0, wird auch 0 zurückgegeben.

### Tipp 37: Funktion UNTERGRENZE.GENAU()

*UNTERGRENZE.GENAU(Zahl;Schritt)* rundet eine Zahl auf die nächste Ganzzahl oder das nächste Vielfache von *Schritt* ab. Die Zahl wird unabhängig vom Vorzeichen abgerundet. Ist *Zahl* oder *Schritt* jedoch 0, wird 0 zurückgegeben.

### Tipp 38: Funktion CHIQU.VERT()

Die Funktion *CHIQU.VERT(x;Freiheitsgrade;kumuliert)* gibt die Werte der Verteilungsfunktion einer Chi-Quadrat-verteilten Zufallsvariablen zurück. Die Betaverteilung wird verwendet, um die Streuung bei mehreren Stichproben zu bestimmten Vorgängen zu untersuchen.

### Tipp 39: Funktion CHIQU.INV()

*CHIQU.INV(Wahrscheinlichkeit;Freiheitsgrade)* gibt die Perzentile der linksseitigen Chi-Quadrat-Verteilung zurück.

## Tipp 40: Funktion KONFIDENZ.T()

Mithilfe der Funktion *KONFIDENZ.T(Alpha;Standardabweichung;Umfang)* kann das Konfidenzintervall für den Erwartungswert einer Zufallsvariablen errechnet werden, wobei der studentische T-Test verwendet wird.

## Tipp 41: Funktion KOVARIANZ.S()

Die Funktion *KOVARIANZ.S(Array1;Array2)* ermittelt den Mittelwert der für alle Datenpunktpaare gebildeten Produkte der Abweichungen, das heißt, die Funktion gibt die Kovarianz einer Stichprobe zurück.

## Tipp 42: Funktion F.VERT()

*F.VERT(x;Freiheitsgrade1;Freiheitsgrade2;kumuliert)* gibt Werte der Verteilungsfunktion (1-Alpha) einer F-verteilten Zufallsvariablen zurück. Mit dieser Funktion können Sie feststellen, ob zwei Datenmengen unterschiedlichen Streuungen unterliegen.

## Tipp 43: Funktion F.INV()

Die Funktion *F.INV(Wahrscheinlichkeit;Freiheitsgrade1;Freiheitsgrade2)* gibt die Quantile der F-Verteilung zurück. Die F-Verteilung kann in F-Tests verwendet werden, bei denen die Streuungen zweier Datenmengen ins Verhältnis gesetzt werden.

## Tipp 44: Funktion MODUS.VIELF()

*MODUS.VIELF(Zahl1;Zahl2;...)* gibt ein vertikales Array der am häufigsten vorkommenden oder wiederholten Werte in einem Array oder Datenbereich zurück. Verwenden Sie für ein horizontales Array *MTRANS(MODUS.VIELF(Zahl1,Zahl2,...))*.

## Tipp 45: Funktion QUANTIL.EXKL()

Die Funktion *QUANTIL.EXKL(Array;k)* gibt das k-Quantil von Werten in einem Bereich zurück, wobei *k* ausschließlich im Bereich von 0 bis 1 liegt.

## Tipp 46: Funktion QUANTILSRANG.EXKL()

Mithilfe der Funktion *QUANTILSRANG.EXKL(Array;x;Genauigkeit)* wird der prozentuale Rang (Alpha) eines Werts in einem Datenset ermittelt.

## Tipp 47: Funktion QUARTILE.EXKL()

*QUARTILE.EXKL(Array;Quartile)* gibt die Quartile eines Datensets basierend auf Perzentilwerten von ausschließlich 0 bis 1 zurück.

## Tipp 48: Funktion RANG.MITTELW()

Mit *RANG.MITTELW(Zahl;Bezug;Reihenfolge)* wird der Rang eines Werts innerhalb einer Liste von Zahlen ermittelt. Weisen mehrere Werte die gleiche Rangzahl auf, wird die durchschnittliche Rangzahl zurückgegeben.

## Tipp 49: Funktion T.VERT()

*T-VERT(x;Freiheitsgrade;kumuliert)* ermittelt die Student-t-Verteilung. Die t-Verteilung wird in der Hypothesenüberprüfung von kleinen Beispieldatensets verwendet. Benutzen Sie diese Funktion anstelle einer Tabelle mit kritischen Werten für die t-Verteilung.

## Tipp 50: Funktion T.INV()

*T-INV(Wahrscheinlichkeit;Freiheitsgrade)* gibt die linksseitige Quantile der Student-t-Verteilung zurück.

# 15.2 Neue Funktionen in Excel 2013

Excel 2013 beinhaltet, wie jede neue Excel-Version, eine Reihe neuer Formeln und Funktionen. In diesem Kapitel stellen wir Ihnen die wichtigsten Neuerungen vor.

## Tipp 1: Funktion BLATT()

### Kategorie Informationen

Die neue Funktion *=BLATT(Wert)* ermittelt die Blattnummer des Blatts, auf das verwiesen wird.

Als Wert kann ein definierter Name oder der Name einer Datentabelle angegeben werden. Um beispielsweise zu ermitteln, auf welchem Tabellenblatt der definierte Name *Umsatz* verwendet wird, genügt es, in eine Zelle Folgendes einzutragen: *=BLATT(Umsatz)*. Als Ergebnis wird die Nummer des Blatts zurückgeliefert, der den definierten Namen enthält.

Mit *=BLATT("Tabelle1")* kann aber auch die Blattnummer des Tabellenblatts ausgelesen werden, das die Bezeichnung *Tabelle1* trägt.

## Tipp 2: Funktion BLÄTTER()

### Kategorie Informationen

Mithilfe der Funktion *=BLÄTTER(Bezug)* wird die Anzahl der in einer Arbeitsmappe vorhandenen Tabellenblätter ermittelt.

Mit *=BLÄTTER()* wird die Anzahl der vorhandenen Tabellenblätter, z. B. 3, zurückgegeben.

=BLÄTTER(3DBezug) gibt die Anzahl der Blätter zurück, die den definierten Namen 3DBezug umfasst. Beinhaltet der definierte Name 3DBezug beispielsweise *Tabelle1* und *Tabelle2*, wird als Ergebnis 2 zurückgeliefert.

Die Funktion BLÄTTER() zählt auch ausgeblendete Tabellenblätter mit.

### Tipp 3: Funktion ISTFORMEL()

**Kategorie Informationen**

Die neue Funktion =ISTFORMEL(Bezug) überprüft die angegebene Zelle darauf, ob diese eine Formel enthält oder nicht. Als Ergebnis wird *WAHR* oder *FALSCH* zurückgegeben. Befindet sich beispielsweise in Zelle B5 eine Formel, liefert =ISTFORMEL(B5) als Ergebnis den Wahrheitswert *WAHR* zurück.

### Tipp 4: Funktion ISOKALENDERWOCHE()

**Kategorie Datum & Zeit**

Die Funktion =ISOKALENDERWOCHE(Datum) ermittelt die Kalenderwoche gemäß Norm DIN 1355/ISO 8601. So liefert beispielsweise die Funktion =ISOKALENDERWOCHE("01.01.2010") als Ergebnis die korrekte Kalenderwoche 53.

→ Verweis: siehe Kapitel 4.5, Tipp 18

### Tipp 5: Funktion TAGE()

**Kategorie Datum & Zeit**

=TAGE(Zieldatum;Ausgangsdatum) berechnet die Anzahl der Tage, die zwischen dem vorgegebenen Zieldatum und dem Ausgangsdatum liegen. Diese Funktion berücksichtigt auch Abweichungen, die sich durch Schaltjahre ergeben.

=TAGE("15.03.2012";"01.12.2011") liefert als Ergebnis 105, da der 29.02.2012 entsprechend mitgezählt wird. Die Berechnung =TAGE("15.03.2013";"01.12.2012") gibt als Ergebnis 104 Tage zurück, da 2013 kein Schaltjahr ist.

### Tipp 6: Funktion WENNNV()

**Kategorie Logik**

Die Funktion =WENNNV(zu prüfender Wert;Anzeige bei NV) gibt den angegebenen Wert (Text etc.) zurück, wenn die Prüfung den Fehlerwert #NV ergibt. Liefert die Prüfung ein korrektes Ergebnis, wird dieses angezeigt. Die Formel =WENNNV(SVERWEIS(B18;B20:C22;2;0);"Wert nicht gefunden") gibt den Text *Wert nicht gefunden* zurück, wenn der *SVERWEIS* keinen Treffer liefert. Wird der Suchbegriff hingegen in der *SVERWEIS*-Matrix gefunden, wird der gefundene Wert zurückgeliefert.

## Tipp 7: Funktion XODER()

**Kategorie Logik**

Mithilfe der Funktion =XODER(Wert1;Wert2;Wert3;...) wird ein logisches Exklusiv-Oder zurückgegeben. XODER kann bis zu 254 Werte prüfen. Damit als Ergebnis WAHR zurückgeliefert wird, muss mindestens eine Prüfung richtig sein. Wenn alle Prüfungen falsch sind, wird als Ergebnis FALSCH zurückgeliefert. XODER() kann auch auf einen Zellbereich als Matrixfunktion angewendet werden. Matrixfunktionen müssen mit der Tastenkombination (Strg)+(Umschalt)+(Enter) abgeschlossen werden.

## Tipp 8: Funktion FORMELTEXT()

**Kategorie Matrix**

Die neue Funktion =FORMELTEXT(Bezug) gibt Formeln, die sich in der angegebenen Bezugszelle befinden, als Text zurück. Damit eignet sich diese Funktion zur Dokumentation von Formeln und Funktionen. Es spielt keine Rolle, ob sich der Formelbezug auf demselben Tabellenblatt, einem anderen Arbeitsblatt in der gleichen Arbeitsmappe oder auf eine andere Arbeitsmappe bezieht. Damit das Ergebnis der Funktion korrekt angezeigt wird, müssen fremde Arbeitsmappen allerdings geöffnet sein. Insgesamt können Formeln mit einer Maximallänge von 8.192 Zeichen angezeigt werden.

## Tipp 9: Funktion ZAHLENWERT()

**Kategorie Text**

=ZAHLENWERT(Text;[Dezimaltrennzeichen];[Tausendertrennzeichen]) konvertiert Text in Zahlen. Dabei spielt das in Windows eingestellte Gebietsschema keine Rolle. Werden die optionalen Parameter *Dezimaltrennzeichen* und *Tausendertrennzeichen* nicht angegeben, werden diese vom eingestellten Gebietsschema übernommen.

Mithilfe dieser Funktion können beispielsweise importierte Werte einfach und schnell in das korrekte Zahlenformat konvertiert werden.

Die folgenden Beispiele zeigen, wie sich als Text importierte Zahlen umwandeln lassen:

=ZAHLENWERT("1,234.50";".";",") = 1234,5 (das Dezimaltrennzeichen wird korrekt gesetzt)

=ZAHLENWERT("2 500 . 00";".") = 2500 (Leerzeichen werden entfernt)

=ZAHLENWERT("123 456.90";",") = 123456,9 (Leerzeichen werden entfernt, das Dezimalzeichen wird korrekt gesetzt)

## Tipp 10: Funktion UNIZEICHEN() und UNICODE()

**Kategorie Text**

Die Funktion =UNIZEICHEN(Zahl) gibt das Zeichen zurück, das der entsprechenden Unicode-Nummer entspricht. Wird beispielsweise als Zahl 67 übergeben, wird das große C zurückgeliefert. Umgekehrt kann mit =UNICODE(Text) die Unicode-Nummer für das angegebene Zeichen ausgelesen werden. =UNICODE("C") liefert als Ergebnis somit die Zahl 67.

## Tipp 11: Funktion ARABISCH()

**Kategorie Math. & Trigonom.**

Die Funktion =ARABISCH(Text) wandelt eine römische Zahl, die im Textformat vorliegt, in eine arabische Zahl um. Es handelt sich also um die Umkehrfunktion der bereits in den Vorgängerversionen verfügbaren Funktion =RÖMISCH(Zahl;Typ).

Die Funktion kann 255 Zeichen verarbeiten. Damit ist die größte Zahl, die verarbeitet werden kann, 255.000.

Befinden sich innerhalb der römischen Zahlen Leerzeichen, werden diese bei der Berechnung ignoriert.

## Tipp 12: Funktion BASIS()

**Kategorie Math. & Trigonom.**

Mithilfe der Funktion =BASIS(Zahl;Basis;[Mindestlänge]) werden Zahlen als Text mit der angegebenen Basis umgewandelt. *Basis* muss einen Wert zwischen 2 und 32 haben. Der optionale Parameter *Mindestlänge* sorgt dafür, dass das Ergebnis mit der entsprechenden Anzahl Stellen, gegebenenfalls mit führenden Nullen, ausgegeben wird.

=BASIS(1000;16;5) wandelt beispielsweise die Zahl 1000 ins Hexadezimalsystem (Basis 16) mit einer Länge von 5 Stellen um. Als Ergebnis liefert diese Funktion 003E8.

=BASIS(55;2;8) wandelt die Zahl 55 in das Binärsystem (Basis 2) mit einer Länge von 8 Stellen um. Das Ergebnis lautet damit 00110111.

## Tipp 13: Funktion DEZIMAL()

**Kategorie Math. & Trigonom.**

Die Funktion =DEZIMAL(Text;Basis) ist das Gegenstück zur Funktion BASIS(), siehe Tipp 10. DEZIMAL() konvertiert Zahlen, die als Text vorliegen, auf Grundlage der angegebenen Basis in eine Dezimalzahl.

So errechnet die Funktion =DEZIMAL(("003E8");16) den Wert 1000 auf der Basis 16 (Hexadezimalsystem).

=DEZIMAL("00110111";2) liefert als Ergebnis 55. Als Basis wurde 2, also das Binärsystem angegeben.

## Tipp 14: OBERGRENZE.MATHEMATIK() und UNTERGRENZE.MATHEMATIK()

**Kategorie Math. & Trigonom.**

=OBERGRENZE.MATHEMATIK(Zahl;[Schritt];[Modus]) rundet die angegebene Zahl auf die nächste ganze Zahl oder auf das nächste Vielfache des angegebenen Parameters *Schritt* auf. Umgekehrt rundet die Funktion =UNTERGRENZE.MATHEMATIK (Zahl;[Schritt];[Modus]) auf den entsprechenden Wert ab.

Über das Argument *Modus* kann die Richtung für das Runden einer negativen Zahl geändert werden Durch die Kombination von *Schritt* und *Modus* ergeben sich vielfältige Möglichkeiten zur Rundung von Zahlen.

## Tipp 15: PDURATION()

**Kategorie Finanzmathematik**

Die Funktion =PDURATION(Zinssatz;aktueller Wert der Investition;zukünftiger Wert der Investition) ermittelt die Anzahl der Perioden, die erforderlich sind, bis eine Investition (aktueller Wert) den angegebenen zukünftigen Wert erreicht hat.

Mit der Formel =PDURATION(1,75%;10000;12500) wird beispielsweise berechnet, wie lange es dauert, bis aus einer Investition von 10.000 Euro, die mit einem jährlichen Zinssatz von 1,75 % verzinst wird, der Endbetrag von 12.500 Euro geworden ist. Als Ergebnis liefert die Formel 12,86. Das bedeutet, dass es knapp 13 Jahre dauert, bis die gewünschte Endsumme von 12.500 Euro durch die Verzinsung erreicht ist.

## Tipp 16: URLCODIEREN()

**Kategorie Web**

Mithilfe der Funktion =URLCODIEREN(Text) können Links oder anderer beliebiger Text in URL-codierten Text umgewandelt werden.

Hintergrund ist, dass Webadressen (URLs) nur bestimmte Zeichen wie A–Z, a–z und 0–9 sowie einige Sonderzeichen enthalten dürfen. Umlaute, Klammern, Leerzeichen etc. sind hingegen nicht erlaubt.

Die Formel =URLCODIEREN("http://www.excel-inside.de/VBA-Menü") wandelt den angegebenen Text in einen sogenannten URL-codierten Text um. Das Ergebnis sieht wie folgt aus:

http%3A%2F%2Fwww.excel-inside.de%2FVBA-Men%C3%BC

## Tipp 17: WEBDIENST()

**Kategorie Web**

Die Funktion =WEBDIENST(URL) liefert einen Webdienst zurück, der über die URL angesprochen wurde. So kann mit dieser Funktion beispielsweise ein RSS-Feed ausgelesen und gleich in Excel weiterverarbeitet werden. Zu beachten ist, dass die Anzahl der zurückgegebenen Zeichen auf 32.767 beschränkt ist. Dies ist die Maximalzahl an Zeichen, die in einer Zelle dargestellt werden kann.

## Tipp 18: XMLFILTERN()

**Kategorie Web**

=XMLFILTERN(XML;XPath) gibt bestimmte Daten aus einem XML-Inhalt zurück, indem der angegebene XPath-Ausdruck verwendet wird.

Mit dieser Funktion können die mit der Funktion WEBDIENST() ausgelesenen Daten analysiert, extrahiert und weiterverarbeitet werden.

## Tipp 19: KOMBINATIONEN2()

**Kategorie Math. & Trigonom.**

=KOMBINATIONEN2(Zahl;gewählte Zahl) gibt die Anzahl von Kombinationen für eine bestimmte Anzahl an Elementen zurück, wobei KOMBINATIONEN2 auch Wiederholungen zurückgibt.

## Tipp 20: ARCCOT()

**Kategorie Math. & Trigonom.**

Die Funktion =ARCCOT(Zahl) liefert den Hauptwert des Arcuskotangens (Umkehrfunktion des Kotangens) einer Zahl zurück.

## Tipp 21: ARCCOTHYP()

**Kategorie Math. & Trigonom.**

=ARCCOTHYP(Zahl) gibt den umgekehrten hyperbolischen Kotangens einer Zahl zurück.

## Tipp 22: COT()

**Kategorie Math. & Trigonom.**

=COT(Zahl) gibt den Kotangens eines im Bogenmaß angegebenen Winkels zurück.

## Tipp 23: COTHYP()

**Kategorie Math. & Trigonom.**

Die Funktion =COTHYP(Zahl) berechnet den hyperbolischen Kotangens eines hyperbolischen Winkels.

## Tipp 24: COSEC()

**Kategorie Math. & Trigonom.**

Die Funktion =COSEC(Zahl) ermittelt den Kosekans eines im Bogenmaß angegebenen Winkels.

## Tipp 25: COSECHYP()

**Kategorie Math. & Trigonom.**

=COSEHYP(Zahl) gibt den hyperbolischen Kosekans eines im Bogenmaß angegebenen Winkels zurück.

## Tipp 26: MEINHEIT()

**Kategorie Math. & Trigonom.**

Mit =MEINHEIT(Größe) wird die Einheitsmatrix für die angegebene Größe ermittelt.

## Tipp 27: SEC()

**Kategorie Math. & Trigonom.**

Mit der Funktion =SEC(Zahl) kann der Sekans eines Winkels berechnet werden.

## Tipp 28: SECHYP()

**Kategorie Math. & Trigonom.**

=SECHYP(Zahl) ermittelt den hyperbolischen Sekans eines Winkels.

## Tipp 29: BINOM.VERT.BEREICH()

**Kategorie Statistik**

=BINOM.VERT.BEREICH(Versuche;Erfolgswahrscheinlichkeit;Anzahl Erfolge;[Anzahl2 Erfolge]) gibt die Erfolgswahrscheinlichkeit eines Versuchsergebnisses als Binomialverteilung zurück.

## Tipp 30: GAMMA()

**Kategorie Statistik**

=GAMMA(Zahl) ermittelt den Wert der Gammafunktion.

## Tipp 31: PHI()

**Kategorie Statistik**

Die Funktion =PHI(x) berechnet den Wert der Dichtefunktion für eine Standardnormalverteilung.

## Tipp 32: SCHIEFE.P()

**Kategorie Statistik**

*=SCHIEFE.P(Zahl1;[Zahl2];...)* ermittelt die Schiefe einer Verteilung auf Basis einer Grundgesamtheit. Als Argumente können Zahlen, Namen, Matrizen oder Bezüge angegeben werden, die Zahlen enthalten.

## Tipp 33: IMCOSEC()

**Kategorie Technisch**

Die Funktion *=IMCOSEC(Zahl)* gibt den Kosekans einer komplexen Zahl im Textformat zurück.

## Tipp 34: IMCOSECHYP()

**Kategorie Technisch**

*=IMCOSECHYP(Zahl)* berechnet den hyperbolischen Kosekans einer komplexen Zahl im Textformat.

## Tipp 35: IMCOT()

**Kategorie Technisch**

*=IMCOT(Zahl)* berechnet den Kotangens einer komplexen Zahl im Textformat.

## Tipp 36: IMSEC()

**Kategorie Technisch**

*=IMSEC(Zahl)* berechnet den Sekans einer komplexen Zahl im Textformat.

## Tipp 37: IMSECHYP()

**Kategorie Technisch**

Mit der Funktion *=IMSCHYP(Zahl)* wird der hyperbolische Sekans einer komplexen Zahl im Textformat zurückgeliefert.

## Tipp 38: IMSIN()

**Kategorie Technisch**

*=IMSIN(Zahl)* ermittelt den Sinus einer komplexen Zahl, die als Zeichenfolge eingegeben wird.

## Tipp 39: IMSINHYP()

**Kategorie Technisch**

*=IMSINHYP(Zahl)* liefert den hyperbolischen Sinus einer komplexen Zahl zurück.

## Tipp 40: IMTAN()

**Kategorie Technisch**

Die Funktion =IMTAN(Zahl) berechnet den Tangens einer komplexen Zahl.

## Tipp 41: BITUND()

**Kategorie Technisch**

=BITUND(Zahl1;Zahl2) gibt ein bitweises UND zweier Zahlen zurück.

## Tipp 42: BITODER()

**Kategorie Technisch**

Die Funktion =BITODER(Zahl1;Zahl2) gibt ein bitweises ODER zweier Zahlen zurück.

## Tipp 43: BITXODER()

**Kategorie Technisch**

=BITXODER(Zahl1;Zahl2) liefert ein bitweises XODER zweier Zahlen zurück.

## Tipp 44: BITLVERSCHIEB()

**Kategorie Technisch**

=BITLVERSCHIEB(Zahl;Verschiebebetrag) liefert die Zahl zurück, die sich ergibt, nachdem die angegebene Zahl um die angegebenen Anzahl von Bits nach links verschoben wurde.

## Tipp 45: BITRVERSCHIEB()

**Kategorie Technisch**

=BITRVERSCHIEB(Zahl;Verschiebebetrag) liefert die Zahl zurück, die sich ergibt, nachdem die angegebene Zahl um die angegebenen Anzahl von Bits nach rechts verschoben wurde.

# 16. Nützliche Links und kostenfreie Excel-Add-Ins

Excel hat sich im Lauf der Jahre zum am häufigsten eingesetzten Tabellenkalkulationsprogramm weltweit entwickelt. Die hohe Akzeptanz für diese Anwendung rührt vor allem von der breiten Verfügbarkeit, der leichten Erlernbarkeit, der einfachen Verknüpfung mit anderen Office-Anwendungen, der hohen Flexibilität und nicht zuletzt auch der populären Grafikfunktionalität. Es gibt zurzeit keine Softwaretechnologie, die es mit Spreadsheets-Anwendungen aufnehmen kann. Excel hat sich somit zu einem Quasi-Standard etabliert. Deshalb ist es auch nicht verwunderlich, dass zwischenzeitlich eine Vielzahl von Excel-Add-ins entwickelt wurde und sich eine Reihe hochinteressanter Methoden hervorgetan hat, denen Excel als Werkzeug dient. In diesem Kapitel lernen Sie einige dieser Add-ins und Methoden kennen.

## Tipp 1: Professionelle Datenvisualisierung mit Excel

Obwohl in nahezu allen Unternehmen die Geschäftsprozesse mit mehr oder weniger komplexen Transaktionssystemen wie SAP oder Navision abgewickelt werden, ist Excel häufig das Tool der Wahl, wenn es um das Thema Berichtserstellung geht.

Gute, verständliche Berichte, die auf verbindlichen Regeln basieren und Botschaften für den Berichtsadressaten enthalten, sind jedoch nach wie vor selten. Stattdessen sind der Kreativität und Beliebigkeit Tür und Tor geöffnet – ein Missstand, den Prof. Dr. Hichert auf *www.hichert.com* schonungslos anprangert. Information statt Dekoration, so sein Credo, bildet den Kern eines guten Berichtswesens und ist Voraussetzung dafür, dass Berichte nicht nur gelesen, sondern auch verstanden werden.

Prof. Hichert hat deshalb verbindliche Regeln für eine erfolgreiche Geschäftskommunikation aufgestellt und zeigt auf *www.hichert.com* anhand einer Vielzahl von Beispielen, wie sich mithilfe von Excel anspruchsvolle Lösungen für Geschäftsdiagramme realisieren lassen. Seine Qualitätsregeln für gute Managementberichte und Präsentationen wurden unter dem Akronym SUCCESS folgendermaßen zusammengefasst:

- **S**AY: Botschaften vermitteln
- **U**NIFY: Bedeutung vereinheitlichen
- **C**ONDENSE: Information verdichten
- **C**HECK: Qualität sicherstellen
- **E**NABLE: Konzept verwirklichen
- **S**IMPLIFY: Kompliziertheit vermeiden
- **S**TRUCTURE: Inhalt gliedern

Prof. Hichert und sein Partner Holger Gerths haben sich auf äußerst anspruchsvolle Excel-Lösungen spezialisiert und kommen dabei durch die Anwendung spezieller

## 16. Nützliche Links und kostenfreie Excel-Add-Ins

Tricks ohne jegliche Programmierung aus. Das Know-how der beiden Visualisierungsexperten ist weltweit wohl einzigartig und wird regelmäßig in verschiedenen Seminaren auf den oben genannten Internetseiten angeboten.

Nachfolgend sehen Sie ein Demobeispiel eines Balkendiagramms, das ausschließlich mithilfe der Excel-eigenen Grafikfunktionalität erstellt wurde. Sie können die Excel-Datei und eine Vielzahl weiterer Beispiele von der besagten Seite herunterladen.

Das Schaubild kann über diverse Parameter variabel verändert und mit Kommentaren versehen werden.

### Tipp 2: Mit Palo wird Excel zur professionellen BI-Anwendung

Excel ist das weltweit am weitesten verbreitete Tabellenkalkulationsprogramm und wird in unzähligen Unternehmen für mehr oder weniger komplexe Aufgaben in den Bereichen Planung, Reporting, Konsolidierung und Analyse, aber auch in der **B**usiness **I**ntelligence (BI) und dem **C**orporate **P**erformance **M**anagement (CPM) eingesetzt. Nach wie vor ist es jedoch im Hinblick auf Multiuser-Fähigkeiten und zentrales Datenmanagement nicht hinreichend ausgelegt. Ein Dilemma, denn aus dieser fehlenden Funktionalität erwächst nicht selten ein Umstand, der sich trefflich mit dem Begriff „Excel-Chaos" umschreiben lässt. Vielen Lesern wird das Problem nicht unbekannt sein, das daraus erwächst, dass Excel-Dateien beliebig und nicht selten unter einem völlig anderen Namen dupliziert werden und dadurch eine nicht mehr beherrschbare Datenredundanz und ein Versionschaos entsteht. Oftmals weiß keiner mehr so richtig, welches Spreadsheet eigentlich die korrekten Daten enthält und wie man diese inkonsistenten Daten wieder zusammenbringt. Werden große Datenmengen verarbeitet, werden auch die Excel-Daten sehr schnell unübersichtlich, und Verknüpfungen zwischen den Tabellen werden zum „Herrschaftswissen" einiger weniger.

Einen Ausweg aus dieser Situation bietet die Firma Jedox aus Freiburg (*www.jedox.com*). Sie hat mit der Open-Source-Datenbank Palo ein kostenfreies, OLAP-basiertes System entwickelt, das auf sehr anwenderfreundliche Art und Weise eine mehrdimensionale, berechtigungsbasierte Verarbeitung von Excel-Daten ermöglicht. Gleichzeitig wird mit dieser Anwendung eine konsistente Datenbasis für unternehmensweit verteilte Excel-Anwendungen nach dem „Single-Point-of-Truth"-Konzept geschaffen.

Durch die starke Integration in Excel und die Write-back-Funktionalität können mithilfe von Palo auch hochkomplexe BI-Lösungen in Excel erstellt werden. Die Anwendung ist so gehalten, dass sie ausschließlich durch die Fachabteilung, d. h. ohne IT-Unterstützung, komplett selbst administriert werden kann.

## Tipp 3: Palo für Excel installieren

Bevor Sie mit Palo arbeiten können, müssen Sie sich das Programm zunächst von der Internetseite *http://www.palo.net* im Download-Bereich herunterladen.

*So geht's:*

Die Installation ist im Wesentlichen selbsterklärend. Zusätzlich zu den Palo-Programmen werden relevante MS-Office-Patches und ein weiteres benötigtes Microsoft-Programm installiert.

1 Entpacken Sie zunächst die ZIP-Datei und starten Sie dann das Programm *setup.exe*.

2 Wählen Sie anschließend die gewünschte Sprache für das Programm aus.

3 Folgen Sie dann dem Setup-Assistenten über die Schaltfläche *Weiter* bis zur Seite *Art des Setup*. Hier können Sie sich zwischen *Standard* und *Fortgeschritten* entscheiden. Das bedeutet, dass Sie in einem der nachfolgenden Schritte festlegen können, ob Sie auch den Palo-Server installieren und ob Sie den Import-Assistenten sowie den Modeller ebenfalls aktivieren möchten. Um Palo auf Ihrem Rechner umfänglich nutzen zu können, benötigen Sie die beiden zuletzt genannten Optionen. Sie können also getrost mit der Option *Standard* installieren.

4 Nachdem nun die diversen Palo-Programme installiert wurden, benötigen Sie gegebenenfalls noch das bereits erwähnte Zusatzprogramm (Microsoft Visual C), das Sie in diesem Fall ebenfalls bestätigen müssen.

5 Das Update für Office 2003 wird nur in der Excel-2003-Umgebung benötigt.

6 Beenden Sie das Setup mit der Schaltfläche *Fertigstellen* im letzten Schritt der Installation.

Die Installation war dann erfolgreich, wenn auf dem Desktop der Palo-Würfel erscheint, mit dessen Hilfe Excel in Kombination mit Palo gestartet werden kann.

Wenn sich nun das Excel-Programm öffnet bzw. wenn Sie Excel starten, erscheint ein Dialogfenster (Abbildung nächste Seite).

> **Hinweis**
>
> - Der Hinweis *Auf Updates überprüfen* führt zur Internetseite *http://www.jedox.de*. Hier kann die aktuellste – allerdings auch lizenzpflichtige – Version heruntergeladen und für einen bestimmten Zeitraum kostenfrei getestet werden. Im Hinblick auf hoch performante Anwendungen lohnt sich dieser Schritt allemal.
> - Der Aufruf des große Dialogfensters beim Excel-Start kann auf Wunsch über den Haken im Kästchen links unten unterdrückt und das Dialogfenster über die Schaltfläche *Schließen* beendet werden.
> - Nun startet Excel wie gewohnt, jedoch mit dem Add-in Palo.

# 16. Nützliche Links und kostenfreie Excel-Add-Ins

## Tipp 4: Palo-Menü im Überblick

Das Menü *Palo* ist, je nach Excel-Version, entweder direkt in der Menüleiste oder unter den Add-ins zu finden. Es ist sehr kompakt angeordnet. Am Ende dieses Menüs befindet sich die Menüpunkte *Info* und *Palo Online* mit weiterführenden Informationen rund um Jedox und Palo. Die anderen Menüpunkte und deren Kernfunktionalitäten werden nachfolgend vorgestellt.

### So geht's:

1 Mithilfe des Menüs *Ansicht einfügen* können Sie in Sekundenschnelle Berichte erstellen. Nach Auswahl der Datenbank und des Würfels, die die Basis für die

gewünschte Berichtsauswahl bilden, können die jeweiligen Dimensionen des Würfels zeilen- und spaltenbezogen angeordnet werden.

**2** Das Menü *Elemente einfügen* eignet sich sowohl für das schnelle Auslesen der Dimensionsinhalte in Excel als auch für eine individuelle Berichtsgestaltung. Sie können also unabhängig vom Menü *Ansicht einfügen* mithilfe dieser Option Elemente frei anordnen und somit Ihren Bericht individuell strukturieren.

3 Wenn Sie über das Menü *Elemente einfügen* Elemente individuell angeordnet haben, müssen Sie innerhalb von Excel den Zellbereich markieren, der die Daten abhängig von Ihrer Elementauswahl anzeigen soll. Anschließend müssen Sie nur noch den Haken bei *Argumente raten* setzen. Palo übernimmt nun für Sie das automatische Einfügen der passenden Formeln, um die Daten aus der Palo-Datenbank abzurufen.

4 Das Menü *Modeller* ist die Zentrale von Palo. Mithilfe des Modellers werden die Datenstrukturen, bestehend aus Würfeln, Dimensionen und Elementen, gebildet. Einer Datenbank sind in aller Regel mehrere Dimensionen und mindestens ein Würfel zugeordnet. Ein Würfel innerhalb einer Datenbank wiederum beinhaltet ein oder mehrere dieser Dimensionen. Die Dimensionen selbst beinhalten hierarchisch angeordnete Elemente. Der Modeller verwaltet diese Strukturen, d. h., es können Dimensionen, Würfel und Elemente angelegt, gelöscht oder auch umbenannt werden.

5 Über *Import-Assistent* können Sie Massen-Daten in Palo laden. Hierbei werden sowohl Strukturdaten als auch Bewegungsdaten verarbeitet. Die Schnittstelle unterstützt den Import verschiedener Datenformate, wie TXT, CSV und ODBC,

aber auch den Import aus anderen Würfeln. Der Import über eine interne Schleife dient dem Laden von Daten, die in Excel vorgehalten werden.

6   Hinter *Speichern als Snapshot* verbirgt sich die Möglichkeit, die aktuelle Version des Excel-Arbeitsblatts inklusive aller Werte zu sichern. Dabei werden in einer neu erzeugten Tabelle alle Palo-Formeln durch Werte ersetzt.

## Tipp 5: Palo-Bericht erstellen

Den ersten Bericht können Sie mit wenigen Mausklicks erstellen. In der mitgelieferten Beispieldatenbank *Demo* sind bereits Strukturen und Werte hinterlegt. Angenommen, Sie möchten spaltenbezogen die Zeitachse (*Months*) und zeilenbezogen die Kennzahlen (*Measures*) und Datenarten (*Datatypes*) abbilden. Im Seitenbereich sollen die übrigen Dimensionen (*Years*, *Products*, *Regions*) zum schnellen Wechsel der Ansichten verbleiben.

*So geht's:*

1   Wechseln Sie zunächst in das Menü *Ansicht einfügen* und ordnen Sie die Dimensionen wie oben beschrieben an.

2   Wählen Sie innerhalb der Dimensionen im Zeilen- und Spaltenbereich die für Ihre Ansicht relevanten Elemente aus, indem Sie innerhalb der Maske *Elemente einfügen* ein oder mehrere Elemente aus dem linken Fenster in das rechte Fenster (*Pickliste*) übernehmen und anschließend mit *OK* bestätigen.

3   Wählen Sie innerhalb der Dimensionen im Seitenbereich das für Ihre Ansicht relevante Element aus, indem Sie innerhalb der Maske *Elemente einfügen* ein Element anklicken und anschließend mit *OK* bestätigen.

4   Erzeugen Sie nun den ersten Bericht. Durch einen Doppelklick auf die Dimensionselemente können Sie die Sichten wechseln oder zusätzliche Zeilen und Spalten einblenden.

## 16. Nützliche Links und kostenfreie Excel-Add-Ins

## Tipp 6: Palo-Strukturen anpassen

Einzelne Strukturen werden in der Regel direkt im Modeller angepasst (angelegt, gelöscht, geändert).

*So geht's:*

1 Rufen Sie über das Menü *Palo* den Befehl *Modeller* auf und wechseln Sie über das Register *Products* zur gleichnamigen Dimension.

2 Markieren Sie nun das Element *Desktop High XQ* und klicken Sie über das Kontextmenü der rechten Maustaste auf den Befehl *Hinzufügen*. Ersetzen Sie dann im darunter erscheinenden Feld den voreingestellten Eintrag mit *Desktop Super L*, um dieses neue Element der Dimension hinzuzufügen.

3 Doppelklicken Sie anschließend auf das Konsolidierungselement *Stationary PC's* und markieren Sie nun das neu erfasste Element *Desktop Super L*. Ordnen Sie dann mit einem Klick auf den nach rechts gerichteten Pfeil in der Mitte zwischen den beiden Listenfeldern dieses Element der bestehenden Gruppe

## 16. Nützliche Links und kostenfreie Excel-Add-Ins

von Elementen im rechten Listenfeld zu. Beenden Sie diese Konsolidierungszuordnung mit einem Klick auf den grünen Haken am unteren Ende des rechten Listenfelds.

**4** Betrachten Sie nun das Ergebnis, indem Sie auf das Struktursymbol am rechten oberen Ende des linken Listenfelds klicken. Das neue Element wurde in die Hierarchie eingefügt.

### Hinweis

Auf ähnlich einfache Art und Weise können Elemente auch gelöscht oder umbenannt werden. Mit einem Klick auf das jeweilige Element und mithilfe des Kontextmenüs der rechten Maustaste sind die Befehle hierfür sehr schnell zugänglich.

Auch ein neuer Würfel kann sehr schnell erzeugt werden.

### So geht's:

**1** Starten Sie den Modeller erneut und wechseln Sie zum Register *Database*.

**2** Klicken Sie nun im rechten Listenfeld mit der rechten Maustaste auf den Würfel *Sales* und rufen Sie den Befehl *Hinzufügen* auf.

Erstellen Sie gemäß dem nachfolgenden Schaubild einen neuen Würfel mit dem Namen *Sales2*. Achtung: Es ist wichtig für den Import im nachfolgenden Tipp, dass Sie auf die Anordnung bzw. Reihenfolge der Dimensionen achten. Bestätigen Sie dann mit *Fertigstellen*. Der neue Würfel erscheint anschließend im rechten Listenfeld unterhalb des Würfels *Sales*. Im Gegensatz zum Würfel *Sales* hat der Würfel *Sales2* eine Dimension (*Measures*) weniger.

→ Verweis: siehe Kapitel 16, Tipp 7

## Tipp 7: Palo-Daten importieren

Massendaten werden mithilfe des Import-Assistenten in die Datenbank importiert. Der im vorherigen Tipp erzeugte Würfel *Sales2* ist noch leer und soll nun gefüllt werden.

→ Verweis: siehe Kapitel 16, Tipp 6

*So geht's:*

1 Betrachten Sie zunächst den Aufbau der zu importierenden Datei *ImportPalo.txt*. Sie sehen, dass der Satzaufbau die Elemente der verschiedenen Dimensionen enthält und am Satzende einen Wert.

Diese Werte am Ende eines jeden Datensatzes werden in der Datenbank gemäß den im Datensatz hinterlegten Dimensionskoordinaten abgelegt.

## 16. Nützliche Links und kostenfreie Excel-Add-Ins

**2** Rufen Sie sich nun noch einmal über das Menü *Modeller* den Aufbau des Würfels *Sales2*, der mit Werten gefüllt werden soll, ins Gedächtnis. Die Anordnung der Dimensionen (*Products, Regions, Months, Years, Datatypes, Measures*) entspricht der Feldanordnung der Elemente im Datensatz.

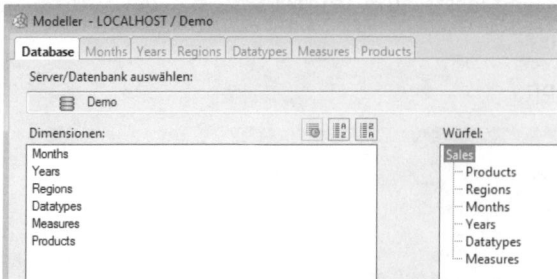

**3** Öffnen Sie jetzt eine neue Excel-Datei und hinterlegen Sie in Zelle G1 die Formel =PALO.SETDATA(F1;FALSCH;"localhost/Demo";"Sales2";A1;B1;C1;D1;E1). Mithilfe dieser Formel wird über den Schleifendurchlauf des Import-Assistenten der Wert in der entsprechenden Zelle in der Datenbank abgelegt.

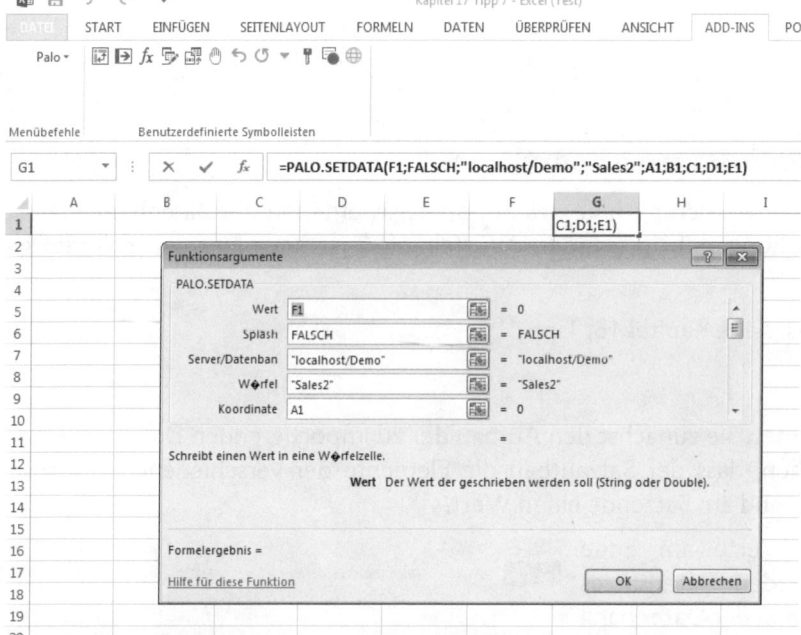

**4** Rufen Sie anschließend über das Menü *Palo* den Befehl *Import-Assistent* auf und wählen Sie als Datenquelle die Option *Datei (*.txt; *.csv)* aus. Bestätigen Sie mit *Weiter*.

**5** Wählen Sie im nächsten Schritt als Datenquelle die Importdatei *ImportPalo.txt* aus (die Datei wurde im Beispiel auf Laufwerk C kopiert). Sie können die Einstellungen wie angezeigt belassen.

## 16. Nützliche Links und kostenfreie Excel-Add-Ins

**6** Klicken Sie auf *Weiter* und im nachfolgenden Dialog auf *Fertigstellen*, damit der Schleifendurchlauf bzw. der eigentliche Import der Werte beginnen kann.

**7** Nach dem erfolgreichen Import der Werte können Sie, wie in Tipp 5 gezeigt wurde, einen Bericht auf Basis des Würfels *Sales2* erstellen.

→ Verweis: siehe Kapitel 16, Tipp 5

## Tipp 8: Sparklines für Excel (SfE) – ein tolles Grafik-Add-in

Sparklines, sogenannte Wortgrafiken, sind in einem Reporting, das nach den modernen Erkenntnissen eines guten Informationsdesigns aufgebaut wird, nicht mehr wegzudenken. Excel bietet zwischenzeitlich, d. h. ab Excel 2007, diese Funktionalität in begrenztem Umfang an. Es gibt inzwischen jedoch Anbieter, die Excel-Add-ins zur Verfügung stellen, mit deren Hilfe diverse Sparkline-Typen mithilfe von Excel-Funktionen eingefügt werden können.

Einer dieser Anbieter ist Fabrice Rimlinger, der seine Lösungen kostenfrei als Open-Source-Lizenz zur Verfügung stellt. Auf *http://sparklines-excel.blogspot.com* hat er seit Beginn des Jahrs 2008 ein Blog zum Thema **S**parklines **f**ür **E**xcel (SfE) etabliert, das in dieser Form einzigartig ist. Der Autor hat sich auf die Erstellung von Sparklines mithilfe von VBA-basierten Excel-Funktionen spezialisiert, die er mit einem Team Gleichgesinnter entwickelt hat. Inzwischen wurden verschiedenste Sparkline-Typen programmiert. Sie können sich das Add-in von der oben genannten Seite kostenfrei herunterladen. Falls Ihnen die Sparklines von Fabrice Rimlinger gefallen und Sie sie nutzbringend einsetzen können, würde sich der Initiator dieses Tools freuen, wenn Sie ihm einen Kaffee spendieren würden. Sie können das auf seiner Seite rechts oben unterhalb seines Konterfeis in die Wege leiten. Wir meinen, dass er sich das wirklich verdient hat.

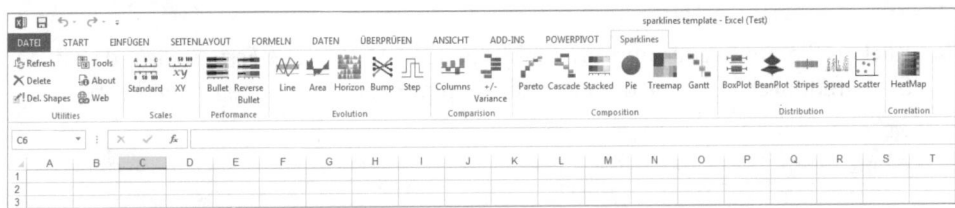

In der Gruppe *Utilities* finden Sie diverse Befehle:

- *Refresh* – aktualisiert alle Sparklines
- *Delete* – entfernt alle Sparklines
- *Delete all Shapes* – entfernt alle Zeichenobjekte
- *Tools* – Dialog mit diversen weiteren Befehlen
- *About* – liefert Informationen zum Add-in
- *Web* – führt zur SfE-Internetseite

Unter den anderen Gruppen befinden sich die verschiedenen Sparklines-Typen.

> **Hinweis**
>
> - Die SfEs werden mithilfe einer Funktion erzeugt, die mit Argumenten versehen werden müssen. Es gibt zwingend vorgeschriebene und optionale Argumente.
> - Die zu verwendenden Farbcodes können von der oben genannten Internetseite unter der Rubrik *Color Codes* heruntergeladen werden.

- Eine Aktualisierung der Sparklines muss gegebenenfalls mit dem Befehl *Refresh* erfolgen. Eventuell müssen Sie auch hin und wieder die Sparklines mit *Delete* löschen und dann einen neuen Refresh ausführen.
- SfE wird permanent weiterentwickelt. Zum Zeitpunkt der Erstellung dieses Buchs wurden erste Tests mit Excel 2013 vollzogen. Auch wenn noch nicht alle Parameter dokumentiert und angepasst sind, lohnt sich doch hin und wieder ein Blick auf die Seite von Fabrice Rimlinger, um sich über den aktuellen Stand zu informieren.
- Einige wenige Parameter waren bis dato noch nicht funktionsfähig oder nicht dokumentiert. Hierauf wird im nachfolgenden Text jedoch verwiesen.
- Aus der Vielzahl der Sparkline-Typen werden in den nachfolgenden Tipps die gängigsten Typen behandelt.

## Tipp 9: SfE-Funktion LineChart()

Mit der Funktion *LineChart()* können Liniendiagramme mit bis zu zwei Linien erzeugt werden. Darüber hinaus können eine horizontale Linie sowie eine Zone definiert werden, und es gibt die Möglichkeit, ganz bestimmte Punkte des Diagramms zu kennzeichnen. Fehlende Daten in der Datenreihe können durch Interpolation geschlossen werden.

### Funktion und Argumente

=LineChart(Points1;Points2;Mini;Maxi;HLine;MinZone;MaxZone;Tags;ColorLine1; ColorLine2;GapStyle;TagMinColor;TagMaxColor;ShadedStart;ShadedWidth; TransparentWidth;MarkPosition;MirrorDisplay;VerticalFlip;TxtLabel;PlaceLabel; ColorLabel)

| Argument | Inhalt | Erläuterung |
| --- | --- | --- |
| Points1 (verbindlich) | Bereich (Zeile oder Spalte) | Zellbereich der auszuwertenden Daten. Es können entweder Spalten- oder Zeilenbezüge angegeben werden. Es wird eine schwarze Linie gezeichnet. |
| Points2 (optional) | Bereich (Zeile oder Spalte) | Zellbereich der auszuwertenden Daten. Hier können entweder Spalten- oder Zeilenbezüge angegeben werden. Es wird eine blaue Linie gezeichnet. |
| Min (optional) | Variant | Definiert den kleinsten zu berücksichtigenden Wert. Wird Min nicht angegeben, wird der kleinste Wert des angegebenen Zellbereichs verwendet. Standard ist das Minimum von Points. |
| Max (optional) | Variant | Definiert den größten zu berücksichtigenden Wert. Wird Max nicht angegeben, wird der größte Wert des angegebenen Zellbereichs verwendet. Standard ist das Maximum von Points. |
| HLine (optional) | Variant | Zeigt eine horizontale Linie beim angegebenen Wert an. Standardfarbe ist Rot. |

| Argument | Inhalt | Erläuterung |
|---|---|---|
| MinZone (optional) | Variant | Gibt den unteren Bereich der Zone an. Die angezeigte Wertezone wird grau eingefärbt. Damit kann ein Bereich von...bis in der Grafik hervorgehoben werden. Standard ist keine Zone. |
| MaxZone (optional) | Variant | Gibt den oberen Bereich der Zone an. Die angezeigte Werte-Zone wird grau eingefärbt. Damit kann ein Bereich von...bis in der Grafik hervorgehoben werden. Standard ist keine Zone. |
| Tags (optional) | Integer | Mit Tags wird die Anzeige von Punkten für den oder die größten bzw. kleinsten Werte gesteuert. Bei den Min-Werten werden die Punkte in Rot und bei den Max-Werten in Blau angezeigt. Als Parameter können die Werte 1, 2, 3, 4, 6, 7 verwendet werden, je nachdem, wie die Hoch- und Tiefpunkte angezeigt werden sollen. |
| ColorLine1 (optional) | Long | Die erste Linie, deren Zellbereich mit dem Parameter Points1 definiert wird. Die verwendbaren Farbnummern finden Sie in der Farbcode-Tabelle. |
| ColorLine2 (optional) | Long | Die zweite Linie, deren Zellbereich mit dem Parameter Points2 definiert wird. Die verwendbaren Farbnummern finden Sie in der Farbcode-Tabelle. |
| GapStyle (optional) | Integer | Definiert, ob eine Interpolation stattfinden soll und, wenn ja, ob die interpolierte Linie durchgezogen oder gepunktet wiedergegeben wird. 0 oder leer bedeutet keine Interpolation. 1 bedeutet Interpolation mit durchgehender Linie, 2 bedeutet Interpolation mit gepunkteter Linie. |
| TagMinColor (optional) | Long | Definition der Farbe für die Minimum-Kennzeichnung. Standardfarbe ist Rot. |
| TagMaxColor (optional) | Long | Definition der Farbe für die Maximum-Kennzeichnung. Standardfarbe ist Blau. |
| ShadedStart (optional) | Integer | Anzahl Werte vor dem ersten schattierten Segment. Kann auch negative Werte enthalten. |
| ShadedWidth (optional) | Integer | Breite des schattierten Segments. |
| TransparentWidth (optional) | Integer | Breite des Raums zwischen Segmenten. |
| MarkPosition (optional) | Integer | Position einer vertikalen Linie. Standardfarbe ist Grau. |
| MirrorDisplay (optional) | Boolean | Mit WAHR oder 1 werden die durch Points erzeugten Linien horizontal gespiegelt dargestellt. Standard ist leer, FALSCH oder 0. |
| VerticalFlip (optional) | Boolean | Mit WAHR oder 1 werden die durch Points erzeugten Linien vertikal gespiegelt dargestellt. Standard ist leer, FALSCH oder 0. |

| Argument | Inhalt | Erläuterung |
|---|---|---|
| TxtLabel (optional) | Text | Fügt am linken Rand der Linie eine Beschriftung an. |
| PlaceLabel (optional) | | Momentan noch nicht dokumentiert bzw. funktionsfähig. |
| ColorLabel (optional) | Integer | Bestimmt die Textgröße der Beschriftung. Standardwert ist 6. |

## Tipp 10: SfE-Funktion BarChart()

Mit der Funktion *BarChart()* lassen sich Balkendiagramme erzeugen. In das Balkendiagramm lassen sich Linien einbinden, mit denen Ober- bzw. Untergrenzen dargestellt werden können. Weiterhin besteht unter anderem die Möglichkeit, die Farbe für positive und negative Werte individuell anzupassen.

### Funktion und Argumente

=BarChart(Points;Mini;Maxi;Line1;Line2;ColoThreshold;ColorPositive;ColorNegative; ShadedStart;ShadedWidth;TransparentWidth;MarkPosition;MirrorDisplay;ColorRange; Targets)

| Argument | Inhalt | Erläuterung |
|---|---|---|
| Points (verbindlich) | Bereich (Zeile oder Spalte) | Zellbereich der auszuwertenden Daten. Es können entweder Spalten- oder Zeilenbezüge angegeben werden. Standardfarbe ist Grau. |
| Mini (optional) | Variant | Definiert den kleinsten zu berücksichtigenden Wert. Wird Mini nicht angegeben, wird der kleinste Wert des angegebenen Zellbereichs verwendet. Standard ist das Minimum von Points. |
| Maxi (optional) | Variant | Definiert den größten zu berücksichtigenden Wert. Wird Maxi nicht angegeben, wird der größte Wert des angegebenen Zellbereichs verwendet. Standard ist das Maximum von Points. |
| Line1 (optional) | Variant | Zeigt eine horizontale Linie beim angegebenen Wert an. Die Linienfarbe ist nicht änderbar. Standardfarbe ist Rot. |

## 16. Nützliche Links und kostenfreie Excel-Add-Ins

| Argument | Inhalt | Erläuterung |
|---|---|---|
| Line2 (optional) | Variant | Zeigt eine horizontale Linie beim angegebenen Wert an. Die Linienfarbe ist nicht änderbar. Standardfarbe ist Schwarz. |
| ColorThreshold (optional) | Variant | Definiert die Schwelle, ab der negative Werte in einer anderen Farbe angezeigt werden. Standardwert ist 0, alle Werte unter 0 werden beispielsweise in Rot angezeigt. Wird der Wert zum Beispiel auf 10 gesetzt, werden alle Werte unterhalb der Schwelle von 10 in Rot angezeigt. |
| ColorPositive (optional) | Long | Definition der Farbe für alle positiven Werte bzw. für Werte, die über der Schwelle ColorTreshold liegen. Standardfarbe ist Grau. Die verwendbaren Farbnummern finden Sie in der Farbcode-Tabelle. |
| ColorNegative (optional) | Long | Definition der Farbe für alle negativen Werte bzw. für Werte, die unter der Schwelle ColorTreshold liegen. Standardfarbe ist Rot. Die verwendbaren Farbnummern finden Sie in der Farbcode-Tabelle. |
| ShadedStart (optional) | Integer | Anzahl Werte vor dem ersten schattierten Segment. Kann auch negative Werte enthalten. |
| ShadedWidth (optional) | Integer | Breite des schattierten Segments. |
| TransparentWidth (optional) | Integer | Breite des Raums zwischen zwei Segmenten. |
| MarkPosition (optional) | Integer | Position einer vertikalen Linie. |
| MirrorDisplay (optional) | Boolean | Mit WAHR oder 1 werden die durch Points erzeugten Linien horizontal gespiegelt dargestellt. Standard ist leer, FALSCH oder 0. |
| ColorRange (optional) | Long | Zeichnet die erste Säule im Diagramm in einer abweichenden Farbe. Die verwendbaren Farbnummern finden Sie in der Farbcode-Tabelle. |
| Targets (optional) | Bereich (Zeile oder Spalte) | Deutet mit einem kleinen Punkt die Werte einer zweiten Datenreihe an und zeigt somit Abweichungen auf, wie z. B. die von Ist zu Plan. |

| | | | | | | | | | | | | |
|---|---|---|---|---|---|---|---|---|---|---|---|---|
| SUMME | | × ✓ fx | =barchart(INDIREKT(F4)) | | | | | | | | | |

| | A | B | C | DE | F | G | H | I | J | K | L | M | N | O | P | Q | R | S | U |
|---|---|---|---|---|---|---|---|---|---|---|---|---|---|---|---|---|---|---|---|
| 1 | Daten | | | | Darstellungsbeispiele mit diversen Argumenten | | | | | | | | | | | | | | |
| 2 | | | | | | | | | | | | | | | | | | | |
| 3 | Umsatz | Plan1 | Ist | | | Points1 | Mini | Maxi | Line1 | Line2 | Color Threshold | Color (Farbcode) | ColorPositiv | Shaded Start | Shaded Width | Transpar entWidth | Mark Positio | Mirror Display | Color Range | Targets |
| 4 | Jan | 1.500 | 1.478 | | Ist | | | | | | | | | | | | | | | =barchart( |
| 5 | Feb | 1.200 | 1.068 | | Ist | 1.000 | 1.200 | | | | | | | | | | | | | |
| 6 | Mrz | 1.300 | 1.351 | | Ist | | | 500 | 1.500 | | | | | | | | | | | |
| 7 | Apr | 200 | 564 | | Ist | | | | | 1.000 | | | | | | | | | | |
| 8 | Mai | 700 | 621 | | Ist | | | | | | | 2911488 | | | | | | | | |
| 9 | Jun | 1.100 | 1.102 | | Ist | | | | | | | | | 0 | 2 | 1 | | | | |
| 10 | Jul | 600 | 1.295 | | Ist | | | | | | | | | | | | 4 | | | |
| 11 | Aug | 1.900 | 1.705 | | Ist | | | | | | | | | | | | | 1 | | |
| 12 | Sep | 2.000 | 1.627 | | Ist | | | | | | | | | | | | | | 11449595 | |
| 13 | Okt | 2.000 | 1.578 | | Ist | | | | | | | | | | | | | | | Plan1 |
| 14 | Nov | 1.600 | 1.458 | | | | | | | | | | | | | | | | | |
| 15 | Dez | 1.200 | 1.000 | | | | | | | | | | | | | | | | | |

## Tipp 11: SfE-Funktion AreaChart()

Mit der Funktion *AreaChart()* lassen sich Flächendiagramme erstellen. Dieser Chart ist mit dem *LineChart()* vergleichbar, jedoch mit dem Unterschied, dass die Flächen unterhalb der Linie gefüllt sind. Es besteht die Möglichkeit, zwei Linien zur Kennzeichnung von Ober- bzw. Untergrenzen einzufügen. Positive und negative Werte können über individuelle Farbdefinitionen gesteuert werden.

**Funktion und Argumente**

=AreaChart(Points;Mini;Maxi;Line1;Line2;ColorPositive;ColorNegative;MirrorDisplay)

| Argument | Inhalt | Erläuterung |
| --- | --- | --- |
| Points (verbindlich) | Bereich (Zeile oder Spalte) | Zellbereich der auszuwertenden Daten. Es können entweder Spalten- oder Zeilenbezüge angegeben werden. Standardfarben sind Grau und Rot für Flächen mit negativen Werten. |
| Mini (optional) | Variant | Definiert den kleinsten zu berücksichtigenden Wert. Wird Mini nicht angegeben, wird der kleinste Wert des angegebenen Zellbereichs verwendet. Standard ist das Minimum von Points. |
| Maxi (optional) | Variant | Definiert den größten zu berücksichtigenden Wert. Wird Maxi nicht angegeben, wird der größte Wert des angegebenen Zellbereichs verwendet. Standard ist das Maximum von Points. |
| Line1 (optional) | Variant | Zeigt eine horizontale Linie beim angegebenen Wert an. Die Linienfarbe ist nicht änderbar. Standardfarbe ist Rot. |
| Line2 (optional) | Variant | Zeigt eine horizontale Linie beim angegebenen Wert an. Die Linienfarbe ist nicht änderbar. Standardfarbe ist Schwarz. |
| ColorPositive (optional) | Long | Definition der Farbe für alle positiven Werte. Die verwendbaren Farbnummern finden Sie in der Farbcode-Tabelle. Standardfarbe ist Grau. |
| ColorNegative (optional) | Long | Definition der Farbe für alle negativen Werte. Die verwendbaren Farbnummern finden Sie in der Farbcode-Tabelle. Standardfarbe ist Rot. |
| MirrorDisplay (optional) | Boolean | Mit WAHR oder 1 werden die durch Points erzeugten Linien horizontal gespiegelt dargestellt. Standard ist leer, FALSCH oder 0. |

## Tipp 12: SfE-Funktion HorizonChart()

Mit der Funktion *HorizonChart()* lassen sich Diagramme auf der Basis von *Area-Charts()* erzeugen, allerdings werden negative Werte oberhalb der Nulllinie dargestellt (gespiegelt). *BandHeight* bestimmt den Maximalwert der Datenanzeige. Übersteigen die Werte den Parameter *BandHeight*, werden die übersteigenden Spitzen auf die Grundlinie gespiegelt und in einer dunkleren Farbschattierung dargestellt. Die Farbgestaltung der positiven und negativen Werte kann individuell vorgenommen werden.

### Funktion und Argumente

=HorizonChart(Points;BandHeight;ColorPositive;ColorNegative;MirrorDisplay)

| Argument | Inhalt | Erläuterung |
|---|---|---|
| Points (verbindlich) | Bereich (Zeile oder Spalte) | Zellbereich der auszuwertenden Daten. Es können entweder Spalten- oder Zeilenbezüge angegeben werden. Standardfarben sind Grau und Rot für Flächen mit negativen Werten. |
| BandHeight (verbindlich) | Variant | Gibt an, bei welchem Wert die Segmentspitzen gekürzt werden sollen. Die besten Ergebnisse werden mit 1/3 oder 1/4 des maximalen Werts erzielt. |
| ColorPositive (optional) | Long | Definition der Farbe für alle positiven Werte bzw. für Werte, die über der Schwelle ColorTreshold liegen. Standardfarbe ist Grau. Die verwendbaren Farbnummern finden Sie in der Farbcode-Tabelle. |
| ColorNegative (optional) | Long | Definition der Farbe für alle negativen Werte. Die verwendbaren Farbnummern finden Sie in der Farbcode-Tabelle. Standardfarbe ist Rot. |
| MirrorDisplay (optional) | Boolean | Mit WAHR oder 1 werden die durch Points erzeugten Linien horizontal gespiegelt dargestellt. Standard ist leer, FALSCH oder 0. |

| | A | B | CD | E | F | G | H | I | J | K |
|---|---|---|---|---|---|---|---|---|---|---|
| 1 | Daten | | | Darstellungsbeispiele mit diversen Argumenten | | | | | | |
| 2 | | | | | | | | | | |
| 3 | Ergebnis | Bud | | Points1 | Band Height | ColorPositiv (Farbcode) | ColorNegativ (Farbcode) | Mirror Display | | |
| 4 | Jan | 1.478 | | Bud | 2.000 | | | | | =horizonchart |
| 5 | Feb | 1.068 | | Bud | 1.000 | | | | | |
| 6 | Mrz | 1.351 | | Bud | 500 | 2911488 | | | | |
| 7 | Apr | -564 | | Bud | 2.500 | | 12550647 | | | |
| 8 | Mai | 621 | | Bud | 2.000 | | | 1 | | |
| 9 | Jun | 1.102 | | | | | | | | |
| 10 | Jul | -1.295 | | | | | | | | |
| 11 | Aug | 1.705 | | | | | | | | |
| 12 | Sep | -500 | | | | | | | | |
| 13 | Okt | 0 | | | | | | | | |
| 14 | Nov | 1.458 | | | | | | | | |
| 15 | Dez | 1.000 | | | | | | | | |

## Tipp 13: SfE-Funktionen HBar() und VBar()

Mit der Funktion *HBar()* können horizontale und mit der Funktion *VBar()* vertikale Balkendiagramme erzeugt werden. Ein Balken kann jeweils einen Wert darstellen. Positive Werte werden dabei linksbündig bzw. auf der unteren Zelllinie dargestellt, negative Zahlen werden dagegen rechtsbündig bzw. beginnend an der oberen Zelllinie angezeigt. Jedem Balken kann ein individueller Farbwert optional mitgegeben werden.

### Funktion und Argumente

=HBar(Value;ColorScheme) bzw. =VBar(Value;ColorScheme)

| Argument | Inhalt | Erläuterung |
|---|---|---|
| Value (verbindlich) | Zellbezug oder Prozentwert | Angabe des Werts, für den der horizontale oder vertikale Balken erzeugt werden soll. Der Wert muss zwischen −100 % und +100 % liegen. Die Angabe der Werte muss in Prozent erfolgen. |
| ColorScheme (optional) | Long | Bestimmt, welche Farbe der horizontale oder vertikale Balken besitzt. Die verwendbaren Farbnummern finden Sie in der Farbcode-Tabelle. Standardfarbe ist Grau. |

## Tipp 14: SfE-Funktion PieChart()

Mit der Funktion *PieChart()* können Tortendiagramme erzeugt werden, wobei die Angabe der Tortenstückgröße in Prozent erfolgen muss. Sowohl die Hintergrund- als auch die Vordergrundfarbe des Tortenstücks können beliebig vergeben werden.

### Funktion und Argumente

=PieChart(Percentage;ColorBackground;ColorSlice;DiameterRatio;Transparency)

## 16. Nützliche Links und kostenfreie Excel-Add-Ins

| Argument | Inhalt | Erläuterung |
|---|---|---|
| Percentage (verbindlich) | Variant | Gibt den Anteil für das Tortenstück an, das dunkelgrau dargestellt werden soll. Der Rest von 70 % bildet den Hintergrund. Die Angabe dieses Werts muss zwingend in Prozentangaben zwischen 0 % und 100 % erfolgen. |
| ColorBackground (optional) | Long | Definiert die Farbe für den Hintergrund. Bei einem Wert von 30 für Percentage werden 70 % des Kreises in der Hintergrundfarbe angezeigt. Die Standardhintergrundfarbe ist Hellgrau. Die verwendbaren Farbnummern finden Sie in der Farbcode-Tabelle. |
| ColorSlice (optional) | Long | Definiert die Farbe für das Kreissegment, dessen Wert im Parameter Percentage angegeben wurde. Bei einem Wert von 30 für Percentage werden 30 % des Kreises in der Farbe ColorSlice angezeigt. Die Standardfarbe ist Dunkelgrau. Die verwendbaren Farbnummern finden Sie in der Farbcode-Tabelle. |
| DiameterRatio (optional) | Integer | Vergrößert das Diagramm um den eingegebenen Faktor. |
| Transparency (optional) | | Momentan noch nicht dokumentiert bzw. funktionsfähig. |

## Tipp 15: SfE-Funktion VariChart()

Mit der Funktion *VariChart()* wird ein Balkendiagramm für einen Wert erzeugt. Neben dem Balken können Markierungsstriche, die Wertangabe sowie ein Lineal angezeigt werden. Darüber hinaus können positive und negative Werte über individuelle Farbdefinitionen gesteuert werden. Der *VariChart* lässt sich sowohl horizontal als auch vertikal darstellen.

### Funktion und Argumente

=VariChart(Variance;Reference;Min;Max;Mark;TickUnit;Label;ColorPositive; ColorNegative;Vertical)

| Argument | Inhalt | Erläuterung |
|---|---|---|
| Variance (verbindlich) | Zellbezug oder Prozentwert | Angabe des Werts in Prozent. Der Prozentwert muss zwischen +100 % und −100 % liegen. Die Angabe des Werts muss in Prozent erfolgen. |
| Reference (optional) | Variant | Zeigt einen Basisstrich in Schwarz an. Bei Eintrag 0 wird der Strich bei 0 angezeigt. Standard ist kein Eintrag. |
| Min (optional) | Variant | Definiert, an welcher Position in der Zelle der Balken angezeigt wird. Wenn nichts angegeben wird, erfolgt die Anzeige in der Zellmitte. Bei Vorgabe des Werts 0 für Min bei positiven Werten beginnt die Anzeige äußerst links in der Zelle. |
| Max (optional) | Variant | Definiert, an welcher Position in der Zelle der Balken angezeigt wird. Wenn nichts angegeben wird, erfolgt die Anzeige in der Zellmitte. Bei Vorgabe des Werts 0 für Max bei negativen Werten beginnt die Anzeige äußerst rechts in der Zelle. |
| Mark (optional) | Variant | Setzt einen Hilfsstrich, um auf einen bestimmten Wert hinzuweisen. Dieser Parameter muss mit einem Wert zwischen 0,01 und 1 angegeben werden. Alternativ kann die Angabe auch in Prozent erfolgen, also zwischen 1 % und 100 %. |
| TickUnit (optional) | Variant | Erzeugt eine Skala am unteren Zellenende. Diese Skala kann beliebig über die Angabe dieses Parameters verändert werden. Die Angabe kann zwischen 0,01 und 1 erfolgen. Alternativ kann der Parameter auch in Prozent mit einem Wert zwischen 1 % und 100 % angegeben werden. Ein Wert von 10 % oder 0,1 bedeutend, dass alle 10 % ein Skalastrich angezeigt wird. |
| Label (optional) | Boolean | Definiert, ob der Prozentwert angezeigt werden soll oder nicht. Standardmäßig wird er nicht angezeigt. Wenn der Parameter 1 oder WAHR ist, erfolgt die Anzeige. |
| ColorPositive (optional) | Long | Definition der Farbe für alle positiven Werte. Die Standardfarbe ist Grün. Die verwendbaren Farbnummern finden Sie in der Farbcode-Tabelle. |
| ColorNegative (optional) | Long | Definition der Farbe für alle negativen Werte. Die Standardfarbe ist Rot. Die verwendbaren Farbnummern finden Sie in der Farbcode-Tabelle. |
| Vertical (optional) | Boolean | Ist standardmäßig FALSCH oder 0. Damit wird der Balken horizontal angezeigt. Wird der Parameter auf WAHR oder 1 gesetzt, erfolgt die Anzeige vertikal. |

## 16. Nützliche Links und kostenfreie Excel-Add-Ins

| | A | B | C | D | E | FG | H | I | J | K | L | M | N | O | P | Q | S |
|---|---|---|---|---|---|---|---|---|---|---|---|---|---|---|---|---|---|
| 1 | Daten | | | | | | Darstellungsbeispiele mit diversen Argumenten | | | | | | | | | | |
| 2 | | | Menge | | | | Variance | Reference | Min | Max | Mark | TickUnit | Label | Color Positive (Farbcode) | Color Negative (Farbcode) | Vertical | |
| 3 | Artikel | Plan | Ist | Ist-Plan | | | | | | | | | | | | | |
| 4 | A4711 | 1.644 | 2.100 | 456 | 13% | | 13% | | | | | | | | | | =variChart(H |
| 5 | A4712 | 1.895 | 1.900 | 5 | 0% | | 0% | 1 | | | | | | | | | |
| 6 | A4713 | 818 | 1.300 | 482 | 14% | | 14% | | 10% | 50% | | | | | | | |
| 7 | A4714 | 670 | 1.000 | 330 | 9% | | 9% | | | | 50% | | | | | | |
| 8 | A4715 | 1.977 | 2.900 | 923 | 26% | | 26% | | 10% | 50% | 50% | 10% | 1 | | | | 26% |
| 9 | A4716 | 913 | 1.500 | 587 | 17% | | 17% | | | | | | | 11827291 | 12550647 | | 17% |
| 10 | A4717 | 1.644 | 2.100 | 456 | 13% | | 13% | | | | | | | | | 1 | |
| 11 | A4718 | 1.342 | 1.400 | 58 | 2% | | | | | | | | | | | | |
| 12 | A4719 | 1.178 | 1.200 | 22 | 1% | | | | | | | | | | | | |
| 13 | A4720 | 1.568 | 1.600 | 32 | 1% | | | | | | | | | | | | |
| 14 | A4721 | 648 | 700 | 52 | 1% | | | | | | | | | | | | |
| 15 | A4722 | 1.210 | 1.300 | 90 | 3% | | | | | | | | | | | | |
| 16 | | | | | | | | | | | | | | | | | |
| 17 | Alle | 15.507 | 19.000 | 3.493 | 100% | | | | | | | | | | | | |

## Tipp 16: SfE-Funktion BulletChart()

Mit der Funktion *BulletChart()* lassen sich innerhalb eines einzigen Diagramms vielerlei Informationen darstellen, so z. B. der Ist-Wert, der Ziel-Wert, der Max-Wert, der Min-Wert, die Angabe eines guten und schlechten Bereichs, aber auch Darstellungen von Plan-Werten. Darüber hinaus kann noch ein Lineal eingeblendet werden. Das Farbschema für das Diagramm kann individuell vorgegeben werden. Ein *BulletChart* lässt sich sowohl horizontal als auch vertikal darstellen.

### Funktion und Argumente

=BulletChart(Measure;Target;Mini;Maxi;Mark;Good;Bad;Forecast;Tickunit;ColorScheme; Vertical;ColorRange;TargetColor)

| Argument | Inhalt | Erläuterung |
|---|---|---|
| Measure (verbindlich) | Double | Beinhaltet den Wert oder den Zellbezug auf einen Wert. Es wird ein Balken gezeichnet. Standardfarbe ist Schwarz. |
| Target (verbindlich) | Variant | Bestimmt den Zielwert für die rote Linie. |
| Maxi (verbindlich) | Integer | Bestimmt die Länge des Diagramms. |
| Good (verbindlich) | Variant | Hierüber wird der Bereich festgelegt, der bestimmt, bis zu welchem Wert der gute Bereich reicht. |
| Bad (verbindlich) | Variant | Hierüber wird der Bereich festgelegt, der bestimmt, bis zu welchem Wert der schlechte Bereich reicht. Standardfarbe ist Dunkelgrau. |
| Forecast (optional) | Variant | Gibt den zu erreichenden Ziel- bzw. Plan-Wert vor. Wenn dieser größer als Measure ist, wird die Differenz zu Measure mit einer grauen Umrandung angezeigt. Dieser Bereich wird nicht schwarz ausgefüllt. Standardfarbe für die Umrandung ist Grau. |

## 16. Nützliche Links und kostenfreie Excel-Add-Ins

| Argument | Inhalt | Erläuterung |
|---|---|---|
| TickUnit (optional) | Variant | Erzeugt eine Skala am unteren Zellenende. Diese Skala kann beliebig über die Angabe dieses Parameters verändert werden. Die Angabe erfolgt relativ in Bezug auf den Parameter Maxi. Liegt Maxi beispielsweise bei 100, erzeugt ein Wert von 10 beim Parameter TickUnit 10 Skalastriche. Standard ist keine Anzeige. |
| ColorScheme (optional) | Long | Definition des Farbschemas. Die Standardfarbe ist Grau in verschiedenen Stufen. Die verwendbaren Farbnummern finden Sie in der Farbcode-Tabelle. Bei Auswahl von beispielsweise Rot werden die einzelnen Diagrammbereiche in unterschiedlichen Rotstufen angezeigt. |
| Vertical (optional) | Boolean | Ist standardmäßig FALSCH oder 0, damit wird der Balken horizontal angezeigt. Wird der Parameter auf WAHR oder 1 gesetzt, erfolgt die Anzeige vertikal. Standardfarbe ist Grau. |
| ColorRange (optional) | | Momentan noch nicht dokumentiert bzw. funktionsfähig. |
| TargetColor (optional) | Long | Definiert die Farbe für den vertikalen Markierungsstrich. Die verwendbaren Farbnummern finden Sie in der Farbcode-Tabelle. |

## Tipp 17: SfE-Funktion revBulletChart()

Mit der Funktion *BulletChart()* lassen sich innerhalb eines einzigen Diagramms vielerlei Informationen darstellen, so z. B. der Ist-Wert, der Ziel-Wert, der Max-Wert, der Min-Wert, die Angabe eines guten und schlechten Bereichs, aber auch Darstellungen von Plan-Werten. Darüber hinaus kann noch ein Lineal eingeblendet werden. Das Farbschema für das Diagramm kann individuell vorgegeben werden. Ein *BulletChart* lässt sich sowohl horizontal als auch vertikal darstellen. Im Gegensatz zum *BulletChart* hat der *revBulletChart* seine Grundlinie an der rechten bzw. oberen Zellkante.

917

## Funktion und Argumente

=revBulletChart(Measure;Target;Mini;Maxi;Mark;Good;Bad;Forecast;Tickunit; ColorScheme;Vertical;ColorRange;TargetColor)

| Argument | Inhalt | Erläuterung |
| --- | --- | --- |
| Measure (verbindlich) | Double | Beinhaltet den Wert oder den Zellbezug auf einen Wert. Es wird ein Balken gezeichnet. Standardfarbe ist Schwarz. |
| Target (verbindlich) | Variant | Bestimmt den Zielwert für die rote Linie. |
| Maxi (verbindlich) | Integer | Bestimmt die Länge des Diagramms. |
| Good (verbindlich) | Variant | Hierüber wird der Bereich festgelegt, der bestimmt, bis zu welchem Wert der gute Bereich reicht. |
| Bad (verbindlich) | Variant | Hierüber wird der Bereich festgelegt, der bestimmt, bis zu welchem Wert der schlechte Bereich reicht. Standardfarbe ist Dunkelgrau. |
| Forecast (optional) | Variant | Gibt den zu erreichenden Ziel- bzw. Plan-Wert vor. Wenn dieser größer als Measure ist, wird die Differenz zu Measure mit einer grauen Umrandung angezeigt. Dieser Bereich wird nicht schwarz ausgefüllt. Standardfarbe für die Umrandung ist Grau. |
| TickUnit (optional) | Variant | Erzeugt eine Skala am unteren Zellenende. Diese Skala kann beliebig über die Angabe dieses Parameters verändert werden. Die Angabe erfolgt relativ in Bezug auf den Parameter Maxi. Liegt Maxi beispielsweise bei 100, erzeugt ein Wert von 10 beim Parameter TickUnit 10 Skalastriche. Standard ist keine Anzeige. |
| ColorScheme (optional) | Long | Definition des Farbschemas. Die Standardfarbe ist Grau in verschiedenen Stufen. Die verwendbaren Farbnummern finden Sie in der Farbcode-Tabelle. Bei Auswahl von beispielsweise Rot werden die einzelnen Diagrammbereiche in unterschiedlichen Rotstufen angezeigt. |
| Vertical (optional) | Boolean | Ist standardmäßig FALSCH oder 0, damit wird der Balken horizontal angezeigt. Wird der Parameter auf WAHR oder 1 gesetzt, erfolgt die Anzeige vertikal. Standardfarbe ist Grau. |
| ColorRange (optional) | | Momentan noch nicht dokumentiert bzw. funktionsfähig. |
| TargetColor (optional) | Long | Definiert die Farbe für den vertikalen Markierungsstrich. Die verwendbaren Farbnummern finden Sie in der Farbcode-Tabelle. |

| | A | B | C | D | E F G | H | I | J | K | L | M | N | O | P | Q | R | S | T |
|---|---|---|---|---|---|---|---|---|---|---|---|---|---|---|---|---|---|---|
| 1 | Daten | | | | | Darstellungsbeispiele mit diversen Argumenten | | | | | | | | | | | | |
| 2 | | | Menge | | | | | | | | | | | | | | | |
| 3 | Artikel | Plan | Ist | Ist-Plan | | Measure | Target | Maxi | Good | Bad | Forecast | Tickunit | ColorScheme (Farbcode) | | Vertical | Color Range | TargetColor (Farbcode) | |
| 4 | A4711 | 1.644 | 2.100 | 456 18% | | 2.100 | 1.644 | 2310 | | | | | | | | | | =revBulletCha |
| 5 | A4712 | 1.895 | 1.900 | 5 0% | | 1.900 | 1.895 | 2090 | 1800 | 1500 | | | | | | | | |
| 6 | A4713 | 818 | 1.300 | 482 19% | | 1.300 | 818 | 1430 | | | | 1600 | | | | | | |
| 7 | A4714 | 670 | 1.000 | 330 13% | | 1.000 | 670 | 1100 | | | | | 100 | | | | | |
| 8 | A4715 | 1.977 | 2.900 | 923 36% | | 2.900 | 1.977 | 3190 | 1800 | 1500 | | | | 2911488 | | | | |
| 9 | A4716 | 913 | 1.000 | 87 3% | | 1.000 | 913 | 1100 | 1800 | 1500 | | | | | | 1 | | |
| 10 | A4717 | 585 | 600 | 15 1% | | 600 | 585 | 660 | 1200 | 1300 | | | | | | | 2911488 | |
| 11 | A4718 | 1.342 | 1.400 | 58 2% | | | | | | | | | | | | | | |
| 12 | A4719 | 1.178 | 1.200 | 22 1% | | | | | | | | | | | | | | |
| 13 | A4720 | 1.568 | 1.600 | 32 1% | | | | | | | | | | | | | | |
| 14 | A4721 | 648 | 700 | 52 2% | | | | | | | | | | | | | | |
| 15 | A4722 | 1.210 | 1.300 | 90 4% | | | | | | | | | | | | | | |

## Tipp 18: SfE-Funktion StackedChart()

Mit der Funktion *StackedChart()* lassen sich verschiedene Werte innerhalb eines Balkens darstellen. Die einzelnen Werte werden als Teilabschnitte des Balkens angezeigt, wobei sich die einzelnen Werte einblenden lassen. Darüber hinaus besteht die Möglichkeit, einen Wert farblich hervorzuheben. Das Farbschema des Balkens kann individuell definiert werden. Das *StackedChart* lässt sich sowohl horizontal als auch vertikal darstellen.

### Funktion und Argumente

=StackedChart(Points;ColorRange;LabelRange;Maximum;TargetRed;TargetGreen; TargetBlue;TargetYellow;Color;HighlightPosition;Vertical;TextOrientation;TextSize; TargetWeight)

| Argument | Inhalt | Erläuterung |
|---|---|---|
| Points (verbindlich) | Bereich (Zeile oder Spalte) | Zellbereich der auszuwertenden Daten. Angabe des Werts in absoluten Zahlen oder in Prozent. Positive und negative Werte dürfen nicht gemischt werden. Das Diagramm kann entweder positive oder negative Werte korrekt darstellen. |
| ColorRange (optional) | Bereich (Zeile oder Spalte) | Zellbereich, der die RGB-Farbwerte gemäß Farbcode-Tabelle enthält. Hat die gleiche Anzahl an Werten wie Points. |
| LabelRange (optional) | Bereich (Zeile oder Spalte) | Zellbereich, der die Beschriftung enthält. Hat die gleiche Anzahl an Werten wie Points. |
| Maximum (optional) | Variant | Standard ist Summe (Points). Maximum erweitert Summe (Points). |
| TargetRed (optional) | Variant | Zeigt beim angegebenen Wert eine rote vertikale Ziellinie an. Standard ist keine Anzeige. |
| TargetGreen (optional) | Variant | Zeigt beim angegebenen Wert eine grüne vertikale Ziellinie an. Standard ist keine Anzeige. |
| TargetBlue (optional) | Variant | Zeigt beim angegebenen Wert eine blaue vertikale Ziellinie an. Standard ist keine Anzeige. |
| TargetYellow (optional) | Variant | Zeigt beim angegebenen Wert eine gelbe vertikale Ziellinie an. Standard ist keine Anzeige. |

## 16. Nützliche Links und kostenfreie Excel-Add-Ins

| Argument | Inhalt | Erläuterung |
|---|---|---|
| Color (optional) | Long | Farbe des ersten, linken Segments. Standardfarbe ist Grau. ColorRange überschreibt diesen Wert. |
| HighlightPosition (optional) | Integer | Gibt an, welches Segment in roter Farbe dargestellt werden soll. Bei Angabe von 2 wird beispielsweise das zweite Segment in Rot dargestellt. Standardfarbe ist Rot. |
| Vertical (optional) | Boolean | Ist standardmäßig FALSCH oder 0. Damit wird das Diagramm horizontal angezeigt. Wird der Parameter auf WAHR oder 1 gesetzt, erfolgt die Anzeige vertikal. |
| TextOrientation (optional) | Integer | Ist standardmäßig 0 für die horizontale Darstellung der Beschriftung. 1 führt zu einer vertikalen Darstellung der Beschriftung. |
| TextSize (optional) | Integer | Bestimmt die Textgröße der Beschriftung. Standardwert ist 5. |
| TargetWeight (optional) | Variant | Verändert die Breite der roten vertikalen Ziellinie TargetRed. |

## Tipp 19: SfE-Funktion BoxPlot()

Mit der Funktion *BoxPlot()* lassen sich innerhalb eines einzigen Diagramms viele Informationen darstellen. Dazu zählen die Werte eines Bereichs, der Durchschnittswert sowie Planstart und Planende. Das Farbschema für das Diagramm kann individuell vorgegeben werden. Das *BoxPlot*-Chart lässt sich sowohl horizontal als auch vertikal darstellen.

### Funktion und Argumente

=BoxPlot(Points;BoxplotClass;ShowAverage;ScaleStart;ScaleEnd;AcceptableStart; AcceptableEnd;ColorScheme;Style;Vertical;HighlightValue;LineWeight)

| Argument | Inhalt | Erläuterung |
|---|---|---|
| Points (verbindlich) | Bereich (Zeile oder Spalte) | Zellbereich der auszuwertenden Daten. Angabe des Werts in absoluten Zahlen oder in Prozent. Das Diagramm kann entweder positive oder negative Werte korrekt darstellen. |

## 16. Nützliche Links und kostenfreie Excel-Add-Ins

| Argument | Inhalt | Erläuterung |
|---|---|---|
| BoxplotClass (optional) | Text | Steuert die Anzeige verschiedener Varianten. Folgende Varianten stehen zur Verfügung: 5NS (Five Number Summary), 7NS (Seven Number Summary), Tukey, Bowley, Sigma3. Ohne Angabe wird die Standardvariante 5NS verwendet. |
| ShowAverage (optional) | Boolean | Mit WAHR oder 1 wird der Durchschnittswert von Points mit einem vertikalen Strich gekennzeichnet. Standardmäßig wird der Durchschnitt nicht angezeigt. |
| ScaleStart (optional) | Variant | Bestimmt, bei welchem Wert das Diagramm beginnt. Wird dieser Wert nicht angegeben, wird standardmäßig das Minimum von Points verwendet. |
| ScaleEnd (optional) | Variant | Bestimmt, bei welchem Wert das Diagramm endet. Wird dieser Wert nicht angegeben, wird standardmäßig das Maximum von Points verwendet. |
| AcceptableStart (optional) | Variant | Zeigt unterhalb oder bei vertikaler Anzeige rechts einen Strich an, der den akzeptablen Wert anzeigt. Zur Anzeige müssen sowohl der Parameter AcceptableStart als auch AcceptableEnd angegeben werden. |
| AcceptableEnd (optional) | Variant | Zeigt unterhalb oder bei vertikaler Anzeige rechts einen Strich an, der den akzeptablen Wert anzeigt. Zur Anzeige müssen sowohl der Parameter AcceptableStart als auch AcceptableEnd angegeben werden. |
| ColorScheme (optional) | Long | Bestimmt, welche Farbe das Diagramm besitzt. Die verwendbaren Farbnummern finden Sie in der Farbcode-Tabelle. Standardfarbe ist Grau. |
| Style (optional) | Integer | Bestimmt das Aussehen des Diagramms. Der Standardwert (keine Anzeige oder 0) zeigt das Diagramm mit Strichen links und rechts des Balkens an. Der Parameter 1 blendet diese Striche aus, es wird nur noch der Balken angezeigt. |
| Vertical (optional) | Boolean | Ist standardmäßig FALSCH oder 0. Damit wird das Diagramm horizontal angezeigt. Wird der Parameter auf WAHR oder 1 gesetzt, erfolgt die Anzeige vertikal. |
| HighlightValue (optional) | Variant | Markiert die Position des Werts mit einem kleinen Punkt. Standardfarbe ist Blau. |
| LineWeight (optional) | Variant | Verändert die Linienstärke der vertikalen schwarzen Markierungslinie und die Rahmenstärke des übrigen Diagramms. |

| | A | B | C | DE | F | G | H | I | J | K | L | M | N | O | P | Q | S |
|---|---|---|---|---|---|---|---|---|---|---|---|---|---|---|---|---|---|
| 1 | Daten | | | | Darstellungsbeispiele mit diversen Argumenten | | | | | | | | | | | | |
| 2 | | | | | | | | | | | | | | | | | |
| 3 | Artikel | Länge | Farbe | | Points | Boxplot Class | Show Average | Scale Start | Scale End | Acceptable Start | Acceptable End | Color Scheme (Farbcode) | | Style | Vertical | Highlight Value | Line Weight |
| 4 | A | 19 | 16183025 | | Länge | | | | | | | | | | | | =Boxplot(INDI |
| 5 | B | 22 | 15126992 | | Länge | Tukey | | | | | | | | | | | |
| 6 | C | 33 | 14400934 | | Länge | | 1 | | | | | | | | | | |
| 7 | D | 31 | 13609332 | | Länge | | | 5 | 50 | | | | | | | | |
| 8 | E | 15 | 12619830 | | Länge | | | | | 25 | 50 | | | | | | |
| 9 | F | 14 | 11563013 | | Länge | | | | | | | 2911488 | | | | | |
| 10 | G | 33 | 8080899 | | Länge | | | | | | | | | 1 | | | |
| 11 | | | | | Länge | | | | | | | | | | 1 | | |
| 12 | | | | | Länge | | | | | | | | | | | 19 | |
| 13 | | | | | Länge | | | | | | | | | | | | 3 |

## Tipp 20: SfE-Funktion SpreadChart()

Mit der Funktion *SpreadChart()* können die Werte eines Bereichs auf ganz unterschiedliche Art und Weise dargestellt werden. Dabei wird die Größe einer Zahl durch eine entsprechende Strichgröße ausgedrückt. Es stehen fünf verschiedene Darstellungsvarianten zur Verfügung. Auch Durchschnittswerte können angezeigt werden, und es ist eine individuelle Farbgestaltung möglich. Das *SpreadChart* lässt sich sowohl horizontal als auch vertikal anzeigen.

### Funktion und Argumente

=SpreadChart(Points;ShowAverage;ScaleStart;ScaleEnd;Style;ColorScheme;Vertical; LineWeight)

| Argument | Inhalt | Erläuterung |
|---|---|---|
| Points (verbindlich) | Bereich (Zeile oder Spalte) | Zellbereich der auszuwertenden Daten. Das Diagramm kann entweder positive oder negative Werte korrekt darstellen. |
| ShowAverage (optional) | Boolean | Mit WAHR oder 1 wird der Durchschnittswert von Points mit einem vertikalen Strich gekennzeichnet. Standardmäßig wird der Durchschnitt nicht angezeigt. |
| ScaleStart (optional) | Variant | Bestimmt, bei welchem Wert das Diagramm beginnt. Wird dieser Wert nicht angegeben, wird standardmäßig das Minimum von Points verwendet. |
| ScaleEnd (optional) | Variant | Bestimmt, bei welchem Wert das Diagramm endet. Wird dieser Wert nicht angegeben, wird standardmäßig das Maximum von Points verwendet. |
| Style (optional) | Integer | Bestimmt das Aussehen des Diagramms. Der Standardwert 4 zeigt Striche auf der Basislinie. Mit 1 werden die Striche horizontal zentriert, 2 zeigt zentrierte Punkte, und 5 zeigt Punkte auf der Basislinie (wie 4). |
| ColorScheme (optional) | Long | Bestimmt, welche Farbe das Diagramm besitzt. Die verwendbaren Farbnummern finden Sie in der Farbcode-Tabelle. Standardfarbe ist Grau. |

| Argument | Inhalt | Erläuterung |
|---|---|---|
| Vertical (optional) | Boolean | Ist standardmäßig FALSCH oder 0. Damit wird das Diagramm horizontal angezeigt. Wird der Parameter auf WAHR oder 1 gesetzt, erfolgt die Anzeige vertikal. |
| LineWeight (optional) | Double | Momentan noch nicht dokumentiert. |

## Tipp 21: SfE-Funktion StripeChart()

Mit der Funktion *StripeChart()* werden die Werte eines Bereichs als Linien dargestellt, wobei sich größere Zahlen in einer größeren Strichdichte ausdrücken. Prinzipiell ist diese Funktion mit der Funktion *SpreadChart()* vergleichbar. Optional kann der Durchschnitt eingeblendet werden. Das Farbschema kann ebenfalls individuell vorgegeben werden.

### Funktion und Argumente

=StripeChart(Points;ShowAverage;ScaleStart;ScaleEnd;ColorScheme;Vertical;LineWeight; HighlightValue;ShowMedian)

| Argument | Inhalt | Erläuterung |
|---|---|---|
| Points (verbindlich) | Bereich (Zeile oder Spalte) | Zellbereich der auszuwertenden Daten. Das Diagramm kann entweder positive oder negative Werte korrekt darstellen. |
| ShowAverage (optional) | Boolean | Mit WAHR oder 1 wird der Durchschnittswert von Points mit einem vertikalen Strich gekennzeichnet. Standardmäßig wird der Durchschnitt nicht angezeigt. |
| ScaleStart (optional) | Variant | Bestimmt, bei welchem Wert das Diagramm beginnt. Wird dieser Wert nicht angegeben, wird standardmäßig das Minimum von Points verwendet. |
| ScaleEnd (optional) | Variant | Bestimmt, bei welchem Wert das Diagramm endet. Wird dieser Wert nicht angegeben, wird standardmäßig das Maximum von Points verwendet. |
| ColorScheme (optional) | Long | Bestimmt, welche Farbe das Diagramm besitzt. Die verwendbaren Farbnummern finden Sie in der Farbcode-Tabelle. Standardfarbe ist Grau. |
| Vertical (optional) | Boolean | Ist standardmäßig FALSCH oder 0. Damit wird das Diagramm horizontal angezeigt. Wird der Parameter auf WAHR oder 1 gesetzt, erfolgt die Anzeige vertikal. |
| LineWeight (optional) | Variant | Markierung innerhalb der Strichdichte gemäß hinterlegtem Wert. |
| HighlightValue (optional) | Variant | Markierung innerhalb der Strichdichte gemäß hinterlegtem Wert. |
| ShowMedian (optional) | Boolean | Mit WAHR oder 1 wird der Median von Points mit einem vertikalen Strich gekennzeichnet. Standardmäßig wird der Median nicht angezeigt. |

# 16. Nützliche Links und kostenfreie Excel-Add-Ins

| | A | B | C | DE | F | G | H | I | J | K | L | M | N | P |
|---|---|---|---|---|---|---|---|---|---|---|---|---|---|---|
| | | | | fx | =StripeChart(INDIREKT(F4)) | | | | | | | | |
| 1 | Daten | | | | Darstellungsbeispiele mit diversen Argumenten | | | | | | | | | |
| 2 | | | | | | | | | | | | | | |
| 3 | Artikel | Datum | Verkauf | | | Points | Show Average | Scale Start | Scale End | Color Scheme (Farbcode) | | Vertical | Line Weight | Highlight | Show Median | |
| 4 | 4716 | 05.01.12 | 11.220 | | Verkauf | | | | | | | | | =StripeChart( |
| 5 | 4717 | 24.05.12 | 78.055 | | Verkauf | 1 | | | | | | | | |
| 6 | 4711 | 18.03.12 | 98.997 | | Verkauf | | 50.000 | 70.000 | | | | | | |
| 7 | 4714 | 23.04.12 | 49.024 | | Verkauf | | | | 8323824 | | | | | |
| 8 | 4714 | 06.11.12 | 72.190 | | Verkauf | | | | | 1 | | | | |
| 9 | 4714 | 07.10.12 | 41.275 | | Verkauf | | | | | | 20.000 | | | |
| 10 | 4719 | 27.09.12 | 80.097 | | Verkauf | | | | | | | 55.000 | | |
| 11 | 4714 | 16.08.12 | 80.438 | | Verkauf | | | | | | | | 1 | |
| 12 | 4712 | 14.11.12 | 16.371 | | | | | | | | | | | |
| 13 | 4716 | 17.10.12 | 36.279 | | | | | | | | | | | |
| 14 | 4717 | 03.05.12 | 39.743 | | | | | | | | | | | |

## Tipp 22: SfE-Funktion CascadeChart()

Mit der Funktion *CascadeChart()* lassen sich mehrere einzelne Balkendiagramme zueinander in Beziehung setzen, und ein zusammenhängendes vertikales oder horizontales Balkendiagramm kann aufgebaut werden. Darüber hinaus können positive und negative Werte über individuelle Farbdefinitionen gesteuert werden.

### Funktion und Argumente

=CascadeChart(PointsRange;LabelRange;Minimum;Maximum;ColorPositive; ColorNegative)

| Argument | Inhalt | Erläuterung |
|---|---|---|
| PointsRange (verbindlich) | Bereich (Zeile oder Spalte) | Zellbereich der auszuwertenden Daten. Das Diagramm kann entweder positive oder negative Werte korrekt darstellen. Die Funktion erkennt anhand der zeilen- oder spaltenbezogenen Anordnung der Datenreihe, ob das Diagramm vertikal oder horizontal gezeichnet werden muss. |
| LabelRange (optional) | Bereich (Zeile oder Spalte) | Zellbereich, der die Beschriftung der Datenreihe enthält. Muss die gleiche Zellenanzahl wie PointsRange aufweisen. |

| Argument | Inhalt | Erläuterung |
|---|---|---|
| Minimum (optional) | Variant | Bestimmt das Minimum innerhalb des Bereichs, in dem die Säulen angezeigt werden. |
| Maximum (optional) | Variant | Bestimmt das Maximum innerhalb des Bereichs, in dem die Säulen angezeigt werden. |
| ColorPositive (optional) | Long | Definition der Farbe für alle positiven Werte. Die Standardfarbe ist Grün. Die verwendbaren Farbnummern finden Sie in der Farbcode-Tabelle. Gegebenenfalls werden automatisch Farbabstufungen vorgenommen. |
| ColorNegative (optional) | Long | Definition der Farbe für alle negativen Werte. Die Standardfarbe ist Rot. Die verwendbaren Farbnummern finden Sie in der Farbcode-Tabelle. Gegebenenfalls werden automatisch Farbabstufungen vorgenommen. |

## Tipp 23: SfE-Funktion Pareto()

Mit der Funktion *Pareto()* lassen sich mehrere einzelne Balkendiagramme zueinander in Beziehung setzen, und ein zusammenhängendes vertikales oder horizontales Balkendiagramm kann aufgebaut werden. Darüber hinaus können positive und negative Werte über individuelle Farbdefinitionen gesteuert werden. *Pareto()* ist in der Funktionsweise mit *CascadeChart()* vergleichbar.

### Funktion und Argumente

=Pareto(Points;ColorRange;Target;Target2;HighlightPosition;Label)

| Argument | Inhalt | Erläuterung |
|---|---|---|
| Points (verbindlich) | Bereich (Zeile oder Spalte) | Zellbereich der auszuwertenden Daten. Das Diagramm kann entweder positive oder negative Werte korrekt darstellen. Die Funktion erkennt anhand der zeilen- oder spaltenbezogenen Anordnung der Datenreihe, ob das Diagramm vertikal oder horizontal gezeichnet werden muss. |
| ColorRange (optional) | Long | Zellbereich, der die Datenreihe für die Farben der Balken enthält. Die verwendbaren Farbnummern finden Sie in der Farbcode-Tabelle. |
| Target (optional) | Variant | Zeigt beim angegebenen Wert eine grüne vertikale Ziellinie an. Standard ist keine Anzeige. Der Wert muss zwischen 0 % und 100 % liegen. |

# 16. Nützliche Links und kostenfreie Excel-Add-Ins

| Argument | Inhalt | Erläuterung |
|---|---|---|
| Target2 (optional) | Variant | Zeigt beim angegebenen Wert eine rote vertikale Ziellinie an. Standard ist keine Anzeige. Der Wert muss zwischen 0 % und 100 % liegen. |
| HighlightPosition (optional) | Integer | Gibt an, welcher Balken in roter Farbe dargestellt werden soll. Bei Angabe von 2 wird beispielsweise der zweite Balken in Rot dargestellt. Standardfarbe ist Rot. |
| Label (optional) | Boolean | Definiert, ob der Prozentwert angezeigt werden soll oder nicht. Standardmäßig wird er nicht angezeigt. Wenn der Parameter 1 oder WAHR ist, erfolgt die Anzeige. |

## Tipp 24: SfE-Funktion HeatMap()

Mit der Funktion *HeatMap()* können, ähnlich der bedingten Formatierung, Zellbereiche abhängig von vordefinierten Wertegrenzen dargestellt werden. Es lassen sich beliebige Schwellenwerte mit den entsprechenden Farbinformationen definieren. Die Zellbereiche lassen sich zum einen komplett farbig gestalten, alternativ kann ein Farbbalken oder ein Farbkreis eingeblendet werden. Darüber hinaus besteht die Möglichkeit der Darstellung von Kuchendiagrammen für jede Zelle. Auch die Möglichkeit der transparenten Darstellung ist optional gegeben.

## Funktion und Argumente

=HeatMap(DestinationRange;ColorData;ColorScale;SizeData;SizeScale;Circles;PieData; ColorBackground;Transparency;LabelRange;TooltipRange;HyperlinkRange)

| Argument | Inhalt | Erläuterung |
|---|---|---|
| DestinationRange (verbindlich) | Bereich (Zeile oder Spalte) | Angabe des Zellbereichs (Matrix), in dem die Heatmap erzeugt werden soll. Die Angabe des Parameters Destination erfolgt durch Übergabe eines Zellbereichs. |
| ColorData (verbindlich) | Bereich (Zeile oder Spalte) | Angabe des Zellbereichs (Matrix), in dem die Werte für die Heatmap stehen. Auf Basis dieser Werte wird die Heatmap erzeugt. DestinationRange und ColorData können identisch sein. Wichtig zu beachten ist, dass der Bereich ColorData die identische Größe wie DestinationRange besitzt. |
| ColorScale (verbindlich) | Bereich (Zeile oder Spalte) | ColorScale definiert die Schwellenwerte und die zugehörigen Farben zur Erstellung der Heatmap. Die Definition der Schwellenwerte erfolgt über eine Von-bis-Angabe mit dem entsprechenden Farbwert. So sollen beispielsweise Werte von 0 bis 50 in Rot, Werte von 51 bis 100 in Gelb und Werte von 101 bis 200 in Grün angezeigt werden. |
| SizeData (optional) | Bereich (Zeile oder Spalte) | Angabe des Zellbereichs (Matrix), in dem die Werte für die Heatmap stehen. Auf Basis dieser Werte wird die Größe des einzelnen Datenpunkts definiert. Abhängig von der relativen Größe des Werts werden die einzelnen Datenpunkte größer oder kleiner dargestellt. DestinationRange und SizeData können identisch sein. Wichtig zu beachten ist, dass der Bereich SizeScale die identische Größe wie DestinationRange besitzt. |
| SizeScale (optional) | Bereich (Zeile oder Spalte) | SizeScale definiert die Schwellenwerte und die zugehörigen Größen der einzelnen Datenpunkte. Die Definition der Schwellenwerte erfolgt über eine Von-bis-Angabe mit dem entsprechenden Prozentwert für die relative Größe des Datenpunkts. So sollen beispielsweise Werte von 0 bis 50 mit einer Größe von 33 %, Werte von 51 bis 100 mit einer Größe von 67 % und Werte von 101 bis 200 mit einer Größe von 100 % angezeigt werden. |
| Circels (optional) | Boolean | Der Parameter Circles bestimmt, ob der Datenpunkt als Quadrat bzw. Rechteck oder als Kreis bzw. Oval angezeigt wird. Standardmäßig wird der Datenpunkt eckig dargestellt. Wird der Parameter Circles auf WAHR gesetzt, erfolgt die Anzeige rund oder oval. |
| PieData (optional) | Bereich (Zeile oder Spalte) | Angabe des Zellbereichs (Matrix), in dem die Werte für das Tortendiagramm stehen. Diese Werte müssen als Prozentwerte zwischen 0 und 100 angegeben werden. Auf Basis dieser Werte wird das Tortendiagramm erzeugt. Destination und PieData können identisch sein. Wichtig zu beachten ist, dass der Bereich PieData die gleiche Größe wie Destination besitzt. |

| Argument | Inhalt | Erläuterung |
|---|---|---|
| ColorBackground (optional) | Long | ColorBackground bestimmt für PieData die Hintergrundfarbe. Die verwendbaren Farbnummern finden Sie in der Farbcode-Tabelle. Standardfarbe ist Grau. |
| Transparency (optional) | Variant | Der Parameter Transparency stellt die einzelnen HeadMap-Datenpunkte transparent dar. Der Wert von Transparency kann zwischen 0,00 und 0,99 liegen. 0,00 ist die größte Transparenzstufe, wobei bei 0,99 keine Transparenz vorhanden ist. |
| LabelRange (optional) | | Momentan noch nicht dokumentiert bzw. funktionsfähig. |
| TooltipRange (optional) | | Momentan noch nicht dokumentiert bzw. funktionsfähig. |
| HyperlinkRange (optional) | | Momentan noch nicht dokumentiert bzw. funktionsfähig. |

## Tipp 25: SfE-Funktion ScaleLine()

Die Funktion *ScaleLine()* stellt ein Skalenlineal dar. Über verschiedene Parameter lässt sich das Aussehen beeinflussen. So kann die Höhe der Skalenstriche für lange, mittlere und kleine Striche beliebig festgelegt werden. Auch die Weite der Striche kann beliebig definiert werden. Das Farbschema für das Diagramm kann individuell vorgegeben werden. Die *ScaleLine* lässt sich sowohl horizontal als auch vertikal darstellen. *ScaleLine* eignet sich besonders zur Ergänzung anderer Sparklines wie beispielsweise *SpreadCharts()* oder *StripeCharts()*.

**Funktion und Argumente**

=ScaleLine(Orientation;Positions;Base;TextLeft;TextCenter;TextRight;TickIntervalLong; TickIntervalMid;TickIntervalSmall;SizeText;ColorScheme;MarkPosition;MarkLabel; FontName)

| Argument | Inhalt | Erläuterung |
|---|---|---|
| Orientation (verbindlich) | Variant | Legt fest, an welchem Zellenrand der Text für die Skalenbeschriftung steht. Die Skala selbst liegt dem Text gegenüber. T (Top) bedeutet, dass die Beschriftung oben und die Skala unten ist. B (Bottom) bedeutet, dass sich die Beschriftung unten und die Skala rechts befindet. |
| Positions (verbindlich) | Double | Bestimmt die relative Länge der Skala. |
| Base (optional) | Integer | Bestimmt, ob der Skalenverlauf linear oder logarithmisch aufgebaut sein soll. 1 oder keine Angabe dieses Parameters bedeutet einen linearen Verlauf, die Werte 2 bis 10 legen einen logarithmischen Verlauf fest. Je größer der Wert von Base, desto größer die logarithmische Verschiebung. |

## 16. Nützliche Links und kostenfreie Excel-Add-Ins

| Argument | Inhalt | Erläuterung |
|---|---|---|
| TextLeft (optional) | Variant | Definiert, dass der Text an der linken Seite der Skala festgelegt ist. Hier kann beispielsweise der Wert 0 stehen. |
| TextCenter (optional) | Variant | Definiert, dass der Text in der Mitte der Skala festgelegt ist. Hier kann beispielsweise der Wert 50 stehen. |
| TextRight (optional) | Variant | Definiert, dass der Text an der rechten Seite der Skala festgelegt ist. Hier kann beispielsweise der Wert 100 stehen. |
| TickIntervalLong (optional) | Variant | Legt die roten Hauptstriche fest. Bei einem Wert von 20 werden auf einer Skala mit einer Amplitude von 100 beispielsweise 5 Hauptstriche angezeigt. Ein Wert von 50 würde nur einen Hauptstrich bei 50 neben dem Beginn bei 0 und dem Ende bei 100 setzen. |
| TickIntervalMid (optional) | Variant | Legt die halbhohen grauen Teilstriche fest. Bei einem Wert von 10 werden auf einer Skala mit einer Amplitude von 100 beispielsweise 10 Teilstriche angezeigt. |
| TickIntervalSmall (optional) | Variant | Legt die kleinen grauen Teilstriche fest. Bei einem Wert von 5 werden auf einer Skala mit einer Amplitude von 100 beispielsweise insgesamt 20 Untergliederungen dargestellt (100/5). Das bedeutet, jeder Teil von TickIntervalMid wird jeweils noch einmal unterteilt. |
| SizeText (optional) | Integer | Definiert die Größe des Texts, der über die Parameter TextLeft, TextCenter und TextRight angegeben wurde. Die Größe wird in Pixel angegeben. Standardmäßig ist die Pixelgröße 6 vorgegeben. |
| ColorScheme (optional) | Long | Bestimmt die Farbe der Skala. Die verwendbaren Farbnummern finden Sie in der Farbcode-Tabelle. |
| MarkPosition (optional) | Double | Position einer vertikalen Linie. Standardfarbe ist Rot. |
| MarkLabel (optional) | Text | Fügt rechts von MarkPosition eine Beschriftung an. |
| FontName (optional) | Text | Durch Eingabe eines Schrifttyps wird der Font von TextLeft, TextCenter, TextRight und MarkLabel geändert. |

SUMME   ×  ✓  fx   =ScaleLine(A4;B4;C4)

| | A | B | C | D | E | F | G | H | I | J | K | L | M | N | P |
|---|---|---|---|---|---|---|---|---|---|---|---|---|---|---|---|
| 1 | Darstellungsbeispiele mit diversen Argumenten | | | | | | | | | | | | | | |
| 2 | | | | | | | | | | | | | | | |
| 3 | Orientation | Positions | Base | Text Left | Text Center | Text Right | Tick Interval Long | Tick Interval Mid | Tick Interval Small | Size Text | Color Scheme | Mark Position | Mark Label | Font Name | |
| 4 | T | | 5 | 10 | | | | | | | | | | | =ScaleLine(A4;B4;C4) |
| 5 | B | | 5 | 10 | | | | | | | | | | | |
| 6 | T | | | 0 | | | | | | | | | | | |
| 7 | T | | | | 50 | | | | | | | | | | |
| 8 | T | | | | | 100 | | | | | | | | | |
| 9 | T | | 10 | | | | 2 | | | | | | | | |
| 10 | T | | 10 | | | | | 1 | | | | | | | |
| 11 | T | | 10 | | | | | | 2 | | | | | | |
| 12 | T | | 10 | | 50 | | | | | 10 | | | | | |
| 13 | T | | 10 | | | | | | | | 8241887 | | | | |
| 14 | T | | 10 | | | | | | | | | 2 | 10 | | |
| 15 | T | | 10 | 0 | 50 | 100 | | | | | | | Forte | | |
| 16 | | | | | | | | | | | | | | | |

## Tipp 26: Der Formelübersetzer

Das Konzept hinter den Excel-Formeln ist so aufgebaut, dass Formeln in aller Regel in der lokalisierten Sprache der jeweiligen Excel-Version eingegeben werden müssen. Es gibt allerdings auch einige Ausnahmen, so z. B. in der griechischen Excel-Version. Hier werden die Formeln in Englisch vorgehalten, wobei eine Formel sogar von der englischen Version abweicht – aber dies sei nur am Rande erwähnt. Wichtig ist, dass in aller Regel bei einer Formelerfassung gleichzeitig im Hintergrund die englische „Grundform" abgelegt und dann in die Sprache des jeweiligen Users übersetzt wird, sobald dieser die Mappe öffnet. Wird also eine Excel-Tabelle mit Formeln in einer deutschen Excel-Version erstellt, werden die Excel-Formeln zugleich im Hintergrund in der englischen „Grundform" gespeichert. Diese Excel-Tabelle kann somit ohne Probleme beispielsweise an einen finnischen User gesendet werden, weil beim Öffnen der Tabelle die Formeln aus der englischen „Grundform" in seine, d. h. in die finnische Version übernommen werden. Das klappt in allen Sprachen, ohne dass ein User Fremdsprachen lernen muss, damit seine Mappe in anderen Ländern auch funktioniert, und mit allen Standardformeln außer denen des Analyse-Add-in. Diese Formeln wurden extern entwickelt und sind daher nicht in diesen Übersetzungsvorgang, der im Hintergrund abläuft, eingebunden. Excel-Formeln müssen also in der Sprache der jeweiligen Landesversion von Excel erfasst werden. So weit so gut. Das Ganze funktioniert leider dann nicht mehr, wenn in der VBA-Umgebung mit diesen Formeln gearbeitet werden muss und Sie möglicherweise mit internationalen Entwicklern zusammenarbeiten. Vorab sollten Sie wissen, dass Sie grundsätzlich zwei Möglichkeiten in der VBA-Umgebung haben. Sie können mit der Eigenschaft *FormulaLocal* Formeln in der jeweiligen Landessprache erfassen, wie Sie im nachfolgenden Beispiel sehen können:

- `.Range("E2").FormulaLocal = "=Summe(B2:C5)"`

Die Formel kann aber auch in der englischen Grundform in VBA integriert werden, was zum gleichen Ergebnis führt.

- `.Range("E2").Formula = "=Sum(B2:C5)"`

Wenn im internationalen Kontext VBA-Projekte entwickelt werden, ist es also sinnvoll, mit der Eigenschaft *Formula* und somit mit englischen Formeln zu arbeiten. Hier fängt jedoch in aller Regel das Problem an: Wie lautet die englische Formel?

Mit dem Excel Formel Übersetzer von Mourad Louha ist dieses Thema jedoch vom Tisch. Er bietet auf seiner Internetseite *www.excel-translator.de* ein Übersetzungsprogramm an, das Excel-Formeln von einer Ausgangssprache in eine Zielsprache übersetzt. Sie können damit bequem die Formeln aus Ihrer Landessprache in Englisch, aber auch in eine Vielzahl anderer Sprachen übersetzen lassen.

## 16. Nützliche Links und kostenfreie Excel-Add-Ins

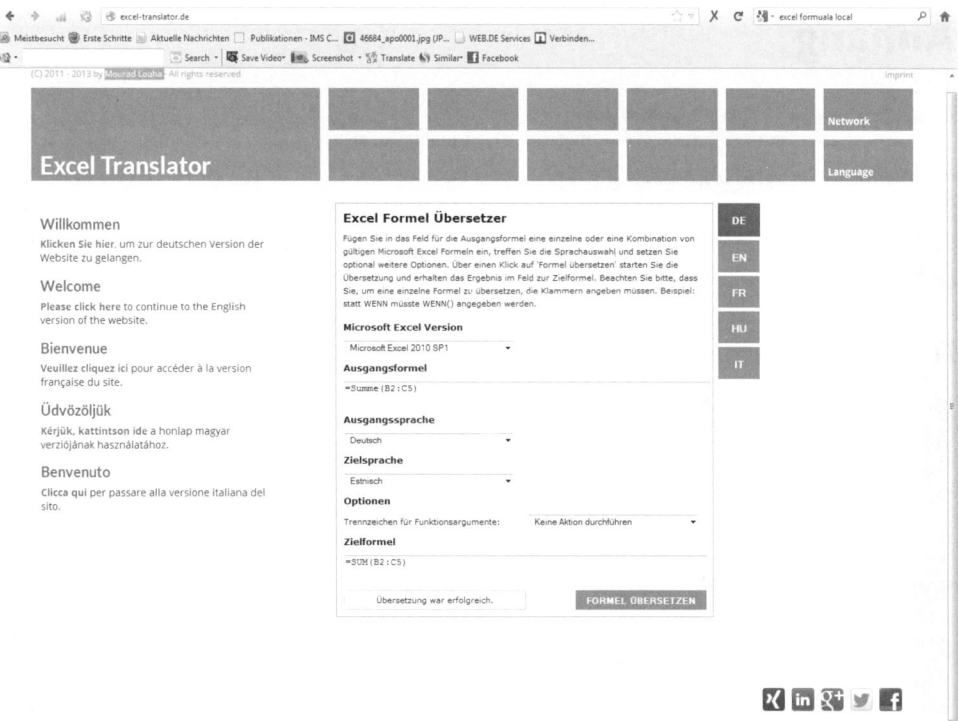

Die Website beinhaltet zudem eine Referenz zu den Übersetzungen aller Excel-Funktionen ab Excel 2010. Pro Funktion werden alle Übersetzungen in den Sprachen aufgeführt, deren Funktionsname vom englischen Original abweicht. Da es jedoch für manche Sprachen Abweichungen der Übersetzungen zwischen den einzelnen Excel-Versionen gibt, wurden diese separat hervorgehoben. Schließlich sind alle Funktionen zur Microsoft-Onlinehilfe in der jeweiligen Sprache verlinkt.

# Anhang

## Funktionsübersichten

In den beiden nachfolgenden alphabetisch sortierten Funktionsübersichten erhalten Sie einen Überblick über die in Excel vorhandenen Funktionen in Deutsch und Englisch. Damit sind Sie in der Lage, jede Funktion auch in der jeweils anderen Sprache zu benennen.

### Funktionsübersicht Deutsch – Englisch

| Deutsch | Englisch |
| --- | --- |
| ABRUNDEN | ROUNDDOWN |
| ABS | ABS |
| ACHSENABSCHNITT | INTERCEPT |
| ADRESSE | ADDRESS |
| AGGREGAT | AGGREGATE |
| AMORDEGRK | AMORDEGRC |
| AMORLINEARK | AMORLINC |
| ANZAHL | COUNT |
| ANZAHL2 | COUNTA |
| ANZAHLLEEREZELLEN | COUNTBLANK |
| ARABISCH | ARABIC |
| ARBEITSTAG | WORKDAY |
| ARBEITSTAG.INTL | WORKDAY.INTL |
| ARCCOS | ACOS |
| ARCCOSHYP | ACOSH |
| ARCCOT | ACOT |
| ARCCOTHYP | ACOTH |
| ARCSIN | ASIN |
| ARCSINHYP | ASINH |
| ARCTAN | ATAN |
| ARCTAN2 | ATAN2 |
| ARCTANHYP | ATANH |
| ASC | ASC |
| AUFGELZINS | ACCRINT |
| AUFGELZINSF | ACCRINTM |
| AUFRUFEN | CALL |
| AUFRUNDEN | ROUNDUP |
| AUSZAHLUNG | RECEIVED |
| BAHTTEXT | BAHTTEXT |
| BASIS | BASE |
| BEREICH.VERSCHIEBEN | OFFSET |
| BEREICHE | AREAS |
| BESSELI | BESSELI |
| BESSELJ | BESSELJ |
| BESSELK | BESSELK |
| BESSELY | BESSELY |

| Deutsch | Englisch |
| --- | --- |
| BESTIMMTHEITSMASS | RSQ |
| BETAINV | BETAINV |
| BETAVERT | BETADIST |
| BININDEZ | BIN2DEC |
| BININHEX | BIN2HEX |
| BININOKT | BIN2OCT |
| BINOM.INV | BINOM.INV |
| BINOM.VERT | BINOM.DIST |
| BINOM.VERT.BEREICH | BINOM.DIST.RANGE |
| BINOMVERT | BINOMDIST |
| BITLVERSCHIEB | BITLSHIFT |
| BITODER | BITOR |
| BITRVERSCHIEB | BITRSHIFT |
| BITUND | BITAND |
| BITXODER | BITXOR |
| BLATT | SHEET |
| BLÄTTER | SHEETS |
| BOGENMASS | RADIANS |
| BRTEILJAHRE | YEARFRAC |
| BW | PV |
| CHIINV | CHIINV |
| CHIQU.INV | CHISQ.INV |
| CHIQU.INV.RE | CHIQU.INV.RT |
| CHIQU.TEST | CHISQ.TEST |
| CHIQU.VERT | CHISQ.DIST |
| CHIQU.VERT.RE | CHISQ.DIST.RT |
| CHITEST | CHITEST |
| CHIVERT | CHIDIST |
| CODE | CODE |
| COS | COS |
| COSEC | CSC |
| COSECHYP | CSCH |
| COSHYP | COSH |
| COT | COT |
| COTHYP | COTH |
| CUBEELEMENT | CUBEMEMBER |

| Deutsch | Englisch |
|---|---|
| CUBEELEMENTEIGEN-SCHAFT | CUBEMEMBERPROPERTY |
| CUBEKPIELEMENT | CUBEKPIMEMBER |
| CUBEMENGE | CUBESET |
| CUBEMENGENANZAHL | CUBESETCOUNT |
| CUBERANGELEMENT | CUBERANKEDMEMBER |
| CUBEWERT | CUBEVALUE |
| DATUM | DATE |
| DATWERT | DATEVALUE |
| DBANZAHL | DCOUNT |
| DBANZAHL2 | DCOUNTA |
| DBAUSZUG | DGET |
| DBMAX | DMAX |
| DBMIN | DMIN |
| DBMITTELWERT | DAVERAGE |
| DBPRODUKT | DPRODUCT |
| DBSTDABW | DSTDEV |
| DBSTDABWN | DSTDEVP |
| DBSUMME | DSUM |
| DBVARIANZ | DVAR |
| DBVARIANZEN | DVARP |
| DELTA | DELTA |
| DEZIMAL | DECIMAL |
| DEZINBIN | DEC2BIN |
| DEZINHEX | DEC2HEX |
| DEZINOKT | DEC2OCT |
| DIA | SYD |
| DISAGIO | DISC |
| DM | DOLLAR |
| DURATION | DURATION |
| EDATUM | EDATE |
| EFFEKTIV | EFFECT |
| ERSETZEN | REPLACE |
| EXP | EXP |
| EXPON.VERT | EXPON.DIST |
| EXPONVERT | EXPONDIST |
| F.INV | F.INV |
| F.INV.RE | F.INV.RT |
| F.TEST | F.TEST |
| F.VERT | F.DIST |
| F.VERT.RE | F.DIST.RT |
| FAKULTÄT | FACT |
| FALSCH | FALSE |
| FEHLER.TYP | ERROR.TYPE |
| FEST | FIXED |
| FINDEN | FIND |
| FINV | FINV |
| FISHER | FISHER |
| FISHERINV | FISHERINV |

| Deutsch | Englisch |
|---|---|
| FORMELTEXT | FORMULATEXT |
| FTEST | FTEST |
| FVERT | FDIST |
| G.TEST | Z.TEST |
| GAMMA | GAMMA |
| GAMMA.INV | GAMMA.INV |
| GAMMA.VERT | GAMMA.DIST |
| GAMMAINV | GAMMAINV |
| GAMMALN | GAMMALN |
| GAMMALN.GENAU | GAMMALN.PRECISE |
| GAMMAVERT | GAMMADIST |
| GANZZAHL | INT |
| GAUSS | GAUSS |
| GAUSSF.GENAU | ERF.PRECISE |
| GAUSSFEHLER | ERF |
| GAUSSFKOMPL | ERFC |
| GAUSSFKOMPL.GENAU | ERFC.PRECISE |
| GDA | DDB |
| GDA2 | DB |
| GEOMITTEL | GEOMEAN |
| GERADE | EVEN |
| GESTUTZTMITTEL | TRIMMEAN |
| GGANZZAHL | GESTEP |
| GGT | GCD |
| GLÄTTEN | TRIM |
| GRAD | DEGREES |
| GROSS | UPPER |
| GROSS2 | PROPER |
| GTEST | ZTEST |
| HARMITTEL | HARMEAN |
| HÄUFIGKEIT | FREQUENCY |
| HEUTE | TODAY |
| HEXINBIN | HEX2BIN |
| HEXINDEZ | HEX2DEC |
| HEXINOKT | HEX2OCT |
| HYPERLINK | HYPERLINK |
| HYPGEOM.VERT | HYPGEOM.DIST |
| HYPGEOMVERT | HYPGEOMDIST |
| IDENTISCH | EXACT |
| IKV | IRR |
| IMABS | IMABS |
| IMAGINÄRTEIL | IMAGINARY |
| IMAPOTENZ | IMPOWER |
| IMARGUMENT | IMARGUMENT |
| IMCOS | IMCOS |
| IMCOSEC | IMCSC |
| IMCOSECHYP | IMCSCH |
| IMCOSHYP | IMCOSH |
| IMCOT | IMCOT |

# Anhang

| Deutsch | Englisch |
|---|---|
| IMDIV | IMDIV |
| IMEXP | IMEXP |
| IMKONJUGIERTE | IMCONJUGATE |
| IMLN | IMLN |
| IMLOG10 | IMLOG10 |
| IMLOG2 | IMLOG2 |
| IMPRODUKT | IMPRODUCT |
| IMREALTEIL | IMREAL |
| IMSEC | IMSEC |
| IMSECHYP | IMSECH |
| IMSIN | IMSIN |
| IMSINHYP | IMSINH |
| IMSUB | IMSUB |
| IMSUMME | IMSUM |
| IMTAN | IMTAN |
| IMWURZEL | IMSQRT |
| INDEX | INDEX |
| INDIREKT | INDIRECT |
| INFO | INFO |
| ISO.OBERGRENZE | ISO.CEILING |
| ISOKALENDERWOCHE | ISOWEEKNUM |
| ISPMT | ISPMT |
| ISTBEZUG | ISREF |
| ISTFEHL | ISERR |
| ISTFEHLER | ISERROR |
| ISTFORMEL | ISFORMULA |
| ISTGERADE | ISEVEN |
| ISTKTEXT | ISNONTEXT |
| ISTLEER | ISBLANK |
| ISTLOG | ISLOGICAL |
| ISTNV | ISNA |
| ISTTEXT | ISTEXT |
| ISTUNGERADE | ISODD |
| ISTZAHL | ISNUMBER |
| JAHR | YEAR |
| JETZT | NOW |
| KALENDERWOCHE | WEEKNUM |
| KAPZ | PPMT |
| KGRÖSSTE | LARGE |
| KGV | LCM |
| KKLEINSTE | SMALL |
| KLEIN | LOWER |
| KOMBINATIONEN | COMBIN |
| KOMBINATIONEN2 | COMBINA |
| KOMPLEXE | COMPLEX |
| KONFIDENZ | CONFIDENCE |
| KONFIDENZ.NORM | CONFIDENCE.NORM |
| KONFIDENZ.T | CONFIDENCE.T |
| KORREL | CORREL |

| Deutsch | Englisch |
|---|---|
| KOVAR | COVAR |
| KOVARIANZ.P | COVARIANCE.P |
| KOVARIANZ.S | COVARIANCE.S |
| KRITBINOM | CRITBINOM |
| KUMKAPITAL | CUMPRINC |
| KUMZINSZ | CUMIPMT |
| KURS | PRICE |
| KURSDISAGIO | PRICEDISC |
| KURSFÄLLIG | PRICEMAT |
| KURT | KURT |
| KÜRZEN | TRUNC |
| LÄNGE | LEN |
| LIA | SLN |
| LINKS | LEFT |
| LN | LN |
| LOG | LOG |
| LOG10 | LOG10 |
| LOGINV | LOGINV |
| LOGNORM.INV | LOGNORM.INV |
| LOGNORM.WERT | LOGNORM.DIST |
| LOGNORMVERT | LOGNORMDIST |
| MAX | MAX |
| MAXA | MAXA |
| MDET | MDETERM |
| MDURATION | MDURATION |
| MEDIAN | MEDIAN |
| MEINHEIT | MUNIT |
| MIN | MIN |
| MINA | MINA |
| MINUTE | MINUTE |
| MINV | MINVERSE |
| MITTELABW | AVEDEV |
| MITTELWERT | AVERAGE |
| MITTELWERTA | AVERAGEA |
| MITTELWERTWENN | AVERAGEIF |
| MITTELWERTWENNS | AVERAGEIFS |
| MMULT | MMULT |
| MODALWERT | MODE |
| MODUS.EINF | MODE.SNGL |
| MODUS.VIELF | MODE.MULT |
| MONAT | MONTH |
| MONATSENDE | EOMONTH |
| MTRANS | TRANSPOSE |
| N | N |
| NBW | NPV |
| NEGBINOM.VERT | NEGBINOM.DIST |
| NEGBINOMVERT | NEGBINOMDIST |
| NETTOARBEITSTAGE | NETWORKDAYS |
| NETTOARBEITSTAGE.INTL | NETWORKDAYS.INTL |

# Funktionsübersichten

| Deutsch | Englisch |
|---|---|
| NICHT | NOT |
| NOMINAL | NOMINAL |
| NORM.INV | NORM.INV |
| NORM.S.INV | NORM.S.INV |
| NORM.S.VERT | NORM.S.DIST |
| NORM.VERT | NORM.DIST |
| NORMINV | NORMINV |
| NORMVERT | NORMDIST |
| NOTIERUNGBRU | DOLLARFR |
| NOTIERUNGDEZ | DOLLARDE |
| NV | NA |
| OBERGRENZE | CEILING |
| OBERGRENZE.GENAU | CEILING.PRECISE |
| OBERGRENZE.MATHEMATIK | CEILING.MATH |
| ODER | OR |
| OKTINBIN | OCT2BIN |
| OKTINDEZ | OCT2DEC |
| OKTINHEX | OCT2HEX |
| PDURATION | PDURATION |
| PEARSON | PEARSON |
| PHI | PHI |
| PI | PI |
| PIVOTDATENZUORDNEN | GETPIVOTDATA |
| POISSON | POISSON |
| POISSON.VERT | POISSON.DIST |
| POLYNOMIAL | MULTINOMIAL |
| POTENZ | POWER |
| POTENZREIHE | SERIESSUM |
| PRODUKT | PRODUCT |
| QIKV | MIRR |
| QUADRATESUMME | SUMSQ |
| QUANTIL | PERCENTILE |
| QUANTIL.EXKL | PERCENTILE.EXC |
| QUANTIL.INKL | PERCENTILE.INC |
| QUANTILSRANG | PERCENTRANK |
| QUANTILSRANG.EXKL | PERCENTRANK.EXC |
| QUANTILSRANG.INKL | PERCENTRANK.INC |
| QUARTILE | QUARTILE |
| QUARTILE.EXKL | QUARTILE.EXC |
| QUARTILE.INKL | QUARTILE.INC |
| QUOTIENT | QUOTIENT |
| RANG | RANK |
| RANG.GLEICH | RANK.EQ |
| RANG.MITTELW | RANK.AVG |
| RECHTS | RIGHT |
| REGISTER.KENNUMMER | REGISTER.ID |
| RENDITE | YIELD |
| RENDITEDIS | YIELDDISC |

| Deutsch | Englisch |
|---|---|
| RENDITEFÄLL | YIELDMAT |
| REST | MOD |
| RGP | LINEST |
| RKP | LOGEST |
| RMZ | PMT |
| RÖMISCH | ROMAN |
| RTD | RTD |
| RUNDEN | ROUND |
| SÄUBERN | CLEAN |
| SCHÄTZER | FORECAST |
| SCHIEFE | SKEW |
| SCHIEFE.P | SKEW.P |
| SEC | SEC |
| SECHYP | SECH |
| SEKUNDE | SECOND |
| SIN | SIN |
| SINHYP | SINH |
| SPALTE | COLUMN |
| SPALTEN | COLUMNS |
| STABW | STDEV |
| STABW.N | STDEV.P |
| STABW.S | STDEV.S |
| STABWA | STDEVA |
| STABWN | STDEVP |
| STABWNA | STDEVPA |
| STANDARDISIERUNG | STANDARDIZE |
| STANDNORMINV | NORMSINV |
| STANDNORMVERT | NORMSDIST |
| STEIGUNG | SLOPE |
| STFEHLERYX | STEYX |
| STUNDE | HOUR |
| SUCHEN | SEARCH |
| SUMME | SUM |
| SUMMENPRODUKT | SUMPRODUCT |
| SUMMEWENN | SUMIF |
| SUMMEWENNS | SUMIFS |
| SUMMEX2MY2 | SUMX2MY2 |
| SUMMEX2PY2 | SUMX2PY2 |
| SUMMEXMY2 | SUMXMY2 |
| SUMQUADABW | DEVSQ |
| SVERWEIS | VLOOKUP |
| T | T |
| T.INV | T.INV |
| T.INV.2S | T.INV.2T |
| T.TEST | T.TEST |
| T.VERT | T.DIST |
| T.VERT.2S | T.DIST.2T |
| T.VERT.RE | T.DIST.RT |
| TAG | DAY |

# Anhang

| Deutsch | Englisch |
|---|---|
| TAGE | DAYS |
| TAGE360 | DAYS360 |
| TAN | TAN |
| TANHYP | TANH |
| TBILLÄQUIV | TBILLEQ |
| TBILLKURS | TBILLPRICE |
| TBILLRENDITE | TBILLYIELD |
| TEIL | MID |
| TEILERGEBNIS | SUBTOTAL |
| TEXT | TEXT |
| TINV | TINV |
| TREND | TREND |
| TTEST | TTEST |
| TVERT | TDIST |
| TYP | TYPE |
| UMWANDELN | CONVERT |
| UND | AND |
| UNGERADE | ODD |
| UNICODE | UNICODE |
| UNIZEICHEN | UNICHAR |
| UNREGER.KURS | ODDFPRICE |
| UNREGER.REND | ODDFYIELD |
| UNREGLE.KURS | ODDLPRICE |
| UNREGLE.REND | ODDLYIELD |
| UNTERGRENZE | FLOOR |
| UNTERGRENZE.GENAU | FLOOR.PRECISE |
| UNTERGRENZE.MATHEMATIK | FLOOR.MATH |
| URLCODIEREN | ENCODEURL |
| VAR.P | VAR.P |
| VAR.S | VAR.S |
| VARIANZ | VAR |
| VARIANZA | VARA |
| VARIANZEN | VARP |
| VARIANZENA | VARPA |
| VARIATION | GROWTH |
| VARIATIONEN | PERMUT |
| VARIATIONEN2 | PERMUTATIONA |
| VDB | VDB |
| VERGLEICH | MATCH |
| VERKETTEN | CONCATENATE |
| VERWEIS | LOOKUP |
| VORZEICHEN | SIGN |
| VRUNDEN | MROUND |
| WAHL | CHOOSE |
| WAHR | TRUE |
| WAHRSCHBEREICH | PROB |

| Deutsch | Englisch |
|---|---|
| WEBDIENST | WEBSERVICE |
| WECHSELN | SUBSTITUTE |
| WEIBULL | WEIBULL |
| WEIBULL.VERT | WEIBULL.DIST |
| WENN | IF |
| WENNFEHLER | IFERROR |
| WENNNV | IFNA |
| WERT | VALUE |
| WIEDERHOLEN | REPT |
| WOCHENTAG | WEEKDAY |
| WURZEL | SQRT |
| WURZELPI | SQRTPI |
| WVERWEIS | HLOOKUP |
| XINTZINSFUSS | XIRR |
| XKAPITALWERT | XNPV |
| XMLFILTERN | FILTERXML |
| XODER | XOR |
| ZÄHLENWENN | COUNTIF |
| ZÄHLENWENNS | COUNTIFS |
| ZAHLENWERT | NUMBERVALUE |
| ZEICHEN | CHAR |
| ZEILE | ROW |
| ZEILEN | ROWS |
| ZEIT | TIME |
| ZEITWERT | TIMEVALUE |
| ZELLE | CELL |
| ZINS | RATE |
| ZINSSATZ | INTRATE |
| ZINSTERMNZ | COUPNCD |
| ZINSTERMTAGE | COUPDAYS |
| ZINSTERMTAGNZ | COUPDAYSNC |
| ZINSTERMTAGVA | COUPDAYBS |
| ZINSTERMVZ | COUPPCD |
| ZINSTERMZAHL | COUPNUM |
| ZINSZ | IPMT |
| ZSATZINVEST | RRI |
| ZUFALLSBEREICH | RANDBETWEEN |
| ZUFALLSZAHL | RAND |
| ZW | FV |
| ZW2 | FVSCHEDULE |
| ZWEIFAKULTÄT | FACTDOUBLE |
| ZZR | NPER |

## Funktionsübersicht Englisch – Deutsch

| Englisch | Deutsch |
|---|---|
| ABS | ABS |
| ACCRINT | AUFGELZINS |
| ACCRINTM | AUFGELZINSF |
| ACOS | ARCCOS |
| ACOSH | ARCCOSHYP |
| ACOT | ARCCOT |
| ACOTH | ARCCOTHYP |
| ADDRESS | ADRESSE |
| AGGREGATE | AGGREGAT |
| AMORDEGRC | AMORDEGRK |
| AMORLINC | AMORLINEARK |
| AND | UND |
| ARABIC | ARABISCH |
| AREAS | BEREICHE |
| ASC | ASC |
| ASIN | ARCSIN |
| ASINH | ARCSINHYP |
| ATAN | ARCTAN |
| ATAN2 | ARCTAN2 |
| ATANH | ARCTANHYP |
| AVEDEV | MITTELABW |
| AVERAGE | MITTELWERT |
| AVERAGEA | MITTELWERTA |
| AVERAGEIF | MITTELWERTWENN |
| AVERAGEIFS | MITTELWERTWENNS |
| BAHTTEXT | BAHTTEXT |
| BASE | BASIS |
| BESSELI | BESSELI |
| BESSELJ | BESSELJ |
| BESSELK | BESSELK |
| BESSELY | BESSELY |
| BETADIST | BETAVERT |
| BETAINV | BETAINV |
| BIN2DEC | BININDEZ |
| BIN2HEX | BININHEX |
| BIN2OCT | BININOKT |
| BINOM.DIST | BINOM.VERT |
| BINOM.DIST.RANGE | BINOM.VERT.BEREICH |
| BINOM.INV | BINOM.INV |
| BINOMDIST | BINOMVERT |
| BITAND | BITUND |
| BITLSHIFT | BITLVERSCHIEB |
| BITOR | BITODER |
| BITRSHIFT | BITRVERSCHIEB |
| BITXOR | BITXODER |
| CALL | AUFRUFEN |
| CEILING | OBERGRENZE |

| Englisch | Deutsch |
|---|---|
| CEILING.MATH | OBERGRENZE.MATHEMATIK |
| CEILING.PRECISE | OBERGRENZE.GENAU |
| CELL | ZELLE |
| CHAR | ZEICHEN |
| CHIDIST | CHIVERT |
| CHIINV | CHIINV |
| CHIQU.INV.RT | CHIQU.INV.RE |
| CHISQ.DIST | CHIQU.VERT |
| CHISQ.DIST.RT | CHIQU.VERT.RE |
| CHISQ.INV | CHIQU.INV |
| CHISQ.TEST | CHIQU.TEST |
| CHITEST | CHITEST |
| CHOOSE | WAHL |
| CLEAN | SÄUBERN |
| CODE | CODE |
| COLUMN | SPALTE |
| COLUMNS | SPALTEN |
| COMBIN | KOMBINATIONEN |
| COMBINA | KOMBINATIONEN2 |
| COMPLEX | KOMPLEXE |
| CONCATENATE | VERKETTEN |
| CONFIDENCE | KONFIDENZ |
| CONFIDENCE.NORM | KONFIDENZ.NORM |
| CONFIDENCE.T | KONFIDENZ.T |
| CONVERT | UMWANDELN |
| CORREL | KORREL |
| COS | COS |
| COSH | COSHYP |
| COT | COT |
| COTH | COTHYP |
| COUNT | ANZAHL |
| COUNTA | ANZAHL2 |
| COUNTBLANK | ANZAHLLEEREZELLEN |
| COUNTIF | ZÄHLENWENN |
| COUNTIFS | ZÄHLENWENNS |
| COUPDAYBS | ZINSTERMTAGVA |
| COUPDAYS | ZINSTERMTAGE |
| COUPDAYSNC | ZINSTERMTAGNZ |
| COUPNCD | ZINSTERMNZ |
| COUPNUM | ZINSTERMZAHL |
| COUPPCD | ZINSTERMVZ |
| COVAR | KOVAR |
| COVARIANCE.P | KOVARIANZ.P |
| COVARIANCE.S | KOVARIANZ.S |
| CRITBINOM | KRITBINOM |
| CSC | COSEC |

# Anhang

| Englisch | Deutsch |
|---|---|
| CSCH | COSECHYP |
| CUBEKPIMEMBER | CUBEKPIELEMENT |
| CUBEMEMBER | CUBEELEMENT |
| CUBEMEMBERPROPERTY | CUBEELEMENTEIGENSCHAFT |
| CUBERANKEDMEMBER | CUBERANGELEMENT |
| CUBESET | CUBEMENGE |
| CUBESETCOUNT | CUBEMENGENANZAHL |
| CUBEVALUE | CUBEWERT |
| CUMIPMT | KUMZINSZ |
| CUMPRINC | KUMKAPITAL |
| DATE | DATUM |
| DATEVALUE | DATWERT |
| DAVERAGE | DBMITTELWERT |
| DAY | TAG |
| DAYS | TAGE |
| DAYS360 | TAGE360 |
| DB | GDA2 |
| DCOUNT | DBANZAHL |
| DCOUNTA | DBANZAHL2 |
| DDB | GDA |
| DEC2BIN | DEZINBIN |
| DEC2HEX | DEZINHEX |
| DEC2OCT | DEZINOKT |
| DECIMAL | DEZIMAL |
| DEGREES | GRAD |
| DELTA | DELTA |
| DEVSQ | SUMQUADABW |
| DGET | DBAUSZUG |
| DISC | DISAGIO |
| DMAX | DBMAX |
| DMIN | DBMIN |
| DOLLAR | DM |
| DOLLARDE | NOTIERUNGDEZ |
| DOLLARFR | NOTIERUNGBRU |
| DPRODUCT | DBPRODUKT |
| DSTDEV | DBSTDABW |
| DSTDEVP | DBSTDABWN |
| DSUM | DBSUMME |
| DURATION | DURATION |
| DVAR | DBVARIANZ |
| DVARP | DBVARIANZEN |
| EDATE | EDATUM |
| EFFECT | EFFEKTIV |
| ENCODEURL | URLCODIEREN |
| EOMONTH | MONATSENDE |
| ERF | GAUSSFEHLER |
| ERF.PRECISE | GAUSSF.GENAU |
| ERFC | GAUSSFKOMPL |

| Englisch | Deutsch |
|---|---|
| ERFC.PRECISE | GAUSSFKOMPL.GENAU |
| ERROR.TYPE | FEHLER.TYP |
| EVEN | GERADE |
| EXACT | IDENTISCH |
| EXP | EXP |
| EXPON.DIST | EXPON.VERT |
| EXPONDIST | EXPONVERT |
| F.DIST | F.VERT |
| F.DIST.RT | F.VERT.RE |
| F.INV | F.INV |
| F.INV.RT | F.INV.RE |
| F.TEST | F.TEST |
| FACT | FAKULTÄT |
| FACTDOUBLE | ZWEIFAKULTÄT |
| FALSE | FALSCH |
| FDIST | FVERT |
| FILTERXML | XMLFILTERN |
| FIND | FINDEN |
| FINV | FINV |
| FISHER | FISHER |
| FISHERINV | FISHERINV |
| FIXED | FEST |
| FLOOR | UNTERGRENZE |
| FLOOR.MATH | UNTERGRENZE.MATHEMATIK |
| FLOOR.PRECISE | UNTERGRENZE.GENAU |
| FORECAST | SCHÄTZER |
| FORMULATEXT | FORMELTEXT |
| FREQUENCY | HÄUFIGKEIT |
| FTEST | FTEST |
| FV | ZW |
| FVSCHEDULE | ZW2 |
| GAMMA | GAMMA |
| GAMMA.DIST | GAMMA.VERT |
| GAMMA.INV | GAMMA.INV |
| GAMMADIST | GAMMAVERT |
| GAMMAINV | GAMMAINV |
| GAMMALN | GAMMALN |
| GAMMALN.PRECISE | GAMMALN.GENAU |
| GAUSS | GAUSS |
| GCD | GGT |
| GEOMEAN | GEOMITTEL |
| GESTEP | GGANZZAHL |
| GETPIVOTDATA | PIVOTDATENZUORDNEN |
| GROWTH | VARIATION |
| HARMEAN | HARMITTEL |
| HEX2BIN | HEXINBIN |
| HEX2DEC | HEXINDEZ |
| HEX2OCT | HEXINOKT |

| Englisch | Deutsch |
|---|---|
| HLOOKUP | WVERWEIS |
| HOUR | STUNDE |
| HYPERLINK | HYPERLINK |
| HYPGEOM.DIST | HYPGEOM.VERT |
| HYPGEOMDIST | HYPGEOMVERT |
| IF | WENN |
| IFERROR | WENNFEHLER |
| IFNA | WENNNV |
| IMABS | IMABS |
| IMAGINARY | IMAGINÄRTEIL |
| IMARGUMENT | IMARGUMENT |
| IMCONJUGATE | IMKONJUGIERTE |
| IMCOS | IMCOS |
| IMCOSH | IMCOSHYP |
| IMCOT | IMCOT |
| IMCSC | IMCOSEC |
| IMCSCH | IMCOSECHYP |
| IMDIV | IMDIV |
| IMEXP | IMEXP |
| IMLN | IMLN |
| IMLOG10 | IMLOG10 |
| IMLOG2 | IMLOG2 |
| IMPOWER | IMAPOTENZ |
| IMPRODUCT | IMPRODUKT |
| IMREAL | IMREALTEIL |
| IMSEC | IMSEC |
| IMSECH | IMSECHYP |
| IMSIN | IMSIN |
| IMSINH | IMSINHYP |
| IMSQRT | IMWURZEL |
| IMSUB | IMSUB |
| IMSUM | IMSUMME |
| IMTAN | IMTAN |
| INDEX | INDEX |
| INDIRECT | INDIREKT |
| INFO | INFO |
| INT | GANZZAHL |
| INTERCEPT | ACHSENABSCHNITT |
| INTRATE | ZINSSATZ |
| IPMT | ZINSZ |
| IRR | IKV |
| ISBLANK | ISTLEER |
| ISERR | ISTFEHL |
| ISERROR | ISTFEHLER |
| ISEVEN | ISTGERADE |
| ISFORMULA | ISTFORMEL |
| ISLOGICAL | ISTLOG |
| ISNA | ISTNV |
| ISNONTEXT | ISTKTEXT |

| Englisch | Deutsch |
|---|---|
| ISNUMBER | ISTZAHL |
| ISO.CEILING | ISO.OBERGRENZE |
| ISODD | ISTUNGERADE |
| ISOWEEKNUM | ISOKALENDERWOCHE |
| ISPMT | ISPMT |
| ISREF | ISTBEZUG |
| ISTEXT | ISTTEXT |
| KURT | KURT |
| LARGE | KGRÖSSTE |
| LCM | KGV |
| LEFT | LINKS |
| LEN | LÄNGE |
| LINEST | RGP |
| LN | LN |
| LOG | LOG |
| LOG10 | LOG10 |
| LOGEST | RKP |
| LOGINV | LOGINV |
| LOGNORM.DIST | LOGNORM.WERT |
| LOGNORM.INV | LOGNORM.INV |
| LOGNORMDIST | LOGNORMVERT |
| LOOKUP | VERWEIS |
| LOWER | KLEIN |
| MATCH | VERGLEICH |
| MAX | MAX |
| MAXA | MAXA |
| MDETERM | MDET |
| MDURATION | MDURATION |
| MEDIAN | MEDIAN |
| MID | TEIL |
| MIN | MIN |
| MINA | MINA |
| MINUTE | MINUTE |
| MINVERSE | MINV |
| MIRR | QIKV |
| MMULT | MMULT |
| MOD | REST |
| MODE | MODALWERT |
| MODE.MULT | MODUS.VIELF |
| MODE.SNGL | MODUS.EINF |
| MONTH | MONAT |
| MROUND | VRUNDEN |
| MULTINOMIAL | POLYNOMIAL |
| MUNIT | MEINHEIT |
| N | N |
| NA | NV |
| NEGBINOM.DIST | NEGBINOM.VERT |
| NEGBINOMDIST | NEGBINOMVERT |
| NETWORKDAYS | NETTOARBEITSTAGE |

# Anhang

| Englisch | Deutsch |
|---|---|
| NETWORKDAYS.INTL | NETTOARBEITSTAGE.INTL |
| NOMINAL | NOMINAL |
| NORM.DIST | NORM.VERT |
| NORM.INV | NORM.INV |
| NORM.S.DIST | NORM.S.VERT |
| NORM.S.INV | NORM.S.INV |
| NORMDIST | NORMVERT |
| NORMINV | NORMINV |
| NORMSDIST | STANDNORMVERT |
| NORMSINV | STANDNORMINV |
| NOT | NICHT |
| NOW | JETZT |
| NPER | ZZR |
| NPV | NBW |
| NUMBERVALUE | ZAHLENWERT |
| OCT2BIN | OKTINBIN |
| OCT2DEC | OKTINDEZ |
| OCT2HEX | OKTINHEX |
| ODD | UNGERADE |
| ODDFPRICE | UNREGER.KURS |
| ODDFYIELD | UNREGER.REND |
| ODDLPRICE | UNREGLE.KURS |
| ODDLYIELD | UNREGLE.REND |
| OFFSET | BEREICH.VERSCHIEBEN |
| OR | ODER |
| PDURATION | PDURATION |
| PEARSON | PEARSON |
| PERCENTILE | QUANTIL |
| PERCENTILE.EXC | QUANTIL.EXKL |
| PERCENTILE.INC | QUANTIL.INKL |
| PERCENTRANK | QUANTILSRANG |
| PERCENTRANK.EXC | QUANTILSRANG.EXKL |
| PERCENTRANK.INC | QUANTILSRANG.INKL |
| PERMUT | VARIATIONEN |
| PERMUTATIONA | VARIATIONEN2 |
| PHI | PHI |
| PI | PI |
| PMT | RMZ |
| POISSON | POISSON |
| POISSON.DIST | POISSON.VERT |
| POWER | POTENZ |
| PPMT | KAPZ |
| PRICE | KURS |
| PRICEDISC | KURSDISAGIO |
| PRICEMAT | KURSFÄLLIG |
| PROB | WAHRSCHBEREICH |
| PRODUCT | PRODUKT |
| PROPER | GROSS2 |
| PV | BW |

| Englisch | Deutsch |
|---|---|
| QUARTILE | QUARTILE |
| QUARTILE.EXC | QUARTILE.EXKL |
| QUARTILE.INC | QUARTILE.INKL |
| QUOTIENT | QUOTIENT |
| RADIANS | BOGENMASS |
| RAND | ZUFALLSZAHL |
| RANDBETWEEN | ZUFALLSBEREICH |
| RANK | RANG |
| RANK.AVG | RANG.MITTELW |
| RANK.EQ | RANG.GLEICH |
| RATE | ZINS |
| RECEIVED | AUSZAHLUNG |
| REGISTER.ID | REGISTER.KENNUMMER |
| REPLACE | ERSETZEN |
| REPT | WIEDERHOLEN |
| RIGHT | RECHTS |
| ROMAN | RÖMISCH |
| ROUND | RUNDEN |
| ROUNDDOWN | ABRUNDEN |
| ROUNDUP | AUFRUNDEN |
| ROW | ZEILE |
| ROWS | ZEILEN |
| RRI | ZSATZINVEST |
| RSQ | BESTIMMTHEITSMASS |
| RTD | RTD |
| SEARCH | SUCHEN |
| SEC | SEC |
| SECH | SECHYP |
| SECOND | SEKUNDE |
| SERIESSUM | POTENZREIHE |
| SHEET | BLATT |
| SHEETS | BLÄTTER |
| SIGN | VORZEICHEN |
| SIN | SIN |
| SINH | SINHYP |
| SKEW | SCHIEFE |
| SKEW.P | SCHIEFE.P |
| SLN | LIA |
| SLOPE | STEIGUNG |
| SMALL | KKLEINSTE |
| SQRT | WURZEL |
| SQRTPI | WURZELPI |
| STANDARDIZE | STANDARDISIERUNG |
| STDEV | STABW |
| STDEV.P | STABW.N |
| STDEV.S | STABW.S |
| STDEVA | STABWA |
| STDEVP | STABWN |
| STDEVPA | STABWNA |

| Englisch | Deutsch |
| --- | --- |
| STEYX | STFEHLERYX |
| SUBSTITUTE | WECHSELN |
| SUBTOTAL | TEILERGEBNIS |
| SUM | SUMME |
| SUMIF | SUMMEWENN |
| SUMIFS | SUMMEWENNS |
| SUMPRODUCT | SUMMENPRODUKT |
| SUMSQ | QUADRATESUMME |
| SUMX2MY2 | SUMMEX2MY2 |
| SUMX2PY2 | SUMMEX2PY2 |
| SUMXMY2 | SUMMEXMY2 |
| SYD | DIA |
| T | T |
| T.DIST | T.VERT |
| T.DIST.2T | T.VERT.2S |
| T.DIST.RT | T.VERT.RE |
| T.INV | T.INV |
| T.INV.2T | T.INV.2S |
| T.TEST | T.TEST |
| TAN | TAN |
| TANH | TANHYP |
| TBILLEQ | TBILLÄQUIV |
| TBILLPRICE | TBILLKURS |
| TBILLYIELD | TBILLRENDITE |
| TDIST | TVERT |
| TEXT | TEXT |
| TIME | ZEIT |
| TIMEVALUE | ZEITWERT |
| TINV | TINV |
| TODAY | HEUTE |
| TRANSPOSE | MTRANS |
| TREND | TREND |
| TRIM | GLÄTTEN |
| TRIMMEAN | GESTUTZTMITTEL |
| TRUE | WAHR |
| TRUNC | KÜRZEN |

| Englisch | Deutsch |
| --- | --- |
| TTEST | TTEST |
| TYPE | TYP |
| UNICHAR | UNIZEICHEN |
| UNICODE | UNICODE |
| UPPER | GROSS |
| VALUE | WERT |
| VAR | VARIANZ |
| VAR.P | VAR.P |
| VAR.S | VAR.S |
| VARA | VARIANZA |
| VARP | VARIANZEN |
| VARPA | VARIANZENA |
| VDB | VDB |
| VLOOKUP | SVERWEIS |
| WEBSERVICE | WEBDIENST |
| WEEKDAY | WOCHENTAG |
| WEEKNUM | KALENDERWOCHE |
| WEIBULL | WEIBULL |
| WEIBULL.DIST | WEIBULL.VERT |
| WORKDAY | ARBEITSTAG |
| WORKDAY.INTL | ARBEITSTAG.INTL |
| XIRR | XINTZINSFUSS |
| XNPV | XKAPITALWERT |
| XOR | XODER |
| YEAR | JAHR |
| YEARFRAC | BRTEILJAHRE |
| YIELD | RENDITE |
| YIELDDISC | RENDITEDIS |
| YIELDMAT | RENDITEFÄLL |
| Z.TEST | G.TEST |
| ZTEST | GTEST |

# Informationen zu Operatoren für Berechnungen

Über Operatoren wird die Art der Berechnung festgelegt, die mit den einzelnen Elementen einer Formel durchgeführt werden soll.

Microsoft Excel unterscheidet diese vier verschiedenen Operatoren:

1. arithmetische Operatoren
2. Vergleichsoperatoren
3. Textoperatoren
4. Bezugsoperatoren

## 1. Arithmetische Operatoren

| Operator | Bedeutung | Beispiel |
| --- | --- | --- |
| + (Pluszeichen) | Addition | 5+7 |
| – (Minuszeichen) | Subtraktion | 12–4 |
| * (Sternchen) | Multiplikation | 4*7 |
| / (Schrägstrich) | Division | 15/3 |
| % (Prozentzeichen) | Prozent | 19% |
| ^ (Caretzeichen) | Potenzierung | 2^8 |
| Inversion | Änderung des Vorzeichens | –1 |

## 2. Vergleichsoperatoren

Mittels Vergleichsoperatoren können zwei Werte verglichen werden. Als Ergebnis erhalten Sie die logischen Werte *WAHR* oder *FALSCH*.

| Operator | Bedeutung | Beispiel |
| --- | --- | --- |
| = (Gleichheitszeichen) | ist gleich | B15 = C20 |
| > (Größer-als-Zeichen) | größer als | B15 > C20 |
| < (Kleiner-als-Zeichen) | kleiner als | B15 < C20 |
| >= (Größer-gleich-Zeichen) | größer oder gleich | B15 >= C20 |
| <= (Kleiner-gleich-Zeichen) | kleiner oder gleich | B15 <= C20 |
| <> (Ungleichzeichen) | ungleich | B15 <> C20 |

## 3. Textverkettungsoperator

Mithilfe des Textoperators & können mehrere Textzeichenfolgen zu einem einzigen Textwert verknüpft werden.

| Operator | Bedeutung | Beispiel |
| --- | --- | --- |
| & (kaufmännisches Und-Zeichen) | Verbindet zwei Werte zu einem zusammenhängenden Textwert. | "Berg"&"bahn" oder auch B15 & C20 |

## 4. Bezugsoperatoren

Bezugsoperatoren verknüpfen Zellbereiche zur Durchführung von Berechnungen.

| Operator | Bedeutung | Beispiel |
| --- | --- | --- |
| : (Doppelpunkt) | Bereichsoperator, der einen Bezug auf alle Zellen erstellt, die zwischen zwei Bezügen liegen, einschließlich der beiden Bezugszellen. | =SUMME(B15:C20) |
| ; (Semikolon) | Verbindungsoperator, der die Verbindung mehrerer Bezüge in einem Bezug ermöglicht. | =SUMME(B15:C20;G5:G10) |

| Operator | Bedeutung | Beispiel |
|---|---|---|
| (Leerschritt) | Schnittmengenoperator, der einen Bezug zu Zellen erstellt, die für beide Bezüge gleich sind. | (B7:D7 C6:C8) |

## Priorität von Operatoren

Werden in einer Formel mehrere Operatoren verwenden, führt Excel die Operationen in der Reihenfolge aus, in der sie in der nachfolgenden Tabelle aufgeführt sind. Enthält eine Formel Operatoren mit gleicher Priorität, wie zum Beispiel Multiplikations- und Divisionsoperatoren, werden die Operatoren von links nach rechts ausgewertet.

| Nr. | Operator |
|---|---|
| 1 | : (Doppelpunkt) |
| 2 | (einzelnes Leerzeichen) |
| 3 | ; (Semikolon) |
| 4 | Bezugsoperatoren |
| 5 | – (Inversionen wie in –1) |
| 6 | % (Prozent) |
| 7 | ^ (Potenzierung) |
| 8 | * und / (Multiplikation und Division) |
| 9 | + und – (Addition und Subtraktion) |
| 10 | & (Verkettung) |
| 11 | = < > <= >= <> (Vergleich) |

### Verändern der Berechnungsreihenfolge mit Klammern

Um die Reihenfolge der Berechnung zu ändern, setzen Sie den Teil der Formel in Klammern, der zuerst berechnet werden soll. Beispielsweise gibt die folgende Formel das Ergebnis –7 zurück, da in Excel Multiplikationen vor Subtraktionen ausgeführt werden. Die Formel multipliziert die Zahlen –3 und 5 und addiert den Wert 8 zum Ergebnis hinzu.

=8-3*5

Wenn Sie jedoch Klammern in der Formelsyntax verwenden, subtrahiert Excel den Wert 3 vom Wert 8 und multipliziert anschließend das Ergebnis mit 5. Das Ergebnis lautet 25.

=(8-3)*5

Anhang

# Praxisorientierte Shortcuts

Die nachfolgende Tabelle gibt einen Überblick über die wichtigsten Tastenkombinationen (Shortcuts) für den täglichen Gebrauch.

## Übersicht der praxisorientierten Tastenkombinationen

| Funktion | Tastenkombination |
| --- | --- |
| Im Tabellenblatt um eine Zelle nach rechts bewegen. | Tab |
| Im Tabellenblatt um eine Zelle nach links bewegen. | Umschalt+Tab |
| Markieren des gesamten Arbeitsblatts. | Strg+A |
| Funktionsargumente einfügen (dazu muss sich die Einfügemarke rechts neben dem Funktionsnamen in einer Formel befinden). | Strg+Umschalt+A |
| Aktuelles Datum einfügen. | Strg+. (Punkt) |
| Aktuelle Uhrzeit einfügen. | Strg+: (Doppelpunkt) |
| Neue leere Arbeitsmappe erstellen. | Strg+N |
| Datei öffnen. | Strg+O |
| Datei speichern. | Strg+S |
| Markierte Zellen in Zwischenablage kopieren. | Strg+C |
| Inhalte aus der Zwischenablage einfügen. | Strg+V |
| Markierte Zellen ausschneiden. | Strg+X |
| Befehl rückgängig machen. | Strg+Z |
| Befehl wiederherstellen. | Strg+Y |
| Tabellenfenster schließen. | Strg+W |
| Dialogfenster Zellen formatieren aufrufen. | Strg+1 |
| Spalte markieren. | Strg+Leertaste |
| Zeile markieren. | Umschalt+Leertaste |
| Zelle fett setzen. | Strg+Umschalt+F |
| Zelle kursiv setzen. | Strg+Umschalt+K |
| Zellinhalt unterstreichen. | Strg+Umschalt+U |
| Zelle mit dem Währungsformat belegen. | Strg+Umschalt+4 |
| Zelle mit dem Prozentformat belegen. | Strg+Umschalt+5 |
| Zelle mit dem Datumsformat belegen. | Strg+Umschalt+3 |
| Zellen mit dem Standardformat belegen. | Strg+Umschalt+1 |
| Aufrufen der Hilfefunktion. | F1 |
| Multifunktionsleiste ein- und ausblenden. | Strg+F1 |
| Wechseln in den Bearbeitungsmodus. | F2 |
| Aufrufen des Namens-Managers. | Strg+F3 |
| Zellkommentar einfügen. | Umschalt+F2 |

## Praxisorientierte Shortcuts

| Funktion | Tastenkombination |
|---|---|
| AutoSumme einfügen. | [Alt]+[Umschalt]+[0] |
| Ausfüllen nach unten. | [Strg]+[U] |
| Ausfüllen nach rechts. | [Strg]+[R] |
| Markierung mit aktuellem Eintrag ausfüllen. | [Strg]+[Enter] |
| Matrixformel erzeugen. | [Strg]+[Umschalt]+[Enter] |
| Bezug (relativ/absolut) ändern. | [F4] |
| Wechseln zwischen Formel- und Ergebnisansicht. | [Strg]+[#] |
| Zeile ausblenden. | [Strg]+[9] |
| Zeile einblenden. | [Strg]+[Umschalt]+[9] |
| Spalten ausblenden. | [Strg]+[8] |
| Spalten einblenden. | [Strg]+[Umschalt]+[8] |
| Blatt, nächstes auswählen. | [Strg]+[Bild↑] |
| Blatt, vorheriges auswählen. | [Strg]+[Bild↓] |
| Zeile, leere einfügen. | [Strg]+[+] (Pluszeichen) |
| Zeile, markierte löschen. | [Strg]+[-] (Minuszeichen) |
| Funktions-Assistenten aufrufen. | [Umschalt]+[F3] |
| Argumentliste in Formel eintragen. | [Strg]+[Umschalt]+[A] |
| Berechnen, aktives Tabellenblatt. | [F9] |
| Berechnen, gesamte Arbeitsmappe. | [Umschalt]+[F9] |
| Berechnen aller geöffneten Arbeitsmappen. | [Strg]+[Alt]+[F9] |
| Berechnen aller geöffneten Arbeitsmappen und Überprüfen aller abhängigen Formeln. | [Strg]+[Umschalt]+[Alt]+[F9] |
| Fenster minimieren. | [Strg]+[F9] |
| Fenster maximieren. | [Strg]+[F10] |
| Befehl Gehe zu aufrufen. | [Strg]+[G] oder [F5] |
| Befehl Suchen und Ersetzen aufrufen. | [Strg]+[F] |
| Neue leere Arbeitsmappe erzeugen. | [Strg]+[N] |
| Befehl Rechtschreibung aufrufen. | [Strg]+[F7] |
| Kontextmenü einblenden. | [Umschalt]+[F10] |
| Zwischenablage, gesamten Bildschirminhalt kopieren. | [Druck] |
| Zwischenablage, aktives Fenster kopieren. | [Alt]+[Druck] |

Über die vorgestellten Tastenkombinationen hinaus steht noch eine Vielzahl weiterer Shortcuts zur Verfügung, deren Funktionsweise Sie über die Onlinehilfe erfahren können. Für den täglichen Gebrauch sollten die aufgelisteten Kombinationen allerdings genügen und gute Dienste leisten.

# Stichwortverzeichnis

## A

ABS .................................................................. 415
Abschreibung
   arithmetisch-degressiv ........................... 317
   digital ....................................................... 317
   geometrisch-degressiv ............................ 317
   linear ....................................................... 317
   Umstellung degressiv – linear ................ 320
Abzinsung ........................................................ 291
Abzinsungsfaktor ............................................. 291
Access
   Abfrage erstellen .................................... 650
   Daten importieren .................................. 644
   über OLE-DB ........................................... 650
ActiveX-Element .............................................. 325
Addieren
   nur negative Zahlen ............................... 437
   nur positive Zahlen ................................ 437
Add-in
   Excel 2003 ............................................... 177
   navigieren ................................................. 58
ADRESSE ................................................ 420, 455
Adressfeld, Pfad- und Dateiname anzeigen .. 182
Aktuelles Datum kennzeichnen ...................... 114
Animationen deaktivieren ............................... 765
Anlagedauer, berechnen ................................. 324
Annuität
   ermitteln ................................................. 300
   Tilgungsanteil ......................................... 301
   Zins- und Tilgungsanteil kumuliert .............. 305
   Zinsanteil ................................................ 303
Annuitätendarlehen ........................................ 307
Anpassen, Symbolleisten ................................ 684
ANZAHL .................................................. 427, 440
Anzahl Februartage ......................................... 276
Anzahl, Teilstring zählen ................................. 237
ANZAHL2 ........................................................ 440
ANZAHLLEEREZELLEN ................................... 440
Anzeige
   chemische Formeln ................................ 396
   Formel ..................................................... 200
   Formel und Formelergebnisse ................ 201
   Formelergebnisse .................................... 200
App
   App-Store ................................................ 795
   Bing Maps ............................................... 787
   Gauge ...................................................... 797
   Spreadsheet Compare 2013 ................... 791
App-Store-Erweiterungen ............................... 795
App-Streaming ................................................ 760
ARABISCH ............................................... 410, 412
Arabische Zahlen, umwandeln ....................... 410

Arbeitslosenversicherung ............................... 335
Arbeitsmappe
   Abfrage generell unterdrücken .............. 637
   Abfrage zu Link-Update unterdrücken ....... 637
   externe Links finden ............................... 639
   Kopie öffnen ........................................... 176
   legitimieren ............................................. 181
   Link-Update ............................................ 636
   Verknüpfungen ....................................... 175
   versenden per E-Mail ............................. 671
   zeitabhängiger Zugriff ............................ 183
ARBEITSTAG ................................................... 259
ARBEITSTAG.INTL ........................................... 275
Arbeitswoche ermitteln .................................. 273
Argumentzahl, ermitteln ................................. 440
Arithmetisches Mittel ...................................... 367
ASCII-Datei importieren .................................. 630
AUFRUNDEN ................................................... 286
Aufteilen, Münzen und Scheine ..................... 456
Aufzinsung ...................................................... 291
Aufzinsungsfaktor ........................................... 291
Ausfüllkästchen, Datenerfassung ..................... 29
AUSWAHL ....................................................... 420
Auswerten, Daten nach Alter ......................... 447
AutoAusfüllkästchen deaktivieren .................. 680
AutoFilter anwenden ...................................... 501
AutoKorrektur anlegen ..................................... 33

## B

Backstage
   Arbeitsmappe schützen ......................... 731
   auf Probleme prüfen .............................. 732
   drucken ................................................... 735
   Einführung .............................................. 730
   Excel 2013 ............................................... 763
   freigeben ................................................. 736
   Informationen ......................................... 731
   neue Arbeitsmappe ................................ 735
   Versionen verwalten ............................... 733
   zuletzt verwendet .................................. 734
Barwert ermitteln ............................................ 314
BASIS ............................................................... 405
Basiszinsen ...................................................... 325
Bearbeitungsleiste
   Namensfeld ............................................. 717
   Übersicht ................................................. 716
Bedingte Formatierung
   ab Excel 2007 ............................................ 95
   aktuelles Datum ..................................... 114
   Bezug auf anderes Tabellenblatt ........... 120
   Buchstabenwechsel ................................ 100
   Datum kennzeichnen ............................. 109

Bedingte Formatierung
   doppelte Datensätze hervorheben ............... 107
   eindeutige Datensätze hervorheben ........... 106
   ersten Eintrag hervorheben ....................... 100
   erweiterte Datenbalken ............................. 127
   Excel 2003 ................................................ 96
   Excel 2007 ................................................ 724
   Extremwerte kennzeichnen ....................... 104
   fällige Rechnungen kennzeichnen ............... 109
   Fehler hervorheben .................................. 101
   Fehlerwerte ausblenden ............................ 125
   gesamte Zeile hervorheben ....................... 116
   grundsätzliche Informationen ..................... 95
   Gruppierungslinien .................................... 98
   Kalenderwoche ........................................ 115
   Leselinien ................................................ 96
   mehr als drei Bedingungen – Excel 2003 .... 123
   Schwellenwerte kennzeichnen ................... 110
   Symbolsätze Excel 2010/2013 ................... 129
   Tendenzpfeile anzeigen ............................ 117
   Text hervorheben .................................... 101
   Texte aufspüren ....................................... 126
   Wochenenden hervorheben ...................... 111
   Wochentage hervorheben ......................... 111
   Zahlen hervorheben ................................. 101
   Zeitraum kennzeichnen ............................ 112
   Zellen ohne Zellschutz ............................. 122
Bedingungen, Daten auslesen .......................... 469
Benutzerdefinierte Ansicht
   Drucklayout speichern ............................. 667
   Schnellzugriff ......................................... 668
Benutzerdefinierte Einstellungen,
   Excel 2007 ............................................. 710
Benutzerdefinierte Formate
   allgemeine Informationen ......................... 130
   Aufruf des Dialogs .................................. 130
   buchhalterisch Soll und Haben .................. 142
   Daten schützen ...................................... 140
   Dezimalbruch ......................................... 141
   eigene Zellenformatvorlagen .................... 143
   Eingaben verändern ................................ 152
   Hundertstelsekunden .............................. 139
   negative Werte hervorheben .................... 133
   negative Werte unterdrücken ................... 134
   platzsparende Anzeige ............................. 135
   Smileys .................................................. 153
   Stundenanzeige über 24-Stunden-Grenze 140
   Uhrzeit .................................................. 278
   verschiedene Zahlenformate .................... 132
   wertabhängige Formatierung ................... 136
   Wertebereiche anzeigen .......................... 137
   Zahlenformate mit Zusatzangaben ............ 138
Benutzerdefinierte Funktion
   Zahl der Formelzellen ermitteln ................ 441
   Zeichen entfernen .................................. 154
Benutzerdefinierte Liste
   anlegen .................................................. 32

Benutzerdefinierte Liste
   ausfüllen ................................................ 32
Benutzerdefinierte Vorlage
   aufrufen ................................................ 191
   erstellen ................................................ 190
Benutzernamen anpassen ............................... 586
Berechnungen, 3-D ......................................... 213
Berechtigungen, gemeinsamer Zugriff ........... 164
Bereich
   Zahl der Formelzellen ermitteln ................ 440 f.
   Zahl leerer Zellen ermitteln ..................... 440
   Zellenzahl ermitteln ................................ 440
BEREICH.VERSCHIEBEN ......... 60, 426, 429, 431,
                                                                 512, 663
Bereichsfilter, für PivotTable ............................ 539
Beschränken, Zugriff auf definierten
   Tabellenbereich .................................... 160
Beträge
   mit Texten summieren ............................ 418
   Münzen und Scheine .............................. 456
Bildbearbeitung
   Bildlayout .............................................. 750
   Excel 2010 ............................................. 747
   freistellen .............................................. 748
   künstlerische Effekte .............................. 749
Bilder sortieren .............................................. 505
Bing Maps in Excel 2013 .................................. 787
BININDEZ ....................................................... 405
BININHEX ...................................................... 405
BININOKT ...................................................... 405
Blitzvorschaufunktion ............................... 769, 771
Break-even-Analyse, über Zielwertsuche ...... 521
Browser, Web-Apps ........................................ 804
Brüche
   alle Teiler ermitteln ................................ 403
   größter gemeinsamer Teiler ..................... 402
   kleinstes gemeinsames Vielfaches ............ 403
Buchstaben-Zahlen-Kombinationen
   erzeugen .............................................. 455
Business Intelligence ..................................... 554
BW ........................................................ 291, 315

# C

CAGR ............................................................ 337
Compound Annual Growth Rate ..................... 337

# D

DATEDIF ................................................ 249, 448
Dateien, aus Verzeichnis auslesen .................. 363
Dateiformat
   neue Formate ....................................... 720
   Übersicht .............................................. 720
   XML ..................................................... 720
Dateiinformationen auslesen .......................... 360

Daten
  auslesen mit mehreren Bedingungen .......... 469
  beim Ausdruck verbergen ................................ 658
  Bereinigung .................................................... 634
  Kreuztabelle .................................................. 475
  lückenlos auslesen ........................................ 468
  per VBA filtern .............................................. 836
  SVERWEIS-Fehler unterdrücken .................. 695
Daten schützen, benutzerdefiniertes Format   140
Datenbank
  Anzahl Einträge ermitteln ............................. 342
  Anzahl Texte und Werte ............................... 347
  Datensatz aus Datenblöcken ........................ 356
  Formelergebnis als Suchkriterium ................ 346
  größter Wert ................................................. 349
  Grundlagen ................................................... 338
  kleinster Wert ............................................... 349
  Kreuztabelle in Datensätze überführen ...... 354
  Kriterien ........................................................ 339
  Kriterienbereich ............................................ 344
  Mittelwert ..................................................... 350
  Oder-Verknüpfungen ................................... 344
  Suchsystem erstellen .................................... 352
  Summe .......................................................... 351
  Und-Oder-Verknüpfungen ........................... 345
  Und-Verknüpfungen ................................. 344 f.
Datenblöcke, Überführung in Datensätze ..... 356
Dateneingabe über Schieberegler .................... 843
Datenerfassung
  Ausfüllkästchen ....................................... 29, 33
  AutoFormatierung deaktivieren ..................... 34
  AutoKorrektur ................................................ 33
  benutzerdefinierte Listen ............................... 32
  Datum ............................................................. 28
  Drop-down-Auswahlliste ............................... 38
  führende Null ................................................. 34
  gleicher Zellinhalt .......................................... 48
  Hochkomma ................................................... 34
  Kontextmenü ................................................. 31
  letzte Aktion .................................................. 38
  manuelle Erfassung ....................................... 24
  Maske ............................................................. 24
  mehrere Tabellenblätter ................................ 26
  Nullwerte ausblenden .................................... 35
  Reihe .............................................................. 30
  SmartTag ....................................................... 31
Datenexport
  Daten an Word übergeben .......................... 653
  verschiedene Formate ................................. 641
Datenimport
  ASCII-Datei ................................................... 630
  aus Access .................................................... 644
  aus Internet .................................................. 642
  Bereinigung .................................................. 634
  Leerzeichen entfernen ................................. 636
  MS-Query ..................................................... 644
  nachgestelltes Minuszeichen ....................... 635

Datenimport
  Sonderzeichen entfernen ............................. 636
  Zahl wird als Text interpretiert .................... 634
Datenkonsolidierung
  allgemeine Informationen ............................ 571
  gleichförmige Daten konsolidieren .............. 573
  mit unterschiedlichen Überschriften ........... 576
  Praxisbeispiel ............................................... 573
  Teilkonsolidierung ....................................... 578
Datenmaske
  Daten erfassen ............................................... 24
  Daten suchen ................................................. 26
  einbinden ....................................................... 24
Datenschnittfunktion
  Ideen und Anregungen ................................ 552
  PivotTables ................................................... 548
Datenschutz
  Arbeitsmappen schützen ............................. 866
  Datenänderungen verhindern ...................... 869
  diverse Möglichkeiten .................................. 866
  Hardware-Dongle einsetzen ........................ 872
  Quellcode schützen ..................................... 869
  speichern von Datenänderungen
    unterbinden .............................................. 871
  Tabellen schützen ........................................ 868
Datenvisualisierung .......... 60, 63, 186, 277, 413,
                                                                  436, 893
Datum ............................................................. 276
  Aufbau des Datumsformats ......................... 243
  aus KW und Wochentag ............................... 248
  aus KW und Wochentag ermitteln ............... 266
  aus Tag, Monat und Jahr erzeugen ............. 246
  bewegliche Feiertage ................................... 256
  Darstellungsmöglichkeiten .......................... 244
  Datumsdifferenzen ermitteln ....................... 249
  dynamische Datumsangaben ....................... 248
  erfassen .......................................................... 27
  erfassen über Zehnertastatur ........................ 28
  Ermittlung Arbeitstage ................................. 258
  Ermittlung des Monatsletzten ..................... 254
  Ermittlung Projektende ................................ 259
  gültige Datumsangaben erzeugen ............... 247
  Häufigkeit des Wochentags ......................... 255
  höchster Tagesumsatz ................................. 472
  in Tage, Monate und Jahre zerlegen ........... 247
  in WENN-Abfragen ...................................... 251
  Kalenderwoche berechnen .......................... 263
  letzter Arbeitstag im Monat ........................ 261
  letzter Wochentag ....................................... 267
  Monate addieren .......................................... 268
  MONATSENDE ............................................. 254
  Ostersonntag ................................................ 256
  Schaltjahr ..................................................... 270
  Sommer-, Winterzeit .................................... 271
  Summierung nach Quartalen ....................... 269
  trennen von Datum und Zeit ....................... 289
  verschiedene Datumsformate ..................... 244

Datum
　vor 01.01.1900 ................................................ 252
　Welcher Tag ist heute? .................................. 253
　Wie viele Tage sind es bis Jahresende? ........ 253
　Wochenanfang ................................................ 267
　Wochenende ermitteln ................................... 259
　Wochentag an bestimmtem Datum ............. 262
　Wochentage ohne Wochenenden ................ 268
　Zinstage ermitteln .......................................... 251
Datumsdifferenzen ermitteln .............................. 249
Datumsprüfung, Gültigkeitsprüfung ................... 77
DATWERT ........................................................ 251, 261
DBANZAHL .............................................................. 342
DBANZAHL2 ............................................................ 347
DBAUSZUG ............................................................. 352
DBMAX .................................................................... 349
DBMIN ..................................................................... 349
DBMITTELWERT ...................................................... 350
DBSUMME ............................................................... 351
Degressive Abschreibung .................................... 317
Designs, Excel 2007 .............................................. 726
DEZIMAL .................................................................. 405
Dezimalstellen
　auslesen .......................................................... 398
　Vorgabe definieren ........................................ 681
Dezimaltrennzeichen festlegen ........................... 682
Dezimalzahl, in Zeit umrechnen ......................... 281
Dezimalzahlen ....................................................... 405
DEZINBIN ................................................................ 405
DEZINHEX ............................................................... 405
DEZINOKT ............................................................... 405
DIA ........................................................................... 317
Diagramm
　als statische Bilder ........................................ 609
　als Webseite veröffentlichen ........................ 619
　Datenbereich dynamisieren ......................... 604
　dynamisch formatieren ................................. 606
　erstellen ........................................................... 600
　erweiterte Funktionen in Excel 2010/
　　2013 ............................................................... 620
　Excel 2007/2010/2013 ................................... 600
　formatieren ..................................................... 602
　Funktionen ...................................................... 602
　in PowerPoint integrieren ............................ 621
　kleine Zahlen darstellen ................................ 612
　Kreisdiagramm einfügen ............................... 612
　Liniendiagramm .............................................. 610
　mehrere Diagrammtypen kombinieren ...... 617
　mit Formeln erzeugen ................................... 623
　mit PowerPoint verknüpfen ......................... 622
　nach PowerPoint übertragen ....................... 850
　PivotChart ....................................................... 616
　relevante Daten ein- und ausblenden ........ 613
　Säulendiagramm ............................................ 601
　Topwerte hervorheben ................................. 781
　Zellen ohne Inhalte ignorieren .................... 610
Diagrammtypen kombinieren ............................. 617

Differenz
　größte negative .............................................. 392
　größte positive ............................................... 392
Digitale Abschreibung ......................................... 317
Digitale Signatur, Arbeitsmappen
　legitimieren .................................................... 181
Doppelte Einträge verhindern .............................. 72
Doppelte Werte kennzeichnen ........................... 107
Drill-down-Details einblenden ............................ 543
Drop-down-Listen miteinander verknüpfen ... 81
Druckbereich
　Anzeige ........................................................... 665
　dynamisieren .................................................. 664
Drucken
　Daten verbergen ............................................ 658
　Druckbereich dynamisieren ......................... 664
　einzelne Zellinhalte verbergen .................... 658
　Fehlerwerte ausblenden ............................... 666
　Formelübersicht ............................................. 669
　Layouts speichern ......................................... 667
　mit Makro unterbinden ................................ 670
　negative Zahlen unterdrücken .................... 659
　sichtbarer Bereich ......................................... 663
　Steuerelement ................................................ 660
　Wasserzeichen ................................................ 660
　Zellbereich verbergen ................................... 659
Drucker, Wasserzeichen einfügen ..................... 661
Dualzahlen ............................................................. 405
Duplikate entfernen ............................................. 503
　Excel 2003 ...................................................... 504
　Excel 2007 ...................................................... 503
Duplikate finden
　einspaltige Liste ............................................. 507
　mehrspaltige Liste ......................................... 509
Durchschnitt .......................................................... 367
Durchschnittsgeschwindigkeit ermitteln ........ 288
Dynamische Bezüge herstellen .......................... 477
Dynamische Datumsangaben erzeugen ......... 248
Dynamischer Seitenübertrag, unter-
　schiedliche Listenlänge ................................ 174

# E

EAN-Code
　prüfen .............................................................. 405
　Prüfziffer ermitteln ....................................... 404
EDATUM ................................................................. 269
EFFEKTIV ................................................................ 293
Effektivzins ............................................................ 293
Effektivzinssatzmethode ..................................... 325
Einbetten in Webseiten ....................................... 806
Eindeutige Werte kennzeichnen ........................ 106
Einfügen
　gleicher Zellinhalt ............................................ 48
　Inhalte ............................................................... 36
　Multiplikation ................................................... 47
　Werte ................................................................. 36

Einfügen
  Wiederholungszeilen ........................... 662
  Wochentage ohne Wochenenden ................ 268
Eingabemeldung, Gültigkeitsprüfung ................. 65
Einmalanlage ........................................... 324
Einstellungen, Standardschriftart ..................... 187
Eintrag, ersten hervorheben ........................... 100
E-Mail
  Arbeitsmappe versenden ................... 671
  Bereich versenden .......................... 674
  Name auslesen .............................. 241
  Tabellenblatt versenden ................... 672
Empfohlene Diagramme ............................... 778
Endkapital ............................................. 324
Endkapitel, über Zielwertsuche ....................... 520
Endwert
  ermitteln ..................................... 312
  wechselnde Zinsen ......................... 312
Entfernen
  persönliche Informationen ................ 177
  überflüssige Zeichen ....................... 240
  verborgene Daten ........................... 177
Ergebnisse, Anzeige in der Statusleiste .............. 212
Ergebnisvektor ......................................... 458
ERSETZEN .............................................. 419
Eulersche Zahl ......................................... 293
Excel 2003, Limitationen ............................. 722
Excel 2007
  Bearbeitungsleiste ......................... 716
  bedingte Formatierung .................... 724
  Benutzeroberfläche, Überblick ........... 708
  Designs ...................................... 726
  Formatkataloge ............................. 725
  Hilfefunktion ................................ 728
  Kompatibilität Excel 2003 ................ 721
  Kompatibilitätsprüfung .................... 727
  kontextbezogene Registerkarten ......... 714
  Kontextmenü ................................ 717
  Limitationen ................................ 722
  Minisymbolleiste ........................... 718
  Multifunktionsleiste im Detail ........... 712
  Namens-Manager ........................... 724
  neue Benutzeroberfläche .................. 707
  neue Dateiformate .......................... 720
  neue Tabellenfunktionen .................. 726
  Office-Menü ................................. 710
  Optionen ..................................... 710
  Schnellzugriffsleiste ....................... 712
  Schnellzugriffsleiste anpassen ........... 684
  Sortierfunktion ............................. 723
  Startprogramm .............................. 716
  Statusleiste ................................. 718
  Tastaturbefehle, Multifunktionsleiste .......... 715
Excel 2010
  Backstage .................................... 730
  Bearbeitungsleiste ......................... 716
  Benutzeroberfläche ......................... 707

Excel 2010
  Bildbearbeitung ............................. 747
  erweiterte Filterfunktion .................. 515
  erweiterte Löschen-Schaltfläche ......... 743
  erweitertes Copy-and-paste ............... 742
  Fakten ....................................... 729
  Formeleditor ................................ 745
  Hilfefunktion ................................ 754
  Kompatibilität .............................. 730
  Kontextmenü ................................ 717
  Limitationen ................................ 722
  mehrere Dateien konvertieren ........... 754
  Menüband an mehreren Arbeitsplätzen .... 740
  Menüband anpassen ........................ 738
  Menüband ein-/ausblenden ............... 742
  Multifunktionsleiste im Detail ........... 712
  neue Dateiformate .......................... 720
  neuer Excel-Solver ......................... 746
  Office-Web-Apps ............................ 800
  Schnellzugriffsleiste an mehreren
    Arbeitsplätzen ............................ 742
  Schnellzugriffsleiste anpassen ........... 741
  Screenshots einfügen ...................... 744
  Sicherheitsoptionen ........................ 750
  Sparklines modifizieren ................... 626
  Startprogramm .............................. 716
  Statusleiste ................................. 718
  Tastaturbefehle, Multifunktionsleiste .......... 715
  verbesserte PivotTable-Funktionen ..... 531
  Zugriff auf SkyDrive ....................... 756
Excel 2010, Backstage
  Arbeitsmappe schützen .................... 731
  auf Probleme prüfen ....................... 732
  drucken ...................................... 735
  freigeben .................................... 736
  Informationen .............................. 731
  neue Arbeitsmappe ........................ 735
  Versionen verwalten ....................... 733
  zuletzt verwendet ........................... 734
Excel 2010/2013
  erweiterte Datenbalken .................... 127
  erweiterte Diagrammfunktionen ......... 620
  Sparklines, Einführung .................... 625
  Symbolsätze ................................. 129
Excel 2013
  Animationen ................................ 765
  Apps-Erweiterungen ....................... 795
  Backstage .................................... 763
  Bing Maps einbinden ...................... 787
  Blitzvorschaufunktion ............... 769, 771
  empfohlene Diagramme ................... 778
  Fakten .................................. 759, 787
  Kompatibilität .............................. 759
  neue PivotTable-Funktion ................ 773
  Office-Web-Apps ............................ 800
  ohne Startbildschirm ausführen ........ 764
  Schnellanalysefunktion ................... 766

Excel 2013
    Speicherkonzept ................................... 760
    Spreadsheet Compare ........................ 791
    Topwerte hervorheben ...................... 781
    Touch-Modus ....................................... 786
    Upload Center ..................................... 784
    Verbunddiagramme ............................ 783
    Zeitachsentool .................................... 776
Excel, Startparameter ................................ 688
Excel4-Makro, DATEIEN ............................ 363
Excel-Button .............................................. 809
Excel-Solver, Excel 2010 ............................ 746
Excel-Start, Vorlagendatei öffnen ............ 192
EXP ............................................................. 293
Externe Links
    entfernen ............................................. 639
    suchen .................................................. 639
Externe Schnittstelle
    Daten an Word .................................... 653
    Daten aus Internet .............................. 642
    Daten exportieren ............................... 641
    Outlook-Kontakte ................................ 676
Externe Zellbezüge verlinken ................... 175
Extremwerte kennzeichnen ...................... 104

# F

FAKULTÄT .................................................. 383
Farbe sortieren .......................................... 496
Farbpalette
    ändern ab Excel 2007 ......................... 498
    ändern in Excel 2003 .......................... 497
    übernehmen in Excel 2003 ................ 499
Faulenzerlisten, über Mehrfachoperation
    erstellen ............................................... 528
Fehler
    analysieren .......................................... 697
    Anzahl Fehler ...................................... 697
    Anzahl Fehler #NV .............................. 698
    automatische Fehleranalyse .............. 702
    Fehlerindikator .................................... 704
    Fehlertypen analysieren ..................... 692
    filtern ................................................... 691
    gezielt unterdrücken .......................... 694
    hervorheben ....................................... 101
    intelligent suchen ............................... 705
    markieren ............................................ 690
    Spur ..................................................... 701
    suchen und finden ............................. 690
    SVERWEIS ........................................... 695
    Überblick Fehlerarten ......................... 692
    unterdrücken ...................................... 693
    Zeile des ersten Fehlers ..................... 699
    Zeile eines bestimmten Fehlers ........ 699
    Zelladresse des ersten Fehlers .......... 700
FEHLER.TYP ............................................... 692
Fehleranalyse durchführen ....................... 702

Fehlertypen auslesen ................................ 692
Fehlerwerte
    analysieren .......................................... 697
    beim Drucken ausblenden ................. 666
    Überblick ............................................. 692
Feiertage, bewegliche Feiertage ermitteln .... 256
Fenster
    fixieren ................................................ 184
    teilen .................................................... 185
Fibonacci-Folge
    rekursive Formel ................................. 401
    Tabellenlösung ................................... 401
Filter
    AutoFilter ............................................ 501
    Duplikate entfernen ........................... 503
    fortlaufende Nummerierung ............. 512
    mehrere unabhängige AutoFilter ...... 513
Filterfunktion, Erweiterung ab Excel 2010 .... 515
Filtern nach Farben .................................... 847
Filtern von Daten per VBA ........................ 836
Finanzmathematik
    Ablaufsumme ..................................... 311
    Annuität .............................................. 300
    Anzahl Zahlungen für Endkapital ...... 309
    Barwert ................................................ 314
    degressive Abschreibung ................... 320
    Endwert ............................................... 312
    Skontoausnutzung ............................. 313
    Tilgungsanteil ..................................... 301
    Trends prognostizieren ...................... 322
    Verzinsung bei Zinssatzsteigerung ... 323
    Werte schätzen lassen ....................... 322
    Zins- und Tilgungsanteil kumuliert ... 305
    Zinsanteil ............................................ 303
    Zinssatz ............................................... 304
FINDEN ...................................................... 232
Formatieren
    Diagramm ............................................ 602
    Diagramm dynamisch ........................ 606
    Einträge links- und rechtsbündig ..... 148
    Teilergebnissummen .......................... 147
    Textfeld mit Zellinhalt ........................ 146
    wertabhängig ...................................... 136
    Zahlen mit Zusatzangaben ................ 138
    zwei Überschriften in einer Zelle ...... 145
Formatkataloge, Excel 2007 ..................... 725
Formatvorlagen
    anpassen ............................................. 190
    anwenden ........................................... 189
    erstellen und anpassen ...................... 188
Formelansicht aufrufen ............................. 669
Formeleditor, Excel 2010 .......................... 745
Formelergebnisse
    anzeigen .............................................. 200
    überwachen ........................................ 198
Formeln
    3-D-Bezüge ......................................... 213

Formeln
  auswerten .................................................. 208
  chemische Formeln darstellen ....................... 396
  Formelketten .................................................. 37
  Funktions-Assistent ..................................... 195
  intelligent zusammenbauen ......................... 202
  kopieren ohne Veränderung von Zell-
    bezügen .................................................... 205
  Spalten- und Zeilenbeschriftungen
    verwenden ................................................ 210
  verkleinern .................................................. 203
  Zellen mit Formeln schützen ......................... 206
  Zirkelbezüge ................................................ 209
Formelübersicht erstellen ..................................... 669
Fortlaufende Rechnungsnummer erzeugen .. 831
Funktionen, Excel 2013
  ARABISCH() ................................................ 887
  ARCCOT() .................................................. 889
  ARCCOTHYP() ........................................... 889
  BASIS() ....................................................... 887
  BINOM.VERT.BEREICH() ........................... 890
  BITLVERSCHIEB() ..................................... 892
  BITODER() ................................................. 892
  BITRVERSCHIEB() ..................................... 892
  BITUND() ................................................... 892
  BITXODER() ............................................... 892
  BLATT() ..................................................... 884
  BLÄTTER() ................................................. 884
  COSEC() ..................................................... 890
  COSECHYP() ............................................. 890
  COT() ......................................................... 889
  COTHYP() .................................................. 889
  DEZIMAL() ................................................. 887
  FORMELTEXT() .......................................... 886
  GAMMA() ................................................... 890
  IMCOSEC() ................................................. 891
  IMCOSECHYP() .......................................... 891
  IMCOT() ..................................................... 891
  IMSEC() ...................................................... 891
  IMSECHYP() ............................................... 891
  IMSIN() ....................................................... 891
  IMSINHYP() ................................................ 891
  IMTAN() ..................................................... 892
  ISOKALENDERWOCHE() ........................... 885
  ISTFORMEL() ............................................. 885
  KOMBINATIONEN2() ................................. 889
  MEINHEIT() ................................................ 890
  OBERGRENZE.MATHEMATIK() ................. 888
  PDURATION() ............................................ 888
  PHI() ........................................................... 890
  SCHIEFE.P() ............................................... 891
  SEC() .......................................................... 890
  SECHYP() ................................................... 890
  TAGE() ....................................................... 885
  UNICODE() ................................................. 887
  UNIZEICHEN() ........................................... 887
  UNTERGRENZE.MATHEMATIK() ............... 888

Funktionen, Excel 2013
  URLCODIEREN() ....................................... 888
  WEBDIENST() ............................................ 889
  WENNNV() ................................................. 885
  XMLFILTERN() ........................................... 889
  XODER() .................................................... 886
  ZAHLENWERT() ......................................... 886
Funktions-Assistent, Einführung ...................... 195
Funktionsübersicht
  Deutsch – Englisch ..................................... 932
  Englisch – Deutsch ..................................... 937

## G

GDA2 ................................................................ 317
Geburtstagsliste sortieren ................................. 500
Gefilterte Liste zählen ....................................... 445
Gemeinsamen Dateizugriff herstellen .............. 164
Geometrisches Mittel ........................................ 367
GEOMITTEL ...................................................... 367
Gestutztes Mittel ............................................... 367
Gewinnkalkulation, Praxisbeispiel .................... 219
GLÄTTEN .......................................................... 240
GROSS .............................................................. 155
GROSS2 ................................................... 155, 240
Grundgesamtheit .............................................. 376
Gruppierungslinien erzeugen ............................. 98
Gültigkeitskriterien, aus Liste ............................. 66
Gültigkeitsprüfung
  akustische Warnung ..................................... 85
  aufsteigende Reihenfolge ............................. 76
  Buchstaben prüfen ........................................ 68
  Datumsprüfung ............................................. 77
  definierte Länge ............................................ 70
  definierter Grenzwert .................................... 76
  doppelte Einträge verhindern ....................... 72
  doppelte Gültigkeitsliste ............................... 74
  Drop-down-Liste ............................................ 66
  Drop-down-Listen verknüpfen ....................... 81
  Eingabemeldung einblenden ........................ 65
  Fehlertyp ....................................................... 72
  fremde Zellen ................................................ 80
  grundsätzliche Informationen ....................... 64
  INDIREKT ...................................................... 68
  Leereinträge .................................................. 71
  Leerzeichen verhindern ................................ 70
  Makros anstoßen ....................................... 86 ff.
  Text überwachen .......................................... 70
  variable Gültigkeitslisten .............................. 83
  Wochenende ................................................. 78
  Zeitpunkt der Prüfung ................................... 65
  Zeitraum beschränken .................................. 79
  Ziffern prüfen ................................................ 68

## H

Hardcopy, Zellbereich ....................................... 199

HARMITTEL ........................................ 367
Harmonisches Mittel ......................... 367
HEUTE ................................................ 253
Hexadezimalzahlen ........................... 405
HEXINBIN .......................................... 405
HEXINDEZ ......................................... 405
HEXINOKT ........................................ 405
Hilfefunktion
    Excel 2007 ..................................... 728
    Excel 2010 ..................................... 754
HTML-Tabelle – Excel-Button ........... 809
Hyperlink
    erzeugen ....................................... 639
    in Mappen navigieren .................. 168
    Makro aufrufen ............................ 640
    professionelle Tabellennavigation ... 169
    zu Mappen navigieren ................. 168

# I

INDEX .............................. 363, 380, 465
INDIREKT ............ 68, 242, 410, 412, 428, 477
Industrieminuten
    ermitteln ...................................... 226
    umrechnen ................................... 280
INFO .................................................. 357
Informationen
    Dateien auslesen .......................... 363
    Dateiinformationen auslesen ...... 360
    Namen überprüfen ...................... 362
    Systeminformationen auslesen ... 357
    Zahlen von Text trennen .............. 364
    Zellinformationen auslesen ......... 361
    Zellinhalte analysieren ................. 366
Inhaltsverzeichnis erstellen .............. 167
Intelligente Fehlersuche ................... 705
Internationale Ziffern anzeigen ........ 150
Internet, Daten importieren .............. 642
ISOKALENDERWOCHE ..................... 263
ISTBEZUG ......................................... 363
ISTFEHL .............................................. 70
ISTFEHLER ........................................ 468
ISTFORMEL ............................... 101, 441
IST-Funktionen .......................... 101, 364
ISTLEER ............................................. 365
ISTTEXT .............................................. 68
ISTZAHL ............................................ 364

# J

JAHR .......................................... 253, 276
JETZT .................................................. 27
Joker .................................................. 348
Joker suchen ..................................... 492

# K

Kalenderwoche ................................. 263
    Formellösung ............................... 264
    hervorheben ................................. 115
    rückwärts zählen ......................... 271
    VBA-Funktion ............................... 264
Kapitalanlage, Ermitteln der Ablaufsumme .. 311
KAPZ .................................................. 302
KGRÖSSTE ............................... 235, 417
KKLEINSTE ........................................ 468
KLEIN ................................................ 155
KOMBINATIONEN ............................ 383
KOMBINATIONEN2 .......................... 383
Kombinationsfeld
    einfügen ....................................... 591
    LinkedCell .................................... 592
Kombinatorik
    Kombinationen ............................ 383
    Permutationen ............................. 383
    Variationen .................................. 383
Kommentare
    aus Zellinhalt ............................... 856
    automatisch ausrichten ............... 587
    automatisch formatieren ............. 587
    Benutzernamen anpassen ........... 586
    Bilder einbinden .......................... 583
    drucken ........................................ 584
    Einführung ................................... 579
    Form verändern ........................... 582
    formatieren .................................. 581
    löschen ......................................... 581
    markieren .................................... 581
    Schriftart ...................................... 587
    Schriftfarbe .................................. 587
    Schriftgröße ................................. 587
Kompatibilität
    Excel 2007 – _xlfn ........................ 727
    Excel 2007 – Excel 2003 ............... 721
    Excel 2010 ..................................... 730
    Excel 2013 ..................................... 759
    Format Excel 2003 ........................ 721
    Microsoft Office Compatibility Pack 2007  722
Kompatibilitätsprüfung, Excel 2007/2003 ... 727
Konstante Werte, Namen vergeben ... 224
Kontextbezogene Registerkarten,
    Excel 2007 ..................................... 714
Kontextmenü ................................... 717
Kontrollkästchen
    Caption ......................................... 593
    einfügen ....................................... 593
    LinkedCell ............................ 593, 596
    Spalte ausblenden ....................... 593
Konvertieren, mehrere Dateien ........ 754
Konvertierung von Zahlen ................ 410
Kopieren
    Bezüge .......................................... 50f.

Kopieren
  Doppelklick .................................................. 44
  vorige Zelle ................................................. 44
Krankenversicherung ............................................... 335
Kreuztabelle
  auslesen über Koordination ........................ 475
  überführen zu Datensätzen ........................ 354
KUMKAPITAL ........................................................ 305
KUMSZINSZ ......................................................... 305

## L

Lagerbestände, nach Alter auswerten ............. 447
Laufende Uhrzeit, in Zelle eintragen ............... 290
Leerzeichen, Eingabe verhindern ..................... 70
Leerzeilen entfernen ....................................... 468
Leselinien, automatisch erstellen ..................... 96
Letzte Spalte ermitteln .................................... 473
Letzte Zeile ermitteln ...................................... 473
Letzten Wert ermitteln .................................... 519
LIA .................................................................... 317
Limitationen, Excel 2007 – Excel 2003 ........... 722
Lineare Abschreibung ....................................... 317
LINKS ......................................................... 33, 232
  Excel zur BI-Lösung ausbauen ................... 894
  Sparklines für Excel (SfE) .......................... 906
Liste
  Excel 2003 ................................................... 490
  mit Grafiken ................................................ 518
LN ............................................................. 310, 324
Löschen
  persönliche Informationen ........................ 177
  untersagen ..................................................... 39
  verborgene Daten ....................................... 177

## M

Makro über WENN-Abfrage starten ............... 861
Manuelle Berechnung erzwingen ..................... 683
Markieren
  alle Zellen ..................................................... 57
  Namensfeld ................................................... 56
  Richtung ändern ........................................... 42
Maßeinheiten umwandeln ................................. 394
Matrix ............................................................... 458
Matrixfunktion
  allgemeine Informationen ......................... 216
  bedingte Summierung ............................... 221
  Besonderheiten .......................................... 218
  Fehlzeiten addieren ................................... 220
  letzte Zelle im benutzten Bereich ............. 221
  Matrixkonstanten ....................................... 217
Mauszeiger, navigieren ...................................... 55
Maximumwerte kennzeichnen ........................ 104
Median .............................................................. 367
Mehrfachoperation, Grundlagen ..................... 528
MEHRFACHOPERATIONEN ............................ 530

Menüband anpassen, Excel 2010 ..................... 738
Menüband ein-/ausblenden, Excel 2010 ........ 742
Menüband, an mehreren Arbeitsplätzen ........ 740
Menüzeile anpassen ......................................... 686
Microsoft-Konto .............................................. 760
MIN ................................................................... 317
Minisymbolleiste
  häufig verwendete Befehle ........................ 718
  Kontextmenü .............................................. 718
MINUTE ........................................................... 256
MITTELWERT ........................................... 367, 389
Mittelwert, ohne Nullwerte ............................ 389
Mittelwerte ...................................................... 367
MITTELWERTWENN ....................................... 726
MITTELWERTWENNS ..................................... 726
Modalwert ................................................ 367, 450
MONATSENDE ................................................ 261
Monatsende ermitteln .................................... 254
MS-Query
  Abfragen dynamisieren ............................. 648
  Daten aktualisieren .................................... 647
  Daten importieren ..................................... 644
  Formeln ausfüllen ...................................... 646
MTRANS ............................................................ 46
Multifunktionsleiste
  im Detail ..................................................... 712
  Skaliergrößen ............................................. 713
  Tastaturbefehle .......................................... 715

## N

Nachkommastellen auslesen .......................... 398
Nachtschicht, 0-Uhr-Grenze ........................... 283
Namen
  3-D-Namen ................................................. 215
  allgemeine Informationen ......................... 222
  auflisten ...................................................... 228
  auslesen über Makro4-Element ................ 229
  automatisch erzeugen ............................... 226
  bearbeiten .................................................. 224
  berechnende Namensverweise ................. 225
  definieren ........................................... 203, 223
  Ermittlung Industrieminuten .................... 226
  Ermittlung Vorjahr ..................................... 225
  Excel 2007 .................................................. 724
  für konstante Werte ................................... 224
  Namens-Manager ...................................... 724
  prüfen, ob vorhanden ................................ 362
  Syntax ......................................................... 222
  zurückverwandeln in Bezüge .................... 227
NAMEN.ZUORDNEN ....................................... 229
Namensfeld
  Daten selektieren ........................................ 56
  navigieren ..................................................... 52
Navigieren
  Add-in ........................................................... 58
  Shortcut ........................................................ 54

Navigieren
  über Namensfeld .................................... 52, 55
  zu bedingter Formatierung .................... 53
  zu Formeln ................................................. 53
  zu Zelladresse ........................................... 52
  zu Zellinhalten .......................................... 53
  zur Gültigkeitsprüfung ............................ 53
Negative Werte
  hervorheben ........................................... 133
  unterdrücken .......................................... 134
NETTOARBEITSTAGE ................................... 258
NETTOARBEITSTAGE.INTL ........................... 273
Neue Funktionen, Excel 2010
  AGGREGAT() ............................................ 882
  ARBEITSTAG.INTL() ................................ 881
  CHIQU.INV() ............................................ 882
  CHIQU.VERT() ......................................... 882
  F.INV() ...................................................... 883
  F.VERT() ................................................... 883
  KONFIDENZ.T() ....................................... 883
  KOVARIANZ.S() ....................................... 883
  MODUS.VIELF() ....................................... 883
  NETTOARBEITSTAGE.INTL() ................... 881
  OBERGRENZE.GENAU() .......................... 882
  QUANTIL.EXKL() ..................................... 883
  QUANTILSRANG.EXKL() ......................... 883
  QUARTILE.EXKL() ................................... 883
  RANG.MITTELW() ................................... 884
  T.INV() ..................................................... 884
  T.VERT() ................................................... 884
  UNTERGRENZE.GENAU() ....................... 882
Neue Tabellenfunktionen, Excel 2007 ......... 726
NOMINAL ..................................................... 293
Nominalzins ................................................. 293
Nullwerte ausblenden ................................... 35
Nummerierung
  aufsteigende Reihenfolge ....................... 76
  fortlaufend ............................................. 512

## O

OBERGRENZE ............................................... 286
Objekt drucken ............................................. 660
Office 2013
  Speicherkonzept .................................... 760
  Touch-Modus .......................................... 786
  Upload Center ........................................ 784
Office-2013-Versionen ................................. 760
Office-Menü, Startschaltfläche .................... 710
Office-Web-Apps, Übersicht ........................ 800
Oktalzahlen .................................................. 405
OKTINBIN ..................................................... 405
OKTINDEZ ..................................................... 405
OKTINHEX .................................................... 405
OLE-DB
  Abfrage erstellen ................................... 650
  Daten aktualisieren ............................... 652

Operatoren ................................................... 941
  arithmetisch ........................................... 942
  Bezug ...................................................... 942
  Priorität .................................................. 943
  Text ........................................................ 942
  Vergleich ................................................ 942
Optionen
  AutoAusfüllkästchen ............................. 680
  Dezimal- und Tausendertrennzeichen ........ 682
  Dezimalstellen ....................................... 681
  manuelle Berechnung ........................... 683
  Standardeinstellungen .......................... 679
  Standardspeicherpfad ........................... 681
Optionsfeld
  Caption ................................................... 596
  einfügen ................................................. 595
Outlook
  Kontakte nach Excel .............................. 676
  Mappen versenden ............................... 839
  Wiedervorlage ....................................... 655

## P

Palo
  herunterladen .............................. 186, 896
  installieren ............................................. 896
Palo-Bericht erstellen ................................... 900
Palo-Daten importieren ............................... 903
Palo-Menü, Überblick .................................. 897
Palo-Strukturen anpassen ........................... 901
Passwörter erzeugen ................................... 455
PDF-File erzeugen ........................................ 721
PDURATION ................................................. 324
Persönliche Informationen entfernen ........... 177
Pfad und Dateiname anzeigen .................... 182
Pflegeversicherung ...................................... 335
PivotChart erstellen ..................................... 616
PIVOTDATENZUORDNEN ........................... 545
PivotTable
  allgemeine Informationen .................... 530
  berechnende Felder hinzufügen ........... 544
  Bereichsfilter ......................................... 539
  Daten gezielt auslesen ......................... 545
  Datenschnittfunktion ............................ 548
  Details erweitern ................................... 536
  Drill-down-Details einblenden ............. 543
  erstellen ................................................. 533
  Excel 2010 .............................................. 531
  in Excel 2013 ......................................... 773
  in verschiedenen Excel-Versionen ........ 531
  PowerPivot ............................................. 554
  Teilergebnisse hinzufügen .................... 538
  Top 5 auswerten .................................... 541
  vor Ausdruck aktualisieren ................... 846
  Zeitachsentool ....................................... 776
Platzhalterzeichen ............................... 348, 362
Platzhalterzeichen suchen ........................... 492

955

POTENZ .................................................. 337, 383
PowerPivot, Self Service Business
 Intelligence ........................................... 554
Preisindex ............................................... 380
Primary Key erzeugen .............................. 236
Primzahlen ermitteln ............................... 398
Projektendtermin ermitteln ..................... 275
Provisionsermittlung, Rabattstaffel ......... 474

## Q

Quadratisches Mittel ............................... 367
Quartale summieren ............................... 269
Quersumme ermitteln ............................. 399

## R

Rabattstaffel, Provisionen ....................... 474
RANG ...................................................... 387
Rangfolge
 ermitteln ............................................. 387
 ohne doppelte Ränge ......................... 388
RECHTS ................................... 33, 233, 242
Registry .................................................... 40
Reihenfunktion ....................................... 410
Relativer Zinssatz .................................... 293
Rentenversicherung ............................... 335
RMZ ........................................................ 301
RÖMISCH ........................................... 410 ff.
Römische Zahlen umwandeln ................ 410
RUNDEN ................................ 286, 415, 438
 Rundungsfehler ausgleichen ............. 438
 summenerhaltend .............................. 438
Runden, Zeit ........................................... 286

## S

Säulendiagramm erstellen ...................... 601
Schaltjahr
 ermitteln ............................................. 270
 Februartage ........................................ 276
 Regeln ................................................. 270
SCHÄTZER .............................................. 322
Schnellanalysefunktion .......................... 766
Schnellzugriffsleiste
 an mehreren Arbeitsplätzen .............. 742
 anpassen ............................................ 684
 Excel 2007 .......................................... 712
 sichern ................................................ 687
Schnellzugriffsleiste anpassen, Excel 2010 .... 741
Schnittstelle, Update verlinkter Arbeits-
 mappen .............................................. 636
Schriftart, Standard definieren ............... 187
Schützen
 Formelzellen ...................................... 206
 ohne Blattschutz ................................ 208
Schwellenwerte kennzeichnen ............... 110

Screenshots einfügen ............................. 744
Seitennummerierung, benutzerdefiniert ....... 173
Seitenwechsel, nach Teilergebnissen ..... 568
Selektieren, Namensfeld .......................... 56
Shortcut
 alle Zellen markieren ........................... 57
 Datum .................................................. 27
 gleicher Zellinhalt ................................ 49
 letzte Aktion ........................................ 38
 Multifunktionsleiste .......................... 715
 navigieren ........................................... 54
 summieren ........................................ 434
 Übersicht ........................................... 944
 vorige Zelle kopieren .......................... 44
 Zeit ...................................................... 27
 Zwischenablage ................................... 49
Sicherheitsoptionen
 Excel 2010 .......................................... 750
 geschützte Ansicht ............................. 751
 vertrauenswürdige Dokumente ........ 751
 Zugriffsschutz .................................... 752
Skalierung, Multifunktionsleiste ............ 713
Skonto, Zinssatz ermitteln ...................... 313
SkyDrive .................................................. 760
 einrichten .......................................... 802
 hochladen .......................................... 803
 in Windows einbinden ...................... 812
 neue Ordner ...................................... 803
 Windows-App .................................... 812
 Zugriff mit Excel ................................ 756
 Zugriffsberechtigungen ..................... 803
SmartTag
 Datenerfassung ................................... 31
 Fehler ................................................. 704
Solver
 Antwortbericht .................................. 527
 Grenzwertbericht .............................. 528
 Grundlagen ........................................ 522
 Optimierungsrechnung ..................... 524
 Parameter speichern ......................... 526
 Sensitivitätsbericht ........................... 528
Sommer-, Winterzeit berechnen ............ 271
Sortieren
 Bilder ................................................. 505
 Excel 2007 .......................................... 493
 Geburtstagslisten .............................. 500
 Grundlagen ........................................ 493
 mit Formeln ...................................... 516
 mit Formeln ohne Leerzeile .............. 517
 nach Farbe ......................................... 496
 nach Häufigkeit ................................. 450
 über benutzerdefinierte Listen ......... 494
 von Tabellen per VBA ........................ 834
Sortierfunktion, Excel 2007 .................... 723
Sozialversicherung, Beiträge berechnen ......... 335
Spalten- und Zeilenbeschriftungen,
 Berechnungen durchführen .............. 210

Sparklines
  Einführung .......................................................... 625
  modifizieren ..................................................... 626
Spezialfilter
  Duplikate entfernen ......................................... 504
  mehrere Filterkriterien ................................... 510
Spreadsheet Compare 2013 ............................... 791
Spur zum Fehler ..................................................... 701
STABW ..................................................................... 376
STABW.N .................................................................. 376
STABW.S ................................................................... 376
STABWN ................................................................... 376
Standardabweichung ............................................ 376
Standardeinstellungen, individuell vorgeben  679
Standardfestplattenordner wechseln ................. 59
Standardspeicherformat, Excel 2007 ............... 722
Standardspeicherpfad festlegen ........................ 681
Standardspeichertyp festlegen .......................... 681
Startbildschirm deaktivieren .............................. 764
Starten, Startparameter ....................................... 688
Startparameter, individuell starten ................... 688
Startprogramm, Dialogfenster ........................... 716
Statistik
  Fisher-Index ...................................................... 380
  Lagemaße .......................................................... 367
  Laspeyres-Index ............................................... 380
  Mittelwerte ....................................................... 367
  Paasche-Index .................................................. 380
  Preisindizes ermitteln ..................................... 380
  Standardabweichung ...................................... 376
  Streuungsmaße ................................................ 376
  Varianz ............................................................... 376
Statusleiste
  Berechnungen anzeigen ................................. 212
  Excel 2007 ......................................................... 718
STEIGUNG ............................................................... 391
Steuerelement ....................................................... 325
  ActiveX-Steuerelement ................................... 589
  allgemeine Informationen ............................. 589
  Formularsteuerelement .................................. 589
  Kombinationsfeld ............................................ 591
  Kontrollkästchen ............................................. 593
  Optionsfeld ....................................................... 595
Stichprobe ............................................................... 376
Stundenlohn ermitteln ........................................ 288
SUCHEN ..................................................................... 70
Suchen, Platzhalterzeichen ................................. 492
Suchkriterium ........................................................ 458
Suchvektor .............................................................. 458
Summe
  negative Zahlen ............................................... 437
  positive Zahlen ................................................ 437
  quartalsweise ................................................... 269
  Zeit über 24-Stunden-Grenze ....................... 284
Summenerhaltendes Runden ............................. 438
SUMMENPRODUKT ............. 399, 404, 424, 446
SUMMEWENN ............................... 422, 430, 437

SUMMEWENNS ............................................ 424, 726
Summierung
  absolute Zahlen ............................................... 415
  doppelte Werte ................................................ 431
  dynamisch ........................................................ 420
  farbige Zellen ................................................... 432
  gerundete Zahlen ............................................ 415
  höchster Umsatz .............................................. 417
  identische Zellen, tabellenübergreifend ..... 435
  indirekte Zellreferenzierung ......................... 428
  jede x-te Zeile .................................................. 414
  mehr als 255 Argumente ............................... 416
  mehr als 30 Argumente ................................. 416
  mehrere Bedingungen ................................... 423
  per Shortcut ..................................................... 434
  Teilbeträge ....................................................... 431
  verschiedene Suchkriterien ........................... 422
  Vorjahresvergleich .......................................... 426
  Werte mit Text ................................................. 418
  Zwischensummen ........................................... 429
SVERWEIS ............................. 458, 463, 465, 474
  Bereich Verweis ............................................... 463
  Spaltenindex .................................................... 463
  Suchkriterium .................................................. 463
SVERWEIS versus INDEX ................................... 465
Symbolleisten
  Befehle abdocken ............................................ 687
  Excel 2003 individuell anpassen .................. 686
  individuelle Anpassung ................................. 684
  sichern .............................................................. 687
Systeminformationen auslesen ......................... 357

## T

Tabellen
  Ergebniszeile einfügen ................................... 491
  Excel 2007 ......................................................... 488
  in Bereich zurückverwandeln ....................... 492
  sortieren per VBA ........................................... 834
Tabellenbereiche, Zugriff beschränken .......... 160
Tabellenblatt
  dynamischer Seitenübertrag ......................... 174
  extrahieren ....................................................... 860
  gemeinsamer Dateizugriff ............................. 164
  Inhaltsverzeichnis erstellen ........................... 167
  Seitennummerierung erstellen ..................... 173
  versenden per E-Mail ..................................... 672
  Wiedereinblenden verhindern ..................... 166
Tabellenschutz per VBA ...................................... 853
TAG ........................................................................... 276
TAGE360 ........................................................ 251, 293
Tastenkombinationen, Multifunktionsleiste  715
Tausendertrennzeichen festlegen .................... 682
TEIL ........................................................................... 405
TEILERGEBNIS ............................................ 446, 569
  allgemeine Informationen ............................. 562
  automatischer Seitenwechsel ....................... 568

# Stichwortverzeichnis

**TEILERGEBNIS**
- erzeugen .................................................. 564
- löschen .................................................... 568
- manuell eintragen ................................. 569
- verschachteln ........................................ 566

Teilergebnis-Assistent ................................ 562
Teilergebnissummen formatieren .............. 147
Tendenz ermitteln ....................................... 391
Tendenzpfeile, Excel 2003 und ab 2007 ..... 117
Texteingabe überwachen .............................. 70
Textfeld, Zellinhalte verlinken ................... 146

**Textfunktionen**
- bis zu bestimmter Länge auffüllen ...... 242
- erste Wörter extrahieren ..................... 239
- GROSS .................................................. 155
- GROSS2 ................................................ 155
- Häufigkeit eines Teilstrings ermitteln .... 237
- KLEIN ................................................... 155
- Name aus E-Mail auslesen .................. 241
- Primary Key erzeugen ......................... 236
- Text- und Zahlenbestandteile aufteilen .... 234
- Textteile vertauschen ......................... 234
- Umlaute entfernen .............................. 240
- Vor- und Nachnamen extrahieren ...... 232
- Werte kombinieren ............................. 231
- Zellen dynamisch verketten ................ 242
- Ziffernfolge extrahieren ...................... 235

Textkonvertierungs-Assistent, Grundlagen .. 630
Tilgungsplan ................................................ 307
Timer, Makro ausführen ............................. 289
Titelleiste erweitern .................................... 855
Touch-Modus ............................................... 786

**Transponieren**
- Inhalte einfügen ..................................... 45
- MTRANS .................................................. 46

TREND ......................................................... 322
TYP .............................................................. 366

## U

**Überwachen**
- Formelergebnisse ................................ 198
- Tabellenausschnitte ............................ 199

**Umlaute**
- entfernen ............................................. 240
- umwandeln .......................................... 862

Umsatzprovision ermitteln ......................... 387

**UMWANDELN** ............................................ 394
- Grad Fahrenheit in Grad Celsius ........ 394
- Inch in Meter ...................................... 394
- Liter in Esslöffel ................................. 394
- Übersichtstabelle ................................ 395

Undo-Schritte ................................................ 40
Unikate, Anzahl ermitteln .......................... 449
UNTERGRENZE ........................................... 286
Untermenüs separat darstellen .................. 687
Upload Center ............................................. 784

## V

VAR.P .......................................................... 376
VAR.S .......................................................... 376
Varianz ........................................................ 376
VARIANZEN ................................................ 376
VARIATIONEN ........................................... 383
VARIATIONEN2 ......................................... 383

**VBA**
- Add-in Navigationsfadenkreuz .......... 864
- akustische Warnung ............................. 85
- alternative Datenerfassung ............... 843
- benutzerdefinierte Funktion FormelnZelle 101
- Daten filtern ....................................... 836
- Diagramme nach PowerPoint übertragen . 850
- Einführung in den Editor ................... 814
- Einführung Makros aufzeichnen ....... 819
- For Next-Schleife ............................... 821
- If-Anweisung ...................................... 824
- Kommentare aus Zellinhalt .............. 856
- Löschen untersagen .............................. 39
- Makro per Hyperlink ......................... 640
- Makro über WENN-Abfrage starten .... 861
- Makro zu bestimmter Zeit ausführen .... 289
- Mappen über Outlook versenden ...... 839
- Markierungsrichtung automatisch ändern .. 42
- MoveAfterReturnDirection ................... 43
- nach Farben filtern ............................ 847
- PivotTable automatisch aktualisieren ..... 846
- Rechnungsnummer erzeugen ............ 831
- Rechnungsnummer fortlaufend erzeugen . 831
- Select Case-Bedingung ...................... 826
- Tabellen schützen .............................. 853
- Tabellen sortieren .............................. 834
- Tabellenblatt extrahieren .................. 860
- Titelleiste erweitern ........................... 855
- umwandeln von Umlauten ................ 862
- variable Gültigkeitsprüfung ................ 83
- verbundene Zellen finden .................. 857
- Verknüpfungen löschen ..................... 841
- Verzeichnisinhalt auflisten ................ 838
- Worksheet_Deactivate .......................... 39
- Worksheet_SelectionChange ......... 39, 43
- Zahlen aus Text extrahieren ............. 858
- Zeichen entfernen .............................. 154
- Zeilen ausblenden .............................. 829
- Zeilen einblenden ............................... 830
- Zellen füllen ....................................... 828
- Zellinformationen auslesen ............... 852

VDB ............................................................. 321
Vektor ......................................................... 458

**Verbesserte Funktionen, Excel 2010**
- ARCSINHYP() ..................................... 873
- BETA.INV() ......................................... 874
- BETA.VERT() ...................................... 873
- BINOM.INV() ..................................... 874
- BINOM.VERT() .................................. 874

Verbesserte Funktionen, Excel 2010
  CHIQU.INV.RE() .................................................. 875
  CHIQU.TEST() ..................................................... 875
  F.INV.RE() ............................................................ 876
  F.VERT.RE() ......................................................... 876
  GAMMA.INV() ..................................................... 877
  GAMMA.VERT() .................................................. 876
  GEOMITTEL() ..................................................... 876
  HYPGEOM.VERT() ............................................. 877
  IKV() ..................................................................... 877
  KONFIDENZ.NORM() ........................................ 881
  KUMKAPITAL() .................................................. 876
  KUMZINSZ() ....................................................... 875
  LOGNORM.INV() ............................................... 878
  LOGNORM.VERT() ............................................. 878
  NEGBINOM.VERT() ........................................... 878
  NORM.INV() ....................................................... 879
  NORM.S.INV() .................................................... 879
  NORM.S.VERT() ................................................. 879
  NORM.VERT() .................................................... 879
  POISSON.VERT() ............................................... 880
  REST() .................................................................. 878
  STABW.S() .......................................................... 880
  T.INV.2S() ........................................................... 881
  T.VERT() ............................................................. 880
  UMWANDELN() ................................................. 875
  VAR.S() ................................................................ 881
  ZUFALLSZAHL() ................................................. 880
Verborgene Daten entfernen ............................. 177
Verbunddiagrammtypen ..................................... 783
Verbundene Zellen finden ................................... 857
Verfallsdatum, für Arbeitsmappenzugriff ...... 183
VERGLEICH ........................... 410, 412, 429, 470
VERKETTEN ............................................................ 236
Verketten, Zahlen/Datum/Text ....................... 231
Verknüpfungen
  löschen per VBA .............................................. 841
  öffnen ................................................................ 175
Verlinkte Arbeitsmappe öffnen ......................... 175
Veröffentlichung auf Webseiten ....................... 806
VERWEIS
  Matrixversion ................................................... 458
  nach links .......................................................... 470
  nach oben ......................................................... 470
  senkrechter ...................................................... 463
  SVERWEIS versus INDEX ............................... 465
  Vektorversion .................................................. 458
  waagerechter ................................................... 465
  zeitabhängig .................................................... 471
Verweisfunktionen ................................................. 458
Verwendete Namen auflisten ............................ 228
Verzugszinsen
  Berechnung ...................................................... 325
  Handelsgeschäft ............................................. 325
  Verbrauchergeschäft ..................................... 325
Vollerhebung ........................................................... 376

Vor- und Nachnamen
  extrahieren ....................................................... 232
  vertauschen ..................................................... 234
Vorjahresvergleich, Summierung ..................... 426
Vorlagendatei automatisch öffnen ................. 192
VORZEICHEN .......................................................... 437

## W

Wachstumsrate ...................................................... 337
WAHL ........................................................................ 388
Wasserzeichen einfügen ...................................... 660
Webabfrage erstellen ........................................... 642
Web-Apps
  Browser ............................................................. 804
  Windows Live .................................................. 802
Webseite, Diagramm veröffentlichen ............ 619
WECHSELN .............................................................. 240
Weltzeitzonen ermitteln ..................................... 282
WENN-Abfragen, Datum ..................................... 251
WENNFEHLER ............................................. 694, 726
Werte mit Text summieren ................................ 418
WIEDERHOLEN ...................................................... 242
Wiederholungszeilen
  beschränken .................................................... 662
  einfügen ............................................................ 662
Wiedervorlage, Outlook ...................................... 655
Windows Live ID .................................................... 760
Windows Live, Web-Apps ................................... 802
Wochenanfang ermitteln .................................... 267
WOCHENTAG .................................. 78, 111, 261 f.
Word
  Daten übergeben ........................................... 653
  dynamische Datenübernahme .................. 654
  statische Datenübernahme ........................ 653
WordArt einfügen .................................................. 661
WVERWEIS ................................................... 458, 465
  Bereich Verweis .............................................. 465
  Suchkriterium .................................................. 465
  Zeilenindex ...................................................... 465

## X

XPS-File erzeugen .................................................. 721

## Z

Zahlen
  arabische .......................................................... 410
  aus Text extrahieren ..................................... 858
  Dezimalzahl ..................................................... 405
  Dualzahl ............................................................ 405
  extrahieren ...................................................... 235
  Hexadezimalzahl ............................................ 405
  konvertieren ................................................... 410
  Oktalzahl .......................................................... 405

# Stichwortverzeichnis

Zahlen
- römische .................................................. 410
- Schreibweise ........................................... 410
- Systeme .................................................... 410
- umwandeln .............................................. 410

Zahlenformat, benutzerdefiniert ................. 132

Zahlensysteme
- anzeigen ................................................... 150
- arabisch .................................................... 410
- römisch .................................................... 410
- umwandeln ...................................... 405, 410

Zählen
- doppelte Datensätze ............................... 443
- farbige Zellen .......................................... 457
- Fehler ....................................................... 697
- Fehler #NV .............................................. 698
- gefilterte Daten ....................................... 445
- Häufigkeiten auswerten ........................ 450
- mehrere Bedingungen ........................... 443
- Teilstring in Textfolge ........................... 453
- Unikate .................................................... 449
- unterschiedliche Einträge ................. 449 f.
- Zellen mit Text ....................................... 452

ZÄHLENWENN ............ 72, 106, 430 f., 443, 446
ZÄHLENWENNS ................................. 445, 726
ZEILE ............................................................ 33, 76
Zeilen- und Spaltenüberschriften, Namen
- erzeugen .................................................. 226

Zeit
- Aufbau Zeitformat ................................. 278
- Darstellung als Analoguhr ................... 151
- Dezimalzahl in Stunden ....................... 281
- Durchschnittsgeschwindigkeit ............ 288
- erfassen ..................................................... 27
- Ermittlung Stundenlohn ...................... 288
- Hundertstelsekunde anzeigen ............. 139
- Industrieminuten .................................. 280
- laufende Uhrzeit .................................... 290
- Makro zu bestimmter Zeit ausführen ........ 289
- Nachtschicht über 0-Uhr-Grenze ........ 283
- Runden .................................................... 286
- Stundenangaben ohne Wochenende ......... 287
- Stundenanzeige über 24-Stunden-Grenze . 140
- Summe über 24-Stunden-Grenze ....... 284
- trennen von Datum und Zeit .............. 289
- verschiedene Formate ........................... 278
- Weltzeitzonen ........................................ 282
- Zeitdifferenzen ermitteln ..................... 282
- zerlegen ................................................... 279
- zusammenfügen .................................... 279

Zeitabhängiger Verweis ............................... 471

Zeitdifferenzen ermitteln ............................. 282

Zellbezüge
- Anpassung verhindern .......................... 50
- ohne Veränderung kopieren ............... 205

ZELLE ......................................................... 360 f.
Zellen, nicht zusammengehörige ................ 40
Zellinformationen auslesen ............... 361, 852

Zellkommentare
- allgemeine Informationen ................... 579
- automatisch ausrichten ........................ 587
- automatisch formatieren ...................... 587
- Benutzernamen anpassen .................... 586
- Bilder einbinden ................................... 583
- drucken ................................................... 584
- Form verändern .................................... 582
- formatieren ............................................. 581
- löschen .................................................... 581
- markieren ............................................... 581
- per Funktion auslesen .......................... 587

Zellzeiger
- beschränken auf Tabellenausschnitt ........... 161
- beschränken auf ungeschützte Zellen ........ 163

Zielwertsuche
- Break-even-Analyse .............................. 521
- Endkapital ermitteln ............................. 520

Ziffern, international ................................... 150
ZINS ............................................................... 304

Zinsen berechnen ......................................... 293
- jährliche Verzinsung ............................. 293
- unterjährige Verzinsung ....................... 293

Zinsformel .................................................... 291
Zinsmethoden .............................................. 293
- act/act ..................................................... 325
- einfache Zinsen ..................................... 293
- gemischte Verzinsung .......................... 293
- stetige Verzinsung ................................. 293
- Zinseszinsen .......................................... 293

Zinssatz ermitteln ........................................ 304
Zinstage ermitteln ....................................... 251
ZINSZ .................................................. 293, 303

Zirkelbezüge
- auflösen .................................................. 210
- Umgang .................................................. 209

ZSATZINVEST ............................................. 293
ZUFALLSZAHL ............................................ 454
Zufallszahl, ohne doppelte Werte ............. 454
ZW ........................................... 291, 293, 311
ZW2 ............................................................... 312
Zwischenablage, schneller Zugriff .............. 49
Zwischensumme, dynamisch ermitteln ........ 429
ZZR ............................................................... 309